KRÖNERS TASCHENAUSGABE BAND 394

IM 20. JAHRHUNDERT

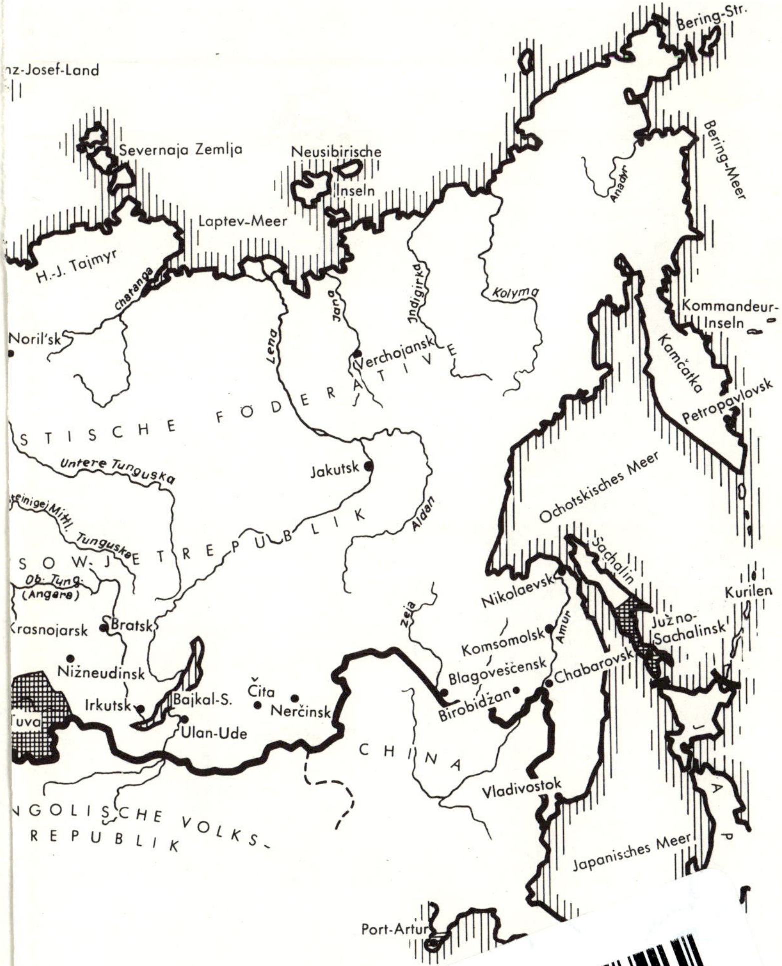

Folgende Unionsrepubliken

1 Estnische SSR
2 Lettische SSR
3 Litauische SSR
4 Weißrussische SSR
5 Moldauische SSR
6
7 A
8 Ar
9 Ta

GEORG VON RAUCH

GESCHICHTE DER SOWJETUNION

Durchgesehen und ergänzt von

WOLFGANG GEIERHOS

8., verbesserte und erweiterte Auflage

Mit 2 Karten und 3 Schaubildern

ALFRED KRÖNER VERLAG STUTTGART

Rauch, Georg von

Geschichte der Sowjetunion
8., verb. u. erw. Auflage
Stuttgart: Kröner 1990
(Kröners Taschenausgabe; Bd. 394)
ISBN 3-520-39408-1

1.–4. Auflage 1955 bis 1965
unter dem Titel:
»Geschichte des bolschewistischen Rußland«
ab 5. Auflage 1969
unter dem Titel:
»Geschichte der Sowjetunion«

Gesamtherstellung: Friedrich Pustet, Regensburg

INHALT

Vorwort IX

Umschrift und Datierung XVI

Einleitung 1

Das Erwachen des politischen Denkens in Rußland 1
Die «Freunde des Volkes» 3
Die Anfänge des Marxismus in Rußland 7
Lenins Aufstieg 11
Der erste Versuch einer Revolution 21
Die Jahre der Reaktion 28
Das Problem der russischen Mitte 35
Die russischen Sozialisten und der Krieg 37

I. Revolution 41

Das zaristische Rußland im Kriege 41
Die Februarrevolution 42
Die Provisorische Regierung und die Sowjets 44
Die Provisorische Regierung und die Alliierten 46
Die Kerenskij-Offensive 48
Die Rückkehr Lenins 49
Die bolschewistische Taktik im Frühjahr 1917 53
Der Juliputsch 56
Die Kornilov-Revolte 60
Die auswärtige Lage im Herbst 1917 63
Die Oktoberrevolution 64
Die Grundlegung des bolschewistischen Regimes 71
Die Konstituierende Versammlung 77
Der Frieden von Brest-Litovsk 83

II. Der Bürgerkrieg 91

Voraussetzungen. Die Nationalitätenpolitik der Sowjets 91
Die Anfänge des Bürgerkrieges im Frühjahr und Sommer 1918 102
Die Anfänge der alliierten Intervention und der Aufstand der Sozialrevolutionäre 106
Čičerin und Deutschland im Sommer 1918 113
Die rote Armee und die Wende an der Wolga 116
Sowjetrußland und der Zusammenbruch Deutschlands 118
Die Rußlandpolitik der Alliierten im Winter 1918/19 120
Die Sommeroffensive der Weißen Armeen im Jahre 1919 124
Die Lage an der Ostsee. Judenič vor Petersburg 127
Der Zusammenbruch Kolčaks und Denikins 130
Der Aufstand Wrangells und der Krieg mit Polen 133
Das Ende des Bürgerkrieges 138
Die Rückgewinnung des Kaukasus und des Fernen Ostens 141

III. Die Epoche der neuen ökonomischen Politik (NEP) 144

Die wirtschaftliche Lage nach dem Bürgerkrieg 144
Der Kronstädter Aufstand 146
Lenins Kurswechsel vom März 1921 149
Das Ende der antibolschewistischen Oppositionsparteien 152
Das Problem der Gewerkschaften und die Diktatur der Partei 154
Der bolschewistische Föderalismus und die Begründung der Sowjetunion 156
Familie und Schule 161
Die Kirchenverfolgung 163
Die «Proletarische Kultur» 166
Grundzüge der sowjetischen Außenpolitik. Die Wendung nach Asien 169
Die Gründung der Kommunistischen Internationale. Weltrevulotionäre Hoffnungen bis 1921 172
Sowjetrußland und die Westmächte. Der Vertrag von Rapallo 176

IV. Stalins Aufstieg und Kampf mit der Opposition 180

Lenins Tod und Nachfolge 180
Das Triumvirat der Jahre 1923–1925. Die erste Phase des Kampfes gegen Trockij 187
Permanente Revolution und Sozialismus in einem Lande 194
Stalin zwischen Rechts- und Linksopposition (1925–1927). Trockijs Verbannung 197
Kollektivierung und Industrialisierung. Der Erste Fünfjahresplan (1928–1932) 205
Stalins Abrechnung mit der Rechtsopposition (1928–1931) 216

V. Die sowjetische Außenpolitik 1922–1932 221

Die russisch-deutschen Beziehungen nach Rapallo 221
Konflikte mit England 229
Sowjetrußland und die Randstaaten 235
Die ostasiatische Politik 240
Rußland und Amerika 246
Die Nichtangriffspakte des Jahres 1932 248

VI. Die innere Entwicklung vom zweiten Fünfjahresplan bis zum Ausbruch des Krieges 252

Die wirtschaftliche und soziale Lage nach 1932 252
Ideologische Wandlungen der dreißiger Jahre 263
Die Stalinverfassung 1936. Staat und Partei in den dreißiger Jahren 270
Die große Säuberung (1936–1938) 273
Zwischen Säuberung und Zweitem Weltkrieg 292
Die sowjetische Intelligenz 296

VII. Die Schaukelpolitik der Sowjetunion in den Jahren 1934–1941 300

Volksfront und Völkerbund 300
Spanischer Bürgerkrieg und Antikominternpakt 307

Die Sowjetunion und die Tschechenkrisen 310
Zwei Eisen im Feuer 314
Stalins Pakt mit Hitler 322
Die Teilung Polens 325
Die deutsch-sowjetische Kooperation und die Komintern 330
Der Winterkrieg in Finnland 333
Nahost-Pläne der Alliierten 338
Die Annexion der baltischen Staaten und Bessarabiens 340
Deutsch-russische Rivalität auf dem Balkan 342
Der Molotov-Besuch in Berlin 345
Der Barbarossa-Plan 349
Die Jugoslawische Frage. Der Matsuoka-Besuch 351
Am Vorabend des Krieges. Präventivkrieg oder Überfall? 353

VIII. Der »Große Vaterländische Krieg« der Sowjetunion 357

Hitlers Überfall auf Rußland 357
Die deutsche Politik in den besetzten Gebieten 362
Die Zusammenarbeit mit den Alliierten 364
Der Kampf um Moskau 369
Der erste russische Gegenschlag und die Sommeroffensive 1942 372
Stalingrad und die Wende des Krieges 376
Die Rückkehr zur Tradition 379
Ostarbeiter, Partisanen und Kriegsgefangene 385
Die Westmächte und das Problem der zweiten Front 388
Die baltische und polnische Frage 390
Churchill in Moskau 393
Die Kämpfe im Sommer 1943. Die russischen Freiwilligenverbände 396
Deutsch-russische Friedensfühler im Jahre 1943 401
Die Krise der alliierten Beziehungen 403
Die Konferenz von Teheran 406
Der sowjetische Vormarsch im Winter 1943/44 und Frühjahr 1944 412
Der Sommerfeldzug 1944 416
Politische Probleme des Jahres 1944 419
Vlasov zwischen Hitler und Stalin 423
Der Herbstfeldzug 1944 428
Der russische Durchbruch im Januar 1945
Die Konferenz von Jalta 433
Die Eroberung Berlins und das Ende des Krieges in Europa 437
Die Konferenz von Potsdam 440
Der sowjetische Anteil am Kriege mit Japan 442

IX. Die Sowjetunion nach dem Kriege 445

Die außenpolitische Lage nach 1945 und die wachsenden internationalen Spannungen 445
Die wirtschaftlichen Verhältnisse nach dem Kriege. Der Vierte Fünfjahresplan 456
Die sowjetische Kulturpolitik und Ideologie 462
Der Kalte Krieg mit dem Westen. Berliner Blockade und Bruch mit Tito 470

Die Achse Moskau–Peking und die sowjetische Deutschlandpolitik 1950–1952 475
Der XIX. Parteikongreß und Stalins Tod 485
Chruščevs Aufstieg 497
Der XX. Parteikongreß (1956) und seine Folgen 508
Technische Erfolge und Verschärfung des Ost-West-Konfliktes 516
Wandlungen im Weltkommunismus 526

X. Die Ära Brežnev 536

Die Restauration 536
Die Brežnev-Doktrin 544
Die Sowjetunion als Weltmacht 553
Die Wirtschaft der Sowjetunion 555
Die neue Verfassung 559
Oppositionelle Strömungen 561
Die Politik der Entspannung 564
Dritte-Welt-Politik 573
Weltkommunismus 577
Brežnevs Machtverfall 581
Bilanz der Ära Brežnev 586

XI. Die Übergangsperiode. Andropov und Černenko 591

XII. Die Sowjetunion unter Gorbačev 607

Gorbačevs Reformprogramm 608
Personelle Veränderungen 614
Der XXVII. Parteitag der KPdSU 616
Ansätze der Umgestaltung 620
Von der Bipolarität zum multipolaren Weltverständnis 624
Strukturreformen. XIX. Parteikonferenz der KPdSU und neuer Oberster Sowjet 633
Probleme der Wirtschaftsreform 641
Die Emanzipation der Nationalitäten 646
Erfolge in der Außenpolitik 648
Die Zeitenwende 1989 652

Anmerkungen 658

Verzeichnis der Abkürzungen 687

Zeittafel 690

Schautafeln:

Der Staatsaufbau der UdSSR 714
Der Kongreß der Volksdeputierten 715
Aufbau von KPdSU und Staatsorganen 716

Bibliographische Hinweise 717

Literaturverzeichnis 734

Register 766

VORWORT

Die vorliegende Geschichte des bolschewistischen Rußland entstand aus dem Bedürfnis, einen Gesamtüberblick über die neueste Entwicklung dieses Landes seit dem Jahre 1917 zu gewinnen, der den Stoff in einer gemeinverständlichen und übersichtlichen Weise darlegt.

In den bisher erschienenen Werken zur Geschichte des Bolschewismus stand die Entwicklung der marxistischen Theorie über den Leninismus zum Stalinismus im Mittelpunkt. Es fehlt auch nicht an umfassenden Darstellungen zur Geschichte des Weltkommunismus auf universaler Ebene. Andere gruppieren die Geschehnisse um das biographische Lebensbild von Lenin oder Stalin. Zur Geschichte der Oktoberrevolution liegt eine Reihe vorzüglicher Bücher vor; das mehrbändige Werk von E. H. Carr bietet eine eingehende Analyse der einzelnen, systematisch aufgespaltenen Problemkreise bis zum Tode Lenins unter besonderer Berücksichtigung des ideologischen Meinungskampfes und der Parteigeschichte.

Woran es bisher fehlte, war ein Handbuch, das, ohne allzu vordergründig zu sein, doch nicht in der bloßen Problemgeschichte steckenbleibt und dabei die faktischen Geschehnisse vielfach als bekannt voraussetzt; ein Handbuch, das den Stoff in fortlaufender Schilderung darlegt und das sowohl von Studenten als auch von jedem im öffentlichen Leben stehenden Menschen zur schnellen Orientierung benutzt werden kann.

Der Verfasser geht daher in seinem Buch nicht von der Theorie, sondern von den eigentlichen russischen Hintergründen der Oktoberrevolution, den revolutionären Strömungen des 19. und beginnenden 20. Jahrhunderts aus. Die Revolution selbst erscheint hier weniger als ein planvoller rationaler Vorgang, der den Bolschewismus im Ergebnis einer unabänderlichen Gesetzmäßigkeit zur Macht brachte, sondern als das Zusammenwirken von unzähligen in der Gesamtheit von den Zeitgenossen nicht zu überblickenden Faktoren. Gewiß darf die zentrale Bedeutung Lenins hierbei nicht übersehen werden. Aber der sich um Objektivität bemühende Betrachter kommt nicht umhin, auch all den anderen, wenn auch unterlegenen revolutionären Gestalten und Strömungen Beachtung zu schenken. Sowohl die noch bis

1921 spürbare Rolle der Menschewisten und Sozialrevolutionäre, als auch die überragende Bedeutung, die Trockij in Revolution und Bürgerkrieg gespielt hat, darf nicht durch Gesichtspunkte aus dem Bereich des stalinistischen Systems verdunkelt werden.

Unter keinen Umständen sieht der Verfasser die russische Entwicklung zum Bolschewismus in der Weise determiniert an, als sei durch das besondere Verhältnis des Russen gegenüber Individualismus und Kollektivismus, gegenüber Freiheit und Zwang und anderen Antinomien eine Art Prädisponiertheit für autokratisch-despotische Staatsformen a priori gegeben, die Auswüchse des Stalinismus zur natürlichen Konsequenz früherer Entwicklungsstufen stempelt. Wie in älterer Zeit die zentralistisch-autokratische Struktur des Moskauer Staates keineswegs die alleinige Form zu sein brauchte, in der sich der russische Volksgeist manifestierte, sondern daneben echt demokratische Elemente, wenn auch eigenwüchsiger Art, bestanden, so brauchte auch der Kampf um die Freiheit des Volkes keineswegs in die stalinistische Diktatur mitsamt ihren Nachfolgeerscheinungen einzumünden. Hier erscheint allerdings das Jahr 1917 als die epochale Wegscheide. Mit dem Durchbruch des Marxismus in seiner leninistischen Form wurde eine Entwicklungsfolge ausgelöst, die durch die spezifischen zeitlichen und räumlichen Umstände in die späteren Auswirkungen des Stalinismus einmünden konnte.

Wenn der Bolschewismus somit als eine Strukturform erscheint, die ihre Entstehung einer eigentümlichen Verbindung zwischen dem westlich-rationalen Marxismus und einem säkularisierten Messianismus des russischen politischen Denkens verdankt, so stellt er gleichwohl keineswegs die allein mögliche Verwirklichung des sozialen Gedankens auf russischem Boden im technischen Massenzeitalter dar. Niemals darf die tiefgreifende Verbundenheit der russischen Kultur mit der abendländischen Welt seit den Tagen Vladimir des Heiligen und Jaroslav des Weisen vergessen werden, auch wenn sie zeitweise durch Epochen der Entfremdung und Isolierung unterbrochen schien. Das europäische Kulturerbe wäre ein Torso ohne den Beitrag eines Puškin, Dostoevskij und Tolstoj, eines Mendeleev und Pavlov, eines Čajkovskij oder Stanislavskij und anderer, die abendländische Christenheit ärmer ohne die dreifache Gliederung mit Einschluß der Ostkirche.

Die tragende Rolle des russischen Volkes in der Geschichte des osteuropäischen Raumes ist unbestritten. Sie wird auch von der offiziellen Geschichtsschreibung der heutigen Machthaber, wenn auch mit anderen Vorzeichen, betont. Nichtsdestoweniger darf dabei der multinationale Charakter des eurasischen Raumes nicht übersehen werden. Trotz blutiger Verfolgungen der kleineren und größeren Nationalitäten, trotz Völkerverschleppung und Russifizierung, kann auch die heutige Sowjetunion den Charakter eines Vielvölkerstaates nicht verleugnen. Daß das Sowjetsystem sich der föderalistischen Form nur als eines Gehäuses für den zentralistischen Inhalt der Parteidoktrin bedient, liegt auf der Hand. Bei aller Anerkennung der vielfältigen historischen und kulturellen Verbundenheit zwischen den ostslavischen Völkern und der kolonisatorischen Leistung des russischen Volkes im Kaukasus und in seinen asiatischen Gebieten wird doch dem Streben nach einer Pflege der Besonderheiten des jeweiligen nationalen Charakters nicht die Berechtigung abzusprechen sein. Noch deutlicher liegt das Problem in der westlichen Randzone. Hier wurden nichtslavische oder nichtostslavische Völker im Laufe einer fast tausendjährigen Geschichte derartig stark von abendländischen Wirkungen durchsättigt, daß die Annexion oder Reannexion ihrer Länder durch die bolschewistische Macht nur als eine Gewalttat empfunden werden kann.

Von größter Wichtigkeit für die sowjetische Zeit ist die Polarität zwischen Nationalismus und Internationalismus, die sich seit den Debatten um den Brester Frieden, eindeutig seit den dreißiger Jahren, bemerkbar macht. Sie liefert den Boden sowohl für den Kampf gegen oppositionelle Strömungen und für das Phänomen des Sowjetpatriotismus bis zu seinen chauvinistischen und machtpolitischen Übersteigerungen der jüngsten Zeit, als auch für die zwischen ideologischer Gebundenheit und realistischer Wendigkeit lavierende sowjetische Außenpolitik. Wie ein roter Faden zieht sich ferner durch die nunmehr über fünfzig Jahre des bolschewistischen Regimes die Divergenz zwischen Theorie und Praxis hin; sie vor allem läßt die Verwirklichung des Marxismus auf russischem Boden problematisch erscheinen. Nichts gibt hierüber besseren Aufschluß als eine gewissenhafte Analyse der heutigen Sozialstruktur und Regierungspraxis eines Staates, der den Ruf nach Freiheit und Gleichheit unter der Herrschaft einer Parteioligarchie zeitweise verstummen ließ.

Mit dieser Formulierung ist zugleich auch die Position des Verfassers angedeutet. Wenn seitens der sowjetischen Historiographie einem »formalistischen Objektivismus« der Kampf angesagt wird und eine ideologisch gebundene Geschichtsschreibung aus dem Parteidogma heraus gefordert wird, so steht dem die wissenschaftliche-kritische Methodik einer Historiographie gegenüber, die mit der schematisch-polemischen Kennzeichnung »bürgerlich« nur sehr unvollkommen charakterisiert werden kann: vor allem deshalb, weil sie sich nicht nur an einem »Klassenprinzip« orientiert. Sie fordert ein um so intensiveres Bemühen des Wissenschaftlers um eine größtmögliche Objektivität im Rahmen der Grenzen, die der subjektiven Erkenntnis des einzelnen gesetzt sind. Darum gilt es, nicht einem vorgezeichneten Denkschema zu folgen, sondern in Freiheit und Verantwortung der Wahrheit nachzujagen, auch wenn sie in absoluter Reinheit unerreichbar sein mag.

Georg von Rauch

VORWORT ZUR FÜNFTEN AUFLAGE

In den fünfzehn Jahren seit Erscheinen der ersten Auflage (1955) hat sich begreiflicherweise das Bedürfnis herausgestellt, einige Verbesserungen im Text vorzunehmen. Bei den hierauf gerichteten Bemühungen bin ich in dankenswerter Weise von einer Reihe von Sachkennern und Fachkollegen unterstützt worden, deren Hinweise, oft auch kritischer Art, in Rezensionen, Zuschriften oder mündlichen Mitteilungen bereits in den englischsprachigen Ausgaben (New York 1957, 1958, 1962, 1964, 1967; London 1957, 1960), bei der italienischen Übersetzung (Mailand 1965) und der im Druck befindlichen japanischen Ausgabe berücksichtigt werden konnten. Hinzu trat bei der Vorbereitung der vorliegenden neuen Auflage die freundliche Hilfe meiner Mitarbeiter am Seminar für Osteuropäische Geschichte der Universität Kiel, vor allem Herr cand. phil. J. Pagel und Frl. Dr. phil. G. Hucke, die nicht unerwähnt bleiben soll.

Daß es überhaupt zu einer veränderten und ergänzten Neuausgabe durch den Alfred Kröner Verlag gekommen ist, verdankt der Verfasser dem Interesse und der Umsicht von dessen Leitern, in erster Linie von Herrn A. Klemm, dem auch an dieser Stelle für sein Verständnis aufrichtig gedankt sei. Die Neuausgabe ist um ein bis zur Gegenwart reichendes Schlußkapitel vermehrt worden. Die bibliographischen Hinweise wurden ergänzt.

In der Wiedergabe der kyrillischen Schriftzeichen erschien es jetzt nicht mehr angemessen, an der populären Transkription festzuhalten. Auf die Anwendung der philologisch-wissenschaftlichen Transkription wurde nur dort verzichtet, wo es sich um im Deutschen bekannte Eigennamen (Alexander, Paul, Leo, Elisabeth etc., nicht aber Nikolaj, Aleksej etc.), besondere deutschen Formen von geographischen Namen (Petersburg, Moskau, Pleskau, Wolga, Baikalsee) oder Völkerbezeichnungen (Georgier, Baschkiren, aber Tadžiken, Kazachen etc.) und schließlich um im Deutschen eingebürgerte Begriffe (Zar, Sowjet, Kolchos, nicht aber Zemstvo, Čistka; Bolschewisten, aber Bol'ševiki) handelt. Familiennamen deutscher sprachlicher Herkunft werden in ihrer ursprünglichen Form gebracht, also Wrangell, Witte, Herzen, wenn die Träger in dieser Form in der westlichen Welt bekannt geworden sind oder sich dieser Form bedienten. Bei Namen wie Trockij (Trotzki) Aksel'rod, Erenburg, Štejn, Rozengol'c u. a. erschien es richtiger, der russischen Form zu folgen.

Wenn schließlich in der Wahl des Titels der Neuausgabe »Geschichte der Sowjetunion« vor »Geschichte des bolschewistischen Rußland« der Vorzug gegeben wurde, so geschah dieses im Sinne einer noch deutlicheren Versachlichung und Objektivierung. Der Begriff »bolschewistisch« entsprach zweifellos auch dem sowjetischen Selbstverständnis; fügte doch die herrschende Partei die als ehrenvoll empfundene Bezeichnung dem Parteinamen von 1917–1952, wenn auch abgekürzt und in Klammern, bei. Die Bezeichnung »Alter Bolschewik« trug noch in den 30er Jahren einen ausgesprochen ruhmreichen Akzent. Zudem schien die Kennzeichnung dieses Staatswesens mit dem Namen der Partei der Wirklichkeit mehr zu entsprechen, als die offizielle Bezeichnung Sowjetunion, die die Tatsache, daß die Eigenständigkeit der Sowjets der Monopolstellung der bolschewistischen Partei hatte weichen müssen, verschleierte.

»Bolschewismus« und »bolschewistisch« hatten auf der anderen Seite, antagonistisch betrachtet, besonders in den 30er Jahren, einen scharfen, polemischen Klang erhalten, der zu einer falschen Deutung des Charakters des vorliegenden Buches führen konnte. Daß es eine »Sowjetunion« im exakten und formalen Sinn erst seit 1922 gibt, braucht hierbei nicht zu stören: es versteht sich von selbst, daß die Grundlegung dieses Staatswesens und Gesellschaftssystems mit der Oktoberrevolution des Jahres 1917 erfolgte.

Kiel, Sommer 1969 *Der Verfasser*

ZUR SECHSTEN AUFLAGE

Für Korrekturvorschläge möchte ich den Herren Paul Dybowski und Dr. Uwe Liszkowski recht herzlich danken.

Kiel, März 1977 *Der Verfasser*

VORWORT ZUR SIEBTEN AUFLAGE

Auch diesmal wurden einige notwendig gewordene Änderungen im Text vorgenommen, die Zeittafel und das Literaturverzeichnis auf den neuesten Stand gebracht.

Der Abschnitt über die nun abgeschlossene Ära Brežnev wurde neu gefaßt, da sich die Akzente in der Bewertung gravierend verändert haben. Mit Ende der 70er Jahre mehrten sich die kritischen Stimmen wegen der nicht mehr aufzubrechenden Stagnation auf allen Gebieten, innen- und außenpolitisch, bis unter Gorbačev neue Maßstäbe gesetzt wurden.

Den Reformansätzen nach März 1985 wurde im Schlußkapitel breiter Raum gewidmet.

Unser besonderer Dank gilt Herrn Professor Dr. Georg von Rauch, der rückhaltlos seine reichen Kenntnisse und Erfahrungen Herrn Dr. Wolfgang Geierhos zur Verfügung gestellt hat, unter dessen Verantwortung diese Auflage erscheint.

ALFRED KRÖNER VERLAG

Es erfüllt mich mit großer Genugtuung, daß der Alfred Kröner Verlag sich zu einer neuen, revidierten Auflage entschlossen hat. Ich möchte bei dieser Gelegenheit Herrn Arno Klemm meinen aufrichtigen, herzlichen Dank für sein großes Interesse und die stets gute Zusammenarbeit aussprechen. Zugleich möchte ich auch meine Freude darüber ausdrücken, daß mein ehemaliger Schüler, Dr. Wolfgang Geierhos, es übernommen hat, mein Buch auf den neuesten Stand zu bringen.

Kronshagen bei Kiel *Georg von Rauch*
im Februar 1987

VORWORT ZUR ACHTEN AUFLAGE

Die in der 7. Auflage gewagten Interpretationen und Prognosen wurden durch die inzwischen eingetretenen Veränderungen in der Sowjetunion, den Zusammenbruch der kommunistischen Herrschaft in den ostmitteleuropäischen und südosteuropäischen Staaten, dazu den Vereinigungsprozeß der beiden deutschen Staaten weitgehend bestätigt. So läßt sich heute ein präziseres Urteil über den epochalen Charakter der Perestrojka abgeben.

Kronshagen bei Kiel *Georg von Rauch*
im April 1990 *Wolfgang Geierhos*

UMSCHRIFT UND DATIERUNG

Die Wiedergabe russischer und ukrainischer Wörter in Lateinschrift folgt im allgemeinen der philologisch-wissenschaftlichen Transkription. Es sind danach auszusprechen:

s wie s in ›muß‹ (stimmlos)
š wie sch in ›Schule‹ (stimmlos)
z wie s in ›Rasen‹ (stimmhaft)
ž wie j in ›Journal‹ (stimmhaft)
c wie deutsches z
č wie tsch in ›Peitsche‹
šč wie schtsch
y wie dumpfes i

’ hinter oder ′ auf einem Konsonanten bedeutet dessen j-Erweichung. Abweichungen von diesem Transkriptionsprinzip wurden bereits im Vorwort verdeutlicht.

Für Ereignisse in Rußland folgt die Datierung, wenn nicht beide Daten angegeben sind, dem bis zum 1. Februar 1918 in Rußland verwendeten julianischen Kalender. Um das Datum unserer (gregorianischen) Zeitrechnung zu erhalten, muß man dem julianischen Datum im 19. Jahrhundert 12 und im 20. Jahrhundert 13 Tage hinzufügen.

EINLEITUNG

Das Erwachen des politischen Denkens in Rußland

Wo liegen die Wurzeln des bolschewistischen Rußland? Ist der russische Marxismus eine Erscheinung, die zu den großen Wellen westlicher Einflüsse gehört, oder nährt er sich von eigenen Säften der russischen Vergangenheit? Hatte Stalin Veranlassung, sich in eine Reihe mit Ivan dem Schrecklichen und Peter dem Großen zu stellen, oder liegt hier eine geistige Pseudomorphose vor, die Rußland im Zuge der fortschreitenden Europäisierung aus seiner natürlichen Bahn herausriß? Hat nicht vielleicht der Bolschewismus sich als eine – oder gar die einzige – Möglichkeit erwiesen, Rußland zu einer modernen Industriemacht im Weltmaßstabe werden zu lassen?

Der russische Philosoph Nikolaj Berdjaev sah im Bolschewismus eine Züchtigung Gottes und ein unentrinnbares Verhängnis für das russische Volk, die es würdig zu ertragen gelte. Trotzdem rechnete er damit, daß sich in Rußland von innen eine Umwandlung vollziehen werde, die von einer geläuterten griechisch-orthodoxen Kirche die entscheidenden Antriebe empfangen soll.

In dieser Auffassung, die im Bolschewismus eine unvermeidliche Konsequenz der Geschichte sieht, liegt die Gefahr, daß die russische Entwicklung der neueren Zeit einseitig aus der heutigen Lebensform begriffen wird. Zweifellos kann die Geschichte der Sowjetunion weder allein von der marxistischen Ideologie, noch allein aus dem russischen Erbe abgeleitet werden. Die marxistische Ideologie wurde starken Einwirkungen der russischen Umwelt ausgesetzt. Besonders die Ära Stalins läßt die Wechselwirkungen zwischen Lehre und Milieu deutlich werden. Aber es wäre ein gänzliches Verkennen der in der russischen Geschichte transparent werdenden Kräfte, wenn man glauben wollte, daß die Entwicklung des Landes unabänderlich dem Bolschewismus zustrebte. Auch wenn man es verschmäht, in tiefere Schichten der russischen Vergangenheit hinabzusteigen, enthüllt schon allein das 19. und beginnende 20. Jahrhundert die ganze Fülle der Möglichkeiten, die sich hier zur Lösung der nationalen und sozialen Fragen darboten.

Zu ihnen gehörte auch die bolschewistische Lösung. Es lag an der spezifischen Konstellation der Jahre 1914–1917, daß sich gerade das bolschewistische Konzept gegenüber einer Fülle von Alternativen durchsetzen konnte, die vielleicht eine fortschrittliche Entwicklung ohne die Entbehrungen und Opfer der Anfangsjahre und die Grausamkeiten der Stalinära garantiert hätten.

In den Napoleonischen Kriegen entzündete sich an der Problematik des Verhältnisses Rußlands zu Europa das eigene nationale Bewußtsein der Russen. Das aufblühende geschichtliche Denken ließ die Frage des eigenen Beitrages zur welthistorischen Entwicklung teils negativ-pessimistisch, teils schwärmerisch-messianistisch beantworten. Die politische Wirklichkeit der Nikolaitischen Ära forderte zur Kritik heraus, vom historischen Denken war der Weg zur politischen Diskussion nicht weit. Hier stand neben dem nationalen Problem das liberale. Von der Aufklärung her rührte das erste Wehen freiheitlicher Ideen. Nun ist es der europäische Freiheitsgedanke, der an die ersten Ansätze anknüpft und neben den anarchisch-dumpfen Freiheitsdrang des Volkes tritt. Nicht ohne Grund unterscheidet die Sprache zwischen volja und svoboda: jene als Ausdruck des elementar-chaotischen Dranges, der in den Aufständen eines Razin und Pugačev in Erscheinung getreten war, diese als Kennzeichnung eines Strebens, das sowohl auf altrussische Formen aus einer Zeit, die älter ist als die Moskauer zentralistische Autokratie, als auch auf westeuropäische Impulse von Rousseau bis Schiller zurückzuführen ist. Der erste Durchbruch dieses gebändigten, von den Kräften des französischen Rationalismus und des deutschen Idealismus gespeisten Freiheitsstrebens war der Dekabristenaufstand, die bekannte Offiziersrevolte von 1825. Es war ein Stoß ins Leere, weil der Widerhall im Volke ausblieb, das von der politischen Freiheit nichts hielt und nur im allmächtigen Zaren und seiner Autokratie eine Garantie gegen Adelswillkür erblickte. Es dauerte jedoch nicht lange, bis eine eigenartige, spezifisch russische Sozialform eine breitere Basis für politische Wünsche und Ideen bildete. Es war die sogenannte Intelligencija, jene schwer abzugrenzende Schicht zwischen Beamtentum und Militär auf der einen und den bäuerlichen Massen auf der anderen Seite, die zusammengehalten wurde durch das Bestreben, ihre Bildung als Waffe in ihrem materiellen und geistigen Lebenskampf, aber auch im Widerstand gegen den Zarismus und im Kampf für soziale Gerechtigkeit zu verwenden. Die Intelligencija übernahm in dieser Hinsicht die Funktionen eines in dieser Ausprägung in

Rußland nicht vorhandenen dritten Standes. Ihre Angehörigen waren zum großen Teil an Hegel geschult; von hier aus vollzogen sie oft den Übergang zum Materialismus. Politisch wurde ihr radikaler Flügel bald in den Bannkreis sozialistischer Vorstellungen gezogen.

Von größter Bedeutung für die Entfaltung des politischen Denkens auf einer breiteren Ebene wurde die Reformära Alexanders II. So sehr auch die Neuerungen mit Mängeln behaftet waren, so machten sie doch starke Kräfte des Volkes frei und ermöglichten eine sprunghafte Entwicklung des wirtschaftlichen und geistigen Lebens. Jetzt drang westliche Technik in starkem Maße ein, führte zu einem Siegeszug kapitalistischer Wirtschaftsformen und ließ eine Bourgeoisie entstehen, wie sie Rußland in dieser Form bisher fremd gewesen war. Der Unternehmer trat neben den Kaufmann altrussischen Schlages, der Industriearbeiter löste sich vom Bauern, eine Fülle neuer Berufe begann sich abzuzeichnen, das geistige Leben verdichtete sich zu starker Intensität.

Die »Freunde des Volkes«

In den Mittelpunkt der vielen Diskussionen über soziale, wirtschaftliche, politische und ethische Fragen trat alsbald das Problem des Verhältnisses zum Volk, das heißt zu den breiten Massen der noch weitgehend ungebildeten und politisch nicht erfaßten Bauern und Arbeiter. Die Intelligencija wurde von einem geradezu mystischen Glauben an das einfache russische Volk, vor allem an den russischen Bauern, erfaßt. Hier liegt die Grundlage des russischen Nationalismus der sechziger und siebziger Jahre mit seinen messianistischen Akzenten. Hier wurzelt aber auch die sozialpolitische Bewegung jener Jahre, die man eine weltliche Sektenbewegung genannt hat: das Narodničestvo, die Bewegung der Narodniki, der »Freunde des Volkes«.

»Ins Volk gehen« wurde die Parole, der Tausende von jungen Leuten und Mädchen, vor allem Studenten, folgten. Noch war ihr Ziel nicht politische Propaganda, sondern bloß aufzuklären und zu bilden, und es lag viel entsagungsvoller Idealismus in diesem Streben.

Der Glaube an den einfachen russischen Menschen hing eng mit den Hoffnungen zusammen, die an die bäuerliche Dorfgemeinde, den Mir, geknüpft wurden. In ihr glaubte man die Urzelle einer kommenden sozialistischen Gesellschaft gefunden zu haben; aber auch für den Westen meinte man in ihr das Vorbild für eine Regeneration der sozialen Verhältnisse entdecken zu können. Und so schien Rußland das Ziel des Sozialismus erreichen zu können, ohne die Phase des bürgerlichen Kapitalismus des Westens durchmachen zu müssen. Alexander Herzen, der große Radikale der russischen Intelligencija, der seit den vierziger Jahren von London aus durch seine »Glocke« (Kolokol) die öffentliche Meinung Rußlands stark beeinflußte, glaubte daher, unter dem Eindruck seiner Enttäuschung am Bürgertum des Westens, daß Rußland einer bürgerlichen Revolution nicht bedürfe, sondern bloß einer sozialen. Sogar Karl Marx, von der russischen Revolutionärin Vera Zasulič gedrängt, rang sich in seiner Antwort auf ihren Brief die Meinung ab, daß die Dorfgemeinde unter gewissen Umständen Rußland befähigen könnte, direkt vom Feudalismus zum Sozialismus überzugehen.

Die Narodniki erlitten ein Fiasko. Die Bauern überwanden nicht ihr ererbtes Mißtrauen gegen die gebildeten Leute und waren zunächst auch noch nicht in ihrem von der Geistlichkeit geförderten Glauben an die Autokratie des Zaren zu erschüttern. Herzens Hoffnung auf einen friedlich-evolutionären Übergang zum Sozialismus stellte große Anforderungen an die Geduld des Volkes. Die Parolen eines anderen radikalen Emigranten schienen ein schnelleres Erreichen des Endziels zu versprechen. Es war Michail Bakunin, der in seinem stark von Proudhon beeinflußten Anarchismus bis zum Äußersten ging und den Staat durch eine gewaltsame Revolution zu stürzen beabsichtigte. Wie eine makabre Vision klingen seine Worte aus dem Prager Aufruf an die Slawen vom Jahre 1848: »Aus einem Meer von Flammen und Blut wird sich in Moskau hoch und wunderbar der Stern der Revolution erheben und Leitstern zum Glück der gesamten Menschheit werden.« Auch Bakunin erhoffte sich die Befreiung Rußlands von der Autokratie durch einen großen Aufruhr der Bauern, auch er hatte durch seine Aufrufe, ähnlich wie Herzen, die Narodnikibewegung ausgelöst. Aber die stärksten Impulse vermittelte seine zerstörerische Dämonie den terroristischen Strömungen, die sich in den sechziger Jahren bemerkbar machten.

Der russische Terrorismus entfaltete sich parallel zu dem Narodničestvo; gelegentlich ergaben sich personelle und geistige Verbindungen. Die Attentate gegen Alexander II. von 1866–1881 und gegen seine Würdenträger legten Zeugnis ab von der rücksichtslosen Entschlossenheit kleiner Verschwörergruppen, an deren Spitze häufig Frauen standen. Die großen Prozesse gaben den Terroristen und ihren Anwälten Gelegenheit, flammende Bekenntnisse voller Idealismus und beißende Anklagen gegen das Regime vorzubringen. Im Hintergrunde spielten sich aber innerhalb dieser Gruppen oft düstere Verbrechen ab, die von einer erschreckend konsequenten Negation aller Ethik zeugen, wie etwa der Fall Nečaev, ein terroristischer Verschwörer, der für die Gestalt des Verchovenskij in Dostoevskijs »Dämonen« das Vorbild lieferte. Es konnte auffallen, daß bei den Terroristen das Ideal der Freiheit weit hinter das Ideal der Gleichheit zurücktrat. Ihr Haß gegen die oberen Stände überwog beinahe den Haß gegen die Regierung, und die Tendenzen, die auf eine Vermassung und Nivellierung des Volkes hinausliefen, waren nicht zu verkennen.

Den größten Einfluß übte in diesen Kreisen längst nicht mehr Herzen oder Bakunin aus, sondern N. G. Černyševskij. Auch ihm galt die Dorfgemeinde als das Fundament der sozialistischen Gesellschaft, aber weit über den milden Utopismus der französischen Sozialisten hinaus, forderte er die konkrete revolutionäre Aktion. Von nachhaltiger Wirkung auf die Jugend war der Typ des mit unbeugsamer Willenskraft begabten Berufsrevolutionärs, den er in seinem programmatischen Roman »Was tun?« herausstellte, in dem er zugleich das Bild eines kommunistischen Zukunftsstaates zeichnete.

Eine richtige Theorie des Umsturzes entwickelte in den siebziger Jahren Peter Tkačev. Er hielt die Zeit für reif, um einen Aufstand in Rußland zu entfesseln. Gegenüber Bakunin machte er geltend, daß es falsch wäre, den Machtapparat des Staates zu zerschlagen. Man müsse ihn durch Verschwörung und Staatsstreich erobern und sich seiner dann im Sinne der Revolution bedienen. Um die Gesellschaft radikal umzuformen, werde gegenüber Anhängern des früheren Zustandes während längerer Zeit die Ausübung des Zwanges erforderlich sein. Die Revolutionäre könnten ihr Ziel nur mit Hilfe einer straffen Parteidisziplin und nur unter dem Schutze eines von ihnen selbst gehandhabten, zentralistisch aufgebauten Machtapparates erreichen. Tkačev lehnte auch eine Massenorganisation der Arbeiter für Rußland ab, vor allem deshalb, weil das russische Fabrikproletariat noch gar nicht nennenswert war. Eine Revolution könne nur von einer kleinen Elite durchgeführt werden, die von revolutionärer Begeisterung getragen würde. Gerade weil es, argumentierte er, in Rußland kein Bürgertum im westlichen Sinne gab und der Kapitalismus erst im Entstehen begriffen war, seien die Erfolgsaussichten der Revolution hier viel günstiger. Ein Volksaufstand der Bauern von unten, ein Staatsstreich der Revolutionäre von oben würde genügen, um das Zarenregime zu Fall zu bringen.

Es ist von großer Bedeutung, daß die schon längst fällige Bauernbefreiung, die von Alexander II. 1861 etwas halbherzig durchgeführt wurde, den großen Massen der bäuerlichen Bevölkerung zwar die persönliche Freiheit brachte, aber ihre wirtschaftliche Entwicklung nicht in ausreichendem Maße sicherte. Die Landzuteilungen, die von der Dorfgemeinde, dem Mir, vorgenommen wurden, waren meist verstreut und zu klein, die steuerliche Belastung zu groß. Der Weg zu einem selbständigen freien Grundbesitzer mit eigener Initiative war noch weit. Vorerst bot die große Zahl der Unzufriedenen unter dem ländlichen Proletariat genügend Ansatzpunkte zur revolutionären Agitation.

1877 schlossen sich radikale Narodniki zu einer Organisation »Land und Freiheit« (zemlja i volja) zusammen. Das Programm sah eine differenzierte Agitation unter Bauern, Arbeitern und Studenten vor. Eine besondere Kampfgruppe sollte Verräter unschädlich machen und den staatlichen Machtapparat desorganisieren. Die weitere Marschroute wollte man auf einem geheimen Revolutionskongreß in Voronež im Jahre 1879 festlegen. Hier kam es jedoch an der Frage der Anwendung des Terrors zur Spaltung. Eine Minderheit lehnte den politischen Terror als sinnlos ab und schied aus; die Befürworter des Terrors schlossen sich zu einer neuen Organisation »Volksfreiheit« (narodnaja volja) zusammen, und eine Gruppe gemäßigter Narodniki, die vor allem die Agitation unter den Bauern befürwortete, bildete eine »Schwarze Umteilung« (černyj peredel) benannte Organisation mit agrarsozialistischen Zielen.

Die aktive Tätigkeit der »Volksfreiheit« wurde in die Hände eines Exekutivkomitees gelegt. Hier wurden die letzten Attentate gegen Alexander II. vorbereitet. Im März 1881 führten sie zum Ziel, wenige Tage bevor der vom Zaren bereits gebilligte Verfassungsentwurf proklamiert werden sollte.

Obwohl diese Konstitution, ähnlich wie die von Alexander I. in den Jahren 1819–1820 geplante, nur eine beratende Volksvertretung vorsah und nur einen Teil der Forderungen der liberalen Kreise erfüllte, konnte sie doch als eine Vorstufe für weitere politische Reformen des Staates gelten. Nicht ohne Grund sah man in den Kreisen der Zemstvo-Selbstverwaltung, die in den sechziger Jahren ins Leben gerufen worden war, in deren

Organen eine Art hoher Schule für liberale Politiker und knüpfte an ihre Tätigkeit die Erwartung, daß mit der Zeit allen Ständen Einfluß auf die Selbstverwaltung des Landes und Zugang zu ihr eingeräumt würde. Es war eine bequeme und gefährliche These, die von reaktionärer Seite vertreten wurde, daß jeder Versuch, in Rußland parlamentarische Formen einzuführen, zum Scheitern verurteilt sei und nach dem Sturze des zaristischen Regimes nur noch der Kommunismus das Erbe antreten könne[1]! Es war nicht angängig, einem russischen Liberalismus von vornherein die Lebensfähigkeit abzusprechen. Es war vor allem nicht ersichtlich, warum sich demokratisch-liberale-Gedanken in Rußland westlich-parlamentarischer Formen bedienen sollten, da es doch auch eine genuine demokratische Überlieferung in Rußland gab.

Mit dem Tode Alexanders II. setzte unter Alexander III. und Pobedonoscev ein reaktionärer Druck ein, der sowohl alle derartigen Reformansätze erstickte, als auch die revolutionäre Bewegung von der Bildfläche verschwinden ließ. In Wirklichkeit schwelte sie im Verborgenen weiter fort, um alsbald in marxistischem Gewande neu zu erstehen.

Die Anfänge des Marxismus in Rußland

Ein gemeinsamer Zug verbindet Herzen und Bakunin, Černyševskij und Tkačev mit den Tausenden der »Freunde des Volkes« einschließlich ihres radikalen terroristischen Flügels. Sie alle glaubten daran, daß das russische Volk dazu prädestiniert sei, den Sozialismus auf eine besondere Art zu verwirklichen, die sich von dem in Westeuropa eingeschlagenen Wege unterschied. Der von ihnen idealisierte Bauernstand wurde als Träger der künftigen Gesellschaftsordnung angesehen. »Gewiß ist unser Volk sehr ungebildet«, schrieb Tkačev, »aber es ist von den Prinzipien des Gemeinschaftseigentums durchdrungen. Es ist sozusagen kommunistisch aus Instinkt, aus Tradition.« Das russische Volk stehe daher, meinte er, dem Sozialismus viel näher als die Völker des Westens.

Aber man übersah, daß die vielgerühmte Dorfgemeinde, die Zelle der kommenden kommunistischen Gemeinschaft, sich bereits im Zustand des Zerfalls befand. Sie war den vielfachen Anforderungen des modernen Wirtschaftsbetriebes nach der Bauernbefreiung nicht gewachsen. Sie konnte sich im Konkurrenzkampf mit den kapitalistisch betriebenen Gutshöfen oder Domänen nicht behaupten. Der erste russische Sozialist, der der Mir-Romantik entschlossen den Rücken kehrte, war Plechanov. Mit ihm trat das Arbeiterproletariat in den Mittelpunkt der revolutionären Diskussion.

Georgij Valentinovič Plechanov (1856–1918) ist der Begründer des Marxismus in Rußland. Er stammte aus den Kreisen des kleineren Landadels Mittelrußlands. Als Student in Petersburg hielt er, zwanzigjährig, eine revolutionäre Rede auf einer der ersten Arbeiterdemonstrationen, bei der erstmalig die rote Fahne gehißt wurde. Schon früh war er mit der Gedankenwelt von Karl Marx vertraut geworden. Als er auf der Konferenz von Voronež im Jahre 1879 den Terror ablehnte, tat er es mit Argumenten, in denen bereits die marxistische Begründung anklingt, daß die Entwicklung jedes Volkes sich auf Grund der ökonomischen Verhältnisse gesetzmäßig vollziehe und folglich nicht willkürlich durch die Beseitigung einzelner Repräsentanten des Regimes beschleunigt werden könne. Nach der Spaltung der Organisation »Land und Freiheit« scharten sich die Gegner des Terrors um ihn. 1880 emigrierte er in die Schweiz. Hier vervollständigte er seine Bildung. Auch seine äußere Erscheinung verriet den feingebildeten, kultivierten Gelehrten mit gepflegten Umgangsformen. Seine Reden bewegten sich auf einem hohen Niveau, und seine Schriften stellen beachtliche Beiträge zur Theorie der Geschichte und Wirtschaftswissenschaft dar.

Plechanov fehlte dagegen die Gabe, unmittelbaren Kontakt zu den werktätigen Klassen zu finden. Er war kein Agitator, und seine Gedanken zur sozialen Lage in Rußland und zur Frage der Revolution konnten nie die Blässe der theoretischen Konstruktion verleugnen. Zunächst bemühte er sich, in der Schweiz einige russische Sozialisten marxistischer Prägung um sich zu versammeln. Zu ihnen gehörte auch jene Vera Zasulič, deren Prozeß im Jahre 1878 Aufsehen erregt hatte, und die 1881 in einem Briefwechsel mit Karl Marx ihn zu einer Stellungnahme zur Frage des Mir veranlaßte. Im nächsten Jahre gab sie das Kommunistische Manifest in einer russischen Ausgabe, versehen mit einer Vorrede von Marx und Engels, in Genf heraus.

1883 gründete Plechanov in Genf die erste marxistische Partei Rußlands, die unter dem Namen »Befreiung der Arbeit« hervortrat. In ihrer Zeitschrift und in einem größeren Werk legte Plechanov seine Ansichten über die russische Entwicklung dar. Er suchte nachzuweisen, daß der Glaube, Rußland könne durch

Fortentwicklung der Dorfgemeinde unter Vermeidung des kapitalistischen Stadiums direkt zu einer sozialistischen Gesellschaftsordnung gelangen, eine Utopie sei. Plechanov hielt das Bauerntum in Rußland für eine dumpf-konservative Masse, die mit der Zeit teils vom Proletariat, teils von der Bourgeoisie aufgesogen werden würde und als selbständiger Faktor nicht in Betracht käme. Seine Hoffnungen hängte er an die liberale Bourgeoisie und an das Industrieproletariat: sie sollten sich zum Sturze des bestehenden Regimes verbünden. Wenn im Westen die Zeit schon reif wäre für eine proletarische Revolution, so stände in Rußland zunächst nur eine bürgerliche Revolution zur Debatte. Daher habe das Proletariat die Bestrebungen der liberalen Kreise zu unterstützen, um die bürgerliche Freiheit zu erringen. Erst nach dem Sturz der Autokratie könne der Kampf um die sozialistische Revolution beginnen. Wenn die Bourgeoisie zu ihrem eigenen Totengräber geworden sei, werde das Proletariat die Macht an sich reißen.

Eine 1895 erschienene Abhandlung »Zur Frage der Entwicklung der monistischen Geschichtsauffassung« rechnete endgültig mit den Narodniki ab und hob die Bedeutung des Industrieproletariats für die zukünftige Entwicklung hervor.

Gab es schon eine nennenswerte Arbeiterschaft in Rußland? Die Zahl der Fabrikarbeiter wird für 1865 mit 380000 angegeben; erst mit der forcierten Industrialisierung zum Ende des Jahrhunderts schnellten die Zahlen ruckartig in die Höhe, um 1898 drei Millionen zu erreichen. In den 1880er Jahren wurde die Öffentlichkeit schon stark durch die anwachsende Streikbewegung beeindruckt. Der große Streik der Textilarbeiter der Morozovwerke in Orechovo-Zuevo im Jahre 1885, an dem sich 8000 Arbeiter beteiligten, stand hier im Mittelpunkt. Die 1880er Jahre brachten zugleich aber auch die ersten bescheidenen Ansätze zu einer Arbeiterschutzgesetzgebung, die vom Finanz- und Wirtschaftsminister Bunge ausging und die schlimmsten Auswüchse der Frauen- und Kinderarbeit beseitigte, 1886 wurden durch ein großes Fabrikgesetz die Rechte der Fabrikinspektion erweitert. Die Opposition der Industriekreise führte allerdings ein Jahr darauf zum Sturz des Ministers und zur Aufhebung der meisten Schutzgesetze durch seinen Nachfolger Vyšnegradskij.

Ein Koalitionsrecht für Arbeiter bestand nicht. Die ersten illegalen Verbände hatten sich in den siebziger Jahren gebildet; sie fußten zum Teil noch auf der geistigen Grundlage der Narodniki. Ende der achtziger Jahre lebten kleine sozialdemokratische

Zirkel auf, die sich schon intensiv mit den Werken von Marx und Engels zu befassen begannen. Hierzu gehörten neben russischen auch polnische, jüdische und andere Gruppen. Sie alle kamen nicht richtig zur Wirkung und hatten zumeist nur eine ephemere Bedeutung. Plechanovs Genfer Gründung konnte aus der Entfernung keinen nennenswerten Einfluß auf die organisatorische Seite der revolutionären Arbeit ausüben. Es fehlte an einer führenden Persönlichkeit, die revolutionäre Energie mit intellektueller Überlegenheit verband und die verschiedenen Ansätze innerhalb der Arbeiterbewegung zusammenfaßte. Sie fand sich in der Mitte der neunziger Jahre in der Gestalt von Lenin.

Zunächst entsteht jedoch die Frage, ob nicht neben Plechanovs Konzeption einer gleichlaufenden Entwicklung im Westen und in Rußland, die auf der Arbeiterschaft basierte, sich noch andere Möglichkeiten zur Lösung der sozialökonomischen Probleme eröffneten, die der spezifischen Struktur der russischen Gesellschaft stärker Rechnung trugen.

Ein 1882 erschienenes Buch von V. P. Voroncov über die »Schicksale des Kapitalismus in Rußland« beurteilte die Chancen eines solchen äußerst skeptisch. Während im Lande selbst die geringe Kaufkraft des inneren Marktes eine nennenswerte Vermehrung des Warenabsatzes verhinderte, war der russische Kapitalismus auf auswärtigen Märkten nicht in der Lage, mit den alten Industriemächten zu konkurrieren. Der Kapitalismus werde daher, meinte er, in Rußland fremder Gast bleiben und die Struktur der Gesellschaft nur wenig beeinflussen können. Es gebe kein allgemeingültiges Schema des historischen Prozesses. Rußland müsse seinen eigenen Weg gehen. Voroncov glaubt diesen in den Produktionsgenossenschaften (Artel') zu erblicken, in denen die Arbeiter nicht für die Vermehrung des Privatkapitals, sondern für die Befriedigung der eigenen Bedürfnisse arbeiten. Diese auf der Grundlage des Narodničestvo erwachsenen Anschauungen griffen gleichwohl über den eng agrarwirtschaftlichen Blickpunkt der Bewunderer der Dorfgemeinde hinaus und rückten neben sie eine ebenfalls aus alter russischer Überlieferung hervorgegangene Strukturform in den Vordergrund. Von N. Daniel'son und S. Jušakov wurden diese Gedankengänge in Veröffentlichungen der Jahre 1893 und 1894 weiter entwickelt. Beide hielten es für möglich, die bloße Technik des Kapitalismus nach Rußland zu verpflanzen, ohne zugleich seine Klassenverhältnisse zu übernehmen, und sie glaubten, daß die besonderen russischen Gemeinschaftsformen sich in evolutionärer Weise fortentwickeln ließen, ohne den zersetzenden Wirkungen des Kapitalismus zu verfallen[2].

Wenn Plechanov die Eroberung des Weltmarktes durch die russische Wirtschaft forderte, um damit den Westen in eine Krise hineinzutreiben und die revolutionäre Entwicklung zu beschleunigen, und wenn er ein Mittel zu diesem Zweck in einer Begünstigung nicht nur des Kapitalismus, sondern auch einer imperialistischen Außenpolitik erblickte, so konnte man mit Recht fragen, ob sich hier nicht schon der Weg in die Katastrophe des Ersten Weltkrieges abzeichnete, der nur durch eine friedliche Außenpolitik und eine Hebung des Volkswohlstandes durch innere Kolonisation, damit zugleich auch die Erweiterung des inneren Marktes, verhindert werden konnte.

Es war aber gerade die Katastrophe, auf die die Marxisten hinsteuerten. Ihr Ziel war die Revolution; an einer langsamen Evolution der sozialökonomischen Verhältnisse war ihnen nichts gelegen.

Lenins Aufstieg

Die äußeren Voraussetzungen für die Ausbreitung marxistischer Ideen in Rußland wurden durch die ruckartige Industrialisierung gegeben, die 1892 einsetzte. Sie entsprang der Initiative des Finanz- und Wirtschaftsministers S. J. Witte. Durch die Beendigung des jahrelangen Zollkrieges mit Deutschland, Einführung der Goldwährung, einen forcierten Getreideexport und den Abschluß neuer Handelsverträge gelang es ihm, die finanzielle Lage des Staates entscheidend zu bessern. Ein außerordentlich hoher Prozentsatz der Staatseinnahmen war dem staatlichen Branntweinmonopol zu verdanken, dessen demoralisierende Wirkung zu den wichtigsten Gravamina radikaler Kreise gehörte.

Nun strömte auch ausländisches, vor allem französisches, englisches und belgisches Kapital hinein und ermöglichte eine intensivere Erschließung der Bodenschätze. Die Kohlenproduktion stieg in den Jahren 1877–1900 von 110 auf 985 Millionen Pud (1 Pud = 16 kg), die Gewinnung von Roheisen von 23 auf 176 Millionen Pud, die Erdölförderung von 13 auf 600 Millionen Pud. Die Schwerindustrie und die Textilerzeugung nahmen einen rapiden Aufstieg, es entstanden Werften und Hafenanlagen, das Eisenbahnnetz verdichtete sich, der Bau der großen sibirischen Magistrale wurde begonnen.

Die sozialen Verhältnisse innerhalb des Industrieproletariats hielten jedoch keineswegs Schritt mit diesem rapiden Aufstieg. Noch immer herrschte rücksichtslose Ausbeutung der Arbeitskraft. Die Schutzgesetze für Frauen und Kinder wurden 1890 wieder aufgehoben. Kinder von 6 Jahren an arbeiteten in Fabriken, die älteren auch in Nachtschicht, Frauen wurden auch zu Schwerarbeit in der verarbeitenden Eisenindustrie verwendet. Die einzige Konzession der neunziger Jahre bestand in der Herabsetzung der Arbeitszeit von 12 auf 11½ Stunden!

Der Boden für eine gesteigerte Agitation war günstig. 1894/95 gründete Lenin in Petersburg den »Kampfbund für die Befreiung der Arbeiterklasse«. Das war der entscheidende Grundstein für die marxistische Bewegung in Rußland.

Mit Lenins Auftreten kündet sich, den Zeitgenossen noch nicht erkennbar, ein neues weltgeschichtliches Zeitalter an. Es wäre übertrieben, in Lenin die alle anderen Gestalten überragende Persönlichkeit der neuesten Geschichte zu sehen. Man wird jedoch in jedem Fall seinem historischen Rang gerecht, wenn man feststellt, daß mit ihm ein neuer Typ die Bühne der Weltgeschichte betritt, der sowohl die Züge des falschen Propheten der christlichen Heilslehre trägt, als auch die der terribles simplificateurs, die Jacob Burckhardt im 20. Jahrhundert kommen sah.

Ohne Zweifel handelt es sich bei Lenin um eine Persönlichkeit von unbeugsamer Willenskraft und von überragender, allerdings einseitiger, Intelligenz. Das Moment der »Vereinfachung«, das ihm selbst durchaus bewußt war, liegt in der Unterschätzung der seelischen Bedürfnisse des Individuums und in der rigorosen Unterordnung der Gegenwartsprobleme und -nöte unter das Kalkül einer Zukunftsplanung, die bei aller rationalen Überlegung ihren visionären Charakter doch nicht verleugnen konnte.

Der schmächtige Mann mit dem breiten Gesicht, dem die starken Backenknochen den Akzent gaben, dem kleinen Spitzbart, mit dem »Schädel eines Sokrates und dem luziferischen Funkeln« in den listigen, etwas schrägstehenden Augen, deren Blick den Betrachter zu durchdringen schien: er war nicht mehr der Typ des utopischen und philanthropischen Sozialreformers, der noch in dem geistigen Erbe der Antike und des christlichen Europa – in seinen beiden Ausprägungen, der westlichen und der östlichen – wurzelte. Hier war höchste persönliche Integrität mit einer grandiosen politischen Skrupellosigkeit um des gesetzten Zieles willen gepaart. Hier war souveräne Menschenverachtung der Ausgangspunkt zu einem Machtstreben, das sich gleichwohl in den Rahmen der marxistischen Zukunftserwartung stellte. Lenin fühlte sich als Vollstrecker einer historisch determinierten Gesetzmäßigkeit, aus der er seine Rechtfertigung schöpfte.

Vladimir Iljič Uljanov, wie er mit bürgerlichem Namen hieß, war der Sohn eines Studienrats für Mathematik und Naturwissenschaften aus kleinbürgerlichen Kreisen, der sich im Schuldienst zum Volksschulinspektor in Simbirsk (jetzt Uljanovsk) an der Wolga heraufgedient und in dieser Weise den erblichen Dienstadel erworben hatte. Die Familie Uljanov stammte aus Astrachan'; frühere Vorfahren waren Bauern im Gouvernement Penza gewesen[3]. Lenins Mutter, Maria Aleksandrovna, geb. Blank, war die Tochter eines Arztes aus Petersburg, der hier eine Frau aus der deutschen Kaufmannsfamilie Großschopf geheiratet hatte, die aus Lübeck eingewandert war. Er hatte seiner Tochter ein kleines Gütchen bei Kazan' hinterlassen. Es war Lenins eigene Schwester, die manche Züge seines Wesens, die auffällige Ordnungsliebe und Systematik sowie seine stark ausgeprägte Arbeitsmoral, auf diese deutsche Herkunft der Mutter zurückführte.

Lenins Vater Ilja Nikolaevič Uljanov war ein zarentreuer, gemäßigt liberaler Beamter. Die Kinder – Vladimir, am 10. (22.) April 1870 geboren, hatte zwei Brüder und drei Schwestern – wuchsen in einer bürgerlich-geordneten Atmosphäre auf, die die Mutter mit einer musischen Komponente und der Aufgeschlossenheit für fremde Sprachen bereicherte. Wie viele junge Leute jener Zeit geriet der ältere Bruder Alexander in den achtziger Jahren als Student in Petersburg in radikal-revolutionäre Kreise und wurde, im Zuge des scharfen Zugriffs des reaktionären Regimes Alexanders III., 1887 als Terrorist zum Tode verurteilt und hingerichtet. Das war ein unauslöschlicher Eindruck für den jungen Vladimir, der damals gerade 17 Jahre alt geworden war. Er absolvierte das Gymnasium in Simbirsk mit Auszeichnung und nahm in Kazan' das Rechtsstudium auf. Sehr bald wurde er wegen Teilnahme an studentischen Demonstrationen verhaftet und aufs Land verbannt. Hier gewann er Einblick in die bäuerlichen Verhältnisse. Als die Universität seine Wiederzulassung ablehnte, nahm er seinen Wohnsitz in Samara und begann sich in das Studium der Schriften von Marx und Engels zu vertiefen. Es kam zur Gründung eines marxistischen Zirkels, den Vladimir Uljanov leitete. In seiner Erstlingsschrift über die Lage der Bauern in Rußland wies er nach, wieweit sich bereits kapitalistische Einflüsse in der Landwirtschaft auf Kosten des Bauern geltend machten.

Schließlich erhielt er die Erlaubnis, sein Staatsexamen als Externer abzulegen. Er hatte damit das Recht, als Rechtsanwalt vor Gericht aufzutreten, doch die bürgerliche Karriere lockte ihn nicht. 1893 endgültig nach Petersburg übergesiedelt, bemühte er sich um die Verbreitung marxistischer Ideen in den verschiedenen illegalen Gruppen der Hauptstadt. Hier und auch in Versammlungen in Moskau kreuzte er die Klingen mit Vertretern der Narodniki. Er sah in ihrer Lehre das Haupthindernis für die Ausbreitung marxistischer Ideen. Die Narodniki gaben sich seiner Ansicht nach romantischen Illusionen hin, statt den volkswirtschaftlichen Realitäten Rechnung zu tragen. In seiner Schrift »Was sind die Freunde des Volkes« rechnete er mit den angeblich kleinbürgerlichen Vorstellungen der Narodniki ab. Erstmalig sprach er den Gedanken aus, daß in Rußland Bauern und Arbeiter gemeinsam die Autokratie stürzen und der Bourgeoisie die staatliche Macht entreißen sollten. Hiermit wich er von den Ansichten Plechanovs ab, der die russischen Bauern als ein rückständiges, gegenrevolutionäres Element einschätzte und statt dessen ein Zusammengehen des Proletariats mit der liberalen Bourgeoisie befürwortete. Lenin – dieses Namens begann er sich nunmehr immer häufiger zu bedienen – sah den Bauernstand als eine sozial nicht einheitliche Schicht an und setzte seine Hoffnungen gerade auf das ländliche Proletariat der ärmeren Elemente. Schon damit erhielt die marxistische Lehre eine neue Note: durch die Einbeziehung der Bauern in das revolutionäre Programm konnte man die Hoffnung hegen, daß die Revolution entgegen der allgemeinen Auffassung auch in einem wirtschaftlich rückständigen Lande ausbrechen werde.

Zunächst galt es jedoch, die Petersburger Arbeiterschaft zu organisieren. Im Winter 1894/95 faßte Lenin die schon bestehenden geheimen Zirkel zu einem »Kampfbund für die Befreiung der Arbeiterklasse« zusammen. Mittlerweile machte die Industrialisierung auch in der Hauptstadt rapide Fortschritte. Die Zahl der Arbeiter stieg an. Nun kam es darauf an, ihr Klassenbewußtsein zu wecken und ihr Interesse auch auf politische Fragen zu lenken.

Eine erste Auslandsreise führte Lenin im Jahre 1895 nach Berlin und in die Schweiz. In Genf lernte er Plechanov kennen und nahm mit seiner Gruppe Fühlung. Sie begrüßten ihn als einen Abgesandten der russischen Sozialisten, zu denen sie nur lockere Verbindung aufrechterhalten konnten. Lenin versagte dem 14 Jahre älteren Plechanov nicht seine Achtung, aber es zeichneten sich bereits die Umrisse der späteren Meinungsverschiedenheiten ab. Einig waren sie sich in der Ablehnung der Narodniki.

Nach der Rückkehr aus dem Ausland wurde die Polizei auf Lenin aufmerksam, als er gerade im Begriff war, eine illegale Zeitung herauszugeben. Er wurde im Dezember 1895 verhaftet und nach 14 Monaten Gefängnis für drei Jahre in das Gouvernement Jenisejsk in Ostsibirien verbannt. Schon die Untersuchungshaft war von ihm zu einem intensiven Studium genutzt worden; jetzt verfaßte er eine Broschüre über die »Aufgaben der russischen Sozialdemokratie« sowie mehrere Aufsätze, in denen er nicht nur die Narodniki, sondern auch jede »opportunistische« Konzession an das Bürgertum bekämpfte. 1899 wurde Lenins großes Werk über »Die Entwicklung des Kapitalismus in Rußland«, zu dem er jahrelang Material gesammelt hatte, legal unter einem Decknamen veröffentlicht. Seine These war, daß Rußland zur Zeit bereits alle Merkmale des Kapitalismus, wie ihn Marx gekennzeichnet hatte, aufwies. Weil aber der Anteil des Bauerntums noch immer 80% der Gesamtbevölkerung betrug und der industrielle Sektor noch sehr schmal war, mußte gerade im Hinblick auf die künftige soziale Entwicklung Rußlands den ländlichen Verhältnissen besondere Beachtung geschenkt werden. In eingehenden Analysen statistischen Materials deckte Lenin die Struktur der Bevölkerung auf. Für das Bauerntum erschien ihm die Unterscheidung von Dorfbourgeoisie und Dorfproletariat von allergrößter Bedeutung. Hier zeichneten sich für ihn die Möglichkeiten ab, den proletarischen Aufstand mit einem großen Bauernkrieg zu verbinden, Proletariat und Bauerntum zu einer gemeinsamen Revolution aufzurufen.

Die führende Rolle hierbei gebührte aber seiner Meinung nach dem Industrieproletariat. Es sollte diese auch nicht der liberalen Bourgeoisie überlassen, sondern möglichst bald selbst eine Revolution entfesseln. Die Arbeiterschaft durfte sich nicht mit einer Besserung ihrer ökonomischen Lage begnügen; sie mußte zu ihren sozialen Forderungen auch politische stellen; sie sollte auch nach der politischen Macht streben. Und schon deutete Lenin an, wie er sich die Partei der russischen Revolutionäre vorstellte: nicht als eine Partei von Gesinnungsfreunden in lockerem Zusammenhalt, sondern als eine verschworene Gemeinschaft von geschulten, disziplinierten Berufsrevolutionären. Nur in dieser

Form wäre sie ihrer Aufgabe, der Generalstab der kommenden Revolution zu sein, gewachsen.

Mit der Vorstellung der kleinen qualifizierten Elitepartei greift Lenin ebenso auf Gedanken von Tkačev zurück, wie in seiner Forderung, die Revolution solle die bestehende Staatsmacht nach ihrer Eroberung nicht zerstören, sondern sich ihrer bedienen. Hier liegt nicht nur eine Distanz zu dem Programm der Anarchisten vor, sondern zugleich auch eine gewisse Entfernung von Marx, der den vorübergehenden Charakter des absterbenden Staates zweifellos stärker betont als Lenin. Man könnte fast meinen, daß bei Lenins Stellung zur Macht gewisse Einflüsse von V. Pareto, dem italienischen Soziologen, vorliegen. Berdjaev, der im übrigen damals auch zum Marxismus tendierte, sieht wegen der vielfachen Übereinstimmung zwischen Tkačev und Lenin in ihm – Tkačev – den eigentlichen Ahnherrn des Bolschewismus, während ihm Marx und Engels viel eher als Propheten der Menschewisten erscheinen[4].

Während Lenin in Sibirien weilte, waren die Sozialdemokraten Rußlands im März 1898 zu ihrem ersten Kongreß in Minsk zusammengetreten. Unter den wenigen Delegierten fiel Peter Struwe auf, einer der russischen Intellektuellen, die sich zu dieser Zeit dem Marxismus genähert hatten. Auch der Nationalökonom Tugan-Baranovskij und der spätere Theologe Bulgakov gehörten dazu; sie erinnerten an die deutschen Kathedersozialisten und wurden von Lenin wegen ihres Kompromißstandpunktes abgelehnt. In Minsk wurde immerhin durch Zusammenschluß aller sozialdemokratischen Gruppen zu einer einheitlichen »Russischen Sozialdemokratischen Partei« ein wichtiger Markstein für die revolutionäre Bewegung gesetzt; die Reihe der Parteikongresse wird durch die Minsker Zusammenkunft eröffnet. 1899 erklärte Lenin seinen Beitritt zur Partei.

Als er 1900 aus der Verbannung zurückkehrte, stand der Entschluß fest, nach dem Westen zu emigrieren. Es war unter den obwaltenden Zensurverhältnissen unmöglich, eine Zeitung in Rußland herauszugeben, und Lenin hielt es für unumgänglich, ein gemeinsames ständiges Organ zu begründen. Nach einigen Verhandlungen kam es in Genf zur Einigung mit Plechanov und seiner Gruppe. Es wurde die Herausgabe der Zeitung »Iskra« (der Funke) beschlossen. Neben Lenin und Plechanov gehörten zur Redaktion Vera Zasulič, P. B. Aksel'rod, Julius Martov-Cederbaum und Potresov. Lenin schlug seinen Wohnsitz in München auf, die Zeitung wurde in Leipzig, später in München und Stuttgart gedruckt. Nach dem Muster der »Iskra«, die unter größter Vorsicht nach Rußland geschmuggelt wurde, entstanden in Rußland ähnliche illegale Blätter von begrenzter provinzieller Bedeutung, so etwa die »Bor'ba« (der Kampf) in Tiflis als Organ der georgischen sozialdemokratischen Partei unter der Leitung von Stalin.

Die »Iskra« gab Lenin ausgiebige Gelegenheit, seine Gedanken in weite Kreise zu tragen. Mit besonderer Schärfe und Unduldsamkeit bekämpfte er den marxistisch angehauchten linksbürgerlichen Liberalismus, der vor allem in studentischen Kreisen viele Anhänger gewann. Er lehnte jede Gemeinschaft zwischen Sozialisten und bürgerlichen Liberalen ab. Unermüdlich propagierte er seine Idee von der Partei als einem kleinen Häuflein entsagungsvoller Berufsrevolutionäre und forderte eine straffe Parteiführung, ein »starkes leitendes Zentrum«.

Seine Anschauungen über Wesen und Ziele der Partei faßte er 1902 in einem Buch unter dem Titel »Was tun?« zusammen. Es enthält die Richtlinien für die revolutionäre Taktik, die bald darauf von den Bolschewisten befolgt wurde. Lenins Ansichten wurden nicht von allen Parteigenossen geteilt. In der Redaktion der »Iskra« gab es vor allem mit Plechanov heftige Auseinandersetzungen. Man befürwortete vielfach eine möglichst enge Anlehnung an das Vorbild der westeuropäischen Sozialdemokratie und beanstandete Lenins starke Hervorhebung der Besonderheiten der russischen Lage, den Radikalismus seines Programms und die Ungeduld, mit der er die Dinge vorantreiben wollte.

In diesen ersten Jahren des neuen Jahrhunderts mehrten sich in Rußland die Anzeichen einer kommenden Krise. Der Hochkonjunktur des industriellen Aufschwungs war eine Depression gefolgt, viele Betriebe wurden stillgelegt, die Zahlen der Arbeitslosen stiegen. Eine Welle von Streiks ging durch das Land, in denen gegen die niedrigen Löhne und die schlechten Arbeitsbedingungen protestiert wurde. Aber immer sichtbarer wurden hinter den ökonomischen Parolen auch die sozialistischen und politischen. Bei den Demonstrationen kam es gelegentlich zu blutigen Zusammenstößen mit der Polizei. Von 1902 an mehrten sich auch die Ausschreitungen der Bauern, deren Verschuldung durch eine Mißernte unerträgliche Ausmaße annehmen konnte. Um die Agitation im agrarischen Sektor bemühte sich seit 1902 die Partei der Sozialrevolutionäre (SR), die an den terroristischen Flügel der Narodniki anknüpfte.

Die Sozialdemokraten waren im Zustand der Bereitschaft. Ein

nach Brüssel einberufener Parteikongreß mußte nach London verlegt werden. Hier tagten im August 1903 43 Delegierte mit 51 Stimmen. Neben der von Lenin geführten Iskra-Richtung waren noch kleinere Parteikomitees, der »Allgemeine jüdische Arbeiterbund in Litauen, Polen und Rußland« (1897 gegr.) und der »Bund russischer Sozialdemokraten« vertreten, der als eine rechte Abschwenkung von Plechanovs Gruppe entstanden war.

Der Versammlung lag der Entwurf zu einem Parteiprogramm vor, auf den sich Lenin und Plechanov geeinigt hatten; er gliederte sich in ein Maximal- und ein Minimalprogramm. Ersteres bezog sich auf die großen Endziele der Partei, auf die sozialistische Revolution und die Errichtung der Diktatur des Proletariats. Lange hatte sich Plechanov gegen die Aufnahme dieser letzten Formel gesträubt, die den Schriften von Marx entnommen war, aber in den Programmen der westeuropäischen Sozialdemokratie fehlte, bis er Lenins Drängen nachgab. Das Minimalprogramm umriß die nächstliegenden Aufgaben der Partei. An sozialen Forderungen stand die Einführung des Achtstundentages für die Arbeiter und die Rückgabe des bei der Aufhebung der Leibeigenschaft den Bauern weggenommenen Bodens an der Spitze, an politischen – der Sturz des Zarismus und die Errichtung der demokratischen Republik. Die Vorläufigkeit dieses Punktes lag auf der Hand. Plechanov gab bekannt, daß ein demokratisches Wahlrecht, Freiheit des Wortes und der Presse, Versammlungs- und Streikrecht und Unantastbarkeit der Person Dinge seien, die nötigenfalls einer erneuten Einschränkung bedürfen könnten, falls die Sache der Revolution es verlange. Auch die demokratische Republik war als eine Übergangsphase zur Diktatur des Proletariats gekennzeichnet.

Neben dem Parteiprogramm stand das Parteistatut. Hier war es schwieriger, Einmütigkeit herzustellen. Der § 1 über die Mitgliedschaft war ein Prüfstein für die Alternative: Massen- oder Elitepartei. Lenin wollte die lediglich sympathisierenden Mitläufer fernhalten, die sich der Parteidisziplin nicht fügen wollten, die Partei sollte den Charakter einer in sich geschlossenen Avantgarde der Arbeiterklasse tragen. Julius Martov, Paul Aksel'rod und Leo Trockij machten demgegenüber geltend, daß die Partei bei einer so straffen Organisation manche Intellektuelle abschrecken würde, die auf ihre Freiheit keinesfalls verzichten wollten. Aber auch jeder streikende Arbeiter sollte sich als Mitglied der Partei betrachten können. Der liberale Standpunkt setzte sich bei der Abstimmung mit 28 gegen 22 Stimmen durch.

Eine zweite Frage von entscheidender Bedeutung war die der nationalen Gliederung der Partei, die der jüdische Bund aufwarf. Lenin widersetzte sich mit Schärfe einem föderativen Aufbau; er fürchtete, damit die Schlagkraft der Gesamtpartei zu gefährden. In dieser Frage drang er durch, woraufhin sieben Delegierte aus Protest die Sitzung verließen. Von da ab hatten Lenins Anhänger die Mehrheit, und hier setzte die Begriffsbildung ein, die nunmehr zwischen Bol'ševiki, den Anhängern der Mehrheit, und Men'ševiki, den Anhängern der Minderheit, unterschied.

Dieses Kräfteverhältnis wirkte sich maßgebend aus, als der Parteitag zum Schluß an die Wahl der Parteiorgane ging. Auf Lenins Wunsch wurde die Redaktion der »Iskra« auf nur drei Mitglieder, außer ihm noch Plechanov und Martov, beschränkt. Da letzterer sich nicht majorisieren lassen wollte, trat er zurück. Und auch im Zentralkomitee der Partei überließen die Menschewisten alle drei Sitze den Leninisten. Damit war faktisch die Spaltung vollzogen, wenn auch beide Richtungen noch einige Jahre an der Fiktion einer einheitlichen Sozialdemokratischen Partei festhielten.

Eine schwierige Stellung hatte Plechanov. Im Bestreben, die Einheit der Partei wiederherzustellen, versuchte er eine Aussöhnung mit den Menschewisten herbeizuführen. Er brachte es zustande, daß Martov in den Redaktionsstab der »Iskra« zurückkehrte, und betrieb auch die Wiederaufnahme der drei anderen Glieder durch Kooptierung. Lenin antwortete darauf, indem er seinerseits ausschied. Die »Iskra« verwandelte sich in ein rein menschewistisches Organ. Plechanov geriet immer mehr in Gegensatz zu Lenin, bis der Bruch zwischen beiden offenbar wurde. In seiner Polemik gegen Lenin trat der doktrinäre Zug seines Denkens immer deutlicher hervor. Er haftete zäh an der marxistischen Doktrin, die praktischen Notwendigkeiten der Taktik übersah er. Nadežda Krupskaja, Lenins Kampf- und Lebensgefährtin, die ihm 1897 auch in die Verbannung gefolgt war, fällte später das Urteil, Plechanov habe seit der Jahrhundertwende die Fähigkeit, Rußland zu verstehen, eingebüßt. In der Tat: die lange Emigrantenzeit hatte ihn den Kontakt mit den Notwendigkeiten des Tages und mit der politischen Wirklichkeit in Rußland verlieren lassen. Ohnehin mehr ein Mann der Feder als der Tat, mußte er jetzt in Gefahr geraten, von der ungestümen Energie des Jüngeren überspielt zu werden. Vorerst aber standen ihm in Martov, Trockij und anderen energische Persönlichkeiten zur Seite, die die Tuchfühlung mit dem Arbeiter in Rußland zum Teil noch nicht verloren hatten. Lenin auf der anderen Seite konnte vielen als ein fanatischer Außenseiter erscheinen. Noch war die Entscheidung keineswegs gegen die Menschewisten gefallen.

Im Sommer 1904 holte Lenin in seiner Broschüre »Ein Schritt vorwärts, zwei Schritte rückwärts« zum Angriff gegen die einstigen Gefährten aus. In einem Rückblick auf den Parteitag in London brachte er nochmals seine Meinung zum Ausdruck, daß der menschewistische Kurs in Rußland nur die Ziele der Bourgeoisie zu fördern imstande sei und die revolutionären Kräfte der Arbeiterklasse und des Bauerntums nicht zu nutzen wisse. Grundsätzlich liefen seine Ausführungen auf eine Rechtfertigung des Zentralismus und der straffen Parteibürokratie hinaus; in autonomistischen und demokratischen Tendenzen schienen ihm Möglichkeiten enthalten zu sein, die zu anarchistischen Erscheinungen ausarten könnten.

Die ihm treugebliebenen Funktionäre faßte er zu einem Büro zusammen und gründete eine neue Zeitung »Vpered« (Vorwärts), die er mit Lunačarskij und Vorovskij leitete.

Zweifellos konnten sich die Zeitgenossen noch keineswegs über die Bedeutsamkeit der mit dem Londoner Parteitag angebahnten Entwicklung im klaren sein. Vielen erschienen die Meinungsverschiedenheiten als belanglos, die Notwendigkeit des Zusammengehens als zwingender. Lenin selbst riß jedoch mit der erwähnten Schrift die Kluft ganz bewußt tiefer auf. Zu welcher Konsequenz aber die von ihm nun eingeleitete Entwicklung drängte, hat damals, im selben Jahre 1904, niemand deutlicher erkannt als sein damaliger Gegenspieler und späterer Mitstreiter L. Trockij. In einer glänzend geschriebenen Broschüre »Unsere politischen Aufgaben«, die in Genf in russischer Sprache erschien, nahm Trockij Stellung zur Frage der Diktatur des Proletariats und zu Lenins Auffassung von der Parteistruktur. Er sah, wenn auf diesem Wege weitergeschritten würde, eine Situation voraus, in der die Partei durch die Parteiorganisation, die Organisation durch das Zentralkomitee, dieses aber durch den Diktator ersetzt werden würde. Das letzte Kapitel trug die provozierende Überschrift »Die Diktatur über das Proletariat«. Er hat damit in prophetischer Ahnung die antidemokratische Keimzelle in Lenins Auffassung vom Sozialismus bloßgelegt – auch wenn er sich später selbst von dieser frühen Einsicht distanzierte[5].

Der erste Versuch einer Revolution

In den ersten Jahren des neuen Jahrhunderts zeichneten sich verschiedene Möglichkeiten einer Lösung der brennenden sozialen Fragen und einer Klärung des Verhältnisses zwischen Staat und Gesellschaft in Rußland ab.

Eine von diesen Möglichkeiten lag auf der Linie des reformfreudigen Liberalismus, wie er in den Kreisen der Zemstvo-Selbstverwaltungskörperschaften vertreten wurde. Seit den Tagen Alexanders II. hatten diese Kreise ihr Programm erweitert. Eine wachsende Opposition gegen das absolutistische Regime machte sich bemerkbar. Als die Regierung den Zemstvo-Deputierten Schwierigkeiten bei der Erörterung ihrer Reformprojekte und bei der Sammlung von Unterlagen bereitete, sah sich auch die liberale Bewegung genötigt, zu konspirativen Methoden zu greifen. 1902 wurde im Ausland ein illegales Organ unter dem Namen »Osvoboždenie« (die Befreiung) gegründet, dessen Redaktion der ehemalige Marxist Peter Struwe übernahm. Im nächsten Jahr schloß sich die Gründung eines Befreiungsbundes an, der Klassenkampf und Terrorismus ablehnte, aber die Verwirklichung einer demokratischen Staatsverfassung, unter Umständen in den Formen einer konstitutionellen Monarchie, zum Ziel setzte. Gelehrte von Rang, Mitglieder der Aristokratie und der Intelligenz gehörten zu den leitenden Elementen dieser liberalen Bewegung.

Als schon am Vorabend der Revolution ein großer Zemstvokongreß verboten wurde, kamen die Vertreter im November 1904 trotzdem inoffiziell zusammen. Die überwiegende Mehrheit der Delegation wollte sich nicht mehr mit einer beratenden Volksvertretung nach dem Muster des alten Moskauer Zemskij Sobor, einer im 16. und 17. Jahrhundert vom Zaren gelegentlich zusammengerufenen Notabelnversammlung begnügen, sondern verlangte die volle Beseitigung des Absolutismus und Demokratisierung und Erweiterung der Selbstverwaltung. Den sozialen Fragen des Bauerntums und des Industrieproletariats glaubte man erst in zweiter Linie nähertreten zu können. Man versäumte es auch, breitere Massen für das politische Programm des Liberalismus zu interessieren.

Im extremen Gegensatz zu dieser gemäßigten Opposition stand der neuerwachte Terrorismus einer Gruppe, die sich 1902 unter dem Namen Sozialrevolutionäre zusammenschloß. Ihr Leiter war Victor Černov. Die Sozialrevolutionäre nahmen die Traditionen der »Volksfreiheit« der siebziger Jahre wieder auf. Auf ihre Rechnung kommen die Attentate der vorrevolutionären Jahre, sie bemühten sich agitatorisch um die Bauern, die sie zur Selbsthilfe aufriefen, ihren Landhunger zu befriedigen.

Als die imperialistische Politik der Zarenregierung im Fernen Osten zum Kriege mit Japan führte, war die Stunde der Revolution gekommen. Sie wurde ausgelöst durch eine Massendemonstration vor dem Winterpalais im Januar 1905, die dort mit Salvenschüssen empfangen wurde. Dieser »Blutige Sonntag« stand am Anfang einer ganzen Kette von revolutionären Aktionen, die im Winter 1905/06 ihren Höhepunkt erreichten.

Bald zeichneten sich in der Revolution drei Grundströmungen ab, die parallel liefen und zusammen die Gesamtheit der vorliegenden Tendenzen, Forderungen und Möglichkeiten ausmachten. Die Revolution war auf der einen Seite der Kampf um eine russische Verfassung und um die Befriedigung der bürgerlichen demokratischen Forderungen, verfochten von den Liberalen der Zemstvo-Bewegung. Sie war ferner ein Kampf der Bauern um Land, in seiner ganzen Radikalität vor allem von den Sozialrevolutionären angestachelt. Und sie war schließlich ein erstes Fanal der proletarischen Arbeiterbewegung, die einerseits in der erstmaligen Verwirklichung von Arbeiterräten oder -sowjets und andererseits in den großen Straßenkämpfen in Moskau zum Ausdruck kam.

An dieser Entwicklung hatten die Bolschewisten zunächst geringeren Anteil als die Menschewisten. Beide Flügel der russischen Sozialdemokratie traten im Frühjahr 1905 im Ausland zu einem Parteitag zusammen: die Bolschewisten in London, die Menschewisten in Genf. Die revolutionäre Situation in der Heimat wurde hier und dort verschieden aufgefaßt. Die Menschewisten waren der Ansicht, daß sich in Rußland zunächst eine bürgerlich-demokratische Revolution anbahne und daß die Arbeiterklasse vorerst noch keinen Anspruch auf eine führende Rolle erheben dürfe. Das Proletariat habe das Bürgertum in seinem Kampf gegen die Autokratie zu unterstützen. Eine sozialistische Umwälzung sei aussichtslos, da die wirtschaftliche Entwicklung hierfür in Rußland noch nicht reif sei. Es sei unmöglich, historische Entwicklungsstufen zu überspringen. Hierin müsse der Westen Rußland vorangehen.

Die Bolschewisten unter Lenin standen auf einem diametral

entgegengesetzten Standpunkt. Sie waren für eine Überleitung der bürgerlichen Revolution in eine sozialistische, für einen bewaffneten Aufstand, für ein Zusammengehen von Proletariat und Bauerntum. Der III. Parteitag in London gab den Bauern die Parole aus, sich gewaltsam des Landes der Gutsbesitzer zu bemächtigen und den bewaffneten Aufstand vorzubereiten. Die Disziplin in der Partei wurde verschärft, ein besonderes Zentralkomitee begründet und eine eigene Zeitung »Proletarij« (der Proletarier) geschaffen. In seiner Schrift »Zwei Taktiken der Sozialdemokratie und der demokratischen Revolution« zog Lenin in außerordentlich scharfer Weise über die Menschewisten her, indem er ihre Auffassung als Verrat an der Arbeiterklasse brandmarkte. Noch einmal begründete er hier theoretisch die auf dem Parteitag vertretenen Ansichten. In der Bauernfrage sah Lenin das Bündnis mit dem Proletariat als die erste Phase des revolutionären Kampfes an; erst später nach der Aufspaltung des Bauerntums in die wohlhabende und die landlose Schicht werde man letztere, die semi-proletarischen Elemente der Bauern, gegen die besitzenden aufrufen, um gemeinsam die Revolution zu vollenden. Die Bedeutung der russischen Revolution im weltpolitischen Zusammenhang sah Lenin darin, daß die proletarisch-bäuerliche Erhebung in Rußland es Europa ermöglichen werde, sich ebenfalls zur Revolution zu erheben, Rußland gewissermaßen den Schrittmacher der Weltrevolution zu spielen habe, um dann mit Hilfe des europäischen Proletariats die sozialistische Revolution zu vollenden.

Während dieser theoretischen Auseinandersetzungen der beiden marxistischen Gruppen wuchs in Rußland der Radikalismus immer mehr an, je hartnäckiger der Zar sich gegen eine demokratische Volksvertretung sträubte und je düsterer die Meldungen vom japanischen Kriegsschauplatz lauteten. Die Waffen der ländlichen Bevölkerung waren Bauernunruhen, die sich bis zu Brandstiftungen und Mordüberfällen steigerten. Das Arbeiterproletariat gab die Losung des Streiks aus, die immer weitere Kreise zog, bis im Oktober in Gestalt eines fast totalen Generalstreiks des ganzen Landes der Höhepunkt erreicht wurde, so daß das gesamte öffentliche Leben paralysiert war.

Von Bedeutung wurde die organisatorisch-politische Repräsentation der Arbeiter. Im Mai 1905 übertrugen die Streikenden im Textilrayon von Ivanovo-Voznesensk die Leitung einem gewählten Arbeiterrat, dem ersten proletarischen Sowjet der russischen Geschichte. Es folgten weitere Einzelsowjets in mehreren Städten, bis im Herbst 1905 in Petersburg das Streikkomitee der Buchdrucker einen umfassenden »Sowjet der Arbeiterdeputierten« schuf, der alsbald auch politische Forderungen erhob. Er stellte mit seinen 562 Delegierten, die ca. 250000 Arbeiter vertraten, eine in Rußland nie dagewesene politische Massenorganisation der Arbeiterklasse dar; er sollte zum Prototyp der Arbeiter- und Soldatenräte von 1917, der Sowjets des bolschewistischen Rußland, werden.

Obwohl der Petersburger Sowjet politisch von Menschewisten beherrscht wurde, griff er vielfach über das menschewistische Programm hinaus, wenn er die Auslösung eines bewaffneten Aufstandes und die Proklamierung einer demokratischen Republik auf seine Fahnen schrieb. Den Vorsitz des Sowjets übte zunächst ein Rechtsanwalt Chrustalev-Nosar' aus; als er im November 1905 verhaftet wurde, übernahm Leo Trockij, der schon im Februar 1905 aus der Emigration in die Heimat zurückgekehrt war, für die letzten Wochen der Sowjets das Amt. Es war seinem Einfluß zu verdanken, wenn die Menschewisten in Petersburg zu einer ultraradikalen Politik mitgerissen wurden, die dicht an den bolschewistischen Standpunkt heranreichte.

Es ist hier am Platz, über Trockij einiges zu sagen. Mit ihm tritt eine Persönlichkeit auf die Bühne des revolutionären Kampfes in Rußland, die an Rang und Bedeutung gleich neben Lenin genannt werden muß. Bei keinem der großen russischen Revolutionäre läßt sich der Werdegang so leicht überblicken wie bei Trockij, dessen Selbstbiographie inhaltlich und stilistisch zu den großen Memoirenwerken der Weltliteratur gerechnet werden muß[6].

Lev Davidovič Bronštejn wurde 1879 als Sohn eines jüdischen Landwirts im Gebiet Nikolaev in Südrußland geboren. Als Schüler machte er sich in Nikolaev mit dem Gedankengut der Narodniki bekannt und nahm zunächst unter dessen Einfluß gegen den Marxismus Stellung. Schon früh fiel er durch seine scharfsinnigen Argumentationen und durch eine gewandte aggressive Diskussionstechnik auf. Zweifellos war die Bildung Lenins ungleich tiefgründiger als seine; Trockij dagegen – diesen Namen legte er sich im Zuge seines revolutionären Umgangs bei – machte viele Lücken seines Wissens wett durch Improvisation, temperamentvolle Schlagfertigkeit, natürliche Verstandesschärfe und eine unbändige Aktivität. 1897 gründete er mit seinen Freunden in Nikolaev den »Südrussischen Arbeiterverein«, der bereits auf marxistischen Grundlagen fußte. Die Theorie war für Trockij nichts, die Wirklichkeit des revolutionären Kampfes alles. Sehr bald erfolgte der Zugriff der Behörden. Der Kreis wurde geschlossen, Trockij verhaftet und nach Ostsibirien verbannt.

Die Genfer »Iskra« war mittlerweile auf den begabten Publizisten aufmerksam geworden. Trockij, dem es gelungen war, aus Sibirien zu fliehen, erhielt die Aufforderung mitzuarbeiten. In Genf schloß er sich ganz der menschewistischen Richtung an und bekämpfte mit aller Schärfe Lenins zentralistische Parteiauffassung. Seine unter dem Titel »Unsere politischen Aufgaben« im Jahre 1904 veröffentlichte Broschüre wurde zu einer beißenden Abrechnung mit den Bolschewisten voll prophetischer Ahnungen. Er ließ sich trotzdem nicht eng parteipolitisch festlegen und nahm auch innerhalb der Menschewisten häufig eine Sonderstellung ein.

Nun wurde die erste russische Revolution zu einer ersten Bewährungsprobe seiner demagogischen Fähigkeiten. Aber nur kurze Zeit konnte er dem Petersburger Sowjet vorstehen: er wurde Anfang Dezember verhaftet. Seine Haltung vor Gericht imponierte, man wurde auf ihn aufmerksam. Von neuem nach Sibirien verbannt, schied er zunächst von der aktiven Beeinflussung der revolutionären Entwicklung aus.

Entscheidend dafür, daß die Arbeiterschaft nicht zu den Waffen griff, war das Verhalten des Militärs. Abgesehen von gelegentlichen Zersetzungserscheinungen bei den von der japanischen Front heimkehrenden Truppen und bei Reserveeinheiten und der Meuterei auf dem Panzerkreuzer Potemkin in Odessa, zeigte der russische Soldat damals noch keine Bereitschaft, mit den Streikenden gemeinsame Sache zu machen.

Durch das Oktobermanifest des Zaren vom 17. Oktober 1905 wurde der revolutionäre Schwung entscheidend gehemmt, die Opposition gespalten und die Streikbewegung geschwächt. Der Generalstreik wurde nach und nach abgebaut, die Krise schien überwunden. Das Manifest als solches verhieß Rußland eine Verfassung, die Zusammenberufung einer Reichsduma auf Grund allgemeiner Wahlen, bürgerliche Freiheiten. Nun kam es erstmalig in Rußland zu parlamentarischen Parteien und Fraktionen. Der bürgerlich-liberale »Bund der Befreiung« fand Gestalt in zwei Parteien: den rechtsliberalen »Oktobristen«, und den linksliberalen »konstitutionellen Demokraten« (Kadetten – nach den Anfangsbuchstaben K. D.). Die Menschewisten sahen unter den eingetretenen Umständen immer mehr in der Sozialdemokratie des Westens ihr Vorbild. Anders Lenin und die Bolschewisten.

Im Gegensatz zu Trockij traf Lenin erst am 7. November 1905, über Schweden und Finnland kommend, in Rußland ein. Er begründete in Petersburg eine bolschewistische Zeitung, in der er laufend die Ereignisse kommentierte. Bei einem Besuch der ohne sein Zutun entstandenen Sowjets kam er zum Ergebnis, daß derartige Formen sehr wohl als Vorbereitungszentren des bewaffneten Aufstandes und, nach stattgefundenem Umsturz, als erste Organe der neu zu errichtenden Diktatur der Arbeiter und Bauern zu gebrauchen seien. Es war eine Auffassung, die sich erheblich von der der Menschewisten unterschied, denen die Sowjets allenfalls Organe einer fortschrittlichen Selbstverwaltung bedeuteten. Als Lenin sich zu einer bolschewistischen Parteikonferenz in Tammerfors in Finnland begab, brach der Dezember-Aufstand in Moskau aus.

In Moskau stand der Arbeitersowjet unter dem Einfluß der Bolschewisten. Als der Petersburger Sowjet am 3. Dezember verhaftet wurde, beschloß der Moskauer, auf diese Maßnahme mit einem erneuten Generalstreik zu antworten, um anschließend den ersehnten bewaffneten Aufstand zu entfesseln. Mit dem Oktobermanifest war keineswegs Ruhe in Rußland eingetreten. Zum Entsetzen der Regierung flammten neue Bauernaufstände auf; in kurzer Zeit wurden über 2000 Gutshöfe niedergebrannt. Die Regierung wagte es nicht, Truppen gegen die aufständischen Bauern einzusetzen. Man fürchtete, daß die »Bauern in Uniform« sich weigern würden, auf die »Bauern ohne Uniform« zu schießen. In der Tat kam es jetzt hier und dort zu Meutereien in der Armee und besonders in der Flotte. Die Unruhe innerhalb der Bevölkerung wurde vergrößert durch Judenpogrome, die vom Oktober an wie eine Welle über West- und Südrußland rollten, unzweifelbar begünstigt und teilweise auch inspiriert von ultrareaktionären Kreisen, wie etwa dem patriotischen Verband der »Schwarzen Hundertschaft«.

Auf diesem Hintergrund spielten sich im Dezember die Ereignisse in Moskau ab. Der Moskauer Sowjet bildete einen bewaffneten Kampfverband aus fast 2000 Arbeitern. Am 9. Dezember brach der Aufstand los. Auf Barrikaden und in den Straßen, besonders im Arbeiterviertel Krasnaja Presnja, wurde erbittert gekämft. Es gelang den Revolutionären nicht, das Militär zu sich herüberzuziehen. Da die Eisenbahner diesmal nicht streikten, konnte die Regierung zarentreue Regimenter aus Petersburg und Tver' heranziehen. Am 20. Dezember erlosch auch der letzte verzweifelte Widerstand in den Arbeitervierteln. Die

Regierung war wieder Herr der Lage. Auch in der Provinz brachen kleinere Aufstände zusammen. Es setzten Gegenmaßnahmen ein, mit Hilfe von Standgerichten und Strafexpeditionen wurde rigoros aufgeräumt.

Lenin war nicht nach Moskau geeilt, um etwa hier den Aufstand zu leiten. Er flüchtete nach Finnland und hielt dort eine Parteikonferenz ab. Die Bolschewisten beschlossen, die Duma-Wahlen zu boykottieren. Nach außen wurde die Fiktion einer Einheit der Sozialdemokratischen Partei aufrechterhalten. Die nächsten Parteitage wurden zunächst noch gemeinsam abgehalten. Aber schon das Verhalten gegenüber den liberalen Duma-Parteien war ein grundverschiedenes. Die Menschewisten unterstützten in der I. Duma die Kadettenmehrheit, die Bolschewisten erblickten darin die Gefahr einer Verbürgerlichung der Arbeiterbewegung und gewannen durch propagandistische Auswertung dieser Taktik der Menschewisten nach und nach mehr Boden im radikalen Lager.

Auf dem IV. Parteitag in Stockholm im April 1906 stand neben der Frage des Verhaltens gegenüber der Duma die Agrarfrage im Mittelpunkt. Lenin trat für Nationalisierung des Bodens und Aufteilung unter die Bauern ein. Schon damals wurde eine kollektive Bewirtschaftung des bäuerlichen Landes mit staatlicher Hilfe erwogen, und es war eigenartigerweise Stalin, der, im Gegensatz zu Lenin, die Errichtung von privaten Höfen vorschlug. Der Parteitag nahm jedoch das menschewistische Agrarprogramm an, das die Übergabe des den Gutsbesitzern enteigneten Bodens an die Zemstvos vorsah, die das Land an die Bauern zu verpachten hatten.

Der V. Parteitag trat nach Auflösung der I. Duma im Mai 1907 in London zusammen. Unter den Anwesenden bemerkte man neben Lenin – Vorošilov, Zinov'ev, Kamenev, Jaroslavskij, Zaslavskij, Stalin und Maxim Gor'kij, unter den Menschewisten fiel der Georgier Iraklij Cereteli auf, unter den polnischen Delegierten – Rosa Luxemburg. 105 bolschewistischen Delegierten standen diesmal 97 Menschewisten gegenüber. Auch diesmal waren die polnischen, lettischen und jüdischen Sozialdemokraten vertreten; die beiden ersten gingen mit den Bolschewisten zusammen, die letzteren hielten sich zu den Menschewisten. Entgegen dem Antrag der Menschewisten, die Neutralität der Gewerkschaften zu respektieren, setzte die Mehrheit ihre Unterordnung unter die Partei durch. Der Kongreß endete mit einem unbestreitbaren Sieg Lenins; die Macht im Zentralkomitee fiel den Bolschewisten zu. Für das taktische Verhalten gegenüber der Duma war es wichtig, daß Lenin den 1905 bezogenen Standpunkt, der parlamentarischen Arbeit fernzubleiben, revidierte. Von nun ab wurde beschlossen, sich an den Wahlen zu beteiligen und die Sitzungen der Duma als Tribüne für die eigene Propaganda zu benutzen.

Als die Regierung im Juni 1907 auch die II. Duma auflöste, wurden sämtliche sozialdemokratischen Duma-Abgeordnete, 65 an der Zahl, verhaftet und nach Sibirien verschickt. Durch ein oktroyiertes Wahlrecht wurde die III. Duma zu einem gefügigeren Instrument der Regierung. Wohl konnte der konservativ-nationalistische Ministerpräsident P. A. Stolypin in dieser Duma seine Agrarreform durchbringen; gleichzeitig triumphierten aber Reaktion und nationale Unduldsamkeit und drückten der ganzen Epoche bis zum Ausbruch des Ersten Weltkrieges ihren Stempel auf.

Die Jahre der Reaktion

Mit dem Schlag gegen die Partei war auch Lenin in Finnland gefährdet. Es gelang ihm, nachdem er sich zeitweise verborgen hatte, im Dezember 1907 übers Eis nach Schweden zu entkommen. Er ließ sich zunächst in Genf nieder, wo er den »Proletarij« herausgab, später in Paris. Seine Aufmerksamkeit wurde in den nachfolgenden Jahren hauptsächlich von den theoretischen Auseinandersetzungen innerhalb der Partei, ja auch innerhalb der engeren Reihen der Bolschewisten, gefesselt. Hier machte sich, ohne Zweifel auf Grund einer gewissen Ernüchterung und Enttäuschung durch das Scheitern der radikalen Revolutionspläne, eine Krise bemerkbar, die unter anderem auch zum Austritt einer Reihe von Intellektuellen, wie Professor Aleksinskij, des Dichters Maxim Gor'kij und anderer führte. Ideologisch war der eigenartige Versuch zweier hochgebildeter Bolschewisten, Bogdanov und Lunačarskij, bedeutsam, die marxistische Theorie auf der Grundlage der philosophischen Schule von Mach und Avenarius mit Elementen der idealistischen Philosophie und der Religion zu versöhnen. Er entsprang zum Teil eigenem Unbefriedigtsein, zum Teil taktisch-propagandistischen Erwägungen. Lenin rechnete mit dieser Richtung in einem größeren Werk »Materialismus und Empiriokritizismus« (1909) ab, zu dem er sich das Material in London in der Bibliothek des Britischen

Museums zusammensuchte. Er verfocht hier im Anschluß an Marx die These, daß das Wesen der Entwicklung – sowohl in der Natur als auch in der Geschichte – nicht nur in stetigen quantitativen, sondern von Zeit zu Zeit in plötzlichen qualitativen Veränderungen bestehe. Die politische Nutzanwendung dieser Theorie bestand darin, daß die Verwirklichung des Sozialismus nicht von einer langsamen Reihe von Reformen, sondern von einem plötzlichen Umschlagen der Verhältnisse zu erwarten sei. Daher habe ein Sozialist Revolutionär, nicht Reformist zu sein.

Von dieser grundsätzlichen Einstellung aus war von einer vorübergehenden taktischen Annäherung beider Flügel nicht viel zu erwarten. Eine Parteikonferenz in Paris im Dezember 1908, an der die Menschewisten durch Dan und Aksel'rod vertreten waren, verurteilte daher die menschewistischen Bestrebungen, die auf eine Auflösung der Parteiorganisation aus taktischen Gründen hinausliefen, um sich in legaler Weise, zusammen mit den Kadetten, an der Duma-Arbeit beteiligen zu können. An sich lag es, von einem liberalen Standpunkt aus gesehen, nahe, mit anderen Gruppen gemeinsam einen reformistischen Kampf um die unter den obwaltenden Umständen bestmögliche Gestaltung der Existenzbedingungen des Proletariats zu führen. Aber selbst Plechanov mißbilligte die Liquidation des revolutionären Kampfapparates.

Dieselbe Konferenz rechnete auch mit den schon erwähnten Idealisten ab, die in Fragen des taktischen Vorgehens die Abberufung der sozialdemokratischen Deputierten aus der Duma verlangten, um die Kräfte der Partei in der Isolation zu sammeln. Die Wortführer dieser Gruppe[7] wurden aus der Partei ausgeschlossen.

Mit diesen Auseinandersetzungen war zum Jahre 1910 die einheitliche Linie innerhalb der Bolschewisten wiederhergestellt. Immer mehr entwickelten sie sich zu einer verschworenen Gemeinschaft von Berufsrevolutionären mit einem gemeinsamen Aktionsprogramm, die auf russischem Boden im unterirdischen Bereich der Illegalität ihre Zellenorganisationen ausbauten. Es galt, die Kräfte für eine neue revolutionäre Situation zu sparen und einstweilen der um sich greifenden Enttäuschung und Apathie der Arbeiterkreise zu begegnen; es galt, Geld für die kostspielige Propaganda im Inland und Ausland zu beschaffen, geheime Druckereien zu bedienen, die Wachsamkeit zu bewahren. Ein besonderer Typ bildete sich auf diesem Nährboden heraus,

Männer der rücksichtslosen Tatkraft, der List und Gewandtheit, die über die nötige Skrupellosigkeit im Sinne des großen Zieles verfügen mußten und bei denen es weniger auf intellektuelle Qualifikation ankam.

Zu ihnen gehörte Stalin. Anders als Lenin und Trockij spielte sich sein Aufstieg in der Partei im Halbdunkel der Illegalität ab, ohne daß sein Name viel genannt worden wäre.

Josif Vissarionovič Džugašvili war der Sohn eines georgischen Schusters, eines gewesenen Leibeigenen. Der Vater pflegte im Trunk Frau und Kind zu mißhandeln. Die Mutter, ossetischer Abstammung, vergötterte den am 21. Dezember 1879 in Gori unweit Tiflis geborenen Sohn, das einzige überlebende Kind. Sie hatte einen unbändigen Ehrgeiz, ihm eine bessere Zukunft zu ermöglichen. Dazu sollte die geistliche Laufbahn verhelfen. 1894 kam er ins Priesterseminar nach Tiflis. Die Mutter mag wohl nicht geahnt haben, daß gerade das Priesterseminar in Tiflis das Zentrum der radikalen Studentenbewegung des Kaukasus war, da es sonst keine Hochschulen im Lande gab. Die junge Generation der Georgier war erstaunlich einheitlich in ihrer revolutionären Färbung. Nur eine kleine Gruppe extremer Nationalisten stand abseits; die anderen hielten alle, auch Angehörige des georgischen Adels, zur Sozialdemokratie. Der junge Džugašvili zeigte sich zunächst als Musterschüler, bot doch der geistliche Beruf tatsächlich die einzigartige Möglichkeit, ohne viel geistige Strapazen und vor allem – ohne körperliche Arbeit – sozial aufzusteigen. Aber sehr bald wurde er von dem Geist der Aufsässigkeit und des Atheismus mitgerissen, der das Seminar kennzeichnete. Das Ergebnis war, daß er, vermutlich wegen eines Disziplinarvergehens, von der Anstalt relegiert wurde. Daß er seit seinem Eintritt eine bemerkenswerte Rolle in der revolutionären Arbeit gespielt hätte, daß er aus dem Seminar wegen marxistischer Agitation ausgestoßen wurde, ist spätere Erfindung.

Stalin – auch er bediente sich bald eines symbolkräftigen revolutionären Decknamens – erhielt einen untergeordneten Posten an der Tifliser Sternwarte, der ihm die Möglichkeit gab, sich an der Untergrundarbeit der Revolutionäre zu beteiligen. Jetzt erst scheint sein Interesse an diesen Dingen erwacht zu sein. Bald tauchte er unter, wurde Berufsrevolutionär, wirkte zeitweise in Batum, der Hafenstadt am Schwarzen Meer. 1898 trat er der Sozialdemokratischen Partei bei. 1902 wurde er zum erstenmal verhaftet und in das Gouvernement Irkutsk nach Sibirien verbannt. Aber es gelang ihm schon im Januar 1904 zu flüchten, und wieder erschien er in Tiflis und Batum, aber er kam hier nicht auf gegen die glänzenden Führer der georgischen Revolutionäre mit ihrer tiefgründigeren Bildung und ihrer gewandteren Dialektik, einen Čcheidze, einen Cereteli und andere. Dabei hatte ihn ein maßloser Ehrgeiz gepackt, eine wilde Entschlossenheit, Karriere zu machen. Prinzipien und Ideologien ließen ihn kalt. Begabt mit allen Künsten der Verstellung und voll orientalischer Schläue und Geduld, nach außen verschlossen und mißtrauisch, ging er ans Werk. In Baku fand er die geeignetere Atmosphäre. Hier begann er eine Rolle zu spielen in einer Schicht armenisch-russischer Revolutionäre, des Proletariats der Ölindustrie, und es störte ihn nicht, daß diese armenischen Arbeiter oft einen altererbten Haß gegen ihre georgischen Nachbarn empfanden. Er löste sich von seiner engeren Heimat, und er mag damals auch den menschewistischen Sympathien der Tifliser und Batumer Anfangsjahre entsagt haben, um sich 1904 ganz dem Bolschewismus zu verschreiben.

Im Dezember 1904 gelang es ihm, den großen Streik von Baku zu organisieren: ein Wetterleuchten für die im nächsten Monat ausbrechende russische Revolution. Aber im übrigen lag der Transkaukasus weit ab von den eigentlichen Brennpunkten der revolutionären Ereignisse, und Stalins Bedeutung reichte nicht im geringsten über den provinziellen Rahmen hinaus. Immerhin war bedeutsam für ihn selbst, daß er 1905 in Tammerfors (Tampere) erstmalig mit Lenin zusammentraf; er war beeindruckt – bezeichnend für seine spätere eigene Auffassung von zeremoniellen Dingen – von Lenins unpathetisch-freier Art, sich zu geben.

Nach der Revolution war es gewiß für die Parteileitung wichtig, Männer im Lande zu wissen, die die revolutionäre Glut schürten und sich um die Finanzierung der Parteiarbeit mühten. Im Sommer 1907 glückte in dieser Hinsicht ein großer Schlag. Bei einem Überfall auf einen Geldtransport der Tifliser Reichsbankfiliale wurden 250000 Rubel erbeutet. Stalin hatte die Aktion geleitet, im Ausland bemühte sich M. Litvinov um die Flüssigmachung des Geldes, wobei er in Paris verhaftet wurde. Daß ein Moskauer Großkaufmann, Morozov, gewissermaßen als Rückendeckung für alle Eventualitäten, der Parteikasse 1000 Rubel stiftete, war natürlich ein Sonderfall, allerdings stand er nicht ganz vereinzelt da.

Der verschärfte Kurs nach Auflösung der II. Duma ereilte auch Stalin. 1908 wurde er verhaftet und in das Gouvernement

Vologda verbannt. Es gelang ihm zu flüchten, erneute Verhaftung im Jahre 1910 führte zu erneuter Flucht. 1912 stellte er sich der Redaktion der »Pravda« in Petersburg zur Verfügung.

Im Januar desselben Jahres war in Prag eine bolschewistische Parteikonferenz zusammengetreten, die zu einem wichtigen Markstein der revolutionären Bewegung in Rußland werden sollte. Was 1903 eingeleitet worden war, wurde jetzt zum Abschluß gebracht. Immer krasser standen sich die beiden Gruppen der Sozialdemokratie gegenüber. Dem festen Parteikader der Bolschewisten entsprach auf der anderen Seite eine lockere Gemeinschaft von Menschen, die nur durch eine gemeinsame Weltanschauung beziehungsweise ein politisches Rahmenprogramm verbunden waren. Lenin war entschlossen, nunmehr reinen Tisch zu machen. Die Prager Konferenz schloß die Menschewisten aus der Partei aus und konstituierte diese neu als eine selbständige bolschewistische Partei. In das neue Zentralkomitee wurden gewählt: Lenin, Zinov'ev, Ordžonikidze, Bubnov und Spandarjan, als Kandidat – Kalinin; in Abwesenheit hinzukooptiert wurden Sverdlov und Stalin. Als wichtige Kampfziele stellte die Prager Konferenz auf der Grundlage des Programms von 1903 die Forderungen auf: Begründung einer demokratischen Republik als Vorstufe zur Diktatur des Proletariats, Einführung des achtstündigen Arbeitstages und entschädigungslose Enteignung des Großgrundbesitzes.

Was veranlaßte Lenin, den damals selbst in Parteikreisen noch weidlich unbekannten georgischen Revolutionär zum maßgebenden Gremium der Partei heranzuziehen? Zweifellos steht die Aufmerksamkeit, die Lenin im Jahre 1912 Stalin schenkte, in direkter Verbindung mit der führenden Rolle, die dieser seit der Revolution von 1905 bei der Finanzierung der Partei durch die gewaltsamen »Expropriationen« im Kaukasus gespielt hatte. Als unermüdlicher Kämpfer an der Heimatfront hatte sich Stalin in einer Zeit dem bolschewistischen Zentralkomitee unentbehrlich gemacht, in der die leitenden Persönlichkeiten sich im Ausland befanden. Lenin konnte Stalin, wenn schon nicht als geistigen Kopf, so doch als einen zähen und gewandten Mitarbeiter und einen skrupellosen Konspirateur gebrauchen. Die Bedeutung der in Rußland wirkenden Parteigenossen wurde zudem noch dadurch gehoben, daß gerade damals die schon längere Zeit laufende Kontroverse zwischen Lenin und Trockij die einheitliche Führung der Arbeiterschaft stärker zu gefährden drohte als die Einstellung der Menschewisten.

Trockij war in diesen Jahren vor Ausbruch des Ersten Weltkrieges von Wien aus bemüht, eine eigene sozialdemokratische Sammlungsaktion zwischen beiden Extremen aufzubauen. Seine Polemik gegen Lenin steigerte sich zu gehässigen Ausfällen ohnegleichen. Auch wenn manches Wort, später im Kampf Stalins mit dem Trockismus hervorgeholt, entstellt wiedergegeben wurde, steht es fest, daß Lenin sich vor der scharfen Zunge des Rivalen vorsehen mußte. Aber der Erfolg blieb Trockijs Bemühungen, einen dritten Weg zwischen Menschewisten und Bolschewisten zu finden, versagt.

Mittlerweile spitzte sich die Lage in Rußland in diesen letzten Jahren vor Ausbruch des Krieges zu. Im Frühjahr 1912 setzte erneut eine große Streikbewegung ein. Sie wurde ausgelöst durch den Streik der Arbeiter an den Goldwäschereien an der Lena, bei dem im Zusammenstoß mit den eingesetzten Truppen etwa 250 Personen getötet wurden. Dieses Blutbad erregte die öffentliche Meinung in starkem Maße. In vielen Städten des europäischen Rußland wurden Proteststreiks veranstaltet, an denen fast eine halbe Million Arbeiter teilnahm. »Die Schüsse an der Lena«, schrieb Lenin, »haben das Eis des Schweigens gebrochen, und der Strom der Volksbewegung ist in Gang.« Die Streikbewegung riß von da an nicht mehr ab. 1913 waren es schon 850000, die die Arbeit niederlegten, Anfang 1914 1½ Millionen.

Es war, als wittere Lenin bereits Morgenluft. Er verlegte seinen Wohnsitz nach Krakau im österreichischen Galizien, um Rußland näher zu sein. In Petersburg wurde ein neues bolschewistisches Geheimblatt, die »Pravda« (Wahrheit), begründet; die erste Nummer erschien am 22. April 1912 mit Beiträgen von Kamenev und Stalin; bald erreichte die Zeitung die Auflageziffer von 40000. Der menschewistische »Luč« (der Strahl) brachte es nur auf 15000. Am selben Tage, an dem Stalins Artikel erschien, wurde er verhaftet und nach Narym in Westsibirien verbannt. Er entkam kurz darauf und erschien gerade zum Beginn des Wahlkampfes für die IV. Duma in Petersburg. Nach den Wahlen berief Lenin im November 1912 das Zentralkomitee zu einer Überprüfung der Lage nach Krakau. Auch Stalin traf hier ein, um Anfang des nächsten Jahres anläßlich einer erneuten Sitzung gemeinsam mit den bolschewistischen Duma-Abgeordneten wieder nach Krakau zu reisen und diesmal für die Dauer von 6 Wochen im Ausland zu weilen. Stalin war der Unzufriedenheit der russischen Arbeiterschaft mit der Spaltung der Partei dadurch begegnet, daß er einen auffallend versöhnlichen Ton gegenüber den Menschewisten in der »Pravda« angeschlagen hatte. Lenin paßte das nicht, er setzte J. Sverdlov als Chefredakteur ein, der den gewünschten Kurs besser zu steuern wußte. Stalin dagegen erhielt den Auftrag, eine Untersuchung über die Nationalitätenfrage in Rußland zu schreiben. Hier konnte man bei ihm aus eigener Anschauung und eigenem Erleben Kenntnisse und Interesse voraussetzen.

Stalin begab sich nach Wien, um hier auf dem Boden des Nationalitätengewirrs des Habsburger Reiches Eindrücke und Material zu sammeln. Gerade damals befand sich einer der fähigsten wissenschaftlichen Köpfe aus der Gefolgschaft Lenins in Wien. Es war Nikolaj Ivanovič Bucharin, der später sehr geschätzte Theoretiker der Partei. Bucharin war der Sohn eines Volksschullehrers und einer Lehrerin, 1888 in Moskau geboren, der sich von klein auf brennend für naturwissenschaftliche Probleme interessierte und schon als Schüler sehr belesen war. Das Revolutionsjahr sah ihn bereits als überzeugten Marxisten und Anhänger Lenins. Mehrfach verhaftet, flüchtete er aus der Verbannung in Nordrußland ins Ausland. In Wien studierte er Volkswirtschaft bei Böhm-Bawerk und legte den Grund zu seiner späteren Beschlagenheit in ökonomischen Fragen. Es ist angenommen worden, daß Bucharin Stalin bei der Abfassung seiner Arbeit zur Hand gegangen ist, zumal dieser bei der Benutzung der Wiener Bibliotheken neben anderen auch vor sprachlichen Schwierigkeiten stehen mußte. Sicher ist, daß die Grundlinien von Lenin vorgezeichnet worden waren.

Stalins 40 Druckseiten umfassende Schrift »Der Marxismus und die nationale Frage« war eine programmatische Deklaration der bolschewistischen Auffassung des Problems, die den Ansichten der österreichischen Sozialdemokratie entgegengehalten wurde. Sie ging vom Selbstbestimmungsrecht aus, lehnte aber die vom Territorium unabhängige »nationale Kulturautonomie« ab. Die Definition der Nation als einer »geschichtlich gebildeten dauernden Gemeinschaft der Sprache, des Territoriums, des ökonomischen Lebens und der psychologischen Beschaffenheit, die sich in einer gemeinsamen Kultur äußern«, wurde zur Grundlage der späteren sowjetischen Nationalitätenpolitik. Zunächst konnte man nicht ahnen, daß sie nach dem Tode Lenins zur bloßen Fassade werden würde, hinter der die Regierung sich über den Willen der Bevölkerung hinwegsetzte, weil macht- und staatspolitische Erwägungen die Rücksichtnahme auf nationale Besonderheiten verdrängten.

In die im Herbst 1912 gewählte IV. Duma waren sieben menschewistische und sechs bolschewistische Deputierte eingezogen. Auch wenn man die sozialrevolutionäre Gruppe der »Trudoviki« zu den Vertretern der werktätigen Klassen hinzurechnet, war doch an eine gemeinsame Front der Linken, wie die Dinge lagen, nicht zu denken. Aber auch die Menschewisten kamen, trotz ihrer Bereitschaft, mit den Kadetten zusammenzugehen, nicht zum Zuge; diese selbst waren durch die ungeheuer angeschwollene äußerste Rechte an die Wand gedrückt.

Die Regierung Nikolajs II., nach der Ermordung Stolypins richtungslos, geriet immer mehr unter den Einfluß der nationalistischen Rechtskreise, die in einer aggressiven Außenpolitik die willkommene Ablenkung von inneren Nöten sahen. Sie wiegte sich in Sicherheit angesichts der Spaltung der sozialdemokratischen Parteien, ohne die Gefahr der dadurch gesteigerten Radikalisierung zu durchschauen. Und so gleicht das Bild, das Rußland am Vorabend des Ersten Weltkrieges bot, einem makabren Wettlauf zwischen zwei extremistischen Richtungen, die im Grunde beide den Staat in den Untergang trieben.

Das Problem der russischen Mitte

Die so häufig sich aufdrängende Frage, hier stellt sie sich wieder: wo blieben angesichts dieser Extreme die Kräfte der Mitte, die den Staat aus der Wirrnis innerer Nöte und außenpolitischer Verlockungen auf evolutionäre Weise hinaussteuern konnten?

Seinerzeit, in der ersten Hälfte des 19. Jahrhunderts, hatte der liberale Gedanke die Verbindung mit dem nationalen verloren, als dieser in die Zwangsjacke eines behördlich genormten offiziellen Nationalbewußtseins gepreßt worden war, das von reaktionären Kräften bestimmt wurde. Später, als nach dem Krimkriege sich im Zeitalter der Reformen neue Impulse regten, meldeten sich neben liberal-demokratischen Bestrebungen auch nationale Tendenzen aufs neue. Von einem nunmehr säkularisierten Sendungsbewußtsein geschwellt, nahmen sie alsbald übersteigerte Formen an. Während nach außen panslawistische Parolen bei den Türken- und Balkankriegen Pate standen und schließlich auch den Ersten Weltkrieg auslösten, schoß im Innern ein chauvinistischer Nationalismus üppig empor, der in Russifizierungsmaßnahmen gegen die nichtrussischen Völkerschaften des Reiches, in einem Kulturkampf gegen nicht der Staatskirche zugehörige Konfessionen und in einem vor allem im Antisemitismus zutage tretenden Rassenhaß häßliche Blüten trieb. Ein weiteres Mal in der neueren russischen Geschichte löste sich freiheitliches Denken von nationalen Bestrebungen, jenes aufs neue in radikal-extremistische Bezirke verweisend.

Hierin liegt die Tragik der russischen politischen Mitte. Die reformistischen Tendenzen des Zemstvoliberalismus fanden ihren lebhaften Ausdruck in der Hoffnung, in den Selbstverwaltungskörperschaften Vorstufen einer demokratischen Entwicklung, wenn auch im Rahmen einer konstitutionellen Monarchie, erblicken zu können. Sie gewannen Gestalt in der Bewegung des Befreiungsbundes, aus dem die konstitutionell-demokratische Partei hervorging. Aber gerade die hier versammelten Kreise verfielen in den Jahren nach der ersten Revolution einer neuen nationalistischen Welle, die in Gestalt des Neoslawismus sowohl die aggressiven panslawistischen Forderungen, diesmal mehr gegen Österreich-Ungarn gerichtet als gegen die Türkei, als auch den innerpolitischen Zentralismus und Unitarismus der reaktionären Konzeption übernahmen.

Nur wenigen einsichtigen russischen Politikern war es klar, daß neben den drängenden sozialökonomischen Problemen auch dem Nationalitätenproblem eine vordringliche Bedeutung zukam und daß dieses nicht mehr in einer Nationalstaatsidee erstickt werden konnte, die im Grunde eine Verengung der russischen Reichsidee darstellte. Wenn die Kadetten mit Professor P. Miljukov an der Spitze diese Fragen ebenso wie auch die der sozialen Lage der Bauern und der Arbeiter nicht sofort konkret anpackten, weil sie erst das Regierungssystem verändern wollten, so liegt hier eine Fehlkalkulation der russischen Liberalen vor, für die nicht der russische Nationalcharakter verantwortlich gemacht werden kann, sondern die Generation, die damals am Zuge war.

Wie die Dinge lagen, war die Monarchie reif für den Untergang. Sie grub sich mit dem leichtfertigen Eintritt in den Ersten Weltkrieg selbst ihr Grab. Die Kräfte, die in die Zukunft wiesen, schienen im extremen Lager der Linken zu finden zu sein. Ihre revolutionären Energien reichten aus, um eine Welt aus den Angeln zu heben. Ihr Werk wurde zu einer der größten Herausforderungen in der neueren Geschichte der Menschheit. Vielleicht liegt hierin der tiefere Sinn der bolschewistischen Ära der russischen Geschichte.

Die russischen Sozialisten und der Krieg

Zu Beginn des Krieges wurde Lenin von den österreichischen Behörden verhaftet. Es gelang ihm, in die Schweiz zu entkommen. Hier schlug er, zusammen mit G. Zinov'ev, das Hauptquartier der bolschewistischen Bewegung in Bern auf.

Als einzige von den radikalen russischen Parteien lehnten die Bolschewisten den Krieg konsequent ab. Schon im September 1914 schrieb Lenin, die militärische Niederlage des zaristischen Rußland sei ein unentbehrliches Vorspiel für den Sieg der Revolution, die Grundlage jeden Erfolges. Er beschwor das russische Proletariat, den Sieg des deutschen Proletariats zu erleichtern; der imperialistische Krieg der Mächte müsse zu einem Bürgerkrieg der Klassen überleiten. Lenin eröffnete eine erbitterte Polemik gegen die regierungstreuen Sozialisten aller Länder, die er als Sozialchauvinisten bezeichnete. Er sagte der II. Internationale den Kampf an und beschäftigte sich schon zu Beginn des Krieges mit dem Gedanken, eine neue III. Internationale zu gründen. Zu Lenins Gegnern gehörte Plechanov. Die Menschewisten waren sich nicht ganz einig. Ihr rechter Flügel unter Plechanov sah die nationale Verteidigung des Vaterlandes als die notwendige Vorstufe der Revolution an, ihr linker unter Martov verlangte einen Friedensschluß auf Grund des Selbstbestimmungsrechts der Völker und unter Verzicht auf Annexionen und Kontributionen.

In zwei internationalen Konferenzen in der Schweiz wurde der Standpunkt beider Parteien präzisiert. In Zimmerwald, im September 1915, erklärte sich die Mehrheit nicht für Lenin, sondern für den deutschen Sozialdemokraten Kautsky, der zwar keinen innerpolitischen Burgfrieden propagierte und es als Aufgabe der Sozialisten hinstellte, die Regierung jedes Landes zum Frieden zu zwingen, aber die Anwendung aktiver revolutionärer Maßnahmen ablehnte. Die Abstimmung ergab 23 zu 7 Stimmen für die gemäßigte Formel. Auch der Führer des linken Flügels der russischen Menschewisten, J. O. Martov, hatte Lenins Formel von der »Umwandlung des Krieges in einen Bürgerkrieg« abgelehnt und den konsequenten Pazifismus verlangt. Von nun an galt Lenins Kampf nicht nur den »Sozialpatrioten«, sondern auch den »Sozialpazifisten«. In Kienthal, im April 1916, ergab sich dasselbe Bild. Die Mehrheit blieb auf dem Boden der II. Internationale, Lenin sah sich von der westeuropäischen Arbeiterschaft desavouiert. Ohnehin erschien er den meisten westlichen Sozialistenführern als ein fanatisch-schwärmerischer, revolutionärer Sektierer. Er dagegen war um ein Urteil auch nicht verlegen; die Führung der westeuropäischen Arbeiterschaft war in seinen Augen hoffnungslos verbürgerlicht.

In Rußland hatte die bolschewistische Untergrundorganisation im September 1914 auf einer geheimen Konferenz in Finnland eine Resolution gegen die Regierung und den Krieg aufgestellt und verbreitet. Alsbald erfolgte der Zugriff der Behörden. Im Oktober wurden die bolschewistischen Abgeordneten der Duma und andere Parteimitglieder verhaftet und des Hochverrats angeklagt. Anfang 1915 setzte man sie nach Sibirien in Marsch, wo sich, auf einzelne Orte verteilt, schon eine ganze Reihe anderer prominenter Gesinnungsgenossen befand. Neben Sverdlov und Ordžonikidze gehörte dazu auch Stalin. Er war 1913 zum sechstenmal in seiner Revolutionslaufbahn verhaftet worden und befand sich im Dorfe Kurejka im Gebiet Turuchansk am Jenisej, unweit des Polarkreises. Die außerordentlich unangenehmen klimatischen Bedingungen machten Stalin keine großen Beschwerden; so öde und abgelegen die Gegend auch war: die zaristische Verbannung hatte im Vergleich zur sowjetischen doch ihre Annehmlichkeiten. Dem politisch Verschickten stand es frei, sich Bücher kommen zu lassen und Briefwechsel zu pflegen, er konnte sich in einem größeren Umkreis bewegen, auf die Jagd oder zum Angeln gehen und die Erträge veräußern. Stalin hielt vielfach bolschewistische Versammlungen unter den Verbannten seines Bezirks ab. Er hat den Krieg hier bis 1916 überstanden, für die letzten Wochen des Zarenregimes kam er in die Nähe von Krasnojarsk.

In Petersburg war mit dem Zugriff der Polizei die bolschewistische Organisation zusammengebrochen. Das 1912 geschaffene Russische Büro des Zentralkomitees hörte für 18 Monate auf zu bestehen. Es wurde erst im Sommer 1916 von A. Šljapnikov wiederhergestellt, der aus Paris über die Schweiz und Schweden nach Rußland zurückkehrte. Er zog einen jungen Mann heran, der schon in der Redaktion der »Pravda« mitgearbeitet hatte. Es war Molotov.

Vjačeslav Michajlovič Molotov stammt aus demselben Raum, aus dem auch Lenin und Malenkov hervorgegangen sind, aus dem östlichen Teil des europäischen Rußland zwischen Wolga und Ural. Hier wurde er im Jahre 1890 in einem Dorf des Gouvernements Vjatka als Sohn eines Kleinbürgers namens Skrjabin geboren. Der Schulbesuch in Kazan' brachte ihn in Verbindung mit revolutionären Kreisen. Die Beschäftigung mit der bloßen Theorie lag dem etwas schwerfälligen Geist des jungen Mannes nicht; es drängte ihn zur Tat, und so zog er bald eine Kampfgruppe auf, die sich mit der Verfertigung von Sprengkörpern beschäftigte. Sehr früh ergriff ihn eine Vorliebe für die organisatorisch-bürokratische Seite der konspirativen Arbeit, und die Statuten eines allrussischen revolutionären Verbandes der höheren und Hochschulen, die er in den Jahren nach der ersten Revolution ausarbeitete, sind sein Werk. 1909 ins Gouvernement Vologda verschickt, gelang es ihm, hier sein Abitur als Externer zu bestehen, um anschließend mit Eifer unter den Eisenbahnern zu agitieren und eine bolschewistische Zelle aufzubauen. Nachdem die Verbannungszeit abgelaufen, ließ sich Molotov an der Technischen Hochschule in Petersburg immatrikulieren. Hier begann auch seine Mitarbeit an der »Pravda«, deren Redaktionssekretär er wurde. Als die Polizei ihn verfolgte, ging er nach Moskau, geriet aber doch durch Denunziation eines Spitzels ins Gefängnis und wurde 1913 ins Gouvernement Irkutsk nach Sibirien verschickt. Es gelang ihm zu fliehen. Während des Krieges tauchte er aufs neue in Petersburg auf und versuchte, die verstreuten Parteigenossen zu sammeln, bis ihn Šljapnikov zur Neugründung des Büros heranzog. An eine Herausgabe der »Pravda« war vorerst noch nicht zu denken.

Zur selben Zeit arbeitete Lenin in Zürich an seinem großen Werk »Imperialismus als höchstes Stadium des Kapitalismus«. Er deckte hier die engen Beziehungen zwischen der kapitalistischen Wirtschaftsform mit ihren Finanzmonopolen und Konzernen und der imperialistischen Außenpolitik auf; da kapitalistische Staaten ihre Streitigkeiten stets durch Kriege austragen würden, sei nur mit dem Ende des kapitalistischen Systems ein Ende auch der imperialistischen Kriege abzusehen. Ehe der Sozialismus verwirklicht sei, könne auch nicht von Abrüstung die Rede sein, denn ohne Waffen sei keine Revolution denkbar. Von Bedeutung war, daß Lenin hierbei von der Feststellung ausging, daß sich die politischen Verhältnisse seit den Tagen von Karl Marx grundlegend geändert hätten und daß neben die Ausbeutung von Klassen die Ausbeutung ganzer Völker durch andere getreten sei. Lenin konnte damit die Lehre vom Klassenkampf von der innerpolitischen auf die internationale Ebene übertragen; er lieferte so die Voraussetzung für die spätere Rolle der Sowjetunion als Vortrupp der Weltrevolution, die man in der stalinistischen Ära hieraus deduzierte.

Wenn auch die Grundthese dieses Buches, daß einem sozialistischen Staatswesen imperialistische Bestrebungen fremd sein müßten, durch die Erfahrungen der stalinistischen Ära widerlegt wird, macht es der marxistischen Dialektik keinerlei Schwierigkeiten, dem entgegenzuhalten, daß wahrhaft imperialistische Kriege nur von kapitalistischen Staaten geführt werden und ein sozialistischer Staat dagegen nur gerechte Kriege führe, besonders dann, wenn er von kapitalistischen Mächten eingekreist ist.

Damals, ehe derartige Argumentationen nötig waren, erschien den russischen Marxisten Lenins neuestes Werk als eine Art Neues Testament zu den Schriften von Karl Marx, das eine ähnliche Verehrung wie diese verdiente.

In der Beurteilung der konkreten politischen Lage war Lenin skeptisch. Noch im Januar 1917 meinte er in einer Rede vor Schweizer Arbeitern, daß die alte Generation die entscheidenden Kämpfe der kommenden Revolution in Rußland nicht erleben würde; die junge Generation aber werde, so hoffte er, dereinst siegreich aus der proletarischen Revolution hervorgehen.

Sechs Wochen danach brach das Zarenregime zusammen. Die Revolution, die den Sturz herbeiführte, war zunächst eine bürgerliche. Würde sie als eine »permanente Revolution« in eine sozialistische übergehen?

I

REVOLUTION

Das zaristische Rußland im Kriege

Die russischen strategischen Pläne brachen im Ersten Weltkrieg schnell zusammen. Während der Einfall ins österreichische Galizien, von den geistigen Kräften des Panslawismus getragen, Erfolge zu versprechen schien, führte der von Frankreich zur Entlastung seiner Kriegführung geforderte Einbruch in Ostpreußen zu den katastrophalen Niederlagen der zaristischen Heere bei Tannenberg und den Masurischen Seen. Im Zuge der großen deutschen Gegenoffensive des Jahres 1915 gingen nächst Polen auch Litauen, Kurland und westrussische Gebiete bis zu einer Linie von der Düna zur rumänischen Grenze verloren.

Der Zusammenbruch der russischen Westfront zog eine Krise der obersten militärischen Führung nach sich, die im zweiten Kriegswinter zu deutlichen Symptomen der Erschütterung des gesamten staatlichen Gefüges sowie des Vertrauensverhältnisses zum Zarenhause führte. Nachdem das Dardanellenunternehmen der Alliierten gescheitert war, lastete der Krieg gegen die Türkei nahezu allein auf Rußland. Die kritische Lage an der Westfront zwang die Alliierten zudem noch, von Rußland erneute Anstrengungen gegen die deutschen und österreichischen Armeen zu verlangen. Aber die Brusilov-Offensive im Sommer 1916 erwies sich als ein Pyrrhussieg von zeitlich begrenzter Wirkung. Sie zog den deutschen Gegenstoß unter einer straffen neuen Führung bis nach Rumänien und Serbien nach sich und ließ das Jahr 1916 in düsterer Hoffnungslosigkeit zu Ende gehen. Hand in Hand mit der fortschreitenden wirtschaftlichen Desorganisation im Lande wuchs die Opposition gegen die reaktionäre Hofkamarilla Nikolajs II. und gegen die unkontrollierbaren Einflüsse von Rasputin und anderen dunklen Gestalten. Sie ging zunächst von liberalen Kreisen aus. Das Wort des Parteiführers der Kadetten, des Historikers Professor P. N. Miljukov auf einer Duma-Sitzung im November 1916, die Unfähigkeit der Regierung grenze an Landesverrat, zeigt die Schärfe, mit der hier protestiert wurde. Die Ermordung Rasputins durch Mitglieder des russischen Hochadels im Dezember 1916 verschärfte die Spannung beträchtlich.

Als zu Beginn des neuen Jahres 1917 eine alliierte Delegation eintraf, um das militärische Potential Rußlands zu überprüfen, erwiesen sich alle Versuche, dem Zaren liberale Konzessionen nahezulegen, als erfolglos. Daraufhin ließen die Westmächte den Zaren fallen, um alle Hoffnungen auf eine politische Umwälzung im liberal-demokratischen Sinne zu setzen. Die Erinnerungen der beiden Botschafter Englands und Frankreichs in Petersburg, Buchanan und Paléologue, geben neben einem plastischen Bilde der zur Revolution führenden Ereignisse zugleich auch einen guten Einblick in die Fäden, die von ihren Vertretungen zur liberalen Opposition hinüber gesponnen worden waren.

Die Februarrevolution

Im Laufe des Februar häuften sich Demonstrationen, die zunächst nur eine gewisse Verknappung von Lebensmitteln zum Anlaß hatten. Es traten Streiks hinzu, die die Munitionsfabrikation bedrohten. Der Duma-Präsident M. V. Rodzjanko, ein Vertreter des russischen Großbürgertums, drang vergeblich in den Zaren, die Zusammensetzung der Regierung den Wünschen liberaler Kreise entsprechend zu ändern. Entscheidend für den Fall der Zarenmacht wurden zwei Faktoren. Die bei den ersten Demonstrationen und Unruhen eingesetzten Einheiten der Petersburger Garnison, auch Teile der traditionsreichen Garderegimenter, erwiesen sich als unzuverlässig. Sie schlossen sich den Demonstranten an, es kam zu Meutereien und Widersetzlichkeiten gegen die Offiziere. Der zweite wichtige Faktor war die Duma. Hier schienen die Keime zu einem kommenden demokratischen Rußland zu liegen; hier schienen sich die Kräfte des Widerstandes gegen Reaktion und Korruption am zukunftsträchtigsten zu sammeln.

Als der Zar am 26. Februar (11. März)[1] die Duma auflöste, widersetzte sie sich dem Befehl und blieb zusammen. In der Nacht zum 27. Februar (12. März), in der die Stadt schon von Feuersbrünsten erhellt wurde und in der die Mannschaften des Wolhynischen Garderegiments einen großen Teil ihrer Offiziere ermordeten, versammelten sich die Duma-Abgeordneten im Taurischen Palais. Sie fühlten sich als die wahren Repräsentanten der Souveränität des Volkes. Am 27. Februar (12. März) konstituierte sich aus der Duma heraus ein Exekutivkomitee, das sich diktatorische Gewalt zulegte. Seine Mitglieder waren dem sogenannten Progressiven Block entnommen, der schon früher während des Krieges entstanden war; er erfuhr jetzt eine Erweiterung nach links. Der Weg zur Revolution war nun auch von der höchsten Repräsentanz des Volkes beschritten.

Der 27. Februar (12. März) entfesselte zugleich aber auch alle revolutionären Instinkte der Straße. Die Gefängnisse wurden geöffnet, politische und andere Häftlinge mischten sich unter die Demonstranten, es kam zu Straßenkämpfen mit noch zarentreuen Truppen und Polizeieinheiten. Als das Winterpalais erstürmt war, wurde der Untergang der Monarchie symbolhaft deutlich. Das zunächst noch amtierende Ministerkabinett legte dem Zaren, der sich im Hauptquartier befand, dringend nahe, nach Petersburg zurückzukehren. Es war zu spät. Auch die Regierung als solche besaß keinerlei Autorität mehr. Ihre Mitglieder wurden nach und nach von Aufständischen verhaftet.

Von großer Bedeutung war, daß schon am selben Tag neben dem Exekutivkomitee der Duma sich ein weiteres Gremium konstituierte, das aus den Kreisen der sozialistischen Opposition hervorging. Nach dem Muster von 1905 wurde ein Exekutivkomitee der Arbeiter- und Soldatenräte gegründet. Die Führung lag in den Händen des georgischen Menschewisten N. S. Čcheidze. Die Sowjets begnügten sich zunächst damit, das Duma-Gebäude zu besetzen und Aufrufe an das Volk zu erlassen. Von beiden Seiten setzte ein Ringen um die Volksgunst ein. Aber die politische Initiative blieb in den Händen des Duma-Komitees. Ihm gehörte als Vertreter der linken Elemente neben Čcheidze auch Alexander F. Kerenskij an, ein Petersburger Rechtsanwalt mit starken rhetorischen Gaben, der auch schauspielerische Allüren nicht verschmähte, wenn es galt, die Aufmerksamkeit auf sich zu lenken. Seine Popularität bei Arbeitern und Soldaten stellte für das Duma-Komitee – ebenso wie für die spätere Provisorische Regierung – eine gewisse Rückendeckung dar.

Am 1. (14.) März brach das zaristische Regime in Petersburg zusammen; ähnlich verlief der in Moskau ausgebrochene Aufstand. Eine Delegation des Duma-Komitees begab sich zum Zaren und erzwang von ihm in Pleskau (Pskov) am Abend des 2. (15.) März die Abdankung. Es war zu spät, jetzt noch mit einem Ukaz über ein neues parlamentarisches Ministerium zu kommen. Rückfragen bei den Kommandeuren der Heeresgruppen zeigten Nikolaj II., daß eine Thronentsagung unvermeidlich war. Nachdem auch sein Bruder, Großfürst Michail Aleksandrovič, am 3. (16.) März die Krone abgelehnt hatte, weil erst der Wille des Volkes in einer Konstituierenden Versammlung gehört werden müsse, war das Schicksal des Hauses Romanov nach dreihundertjähriger Herrschaft besiegelt. Zugleich sank aber auch, nach mehr als tausendjährigem Bestehen, eine der ältesten europäischen Monarchien ins Grab.

Nikolaj II. wurde am 8. (21.) März in seinem Hauptquartier verhaftet und zunächst mit seiner Familie in Carskoe Selo interniert. In Jekaterinburg im Ural, dem heutigen Sverdlovsk, ist die Zarenfamilie im Juli 1918 ermordet worden.

Die Provisorische Regierung und die Sowjets

Rußland war seit dem 3. (16.) März faktisch zur Republik geworden. Die Macht lag in der Hand der Provisorischen Regierung, die, aus dem Exekutivkomitee der Duma erwachsen, schon vom 1. (14.) März an die tatsächliche Regierungsgewalt in Petersburg ausübte. Es war eine Regierung, die zunächst noch auf den Schultern einiger liberaler Monarchisten ruhte, die weder über wirklichen Kontakt mit dem Volke, noch über die nötigen Erfahrungen verfügten. Es waren zwar ehrenwerte, gebildete und patriotische Männer, aber sie waren ihrer Aufgabe in einer so turbulenten und neuartigen Situation nicht im geringsten gewachsen. Ministerpräsident wurde Fürst G. E. L'vov[1a], eine phlegmatische, passive Natur, der sich von Tolstojs Parole der Nichtresistenz gegen das Böse leiten ließ. Prof. Miljukov übernahm das Außenministerium. Kerenskij als Justizminister repräsentierte den linken Flügel; Čcheidze hatte das ihm angetragene Arbeitsministerium abgelehnt. Im großen ganzen repräsentierte die Provisorische Regierung das wohlhabende Bürgertum. Es waren Kreise, die nur nach einer politischen, nicht nach einer sozialen Revolution strebten. Aber die Verhältnisse in Rußland waren soweit gediehen, daß, wenn nicht eine soziale Umwälzung, so doch zum mindesten ein tiefgreifendes soziales Reformprogramm zu den dringendsten Forderungen des Tages gehörte. Hierzu gehörte die Lösung der Agrarfrage ebenso, wie eine Arbeiterschutzgesetzgebung, die mit den Mißständen in der Lage des Industrieproletariats aufgeräumt hätte.

Als eine ihrer ersten Maßnahmen proklamierte die Provisorische Regierung am 2. (15.) März die bürgerlichen Freiheiten und stellte die Einberufung einer Konstituierenden Versammlung in Aussicht. Allen politischen Häftlingen wurde Amnestie gewährt, die nach Sibirien Verbannten kehrten zurück. An die Stelle der Polizei trat eine Miliz des Volkes. Daß die Wahlen für die Konstituierende Versammlung auf den Herbst verschoben wurden, muß, vom Standpunkt der Regierung aus, als ein verhängnisvoller Fehler angesehen werden. Es wurde schon sehr bald deutlich, daß die Autorität der Regierung stark von den Arbeiter- und Soldatenräten, das heißt den Sowjets, beeinträchtigt wurde. Sie hatten am 1. (14.) März ihre Order Nr. 1 herausgegeben, wonach in jeder militärischen Einheit Soldatenräte zu bilden seien; daß alle Offiziere von den Truppenteilen gewählt werden sollten, war zwar geplant, wurde dann aber zurückgestellt. Die Folge dieser berüchtigten Order war, daß die Verwirrung in der Armee, deren Disziplin schon ohnehin durch die letzten Ereignisse erschüttert war, katastrophale Folgen annahm. Es wurde fraglich, ob unter diesen Umständen überhaupt an eine Fortführung des Krieges gedacht werden konnte.

In den Sowjets hatten zunächst die Sozialrevolutionäre die Mehrheit; sie fühlten sich vor allem als Repräsentanten des Bauerntums. Dazu traten menschewistische und bolschewistische Sozialisten. Die Mitglieder der Sowjets waren in Fabriken, Werkstätten und Kasernen gewählt worden. Der Petersburger Sowjet bestand aus 2500 Vertretern, ein Arbeiter auf 1000, ein Soldat pro Kompanie. Anschließend an die Hauptstadt bildeten sich ähnliche Sowjets auch in anderen Städten, später auch auf dem Lande. Sie stellten eine breite Repräsentation des Volkes dar, aus der allerdings Adel, Großbürgertum und die gebildeten Schichten ausgeschlossen waren. Die Abgeordneten der Sowjets waren für keine bestimmte Zeit gewählt. Die moralische Autorität dieser Volksvertretung bestand in ihrer engen Tuchfühlung zu den Wählern und ihrer faktischen Macht – in der Verwischung der Grenzen zwischen Legislative und Exekutive, die ihrem Auftreten eine starke Schlagkraft verlieh. Die in ihnen wirkende revolutionäre Dynamik bedeutete Stärke und Schwäche zugleich: Stärke gegenüber der Provisorischen Regierung, die mit der Volksmeinung bald nicht mehr Schritt zu halten wußte, Schwäche gegenüber entschlossenen, disziplinierten kleinen Gruppen, die ihrer ungeordneten, elementaren Funktion straffe Organisation entgegensetzen würden.

Zunächst veranlaßten die Sowjets in den Städten eine Übernahme der Fabriken durch die Arbeiter, auf dem Lande wurde den Bauern Land versprochen und eine baldige Beendigung des Krieges propagiert. In Petersburg wurde ein Zentral-Exekutivkomitee gebildet, zu dem hauptsächlich die Führer der sozialistischen Parteien gehörten; an seiner Spitze stand ein Präsidium.

Die Provisorische Regierung und die Alliierten

Von den großen politischen Fragen war zunächst die Stellung zum Kriege die wichtigste. Hier standen zwei extreme Ansichten einander kraß gegenüber. In der Provisorischen Regierung setzte sich die Meinung der gemäßigten Elemente durch; sie waren für eine Fortführung des Krieges an der Seite der Alliierten bis zum siegreichen Ende. Unter den sozialistischen Parteien verfochten die Bolschewisten am kompromißlosesten die Ansicht, daß ein sofortiger Frieden »ohne Annexionen und Kontributionen« so schnell wie möglich abgeschlossen werden müßte. Die Mehrheit der Sowjets verhielt sich zunächst schwankend. Man war sich darüber im klaren, daß das Volk kriegsmüde sei, riskierte es aber nicht, den militärischen Zusammenbruch einzugestehen.

Hier setzte nun der Einfluß der Alliierten in sehr starkem Maße ein. Ihre Vertreter in Petersburg hatten, am Sturz der Monarchie nicht ganz unbeteiligt, die Provisorische Regierung überraschend schnell, fast übereilt, ihrer Sympathien versichert. Am 9. (22.) März erkannten die Vereinigten Staaten von Nordamerika als erste der Mächte die neue russische Regierung an; England, Frankreich und Italien folgten bald nach. Die Provisorische Regierung schien ihnen am ehesten eine Gewähr gegen das Ausscheiden Rußlands aus dem Kriege zu bieten. Die Unterstützung, die man ihr im Frühjahr 1917 zukommen ließ, konnte jedoch gelegentlich auch die Formen eines leichten Druckes annehmen; es galt, um jeden Preis möglichst viele deutsche Divisionen im Osten zu binden. Mit Sorgen beobachteten die Westmächte das Anwachsen der sozialistischen Strömungen. Sie legten L'vov eine Erweiterung der Regierungsbasis nahe. Im Frühjahr 1917 versuchten Vertreter englischer und französischer Linkskreise die Brücke zum neuen Rußland durch einen Besuch zu festigen. Nach E. Vandervelde, dem Vorsitzenden der II. Internationale, erschienen Albert Thomas, der französische Munitionsminister, und A. Henderson als Vertreter der englischen Labour Party in Petersburg. Henderson war als Nachfolger für Buchanan vorgesehen, dessen Position man angesichts seiner

Verbindungen zu zaristischen Kreisen erschüttert glaubte. Er schlug aber nach einigen Sondierungen selbst vor, den Botschafter auf seinem Posten zu belassen, nachdem er dessen Vertrautheit mit den Verhältnissen kennengelernt hatte. Es mag sein, daß ihn selbst eine Aufgabe nicht reizen konnte, die als außerordentlich schwierig betrachtet werden mußte. Die alliierten Vertreter verließen Rußland nicht weniger skeptisch als ihre Vorgänger zu Beginn des Jahres.

Sehr bald trat der Zwiespalt zwischen der Provisorischen Regierung und den Linken offen zutage. Miljukov hatte am 5. (18.) März eine Ansprache an die alliierten Vertreter gehalten, in der er versprach, Rußland werde bis zum siegreichen Ende an der Seite der Bundesgenossen kämpfen. Am 14. (27.) März erfolgte die Antwort der Sowjets. In einer Proklamation an die Völker der Erde verlangten sie unmißverständlich den Frieden. Von da ab wurde von seiten der sozialistischen Parteien Sturm gelaufen gegen Miljukovs »militaristische und imperialistische« Außenpolitik. Unter dem Druck dieser Stimmung sah sich die Provisorische Regierung veranlaßt, am 27. März (9. April) zu erklären, auch sie befürworte einen Frieden ohne Annexionen und Kontributionen.

Damit war Miljukov desavouiert. Als er es trotzdem wagte, in einer Note an die Alliierten vom 19. April (1. Mai) seine Feststellungen vom 5. (18.) März zu erneuern, brach der Sturm los. Demonstrationen auf der Straße verlangten den Rücktritt des Außenministers. Am 5. (18.) Mai wurde die Regierung umgebildet, Miljukov und der Kriegsminister A. J. Gučkov traten zurück. In ein zweites Kabinett L'vov rückten neben Kerenskij, der jetzt das Kriegs- und Marineministerium übernahm, noch andere Sozialisten ein. Miljukovs Note vom 19. April (1. Mai) wurde widerrufen. Die Provisorische Regierung erkannte jetzt in ihrem neuen Bestande die Forderung nach einem Frieden ohne Annexionen und Kontributionen auf der Grundlage des Selbstbestimmungsrechtes der Völker an. Es war ein schwacher Trost für die Alliierten, daß mit dieser Aufkündigung der Verträge von 1914 und 1915 auch ein Verzicht auf die ehemaligen russischen Forderungen auf die türkischen Meerengen gegeben war. Ein weiterer Schlag für die Westmächte war die Nachricht, daß sowohl Menschewisten als auch Sozialrevolutionäre bereit seien, dem Plan der deutschen Sozialisten, in Stockholm eine internationale Sozialistenkonferenz einzuberufen, zuzustimmen. Es gehörte zu den wichtigsten Aufgaben des französischen Sozialisten Albert Thomas, die Russen bei seinem Besuch in Petersburg davon abzubringen. Der Plan selbst wurde bald zu Fall gebracht.

Auch gelang es den Westmächten, die Provisorische Regierung, unbeschadet der grundsätzlichen Friedensbereitschaft, für den Plan einer großen Sommeroffensive zu erwärmen, die an die Brusilov-Offensive von 1916 anknüpfen sollte.

Die Kerenskij-Offensive

Kerenskij glaubte zwei Zielsetzungen miteinander verbinden zu können: die einer neuen Offensive gegen die Mittelmächte und die einer demokratischen Reorganisation der militärischen Führung. Es sollte sich zeigen, daß die zweite, der Versuch, mitten im Kriege den organisatorischen und disziplinarischen Aufbau der Truppe von Grund auf zu verändern, die erste Zielsetzung aufs höchste gefährden mußte.

Am 9. (22.) Mai erließ Kerenskij seine »Deklaration der Soldatenrechte«, die auf der Order Nr. 1 vom 1. (14.) März fußte. Sie sah die Einsetzung von Kommissaren bei der Truppe vor; man hoffte, mit ihrer Hilfe besser mit den nicht ganz einfach zu handhabenden Soldatenräten zurechtzukommen. Mittlerweile machte die Zersetzung der Armee rapide Fortschritte. Von den Truppensowjets gingen Befehle aus, die denen der Kommandeure widersprachen und die Autorität des Offizierskorps systematisch untergruben. Defaitistische Literatur erstickte auch die letzten Regungen eines Kampfgeistes, die Fraternisierung mit den Deutschen und Österreichern über die Schützengräben hinweg machte, von diesen bewußt gefördert, schnelle Fortschritte.

Kerenskij machte den Versuch, durch eine Besichtigungsreise an die Front die sinkende Moral zu heben. Er drang bis an die vordersten Linien vor und bemühte sich, durch zündende Ansprachen neuen Angriffsgeist bei den Fronteinheiten zu entfachen. So, wie er glaubte, vorbereitet, setzte im Juli 1917 die Offensive ein. Der Verlauf erinnert, in kleinerem Umfang, an die Ereignisse ein Jahr zuvor. Zunächst gelang der Durchbruch durch die österreichischen Linien. Beim ersten deutschen Gegenstoß setzte jedoch die Katastrophe ein. Die Disziplin hatte nur mühsam für den ersten Angriffsstoß vorgehalten. Jetzt meuterten ganze Regimenter und verließen ihre Stellungen. Die Träger des ersten enthusiastischen Elans waren in den Anfangstagen des Vormarsches gefallen. Die Offensive brach, kaum begonnen, zusammen.

Unter dem Eindruck der Niederlage verlangte General L. G. Kornilov, einer der kommandierenden Generale, die sofortige Wiederherstellung der militärischen Disziplin und unnachsichtige Bestrafung aller Deserteure. Er fand sogar bei den Regimentskommissaren Unterstützung. Am 17. (30.) Juli wurde Kornilov an Stelle von General Brusilov zum Obersten Befehlshaber ernannt. Es waren Maßnahmen, die aber nicht mehr vom Willen des Volkes getragen wurden. Die Kriegsmüdigkeit erfaßte weite Kreise, auch solche, die bislang noch für die Fortführung des Krieges eingetreten waren. Längst schon stand nicht der Krieg im Mittelpunkt der Aufmerksamkeit des Volkes, sondern die Wirksamkeit der Bolschewisten.

Die Rückkehr Lenins

Die bolschewistische Partei befand sich seit der Februarrevolution in einem Zustand der Verwirrung. Die Leitung lag in der Hand eines vorläufigen Büros des Zentralkomitees, das aus drei jüngeren Männern bestand: V. M. Molotov, dem Mitarbeiter der »Pravda« aus der Vorkriegszeit, Šljapnikov und Zaluckij, zwei energischen Arbeitern, die sich als Autodidakten einiges Wissen angeeignet hatten. Alle drei besaßen keineswegs genügend politische Erfahrung, um gegenüber den Ereignissen klar Stellung nehmen zu können. Der Ausbruch der Revolution hatte sie überrascht. Die Partei selbst war in einen rechten und einen linken Flügel gespalten. Das Büro gehörte zum linken Flügel; es war niemand da, der die ganze Partei zu einheitlichem Handeln mitgerissen hätte[2].

Die von Molotov redigierte »Pravda« opponierte scharf gegen die Kriegsverlängerung der Provisorischen Regierung und prangerte auch die Menschewisten als »Vaterlandsverteidiger« an. Die Parole lautete: Rücktritt der Regierung und alle Macht den Sowjets. Die Rechtsgruppe der Bolschewisten, zu der auch L. B. Kamenev nach seiner Rückkehr aus der Verbannung stieß, war dagegen bereit, den Fürsten L'vov zu unterstützen und den Krieg fortzuführen; sie verlangte die Überbrückung des Risses von 1903, d. h. den Zusammenschluß mit den Menschewisten zu einer einigen sozialdemokratischen Partei.

Mit Kamenev war auch Stalin aus der Verbannung zurückgekehrt und am 12. (25.) März in Petersburg eingetroffen. Da er das dienstälteste Mitglied des 1912 eingesetzten Zentralkomitees war, setzte er das Büro ab und übernahm mit Muranov und Kamenev die Redaktion der »Pravda«. Stalin selbst war in Petersburger Kreisen noch kaum bekannt. Čcheidze entsann sich seines engeren Landsmannes aus den Tagen der revolutionären Vorarbeit im Kaukasus. Eine Autorität hatte er auch in Parteikreisen nicht, hier galt Kamenevs Name mehr. Die ersten Nummern der »Pravda« zeichneten sich durch eine versöhnliche Haltung gegenüber der Provisorischen Regierung aus. Es fiel auf, daß Kamenev in einem Leitartikel vom 15. (28.) März sich unverhohlen für die Vaterlandsverteidigung aussprach. Am nächsten Tage sekundierte ihm Stalin im selben Sinne. Es war offensichtlich nicht ein Vorgriff auf seine spätere Haltung im Zweiten Weltkrieg, sondern ganz einfach taktische Erwägung[3], die ihn zu diesem Standpunkt geführt hatte. Als Lenin, erbittert über dieses Verhalten, in mehreren »Briefen aus der Ferne« protestierte, suchte Stalin auf einer Parteikonferenz am 29. März (10. April) die Politik einer Unterstützung der Regierung zu rechtfertigen[4]. Erst später ordnete er sich Lenins Auffassung unter.

Die Parteikonferenz ging noch von der Vorstellung aus, daß man sich zunächst mit den demokratischen Ergebnissen der Revolution abfinden sollte, ehe man an die Verwirklichung der sozialistischen Forderungen ging. Es war immer nur von einer demokratischen Republik der Arbeiter und Bauern, nicht von einer Diktatur des Proletariats die Rede. Die gemäßigten Bolschewisten forderten nachdrücklich, daß die Partei die Provisorische Regierung unterstützen sollte; die radikalen betonten, daß die Revolution nicht nur antifeudalistisch, sondern auch antikapitalistisch sein müsse.

Die Leitung der Konferenz lag in den Händen von Stalin. Mit großer Schläue lavierte er zwischen den beiden Flügeln und suchte eine drohende Spaltung der Partei zu verhüten. Im Grunde lehnte auch er nicht die Fühlungnahme zu den linken Menschewisten unter Martov ab. Schon begannen entsprechende Verhandlungen. Der Weg zu einer gemäßigt-sozialistischen russischen Demokratie schien frei, die Gefahr einer Radikalisierung der Revolution gebannt[5].

Da kehrte am 3. (16.) April Lenin zurück. Befreundete Sozialisten hatten ihm die Erlaubnis der deutschen Regierung und Obersten Heeresleitung erwirkt, in einem Sonderzug quer durch

Deutschland zu reisen. Er brauchte hierbei keine andere Verpflichtung zu übernehmen als das Versprechen, einer Gruppe deutscher Zivilisten in Rußland zur Heimkehr zu verhelfen. Von einem Komplott zwischen dem kaiserlichen Deutschland und dem Bolschewismus zum Sturz der Provisorischen Regierung kann nicht die Rede sein[6]. Lenin wurde auf dem Bahnhof in Petersburg im Triumph empfangen. Tausende von Arbeitern, Soldaten und Matrosen jubelten ihm zu, Čcheidze hieß ihn im Namen der Sowjets willkommen. Aber Lenins Antwort war weniger an ihn als an das Volk gerichtet, und er ließ nicht die vollzogene russische, sondern die kommende Weltrevolution leben. Sein Sinn stand nicht nach wortreichen Begrüßungsreden, für ihn war die Revolution erst im Anmarsch. Zunächst galt es, der eigenen Partei seinen Willen aufzuzwingen.

In aller Hast brachte er seine zehn Thesen zu Papier, um sie schon am nächsten Tage im Taurischen Palais einer gemeinsamen Sitzung von Bolschewisten und Menschewisten entgegenzuschleudern[7]. Lenin verlangte unmißverständlich den Bruch mit der Provisorischen Regierung. Ihr Vertrauen schenken, bedeute den Tod des Sozialismus. Zugleich fiel die bedingungslose Absage auf, die Lenin sowohl den »Sozialpatrioten«, als auch den konsequenten Pazifisten erteilte. Von einer Zusammenarbeit mit den gemäßigten Sozialisten wollte er nichts wissen. Ohne Erbarmen griff er daher die »Pravda« an. Wohl könnte die bolschewistische Partei noch nicht sofort die Macht an sich reißen, dazu müßte sie erst die Mehrheit in den Sowjets in der Hand haben. Aber bis dahin müßten die Massen gewonnen werden. Und nun hämmerte Lenin sein Aktionsprogramm den Zuhörern ein: Abschaffung des stehenden Heeres und der Polizei, Beseitigung der Bürokratie, Sozialisierung der Banken, Kontrolle der Arbeiter über Produktion und Verteilung der Güter, Aufteilung des Bodens unter die Bauern.

Die Wirkung der ersten Rede war unbeschreiblich. Niemand war auf einen derartigen Radikalismus gefaßt gewesen. »Nie werde ich die Rede vergessen«, schreibt der Sozialist N. Suchanov, »die wie ein Gewitter über die Versammlung hereinbrach und nicht nur mich erschütterte und verwirrte ... Es war, als seien alle Elemente losgelassen, als steige der Dämon der Zerstörung aus seinen Abgründen auf ...«[8]. Das Petersburger Parteikomitee lehnte die Aprilthesen zunächst ab. Aber schon in den nächsten Tagen verstand es Lenin, seine ganze Agitationskraft in Aktion zu setzen. Wenn alte Genossen sich auf seine eigene frühere Meinung beriefen, Rußland sei für den Sozialismus noch nicht reif, schalt er sie konservativ und unelastisch. Man dürfe nicht an alten Formeln kleben, sondern müsse sie immer wieder kritisch überholen. Rußlands Entwicklung dürfe nur im Zusammenhang mit der europäischen gesehen werden, Rußlands Mission sei es, der europäischen Revolution die Wege zu ebnen. Das waren Ansichten, die man früher von Trockij gehört hatte. Zu diesem Vorwurf traten andere, die Lenin als einen anarchistischen Konspirateur, einen neuen Bakunin, hinstellten.

Aber eine außerordentliche Parteikonferenz in Petersburg brachte ihm bereits eine Stimmenmehrheit ein (20 von 35 Stimmen). Die für Ende April (Anfang Mai) einberufene Allrussische Parteikonferenz führte zu erregten Debatten. Lenins Antrag, sofort mit der internationalen Arbeiterbewegung zu brechen und eine neue Internationale zu gründen, fiel ebenso durch wie sein Vorschlag, die Partei aus einer sozialdemokratischen in eine kommunistische umzubenennen. Dafür stimmte die Versammlung jedoch seiner Auffassung der nationalen Frage zu. Jeder Nationalität sollte das Recht der Selbstbestimmung »einschließlich des Rechts der Loslösung« zustehen. In der Frage der Zusammenarbeit mit den anderen linken Gruppen und des Verhältnisses zu den Sowjets wurde ein Kompromißweg gefunden. Viele der älteren Bolschewisten, Kamenev, Zinov'ev, Bucharin u. a., hatten bei diesen Debatten Lenin opponiert. Bei den Schlußresolutionen standen 71 Prostimmen 39 Kontrastimmen und 8 Enthaltungen gegenüber. Die Mehrheit der Partei war von Lenin gewonnen.

Von diesen Apriltagen an war die bolschewistische Partei neu orientiert. Nun galt es, die Massen zu erobern. Lenin stieg auf die Rednertribünen und zog von Mal zu Mal seine Zuhörer mehr in seinen Bann. Seine Rede klang abgehackt und unmusikalisch, und es gab Zuhörer, die sie eher abstoßend als faszinierend schildern (z. B. F. Stepun). Aber auch sie heben die suggestive Überzeugungskraft seiner Ansprachen hervor. Nirgends wirkte sie stärker als in Kreisen der Arbeiter. Hier schwang ein Empfinden mit, das ihn unbedingt als zur eigenen Klasse, zum Proletariat zugehörig kennzeichnete, obwohl er weder der Herkunft noch der Beschäftigung nach Proletarier genannt werden konnte. Aber auch über diese Kreise hinaus breitete sich das Empfinden aus, daß das Millionenheer der Erniedrigten und Beleidigten des großen Rußland in diesem Mann endlich einen Sprecher gefunden hatte, der uneigennützig wirklich ihrer Sache dienen wollte und nicht eigenem Vorteil. Seine Formulierungen, etwa »Raubt das Geraubte« (grab' nagrablennoe), wurden begierig aufgegriffen. Man überhörte die Inkonsequenz, die seine Reden in Gegensatz zu seiner früheren Ideologie stellte, die primitiven demagogischen Vereinfachungen, die der Taktik des Tageskampfes entsprangen. Man wurde mitgerissen von der gewaltigen Willenskraft dieses ungewöhnlichen Menschen; das zerstörende Feuer seiner Rhetorik fiel in die durch Krieg und Umsturz aufgewühlten Massen wie in einen Zunder, der lange ausgedörrt war, um nun endlich seiner Bestimmung zu genügen.

Es waren die anarchistischen Instinkte der Massen, die Lenin, vielen selbst als Anarchist erscheinend, aufzuwühlen verstand. Die Mobilisierung der Massen war das eine große Ziel Lenins. Sie sollten entfesselt und in Bewegung gesetzt werden. Jede Normalisierung der Verhältnisse, jedes Sichbescheiden mit den liberaldemokratischen Freiheiten, sollte verhindert werden[9]. Die Revolution, einmal begonnen, durfte nicht aufhören; durch die russische Revolution sollte die Weltrevolution ins Rollen kommen. Die Entfesselung der Massen war aber nur eines der beiden Ziele. Das andere bestand darin, diese Entfesselung zu dirigieren, sie für die Machtergreifung der bolschewistischen Partei zu benutzen. Für Lenin war es selbstverständlich, daß es zwischen dem Willen der Massen und dem Willen der Partei keinen Widerspruch zu geben habe, daß die Entwicklung auf die Herrschaft einer einzigen Partei hinauslief. Den fanatisierten Massen dagegen, die fasziniert seinen Ansprachen lauschten und seine Schriften verschlangen, blieb dieser Zusammenhang verborgen. Sie wurden zu Werkzeugen des unbändigen Machtwillens, der Lenin vorantrieb, weil er sich als Vollstrecker einer gesetzmäßigen Entwicklung ansah.

Die bolschewistische Taktik im Frühjahr 1917

Ende April (Anfang Mai) war auf der I. Allrussischen Konferenz der Bolschewisten ein neues Zentralkomitee gewählt worden. Es bestand aus 9 Mitgliedern, zu ihnen gehörten Lenin, Zinov'ev, Kamenev, Sverdlov und Stalin. Die 133 Delegierten des Kongresses vertraten rund 76000 Parteimitglieder. Schon hatte sich ihre Zahl seit dem Februar mehr als verdoppelt. Es war ein kleines Häuflein inmitten der Hunderttausende von Sozialrevolutionären und Menschewisten, aber sie waren wohlorganisiert und diszipliniert, und sie trachteten danach, sich nach und nach sämtlicher Schlüsselpositionen zu bemächtigen. Das war Lenins Avantgarde der Revolution, eine neue Elite, die bald zu einem gefügigen Instrument in der Hand ihres Führers wurde. Ihre Zahl wuchs von Tag zu Tag, noch schneller aber ihr Einfluß auf die Massen. Während Lenin, unterstützt von Zinov'ev und Kamenev, in Reden und Resolutionen kämpfte, hielten Sverdlov und Stalin die Verbindung mit den Parteivertretern in der Provinz, mit den Delegierten der Sowjets, aufrecht.

Stalin hatte sich schnell auf die zehn Thesen Lenins umgestellt. Nun beeilte er sich, sie in der »Pravda« zu verfechten. Er ließ sich dabei besonders die Bauernfrage angelegen sein. Als der Landwirtschaftsminister A. J. Šingarev den Bauern verbot, das Ackerland der Großgrundbesitzer unter den Pflug zu nehmen, ehe die Bodenreform gesetzlich geregelt sei, rief Stalin sie in einem Artikel »Land für die Bauern« auf, Komitees zu bilden und sich selbst ihr Recht auf Land zu nehmen[10]. Zu seiner besonderen Domäne wurde daneben das Nationalitätenproblem, zu dem er schon vor dem Kriege theoretisch Stellung genommen hatte. Schon auf dem Aprilkongreß sprach er sich im Zusammenhang mit der finnischen Frage für das Recht der Lostrennung von Rußland aus, wenn eine Nation dieses Verlangen habe.

Nach Lenin war einen Monat später Trockij nach Rußland zurückgekehrt. Aus den Vereinigten Staaten kommend, war er zuerst in einem kanadischen Internierungslager festgehalten und dann in London verhaftet worden, ehe ihm die englische Regierung auf Drängen der russischen Provisorischen Regierung die Weiterreise gestattete. Nun stürzte auch er sich in die Rednerschlachten Petersburgs, um seine brillante leidenschaftliche Eloquenz gegen die Provisorische Regierung einzusetzen. Er legte Wert darauf, mit Lenin zusammenzuarbeiten, es kam ihm nicht mehr darauf an, Bolschewisten und Menschewisten zusammenzuführen. Nach Petersburg zurückgekehrt, mußte er feststellen, daß die Menschewisten einen Ruck nach rechts vollzogen und andererseits die Bolschewisten sich von ihrer sektiererischen Engstirnigkeit befreit hatten, die ihnen, seiner Meinung nach, während ihrer Untergrundarbeit angehaftet hatte. Daß Lenin sich seine Ansicht von der Diktatur des Proletariats als eigentlichem Ziel der russischen Revolution endgültig angeeignet hatte, ebnete ihm den Weg zu den Bolschewisten.

Bis zum Juli leitete er noch eine kleine Sondergruppe von begabten und einflußreichen Sozialisten, ausgesprochenen Intellektuellen, die sich als »Mežrajoncy«, d. h. als Männer zwischen den Fronten, bezeichneten. Hierzu gehörten Lunačarskij, der spätere Bildungskommissar, Pokrovskij, der bekannte marxistische Historiker, Rjazanov, der Marxforscher, die späteren Diplomaten Manuilskij, Joffe, Karachan, Jurenev u. a. Im Juli traten sie der bolschewistischen Partei bei. Das Niveau der Parteiführung erfuhr damit eine Erhöhung, die Taktik allerdings schon allein dank Trockij eine Radikalisierung, gegen die sich manche der alten Bolschewisten noch geraume Zeit sträubten[11].

Als die Provisorische Regierung im Mai auf Verlangen der Sowjets in eine Koalition von Kadetten, Menschewisten und Sozialrevolutionären umgebildet wurde, hörte die bisherige Kampfstellung zwischen Regierung und Sowjets auf. Menschewisten und Sozialrevolutionäre waren nun für die Regierungspolitik mitverantwortlich. Lenin konnte diese Wendung nur recht sein. Die Politik der Regierung konnte auch in ihrem neuen Bestande nur eine Kriegspolitik sein. Die Sowjets verloren unter dem Eindruck dieser Tatsache immer mehr Boden innerhalb der städtischen Massen, vor allem in der Hauptstadt. In den Augen der Bauern war aber die Sozialrevolutionäre Partei um so mehr diskreditiert, als die ihnen versprochene Landaufteilung sich verzögerte.

Lenin stellte seine Agitation nunmehr noch eindeutiger unter die Parole »Alle Macht den Sowjets«. Es lag zweifellos ein Risiko in dieser Formel, hatten doch die gemäßigten Sozialisten zunächst noch die Mehrheit in den Sowjets. Als der erste Allrussische Sowjetkongreß am 16. (29.) Juni eröffnet wurde, verfügten die Sozialrevolutionäre über 285, die Menschewisten über 248 und die Bolschewisten nur über 105 Delegierte[12]. Aber als kurz darauf eine Demonstration von mehr als einer Million Arbeiter und Soldaten durch die Straßen Petersburgs marschierte, verkündeten ihre Banner und Plakate fast ausschließlich Schlagworte der Bolschewisten. Die Wirkung auf die vielen Sowjetdelegierten aus der Provinz konnte nicht ausbleiben. Lenin rechnete fest damit, die Sowjets mit der Zeit von innen her zu erobern. Das vielgebrauchte Schlagwort war für ihn ein Deckmantel für die Forderung nach einer Diktatur der bolschewistischen Partei[13].

Ein Zwischenfall auf dem Junikongreß warf ein bezeichnendes Licht auf Lenins Entschlossenheit. Als Cereteli, einer der sozialistischen Minister, die Notwendigkeit einer Regierung auf breiter Basis darlegte, um damit die Politik der Menschewisten zu rechtfertigen, meinte er, eine Partei allein könne ohnehin nicht mit dem Chaos fertig werden, in das der Krieg Rußland gestürzt hatte. Da ertönte plötzlich laut ein Zwischenruf Lenins: »Doch, es gibt eine! Unsere Partei ist bereit!« Man nahm diese Worte damals noch nicht ernst.

Der Juliputsch

Daß die Bolschewisten damals, trotz dieser stolzen Worte, letzten Endes doch noch nicht in der Lage waren, die Macht an sich zu reißen, zeigte der mißglückte Putsch im Juli 1917.

Als Ergebnis der sich seit April unentwegt steigernden revolutionären Propaganda nahm die Erregung in den Arbeitervororten und Kasernen der Hauptstadt Ende Juni gefährliche Ausmaße an. Gerüchte, daß seitens konservativer und liberaler Kreise ein Gegenschlag gegen die Revolution vorbereitet würde, trugen dazu bei, die Stimmung zu Beginn der Juli-Offensive zur Siedehitze ansteigen zu lassen. Am Nachmittag des 2. (15.) Juli verlangte eine Delegation von Soldaten vom bolschewistischen Parteivorstand, er solle den Befehl zum Losschlagen geben. Die Partei erneuerte jedoch das Verbot für Demonstrationen, da sie sich von einem Zusammenstoß mit regierungstreuen Elementen zunächst noch nichts versprach. »Wir hatten beschlossen«, heißt es in einer frühen offiziellen Darstellung, »die Offensive abzuwarten, auf keinen Fall auf eine Provokation einzugehen, sondern der Provisorischen Regierung Zeit zu lassen, bis sie an das Ende ihres Latein gekommen sein würde.«[14]. Gegen Abend versammelten sich trotzdem Tausende von bewaffneten Demonstranten, Soldaten der Garnison und Matrosen aus Kronstadt, vor der Parteizentrale. Es war nicht ungeschickt von den bolschewistischen Führern, wenn sie die Massen, die sich weigerten, auseinanderzugehen, zum Taurischen Palais, dem Sitz der Sowjets, umdirigierten. Unter den Klängen der Marseillaise setzte sich der Zug in Bewegung. Das Palais wurde die ganze Nacht hindurch belagert, die Exekutive der Sowjets mit der Forderung bestürmt, die Provisorische Regierung abzusetzen und selbst die Macht zu ergreifen.

Die Spannung dieser Nacht wuchs von Stunde zu Stunde. Es kam zu Übergriffen gegen einige Minister; vier der Kadettenpartei angehörende Minister schieden aus dem Kabinett aus. Zinov'ev redete von einem Balkon des Palais unermüdlich auf die Massen ein und ermahnte sie, ihre Energien für eine spätere Stunde aufzusparen und sich zu zerstreuen. Als diese Ermahnungen sich als vergeblich erwiesen, beschloß die Parteileitung, sich, wie es heißt, an der Demonstration zu beteiligen, um sie »in friedliche Kanäle zu leiten«[15]. In Wirklichkeit trug gerade sie einen großen Teil der Verantwortung dafür, daß es überhaupt zu Ausschreitungen gekommen war. Jetzt mußte Lenin, der am 4. (17.) Juli in der Stadt eintraf, erkennen, daß man unvorsichtig gehandelt hatte.

In den nächsten Tagen gelang es der Regierung, zuverlässige Kräfte zusammenzuziehen. Die Demonstrationen wurden zwar fortgesetzt und steigerten sich hier und dort zu blutigen Zusammenstößen. Aber nach und nach verlor die Bewegung ihre Stoßkraft und ebbte langsam ab. Die Aufständischen, die sich in der Peter-Pauls-Festung verschanzt hatten, wurden im Auftrage der Exekutive der Sowjets von Stalin bewogen, sich nicht der Regierung, wohl aber den Sowjets zu ergeben.

Es wird somit deutlich, daß die bolschewistische Partei in dieser Revolte des Juli ein doppeltes Spiel betrieb. Die offizielle Darstellung der Ereignisse, die von Stalin dem VI. Parteikongreß vorgetragen wurde[16], der wenige Wochen später zusammentrat, muß mit Vorsicht aufgenommen werden[17]. Man kann vermuten, daß der Aufstand der Arbeiter und Soldaten an sich von den Bolschewisten propagandistisch vorbereitet worden war und daß man in der bolschewistischen Führung annahm, der Entfesselung dieser Kräfte werde auf dem Fuße eine allgemeine Volkserhebung gegen die Regierung folgen. Es gelang der Parteileitung jedoch weder, die Entwicklung in dieser Richtung voranzutreiben, noch der chaotischen Potenzen der Straße Herr zu werden. Die Nacht vor dem Taurischen Palais war die Probe aufs Exempel. Wurde die Exekutive der Sowjets von dem Elan der Revolte mitgerissen, so konnte nichts mehr die Bolschewisierung der Sowjets aufhalten; die große Koalition mußte damit zusammenbrechen, und der Weg für eine bolschewistische Regierung war frei.

Aber die Widerstände der gemäßigten Sozialisten in den Sowjets erwiesen sich stärker als angenommen. Sie ließen sich nicht durch die von den Bolschewisten entfesselte Straße überfahren. Als die Parteiexekutive dieses am 4. (17.) Juli erkannte, blies sie zum Rückzug.

Mittlerweile hatte die Regierung eine Kavalleriedivision von der Front in die Hauptstadt beordert. Sie gab bei der Liquidierung der Unruhen den Ausschlag. Am 7. (20.) Juli war die Ruhe wiederhergestellt. Das bolschewistische Parteibüro und die Redaktion der »Pravda« wurden besetzt. Trockij und Kamenev wurden verhaftet. Lenin verbarg sich zunächst bei einem Arbeiter, um am 11. (24.) Juli über die Grenze nach Finnland zu flüchten und erst am Vorabend der Oktoberrevolution nach Petersburg zurückzukehren. Auch Zinov'ev verschwand. Von den Mitgliedern des Exekutivkomitees blieb Stalin unbehelligt. Sein Name war vorerst noch zu wenig bekannt. Er übernahm zeitweilig gemeinsam mit Sverdlov die Führung der Partei; beide bemühten sich, sie über die Krise hinwegzusteuern. Die Bolschewisten wurden erneut zur Untergrundbewegung. Sie erfuhren gerade jetzt eine qualitativ bedeutungsvolle Verstärkung durch den Beitritt von Trockijs Sondergruppe. Auf dem Kongreß, der Ende Juli zusammentrat, wurde er zum Mitglied des neuen Zentralkomitees gewählt. Von später bekannten Bolschewisten gehörten außer den bisherigen auch Rykov, Bucharin, Krestinskij, Dzeržinskij, Joffe, Sokolnikov, Muranov und Frau Kollontaj dazu. Im Rahmen der Debatten erregte eine Auseinandersetzung Stalins mit Rykov, Preobraženskij und Bucharin Aufsehen. Gegenüber der These, der sozialistische Umbau der russischen Gesellschaftsordnung sei nur dann durchführbar, wenn die Revolution sich auch in Westeuropa durchsetzte, meinte Stalin, man dürfe nicht die Möglichkeit außer acht lassen, daß gerade Rußland der Wegbereiter des Sozialismus sein werde. »Wir müssen uns von dem veralteten Vorurteil freimachen«, sagte er, »daß nur Europa uns den Weg zeigen kann. Es gibt einen dogmatischen und einen schöpferischen Marxismus. Ich habe mich für den letzteren entschieden.«[18] Hier klangen Töne eines sozialistischen Messianismus an, die an Herzens Gedankengänge erinnern und zu späteren Formulierungen der dreißiger Jahre überleiten.

Auf dem Julikongreß waren bereits 240000 Parteimitglieder vertreten, dreimal so viel wie im April. Es zeigte sich, daß die mißglückte Julirevolte zwar die augenblickliche politische Aktionsfreiheit der Parteiführung lähmte, daß sich die Krise aber nicht ungünstig auf den Bestand der Partei auswirkte. Die unmittelbaren Schlußfolgerungen, die Lenin aus den Julitagen zog und in seinem Aufsatz »Lehren der Revolution« vertrat, bestanden in der Forderung, daß die bisherige Losung »Alle Macht den Sowjets« abgewandelt werden müsse, da deren Mehrheit sich auf die Seite der Gegenrevolutionäre gestellt habe. Nun müsse es heißen: für die Diktatur der proletarischen Massen! Ihre Avantgarde sei die bolschewistische Partei, sie werde auch die Forderungen der Bauern verwirklichen. Lenin bekannte offen, daß er nun, nachdem die Regierung offene Maßnahmen gegen seine Partei ergriffen habe, einen friedlichen Übergang der Macht an die Sowjets für unwahrscheinlich halte. Jetzt befürwortete er eine Kombination von legalen und illegalen Methoden, um die Macht in die Hände der Partei zu spielen.

Für die Provisorische Regierung hatte der Juliputsch und die verlorene Offensive zur Folge, daß Kerenskij seine eigene Machtstellung ausbaute. Er übernahm nach dem Ausscheiden des Fürsten L'vov am 8. (21.) Juli das Ministerpräsidium, ohne dabei das Kriegs- und Marineministerium aufzugeben. Allerdings trat im Kriegsministerium als faktischer Leiter der Sozialrevolutionär Savinkov immer mehr in Erscheinung, eine der eigenartigsten Gestalten der russischen Revolution.

Boris Viktorovič Savinkov war lange Jahre hindurch Leiter der sozialrevolutionären Terrorgruppen gewesen; in seiner Hand waren die Fäden der Attentate auf Minister und Großfürsten vor und während der Revolution von 1905 zusammengelaufen. Er beherrschte die Maschinerie des politischen Mordes in aller Vollkommenheit. Nach der Revolution begann er unter einem Pseudonym Romane zu schreiben[19], in denen die Psychologie des Terroristen treffend zum Ausdruck kam. In seiner Menschen- und Todesverachtung zeigte sich der Einfluß von Konstantin Leont'ev, dem reaktionären Schriftsteller des ausgehenden 19. Jahrhunderts, den man den russischen Nietzsche zu nennen pflegt. Im Weltkrieg stellte Savinkov, sehr bezeichnend, seine Feder nationalistischen Kriegsberichten zur Verfügung. Jetzt erhob ihn Kerenskij zu seinem Stellvertreter im Kriegsministerium und zum politischen Kommissar des Oberkommandos.

Im übrigen bedeutete die zeitweilige Abrechnung mit den Bolschewisten einen Ruck der Regierung nach rechts. Die Kadetten, die im Juli ausgeschieden waren, nahmen jetzt wieder einige Ministerposten ein. Als Kerenskij General Kornilov zum Obersten Befehlshaber ernannte, begannen sich bei den linken Parteien Befürchtungen zu regen, die Entwicklung könnte bonapartistischen Formen zulaufen[20]. Wenn man auch zweifeln kann, ob Kornilov hierfür die persönlichen Voraussetzungen mitbrachte, so schienen doch die Ereignisse, da die Sowjets zusehends an Einfluß verloren, einem Bürgerkrieg zwischen beiden extremen Flügeln zuzutreiben.

Die Kornilov-Revolte

Die allgemeine Lage im Innern des Landes hatte sich mittlerweile zunehmend verschlechtert. Immer stärker machte sich die wirtschaftliche Krise bemerkbar, die mit der Zeit alle Gebiete erfaßte. Die Produktion war ins Stocken geraten, der Transport desorganisiert. Als die Verwaltung der Eisenbahnen im Juli Eisenbahnerkomitees übergeben wurde, brach das Verkehrswesen völlig zusammen. Die Staatsfinanzen waren total zerrüttet.

Auf dem Lande begannen die Bauern ungeduldig zu werden. Das Agrarproblem wurde nicht angepackt. Die Provisorische Regierung wollte den Beschlüssen der Konstituierenden Versammlung nicht vorgreifen und zögerte mit der Aufteilung des Landes. So griffen die Bauern, angestachelt durch die sozialrevolutionäre und bolschewistische Propaganda, zur Selbsthilfe. Es kam zu Brandstiftungen, zu Gewaltakten an Gutsbesitzern. Die Rückwirkungen auf den Ernährungssektor konnten nicht ausbleiben. Sowohl an der Front als auch in den Städten machte sich ein empfindlicher Mangel an Lebensmitteln bemerkbar. Die Qualität des Brotes wurde zusehends minderwertiger, Kartoffeln und Kleie mußten beigemischt werden. Die Regierung hatte am 11. (24.) April ein Kornmonopol mit festen Getreidepreisen verordnet. Aber die Bauern verweigerten die Ablieferung und sabotierten so das Ernährungsprogramm der Regierung. Die Stimmung wurde immer aufsässiger. Es gehört zweifellos zu den Kardinalfehlern der Provisorischen Regierung, daß sie nicht unverzüglich den Landhunger der Bauern zu befriedigen gewußt hatte. Nur durch eine entschlossene und schnelle Lösung dieses säkularen Problems hätte sie sich eine Anhängerschaft auf dem Lande sichern können.

In der Industriewirtschaft fehlte ebenso ein konstruktives Programm und entschlossenes Handeln. Der Übergang zum Achtstundentag war sehr unvermittelt erfolgt. Es war ein gefährliches Experiment, daß man gleichzeitig die bisherigen leitenden Kräfte entlassen hatte. Nun blieben die Folgen nicht aus. Die Arbeitsdisziplin lockerte sich, die Produktion sank rapide, um schließlich auf entscheidenden Sektoren vollkommen zusammenzubrechen. Im ganzen sank sie auf 30–40 % gegenüber der vorrevolutionären Zeit. Der englische Labourabgeordnete Henderson hatte bei seinem Besuch eine Regierungskontrolle über alle Fabriken vorgeschlagen. Faktisch ging die

Kontrolle jedoch an die Arbeiter über, denen hierzu jegliche Erfahrungen fehlten.

Die Folge war, daß die Preise rapide zu steigen begannen, die Währung in ihrem Werte sank. Die staatlichen Ausgaben wuchsen, aber die Steuern liefen nicht mehr ein. Als die Regierung Notgeld, im Volksmund Kerenki genannt, Geldscheine zu 20 und 40 Rubel, zu drucken begann, war der Weg zu einer Inflation beschritten.

Nach dem Mißerfolg der Kerenskij-Offensive konnte ernstlich nicht mehr von einer Fortführung des Krieges die Rede sein. Das Prestige der Regierung hatte empfindlich gelitten. War es möglich, für alle äußeren und inneren Mißerfolge nur die ausgeschiedenen liberalen Minister verantwortlich zu machen? Kerenskij jedenfalls wiegte sich in der Hoffnung, daß die Niederwerfung des Juliputsches und die Umbildung der Provisorischen Regierung in eine rein sozialistische genügen würden, seine Autorität zu stärken. Zunächst bedurfte er einer breiteren demokratischen Basis für seine Stellung. Dazu sollte die sogenannte »Nationale politische Konferenz« beitragen, die von ihm zum 25. August (6. September) in Moskau einberufen wurde. Hier in Moskau glaubte er überhaupt, sich dem unbequemen Petersburger Sowjet besser entziehen zu können, und es war nicht unbegründet, wenn Gerüchte von einer bevorstehenden Verlegung des Regierungssitzes nach Moskau zu erzählen wußten. Daß die plumpe Propaganda der Bolschewisten diesem Plan die Absicht unterlegte, Petersburg dem Feinde zu übergeben, stand auf einem anderen Blatt.

Auf dieser Moskauer Konferenz, die Kerenskij zu einem neuen Forum seiner rhetorischen Leistungen zu machen trachtete, fielen die Ovationen auf, die von der Rechten dem General L. G. Kornilov zuteil wurden. Das Hauptquartier war mit Kornilovs Ernennung zum Obersten Befehlshaber zu einem hochpolitischen Faktor geworden. Der General hatte sogleich zwei Bedingungen gestellt: keine Einmischung der Regierung in militärische Fragen und Wiederherstellung der militärischen Disziplin. Zweifellos waren das die beiden Voraussetzungen, unter denen allein ein Zerfall der Armee noch verhindert werden konnte. Würden sich aber, konnte man fragen, hieraus nicht Konflikte ergeben? Welche Absichten verfolgte Kornilov?

Zweifellos hatte Kerenskij aus der Julirevolte die Schlußfolgerung gezogen, mit den Bolschewisten abzurechnen. Hierzu ersuchte er Kornilov, zuverlässige Truppen nach der Hauptstadt in Marsch zu setzen. Kornilov kam dieser Forderung nach. Er war im Glauben, mit Kerenskij gemeinsam die Ordnung herstellen zu können. Aber es war ein gänzlich verschiedenes Bild, das ihnen dabei vorschwebte. Während Kerenskij die politische Lage noch immer unter dem Gesichtspunkt der Alternative liberal-demokratisch oder sozialistisch betrachtete und der Bolschewismus für ihn doch nur ein Randproblem bedeutete, stand für Kornilov das Land eindeutig vor der Wahl zwischen Kommunismus oder Militärdiktatur. Von hier aus gesehen, mußte eine gedeihliche Zusammenarbeit zwischen den beiden Männern sehr unwahrscheinlich sein. Ob Kornilov von vornherein die Absicht hatte, nächst einem Schlag gegen die Bolschewisten auch gegen die Provisorische Regierung vorzugehen, bleibt zweifelhaft. Zum mindesten wollte er die Regierung aus ihrer Abhängigkeit von den Sowjets lösen und militärischen Elementen größeren Einfluß verschaffen[21].

Daß es bei der Verschiedenartigkeit dieser zwei Welten, die in den beiden Exponenten verkörpert wurden, schon auf dem Wege zu einer Kooperation zu einem Mißverständnis kommen mußte, war fast vorauszusehen. Wie so oft in entscheidenden Augenblicken war es auch diesmal eine nichtige, bedeutungslose Persönlichkeit, die Verwirrung anstiftete. Der Duma-Abgeordnete V. N. L'vov, nicht zu verwechseln mit dem gleichnamigen Ministerpräsidenten, suchte Kornilov kurz vor der Aktion in dessen Hauptquartier auf. Kornilov empfing den Eindruck, daß Kerenskij bereit sei, mit ihm Hand in Hand zu arbeiten und ihm zu diesem Zweck diktatorische Vollmachten einzuräumen, wobei Kerenskij selbst einen Posten in der neuen Regierung erhalten hätte. Diese Grundlagen wurden von L'vov Kerenskij in Form eines Ultimatums übermittelt, was keineswegs beabsichtigt war. Eine telefonische Rückfrage von Kerenskij am 26. August (8. September), ob die Mitteilungen stimmten, wurde von Kornilov bejahend beantwortet, ohne daß es ihm bewußt war, daß er damit die Vermutung Kerenskijs, Kornilov wolle ihn überrumpeln, bestätigte.

Am 27. August (9. September) verfügte Kerenskij die Absetzung Kornilovs und beorderte ihn unverzüglich nach Petersburg. Nun beschloß Kornilov zu handeln. Er weigerte sich, dem Ruf Folge zu leisten und wandte sich in einer Proklamation an das russische Volk, in der er es aufrief, ihn gegen die Provisorische Regierung zu unterstützen. General Krymov erhielt den Befehl, mit dem III. Kavalleriekorps auf Petersburg zu rücken.

Kerenskijs Antwort war eine Art levée en masse in der Hauptstadt. Er suchte seine Stellung nun nach links zu verstärken. Alle sozialistischen Organisationen wurden aufgerufen, gemeinsam die Gegenrevolution zu bekämpfen. Selbst die Matrosen von Kronstadt, das radikalste Element Petersburgs, stießen zur revolutionären Einheitsfront, nachdem Trockij sie vom Gefängnis aus beraten hatte, lieber zunächst Kornilov und später Kerenskij zu liquidieren, als beide auf einmal. Entscheidend war, daß sich auch die Eisenbahnergewerkschaften Kerenskij zur Verfügung stellten. Sie gaben ihre Weisungen hinaus auf die Strecken, und als die Truppen Kornilovs heranrollen sollten, wurden Gleise aufgerissen, Züge umgeleitet und damit ein Angriff vereitelt.

Kornilov wurde mit seinem Stabe verhaftet. Er war nicht zum Diktator geschaffen. Ihm fehlte der Glanz einer großen Persönlichkeit, die Universalität des politischen Blicks, die Gabe der Menschenführung. Er war im Grunde nur ein guter Truppenoffizier. Man kann diesen Sohn eines bäuerlichen Kosaken auch nicht als einen Vertreter der Reaktion kennzeichnen. Jeder Gedanke an eine zaristische Restauration lag ihm fern. Er wollte nur, so wie er es verstand, in Rußland »Ordnung schaffen«; nach seiner Machtergreifung wären viele Wege gewesen, vielleicht auch der zu einer demokratischen Republik.

Kerenskij wiegte sich nach der Niederwerfung des Kornilov-Putsches im stolzen Gefühl, den Sieg über die Linke sowohl als auch über die Rechte errungen zu haben. Lenin war geflüchtet, Kornilov verhaftet. Am 1. (14.) September proklamierte er Rußland offiziell zur Republik. Er selbst übernahm das Amt des Obersten Befehlshabers der Armee. Savinkov wurde zum Generalgouverneur von Petersburg ernannt. Aber dieser vermeintliche Triumph Kerenskijs war eine arge Selbsttäuschung. Er hatte sich durch seinen schnellen Sieg über die Rechtsopposition mit Hilfe aller radikalen Kräfte im Grunde selbst mitbesiegt und damit die Februarrevolution begraben. Kerenskij wurde alsbald nicht mehr Herr der Lage. Der Zusammenbruch seines auf Halbheiten beruhenden Systems nahte. Die eigentlichen Gewinner der Situation waren die Bolschewisten.

Die auswärtige Lage im Herbst 1917

Es konnte überraschen, daß der deutsche Gegenschlag auf die mißglückte Kerenskijoffensive nicht auf dem Fuße folgte, sondern den Russen zunächst noch eine Atempause gewährt wurde. Sie konnte aber nicht mehr genutzt werden. Die Kräfte waren erschöpft. Am 21. August (3. September) eroberten die Deutschen Riga, vor dessen Toren – jenseits der Düna – sie schon ab 1915 gelegen hatten. Im Oktober gelang ihnen ein Handstreich auf die Ostseeinseln Oesel und Dagö. Von hier aus konnten sie eine beherrschende Stellung in den nördlichen Ostseegewässern einnehmen. Die Rückwirkungen auf Finnland sollten sich bald bemerkbar machen.

Die westlichen Alliierten Rußlands waren im Laufe des Sommers von steigenden Sorgen um ihren Bundesgenossen erfüllt worden. In einer recht schroffen Demarche verlangten sie am 9. (22.) Oktober von Kerenskij eine energische Reorganisation der militärischen und wirtschaftlichen Kräfte Rußlands, eine Erhöhung der Produktion und eine Wiederherstellung der Disziplin bei der Truppe. Kerenskij spielte den Verletzten, verwahrte sich gegen die Einmischung in die inneren Verhältnisse seines Landes und nahm die Note nur unter Protest entgegen. Es war ihm eine Genugtuung, daß die USA sich an dieser Demarche nicht beteiligt hatten. Schon im Juni hatte Kerenskij anläßlich des Besuches einer amerikanischen Sondermission mit Senator E. Root den Gedanken in Erwägung gezogen, sich stärker auf amerikanische als auf englische und französische Hilfe zu verlassen. Er rechnete mit amerikanischen Krediten, hauptsächlich zur Instandsetzung des Eisenbahnnetzes. Nach dem deutschen Sprung auf die Ostseeinseln blieb ihm aber doch nichts übrig, als in einer Unterredung mit Buchanan am 12. (25.) Oktober um die Entsendung englischer Flotteneinheiten in die Ostsee zu bitten. Es war vergeblich. Die britische Admiralität riskierte es angesichts der deutschen Machtstellung in der Ostsee nicht, ihre Flotte in ein Gewässer zu entsenden, das ihr zur Falle hätte werden können.

Für den November war eine große alliierte Konferenz in Paris einberufen. Kerenskijs Außenminister Tereščenko sollte als russischer Delegierter daran teilnehmen. Man konnte wichtige Entscheidungen auch für die russische Kriegführung erwarten. Aber inzwischen waren die Tage Kerenskijs gezählt.

Die Oktoberrevolution

Kerenskijs Prestige bei den gemäßigten Kreisen war nach dem Kornilov-Putsch sehr gesunken. Er sei, hieß es, auch nicht besser als Lenin. Man zog dann schon eine Machtergreifung seitens der Sowjets vor, weil man, in gänzlicher Verkennung der tatsächlichen Lage, mit einem schnellen Zusammenbruch und dem endgültigen Verschwinden eines derartigen Regimes von der politischen Bühne rechnete.

Kerenskij näherte sich unter diesen Umständen den radikalen Parteien. Er konzedierte ihnen eine Reihe von Vergünstigungen. Mitte September wurden einige der im Juli verhafteten bolschewistischen Führer freigelassen. Kerenskij hoffte, sich zum mindesten bis zum Zusammentritt der Konstituierenden Versammlung halten zu können. Die Wahlen waren für den 25. November (8. Dezember) ausgeschrieben; das Weitere mußte sich dann zeigen. Nach und nach verlor aber Kerenskij die Herrschaft über die linken Kreise, die er zunächst selbst repräsentiert hatte. Sowohl bei den Sozialrevolutionären als auch bei den Menschewisten wuchsen die linken Flügel an, die beide sofortige Landaufteilung und sofortigen Friedensschluß verlangten. Diese beriefen ihre Vertreter aus dem Kabinett ab, darunter Agrarminister Viktor Černov. Kerenskij konnte mit dieser Radikalisierung nicht Schritt halten. Ohne zu wollen, verschob sich das Schwergewicht seiner Regierung erneut nach rechts, wenn auch die bolschewistische These von einer »Verschwörung« mit dem Ziel einer monarchistischen Diktatur absurd ist.

Die Bolschewisten hatten sich in den kritischen Septembertagen mit an der Niederwerfung der Kornilov-Revolte beteiligt. Die neue Situation gab ihnen jetzt einen mächtigen Auftrieb. Lenin forderte die Menschewisten und Sozialrevolutionäre auf, jetzt die Koalition mit den Kadetten endgültig aufzukündigen und eine auf die Sowjets gestützte Regierung aus eigener Kraft zu bilden. Er versprach ihnen, daß die Bolschewisten dann die Rolle einer »loyalen Opposition« in den Sowjets spielen würden. Entscheidend für dieses Angebot war, daß die Bolschewisten gerade jetzt die Mehrheit im Petersburger Sowjet errungen hatten. Bei den Septemberwahlen in den städtischen Sowjet fielen über 50 % der Sitze auf die Bolschewisten, im Juli waren es höchstens 10 % gewesen. Noch war das Zentral-Exekutivkomitee aller Sowjets des Landes (VCIK: Vserossijskij Central'nyj Ispolnitel'nyi Komitet) in Händen der Sozialrevolutionäre und Menschewisten, aber wie lange noch? Auch innerhalb der Soldatenräte der Armee gewannen die Bolschewisten immer mehr an Boden. Unter den von Kerenskij freigelassenen Bolschewistenführern befand sich auch Trockij. Nun wurde er von einem Block aus Bolschewisten, linken Sozialrevolutionären und linken Menschewisten zum Präsidenten des Petersburger Sowjets gewählt. Auf sein Betreiben beantragte dieser beim VCIK, den II. Allrussischen Sowjetkongreß einzuberufen und ihm alle Macht zu übertragen.

Das Schlagwort »Alle Macht den Sowjets« gewann jetzt endgültig einen anderen Klang. Es bedeutete: Macht für die Bolschewisten als den Repräsentanten der Mehrheit. Eine Machtübernahme durch die Sowjets konnte leicht zu einer Machtübernahme durch die Bolschewisten werden. Und so zielten Trockijs Anträge bereits auf eine neue Revolution.

Auch Lenin hatte in seinem Exil die Überzeugung gewonnen, daß die Zeit für den Sturz der Provisorischen Regierung gekommen war. Für ihn war es selbstverständlich, daß die Machtergreifung des Proletariats eine Machtergreifung der bolschewistischen Partei sein würde. Die Machtergreifung werde, schrieb er im September, die Wünsche der Massen nach Frieden, der Bauern nach Land und der Arbeiter nach Sozialisierung der Fabriken erfüllen. Die Revolution in Rußland werde von Revolutionen in anderen Ländern, in erster Linie in Deutschland, begleitet sein. Verpasse man die Gelegenheit, so werde die Gegenrevolution die Macht an sich reißen.

Ohne den unmittelbaren Kontakt mit den tatsächlichen Verhältnissen in Petersburg glaubte Lenin sich allein auf die bolschewistische Organisation der Stadt verlassen zu können. Im Zentralkomitee der Partei sollten die Vorbereitungen für den bewaffneten Aufstand getroffen werden. In diesem Sinne suchte er brieflich auf die langen Diskussionen, die hier abgehalten wurden, einzuwirken[22]. Als die Frage des bewaffneten Aufstandes am 15. (28.) September zum ersten Male zur Debatte kam, opponierten Zinov'ev und Kamenev scharf dagegen. Sie hielten den Plan für allzu gefährlich und nicht durchführbar. Einverstanden mit Lenins Grundidee war vor allem Trockij. Aber er wich in der Frage der taktischen Durchführung von Lenin ab. Er hielt die Basis der bolschewistischen Partei für zu schmal. Während Lenin vor einem dilettantenhaften Vertrauen auf eine spontane Volkserhebung warnte, schien Trockij gerade der Verzicht auf eine derartige breitere Basis dilettantisch und theoretisch zu sein. Während Lenin so bald als möglich losschlagen wollte, gedachte er die Erhebung mit dem Zusammentritt des Allrussischen Sowjets Ende Oktober zu koppeln, um auf diese Weise diesen mitzureißen und sich der größeren Autorität dieses obersten proletarischen Gremiums zu bedienen.

Viel stärker als Lenin suchte Trockij die ganzen komplizierten Machtverhältnisse im Rahmen des Dreiecks: Provisorische Regierung, Sowjets, Bolschewistische Partei in seine taktischen Überlegungen einzukalkulieren. In meisterhafter Weise hat er es verstanden, alle auf die Revolution hinzielenden Vorbereitungen als defensive Sicherungsmaßnahmen des Staates gegen die Gefahr einer Gegenrevolution von rechts zu tarnen. Unter dem Mantel der Legalität einer auf breiter Basis gewählten Volksvertretung, der Sowjets, konnte die Verschwörung mit einer Umsicht geplant und vorbereitet werden, die Lenins Plan eines spontanen Gewaltstreichs der Partei als ein kopfloses Abenteuer erscheinen ließ.

Während sich hier das Unheil für sein Regime zusammenballte, bewegte sich Kerenskij ahnungslos in alteingefahrenen parlamentarischen Bahnen. Er berief ein durch eine vom 14. (27.) September bis 22. September (5. Oktober) tagende »Demokratische Konferenz« vorbereitetes Vorparlament ein, das er als eine repräsentative Körperschaft gegen die Sowjets auszuspielen gedachte. Es sollte die Zeit bis zum Zusammentritt der Konstituante überbrücken. Aber seine Schwäche lag darin, daß es nur eine beratende Funktion auszuüben hatte; seine Mitglieder wurden von der Regierung ernannt. Als das Vorparlament am 7. (20.) Oktober, nachdem am Tage vorher die alten Gremien der Duma und des Reichsrats nun auch offiziell aufgelöst worden waren, vom Ministerpräsidenten eröffnet wurde, verlangte der rechte Flügel sofortige Zwangsmaßnahmen gegen die Bolschewisten.

Die Bolschewisten hatten vor der Alternative gestanden, sich an diesem Gremium zu beteiligen oder nicht. Die Frage kam auf einer allrussischen Parteikonferenz zur Sprache. Obwohl Trockij und Stalin sich für einen Boykott aussprachen, setzten Kamenev und Rykov am 4. (17.) Oktober die Beteiligung durch. Lenin geißelte diese Annahme als eine »Abweichung von dem proletarischen und revolutionären Weg«. Vielleicht hat aber die Beteiligung der Bolschewisten Kerenskij noch mehr in Sicherheit gewiegt, als es ein Boykott getan hätte. Die tatsächlichen Machtverhältnisse wurden jedoch nicht mehr auf dieser Ebene ausgetragen. Entscheidend waren die militärischen Machtmittel in der Hauptstadt. Das Gerücht, die Regierung habe die Absicht, die Hauptstadt nach Moskau zu verlegen, um Petersburg dem Feinde zu übergeben, genügte, um den Sowjet den Entschluß fassen zu lassen, die Verantwortung für die Verteidigung der Stadt in eigene Hände zu nehmen. Als der Sowjet sich das Recht zulegte, über alle Truppenbewegungen in Petersburg und in den umliegenden Gebieten zu entscheiden, war die Regierung in einem entscheidenden Punkte überspielt. Am 13. (26.) Oktober setzte das Exekutivkomitee der Sowjets – eigenartigerweise auf Grund des Antrags eines ahnungslosen Menschewisten – ein besonderes Militärrevolutionäres Komitee ein. Dessen Vorsitzender wurde ex officio der Präsident des Petersburger Sowjets. Damit hatte Trockij sich einen Generalstab der kommenden Erhebung gebildet. Zu seinem unmittelbaren Stellvertreter ernannte er seinen Gefährten V. A. Antonov-Ovseenko[23]. In Trockijs Hände liefen jetzt alle Fäden der Verschwörung zusammen.

Während hier die tatsächliche Entscheidung heranreifte, stritt man sich im Zentralkomitee der Partei noch immer um die grundsätzlichen Fragen. Lenin bemühte sich, von seinem finnländischen Versteck aus in mehreren Briefen den Widerstand Kamenevs und Zinov'evs auszuschalten. »Die Krise ist reif«, schrieb er Anfang Oktober aus Wiborg, wohin er mittlerweile seinen Wohnsitz von Helsingfors verlegt hatte, um näher zu sein. Er warnte davor, auf den Sowjetkongreß zu warten und den Augenblick der Revolution zur verpassen, ja er drohte sogar mit seinem Austritt aus dem Zentralkomitee. Immerhin setzte er es durch, daß die Bolschewisten schließlich doch am 7. (20.) Oktober aus dem Vorparlament Kerenskijs ausschieden. In den Ruf Trockijs: »Petrograd[24] ist in Gefahr! Die Revolution ist in Gefahr! Das Volk ist in Gefahr!« einstimmend, verließen die bolschewistischen Delegierten den Saal. Am nächsten Tag erschien Lenin heimlich in der Stadt, um an der historischen Sitzung des Zentralkomitees vom 10. (23.) Oktober teilzunehmen.

Vergeblich beschworen hier Kamenev und Zinov'ev ihre Parteigenossen, den Zusammentritt der Konstituante abzuwarten: »Wir haben nicht das Recht, die ganze Zukunft auf die einzige Karte des bewaffneten Aufstandes zu setzen.« Sie glaubten aus zwei Gründen vor dem Aufstand warnen zu müssen: weil seine Befürworter die Widerstandskräfte der Regierung unterschätzten und mit dem bevorstehenden Ausbruch einer proletarischen Revolution in Westeuropa rechneten. Im ersten Punkt sollten diese recht behalten. Der zweite erwies sich allerdings als ein Wunschtraum, der im bolschewistischen Sinne auch nicht einmal in Deutschland ein Jahr später in Erfüllung ging.

Lenin schob alle Bedenken zur Seite und hielt den Pessimismus der beiden Opponenten für unbegründet. Es kam zur Abstimmung. Von den zwölf Mitgliedern des Zentralkomitees, die anwesend waren, stimmten zehn für den Aufstand. Kamenev und Zinov'ev waren isoliert. Es wurde ferner beschlossen, ein politisches Büro der Partei zu konstituieren, das für die politische Führung zuständig sein sollte. Zu seinen Mitgliedern wurden Lenin, Trockij, Stalin, Sokolnikov und Bubnov, aber auch Kamenev und Zinov'ev gewählt. Es war die Geburtsstunde des später allmächtigen Politbüros. Zum Tag des Aufstandes wurde der 20. Oktober (2. November) bestimmt.

In diesen letzten zwei Wochen vor der Oktoberrevolution wurde immer deutlicher, daß der entscheidende Schlag nicht vom Zentralkomitee der Partei und auch nicht von dem neuen Politbüro ausgehen würde. Lenin kehrte in sein Versteck zurück und konzentrierte sich darauf, die beiden Opponenten brieflich bekehren zu wollen. Plötzlich erschien ihm Petersburg ungeeignet als Ausgangspunkt der Erhebung. Er schlug vor, den ersten Schlag in Moskau zu vollführen, dann dachte er sogar, die Revolution in Helsingfors beginnen zu lassen, um sie von hier nach Rußland hineinzutragen. Trockijs Idee einer Verkoppelung der Aktion mit den Sowjets bereitete ihm augenscheinlich noch immer Pein.

Aber das Zentralkomitee bekräftigte am 16. (29.) Oktober noch einmal den früheren Beschluß wegen des Aufstandes[25]. Eigenartig war, daß Kamenev und Zinov'ev sich nicht scheuten, in der von Maxim Gor'kij herausgegebenen Zeitschrift »Novaja Žizn'« (Neues Leben) in aller Öffentlichkeit vor dem Aufstand zu warnen. Lenin war außer sich und verlangte die sofortige Ausstoßung der »Streikbrecher« aus der Partei[26]. Stalin versuchte in seiner listig-vorsichtigen Art zu vermitteln. Man begnügte sich vorerst mit dem Rücktritt Kamenevs und Zinov'ev von ihren Posten im Zentralkomitee.

Der Allrussische Sowjetkongreß sollte am 20. Oktober (2. November) zusammentreten. Das Zentralkomitee der bolschewistischen Partei wählte Lenin und Trockij zu ihren Sprechern auf dem Kongreß. Als die von den Menschewisten beherrschte Exekutive des Kongresses den Zusammentritt der Versammlung auf fünf Tage, also auf den 25. Oktober (7. November) verschob, tat sie damit den Bolschewisten den größten Gefallen. Statt der wenigen Tage, die für die Aufstandsvorbereitungen geblieben waren, hatte man jetzt noch mehr als eine Woche zur Verfügung. Entsprechend Trockijs Vorschlag, den Aufstand mit dem Zusammentritt des Kongresses zusammenfallen zu lassen, wurde jetzt der 25. Oktober (7. November) auch dafür ausersehen.

In Wirklichkeit sollte der Aufstand jedoch schon am Vorabend dieses Tages ausbrechen. Entscheidend wurde das Verhalten der Truppenteile der Garnison. Als die Vertreter aller Petersburger Regimenter am 21. Oktober (3. November) zu einer Besprechung zusammentraten, erkannten sie das Militärrevolutionäre Komitee als einzigen Vorgesetzten der Garnison an und beschlossen, keinen Befehl zu befolgen, der nicht von Trockij oder einem von ihm Bevollmächtigten gegengezeichnet war. Das war der erste Schritt zur Meuterei gegen die Kerenskij-Regierung. Zwei Tage darauf ernannte das Militärrevolutionäre Komitee seine Kommissare bei allen militärischen Einheiten in und um Petersburg. Das war nicht mehr und nicht weniger als die Befehlsübernahme über das Militär seitens der Sowjets. Marschbefehle ohne Gegenzeichnung der Kommissare wurden von da ab nicht mehr befolgt. Offiziere, die sich dieser Entwicklung widersetzten, wurden verhaftet.

Als die Regierung am 24. Oktober (6. November) sich zu ihrem ersten Gegenschlag aufraffte und die Redaktion der von Stalin herausgegebenen Zeitung »Rabočij Put'« (Der Weg der Arbeit; anstelle der verbotenen »Pravda«) durch regierungstreue Truppen besetzen ließ, lieferte sie damit Trockij den willkommenen Vorwand und Anlaß zum Losschlagen. Die Revolution brach aus. Aufständische Truppen besetzten schlagartig, ohne daß ein Schuß fiel, alle Brücken, Eisenbahnstationen, Postämter und andere strategische Punkte. Ernstlichen Widerstand gab es nur beim Winterpalais, dem Sitz der Regierung. Hier führte Antonov-Ovseenko, Trockijs Stellvertreter, den Angriff. Der Kreuzer »Aurora« nahm von der Seeseite aus das Palais unter Beschuß. Zur Verteidigung des hier versammelten Kabinetts traten einige wenige Offiziersanwärter und ein Frauenbataillon an. Es war vergeblich. In der Nacht vom 25. Oktober (7. November) auf den 26. Oktober (8. November) kapitulierte die Regierung. Die Mehrzahl der Minister wurde verhaftet. Kerenskij hatte die Hauptstadt eilig verlassen, um zuverlässige Truppen zu sammeln: ein zu diesem Zeitpunkt bereits hoffnungsloses Beginnen.

Am späten Abend des Revolutionstages war der II. Allrussische Sowjetkongreß zusammengetreten. Die Bolschewisten verfügten auf ihm zwar über keine direkte Mehrheit, aber sie konnten mit einer Unterstützung seitens des linken Flügels der beiden anderen sozialistischen Parteien rechnen. Kaum daß die Sitzungen begonnen hatten, erklärten die rechten Sozialrevolutionäre und Menschewisten, der Kongreß könne unter der Drohung der

Waffen – die Beschießung des Winterpalais hatte soeben begonnen – nicht tagen. Als Protest gegen den Aufstand verließen sie den Saal. Gerade damit räumten sie aber den Bolschewisten das Feld. Höhnisch triumphierend konnte Trockij jede Verständigung mit den gemäßigten Sozialisten ablehnen: »Eure Rolle ist ausgespielt«, rief er, »schert Euch hin, wo Ihr von nun an hingehört – auf den Kehrichthaufen der Geschichte!«[27].

Nun blieb auch den linken Menschewisten unter Martov nichts anderes übrig, als den Kongreß ebenfalls zu verlassen. Die Bolschewisten hatten jetzt nur eine geringe Mehrheit, um das Geschehen zu sanktionieren.

Der Aufstand in Petersburg war gelungen; die Bolschewisten waren an der Macht.

Die Grundlegung des bolschewistischen Regimes

Es wäre eine reine Fiktion gewesen, im Allrussischen Sowjet auch jetzt noch eine Repräsentation des gesamten Volkes zu sehen. Die Bolschewisten bemühten sich auch keineswegs, ihn als solche hinzustellen. Ihrer Meinung nach repräsentierte er den Teil des »arbeitenden Volkes«, auf den es ankam, das städtische und ländliche Proletariat. Die Parole »Alle Macht den Sowjets« war Wirklichkeit geworden. Aber der Unterschied gegenüber der Situation im Frühjahr war der, daß die Bolschewisten mittlerweile innerhalb der Sowjets die anderen Linksparteien überspielt hatten.

Sieht man noch näher zu, so war auch das städtische und ländliche Proletariat von der Erhebung des 25. Oktober (7. November) überrumpelt worden. Die Soldatenräte, überwiegend aus dörflichen Vertretern bestehend, neigten eher den Sozialrevolutionären als den Bolschewisten zu. Die Arbeiterräte der Stadt waren zwar seit dem Sommer bolschewistisch beherrscht, aber es ist eine leere Fiktion, zu behaupten, daß die Arbeiterschaft am Tage der Oktoberrevolution die Macht ergriffen hätte. Es war die bolschewistische Partei, die im Namen der Arbeiterklasse, faktisch aber über ihren Kopf hinweg, die Gewalt an sich riß.

Als Lenin die Nachricht von der Verhaftung der Provisorischen Regierung überbracht wurde, begab er sich in den Plenarsaal des Kongresses, von stürmischen Ovationen begrüßt. Es war das erste Mal seit dem Frühjahr, daß er sich in der Öffentlichkeit zeigte. In seiner Ansprache an den Rumpfkongreß stellte er die Bildung einer neuen Regierung ohne die geringste Beteiligung der Bourgeoisie und die Errichtung eines proletarischen sozialistischen Staatswesens in Aussicht. Er verlangte die sofortige Beendigung des Krieges und drückte die feste Erwartung aus, daß »eine weltumfassende sozialistische Revolution«, deren Entwicklung schon in Italien, Deutschland und England eingesetzt habe, alsbald Wirklichkeit werden würde.

Am 26. Oktober (8. November) konstituierte der Kongreß die erste Sowjetregierung. Das Ministerkabinett erhielt die Bezeichnung »Rat (Sowjet) der Volkskommissare«, bald in der bei den Bolschewisten beliebten Abkürzungsweise allgemein »Sovnarkom« genannt. Vorsitzender wurde Lenin. A. I. Rykov übernahm das Kommissariat des Innern, A. V. Lunačarskij das Erziehungswesen, Trockij das Auswärtige, Stalin das Kommissariat für Nationalitätenfragen. Weitere Volkskommissare wurden für Landwirtschaft, Arbeit, Handel und Industrie, Finanzen, Justiz, Ernährung und Postwesen eingesetzt. Ein Kriegs- und Marinekomitee wurde Antonov-Ovseenko, N. V. Krylenko und P. E. Dybenko anvertraut. Zu einer ständigen Einrichtung, die die Legislative auch zwischen den Kongressen repräsentierte, wurde das Allrussische Zentral-Exekutivkomitee der Sowjets (VCIK), dessen Vorsitzender, J. M. Sverdlov, gewissermaßen die Funktionen des Staatsoberhaupts zufielen.

Als erstes wurden dem Kongreß zwei Dekrete vorgelegt, die die Beendigung des Krieges und die Landfrage betrafen. Er beschloß, allen kriegführenden Völkern einen »demokratischen Frieden« und sofortigen Waffenstillstand anzubieten. Das Landdekret sah die Aufhebung des Privatbesitzes an Grund und Boden und seine sofortige Verteilung an die Bauern und Arbeiter vor. Die Durchführung lag in der Hand der Dorfräte, das heißt der Bauern selbst. Die bisherige Selbsthilfe auf diesem Gebiet war damit legalisiert. Es wurde ferner beschlossen, in allen militärischen Verbänden Revolutionskomitees einzurichten.

Es ist offenkundig, daß Lenin mit den beiden entscheidenden Dekreten über Waffenstillstand und Landaufteilung sich Programmpunkte der Sozialrevolutionäre aneignete. Waren doch die Bolschewisten auf die Unterstützung seitens der linken Sozialrevolutionäre angewiesen. Beide Dekrete waren vor allem auf die Wünsche der Bauern gemünzt und hingen eng miteinander zusammen: ohne Heimkehr der Soldaten war keine Landaufteilung denkbar. Die Parole des sofortigen Waffenstillstandes war für Lenin ein Verzicht auf seine ursprüngliche Absicht, den Frieden erst auf dem Umweg über die Weltrevolution zu erreichen. Er erkannte die taktische Wichtigkeit einer sofortigen Erfüllung der russischen Friedenssehnsucht.

Vorerst war die Macht nur in Petersburg errungen. Kerenskij hatte sich nach Pleskau begeben. Er stieß auf Ablehnung bei den meisten Generalen, Unterstützung fand er nur bei General Krasnov, der, obwohl Monarchist und Gegner Kerenskijs, sich ihm doch zur Verfügung stellte. Krasnov gab seinen Kosaken den Befehl, auf Petersburg zu marschieren, um die Revolution niederzuwerfen. Am 27. Oktober (9. November) wurde Gatčina besetzt, am nächsten Abend zogen Krasnovs Truppen in Carskoe Selo ein. Hier wurden sie jedoch von bolschewistischen Arbeitern und Matrosen aus der Hauptstadt aufgehalten. Von maßgebender Bedeutung wurde das Verhalten der Eisenbahnergewerkschaft. Wie alle wichtigen Gewerkschaften von den Menschewisten beherrscht, verweigerte sie der neuen Regierung die Anerkennung und gab allen Eisenbahnern die Weisung, die Truppentransporte beider Teile stillzulegen. Dieses Verhalten wirkte sich nun allerdings unmittelbar zugunsten der bolschewistischen Regierung aus; die Truppen Kerenskijs blieben auf der Strecke liegen. Als den Ministerpräsidenten Warnungen erreichten, Krasnovs Kosaken würden ihn den Bolschewisten ausliefern, entschloß er sich zur Flucht. In Verkleidung gelang es ihm, von Gatčina über die finnische Grenze nach England zu entkommen.

Die Gegner der Bolschewisten waren, so schwach die Autorität Kerenskijs auch gewesen war, nun erst richtig führerlos, in sich zerrissen und zerspalten. Die Führung der Armee war von Kerenskij selbst der Initiative beraubt worden, die Truppen entweder kriegsmüde und politisch indifferent oder bereits bolschewisiert.

Hätte Kerenskij Rußland eine Alternative gegenüber dem Bolschewismus bieten können? Fedor Stepun[28], der die Revolution selbst miterlebt hat, versucht eine gewisse Rehabilitierung dieser so schicksalhaften Gestalt des Jahres 1917. Er rühmt seinen »jünglinghaften« Glauben an die Bedeutung der Persönlichkeit in der Geschichte und damit auch an sich selbst; die ehrliche Begeisterung, die in seinen Reden schwang, die Aufrichtigkeit seines Idealismus, dessen Quellen sowohl der großen französischen Revolution als auch der Gedankenwelt Schillers entsprangen. Aber auch er kann nicht umhin, Kerenskijs sich hinter pathetischer Rhetorik verbergende Schwäche zuzugeben. Seine unverzeihliche Schuld sei daher nicht, daß er Rußland nach der Februarrevolution auf einen falschen Weg geführt, sondern daß er es auf diesem Wege nicht energisch genug geführt hätte; Rußland hätte 1917 nach dem Sturz der Monarchie einen russischen Cromwell gebraucht; diesen aber habe das Schicksal dem Lande versagt.

Ein letzter Widerstand flackerte in Petersburg auf, als sich eine kleine Gruppe von Offiziersanwärtern am 30. Oktober (12. November) noch einmal erhob. Sie wurden nach kurzem Straßenkampf entwaffnet und exekutiert. In Moskau hatte Bucharin an der Spitze der dortigen Bolschewisten zunächst einen schweren Stand. Der sozialrevolutionäre Bürgermeister Rudnev und der Kommandant Oberst Rjabcev erstickten den ersten Aufstandsversuch, organisierten ein »Komitee der öffentlichen Sicherheit« und verhafteten das bolschewistische revolutionäre Komitee und den bolschewistischen Kremlkommandanten. Eine knappe Woche noch gelang es mit Hilfe von einigen tausend Offiziersanwärtern und Freiwilligen, hauptsächlich aus Studenten bestehend, den Bolschewisten zu trotzen. Nach einem kurzen Waffenstillstand flammten die Straßenkämpfe wieder auf, nachdem die Bolschewisten Verstärkung erhalten hatten. Am 31. Oktober (13. November) mußte das »Komitee der öffentlichen Sicherheit« kapitulieren. Auch Moskau, das Herz des russischen Landes, war nun in der Hand der Bolschewisten. Mit Ausnahme des Südens, vor allem der Gebiete der Donkosaken, regte sich nirgends mehr organisierter Widerstand. In einer Woche hatte Lenin mit seiner Partei den Sieg errungen.

Die Aufgabe, die jetzt vor der neuen Regierung stand, war gewaltig. Es galt, die agitatorischen Kampfparolen in konkrete Regierungs- und Verwaltungsmaßnahmen umzusetzen. Der Krieg mußte beendet, die Opposition niedergehalten, die Wirtschaftskrise behoben werden. In konservativen und liberalen Kreisen sah man in den Männern der neuen Regierung aufrührerische Terroristen, Agenten der Mittelmächte, Verräter an den westlichen Alliierten. Würde sich die Hoffnung dieser Kreise, daß schon einige Wochen Regierungspraxis die Unfähigkeit der Bolschewisten aufdecken müßten, erfüllen? Zunächst war mit ernsten Widerständen innerhalb der Bevölkerung zu rechnen. Die Staatsbeamten des alten Regimes verweigerten die Mitarbeit. Auch die Staatsbank legte neben anderen Institutionen die Arbeit nieder; das Finanzwesen brach zusammen.

In der Tat: in jedem westeuropäischen Lande wären die Bolschewisten an ihrem Dilettantismus in staatspolitischen und administrativen Dingen gescheitert. In Rußland aber haben sie sich gerade mit seiner Hilfe durchgesetzt[29]. Schon nach 4 bis 6 Wochen war der Regierungsapparat einigermaßen fest in der Hand des Rates der Volkskommissare. Eines der Hauptmittel hierzu war der Terror.

Schon am 27. Oktober (9. November) 1917 erfuhr die Pressefreiheit, eine der typischen Errungenschaften der Revolution, eine gewisse Einschränkung. Am 18. November (1. Dezember) wurden alle nicht bolschewistischen Zeitungen mit Ausnahme von Maxim Gor'kijs »Novaja žizn'« und der sozialrevolutionären Zeitung »Delo naroda« verboten. Illegal tauchten zunächst noch einige Blätter auf, bis auch sie nach wenigen Monaten von der Bildfläche verschwanden.

Noch einschneidender war die Begründung einer »Außerordentlichen Kommission zur Unterdrückung der Gegenrevolution« am 7. (20.) Dezember. Sehr bald bürgerte sich für diese neue Staats- und Geheimpolizei der Revolution die russische Abkürzung Čeka ein (Črezvyčajnaja Komissija)[30]. An ihre Spitze trat der Kommandant des Parteihauptquartiers im ehemaligen Smolnyj-Institut, Feliks Edmundovič Dzeržinskij. Dieser Sohn eines wohlhabenden polnischen Gutsbesitzers aus der Wilnaer Gegend war schon früh Mitglied der polnischen sozialdemokratischen Partei geworden und hatte sein Leben größtenteils in Gefängnissen und in Sibirien verbracht. Er galt als der große »Puritaner« unter den russischen Revolutionären. Eiserne Selbstverleugnung und unbestechliche Ehrlichkeit paarten sich bei ihm mit einer eisigen Gleichgültigkeit gegenüber der Meinung anderer. Lenin war er blind ergeben. Um die Rolle eines Großinquisitors der russischen Revolution hatte er sich selbst beworben. Während andere die öffentliche Arena suchten, bevorzugte er die Abgeschlossenheit eines stillen, aber fanatischen Wirkens aus dem Verborgenen. Bald nachdem das Smolnyj-Institut zum Hauptquartier der Bolschewisten geworden war, richtete er sich in einem kleinen Eckzimmer des Gebäudes seine Dienststelle ein. Seine Tätigkeit wurde der bolschewistischen Regierung bald unentbehrlich.

Nun wurde der »rote Terror« gegen alle Feinde des Staates proklamiert. Schon der erste Winter 1917/18 ließ die Zahl der Opfer nicht unerheblich ansteigen; den eigentlichen Höhepunkt erreichte er im nächsten. Der Terror bedeutete kein Versagen der staatlichen Organe angesichts der allgemeinen Desorganisation und der chaotisch-anarchistischen Verhältnisse. Keine Diktatur, meinte Lenin, sei ohne Terror und Gewalt denkbar, auch nicht die des Proletariats. Der Terror war ein integrales Element der bolschewistischen Staatspraxis von Anbeginn an. Die Partei sah in ihm eine unerbittliche Notwendigkeit, um die Idee zum Siege zu führen. In seiner ersten Ansprache als Chef des neuen Amtes sagte Dzeržinskij: »Glaubt nicht, daß es mir um formales Recht zu tun ist. Wir brauchen jetzt keine Justiz. Was wir brauchen, ist der Kampf bis aufs Messer. Ich beantrage, ich fordere die Schaffung des revolutionären Schwertes, das alle Konterrevolutionäre vernichten soll!«[31]. Für Dzeržinskij bedeutete Klassenkampf das Ausrotten der »Feinde der Arbeiterklasse«. Und das waren alle, die sich der bolschewistischen Diktatur widersetzten.

Lenin äußerte einmal im Gespräch mit Gor'kij: »Die durch die Verhältnisse erzwungene Grausamkeit unseres Lebens wird einmal verstanden und gebilligt werden.« Gebilligt vielleicht, es fragt sich nur von wem? Der Weg des bolschewistischen Gewaltstaates war damit beschritten. Und es war kennzeichnend genug, daß nicht nur die ehemals regierenden oberen Klassen, Adel, Bourgeoisie und Geistlichkeit davon betroffen wurden, sondern sämtliche Schichten der Bevölkerung: Bauern und Arbeiter, die Mittelschicht und die Intelligenz. Die Zahlen der Opfer gingen in die Tausende. Es kam zu Geiselmorden, zu offiziellen Čekaexekutionen und zu halboffiziellen Standgerichten einzelner bolschewistischer Gruppen. Die Verhaftungen trafen – im Sinne des neuen Regimes – Schuldige und Unschuldige. Von den Verhafteten wurden mit Hilfe von Tortur, Drohung und Gewalt Geständnisse erpreßt. Weder in den Methoden der Vernehmung noch der Exekution wurde viel Federlesens gemacht. Die normale Justiz war für längere Zeit suspendiert, es herrschte Ausnahmezustand mit allen schrecklichen Begleiterscheinungen derartiger Verhältnisse.

Weitaus schwieriger, als sich des Regierungsapparates zu bemächtigen, erwies sich die Ordnung der wirtschaftlichen Verhältnisse. Die Wirtschaftskrise kam auf der abschüssigen Bahn, die sie seit der Februarrevolution beschritten hatte, immer schneller ins Rollen. Die Preise wuchsen ins Phantastische, der Rubelkurs sank rapide. Es wurde die Rationierung der Lebensmittel eingeführt, und sie wurde nach politischen Gesichtspunkten gestaffelt. Nur für Angehörige der bolschewistischen Partei, für Sowjetbeamte und Arbeiter war die Verpflegung in den Städten gesichert. Die Bauern genügten trotz des Landdekrets vom 26. Oktober (8. November) ihren Ablieferungspflichten nicht. Sie waren schon vor der Oktoberrevolution, weil die Regelung der Bodenfrage so lange auf sich warten ließ, zur Selbsthilfe geschritten und hatten begonnen, die Güter aufzuteilen. Jetzt widersetzten sie sich der Ablieferungspflicht. Spezielle Requirierungsbataillone der Roten Armee und der Čeka ergossen sich auf das Land und begannen, gewaltsam Lebensmittel zu beschlagnahmen. Die Bauern setzten sich hier und dort zur Wehr, versteckten ihre Vorräte. Je weiter die Gegend vom Zentrum entfernt war, desto schroffere Formen nahm die Opposition der Bauern an. Hier lag ein überaus ernstes Problem für das bolschewistische Regime beschlossen, bei dessen Lösung verschiedene Wege beschritten werden konnten. Vorerst sahen die Bauern noch immer in der Sozialrevolutionären Partei die historische Sachwalterin ihrer Interessen.

Ganz im Sinne der bolschewistischen Absichten ließ die endgültige Spaltung der Sozialrevolutionären Partei nun nicht mehr lange auf sich warten. Worauf Lenin hinsteuerte, zeigte sich beim Zusammentritt der Konstituierenden Versammlung.

Der Termin der Wahlen für die Konstituierende Versammlung war von der Provisorischen Regierung mehrfach hinausgeschoben und schließlich auf den 25. November (8. Dezember) angesetzt worden. Lenin hatte vom April an auf eine schnellere Abhaltung der Wahlen gedrängt und die Provisorische Regierung unter anderem auch wegen der Verschleppung des Termins angegriffen. Es gehört zu den verhängnisvollsten Fehlern des Kerenskij-Regimes, daß es die Bedeutung eines möglichst frühen Zusammentritts der Konstituante nicht erkannte. Mögen auch die bolschewistischen Führer schon früh an eine Überrumpelung der Versammlung gedacht haben: vor der Machtergreifung wäre ihnen so etwas schwerlich gelungen, es sei denn, sie hätten den Zusammentritt der Konstituante in einer ähnlichen Weise für ihre Zwecke auszunutzen verstanden wie den des Sowjetkongresses vom 25. Oktober (7. November).

Die Konstituierende Versammlung

Von größter Bedeutung war zunächst das Verhältnis zwischen den Bolschewisten und den anderen sozialistischen Parteien.

Hartnäckig hatte Kamenev, unterstützt von seinen Gesinnungsgenossen, in der ersten Woche nach der Machtergreifung um eine Verständigung gerungen. Am fünften Tage der endlosen Verhandlungen im Zentralkomitee der Partei drohte Lenin rücksichtslos mit einer Spaltung der Partei und dem Terror der Matrosen, auf die er sich stützen wollte, wenn seine Meinung nicht durchdrang[32]. Nun legte Kamenev die Frage dem Zentral-Exekutivkomitee der Sowjets vor und zwang Lenin auf diese Weise nachzugeben. Am 2. (15.) November entschied sich auch das bolschewistische Zentralkomitee für eine Koalitionsregierung mit den anderen Sozialisten.

In der neuen nunmehr tatsächlich gebildeten Regierung nahmen die Bolschewisten nur die Hälfte der Sitze ein. Lenin behielt aber die Leitung der Regierung in der Hand. Als er nach der Nachricht vom endgültigen Sieg der Revolution in Moskau wieder Oberwasser gewonnen hatte, setzte er die Parteiopposition brutal unter Druck, um ihr die Initiative der Verhandlungen mit den anderen Parteien zu entwinden. Zeitweilig schieden Kamenev und Zinov'ev, von Lenin in der Presse erneut als »Streikbrecher« gebrandmarkt, aus dem Zentralkomitee aus, auch einige Volkskommissare legten ihre Ämter nieder, die linken Sozialrevolutionäre traten aus der Sowjetexekutive aus.

Nun wieder fest im Sattel, knüpfte Lenin erneut und diesmal selbst Verhandlungen mit den linken Sozialrevolutionären an. Eine am 10. (23.) November in Petersburg zusammengetretene außerordentliche Konferenz der Bauernsowjets zeigte deutlich, welche Animosität in diesen Kreisen gegen die Bolschewisten herrschte. Als Lenin das Wort ergriff, wurde er zunächst niedergeschrien. Schließlich gelang es ihm durch raffiniertes Gegeneinanderausspielen der verschiedenen Gruppen, die linken Sozialrevolutionäre wieder zur Mitarbeit in der Regierung heranzuziehen und damit eine Einheitsfront aller nicht bolschewistischen Sozialisten endgültig unmöglich zu machen. Die Exekutiven des Arbeiter- und Soldatensowjets und des Bauernsowjets wurden zusammengelegt.

Nach der Oktoberrevolution gedachte Lenin die Wahlen zu verschieben. Trockij erinnerte ihn an die häufigen Versprechungen, die Konstituante, wenn die Bolschewisten erst an der Macht seien, schnellstens einzuberufen, und die Wahlen fanden statt. Ihr Resultat war für die neue Sowjetregierung eindeutig negativ. Von den 36 Millionen, die zu den Urnen gegangen waren, hatten nur 9 Millionen für die Bolschewisten gestimmt, dagegen

21 Millionen für die Sozialrevolutionäre! Von 707 Sitzen in der Konstituante erhielten die Sozialrevolutionäre 370, womit sie eine klare Majorität errungen hatten. Die Bolschewisten verfügten über 175 Sitze, die linken Sozialrevolutionäre hatten 40, die Menschewisten 16, die Narodniki 2, die Kadetten 17. Hinzu traten 86 Vertreter nationaler Minderheiten und 1 Unabhängiger[33].

Die Mehrheit des Volkes hatte sich gegen die bolschewistische Regierung ausgesprochen. Lenin zog daraus seine Konsequenzen, natürlich nicht nach parlamentarischen Spielregeln. Während die Sozialrevolutionäre und Menschewisten die Zeit vor der Eröffnung der Versammlung zur sachlichen Vorbereitung benutzten, an Entwürfen und Programmen arbeiteten, die Debatten auf die Redner verteilten, suchte die Sowjetregierung durch eine rücksichtslose Agitation die Unterstützung der breiten Massen der Bevölkerung Petersburgs zu gewinnen. Es zeigte sich, daß die Arbeiterschaft zunächst abwartend und passiv blieb. Auch die Agitation unter der Petersburger Garnison, hauptsächlich von Fahnenjunker Krylenko geleitet, zeigte nicht den gewünschten Erfolg. Da ließ Lenin zur Unterstützung der Roten Garde und der bolschewistisch eingestellten Matrosen des Baltischen Geschwaders eine Abteilung absolut zuverlässiger Scharfschützen aus Moskau heranholen. Am 11. (24.) Dezember zwang er das Zentralkomitee der Partei, seinem Plan einer Sprengung der Konstituante zuzustimmen[34], um ihr am nächsten Tage in der »Pravda« den Charakter einer echten Volksvertretung abzusprechen. Damit war, noch vor ihrem Zusammentritt, das Todesurteil über die Konstituante gesprochen.

Als die Konstituierende Versammlung endlich am 5. (18.) Januar 1918 im Taurischen Palais eröffnet wurde, stand sie unter dem Terror ihrer militärischen Bewachung, die, angeblich zum Schutz vor gegenrevolutionären Provokationen beordert, im Grunde als blindes Werkzeug der Bolschewisten fungierte. Die Plätze auf der Rechten waren leer. Am 28. November (11. Dezember) war die Kadettenpartei verboten worden, ihre Führer verhaftet. Alle Zuschauertribünen konnten nur mit Eintrittskarten betreten werden, die von M. S. Urickij, dem Chef der Petersburger Čeka, ausgestellt worden waren. So hatte sich die Regierung einer entsprechenden Resonanz versichert. Als Tausende von Demonstranten mit roten Fahnen und revolutionären Plakaten zu einer öffentlichen Kundgebung zugunsten der Konstituierenden Versammlung gegen Mittag zusammenströmten, wurde sie vor dem Taurischen Palais mit Maschinengewehrsalven empfangen und zerstreut. Insgesamt sind an diesem Tag in Petersburg gegen 100 Personen getötet und verwundet worden.

Die erste Sitzung wurde erst am Nachmittag des 5. (18.) Januar von einem alten revolutionären Veteran der Narodniki eröffnet, dessen Worte im Getöse der bolschewistischen Obstruktion untergingen. Im Namen des Zentral-Exekutivkomitees der Sowjets verlas Jakov Michajlovič Sverdlov, der erste Vorsitzende des VCIK, eine bolschewistische Deklaration, die die sofortige Übertragung aller Staatsgewalt auf die Sowjets forderte. Die Versammlung wählte statt dessen zunächst Viktor Černov, den Führer der rechten Sozialrevolutionäre, zum Präsidenten. Es gelang ihm, trotz dauernder Störungen, seine Eröffnungsrede zu halten, in deren Zentrum die Forderung nach einer Lösung der Landfrage und eines allgemeinen Friedens stand. Er empfahl den Sowjets, Hand in Hand mit der Konstituierenden Versammlung als der obersten, freigewählten Autorität des Volkes zu arbeiten; wenn sie dazu nicht bereit seien, drohe ein Bürgerkrieg. Nach ihm gelang es Cereteli, dem Führer der Menschewisten, durch seine beredte Verteidigung der bürgerlichen Freiheiten und eindringlichen Warnungen vor einem Bürgerkrieg die Aufmerksamkeit zeitweilig zu fesseln. Der Tumult im Saale wurde immer stärker; auf den Galerien tobten sich die Zuschauer in der hemmungslosesten Weise aus.

Lenin meldete sich nicht zu Wort. Er schickte unter anderen Bucharin vor, der verlangte, die Deklaration Sverdlovs sollte an die Spitze der Tagesordnung gesetzt werden. Als der Antrag nach langer Debatte mit 237 gegen 138 Stimmen abgelehnt wurde, verließen die bolschewistischen Delegierten den Saal. Alsbald folgten ihnen die linken Sozialrevolutionäre. Die Mehrheit der Versammlung blieb auf den Plätzen; von einer Beschlußunfähigkeit oder Sprengung der Sitzung konnte nicht die Rede sein. Unermüdlich leitet Černov die weiteren Verhandlungen, ohne sich durch dauernde Belästigungen seitens der Wachen stören zu lassen. Bei Morgengrauen brachte er die Dekrete über die Abschaffung des Privatbesitzes an Grund und Boden und über die Einberufung einer internationalen sozialistischen Friedenskonferenz zur Abstimmung. Sie wurden angenommen. In feierlicher Weise wurde von der Mehrheit der Versammlung Rußland zur demokratischen föderativen Republik ausgerufen. Es leuchtet ein, daß dieser Beschluß sich nunmehr nicht mehr gegen den Zaren, sondern gegen Lenin richtete. Als die Sitzung endlich geschlossen wurde, war es Morgen. Den Ahnungslosen schien eine neue Ära der russischen Geschichte angebrochen zu sein. Die Bolschewisten jedoch wußten, daß es hier nicht um Recht, sondern um Macht ging.

Als die Delegierten am 6. (19.) Januar gegen Mittag wieder zusammentreten wollten, fanden sie den Zugang zum Taurischen Palais von Truppen besetzt, die neben Infanteriewaffen auch über zwei Geschütze verfügten. Ein Dekret des Rates der Volkskommissare vom selben Tage verfügte die Auflösung der Konstituierenden Versammlung[35] »Es ist alles zum besten ausgegangen«, sagte Lenin. »Die Auflösung der Konstituante bedeutet die vollständige und offene Liquidation der Idee der Demokratie zugunsten des Gedankens der Diktatur. Es wird eine heilsame Lehre sein«[36].

In derselben Nacht waren zwei prominente Kadettenführer, Professor F. Kokoškin und Dr. A. Šingarev, von einem Trupp anarchistischer Matrosen in einem Krankenhaus ermordet worden. Als Lenin von Protestversammlungen der Sozialrevolutionäre und Menschewisten hörte, die aus diesem Anlaß stattgefunden hatten, rief er zynisch: »Laßt sie nur protestieren, laßt sie etwas vor Wut kochen, etwas toben, etwas seufzen, viel Tee trinken, bis in den Morgen reden; dann werden sie bestimmt bald einschlafen«[37]. »Nur Schufte und Idioten«, hieß es bei ihm später, »können sich einbilden, daß das Proletariat erst die Majorität haben muß in Wahlen, die unter bürgerlichem Joch stattfinden, und erst dann versuchen kann, die Macht an sich zu reißen . . . Wir dagegen behaupten, daß das Proletariat erst die Bourgeoisie stürzen und die Macht an sich reißen muß und dann diese Macht, das heißt die Diktatur des Proletariats als Instrument seiner Klasse, so gebrauchen muß, daß es die Sympathie der Majorität der Werktätigen für sich gewinnt«[38].

Gibt der Gewaltstreich der Bolschewisten gegen die Konstituierende Versammlung das Recht, davon zu sprechen, daß die Demokratie in Rußland nicht verwirklicht werden konnte, weil sie einer genügend soliden Basis entbehrte?[39]. Wenn diesem Gewaltstreich eine Terrorherrschaft folgte, die alle Anhänger der Demokratie zu Staatsfeinden oder für vogelfrei erklärte? Uns scheint der Übergang zur Demokratie in Rußland nach einer jahrhundertelangen Korrumpierung des Volkes durch die Autokratie zwar außerordentlich schwierig gewesen zu sein; unmöglich war er nicht, es sei denn, man wollte dem russischen Volk jedes Freiheitsbedürfnis absprechen. Nicht nur die liberal-demokratische Lösung ist in Rußland 1917 gescheitert, weil es ihren Vertretern an Konsequenz und Entschlußkraft gebrach. Auch die gemäßigten Sozialisten vom Schlage eines Cereteli, Čcheidze, Dan, Černov und anderen ließen es sowohl an politischem Geschick als auch an Klarheit des Willens fehlen. Sie wurden, wie W. Gurian sagt, durch den Zwiespalt zwischen ihren revolutionären Versprechungen auf der einen und ihrem Bestreben, die Anarchie zu vermeiden, auf der anderen Seite gelähmt[40]. Es war jene Politik der halben Maßnahmen und des Zurückweichens in kritischen Momenten, die ihnen in allen entscheidenden Fragen dieser Monate die Initiative entriß: ob es sich um die Agrarreform, die Stellung zur Bourgeoisie, zum Kriege oder zu den Bolschewisten handelte. Sie hatten keinen Sinn für die entscheidende Bedeutung der Macht; umso mehr verstand Lenin davon.

Ordnete Lenin die Doktrin seinem Machtwillen unter? Bewußt bestimmt nicht. Die marxistische Ideologie war für ihn die Grundlage seines Handelns. Aber er wußte aus der Praxis zu lernen; und neben der Doktrin stand bei ihm die klare Erkenntnis der sich ändernden Machtverhältnisse und Möglichkeiten. Diese aber verstand er zu nutzen.

Eine weitere Frage ist, ob Lenin die Bolschewisten allein zum Siege hätte führen können. Der bolschewistische Sieg ist neben den genannten Faktoren in ganz entscheidendem Maße durch das Zusammenwirken von Lenin und Trockij begünstigt worden. Ergab sich doch hieraus eine personelle Konstellation von einzigartiger Schlagkraft. Was sich hier in wechselvoller Verteilung an demagogischer Leidenschaft und kaltem Zynismus, an dämonischem Machtwillen, an fanatischer Unduldsamkeit, an skrupellosem Geschick vereinigte, genügte, das einmal gesetzte Ziel zwar nicht sogleich, aber doch nach den drei Anläufen vom Mai, Juni und Juli zu erreichen. Was dem einen fehlte, fand sich im anderen ergänzt. Trockijs persönliche Eitelkeit, seine Neigung, sich im Affekt hinreißen zu lassen, und seine individualistische Ungebärdigkeit wurden durch Lenins Verstandesschärfe und größere Einfühlungsfähigkeit in kollektive Seelenzustände, durch seinen schnellen Blick für taktische Wendepunkte aufgewogen. Aber Trockijs feuriger revolutionärer Elan und seine natürliche militärisch-strategische Begabung hatten neben manchen anderen Momenten entscheidenden Anteil an der bolschewistischen Machtergreifung.

Demgegenüber fällt die spätere amtliche Legende von Stalins führender Rolle beim Oktoberaufstand leicht in sich zusammen.

Es ist nicht ohne Reiz zu erfahren, daß er selbst noch am 7. November 1918, dem ersten Jahrestag der Revolution, in einem »Pravda«-Artikel ohne weiteres bereit war, Trockijs Verdienste anzuerkennen[41].

Der Frieden von Brest-Litovsk

Die Oktoberrevolution hatte den Krieg im Bewußtsein des Volkes in den Hintergrund treten lassen.

Unter dem neuen Regime schien seine Beendigung selbstverständlicher denn je. Nur noch in vereinzelten Rechtskreisen verknüpfte man die Vorstellung von einer Fortsetzung des Krieges an der Seite der Alliierten mit der eines Sturzes der Sowjetregierung. In der bolschewistischen Parole eines sofortigen Friedens lag viel werbende Kraft. Sie mußte um so selbstverständlicher erscheinen, je mehr sie mit der Hoffnung auf Ausbreitung der Revolution über die ganze Welt, zunächst vor allem über die Mittelmächte, verbunden war.

Schon am 26. Oktober (8. November) ging ein Fernspruch des Sowjetkongresses an alle Völker und Regierungen, der einen sofortigen Waffenstillstand auf der Grundlage des Selbstbestimmungsrechts der Völker unter Verzicht auf alle Annexionen und Kontributionen vorschlug[42]. Am 7. (20.) November erteilte der Rat der Volkskommissare dem Hauptquartier den Befehl, den Mittelmächten unverzüglich die Einstellung der Feindseligkeiten vorzuschlagen. Der Oberbefehlshaber General Duchonin weigerte sich, dem Befehl Folge zu leisten; die Einleitung von Friedensverhandlungen gehöre, meinte er, zu den Kompetenzen der Regierung. Er wurde abgesetzt und bald darauf von Soldaten ermordet. An seine Stelle trat der Fahnenjunker Krylenko.

Die Regierung beschloß, sich vorerst an die Alliierten zu wenden. Am 8. (21.) November richtete Trockij als Außenkommissar eine Note an alle alliierten Gesandten in Petersburg, in der er einen sofortigen Waffenstillstand an allen Fronten vorschlug[43]. Zwei Tage später wurde die Note auch den neutralen Mächten bekanntgegeben. Den alliierten Militärvertretern dürfte die Mitteilung nicht überraschend gekommen sein; sie mußten über die grundsätzliche Einstellung der Bolschewisten im klaren sein. Aber sie zweifelten wohl an der Entschlossenheit, diese Absicht wahrzumachen. Der amerikanische Militärattaché General Judson begab sich am 18. November (1. Dezember) zu Trockij, um ihn umzustimmen[44]. Es war vergeblich.

Aufs schwerste schockiert waren die Westmächte zugleich auch durch die Veröffentlichung der Geheimverträge der Zarenregierung, die mit großer Schnelligkeit voranschritt; nach sechs Wochen lagen bereits sieben Bände davon vor. Neben dem Björkövertrag zwischen Nikolaj II. und Wilhelm II. von 1905 und anderen belanglosen Sensationen mußte eine Publikation des englisch-russischen Persienabkommens von 1907 und des sogenannten Sykes-Picotabkommens über eine Aufteilung der Türkei von 1915 in schwerstem Maße kompromittierend für die Westmächte wirken. Es lag in der vollen Absicht der Sowjets, sie besonders in den Augen der außereuropäischen und farbigen Völker zu diskreditieren.

Als letzter Schock in dieser Reihe traf die Alliierten das sowjetische Dekret über die Annullierung der ehemaligen Staatsschulden der Zarenregierung vom 28. Januar (10. Februar) 1918[45]. Damit wurden die Millionenanleihen mit einem Federstrich ausgelöscht, die, besonders von französischer Seite, schon seit dem Ende des vorigen Jahrhunderts die damalige Aufrüstung und Kriegsvorbereitung Rußlands ermöglicht hatten.

Die deutsche Regierung hatte die Sowjetregierung am 14. (27.) November wissen lassen, daß sie zu Verhandlungen bereit sei. Im kaiserlichen Hauptquartier rechnete man mit einem baldigen Sturz der friedenswilligen bolschewistischen Regierung und hatte daher ein Interesse daran, den Frieden im Osten zu beschleunigen. Zwar wurde auch, besonders von General Hoffmann, dem Chef des Stabes Oberost, der Plan erörtert, den Vormarsch auf Petersburg auszudehnen, die bolschewistische Regierung zu stürzen und Verbindungen zu Rechtskreisen, als deren Repräsentant der Großfürst Paul Aleksandrovič galt, aufzunehmen[46]. Diese Möglichkeit bot jedoch nicht genügende Sicherheit dafür, daß eine neue Rechtsregierung ebenso bereit sein würde, einen Sonderfrieden zu schließen.

Auf der Grundlage der deutschen Zusage richtete Lenin noch einmal eine Anfrage an die Alliierten, ob sie bereit seien, zum 18. November (1. Dezember) gemeinsam mit Rußland die Friedensverhandlungen zu eröffnen[47]. Die Klausel, daß Rußland, wenn keine Antwort erfolge, allein verhandeln werde, zeigt, daß man in Petersburg nicht ernstlich mit einer alliierten Friedensbereitschaft rechnete.

Am 20. November (3. Dezember) wurden in Brest-Litovsk die Waffenstillstandsverhandlungen mit den Mittelmächten eröffnet. Von Kampfhandlungen konnte ohnehin keine Rede mehr sein. Die russische Armee befand sich in völliger Auflösung, die Soldaten sahen zu, möglichst schnell nach Hause zu kommen, um nicht bei der Landverteilung leer auszugehen. »Sie stimmten für den Frieden – mit den Füßen«, pflegte Lenin zu sagen. Am 2. (15.) Dezember wurde der Waffenstillstand für vier Wochen abgeschlossen, am 9. (22.) Dezember begannen die Friedensverhandlungen.

Die russische Delegation wurde von A. A. Joffe geführt. Die deutsch-österreichischen Bedingungen sahen die Abtretung der nichtrussischen Westgebiete vor, das heißt Polens, Litauens und des südlichen Teils des Baltikums. Über das zukünftige Schicksal und die Grenzen dieser Länder sollte später entschieden werden. Mit dem Erscheinen einer ukrainischen Delegation in Brest-Litovsk, die Selbstbestimmung für die Ukraine verlangte, wurde das außerordentlich schwierige ukrainische Problem aufgerollt.

Von seiten Deutschlands und Österreichs waren ukrainische Selbständigkeitsbestrebungen schon während des Krieges unterstützt worden. Der Schwerpunkt der ukrainischen nationalen Bewegung lag im österreichischen Galizien. Eine ukrainische Legion war auf seiten der Mittelmächte eingesetzt worden. Auch in der russischen Ukraine regten sich autonomistische Bestrebungen. Im Juli 1917 billigte die Provisorische Regierung der Ukraine eine Autonomie im Rahmen des Russischen Reiches zu. Es konstituierte sich eine Ukrainische Zentralrada[48] als oberste Repräsentanz des ukrainischen Volkes. Die Oktoberrevolution verstärkte bei allen nichtbolschewistischen Ukrainern die Neigung, von der Autonomie zur vollständigen Loslösung von Rußland fortzuschreiten. Es lag auf der Hand, daß die Mittelmächte eine derartige Entwicklung in jeder Weise förderten. Sie luden eine ukrainische Delegation nach Brest-Litovsk ein. Als die Ukrainische Rada am 9. (22.) Januar 1918 ihre Unabhängigkeit proklamierte, bedeutete das jedoch faktisch engste Anlehnung an die Mittelmächte.

Die sowjetische Delegation in Brest-Litovsk mußte, wie die Dinge lagen, nicht nur mit einem Verlust der Westgebiete und Finnlands, sondern auch der Ukraine rechnen. Sie reiste Ende Dezember nach Bekanntgabe der deutschen Forderungen ab. Ein Vorschlag des Rates der Volkskommissare vom 20. Dezember 1917 (2. Januar 1918), die Verhandlungen auf neutralen Boden, etwa nach Stockholm, zu verlegen, wurde von den Mittelmächten abgelehnt. Als im Januar 1918 die Verhandlungen wieder in Brest-Litovsk aufgenommen wurden, übernahm

Trockij selbst die Leitung der sowjetischen Delegation. Die Sowjetregierung verfolgte die Taktik, die Verhandlungen zu verschleppen, weil sie der Meinung war, daß auch Deutschland die Voraussetzungen zum Ausbruch einer Revolution mit jedem Tage größer werden mußten. Es war ihr auch nicht entgangen, daß zwischen Deutschland und Österreich Meinungsverschiedenheiten in der polnischen Frage bestanden.

Trockij versuchte zunächst durch einen feierlichen Protest gegen die deutschen Bedingungen am 10. (23.) Januar Erleichterungen, zum mindesten aber Zeit zu gewinnen. Es war vergeblich; am 13. (26.) Januar kehrte er daher nach Petersburg zurück zur Berichterstattung. Bald darauf, am 9. Februar 1918[49], wurden die Forderungen der Mittelmächte in ultimativer Form überreicht. Trockij reagierte darauf mit einer eigenartigen Erklärung. Er weigerte sich am 10. Februar im Namen des Rates der Volkskommissare, den Frieden auf Grund der deutschen Forderungen zu unterzeichnen, erklärte den Kriegszustand aber für beendet[50]. Die Formulierung »Weder Krieg noch Frieden« war bestechend. Aber es war die Formel eines Agitators, sie wich der Wirklichkeit aus. Die Deutschen nahmen, da ihre Bedingungen nicht angenommen wurden, die Offensive wieder auf.

Vom 18. Februar an wurde in raschem Lauf von Riga aus Livland, von den Ostseeinseln aus Estland erobert; Ende des Monats waren die baltischen Länder besetzt. Im Norden machte der Vormarsch an der historischen Grenze bei Narwa halt, südlich vom Peipus wurde darüber hinaus auch Pleskau (Pskov) eingenommen. Eine Fortsetzung des Vormarsches bis Petersburg lag im Bereich des Möglichen. Im Süden stießen die Deutschen von Polen aus in die Ukraine hinein. Am 1. März war Kiev besetzt. Weit darüber hinaus drangen die deutschen Truppen bis in die Krim und über Rostov am Don in den Nordkaukasus vor. In der Ukraine war inzwischen der Kampf zwischen den Autonomisten und den Bolschewisten entbrannt. Bolschewistische Truppen hatten am 8. Februar Kiev besetzt. Tags darauf war es aber in Brest-Litovsk zu einer Einigung mit der ukrainischen Delegation gekommen. Der sogenannte »Brotfrieden« vom 9. Februar sicherte der deutschen Kriegführung Rohstoffe und Lebensmittel, hauptsächlich Korn, für ihren Bedarf. Die deutsche Besetzung der Ukraine bedeutete jetzt zunächst einen Schutz des Landes vor einem bolschewistischen Zugriff; mit den deutschen Truppen zusammen war Simon V. Petljura, der Führer der ukrainischen nationalen Demokraten, in Kiev eingerückt.

Im Rat der Volkskommissare und im Zentralkomitee brachen außerordentlich heftige und erregte Debatten aus. Sollte man die Friedensbedingungen annehmen, oder ablehnen und den Krieg weiterführen? Für die letztere Lösung trat besonders leidenschaftlich Bucharin ein. Die russische Revolution, sagte er, würde sich selbst entehren, wenn sie, nur um ihre eigene Haut zu sichern, den deutschen und internationalen Sozialismus betrüge und sich damit abfinde, daß das deutsche Kaiserreich fremde Länder annektiere. Kaiser Wilhelm II. bekäme durch einen Frieden mit Rußland die Hände frei zur Bekämpfung der Revolution in Deutschland. Selbst wenn die Fortführung des Krieges zur Niederlage und Vernichtung führen würde, so wäre das immer noch besser als ein Leben der Schande und des Verrats. Die linken Sozialrevolutionäre stimmten Bucharins Beweisführung zu.

Lenin dagegen hielt nichts von dieser heroischen Pose »im Stile polnischer Aristokraten«[51]. Als kühler Realist lehnte er theatralische Gesten ab. Er rechnete mit den Tatsachen. »Ich spreche für den russischen Bauern«, sagte er und war sich damit des Widerhalls im Volke bewußt. Das Volk wollte keinen Krieg mehr. Eine levée en masse war, nachdem der Krieg bereits zweieinhalb Millionen Tote gebracht hatte, nicht denkbar. Lenin versuchte seinen Kollegen die vollkommene Hoffnungslosigkeit der militärischen Lage und die Sinnlosigkeit eines weiteren Widerstandes vor Augen zu führen. Um die junge noch nicht konsolidierte Sowjetrepublik zu retten, müsse man sich dem Zwang des deutschen Militarismus beugen. Breche Rußland unter den deutschen Waffen endgültig zusammen, dann sei auch jede Hoffnung auf einen revolutionären Durchbruch im Westen begraben. Der Boden, den man jetzt preisgebe, sei nicht für alle Zeit und Ewigkeit verloren. Man gebe Raum auf, um Zeit zu gewinnen[52].

Zu den weltrevolutionären Erwägungen traten außenpolitische hinzu. Lenin war an einem Siege der Westmächte über Deutschland keineswegs interessiert und versprach sich von der Unterzeichnung des Friedens im Osten eine Verlängerung des Krieges im Westen, die der Sache der Weltrevolution nur dienlich sein konnte.

Lenin predigte zunächst tauben Ohren. Er wurde nur von Sverdlov, Sokolnikov, Smilga und Stalin unterstützt. Die Mehrheit war für Ablehnung und Fortführung des »revolutionären Krieges«. Es drohte eine Spaltung der Partei, da das Moskauer

Parteikomitee von Bucharin beherrscht wurde. Unter dem Eindruck des schnellen deutschen Vormarsches, dem kaum Widerstand entgegengesetzt werden konnte, setzte Lenin aber schließlich nach vielen stürmischen Auseinandersetzungen doch mit sieben zu sechs Stimmen die Zustimmung des Zentralkomitees zur Annahme der deutschen Bedingungen durch. »Sollten die Deutschen den Sturz der bolschewistischen Regierung verlangen, müßten wir natürlich kämpfen«, sagte er[53]. Alle anderen Forderungen könnten und sollten zugestanden werden. Der deutsche Vormarsch hatte jedoch zunächst seine eigene Dynamik. Trotz eines russischen Funkspruchs im Sinne der Zustimmung vom 19. Februar lief er weiter. Die Lage wurde kritisch, da man die Ziele des Vormarsches nicht kannte. Man mußte mit einem Angriff auf Petersburg rechnen. Lenin war bereit, auch diese letzte Konsequenz einzukalkulieren. Damals jedenfalls wurde der Entschluß gefaßt, den Sitz der Regierung nach Moskau zu verlegen.

Die endgültigen deutschen Bedingungen lagen am 21. Februar vor. Rußland wurde verpflichtet, auch auf die nördlichen baltischen Provinzen zu verzichten, mit der Ukrainischen Rada Frieden zu schließen und alles ukrainische und finnländische Gebiet zu räumen, der Türkei alle besetzten Gebiete und einige transkaukasische Grenzbezirke zu übergeben, die Armee zu demobilisieren und den deutsch-russischen Handelsvertrag von 1904 in ergänzter Form zu erneuern. Die Sowjetregierung mußte ferner versprechen, sich jeder bolschewistischen Agitation in den von den Deutschen besetzten Gebieten zu enthalten[54].

Zur Unterzeichnung war eine Frist von 48 Stunden gegeben. Nun erreichte die Leidenschaftlichkeit des Pro und Contra ihren Höhepunkt. Die linken Sozialrevolutionäre schlugen vor, die Alliierten um Hilfe zu bitten, und wiesen auf ein entsprechendes Angebot des französischen Botschafters Noulens hin. Lenin lehnte derartige Gedanken rundweg ab. Das äußerste, wozu er sich verstand, war, über den Ankauf von Waffen zu verhandeln. Im übrigen erklärte er, das »Spiel mit revolutionären Phrasen« müsse aufhören, und drohte, aus der Regierung und aus dem Zentralkomitee auszutreten, wenn noch weiter von einer Fortführung des Krieges geredet würde. In der entscheidenden Abstimmung waren bei vier Enthaltungen sieben Stimmen für, vier gegen die Annahme der deutschen Bedingungen[55]. Am 23. Februar erfolgte die telegraphische Annahme der deutschen Bedingungen[56]. Am 3. März 1918 unterzeichnete der an die Stelle von Trockij getretene Sokolnikov in Brest-Litovsk den Friedensvertrag[57]. Er wurde am 15. März vom Sowjetkongreß ratifiziert.

Der Vertrag von Brest-Litovsk gehört zu den unglücklichsten Friedensschlüssen der Geschichte. Er stellte auch für Deutschland nur eine halbe Lösung dar, weil er angesichts der labilen politischen Verhältnisse in Rußland auch weiterhin noch beträchtliche Truppenteile im Osten band, die beim Einsatz im Westen fehlten. Rußland dagegen schnürte er die Lebensmöglichkeiten ab. Es war eine nationale Katastrophe größten Ausmaßes. Während sich bei den Westgebieten, bei Finnland und Polen, aber auch bei den baltischen Ländern, ethnographische, nationalpolitische und historische Argumente für eine Loslösung von Rußland anführen ließen, lagen die Dinge im Süden anders. Die Ukraine war mit Großrußland durch unzählige Fäden verknüpft, die tief im Geschichtsbewußtsein verankert waren. Die kulturellen Gemeinsamkeiten waren stärker als die sprachlichen Besonderheiten. Der Verlust der Ukraine war wirtschaftlich durch den Verlust der reichsten Korngebiete, der Kohlen- und Eisenlager u. a. m. untragbar. Er bedeutete eine Abdrängung Rußlands vom Schwarzen Meer und eine Reduzierung auf einen Raum, der der Ausdehnung des Moskauer Reiches im 16. Jahrhundert entsprochen hätte. Bei aller Anerkennung der berechtigten ukrainischen Autonomiewünsche zeigte doch gerade die ukrainische Frage deutlich die Vordringlichkeit einer föderativen Lösung des Nationalitätenproblems in Rußland auf.

Wie die Dinge lagen, verlor Rußland im Frieden von Brest-Litovsk 26 % seiner Bevölkerung, 27 % des anbaufähigen Landes, 26 % des Eisenbahnnetzes, 33 % der Textilindustrie, 73 % der Eisenindustrie und 75 % der Kohlenbergwerke.

Lenin hatte den Friedensschluß mit eiserner Konsequenz durchgefochten. Nichts lag ihm aber ferner, als den Vorgang zu beschönigen. Er scheute sich nicht, den Vertrag als »schamlos« hinzustellen und verglich ihn mit dem für Preußen erniedrigenden Frieden von Tilsit, den Napoleon dem besiegten Gegner 1807 aufzwang. Er wies aber auch darauf hin, daß Preußen aus dieser Erniedrigung den Weg zu großen Reformen gefunden habe, die es zu den späteren Waffentaten befähigten[58].

Die Auseinandersetzungen wegen des Brester Friedens hatten bedeutsame Folgen für die Parteiverhältnisse. In der Opposition Bucharins zeichneten sich die Umrisse einer Gruppe von Bolschewisten ab, die sich in erster Linie vom Gesichtspunkt einer ideologischen Linientreue leiten ließen und für Konzessionen an die politische Wirklichkeit keinen Sinn hatten. Hier galt die kompromißlose Reinheit des revolutionären Glaubens über alles. Es waren die Ansätze zu einer »Linksopposition«, deren Bedeutung jedoch nicht über das Jahr 1918 hinausreichte. Die Gegnerschaft der linken Sozialrevolutionäre gegen den Vertrag hatte zur Folge, daß die Koalition der Oktoberrevolution in die Brüche ging. Am 15. März 1918 traten die sozialrevolutionären Volkskommissare aus der Regierung aus. Der Rat der Volkskommissare war damit zu einem rein bolschewistischen Kabinett geworden.

Der VII. Parteikongreß, der am 6. März eröffnet wurde, brachte auch äußerlich den endgültigen Bruch zwischen den Bolschewisten und Sozialisten zum Ausdruck. Auf Lenins Antrag wurde der offizielle Name der Partei – Russische Sozialdemokratische Arbeiterpartei (Bolschewisten) – in Russische Kommunistische Partei (Bolschewisten) geändert. Jetzt wurde auch der Beschluß, den Sitz der Regierung zu verlegen, ausgeführt. Dzeržinskij mit seiner Čeka richtete sich im Hause einer Versicherungsgesellschaft an der Lubjanka-Straße Nr. 22 ein, deren Name bald in aller Munde sein sollte. Lenin traf am 11. März in Moskau ein, man hatte ihm eine Wohnung im Kreml reserviert. Die lettischen Schützen wurden aus Petersburg zurückbeordert; ihnen wurde die Bewachung des Kreml anvertraut.

II

DER BÜRGERKRIEG

Voraussetzungen. Die Nationalitätenpolitik der Sowjets

Der Ausbruch des großen russischen Bürgerkrieges, der nahezu drei Jahre währen sollte, läßt sich auf nationale, soziale und parteipolitische Antriebe zurückführen. Als ein weiteres verwirrendes Moment trat die Intervention der Alliierten neben die innerrussischen Elemente, um den Ablauf des Bürgerkrieges stärkstens zu beeinflussen.

Von der parteipolitischen Lage aus gesehen, war nach dem bolschewistischen Gewaltstreich gegen die Konstituierende Versammlung genügend Veranlassung gegeben, die Sowjetregierung als ein usurpatorisches Regime zu betrachten, das sich über die souveräne demokratische Repräsentation des Volkes hinweggesetzt hatte. Diese Auffassung fand sich sowohl bei konservativen Rechtskreisen und liberalen Kadetten, als auch bei den nichtbolschewistischen sozialistischen Parteien. Fühlungnahme zwischen diesen beiden Gruppen bestand zunächst nicht. In Anbetracht des rigorosen Vorgehens der bolschewistischen Machtorgane gegen bürgerliche Elemente schienen diese zunächst ganz von einer Beeinflussung der Ereignisse ausgeschlossen zu sein. Größere Erwartungen im Sinne der Verteidigung der demokratischen Rechte gegen die Diktatur der Sowjets konnte man an die Linksparteien knüpfen.

Das soziale Element des Bürgerkrieges ist vor allem in der passiven Resistenz des Bauerntums zu suchen, das bei der wohlhabenden Schicht, nachdem erst die Klassenkampfparolen von den Bolschewisten ins Dorf hineingetragen worden waren, bald in offene Opposition gegen die Sowjetregierung ausartete.

Das nationale Moment hat seinen Ursprung im Selbstbestimmungsrecht der Völker, das von den Bolschewisten schon auf der Parteikonferenz vom April 1917 zu einer gewichtigen Forderung erhoben worden war. Als Referent für die nationale Frage verlangte damals Stalin, daß alle bisher vom Zarismus unterdrückten Völker das Recht haben sollten, nach Belieben im Verbande des russischen Reiches zu bleiben oder auszuscheiden.

Trotz scharfer Opposition von seiten der Genossen Pjatakov und Bucharin setzte sich diese Meinung, der sich auch Lenin angeschlossen hatte, durch. Lenin selbst sprach sich am 12. (25.) Mai 1917 klar dahin aus, daß Polen und Finnland ein unleugbares Recht haben sollten sich loszulösen. Bei den anderen Völkern war er der Meinung, daß ein proletarischer russischer Staat auf sie mit der Zeit, auch wenn sie sich für eine Loslösung entscheiden sollten, eine immer stärkere Anziehung ausüben würde.

Zunächst kam es auf die eigene Initiative der Nationalitäten an. Sie nahmen sehr bald Fühlung untereinander auf. Am 29. Mai (11. Juni) 1917 konstituierte sich in Petersburg ein Sowjet der nationalen sozialistischen Parteien der Ukrainer, Weißrussen, der baltischen und kaukasischen Völker, der Juden und Mohammedaner; eine den Sozialrevolutionären nahestehende Gruppe vertrat in diesem Nationalitätenrat das russische Element. Das Programm dieser Körperschaft sah zunächst nur eine nationale Autonomie, sei es auf territorialer, sei es auf personeller Ebene, vor. Da eine Loslösung von Rußland zunächst als den proletarischen Interessen widersprechend erachtet wurde, befürwortete man einen föderalistischen Aufbau der russischen Gesamtrepublik. Für eine Loslösung wurde die Sanktionierung durch die Konstituierende Versammlung gefordert. Ein im August aus diesem »Völkersowjet« gewähltes Exekutivkomitee stellte an die Provisorische Regierung Forderungen, die auf der genannten Linie lagen, und bereitete den von der Ukrainischen Rada für den September nach Kiev einberufenen Kongreß der Völker Rußlands vor.

Der Kongreß tagte vom 6.–15. (19.–28.) September in Kiev. Durch 93 Delegierte waren die meisten Nationalitäten Rußlands vertreten. Einzig die Polen und Finnländer betrachteten sich bereits als außerhalb der geplanten Föderation stehend; die wenigen anwesenden polnischen Delegierten vertraten die polnische Minderheit in der Ukraine. Einstimmig wurde der Beschluß gefaßt, Rußland zu einer demokratischen föderativen Republik umzugestalten und der Wunsch geäußert, die Provisorische Regierung möge sich diesen Beschluß zu eigen machen und noch vor Zusammentritt der Konstituierenden Versammlung eine entsprechende Proklamation erlassen.

Mit der Verwirklichung der Kiever Beschlüsse wäre zum ersten Mal in der allgemeinen Verfassungsgeschichte die Nationalität, das heißt das Volk im natürlichen Sinn, als Rechtssubjekt anerkannt worden. Rußland wäre damit zu einer Föderation von Nationalitäten, das heißt von Völkern geworden, im Gegensatz zu der späteren sowjetischen Föderation von Nationen im Sinne von nationalen Gebietskörperschaften[1].

Somit schien die Umwandlung Rußlands in einen föderativen Bundesstaat mit der Kiever Tagung in die Wege geleitet zu sein. Nach dem mißlungenen Juli-Putsch schien von seiten der Bolschewisten, nach dem gleichfalls niedergeworfenen Kornilov-Putsch auch von seiten der zentralistischen Rechtskreise keinerlei Gefahr für die Nationalitätenbewegung und die Konstituierung eines allrussischen Nationalitätenstaates zu bestehen. Die Provisorische Regierung würde, glaubte man, sich der machtvollen Kundgebung der Völker Rußlands auf die Dauer nicht entziehen können. Von Kiev aus sollte, wie schon einmal in den Tagen des heiligen Vladimir, ein neues Rußland ins Leben treten.

Die Provisorische Regierung hat die auf sie gesetzten Hoffnungen nicht erfüllt. Als Kerenskij Rußland am 14. (27.) September zur Republik ausrief, konnte man in seiner Erklärung jede nähere Präzisierung der inneren Struktur dieser Republik – unitarisch oder föderalistisch – vermissen.

Der unentschlossenen Halbheit der Provisorischen Regierung in der Nationalitätenfrage setzten die Bolschewisten seit ihrer Machtergreifung am 25. Oktober (7. November) 1917 ein festumrissenes Programm entgegen, das auf Gewinnung von Sympathien im Lager der Randvölker, insbesondere der Ukrainer, ausgerichtet war. In diesen Zusammenhang gehört die Deklaration vom 2. (15.) November an die Völker Rußlands, in der die Nationalitätenpolitik der Sowjetregierung ihre programmatische Fixierung erfuhr. Sie ist von Stalin als Volkskommissar für Nationalitätenfragen ausgearbeitet worden und trägt seine und Lenins Unterschriften[2]. Die vier Punkte dieser Deklaration lauten: 1. Gleichheit und Souveränität für alle Völker Rußlands, 2. Selbstbestimmungsrecht bis zur Loslösung und völligen Unabhängigkeit von Rußland, 3. Abschaffung aller nationalen und religiösen Privilegien und Einschränkungen, 4. freie Entwicklung der nationalen Minderheiten und ethnographischen Gruppen im russischen Staatsgebiet.

Zunächst erreichten die bolschewistischen Werbestimmen nur den Teil der Bevölkerung der Randgebiete, der ohnehin schon parteimäßig entsprechend orientiert war. Die antibolschewistische Mehrheit lehnte nicht nur den »demokratischen Zentralismus« der Provisorischen Regierung, sondern auch den des sich zu der Zeit noch nicht dieser Formulierung bedienenden Bolschewismus ab, wenn diese auch noch so sehr »Freiheit der Selbstbestimmung«, selbst bis zum Recht der Loslösung von Rußland, verhieß.

In Wirklichkeit brach das russische Gesamtreich jetzt nach der bolschewistischen Machtergreifung tatsächlich auseinander. Den Anfang der Separation machte die Ukrainische Rada. Hier war schon Ende September, angesichts der drohenden Radikalisierung der gesamtrussischen Entwicklung, für die man beinahe hellhöriger war als der am Ort befindliche Kerenskij und seine Minister, eine Distanzierung gegenüber Petersburg erfolgt, indem die Vertreter der Kadettenpartei aus der Rada ausschieden. Damit hatten die separatistischen Tendenzen schon am Vorabend der Oktoberrevolution die Oberhand gewonnen. Nach dem 25. Oktober (7. November) verweigerte die Rada jede Anerkennung der neuen Sowjetregierung und verkündete in einem III. Universal vom 6. (19.) November 1917 die Konstituierung einer ukrainischen Volksrepublik als Teil einer zukünftigen allrussischen Föderation.

Ohne formale Trennung von Rußland trat damit praktisch der Zustand einer tatsächlichen Unabhängigkeit der Ukraine ein[3]. Die Kiever Bolschewisten hatten, um der vorausgegangenen Entwicklung zuvorzukommen, schon am 30. Oktober (12. November) den Versuch eines bewaffneten Aufstandes gemacht, waren aber in einer kurzen Gegenaktion überwältigt worden. Im Dezember 1917 stellte die Sowjetregierung der Rada ein Ultimatum und drohte, im Falle der Ablehnung mit Waffengewalt einzugreifen. Die Rada wies die bolschewistischen Forderungen zurück. Nun griffen die Bolschewisten zu. Auf einem in Char'kov zusammengerufenen Kongreß von Arbeiter-, Bauern- und Soldatendeputierten gelang es ihnen, die Mehrheit zu gewinnen. Es wurde eine angeblich ukrainische, in Wirklichkeit stark von Petersburg aus inspirierte bolschewistische Regierung gebildet. Von Char'kov aus stießen die Bolschewisten in Richtung Ekaterinoslav und Poltava vor und begannen das ganze Land zu durchsetzen.

In dieser bedrohlichen Lage sah sich die Rada nach auswärtiger Hilfe um. Schon im Sommer 1917 hatte man mit französischen und englischen Kreisen Fühlung aufgenommen. Im Dezember erfolgte die Anerkennung der ukrainischen Unabhängigkeit seitens Englands und Frankreichs. Es zeigte sich aber sehr bald, daß die Ukraine nicht in der Lage war, den tatsächlich für die Anerkennung geforderten Preis zu zahlen: nämlich den Krieg im Osten gegen die Mittelmächte an Stelle des ausgefallenen Rußland weiterzuführen. Aus der realpolitischen Erkenntnis der eigenen Lage und der allgemeinen politischen Gegebenheiten entstand daher der Entschluß der Rada, zur Sicherung der eigenen Freiheit das Gegenteil von dem zu tun, was die Entente erwartete: mit den Mittelmächten in unmittelbare Friedensverhandlungen zu treten. Indem man dadurch den russischen Bolschewisten die Möglichkeit nahm, bei ihren inzwischen ebenfalls angelaufenen Friedensverhandlungen mit den Mittelmächten auch im Namen der Ukraine zu sprechen, glaubte man am ehesten die junge Selbständigkeit des Staates sichern zu können.

Für die bolschewistische Nationalitätenpolitik wurde damit die Frage des ukrainischen Selbstbestimmungsrechts zu einem der vordringlichsten und schwierigsten Probleme. Hier zeigten sich die Konsequenzen der am 2. (15.) November 1917 eingeschlagenen Linie in einer Deutlichkeit, die zu einer tödlichen Gefahr für den russischen Staat werden konnte. Die Möglichkeit, daß die Ukraine, zunächst mit deutscher Hilfe, zu einem selbständigen bürgerlichen Staatswesen werden konnte, zwang die bolschewistischen Machthaber zu einer Einschränkung der proklamierten Freiheiten. Auf dem im Januar 1918 zusammengetretenen III. Allrussischen Sowjetkongreß forderte Stalin, daß das Selbstbestimmungsrecht der kleinen Nationen nicht als ein Selbstbestimmungsrecht der Bourgeoisie, sondern der »schaffenden Massen einer Nation« verstanden werde. Es müsse als ein Mittel im Kampf für den Sozialismus benutzt werden und den Prinzipien des Sozialismus untergeordnet bleiben.

Als Sprecher der Menschewisten wies Martov auf die Inkonsequenz hin, die in diesem unterschiedlichen Verhalten gegenüber den Finnen und den Ukrainern liege. Weshalb würde die Freiheit jenen zugebilligt, diesen aber verweigert? In der Ukraine, antwortete Stalin, gebe es schon Sowjets, in den anderen in Frage stehenden Grenzgebieten, auch in Polen, dagegen keine. Wo es Sowjets gäbe, könne man nicht in bürgerlichen Parlamentarismus zurückfallen.

Es wird aber meist in den einschlägigen Darstellungen der bolschewistischen Nationalitätenpolitik übersehen, daß die Grenzen zwischen beiden Möglichkeiten schwankend waren. Wenn das Selbstbestimmungsrecht den Prinzipien des Sozialismus (im bolschewistischen Sinne) untergeordnet bleiben sollte, so bedeutete das, daß auch in den Gebieten, in denen es keine Sowjets gab, die Entwicklung doch dahin gedrängt werden konnte. Die Hoffnung Lenins, daß auch Völker, die sich von Rußland getrennt hatten, auf revolutionärem Wege einem Wiederanschluß zustreben würden, blieb nicht in der Theorie stecken. Sie wurde, im Geiste der bolschewistischen Dynamik, kräftig vorangetrieben durch entsprechende Einwirkungen auf die innerpolitische Entwicklung der betreffenden Völker. Der finnländische Bürgerkrieg zwischen Weiß und Rot im Winter 1917/18 ist das bekannteste Beispiel hierfür, der Einfall bolschewistischer Truppen in die baltischen Länder im November 1918 ein weiteres. In beiden Fällen sollte durch russisch-bolschewistische Machtmittel die Entwicklung im Sinne des Wiederanschlusses beschleunigt werden.

Auch in den übrigen Teilen des Reiches zeigten sich, zum Teil noch eindeutigere, zentrifugale Kräfte. Im Kaukasus hatten sich regionale föderalistische Bestrebungen schon im Frühjahr bemerkbar gemacht. Die nordkaukasischen Bergvölker bildeten im Mai ein Zentralkomitee des Bundes der nordkaukasischen Völker und der Daghestaner, das als eine Art lokale provisorische Regierung fungierte. Am 7. (20.) September 1917 nahm der zweite Kongreß der Bergvölker die Verfassung der »nordkaukasischen föderalistischen Republik« an. In Transkaukasien entstand am 2. (15.) November ein Komitee der drei großen südkaukasischen Völker; parallel dazu liefen deren Sonderbestrebungen. Sie führten bei dem Volk mit dem stärksten Geschichts- und Kulturbewußtsein, den Georgiern, am 9. (22.) November zu einer formellen Unabhängigkeitserklärung gegenüber Rußland.

An der Ostsee lag in den baltischen Provinzen Estland, Livland und Kurland die autonome Landeshoheit noch immer bei den deutschbaltischen Ritterschaften und ihren ständischen Organen. Aber die Selbstverwaltung war seit den 1880er Jahren im Zuge der Russifizierung systematisch durchlöchert worden. Zudem drängten die einheimischen Völker der Esten und Letten seit dem Erwachen ihres Nationalbewußtseins zu einer selbständigen Gestaltung ihres kulturellen und gesellschaftlichen Lebens und zu einer Mitbeteiligung an der Landesverwaltung; seit 1905 hatten ihre Forderungen eine starke Radikalisierung erfahren.

Die Februarrevolution ließ auch hier die Frage nach dem Verhältnis zu Rußland aktuell werden. Im allgemeinen hielten die Esten und Letten zunächst noch am Gedanken einer gesamtrussischen Föderation fest, in deren Rahmen sie ihre autonomen Wünsche verwirklicht sehen wollten. Die Oktoberrevolution beschleunigte den Wunsch nach vollständiger Loslösung von Rußland. Während die Letten noch zögerten, proklamierte ein estnischer Volkstag sich am 15. (28.) November 1917 zum Träger der höchsten Gewalt. Der endgültige Trennungsstrich Rußland gegenüber war damit jedoch noch nicht gezogen. Noch erschien, im Hinblick auf den Zusammentritt der Konstituierenden Versammlung, eine Verwirklichung der allrussischen Föderationspläne, wenn auch durch die Oktoberrevolution erschwert, so doch nicht unmöglich[4].

Finnland allein kam noch vor Jahresende zu einer definitiven Entscheidung. Als erste praktische Folge der Deklaration vom 2. (15.) November erließ die Sowjetregierung am 18. (31.) Dezember 1917 ein Gesetz über die Unabhängigkeit Finnlands. Es wurde am 22. Dezember (4. Januar 1918) von Stalin vor dem VCIK der Sowjets begründet und gegenüber Angriffen verteidigt[5]. Parteimitglieder wie Bucharin und Dzeržinskij sahen in derartigen Schritten zwecklose Konzessionen an den bürgerlichen Nationalismus der kleinen Völker. Lenin hielt jedoch trotzdem an der eingeschlagenen Linie fest. Er hatte die Hoffnung, daß mit der Zeit alle kleineren Völker, die sich von Rußland lösten, nach russischem Beispiel den Weg der proletarischen Revolution finden würden. Diese aber müßte, meinte er, über kurz oder lang doch wieder zu einem erneuten Anschluß führen.

Aber die Finnen lehnten in der überwältigenden Mehrheit ihres Volkes diesen Weg ab. Sie bildeten schon Ende November 1917 eine bürgerliche Rechtsregierung mit dem grand old man der Autonomiekämpfe an der Spitze: P. E. Svinhufvud, der im Frühjahr aus der sibirischen Verbannung in die Heimat zurückkehren konnte. Am 19. November (6. Dezember) wurde die Unabhängigkeitserklärung verkündet. Nach außen hin erkannte der Rat der Volkskommissare den neuen Status, anders als in der Ukraine, bedingungslos an: nicht unbeeinflußt von dem besonderen Wohlwollen, das Lenin seit seinem letzten Exil Finnland gegenüber empfand. Am 18. (31.) Dezember setzte er seine Unterschrift unter die Anerkennungsurkunde[6]. Beides aber, Unterschrift und Wohlwollen, hatte noch andere Hintergründe. Niemals ist die Fragwürdigkeit der bolschewistischen Auffassung des Selbstbestimmungsrechts deutlicher zum Ausdruck gebracht worden als in einer Rede Stalins vor dem XII. Parteikongreß im April 1923. »Es gibt Fälle«, hieß es hier, »in denen das Selbstbestimmungsrecht der Völker in Konflikt gerät mit einem anderen höheren Prinzip, nämlich dem Recht der Arbeiterklasse, ihre Herrschaft zu stärken, wenn sie einmal die Macht ergriffen hat. In einem solchen Falle kann und darf das Selbstbestimmungsrecht nicht als Hindernis dem Recht der arbeitenden Klasse auf ihre Diktatur in den Weg treten. Das erste muß dem zweiten den Weg freigeben«[7]. Was hier auf den Einmarsch in Polen im Jahre 1920 gemünzt ist, kann beliebig auch für andere Situationen gelten.

Warum sollte jetzt in Finnland, da bolschewistisch gesinnte Truppenteile vorerst noch im Lande stationiert blieben, die Anerkennung der Unabhängigkeit nicht noch einmal durch »freien Entschluß« des finnischen Volkes geändert werden? Auf dieser Spekulation der bolschewistischen Regierung, die ihrerseits von der oben berührten Grundauffassung getragen wurde, basierte der Bürgerkrieg, der zu Beginn des Jahres 1918 in Finnland ausbrach. General Mannerheim trat an die Spitze des finnischen Freiheitskampfes. Mitte Februar waren Nord- und Mittelfinnland von den Bolschewisten gesäubert, im April wurde die Industriestadt Tammerfors (Tampere) befreit. Von großer Bedeutung wurde der Einsatz eines deutschen Hilfskorps unter General Graf von der Goltz, das am 1. April in Hangö landete. Am 20. April zogen die finnländischen Truppen in Wiborg (Viipuri) ein, in der Schlacht bei Lahti (30. 4. bis 2. 5.) fiel die endgültige Entscheidung. Die Russen hatten große Verluste. Als Mannerheim am 16. Mai seinen siegreichen Einzug in Helsingfors (Helsinki) hielt, war Finnland frei. Die finnländisch-russische Union von 1809 hatte ihr Ende gefunden. Es war eine Tatsache, mit der man sich auch in Moskau abfinden mußte.

Nach dem bolschewistischen Staatsstreich gegen die Konstituierende Versammlung am 5./6. (18./19.) Januar 1918 wurde auch den bisher loyalen Vertretern der Randvölker eindeutig klar, daß von einer Realisierung der allrussischen Föderationspläne bürgerlicher oder sozialistischer Prägung keine Rede mehr sein konnte. Sehr bald sollten sich daher die Auswirkungen dieser Erkenntnis zeigen.

Bereits am 9. (22.) Januar proklamierte die Ukrainische Rada in ihrem IV. Universal die Ukrainische Volksrepublik zu einem unabhängigen souveränen Staat des ukrainischen Volkes. Die Erklärung erfolgte in zwölfter Stunde, denn schon in der Nacht vom 15. (28.) auf den 16. (29.) brach in Kiev ein bolschewistischer Aufstand aus, der von Truppen der Roten Armee von außen unterstützt wurde. Am 26. Januar (8. Februar) mußte die ukrainische Regierung ihre Hauptstadt verlassen und sich vorläufig in Žitomir etablieren. Am 27. Januar (9. Februar) erfolgte aber dessen ungeachtet der Abschluß des ukrainischen Friedens von Brest-Litovsk mit den Mittelmächten. Im Zuge des Ende Februar einsetzenden deutschen Vormarsches gelang es antibolschewistischen ukrainischen Truppen, Kiev am 1. März wieder zu besetzen.

Während die Ukraine von den Mittelmächten als Verhandlungspartner und souveräner Staat anerkannt worden war, konnten die Weißrussen, als sie ebenfalls in Erkenntnis des Zusammenbruchs der bisherigen Föderativpläne am 25. März 1918 ihre »unabhängige und unteilbare weißrussische Volksrepublik« proklamierten, nicht die Anerkennung der Deutschen finden. Für ihren Entschluß, sich von dem bolschewistischen Rußland zu lösen, war die Proklamation jedenfalls bezeichnend. Nach dem Rückzug der Deutschen war es die Weißrussische Republik, die am ehesten wieder in den Machtkreis der Moskauer Regierung trat. Am 1. Januar 1919 schon wurde sie zu einer »unabhängigen Sowjetrepublik« umgebildet, die vorerst mit der Sowjetrepublik Litauen vereinigt bleiben sollte.

In den baltischen Ländern hatten sich um die Jahreswende 1917/18 bereits die ersten Auswirkungen des bolschewistischen Terrors bemerkbar gemacht. Stärker als der Zusammenbruch der Konstituante wirkte hier die Erwartung auf eine Fortsetzung des deutschen Vormarsches, der 1917 bei Riga Halt gemacht hatte. Daß ein Vertreter der Estländischen und Livländischen Ritterschaft am 15. (28.) Januar 1918 einem russischen Bevollmächtigten in Stockholm eine Unabhängigkeitserklärung des Landes überreichte, war eine historisch bedeutungsvolle Geste, die der zweihundertjährigen Zugehörigkeit zum Russischen Reich ein Ende setzte[8]. Sie trug aber nicht der nationalpolitischen Realität der eigenen Dynamik der baltischen Völker Rechnung.

Während bei den Letten die antibolschewistischen Kräfte vorerst noch schwach entwickelt waren, war bei den Esten nur der weitaus kleinere Teil des Volkes prosowjetisch gesinnt, der größere teils ententefreundlich, teils deutsch orientiert. Beim Anmarsch der deutschen Truppen entstand hier der Wunsch, allen eventuellen deutschen Angliederungsplänen zuvorzukommen und sie vor die vollendete Tatsache einer estnischen Souveränität zu stellen.

So wurde am 24. Februar 1918, einen Tag vor der Besetzung Revals durch die Deutschen, in höchster Gefährdung durch die flüchtenden Bolschewisten, die Unabhängigkeit der Republik Estland proklamiert. Ministerpräsident der von der deutschen Besatzungsmacht nicht anerkannten Regierung wurde K. Päts.

Im Friedensvertrag von Brest-Litovsk vom 3. März 1918 verzichtete Rußland auf Kurland, Riga und Ösel; Deutschland behielt sich vor, über das Schicksal dieser Gebiete im Einvernehmen mit der örtlichen Bevölkerung zu entscheiden. Im Ergänzungsvertrag zum Brester Frieden vom 27. August 1918 verzichtete Rußland auch auf die Staatshoheit über Estland und Livland.

Erst nach dem Zusammenbruch des deutschen Kaiserreichs holten die Letten den Vorsprung der Esten ein. Ein am 17. November 1918 in Riga gegründeter lettischer Volksrat rief am 18. November die Republik Lettland aus, deren erster Ministerpräsident K. Ulmanis wurde.

Im Kaukasus schließlich befand sich die Freiheitsbewegung sowohl der nordkaukasischen Bergvölker als auch der größeren transkaukasischen Völker in voller Entwicklung. Die Petersburger Januarereignisse wirkten hier nur beschleunigend. Im Anschluß an die vorher geschilderte Entwicklung konstituierte sich am 11. Mai 1918 eine nordkaukasische föderative Republik. Auch bei den Don- und Kubankosaken zeigten sich Selbständigkeitsbestrebungen, die mit der ersten Phase des schon im Winter beginnenden Bürgerkrieges zusammenfallen.

Im Transkaukasus wurde am 22. April 1918 vom transkaukasischen Komitee die Unabhängigkeit der »Transkaukasischen föderativen Republik« proklamiert. Zu stark aber waren die alten historischen Rivalitäten der drei Völker untereinander und die Verschiedenartigkeit ihrer Interessen. Die Föderation löste sich schon vier Wochen später wieder auf, und es entstanden die drei nationalen Republiken Georgien (22. Mai 1918), Armenien (26. Mai) und Azerbejdžan (28. Mai), die sich im Sommer 1918 ebenfalls eng an die deutschen Okkupationstruppen anlehnten. Sie wurden anschließend in den Strudel der Auseinandersetzungen zwischen Weißen und Roten und zwischen englischen und türkischen Interessen hineingerissen.

Was war zunächst das Ergebnis dieser Entwicklung? Die Völker Rußlands hatten vorerst, nach dem Sturz der Zarenherrschaft, ihre Hoffnungen auf die fortschrittlichen russischen Kräfte gesetzt und von hier aus die Erfüllung ihrer Wünsche, die Umbildung Rußlands in einen Nationalitätenstaat, in eine föderative Republik oder eine Föderation von Republiken erwartet. Am frühesten enttäuscht war man in den bürgerlich-nationalen Kreisen der Fremdvölker. Es steht fest und wird sogar in der sowjetischen Geschichtsschreibung zugegeben[9], daß die Provisorische Regierung im nationalen Bürgertum der Völker ihre sichersten Verbündeten gefunden hätte, wenn sie nur etwas Verständnis für deren Forderungen gezeigt hätte. Noch einmal schuf im Sommer 1917 der Juliaufstand die Voraussetzungen zu einer gemeinsamen Front. Es war vergeblich. Die Provisorische Regierung blieb nach wie vor eng im nationalistischen und zentralistischen Denken des gestürzten Zarenregimes befangen und schreckte vor einer konstruktiven Gesamtlösung der russischen Frage im Sinne der besonderen ethnischen Struktur des Reiches zurück.

Unter diesen Umständen war ein Auseinanderfallen des Gesamtreiches in seine nationalen Bestandteile nicht zu verhindern. Die Proklamierung der russischen Republik durch Kerenskij, die Oktoberrevolution und die Sprengung der Konstituierenden Versammlung waren die weiteren Etappen, in denen sich diese Entwicklung vollzog. Den linksgerichteten Kräften unter den anderen Nationen schienen sich aus ihrer engen Zusammenarbeit im Sommer 1917 länger als der Rechten Möglichkeiten zur Erreichung des Endzieles einer demokratisch-föderativen Bundesrepublik zu bieten. Das Ziel ist auch erreicht worden. Aber es hatte nur theoretischen und deklarativen Wert, da die Machtergreifung der Bolschewisten Rußland praktisch auf ganz andere Bahnen führte. Unter dem Eindruck der bolschewistischen Machtpolitik wurden auch die Kreise der Randvölker zu Separatisten, die bisher bloß Partikularisten genannt werden konnten. Und so mußte auch die Solidarität der sogenannten russischen Internationale zerbrechen, bei den Randvölkern aber die nationale Front sich von 1917 auf 1918 zusehends verbreitern.

Das Ergebnis war, daß die Sowjetregierung zu Beginn des Bürgerkrieges nicht nur mit der Opposition der anderen sozialistischen Parteien sowie der Bauern und mit der Intervention der Alliierten zu tun hatte, sondern auch mit einem mit nationalen Parolen geführten Freiheitskampf aller Völker gegen das Zentrum. Territorial wurde Rußland damit zu Beginn des Bürgerkrieges faktisch auf das Gebiet des Großfürstentums Moskau vor den Tagen Ivans des Schrecklichen zusammengedrängt, wie Lenins Gegner im Frühjahr 1917 prophezeit hatten.

Die Anfänge des Bürgerkrieges im Frühjahr und Sommer 1918

Die Keimzelle des national-russischen Widerstandes gegen den Bolschewismus lag im Süden bei den Kosaken. Hier, weitab von den eigentlichen Zentren des revolutionären Geschehens, hatte sich die revolutionäre Propaganda der Sowjets nicht durchsetzen können. Das spezifische Freiheitsgefühl der Kosaken stellte zunächst keinen günstigen Nährboden für die bolschewistische Agitation dar. Schon im Winter 1917/18 organisierten die Generale und ehemaligen Oberbefehlshaber Aleksejev und Kornilov den antibolschewistischen Widerstand. Sie konnten sich hierbei in erster Linie auf die Donkosaken und ihren Hetman Aleksej Maksimovič Kaledin stützen. Am 10. (23.) Januar 1918 wurde eine »Don-Republik« ausgerufen. Der deutsche Vormarsch in der Ukraine brachte dann einen stimmungsmäßigen Rückschlag; angesichts dieses Zusammenbruchs der russischen Verteidigung wurden Zweifel laut, wie weit man unter diesen Umständen sich gegen eine Regierung wenden könne, die, obwohl bolschewistisch, trotzdem als Repräsentantin der russischen Staatsmacht zu gelten schien. Als Kaledin seiner Donkosaken nicht mehr ganz sicher war, verübte er am 13. Februar Selbstmord.

Aleksejev und Kornilov mußten sich unter diesen Umständen auf nichtkosakische Freiwilligenkontingente beschränken. Nach kurz angelaufenem Vormarsch zogen sie sich mit 5000–6000 Mann auf das Kubangebiet und den Nordkaukasus zurück. In den Kämpfen, die um Ekaterinodar (jetzt Krasnodar) entbrannten, fiel am 13. April Kornilov. Den Oberbefehl übernahm General Anton Denikin. Er konnte sich auch am Kuban nicht halten. Nachdem aber die Donkosaken in der Gestalt von Peter Nikolaevič Krasnov am 11. Mai 1918 einen neuen Hetman gewählt hatten, gelang es, sie erneut für den Kampf gegen die Bolschewisten zu gewinnen. Denikin konnte, sich aus dem Nordkaukasus zum Don absetzend, seine Reihen beträchtlich auffüllen. In schweren Kämpfen wurde Novočerkask erobert.

Zwischen Krasnov und Denikin bestanden verschiedene Auffassungen der außenpolitischen Lage. Während jener deutsche Sympathien zeigte und mit den bei Rostov vorgedrungenen deutschen Truppen Verbindung suchte, war Denikin für eine Zusammenarbeit mit den westlichen Alliierten. Dessen ungeachtet wurde die Gemeinsamkeit des militärischen Vorgehens nicht gestört. In gemeinsamen Anstrengungen war zum Beginn des Sommers 1918 das Don- und Kubangebiet von den Bolschewisten gesäubert.

Nun strebte Krasnov danach, über die untere Wolga hinaus Verbindung zu antibolschewistischen Gruppen im Raume zwischen Wolga und Ural zu gewinnen. Es gelang ihm, die Eisenbahnverbindung zwischen Moskau und Caricyn (Stalingrad) zu unterbrechen. Damit war Moskau von der Lebensmittel- und Ölversorgung aus dem nordöstlichen und südlichen Kaukasus abgeschnitten. Es war eine überaus kritische Lage für die bolschewistische Regierung. Die Bedeutung Caricyns als Bollwerk an der unteren Wolga wurde ausschlaggebend. Diesen Punkt galt es um jeden Preis zu halten, um von hier aus das Ineinanderfließen der südrussischen und ostrussischen antibolschewistischen Bewegung zu verhindern und die Bahnverbindung mit Moskau wiederherzustellen. Daß Stalin bei der Verteidigung dieser Stellung eine gewisse Rolle gespielt hat, veranlaßte die stalinistische Historiographie, um die Geschichte dieser Kämpfe einen besonders strahlenden mythischen Glanz zu weben.

In der Ukraine hatten sich vom März 1918 an Arbeiterbataillone aus den Kohlengebieten am Don unter Führung des Parteisekretärs von Lugansk Kliment Efremovič Vorošilov mit den vordringenden deutschen Truppen herumgeschlagen. Vorošilov, 1881 im Gouvernement Ekaterinoslav als Sohn eines Eisenbahnwärters in sehr ärmlichen Verhältnissen geboren, war selbst Arbeiter und ab 1903 Mitglied der bolschewistischen Partei. Im Juni 1918 glückte es ihm, sich mit seiner Truppe durch das von Donkosaken beherrschte Steppengebiet, nach Caricyn durchzuschlagen. Hier wurde sie aufgefüllt und zur 10. Roten Armee formiert, deren Kommando Vorošilov übertragen wurde. Am 7. Juni traf auch Stalin in Caricyn ein. Er hatte den Auftrag, die Getreidetransporte aus dem nördlichen Kaukasus nach Moskau sicherzustellen. Zunächst griff er scharf in die wirtschaftliche Kontrolle ein. Lebensmittelrationierung und Preisüberwachung gehörten zu den ersten Maßnahmen. Dann suchte er das Verkehrswesen an der unteren Wolga, das chaotische Formen angenommen hatte, in Ordnung zu bringen. Es ergab sich eine gute Zusammenarbeit mit Vorošilov, mit dem er zehn Jahre früher gemeinsam im Parteikomitee von Baku gesessen hatte. Politischer Kommissar der 10. Armee war ein alter kaukasischer Kampfgefährte, der Georgier Sergo Ordžonikidze. Und schließlich gehörte zur Caricyner Gruppe auch Semen Michajlovič Budennyj, der später zu einer der populärsten Gestalten der Roten Armee werden sollte. Budennyj war 1883 geboren und hatte es als Kosak in der Zarenarmee zum Kavalleriewachtmeister gebracht. Die kleine Kosakenabteilung, die er in seinem Dorf nach der Oktoberrevolution aufgestellt hatte, war mittlerweile zum Regiment, zur Brigade, zur Division angewachsen. Nun mühte er sich, Trockijs Einverständnis dafür zu gewinnen, seine Division zum Kavalleriekorps zu erweitern.

Die Caricyner Gruppe geriet in eine immer schärfere Oppositionsstellung gegen die Militärpolitik Trockijs, der gerade damals seine Reorganisation der Roten Armee zum Abschluß gebracht hatte. Es gab Konflikte und Gehorsamsverweigerungen gegenüber dem Befehlshaber der Südfront, General Sytin, einem ehemaligen zaristischen Offizier, Widersetzlichkeiten gegenüber Trockij, die wie ein Wetterleuchten den späteren großen Bruch zwischen Stalin und Trockij ankündigten.

Im Juli 1918 war die Vorausabteilung Krasnovs, die über die Bahnstrecke vorgestoßen war, zurückgeschlagen, die Verbindung nach Moskau wiederhergestellt. Die Lebensmitteltransporte aus dem Kaukasus trafen wieder in Moskau ein. Caricyn hatte seine erste Kraftprobe bestanden.

Die Lage in der Ukraine erhielt durch die deutsch-ukrainische Zusammenarbeit ihre besondere Kennzeichnung. Auf den sogenannten Brotfrieden von Brest-Litovsk, der die deutsche Versorgung sicherte, war am 23. April 1918 ein deutsch-ukrainischer Wirtschaftsvertrag gefolgt, der für Deutschland sehr günstig war, der ukrainischen sozialistischen Regierung dagegen untragbar erschien. Sie wurde gestürzt und durch eine rechtsgerichtete ersetzt. An ihre Spitze trat der Hetman P. Skoropadskij; er trat für enge Zusammenarbeit mit den Deutschen ein, weil er darin die einzige Möglichkeit für eine Realisierung der ukrainischen nationalen Wünsche erblickte. Der deutsche Vormarsch wurde – ungeachtet des Friedens von Brest-Litovsk – fortgesetzt; am 8. Mai wurde Rostov besetzt, der Nordkaukasus war in Reichweite.

Mit der Zeit war in Sibirien ein zweiter Widerstandsherd gegen die bolschewistische Regierung entstanden. Hier stand das Problem der tschechoslowakischen Legion im Vordergrund. Aus österreichischen Überläufern und Kriegsgefangenen war auf Initiative der Westmächte eine Freiwilligenlegion gebildet worden, die gegen die Mittelmächte eingesetzt werden sollte.

Im Sommer 1917 hatten sie bereits an der Kerenskij-Offensive teilgenommen. Jetzt nach dem Frieden von Brest-Litovsk verlangten die Tschechen an die deutsche Westfront übergeführt zu werden. Der einzige Weg, der hierfür offen stand, ging durch Sibirien über Vladivostok. Es war nicht einfach, rund 40000 Mann zu transportieren. Im Frühjahr 1918 befahl Trockij als Kriegskommissar plötzlich ihre Entwaffnung. Sie wurden damit zu Kriegsgefangenen. Es ist die Meinung geäußert worden, daß er damit gewissen Geheimforderungen der Deutschen entgegenkam. Wenn das auch nicht der Fall zu sein braucht, so wirkte sich der Schritt doch sehr verhängnisvoll für die bolschewistische Führung aus. Die Tschechen widersetzten sich am 26. Mai der Desarmierung und erhoben sich gegen die Sowjetregierung. Statt ostwärts auf Vladivostok zu ziehen, machten sie kehrt und setzten sich im Juni 1918 nach Westen in Marsch. Die ganze sibirische Bahnstrecke war bald in ihrer Hand. Nun drangen sie im westlichen Vorland des Uralgebirges ein und besetzten hier eine Stadt nach der anderen.

Die Folge davon war eine allgemeine antibolschewistische Erhebung im Osten. Die oppositionellen Elemente setzten sich aus unzufriedenen Bauern, nationalen Minderheiten – den finnischen und tatarischen Kleinvölkern zwischen Wolga und Ural –, den Uralkosaken und Vertretern der Oberschicht zusammen. Die treibende Kraft waren zunächst die Sozialrevolutionäre. Im Sommer konnte sich in Samara (dem späteren Kujbyšev) an der Wolga eine antibolschewistische Regierung bilden, die von einer Gruppe von 34 hauptsächlich sozialrevolutionären Abgeordneten der gesprengten Konstituierenden Versammlung unter ihrem Vorsitzenden Černov getragen wurde. Die »weiße« russische Regierung in Samara faßte alsbald den Beschluß, eine »Volksarmee« aufzustellen. Mit den tschechoslowakischen Truppen wurde enge Fühlung genommen. Als am 8. August Kazan' erobert wurde, fiel die hierher verlagerte Goldreserve der Russischen Reichsbank in die Hände der Weißen. Nach Westen hin wurde an einer Frontlinie Stellung genommen, die längs der Wolga und Kama verlief.

Im September trat im Schutze dieser militärischen Entwicklung des Aufstandes eine »Allrussische Reichskonferenz« in Ufa zusammen, die sich eine Zusammenfassung aller antibolschewistischen Kräfte zum Ziele setzte. In Omsk in Sibirien hatte sich nämlich mittlerweile eine weitere »Regierung« gebildet, die im Gegensatz zu der von Samara einen national-konservativen

Charakter trug; ihr war es gelungen, ganz Sibirien unter eine, wenn auch lockere, Kontrolle zu bringen. Ihre treibenden Kräfte entstammten Rechtskreisen, ihre markanteste Erscheinung war der ehemalige Befehlshaber der Schwarzmeerflotte Admiral Alexander Vasil'evič Kolčak.

Es gelang in Ufa, beide Gruppen miteinander zu verbinden und ein gemeinsames Direktorium zu schaffen, das aus fünf Mann bestand. Auch hier waren zunächst die Sozialrevolutionäre dominierend. Der Plan, General Alekseev an die Spitze des Direktoriums zu stellen, mußte fallen gelassen werden, als die Nachricht von seinem Tode eintraf. Admiral Kolčak übernahm das Kriegs- und Marineamt. Dem monarchistischen Gedanken war durch die Ermordung des Zaren in sehr starkem Maße der Boden entzogen. Eine bolschewistische Terrorgruppe hatte Nikolaj II. und seine gesamte Familie am 16. Juli in Ekaterinburg beim Herannahen der tschechischen Truppen exekutiert. Wenn auch Kolčak und neben ihm andere Gesinnungsgenossen sich als Platzhalter des monarchischen Regimes fühlten, war die Frage der zukünftigen Regierungsform zunächst nicht vordringlich. Es mußte sich zeigen, welche Kräfte politisch-psychologischer und militärischer Art von diesem neuen Gremium ausstrahlen würden. Für die Sowjetregierung lag jedenfalls mit der Ausbreitung des Aufstandes bis an die Wolgalinie eine überaus ernste Bedrohung vor, die durch verschiedene andere Ereignisse und Umstände noch verschärft wurde.

Die Anfänge der alliierten Intervention und der Aufstand der Sozialrevolutionäre

Von entscheidender Bedeutung war das Verhalten der westlichen Alliierten. Würden sie, da Rußland einen Separatfrieden geschlossen hatte und aus dem Kriege ausgeschieden war, der weiteren Entwicklung im Osten keine Aufmerksamkeit mehr schenken, um ihre Kräfte im Westen zu konzentrieren, wo für den Sommer 1918 schwere Kämpfe zu erwarten waren? So einfach lagen die Dinge nicht. In allen russischen Häfen, in Murmansk, Archangel'sk, in Vladivostok, waren Munitionsvorräte und Waffen gelagert, die zur Unterstützung der russischen Front vorgesehen waren. Nachdem das Baltikum besetzt und deutsche Truppen im Frühjahr auch in Finnland gelandet waren, glaubte man auch mit einer deutschen Aktion gegen Petersburg und einem Vormarsch bis Murmansk rechnen zu müssen. Die militärischen Vorräte sollten weder hier noch anderweitig in deutsche Hände fallen; im Süden glaubte man entsprechend sich gegen einen deutschen Einmarsch in den Kaukasus und einen Handstreich auf das russische Ölzentrum in Baku sichern zu müssen, der – eventuell auch von türkischer Seite – verhältnismäßig leicht realisiert werden konnte.

Man konnte auch nicht genau ermessen, wie weit vielleicht andererseits die Zusammenarbeit der Deutschen mit den Bolschewisten gehen würde, und verspürte daher auch nicht die geringste Lust, die genannten Lager in sowjetische Hände fallen zu lassen.

In jedem Fall schien zunächst der englischen, später auch der französischen Regierung ein Eingreifen unerläßlich zu sein. Im März 1918 landeten englische Truppen in Murmansk, im April auch in Vladivostok, hier in Zusammenarbeit mit Japan, das auch Truppenkontingente aufs Festland entsandte. Im Juni wurden die englischen Truppen in Nordrußland verstärkt und General Poole unterstellt; im August kam es zu einer neuen Ausschiffung britischer Kontingente in Archangel'sk unter General Ironside[10]. Zum Ende des Jahres befanden sich im russischen Norden etwa 10000–15000 Mann alliierte Truppen, zu denen 7000–8000 weiße Russen unter General Miller traten.

Gestützt auf diese militärischen Kräfte konstituierte sich in Archangel'sk eine hauptsächlich aus Sozialrevolutionären bestehende antibolschewistische Regierung unter N. V. Čajkovskij.

In ähnlicher Weise war nach einem antibolschewistischen Putsch auch in Aščabad in Turkestan eine »weiße« russische Regierung unter Funtikov gebildet worden, die sich ebenfalls auf englische Streitkräfte stützen konnte, die, aus Beludschistan und Persien vordringend, im August 1918 das transkaspische Gebiet einschließlich der Stadt Krasnovodsk besetzt hatten.

Unter dem Eindruck der japanischen Aktivität im Fernen Osten entschlossen sich im Juli 1918 auch die USA, Interventionstruppen in Rußland zu landen. Nach einer Verlautbarung des amerikanischen Statedepartements vom 17. Juli hielten die USA nach wie vor an ihrer grundsätzlich ablehnenden Haltung gegenüber der Intervention fest. Die Truppen sollten, wie es hieß, nur einer Unterstützung der Tschechen dienen. Nach den Landungen neuer englischer, französischer und japanischer Truppenteile am 3., 9. und 17. August trafen am 16. August und am 3. September amerikanische Truppen aus Manila und aus den

Staaten im Bestande von etwa 5 000 Mann ein. Es folgten Italiener und weitere japanische Einheiten, so daß Japan schließlich rund 70 000 Mann auf russischem Boden stehen hatte.

Wenn man berücksichtigt, daß die Kehrtwendung der Tschechoslowakischen Legion nach Westen wahrscheinlich nicht ohne eine entsprechende Ermunterung seitens alliierter Vertreter erfolgt war und auch bei der anschließenden Konsolidierung der weißen Kräfte zwischen Wolga und Ural die Hand der Entente zu spüren war, kann man die Erregung begreifen, die sich der Bolschewisten bemächtigte, als im August die Meldung über die Landung neuer britischer Truppen aus Archangel'sk eintraf. Sie brachte das Faß zum Überlaufen.

Vorerst hatte jedoch schon der Juli eine ernste innerpolitische Krise heranreifen lassen. Sie war durch die steigende Opposition der Sozialrevolutionäre entstanden. Die linken Sozialrevolutionäre hatten sich, wie schon erwähnt, auf der Konstituierenden Versammlung dem Vorgehen der Bolschewisten angeschlossen. Seit dem November 1917 gehörten einige ihrer Führer zum Kabinett der Volkskommissare. Aber schon die Brester Friedensverhandlungen störten das Zusammengehen. Die sozialrevolutionären Volkskommissare befürworteten, gemeinsam mit Bucharin, die Ablehnung der deutschen Forderungen. Auf dem IV. Allrussischen Sowjetkongreß stimmten die linken Sozialrevolutionäre gegen die Ratifizierung; als diese trotzdem vollzogen wurde, schieden ihre Mitglieder aus der Sowjetregierung aus. Das Kabinett war damit bereits zu einer Einparteienregierung geworden.

Noch eindeutiger war die Opposition des rechten Flügels der Sozialrevolutionäre. Auf ihrer Parteikonferenz, die noch im Mai 1918 in Moskau abgehalten werden konnte, wurde unmißverständlich als politisches Ziel aufgestellt, die bolschewistische Diktatur zu stürzen und den Krieg gegen Deutschland an der Seite der Alliierten fortzusetzen. Auch die Menschewisten unter Martov und Dan machten kein Hehl aus ihrer oppositionellen Einstellung zum Regime. Die Bolschewisten zogen daraus die Konsequenzen und setzten es durch, daß das Allrussische Zentrale Exekutivkomitee (VCIK) mit einer Verordnung vom 14. Juni sowohl die rechten Sozialrevolutionäre als auch die menschewistischen Delegierten aus diesem Gremium ausschloß. Waren dadurch die linken Sozialrevolutionäre noch nicht berührt, so wurden auch hier die Beziehungen zur regierenden Partei immer gespannter.

Auf der einen Seite spürten die Bolschewisten bei ihren Versuchen, den Klassenkampf in die Bauernschaft hineinzutragen, den Widerstand der Sozialrevolutionäre, die die besitzenden Bauern gegen die »Dorfarmut« unterstützten. Hinzu kam eine verschiedene Einstellung zur Frage der Todesstrafe. Die Čeka, bei deren Organen auch Sozialrevolutionäre mitarbeiteten, hatte sich bisher, vom Februar an, mit standrechtlichen Exekutionen ohne reguläre Prozeßführung begnügt. Jetzt wurde zum erstenmal öffentlich ein Todesurteil über einen gegenrevolutionären Admiral ausgesprochen. Unter Hinweis auf den Beschluß des II. Allrussischen Sowjetkongresses, die Todesstrafe abzuschaffen, protestierten die Sozialrevolutionäre gegen das Urteil vor dem VCIK. Als sie damit nicht durchdrangen, zogen sie ihre Vertreter auch aus dieser Körperschaft zurück. Im übrigen muß hervorgehoben werden, daß die Ablehnung der Todesstrafe seitens der Sozialrevolutionäre nicht etwa humanitären Grundsätzen entsprang; erhoben sie doch gegen die zahlreichen Erschießungen seitens der Čeka keine Einwände. Es war das anarchistische Grundelement ihrer Weltanschauung, das sie veranlaßte, den Terror als unumgänglich zu betrachten, reguläre Prozesse und gerichtliche Verurteilungen dagegen als Relikte einer bürgerlichen Staatsauffassung abzulehnen.

Als der V. Allrussische Sowjetkongreß am 4. Juli 1918 in Moskau zusammentrat, brütete die Sommerhitze über der Stadt. Die Stimmung war nervös. Am 1. Juli war der Belagerungszustand proklamiert worden, um vor Eventualitäten gesichert zu sein.

Von den 1132 Delegierten des Kongresses gehörten 352 zu den linken Sozialrevolutionären, 745 waren Bolschewisten, während der Rest sich auf Splittergruppen verteilte. Bald nach der Eröffnung kam es zu heftigem Wortwechsel wegen der Agrarfrage und des Verhaltens gegenüber den deutschen Truppen in der Ukraine. Die linken Sozialrevolutionäre befürworteten ein aktives Vorgehen gegen die Deutschen, eine Aufkündigung des Brester Friedens und einen definitiven Bruch mit der kaiserlich-deutschen Regierung. Am 6. Juli wurde der Kongreß durch die Nachricht alarmiert, der deutsche Botschafter Graf Mirbach, der am 24. April in Moskau eingetroffen war, sei ermordet worden[11]. Der ganzen Stadt bemächtigte sich eine ungeheure Erregung. Die in die deutsche Botschaft am Denežnij pereulok eingedrungenen Attentäter Blumkin und Andreev erwiesen sich als Mitglieder der linken Sozialrevolutionäre, die der Čeka angehörten. Sie hatten beim Eintritt Passierscheine vorgezeigt, die von Dzeržinskij unterzeichnet waren. Es liegt auf der Hand, daß mit dieser Gewalttat ein Bruch der Sowjetregierung mit Deutschland provoziert werden sollte. Sie war zugleich als Signal für eine Reihe von Erhebungen der Sozialrevolutionäre gedacht, die den Sturz der Regierung zum Ziel hatten.

Der Führer des sozialrevolutionären Aufstandes war Boris Savinkov, der erfahrene Terrorist und Mitarbeiter von Kerenskij im Kriegsministerium der Provisorischen Regierung. Er gab später im Prozeß des Jahres 1922 gegen die Sozialrevolutionäre zu, vom französischen Botschafter Noulens zur Bestreitung der Unkosten 2 1/2 Millionen Francs erhalten zu haben.

In Moskau lag die unmittelbare Leitung des Aufstandes in der Hand einer Frau: Maria Aleksandrovna Spiridonova, einer bekannten Terroristin, die schon als halbes Kind sich der revolutionären Bewegung angeschlossen hatte[12]. Sie war eine fanatische Gegnerin des Brest-Litovsk-Kurses der bolschewistischen Regierung und Bewunderin der Westmächte. Die praktischen Konsequenzen aus dieser Einstellung lagen darin, daß sie zur französischen Militärmission in Moskau enge Beziehungen unterhielt und die Fäden zum Attentat auf Graf Mirbach geknüpft hatte. Da die Čeka in Anerkennung ihrer Gefährlichkeit einen Preis auf ihren Kopf gesetzt hatte, legte sie sich eine sozialrevolutionäre Schutztruppe zu, die für ihre Sicherheit zu sorgen hatte.

Gleichzeitig mit der Erhebung in Moskau flammten am 6. Juli Aufstände in 23 mittelrussischen Städten auf. In Jaroslavl' gelang es den Sozialrevolutionären, die Macht vollständig in ihre Hand zu bringen. Besonders gefährlich für die Bolschewisten war das Übergreifen der Revolte auf die Truppen an der Wolga, die hier die Front gegen die Weißen und Tschechen hielten. Am 10. Juli erklärte General Murav'ev, der Befehlshaber der Ostfront, er verlange sofortigen Frieden mit den Tschechen und die Fortführung des Krieges gegen die Deutschen.

In Moskau schlugen die Sozialrevolutionäre bei glühender Hitze los. Nach Besetzung des Fernsprechamtes und Erstürmung der Pokrovskij-Kasernen unter persönlicher Führung der Spiridonova schien die Lage der Regierung bedenklich. Da rollten mittags in Lastwagen bolschewistische Truppen zur Verstärkung heran. Nach einer halben Stunde Artilleriebeschuß waren die sozialrevolutionären Kasernen besetzt, mittags die Barrikaden geräumt. In der Lubjanka wurden laufend verhaftete Sozialrevolutionäre eingeliefert. Fast sämtliche sozialrevolutionäre Delegierte des Kongresses waren darunter; 13 sozialrevolutionäre Angehörige der Čeka wurden standrechtlich erschossen, die Spiridonova nach Taškent verschickt. Savinkov entkam ins Ausland.

Am 9. Juli konnten die Sitzungen des unterbrochenen Kongresses wieder aufgenommen werden. Er nahm jetzt, nachdem die Bolschewisten allein das Feld beherrschten, einstimmig den Entwurf zur Verfassung der Russischen Sozialistischen Föderativen Sowjetrepublik (RSFSR) an. Sie trat am 19. Juli in Kraft.

Am längsten dauerte der Widerstand der Aufständischen in Jaroslavl'. Er brach am 23. Juli zusammen. Als die bolschewistische Herrschaft auch hier wiederhergestellt war, wurden 350 Personen erschossen. Die Exekutionen dehnten sich über eine Reihe von Städten an der mittleren Wolga bis ins Uralgebiet aus. In Nižnij-Novgorod fielen ihnen vor allem ehemalige Offiziere zum Opfer, in Penza gab Lenin persönlich Anweisungen, einen gnadenlosen Massenterror gegen alle Großbauern (Kulaken), Geistlichen und Weißgardisten zu eröffnen, widerstrebende Elemente in einem Konzentrationslager außerhalb der Stadt unterzubringen und von der Bauernschaft Geiseln zu nehmen, die mit ihrem Leben für prompte Erfüllung der Ablieferungen von Getreide garantieren sollten[13]. Auf der Linie dieses erneut aufflammenden Terrors im Hochsommer 1918 liegt auch die Erschießung der Zarenfamilie in Ekaterinburg, wenngleich hier auch noch andere unmittelbar auslösende Momente hinzutraten.

Trotzdem gaben die Sozialrevolutionäre ihre Aktion noch nicht auf. Sie griffen auf ihre alte Methode aus der Zarenzeit, das politische Attentat gegen Vertreter der Regierung, zurück. Schon im Juni war der bolschewistische Volksredner Volodarskij in Petersburg ermordet worden. Jetzt folgte ihm am 30. August Urickij, der Chef der Čeka in Petersburg. Am selben Tage gab die sozialrevolutionäre Agentin Dora Kaplan in Moskau mehrere Schüsse auf Lenin ab, die ihn nicht ungefährlich verwundeten.

Der Gegenschlag der Bolschewisten galt nun, überraschend genug, den englischen Vertretungen. Schon damals, als im selben Monat die Nachrichten von der erneuten Landung englischer Truppen in Archangel'sk eingetroffen waren, hatte sich der Parteikreise eine starke Erbitterung bemächtigt. Die sowjetische Presse stieß die heftigsten Beschuldigungen gegen die englische

Regierung aus. In flammenden Reden suchte Urickij in Petersburg das Volk gegen England aufzuhetzen. Es kann nun allerdings nicht gesagt werden, daß diese Beschuldigungen, England mische sich in interne russische Dinge ein, gänzlich aus der Luft gegriffen wären.

Als der englische Generalkonsul Bruce Lockhart am 31. August in Moskau verhaftet wurde, schien er schwer kompromittiert zu sein. Die Vernehmungen machten mit ziemlicher Gewißheit deutlich, daß über ihn Verbindungen einerseits zu General Poole in Archangel'sk, andererseits aber auch zu den weißen Aufständischen und den Tschechen gelaufen waren. War jenes begreiflich, so lag bei diesem doch das Moment der Konspiration gegen die derzeitige Regierung vor. In Verbindung mit den Beziehungen der französischen Vertreter zu den Sozialrevolutionären ergab sich hier das Bild konspirativer Machinationen der beiden Westmächte mit dem Ziel eines Sturzes der bolschewistischen Machthaber. Noch weit kompromittierenderes Material wurde durch die Vernehmung des aus Odessa gebürtigen britischen Agenten Sidney Reilly aufgedeckt. Lockhart, der seine Erlebnisse in einem sensationslüsternen Buch selbst beschrieben hat[14], wurde zwei Monate in Moskau festgehalten und dann im Austausch gegen den in London festgehaltenen Litvinov freigelassen.

Gefährlichere Ausmaße nahm eine spontane Aktion der Petersburger Čeka an. Eine Abteilung drang gewaltsam in das britische Botschaftsgebäude ein, wobei der Marineattaché Cromie erschossen wurde. Der Posten des Botschafters war seit der Abreise Buchanans nicht besetzt. Die übrigen Mitglieder des Botschafterstabes wurden verhaftet. Von Moskau aus gelang es, den Stab des Generalkonsulats nach Vologda zu verlegen, wo sich mit der Zeit fast alle Legationen der Alliierten und auch einiger neutraler Staaten wiederfanden. Die englische Vertretung zog sich bald noch weiter, nach Archangel'sk, in den Schutz der britischen Truppen zurück. Man konnte damit die offiziellen diplomatischen Beziehungen der Sowjetregierung zu England und Frankreich als abgebrochen betrachten. Auch die neutralen Staaten folgten dem Beispiel der Großmächte und verwiesen die sowjetischen Bevollmächtigten des Landes. Zeitweise waren nur noch in Berlin – nachdem für die Ermordung Mirbachs Genugtuung gegeben worden war – sowjetische Vertreter anwesend, bis auch hier, fünf Tage vor Ausbruch der deutschen Revolution, dem sowjetischen Bevollmächtigten Joffe die Pässe ausgehändigt wurden, als er aktiver revolutionärer Propaganda überführt werden konnte.

Die politische Isolation der Sowjetregierung war damit auf dem Höhepunkt angelangt. Die steigende Spannung zu den westlichen Alliierten im Laufe des Hochsommers hatte den sowjetischen Außenkommissar Čičerin schon vor dem eigentlichen Bruch veranlaßt, den in Brest-Litovsk einmal beschrittenen Weg noch weiter auszubauen, um aus dieser Isolierung herauszufinden.

Čičerin und Deutschland im Sommer 1918

Georgij Vasil'evič Čičerin entstammte einer angesehenen russischen Adelsfamilie. Sein Onkel Boris Nikolaevič war als Professor für Staatsrecht eine Leuchte der Moskauer Universität und zugleich auch des russischen liberalen Geisteslebens gewesen. Er selbst war 1872 als Sohn eines Diplomaten auf dem väterlichen Gut geboren und hatte nach dem juristischen Studium die Laufbahn des Vaters eingeschlagen. Nervös und von schwächlicher Konstitution, zeichnete er sich immerhin durch eine gediegene Bildung und scharfe Intelligenz aus. Ab 1904 hatte er Verbindung zu revolutionären Kreisen und trat bald dem menschewistischen Flügel der russischen Sozialdemokratie bei. Während des Krieges lebte er in London, stand in Verbindung zu englischen Radikalen und leitete ein russisches Hilfskomitee für politische Emigranten. Im August 1917 wurde er wegen defaitistischer Propaganda verhaftet. Erst nach der Oktoberrevolution bekannte er sich zum Bolschewismus. Lenin spielte mit der Absicht, ihn zum Botschafter in England zu erheben; Trockij drohte mit Repressalien gegen Engländer in Rußland und erzwang seine Freilassung. Zunächst nach seiner Heimkehr ab 31. Januar 1918 stellvertretender Außenkommissar, übernahm er am 30. Mai d. J. nach Trockijs Rücktritt die Leitung der sowjetischen Außenpolitik.

Čičerins außenpolitische Konzeption war durch starke antienglische Ressentiments bestimmt. London galt ihm als eigentliche Zentrale des Weltkapitalismus. Die natürlichen Verbündeten im Kampf gegen England waren für ihn die farbigen und kolonialen Völker, deren Führung Rußland übernehmen sollte. Große Hoffnungen setzte Čičerin auf China. In der europäischen Staatenwelt maß er Deutschland eine große Bedeutung zu, zumal er sich über die labile außenpolitische Lage Sowjetrußlands keine Illusionen machte.

Die Ermordung Mirbachs störte seine Bemühungen empfindlich, hatte er doch den deutschen Botschafter sehr zuvorkommend empfangen und die Arbeiten der Kriegsgefangenenkommissionen erleichtert. Lenin und Trockij erschienen alsbald nach dem Attentat persönlich in der deutschen Botschaft, um ihr Bedauern auszusprechen[15]. Von Berlin aus erfolgte nur ein Protestschritt, der eine eingehende Untersuchung forderte, kein Abbruch der diplomatischen Beziehungen. Am 28. Juli traf der neue Botschafter Helfferich in Moskau ein. Die Lage war gespannt. Täglich trafen Drohbriefe in der Botschaft ein. Am 30. Juli wurde in Kiev Generaloberst Eichhorn, der deutsche Oberbefehlshaber in der Ukraine, ermordet. Die bolschewistische Regierung ließ sich durch derartige, meist aus dem Lager der Sozialrevolutionäre kommende Provokationen nicht beirren. Die Spannung im Innern und zu den westlichen Alliierten, die gefährliche Lage an der Ostfront, an der Wolga, erforderte eine äußerst behutsame Behandlung der Deutschen.

Aus dieser Situation heraus erfolgten am 1. August die sensationellen Vorschläge, die Čičerin, direkt von einer Sitzung des Rates der Volkskommissare kommend, dem deutschen Botschafter unterbreitete. Der Außenkommissar schlug vor, die deutschen Truppen sollten im Süden die Verbindung zu Krasnov fallen lassen und aktiv gegen General Alekseev vorrücken. Im Norden sollten sie gemeinsam mit den Finnen eine Ausbreitung der Engländer von Murmansk nach Süden verhindern. Man war im Kreml der Meinung, daß die Engländer einen Vorstoß auf Petersburg planten; einiges in der Botschaft beschlagnahmte Material schien darauf hinzudeuten. Im Norden waren zuverlässige rote Truppen nur in Vologda konzentriert; Petrozavodsk am Onegasee konnte nicht gehalten werden und wurde geräumt. Damit schien der Weg nach Petersburg für einen von Norden vordringenden Angreifer offenzuliegen.

Es handelte sich also hierbei gewissermaßen um ein Hilfegesuch der Sowjets, das aus Rücksicht auf die öffentliche Meinung nicht einmal als reguläres Bündnis fixiert werden konnte. Würde das kaiserliche Deutschland, das im April 1917 Lenin ungehindert hatte passieren lassen, nun zur Rettung des bolschewistischen Regimes antreten? Der einzige Gesichtspunkt, der hierbei ausschlaggebend sein konnte, war die Bekämpfung der Engländer, die auf die Wiedererrichtung einer neuen Front gegen Deutschland im Osten bedacht waren.

Helfferich meldete Čičerins Angebot nach Berlin. Seinen eigenen Standpunkt präzisierend, empfahl er dringend Ablehnung und Einschlagung eines diametral entgegengesetzten Kurses. Die Botschaft sollte sofort nach Petersburg, vielleicht auch in das deutsch besetzte Pleskau, verlegt, mit den Weißen unverzüglich Verbindung aufgenommen werden. Helfferich schloß sich damit der Ansicht seines Militärattachés Major Schubert an, der der Meinung war, mit ein paar deutschen Bataillonen könnte die »Ordnung in Moskau wiederhergestellt« werden. Noch wichtiger war, daß der Plan eines Bruchs mit den Bolschewisten auch in militärischen Kreisen des deutschen Hauptquartiers ventiliert wurde. Lag es nicht nahe, General von der Goltz von Finnland aus mit einer Ausweitung der Operationen auf Petersburg zu betrauen? Man verfügte über Verbindungen zu russischen Rechtskreisen, die den Großfürsten Paul Aleksandrovič zum Zaren erheben wollten; auch Kadettenführer sprachen sich neuerdings für ein Zusammengehen mit Deutschland aus. General Hoffmann, Chef des Stabes Oberost, war einer der energischsten Befürworter dieser Gedanken, ohne sich ihres utopischen Charakters bewußt zu werden. Eine auf deutsche Bajonette gestützte russische Rechtsregierung hätte sich niemals durchsetzen können, nachdem die revolutionären Instinkte der Massen einmal entflammt waren. Sie hätte im übrigen vielleicht auf das Baltikum, niemals aber auf die Ukraine verzichten können.

Der deutsche Staatssekretär des Auswärtigen, Admiral von Hintze, war früher deutscher Militärbevollmächtigter in Petersburg gewesen. Aus seiner Kenntnis Rußlands heraus lehnte er den Plan, zugunsten der Weißen in Rußland zu intervenieren, ab. Aber er ging auch nicht auf Čičerins Werbungen ein, da er hierzu niemals die Zustimmung der militärischen Führung erhalten hätte. So blieb es bei einem Kompromiß, der auf der in Brest eingeschlagenen Linie lag. In einem Zusatzvertrag zum Frieden vom 27. August[16] wurden die russischen Gebiete östlich der Berezina geräumt; Rußland verzichtete endgültig auf Estland und Livland und erklärte sich zu größeren Öllieferungen sowie zur Zahlung von 6 Milliarden Goldmark Entschädigung bereit. Das war der Kaufpreis, für den Deutschland auf Unterstützung der Weißen verzichtete. Helfferich wurde abberufen.

Die Rote Armee und die Wende an der Wolga

Nach den aufregenden Julitagen des Putsches der Sozialrevolutionäre stellte die erste Augustwoche eine Spanne stärkster Gefährdung für das bolschewistische Regime dar. Zu der bedrohlichen Lage an der Wolgafront trat die Möglichkeit eines deutschen Kurswechsels in Rußland.

Konnte man diese Gefahr am 10. August, als die Zusatzverträge paraphiert wurden, als gebannt ansehen, so wurde zur selben Zeit auch an der Wolga der Tiefpunkt überwunden. Genau am selben 8. August, an dem im Westen Europas die Unhaltbarkeit der deutschen Stellungen nach der gescheiterten letzten Offensive in Frankreich offenbar wurde, dem schwarzen Tag der deutschen Kriegführung, wurde an der Wolga Kazan' von den Tschechen und weißen russischen Truppen erobert. Damit war aber auch der Höhepunkt der diesjährigen antibolschewistischen Offensive erreicht. Es war Trockij, der nach Reorganisierung der Roten Armee auch hier die Wende herbeiführte.

Die Rote Armee war nicht an einem Tage entstanden[17]. Erst später wurde ihr Gründungstag auf den 23. Februar 1918 festgelegt, den Tag, an dem dem deutschen Vormarsch bei Pleskau ein gewisser Widerstand entgegengesetzt worden war, von dem man glaubte, daß er die Fortsetzung der Operationen in Richtung Petersburg aufgehalten habe. In Wirklichkeit lag dieses, wie wir sahen, gar nicht ernstlich in der Absicht der deutschen militärischen Führung.

Die ersten militärischen Hilfskräfte, deren sich die Bolschewisten vom Oktober an bedient hatten, bestanden aus revolutionären irregulären Arbeiterbataillonen, aus Teilen der Petersburger und Moskauer Garnison, aus den lettischen Schützenbataillonen. Für die noch weidlich ungeordneten und zufälligen Einheiten kam der Ausdruck Rote Garde, Rotgardisten, auf. Nun strömten Jungarbeiter auf der einen, Soldaten der alten Armee auf der anderen Seite hinzu. Gute Verpflegung und pünktlicher Sold wurden in Aussicht gestellt. Die Reihen der »Roten Bauern- und Arbeiterarmee« füllten sich. Sehr bald wurde auch die Disziplin straff angezogen. Der nächste Schritt zur Festigung der militärischen Macht der Sowjets, den Trockij, der am 4. März zum Vorsitzenden des Obersten Kriegsrates und am 8. April zum Volkskommissar für Verteidigung ernannt worden war, durchführte, war die Übernahme zaristischer Offiziere im Sommer 1918. Dadurch wurde dem empfindlichen Mangel an militärischen Führern abgeholfen. Die Verschärfung der allgemeinen Lage des sowjetischen Staates inmitten der tschechischen Revolte im Osten, der Aktivität weißer Gruppen im Süden, der deutschen Okkupation in der Ukraine und der englischen Intervention im Norden trug dazu bei, in Offizierskreisen nach und nach die bisherige Zurückhaltung gegenüber dem Regime schwinden zu lassen. Nahezu 40000 sogenannte »Militärspezialisten« erhielten auf diese Weise ihre Kommandostellen und sicherten der Roten Armee eine fachmännische Führung. An ihre Spitze wurde als Oberbefehlshaber der ehemalige zaristische Oberst J. S. Vācietis, ein gebürtiger Lette, gestellt. Von großer Bedeutung für die Schlagkraft der Truppe war die Abschaffung der revolutionären Soldatenräte und ihre Ersetzung durch »Kriegskommissare«. Diese repräsentierten nunmehr das proletarisch-revolutionäre Prinzip neben den eigentlichen militärischen Führern, ohne jedoch jeden Befehl einer lähmenden Debatte in den Soldatensowjets zu unterwerfen.

Die Reorganisation der Roten Armee war ein Wagnis. Auch Lenin konnte Trockijs Plänen nur zögernd folgen. Sie schienen ihm zwar genial, aber doch waghalsig. Die Erfahrungen sollten diesen Bedenken vielfach recht geben. Im Verlaufe des Bürgerkrieges sind nicht wenige zaristische Offiziere zu den Weißen übergelaufen, oft mit ihren Truppen. Zwischen ihnen und den neben sie gestellten Kommissaren kam es häufig zu Reibereien, durch die militärische Operationen betroffen wurden. Nichtsdestoweniger erwies sich Trockijs Experiment, dem Lenin schließlich zugestimmt hatte, als unumgänglich. Eine Reihe bedeutender militärischer Führer der Roten Armee sind aus diesen »Militärspezialisten« von 1918 hervorgegangen.

Gestützt auf die Umgestaltung der Roten Armee im Sommer 1918 ergriff Trockij die Initiative an der Wolgafront. Er begab sich selbst in seinem berühmt gewordenen Panzerzug nach Svijažsk, in der Nähe von Kazan', nahm die Führung der dortigen roten Truppen in die Hand und schlug die anstürmenden antibolschewistischen Kräfte zurück. Der Vormarsch der Weißen auf Moskau war zunächst gestoppt.

Im September schien sich auch im Süden das Kriegsglück zu wenden. Vorošilov gelang es, die Weißen über den Don zurückzuwerfen. Caricyn schien, wie Stalin nach Moskau meldete, außer Gefahr. Mitte Oktober wurde die Stadt noch einmal von den weißen Truppen eingeschlossen. Dann wurden die Belagerer erneut zurückgeschlagen, diesmal endgültig.

Sowjetrußland und der Zusammenbruch Deutschlands

Mit der Novemberrevolution in Deutschland ergab sich auch für Sowjetrußland eine vollständig veränderte Lage. Der weiteren Ausbreitung der Weltrevolution schienen enorme Chancen bevorzustehen. Es galt nur, so mußte es den Machthabern im Kreml erscheinen, die bürgerliche Revolution in Deutschland in eine proletarisch-kommunistische zu steigern. So wurden z. B. die Unabhängigen Sozialdemokraten (USPD) schon im Frühjahr 1917 mit Geld und Propagandaliteratur versorgt. Der Spartakusbund allerdings unter Karl Liebknecht und Rosa Luxemburg verlangte zwar nach dem Zusammenbruch der Monarchie engste Anlehnung an Moskau, war aber dabei doch bestrebt, seine eigene Linie einzuhalten.

Für Lenin stand die Bedeutsamkeit der deutschen Entwicklung für die Ausbreitung der Weltrevolution außer Zweifel. Sehr bald bestimmte er Radek zum Leiter der bolschewistischen Propaganda in Deutschland.

Karl Radek stammte aus Galizien. Er war in der Schweiz mit Lenin zusammengetroffen und auch gemeinsam mit ihm nach Rußland zurückgekehrt. Als recht belesener, gewandter Journalist machte er sich Lenin unentbehrlich. Lenin verwendete ihn auch gelegentlich zu kleinen diplomatischen Aufträgen. Radek war ein zynischer Menschenverächter und zog es vor, aus dem Halbdunkel heraus zu wirken. Jetzt war er in seinem Element. In einem flammenden Aufruf an die deutschen Arbeiter- und Soldatenräte vom 11. November forderte er den gemeinsamen Kampf gegen die kapitalistischen Siegermächte. Er schürte den Spartakistenaufstand, der Anfang Dezember langsam schwelend begann, zu Weihnachten schon blutige Folgen zeigte und am 5. Januar 1919 offen ausbrach. Mit Radeks Hilfe wurde auf der Reichskonferenz des Spartakusbundes am 30. Dezember 1918 die Kommunistische Partei Deutschlands (KPD) konstituiert, die sich den Sturz der Regierung Ebert und die Diktatur des Proletariats zum Ziel setzte.

In Moskau rechnete man von da ab mit raschen Erfolgen in Deutschland. Bis spätestens Mitte März sollte der Sieg des Kommunismus errungen sein. »Der Ring der Völker«, schrieb Radek, »ist schon nahezu geschlossen, es fehlt nur noch das wichtigste Glied, Deutschland.«

Neben diesem inneren Ansatzpunkt versuchten die Bolschewisten auch von außen her ihre Bewegung gewaltsam in Richtung Deutschland vorzutreiben. Am 13. November war der Friedensvertrag von Brest-Litovsk von der Sowjetregierung für null und nichtig erklärt worden[18]. Die Rote Armee erhielt den Befehl, in die von den Deutschen besetzten Gebiete einzumarschieren. Am 25. November räumten die Deutschen Pleskau, am 28. November Narva. Bald waren fast ganz Estland und Lettland von roten Truppen überschwemmt. Nur noch Reval und Riga konnten sich halten. Am 29. November wurde eine sowjetestnische, am 14. Dezember eine sowjetlettische Regierung konstituiert. Sehr bezeichnend war das Manifest, das die letztere am 17. Dezember erließ. »Hinter uns«, hieß es hier, »steht die kommende Revolution, die nicht nur in Deutschland, sondern auch im übrigen Europa in kürzester Frist zum allgemeinen Bund der sozialistischen Sowjetrepubliken führen wird, zu dem auch wir gehören werden ...«[19]. Am 3. Januar fiel Riga in die Hände der Bolschewisten. Anfang Februar stießen rote Truppen über Wilna weiter nach Westen vor, um bis zur Grenze von Ostpreußen durchzubrechen. Es schien nur noch eine Frage der Zeit, bis die Wogen der Revolution in Berlin und in den baltischen Ländern zu einer großen Flut zusammenschlagen würden.

In Deutschland wurden im Januar und Februar in zahllosen nord- und mitteldeutschen Städten Räterepubliken gegründet. Es kam zu blutigen Aufständen und Straßenkämpfen. In Bayern wurde im Februar 1919 nach der Ermordung des USPD-Ministerpräsidenten Kurt Eisner ebenfalls eine Räterepublik ausgerufen. Wie Radek an anderen Orten, hatte hier der in Rußland geborene Leviné die Hände im Spiel. Es kam zur Aufstellung einer Roten Garde und zu Geiselerschießungen. Im Ruhrgebiet flammte ein kommunistischer Aufstand auf; auch hier wurde eine »Arbeiter- und Soldatenrepublik« ausgerufen.

Mittlerweile war jedoch die deutsche Regierung zu Gegenmaßnahmen geschritten. Schon am 12. Februar wurde Radek in Berlin verhaftet; ins Ruhrgebiet marschierten Regierungstruppen ein. General von der Goltz begab sich mit einer Division nach Libau, um die Flanken Ostpreußens zu schützen und die antibolschewistischen Freiwilligenverbände im Baltikum zu unterstützen. Im Mai wurde München von Regierungstruppen erobert und der kommunistischen Herrschaft rigoros ein Ende gesetzt.

Die Rußlandpolitik der Alliierten im Winter 1918/19

Ehe sich die Dinge in dieser Weise entwickelten, standen die Westmächte nach dem Waffenstillstand mit Deutschland vor zwei Möglichkeiten, ihre Rußlandpolitik zu gestalten.

Auf der einen Seite lag es nahe, jetzt, wo es nicht mehr notwendig war, eine neue Ostfront gegen Deutschland zu errichten, alle alliierten Truppen aus Rußland zurückzuziehen. Auf der anderen Seite erschien es jetzt möglich, die im Westen freigewordenen Truppen im Osten zu einem »Kreuzzug« gegen den Bolschewismus einzusetzen. Solange noch kein Frieden mit Deutschland abgeschlossen war, beunruhigte nichts so sehr die alliierten Gemüter als das Gespenst einer deutsch-russischen Zusammenarbeit unter gemeinsamen roten Führern. Die Ereignisse in Deutschland vom November 1918 bis zum Februar 1919 erregten Besorgnis; der Aufruf Radeks war auch im Westen gehört worden.

Aus dieser Perspektive schien es notwendig zu sein, die alliierten Truppen in Rußland zu verstärken und mit den antibolschewistischen Kräften Fühlung aufzunehmen. Um die Zusammenarbeit zwischen England und Frankreich reibungslos zu gestalten, glaubte man eine gewisse Abgrenzung der Interessensphären vornehmen zu müssen. Zwei Tage nach dem Waffenstillstand im Westen, am 13. November 1918, wurde in Anlehnung an eine Verabredung vom 23. Dezember 1917, die von Milner und Cecil als Vertretern Englands und Clémenceau, Pichon und Foch als Vertretern Frankreichs unterzeichnet worden war, folgende Abgrenzung vorgenommen: Der gesamte Kaukasus und das transkaspische Gebiet sollten zum englischen Einflußbereich gehören, die Ukraine mit Bessarabien und der Krim zum französischen. Hier bezeichnete der Don ungefähr die Grenze. Stillschweigend wurden die englischen Interessen im nordrussischen Waldgebiet anerkannt. Tags darauf faßte das britische Kabinett den Beschluß, General Denikin mit Waffen zu helfen und die Regierung Kolčak in Omsk de facto anzuerkennen. Am 15./16. November lief ein englisch-französisches Geschwader ins Schwarze Meer ein. Anschließend daran landeten englische Truppen in Batum und Baku, am 18. Dezember in Odessa.

Während die Engländer jedoch eine direkte Berührung mit der Roten Armee vermieden und sich mit Waffen- und Munitionslieferungen an die Weißen begnügten, ging Frankreich in der Ukraine wesentlich aktiver vor. Hier war nach dem Abmarsch der Deutschen die Regierung Skoropadskij am 15. November gestürzt und durch eine sozialistische unter Petljura ersetzt werden. Diese setzte ihre Hoffnungen auf die westlichen Alliierten, um mit ihrer Hilfe sich der Bolschewisten erwehren zu können. Petljura schloß ein Abkommen mit dem französischen Oberkommando, das ihn bei der Aufstellung ukrainischer Truppenteile unterstützte. Die unter französischem Kommando stehenden Truppen erreichten die Stärke von 40–45 000 Mann; sie bestanden aus zwei französischen, zwei griechischen Divisionen, rumänischen, polnischen und serbischen Einheiten. Hinzu trat eine weiße russische Brigade.

Gemeinsam wurden im März 1919 Operationen gegen die Rote Armee begonnen.

Es ist an diesem Punkte notwendig, einen Blick hinter die Kulissen der alliierten Politik zu werfen. Neben der deutschen Frage stellte auch das russische Problem einen nicht unwesentlichen Punkt der Pariser Friedenskonferenzen dar[20]. Hier gab es nicht nur Meinungsverschiedenheiten zwischen den Alliierten, sondern auch erbitterte Kontroversen innerhalb der politischen Kreise der einzelnen Länder.

In England hatte schon am 19. Dezember 1918 ein Brief des Kriegsministers Lord Milner an die Times Aufsehen erregt, in dem eine energische Bekämpfung der Bolschewisten verlangt wurde. Er zog einen geharnischten offiziellen Protest Čičerins nach sich. Im englischen Kabinett begegneten sich zwei Meinungen. Während Lloyd George für eine sehr behutsame Behandlung der russischen Frage eintrat, machte Winston Churchill aus seiner Gegnerschaft gegen den Bolschewismus kein Hehl. Lord Milners Forderung entsprach ganz seiner Einstellung.

Zunächst stand auf den interalliierten Besprechungen ein Vermittlungsvorschlag des amerikanischen Präsidenten W. Wilson vom 22. Januar 1919 zur Debatte. Er sah den Zusammentritt einer russischen Konferenz auf den Prinkipo-Inseln im Marmarameer vor, zu der alle Parteien, Bolschewisten und Antibolschewisten, geladen werden sollten. Die Sowjetregierung teilte am 4. Februar mit, daß sie bereit sei, an der Konferenz teilzunehmen[21]. Als aber die weißen Regierungen am 16. Februar voller Entrüstung ablehnten, sich mit den Bolschewisten an einen Tisch zu setzen, war der Konferenzplan gescheitert. Nun kam es im Februar zu den entscheidenden Beratungen in Paris. Sollte man die Intervention in Rußland noch weiter vorantreiben, sollte man über eine indirekte Unterstützung der Weißen hinaus auch eine militärische Auseinandersetzung mit den Bolschewisten nicht scheuen, zu denen die diplomatischen Beziehungen ohnehin seit Sommer 1918 abgebrochen waren? Die Versammlung stand zunächst unter dem Eindruck von Ausführungen des englischen Premiers Lloyd George, der auf gefährliche Symptome in der britischen Armee hinwies. Streiks und bolschewistische Agitation in der Bevölkerung taten das ihre, auch hier Unruhe hervorzurufen. Auch der englische Soldat war des langen Krieges müde. Sogar Churchill verschloß sich nicht ganz diesen Beobachtungen.

Die aktiven, interventionslüsternen Potenzen konzentrierten sich jetzt bei Marschall Foch. Die Verbündeten würden den Krieg verlieren, wenn ihnen eine befriedigende Lösung der russischen Frage nicht gelinge, sagte er am 19. Februar zu Wilson. Hatte man sich bisher in Ententekreisen mit der Vorstellung eines cordon sanitaire begnügt, den man aus den Randstaaten, Polen und Rumänien zum Schutz Europas gegenüber dem bolschewistischen Rußland errichten wollte, so entwarf Foch jetzt den detaillierten Plan eines aktiven Vorgehens gegen Sowjetrußland, eines »Kreuzzuges« gegen den Bolschewismus. Unzweifelhaft spielten hierbei auch die Nachrichten aus Deutschland eine bedeutsame Rolle. Noch beherrschten die Kommunisten in Bayern das Feld. Im März 1919 bedeuteten die Nachrichten von der Ausrufung der ungarischen Räterepublik unter dem Kommunisten Béla Kun Wasser auf die Mühlen Fochs. Dazu war in Deutschland die Entscheidung über die Annahme oder Ablehnung des Versailler Diktats noch nicht gefallen. Würde Deutschland kommunistisch und lehnte es die Unterschrift in Versailles ab, dann sei – argumentierte Foch – auch der Westen ernstlich bedroht. Dem gelte es zuvorzukommen.

Foch wollte alle antibolschewistischen Truppen in den Randstaaten, in Polen, Rumänien, deutsche Kriegsgefangene, Freiwillige und alliierte Einheiten unter französischem Oberkommando zu einem grandiosen Marsch nach Rußland zusammenfassen. Schon glaubte er sich der Mehrheit der französischen Kammer sicher. Aber es waren neben anderen kritischen Stimmen auch solche im eigenen Lager, die Bedenken gegenüber diesen napoleonischen Visionen des ehrgeizigen Marschalls äußerten, an der Spitze die Clémenceau's. Am 27. März 1919 wurde Fochs Plan vom Obersten Rat der Alliierten abgelehnt. Entscheidend war die Gegnerschaft der Amerikaner. Anfang des Jahres hatte W. C. Bullitt Sowjetrußland in geheimer Mission bereist und die Überzeugung mitgebracht, daß eine weitere Schwächung Rußlands im Hinblick auf Japans Stellung im Pazifik und in Ostasien auch für die USA nicht opportun wäre. Von seinen weitgehenden Vorschlägen wegen einer Zusammenarbeit mit Moskau wollte Wilson nichts wissen; ebensowenig aber auch von einer Aktivierung der Intervention.

Nachdem die Pläne einer direkten aggressiven Intervention damit zu Fall gekommen waren, begann ab April 1919 eine neue Phase der alliierten Rußlandpolitik. Sie stand im Zeichen einer Zurückziehung der alliierten Truppen aus Rußland. Als erste wurden die französischen Einheiten abberufen. Meutereien, die sich bei der französischen Flotte im Schwarzen Meer ereignet hatten – auf einem Kreuzer war eine rote Fahne gehißt worden –, ließen ihre Heimkehr geraten erscheinen. Anfang April wurde Odessa geräumt, anschließend Sevastopol'. Die Rote Armee stieß durch die Ukraine hindurch, wo sie am 3. Februar Kiev besetzt hatte, zum Schwarzen Meer vor. Am 8. April 1919 wurde die Ukrainische Sowjetrepublik ausgerufen. Die französisch-englische Invasionsfront von der rumänischen bis zur türkischen Grenze war gesprengt.

England hatte es nicht ganz so eilig. Noch im Mai 1919 setzte Churchill auf eigene Verantwortung durch, daß die englischen Einheiten in Archangel'sk Verstärkungen erhielten. Sie wurden bald darauf dem weißen russischen General Miller unterstellt, der hier das Oberkommando über die antibolschewistischen Kräfte übernommen hatte. Im Kaukasus wurden aber im Laufe des Sommers die englischen Truppen zurückgezogen. Im Juli verließen sie Baku, im August Tiflis. Nur in Batum hielten sich noch englische Teile bis zum Sommer 1920.

Schmerzlich für das russische Volkseigentum im allgemeinen und für den weiteren Kampf der Weißen war, daß die Ententetruppen sich beim Abmarsch an ansehnlichen Getreide- und Tabakvorräten in der Ukraine schadlos hielten. Noch wichtiger war, daß neun Zehntel der russischen Schwarzmeerflotte bei dieser Gelegenheit requiriert wurden; allein bei der Räumung Odessas gingen 112 russische Handelsschiffe mit.

Die Sommeroffensive der Weißen Armeen im Jahre 1919

Der Verzicht auf ein aktives militärisches Eingreifen bedeutete noch nicht eine Aufgabe der indirekten Hilfe durch Waffen- und Munitionslieferungen und der moralischen Unterstützung. Sie kam alsbald in der Anerkennung der Kolčakregierung zum Ausdruck.

Gestützt auf eine vorangegangene Ermunterung seitens des englischen Kabinetts hatte Kolčak am 18. November 1918 die vorwiegend sozialistische Regierung in Omsk gestürzt und die Gewalt an sich gerissen. Er selbst trat als Reichsverweser an die Spitze einer Regierung, die sich als provisorische Exekutive eines allrussisch-zentralistischen Einheitsstaates in monarchischen Formen fühlte. Ob die Krone dereinst dem Großfürsten Nikolaj Nikolaevič oder Kyrill Vladimirovič dargebracht werden sollte, war zunächst unwesentlich. Verhängnisvoll war, daß eine antibolschewistische Aktion sich hier in reaktionär-restaurative Formen kleidete und jeden Ansatz eines konstruktiven Programms vermissen ließ, das eine soziale Umgestaltung Rußlands in Aussicht gestellt hätte. Kolčak selbst war ein untadeliger Ehrenmann, dem es jedoch sowohl an staatsmännischen Fähigkeiten als auch an Erfahrungen im Landkampf fehlte. Er war auch mit den besonderen Bedingungen der politischen und sozialen Verhältnisse Sibiriens wenig vertraut. In seiner Regierung mußte man, mit wenigen Ausnahmen, bedeutendere Persönlichkeiten vermissen. Gefährlich konnte ihm zu alledem die Opposition der Sozialrevolutionäre werden, die bei den sibirischen Bauern und bei den tschechischen Truppen nach wie vor eifrig agitierten. Im Osten erstreckte sich die Macht Kolčaks allenfalls bis zum Baikalsee. In der fernöstlichen Provinz hatten die Japaner die faktische Macht in den Händen. Wenn sie im Gegensatz zur Kolčakregierung hier den Kosakenhetman Semenov unterstützten, so spielten im Hintergrunde unzweifelhaft annexionistische Tendenzen eine große Rolle.

Im März 1919, als in der Ukraine eine französisch-ukrainische Angriffsoperation erwartet werden konnte, schlug auch Kolčak los. Ihm standen insgesamt rund 125000 Mann zur Verfügung.

Er eroberte Perm (Molotov) und Ufa und stieß in Richtung Vjatka (Kirov) und Kazan' vor. Im April stand er bereits 30 km von der Wolga entfernt. Die Frontlinie verlief von Glasov-Buzuluk-Orenburg bis Ural'sk. Am 26. Mai beschloß der Oberste

Alliierte Rat in Paris, die Kolčakregierung anzuerkennen und ihr Unterstützung zukommen zu lassen. Daran waren folgende Bedingungen geknüpft: Kolčak sollte gehalten sein, eine neue Konstituierende Versammlung einzuberufen, freie Wahlen und Abschaffung der ständischen Privilegien zu garantieren, Polen und Finnland die Unabhängigkeit, den baltischen und kaukasischen Staaten Autonomie zu gewähren. Kolčaks Antwort fiel grundsätzlich positiv aus; zum Teil verwies er auf die Konstituierende Versammlung als auf die entscheidende Instanz zur Regelung aller späteren innerrussischen Fragen. Die Alliierten gaben sich damit zufrieden und bekräftigten am 12. Juni das Versprechen, die Weiße Armee mit Lieferungen zu unterstützen.

Zweifellos war es für die weißen Armeeführer tragisch, daß die Zurückziehung der alliierten Truppen gerade in dem Augenblick erfolgte, in dem sie zur Offensive antraten. Trotzdem schienen für die sich Moskau im Laufe des Jahres 1919 von vier Seiten konzentrisch nähernden antibolschewistischen Kräfte die Aussichten keineswegs gering zu sein. Neben dem rein militärischen Potential kam es darauf an, auf welcher Seite, bei den Weißen oder Roten, stärkere moralische, politische und propagandistische Kräfte zum Einsatz gebracht werden konnten.

Nächst Kolčak kam den Armeen Denikins die größte Bedeutung zu. Denikin hatte im Laufe des Winters 1918/19 seine Stellungen in der östlichen Ukraine gehalten. Nun ging er im Frühjahr daran, sie weiter auszubauen. Das Zusammenwirken mit den Ukrainern unter Petljura war erschwert durch gegenseitiges Mißtrauen; diesen war bekannt, daß Denikin Anhänger des »einen und unteilbaren Russischen Reiches« war und eine ukrainische Autonomie, geschweige denn Selbständigkeit, ablehnte. Man überließ diese Sorgen jedoch zunächst der Zukunft. Der Rückschlag in der westlichen Ukraine im Frühjahr 1919, der zum Durchbruch der Bolschewisten bis Odessa führte, tangierte zunächst Denikin selbst weniger. Mitte Mai setzte er mit seiner auf 150000 Mann angewachsenen Armee zum Vormarsch in Richtung Moskau an. Die Donkosaken unter Krasnov gehörten mit dazu. Neben englischen Waffen und Munition trafen auch einige englische Offiziere als Berater und technisches Personal – ähnlich wie bei Kolčak – ein. Von besonderer Bedeutung waren die gelieferten Geschütze, Kraftfahrzeuge, Panzer und rund 100 Flugzeuge. Insgesamt hat England sich die Unterstützung Denikins angeblich etwa 15 Millionen Pfund kosten lassen.

Denikin hatte ursprünglich, nicht unbeeinflußt durch den bolschewistischen Einmarsch in der westlichen Ukraine, den Plan, im Osten wolgaaufwärts zu ziehen, um hier Verbindung mit Kolčak aufzunehmen. Nach dessen endgültiger Anerkennung durch die Alliierten im Juni 1919 unterstellte er sich dem Oberbefehl des Admirals. Die Rolle Caricyns als bolschewistisches Bollwerk an der unteren Wolga im Sommer und Herbst 1918 ließ jedoch den Erfolg eines neuen Vorstoßes in dieser Richtung zweifelhaft erscheinen. Auf der anderen Seite reizte die Schwäche der bolschewistischen Stellungen in der Ukraine dazu, den Schwerpunkt der Offensive mehr nach Westen zu verlagern. Hier konnte Denikin zudem noch die Hoffnung haben, mit Rumänien und Polen Verbindung aufnehmen zu können.

Noch im Sommer mußten sich die Bolschewisten wieder aus der Ukraine zurückziehen. Im Juni fielen Ekaterinoslav (Dnepropetrovsk), Char'kov und Caricyn (Stalingrad) in Denikins Hände. Rote Gegenangriffe gingen fehl, weil man sich nicht auf einen einheitlichen Plan einigen konnte, obwohl am 3. Juli die oberste militärische Führung umgebildet worden war und S. S. Kamenev, ebenfalls ein ehemaliger zaristischer Offizier, – nicht zu verwechseln mit dem Parteiführer L. B. Kamenev – General Vācietis als Oberbefehlshaber der Roten Armee ablöste. Als Trockij mit seinen Vorschlägen beim Politbüro nicht durchdrang, reichte er seine Demission als Kriegskommissar und Vorsitzender des Kriegsrates ein. Sie wurde nicht angenommen und Trockij fügte sich. Eine auf Vorschlag von Kamenev Mitte August gestartete Offensive gegen Denikin scheiterte vollkommen. Am 21. September mußte Kursk, am 13. Oktober Orel aufgegeben werden. Die Straße nach Tula, wo sich die bedeutendsten Rüstungsfabriken befanden, lag offen. Und hinter Tula öffnete sich der Weg nach Moskau.

Denikins Bewegungen wurden durch Bauernrevolten im rückwärtigen Gebiet der Bolschewisten begünstigt. Mitte Oktober hatte er die Linie Voronež-Orel-Černigov-Kiev-Odessa erreicht. Die Front ergab eine weite Ausbuchtung der weißen Stellungen mit der Gefahr einer offenen Flanke im Nordwesten. Nichtsdestoweniger hoffte Denikin zum Winter Moskau zu erreichen und die bolschewistische Regierung zu stürzen. Die gleichzeitigen Erfolge General Judeničs vor Petersburg mußten ihn optimistisch stimmen.

Die Lage an der Ostsee. Judenič vor Petersburg

Im Herbst 1917 hatte sich England geweigert, der Bitte Kerenskijs zu entsprechen und seine Flotte in die baltischen Gewässer zu entsenden. Jetzt, nach dem Zusammenbruch Deutschlands, brauchte es nicht mehr zu befürchten, in eine Falle zu geraten. Noch im Dezember 1918 liefen englische Flotteneinheiten Libau und Reval an. Es galt, die eigenstaatlichen nationalen Bestrebungen der Esten und Letten zu unterstützen, die starke Hoffnungen auf die Westmächte, insbesondere England, setzten. Als aber die bolschewistischen Truppen im Januar 1919 sich Riga näherten und die Stadt preisgegeben werden mußte, dampften die englischen Kriegsschiffe ab, ohne in die Kämpfe einzugreifen. Es war eigenartig genug, daß der englische Admiral Sinclair von den Resten der deutschen Truppen im Baltikum verlangte, sie hätten so lange im Lande zu bleiben, als es die Alliierten für nötig befänden – als einziger Schutz gegen die Bolschewisten, der zur Zeit in Frage kam.

Inzwischen hatten aber auch einheimische Kräfte die Initiative des Widerstandes ergriffen. In Estland drängte die junge estnische Armee in Verbindung mit dem deutschbaltischen Baltenregiment und finnischen Freiwilligen die Bolschewisten über die Narva zurück. In Kurland übernahm im Februar General von der Goltz die Führung des Verteidigungskampfes. Neben Resten der deutschen Okkupationsarmee, die neu aufgefüllt wurde, kämpften die Baltische Landeswehr, aus deutschbaltischen Freiwilligen bestehend, ein lettisches Bataillon und eine weiße russische Abteilung. Schritt für Schritt wurden die Bolschewisten zurückgedrängt. Am 22. Mai 1919 wurde durch ein kühnes Unternehmen eines Stoßtrupps der Baltischen Landeswehr Riga befreit.

Im Sommer 1919 war die bolschewistische Herrschaft im Baltikum zusammengebrochen. Die einheimische Bevölkerung hatte keinen anderen Wunsch, als die Zukunft ihrer Heimat nach eigenem Ermessen, in vollständiger Unabhängigkeit von Rußland, zu gestalten. Die auf baltischem Boden entstandenen antibolschewistischen russischen Truppenteile betrachteten jedoch die bisherigen Kämpfe nur als einen Auftakt zu weiträumigen Operationen zum Sturz des Bolschewismus in Rußland.

Schon im Mai stieß eine russische Freiwilligenarmee unter

den Generalen Judenič und Rodzjanko über die estländische Grenze nach Osten vor. Jamburg und Pleskau wurden erobert und der Vormarsch in Richtung Petersburg aufgenommen. Am 12. Juni 1919 wurde Krasnaja Gorka besetzt, von wo aus Verbindung zu unzufriedenen Elementen der 7. Roten Armee aufgenommen wurde. Diese vorgeschobenen Stellungen mußten aber wieder geräumt werden, als die Geschütze von Kronstadt nach Krasnaja Gorka hineinschlugen. Die erste Operation war gescheitert.

Im Sommer wurden die russischen weißen Truppen umorganisiert und als Russische Nordwestarmee auf eine breitere Basis gestellt. General Nikolaj Nikolaevič Judenič übernahm im Juli 1919 den alleinigen Oberbefehl. Ungeklärt war zunächst die politische Basis des Unternehmens. Als es zwischen ihm und den Vertretern verschiedener russischer Gruppen zu Meinungsverschiedenheiten kam, griff der militärische Vertreter Englands in Reval, General March, in drastischer Weise ein, indem er mit entsprechendem Druck die widerstrebenden Richtungen an einen Tisch zwang. So kam es zur Konstituierung einer nordwestrussischen Regierung unter dem Großindustriellen Lianozov. Dieser erklärte sich bereit, die britischen Interessen sowohl im baltischen Raum als auch in Persien anzuerkennen. Dafür versprachen die Engländer finanzielle Unterstützung und Waffenlieferungen. Wenn mit der Aufwerfung der persischen Frage in überraschender Kontinuität an die britisch-russischen Vereinbarungen am Vorabend des Weltkrieges angeknüpft wurde, so war damit deutlich zum Ausdruck gebracht, welch eine Bedeutung England dieser russischen Gegenregierung für die Zukunft beimaß.

Auf der Grundlage dieser politischen Rückendeckung baute General Judenič seinen neuen Feldzugsplan zur Eroberung Petersburgs auf. Die Offensive begann im Oktober 1919. Parallel zum Vorrücken der Landtruppen in Ingermanland sollte die englische Flotte Kronstadt von der Seeseite aus angreifen, um damit die Entscheidung im Endkampf um Petersburg zu bringen. Es war zwar nicht recht klar, in welcher Weise diese militärische Beteiligung mit den Beschlüssen des Obersten Rats in Paris vom März des Jahres, ebenso auch mit der grundsätzlichen Haltung des englischen Kabinetts in Einklang zu bringen war. Da die Hintergründe der alliierten Interventionspolitik den Zeitgenossen jedoch keineswegs bekannt sein konnten, wiegte man sich im Stabe Judeničs in der Hoffnung auf das Eingreifen der britischen Flotte.

Der Vormarsch machte Fortschritte, am 20. Oktober wurden Carskoe selo und Gatčina besetzt. Damit standen die Weißen unmittelbar vor den Toren Petersburgs. In der Stadt herrschte eine verzweifelte Stimmung. Schon machte man sich auf Straßenkämpfe gefaßt. Trockij eilte persönlich in die bedrohte Stadt. Für den Fall, daß estnische und finnländische Truppen sich mit in den Kampf stürzen sollten, arbeitete er einen Rückzugsplan aus, um die »Elite der Petersburger Arbeiterklasse vor der Ausrottung zu bewahren«[22]. Lenin war für den Fall, daß Denikins Vormarsch bei Orel Fortschritte machen sollte, sogar bereit, Petersburg zu räumen, um auf diese Weise Verstärkungen nach Moskau ziehen zu können. Zunächst suchte Trockij jedoch, alle Kräfte zur Verteidigung der Stadt zu mobilisieren. Es gelang ihm tatsächlich, sie zu einem fanatischen Widerstandswillen aufzupeitschen.

Der 21. Oktober wurde zum entscheidenden Wendepunkt. Am nächsten Tage ging die Rote Armee zur Offensive über. In der Führung der weißen Truppen machten sich Unstimmigkeiten und Disziplinlosigkeiten bemerkbar. Entgegen einem ausdrücklichen Befehl wurde die Bahnlinie Petersburg-Moskau nicht unterbrochen. So konnte die 15. Rote Armee von Süden herangeholt werden und die rechte Flanke Judeničs bedrohen. Die englischen Schiffsgeschütze schwiegen. Die Flotte hatte mittlerweile die Gewässer des Finnischen Meerbusens verlassen und sich nach Riga zurückgezogen.

Der Enthusiasmus, der die roten Verteidiger Petersburgs erfaßt hatte, drückte auch den nachfolgenden Kämpfen seinen Stempel auf. Sie wurden hart und erbittert, von beiden Seiten fehlte es nicht an Grausamkeiten und Exzessen. Die Offensive Judeničs brach zusammen. Seine Regimenter fluteten bis an die Grenze Estlands zurück. Als die estländische Regierung um die Jahreswende Waffenstillstandsverhandlungen einleitete, die zum Frieden von Dorpat am 2. Februar 1920 führten, wurde die Armee Judeničs demobilisiert.

Auch in Lettland hatte sich eine weiße russische Armee unter dem abenteuerlichen Kaukasier Bermondt-Avalov gebildet. Er trug sich mit dem phantastischen Plan, gemeinsam mit den deutschen Formationen direkt nach Osten auf Moskau vorzustoßen, um hier vielleicht noch vor Kolčak oder Denikin als Sieger einzumarschieren. Als ihm von seiten der Letten Schwierigkeiten gemacht wurden, entschloß er sich, durch einen Handstreich auf Riga seine Ausgangsstellung zu verbessern. Hier waren jedoch mittlerweile die englischen Marineeinheiten aus dem Finnischen Meerbusen aufgekreuzt; das Eingreifen ihrer Schiffsgeschütze, auf das Judenič vergeblich gewartet hatte, machte Avalovs Handstreich schnell zunichte. Aber auch seine größeren Pläne brachen Ende des Jahres zusammen.

Der Zusammenbruch Kolčaks und Denikins

Ende 1919 konnte Denikin kaum mehr damit rechnen, mit Kolčak an der mittleren Wolga Fühlung aufzunehmen. Mittlerweile, während sich im Oktober 1919 bereits der Weg nach Moskau zu öffnen schien, war Kolčak weit nach Osten zurückgeworfen worden.

Eine Vereinigung der südlichen und östlichen weißen Armeen konnte nur denkbar sein, wenn Kolčaks linker Flügel über Samara und Ural'sk vorgestoßen wäre, während gleichzeitig Denikin ihm über Caricyn die Hand gereicht hätte. Hieraus erhellt die ungeheure Bedeutung, die Caricyn nun aufs neue für die Bolschewisten gewann. Diese Stellung an der unteren Wolga mußte auf jeden Fall gehalten werden. In der Tat ist seit dem Oktober 1918 die Verbindung auf der Wolga bis hinunter zum Kaspischen Meer nicht ernstlich gestört worden. Den Bolschewisten gelang es aber auch, hauptsächlich dank der Entschlossenheit des Oberkommandierenden an der Ostfront Michail Vasil'evič Frunze, durch einen Gegenstoß aus dem Raum Samara in Richtung Ufa, Kolčak an jeder Ausweitung seiner Operationen nach Südwesten zu hindern.

Es war vielleicht ein Grundfehler Kolčaks, daß er seine stärksten Truppen nicht hier, sondern auf dem rechten Flügel massiert hatte, der von Perm über Vjatka in Richtung Vologda vorstoßen sollte, um hier Verbindung mit den von Archangel'sk aus südwärts vordringenden Truppen des Generals Miller aufzunehmen. Hier standen die Tschechoslowaken unter ihrem Befehlshaber General Gayda. Sie waren Kolčak unterstellt, aber die Zusammenarbeit war durch gegenseitiges Mißtrauen, Kompetenzstreitigkeiten und Eigenmächtigkeiten der tschechischen Führer außerordentlich erschwert. Die Kampflust der Tschechen ließ merklich nach. Dazu stellte das waldreiche Gelände westlich der Kama ein beträchtliches Hindernis dar.

Am meisten rächte sich aber die Schwächung der Mitte, die Kolčak zugunsten des rechten Flügels vorgenommen hatte. Hier drängten die Roten Armeen unter der Führung von Frunze und V. V. Kujbyšev vor, brachen durch und warfen zum Herbst Kolčak bis hinter den Ural zurück, wo dieser erst am Tobol in Sibirien eine neue Frontlinie errichten konnte. Lenins Tagesbefehl vom 25. Mai: »Wenn wir nicht zum Winter den Ural zurückerobern, ist der Untergang der Revolution unvermeidlich«, war erfüllt. Im November 1919 wurde Omsk, der Sitz der weißen Regierung, von den Bolschewisten erobert. Überall im Hinterland nördlich und südlich der Bahnlinie erhoben sich die Bauern, aufgestachelt durch größtenteils sozialrevolutionäre Agitation, unzufrieden mit dem Ausbleiben eines Agrarprogramms, das ihre Landwünsche befriedigt hätte, abgestoßen durch die reaktionäre Grundeinstellung von Kolčaks Ministerium. Allerorten entstanden Partisanengruppen, die den weißen Truppen aus dem rückwärtigen Gebiet zu schaffen machten. Sie wurden in steigendem Maße auch von bolschewistischen Stellen versorgt, ermuntert und gelenkt. Die Sibirische Bahn befand sich vollkommen in der Hand der unzuverlässigen Tschechen, mit denen es dauernd Konflikte gab. In Kolčaks Stab gab es Unstimmigkeiten; es zeigte sich, daß die Autorität des »Reichsverwesers« nur eine geringe war.

Zu alledem erwies sich die Unterstützung der Alliierten, auf die Kolčak nach den Erklärungen vom Mai und Juni 1919 große Hoffnungen gesetzt hatte, als nicht ausreichend. Zu dem Vertreter des Obersten Rates der Alliierten, dem Leiter der französischen Militärmission General Janin, bestand kein aufrichtiges Vertrauensverhältnis. Die Lage der Kolčakarmee im Winter 1919/20 wurde von Tag zu Tag hoffnungsloser.

Aber auch bei Denikin war im Oktober 1919 der Wendepunkt eingetreten. Die rote Führung hatte eine Umgruppierung ihrer Streitkräfte im Süden vorgenommen. Hier war nach der Niederlage Judeničs vor Petersburg die Gefahr am brennendsten, hier waren die größten Anstrengungen notwendig. Es lagen zwei Pläne für den Gegenstoß vor. Der Oberbefehlshaber Kamenev, von vielen Parteigrößen, darunter auch Stalin, unterstützt, sah einen Angriff durch das Dongebiet von Nordosten vor.

Trockij trat mit aller Energie für eine Offensive ein, die von Norden her auf das Kohlengebiet am Donec gerichtet war, wo die Bevölkerung mit den Bolschewisten sympathisierte. Er hatte, schärfer als andere, den Blick für die besonderen Zusammenhänge zwischen den militärischen und sozialen Faktoren des

Bürgerkrieges[23]. Als Denikin bei Orel stand, gab Lenin Trockij recht[24].

Eine Armeegruppe wurde nordöstlich von Orel zu einer Operation gegen die Bahnstrecke Orel-Kursk zusammengezogen. Eine andere Gruppe, an deren Spitze das Kavalleriekorps Budennyjs stand, wurde im Osten von Voronež aufgestellt. Als die bolschewistischen Armeen zum Gegenangriff losschlugen, sah sich Denikin gezwungen, seine Spitzen vor Orel zurückzunehmen. Der Druck ließ jedoch nicht nach. Das Siegesgefühl, das die Verteidiger Petersburgs nach dem Zurückwerfen Judeničs erfaßt hatte, teilte sich jetzt auch den Armeen im Süden mit. Besonders die rote Reiterei machte den Weißen zu schaffen. Es war vor allem Budennyjs Kavalleriekorps, das in diesen Kämpfen legendären Ruhm erwarb. Nach der Niederwerfung Denikins wurde es zur Ersten Reiterarmee vergrößert.

Auch im südrussischen Kampfgebiet wandte sich die Volksstimmung alsbald gegen die Weißen; auch hier lagen die Gründe ähnlich wie in Sibirien. Das ukrainische Problem trat hinzu. Im rückwärtigen Gebiet der Kampflinie organisierte ein verwegener ukrainischer Bauernführer, Machno, seine »grünen« Partisanen, die weder von den Roten noch von den Weißen etwas wissen wollten. Da eine gewandte bolschewistische Propaganda das ihrige besorgte, wäre nur mit weitgehenden Konzessionen auf agrarwirtschaftlichem und sozialem Gebiet, aber auch an den ukrainischen Autonomiegedanken, einiges zu erreichen gewesen. Aber Denikin sah diese Dinge als eine spätere Sorge an. Schon flackerten hier und dort Bauernaufstände in der Ukraine auf; mit den vorrückenden Bolschewisten wurde Fühlung aufgenommen. Denikins Rückzug war nicht mehr aufzuhalten. Noch vor Jahresende mußte er Kiev und Char'kov aufgeben. Anfang 1920 fluteten seine Truppen, nachdem am 8. Januar Rostov aufgegeben werden mußte, auf ihre Ausgangsstellungen im Kubangebiet zurück. Hier erfolgte im März in Novorossijsk in panikartiger Eile die Verschiffung der Reste seiner Freiwilligenarmee mit Teilen der Don- und Kubankosaken, die nach der Krim hinübergeworfen wurden, wo sich ihnen zunächst eine letzte Reduitstellung darbot.

Der Winter 1919/20 brachte auch dem Feldzug Kolčaks das bittere Ende. Der Rückzug längs der sibirischen Bahn wurde zu einem unsagbaren Leidensweg; zu Hunger und Kälte traten die Verschärfung der Partisanenlage und die psychologisch niederdrückende Gewißheit, daß die Armee sich in einer ausweglosen

Situation befand. Die rettende Küste zu erreichen, war dieser Anabasis nicht beschieden. Als Kolčak mit seinem Stabe und seiner Regierung in Irkutsk angelangt war, brach hier der Aufstand einer nach außen hin nichtbolschewistischen »revolutionären Volksarmee« aus. Sie stand im geheimen Einverständnis mit Moskau. Die Tschechen, schon längst ein suspektes, unzuverlässiges Element, nahmen eine äußerst zweideutige Haltung ein. Die eigentliche Entscheidung vollzog überraschenderweise der französische General Janin. Er lieferte Kolčak, der sich unter seinen Schutz begeben hatte, der »Volksarmee« aus. Hier wurde er vor ein Standgericht gestellt und mit einigen Mitarbeitern am 7. Februar 1920 erschossen. »Admiral Kolčak«, sagt der Militärvertreter A. Knox in seinen Erinnerungen, »erwies sich als zu schwach für eine Unterstützung.« Mit dieser Formel zog sich die Entente aus der Affäre.

Zwei Wochen darauf rückte die Rote Armee in Irkutsk ein. Sie fand das Gelände entsprechend vorbereitet. Lange hatte Trockij gezögert, die Truppen Kolčaks weit über den Ural hinaus zu verfolgen. Jetzt gab er dem Drängen verschiedener Parteiführer, unter ihnen auch Stalin, nach[25]. Die Sowjetregierung konnte nunmehr ihren Machtbereich bis zum Baikalsee ausdehnen. Einzig das fernöstliche Gebiet zwischen Baikal und Pazifik blieb vorerst noch unter japanischer Kontrolle.

Der Aufstand Wrangells und der Krieg mit Polen

Anfang 1920 setzte für die Sowjetregierung eine kurze Atempause ein. Die Liquidierung Kolčaks und Denikins nahm ihren Lauf. An der baltischen Front waren die Friedensverhandlungen mit Estland angelaufen, nach dem Abschluß des Friedens von Dorpat am 2. Februar 1920 begannen ähnliche Unterhandlungen mit Lettland, Litauen und Finnland. Der Oberste Rat der Alliierten beschloß am 16. Januar, in erster Linie auf Veranlassung der am russischen Geschäft interessierten englischen Kreise, die Wirtschaftsblockade aufzuheben, die seit dem Herbst 1918 als eiserner Ring um Sowjetrußland gelegen hatte. Es war eine Maßnahme, die zunächst, wie es hieß, noch keine Änderung in der grundsätzlichen Einstellung gegenüber dem bolschewistischen Regime bedeutete, aber sie brachte doch eine fühlbare wirtschaftliche Erleichterung. In Kopenhagen leitete Litvinov zu dieser Zeit wirtschaftliche Verhandlungen mit englischen Regierungsvertretern ein, die im Februar 1920 zu einer vorläufigen Vereinbarung führten. Im Mai begab sich eine sowjetische Handelsdelegation nach London.

Von Bedeutung für die wirtschaftliche Lage Sowjetrußlands war die Freilegung der Verbindungen zu den Zentren der russischen Agrar- und Ölprodukte in Sibirien, dem Donecbecken und Nordkaukasus. In der Ukraine etablierte sich ein »militärrevolutionäres Komitee« aus fünf Mitgliedern, von denen drei Bolschewisten waren, um zu einem sowjetukrainischen Regime unter Rakovskij, einem Bolschewisten rumänischer Abstammung, überzuleiten, der schon im Frühjahr 1919 vorübergehend eingesetzt gewesen war. Die Konstituierung der Ukrainischen Sowjetrepublik vom März 1919 war damit verwirklicht.

Über kurz oder lang hoffte man im Kreml, auch das letzte Widerstandsnest der antibolschewistischen Kräfte auf der Krim und im anschließenden Gebiet von Cherson' auszurotten. In Wirklichkeit wurde jedoch hier im Frühjahr 1920 eine neue Aktion gegen die Bolschewisten vorbereitet, die in Verbindung mit Polen zu einer letzten, nicht zu unterschätzenden Gefahr für die Sowjetregierung auswachsen sollte. Den Weißen war noch einmal eine Chance gegeben.

Im April 1920 übergab Denikin den Oberbefehl über die Reste seiner auf die Krim geflüchteten Truppen an General Baron Peter Nikolaevič Wrangell. Dieser, einem russifizierten Zweige der bekannten baltisch-schwedischen Familie entstammend, verfügte an sich über größere militärische und menschliche Qualitäten als sein Vorgänger. Es mangelte ihm auch nicht an einem gewissen Blick für politische Notwendigkeiten. Er bemühte sich zunächst um eine Konsolidierung und Reorganisation seiner Truppen. Durch strenge Maßnahmen wurde die Disziplin wiederhergestellt und der moralische Stand der Armee gehoben. Gegen eigenmächtiges Requirieren und ähnliches wurde mit drakonischen Strafen angegangen.

Von besonderer Wichtigkeit war Wrangells Agrargesetz vom 7. Juni 1920, das von dem ehemaligen zaristischen Landwirtschaftsminister Krivošein, dem Mitarbeiter Stolypins, ausgearbeitet worden war. Hier wurde den Bauern eine großzügige Landzuteilung versprochen, doch es war eine Maßnahme, die um zwei Jahre zu spät kam. Sie hätte, von Denikin und Kolčak im Anfangsstadium des Bürgerkrieges erlassen, Wunder wirken können. Jetzt aber verlief ihre Wirkung im Sande. Das Vertrauen in die Sache der Weißen war zerstört. Der Krieg zwischen Weiß und Rot hatte die ganze Grausamkeit und Brutalität eines Bruderkampfes entfesselt, der durch keine völkerrechtlichen Schutzmaßnahmen gebunden ist. Gefangenen gegenüber gab es keinen Pardon; sie wurden meist schon allein aus Sicherheitsgründen erschossen. Der Kampf erreichte in dem Ringen kleiner oft irregulärer Einheiten einen beispiellosen Grad der Verbitterung und Verrohung. Es kam zu bestialischen Ausschreitungen, Quälereien und Mißhandlungen. Und das alles blieb keineswegs auf die bolschewistische Seite beschränkt. Dem roten Terror stand ein weißer Terror gegenüber, jenem an Intensität nicht nachstehend.

Die Bauern der Ukraine waren des Kampfes müde. Soweit sie politisch zu denken fähig waren, hinderte sie auch bei Wrangell dessen großrussisch-zentralistische Einstellung daran, von dieser Seite eine Befriedigung ihrer Autonomiewünsche zu erwarten. Ihnen erschien, weit mehr als der zaristische General, ihr bäuerlich-anarchistischer Bandenführer Nestor Machno, der noch immer mit ansehnlichen Kräften ein Spiel zwischen den Fronten trieb, eher als Repräsentant ihres politischen Wollens. In ihm lebten gewissermaßen alte kosakische Traditionen weiter fort[26]. Es gelang Wrangell nicht, Machno zu einem dauernden Zusammengehen zu bewegen. Eine Kosakenerhebung am Don und Kuban schlug fehl. Die große Masse der Bevölkerung blieb passiv, auch als die Armee Wrangells im Sommer nach Norden vorstieß.

Die britische Regierung ließ Wrangell wissen, daß sie nicht mehr bereit sei, den Weißen Unterstützung zukommen zu lassen. Die Weiterführung des Kampfes sei zwecklos. Hatte doch Lloyd George schon am 8. November 1919 in seiner berühmten Guildhallrede erklärt, die Bolschewisten könnten nicht durch Waffengewalt besiegt werden. England war dabei, direkte Fühlung mit den Sowjets aufzunehmen. Es erklärte sich allenfalls dazu bereit, die Verteidiger der Krim mit seiner Flotte zu decken, und bot auch seine Vermittlung in Moskau an. Aber Čičerin lehnte ab; Wrangell solle sich direkt an die Sowjetregierung wenden. Damit war die Aktion gescheitert.

Trotz der englischen Warnung entschloß sich Wrangell dazu, die Offensive mit seinen 70 000 Mann aufzunehmen. Der Grund war, daß die Polen soeben in die Ukraine eingefallen waren.

Polen war nicht bereit, die vom Obersten Rat der Alliierten am 8. Dezember 1919 provisorisch als polnische Ostgrenze festgelegte Curzonlinie anzunehmen, da es auf die sogenannten ostpolnischen Gebiete nicht verzichten wollte[27]. Schon im Herbst 1919 waren polnische Truppen in Weißrußland eingedrungen, nachdem sie das litauische Wilnagebiet besetzt hatten; im Süden hatten sie die Grenzen Wolhyniens und Podoliens überschritten. Die Erfolge Denikins ließen es zunächst geraten erscheinen, sich abwartend zu verhalten, da man sich in Warschau von territorialen Verhandlungen mit einem siegreichen General nicht viel versprach. Erst im Januar 1920 nahmen sie ihre Operationen wieder auf; während General Haller Dünaburg, Mosyr' und Gomel' besetzte, drang Józef Piłsudski tief in die russische Ukraine ein. Am 7. Mai 1920 wurde Kiev besetzt. Damit war zu den verschiedenen politischen Möglichkeiten und Gewalten, vor die sich der ukrainische Bauer und Arbeiter seit 1918 gestellt sah, eine neue getreten. Besonders die ländliche Bevölkerung trat den Polen mit unverhohlener Feindseligkeit entgegen. Mußte sie doch, in Erinnerung an Erfahrungen des 17. Jahrhunderts, die noch in den Erzählungen Gogol's nachklangen, befürchten, erneut unter die Herrschaft der polnischen Gutsbesitzer zu geraten, zu denen sie einen dreifachen Gegensatz, gemischt aus nationalen, religiösen und sozialen Momenten, empfanden. Es fragte sich, wie weit es unter diesen Umständen Petljura, der im Gefolge der polnischen Truppen in Kiev erschien, gelingen würde, die Bevölkerung erneut zu gewinnen. Er hatte diesmal auf die polnische Karte gesetzt und war sogar bereit, auf die alten ukrainischen Ansprüche auf Galizien zu verzichten. Doch blieb die polnische Besetzung der Ukraine nur Episode. Schon am 11. Juni mußte Piłsudski Kiev wieder räumen.

Auch über den eigentlichen ukrainischen Bereich hinaus löste der polnische Überfall eine Welle patriotischen Empfindens aus, die sich dem ganzen Lande mitteilte. Noch unmittelbarer als beim deutschen Vormarsch im Jahre 1918 oder bei den alliierten Landungen, die in eine Zeit fielen, in der das Volk vorerst noch durch den Krieg und die Umwälzungen im Inneren zermürbt und abgestumpft war, stand man jetzt vor dem lebendigen Eindruck, daß feindliche fremde Heere russischen Heimatboden besetzten. General Brusilovs, des letzten zaristischen Oberbefehlshabers, Aufruf an alle Offiziere der Zarenarmee, die Rote Armee mit allen Kräften in ihrem Kampf gegen Polen zu unterstützen, fiel auf fruchtbaren Boden. Mancher Gegner des Bolschewismus fand schon damals den Weg zurück zum Sowjetstaat.

Sehr bald trat die Rote Armee zum Gegenschlag an. Im Norden stieß Tuchačevskij durch Weißrußland tief nach Polen vor. Im Süden warfen Egorov und Budennyj Piłsudski über den Bug zurück. Die Frage tauchte auf, ob hier an einer Linie, die ungefähr der Volkstumsgrenze zwischen Polen und Ukrainern entsprach, haltgemacht und den Polen ein Friedensangebot vorgelegt, oder die Offensive fortgesetzt werden sollte. Trockij trat für die erste Auffassung ein. Er warnte vor einem Marsch auf Warschau, weil er die Widerstandskraft der polnischen Bevölkerung fürchtete. Lenin dagegen, von Zinov'ev und Kamenev unterstützt, forderte den Einmarsch in Polen. Er hoffte, die Rote Armee werde die polnische Arbeiterschaft zur Revolution anspornen. Über Polen hinaus wollte er die Verbindung mit dem deutschen Kommunismus aufnehmen, um auch ihm den Rücken zu stärken. Dann sollte »Europa mit den Bajonetten der Roten Armee auf die Probe gestellt« werden[28].

Es gab heftige Diskussionen in der Parteiführung. Trockij, unterstützt von Rykov, wurde überstimmt. Stalin, der zunächst auch Trockijs Bedenken geteilt hatte, schlug um und stimmte der Mehrheit zu. Mittlerweile war Tuchačevskij bis in die Vororte von Warschau gelangt, aber seine Truppen waren erschöpft, die Reserven verbraucht, und die Nachschublinien waren gefährlich lang geworden. Piłsudski richtete am 10. Juli 1920 ein Hilfegesuch an die Alliierten. Bald darauf erschien in Warschau eine französische Militärmission mit General M. Weygand an der Spitze. Alliiertes Kriegsmaterial rollte durch Deutschland und auf dem Seewege nach Polen. Das sowjetische Oberkommando gab nun der Südarmee den Befehl, nach Norden einzuschwenken, um Tuchačevskij zu entlasten und die anlaufende Gegenoffensive Piłsudskis zu ersticken. Aber Egorov und Budennyj, unterstützt von ihrem Armeekommissar Stalin, wollten sich nicht mit Handlangerdiensten begnügen und Tuchačevskij den Triumph eines Einzuges in Warschau gönnen. In Ignorierung der Befehle marschierten sie weiter nach Westen, um Lemberg zu erobern. So konnte sich am 14. August das »Wunder an der Weichsel« ereignen, das die große Wende brachte.

Die Polen unter Piłsudski schlugen, unter Anleitung der französischen Berater, die Russen zurück. Der Rückzug der Armee Tuchačevskij artete bald in wilde Flucht aus und kam erst vor Minsk zum Stehen. Als Egorov und Budennyj heraneilten, war es bereits zu spät. Die Eroberung Polens war mißglückt.

Mittlerweile hatte sich Wrangell den Polenkrieg zunutze gemacht und war aus seinem Reduit ausgebrochen. Er erzielte einigen Geländegewinn nördlich vom Asovschen Meer und bedrohte von hier das Donbecken. Ehe er jedoch Verbindung mit den Polen aufnehmen konnte, waren diese schon zurückgeschlagen. Die de-facto-Anerkennung seiner »Regierung Südrußlands« durch Frankreich am 12. August 1920 bedeutete zweifellos eine moralische Stärkung, die um so mehr ins Gewicht fiel, als England sich zurückhielt. Tatsächliche Hilfe von seiten Frankreichs setzte jedoch nicht ein. Als zwischen Polen und Rußland am 12. Oktober Waffenstillstand geschlossen wurde, konnte sich die Rote Armee vollständig auf den nunmehr einzigen Gegner im Süden konzentrieren. Wrangell wurde in erbitterten Kämpfen von den Truppen M. V. Frunzes als Befehlshaber der Südfront auf die Krim zurückgedrängt. Auf der Perekop-Landenge kam es im November 1920 zu einer verzweifelten Endschlacht. Die in der Nacht vom 7. auf den 8. November vorstürmenden roten Truppen wurden durch überraschend über das Eis der Sivaš-Lagune geführte Einheiten unterstützt, die in den Rücken der Verteidiger fielen. Am 16. November zogen die roten Truppen in Kerč ein.

Wrangell sah die Aussichtslosigkeit eines weiteren Widerstandes ein. Sich ins Innere der Krim absetzend, konnte er Mitte November nahezu 130 000 Soldaten und Zivilisten auf dem Seewege von den Krimhäfen nach Konstantinopel evakuieren. Die Angehörigen der Wrangellarmee fanden später größtenteils Aufnahme in Jugoslawien.

Das Ende des Bürgerkrieges

Der Bürgerkrieg in Rußland war beendet. Warum waren die Weißen gescheitert? Sie waren unterlegen, weil sie über kein konstruktives, in die Zukunft weisendes Programm verfügten, das den politischen und sozialen Hoffnungen der Massen entsprochen hätte. Sie waren gescheitert, weil sie keine Idee proklamieren konnten, die über die Parolen der Negation des Bolschewismus und der zaristischen Restauration hinaus das Volk begeistert hätte. Ihre Gegner aber, die Bolschewisten, hatten es verstanden, ein gut abgestimmtes Zusammenspiel zwischen der rationalistischen Doktrin ihrer Führung und dem chaotischen Unterbewußtsein der Massen herzustellen. Die lapidar-einfachen Leitsätze ihres Programms, unterstützt durch eine ungehemmte

Anwendung von Gewalt- und Terrormethoden, taten das ihre, um den Erfolg herbeizuführen.

Hinzu trat das zwiespältige Moment der innigen Verknüpfung von Bürgerkrieg und Intervention. Die Unterstützung der Weißen war, seitdem die Kreuzzugideen vom Winter 1918/19 aufgegeben wurden, zu schwach, um zu entscheidenden Erfolgen zu führen. »Eine Intervention mit hoffnungslos schwachen Mitteln war eine jener jämmerlichen Halbheiten, die in der Politik Verbrechen sind ... In dem russischen Chaos mußte unser Eingreifen vom ersten Tage an erfolgreich sein, wenn es zum Ziele führen sollte«. So schrieb Bruce Lockhart in seinen Erinnerungen[29], und sowohl bei Buchanan[30] als auch bei Winston Churchill gibt es ähnliche Formulierungen[31]. Versucht man aber, das Verhalten Englands ohne Vorurteil unter die Lupe zu nehmen, so genügt der Hinweis auf die Erkenntnis von der kommenden Wichtigkeit des sowjetischen Handelspartners für die britische Wirtschaft, zu der das liberale Kabinett Lloyd Georges gekommen war, nicht. Es war die traditionelle britische Taktik, in einem fremden Lande, auch bei politisch-militärischen Auseinandersetzungen im Innern, das freie Spiel der Kräfte nicht durch eine entscheidende Einmengung zu stören, sondern sich selbst ausbalancieren zu lassen. Die alliierten Waffenlieferungen stellten eine Chance dar, die die antibolschewistischen Kräfte in den Stand setzen sollten, ihre Pläne auszutragen. Erwiesen sie sich als zu schwach in dem geistig-moralischen Potential ihrer Ideen und Bestrebungen, so war die Chance verspielt, und die Nemesis der Geschichte trat in Funktion.

Hinzu tritt jedoch eine weitere Erkenntnis. Es lag nicht in der Absicht der Alliierten, durch ihre moralische Unterstützung und durch ihre Waffenlieferungen das Blutvergießen in Rußland zu verlängern. Aber das Ergebnis der Intervention lief, wie die Dinge sich entwickelt hatten, darauf hinaus. Ohne die Hilfe der Alliierten wäre der Bürgerkrieg vielleicht schon im Frühjahr 1919 beendet worden. Ohne die Intervention wäre der sowjetischen Führung mancher Vorwand zu einer Verschärfung des Terrors in den Jahren 1918 und 1919 genommen worden. Es wäre zweifellos zweckmäßiger gewesen, in diesem Fall keinen Kompromißweg zu suchen, sondern sich für die eine oder andere Alternative zu entscheiden. Das hätte bedeutet, entweder den Ende 1918 beschrittenen Weg entschlossen bis zur äußersten Konsequenz des offenen Kriegseintritts gegen Sowjetrußland zu Ende zu gehen, oder aber bei Anerkennung des bolschewistischen Regimes auf jede Unterstützung der Weißen zu verzichten. Wer jedoch konnte im Winter 1918/19 ahnen, daß die bolschewistischen »Dilettanten«, denen man ein baldiges Fiasko ihrer staatlichen und gesellschaftlichen Experimente geweissagt hatte, sich stärker erweisen würden als ihre Gegner in Nord, West, Süd und Ost?

Das endgültige Ende des Polenkrieges fiel auf den 18. März 1921, als in Riga der Frieden unter der Bedingung geschlossen wurde, daß Sowjetrußland auf die von Polen beanspruchten Ostgebiete jenseits der Curzonlinie verzichtete[32]. Damit kam Polen in den Besitz eines Territoriums, das zwar innerhalb der alten historischen Grenzen des früheren Königreiches lag, aber doch nur wenig polnische Bevölkerung aufwies. Die Mehrzahl der Bewohner waren im nördlichen Teil Weißrussen, im südlichen Ukrainer. Es war eine Regelung, die bis zum Zusammenbruch Polens im Zweiten Weltkrieg Gültigkeit haben sollte.

Mittlerweile waren auch im ganzen baltischen Bereich stabile Verhältnisse geschaffen. Schon den Dorpater Frieden mit den Esten, der einen Verzicht auf die bolschewistischen Pläne vom November 1918 bedeutete, hatte Lenin in geschickter Dialektik als einen »unerhörten Sieg über den internationalen Imperialismus, ... ein Fenster des russischen Arbeiters nach Westeuropa« hingestellt[33]. Es war allerdings paradox, das Bild vom Fenster nach dem Westen, das Peter der Große beim gelungenen Durchbruch zur Ostsee im Nordischen Kriege verwendet hatte, jetzt bei der Herausgabe dieser baltischen Länder zu gebrauchen. Immerhin geschah die Preisgabe dieser derzeitigen Eroberungen nichtrussischer Gebiete in vollständigem Einklang mit dem auch von den Bolschewisten wiederholt verkündeten Selbstbestimmungsrecht der Völker. Auch blieb das wichtigste Glied in der Kette der Petrinischen Erwerbungen, Ingermanland mit Petersburg, dem Sowjetreich erhalten.

Der Friedensvertrag mit Litauen und die Anerkennung seiner Unabhängigkeit wurde in Moskau am 12. Juli, mit Lettland in Riga am 11. August 1920 unterzeichnet. Am 14. Oktober wurde auch der finnisch-sowjetische Frieden von Dorpat abgeschlossen, demzufolge Finnland als unabhängiger Staat einen Zugang zum nördlichen Eismeer mit dem Hafen Petsamo erhielt.

Die Rückgewinnung des Kaukasus und des Fernen Ostens

Nicht so erfolgreich wie im Baltikum verliefen die Unabhängigkeitsbestrebungen der transkaukasischen Völker. Die faktische Macht lag bis zum November 1918 bei den deutschen und türkischen Okkupationstruppen, die Transkaukasien besetzt hatten. Nach dem Zusammenbruch der Mittelmächte schob sich England in die politische Lücke; britische Truppen, von Persien einmarschierend, besetzten Baku. Obwohl die weißen Generale es ablehnten, sich mit der Unabhängigkeit der transkaukasischen Republiken zu befassen, erkannte der Oberste Rat der Alliierten sie im Januar 1920 de facto an. Mittlerweile waren aber die britischen Truppen wieder zurückgezogen worden, nur in Batum blieb eine kleine Garnison bis zum Juli 1920.

So war es den Bolschewisten möglich, im selben Januar 1920 eine Erhebung in Baku vorzunehmen, wo sich schon im Mai 1918 eine von der Azerbajdžanischen Republik unabhängige lokale Verwaltung unter S. G. Šaumjan, einem alten Kampfgefährten von Lenin, gebildet hatte. Nun kam es zur Gründung einer Azerbajdžanischen Sowjetrepublik. Die Unabhängigkeit Georgiens wurde zunächst noch am 7. Mai 1920 von Moskau anerkannt. In Armenien drangen Ende des Jahres von Süden türkische Truppen ein, während von Nordosten bolschewistische Einheiten vorstießen und die Gründung einer Armenischen Sowjetrepublik ermöglichten. In einem Vertrag mit der Türkei vom 2. Dezember 1920 wurde die Grenze festgelegt; sie bedeutete eine Aufteilung Armeniens, indem die südlichen Gebiete türkisch wurden. Erst im April 1921 konnte, nach vorübergehenden Erhebungen, das sowjetische Regime in Armenien als stabilisiert betrachtet werden.

Ein eigenartiges Refugium nichtbolschewistischer Kräfte stellte einstweilen noch Georgien dar. Hier war ein menschewistisches Kabinett am Ruder, das auf regen Kontakt mit Westeuropa großen Wert legte; noch im September 1920 statteten führende Mitglieder der II. Internationale, wie Kautsky, Vandervelde und Ramsay Macdonald Tiflis einen Besuch ab. Im Januar 1921 wurde Georgiens Unabhängigkeit vom Obersten Rat der Alliierten de jure anerkannt, doch die Freude war von kurzer Dauer. Die Sowjetregierung fürchtete, daß Georgien als eine Art Brückenkopf einer weiteren alliierten Intervention dienen könnte und beschloß, nachdem sie die Hände in der Ukraine freibekommen hatte, zuzupacken. Am 21. Februar 1921 überschritten zunächst nur georgische bolschewistische Truppen die armenisch-georgische Grenze; vier Tage später fiel Tiflis. Eine Georgische Sowjetrepublik wurde proklamiert. Damit war Sowjetrußland wieder im Besitz des gesamten Kaukasus[34].

Schließlich sei noch die Rückgewinnung des Fernöstlichen Gebiets erwähnt. Im Transbaikalgebiet hatte sich nach dem Zusammenbruch der Kolčakarmee am 6. April 1920 eine unabhängige demokratische Fernostrepublik konstituiert, deren leitende Kräfte zwei russische Emigranten aus Amerika waren: Krasnoščokov und Satov. Analog zu ihrem Verhalten der Georgischen Republik gegenüber erkannte die Sowjetregierung diesen Pufferstaat zunächst am 14. Mai 1920 an.

Veranlaßt durch einen Zwischenfall in Nikolaevsk am Amur, landeten die Japaner zur selben Zeit neue Truppen in Vladivostok, nachdem sie kurz vorher ihre Streitkräfte aus Sibirien zurückgezogen hatten. Hier in der Küstenprovinz konnte sich infolgedessen, gestützt auf die japanische Besatzungsmacht, eine besondere lokale Verwaltung halten, die im April 1921 allerdings, als sie Neigung zeigte, sich der Fernöstlichen Republik anzuschließen, von einer Rechtsgruppe unter Merkulov gestürzt wurde. Von da ab standen zwei staatliche Gebilde nebeneinander. Die Küstenrepublik wurde bald zu einem Sammelpunkt weißer militärischer Kräfte, die teils der Armee Kolčaks entstammten, teils zu der Kampfgruppe des Ataman Semenov gehörten.

Die Fernöstliche Republik setzte mittlerweile Wahlen zu einer Konstituierenden Versammlung an. Diese wurde im Januar 1921 eröffnet und nahm am 27. April 1921 eine Verfassung an, die sich bürgerlich-demokratischer Formen bediente. Nicht zu übersehen war aber der Einfluß der bolschewistischen Delegierten und die Tatsache, daß an der Spitze der Streitkräfte der Republik zunächst Blücher, dann Uborevič standen: beide später namhafte Repräsentanten der sowjetischen militärischen Führung.

Im August 1921 eröffnete Verhandlungen zwischen der Republik und japanischen Vertretern führten zu keinem Ergebnis. Mit der Zeit setzte ein immer stärkerer Druck Englands und der USA auf Japan ein, der es veranlassen sollte, seine Truppen endgültig vom Festland zurückzuziehen. In direkten Verhandlungen mit einem Vertreter Sowjetrußlands erklärte sich Japan schließlich bereit, seine Streitkräfte zu evakuieren. Die Entscheidung fiel am 14. September 1922; im Oktober verließen die letzten Japaner die Küstenprovinz. Mit ihrem Weggang brach die weiße Regierung in Vladivostok zusammen; die Küstenprovinz schloß sich der Fernöstlichen Republik an, die von nun ab den gesamten Raum zwischen Baikalsee und Pazifik beherrschte.

Aber auch deren Tage waren nunmehr gezählt. Mit der Zurückziehung der japanischen Truppen fiel für die Sowjetregierung jede Veranlassung fort, den Pufferstaat zu respektieren. Sie wußte ihren Einfluß in der Volksvertretung der Fernöstlichen Republik dahin zur Wirkung zu bringen, daß diese am 10. November 1922 die Auflösung des Staatswesens und seine Eingliederung in die Russische Sowjetrepublik proklamierte.

Mit Ausnahme der westlichen Randgebiete und der Abtretungen an Rumänien und die Türkei war damit das gesamte Territorium des ehemaligen Russischen Reiches wieder zu einem Staat zusammengeschlossen. Es war kein Zufall, daß im selben Jahre, in dem der Ferne Osten sich wieder Rußland angliederte, auch eine straffere Zusammenfassung des bisher locker zusammengefügten Staatenbundes zu einer Sowjetunion vollzogen wurde.

III

DIE EPOCHE DER NEUEN ÖKONOMISCHEN POLITIK (NEP)

Die wirtschaftliche Lage nach dem Bürgerkrieg

Bürgerkrieg und Intervention hatten Rußland schwer getroffen. Solange alles im Zeichen des Kampfes stand, war an einen inneren Aufbau nicht zu denken gewesen. Man hatte sich mit provisorischen Maßnahmen begnügt, die Erfordernisse der Abwehr der äußeren und inneren Feinde hatten die Vorhand. Die sowjetische Geschichtsschreibung nennt die Zeit von 1917–1921 die Epoche des Kriegskommunismus.

Wie sah das Land zum Ende des Jahres 1920 aus? Weite Flächen Ackerbodens waren Jahre hindurch nicht bestellt worden. Besonders die Ukraine stellte ein Schlachtfeld mit dauerndem Wechsel der Frontlinien dar. Wie oft war die Ernte auf dem Halm vernichtet worden! Das Hin- und Herfluten des Kampfes zwischen Weiß und Rot hatte oft jede Arbeit auf den Feldern sinnlos gemacht. Resigniert versanken die Bauern in dumpfe Passivität, oder sie griffen zu primitiven Waffen und schalteten sich in den Kampf ein. Aber in Zentralrußland wurde die Stimmung der Bauern zunehmend feindlicher. Der Ablieferungszwang ertötete jeden Rest eigener Initiative. Jedermann ging dazu über, nur für den eigenen Bedarf zu produzieren. Ein ständiger Flüchtlingsstrom aus den Städten aufs Land vergrößerte die Schwierigkeiten. Während des Bürgerkrieges kam es auch auf dem Lande schon hier und dort zu Ernährungsschwierigkeiten, wenn die Ernte schlecht ausfiel. Die Mißernte vom Sommer 1920 war besonders spürbar.

Aber auch die Industrie befand sich in vollständiger Zerrüttung. Ihre Produktion war auf ein Siebentel der Vorkriegsleistung herabgesunken. Die meisten Fabriken lagen still, viele Bergwerke und Schächte waren zerstört und verwüstet. Katastrophal war die Lage des Hüttenwesens. Die Erzeugung von Roheisen betrug im Jahre 1921 nur etwa 3 % der Vorkriegsproduktion. Die Vorräte an Metall und Industrieerzeugnissen waren erschöpft. Es herrschte ein Mangel an den notwendigsten Dingen, an Lebensmitteln, Gebrauchswaren, Brennstoff.

Es war aber nicht nur der Krieg, der das wirtschaftliche Leben in dieser Weise paralysiert hatte. Hinzu trat der überstürzte Vorgang der Sozialisierung, durch den das Programm der Partei realisiert werden sollte. »Expropriiert die Expropriateure«, hatte Lenin, Marx zitierend, gefordert. Im Dezember 1917 waren die Banken, im Januar 1918 die Handelsflotte, im Februar die Getreidespeicher, im Mai die Zechenindustrie, im Juni die Petroleumindustrie enteignet worden. Es folgten alle Großbetriebe mit 1/2–1 Mill. Rubel Aktienkapital, bis schließlich nur noch Betriebe mit weniger als 10 Arbeitern ihren Eigentümern belassen wurden. Die Durchführung der Sozialisierung war vielfach dilettantisch. Es fehlte an Leitern für die verstaatlichten Betriebe, die über die nötigen Fachkenntnisse verfügten.

Lenin befaßte sich seit 1919 besonders eingehend mit dem Problem des Wiederaufbaus der Industrie. Im Gegensatz zu manchen Parteigenossen, die, dem Rätegedanken entsprechend, an eine Kollegialverwaltung dachten, vertrat er die Ansicht, daß die Leitung der verstaatlichten Industriewerke Einzelpersonen, staatlichen Direktoren, anvertraut werden sollte.

In der Arbeiterschaft breitete sich Unzufriedenheit aus. Stilllegung von Betrieben infolge Rohstoff- oder Brennstoffmangel bedeutete Ausfall an Lohn. Mancher sah sich gezwungen, anderweitig, oft auch auf dem Lande, Arbeit zu suchen. Hier griff staatlicher Zwang ein. Es wurde deutlich, daß an die Stelle des privaten Unternehmers nicht der Arbeitnehmer getreten war, sondern der Staat. Ihm fiel jetzt der Profit an der Produktion des Betriebes zu. Er fühlte sich infolgedessen verpflichtet, über der Produktivität der Betriebe zu wachen. Er konnte den Arbeitnehmer auch gegen seinen Willen auf einen Arbeitsplatz setzen oder ihn von dort beliebig versetzen. Und so stellte sich die Vergesellschaftung der Produktionsmittel als eine Verstaatlichung unter straffer Zentralisierung und starken Machtmitteln dar. Gewiß hatte der Staat die Erträge der Produktion dem Konsum, das heißt, der Allgemeinheit, zuzuleiten. Aber er bediente sich dazu eines schwerfällig bürokratischen Apparats, dessen langsames oder auch fehlerhaftes Funktionieren immer wieder Engpässe bei der Belieferung der Bevölkerung mit Lebensmitteln oder dringend notwendigen Konsumgütern entstehen ließen.

Auch der Handel war zum Erliegen gekommen. Nach den Großhandelsunternehmen wurden nach und nach auch die kleinen Betriebe geschlossen. Ab 1920 war der Privathandel verboten. Auf die Enteignung des Grund- und Hausbesitzes folgte der Befehl, Edelmetallvorräte abzuliefern und Bargeld bis auf kleine laufende Beträge in den staatlichen Banken einzuzahlen. In die Lücke des zusammengebrochenen Handels sprang der illegale Schwarzmarkthandel. Er bemächtigte sich vor allem der Lebensmittel und begünstigte damit die Bauern. Die Preise schnellten hinauf. Allein von 1920 bis 1921 stieg der Brotpreis auf das Elfeinhalbfache.

Die Sowjetregierung hatte vom Kriege her das System der Lebensmittelrationierung beibehalten. War es damals ein Notstand gewesen, erwachsen aus den Schwierigkeiten der Kriegswirtschaft, so wurde die Rationierung jetzt zu einem Instrument zur Beherrschung des Volkes. Bei der städtischen Bevölkerung wurde ein fester Verpflegungssatz angeordnet, der sogenannte Paëk (Pajok); er bezog sich nicht auf die Person, sondern auf die Arbeitsstätte. Das führte zu beträchtlichem Mißbrauch, da mancher mehrere Arbeitsstellen nachzuweisen suchte; die Folge war ein Rückgang der Arbeitsleistung.

Der Kronstädter Aufstand

Im Februar 1921 mußten infolge der allgemeinen Notlage die Rationen der Arbeiter in den Petersburger Betrieben gekürzt werden. Die Antwort darauf war eine Streikwelle, die weit über bisher gelegentlich aufbrechende Einzelstreiks hinausging.

Die Grundlage hierfür bildete die allgemeine Unzufriedenheit und Enttäuschung der Arbeiterschaft mit den sehr problematischen Errungenschaften der Revolution. Die erhoffte Lockerung des Kriegsregimes blieb ebenso aus wie die Verwirklichung persönlicher Freiheiten, die man, in Verkennung der sowjetischen Regierungspraxis, ersehnte. Besonders verbitterte die Dienstverpflichtung auf den Arbeitsplätzen. Hinzu trat eine politische Note, die den Bolschewisten gefährlich werden konnte. In den unter der Arbeiterschaft verbreiteten Flugblättern kamen menschewistische und sozialrevolutionäre Tendenzen zum Ausdruck. Hier hieß es: Nieder mit den Kommunisten, nieder mit der Sowjetregierung, es lebe die Konstituante!

Ende Februar erreichte die Streikwelle in Petersburg ihren Höhepunkt. Hinzu traten Demonstrationen, besonders im Industriestadtteil Vasil'evskij Ostrov, der großen Insel im Nevadelta, von wo aus sich der Blick übers Meer nach Kronstadt öffnete. Zinov'ev als Parteisekretär von Petersburg ließ die Demonstranten durch Einheiten der Roten Armee zerstreuen und proklamierte das Standrecht. Aus der Provinz wurden Truppen zur Verstärkung der Garnison herangezogen. Den Verhafteten wurde der Paek entzogen.

Nun sprang aber der Funke der Revolte auf die Marine über. Bei einem revolutionären Treffen der Matrosen in Kronstadt am 1. März 1921 wurde den Demonstranten die Sympathie der Marine zum Ausdruck gebracht. Die Bemannung der Flotte war seit der Oktoberrevolution in starkem Maße durch frische bäuerliche Elemente ergänzt worden. Hier spiegelte sich daher manches von der Stimmung im Dorf wider. Eine Versammlung am 2. März verlangte freie Wahlen in den Kronstädter Sowjet und endete mit scharfen Anklagen gegen die bolschewistische Diktatur. Der Kommissar der Ostseeflotte Kuzmin und der Vorsitzende des Kronstädter Exekutivkomitees Vasil'ev wurden verhaftet. Ein »Provisorisches Revolutionskomitee» übernahm die Macht. Die Kampfparole einer »Dritten Revolution« – nächst den beiden des Jahres 1917 – schien sich zu verwirklichen.

In den »Nachrichten des revolutionären Komitees« wurde ein unmißverständlicher Ton angeschlagen. Es war hier von einer »dreijährigen blutigen Zerstörungsarbeit der Kommunisten«, von den »Grausamkeiten, die die Bolschewisten in ganz Rußland verüben« und ähnlichem die Rede. Es wurden verlangt: geheime Neuwahlen bei voller Agitationsfreiheit, Rede- und Pressefreiheit, Versammlungsfreiheit, keine Abdelegierung von Parteivertretern an staatliche und militärische Stellen, Gleichheit der Rationen, Aufhebung der Handelsbeschränkungen, freies Handwerk und freie Kleinindustrie, freies lebendes Inventar für die Bauern[1]. Daß die genannten Freiheiten nur für »Arbeiter und Bauern« gelten sollten, zeigt, daß es hier nicht um parlamentarisch-demokratische Freiheit ging, sondern um eine neue Form des sozialistischen Radikalismus, der sich auch über die Konstituante als »Ausdruck der bürgerlichen Ordnung« hinwegsetzte. Die Schlagworte »Befreiung von der Gewaltherrschaft der Kommunisten« oder »frei gewählte Sowjets« waren aber eindeutig gegen die Bolschewisten gerichtet und verfehlten nicht ihre Wirkung; sie haben die russische Emigration noch bis in die 50er Jahre beeinflußt.

Wenn das Kronstädter Komitee sich in dieser Weise zum Sprecher des ganzen Landes, vor allem der Bauernschaft machte, lag tatsächlich die Gefahr einer dritten Revolution auf der Hand.

Lenin war entschlossen zu handeln. Er entsandte zunächst den auch in Bauernkreisen populären Michail Ivanovič Kalinin, den Vorsitzenden des VCIK, als Delegierten nach Kronstadt. Dieser berief eine Versammlung ein und versuchte, die Aufständischen zu beschwichtigen. Es war vergeblich, seine Worte verhallten im Sturm der Protestrufe. Mit Mühe entging er der Verhaftung. Nun griff die Regierung zu militärischen Mitteln. Die von Zinov'ev angeforderten Verstärkungen trafen ein. Sie standen unter dem Kommando von Tuchačevskij. Ein Tagesbefehl Trockijs, der am 5. März persönlich in Petersburg eintraf, verlangte, daß die Rebellen einzeln »wie Enten auf dem Teich« erschossen würden, wenn sie sich nicht ergäben.

Die Stimmung in Kronstadt war zunächst optimistisch und aggressiv. Einzelne Offiziere verlangten offensive Operationen gegen Petersburg. Die Masse der Matrosen lehnte das jedoch ab, um unnötiges Blutvergießen zu vermeiden. Sie hofften, daß sich die Arbeiter und Soldaten Petersburgs erheben und ihnen anschließen würden. Der Regierung war es klar, daß schnell gehandelt werden mußte. In wenigen Wochen konnte das Eis schmelzen, dann war es zu spät, die rebellische Festung mit Landtruppen anzugreifen. Am 7. März um 18 Uhr gab Tuchačevskij den Befehl, Kronstadt mit schwerer Artillerie zu beschießen. Dann setzte bei heftigem Schneesturm der Angriff der durch Schneehemden getarnten Landtruppen über das Eis ein. Trockijs Ultimatum war abgelaufen. Das Kronstädter Komitee rief zum Endkampf auf. Durch Funksprüche wurde die ganze Welt zum Zeugen des heroischen Widerstandes. »Genossen Arbeiter«, hieß es am 11. März, »Kronstadt kämpft für Euch, für die Hungernden, die Frierenden und die Schutzlosen ... Kronstadt hat das Banner der Rebellion erhoben und ist gewiß, daß Millionen Arbeiter und Bauern diesem Rufe folgen werden. Es ist undenkbar, daß das Morgenrot, das von Kronstadt ausging, nicht zum hellen Tageslicht für ganz Rußland werden sollte« ...[2]

Die Kronstädter Garnison bestand aus 14000 Mann, davon 10000 Matrosen. Es galt eine breite Front zu verteidigen. Zehn lange Tage und Nächte trotzten die Aufständischen unter ihrem Befehlshaber General Kozlovskij der Übermacht. Die Begeisterung der Kämpfer von Kronstadt teilte sich den an der gegenüberliegenden Küste in Oranienbaum stationierten Regimentern mit. Sie schlossen sich den Kronstädtern an. Aber die Meuterei wurde sogleich durch herbeigeeilte Čekatruppen blutig unterdrückt. In der Nacht zum 16. März setzte Tuchačevskij zum

Sturm auf Kronstadt an. Zu dem Feuer der Küstenbatterien gesellten sich die Bomben, die von Flugzeugen abgeworfen wurden. Der Endkampf war unbeschreiblich erbittert. Die Matrosen schlugen sich wie die Berserker. Am Morgen des 18. März verstummten die letzten Maschinengewehre. Der Widerstand war zusammengebrochen. Die letzten lebenden Rebellen wurden von Exekutivkommandos erschossen oder in Straflager verbannt.

Lenins Kurswechsel vom März 1921

Die Konsequenzen, die Lenin aus dem Kronstädter Aufstand zog, betrafen in erster Linie die staatlichen Sicherheitsmaßnahmen gegenüber oppositionellen Strömungen. Darüber hinaus deckte aber der Aufstand schonungslos die Gefahren auf, die dem bolschewistischen Regime drohten, sofern keine Abhilfe der wirtschaftlichen Notlage geschaffen wurde.

Bereits am 22. Februar 1921 war eine »Staatliche Plankommission« (Gosplan)[3] beim Rat für Arbeit und Landesverteidigung eingesetzt worden. Die Ereignisse im Frühjahr bestärkten Lenin in seinem Entschluß, das Steuer seiner Wirtschaftspolitik radikal herumzudrehen, um einen Ausweg aus dem chaotischen Wirrwarr der Wirtschaftslage, in die der »Kriegskommunismus« das Land geführt hatte, zu finden. Der Produktionswille der Bauern mußte gehoben, die Ernährung sichergestellt werden. Der Binnenhandel mußte wieder in Gang gebracht, die Arbeitsleistung der Industrie wiederhergestellt werden. Das ging nicht ohne Abstriche am marxistischen Wirtschaftsprogramm. Ohne die Grundlagen zu verlassen, mußte ein Kompromiß zwischen Theorie und Wirklichkeit gefunden werden. Dieser Kompromiß war die Neue Ökonomische Politik (NEP)[4].

Es war nicht einfach, den Kurswechsel auf dem X. Parteitag der Russischen Kommunistischen Partei der Bolschewisten (RKP/B) durchzufechten, der am 8. März 1921 zusammentrat. Lenin setzte sich jedoch durch. Er gab unumwunden zu, daß die Partei zu weit gegangen war, daß der direkte Übergang zur rein sozialistischen Güterverteilung dem Lande zunächst über die Kräfte ging. Es galt vorerst ein gemischtes Wirtschaftssystem einzuführen, bei dem der sozialisierte Sektor mit dem privaten wetteiferte. Man konnte hoffen, daß der sozialisierte Wirtschaftsteil sich Schritt für Schritt ausdehnen, der private nach und nach absterben würde. Am Endsieg des Sozialismus sei nicht zu zweifeln, es dürfe jedoch nichts überstürzt werden.

Unter diesen Umständen blieben die großen Industriewerke und Verkehrseinrichtungen, die Großbanken und der Außenhandel selbstredend in den Händen des Staates. In der kleineren und mittleren Industrie jedoch wurde das Privatunternehmertum wieder zugelassen, ebenso im Binnenhandel. Die Requisition von Lebensmitteln auf dem Lande zu festgesetzten Preisen wurde eingestellt und durch eine Naturalsteuer abgelöst. Die Bauern durften wieder einen Teil ihrer Erzeugnisse auf dem freien Markt verkaufen. Das Recht auf Privateigentum an Produktionsmitteln wurde in gewissen Grenzen anerkannt, private Genossenschaftskassen wieder zugelassen.

Zur Ankurbelung der Wirtschaft war jetzt auch ausländisches Kapital wieder gut genug. Ausländische Firmen wurden aufgefordert, ihre Tätigkeit in Rußland wieder aufzunehmen, sogar im Bereich der Großindustrie. Auch stand jetzt nichts im Wege, mit auswärtigen Staaten Handelsverträge abzuschließen. Es war kein Zufall, daß im selben März 1921 nicht nur der Rigaer Friedensvertrag mit Polen und ein Freundschaftsabkommen mit der Türkei, sondern auch der Handelsvertrag mit England unterschrieben wurde.

Wenn die Industrieproduktion unter den gegebenen Umständen bald wieder anlief, so wurde auch auf diesem Sektor durch eine Lockerung der strengen Freiheitsbeschränkungen des Arbeiters und durch den Beginn einer Abstufung der Löhne nach Können und Leistung, indem sogenannten Spezialisten höhere Paeks zugebilligt wurden, größerer Anreiz zur Arbeitssteigerung gegeben. Jetzt konnte an die Durchführung eines der Lieblingsgedanken Lenins gegangen werden, der sich von einer gesteigerten Stromversorgung des flachen Landes sowohl eine Steigerung der Produktion als auch eine Hebung des Lebensniveaus der Bauernschaft versprach. Pflegte doch Lenin dem bürgerlichen Zeitalter des Dampfes das proletarische der Elektrizität gegenüberzustellen!

Der wirtschaftliche Erfolg der neuen Wirtschaftspolitik blieb nicht aus, aber er setzte nicht mit einem Schlage ein. Der Winter 1921/22 war sehr hart und die Ernten dieser beiden Jahre nicht ausreichend. Die Reserven waren längst verbraucht oder zerstört. Die NEP-Politik kam zu spät, um den ersten großen Hunger der Sowjetzeit abwenden zu können. Nach offiziellen Schätzungen sind damals nicht weniger als 5 Millionen Menschen in Rußland verhungert. Im Juli 1921 wurde ein besonderes Komitee zur Bekämpfung der Hungersnot eingesetzt, dem auch Nichtbolschewisten angehörten, darunter sogar ehemalige »Kadetten«. Im August setzte dann, angeblich durch einen Appell Maxim Gor'kijs, die große internationale Hilfsorganisation des amerikanischen Präsidenten Herbert Hoover ein, von der Sowjetregierung notgedrungen sanktioniert. Hatte Lenin zunächst die Hungersnot als ein willkommenes Mittel zur Dezimierung der bürgerlichen Schicht erachtet, vor dem die regierende Schicht, Parteifunktionäre und Arbeiter durch die Rationierung geschützt waren, so wurde sie jetzt weit darüber hinaus zu einem das ganze Volk, vor allem auch die Bauern erfassenden nationalen Notstand. Es war sehr bezeichnend, daß das Hilfskomitee bald aufflog und die bürgerlichen Mitglieder unter verschiedenen Vorwänden verhaftet wurden. Aber die Aktion als Ganzes lief weiter, ergänzt durch Sammlungen der Quäker und Hilfsmaßnahmen, die von dem norwegischen Polarforscher Fritjof Nansen angeregt wurden. Aus den USA sind 700 000 Tonnen Lebensmittel nach Rußland geleitet worden[5].

Hand in Hand mit dem Hunger liefen Seuchen und Krankheiten; vom Bürgerkriege her war die Fleckfiebergefahr noch nicht gebannt, Typhusepidemien kamen hinzu. Die Verelendung breiter Gesellschaftskreise machte immer weitere Forschritte; die Rationen blieben vorerst noch recht niedrig.

Aber gewisse Anzeichen eines langsamen wirtschaftlichen Aufstiegs wurden doch immer deutlicher sichtbar. Die landwirtschaftliche und industrielle Produktion lief an, der Warenaustausch verdichtete sich. Der darniederliegende Verkehr kam allmählich wieder in Gang. Die Technisierung begann Fortschritte zu machen. Mit dem Anbruch des Jahres 1923 schien der Tiefpunkt überwunden. Und vier Jahre später (1927) hatte die Industrieproduktion ungefähr den Vorkriegsstand erreicht; nur die Getreideerzeugung war demgegenüber noch im Rückstand.

Im Zuge des NEP-Kurses wurde auch die Geldwirtschaft wiederhergestellt, die zunächst im Einklang mit der marxistischen Theorie beseitigt werden sollte, da Kredit und Geld als Pfeiler der kapitalistischen Ordnung galten. Der Geldverkehr in allen Sparten kam wieder zu seinem Recht, sogar der Paek wurde wieder in Geld abgegolten. Am 1. Dezember 1922 wurde auch die Geldwährung wieder stabilisiert. Der ungeheuer angeschwollene Papierrubel verlor 1924 seine Gültigkeit. Die Staatsbank begann mit der Emission neuer Banknoten, die zu 25 % durch Edelmetall und Devisen gedeckt waren. Als neue Einheit wurde der Červonec im Werte von 10 Rubel eingeführt.

Eine neue Arbeits- und Agrargesetzgebung vom Jahre 1922 ergänzte die bisherigen Maßnahmen zur Wiederherstellung des Wirtschaftslebens. Festgehalten wurde nichtsdestoweniger an einigen grundlegenden Elementen der bolschewistischen Doktrin: das Privateigentum an Grund und Boden, an Forst und Gewässern blieb nach wie vor ebenso verboten wie Kauf und Verkauf sowie hypothekarische Belastung dieser Werte. Die neue Wirtschaftsform wurde von Lenin auf dem III. Kominternkongreß im Jahre 1921 ganz offen als Staatskapitalismus bezeichnet, allerdings als ein Kapitalismus in einem proletarischen Staat, der sich gegen die Interessen der Bourgeoisie und zum Nutzen der Arbeiterschaft zu entwickeln habe.

Die Stimmung in Rußland erfuhr eine Beruhigung. Die Unzufriedenheit breiterer Massen, die sich, weit über die deklassierten Schichten hinaus, zu Beginn des Jahres 1921 unverhüllt gezeigt hatte, legte sich. Man begann sich mit der Einparteienherrschaft der Bolschewisten abzufinden. Das Wirtschaftsleben zeigte, erstmalig seit sieben langen Jahren, wieder Symptome der Erholung. Es waren gewisse vermögenbildende Möglichkeiten gegeben, die nun auch Kaufleuten und Bauern zugute kamen. Die Frage lautete, ob damit eine evolutionäre Entwicklung des Sowjetstaates eingeleitet war, ob das neue staatskapitalistische Rußland nicht mehr in dem Maße auf ein Vordringen der Weltrevolution angewiesen sein würde, wie in den Jahren des Kriegskommunismus?

Das Ende der antibolschewistischen Oppositionsparteien

Der Kronstädter Aufstand gab Veranlassung, mit den letzten Resten der antibolschewistischen Opposition abzurechnen.

Bisher hatte man, nach den Unruhen des Sommers 1918 und dem Bürgerkrieg, gegenüber Menschewisten und Sozialrevolutionären eine gewisse Nachsicht geübt, die den Schein einer Duldsamkeit andersgerichteten politischen Strömungen gegenüber erweckte. Noch im August 1920 durfte ein menschewistischer Parteitag in Moskau abgehalten werden. Man mußte darauf Rücksicht nehmen, daß innerhalb der Gewerkschaften noch starke menschewistische Sympathien herrschten. Der VIII. Sowjetkongreß vom Dezember 1920 vereinigte noch einmal bolschewistische mit menschewistischen und sozialrevolutionären Delegierten. Zu Beginn des Jahres 1921 wurde jedoch die Lage für die Führer der Oppositionsgruppen gefährlich. Die Menschewistenführer F. J. Dan und J. O. Martov und der Führer der Sozialrevolutionäre V. M. Černov[6] begaben sich ins Ausland. Die Zentrale der Menschewisten befand sich von da ab in Berlin, die der Sozialrevolutionäre in Paris.

Den Repressalien gegen die Menschewisten folgten bald ebensolche gegen die Sozialrevolutionäre. Im Februar 1922 setzten Verhaftungen ein. Hier hatte es die Čeka mit einem Gegner zu tun, der über besonders reiche konspirative Erfahrungen verfügte. Es war kein Zufall, wenn sie gerade zu dieser Zeit in eine Abteilung des Innenkommissariats umgewandelt wurde, die den harmlosen Namen »Staatliche politische Verwaltung« erhielt. Mit der entsprechenden russischen Abkürzung GPU[7] verbanden sich sehr bald genau so düstere Vorstellungen, wie mit der bisherigen Čeka. F. Dzeržinskij behielt weiterhin, bis zu seinem Tode im Jahre 1926, die Leitung der Behörde, die sich sehr bald zu einem sehr selbständigen Faktor innerhalb des sowjetischen Machtapparats auswachsen sollte.

Im Sommer 1922 begann der erste große politische Prozeß des bolschewistischen Rußland, der Prozeß gegen die Sozialrevolutionäre. Jetzt wurde das Material vom Sommer 1918 in aller Breite aufgerollt. Der Prozeß endete damit, daß 14 Todesurteile verhängt wurden; nur 2 Delinquenten wurden begnadigt. Nun hatte die Kommunistische Internationale kurz vorher einen Beschluß gefaßt, der die Aufhebung der Todesstrafe vorsah. Dementsprechend wurden die Urteile nicht vollstreckt; Gnadengesuche von so prominenten Revolutionären wie dem Dichter Maxim Gor'kij und der deutschen Kommunistin Klara Zetkin wurden jedoch von Lenin zurückgewiesen. Die Verurteilten blieben, gewissermaßen als Geiseln, in ihren Zellen. Als später die Todesstrafe wieder in der Sowjetunion eingeführt wurde, ordnete Stalin die Hinrichtung der Sozialrevolutionäre an.

1924 gelang es auch, Boris Savinkovs habhaft zu werden, der noch während des Polenkrieges antibolschewistische Kräfte organisiert hatte. Jetzt überschritt er illegal die Grenze, wurde verhaftet und in einem Prozeß zu Geständnissen veranlaßt. Ehe das Urteil verkündet worden war, machte er selbst seinem Leben ein Ende[8].

Damit war einer revolutionären Strömung das Ende gesetzt, die in ihrer agrarsozialistischen Richtung und gewissen anarchistischen Zügen zu den spezifischen Erscheinungen des russischen Radikalismus gehört hatte.

Das Problem der Gewerkschaften und die Diktatur der Partei

Es war bezeichnend, daß man zur selben Zeit, in der die wirtschaftliche Diktatur der bolschewistischen Partei gelockert wurde, die Zügel der politischen Diktatur fester anzog. Auf das Vorgehen gegen die antibolschewistischen Oppositionsparteien folgten Maßnahmen gegen oppositionelle Strömungen innerhalb der Partei. Sie wurden ausgelöst durch Debatten über die Stellung der Gewerkschaften im Sowjetstaat auf demselben X. Parteikongreß im Frühjahr 1921, auf dem Lenin seine neue Wirtschaftspolitik durchfocht.

Die Debatten begannen am Vorabend des Aufstandes von Kronstadt. Vier Meinungen standen einander gegenüber. Die sogenannte »Arbeiteropposition«, angeführt von Frau Alexandra M. Kollontaj und dem früheren Volkskommissar für Arbeit A. G. Šljapnikov, dem Gefährten Molotovs aus der Frühzeit der Partei, war bestrebt, die ganze Entscheidung über Wirtschaftsfragen in die Hände der Gewerkschaften zu legen. In dieser Haltung kam die Unzufriedenheit der Arbeiterschaft mit der Wirtschaftsdiktatur der Parteibürokratie zum Ausdruck. Die rücksichtslose Art, mit der man die Rechte und Interessen der Arbeiter überging, wurde scharf kritisiert. Frau Kollontaj verlangte, daß die Gewerkschaften als die direkten Vertreter der Arbeiterklasse die Verantwortung für die Planung und Lenkung der Volkswirtschaft übernehmen müßten. Sie sollten zu einem Gegengewicht gegen das Politbüro und die Regierung, gegen die Parteibürokratie, werden. Es war bezeichnend, daß die Gewerkschaftsführer Tomskij und Rudzutak sich diesen Bedenken nicht anschlossen, sondern sich als Vertreter der Staatsgewalt betrachteten.

Michail Pavlovič Tomskij, 1880 in Petersburg als Sohn eines Arbeiters geboren, war ein alter Vorkämpfer der russischen Arbeiterbewegung, der lange Jahre in Gefängnissen und in der Verbannung verbracht hatte. Von 1917 an spielte er eine führende Rolle beim Ausbau der Gewerkschaften, Ende des Jahres wurde er Vorsitzender des Moskauer Gewerkschaftsrates, 1918 Vorsitzender des allrussischen Gewerkschaftsverbandes. Tomskij gelang es, Verbindungen zur englischen Gewerkschaftsbewegung anzuknüpfen. 1925 nahm er am anglorussischen Gewerkschaftskongreß in Scarborough in England teil. Ab 1919 war er Mitglied des Zentralkomitees der Partei, später wurde er auch in das Politbüro berufen. Jānis Rudzutak war 1887 als Sohn eines lettischen Tagelöhners in Kurland geboren. Als Arbeiter in Riga war er in Berührung mit der lettischen und russischen revolutionären Bewegung gekommen und wurde hier zu einem der ältesten bolschewistischen Vorkämpfer. An der lettischen Revolution von 1905 war er aktiv beteiligt. Nach der Oktoberrevolution spielte er eine führende Rolle in der Moskauer Gewerkschaftsorganisation und wurde 1920 zum Mitglied des Zentralkomitees der Partei gewählt. 1922 nahm er als sowjetischer Delegierter an der Konferenz in Genua teil. Er stieg auch nach dem Tode Lenins zunächst noch weiter auf, wurde 1924 Volkskommissar für Verkehrswesen, 1926 stellvertretender Vorsitzender des Rates der Volkskommissare und Mitglied des Politbüros.

Eine weitere Gruppe, die sogenannten »Demokratischen Zentralisten«, verlangte eine Lockerung des bürokratischen Zentralismus innerhalb der Partei. An ihrer Spitze standen V. V. Osinskij (Obolenskij), T. V. Sapronov und V. M. Smirnov. Von größerer Bedeutung war zunächst der radikale Flügel der Bolschewisten unter Trockij und seinem Anhang. Er wollte im Gegensatz zu der »Arbeiteropposition« die Gewerkschaften vollständig in den Apparat der Regierung einbauen. Die Gewerkschaften, sagte Trockij, hätten ihre Aufgabe überlebt. Der Staat ist jetzt der Staat der Arbeiter, die Regierung die legale Vertreterin des gesamten Proletariats, also auch der Arbeiter. Die Forderungen einzelner Arbeiterverbände dürften den allgemeinen Notwendigkeiten nicht entgegenstehen. Statt individuelle Fachinteressen zu vertreten, hätten sich die Gewerkschaften bedingungslos Staat und Partei unterzuordnen. Bucharin schloß sich Trockijs Meinung an.

Lenin ließ alle seine dialektischen Künste spielen, um einen Mittelweg zu finden. Mit besonderer Schärfe trat er der »Arbeiteropposition« und den »demokratischen Zentralisten« entgegen, die er als Anarcho-Syndikalisten bezeichnete. Schon in ihren Worten sah er »eine direkte Gefahr für die Zukunft der proletarischen Diktatur«. Hier zog er mit Trockij an einem Strange. Zugleich verteidigte er aber die Beibehaltung der Gewerkschaften als eines Mittels für die Arbeiter, sich gegen Übergriffe des Staates zu wehren. Denn die Arbeiter hätten beides gleichermaßen zu tun: sowohl den Staat als die Diktatur des Proletariats zu schützen, als auch sich gegenüber dem Staat zu schützen. Sie sollten auch nicht gezwungen sein, in eine Gewerkschaft einzutreten. Aber im übrigen dürfe man nicht vergessen, daß der proletarische Staat nicht nur ein Staat der Arbeiter, sondern ein Staat der Arbeiter und Bauern sei.

Was Lenin an der Kollontaj-Šljapnikov-Opposition so gefährlich erschien, war nicht so sehr ihre Auffassung von der Rolle der Gewerkschaften im Staat, als der dahinterstehende Wunsch, die Partei in ihrer Diktatur einzuschränken. Diesem Anlaß entsprang daher das Verbot aller Oppositionsgruppen innerhalb der Partei. Drei Parteisekretäre, Krestinskij, Serebrjakov und Preobraženskij, wurden ihrer Ämter enthoben und durch zuverlässigere Parteigenossen, wie Molotov und Jaroslavskij, ersetzt.

Trockij, der für das Verbot der Opposition stimmte, ahnte noch nicht, welche Konsequenzen sich daraus für ihn selbst ergeben sollten und welche Entwicklung damit eingeleitet wurde. Erst später schrieb er, die Ächtung aller anderen Parteien stehe im flagranten Gegensatz zum »Geist der Sowjetdemokratie«, es habe sich damals nur um einen »vorübergehenden Akt der Selbstverteidigung« gehandelt[9]. War er sich nicht bewußt, daß er selbst schon 1904 die Entwicklung von der Diktatur des Proletariats zur Diktatur des Parteiapparats vorausgesehen hatte, wenn der von Lenin beschrittene zentralistisch-bürokratische Weg eingehalten würde? Oder ist die Formulierung von der notwendigen Selbstverteidigung des Staatsapparats ein Zeichen dafür, wie schwach sich noch die Regierung damals, im Frühjahr 1921, fühlte?

Vom X. Parteitag an machte die Umwandlung der Partei in einen bürokratischen Apparat immer schnellere Fortschritte. Sie hörte auf, »eine freie Gemeinschaft unabhängiger kritisch denkender und mutiger Revolutionäre« zu sein. Der Verwaltungsbeamte begann den Ideologen zur Seite zu schieben, in den Komitees verdrängte der Bürokrat und Parteifunktionär den Idealisten[10]. Trockijs und Bucharins Stern begann seinen Glanz einzubüßen, vom Hintergrunde her rückten die Bolschewisten neuen Typs, ein Stalin, ein Molotov, langsam nach vorn.

Der bolschewistische Föderalismus und die Begründung der Sowjetunion

Seit jeher hat das Prinzip des Föderalismus in multinationalen Staaten ein doppeltes Gesicht gehabt[11]. Trägt er auf der einen

Seite dazu bei, in einem national nicht einheitlichen staatlichen Gebilde jeder Differenziertheit durch eine Berücksichtigung von Sonderheiten Rechnung zu tragen, so kann er zugleich auch expansionistischen Tendenzen eines Gesamtstaates Vorschub leisten, indem er einer Annexion die Schärfe nimmt, die bei einem Übergang zu einem straff-unitarischen, zentralisierten Staat vorliegen würde, ja vielleicht auch für kleinere Einheiten einen Anreiz bildet, sich größeren Zusammenhängen einzuordnen.

Es wurde bereits dargelegt, in welcher Weise das von der Sowjetregierung verkündete Selbstbestimmungsrecht der Völker durch die daran geknüpften Hoffnungen auf eine Wiederangliederung an Rußland abgeschwächt worden war. In diesem Zusammenhang gewann der von den Bolschewisten geschickt aufgegriffene föderalistische Gedanke eine große Bedeutung.

Schon dem III. Sowjetkongreß im Januar 1918 wurde ein skizzenhafter Entwurf für eine Verfassung des Sowjetstaates vorgelegt, der eine föderative Struktur vorsah. Auch Stalin war unter dem Zwang der Ereignisse von seinem ursprünglichen zentralistischen Standpunkt, den er noch im Jahre 1913 vertreten hatte, abgekommen. Es kam natürlich darauf an, wie dieser Föderalismus gehandhabt wurde. Die Entwicklung der westlichen Randgebiete konnten auch die neuen föderalistischen Sirenenklänge nicht aufhalten. Wohl aber führte, wie wir sahen, der Verlauf des Bürgerkrieges zu einem Wiederanschluß der Ukraine, Weißrußlands, des Kaukasus und des Fernen Ostens.

Mit Ausnahme des letzteren bildeten alle genannten Gebiete besondere Sowjetrepubliken, die zunächst nur locker mit dem russischen Kern des bolschewistischen Staates verbunden waren. Dieser, die Russische Sozialistische Föderative Sowjetrepublik (RSFSR), umfaßte den ganzen großrussischen Siedlungsbereich einschließlich des gesamten Nordens und Ostens des europäischen Rußland sowie ganz Sibirien und Mittelasien bis zu den Grenzen Persiens, Chinas und bis zum Pazifik. Hier waren 69 % der Gesamtbevölkerung zusammengefaßt. Bereits am 10. Juli 1918 hatte die RSFSR eine Verfassung erhalten, die auf dem Sowjetprinzip und dem Grundsatz der Diktatur des Proletariats beruhte. Als Staatsoberhaupt galt der Vorsitzende des VCIK des Allrussischen Sowjets, die Regierungsgewalt wurde vom Rat der Volkskommissare der RSFSR ausgeübt.

Die RSFSR war ein ausgesprochener Nationalitätenstaat. Nahezu 50 % seiner Bevölkerung, 65 Millionen von 140, gehörten verschiedenen nichtrussischen Völkerschaften an. Unter ihnen fand sich jede Stufe der kulturellen Entwicklung, von den westeuropäischen Formen der großen russischen Städte bis zu einem primitiven, halbnomadischen Stammesleben der mittelasiatischen Völker. Neben den finno-ugrischen Stämmen der Tschuwaschen, Mordwinen, Tscheremissen, Merjanen zwischen Wolga und Ural standen die mongolischen Kalmücken im nordöstlichen Kaukasus, die mohammedanischen Stämme des Nordkaukasus, die Tataren auf der Krim und an der Wolga, die arktischen und sibirischen Samojeden, Jakuten, Vogulen, die turkestanischen Kazachen, Kirgizen, Turkmenen und die iranischen Tadžiken. Bei wenigen Völkern gab es hier bereits ein ausgesprochenes Nationalgefühl, viele von ihnen hatten noch nicht den Weg von der primitiven Familienhorde zur differenzierten Gesellschaft beschritten.

Gerade darin lag die Chance einer bolschewistischen Betreuung dieses Nationalitätenkonglomerats. Wenn die Sowjets ihnen staatlich-gesellschaftliche Organisation, wirtschaftliche Hilfe und Elemente der Bildung brachten, konnten sie alsbald als Befreier vom Joch der Zarenherrschaft und als Förderer der stammes- oder volksmäßigen Besonderheiten der betreffenden nationalen Gemeinschaft dastehen. Dieser Möglichkeit war sich der Volkskommissar für Nationalitätenpolitik durchaus bewußt. Dem Grundsatz Lenins, »national in der Form, sozialistisch im Inhalt« entsprechend, wurde hier dem Analphabetentum zu Leibe gegangen, eine eigene Volksbildung gepflegt, ein eigenes Schrifttum gefördert, um in die so entstehenden Formen, ungeachtet ihrer differenzierten Art, stets den gleichen Inhalt der bolschewistischen Ideologie zu gießen.

Ende 1922 beschlossen die obersten Parteiinstanzen, das Band, das die RSFSR bisher mit der Ukrainischen, Weißrussischen und den drei Kaukasischen Sowjetrepubliken verbunden hatte, fester zu knüpfen[12]. Es war eine Folge der Überwindung des Kriegskommunismus und des Übergangs zu einer friedlichen Zusammenarbeit mit den anderen Staaten. Gerade diese legte einen festeren Zusammenschluß der sowjetischen Republiken nahe. Die Verbindung zwischen der RSFSR und den übrigen Sowjetrepubliken war bisher eine außerordentlich lockere, sie bestand eigentlich nur in der gemeinsamen bolschewistischen Partei. Im Juni 1919 war in einem Dekret des VCIK zum erstenmal eine Föderation der russischen, ukrainischen, weißrussischen und – als Wunschtraum! – auch der litauischen und lettischen Sowjetrepubliken ins Auge gefaßt worden. Als erster konkreter Schritt auf diesem Wege wurden durch Verträge mit Weißrußland und der Ukraine vom 16. 1. und 28. 12. 1920 die ersten vereinigten Volkskommissariate als gemeinsame Organe geschaffen. Der nächste Schritt war eine Vereinheitlichung der Verfassungen[13].

Nun stand auch einem endgültigen Zusammenschluß einschließlich Transkaukasiens nichts mehr im Wege. Dem X. Allrussischen Sowjetkongreß wurde Ende 1922 ein Bericht Stalins vorgelegt, der die Begründung einer Sowjetunion vorsah. Am 27. Dezember 1922 wurde der Antrag vom Kongreß angenommen. Damit war die »Union der Sozialistischen Sowjetrepubliken« (UdSSR) begründet. Der Kongreß selbst wurde unverzüglich durch Hinzuziehung von Mitgliedern der anderen republikanischen Kongresse zum I. Allunions-Sowjetkongreß erweitert, der am 30. Dezember den Beschluß genehmigte.

Die Union erhielt am 6. Juli 1923 ihre Verfassung. Im Oktober 1924 schälten sich aus dem Verbande der RSFSR zwei weitere Sowjetrepubliken heraus: die Uzbekische und Turkmenische in Mittelasien[14]; zu ihnen gesellte sich 1929 die Tadžikische als neunte Sowjetrepublik[15].

Innerhalb der Sowjetrepubliken, besonders der RSFSR als der größten unter ihnen, wurden Siedlungsgebiete einzelner Völkerschaften je nach der Stufe ihrer Entwicklung zu autonomen Republiken oder autonomen Gebieten zusammengefaßt. So gab es z. B. eine tatarische, eine baschkirische, eine autonome Republik der Krim und autonome Gebiete der Wolgadeutschen, Kalmücken, Votjaken und andere.

Die Verfassung der Sowjetunion von 1923 unterscheidet zwischen Unionsinstanzen und solchen der Einzelrepubliken. Zu den ausschließlichen Kompetenzen der Union gehören Außenpolitik, Außenhandel, Wirtschaftsplanung, Landesverteidigung, Rechts- und Justizfragen, Volkserziehung und Gesundheitsfürsorge. Die Oberste Staatsgewalt der Union wird durch den alljährlich vom Zentralen Exekutivkomitee (CIK) der Sowjets zusammenberufenen Allunions-Sowjetkongreß repräsentiert, der aus Delegierten der Sowjets besteht. Aber nur der unterste auf der hierarchischen Stufenleiter der Sowjets, der Dorf- und Stadtsowjet, wird vom Volke selbst gewählt. Das Wahlrecht ist auf alle Volljährigen über 18 Jahre beschränkt, die ihren Unterhalt aus »eigener produktiver Arbeit« erzielen, auch Beamte und Soldaten, nicht aber Geistliche und Angehörige der Bourgeoisie. Alle höheren Sowjets, die Bezirks-, Kreis- und Staatssowjets, werden aus Vertretern der nächstniederen Sowjets gebildet; hier kommt die Stimme des Wählers also nur mittelbar zum Ausdruck. Das aus der Mitte des Kongresses gewählte Exekutivkomitee ist die permanente Regierungsinstanz, die von sich aus Erlasse herausgibt und in der Zeit zwischen den Kongressen alle Vollmachten besitzt. Die eigentlichen Funktionen des Komitees werden von seinem Präsidium ausgeübt; dessen Vorsitzender wiederum kann als der eigentliche personelle Repräsentant der Union, als der Unionspräsident aufgefaßt werden. Seine Funktionen tragen allerdings auch ausschließlich repräsentativen Charakter.

Zum ersten Vorsitzenden des Präsidiums des CIK wurde 1923 Michail Ivanovič Kalinin gewählt. Kalinin wurde als Sohn ärmlicher Bauern 1875 im Gouvernement Tver' (Kalinin) geboren. Als Hausjunge seines Gutsbesitzers kam er vierzehnjährig nach Petersburg. Durch unermüdliches Lesen bemühte er sich, seine Volksschulkenntnisse zu vervollkommnen. Mit 18 Jahren wurde er Arbeiter in einer Munitionsfabrik. 1898 trat er der Sozialdemokratischen Partei bei. Bald darauf wurde er verhaftet und nach Tiflis in den Kaukasus verschickt. Auch hier stürzte er sich ebenso in die revolutionäre Arbeit wie anschließend in Reval. Gefängnis wechselte wiederholt mit Verbannung ab. In der Revolution von 1905 agitierte Kalinin in Petersburg innerhalb der Arbeiterschaft, 1906 war er schon Delegierter auf dem Parteitag in Stockholm. Während des Weltkrieges hielt er defätistische Reden und schrieb in der »Pravda«. Als er 1916 nach Ostsibirien verschickt wurde, erwirkte er sich die Erlaubnis, auf eigene Kosten hinzureisen. Es gelang ihm zu fliehen. Nach der Februarrevolution wurde er in die Petersburger Stadtduma gewählt, nach der Oktoberrevolution zum Stadthaupt (Oberbürgermeister). Nach dem Tode von Sverdlov wurde Kalinin sein Nachfolger als Vorsitzender des VCIK. Nun berief ihn die Partei an die Spitze der Union.

Kalinin war eine subalterne, unproblematische Natur, weitgehend beliebt wegen seines freundlichen, schlichten Wesens. Er war Lenin treu ergeben und übertrug später diese Einstellung auf Stalin. In den Zeiten verschärfter Agrarpolitik konnte man ihn trefflich benutzen, um erregte Bauerndelegationen zu beschwichtigen. Größeren Einfluß hat er nie ausgeübt.

Die tatsächlichen laufenden Regierungsfunktionen wurden vom Rat der Volkskommissare ausgeübt.

Der dezentralisierten Struktur der Staatsverwaltung stand der straff zentralisierte Bau des Parteiapparats gegenüber. Hier, in den obersten Instanzen der Partei, im Zentralkomitee, im Politbüro, Organisationsbüro und im Generalsekretariat, liefen die eigentlichen Fäden auch der Staatspolitik zusammen, von hier gingen alle Direktiven aus. Durch personelle Verbindungen mit dem Rat der Volkskommissare gewann auch dieser den Charakter eines ausführenden Organs der Partei. Das Prinzip der Dezentralisierung wurde somit sowohl in bezug auf die obersten Unionsinstanzen als auch in bezug auf das Verhältnis von Union zu Sowjetrepubliken illusorisch. Auch hier steht den staatlichen Instanzen der straff gegliederte Parteiapparat gegenüber, der in Moskau seine Spitze hat.

Familie und Schule

Neben den großen außen- und innenpolitischen Entscheidungen, neben der Umgestaltung des Wirtschaftslebens und der sozialen Struktur des Landes liefen die einschneidenden Wirkungen, die der Bolschewismus auf den Sektoren des privaten, geistigen und religiösen Lebens ausübte.

Es lag im Zuge des gesellschaftlichen Radikalismus der Anfangsjahre, wenn die Bedeutung der Familie als soziale Einrichtung geleugnet wurde. Die Familie wurde vielfach zu einem Relikt des bourgeoisen Zeitalters degradiert, zum bürgerlichen Vorurteil gestempelt. Daß schon im Dezember 1917 die Zivilehe als allein anerkannte Rechtsform eingeführt wurde, konnte noch im Zuge der Emanzipierung des öffentlichen Lebens von kirchlichen Bindungen begriffen werden. Aber die Ehegesetze von 1918 zeigten, daß die Lockerung der ehelichen und familienmäßigen Bindungen gleichfalls angestrebt wurde. Danach genügte für die Eheschließung bloß eine Eintragung in das standesamtliche Register; die Eheschließung wurde zur reinen Formsache, da die Mitteilung eines Ehegatten an den anderen über die Absicht, die Ehe zu lösen, vollauf genügte. Nur über das Schicksal der Kinder war eine zivilrechtliche Regelung zu treffen. Illegitime Kinder wurden legitimen vollständig gleichgestellt. Ab 1920 war die Abtreibung uneingeschränkt freigegeben.

Es begann ferner die systematische Unterminierung des Familienlebens, auch im Hinblick auf die Beziehungen zwischen den Generationen. Besonders bei Angehörigen konservativer Kreise, sei es innerhalb der einstigen Oberschicht, sei es des Bauerntums, erhielten Meinungsverschiedenheiten zwischen Eltern und Kindern oft eine beängstigend politische Note. Durch systematische Beeinflussung der Kinder im Geiste der bolschewistischen Ideologie und Propaganda wurde oft ein tiefer Graben zwischen Jung und Alt aufgerissen. Die Jugendorganisation »Komsomol« trug hierbei einen großen Teil der Verantwortung. Denunziationen von Kindern gegen ihre Eltern wurden provoziert, begünstigt und belohnt.

Im Wirrwarr des Bürgerkrieges und der Hungerjahre waren viele Familien auseinandergerissen worden; Scharen von elternlosen Kindern vagabundierten durch das Land, schlossen sich zu Banden zusammen, geführt von halbwüchsigen Jungen und Mädchen, terrorisierten die Bevölkerung, begingen Diebstähle, Morde und andere Verbrechen.

Die sittliche Verwahrlosung innerhalb dieser »Besprizornye«, der obdachlosen Jugendlichen, nahm beispiellose Formen an. Die »Besprizornye« wurden in den zwanziger Jahren zu einem beunruhigenden Element, das die öffentliche Sicherheit, Gesundheit und Ordnung aufs schwerste gefährdete. Der Staat sah sich schließlich gezwungen, mit den äußersten Mitteln gegen sie vorzugehen. Wo die örtliche Miliz nicht ausreichte, griff das Militär ein. Es kam zu Fällen, wo Banden von Kindern und Jugendlichen, die sich zur Wehr setzten, mit Maschinengewehren zusammengeschossen wurden. Gleichzeitig gab es aber auch Bemühungen, sie wieder in die Gesellschaft einzugliedern, wie etwa seitens des hervorragenden Pädagogen M. A. Makarenko.

Die hemmungslose Sexualität innerhalb dieser Schicht entsprach der Infragestellung der bisherigen Lebensformen. Ganz allgemein wurde die freie Liebe propagiert. In den ersten tumultuarischen Jahren wurden hier und dort von einem fanatischen Sowjet alle Frauen zum öffentlichen Eigentum erklärt. Die große Prophetin der freien Liebe war Frau Alexandra M. Kollontaj, die 1872 geborene Tochter eines zaristischen Generals, die schon früh zur Revolutionärin geworden war, sich 1915 den Bolschewisten angeschlossen hatte und nun in ihrem kulturell-moralischen Radikalismus schwer zu überbieten war. Ihre in diese Richtung tendierenden Bücher und Aufsätze erschienen selbst Lenin degoutant.

Das sowjetische Schulwesen stand zunächst ebenfalls unter der Parole: Befreiung von bürgerlichen Fesseln und Vorurteilen. Daß der Einfluß der Kirche ausgeschaltet wurde, lag auf der Hand. Aber auch auf die Disziplin des Lehrers wurde so weit verzichtet, daß die neue lockere Schulordnung bald einen geordneten Lehrbetrieb unmöglich machte. Auch der Lehrplan stand im Zeichen der Befreiung von überflüssigem Ballast. Hierzu wurden sowohl die alten als auch die neuen Fremdsprachen gerechnet. Auf den Geschichtsunterricht wurde zugunsten einer soziologisch bestimmten Gesellschaftskunde verzichtet, die im geschichtlichen Stoff nur einen Steinbruch zur Erhärtung der bolschewistischen Ideologie sah. Es hätte nahegelegen, nun den naturwissenschaftlichen Unterricht besonders zu pflegen. Hier machte sich aber der Mangel an qualifizierten Lehrkräften bemerkbar. Der Hauptnachdruck lag in den zwanziger Jahren auf einer Entwicklung von handwerklichen Fähigkeiten. Der Rückgang an tatsächlichem Wissensstoff nahm bald katastrophale Formen an.

Von 1923 an machten sich auch im Kreise des Kommissars für Volksbildung, des bolschewistischen Schöngeistes A. V. Lunačarskij, gewisse Anzeichen einer Besinnung bemerkbar. Es wurde erkannt, daß eine grundsätzliche Erörterung politischer und gesellschaftlicher Fragen zwecklos bleiben mußte, wenn die Grundlagen einer Elementarbildung fehlten. Die Notwendigkeit konkreten Tatsachenwissens und methodischen Unterrichts wurde wieder entdeckt. Von 1925 an trat die politische Doktrin deutlicher hinter den Grundlagen der Elementarbildung zurück, und nun wurde auch der Schulzwang wieder eingeführt und die Disziplin kam wieder zu ihrem Recht. Das russische Alphabet war bereits schon 1918 vereinfacht worden; der Sportunterricht, auch im zaristischen Rußland ein Stiefkind des Schulbetriebs, wurde gefördert.

Die Kirchenverfolgung

Die Einstellung des Bolschewismus gegenüber Kirche und Religion ergab sich zwangsläufig aus dem dialektischen Materialismus und der marxistischen Ideologie. Nach dem Ausspruch von Marx ist Religion » . . .der Seufzer der bedrängten Kreatur, . . . das Opium des Volkes«. Lenin griff diese Formulierung gern auf und verschob den Akzent, wenn er von »Opium für das Volk« sprach. Die Religion lenke, hieß es, den Blick der Werktätigen von den Nöten dieser Erde in das Transzendente ab und arbeite auf diese Weise den Ausbeutern in die Hände. Daher wurde eine scharfe Kampfstellung gegenüber allen religiösen Lebensformen eingenommen, insbesondere gegen die griechisch-orthodoxe Kirche und die übrigen kirchlichen Gemeinschaften.

Die griechisch-orthodoxe Kirche hatte den Sturz des Zarentums zum Anlaß genommen, sich wieder, wie einst vor Peter dem Großen, ein geistliches Oberhaupt zu geben. Eine im August 1917 zusammengetretene Kirchensynode wählte den Metropoliten Tichon zum Patriarchen. Unter seiner Leitung nahm die Kirche eine scharfe Kampfstellung gegen die atheistische Haltung des Bolschewismus ein. Alle bolschewistischen Mitglieder der Kirchengemeinden wurden exkommuniziert, die Politik der Sowjetregierung scharf angegriffen. Unleugbar lag ein todesmutiger Heroismus in dieser schroffen Absage an die neuen Machthaber. Er konnte aber den eingeschlagenen Weg nicht aufhalten. Die Kirche hatte die Macht über die Seelen verloren. Das Volk nahm die antikirchlichen Maßnahmen des Staates mehr oder weniger schweigend hin.

Die absolute Trennung von Staat und Kirche war der Ausgangspunkt einer Reihe von weiteren Maßnahmen, die das kirchliche Leben in eine absolute Isolation trieben und aus dem öffentlichen Leben ausschalteten. Den Geistlichen wurden die staatsbürgerlichen Rechte aberkannt. Der Religionsunterricht an Jugendliche wurde 1921 verboten; nach dem Strafgesetzbuch von 1926 wurde eine Übertretung dieses Verbotes mit Zwangsarbeit bestraft. Die neuen Schul- und Lehrbücher begannen die religionsfeindliche Haltung des Staates kraß widerzuspiegeln. Alle religiöse Literatur wurde verboten, die kirchlichen Lehranstalten und die Klöster geschlossen.

Der Widerstand der Geistlichkeit, vor allem die offene Feindschaft des Patriarchen Tichon, trugen eine steigende Verschärfung in den Kirchenkampf hinein. Es setzte eine Verfolgung von Mönchen und Weltgeistlichen ein. Unzählige von ihnen gehörten zu den ersten Opfern der Čeka und gingen als Märtyrer in den Tod. Der Grundbesitz der Kirche wurde enteignet, Kirchenschätze und kultische Gegenstände konfisziert. Schließlich war fast die gesamte höhere Geistlichkeit einschließlich des Patriarchen, sofern sie noch am Leben waren, verhaftet.

Doch nicht genug damit. Alsbald traten Partei und Staat zu einem aktiven propagandistischen Feldzug zur Gewinnung der Jugend an. Im Jahre 1925 wurde der »Bund der kämpfenden Gottlosen« gegründet. Er setzte sich die Verächtlichmachung der Religion und die Untergrabung der kirchlichen Autorität zur Aufgabe. In Wort und Schrift, durch Ausstellungen und durch die Einrichtung von antikirchlichen Museen – meist in beschlagnahmten Kirchen – wurden die Ziele vorangetrieben. Eine verstärkte Verbreitung naturwissenschaftlicher Erkenntnisse sollte als positives Gegengewicht gegen »religiösen Aberglauben und Obskurantismus« dienen und die Verbreitung materialistischer Anschauungen fördern. Aber das Hauptorgan des Gottlosenverbandes, der »Bezbožnik« (Gottlose), wurde zu einer dürftigen Zeitschrift, die schreiende Aufdringlichkeit mit einem ärmlichen Niveau des Inhalts zu verbinden suchte.

Ein Teil der Geistlichkeit ertrug diese Belastung durch den Konflikt mit dem Staat nicht. Er verlangte einen Ausgleich mit dem Bolschewismus und Abbruch aller Beziehungen zu gegenrevolutionären Kräften. Es bildete sich eine besondere Gruppe, die sich die »Lebendige Kirche« nannte. Sie sah in der Kirchenverfolgung Lenins eine gerechte Strafe für das Verhalten der Kirche in der Zarenzeit, als sie sich gleichgültig gegenüber sozialer Ungerechtigkeit gezeigt und der Regierung Handlangerdienste geleistet hatte. Man verlangte einen Neuaufbau der Kirche nach kommunistischen Grundsätzen. Der Staat konnte in diesen Tendenzen willkommene Anzeichen einer beginnenden Zersetzung der Kirche sehen. Als Tichon im Jahre 1925 starb, wurde dem von ihm designierten Nachfolger die Ausübung seines Amtes unmöglich gemacht. Die Neue Wirtschaftspolitik ließ aber auch auf diesem Sektor gewisse Konzessionen als zweckmäßig erscheinen.

Die Wiederaufnahme von Beziehungen zum Ausland bedingte eine gewisse Rücksichtnahme auf die dortige öffentliche Meinung, die durch die Religionsverfolgungen zur Zeit des Kriegskommunismus äußerst schockiert worden war. Und so wurden denn jetzt in beschränktem Maße wieder Gottesdienste erlaubt, aber nur in eigens hierzu gemieteten Räumen. Es gelang der »Lebendigen Kirche«, einige geringe Freiheiten zurückzugewinnen. Der Patriarchatsverweser Sergij forderte in einem Hirtenbrief vom 16. Juni 1927 die Gläubigen zu loyaler Haltung gegenüber dem Staate auf. Ende des Jahres ordnete er das Kirchengebet für den Staat und die Regierung an. Damit war gewissermaßen die äußerste Grenze des versöhnlichen Willens der Kirche zum Ausdruck gebracht worden. Am Grundprinzip einer religionsfeindlichen Haltung des Staates änderte sich jedoch nichts, und die Aktivität des von E. Jaroslavskij geleiteten Gottlosenverbandes befand sich in ständigem Wachsen.

Die »Proletarische Kultur«

Revolution und Bürgerkrieg ließen das wissenschaftliche Leben Rußlands zunächst vollständig zusammenbrechen. Viele der größtenteils zur bürgerlichen Oberschicht gehörigen russischen Gelehrten waren auf gewaltsame Weise ums Leben gekommen, in Gefängnissen zugrunde gegangen, an Hunger und Entbehrungen gestorben. Internationale Leuchten der russischen Wissenschaft hatten im Zuge der Emigration ihre Heimat verlassen, darunter die Philosophen und Theologen S. Bulgakov, N. Berdjaev, L. Karsavin, V. Zenkovskij, F. Stepun, die Historiker M. Rostovcev, G. Vernadskij und andere.

Erst nach dem Bürgerkrieg konnte an den Aufbau des Hochschulwesens und des wissenschaftlichen Lebens gegangen werden. Lenin selbst wies in einer Rede vom 13. März 1920 darauf hin, daß auch im sowjetischen Staat Forschung und Lehre nicht verkümmern dürften. Es entsprach der Kompromißbereitschaft der NEP-Periode, wenn beim Wiederaufbau des Bildungswesens zunächst weitgehend auf noch vorhandene bürgerliche Kräfte zurückgegriffen wurde. Dieser Zustand dauerte etwa bis 1928 an. Überzeugte Bolschewisten, wie der marxistische Historiker Professor M. N. Pokrovskij, waren sich allerdings darüber im klaren, daß es sich hierbei nur um ein Provisorium handelte. Stand doch die liberal-demokratische oder national-konservative Weltanschauung dieser Kreise im Gegensatz zu den parteiamtlichen Ansichten über die Rolle der Wissenschaft im Staat.

Hier galt der philosophische Kern des Marxismus, der dialektische Materialismus, als Inbegriff einer neuen Gesamtwissenschaft, die in ihrem geistigen Gehalt Natur- und Gesellschaftswissenschaften, Philosophie und Recht, Geschichte und Sprachwissenschaften und andere umfaßte. Dieser Wissenschaft kommt im Zuge des dialektischen Prozesses der Geschichte keine selbständige Bedeutung in einem Streben nach Wahrheit und Erkenntnis zu, sondern eine dienende Rolle im sozialistischen Staat als dem Vollstrecker, und im Rahmen der Partei als der Sachwalterin dieser Entwicklung. In der Formulierung A. Vyšinskijs, daß zum Beispiel das Recht »der Erhaltung, Stärkung und Entwicklung der sozialen Verhältnisse, die der regierenden Klasse nützlich sind«, zu dienen habe, findet diese Grundauffassung auf einem Sektor einen bezeichnenden Ausdruck. Wenn die Rechtswissenschaft sich in dieser Weise einem parteiamtlichen Utilitarismus zu beugen hatte, so mußte etwa in der Philosophie und Geschichte die weltanschauliche Bindung an den dialektischen und historischen Materialismus bald zu einem Umsturz aller Werte führen.

Aufgabe der sowjetischen Bildungspolitik war neben dieser inhaltlichen Umstellung auf ganz neue Grundlagen auch die Heranziehung breiterer Massen aus den proletarisch-bäuerlichen Schichten an die Bildungsstätten und -quellen. So wie die höheren Schulen, so hatten auch die Hochschulen den Zielen der proletarischen Gesellschaft zu dienen. Ab 1919 konnte in besonderen Arbeiterfakultäten (rabfak), der Lieblingsschöpfung des stellvertretenden Bildungskommissars Professor Pokrovskij, das Abitur in Schnellkursen nachgeholt werden. Arbeiter- und Bauernkinder wurden fortan bevorzugt zum Studium zugelassen, Kinder von Angehörigen bürgerlicher Kreise sollten von höherer Bildung ausgeschlossen werden[16]. Das Ergebnis dieser Proletarisierung der Hochschulen war, so begrüßenswert die Erschließung neuer Bildungsreserven auch war, ein rapides Sinken des allgemeinen geistigen Niveaus auf den Stand von Volkshochschulen ohne systematischen Bildungsgang und vertiefte Erkenntnisse.

Auf dem Gebiet der schönen Künste und der Literatur standen die ersten Jahre nach der Oktoberrevolution im Zeichen eines freiheitlichen Hochgefühls, aller bisherigen Hemmungen und Fesseln ledig zu sein. Expressionistische und symbolistische Richtungen der Vorkriegszeit schienen jetzt zur eigentlichen Blüte zu gelangen; was bisher den Stempel der Dekadenz auf der Stirn getragen, konnte jetzt als ein Aufbruch zu ganz neuen Ufern erscheinen. Aus dem Futurismus suchte mancher Dichter den Weg zu einem neuen Naturalismus oder einem spezifischen revolutionären Expressionismus. Hierfür sind S. Esenin und V. Majakovskij bezeichnend. Beide endeten (1925 und 1930) durch Selbstmord. In der bildenden Kunst zeigten sowohl Maler[17] als auch Architekten der zwanziger Jahre einen Hang zum Ultramodernismus, dem eine gewisse schöpferische Eigenart nicht abzusprechen war. In der Musik führte die Linie von Skrjabin und Rimskij-Korsakov zu I. Stravinskij und S. Prokof'ev; auch D. Šostakovič stellte sich zunächst als ein Suchender auf neuen Wegen dar. Während das Ballet sich nach zeitweiliger Stillegung im konventionellen Rahmen bewegte, machten sich im Theaterwesen interessante avantgardistische Bestrebungen bemerkbar[18]; der sowjetische Film fand in S. Ejzenštejn einen genialen Pionier. Hier war vollkommenes Neuland zu entdecken, und es war zweifellos Ejzenštejns »Panzerkreuzer Potemkin« (1926) vorbehalten, dem internationalen Film ganz neue künstlerische Wirkungen und technische Mittel aufzuzeigen.

Mit der Zeit erkannte die Partei die ungeheuren Möglichkeiten, die sich ihrer Propaganda in Kunst und Literatur, in Theater und Film boten. Der Rundfunk trat hinzu als ein hervorragendes Mittel, die öffentliche Meinungsbildung in politischem und ideologischem Sinne zu beeinflussen. Hatte man sich von seiten des Staates zunächst damit begnügt, das künstlerische Schaffen der Werktätigen, etwa durch die Organisation »Proletkult« in den Gewerkschaften, anzuregen und zu fördern, so schritt man jetzt zu einer steigenden Einwirkung auf allen Gebieten künstlerischen Schaffens und Wirkens. Zensur und Lenkung begannen den selbständigen Ausdruck zu hemmen, die eigene künstlerische Initiative zu ersticken. Schauspieler, Tänzer und Musiker konnten sich einer zunehmenden Sicherstellung ihrer Existenz erfreuen; die Stätten, an denen sie wirkten, wurden jedoch immer mehr didaktisch-politischen Richtlinien im Sinne der Parteidoktrin unterstellt.

In der Dichtung wurde der neue »sozialistische Realismus« maßgebend. Der große russische Schriftsteller Maxim Gor'kij definierte dessen Aufgabe dahin, daß er »nicht nur das Vergangene in der Gegenwart kritisch darzustellen, sondern auch dazu beizutragen habe, das durch die Revolution Erreichte in der Gegenwart zu festigen und die Ziele der sozialistischen Zukunft zu beleuchten.« Gor'kij, der intime Freund Lenins, der Wortführer der proletarischen Literatur, hatte Rußland 1921 verlassen, weil er die kulturkämpferische Haltung des Bolschewismus gegenüber der bürgerlichen Schicht nicht billigen konnte. Als er 1928 zurückkehrte, war sein Weltruhm verblaßt, sein literarisches Schaffen im Niedergang begriffen. Trotzdem ist sein Einfluß auf eine neue Generation sowjetischer Dichter kaum zu überschätzen. Sie sind alle durch seine Schule gegangen: ein A. Fadeev, ein M. Šolochov, ein K. Simonov und viele andere.

Der historische Roman feierte mit Aleksej Tolstojs Peter I. (1930) seine Auferstehung. Dieser Verwandte des großen Leo Tolstoj war 1923 aus der Emigration zurückgekehrt, um nach und nach aller Ehrungen des bolschewistischen Staates teilhaftig zu werden. Seine Rolle, wie die der Blickwendung zur russischen Vergangenheit überhaupt, steht schon im Zusammenhang mit dem neuen sowjetischen Patriotismus der dreißiger Jahre.

Grundzüge der sowjetischen Außenpolitik. Die Wendung nach Asien

Schon die ersten außenpolitischen Schritte der Sowjetregierung bedeuteten eine rücksichtslose Brüskierung der ehemaligen westlichen Alliierten. Die Annullierung der Zarenschulden und die Veröffentlichung der Geheimverträge schufen eine gereizte Atmosphäre, die schließlich zum faktischen Abbruch der diplomatischen Beziehungen im Sommer 1918 führte, als die ersten Anzeichen einer alliierten Unterstützung der antibolschewistischen Kräfte sich bemerkbar machten. Die direkte, offene Ausweitung der Intervention zu einem regelrechten Kriegszustand wurde nur durch die offenkundige Kriegsmüdigkeit des Westens verhindert.

Aber auch die Beziehungen zu Deutschland waren mit wechselnden Spannungen belastet. Die Aufkündigung des Brester Friedens und die Einmischung in die innerdeutschen revolutionären Auseinandersetzungen im Winter 1918/19 hatten auch hier eine Wiederaufnahme der offiziellen Beziehungen zur Weimarer Republik verhindert.

Lenins Aufruf zur Weltrevolution kam einer Kriegserklärung an die bürgerliche Welt gleich. Der Schwerpunkt des Weltkapitalismus lag für das Empfinden der Bolschewisten damals eindeutig im Britischen Weltreich. Als Mitläufer des kapitalistischen Systems wurden aber auch die demokratischen Sozialisten des Westens betrachtet; ihnen galt als den abtrünnigen Brüdern der besondere Haß der Bolschewisten. Von hier aus gesehen, reihte man auch die sozialdemokratisch regierten Länder der besiegten Mittelmächte ohne weiteres in die feindliche Gesamtheit der kapitalistischen Welt ein.

Die sich aus dieser Einstellung ergebende Abkehr von Europa hatte in einer demonstrativen Zuwendung zu den asiatischen Völkern ihre Kehrseite. Man könnte in der Verlegung der Hauptstadt von Petersburg nach Moskau im Frühjahr 1918 ein Symbol für einen Abschluß der mit Peter dem Großen begonnenen europäischen Periode der russischen Geschichte sehen, obgleich die direkten Motive hierzu der momentanen außenpolitischen und militärischen Lage entsprangen. Aber auch darüber hinaus erwies sich die Konzentration aller Kräfte im Mittelpunkt des Landes während des Bürgerkrieges als unumgänglich und zweckmäßig. Wichtiger für die Kennzeichnung der asiatischen Blickwendung war, daß die bolschewistischen Proklamationen des Selbstbestimmungsrechts der Völker alle von einer scharfen Brandmarkung der imperialistischen Kolonialpolitik des Westens begleitet waren. Diese Formulierung war vor allem auf die Völker Asiens gemünzt. Von der Türkei in einem weiten Halbkreis bis hinauf nach China konnte mit einem lebhaften Widerhall derartiger Parolen gerechnet werden.

Es war sehr bezeichnend, daß der Mann unter den bolschewistischen Führern, der mit der Wahrnehmung der Nationalitätenfrage beauftragt worden war, dieser asiatischen Blickwendung ganz besondere Bedeutung zumaß. Stalin, in einer europäisch-asiatischen Mischwelt aufgewachsen, in der sich viel Berührung zu Türken, Tataren und Persern ergab, einer Landschaft entstammend, die – obwohl von einem altchristlichen Volk bewohnt – doch geographisch zu Asien, zum mindesten als Brücke zwischen den Kontinenten, gezählt wurde, hatte für diese östlichen Aufgaben des Bolschewismus besonderes Verständnis. In den Tagen, als die Aufmerksamkeit der Spitzen der Partei ganz von den Ereignissen der deutschen Novemberrevolution absorbiert war, veröffentlichte er zwei sehr bezeichnende Artikel in der Presse. Der eine hieß: Vergeßt den Osten nicht!, der andere: Ex oriente lux[19]. Stalin verkannte keineswegs die Bedeutung der europäischen Ereignisse für die Sache des Weltproletariats. Aber in seinen Formulierungen, die den Kapitalismus treffen sollten, steckte ein antieuropäischer Affekt, den man etwa in den Verlautbarungen Trockijs vergeblich suchen würde. Auf eine Konferenz kommunistischer Mohammedaner hinweisend, die dem Kommunismus in Persien, Indien und China den Weg bereiten sollte, erinnerte er an die ungeheuren Möglichkeiten, die sich einer bolschewistischen Propaganda und Beeinflussung hier eröffneten[20].

Rußland selbst umfaßte Millionen mohammedanischer Bevölkerung. Während des Bürgerkrieges bestand zeitweilig für das bolschewistische Regime die Gefahr, daß sich die turkestanischen Gebiete Mittelasiens von Moskau lösten. Von dem türkischen Politiker Enver Pascha geschürt, breitete sich hier eine panturanische Bewegung aus, die erst 1922 endgültig zusammenbrach. Die ehemaligen Protektorate Buchara und Chiva ordneten sich der RSFSR wieder ebenso unter wie die russischen turkestanischen Provinzen. Sie wurden nach und nach zu besonderen Sowjetrepubliken umgeformt. Hier hatten sich alle nationalen

Bestrebungen dem bolschewistischen Zentralismus unterzuordnen. Außerhalb der russischen Grenzen lag es dagegen im Interesse der bolschewistischen Propaganda, den Nationalismus der halbkolonialen Welt immer heller zu entfachen. In Moskau wurde eine besondere »Liga zur Befreiung des Islam« gegründet. Auf einem Kongreß der Völker des Orients im September 1920 erklärte der ungarische Kommunist Béla Kun – im Einklang mit Lenin – ein kommunistisches Regime könne auch in den wirtschaftlich rückständigen asiatischen Ländern, in denen es kein industrielles Proletariat gebe, errichtet werden.

Im Februar 1921 schloß die RSFSR ihre ersten außenpolitischen Verträge mit Persien und Afghanistan ab[21]. Besonders wichtig wurde der am 26. Februar abgeschlossene Vertrag mit Persien. Lenin erteilte darin »der imperialistischen Politik der früheren russischen Regierung« eine ausdrückliche Absage. Als Zeichen guten Willens wurde auf alle Ansprüche auf die von den Russen erbauten Eisenbahnen und Militärstraßen in Nordpersien verzichtet, ebenso auf alle Liegenschaften der Persischen Bank. Dafür erhielt Sowjetrußland die Kontrolle über die Fischerei im Kaspischen Meer und das Mitbestimmungsrecht an der Festsetzung der persischen Zolltarife. Artikel 6 gab Sowjetrußland das Recht, in Persien einzumarschieren, falls die dortige Regierung nicht in der Lage wäre, zu verhindern, daß von dritter Seite aus Versuche gemacht würden, Persien als Aufmarschgebiet gegen Sowjetrußland zu benutzen. Der russische Handel in Persien rückte nun, in scharfer Konkurrenz zum englischen, an die zweite Stelle.

Am 16. März 1921 wurde mit der Türkei ein Friedens- und Freundschaftsabkommen geschlossen[22]; die Sowjetregierung verzichtete auf Kars und einige weitere Grenzbezirke an der kaukasischen Grenze. Beide Staaten, sowohl Sowjetrußland als auch die durch den Krieg geschwächte Türkei, konnten sich viel von einer Zusammenarbeit versprechen. Im Fernen Osten geriet nach dem Zusammenbruch der letzten antibolschewistischen Streitkräfte auch die Äußere Mongolei, die bereits seit 1912 unter russischem Einfluß gestanden hatte, in den Bereich der sowjetischen Machtsphäre; hier hatte noch kürzlich einer der letzten verwegenen Condottieri der weißen Armeen, der Reitergeneral R. Baron Ungern-Sternberg, seine Basis gehabt, ehe auch sein Unternehmen liquidiert wurde. In dem Vertrag, der am 5. November 1921 mit der »Republik der mongolischen Völker« geschlossen wurde, geschah Chinas überhaupt keine Erwähnung. Nach dem

Wiederanschluß der fernöstlichen Republik im Jahre 1922 ergab sich zwangsläufig eine direkte Verständigung mit Japan, dessen Regierung das sowjetische Regime anerkannte. China folgte seinem Beispiel. Ein Handelsabkommen, das die Sowjetunion im Jahre 1925 mit dem östlichen Turkestan, der chinesischen Provinz Sinkiang, abschloß, steckt ungefähr die Marschroute ab, die hier von der sowjetischen Politik eingeschlagen wurde.

Nach außen hin stellte sich das bolschewistische Rußland, ungeachtet derartiger Symptome, als die natürliche Schutzmacht sämtlicher unterdrückter Kolonialvölker sowie der exploitierten halbkolonialen Welt dar. Wie die bolschewistische Propaganda den Imperialismus der westlichen Völker brandmarkte, so scheute sich zunächst auch die Historiographie noch nicht, auch den ehemaligen zaristischen Imperialismus aufs schärfste zu verurteilen. Die Wirklichkeit sollte jedoch sehr bald zeigen, daß auch der neu gegründeten Sowjetunion expansionistische Ambitionen keineswegs fremd waren.

Die Gründung der Kommunistischen Internationale. Weltrevolutionäre Hoffnungen bis 1921

Einzigartige Möglichkeiten lagen für die Sowjetregierung darin beschlossen, daß sie ihre Weisungen von einer Partei empfing, die sich, weit über die territorialen Grenzen eines Staates hinaus, von universalen Zielen leiten ließ. Vom März 1919 an war Moskau zugleich auch der Sitz der Kommunistischen Internationale (Komintern), deren Parolen und Befehle über den gesamten Erdball liefen. Von da ab erhielt die Politik des Kreml jene eigentümliche Doppelgesichtigkeit, die sie auch heute, trotz Auflösung der Komintern, nicht verleugnen kann.

Von der Notwendigkeit, neben die rechtssozialistische II. Internationale[23] eine dritte zu setzen, sprach Lenin erstmalig am 1. November 1914 im Zusammenhang mit seinem Kampf gegen die patriotische Haltung der Sozialdemokraten vieler kriegführender Länder. In seinen Aprilthesen vom Jahre 1917 stellte er die Gründung einer III. Internationale als dringende Forderung auf. Im Januar 1919 richtete er einen Offenen Brief an die Arbeiter Europas und Amerikas, in dem er zur Gründung aufrief. Am 24. Januar ergingen die offiziellen Einladungen zu einem Kongreß, der im März in Moskau stattfinden sollte; sie wurden vom sowjetischen Außenkommissar Čičerin versandt. Ein Manifest von Trockij schloß mit den pathetischen Worten: »Im Zeichen der Sowjets, der Arbeiter, des revolutionären Kampfes für die Macht und die Diktatur des Proletariats, unter dem Banner der III. Internationale, Arbeiter aller Nationen, vereinigt Euch!«

Der Kongreß wurde am 2. März 1919 im Kreml eröffnet. Die Delegierten vertraten nur einen Teil der Länder, die zur Entsendung aufgefordert worden waren, und ihr Auftrag trug vielfach einen außerordentlich zufälligen Charakter. Trotzdem atmeten alle Reden ein gewaltiges Pathos. Die III. Internationale werde, hieß es, die Arbeit der zweiten fortsetzen, deren opportunistische, sozial-chauvinistische und kleinbürgerliche Auswüchse beseitigen und damit die Diktatur des Proletariats im Weltmaßstabe verwirklichen. Wie weit die Ziele gesteckt waren, zeigte der Neujahrsaufruf an das russische Volk im Jahre 1920, in dem es hieß: »Wir werden auch in Berlin und Warschau, in Paris und London Arbeiter- und Soldatenräte einsetzen, und die Macht der Sowjets wird sich dereinst über die ganze Welt erstrecken!«[24].

Zum Präsidenten der neuen Internationale wurde Grigorij Zinov'ev, einer der ältesten Mitarbeiter Lenins, gewählt. Hinter ihm stand, als anerkannter Meister und geistiger Lenker, Lenin selbst. Von da ab waren Komintern und Sowjetunion durch eine ungeschriebene Personalunion eng miteinander verbunden.

Der II. Kongreß der Komintern wurde im Juli 1920 in Petersburg eröffnet, um später nach Moskau verlegt zu werden. Diesmal waren Delegationen aus 37 Ländern erschienen. Es wurde darüber beraten, welche Methoden zur Verbreitung der kommunistischen Propaganda in der ganzen Welt anzuwenden seien. Der Kongreß arbeitete einen Plan aus, der die Errichtung geheimer kommunistischer Zentralen in jedem Lande vorsah, die proletarische Revolutionen vorbereiten sollten, während die jeweiligen offiziellen kommunistischen Parteien im Rahmen der Volksvertretungen legal mitzuarbeiten hatten. Der II. Kominternkongreß nahm Lenins 21 Punkte an[25]. Es waren die Richtlinien, die von da ab für alle kommunistischen Parteien galten, die zur III. Internationale gehören wollten. Strengste Unterordnung, eiserne Disziplin, scharfer Kampf gegen die Sozialdemokratie und aktive Propaganda in den Gewerkschaften und Armeen waren die wichtigsten Forderungen, die hier aufgestellt wurden. Sie sind auf den darauffolgenden Kongressen noch erweitert worden. Immer straffer wurde mit der Zeit die Koordinierung der Parteiarbeit in den einzelnen Ländern und immer bestimmter die Unterordnung unter die Befehle der Zentrale.

Die Haupthoffnungen der Komintern richteten sich, wie schon Ende 1918, auf Deutschland.

Im Frühjahr 1920 erweckte Deutschland den Eindruck, daß es reif sei für eine Radikalisierung. Ausgelöst vom reaktionären Kapp-Putsch, brach im März ein kommunistischer Aufstand im Ruhrgebiet aus, bei dem eine »rote Armee« von nahezu 50 000 Mann aufgestellt wurde[26]. Gleichzeitig brach in Thüringen und Sachsen ein kommunistischer Aufstand aus; im Vogtland rief Max Hölz eine Räterepublik aus. Erst im Mai war die Ruhe wiederhergestellt.

In wie starkem Maße aber die deutsche Frage auch noch im Sommer die bolschewistischen Führer beschäftigte, deckt unter anderem in überraschender Deutlichkeit ein Meinungsaustausch vom Juni 1920 auf. Lenin hatte für den II. Weltkongreß der Komintern eine Reihe von Thesen zur nationalen und kolonialen Frage ausgearbeitet[27], die er neben anderen auch Stalin zur Kenntnis brachte. Dieser opponierte Lenin in einigen Punkten in einem Schreiben vom 12. Juni 1920. Es ging um die zukünftige Verfassung des Sowjetstaates. In überraschendem Gegensatz zu seiner früheren Skepsis gegenüber dem föderalistischen Gedanken drang Stalin jetzt darauf, keinen hochgradig zentralisierten Bundesstaat, sondern nur eine lockere Föderation zu schaffen. Die einzelnen Völker des alten Rußland seien zwar, meinte er, an eine starke Zentralgewalt gewöhnt, sie würden auch eine neue auf sich nehmen; nicht so dagegen die Nationalitäten, die nie zu Rußland gehört und eigene Staatsformen entwickelt hätten, und die gegebenenfalls »durch Gewalt oder durch die Umstände sich gezwungen sehen werden, mit Sowjetrußland eine staatliche Verbindung dieser oder jener Art einzugehen«. »Nehmen wir beispielsweise«, fährt Stalin fort, »ein zukünftiges Sowjetdeutschland, Sowjetpolen, Sowjetungarn, Sowjetfinnland; diese Völker, die ihren eigenen Staat und ihre eigene Armee ... hatten, werden, selbst als Sowjetstaaten, kaum damit einverstanden sein, nach Art der Baschkiren oder Ukrainer sofort eine Föderation mit Sowjetrußland einzugehen«. Für derartige Länder käme nur eine lockere Verbindung mit Sowjetrußland in Frage[28].

Wird durch dieses Dokument zum mindesten deutlich, wie weit die Sowjetisierungspläne des Volkskommissars für Nationalitätenfragen gingen, so decken die Ereignisse im Oktober 1920 einiges über die Methoden, durch die dieses Ziel erreicht werden sollte, auf. Zu dieser Zeit erreichte die Unabhängige Sozialdemokratische Partei Deutschlands (USPD) bei den Wahlen fast 5 Millionen Stimmen und wurde damit zur zweitstärksten Partei nächst der Sozialdemokratie (SPD). Der Parteitag der USPD, der im Oktober 1920 in Halle abgehalten wurde, sah unter seinen Gästen keinen Geringeren als den Vorsitzenden der Komintern, Zinov'ev. Daß auch der Menschewistenführer Martov geladen war, spielte keine Rolle. Es war Zinov'ev, der die Versammlung in einer vierstündigen deutschen Rede bearbeitete, mit dem Erfolg, daß sich bei der Abstimmung 224 Delegierte für den Anschluß an die Komintern, nur 158 dagegen aussprachen. Das war das Ergebnis einer Entwicklung, auf die der linke Flügel schon seit geraumer Zeit gedrängt hatte. Er schloß sich nunmehr der KPD an. Der rechte Flügel schlug sich zur SPD; die USPD war damit zerfallen[29].

Im Hintergrunde dieser Entwicklung spielte sich der polnisch-russische Krieg ab. Es war Martov, der auf dem Kongreß in Halle die sowjetischen Absichten aufdeckte, Deutschland in diesen Krieg hineinzuziehen, indem in geschickter Weise mit der nationalen Opposition gegen den Vertrag von Versailles operiert wurde. Radek hatte versucht, mit der deutschen Heeresleitung Verbindung anzuknüpfen und für ein militärisches Zusammengehen gegen Polen zu werben. Eine Revision der deutschen Ostgrenze sollte angeblich der Preis sein, mit dem Deutschland rechnen konnte. Diese phantastischen Pläne zerrannen, wohl nicht nur, weil das »Wunder an der Weichsel« eine neue Konstellation schuf[30]. Deutschland blieb aber zunächst noch eine Zeitlang das Feld der Kominternpolitik, das die vielfältigsten Möglichkeiten der Anknüpfung darstellte, auch wenn die Sirenentöne einer deutsch-russischen Solidarität gegen den Westen nicht durchdrangen.

Eine gewisse Ernüchterung in bezug auf den seit 1917 erwarteten Ausbruch der Weltrevolution ließ sich jedoch Anfang 1921 nicht ganz verheimlichen. Auf dem X. Parteitag der Kommunistischen Partei gab Lenin am 8. März zu, daß mit einem baldigen Siege der Revolution nicht zu rechnen sei. Das war für ihn der Grund, äußere und innere Konzessionen an die bürgerliche Welt zu machen.

Sowjetrußland und die Westmächte. Der Vertrag von Rapallo

Wie in Versailles das russische Problem ohne jede Beteiligung russischer Vertreter erörtert und im Anschluß daran auch die osteuropäischen Verhältnisse ohne russisches Zutun neu geordnet worden waren, so wurden auch zu Beginn der zwanziger Jahre die großen Entscheidungen der Weltpolitik ohne Hinzuziehung Sowjetrußlands getroffen.

Bei der Konstituierung des Völkerbundes standen immerhin ebenso wie Deutschland auch die USA abseits. An der großen internationalen Abrüstungskonferenz von Washington im Jahre 1921 wurde das Fehlen Sowjetrußlands jedoch in Moskau schon schmerzlicher empfunden. War es doch jetzt so weit, daß der Kreml sich wieder darum bemühte, im Kreise der Mächte zugelassen zu werden. Wie bereits erwähnt, waren im Frühjahr 1920 Wirtschaftsverhandlungen mit England eingeleitet worden. Als sowjetischer Delegierter erschien Maxim Litvinov in Kopenhagen, um Fühlung mit englischen Vertretern aufzunehmen. Es gab zunächst Schwierigkeiten wegen des Krieges in Polen, die Gespräche wurden abgebrochen, konnten aber im November wieder fortgesetzt werden. Sie führten am 16. März 1921[31] zum Abschluß eines englisch-russischen Handelsvertrages. Er bedeutete, wie die Dinge lagen, die de facto-Anerkennung Sowjetrußlands seitens der englischen Regierung.

Die erste Bresche in den feindlichen Bannkreis, der sich um den bolschewistischen Staat seit dem Jahre 1918 gelegt hatte, war geschlagen. Das englische Kapital war ohne Zweifel an Investitionen in Rußland interessiert. Aber es gab noch große Schwierigkeiten bei der Wiederaufnahme geregelter Beziehungen zu überwinden. Als Leslie Urquhart, der Direktor der Anglo-Russian Consolidated Ltd., wegen der Gruben und anderer Besitzungen, die die Gesellschaft in Mittelasien besaß, noch im selben Jahre 1921 nach Rußland kam, mußte er feststellen, daß die Sowjetregierung keine Neigung zeigte, dieses Eigentum zurückzugeben. Wenn das englische Kabinett die Frage der Zarenschulden aufwarf, stellte die Sowjetregierung die Gegenrechnung in Gestalt einer Entschädigungsforderung von 20 Milliarden Rubel für die Rußland durch die Intervention zugefügten Schäden! Von einer förmlichen de jure-Anerkennung des bolschewistischen Regimes konnte unter diesen Umständen noch keine Rede sein. Wenn Čičerins außenpolitische Konzeption auf ausgeprägten antienglischen Ressentiments aufgebaut war, so trat ihm in London Lord Curzon als Außenminister gegenüber. Der frühere Vizekönig von Indien war als scharfer Gegner des Bolschewismus bekannt.

Auf wirtschaftlichem Gebiet gelang es Sowjetrußland zunächst am ehesten voranzukommen. An den Handelsvertrag mit England knüpften sich ähnliche Abmachungen mit Norwegen (2. 9. 1921), Österreich (7. 12. 21), Italien (26. 12. 21) und mit Deutschland. Das erste deutsch-russische Abkommen war ein Vertrag vom 19. April 1920 über die Rückführung von Kriegsgefangenen und Zivilinternierten. Er konnte am 6. Mai 1921, von dem sowjetischen Sachverständigen für Außenhandel L. Krasin geschickt vorbereitet, zum Handelsvertrag erweitert werden[32]. Zum erstenmal seit dem August 1918 begab sich wieder ein deutscher Bevollmächtigter nach Moskau. Gleichzeitig liefen streng geheim gehaltene militärische Verhandlungen an, an denen deutsche Reichswehrkreise sehr interessiert waren. Es galt, unter Umgehung der einschränkenden Klauseln des Versailler Vertrages auf sowjetischem Territorium deutsche Flieger und Panzeroffiziere auszubilden; Sowjetrußland war umgekehrt an der Hilfe deutscher Sachverständiger beim Ausbau seiner Rüstungsindustrie interessiert[33].

Auf diesem Hintergrund kann auch das Zustandekommen des Vertrages von Rapallo gesehen werden.

Zu der am 10. April 1922 eröffneten Wirtschaftskonferenz in Genua waren sowohl Deutschland als auch Sowjetrußland geladen[34]. Zum erstenmal erschienen, mit Spannung erwartet, sowjetische Diplomaten auf dem internationalen Parkett im Rahmen einer größeren Veranstaltung. Čičerin ließ die Westmächte wissen, daß die Sowjetregierung unter gewissen Umständen bereit sei, die Zarenschulden anzuerkennen und Ersatz für ausländische Vermögensverluste in Rußland zu leisten, wenn ihr eine Anleihe bewilligt und die de jure-Anerkennung ausgesprochen würde. Der englische Premier Lloyd George, seit jeher zu Vereinbarungen mit den Bolschewisten bereit, schien auch jetzt nicht abgeneigt, auf dieser Basis zu verhandeln. Die englischen Ölkonzerne legten ein starkes Interesse für die russische Ölausfuhr an den Tag; auch darüber hinaus schien der neue Wirtschaftskurs Lenins geschäftliche Vorteile zu versprechen. Frankreich und Belgien, auch die USA, waren aber bedeutend zurückhaltender. Die Verhandlungen kamen nicht voran und drohten im Sande zu verlaufen.

In diese flaue Stimmung platzte zur allgemeinen Überraschung am Ostersonntag, dem 16. April, die Nachricht, daß Čičerin sich mit dem deutschen Außenminister Rathenau in Rapallo getroffen habe. Was bei den Westmächten nicht zu erreichen war, glaubten die Russen jetzt durch eine Vereinbarung mit Deutschland zu gewinnen. Die Annäherung der beiden vom Westen beargwöhnten Mächte hatte sich vollkommen unbemerkt vollzogen. Čičerin hatte mit dem deutschen Reichskanzler Wirth schon auf der Durchreise in Berlin unverbindliche Gespräche geführt. Nun gelang es ihm, Rathenaus Bedenken zu überwinden. Das Ergebnis war der Vertrag von Rapallo, ein deutsch-russischer Freundschaftspakt, bei dem beide Teile auf jede Kriegsentschädigung verzichteten (Art. 1), sowie die Wiederaufnahme der diplomatischen Beziehungen (Art. 3) und die Meistbegünstigung im gegenseitigen Handelsverkehr (Art. 4) beschlossen. Dem deutschen Verzicht auf die 6-Milliarden-Reparation von Brest-Litovsk und auf Entschädigung für den in Rußland enteigneten Privatbesitz (Art. 2) entsprach der russische auf jegliche finanziellen Ansprüche an Deutschland. Es wurde ferner beschlossen, bei grundsätzlichen internationalen Regelungen einen Gedankenaustausch vorzunehmen[35].

Der Rapallovertrag bedeutete einen schweren Schlag für die Politik der einstigen russischen Alliierten in Europa. In England zog er den Sturz des Kabinetts Lloyd George nach sich. Wenn man aber im Westen annehmen wollte, daß Deutschland durch den Vertrag eine einseitige Option für den Osten vorgenommen habe, die durch geheime militärische Klauseln noch tiefgreifendere Folgen nach sich ziehen würde, so befand man sich in einem Irrtum. Weder lagen Geheimklauseln vor noch wäre ein Staatsmann wie Rathenau zu einer östlichen Lösung gegen den Westen fähig gewesen. Rapallo bedeutete für Deutschland die Wahrung einer außenpolitischen Selbständigkeit zwischen West und Ost, die in einer Zeit russischer Schwäche keine Gefahren zu enthalten brauchte[36]; für Sowjetrußland war der Vertrag das Tor, durch welches es wieder in die internationale Politik Eingang fand.

Es war von Bedeutung, daß diese außenpolitischen Erfolge am Vorabend entscheidender innerpolitischer Veränderungen erzielt wurden. Wenige Wochen vor Abschluß des Vertrages von Rapallo war Stalin zum Generalsekretär der Kommunistischen Partei ernannt worden; Ende des Jahres erlitt Lenin seinen zweiten Schlaganfall, der ihn in zunehmendem Maße aus dem politischen Leben ausschaltete.

IV

STALINS AUFSTIEG UND KAMPF MIT DER OPPOSITION

Lenins Tod und Nachfolge

Nach dem Kurswechsel auf dem X. Parteitag und dem Beginn der neuen Wirtschaftspolitik wurde es deutlich, daß Lenin ein schwerkranker Mann war. Obwohl erst 51 Jahre alt, zeigten sich bei ihm Symptome der Gehirnsklerose. Ende des Jahres 1921 verschlimmerte sich sein Gesundheitszustand; trotzdem hielt er, wie üblich, auf dem XI. Parteitag im März 1922 das Hauptreferat, in dem er die Ergebnisse des NEP darlegte. Dann aber erlitt er am 26. Mai einen Schlaganfall. Zwei Monate lang war er nicht imstande, sich zu bewegen, zu sprechen oder zu schreiben. Erst im Oktober kehrte er in den Kreml zurück und nahm seine Arbeit wieder auf.

Als im November 1922 der IV. Kominternkongreß in Moskau tagte, schien Lenin seine alte Spannkraft zurückerlangt zu haben. In einem großen Vortrag vor dem Kongreß, bald darauf auch vor dem Moskauer Sowjet, setzte er auseinander, wie die NEP dereinst zu einem vollsozialistischen Staat überleiten werde. Aber Mitte Dezember trat eine erneute Verschlechterung seines Zustandes ein. Er mußte auf die Teilnahme an Konferenzen verzichten, wenn er auch schriftlich und fernmündlich mit den leitenden Instanzen die Verbindung aufrecht erhielt. Seine Frau Nadežda Krupskaja, Lebens- und Kampfgefährtin seit 1898, die mit ihm sibirische Verbannung und Exil geteilt hatte, half ihm auch jetzt, die Arbeit zu erledigen. Seine Schwester Maria Uljanova besorgte die Pflege. Um die Jahreswende diktierte Lenin sein sogenanntes Testament, das heißt die letzten Ratschläge für die Zusammenstellung der Parteiführung nach seinem Tode. Im März 1923 ereilte ihn der dritte Schlaganfall. Zum ersten Male mußte der Parteitag, es war der XII., im April ohne ihn abgehalten werden. Der Kräfteverfall war jetzt nicht mehr aufzuhalten. Noch einmal schleppte er sich im Oktober in seine Diensträume im Kreml. Dann begab er sich wieder in sein Landhaus in Gorki bei Moskau. Hier ist er am 21. Jaunar 1924 gestorben.

Lenins Leiche wurde einbalsamiert und später mit gewaltigem Gepränge in einem Mausoleum auf dem Roten Platz am Kreml beigesetzt. Sein Grab ist zu einer nationalen Wallfahrtsstätte geworden. Sein Andenken ist mit dem Glorienschein einer gleichsam religiösen Heiligenverehrung verbrämt. Seine Geburtsstadt wurde in Uljanovsk, Petersburg (Petrograd) in Leningrad umbenannt. Ein besonderes Lenin-Institut erhielt den Auftrag, seine Werke, einschließlich sämtlicher Briefe und Notizen, zu publizieren. Seitdem sind fünf Auflagen der Gesammelten Werke Lenins erschienen[1].

Die faktische Nachfolge Lenins trat zunächst ein Dreimännerkollegium an, eine Trojka, wie man sagte, bestehend aus Zinov'ev, Kamenev und Stalin. Sehr bald gelang es Stalin, die beherrschende Rolle in diesem Gremium zu erringen und sowohl seine beiden Genossen als auch den gefährlichsten Gegenspieler, Trockij, an die Wand zu drücken.

Stalin hatte Lenin nie sonderlich nahegestanden. Er gehörte nie zum engeren Freundeskreis Vladimir Iljičs. Zinov'ev, Kamenev, Bucharin, selbst Trockij waren ihm vertrauter. Die Geschichte von Lenins letzter Krankheit ist die Geschichte eines wachsenden, aber schon ohnmächtigen Mißtrauens gegen Stalin, das sich fortlaufend steigerte. Wir brauchen uns hierbei nicht allein auf Trockijs zweifellos sehr subjektive Darstellung dieser Ereignisse der Jahre 1922–23 zu verlassen[2]; auch aus anderen Quellen ergeben sich Bestätigungen dafür.

Stalin hatte es verstanden, seine Stellung fortschreitend auszubauen. Zu dem Amt des Nationalitätenkommissars, das er bis zur Auflösung des Kommissariats im Jahre 1923 bekleidete, war 1919 das eines Kommissars der Arbeiter- und Bauerninspektion getreten. Dessen Aufgabe bestand darin, den gesamten Staatsapparat zu überwachen, um die beiden Hauptfehler, Unfähigkeit und Korruption, auszurotten, die sich wie ein Erbübel aus zaristischer Zeit wieder bemerkbar machten. Diese oberste Staatskontrolle brachte es mit der Zeit mit sich, daß ihr Leiter in sämtliche Dienststellen der Verwaltungszweige hineinblicken konnte. Sie verfolgte aber zugleich auch einen weiteren Zweck: die Heranbildung einer zuverlässigen und brauchbaren Beamtenschaft. Das neue Kommissariat wurde zur eigentlichen Brutstätte für die Entstehung des später allmächtigen »Apparates« der Partei.

Neben diesen staatlichen Ämtern hatte Stalin es nach und nach verstanden, in alle Schlüsselstellungen der Partei Eingang zu finden. Seit 1912 war er Mitglied des Zentralkomitees, seit 1917 des Politbüros.

Während des Bürgerkrieges bestand das Politbüro nur aus fünf Männern: Lenin, Trockij, Stalin, Kamenev und Bucharin. Lag auf Lenin und auf Kamenev als seinem Stellvertreter die Last der Regierungsarbeit, auf Trockij die der Kriegführung, auf Bucharin die Presse und Propaganda, so gewann Stalin schon damals die eigentliche organisatorische Führung der Partei. Neben dem Politbüro wuchs die Bedeutung des Organisationsbüros; von hier aus wurden die Parteifunktionäre in alle zivilen und militärischen Stellen entsandt. Zu Beginn des Jahres 1919 war Stalin der einzige Verbindungsmann zwischen Politbüro und Organisationsbüro. Von hier aus sorgte er für die Übereinstimmung zwischen Parteipolitik und Organisation, von hier aus dirigierte er die Kräfte der Partei, gewann zunehmende Personalkenntnis, Routine und Bedeutung.

Auf dem XI. Parteikongreß im Jahre 1922 wurde ein neues, erweitertes Zentralkomitee gewählt und mit neuen Satzungen versehen; gleichzeitig beschloß man, das Amt eines Generalsekretärs der Partei zu schaffen. Am 3. April 1922 wurde Stalin dazu ernannt. Trockij berichtet, Lenin habe die von Zinov'ev unterstützte Kandidatur mit Skepsis aufgenommen. »Dieser Koch wird uns nur scharfe Suppen kochen«, soll er hierbei im privaten Gespräch gesagt haben. Aber er widersprach der Kandidatur nicht. Zu Stalins Gehilfen wurden V. M. Molotov und V. V. Kujbyšev bestimmt.

Man kann wohl sagen, daß von da ab das Politbüro, zu dem jetzt auch Zinov'ev, Tomskij und Rykov gehörten, den Gehirntrust des Bolschewismus darstellte, das Büro des Generalsekretärs aber immer mehr zur Zentrale der realen Macht der Verwaltung wurde, obwohl es jenem unterstellt war. Das Generalsekretariat wurde nach und nach zum eigentlich ausführenden Organ des Politbüros, es konnte von sich aus aber nicht nur die Ausführung beeinflussen, sondern durch Ausarbeitung der Tagesordnung für die Sitzungen des Politbüros und die Beschaffung von Unterlagen auch dessen Entscheidungen. Hinzu tritt noch ein weiteres Moment. Auf dem X. Parteikongreß im Jahre 1921 war eine oberste Kontrollkommission zur Überwachung der Parteimoral geschaffen worden, ein Organ, das der Arbeiter- und Bauerninspektion auf dem staatlichen Sektor entsprach. Die Hauptaufgabe der Kommission bestand in der Durchführung der jeweils notwendigen Säuberungen in der Partei. Diese waren zunächst noch vollkommen harmlos. Sie bedeuteten einen Tadel oder schlimmstenfalls den Ausschluß aus der Partei. Die Zentralkommission in Moskau wurde zur obersten Berufungsinstanz für alle Säuberungsaktionen im Lande. Sie sollte an sich vollkommen unabhängig von den hohen Parteiinstanzen sein. Aber das Generalsekretariat wurde mit der Zeit zu einem Verbindungsglied zwischen Zentralkommission und Zentralkomitee bzw. Politbüro. So hatte Stalin es in der Hand, auf die Säuberungen Einfluß zu nehmen. Eine sorgfältig geführte Kartei gab ihm hierzu die nötigen Unterlagen.

Niemand in der Parteiführung neidete ihm seine Posten und Ämter. Diese waren alle solcher Art, daß ihre Aufgaben die hochbegabten Intellektuellen unter den Mitgliedern des Politbüros nicht reizen konnten. Was man hier, in der täglichen Kleinarbeit des Parteidienstes, brauchte, war eine konsequente, zähe und dabei phantasielose Routinearbeit, ein »geduldiges und beharrliches Interesse für die kleinsten Organisationsfragen«[3]. Niemand ahnte zunächst, daß Stalin im Begriff war, sich aus dem subalternen Funktionär des inneren Parteidienstes durch Beharrlichkeit, Intrige und Brutalität zum eigentlichen Nachfolger Lenins aufzuschwingen.

Zum erstenmal erwachte Lenins Mißmut über die wachsende Mächtigkeit des inneren Parteiapparats im Oktober 1922, zwischen der ersten und zweiten Phase seiner Krankheit. Nach dem Bericht von Trockij soll er bei Wiederaufnahme seiner Amtstätigkeit betroffen gewesen sein über das erschreckende Anwachsen des Bürokratismus im Staatsapparat; Trockij ergänzte seinen Gedanken, eine besondere Kommission zur Behebung dieser Mißstände einzusetzen, dahin, daß er eine Ausdehnung dieses Feldzuges gegen die Bürokratie auch auf den Parteisektor vorschlug. Die erneut einsetzende Krankheit ließ es nicht zur Ausführung dieses Planes kommen.

Am 24. und 25. Dezember diktierte Lenin sein sog. Testament in Form eines Briefes an den XII. Parteikongreß[4]. Es ging von der Befürchtung aus, daß der Bolschewismus sich spalten könne. Die Partei stehe auf zwei Klassen, den Arbeitern und Bauern; wenn zwischen ihnen keine Einigkeit herrsche, sei der Zerfall der Partei unvermeidlich. Diese Gefahr liege in weiter Ferne. Augenblicklich rechne er aber mit der Gefahr einer Spaltung aus naheliegenden Gründen, wegen möglicher Meinungsverschiedenheiten im Politbüro. Und nun ging er zu einer Beurteilung seiner möglichen Nachfolger über. Trockij sei unzweifelhaft der fähigste Kopf im Zentralkomitee, aber er habe ein viel zu weit gehendes Selbstvertrauen. Lenin deutete an, daß Trockij sich zu stark individualistischen Neigungen hingebe und zu wenig Unterordnung unter die Gesamtdisziplin der Partei kenne. »Seitdem Genosse Stalin«, hieß es wörtlich von dem anderen der beiden besonders hervorgehobenen Parteigenossen, »Generalsekretär geworden ist, vereinigt er in seiner Hand eine ungeheure Macht, und ich bin nicht davon überzeugt, daß er diese Macht immer mit der gebotenen Vorsicht zu nützen wissen wird.«

Bei Zinov'ev und Kamenev erinnerte ein kurzer Hinweis an die mangelnde Entschlußkraft, die sie im Oktober an den Tag gelegt hatten; von den übrigen Parteispitzen wurden N. I. Bucharin als der »Favorit der ganzen Partei« und der geschätzte Theoretiker, G. L. Pjatakov als sehr befähigt, aber nicht ganz zuverlässig charakterisiert. Die Niederschrift macht den Eindruck locker hingeworfener Gedanken, die später in eine präzisere Form gebracht werden sollten. Eine konkrete Aussage über die Nachfolge war im Testament nicht enthalten. Der einzige Rat jedoch, den Lenin gab, war, die Zahl der Mitglieder des Zentralkomitees auf 50 bis 100 zu erhöhen. Wollte er damit ein Gegengewicht gegen das Generalsekretariat schaffen? Der Effekt dieser später realisierten Maßnahme hat sich nicht dahin ausgewirkt.

Es liegt auf der Hand, daß Lenin bei seinen Überlegungen über mögliche Spaltungen wegen persönlicher Differenzen in erster Linie an den Gegensatz Trockij–Stalin denken mußte. Die Antipathie, die insbesondere Trockij dem Georgier gegenüber empfand, war bekannt. Sie ging auf sehr frühe Tage zurück, wenn Trockijs Erinnerungen diese ersten Eindrücke vielleicht auch etwas dramatisieren. Der Gegensatz gewann während des Bürgerkrieges, als Trockijs Ruhm im Zenit stand, seine volle Ausprägung. Bei der Verteidigung Caricyns und im Polenkrieg trat er am markantesten hervor. Er überdauerte aber auch den Krieg und fand seit Stalins Aufstieg im Parteiapparat neue Nahrung. Lenin mußte fürchten, daß nach dem Wegfall seiner Autorität der Gegensatz zweier so ausgesprochener Charaktere die Partei sprengen könnte.

Das zweite Bedenken, das Lenin haben mußte, war, daß Trockijs impulsive Tatkraft und sein stolzer, aber auch eitler Ehrgeiz nicht mehr die nötige Zügelung finden würden. Lenin konnte befürchten, daß Trockij, gestützt auf seine Autorität in militärischen Kreisen, sich zum alleinigen Diktator der Partei und des Landes emporschwingen würde. Der Gedanke, daß sich derartige bonapartistische Erwartungen auch an die Person Stalins knüpfen ließen, lag damals fern. Am zweckmäßigsten mußte, wenn man Lenins Überlegungen interpretieren will, ein kollektives Parteigremium der alten Bolschewisten einschließlich Stalins erscheinen, das sowohl diesem Zügel anlegen, als auch Trockij in Schach halten konnte und ihren Gegensatz zu neutralisieren imstande war.

Am 4. Januar 1923 ließ Lenin dem Testament einen Nachsatz hinzufügen, der ausschließlich Stalin betraf. »Stalin«, hieß es jetzt, »ist zu schroff, und dieser Fehler ... ist in dem Amt des Generalsekretärs untragbar. Deshalb schlage ich den Genossen vor, einen Weg zu suchen, um Stalin von diesem Posten zu entfernen und einen Nachfolger für ihn zu ernennen ... der geduldiger, loyaler, höflicher, aufmerksamer den Genossen gegenüber und weniger launenhaft ist usw.« Diese Umstände mögen unbedeutend erscheinen, aber wenn eine Spaltung verhindert werden sollte, und wenn man die Beziehungen zwischen Trockij und Stalin im Auge hatte, könnten auch solche Kleinigkeiten entscheidende Bedeutung erlangen[5].

Der unmittelbare Anlaß für diese Steigerung der Skepsis Stalin gegenüber ist in Stalins schroffem Verhalten in der georgischen Frage zu suchen, über das Lenin gerade um die Jahreswende neues Material erfahren hatte.

Die georgische Republik, die am 7. Mai 1920 von der RSFSR anerkannt worden war, wurde durch die im Februar 1921 eindringenden Abteilungen der Roten Armee vor vollendete Tatsachen gestellt und in eine Sowjetrepublik umgewandelt. Das georgische Volk, hauptsächlich aus Bauern und Kleinbürgern bestehend, widersetzte sich der Sowjetisierung seines Landes. Nicht nur die menschewistisch gesinnten Teile der Bevölkerung waren Anhänger der Unabhängigkeit, auch den georgischen Bolschewisten schwebte das Ziel einer von Rußland unabhängigen Sowjetrepublik Georgien vor Augen, die mit Moskau nur durch die gemeinsamen politischen Anschauungen verbunden wäre[6].

Gerade deshalb hielt Lenin eine schmiegsame und vorsichtige Politik in Georgien für angebracht. Stalin dagegen, der schon 1921 seine alte Heimat bereist hatte, ließ durch seinen Landsmann S. Ordžonikidze eine Bolschewisierung in denkbar schroffen Formen durchführen, die auf das nationale Selbstbewußtsein der Georgier keine Rücksicht nahm. Als sich Widerstände zeigten, spielte er ohne Wissen Lenins und des Zentralkomitees eine Gruppe georgischer Bolschewisten gegen die andere aus, um zu seinem Ziele zu gelangen. Er sorgte ferner dafür, daß Lenin über die wahren Verhältnisse im Unklaren gehalten wurde. Als Lenin sich trotz seiner Krankheit an Hand von authentischen Unterlagen genau informierte, war er so erbittert, daß er sich zum Bruch mit Stalin entschloß.

Am 30. Dezember, am selben Tage, an dem der I. Sowjetkongreß der UdSSR eröffnet wurde, ließ er seine Absicht, Stalin für seine »großrussisch-nationalistische« Aktion in Georgien verantwortlich zu machen, schriftlich fixieren. Bald nachdem er auch den erwähnten Nachsatz zu seinem Testament diktiert hatte, ging er zu einem offenen Angriff gegen Stalin auf der ganzen Linie vor. In einem »Pravda«-Artikel vom 25. Januar 1923 griff er Stalins Tätigkeit als Kommissar der Arbeiter- und Bauerninspektion zunächst noch recht milde an; in einem zweiten Artikel stieß er in wesentlich schärferem Tone nach. Erst am 4. März, vier Wochen nach der Niederschrift, erschien dieser im Druck. Tags darauf diktierte Lenin einen Brief an Stalin, in dem er ihn wegen eines ausfallenden Anrufs an die Krupskaja am 22. Dezember 1922, von dem er erst jetzt erfuhr, zur Rede stellte. Er verbat sich dieses Benehmen und fragte ihn, ob er es vorziehe, sich zu entschuldigen oder eine Verschärfung der gegenseitigen Beziehungen hinzunehmen[7]. Ein Telegramm an die georgische Opposition vom 6. März setzte schließlich den letzten Akzent auf diese Kampagne; Lenin versicherte sie seines Einverständnisses und seiner Hilfe und beauftragte gleichzeitig Trockij mit der Wahrnehmung der georgischen Interessen.

Der dritte Schlaganfall vom 9. März 1923, vermutlich durch die starke Erregung der vorangegangenen Tage ausgelöst, verhinderte eine Fortsetzung dieser Entwicklung, die Stalins Autorität sicherlich schwer erschüttert hätte; ihm kam die erneute und entscheidende Verschlechterung in Lenins Zustand gerade rechtzeitig.

Zur Vollständigkeit dieses Bildes gehört noch eine Episode, über die Trockij berichtet und die daher nur mit Vorbehalt aufzunehmen ist[8]. Danach soll Stalin auf einer Sitzung des Politbüros Ende Februar mitgeteilt haben, daß Lenin ihn kürzlich habe rufen lassen, um von ihm Gift zu verlangen, da er seinen Zustand für hoffnungslos hielt. Die übrigen Anwesenden protestierten aufs heftigste. Trockij hält es sowohl für möglich, daß Lenin diese tragische Bitte wirklich geäußert hat, weil er annahm, daß allein Stalin ein Interesse hatte, sie zu erfüllen, als auch daß Stalin sich in der Tat mit dem Gedanken, eine erneute Wiedergenesung Lenins gewaltsam zu verhindern, befaßt hat.

Das Triumvirat der Jahre 1923–1925. Die erste Phase des Kampfes gegen Trockij

Schon während Lenins Krankheit hatte L. Kamenev den Vorsitz im Politbüro übernommen. Zweifellos stand er Lenin von allen älteren Kampfgefährten am nächsten. Ihn hatte Lenin vor seinem Tode damit beauftragt, seine Schriften herauszugeben. Er war vielleicht der intelligenteste Kopf unter ihnen, der eigentliche Stratege des Parteikampfes, gut geschult in allen Fragen der Doktrin. Als Parteisekretär von Moskau hatte er die Parteiorganisation der Hauptstadt hinter sich.

Zwischen ihm und G. Zinov'ev bestanden sehr enge Bande. Bei all den wechselnden Kombinationen der nachfolgenden Parteikämpfe ist es zwischen diesen beiden Dioskuren der Partei zu keinem Zerwürfnis gekommen. Zinov'ev galt als der gewandte Redner und Demagoge, der die Massen anzusprechen wußte. Als Parteisekretär von Leningrad hatte auch er seine »Hausmacht« hinter sich. Nach außen hin, in den Kreisen des Weltkommunismus, war er die populärste Erscheinung unter den russischen Parteiführern; seine Stellung als Vorsitzender der Komintern gab ihm auch in der Sowjetunion eine zusätzliche Autorität.

Stalin hielt sich zunächst geschickt im Hintergrund. Nach außen hatte er während Lenins Krankheit eine devote Ergebenheit zur Schau getragen. Ein Aufsatz in der »Pravda« unter dem Titel »Kommunistische Strategie und Taktik«, den er im März 1923 verfaßte, ist voll von ehrerbietigen Hinweisen auf den kranken Meister. Mit Bedacht ging er daran, die Differenzen mit Lenin sorgfältig verschleiernd, seine Position Schritt für Schritt auszubauen. Schon der XII. Parteitag, der am 17. April 1923 eröffnet wurde, brachte ihm ein deutliches Übergewicht über die beiden anderen Triumvirn. Sehr geschickt wies er Trockij die Rolle zu, an Stelle Lenins das Hauptreferat zu halten. Als jener ablehnte, um Stalin selbst vorzuschlagen, lehnte dieser ebenfalls ab. Zinov'ev übernahm den Bericht, wurde aber mit »erdrückendem Schweigen« angehört, was Trockij hervorhebt, Stalin aber ebenso aufmerksam registrierte. Die von Zinov'ev und Bucharin vorgebrachte georgische Frage schob er mit der Kennzeichnung

»Lokalchauvinismus« beiseite und wies auf ähnliche abzulehnende Erscheinungen in Turkestan und in der Ukraine hin. Wichtig war ferner, daß die Zentrale Kontrollkommission jetzt mit der Arbeiter- und Bauerninspektion zusammengelegt wurde und in V. V. Kujbyšev einen Stalin treu ergebenen Leiter erhielt. Die Zahl dieses Gremiums wurde von 7 auf 50 und 10 Kandidaten erhöht. Damit war eine Entwicklung eingeleitet, die die Kommission nach und nach in eine gefährliche Nähe zur GPU rückte, um schließlich zu einer Art Sonderabteilung der Staatssicherheit zu werden.

Zinov'ev begann nach dem Kongreß zu spüren, daß die eigentliche Gefahr für eine kollektive Leitung des Staates und der Partei nicht so sehr von Trockij als von Stalin ausging. Seine eigene Stellung hatte durch den Mißerfolg der kommunistischen Putschversuche in Deutschland eine Einbuße erlitten. Ende des Jahres zeigten sich im ganzen Lande bedrohliche Symptome des Zerfalls der obersten Autorität. Es flackerten Streiks in der Industrie auf, hier und dort, illegal, wie jeder Streik in der Sowjetunion. Unterernährung und niedrige Löhne trieben die Arbeiter zur Verzweiflung. Als die Gewerkschaften sich weigerten, als Mittler zu fungieren, machte sich die Unzufriedenheit spontan Luft. Die Oppositionsgruppen des X. Parteitages erhoben aufs neue ihr Haupt und forderten größere Freiheit der Meinungsäußerung in der Partei.

An diesem Punkt trat zum erstenmal Trockij in Aktion. Er griff das Triumvirat, die sogenannte Trojka, direkt an und tadelte die wachsende Bürokratisierung des Parteiapparats. Weshalb wurden die meisten Parteisekretäre nicht mehr gewählt, sondern von oben bestellt? Die seinerzeit im Bürgerkrieg notwendige Disziplin müsse jetzt einer freieren Verantwortlichkeit innerhalb der Partei weichen. Trockijs Vorstoß löste eine bedeutsame Erklärung von 46 prominenten Kommunisten[9] aus, darunter Pjatakov, Preobraženskij, Antonov-Ovseenko, Muralov und andere. Ihr Inhalt deckte sich im großen ganzen mit dem, was Trockij vorgebracht hatte. Die Politik des Zentralkomitees, hieß es, sei verfehlt und führe das Land dem Untergang entgegen.

Die Triumvirn sahen sich genötigt, einzulenken. Sie brachten einen Antrag ein, der eine demokratische Parteireform vorsah; er wurde vom Politbüro einstimmig angenommen. In aller Öffentlichkeit sollten nun die aufgeworfenen Fragen diskutiert werden. Sehr geschickt sprach Stalin im Dezember 1923 zu den

Arbeitern von Krasnaja Presnja, einem Industrieviertel in Moskau. Er erweckte den Eindruck, daß er zum größten Teil mit den Forderungen Trockijs einverstanden und mit ihm einig sei. In Wirklichkeit forderte er ihn mit seiner Rede heraus, sich noch etwas weiter vorzuwagen. Trockij tat das auch tatsächlich in einem offenen Brief an die Arbeiter desselben Stadtteils. Einige Genossen schienen, schrieb er, die Bedeutung des Parteiapparats zu überschätzen und das Eigenleben der Partei zu gering zu achten. Gewiß könne man nicht auf die zentrale Leitung verzichten, aber die Partei müsse sich den Apparat unterordnen. Und sich zur Jugend wendend, wies er warnend darauf hin, daß nicht selten alte Kämpfer der Revolution zu Bürokraten würden. So sei es der Sozialdemokratie im Westen ergangen, so könne es auch den Bolschewisten ergehen.

Der offene Kampf war damit eröffnet. Zinov'ev war empört und forderte, impulsiv wie immer, Trockijs Verhaftung. Stalin widersetzte sich dem. Man mußte mit einer immer noch unbestreitbaren Popularität Trockijs rechnen. Er schlug eine Parteikonferenz für den 16.–18. Januar 1924 vor, auf der die aufgeworfenen Fragen durchgesprochen werden sollten. Hier trat Stalin offen Trockij entgegen. Er verlas eine Liste von »sechs Irrtümern« Trockijs[10]. Die schwerwiegendsten waren: er reize die Partei gegen den Parteiapparat, die Jugend gegen die Partei auf; er mache sich, obwohl Mitglied des Politbüros, zum Sprecher der Opposition, der »kleinbürgerlichen Intelligenz«. Die Partei müsse aus einem Guß sein, sie müsse eine monolithische Partei sein! Die Konferenz endete mit einer Verurteilung der Angriffe als einer »kleinbürgerlichen Abweichung vom Leninismus« und mit dem Beschluß, daß das Zentralkomitee auch seine eigenen Mitglieder, sofern sie die Partei schädigten, aus der Partei ausschließen dürfe. Das waren bedeutungsvolle Vorboten kommender schwerwiegender Auseinandersetzungen.

Mittlerweile ging die Trojka in zwei verschiedenen Richtungen daran, die Stellung Trockijs und der Opposition zu schwächen. Eine Reihe von Anhängern Trockijs waren schon zuvor auf diplomatische Posten ins Ausland abgeschoben worden: Chr. Rakovskij befand sich in England, N. N. Krestinskij in Deutschland, A. Joffe in China. Von besonderer Bedeutung war die Entfernung von Rakovskij aus der Ukraine, wo er Vorsitzender des Rates der Volkskommissare gewesen war. Da das Land als einer der Hauptstützpunkte der Opposition galt, sollte hier scharf zugegriffen werden. Einer der engsten Vertrauten Stalins,

Lazar' Moiseevič Kaganovič, erhielt den Auftrag, hier eine Säuberung vorzunehmen. Von Bedeutung war auch die zweite Maßnahme, die Stalin der Parteikonferenz zum Beschluß unterbreitet hatte. 200 000 Arbeiter wurden, »direkt von der Werkbank«, in die Partei aufgenommen, um »einen gesunden proletarischen Zug« in sie hineinzutragen. In Wirklichkeit hoffte Stalin, durch diese Vergrößerung der Partei das Gewicht auch seines Parteiapparats zu verstärken.

Trockij hatte an der Januarkonferenz gar nicht teilgenommen. Er hatte sich auf der Entenjagd eine Influenza zugezogen, die nun bösartige fieberhafte Folgen zeigte und ihn veranlaßte, am 18. Januar nach dem Süden abzureisen. Die Erklärung für diese erstaunliche Tatsache – der Tod Lenins mußte von einer Woche zur anderen erwartet werden – liegt wahrscheinlich darin, daß Trockij jeden Anschein, er wolle nach dem Tode Lenins die Macht ergreifen, vermeiden wollte. Stolz und Eigendünkel ließen ihn in dem Glauben, daß die Partei ihn, der Machtkämpfe innerhalb des Politbüros müde, ohnehin zur Leitung berufen würde und es daher angemessen sei, sich zurückzuhalten. Wenn diese Deutung stimmt[11], dann spricht aus Trockijs Verhalten dieselbe Geringschätzung Stalin gegenüber, die sich wie ein roter Faden durch seine ganzen Werke hindurchzieht; eine Unterschätzung dieses ihm, dem geistsprühenden Intellektuellen und feurigen Politiker, so grundverschiedenen Typs gänzlich anderer Artung, eine Unterschätzung, die ihn noch einmal teuer genug zu stehen kommen sollte.

Bei Lenins Beisetzung war Trockij abwesend, wie er selbst berichtet, weil Stalin ihm einen falschen Termin für die Feierlichkeit angegeben und er Moskau vom Kaukasus her nicht mehr rechtzeitig erreichen konnte[12]. So wurde Stalin zur beherrschenden Zentralgestalt der Feiern.

Der Treueid, der »große Schwur«, den er am 26. Januar auf dem II. Sowjetkongreß verlas, ist ein feierliches Gelöbnis, in dem sich »der Stil des Kommunistischen Manifests sehr merkwürdig mit dem eines orthodoxen Gebetbuches mischt«[13]; mit diesem Gelöbnis wurde der Leninkult der nachfolgenden Zeit eröffnet. Zwei Tage darauf hielt Stalin die große Rede auf der offiziellen Gedächtnisfeier, durch die er sich geschickt als den legalen Sachwalter und authentischen Interpreten von Lenins geistigem Erbe vorzustellen wußte.

Nach dem Tode Lenins wurde folgende Umbesetzung seiner Ämter vorgenommen. Vorsitzender des Rates der Volkskommissare der UdSSR, zugleich auch der RSFSR, wurde nicht etwa Zinov'ev oder Kamenev, sondern Rykov, eine der blassesten Erscheinungen im bolschewistischen Führerkorps. Aleksej Ivanovič Rykov, 1881 als Sohn eines ehemaligen Bauern aus dem Gouvernement Vjatka in Saratov geboren, war in größter Armut aufgewachsen. Als Student der Rechte war er in Kazan' in radikale Kreise geraten; in Saratov beteiligte er sich 1902 aktiv an revolutionären Demonstrationen, tauchte dann in der Untergrundbewegung unter, häufig seinen Wohnort wechselnd. Nach einem kurzen Treffen mit Lenin in Genf stürzte er sich in die Revolution von 1905. Als Delegierter der Moskauer Gruppe nahm er am III. Parteitag in London teil und wurde hier ins Zentralkomitee gewählt. Verhaftungen und Verschickungen wechselten sich auch bei ihm in der üblichen Weise ab, dazwischen weilte er zu Besprechungen mit Lenin im Ausland. Nach dem Februar 1917 wirkte er im Moskauer Sowjet, nach dem Oktober wurde er Volkskommissar für Innere Angelegenheiten. Während des Bürgerkrieges führte Rykov als Vorsitzender des Obersten Sowjets für Volkswirtschaft die Nationalisierung der Wirtschaft durch und bemühte sich mit großer Energie um die Versorgung der Armee. Die Preisregulierung des Jahres 1923 war sein Werk.

Rykovs Stellvertreter wurde Kamenev. Die einzelnen Kommissariate blieben zunächst unter der bisherigen Leitung.

Im Mai 1924 kam es auf einer Sitzung des Zentralkomitees zu einer peinlichen Szene anläßlich der Verlesung von Lenins Testament. Es war zu entscheiden, ob dieses Dokument dem bevorstehenden Parteikongreß unterbreitet werden sollte oder nicht. Nach dem Bericht eines Augenzeugen[14] breitete sich im Versammlungsraum tödliche Verlegenheit aus, als der Passus über Stalin verlesen wurde. Stalin selbst beherrschte sich ausgezeichnet und blieb ruhig. Gerettet wurde die Situation, und zwar zu seinen Gunsten, durch Zinov'ev. Jedes Wort von Lenin, sagte er, sei Gesetz; das Gelöbnis, alles zu erfüllen, was er geboten, werde gehalten werden. Glücklicherweise könne man aber feststellen, daß die Befürchtungen Lenins in einem Punkte grundlos seien. Die Zusammenarbeit mit Stalin, das könnten alle bezeugen, sei vollkommen harmonisch verlaufen. Kamenev beschwor das Zentralkomitee, Stalin im Amte zu lassen. In diesem Falle konnte aber das Testament nicht veröffentlicht werden! Trockij, der wieder in Moskau war, schwieg. Lenins Witwe protestierte vergeblich gegen die Unterdrückung des letzten Willens ihres

Gatten. Mit 30 zu 10 Stimmen wurde der Antrag angenommen, das Testament nur vertraulich den Bezirksdelegierten zur Kenntnis zu bringen. Im Ausland wurde es allgemein erst zwei Jahre später bekannt, als der amerikanische Kommunist Max Eastman es in der »New York Times« veröffentlichte[15].

Auf dem XIII. Parteitag im Mai 1924 schien Trockij bereits zu resignieren und der Opposition abzuschwören. Aber Zinov'ev überspannte den Bogen und verlangte, daß er nicht nur auf weitere Kritik verzichten, sondern auch zugeben sollte, in der bisherigen Kritik gefehlt zu haben! Der Schatten der kommenden Gewissensverbrechen der großen Schauprozesse erschien drohend im Hintergrund. Trockij gab eine nicht ganz befriedigende Erklärung ab. Die Partei, sagte er, habe letzten Endes immer recht. Daß seine Kritik ein Irrtum gewesen, könne er aber nicht zugeben. Man kann aus dieser orakelhaften Feststellung nur entnehmen, daß Trockij seine Ansichten als die richtige Interpretation der Parteilinie ansah und es daher ablehnte, sie abzuschwören.

Trockij war noch keineswegs gewillt zu kapitulieren. Im Herbst des Jahres eröffnete er einen zweiten Feldzug gegen die Triumvirn. Schon seine Anfang 1924 erschienene Broschüre »Der neue Kurs« hatte das Thema der verlorenen Parteidemokratie aufgegriffen. Er hielt an der Totalität der einen Partei fest. Aber es sei unsinnig, die Partei als eine geschlossene, immer gleichbleibende Einheit zu betrachten. Wenn sie 1917 eine kleine Elite darstellte, so sei sie jetzt zu einer Massenpartei geworden; das zwinge zu einer neuen undogmatischen Überprüfung ihrer Rolle im Staat. Im Oktober d. J. machte er nun den Versuch, die Situation der deutschen Kommunisten von 1923 mit der der russischen im Jahre 1917 zu vergleichen; hierbei stellt er indirekt Zinov'ev und Kamenev als die furchtsamen Zauderer heraus, die damals bereit waren, die Stunde zu verpassen.

Die Polemik, die nun einsetzte, interessiert im einzelnen nicht. Wichtig ist, daß durch sie sowohl die beiden von Trockij Angegriffenen, als auch er selbst, an Ansehen bei den Massen der Partei verloren. Der gewinnende Teil dieser Fehde war unzweifelhaft Stalin. Wohl trat er für seine beiden Genossen ein, wohl machte er jetzt den ersten Versuch, Trockijs Rolle bei der Oktoberrevolution zu verkleinern. Aber die Polemik verhalf ihm letzten Endes doch dazu, sich selbst über Zinov'ev und Kamenev emporzuschwingen. 1924 ist das Jahr, in dem er seine Konzeption vom »Sozialismus in einem Lande« entwickelte.

Dasselbe Jahr war durch eine Kette von weiteren Mißerfolgen der Kominternpolitik gekennzeichnet. Zu einem Konflikt mit England anläßlich des sogenannten Zinov'evbriefes traten fehlgegangene kommunistische Putschversuche in Estland und Bulgarien. Zinov'evs Ansehen war im Sinken. Auf dem V. Kominternkongreß, der im Juni 1924 in Moskau zusammentrat, verursachte die Enttäuschung über die mangelnden Erfolge der Kominternarbeit eine unbehagliche Atmosphäre, die sich allen Teilnehmern mitteilte[16]. Der gewinnende Teil dieser Unzufriedenheit war Stalin. Die deutsche Delegierte Ruth Fischer schildert eindrucksvoll das Auftreten Stalins auf dem Kongreß, der schweigsam und fast verstohlen Fühlung mit jüngeren Delegierten des Auslandes suchte, denen revolutionäre Rhetorik schon weniger zu sagen schien als präzise Organisation.

Noch immer repräsentierte aber Trockij eine Macht im Lande, nicht zum wenigsten durch seine Stellung als Kriegskommissar, dank dem Nimbus aus den Tagen des Bürgerkrieges und dank seiner Autorität innerhalb der jungen Generation. Würde er es verstehen, dieses moralische Kapital zu nutzen? Würde er, gestützt auf die Armee, den Kampf mit dem Parteiapparat aufnehmen?

Es gelang Stalin, Trockij am 17. Januar 1925 zum Rücktritt vom Posten des Kriegskommissars zu bewegen. Trockij machte nicht den geringsten Versuch, dagegen aufzubegehren und die Armee zum Widerstand aufzurufen. Er widmete seine Arbeitskraft widerspruchslos kleinen wirtschaftspolitischen Aufgaben, die ihm der Generalsekretär zuwies. Er blieb auch fürderhin Mitglied des Politbüros, aber er mied jede öffentliche Auseinandersetzung. War es Resignation, war es Parteidisziplin, daß er sich einer bonapartistischen Lösung versagte? Trockij ist nie hoher Meinung von Stalin gewesen, wir stellten schon fest, daß er dazu neigte, ihn zu unterschätzen. In seiner Autobiographie berichtet er über ein Gespräch mit einem Parteigenossen im Jahre 1925, in dem er Stalin »die hervorragendste Mittelmäßigkeit der Partei« nannte[17]. Wie das käme, daß die Mittelmäßigkeit zur Führung gelange, fragte sein Gesprächspartner. »Das ist die Reaktion nach der großen sozialen und psychologischen Anpassung der ersten Jahre der Revolution. Die siegreiche Konterrevolution kann ihre großen Männer haben; aber ihre erste Stufe, der Thermidor, braucht Mittelmäßigkeiten.« Er ahnte damals, als er dies niederschrieb, noch nicht, daß sich in Stalin sowohl der Thermidor als auch die kommende Konterrevolution verkörperte. Aber eine Vorahnung davon zeichnete er später in seiner Stalinbiographie auf[18]. Danach habe er schon 1924 zu einem Freunde gesagt, Stalin werde der Diktator der Sowjetunion werden. Ein so mittelmäßiger Mensch, eine farblose Null? fragte jener. »Mittelmäßigkeit ja, Null nein«, war Trockijs Antwort. »Die Dialektik der Geschichte hat sich seiner schon bemächtigt und wird ihn noch höher tragen. Alle brauchen ihn... alle die Würmer, die über den von der Revolution umgepflügten Boden kriechen... Er spricht ihre Sprache und weiß sie zu führen... Sicherlich können große Ereignisse... dazwischenkommen und alle Spekulationen über den Haufen werfen. Aber wenn sich alles weiterhin so automatisch entwickelt wie bis jetzt, dann wird auch Stalin automatisch der Diktator werden.«

Mit Resignation infolge physischer Indisposition ist Trockijs Verzicht auf Widerstand allein nicht zu erklären. Er hatte sich in den Netzen seines materialistischen Determinismus gefangen, wenn er vor dem Automatismus der Dialektik der Geschichte kapitulierte. Der geistvolle Ideologe und Analytiker war zum Revolutionär geboren, nicht zum Diktator. Den Sprung über den Thermidor hinaus konnte ein solcher Mann nicht wagen.

Kaum, daß Trockij in dieser Weise auf der politischen Bildfläche in den Hintergrund getreten war, riß auch das Band, das die Trojka bisher zusammengehalten hatte. Es war eigenartig, wie auch jetzt Zinov'ev die schärferen Maßnahmen gegen den stürzenden Gegner forderte, Stalin dagegen eine Entfernung aus der Parteiführung strikt ablehnte. Bald darauf begann er sich von seinen Partnern zu lösen. Er verzichtete darauf, sich mit ihnen zu beraten und über Maßnahmen zu verständigen, die er dem Politbüro vorzutragen gedachte. Noch hielt er am Grundsatz der kollektiven Führung durch das Politbüro fest. Unvermindert gehörten ihm die großen Sieben der Partei an: Zinov'ev, Kamenev, Stalin, Trockij, Bucharin, Rykov und Tomskij. Aber die Trojka brach im Laufe des Jahres 1925 auseinander.

Permanente Revolution und Sozialismus in einem Lande

Stalins These vom Sozialismus in einem Lande ist von ihm nach und nach entwickelt worden. Ihre kommende Bedeutung konnte zunächst noch nicht geahnt werden. In seiner Broschüre vom Frühjahr 1924 »Die Grundlagen des Leninismus« stellte er noch fest, daß das Proletariat zwar in einem bestimmten Lande die Macht an sich reißen, aber keine sozialistische Wirtschaft in diesem einen Lande schaffen könne. Die Kräfte eines Landes mögen ausreichen, die Bourgeoisie zu stürzen, für den Endsieg des Sozialismus reichten die Anstrengungen eines Landes jedoch nicht aus. Hierfür müßten sich die Proletarier verschiedener Länder gemeinsam einsetzen[19].

Noch im Laufe desselben Jahres änderte Stalin diese Formulierung ab. In der im Dezember 1924 erschienenen Schrift »Die Oktoberrevolution und die Taktik der russischen Kommunisten«[20] behauptet er, daß jene Ansicht nur taktischen Zwecken in der Polemik mit den Trockisten gedient habe[21]. Der Sozialismus könne sehr wohl in *einem* Lande verwirklicht werden. Im März und April 1925 legte Stalin seine These der XIV. Parteikonferenz[22] vor und focht sie hier gegen alle Angriffe durch.

Was lag hinter dieser These und der Polemik, die sich an sie heftete? Stalins These war eine Antwort auf Trockijs Theorie von der »permanenten Revolution«, die dieser von Marx übernommen und auf die russische Revolution übertragen hatte. Die Revolution werde zwangsläufig aus einer antifeudalen (bürgerlichen) zu einer antikapitalistischen (sozialistischen) weitergetrieben werden. Sie sei zwar in Rußland ausgebrochen – entgegen der marxistischen Ansicht in einem rückständigen Lande –, aber der Sozialismus könne hier allein nicht verwirklicht werden. Die Revolution könne nicht an nationalen Grenzen haltmachen, sie müsse in ihre internationale Phase übergehen. Erst wenn auch der Westen revolutioniert, könne der Sozialismus auf breiter internationaler Basis verwirklicht werden. So folgt bei Trockij auf die graduelle Steigerung die räumliche Ausweitung der Revolution; darin liegt ihre doppelte Permanenz.

Lenin hatte zunächst eine andere Konzeption von der russischen Revolution gehabt. Er warf Trockij vor, den russischen Bauern zu übersehen, dieser sei das Haupthindernis für das Umschlagen der antifeudalen Ziele der Revolution in antikapitalistische. Rußland werde sich daher zunächst mit der ersten Phase begnügen müssen. 1917 änderte Lenin jedoch seine Meinung und verlangte selbst einen sofortigen Übergang von der bürgerlichen zur sozialistischen Revolution, bekannte sich somit zu ihrer Permanenz. Voraussetzung für das Gelingen der sozialistischen Revolution in Rußland war und blieb für ihn die räumliche Ausweitung im internationalen Rahmen[23]. Letzten Endes war eine sozialistische Gesellschaft nur im Weltmaßstabe realisierbar.

Die Enttäuschung über das Ausbleiben der Weltrevolution in den Jahren 1918–1921 veranlaßte Lenin, das Tempo des Sozialisierungsprozesses zu verlangsamen. Freilich blieb seine Erwartung unentwegt auf den Sieg der Weltrevolution und die kommende Ausweitung des sozialistischen Experiments gerichtet. Aber so wie er den nach der marxistischen Ideologie zum Absterben verurteilten Staat für die sich ausdehnende Übergangsphase zu einem immer festeren Instrument der Diktatur des Proletariats, das heißt der Partei, ausbaute, so zwangen ihn auch die Erfahrungen der Komintern, politisch noch bis in die letzten Leidensjahre hinein, immer mehr zu einer Begrenzung des sozialistischen Aufbaus auf den Bereich der Sowjetunion als solcher. Man wird daher vergeblich nach einer scharfen Diskrepanz zwischen den Anschauungen Lenins und Stalins suchen. Wenn Stalin sich als den gelehrigen Schüler Lenins hinstellte und in seinen »Fragen des Leninismus« eine umfassende Exegese von Lenins Anschauungen zu liefern trachtete, so konnte er das ohne direkte Mißdeutungen tun; der Unterschied liegt in einer vereinfachenden Steigerung und in einer Verlagerung der Akzentuierung[24].

Stalin erkannte, daß die Massen mit einer These wie Trockijs permanenter Revolution auf die Dauer irre an der Idee werden mußten, wenn die Weltrevolution in unabsehbare Fernen rückte. Auch die Partei konnte des ewigen Wartens müde werden. Sollte das Schicksal der russischen Revolution von der Lage des Kommunismus im Ausland abhängen? Sollte man sich nicht vorerst mit dem Aufbau einer russischen sozialistischen Gesellschaft begnügen? Das waren konkrete, wirklichkeitsnahe Ziele, mit denen man die Jungkommunisten der zwanziger, dreißiger Jahre eher faszinieren konnte als mit den weltweiten Perspektiven der ideologisch gesättigten Rhetorik der großen Theoretiker.

Wenn Stalin sich aber mit seiner neuen These, die binnen kurzem zum Dogma wurde, auf den Weg eines Nationalkommunismus zu begeben schien, so hinderte ihn trotzdem sowohl seine marxistische Schulung als auch sein realer Sinn daran, den geistigen Boden, auf dem er gewachsen war, zu verlassen. Hinter allen polemischen Argumenten und werbenden Worten auch an bäuerliche Zuhörer[25] blieb die Erkenntnis unangetastet, daß der russische Bauer tatsächlich mit seinem zähen Hängen am Privatbesitz und an der Scholle ein Hindernis auf dem Wege zur sozialistischen Gesellschaft darstelle und daß diese nur auf dem Boden einer höheren Produktivität der Arbeit und einer hochentwickelten Industrie, nicht aber in einem wirtschaftlich rückständigen Lande verwirklicht werden könne.

Die simpelste Schlußfolgerung hieraus war: wenn man Lenins Forderung erfüllen wollte, Arbeiter und Bauern gleichermaßen ins neue System zu integrieren, diesen beiden Schwierigkeiten mit staatlichen Mitteln abzuhelfen. Es galt erstens: den Bauern nötigenfalls durch Zwang zur Kollektivierung zu veranlassen, und es galt zweitens: die Industrialisierung Rußlands auf Hochtouren zu bringen. Damit mußten die zwei wesentlichsten Gegenargumente gegen die Verwirklichung des Sozialismus in Rußland zusammenbrechen, und zwar durchaus im Einklang mit der ursprünglichen marxistischen Theorie. Nicht im Einklang damit standen allerdings die Mittel, die hierbei in Anwendung zu bringen waren. Sie bestanden vor allem in einem denkbar perfektionierten staatlichen Apparat, in einem starken totalitären Staatssystem, im terroristischen Zwang. Dieses System war die unweigerliche Folge der zunächst so banalen These vom Sozialismus in einem Lande.

Stalin zwischen Rechts- und Linksopposition (1925–1927). Trockijs Verbannung

In der Polemik mit dem Trockismus und im Kampf der Meinungen um Stalins neue These kam es ab 1925 zu einer neuen Gruppierung innerhalb der Parteiführung. Man konnte schließlich einen rechten Flügel mit Rykov, Bucharin und Tomskij und einen linken mit Zinov'ev und Kamenev unterscheiden.

Die Unterscheidung hatte wenig mit den üblichen Unterscheidungen zwischen radikal und gemäßigt, und gar nichts mit der Parteigruppierung etwa des Jahres 1917/18 zu tun, als Zinov'ev und Kamenev einen gemäßigten Standpunkt einnahmen und Bucharin den »linken« Flügel repräsentierte. Diesmal war die Linke durch einen ausgeprägten Internationalismus und durch einen Hang zur ideologischen Betrachtung der Politik gekennzeichnet, während die Rechte sich zur These vom Sozialismus in einem Lande bekannte und an die Dinge von der Praxis herantrat. Das Bemerkenswerte aber war, daß auch Bucharin, der »stärkste Theoretiker der Partei«, jetzt eine realistischere Politik befürwortete. Es hat sogar den Anschein, daß er Stalin die eigentlichen theoretischen Argumente zum Ausbau seiner These geliefert hat und diese erst dank seiner Beteiligung aus den primitiven Ansätzen in eine wissenschaftliche Form gegossen werden konnte.

Zu Rykov, dem Regierungschef, und Tomskij, dem Leiter der Gewerkschaften, ergaben sich für Stalin aus der praktischen Verwaltungsarbeit eine Fülle von Berührungen. Sie garantierten eine gewisse Gemeinsamkeit der Sprache. Trotzdem suchte Stalin jedoch seine Position auch ihnen gegenüber laufend zu verstärken. Er tat es, indem er treu ergebene Parteigenossen, auf die er sich verlassen konnte, zu den Spitzenämtern hinzuzog. Im Dezember 1925 wurden Molotov, Vorošilov und Kalinin ins Politbüro gewählt, das somit neun Mitglieder zählte. So entstand innerhalb dieses Führungsgremiums ein spezielles stalinistisches Zentrum. »Molotov war ein schwerfälliger Denker, aber ein Mann von unendlicher Geduld und eine Arbeitskraft ersten Ranges.« Er folgte Stalin wie ein getreuer Schatten, seitdem er ihm 1913 bei der Herausgabe der »Pravda« geholfen hatte. »Stalin übte auf ihn jene geheime Anziehungskraft aus, die schlaue und rücksichtslose Menschen so oft auf andere ausüben, denen eben diese Eigenschaften fehlen[26].«

Sachlich wurde die Bauernfrage zum wichtigsten Problem, an dem sich die Geister schieden. Ein im Sommer 1924 in Georgien ausgebrochener Bauernaufstand entsprang nur zum Teil nationalen Widerstandstendenzen gegen die rüde Bolschewisierung des Landes, die Lenin vergeblich abstoppen wollte. Zum andern Teil deckte er eine tiefe Unzufriedenheit der Bauern auf, die sich nicht nur auf Georgien beschränkte. Die NEP stellte letzten Endes einen Zwitter dar. Sie reizte die private Initiative, brachte sie aber zugleich immer aufs neue in Konflikt mit dem sozialistischen Sektor der Volkswirtschaft. Die Bauern verlangten ein größeres Angebot billiger Verbrauchsartikel, wollten aber für ihre eigenen Produkte möglichst hohe Preise erzielen. Die Industrie kam nur langsam zum Anlaufen, produzierte wenig und zu hohen Preisen, verlangte aber billige Lebensmittel und billige Rohstoffe. Diesen Antagonismus wollte Bucharin durch ein größeres Entgegenkommen den bäuerlichen Wünschen gegenüber lösen. Durch Zugeständnisse auf diesem Sektor sollte der Bauer den Anreiz bekommen, mehr Lebensmittel zu produzieren und auf den Markt zu werfen. Man konnte zum Beispiel die Entwicklung leistungsfähiger Bauernhöfe begünstigen, die über den eigenen Bedarf hinaus auch die Städte belieferten. Von diesem Standpunkt aus brauchte auch der Großbauer, der Kulak – nach westeuropäischen Begriffen noch immer ein Kleinproduzent – keine Gefahr für den sozialistischen Staat darzustellen, solange dieser Industrie, Banken und Verkehrswesen kontrollierte. Schon wurden Forderungen laut, die landwirtschaftlichen Steuern zu senken, ja sogar die Beschränkungen für die Anstellung landwirtschaftlicher Arbeiter aufzuheben und Grund und Boden langfristig verpachten zu dürfen.

Es war Bucharin gar nicht recht, daß dieser Neo-NEP-Kurs von bürgerlichen Kreisen, soweit sie sich noch bemerkbar machen konnten, begeistert aufgegriffen wurde. Professor Ustrjalov etwa als Repräsentant der bürgerlichen Spezialisten, die ab 1923 wieder in der Wirtschaft verwendet wurden, begrüßte Bucharins Bauernpolitik als die Rückkehr zu einer normalen kapitalistischen Produktionsweise.

Die Linke wollte aus der Sackgasse der NEP herausfinden, indem sie den Hebel genau am andern Ende ansetzte. Sie verlangte eine beschleunigte Industrialisierung. Durch eine Steigerung ihrer Produktion würde, meinte man hier, auch der agrarische Sektor belebt werden. Das Land sei durch eine chronische Ernährungskrise bedroht. Man könne die Steuern senken, wie das im April 1925 geschah, aber nur für die mittleren und kleineren Bauern, nicht für die Kulaken. Statt Großbauernhöfe sollte man Kollektivfarmen schaffen; keineswegs überstürzt und gewaltsam, sondern Schritt für Schritt auf der Grundlage der Freiwilligkeit, angereizt durch staatliche Hilfe in Gestalt von Saatgut, Maschinen und dergleichen mehr.

Für Stalin standen die Debatten und Meinungsverschiedenheiten um dieses kardinale Wirtschaftsproblem, die von 1925 bis 1926 die Gemüter immer heftiger bewegten, nicht im Zentrum seiner Politik. Sie waren für ihn letzten Endes nur Begleiterscheinungen, der Schwerpunkt lag für ihn beim Problem der Macht. Er hielt es mit der Rechten, aber ohne Bucharins kühner Agrarpolitik in allem zu folgen; die Kulaken hatten nach wie vor in seinen Augen keine Gnade zu erwarten. Seine eigene Agrar- und Industriepolitik des 1. Fünfjahresplanes sollte bald danach weit über das hinausgreifen, was zur Zeit die Linke verlangte, allerdings unter veränderten Vorzeichen. Er hielt es zunächst mit der Rechten aus Überlegungen, die nicht wirtschafts-, sondern machtpolitischen Bezirken entstammten. Auf Zinov'evs Broschüre »Die Philosophie einer Epoche« und sein Buch über den Leninismus antwortete er im Januar 1926 mit seinem Werk »Fragen des Leninismus«, einer Sammlung von Einzeluntersuchungen, in denen die ganze Wucht der Argumentation gegen Zinov'ev und Kamenev gerichtet war. Wenn Zinov'ev und Kamenev sich für ein Memorandum der Stimme der Krupskaja versicherten, die ihnen ohnehin näher stand als allen anderen Gruppen, so suchte Stalins neues Buch den Eindruck zu erwecken, als würde hier nichts als Lenins Meinung interpretiert.

Es war auch zu dieser Zeit, daß die Aktion zur Errichtung der »roten Ecken« (krasnyj ugol) sowohl im privaten Wohnraum als auch in öffentlichen Gebäuden anlief, in denen Lenin- und bald auch Stalinbilder den Platz der früher traditionellen Heiligenbilder mit dem Öllämpchen einnehmen sollten. In wenigen Jahren stieg ihre Zahl in den Fabriken von 7 000 auf 42 000.

Vorübergehend konnte, zumal Stalins Polemik in dieser Phase jede Unfreundlichkeit Trockij gegenüber vermied, der Gedanke auftauchen, daß sich eine Annäherung zwischen den beiden anbahne. Radek insbesondere war in dieser Richtung bemüht. Als M. V. Frunze, Trockijs Nachfolger im Kriegskommissariat, im Oktober 1925 sich auf Befehl des Politbüros einer Operation unterziehen mußte, die einen tödlichen Ausgang nahm[27], hätte die Möglichkeit bestanden, Trockij zurückzuberufen. Aber Trockij selbst war es, der schon die damaligen Ärzte bezichtigte, willige Werkzeuge des Kreml zu sein, dem an einer Beseitigung des sehr volkstümlichen militärischen Führers gelegen gewesen sei, weil er ein Anhänger Zinov'evs war. Trockij war es nicht um eine Verständigung mit Stalin zu tun. Je mehr die Linke sich seiner Argumente bediente, desto mehr fühlte er sich zu ihr hingezogen. An die Stelle Frunzes trat K. J. Vorošilov. Er hielt die Linie Stalins.

Der XIV. Parteitag im Dezember 1925[28] brachte den entscheidenden Zusammenstoß mit der Gruppe Zinov'ev. Der Kongreß war mehrfach vertagt worden und wurde mit Ungeduld erwartet. Schon zu Beginn lag eine derartig geladene Atmosphäre über ihm, wie man sie seit Jahren nicht erlebt hatte[29]. Stalin legte in seinem Bericht im Namen des Zentralkomitees einen Wirtschaftsplan vor, der zum ersten Mal die »Verwandlung der Sowjetunion aus einem Agrarland in ein Industrieland« deutlich als Ziel herausstellte. Er basierte auf seiner These vom Sozialismus in einem Lande und setzte den Aufbau einer Staatsindustrie bedenkenlos mit Sozialisierung gleich. Zinov'evs und Kamenevs Proteste gegen diese Verquickung und ihr unerschrockenes Auftreten gegen die Eigenmächtigkeit des Generalsekretärs lösten einen scharfen Gegenangriff Stalins aus, der sie als »Streikbrecher der Oktoberrevolution« zu diskreditieren suchte. Beide Seiten bemühten sich, ihre Argumente sorgfältig mit Lenin-

Zitaten zu untermauern. Die Leningrader Parteimitglieder standen um ihren Parteisekretär geschart. Auch Kamenev hatte seine Gefolgschaft. Aber sie waren insgesamt doch in der Minderzahl. Als Kamenev sein Mißtrauensvotum gegen Stalin aussprach, erhob sich die Mehrheit der Versammlung und brach in Hochrufe auf die Partei aus, in die sich schon einzelne Stimmen: »Es lebe Stalin« mischten. War es eine Warnung an Stalin, wenn Tomskij, die Angriffe Kamenevs gegen diesen zurückweisend, feststellte, das Politbüro habe eine kollektive Führung und würde nie das System einer unumschränkten Führerschaft eines Einzelnen dulden? Es mag sein, daß Stalin sich dieser Worte erinnerte, als Tomskij zehn Jahre später zum Selbstmord getrieben wurde.

Mit 459 Stimmen gegen 65 stimmte der Parteitag, bei 41 Enthaltungen, der politischen Plattform Stalins und Bucharins zu. Zinov'ev und Kamenev waren nicht durchgedrungen. Viele ihrer Leningrader und Moskauer Parteigenossen hatten es nicht gewagt, für die Opposition zu stimmen.

Die erste Schlußfolgerung, die Stalin nach dem Kongreß hieraus zog, war die, daß er Zinov'evs Stellung als Parteisekretär von Leningrad zu untergraben suchte. Er schickte zu diesem Zweck eine Delegation unter Leitung von Molotov, die massive Propaganda für Sergej Mironovič Kirov betrieb, nach Leningrad. Kirov war Parteisekretär von Baku gewesen, gelegentlich zu Sonderaktionen des Zentralkomitees benutzt worden und hatte sich als energischer Organisator und befähigter Redner erwiesen. Ihm gelang es schnell, Vertrauen zu gewinnen und die oppositionelle Stimmung in Leningrad zu lockern; 1926 wurde er an Stelle von Zinov'ev zum Parteisekretär von Leningrad gewählt. Für Zinov'ev und Kamenev blieb nun keine andere Möglichkeit mehr, als sich mit Trockij zu verbinden. Stalin war es ein leichtes sie in der Öffentlichkeit dadurch zu diskreditieren, daß er ihre gegenseitigen Angriffe der letzten Jahre erneut publik machte. Zinov'ev und Kamenev machten sich über die rücksichtlose Zielstrebigkeit von Stalins Machtstreben keine Illusionen. Wohl aber täuschten sie sich, wenn sie in ihrer neuen Trojka mit Trockij ein gleichwertiges Gegengewicht gegen das »stalinistische Zentrum« sahen. Kamenev meinte, wenn Trockij mit Zinov'ev zusammen auf der Rednertribüne erscheine, sei die ganze Partei mit einem Schlage gewonnen[30]. Trockij selbst war bedeutend skeptischer. Die Machtstellung Stalins hatte bereits eine Steigerung erfahren, die selbst die Krupskaja veranlaßte festzustellen, wenn Lenin noch lebte, würde er wohl von

Stalin verhaftet werden[31]. Nichtsdestoweniger schien Trockij nach einem Kuraufenthalt in Deutschland etwas von seiner früheren Kampflust zurückgewonnen zu haben.

In einem Wald bei Moskau hielten die Oppositionsführer ihre Besprechungen ab. Noch gab Trockij nicht die Hoffnung auf, in Kreisen der Roten Armee Sympathien zu genießen. Vorošilovs Stellvertreter war auch nach dem Tode von Frunze zunächst noch Laševič geblieben, ein Anhänger Zinov'evs. Er erhielt den geheimen Auftrag, Pläne für eine militärische Aktion gegen Stalin auszuarbeiten und in der Zwischenzeit unter den Offizieren Oppositionskerne zu bilden. Man kann Trockij glauben, daß er keinen direkten Staatsstreich gegen Stalin geplant hat. Aber er wollte für den Fall, daß es der neuen Trojka gelingen sollte, die Mehrheit in der Partei zu gewinnen, ein Machtzentrum schaffen, auf das sie sich stützen konnte. Was bei Stalin der Parteiapparat bedeutete, sollte hier die Armee bewirken. Aber vor dem letzten entscheidenden Schlag scheuten die alten Revolutionäre zurück, weil sie glaubten, daß ein ausbrechender neuer Bürgerkrieg über beide Flügel hinweg gegenrevolutionären Kräften zum Siege verhelfen würde. Den Sprung zum Bonapartismus wagte Trockij, wie gesagt, nicht, und Zinov'ev fehlte hierzu nahezu jede Eignung.

Als im Juli 1926 eine Plenarsitzung des Zentralkomitees stattfand, erschien die Opposition oder, wie sie sich selbst nannte, »der Block« als eine geschlossene Gruppe vor der Parteiführung. In einer Erklärung taten sie das, was Stalin sarkastisch die »gegenseitige Amnestierung« nannte. In ihrer Kritik beschuldigten sie die Führung, daß die Position der Arbeiterklasse und der Dorfarmen gegenüber den Kulaken, NEP-Leuten und Bürokraten geschwächt sei, und daß die Kräfte, die das Land in kapitalistische Bahnen zurücklenken wollten, begünstigt würden. In der Außenpolitik stellten sie einen Niedergang der internationalen Position der Sowjetunion fest. Ein Mitglied der Opposition, der Schmied J. A. Osovskij, ging sogar so weit, die Zulassung einer neuen proletarischen Partei zu fordern. An Stelle der laufenden Wirtschaftspolitik der Neo-NEP verlangte der Block eine gesteigerte Industrialisierung und eine Beteiligung der Arbeiter durch die Gewerkschaften an der Betriebsführung. Es war eine unmißverständliche Kampfansage gegen die monopolistische Kontrolle der Sowjetindustrie seitens des Staates und seiner Partei, gegen die Entartung der Arbeiterpartei zu einer Staatspartei.

Die Beweisführung der Opposition schien ihren Eindruck auf die Versammlung nicht ganz zu verfehlen. Um so mehr Veranlassung lag für Stalin vor, auf dem Felde der Stellenbesetzung der Opposition das Wasser abzugraben. Schlag auf Schlag erfolgten gleich nach der Julisitzung die personellen Veränderungen. Zinov'ev wurde aus dem Politbüro entfernt, Kamenev mußte seinen Posten als Außenhandelskommissar an A. I. Mikojan, einen armenischen Kampfgefährten Stalins, abtreten. Laševič wurde seines militärischen Postens enthoben und aus dem Zentralkomitee ausgestoßen. Da Dzeržinskij plötzlich am 20. Juli 1926 auf einer Parteisitzung am Herzschlag starb, konnte er als Leiter der GPU durch Menžinskij, als Vorsitzender des Obersten Volkswirtschaftsrates durch V. V. Kujbyšev ersetzt werden. Wenn auch Dzeržinskij dem Kurse Stalins und Bucharins gefolgt war, so hatte Stalin doch in den beiden neuen Männern noch gefügigere Funktionäre zur Hand. Kamenev hatte es abgelehnt, sich zum Botschafter in Japan ernennen zu lassen, weil er den Kampf in Moskau noch nicht aufgeben wollte. Frau Kollontaj dagegen protestierte nicht, als sie als Gesandtin von Norwegen nach Mexiko, noch weiter vom Schuß, abgeschoben wurde. Drohend erhob sich bereits die Möglichkeit, aus der Partei ausgeschlossen zu werden, über den Häuptern der Opposition. Um dieser Gefahr zu entgehen, lenkten Trockij, Zinov'ev, Kamenev, Pjatakov und Sokolnikov ein und unterschrieben am 4. Oktober 1926 eine Erklärung, daß sie sich des Verstoßes gegen die Parteistatuten schuldig bekannten und sich verpflichteten, ihre »Partei in der Partei« wieder aufzulösen. Sie desavouierten auch einige Extremisten in ihren Reihen.

Danach aber, nach diesem Schuldbekenntnis, setzten Trockij und Genossen in bemerkenswerter Festigkeit ihre Kritik am Stalin-Bucharinkurs fort. Gefährlich wurde ihre Agitation, als sie dazu übergingen, einzelne Zellensitzungen zu besuchen, um dadurch unmittelbar auf die Arbeiter in den Werken einzuwirken. Der Parteiapparat ergriff Gegenmaßnahmen, delegierte seinerseits Vertreter in die Versammlungen, sorgte für Protestdemonstrationen gegen die Mitglieder der Opposition, für Störungen ihrer Reden, für Bespitzelung aller Zellensitzungen. Schon begannen einzelne Verhaftungen und Verschickungen.

Dann wurde eine Plenarsitzung des Zentralkomitees und der Zentralen Kontrollkommission einberufen. Sie tagte vom 23. bis 26. Oktober und führte zu weiteren Maßnahmen gegen den Block. Trockij wurde aus dem Politbüro ausgeschlossen, Kamenev verlor seine Stellung als Kandidat des Politbüros, Zinov'ev als Vorsitzender der Komintern. Daß Zinov'ev mit einem Sitz im Präsidium der Staatlichen Planungskommission abgespeist wurde, war nur ein schwacher Trost. Wichtiger war, daß alle Oppositionsführer zunächst noch Mitglieder des Zentralkomitees blieben.

Der Winter 1926/27 brachte eine Art Waffenstillstand. Erst im Sommer 1927 lebte der Kampf im Zusammenhang mit einer Reihe von Rückschlägen in der sowjetischen Außenpolitik wieder auf. Im Mai wurden, nach einem Zwischenfall in der sowjetischen Handelsvertretung in London, die diplomatischen Beziehungen zwischen England und der Sowjetunion abgebrochen. Im Juni wurde der sowjetische Gesandte in Warschau Vojkov von einem russischen Emigranten ermordet. Zur selben Zeit erlebte Stalins Chinapolitik durch Tschiang Kai-Scheks Schwenkung gegen die chinesischen Kommunisten einen schweren Rückschlag. Im September wurde das anglo-russische Gewerkschaftskomitee aufgelöst.

Ermuntert durch diese Häufung von Mißerfolgen veröffentlichten 84 Führer der Opposition schon im Sommer 1927 eine Erklärung, die Stalin und seine Gefolgsleute für alle diese Fehlschläge verantwortlich machte. Inmitten der hierüber im Zentralkomitee entbrennenden Debatten kommt der sogenannten Clémenceau-Erklärung Trockijs eine besondere Bedeutung zu. Es ist vorauszuschicken, daß der Kreml zu der Zeit von der Psychose eines nahe bevorstehenden allgemeinen Krieges gegen die Sowjetunion erfaßt worden war. In diesem Zusammenhang stellte Trockij fest, er werde im Falle eines solchen Krieges eine ähnliche Stellung einnehmen wie Clémenceau während der Krise des Jahres 1917 in Frankreich, als er die französische Regierung mangelnder Tatkraft beschuldigte und sich diktatorische Vollmachten erteilen ließ. Da war es wieder, das Gespenst des bolschewistischen Bonapartismus! Es war ein starkes Stück, wenn Trockij die Sowjetregierung beschuldigte, sie hätte es an der nötigen Vorsicht fehlen lassen, und ankündigte, er werde wenn nötig auf einen Sturz der Regierung hinwirken, um das Land dann gegen einen auswärtigen Angriff zusammenzuschließen. Was in einem bürgerlichen Lande in kritischen Lagen üblich, mußte hier im bolschewistischen Staat nach Hochverrat klingen.

Die Folge war der Ausschluß Trockijs und Zinov'evs aus dem Zentralkomitee. Noch einmal versuchte es die Opposition mit einem Appell an die Massen. Sie veranstaltete anläßlich des zehnten Jahrestages der Oktoberrevolution gesonderte Demonstrationen in Moskau und Leningrad. Sie trugen keinen ausgesprochen aggressiven Charakter, aber sie dienten Stalin dazu, den entscheidenden Schlag gegen seine Gegner zu führen. Am 14. November 1927 wurden auf einer gemeinsamen Sitzung des Zentralkomitees und der Zentralen Kontrollkommission Trockij und Zinov'ev aus der Partei ausgestoßen. Zwei Tage darauf verübte Trockijs vertrauter Freund, der ehemalige Diplomat Joffe, Selbstmord. Es setzte ein Terror gegen die Angehörigen der Opposition ein, der sich von Tag zu Tag verstärkte.

Der im Dezember 1927 zusammengetretene XV. Parteikongreß nahm tumultuarische Formen an. Vergeblich versuchten Kamenev und Rakovskij für das Recht auf Opposition einzutreten, vergeblich forderten auch die Angehörigen der späteren Rechtsopposition das Recht offener Kritik im Sinne einer echten Parteidemokratie, wenn sie auch die Notwendigkeit einer Anerkennung der Parteidisziplin zugaben. Die Worte sowohl dieser als auch jener Richtung gingen im Sturm der Zwischenrufe, der Pfiffe und des Geschreies unter, bis schließlich Stalin mit dem Ruf: »Genug, Genossen, diesem Spiel muß ein Ende gemacht werden ...« eingriff. Der Kongreß verlangte von den Führern der Opposition sofortigen Widerruf ihrer Ansichten und ein Reuebekenntnis. Um diesen Preis sollte ihnen gestattet werden, in der Partei zu bleiben. Kamenev wies darauf hin, daß ein derartiges Verfahren in der Geschichte des Bolschewismus beispiellos sei; wenn sie sich beugten, würden sie sich selbst entehren, ohne die Achtung der anderen Parteigenossen zu gewinnen. Es war fruchtlos.

Am 18. Dezember stieß der Kongreß 75 führende Mitglieder der Opposition aus der Partei aus. Trockij weigerte sich, der Forderung des Kongresses nachzukommen. Er wurde am 17. Januar 1928 gewaltsam nach Alma-Ata in Kasachstan deportiert. Zinov'ev und Kamenev widerriefen, aber der Kongreß nahm ihren Widerruf nicht an. Er überließ die Entscheidung dem Generalsekretariat.

Kollektivierung und Industrialisierung. Der Erste Fünfjahresplan (1928–1932)

Als am 7. November 1927 der zehnte Jahrestag der Oktoberrevolution mit großem Gepränge gefeiert wurde, entwickelte Stalin vor der Festversammlung sein neues Programm.

Während nach außen hin Frieden und internationale Zusammenarbeit betont herausgestellt wurden, proklamierte der Generalsekretär für den inneren Aufbau zwei kardinale Zielsetzungen: die radikale Kollektivierung der Bauern und die Schaffung einer mächtigen eigenen Industrie. Er versprach zugleich, die Steuern zu senken und die Altersversorgung der Arbeiter, Bauern und Soldaten zu sichern. Die Gleichstellung der Frau würde konsequent durchgeführt, der Kampf gegen das Analphabetentum vorangetrieben und die kulturellen Bestrebungen des Volkes intensiviert werden.

Einen Monat später nahm der XV. Parteitag im Dezember 1927 das skizzierte Rahmenprogramm an und leitete damit die große Agrarrevolution und die forcierte Industrialisierung Rußlands ein, die an den Namen Stalins geknüpft sind. Es wurde beschlossen, die Kollektivierung in Angriff zu nehmen und »die Offensive gegen die Kulaken weiterzuentwickeln«. Gleichzeitig wurde der Staatlichen Plankommission der Auftrag gegeben, den Ersten Fünfjahresplan für die gesamte Volkswirtschaft der Sowjetunion auszuarbeiten. Die Verantwortung hierfür trug V. V. Kujbyšev[32].

Die bauernfreundliche Ära der Jahre 1925–1927 war vor allem das Werk von Bucharin gewesen. Stalin hatte die Dinge laufen lassen, ohne sich vollständig mit dieser Konzeption zu identifizieren. Er ging mit großer Vorsicht an dieses heikle Problem heran, um zunächst, während des Kampfes mit der linken Opposition, alle Erschütterungen im Lande zu vermeiden. Auch nach dem XV. Parteitag war zunächst noch nichts von dem späteren Radikalismus der Kollektivierung zu spüren. Er hat sich erst nach und nach in den anschließenden Jahren entwickelt, zur selben Zeit, in der der Kampf mit der Rechtsopposition entbrannte. Es ist aber wohl anzunehmen, daß Stalin schon 1927 entschlossen war, ein Programm des »Sozialismus in einem Lande« hundertprozentig durchzuführen. Er mag es für taktisch richtiger gehalten haben, in der Durchführung etappenweise vorzugehen.

Die offizielle Darstellung weiß zu berichten, daß es sich im Januar 1928 herausgestellt habe, die Getreidekäufe der Regierung seien um zwei Millionen Tonnen hinter dem Minimum zurückgeblieben, das für eine ausreichende Ernährung der Stadtbevölkerung notwendig war. Mit anderen Worten: es drohte eine neue Hungersnot, weil die Bauern ihrer Ablieferungspflicht nicht nachkamen. Was war geschehen? Lag der Grund darin, daß die kleinen Bauernstellen wirtschaftlich nicht in der Lage waren, genügend Getreide zu produzieren, um die Stadt zu ernähren, und daß somit letzten Endes die Agrarrevolution von 1917 in ihren Auswirkungen über zehn Jahre hinaus dafür verantwortlich zu machen war? War die Ernährung der Städte nur von größeren landwirtschaftlichen Betrieben aus zu gewährleisten? Oder war es Sabotage seitens der Großbauern und vielleicht auch der mittleren Bauern, deren Auswirkungen nun offenbar wurden?

Hierbei sind zwei Dinge zu bedenken. Auf der einen Seite war trotz vieler Mißstände der NEP eine Besserung der Lebenshaltung in den Jahren 1924–1927 nicht zu verkennen. Berichte aus Leningrad etwa wissen zu erzählen, daß noch im Jahre 1927 der freie Markt mit Lebensmitteln ein ausreichendes Angebot aufwies; erst mit der Wende zu 1928 setzte abrupt ein Mangel an den notwendigsten Dingen ein. Wenn die Besserung der Ernährungslage mit dem bauernfreundlichen Kurs der Bucharin-Ära zusammenfiel, so ist anzunehmen, daß von Sabotageerscheinungen in dieser Zeitspanne nicht die Rede sein konnte. Was aber sollte die Bauern veranlaßt haben, bei der Ablieferung der Ernte des Jahres 1927 zwei Millionen Tonnen zurückzuhalten und damit plötzlich mit einer Sabotage zu beginnen, die durch keinerlei Druckmaßnahmen vor 1928 erklärt werden könnte?

Es ist bekannt, daß ein Ankauf von ausländischem Getreide stets abgelehnt worden war, weil dafür keine Devisen zur Verfügung ständen und der Sowjetunion keine Kredite gewährt worden seien. Nicht verzichtet wurde jedoch alle die Jahre hindurch, auch in den Hungerjahren nicht, auf die Ausfuhr russischen Getreides ins Ausland zu Dumpingpreisen, eine Maßnahme, die von der Zersetzungsstrategie der Komintern aus ihre Erklärung findet. Wie leicht hätte bei einem notorischen Ausfall des Solls die Nachfrage durch einen Verzicht auf eine derartige Dumpingausfuhr befriedigt werden können.

Bei näherer Betrachtung zeigt sich allerdings, daß die Bauern auf Grund der letzten beiden Ernten über erhebliche Kaufkraft verfügten, für die sie aber wegen der noch nicht genügend angelaufenen Industrie die notwendigen Geräte nicht bekommen konnten. Sie hielten daher das Getreide zurück oder verfütterten es. Gewiß war vom Standpunkt des bolschewistischen Programms die Schonzeit, die man den Bauern in den Jahren 1924–1927 angedeihen ließ, ein unbefriedigendes Provisorium.

Von der Notwendigkeit einer konsequenten Kollektivierung wurde auch außerhalb Stalins engster Sphäre oft gesprochen. Aber selbst Zinov'ev und Kamenev, die in ihrem Wirtschaftsprogramm von ausgesprochen städtisch-industriellen Überlegungen ausgingen und es an wirklicher Sachkenntnis der ländlichen Verhältnisse vermissen ließen, traten für eine partielle und milde Kollektivierung ein, um das Gefüge des Staates nicht zu erschüttern. Wenn sie an eine stärkere Heranziehung der Gewerkschaften zum industriellen Produktionsprozeß dachten, so wäre zweifellos auch die Agrarwirtschaft mit Hilfe eines bäuerlichen Genossenschaftswesens zu beflügeln gewesen. Derartige Gedanken lagen jedoch Stalin fern. Hier witterte er menschewistische oder sozialrevolutionäre Abweichungen. Eher duldete er dann schon die scheinbare Rückkehr zu kapitalistischen Formen – vielleicht um später Bucharin und dessen Gehilfen für die ideologischen, eventuell auch die wirtschaftlichen Folgen verantwortlich zu machen.

So ordnete das Politbüro, auf der erwähnten Meldung basierend, Anfang 1928 »Notstandsmaßnahmen« an, die im Sommer noch weiter intensiviert wurden. Unter dieser Flagge lief der Feldzug gegen die Kulaken an; seine taktischen Maßnahmen bestanden in plötzlichen, überfallartigen Haussuchungen bei den Großbauern, in Requisitionen und Verhaftungen. Noch leugnete Stalin – im Juli 1928 –, daß er die Kulaken expropriieren wolle, das wäre unter den gegebenen Verhältnissen eine Torheit[32], noch scheute er vor allen drastischen Lösungen zurück. Der Ende 1928 angenommene Erste Fünfjahresplan sah bis zum Jahre 1933 die Kollektivierung von höchstens 20 % der Bauernhöfe vor. Und noch im Frühjahr 1929 vertrat Stalin den Standpunkt, daß die private Landwirtschaft auch in Zukunft eine vorherrschende Rolle spielen werde[33].

Wenige Monate später war die Kollektivierung in vollem Gange. Die private Landwirtschaft wurde zum Untergang verurteilt, und in den letzten Tagen des Jahres 1929 erließ Stalin seinen drohenden Befehl zum »Generalangriff gegen die Kulaken«, in dem er davon sprach, daß sie als Klasse ausgerottet werden müßten. Jetzt bejahte er ohne Einschränkung die Expropriation der Kulaken[34]. Jetzt tat er dasselbe, was im Jahre 1925 Jurij Larin, ein menschewistischer Wirtschaftstheoretiker, verlangt hatte, wenn er eine »zweite Revolution« in der Landwirtschaft forderte, und was Stalin selbst strikt als »Entfachung des Klassenkampfes auf dem Lande« abgelehnt hatte.

Was sich in den zwei Jahren 1929 und 1930 in Rußland abspielte, war eine Agrarrevolution gigantischen Ausmaßes, die in rücksichtslosester Weise die ärmeren Bauern zum Klassenhaß gegen die Kulaken aufrief und diese in die Vernichtung trieb. Man hat versucht, innerhalb der Gesamtzahl von 25 Millionen russischer Bauern – ohne Familienangehörige – eine dreifache soziale Schichtung zahlenmäßig zu fixieren. Danach standen 15–18 Millionen mittlerer Bauern zwischen den beiden Extremen von 5–8 Millionen armer Bauern auf der einen und 1½–2 Millionen Kulaken auf der anderen Seite[35]. Waren jene ohne weiteres Anhänger, diese Gegner der Kollektivierung, so konnte man die Mitte als die eigentliche Masse des russischen Bauerntums betrachten, die es für die Reform zu gewinnen galt. Es ist richtig, wenn man gesagt hat[36], daß eine zunehmende Ausrüstung der Kollektivwirtschaften (Kolchose) mit Werkzeugen und Maschinen, eine Versorgung mit Krediten und technischen Beratern sie zu einem Anziehungspunkt auch für die bäuerliche Mittelschicht hätten werden lassen, die oft ihr Dasein ebenfalls an der Grenze der Armut fristete. In einem wirtschaftlichen Wettbewerb zwischen den Kolchosen mit ihrem, wie man erwartete, höheren Lebensstandard und den Bauernhöfen hätte sich mit der Zeit ein gemischtes System der Agrarwirtschaft einspielen können, bei dem die Versorgung des gesamten Landes mit Lebensmitteln wieder auf einen befriedigenden Stand gebracht worden wäre. Eine derartige Reform konnte sich aber bei der Primitivität der russischen Verhältnisse und der schweren Beweglichkeit des bäuerlichen Menschen über Jahrzehnte, wenn nicht über Generationen erstrecken. Stalin dagegen hatte es eilig. Er hatte es eilig, den Beweis für seine Theorie vom »Sozialismus in einem Lande« zu erbringen, um dadurch seine Machtstellung zu befestigen, und er verfügte über die beispiellose Härte und Skrupellosigkeit, dieses Ziel auch um den Preis der Vernichtung der wirtschaftlichen und oft auch der physischen Existenz von Millionen von Menschen zu erzwingen.

Deshalb rief er die »Dorfarmut« gegen die Kulaken auf und versprach ihr eine gesicherte Existenz als Arbeiter in einem Kolchos, der vom Staat mit technischem und aus dem Besitz der Kulaken mit lebendem Inventar ausgestattet werden würde. Als die »Notstandsmaßnahmen« im Jahre 1928 anliefen, zeigte es sich jedoch, daß die Bereitschaft der armen Bauern nicht genügte, die Kollektivierung durchzuführen, da von der Masse der mittleren und reichen Bauern ein erbitterter Widerstand entgegengesetzt wurde. Lebensmittel wurden in großen Mengen in verborgenen Lagern gesammelt, das Vieh wurde in nihilistischer Verzweiflung geschlachtet, das Getreide verbrannt, das Gerät zertrümmert. Es war eine jener elementaren, großen Bauernrevolten gegen die Staatsgewalt, die Rußland seit altersher in einem periodischen Rhythmus erschütterten; jetzt war es ein roter Zar, gegen dessen Maßnahmen sich die Empörung in ohnmächtiger Verzweiflung aufbäumte, und an Stelle eines Pugačev oder Bolotnikov war jetzt der namenlose Mužik des 20. Jahrhunderts der Repräsentant der verratenen russischen Freiheit.

Die Regierung kam mit administrativen Mitteln nicht voran. Sie setzte, als der Widerstand sich steigerte, militärische Mittel ein. Dörfer, die sich nicht fügten, wurden von Rotarmisten oder GPU-Einheiten umstellt und mit Maschinengewehrfeuer zur Übergabe gezwungen. Die widerspenstigen Kulaken wurden gefaßt, verhaftet und in Massen in die arktischen Gebiete deportiert. Es genüge nicht mehr, sagte Stalin in einer Ansprache im Dezember 1929, den Kulaken zu expropriieren; jetzt sei es zu spät, ihm den Eintritt in einen Kolchos zu gestatten. Im Ergebnis sind damals Millionen von Bauern, Kulaken und Mittelbauern, ins Elend getrieben worden, aus dem es kaum ein Zurück gab.

Nach dem zweiten Winter seit Beginn der Zwangskollektivierung schreckte Stalin selbst vor der Rigorosität seiner Maßnahmen zurück. In einer Proklamation vom 2. März 1930 versuchte er die Entwicklung etwas zu bremsen. Die für die Durchführung der Kollektivierung zuständigen Beamten seien vor lauter »Erfolgen von Schwindel befallen« worden: so hieß die Überschrift, die die »Pravda« der Verlautbarung gab[37]. Er tat so, als seien seine Anordnungen falsch verstanden worden. Die Beamten wurden für ihren Übereifer verantwortlich gemacht. Kolchose könnten nicht mit Gewalt aufgestellt werden, wer das versuchen wolle, sei ein reaktionärer Narr! Mit allen Exzessen müsse Schluß gemacht werden.

In listiger Weise stoppte Stalin damit plötzlich das Tempo ab, nachdem er es selbst forciert hatte, und warf sich auf einmal wieder zu einem Wortführer des Bauerntums auf, als ob nichts gewesen wäre. Er mußte fürchten, daß die Agrarrevolution in eine Bauernrevolution gegen den proletarischen Staat umschlug. Selbst dem Zentralkomitee kam der Aufruf überraschend; es kam zu Protesten, die Stalin am 3. April 1930 damit beantwortete, daß er den Befehl zur Einstellung der Gewaltmaßnahmen nicht als seine persönliche Meinung, sondern als die des Zentralkomitees hinstellte[38].

War noch am 6. Januar der Beschluß gefaßt worden, an der mittleren und unteren Wolga und im nördlichen Kaukasus die Kollektivierung bis zum Herbst des Jahres beziehungsweise Frühjahr 1931 abzuschließen, so lief die Bewegung von nun ab auf etwas langsameren Touren. In den Jahren 1930–1933 wurden nur noch 10 % der übriggebliebenen Bauernhöfe zusammengelegt. Zum Ende des Ersten Fünfjahresplanes waren sechs Zehntel aller Höfe kollektiviert.

Was stellte nun ein derartiger Kolchos dar? Jeder Kolchos war eine Genossenschaft mit einem eigenen Haushaltsplan, die durch Zusammenlegung von kleinen und größeren Landstellen entstanden war und eine gemeinsame Bewirtschaftung ihres Landes in Angriff nahm. Zu einem Kolchos gehören durchschnittlich etwa 75 Bauernfamilien, die 100–150 Tagewerke für die Genossenschaft zu leisten verpflichtet sind. Alle über den eigenen Bedarf hinausgehenden Erträge werden vom Kolchos dem Staat in natura abgeliefert, in erster Linie Getreide und Kartoffeln, Schlachtvieh, gegebenenfalls Zuckerrüben, Industriepflanzen usw. Der Kolchos steht unter Leitung eines Vorsitzenden und dessen Mitarbeiterstab, der für die Arbeitsdisziplin, die Ablieferungen und die Steigerungen der Erträge in gegenseitigem Wettbewerb verantwortlich ist.

Zunächst hatte die »Agrarrevolution von oben«, die in den Jahren 1928–1930 durchgeführt wurde, katastrophale Folgen. Einige Jahre später stellten sich die wirtschaftlichen Ergebnisse heraus: Stalin selbst machte im Januar 1934 einige Angaben[39]. Im Jahre 1929 hatte es in Rußland 34 Millionen Pferde gegeben – im Jahre 1933 waren nur noch 16,6 Millionen übrig. 30 Millionen Stück Großvieh und annähernd 100 Millionen Schafe und Ziegen waren geschlachtet worden. Weite Landstriche waren, wie vor zehn Jahren im Bürgerkrieg, unbebaut geblieben. Das Ergebnis war eine neue Hungersnot, die nicht nur auf die Städte beschränkt blieb, sondern auch die reichsten Agrargebiete der Ukraine erfaßte.

Die Dezimierung des Pferdebestandes hatte noch eine andere Seite. Die beschleunigte Mechanisierung der Landwirtschaft wurde jetzt zu einer Frage auf Leben und Tod. Die Verwendung von Ochsen oder gar Kühen als Zugtiere war in Rußland nie üblich; sie wäre jetzt auch deshalb nicht möglich gewesen, weil hier die Verluste ebenfalls katastrophal waren. Die Kolchosen verlangten zudem als Großbetriebe eine großräumige Bearbeitung, sie waren ohne den Traktor nicht denkbar. Schon vor dem großen Pferdesterben war man sich darüber im klaren gewesen. Nun tat Eile not. Zu den rund 7 000 im ganzen Lande vorhandenen Traktoren verließen allein im Laufe des Jahres 1929 weitere 30 000 die Fabriken. Das war jedoch nur ein Anfang. Immer mehr Traktoren und Maschinen aller Art waren vordringlich nötig. Es mußten neue Fabriken entstehen, die Eisen- und Kohleproduktion mußte erhöht werden. Es war mehr Treibstoff nötig. Das Land mußte elektrifiziert werden, neue Kraftwerke mußten aus dem Boden gestampft werden.

Zu alledem trat das Problem, die Bauern anzulernen, sie an die Mechanisierung der Landwirtschaft heranzuführen. Es waren Instrukteure und Agronomen nötig, eine neue Generation von Kolchosjungbauern mußte ausgebildet werden. Mit der fachlichen Ausbildung hatte die politische Aufklärung Schritt zu halten. Den Kolchosvorsitzenden und -funktionären erwuchsen große Aufgaben. Neben den Kolchosen entstanden die Motoren- und Traktorenstationen (MTS) als technische und politische Kraftzentren in einem Netzwerk, das sich nach und nach übers ganze Land ausdehnte. Mit Hilfe der MTS konnte der Staat die Kolchose fest in der Hand halten; an den technischen Apparat der MTS ließ sich leicht ein politischer anschließen, der der Überwachung diente[40].

Es war, wie gesagt, eine Aufgabe, die Jahrzehnte oder Generationen gebraucht hätte, um sich organisch und ohne größere Schmerzen zu entwickeln. Hier wurde sie in wenige Jahre hineingepreßt und über das eigentliche agrar- und wirtschaftspolitische Anliegen hinaus aufs engste mit dem siegreichen Durchbruch eines Systems verkoppelt, das einer sozialistischen Gesellschaft zu dienen vorgab, in Wirklichkeit aber nur eine Verdichtung der stalinistischen Autokratie bedeutete.

Mit der Mechanisierung der Landwirtschaft ist bereits die Verbindung zum Industrialisierungsprogramm Stalins gegeben. Als der Volkskommissar für Finanzen im Jahre 1927 nicht mehr als 650 Millionen Rubel für Kapitalinvestitionen in der Industrie freigeben wollte, hatte Stalin es beim Obersten Wirtschaftsrat durchgesetzt, daß die Summe auf 825 Millionen Rubel erhöht wurde. Tatsächlich sind im ersten Jahr des Fünfjahresplanes 1 300 Millionen investiert worden! Mitte 1929 wurden die Kapitalinvestitionen erneut auf 3 400 Millionen Rubel erhöht. Staunend vernahm der XVI. Parteikongreß im Juni 1930 die

Worte Stalins, daß das agrarische Rußland im Begriff sei, in ein Industrieland verwandelt zu werden; in vielen Industriezweigen werde das Soll des Fünfjahresplanes bereits in 2½–3 Jahren erfüllt sein; im allgemeinen habe die Losung zu lauten: Fünfjahresplan in vier Jahren! Im laufenden Jahr werde die Industrie ihre Produktion um nicht weniger als 50% steigern. Man dürfe aber nicht vergessen, betonte Stalin, daß die Sowjetunion auf den entscheidenden Sparten der Grundindustrien noch weit hinter den kapitalistischen Ländern zurück sei. Die Erzeugung von Roheisen sollte laut Plan Ende 1929/30 nur 5,5 Millionen Tonnen betragen gegenüber 13,4 Millionen in Deutschland und 10,5 Millionen in Frankreich. Daher dürfe das Tempo keinesfalls verlangsamt werden. Wer einer Verlangsamung das Wort rede, sei ein Klassenfeind.

In dieser Weise peitschte Stalin die Produktion an. Nicht immer konnten die Wunschzahlen erreicht werden. Die Kohle- und Stahlproduktion stieg von 1930 auf 1931 nicht um 50% an, sondern nur um 6–10%. Die viel zu langsame Entwicklung des Bergbaues lähmte zunächst noch die Eisengewinnung und -verarbeitung. Und so drängte Stalin unablässig auf die Erschließung neuer Kohlen- und Erzgruben im Ural und in Sibirien und Mittelasien. Der amerikanische Student John Scott, der in den dreißiger Jahren in sowjetischen Werken arbeitete, berichtet von dem Tempo, in dem im Ural an den neuen Industriestätten, in Magnitogorsk und anderen Orten, die Hochöfen errichtet wurden; er übersieht nicht die großen Verluste an Menschenleben in dieser »Schlacht der eisenschaffenden Industrie«, aber er wird beeindruckt von dem Enthusiasmus der Arbeiter, die von einem zunehmenden Stolz auf ihre Leistungen gepackt werden[41]. Der Enthusiasmus wird in vielen Fällen echt gewesen sein. Er ist die Kehrseite dieser brutalen Einpeitschermethoden der russischen Industrialisierung, die nicht übersehen werden darf.

Die Ursachen für diese Erscheinung sind in dem patriotischen Stolz zu suchen, den es Stalin in den dreißiger Jahren bei den Arbeitern zu entfachen gelang. Bezeichnend hierfür ist die berühmte Rede vom 4. Februar 1931 »Über die Aufgaben der Wirtschaftler«, die er vor Funktionären der Industrie hielt[42].

Hier gab Stalin die »bitteren Erfahrungen«, die man mit der Erfüllung der Planziffern gemacht hatte, offen zu. Der Zuwachs war geringer gewesen als erwartet. Es galt, ein weiteres Nachlassen der Produktion zu verhindern. Nach einer nüchtern-sachlichen Darlegung der wirtschaftlichen und ideologischen Grundlagen des Problems wandte er sich in plötzlich aufwallender Leidenschaftlichkeit an die Versammlung. Gelegentlich werde die Frage gestellt, ob nicht das Tempo der Produktion verlangsamt werden könne. »Nein, das kann man nicht, Genossen! Das Tempo darf nicht herabgesetzt werden! Im Gegenteil, es muß nach Kräften und Möglichkeiten gesteigert werden.« Das forderten die Verpflichtungen gegenüber den eigenen Arbeitern und Bauern, gegenüber der Arbeiterklasse der ganzen Welt. »Das Tempo verlangsamen, das bedeutet Zurückbleiben. Und Rückständige werden geschlagen. Wir aber wollen nicht die Geschlagenen sein. Nein, das wollen wir nicht!« Die Geschichte des alten Rußland, hieß es weiter, habe unter anderem darin bestanden, daß es wegen seiner Rückständigkeit fortwährend geschlagen wurde. Von den tatarischen Chans, von Türken, Schweden, Polen und Japanern, von englisch-französischen Kapitalisten. »Es wurde geschlagen wegen seiner Rückständigkeit«, wegen seiner militärischen, kulturellen, staatlichen, industriellen Rückständigkeit. »Es wurde geschlagen, weil das einträglich war und ungestraft blieb. Erinnert Euch der Worte des vorrevolutionären Dichters: Arm bist Du, Mütterchen Rußland, aber Du bist voll des Überflusses. Mächtig bist Du, aber Du bist hilflos, Mütterchen Rußland[43].« Und er fuhr fort: »In der Vergangenheit hatten wir kein Vaterland und konnten keines haben. Jetzt aber, wo wir den Kapitalismus gestürzt haben und bei uns die Arbeiter an der Macht stehen, haben wir ein Vaterland und werden seine Unabhängigkeit verteidigen. Wollt Ihr, daß unser sozialistisches Vaterland geschlagen wird und seine Unabhängigkeit verliert? Wenn Ihr das nicht wollt, dann müßt Ihr in kürzester Frist seine Rückständigkeit beseitigen und ein wirklich bolschewistisches Tempo im Aufbau seiner sozialistischen Wirtschaft entwickeln. Andere Wege gibt es nicht. Darum sagte Lenin zur Zeit des Oktobers: entweder Tod oder die fortgeschrittenen kapitalistischen Länder einholen und überholen (dognat' i peregnat'). Wir sind hinter den fortgeschrittenen Ländern um fünfzig bis hundert Jahre zurückgeblieben. Wir müssen diese Distanz in zehn Jahren durchlaufen. Entweder bringen wir das zustande, oder wir werden zermalmt[44].«

Mit dieser einer seiner bedeutsamsten Reden appellierte Stalin in geschickter Weise an die emotionalen Tiefen seiner Zuhörer jenseits aller rationalen, ideologischen Sphären. Er rief den schlummernden Patriotismus des russischen Menschen wieder wach, er legitimierte ihn in seinem neuen sozialistischen Gewande und machte ihn damit auch den nichtrussischen Sowjetbürgern zugänglich. Die berühmte alte These aller Bewunderer der Europäisierung Rußlands, der Westler und Liberalen, Rußland sei gegenüber der westeuropäischen Entwicklung um Generationen zurückgeblieben, Rußland müsse den Vorsprung, den der Westen voraus habe, einholen: hier wurde sie im geschickten Anschluß an ein Leninwort aufgegriffen, zum politisch-wirtschaftlichen Schlagwort umgemünzt und in das rasante Tempo der Industrialisierung hineingeworfen.

Stalins Appell feuerte Phantasie und Tatkraft der Arbeitermassen an. Wo es daran mangelte, half der nötige Druck nach. So trieb er das Volk mit allen Mitteln in den Ersten Fünfjahresplan hinein, der gewaltige Leistungen mit furchtbaren Opfern verband. Ende 1933 betrug die Roheisenproduktion bereits 10 Millionen Tonnen, zu Beginn des Krieges mit Hitler 17 Millionen Tonnen. In wenigen Jahren schien der Vorsprung Deutschlands und Frankreichs – auf diesem Gebiet – eingeholt, die Forderung der Rede vom 4. Februar 1931 wenigstens auf einem Sektor erfüllt.

War damit das Ziel der linken Opposition, das sie 1925–1927 dem bauernfreundlichen Kurs der Regierung entgegengehalten hatte, übernommen worden und nun siegreich erreicht? Hatte Stalin die von ihm damals verspottete »Überindustrialisierung« nicht jetzt zu seinem eigenen Programm gemacht und in höchster Potenzierung durchgeführt? Der Industrialisierungsplan der Opposition und Stalins Fünfjahrespläne sind nicht dasselbe. Sie haben verschiedene Ausgangspunkte und führen zu verschiedenen Gesellschaftsformen[45]. Man darf nicht vergessen, welch eine Rolle die Teilnahme der Gewerkschaften an der Betriebsführung dort gespielt hatte. Wenn auch nicht in dem Ausmaße, wie die Gruppe der Arbeiteropposition von Šljapnikov es im Jahre 1921 gewünscht hatte, so war doch die Zinov'evgruppe in ihrer Auseinandersetzung mit Stalin zu einer immer bewußteren Ablehnung eines Staatssozialismus gekommen, bei dem die Arbeitnehmer zu willenlosen Werkzeugen der Werkleitung und ihrer staatlichen Funktionäre werden mußten und zum Teil schon geworden waren. Stalins Industrialisierung der dreißiger Jahre setzte die vorhergehende Zerschlagung aller innerparteilichen politischen Gruppierungen der Arbeiter voraus. Von den Gewerkschaften war nicht mehr der geringste Einspruch zu befürchten; sie hatten längst aufgehört, Sachwalter der Arbeitnehmer zu sein. Stalins Industrialisierung trug ebenso terroristischen Charakter wie seine Kollektivierung.

Stalins Abrechnung mit der Rechtsopposition (1928–1931)

Die Zusammenarbeit Stalins mit Rykov, Tomskij und Bucharin hatte für die Dauer des Kampfes mit Trockij und der Linksopposition Bestand gehabt. Nun brach sie nach der Niederlage der gemeinsamen Gegner sehr bald auseinander – nicht anders, als die Trojka nach dem ersten Kampf gegen Trockij auch auseinandergefallen war.

Rykov, Tomskij und Bucharin selbst waren nach dem XV. Parteikongreß, der das Verdikt über Trockij, Zinov'ev und Kamenev gefällt hatte, der Meinung, mit ihrem Kurs durchgedrungen zu sein. In der Komintern hatte Bucharin als ihr neuer Vorsitzender die Stelle Zinov'evs eingenommen. Im Politbüro, das jetzt aus neun Mitgliedern bestand, glaubten die drei, auch mit den Stimmen Kalinins und Vorošilovs rechnen zu können, so daß Stalin mit seinen drei Anhängern – Molotov und den neu zugewählten Kujbyšev und Rudzutak, in der Minderheit geblieben wäre. In Wirklichkeit waren aber Kalinin und Vorošilov, trotz ihrer bauernfreundlichen, gemäßigten Einstellung, Stalin treu ergeben. Und von den Anwärtern des Politbüros waren Kirov, Kaganovič, Andreev und Mikojan ebenfalls Anhänger Stalins. Im Vertrauen auf die Mehrheit begann dieser, seiner alten Taktik getreu, die Anhänger Bucharins aus den einflußreichen Verwaltungsposten des Staates und der Partei zu entfernen, ohne vorerst noch einen offenen Kampf anzusagen.

Der Kampf entbrannte, als Stalin zu Beginn des Jahres 1928 die Zwangsmaßnahmen gegen die Kulaken verschärfte. Je erbittertere Formen die Kollektivierung annahm, desto sichtbarer wurde der Riß, der sich nun zwischen Stalins Apparat und der Rechtsopposition auftat.

Vom März bis zum Juni 1928 liefen Säuberungsmaßnahmen innerhalb der Partei an, denen alle die Funktionäre zum Opfer fielen, die bei den »Notstandsmaßnahmen« gegen die widerspenstigen Bauern nicht die nötige Härte gezeigt hatten. Ein weiteres Symptom dafür, daß die NEP-Periode ihr Ende erreicht hatte und, ebenso wie die Großbauern, nun auch die bürgerlichen Spezialisten keine Nachsicht mehr zu erwarten hatten, stellt der Šachtyprozeß dar. Im Šachtyrayon im Donecbecken wurden angeblich Sabotageakte im Auftrage russischer und ausländischer Kapitalisten aufgedeckt. Der Prozeß gegen die »Schädlinge von Šachty« wurde noch im Mai 1928 als Schauprozeß aufgezogen und von einem damals noch wenig bekannten Juristen, Andrej Januar'evič Vyšinskij, so virtuos im Sinne der Partei geführt, daß dessen erfolgreiche Karriere als Staatsanwalt damit gesichert war. Die Schlußfolgerungen, die Stalin aus dem Prozeß zu ziehen nahelegte[46], waren, daß die bolschewistischen Wirtschaftsführer sich selbst die nötigen Kenntnisse aneignen müßten, um von bürgerlichen Fachleuten unabhängig zu werden.

Darin lag, neben anderem, zugleich auch eine Absage an die versöhnlichen Tendenzen beschlossen, die Bucharin gegenüber Elementen und Vertretern bürgerlicher Wirtschaftsformen in der letzten Zeit an den Tag gelegt hatte.

Nach außen hin wurde zunächst noch der Anschein gewahrt, als sei sich das Politbüro vollständig einig über die neuen Maßnahmen. Diese Fiktion wurde bis zum Ende des Jahres aufrechterhalten. Erst im Frühjahr 1929 ließ Stalin die Maske fallen und bezeichnete Bucharin öffentlich als den Führer der »Rechtsopposition«. Bucharin selbst war sich des kommenden Unheils mittlerweile bewußt geworden. Zu Beginn der eigentlichen Kontroverse, im Juli 1928, hatte er Verbindung zu Kamenev, der seinerzeit ebenso wie Zinov'ev in die Verbannung nach Nordrußland gehen mußte, aufzunehmen gesucht. Nach dem Bericht des ehemaligen Kominternfunktionärs Boris Suvarin schüttete Bucharin dem gefallenen Parteigenossen rückhaltlos sein Herz aus, ohne sich noch irgendwelchen Illusionen in bezug auf Stalin hinzugeben. Er sprach von ihm als einem gewissenlosen Intriganten, der nur seinem hemmungslosen Machtwillen lebe; wenn es ihm passe, ändere er seine Überzeugung, nur um sich seines Gegners zu entledigen. Stalins Kurs müsse verheerende Folgen für die Revolution haben, er werde das Land in den Abgrund führen[47].

Bucharins Absicht, sich mit der ehemaligen Linksopposition zu einer neuen Fronde gegen Stalin zusammenzufinden, war nicht mehr durchführbar. Partei und Volk waren des ewigen Haders in den höchsten Spitzen der Führung, der sich nun schon fünf Jahre lang hinzog, müde. Kamenevs und Zinov'evs Popularität war verblaßt, ebenso wie Trockijs Stern im Sinken war. Zudem hielt Stalin das ganze politische Leben des Landes in zunehmendem Maße unter Druck. Wer wagte schon jetzt noch offen seine Meinung zu sagen, wo der Apparat der Partei und ihrer Sicherheitsorgane mittlerweile eine Vervollkommnung erfahren hatte, die jede Kontrolle des öffentlichen und privaten Lebens ermöglichte? Immer stärker hatte Stalin den Apparat mit seinen Anhängern durchsetzt; jeder von ihnen wirkte auch im Sinne der Beeinflussung der öffentlichen Meinung, nicht nur der Massen, sondern auch ehemaliger Oppositioneller. Immer zahlreicher wurde die Schar der Reumütigen und Opportunisten unter ihnen, und so mancher von den prominenten Trockisten und Zinov'evisten kehrte wieder aus der Verbannung zurück. Zu ihnen gehörten Radek, Pjatakov, Sokolnikov, Smilga und schließlich auch Zinov'ev selbst. Viele von ihnen bildeten sich ein, Stalins Abwendung von der Rechtsopposition und vom bauernfreundlichen Kurs könnte eine erneute Annäherung an den Standpunkt der ehemaligen Linksopposition bedeuten. Sie übersahen die Kluft, die Stalins Industrialisierung und Kulakenverfolgung von ihren Vorstellungen dieser Dinge trennte.

Die Anhänger einer milden Bauernpolitik waren der Meinung, Stalin werde das Land durch seine Dragonaden gegen die Kulaken mit der Zeit in eine derartige Verwirrung bringen, daß sein Rücktritt eines Tages ganz von selber erfolgen müsse. Es komme nur darauf an, die Zeit für sich arbeiten zu lassen, um dann gegebenenfalls die Zügel in die Hand zu nehmen. Bucharin operierte jetzt mit der Theorie vom »Erlöschen des Klassenkampfes« und behauptete, je mehr Erfolge der Sozialismus im Kampf gegen den Kapitalismus aufzuweisen habe, desto mehr werde sich der Klassenkampf mildern, um schließlich ganz zu erlöschen. Eine Offensive gegen das Kulakentum sei daher sinnlos; es werde nach und nach friedlich in den Sozialismus hineinwachsen.

Die Rechtsopposition zog aus den verschiedensten Lagern Anhänger an. Während Bucharin bürgerliche Restelemente um sich sammelte und Tomskij in Kreisen der Gewerkschaftsfunktionäre Gesinnungsgenossen hatte, verfügte Rykov über ein beträchtliches Ansehen unter den Spitzenfunktionären der Sowjets. Besonderen Rückhalt fand er in der Moskauer Parteiorganisation, der einstigen Domäne Kamenevs. Hier wurden nicht nur Stimmen laut, die die Vernichtung der Kulaken ablehnten, sondern auch solche, die gegen das forcierte Tempo im Aufbau der Schwerindustrie wohlfundierte Bedenken hatten. N. A. Uglanov, der Moskauer Parteisekretär, wandte sich gegen den Bau des Dnjepr-Kraftwerks und forderte statt eines Ausbaues der Schwerindustrie stärkere Berücksichtigung der Leichtindustrie, unter anderem der Moskauer Textilfabriken.

Anfang 1929 trat die Rechtsopposition mit einer Deklaration im Zentralkomitee auf, in der ihre Ideen dargelegt waren. Sie drang damit nicht durch und mußte sich eine Verwarnung gefallen lassen. Als daraufhin Rykov, Tomskij und Bucharin ihre Demission einreichten, wurde ihr Schritt als Sabotage hingestellt.

Als gefährlichsten Gegner empfand Stalin nach wie vor Trockij. Von seiner Verbannung aus im fernen Alma-Ata versuchte er unablässig auf die öffentliche Meinung zu wirken. Allein vom April bis zum Oktober 1928 sandte er 800 politische Briefe, darunter eine Reihe größerer Arbeiten, und etwa 550 Telegramme ab und empfing gleichzeitig etwa 1000 Briefe und 700 Telegramme[48]! Im Dezember 1928 überreichte ihm ein Bevollmächtigter der GPU den ultimativen Befehl, die »Leitung der Opposition« gegen Stalin einzustellen. Gegen seine Familienangehörigen wurden Repressalien vorgenommen. Am 18. Januar 1929 forderte Stalin vom Politbüro die Ausweisung Trockijs aus der Sowjetunion, eine Maßnahme, die bisher noch nie gehandhabt worden war. Bucharin protestierte dagegen; trotzdem wurde der Antrag angenommen. Trockij begab sich nach Konstantinopel. Aber der Arm seines Gegners sollte ihn überall, wohin er auswich, erreichen, sei es auf legale Weise durch diplomatischen Druck auf den betreffenden Staat, sei es durch terroristische Maßnahmen von Agenten der GPU gegen ihn selbst oder seine Familie. Wie Ahasver, der ewige Jude der Sage, zog er von Land zu Land, aus der Türkei nach Norwegen, von hier nach Mexiko. Hier schien er endlich Ruhe vor seinen Häschern gefunden zu haben.

Nächst Trockij galt Stalins Haß nun den Mitgliedern der Rechtsopposition. Die drei führenden Parteigenossen wurden im Laufe des Jahres 1929 ihrer Ämter entsetzt, Bucharin vom Plenum des Zentralkomitees im November aus dem Politbüro ausgeschlossen, Rykov und Tomskij verwarnt. Zum Nachfolger Rykovs als Vorsitzender des Rates der Volkskommissare wurde 1930 V. M. Molotov bestimmt. Der Posten eines Vorsitzenden der Komintern, den zuletzt Bucharin bekleidet hatte, blieb unbesetzt. Zu einem der einflußreichen Funktionäre wurde D. S. Manuilskij.

Noch vor Ende des Jahres 1929 widerriefen Bucharin, Rykov und Tomskij ihre Irrtümer. Ihnen blieb auf diese Weise zunächst noch die öffentliche Anklage und Verurteilung erspart. Es war ein Aufschub von neun Jahren, den sie damit erlangten. Einfluß auf die Politik haben sie jedoch seitdem, zeitweise in die Provinz verbannt, nicht mehr nehmen können. Die Rechtsopposition war ebenso zerschlagen wie die Linksopposition zwei Jahre zuvor.

Ganz wollte der Parteiapparat aber auch damals nicht auf eine Schaustellung seines Sieges verzichten. 1930 wurde eine als Abzweigung der Rechtsopposition hingestellte »Industriellenpartei«, die angeblich unter der Leitung des Ingenieurs Professor Leonid Ramzin stand, menschewistischer Neigungen verdächtigt und der Sabotage beim Industrieaufbau und der Konspiration mit dem Ausland angeklagt. In einem großen Schauprozeß im Jahre 1930 wurden fast alle Angeklagten zu Haft- oder Verbannungsstrafen verurteilt.

Stalins Richtung hatte auf der ganzen Linie gesiegt. Eine neue Emigration von Trockisten und anderen Oppositionellen sickerte nach und nach ins Ausland hinüber. Im Rahmen des Weltkommunismus sollten die Probleme des innersowjetischen Machtkampfes in den dreißiger Jahren noch Bedeutung gewinnen; zeitweilig war viel von der Gründung einer IV. Internationale die Rede. Die Sowjetunion selbst aber hatte den Weg der autokratischen Diktatur einer kleinen Oligarchie des Parteiapparates beschritten.

Der Mann, der an der Spitze dieses Apparates stand, ließ sich von der Partei und von den Massen feiern. Schon 1925, nur ein Jahr, nachdem die Stadt an der Neva Lenins Namen erhalten hatte, war eine andere Stadt, Symbol des siegreichen Bürgerkrieges und der anbrechenden Industrialisierung, ihm zu Ehren aus Caricyn zu Stalingrad geworden. Jetzt stand er auf der Höhe der Macht. Noch ehe das schicksalsreiche Jahr 1929 zu Ende ging, beging Stalin am 21. Dezember seinen fünfzigsten Geburtstag. Derselbe Gedenktag zu Ehren Lenins war 1920 in einem kleinen bescheidenen Rahmen gefeiert worden. Jetzt waren alle Häuser und Mauern Moskaus mit großen Plakaten bedeckt, die Stalins Bild zeigten, in jedem Schaufenster prangte seine Büste. In jedem Bezirk huldigte ihm der zuständige Parteisekretär in schwülstigen Worten. Stalin wurde nicht nur als Sachwalter von Lenins Vermächtnis herausgestellt, sondern als sein direkter Erbe und Vollender.

V

DIE SOWJETISCHE AUSSENPOLITIK 1922–1932

Die russisch-deutschen Beziehungen nach Rapallo

Der Vertrag von Rapallo leitete eine Periode vielfacher Zusammenarbeit zwischen der Sowjetunion und der deutschen Republik ein[1]. Als erster deutscher Botschafter ging Graf Ulrich von Brockdorff-Rantzau nach Moskau; auf ausdrücklichen Wunsch der Sowjetregierung war, wie schon im Sommer 1918, kein Vertreter der deutschen Linksparteien, sondern ein Repräsentant der »Junkerklasse« entsandt worden. Sehr bald stellte sich ein eigenartiges Vertrauensverhältnis zwischen dem deutschen Botschafter und dem Außenkommissar Čičerin ein. Sie waren sich einig in ihrer anti-englischen Haltung, und sie bevorzugten beide zwanglose vertrauliche Aussprachen in kleinem Kreise ohne großen Aufwand.

Der Vertrag von Rapallo gab der Sowjetunion die Chance, ihre wirtschaftlichen Beziehungen zum Ausland auszubauen. Sehr bald setzten Verhandlungen ein, die eine Intensivierung des deutsch-russischen Geschäfts zum Ziele hatten. Die Konzeption Brockdorff-Rantzaus war in erster Linie auf einen weiteren Ausbau der gegenseitigen Wirtschaftsbeziehungen ausgerichtet. Eine ausschließlich auf den Osten orientierte deutsche Politik hielt er für gefährlich und lehnte darum eine politische Frontenbildung gegen den Westen ab. Man müsse, meinte er, versuchen, Rußland von kriegerischen Experimenten abzuhalten; darum warnte er auch vor einer militärischen Zusammenarbeit und trat den darauf gerichteten Tendenzen deutscher und russischer Militärkreise entgegen[2].

Die Hauptaufmerksamkeit des Kreml wandte sich aber zunächst weder dem wirtschaftlichen noch dem militärischen Sektor der Beziehungen zu Deutschland zu, sondern der revolutionären Entwicklung. Hier hatte nicht so sehr Čičerin als Leiter der offiziellen Außenpolitik, als Zinov'ev als Vorsitzender der Komintern das erste Wort zu sprechen.

Auf diesem Felde bot der französische Ruhreinfall im Januar

1923 eine hervorragende Gelegenheit, die Erregung der Arbeitermassen in entsprechende Kanäle zu lenken. Die Sowjetregierung nahm offiziell gegen die französischen Sanktionen Stellung und wies darauf hin, daß durch sie die Gefahr eines neuen Krieges heraufbeschworen werden könnte[3]. Gleichzeitig drückte sie dem deutschen Proletariat ihre Sympathie aus. Die Entwicklung schien einer kommunistischen Erhebung in Deutschland zuzustreben; wie sollte, war die Frage, die Komintern dazu Stellung nehmen? Am 25. März 1923 fand in Essen ein Bezirksparteitag statt, der das Programm für eine lokale Machtergreifung der Kommunisten aufzustellen hatte. Eine Arbeiterrepublik im Rheinland und Ruhrgebiet sollte die Basis sein, von der eine rote Armee nach Mitteldeutschland marschieren und die Macht in Berlin ergreifen würde[4].

Das Exekutivkomitee der Komintern lehnte jedoch den Plan der deutschen Kommunisten ab und drohte, jeden Aufstand im Rheinland, wenn er ausbrechen sollte, zu desavouieren. Mittlerweile bereitete der große Deutschlandfachmann der Bolschewisten, Karl Radek, in Berlin ein hohes Spiel vor. Die deutschrussischen Beziehungen hatten seit der Ruhrbesetzung so freundschaftliche Formen angenommen, daß Radek sich in der sowjetischen Botschaft in Berlin offiziell niederlassen konnte. Von hier aus legte er den letzten Schliff an die Veröffentlichungen der »Roten Fahne« an, von hier aus nahm er Besprechungen mit Regierungs- und Militärkreisen auf, die sich um die Frage drehten, wie sich die Sowjetunion beim Ausbruch eines deutschfranzösischen Krieges verhalten würde. Radek konnte, entsprechend autorisiert, wohlwollende Neutralität, auch für das Verhalten der deutschen Kommunisten, versprechen. Daß Moskau damit auch den passiven Widerstand, der von der deutschen Regierung gegen die Ruhrbesetzung proklamiert worden war, billigte, kam bei Radeks berühmter »Schlageterrede« in Moskau zum Ausdruck. Leo Schlageter hatte, als Vertreter nationaler Widerstandskreise, im Ruhrgebiet Sprengungen vorgenommen und war von einem französischen Kriegsgericht verurteilt und am 26. Mai 1923 erschossen worden. Radek feierte ihn »als einen mutigen Soldaten der Konterrevolution«, der es verdiente, auch von den Soldaten der Revolution aufrichtig bewundert zu werden.

Es war klar, daß Radek eine derartige Verbeugung vor den nationaldenkenden Kreisen Deutschlands nicht aus eigener Initiative vornehmen konnte. Er war dazu vom Politbüro autorisiert. Die Sowjetunion streckte Deutschland die Hand aus, weil sie nichts so sehr fürchtete wie eine deutsch-französische Einigung und weil die englisch-russischen Spannungen sich zu der Zeit erneut verdichteten. Radeks Formulierungen ruhten auf einer Grundlage, für die sich zwar Zinov'ev persönlich begeisterte, die aber bei den bolschewistischen Wirtschaftstheoretikern, sowohl Bucharin als auch dem ungarischen Kommunisten Eugen Varga, eine große Rolle spielten. Es war die These, daß Deutschland durch die Reparationspolitik zu einer Industriekolonie Englands und Frankreichs herabgewürdigt werden sollte, eine Bedrohung, die den deutschen Arbeiter ebenso treffen würde wie das Bürgertum. Von hier aus ergab sich die Notwendigkeit eines deutschen »Nationalbolschewismus« oder eines Blocks mit dem Bürgertum, wie Bucharin das auf dem IV. Kominternkongreß forderte.

Im Sommer 1923 trieb die Ruhrkrise ihrem Höhepunkt zu. Während im Rheinland separatistische Strömungen Auftrieb bekamen, organisierten die Kommunisten militärische Formationen und riefen Fabrik- und Landarbeiter zu Streiks auf. Im August trat die deutsche Regierung zurück. In mehreren Städten flackerten Aufstände auf, in Bayern regten sich rechtsradikale Gruppen, Deutschland schien auseinanderzubrechen. Da änderte sich die Situation plötzlich, als Stresemann mit der Regierungsbildung betraut wurde. Es wurden scharfe Anordnungen gegen den Generalstreik erlassen und mit England ein Abbruch des passiven Widerstandes an der Ruhr vereinbart. Aus Furcht vor einer Bolschewisierung verzichteten die gemäßigten Parteien auf die Fortführung der ausgesprochen prosowjetischen Tendenzen des Frühjahrs. In Moskau dagegen sah man die Wende als so gravierend an, daß die Kominternführer ihren Urlaub im Kaukasus unterbrachen. Das Politbüro beschloß, die nationalbolschewistischen Tendenzen fallen zu lassen und einen kommunistischen Aufstand in Deutschland zu organisieren[5]. Überall wurden illegale militärische Einheiten der KPD aufgestellt. Gleichzeitig wurde ein Terrorapparat aufgezogen. Allen diesen Organen wurde unbegrenzte finanzielle Hilfe zugesichert. Allein im Jahre 1923 sind mehr als 1 Million Dollar teils über die Berliner Botschaft, teils direkt an die »Apparate« nach Deutschland geflossen[6].

Schon wurden feste Termine für den Ausbruch des kommunistischen Aufstandes in Deutschland angesetzt. Die Einzelheiten legte eine Sondersitzung des Exekutivkomitees der Komintern, die Zinov'ev Ende August nach Moskau zusammengerufen hatte, fest. Man sah bereits in Moskau Spruchbänder mit den Parolen: Wie können wir der deutschen Revolution helfen? oder: Der deutsche Oktober steht vor der Tür! Tatsächlich plante man im Kreml, Ende September eine kommunistische Revolution in Bulgarien, Anfang Oktober in Deutschland ausbrechen zu lassen[7]. Trockij drängte sogar darauf, einen genauen Aktionsplan aufzustellen, der am 7. oder 9. November, den beiden symbolischen Daten, seinen Höhepunkt erreichen sollte.

Obwohl der Aufstand in Bulgarien mißlang, wurde für Deutschland folgendes Programm vorgesehen. Nach kurzer, intensiver propagandistischer Vorbereitung sollten kommunistische Vertreter in die Regierungen von Thüringen und Sachsen einrücken und die Arbeiter auf der Grundlage der »roten Hundertschaften« bewaffnet werden. Sobald dann der Aufstand ausgerufen war, sollte eine kommunistische Armee aus Sachsen auf Berlin, aus Thüringen auf München marschieren und unterwegs alle revolutionären Kräfte um sich sammeln. Von besonderer Bedeutung war der Beschluß, einige hundert Offiziere der Roten Armee als militärische Sachverständige nach Deutschland zu entsenden, um die militärischen Formationen der KPD zu befehligen[8]. Darunter waren viele nichtrussische Kommunisten, denen man eine bessere Kenntnis der mitteleuropäischen Verhältnisse zutraute. Sie unterstanden der besonderen Internationalen Verbindungsabteilung der Komintern (OMS)[9], die ihre Vertreter an der sowjetischen Botschaft in Berlin hatte. Die Leitung dieser militärpolitischen Organisation in Deutschland (MP), die den Grundstock für die kommende deutsche Rote Armee bilden sollte, übernahm der sowjetische Divisionskommandeur Gorev (Rose)[10]. Eine Reihe von führenden Kominterndelegierten begab sich nach Deutschland, an ihrer Spitze wiederum Radek. Mit fiebriger Intensität wurde der große Aufstand auf allen Sektoren vorbereitet. Eine Siebener-Kommission in Berlin hatte die oberste Leitung der Vorbereitungen in der Hand. Die Erregung stieg mit jedem Tage. Jeden Augenblick glaubte man mit dem Ausbruch eines rechtsnationalen Staatsstreiches rechnen zu müssen. Die Inflation erreichte mittlerweile ihren Höhepunkt.

Am 10. Oktober traten die Kommunisten, wie vorgesehen, in die sächsische Regierung ein; vier Tage darauf dekretierte der Reichspräsident Ebert die Besetzung Sachsens und Thüringens durch die Reichswehr. Nun kam es darauf an, welche Direktiven die Komintern erteilen würde. Hier machte man sich ganz falsche Vorstellungen von der Schlagkraft der deutschen Kommunisten. Ein Telegramm von Zinov'ev ordnete die sofortige Bewaffnung von 50–60000 Mann an[11]; alles weitere sollte eine gewerkschaftliche Konferenz in Chemnitz verfügen. Man wußte in Moskau nicht, daß das Kriegsmaterial größtenteils nur auf dem Papier stand und die Organisation des Aufstandes außerordentlich mangelhaft vorbereitet war. Die große kommunistische Erhebung in Sachsen und Thüringen erwies sich als eine Seifenblase, die beim ersten Anhauch zerplatzte. In Chemnitz konnte man sich nicht zur Ausrufung des Generalstreiks entschließen. Beim Einmarsch der Truppen gab es Zwischenfälle, die Zwangsmaßnahmen gegen die kommunistischen Regierungen wurden aber trotzdem durchgeführt. Der Aufstand war gescheitert.

Eine Handvoll Aktivisten erhob sich am 22. Oktober in Hamburg. Unter der Führung von Ernst Thälmann griffen die Kommunisten die Polizeireviere an. Sie glaubten, ganz Deutschland habe sich erhoben, und Rußland werde alsbald zur Unterstützung der KPD eingreifen. Gerüchte tauchten auf, die sowjetische Flotte sei bereit, in den Hamburger Hafen einzulaufen, die Rote Armee sei in Polen einmarschiert. Noch wußte man nicht, daß die Chemnitzer Konferenz einen Schlag ins Wasser darstellte. Erst am Ende des zweiten Kampftages erhielten die Führer der roten Hundertschaften den Befehl, zum Rückzug anzutreten. Am dritten Tage brach auch der Hamburger Aufstand zusammen.

Am 9. November 1923 erreichte nicht eine kommunistische Revolution in Deutschland, wie Trockij gewollt, ihren Höhepunkt: es waren die Nationalsozialisten unter der Führung von Adolf Hitler, die mit ihrem Münchner Putsch die Massen mitzureißen suchten und dabei ebenso scheiterten wie die Kommunisten in Sachsen, Thüringen und Hamburg. Die KPD wurde zeitweilig verboten und ging in die Illegalität.

Für die Komintern bedeutete das Mißlingen ihres größten und repräsentativsten Putschversuches im Herzen Europas eine empfindliche Niederlage. Sie war mit einem starken Prestigeverlust Zinov'evs verbunden und hat nicht unwesentlich zu seinem Sturz im Zuge des Machtkampfes mit Stalin beigetragen.

Nach den Ereignissen im Jahre 1923 erfuhren die Beziehungen zwischen Berlin und Moskau eine starke Abkühlung. Im Mai 1924 brach ein ernsterer Konflikt aus. Der deutsche Kommunist Bozenhardt suchte in der sowjetischen Handelsvertretung in Berlin Zuflucht. Obwohl deren Exterritorialität im Handelsvertrag garantiert worden war, da die Monopolisierung des sowjetischen Außenhandels dessen Organen staatlichen Charakter verlieh, drang die Polizei in das Gebäude ein und durchsuchte es. Die Sowjetregierung brach daraufhin die wirtschaftlichen Beziehungen zu Deutschland ab, die Handelsvertretung wurde geschlossen. Ende Juli 1924 konnte jedoch der Konflikt beigelegt werden; Deutschland erkannte erneut die Exterritorialität der Handelsvertretung an. Dasselbe Jahr brachte den Schauprozeß gegen zwei deutsche Studenten in Moskau, die angeklagt wurden, Attentate gegen sowjetische Würdenträger vorbereitet zu haben. Sie wurden zum Tode verurteilt, aber mit zwölf anderen Deutschen gegen russische Kommunisten, die 1923 in Deutschland verhaftet worden waren, ausgetauscht. Auch bei deutschen Ingenieuren, die im Zuge des Einsatzes von ausländischen Fachkräften in der NEP-Periode in Rußland angestellt worden waren, gab es Verdächtigungen wegen Sabotage, Prozesse und Verurteilungen[12].

Trotz dieser ständigen Belastungen bewegten sich die Handelsbeziehungen der beiden Länder auf einer ansteigenden Linie. Eine wichtige Etappe stellte der Handelsvertrag dar, der am 12. Oktober 1925 zwischen der deutschen und sowjetischen Regierung abgeschlossen wurde[13]. Von Bedeutung war die gegenseitige Meistbegünstigung der Partner. Darauf gestützt, erlebte der Wirtschaftsverkehr einen starken Aufschwung. Die deutsche Regierung gab einem deutschen Bankenkonsortium Ausfallbürgschaften für kurzfristige Kredite; die deutschen Lieferungen setzten ein: Installationen für Bergwerke und Kokereien, Maschinen für die Metall-, Papier- und Zuckerindustrie, elektrotechnische Artikel und anderes mehr.

Der deutsche Außenminister Stresemann wurde wegen seiner Bemühungen, im Westen zu einem Ausgleich zu gelangen, im Kreml mit einigem Mißtrauen betrachtet. Gewiß, er hat mehr als einmal vor einem »Liebäugeln« mit den Bolschewisten gewarnt, in seltsam prophetischer Voraussicht in einem Brief vom 7. 9. 1925[14], in dem es hieß: »Wenn die Russen erst in Berlin sind, weht zunächst die rote Fahne vom Schloß, und man wird sehr zufrieden sein, Europa bis zur Elbe bolschewisiert zu haben, und wird das übrige Deutschland den Franzosen zum Fraß geben.« Im übrigen war er aber »durchaus bereit, mit dem russischen Staat, an dessen evolutionäre Entwicklung« er glaubte, sich »auf anderer Basis zu verständigen[15]«. Ausgesprochen positiv beurteilte er zum Beispiel die Intensivierung der gegenseitigen Wirtschaftsbeziehungen. Allerdings schwebte ihm hierbei, wie schon vorhin angedeutet, nicht unbeeinflußt von der letzten NEP-Phase in der Sowjetunion und den Tendenzen, die Bucharin in bezug auf kapitalistische Kräfte verfolgte, die Vorstellung vor, daß eine immer engere Verflechtung der Sowjetunion mit dem kapitalistischen Westen den Weg für eine evolutionäre Entwicklung in Rußland ebnen würde[16].

Auch nach Unterzeichnung des Locarnovertrages am 5. Oktober 1925 betonte Stresemann, daß Deutschland nach beiden Seiten gute Beziehungen aufrechterhalten wolle. Im Kreml wirkte die Nachricht vom Abschluß des Locarnovertrages zunächst alarmierend. Stalin behauptete auf dem XIV. Parteitag im Dezember 1925, in Locarno liege der Keim zu einem neuen Krieg in Europa, es sei nur eine Fortsetzung von Versailles[17]. In Wirklichkeit stellte aber Deutschland durch den Abschluß des Handelsvertrages vom 12. Oktober unter Beweis, daß der Abschluß des Vertrages mit dem Westen seine Beziehungen zur Sowjetunion nicht tangierte. Es war von besonderer Bedeutung, daß Deutschland sich ausdrücklich vorbehielt, sich an eventuellen Sanktionen gegen die Sowjetunion auf Grund des § 16 der Völkerbundsatzung nicht zu beteiligen. Ein Gespräch im selben Dezember zwischen Stresemann und Čičerin, der nach einem Besuch in Paris auch in Berlin haltmachte, verlief zu beiderseitiger Zufriedenheit.

Der Berliner Vertrag vom 24. April 1926 konnte daher die in Rapallo eingeschlagene Linie ohne weiteres fortsetzen. Beide Staaten vereinbarten, auch weiter in freundschaftlicher Fühlungnahme zu bleiben und sich über alle politischen und wirtschaftlichen Fragen zu verständigen. Falls einer der beiden Partner von einem Dritten angegriffen würde, sollte der andere zur Neutralität verpflichtet sein; dasselbe sollte auch bei wirtschaftlichem Boykott gelten. Bei eventuellen Konflikten wurde ein schiedsgerichtliches Verfahren vereinbart. Der Berliner Vertrag wurde auf fünf Jahre abgeschlossen; 1931 ist er um drei weitere Jahre verlängert worden.

Ein gewisses Mißtrauen Sowjetrußlands gegen den »Geist von Locarno« blieb bestehen; immerhin nahm man auch den Eintritt Deutschlands in den Völkerbund im September 1926 mit Gelassenheit hin, und erst eine spätere Zeit deutete die Bestrebungen Deutschlands, eine zentrale Mittellage zwischen West und Ost einzunehmen, so, als wären in einem unehrlichen Spiel »die deutsch-sowjetischen Beziehungen zum Schacherobjekt zwischen den Westmächten und Deutschland« verwendet worden[18].

Der Berliner Vertrag hat damals in Wirklichkeit dem Kreml die Sicherheit gegeben, daß Deutschland nicht zu einem antisowjetischen Interventionsblock stoßen würde; eine Erkenntnis, die für die gespannte Weltlage im darauffolgenden Jahre keine geringe Bedeutung haben sollte.

Der deutsch-russische Wirtschaftsverkehr erlebte ab 1927 einen neuen Aufschwung. Die Berliner Regierung setzte eine Summe von 330 Millionen Reichsmark als sogenannte »Russenkredite« zur Sicherheit für die deutschen Exporteure fest. Die sowjetischen Zahlungen liefen im übrigen pünktlich ein. Als Graf Brockdorff-Rantzau 1928 von Herbert von Dirksen als Botschafter in Moskau abgelöst wurde, strebte der gegenseitige Wirtschaftsverkehr seinem Höhepunkt zu. In den Jahren 1928 bis 1933 haben Zehntausende von deutschen Ingenieuren und Facharbeitern in sowjetischen Diensten gearbeitet. Durch ein Wirtschaftsprotokoll vom 21. Dezember 1928 und die Begründung eines »Rußlandausschusses der deutschen Wirtschaft« wurde die deutsche Ausfuhr nach Rußland weiter gesteigert. Eine im Januar 1929 in Moskau von der deutsch-russischen Gesellschaft für Kultur und Technik veranstaltete »Woche der deutschen Technik« unter dem Protektorat von Einstein legte hiervon Zeugnis ab. Die Möglichkeit, den russischen Markt sogar während der Weltwirtschaftskrise von 1929–32 noch ausweiten zu können, zeigte, welche Bedeutung dem Rußlandgeschäft für den deutschen Industrieexport zukam. Allein in diesen Jahren stieg zum Beispiel der Anteil Rußlands an der deutschen Gesamtausfuhr an Werkzeugmaschinen von 10 auf 75 %! Auf dem Höhepunkt der Krise, im Februar 1931, begaben sich Vertreter der führenden deutschen Werke auf Einladung der Sowjetregierung nach Moskau, um den russischen Markt zu studieren. Im August 1931 konnte daraufhin ein neues Abkommen geschlossen werden, das weitere Lieferungen für 300 Millionen Reichsmark garantierte.

Die militärische Zusammenarbeit zwischen der Roten Armee und der Reichswehr lief in diesen Jahren ungestört weiter. Neben die Ausbildung deutscher Flieger und Panzerleute in Rußland traten gegenseitige Besuche von Generalstäblern und der Austausch von Manövererfahrungen[19]. Dem Chef der deutschen Heeresleitung General von Hammerstein wurden 1931 bei sowjetischen Manövern bei Kiew erstmalig Fallschirmtruppen vorgeführt.

Gelegentlich drangen Enthüllungen, besonders von deutscher

sozialdemokratischer oder pazifistischer Seite, über diese Zusammenarbeit an die Öffentlichkeit. Sie sind auch zum Gegenstand von Reichstagsdebatten in Berlin geworden; in Sowjetrußland nahm die Allgemeinheit wenig Notiz davon. In eine schwierige Gewissenslage gerieten die deutschen Kommunisten. Als 1927 Hafenarbeiter in Stettin, ahnungslos dessen, daß die deutsche Rüstungsindustrie auch für das »Vaterland der Werktätigen« arbeitete, sich weigerten, Munition für die »imperialistischen Mächte« zu verladen, wurde von Moskau aus der Streik schnell wieder abgeblasen.

Welche Möglichkeiten sogar für eine geistige Begegnung in diesen Jahren vorlagen, zeigte der auf Initiative des Rußlandkenners Professor Otto Hötzsch in Berlin im Jahre 1928 veranstaltete deutsch-russische Historikerkongreß, der – noch ein letztes Mal – Vertreter der offiziellen marxistischen Geschichtsauffassung mit bürgerlichen russischen Wissenschaftlern an einem Tisch vereinte. Der Versuch blieb allerdings vereinzelt, und es mag kein Zufall sein, daß die Säuberung der russischen Geschichtswissenschaft von bürgerlichen Elementen anschließend an die Berliner Tagung einsetzte.

Eine politische Intimität zwischen Moskau und Berlin kam in diesen Jahren nicht mehr in dem Maße wie etwa im Frühjahr 1923 auf. Gleichzeitig mit Brockdorff-Rantzau trat auch sein sowjetischer Partner von der Bildfläche ab. Infolge der Krankheit Čičerins ging nämlich die Führung der laufenden Geschäfte des Außenkommissariats zunehmend in die Hände von M. Litvinov über. Als dieser am 21. Juli 1930 endgültig die Leitung des Kommissariats übernahm, war die sowjetische Außenpolitik in eine neue Phase getreten. Sie sollte zu einer zunehmenden Verständigung mit den Westmächten und der Kleinen Entente führen.

Konflikte mit England

Die sowjetisch-englischen Beziehungen[20] standen nach dem überraschenden Abschluß des Vertrages von Rapallo im Zeichen erneuten Mißtrauens. Eine ganze Kette von Zwischenfällen bezeichnet den Weg dieser Jahre. Bald wurden englische Fischkutter bei Murmansk beschlagnahmt, dann wieder ein englischer Dampfer vor Odessa beschossen; englische Fachleute in Rußland waren dauernden Verdächtigungen ausgesetzt, und die Verhaftung und Erschießung einiger Ingenieure war charakteristisch für die Rigorosität der sowjetischen Methoden. Immer wieder konnte man in Moskau englandfeindliche Kundgebungen erleben.

Hinzu traten gegenseitige Beschuldigungen feindlicher Propaganda. Čičerin warf England antisowjetische Agitation in den baltischen Staaten vor, Lord Curzon war begreiflicherweise erzürnt wegen der Unterstützung, die der Sinfein-Aufstand in Irland – der Ende 1921 beendet wurde – von seiten der Komintern erfuhr. In der Tat hat die Komintern allein in dem einen Monat April 1922 5 Millionen Goldrubel nur für die revolutionäre Agitation in England und Frankreich verwendet.

Der Schwerpunkt dieser Agitation lag nicht in Europa, sondern in Asien. Als sich im Frühjahr 1923 der Zwischenfall mit den Fischkuttern im hohen Norden ereignete, entsandte die britische Admiralität einen Kreuzer ins Weiße Meer. Die ultimative Note der britischen Regierung vom 8. Mai drohte mit dem Abbruch der Handelsbeziehungen; der Schwerpunkt der Erklärung lag aber auf der Forderung, die antibritische Propaganda in Indien, Persien und Afghanistan einzustellen. Angesichts der unmittelbaren Gefahr eines bewaffneten Konflikts gab die Sowjetregierung in einer Note vom 23. Mai nach und leistete Entschädigung für die enteigneten Schiffe und an die Angehörigen der erschossenen britischen Staatsbürger; wegen der antibritischen Agitation in Asien wurde eine gewundene Erklärung abgegeben.

Gegenüber den englischen Konservativen befürwortete die Labour Party eine konziliantere Rußlandpolitik. Hatte sie schon bisher einen Druck in dieser Richtung ausgeübt, so brachte das erste Labour-Kabinett Ramsay Macdonalds die de jure-Anerkennung der Sowjetunion am 2. Februar 1924[21]. Sie löste eine ganze Kette von weiteren Anerkennungen aus. Wenige Tage danach, am 8. Februar, folgte das faschistische Italien dem englischen Beispiel; es schlossen sich Norwegen (13. 2.), Österreich (25. 2.), Griechenland (8. 3.), Schweden (15. 3.), Dänemark (18. 6.), Frankreich (28. 10.) und mehrere außereuropäische Staaten an.

Die englische Anerkennung hinderte die Komintern jedoch nicht, weiterhin zu Massenkundgebungen für die Unabhängigkeit Irlands, Ägyptens und Indiens aufzurufen. Mit allen Mitteln sollte gerade jetzt die revolutionäre Gärung in England gefördert werden. »Wir werden Macdonald unterstützen, wie das Seil den Gehenkten«, zitierte Zinov'ev geschmacklos die zynischen Worte Lenins aus einer Schrift des Jahres 1920, in der er weiter ausführte: »Macdonald bleibt ein bürgerlicher Pazifist und kleinbürgerlicher Reformer, der den Klassenkampf nur als einen rhetorischen Begriff kennt, gleich all jenen anderen Betrügern, Sophisten und Schulmeistern der Bourgeoisie.« Der Komintern standen bei diesen Bemühungen eine Reihe von Informationsbüros, Sondermissionen und ähnliche Stellen als Stützpunkte ihrer Wühlarbeit zur Verfügung. Neben den offiziellen diplomatischen Vertretungen stellten insbesondere die Handelsvertretungen Spionage- und Agitationszentralen erster Ordnung dar. Proteste wegen kommunistischer Propaganda wurden in Moskau meist mit dem Hinweis abgetan, daß die Sowjetregierung für die Tätigkeit der Kominternorgane nicht zuständig sei.

Zum ersten sowjetischen Botschafter in London wurde Christian Rakovskij ernannt, der frühere Präsident des Obersten Sowjets der Ukraine, der 1922 auch zur sowjetischen Delegation auf der Konferenz von Genua gehört hatte. König Georg V. ignorierte den Vertreter des Regimes, das seinen Vetter, den Zaren[22], umgebracht hatte, bei allen gesellschaftlichen Veranstaltungen. In sachlicher Hinsicht wurde keine Verständigung wegen der Schuldenfrage oder der Entschädigung für englischen Privatbesitz in Rußland erreicht.

Die anglo-sowjetischen Besprechungen, die diese Fragen zum Gegenstand hatten und auch den sowjetischen Antrag wegen einer Anleihe behandelten, wurden am 14. April 1924 in London eröffnet[23]. Sie zogen sich mühsam hin und führten schließlich am 8. August zum Abschluß eines allgemeinen Vertrages, der die Regelung der Schuldenfrage auf einen späteren Termin verschob[24]. Der gleichzeitig unterzeichnete Handelsvertrag sollte an die Stelle des anglo-sowjetischen Abkommens vom 16. März 1921 treten; er legte für beide Parteien das Meistbegünstigungsrecht fest. Den sowjetischen staatlichen Handelsvertretungen in England wurde das Recht der Exterritorialität zugebilligt.

Die Verträge vom 8. August sollten jedoch nicht in Kraft treten. Der Zwischenfall mit dem Zinov'evbrief trat dazwischen.

Am 10. Oktober 1924 kam das englische Auswärtige Amt in den Besitz eines Textes, der angeblich einen Brief Zinov'evs an die Kommunistische Partei Englands darstellte[25]. Die Partei wurde darin angewiesen, über die übliche Agitation hinauszugehen und besondere Zellen in der britischen Armee sowie in den Munitionsfabriken und Kriegsvorratslagern zu bilden. »Im Falle der Kriegsgefahr kann man«, hieß es wörtlich, »mit Hilfe der letzteren und in Verbindung mit den Transportarbeitern alle Kriegsvorbereitungen der Bourgeoisie paralysieren und schon zu Beginn den imperialistischen Krieg in einen Klassenkrieg umwandeln.« Schließlich sollte energisch daran gegangen werden, militärische Spezialisten als die künftigen Führer der britischen Roten Armee heranzubilden[26].

Der Brief war von Zinov'ev als Vorsitzendem und dem finnischen Kommunisten Kuusinen als Sekretär der Komintern unterzeichnet. Macdonald wies das Auswärtige Amt an, die Echtheit des Briefes zu prüfen und einen Protest an die sowjetische Botschaft zu richten. Mittlerweile wurde der Zinov'evbrief zu einem wichtigen Argument des englischen Wahlkampfes. Der Schriftleiter des englischen Kommunistenblattes »The Workers Weekly« hatte die britischen Soldaten aufgefordert, bei illegalen Streiks nicht aufs Volk zu schießen. Er war verhaftet, aber alsbald auf Veranlassung des Generalanwalts wieder entlassen worden. Ein damit zusammenhängendes Mißtrauensvotum führte zur Auflösung des Unterhauses und zur Ansetzung von Neuwahlen. Unter dem Eindruck der kommunistischen Propaganda erlitt die Labour Party eine Niederlage, die Regierung Macdonald trat zurück. Das neue konservative Kabinett Baldwin lehnte es am 20. Oktober 1924 ab, den anglo-sowjetischen Vertrag zu unterzeichnen.

Die Echtheit des Zinov'evbriefes ist nicht erwiesen worden. Zinov'ev selbst erklärte ihn in einem Interview vor ausländischen Korrespondenten für eine Fälschung. Ein von der Labour Party eingesetzter Untersuchungsausschuß kam zu demselben Ergebnis. Eigenartig ist, daß die ganze Affäre auch innerhalb des innerparteilichen Machtkampfes in der KPdSU eine bestimmte Rolle gespielt zu haben scheint. Es mag Stalin nicht ganz ungelegen gewesen sein, Zinov'ev als Störenfried einer anglo-sowjetischen Annäherung in seiner Stellung als Vorsitzender der Komintern kompromittiert zu sehen. Und so ist der nicht ganz unwahrscheinliche Verdacht geäußert worden, daß sich bei der Fälschung des ominösen Dokuments eine eigenartige Zusammenarbeit zwischen russischen Emigrantenkreisen, die den englischen Konservativen nahestanden, und der GPU ergeben hat[27].

Das neue konservative Kabinett griff die Vorwürfe wegen antibritischer Agitation wieder auf. Der Staatssekretär für Indien, Lord Birkenhead, wies im Unterhaus darauf hin, daß in Asien Unruhen von einer auswärtigen Macht geschürt würden, die die Zerstörung des britischen Reiches anstrebe; der Bolschewismus sei »eine seltsame und bedenkliche Seuche«. Auch der neue Außenminister Austen Chamberlain schlug scharfe Töne an und besprach im Dezember 1924 in Paris mit Herriot Fragen der Abwehr kommunistischer Propaganda in den Kolonien. Der Plan einer gemeinsamen Demarche in Moskau wurde jedoch fallengelassen.

Als in England 1926 der große Bergarbeiterstreik ausbrach, vermutete die Presse dahinter nicht ohne gewisse Veranlassung die Hand der Komintern. Das Kabinett protestierte am 12. Juni gegen die Geldzuwendungen, die aus russischen Gewerkschaftskreisen zur Unterstützung des Streiks nach England flossen, und veröffentlichte ein Blaubuch, das Dokumente, die bei einer Haussuchung in den Räumen der englischen kommunistischen Partei gefunden worden waren, enthielt. Die englische Ölindustrie forderte den wirtschaftlichen Boykott der Sowjetunion und den Abbruch der diplomatischen Beziehungen.

Auch die sowjetische Presse sparte in diesen Tagen nicht mit Angriffen, die vor allem Churchill und Chamberlain galten. Letzterer wurde zu einer besonders populären Zielscheibe der sowjetischen Karikaturisten; man scheute selbst davor nicht zurück, eine ihn darstellende Strohpuppe bei einer großen Demonstration in Moskau unter dem johlenden Spott des Pöbels zu verbrennen.

Eine Verschärfung trat ein, als die englische Polizei am 12. Mai 1927 auf Anweisung des Innenministers in die Räume der englisch-sowjetischen Aktiengesellschaft »Arcos«[28] in London eindrang, dabei die diplomatische Post der Handelsvertretung beschlagnahmte und sogar eine Leibesvisitation der russischen Angestellten vornahm. Diese überraschende Razzia brachte ein reichhaltiges Material zutage. Es erwies sich, daß die »Arcos« mit ihren fast 1000 Angestellten zu einer regelrechten Zentrale der bolschewistischen Spionage und Umsturzpropaganda in England geworden war. Unter den beschlagnahmten Dokumenten, die in drei Lastautos zum Scotland Yard gebracht wurden, fanden sich unter anderem Fotokopien von Geheimdokumenten über die neuesten englisch-französischen Generalstabsbesprechungen. Ein Weißbuch stellte eine Reihe von neuen Dokumenten zu einer massiven Anklage gegen die Sowjetunion zusammen. Sowjetische Proteste konnten die öffentliche Meinung des englischen Volkes nicht beirren.

Ende Mai kam es zu den entscheidenden Debatten. Obwohl

Lloyd George vor den schädlichen wirtschaftlichen Folgen eines Abbruchs der Beziehungen zur Sowjetunion in längeren Ausführungen warnte, war sich die Mehrheit der Abgeordneten mit dem Kabinett einig. Der Abbruch der diplomatischen Beziehungen sowie die Kündigung des Handelsvertrages wurden mit 346 zu 98 Stimmen beschlossen. Am 27. Mai 1927 brachte Chamberlain den Beschluß dem sowjetischen Geschäftsträger Rozengol'c zur Kenntnis. Kanada schloß sich dem Vorgehen Englands an.

In Moskau war die Erregung nicht gering. Schon der im April des Jahres in Moskau zusammengetretene IV. Sowjetkongreß der Union erhielt den Eindruck einer unerfreulichen, ja bedrohlichen außenpolitischen Lage. Es fehlte nicht an Angriffen der Redner auf den Völkerbund, der als ein Organ des französischen und britischen Imperialismus gekennzeichnet wurde. Die Bemühungen der Genfer Abrüstungskommission, an deren Sitzungen auch ein sowjetischer Vertreter teilnahm, wurden mit bissigem Spott quittiert. Als jetzt die diplomatischen Beziehungen zu England abgebrochen wurden, bezeichnete Rykov als Vorsitzender des Rates der Volkskommissare den englischen Entschluß als einen ersten Schritt zum Kriege. Die Moskauer Presse bezichtigte England aggressiver Absichten. Man rechnete allen Ernstes mit einem »Kreuzzug« gegen die Sowjetunion, der von England vorbereitet werde, zum mindesten mit einer ähnlichen Blockade wie in den Jahren des Bürgerkrieges. Daß derartige Absichten nicht vorlagen, geht unter anderem aus der Besprechung zwischen Chamberlain und Stresemann, die im Juni 1927 in Genf stattfand, hervor; der englische Außenminister bat hier seinen deutschen Kollegen, angesichts der freundlichen Beziehungen Deutschlands zur Sowjetunion vermittelnd auf die Moskauer Regierung einzuwirken[29].

Das ganze Jahr 1928 hielt die Entfremdung jedoch an. Auch die Labour Party legte in dieser Zeit ihre bisherige prorussische Einstellung ab. Die Entspannung wurde vom wirtschaftlichen Sektor her ausgelöst. Die Sowjetunion hatte bisher den besten Außenhandelspartner Englands dargestellt. Nun war der englisch-russische Handel empfindlich zusammengeschrumpft, Deutschland war auf dem besten Wege, einen starken wirtschaftlichen Vorsprung zu erringen. Entscheidend wurde, daß eine Gruppe amerikanischer Ölfirmen, John Rockefeller an der Spitze, sich um günstige Lieferverträge aus der Sowjetunion bemühte. Unter dem Eindruck dieser Rivalität gab Sir Henry Deterding, der Präsident der englischen Royal Dutch Petroleumgesellschaft, seine Kampfstellung gegenüber der Sowjetunion im Frühjahr 1929 auf. Im Sommer begab sich eine Delegation englischer Industrieller nach Rußland. Auch die britische Textilindustrie brauchte, wie einst in früheren Jahrhunderten, Absatzgebiete für ihre Erzeugnisse. Es kam zur Gründung eines anglo-sowjetischen Komitees, das die wirtschaftliche Zusammenarbeit studieren sollte.

Das zweite Labour-Kabinett Macdonalds (1929–31) befürwortete auch die Wiederaufnahme der diplomatischen Beziehungen. Die erste entsprechende Geste hierzu kann in der Ablehnung an den mittlerweile gestürzten Trockij gesehen werden, ihm ein Einreisevisum nach England zu bewilligen. Am 17. Juli 1929 übergab der norwegische Gesandte in Moskau Litvinov als stellvertretendem Außenkommissar eine Note, die den »Kalten Krieg« der Jahre 1927–29 beendete. Die Persönlichkeit Litvinovs bürgte für eine freundschaftliche Annäherung der beiden Länder. Mit einer Engländerin verheiratet, war ihm England in den Jahren des Exils zur zweiten Heimat geworden. Er sprach fließend englisch und gefiel sich in der Rolle eines besonderen Verehrers englischer Kultur und Lebensformen. Im Dezember 1929 überreichte der neue sowjetische Botschafter G. J. Sokol'nikov in London sein Beglaubigungsschreiben. Die Sowjetunion sicherte der britischen Regierung zu, sich nicht in die inneren Angelegenheiten des Landes einzumischen.

Sowjetrußland und die Randstaaten

Eine ausgedehnte Zone von Pufferstaaten trennte Sowjetrußland seit der Revolution von der Welt Mittel- und Westeuropas.

Die sogenannten Randstaaten von Finnland bis Rumänien hatten sich teils vollständig von Rußland gelöst, teils größere Territorien wie in Polen oder kleine wie in Rumänien der einstigen russischen Herrschaft entrissen. Die ehemaligen westlichen Alliierten Rußlands hatten sich schon während des Bürgerkrieges bemüht, aus dieser Zwischenzone eine Art cordon sanitaire zu gestalten, der dem weiteren Vordringen des Bolschewismus nach Westen Halt gebieten sollte. Sie hatten den Freiheitskampf dieser Völker moralisch zu unterstützen gesucht, wenn auch die tatsächliche militärische Hilfe von deutschen Kräften bestritten worden war; sie bemühten sich auch nach den Friedensschlüssen, die Unabhängigkeit dieser Staaten zu fördern. Hierbei konzentrierte sich englisches Bemühen mehr auf die baltischen Staaten[30], französisches auf Polen und die Länder der kleinen Entente, zu denen von den russischen Grenznachbarn Rumänien gehörte. Finnland kam, getragen von starken Sympathien in den nordischen und angelsächsischen Ländern, insbesondere den USA, am schnellsten zu einer inneren und äußeren Konsolidierung seiner Verhältnisse.

Die Sowjetunion hatte in den Friedensverträgen der Jahre 1920 bis 1921 die Selbständigkeit der Randstaaten anerkannt; einzig Rumänien gegenüber bestand ein vertragsloser Zustand, da kein Friedensschluß unterzeichnet und kein Verzicht Rußlands auf Bessarabien ausgesprochen worden war. Um so begreiflicher war es, daß Rumänien schon am 3. März 1921 mit Polen eine Militärkonvention abschloß.

Auch in nördlicher Richtung versuchte Polen in einem gewissen Großmachtstreben das durch die Gewährung eines Ratssitzes im Völkerbund starken Auftrieb erhielt, seinen Einfluß auszudehnen. Im März 1922 lud die polnische Regierung Vertreter Estlands, Lettlands und Finnlands zu Besprechungen nach Warschau ein. Litauen war angesichts des gespannten Verhältnisses zu Polen wegen der Wilnafrage nicht geladen. Das Ergebnis der Besprechungen war der Warschauer Vertrag vom 17. März. Er stellte einen gegenseitigen Nichtangriffs- und Konsultativpakt für den Fall eines unprovozierten Angriffs von außen dar und wurde auf fünf Jahre abgeschlossen. Hier lag unzweifelhaft der Versuch einer Blockbildung unter polnischer Ägide vor, der die beteiligten Länder vor einem sowjetischen Angriff schützen sollte. Frankreich stand in gewissem Sinne bei dieser Warschauer Gründung Pate, bestrebt, ein Gegengewicht gegen eventuelle englische Verbindungen sowohl zu Deutschland, als auch zu Rußland zu schaffen. In jedem Falle lag aber keinesfalls eine allgemeine Tendenz gegen Sowjetrußland vor; der Zusammenschluß entsprang einem sehr natürlichen Sicherheitsbedürfnis der baltischen Staaten, das auf den Erfahrungen der Jahre 1918–20 beruhte. Diesen Motiven entsprang auch das Bündnis zwischen Estland und Lettland, das im Jahre 1923 abgeschlossen wurde. In Moskau war man jedoch geneigt, jeden derartigen Versuch, im unmittelbaren Grenzgebiet regionale Bindungen herzustellen, zu einem feindlichen Akt zu stempeln.

Unmittelbar nach dem Warschauer Vertrag regte die Sowjetregierung ihrerseits eine Konferenz mit den baltischen Staaten an, die den Ausbau der Wirtschaftsbeziehungen zum Gegenstand haben sollte. Der wahre Grund dieser Zusammenkunft, die Ende März 1922 in Riga stattfand, bestand jedoch in dem Wunsch, die Einheitsfront der baltischen Staaten zu erschüttern[31]. Finnland nahm an der Konferenz nicht teil, auch Litauen blieb fern. Das Ergebnis bestand in einigen unbedeutenden Vereinbarungen wegen des Eisenbahnverkehrs und des Güteraustausches und einigen platonischen Erklärungen über eine Beschränkung der Rüstungen. Eine in Moskau im Juni des Jahres einberufene osteuropäische Abrüstungskonferenz, an der auch die in Riga fehlenden Staaten teilnahmen, erbrachte kein Ergebnis, da die Sowjetregierung den Vorschlag der Randstaaten, zunächst einen Nichtangriffspakt abzuschließen und dann die Rüstung herabzusetzen, ablehnte.

Die Beziehungen zwischen Sowjetrußland und den Randstaaten blieben zwar korrekt, aber äußerst formell; auch der Wirtschaftsverkehr erfuhr nur eine sehr schwache Belebung. Dafür, daß das Mißtrauen der kleinen Völker der Sowjetunion gegenüber nicht schwand, sorgte die Politik der Komintern. Das besondere Interesse ihres Vorsitzenden Zinov'ev galt Estland. Unmittelbar vor den Toren seines Leningrader Amtssitzes liegend, erschien es ihm als das gegebene Aktionsfeld, auf dem das im Vorjahre erschütterte Ansehen der Komintern wiederhergestellt werden konnte. Der sowjetische Gesandte in Reval Michail Kobeckij war Zinov'evs besonderer Vertrauter und zugleich auch Kominternbeauftragter. Als die estnische Regierung im November 1924 unter dem Eindruck der Londoner Erfahrungen Haussuchungen im Parteibüro der estnischen Kommunisten und Verhaftungen vornahm, entschloß sich Zinov'ev zu einem kühnen Handstreich, durch den er zugleich auch sein eigenes sinkendes Renomée zu verbessern trachtete. Eine Gruppe von 60 Offizieren der Roten Armee wurde über die Grenze geschleust und mit der Organisierung eines Putsches in Reval beauftragt[32]. Am 1. Dezember 1924 schlugen die Kommunisten los. Die estnische Regierung reagierte mit großer Energie und Entschlossenheit. Der Putschversuch wurde nach wenigen Stunden unterdrückt.

Stalins Anhänger innerhalb der KPdSU begrüßten das Revaler Fiasko Zinov'evs als eine neuerliche Niederlage ihres Gegners und als ein weiteres Mittel in ihrem Bestreben, ihn von der Leitung der Komintern zu entfernen[33].

Derartige Erfahrungen, wie Estland sie am 1. Dezember 1924 erlebte, ließen eine ständige Wachsamkeit geraten erscheinen. In allen Randstaaten stellten die sowjetischen Gesandtschaften zugleich Agitationszentralen für die einheimischen kommunistischen Parteien dar. Im Januar 1925 griff Polen wieder die Initiative zu neuen Verhandlungen auf, die sich diesmal auf Finnland erstreckten. Auf einer Konferenz in Helsingfors wurde die Frage eines Schiedsabkommens erörtert; darüber hinaus strebte Polen danach, eine Militärkonvention abzuschließen.

Von den drei baltischen Staaten stand Litauen nach wie vor Polen wegen der Wilnafrage feindselig gegenüber; aber auch Lettland und Estland zeigten wenig Neigung sich unter der Führung Polens in größere Konflikte hineinziehen zu lassen[34]. Für Finnland standen ohnehin seine skandinavischen Beziehungen im Vordergrund des Interesses. Aus diesen Gründen mußten die polnischen Pläne scheitern; auch sonst lockerte sich in den späteren zwanziger Jahren der Zusammenhalt der Randstaaten untereinander; als fester Kern blieb nur das lettisch-estnische Bündnis bestehen.

Diese Entwicklung wurde in Moskau begrüßt. Man suchte hier schon lange nach einer Einbruchstelle in der Front der baltischen Solidarität und fand sie in Litauen, wo Linkskreise leicht geneigt waren, auf sowjetische Vorschläge einzugehen. Anfang 1926 schlug die Sowjetunion den Randstaaten einschließlich Polen und Finnland Nichtangriffspakte vor. Es wäre zweifellos sicherer gewesen, der Sowjetunion nicht einzeln, sondern kollektiv gegenüberzutreten. Wenn Polen jedoch dieses zum Vorwand nahm, um sich einer Abmachung mit Moskau zu entziehen, so schwang hierbei immer noch der Wunsch mit, eine führende Rolle unter den Randstaaten zu spielen. Ein um so bereitwilligeres Ohr fanden die sowjetischen Vorschläge in Litauen, als hier im Mai 1926 eine linksorientierte Regierung gebildet wurde. Am 28. September sprang Litauen aus der Reihe und unterzeichnete einen Freundschafts- und Neutralitätsvertrag mit der Sowjetunion[35]. Nun ließ auch Lettland, wo gerade ebenfalls eine Linksregierung am Ruder war[36], sich zu Verhandlungen herbei. Aber ein im Frühjahr 1927 ausgearbeitetes lettisch-sowjetisches Neutralitätsabkommen ist nie unterzeichnet worden, da die lettische Regierung darüber zu Fall kam; das einzige Ergebnis war vorerst ein Handelsvertrag. Estland lehnte es zunächst noch ab, sich in ein zweiseitiges Abkommen mit der Sowjetunion einzulassen.

Zu den Ländern der Kleinen Entente waren bisher noch keine diplomatischen Beziehungen aufgenommen worden. In der Tschechoslowakei und besonders in Jugoslawien waren zahlreiche russische Emigrantenorganisationen entstanden; die Reste der Wrangellarmee hatten hier Zuflucht gefunden. Rumänien bemühte sich um Garantien für den Besitz Bessarabiens. Im Jahre 1926 erneuerte es sein Militärbündnis mit Polen und schloß Verträge mit Frankreich und Italien ab, durch die die Zugehörigkeit Bessarabiens zu Rumänien anerkannt wurde. Die Proteste, die Moskau deswegen nach Paris und Rom richtete, blieben ohne Wirkung. Die französisch-sowjetischen Beziehungen, die schon bisher stets sehr kühl gewesen waren, erfuhren eine weitere Abkühlung. Das Jahr 1927 führte auch in Osteuropa zu einer Verschärfung der außenpolitischen Beziehungen der Sowjetunion. Am 7. Juni wurde der sowjetische Gesandte P. L. Vojkov in Warschau von einem russischen Emigranten erschossen[37], ein Fall, der an das Attentat auf den sowjetischen Vertreter in Lausanne, V. V. Vorovskij, im Jahre 1923 erinnerte. Die Sowjetregierung ergriff Repressalien gegen angebliche polnische Spione in Rußland.

Erst nach Unterzeichnung des Briand-Kellogg-Paktes zur Ächtung des Krieges ergab sich für die sowjetische Außenpolitik eine neue Gelegenheit, ihre Pläne für ein osteuropäisches Paktsystem wieder aufzugreifen.

Die Sowjetunion war zu den Vorverhandlungen nicht hinzugezogen worden, da zwischen den USA und ihr keine diplomatischen Beziehungen bestanden. Nach der Unterzeichnung des Paktes seitens der Vertreter der Westmächte, Deutschlands, Italiens, Polens, der Tschechoslowakei und Japans am 27. August 1928 nahm das Außenkommissariat scharf Stellung gegen den Pakt und kennzeichnete ihn als ein Element der Einkreisung und der Aggression gegen die Sowjetunion[38]. Diesen Anwürfen wurde durch eine nachträgliche Einladung zur Mitunterzeichnung der Boden entzogen. Die Sowjetunion erklärte sich am 29. August dazu bereit und unterzeichnete am 6. September.

Nun mußte der Kelloggpakt dazu dienen, die Grundlage für den Ausbau eines osteuropäischen Vertragssystems zu bilden. Im Dezember 1928 trat der Kreml zunächst an Polen[39] und Litauen mit dem Vorschlag heran, den Kelloggpakt auch dann gelten zu lassen, wenn andere Staaten ihn nicht ratifizieren sollten. Litauen sagte im Prinzip zu, Polen stimmte nach einigem Zögern ebenfalls unter der Bedingung zu, daß gleichzeitig ähnliche Abmachungen auch mit Estland, Lettland und Rumänien unterzeichnet würden. Litvinov erklärte sich damit einverstanden. Am 9. Februar 1929 wurde das sogenannte Litvinovprotokoll in Moskau von den Vertretern der Sowjetunion, Polens,

Rumäniens, Estlands und Lettlands unterzeichnet[40]. Die Sowjetregierung hoffte damit der Möglichkeit, daß der Kelloggpakt zu einer antisowjetischen Frontbildung ausgenutzt würde, entgegentreten zu können. Erstmalig war jetzt, ungeachtet der bessarabischen Frage, eine Vereinbarung auch mit Rumänien getroffen worden, ohne daß allerdings die Sowjetunion die Grenzziehung damit anerkannt hätte. Anschließend traten dem Ostpakt auch Litauen, die Türkei und Persien bei. Wie mit Lettland, so wurde jetzt am 17. Mai 1929 auch mit Estland ein Handelsabkommen unterzeichnet. Es liegt auf der Hand, daß die Situation jetzt von den baltischen Staaten als weniger gefährlich empfunden wurde als zwei Jahre zuvor, weil die Vereinbarungen mit dem großen östlichen Partner nunmehr durch den weiteren Rahmen des Kelloggsystems eine gewisse beruhigende universale Auspolsterung erfuhren. Als ein gewisses Gegengewicht zu diesen Vereinbarungen mit der Sowjetunion suchte allerdings Estland anschließend um so intensiver seine ideellen Bindungen zu Finnland, das bezeichnenderweise dem Moskauer Protokoll ferngeblieben war, sowie zu Schweden zu betonen.

Der Moskauer Ostpakt des Jahres 1929 stellte einen beachtlichen Erfolg der sowjetischen Außenpolitik dar. Er war im wesentlichen der geschickten Verhandlungstaktik Litvinovs zu verdanken. Erstmalig seit der Revolution waren die Staaten der ostmitteleuropäischen Zwischenzone in ein Vertragssystem eingegliedert worden, das zwar einer westlichen Anregung seinen Ursprung verdankte, aber in seiner Nutzanwendung in Moskau ausgearbeitet und unterzeichnet worden war. Sehr bald mußte die Befürchtung auftauchen, daß dieses System auch seinen Schwerpunkt in Moskau finden könnte.

Die Ostpaktpolitik Moskaus hatte jedoch neben dem Wunsch, eine gewisse hegemoniale Stellung in Osteuropa einzunehmen, noch einen weiteren Grund. Angesichts der Spannungen in Ostasien, die durch den Konflikt mit China in den Jahren 1927–1929 und durch die drohende Einmischung Japans in die Verhältnisse auf dem asiatischen Kontinent gekennzeichnet sind, erschien es der Sowjetregierung geraten, sich zunächst den europäischen Rücken zu sichern.

Die ostasiatische Politik

Zwischen den bolschewistischen und den chinesischen Revolutionären bestanden seit der Oktoberrevolution enge Sympathien.

Lenin vergaß das Glückwunschtelegramm nicht, das ihm Sun Yat-sen nach der Machtergreifung gesandt hatte. Im Juli 1918 verzichtete die Sowjetregierung in einem Manifest an das chinesische Volk feierlich auf alle zaristischen Ansprüche auf chinesisches Territorium und Eigentum.

Nach dem Bürgerkrieg konnten engere Beziehungen angeknüpft werden. In Moskau wurde eine kommunistische Akademie für den Fernen Osten und die Sun Yat-sen-Universität gegründet, an der nahezu 1000 Chinesen studierten. Zu den Zöglingen der Kriegsschule der Roten Armee in Moskau gehörte auch Tschiang Kai-schek, Sun Yat-sens militärischer Berater. Es war Sun Yat-sen selbst, der sich an Lenin mit der Bitte wandte, ihm politische und militärische Berater nach China zu entsenden[41]. Es lag auf der Hand, daß diese aus der Zahl der russischen Funktionäre ausgewählt wurden. An ihrer Spitze begab sich Adolf Joffe nach China. Seine erste Unterredung mit dem chinesischen Präsidenten im Jahre 1923 wurde zur Grundlage für die weitere Zusammenarbeit beider Länder und Systeme. Neben ihm stand Michail Borodin (Gruzenberg), der vorher lange als Emigrant in den USA gelebt hatte, um bald zu einem einflußreichen Mann neben der Regierung Sun Yat-sens zu werden. 1924 wurde in Kanton eine Militärakademie gegründet, deren Leitung Tschiang Kai-schek übernahm. Ihm zur Seite trat eine sowjetische Militärmission unter einem Mann, der sich vorerst General Galen nannte und dessen Herkunft dunkel blieb. Die chinesische Armee wurde nach dem Muster der Roten Armee organisiert und stark von politischen Kommissaren beeinflußt, die vielfach Kommunisten waren.

Voraussetzung dieser Zusammenarbeit zwischen den nationalchinesischen Kräften und dem Kommunismus war die Konzeption, die sich im Zentralkomitee der KPdSU zu dieser Zeit durchsetzte. Im Bestreben, die Mißerfolge des Weltkommunismus in Europa in den letzten Jahren durch Erfolge im Fernen Osten wettzumachen, setzten Stalin und Bucharin im Politbüro ab 1924 volle Unterstützung der nationalchinesischen Kuo Min-tang-Partei durch. Es war eine Art Antizipation der später in Deutschland angewandten Taktik, die nationalen Kräfte und nicht die 1921 gegründete kommunistische Partei Chinas als solche zu unterstützen. Diese wurde vielmehr von der Komintern angewiesen, mit der Kuo Min-tang zusammenzuarbeiten. Zwei chinesische Kommunisten traten der Nationalregierung bei. Eine Einheitsfront der nationalen Bourgeoisie, der Bauern und Arbeiter wurde gefordert. Am 31. Mai 1924 verzichtete die Sowjetregierung auf alle Konzessionen aus der Zarenzeit.

Die neue Chinapolitik wurde von Trockij, Radek und Zinov'ev scharf angegriffen. Die Opposition verlangte eine beschleunigte Bolschewisierung Chinas nach dem Vorbild Rußlands und die Einführung des Rätesystems und lehnte die Zusammenarbeit mit der Kuo Min-tang ab. Immerhin war es bemerkenswert, daß Trockijs engerer Freund und Gesinnungsgenosse Joffe, der längere Zeit als sowjetischer Berater in China weilte, ebenfalls davon überzeugt war, daß eine absolute Gleichschaltung Chinas nach dem russischen Vorbild abzulehnen sei. In einer gemeinsamen Erklärung mit Sun Yat-sen trat er für eine unabhängige Entwicklung Chinas ein und lehnte die Einführung des Sowjetsystems ab[42].

Nach dem Tode Sun Yat-sens im März 1925 fehlte die ausgleichende Autorität des großen chinesischen Staatsmannes. In Kanton brachen die Kommunisten den bisherigen Burgfrieden und rissen im Sommer des Jahres die Führung der Kuo Min-tang an sich. Alsbald griff Tschiang Kai-schek zu. Er war nach dem Tode Sun Yat-sens an die Spitze der Kuo Min-tang getreten. Nun verhaftete er im März 1926 mehrere kommunistische Führer in Kanton, beschuldigte sie der Verschwörung und ließ sie hinrichten. Trotzdem hielt Stalin zunächst an seiner Politik fest und unterstützte Tschiang Kai-schek selbst dann, als er im April 1927 rücksichtslos unter den chinesischen Kommunisten aufräumte. Erst als sich diese Ereignisse im Mai wiederholten, war der Zusammenbruch der sowjetischen Chinapolitik nicht mehr zu verheimlichen.

Zur selben Zeit, in der die diplomatischen Beziehungen mit England abgebrochen wurden, mußte die Sowjetregierung erkennen, daß auch Tschiang Kai-schek entschlossen war, sich von der Zusammenarbeit mit dem Kommunismus zu lösen.

Bald nach dem Mai 1927 drang chinesische Polizei in die sowjetische Gesandtschaft in Peking ein und nahm eine Durchsuchung vor, die belastendes Material zutage förderte. Es folgten weitere Anschläge auf die sowjetischen Vertretungen in Schanghai und in Kanton. Da ein scharfer Protest des sowjetischen Botschafters Karachan von Tschiang Kai-schek abgelehnt wurde, erklärte die Sowjetregierung am 14. Dezember 1927, daß sie die diplomatischen Beziehungen zu China abbreche[43]. Unberührt davon blieb zunächst noch die sowjetische Position in der Mandschurei. Aber auch hier sollte es zu Zwischenfällen kommen.

Am 28. Mai 1929 verletzte chinesische Polizei die Exterritorialität des sowjetischen Generalkonsulats in Charbin, nahm auch hier eine Durchsuchung vor und verhaftete den sowjetischen Generalkonsul und den gerade anwesenden Generalkonsul aus Mukden[44]. Bald darauf wurden die russischen Beamten der ostchinesischen Bahn verhaftet und die Bahn in eigene Regie übernommen. Damit war der russische Einfluß aus der Mandschurei praktisch ausgeschaltet. Eine Vermittlungsaktion der Großmächte blieb erfolglos.

Die Sowjetunion hatte im Fernen Osten beachtliche Streitkräfte unter dem legendären Kommandeur Vasilij Konstantinovič Blücher, niemand anderem als dem einstigen General Galen aus China, versammelt. Im Oktober 1929 rückten einige Verbände in die Mandschurei ein, besetzten Hailar und rückten auf Charbin. Es sollte aber nicht zu größeren militärischen Verwicklungen kommen. Die Chinesen nahmen die sowjetischen Forderungen an und setzten die russischen Angestellten der mandschurischen Bahn wieder ein. Die Verhandlungen wurden durch ein in Chabarovsk am 22. Dezember 1929 unterzeichnetes Abkommen im Sinne früherer Vereinbarungen abgeschlossen[45].

Wie man sieht, hatte sich China angesichts eigener Schwierigkeiten entschlossen, der Sowjetunion entgegenzukommen. Ein zur Zeit der Verhandlungen in Vladivostok zusammengetretener internationaler Kongreß kommunistischer Gewerkschaften, der sich die Intensivierung der Agitation in ganz Ostasien zur besonderen Aufgabe stellte, zeigte jedoch der chinesischen Regierung deutlich, welche Gefahren ihrem Lande von seiten des Weltkommunismus drohten. Im Dezember 1931 entstand in der Provinz Kiangsi eine chinesische Sowjetregierung mit dem Sitz in Juitschin unter dem Vorsitz Mao Tse-tungs. In kurzer Zeit wurde hier eine rotchinesische Armee gebildet, die Ende 1933 bereits 350000 Mann in regulären, 600000 in irregulären Formationen zählte[46]. Der chinesische Bürgerkrieg nahm damit seinen Anfang. Die chinesischen Kommunisten konnten nunmehr auf die ungeteilte Unterstützung Moskaus bauen.

In den dreißiger Jahren machte sich eine wachsende Aktivität der japanischen Politik auf dem Festlande bemerkbar.

Japan hatte die Sowjetregierung erst 1925 anerkannt[47]. Zwischen beiden Ländern gab es zwei Streitfragen, die noch auf die Zarenzeit zurückgingen. Die eine betraf die Fischereirechte japanischer Fischer in russischen Gewässern, ein für das Inselreich lebenswichtiges Problem. Den zweiten Streitpunkt stellten die japanischen Konzessionen auf der Insel Sachalin dar, deren Südteil Japan seit dem Frieden von Portsmouth vom Jahre 1905 besaß. Vereinbarungen, die über diese Probleme 1925 und 1928 getroffen wurden, ließen die wirtschaftlichen Beziehungen zwischen beiden Ländern stark anschwellen; besonders der russische Export nach Japan erlebte einen Aufschwung. Da aber die erwähnten Abkommen an sich russische Hoheitsrechte berührten, enthielten sie schon den Keim zu weiteren Verwicklungen in sich. Anfang 1931 erreichte die Erbitterung wegen der Fischereirechte einen derartigen Grad, daß in Tokio ein Anschlag auf den Leiter der sowjetischen Handelsvertretung verübt wurde.

Zu alledem trat das japanische Interesse an der Mandschurei. Hier prallten, wie schon in zaristischer Zeit, die gegenseitigen politischen und wirtschaftlichen Kräfte aufeinander. Der Ausbau der mandschurischen Bahn hatte dem Lande einen starken Auftrieb gegeben. Aus dem übervölkerten China strömten Kolonisten ins Land, die im Zuge der schnell voranschreitenden Industrialisierung Arbeit fanden. Das Selbstbewußtsein dieser Schichten Rußland gegenüber erfuhr von seiten Japans lebhafte moralische Unterstützung. Ende 1931 glaubten die Japaner, ihre Interessen auch militärisch sichern zu müssen. Es wurden Truppen an die Eisenbahnstrecke Taonan–Tsitsikar in der nördlichen Mandschurei entsandt; gleichzeitig trat eine separatistische mandschurische Regierung ins Leben. Als in Schanghai im Januar 1932 Streitigkeiten zwischen Chinesen und Japanern entstanden, griff die japanische Regierung mit Landtruppen und Seestreitkräften ein und belegte die Stadt mit Bomben. Es war der Auftakt für den wenige Jahre danach ausbrechenden chinesisch-japanischen Krieg.

Die Sowjetregierung sah sich vor der drohenden Situation, ihre Kontrolle über die Mandschurei zu verlieren. Es gelang aber Litvinov weder, den Völkerbund für eine Einschaltung in das mandschurische Problem zu bewegen, noch bei Japan Verständnis für einen Nichtangriffspakt zu finden. Eine erneute Aktivität antibolschewistischer russischer Emigranten in der Mandschurei trug, weidlich aufgebauscht, dazu bei, die Nervosität in Moskau noch mehr zu steigern. Man sah jedoch keine Möglichkeit, sich dem japanischen Vordringen entgegenzustellen.

Am 5. Februar 1932 besetzten japanische Truppen Charbin, zwei Wochen später erfolgte die Proklamierung der Selbständigkeit der Mandschurei; der neue Staat erhielt am 9. März den Namen Mandschukuo. Nun blieb der Sowjetunion nichts anderes übrig, als die 1927 abgebrochenen Beziehungen zur chinesischen Regierung in Nanking wieder aufzunehmen. Am 12. Dezember 1932 wurde in Moskau ein sowjetisch-chinesisches Abkommen unterzeichnet[48]. Aber auch Japan gegenüber bestand zur Zeit keine andere Möglichkeit, als sich mit der gegebenen Lage abzufinden. Es mag sein, daß eine freundliche Geste der USA der Sowjetregierung gegenüber angesichts des unzweifelhaften amerikanisch-japanischen Gegensatzes im Pazifik zum Anlaß einer Versteifung in der mandschurischen Frage geworden wäre und die USA und die Sowjetunion in eine gemeinsame Front gegen Japan eingereiht hätte. Da aber die in Moskau schon längst erwartete Anerkennung der Sowjetregierung seitens der USA noch immer ausblieb, entschloß sich der Kreml, mit Japan in direkte Verhandlungen zu treten.

Schon im August 1932 war ein neues Abkommen wegen Erdölkonzessionen auf Sachalin und der japanischen Fischereirechte geschlossen worden[49]. 1933 trat Japan mit einem Kaufangebot an die Sowjetunion heran und schlug vor, ihm auch die noch in russischer Hand befindlichen nördlichen Strecken der mandschurischen Bahn für 30 Millionen Rubel abzutreten. In Moskau verlangte man zunächst den zehnfachen Preis, gab aber bald nach, da man im Falle eines Scheiterns der Verhandlungen mit einem weiteren Vordringen der Japaner in Richtung Äußere Mongolei rechnen mußte.

Die im Juni 1933 in Tokio eröffneten Verhandlungen führten am 23. März 1935 zum Abschluß eines Vertrages. Für den Preis von 170 Millionen Yen gingen die bisher von der Sowjetunion kontrollierten Bahnstrecken an die Regierung von Mandschukuo über. Die Folge war eine fühlbare Entspannung in den russisch-japanischen Beziehungen.

Diese Nachgiebigkeit Japan gegenüber bedeutete allerdings keineswegs einen Verzicht der Sowjetunion auf ihre fernöstlichen Interessen und eine endgültige Kapitulation vor den japanischen panasiatischen Hegemonialplänen. Die Auseinandersetzung wurde auf einen günstigeren Zeitpunkt vertagt. Genau zehn Jahre später konnte Moskau seine Forderungen an Japan präsentieren. Mittlerweile ging die Sowjetregierung daran, ihre strategische Position in den fernöstlichen Provinzen weiter auszubauen.

Rußland und Amerika

Zwischen der Sowjetunion und den USA bestanden vor 1933 keine offiziellen diplomatischen Beziehungen. Obwohl im amerikanischen Senat und im Repräsentantenhaus schon 1920 Stimmen laut wurden, die eine Anerkennung des bolschewistischen Regimes forderten – so etwa von Senator Borah –, waren sowohl Regierung als auch breite Schichten des Volkes von einer tiefen Abneigung gegen das sowjetische Gewaltsystem erfüllt. Wie einst in zaristischer Zeit die Judenpogrome, so nahmen jetzt die Kirchenverfolgung und die Gottlosenpropaganda, nicht minder die Terrormethoden der GPU, die öffentliche Meinung Amerikas aufs stärkste gegen die Bolschewisten ein. Die Befürchtung, bolschewistische Ideen könnten bei einer Aufnahme diplomatischer Beziehungen in Amerika eindringen, spielte hierbei ebenfalls eine Rolle, auch wenn der Lebensstandard des amerikanischen Arbeiters ihn im großen ganzen gegenüber den Propagandaparolen der Komintern immun machte; wenn sich in den USA kommunistische Tendenzen zeigten, so beschränkten sie sich zunächst im wesentlichen auf Einwanderer und Schwarze.

Als Sverdlov als Vorsitzender des VCIK im Jahre 1921 einen Appell an Präsident W. G. Harding richtete, den gegenseitigen Vorteil einer Wiederherstellung der Handelsverbindungen wahrzunehmen, wies die amerikanische Regierung darauf hin, daß es keinen Zweck hätte, wirtschaftliche Beziehungen aufzunehmen, solange nicht die sowjetischen Produktionsgrundlagen wieder auf der Basis des Privateigentums, der Heiligkeit der Verträge und der Freiheit der Arbeit stabilisiert seien.

Diese Kritik an Grundprinzipien des Kommunismus schloß allerdings nicht aus, daß die USA am Gedanken der Unverletzlichkeit russischen Territoriums unentwegt festhielten. So erklärt es sich, daß die amerikanische Regierung erst 1922 diplomatische Beziehungen zu den baltischen Randstaaten anknüpfte; aus demselben Grunde war sie im Fernen Osten sehr daran interessiert, keine dauernde Festsetzung Japans auf sibirischem Boden zu dulden. Auf der Washingtoner Seeabrüstungskonferenz vom Jahre 1921 war Sowjetrußland nicht vertreten. Der amerikanische Außenminister Hughes setzte sich trotzdem für den Schutz der russischen Interessen im Fernen Osten ein; die Japaner sahen sich auf Grund des allgemeinen diplomatischen Druckes im nächsten Jahr veranlaßt, die von ihnen geförderten antibolschewistischen Kräfte in der Küstenprovinz fallen zu lassen. Standen hierbei auch eigene amerikanische Interessen auf dem Spiel, die ein Erstarken Japans im Pazifik nicht zuließen, so entsprang die Hoover-Hilfsaktion während der ersten Hungersnot der Jahre 1922–23 rein humanitären Erwägungen.

Mit dem Amtsantritt des Präsidenten C. Coolidge im Jahre 1923 schienen sich Möglichkeiten einer wirtschaftlichen Annäherung zu ergeben, zumal die Sowjetunion mit ihrer NEP den Anschein einer Rückkehr zu früheren wirtschaftlichen Grundsätzen erweckte. Trotzdem lehnte der Außenminister Hughes auch jetzt die Annäherungsversuche Čičerins mit Hinweis auf die kommunistische Propaganda ziemlich brüsk ab[50].

Die amerikanische Auffassung von der Freiheit der Wirtschaft hinderte allerdings auch bei einer derartigen Entwicklung der zwischenstaatlichen Beziehungen die amerikanische Geschäftswelt keineswegs, private Verbindungen zur Sowjetunion aufzunehmen. Amerikanische Firmen erwarben 1926 Konzessionen auf Goldschürfungen am Amur, 1927 kam es zu befriedigenden Abmachungen zwischen der Standard Oil Company und sowjetischen Stellen. Im selben Jahre wurden der Sowjetunion beachtliche Handelskredite von seiten amerikanischer Firmen eingeräumt. Die International General Electric Company schloß zum Beispiel einen Vertrag mit der Sowjetregierung über den Ankauf von elektrischen Artikeln im Werte von über 20 Millionen Dollar. Eine große Anzahl von Ingenieuren, Technikern und Sachverständigen ging nach Rußland, um hier im Zuge des Industrialisierungsprogramms des Ersten Fünfjahresplanes Verwendung zu finden. Hatte der amerikanisch-russische Handel in den Jahren 1921–25 den Gesamtwert von 37 Millionen Dollar und damit drei Fünftel des Jahresausmaßes der Vorkriegszeit erreicht, so stieg er in den folgenden Jahren auf 95 Millionen Dollar, das heißt nahezu die doppelte Vorkriegsziffer, an. Der amerikanische Export nach der Sowjetunion überstieg bereits bei weitem den Import.

Der Kriegsächtungspakt vom Jahre 1928 brachte neuen Anlaß zur Verstimmung, da der amerikanische Staatssekretär F. B. Kellogg zunächst von einer Hinzuziehung der Sowjetunion abgesehen hatte. Die nachträgliche Einladung an die Sowjetregierung wurde von dieser daher auch in ihrem Sinne ausgenutzt. Wichtiger für die amerikanisch-sowjetischen Beziehungen war, daß die einsetzende Wirtschaftskrise dem sowjetischen Außenhandel ganz unerwartete Entfaltungsmöglichkeiten eröffnete. Mit absichtlich niedrig gehaltenen Dumpingpreisen wurden Weizen und Baumwolle, Kohle, Mangan und Öl auch auf den amerikanischen Markt geworfen, um damit die Schwierigkeiten der kapitalistischen Wirtschaft zu vergrößern. Es war eine »rote Handelsdrohung«, die ernste Besorgnis erregte; das amerikanische Schatzamt reagierte darauf mit einer Verfügung, die eine Handelssperre auf eine Reihe von sowjetischen Waren, zum Beispiel Holz und Zellstoff, vorsah. Der Hinweis darauf, daß sie von Häftlingen produziert würden, sollte dem Handel mit der Sowjetunion noch einen zusätzlichen moralischen Makel anheften. Die Folgen bestanden in einem rapiden Absinken des gegenseitigen Handelsvolumens. Hatte sich der Gesamtbetrag des russischen Exports nach den USA im April 1931 noch auf 7,7 Millionen Dollar belaufen, so sank die Zahl im Laufe eines Jahres auf 2,4 Millionen, die umgekehrten Zahlen für den amerikanischen Export betrugen 6,8 Millionen und 1,3 Millionen. Die psychologische Wirkung dieser Entwicklung zeigt sich in der Animosität, die in den Jahren 1931–32 in Moskau den USA gegenüber empfunden wurde. Sie spiegelt sich auch während des Konflikts mit Japan in der Mandschurei in der Gereiztheit wider, die man Amerika gegenüber empfand, weil man annahm, daß es die japanischen Expansionstendenzen auf dem asiatischen Festland begünstige.

Mit der Zeit stellte es sich jedoch heraus, daß es außerordentlich schwierig war, einen so riesenhaften Wirtschaftsraum wie den der Sowjetunion auf die Dauer aus dem Welthandel auszuschalten, ohne das kapitalistische Wirtschaftssystem selbst gewissen Erschütterungen auszusetzen. Daher mehrten sich zu Beginn der dreißiger Jahre auch die Stimmen in Amerika, die eine Wiederaufnahme normaler Handelsbeziehungen und eine diplomatische Anerkennung der Sowjetunion forderten. Sie fanden sich größtenteils im Lager der Demokratischen Partei, die mit der Wahl von F. D. Roosevelt im Jahre 1932 ans Ruder kam.

Die Nichtangriffspakte des Jahres 1932

Es war das Werk von Maksim Maksimovič Litvinov, wenn die Einbeziehung der Sowjetunion in ein dichtes Netz von Vertragsabschlüssen mit west- und osteuropäischen Staaten in den Jahren nach 1930, nachdem er als Volkskommissar für Auswärtige Angelegenheiten endgültig an die Stelle Čičerins getreten war, rapide Fortschritte machte. Schon seit geraumer Zeit war der geschmeidige Diplomat, der es verstand, um sich eine Atmosphäre gemütlicher Biederkeit zu verbreiten, bei den in Moskau akkreditierten diplomatischen Vertretern ebenso bekannt geworden, wie in den Genfer Couloirs, wo er die Abrüstungskommission des Völkerbundes mit großer Eloquenz als Forum für die sowjetische Abrüstungspropaganda benutzt hatte, ohne sich persönlich unbeliebt zu machen. Jetzt setzte er sich emsig und erfolgreich für den Ausbau der außenpolitischen Verflechtungen mit den kapitalistischen Staaten ein, der neuen Wirtschaftspolitik gewissermaßen die Epoche einer neuen diplomatischen Politik anschließend. Sie sollte von 1930 bis 1938 währen.

M. M. Litvinov war ein alter Bolschewist. In Bialystok im damals russischen Teil Polens 1876 geboren, kam er bereits früh mit marxistischen Ideen in Berührung und begann schon vor der Jahrhundertwende eine Rolle in sozialdemokratischen Kreisen zu spielen. 1903 schloß er sich in London dem radikalen Flügel der Partei an. In den Jahren nach der ersten russischen Revolution bemühte er sich erfolgreich um die illegale Waffenbeschaffung für die bolschewistische Bewegung[51]. Bei dem Versuch, russische Geldscheine aus der Beute des Banküberfalles in Tiflis im Jahre 1908 im Auslande zu wechseln, war er verhaftet worden. 1918 saß er in einem englischen Gefängnis, von wo er im Austausch gegen den in Moskau verhafteten englischen Konsul R. B. Lockhart befreit wurde und nach Rußland zurückkehren konnte. Hier wurde er alsbald zum unentbehrlichen Mitarbeiter Čičerins.

Ende 1931 entschloß sich die Sowjetregierung, auf der Grundlage des Moskauer Ostpaktes von 1929 die Beziehungen zu den Randstaaten noch enger zu knüpfen. Zunächst trat Litvinov im November an Polen mit dem Vorschlag heran, einen Nichtangriffspakt abzuschließen[52]. Wenn noch 1926 diesbezügliche Verhandlungen zu keinem Erfolg geführt hatten, weil Polen keinen einseitigen Garantievertrag wünschte, sondern die kollektive Einbeziehung aller Randstaaten gefordert hatte, so gab die Sowjetunion diesmal nach. Sie trat auch an die anderen Randstaaten heran. Als erster Staat erklärte sich Finnland bereit, in Verhandlungen zu treten, die am 21. Januar 1932 zum Abschluß eines finnisch-sowjetischen Nichtangriffspaktes führten. Er sah die Garantie der im Dorpater Frieden vom 14. Oktober 1920 festgelegten Grenzen und ein Schlichtungsverfahren vor, sollte für drei Jahre gelten und danach bei Nichtkündigung zwei Jahre weiterlaufen[53]. Diesem Vertrag folgte dann am 25. Juli 1932 ein polnisch-sowjetischer Nichtangriffspakt unter ähnlichen Bedingungen, aber ohne die dort vorgesehene Grenzgarantie[54]. Immerhin glaubte Polen durch den Artikel 1 des Abkommens Sicherungen gegen deutsche Revisionsansprüche an der polnischen Westgrenze erhalten zu haben. Der Vertrag als solcher mußte, nahm man in Warschau an, das Gespenst einer eventuellen deutsch-russischen Vereinbarung über Polen bannen.

Mit Lettland und Estland wurden am 5. Februar und am 4. Mai 1932 entsprechende Verträge unterzeichnet; auch hier fehlten Grenzgarantien. Die beiden Nichtangriffspakte wurden recht bald ratifiziert[55]. Am 27. November 1932 erfolgte auch in Warschau die Ratifizierung; in Helsingfors nahm man sich damit noch bis zum 22. Juli 1933 Zeit.

Besonders schwer belastet war das rumänisch-sowjetische Verhältnis. Nachdem durch polnische Vermittlung entsprechende Verhandlungen aufgenommen worden waren, wurden sie durch das Dazwischentreten des rumänischen Gesandten in London, Titulescu, der alsbald in einem neuen Kabinett das Außenministerium übernahm, zu Fall gebracht. Für ihn stellte die bessarabische Frage einen Angelpunkt der rumänischen Außenpolitik dar, der außerhalb jeder Diskussion stehen mußte[56]. Die sowjetische Presse schlug einen zunehmend aggressiven Ton gegen Rumänien an; die rumänischen Kommunisten erfuhren laufend Unterstützung.

Erst als am 3. Juli 1933 in London das sogenannte Definitionsabkommen, das der näheren Kennzeichnung des Angreifers im Falle eines Krieges dienen sollte, von den Teilnehmern des Kelloggvertrages unterzeichnet wurde[57], ergab sich, wie 1929, erneut eine Begegnung von rumänischen und sowjetischen Unterschriften auf einem gemeinsamen Protokoll. Dem Londoner Abkommen schlossen sich auch die am Moskauer Protokoll vom Jahre 1929 beteiligten osteuropäischen Staaten an, unter ihnen die Sowjetunion und Rumänien. Im Juni 1934 kam es erstmalig zu einem Schriftwechsel zwischen beiden Staaten[58]. Die Folgen dieser Überbrückung der strittigen Probleme bestanden in der Wiederaufnahme des bis dahin vollkommen darniedergelegenen Verkehrs. Im Oktober 1935 lief endlich der Eisenbahnverkehr über die neue Dnjestrbrücke bei Tiraspol wieder an.

Es wurde bereits dargelegt, daß diese Vertragspolitik der Sowjetunion in Osteuropa einer doppelten Wurzel entsprang: einerseits sich im Hinblick auf die Zuspitzung der Verhältnisse in Ostasien den Rücken zu decken, andererseits die Randstaaten in ein Paktsystem einzugliedern, das seinen Schwerpunkt in Moskau haben sollte. Wenn eine der Großmächte an diesen Bemühungen interessiert sein mußte, so war es Frankreich. Frankreich war durch vielfache vertragliche, geschichtliche und kulturelle Bande, die teils älteren Datums waren, hauptsächlich aber dem System von Versailles entsprangen, sowohl mit den Ländern der Kleinen Entente als auch mit Polen verknüpft. Das mit der Stabilisierung der deutschen Verhältnisse erneut aufsteigende französische Sicherheitsbedürfnis ließ das Verhältnis zur Sowjetunion mit der Zeit in einem anderen Lichte erscheinen. Die Tendenzen eines von Frankreich protegierten antisowjetischen cordon sanitaire aus den zwanziger Jahren wichen, begünstigt durch den harmlosen Anstrich der Litvinovschen Außenpolitik, einer wachsenden Bereitschaft, Verbindungen zu Moskau aufzunehmen.

Die 1932 erzielte Verständigung zwischen Polen und der Sowjetunion trug natürlich in hohem Maße dazu bei, diese Wege zu ebnen. Hinzu trat die starke Dynamik der deutschen Entwicklung am Vorabend der Machtergreifung der Nationalsozialisten, die in Paris Besorgnis erregte. Alles das führte dazu, daß die bereits 1931 begonnenen Gespräche wegen eines französisch-sowjetischen Nichtangriffspaktes, die parallel zu Wirtschaftsverhandlungen liefen, nunmehr schnell vorankamen. Am 29. November 1932 wurden ein Schlichtungsabkommen und ein Nichtangriffspakt zwischen der Sowjetunion und Frankreich unterzeichnet[59].

Der Nichtangriffspakt enthielt die Verpflichtung, sich jeder Einmischung in die inneren Verhältnisse des Partners zu enthalten; wirtschaftlicher Boykott und die Duldung militärischer, gegen den Vertragspartner gerichteter Organisationen sollten ausgeschlossen sein. Unter Hinweis auf den Kelloggpakt sollten alle strittigen Fragen in einem Schlichtungsverfahren gelöst werden.

Obwohl formal kein Widerspruch zu den Verträgen von Rapallo und Berlin vorlag, ergab sich zwangsläufig aus dem französisch-sowjetischen Abkommen eine Abkühlung der deutschrussischen Beziehungen. Diese sollten jedoch bald auch aus anderen Ursachen in ein kritisches Stadium treten. Aus der Nachkriegssituation des Ersten Weltkrieges wechselte die weltpolitische Entwicklung hinüber zu den Präliminarien des Zweiten Weltkrieges.

VI

DIE INNERE ENTWICKLUNG VOM ZWEITEN FÜNFJAHRESPLAN BIS ZUM AUSBRUCH DES KRIEGES

Die wirtschaftliche und soziale Lage nach 1932

Der 1932 abgeschlossene Fünfjahresplan hatte unzweifelhaft Erfolge im Sinne der sowjetischen Zielsetzung gezeitigt. In der Kollektivierung waren etwa drei Viertel des landwirtschaftlich nutzbaren Landes auf Kolchosen verteilt worden. Besonders in der Ukraine, im Nordkaukasus und an der unteren Wolga war die Entwicklung beschleunigt vorangetrieben worden. Die oft grenzenlos primitive landwirtschaftliche Bebauung des Bodens war fortschrittlichen Methoden gewichen; die Mechanisierung hatte große Fortschritte gemacht, ab 1930 war, wenn man den offiziellen Angaben trauen darf, das Vorkriegsvolumen der landwirtschaftlichen Produktion erreicht.

In der Industrialisierung war vor allem die Kohle- und Eisengewinnung gesteigert worden. Das wichtigste Kohlezentrum, die Bergwerke im Donecgebiet, hatte man mechanisiert und weiter ausgebaut. Die Eisen- und Stahlproduktion hatte einen nie dagewesenen Stand erreicht, neue Hüttenwerke, zum Beispiel in Krivoj Rog und Zaporožje, waren entstanden. Das Traktorenwerk in Stalingrad, das Kombinat für Roheisen- und Walzwerkprodukte in Magnitogorsk im Ural stellten Beispiele gigantischer neuer Werke dar. Im Kaukasus und in Sibirien war nach neuen Ölquellen geforscht worden, in Dnjeprostroj am Dnjepr entstand 1932 das größte Kraftwerk Europas[1]. Im Verkehrswesen war das Straßennetz enger geworden, eine wichtige neue Eisenbahnstrecke, die »Turksib«, die Sibirien mit Turkestan verband, wurde 1930 fertig[2].

Trotz dieser beachtlichen Errungenschaften konnte von einem endgültigen »Sieg des Sozialismus«, wie es Stalin im Januar 1933 vor dem Zentralkomitee pathetisch formulierte, noch keine Rede sein. Ein Jahr darauf gab er auf dem XVII. Parteitag selbst die Lücken in der Erfüllung des Planes zu[3]. Sowohl im Industrialisierungsprogramm als auch in der Kollektivierung auf dem Lande waren Mängel festzustellen. Diese sollten durch den bereits angelaufenen neuen Fünfjahresplan beseitigt werden.

Als wichtigste Aufgaben des Zweiten Fünfjahresplanes (1932 bis 1937) wurden die verstärkte Produktion von Konsumgütern, die Verbesserung des Lebensstandards, die Vollendung der Rationalisierung in Industrie und Landwirtschaft und die Erhöhung der Arbeitsqualität auf allen Gebieten bezeichnet.

In Wirklichkeit lag das Schwergewicht nicht auf den ersten Punkten, die den individuellen Bedürfnissen der Bevölkerung dienten, sondern auf den Maßnahmen, die eine Stärkung des wirtschaftlichen und damit auch politischen und militärischen Potentials des Staates bezweckten. Es galt, die Sowjetunion in ihrer Industrieproduktion möglichst unabhängig vom Ausland zu machen und die Industrialisierung zu beschleunigen. Hier fiel im Rahmen der Gesamtplanung einer regionalen Rationalisierung der Wirtschaft eine besondere Rolle zu. Zwischen den verschiedenen Wirtschaftsbetrieben eines Gebietes sollte eine planmäßige Kooperation hergestellt werden; eine besonders charakteristische Strukturform dieser Tendenzen war das Industriekombinat, das die verschiedenen Industriezweige eines Raumes – zum Beispiel Kohlengruben, Hüttenwerke und chemische Betriebe – im Sinne einer größeren Rentabilität organisatorisch zusammenfaßte. Zum größten Komplex dieser Art wurde das Ural-Kuznecker Kombinat in Sibirien: ein lebendiges Beispiel für die wachsende Bedeutung der asiatischen Landesteile auch für die industrielle Entwicklung. Je stärker die zentralsibirischen und turkestanischen Bodenvorkommen erschlossen wurden, desto mehr machte sich eine stetige Standortverlagerung nach Osten, auch über den Wolga-Uralraum hinaus, bemerkbar. Im allgemeinen waren die Riesenkombinate auf den verschiedenen Gebieten der Industrie kennzeichnend für die Neigung zu überdimensionalen Maßstäben, ehe man sich der Gefahren dieser »Gigantomanie« bewußt wurde.

Hand in Hand mit dieser Entwicklung lief der weitere Ausbau des Verkehrswesens und der Elektrifizierung des Landes. Im Nordosten des europäischen Rußland sollte die Kotlasbahn das Kohlenrevier an der Pečora erschließen, in Mittelasien wurde die Turksib verlängert. Neben einem Elektrifizierungsprogramm der Eisenbahnen sollte auch dem Ausbau der Binnenschiffahrt besondere Aufmerksamkeit zugewandt werden. Hier stand, nachdem am 2. August 1933 die Fertigstellung des nach Stalin benannten Weißmeerkanals proklamiert werden konnte, der

Bau des 128 Kilometer langen Moskau-Wolgakanals im Mittelpunkt, der einen Binnenschiffahrtsweg von größter Bedeutung erschließen sollte[4]. Seit 1935 lag die Leitung des Verkehrswesens in den Händen von L. M. Kaganovič, einem der engsten Mitarbeiter von Stalin.

Unverkennbar waren die starken militärpolitischen Gesichtspunkte, die sowohl beim Ausbau des Verkehrssystems, als auch bei der besonderen Förderung der Schwerindustrie und der Steigerung der Energiequellen als treibende Impulse dahinter standen. Aus einer Rede Stalins am 7. Januar 1933 klang dieses Moment deutlich hervor; ebenso konnte man es auch aus allen Ansprachen des XVII. Parteikongresses, besonders aus der Rede Vorošilovs, heraushören.

Parallel zur Industrialisierung lief die Kollektivierung der Landwirtschaft in den bäuerlichen Betrieben. Hinter dem Ziel, den Bauern in einen vom Staat gänzlich abhängigen Landarbeiter, in einen ländlichen Proletarier, zu verwandeln, stand der Wille der Partei, dermaleinst keinen Gegensatz zwischen ihm und dem städtischen Proletarier, zwischen Bauer und Arbeiter, zu wissen, die zwei Klassen durch eine einzige der »Werktätigen« zu ersetzen. Aber die Kehrseite der hierbei angewandten Rationalisierung und Mechanisierung sah düster aus. Zum Verlust der persönlichen Initiative trat eine beispiellose und hoffnungslose Verelendung. Der selbstbewußteste und energischste Teil des Bauerntums war schon in den Kampfjahren der Agrarrevolution gebrochen oder vernichtet worden. Die Millionen von Kolchosbauern wurden zu geduldigen Arbeitssklaven der verstaatlichten Wirtschaft, denen nur innerhalb eines minimalen Sektors ein kleines Eigenleben verblieb.

Die Wende vom Ersten zum Zweiten Fünfjahresplan fällt mit dem Höhepunkt der großen Agrarkrise und mit dem zweiten großen Hunger der Sowjetzeit zusammen. Die Rigorosität in der Durchführung der Kollektivierung hatte dazu geführt, daß sich auch bei den Kolchosbauern die Überzeugung durchsetzte, es hätte keinen Sinn zu arbeiten, da unabhängig von Fleiß und Arbeitsleistung das Ergebnis unveränderlich dasselbe blieb. Eine allgemeine Unlust und Lässigkeit ließ die Arbeitsleistung erheblich zurückgehen. Bei der Ablieferung der Ernteerträge suchten sich die Bauern dadurch zu helfen, daß sie einen Teil heimlich zurückbehielten, obwohl ab August 1932 hierfür die Todesstrafe angedroht wurde. Oft griffen die Kolchosbauern auch in der Verzweiflung zu einem Mittel, das sowohl anschließende

Repressalien auslöste, als auch in das eigene Fleisch schneiden konnte: sie traten in den Streik und ließen die Felder unbestellt. Sehr bald zeigten sich die Folgen. Die große Hungersnot der Jahre 1931–33 ging übers Land.

Der Hunger erfaßte diesmal die Gebiete am stärksten, in denen die Kollektivierung am schärfsten forciert worden war, obgleich es sich zum Teil um die fruchtbarsten Schwarzerde-Landstriche handelte: Ukraine und Nordkaukasus. Entsetzlich war auch die Not an der Wolga, wo ohnehin die Gefahr der Dürre häufig gegeben war. Es gibt Augenzeugenberichte, die nicht nur über die vielen stillen Tragödien des Alltags Auskunft geben, sondern auch über grauenvolle und extreme Exzesse, zu denen Menschen getrieben wurden, denen der wahnsinnige Hunger jegliche Selbstkontrolle geraubt hatte. Die Zahl der Opfer der Hungerkatastrophe wird auf 10 bis 11 Millionen Menschen geschätzt[5]. Vor dem Ausland wurde die Not sorgfältig geheimgehalten; diesmal setzte keine Hilfsaktion von außen her ein.

Das Jahr 1932, das Endjahr des Ersten Fünfjahresplanes, ließ die Krise, in der sich das Land befand, deutlich spürbar werden. Vom wirtschaftlichen Sektor dehnte sich die Unruhe auch auf den politischen aus. Sie schlich durch die Dörfer und Provinzstädte, und sie machte auch vor den Mauern des Kreml nicht halt. Noch hallte die Erregung des Kampfes mit der Rechtsopposition und der Abrechnung mit Rykov, Tomskij und Bucharin nach. Noch hatte sich der Schrecken des ersten Schauprozesses von 1931 nicht gelegt. Noch war aber andererseits der Mut, dagegen Stellung zu nehmen, nicht ganz erloschen. In Stalins nächster Umgebung wurden Druckschriften verbreitet, in denen zu lesen war, es sei höchste Zeit, den Generalsekretär abzusetzen. Sie trugen die Unterschriften von Männern, die Stalin noch kürzlich gute Dienste im Kampf gegen Trockij und Bucharin geleistet hatten, wie z. B. Rjutin, ein sibirischer Bolschewist bäuerlicher Herkunft. Sie waren bald verhaftet, des Hochverrats angeklagt und zu Gefängnisstrafen verurteilt. Dabei hatten sie an sich an keinen Umsturz gedacht, sondern nur an eine Neubesetzung des Parteiamtes, das Stalin innehatte.

Aus der Ferne übte Trockij einen gewissen Einfluß aus, der in seiner Bedeutung nicht übertrieben, aber auch nicht verkannt werden darf. Ende 1932 veröffentlichte sein Bulletin einen Überblick über die wirtschaftliche Lage der Sowjetunion, der eine Menge von Angaben enthielt, wie sie nur aus eingeweihten Regierungskreisen stammen konnten[6]. Der Aufsatz schloß mit den Worten: »Da die derzeitige Führung offenbar nicht mehr in der Lage ist, einen Ausweg aus der hoffnungslos verfahrenen wirtschaftlichen und politischen Situation zu finden, greift in der Partei die Überzeugung immer mehr um sich, daß in der Parteiführung ein grundlegender Wandel vorgenommen werden muß.«

In der Ukraine gärte es in besonders gefährlicher Weise. Hier verband sich wirtschaftliche Not mit national-autonomistischen Tendenzen, die sich in den letzten Jahren unbehelligt hatten entwickeln können. Am 24. Januar 1933 entsandte Stalin als seinen besonderen Vertrauensmann P. Postyšev, einen alten Bolschewisten halb russischer, halb tungusischer Herkunft, mit außerordentlichen Vollmachten in die Ukraine, um den ukrainischen Nationalgedanken zu ersticken. Zu seiner Verfügung standen die Organe der GPU. Postyšev führte in Kiev eine radikale Säuberung der ukrainischen Regierung und Partei durch. Sie trug ihm, ähnlich wie seinerzeit dem Grafen Muravev in Litauen, den Namen eines »Henkers der Ukraine« ein. Der Vorsitzende des Rates der Volkskommissare, Čubar', wurde abgesetzt, der Volkskommissar für Erziehung, M. Skrypnik, einer der ältesten Kampfgefährten Lenins, beging Selbstmord. Aus der Partei wurden 28 000 Mitglieder ausgestoßen, 237 Parteisekretäre entfernt. Besonderer Verfolgung war die ukrainische Intelligenz ausgesetzt. Mehrere Schriftsteller wurden verbannt, die Ukrainische Akademie der Wissenschaften der Moskauer Akademie unterstellt. Der bekannte ukrainische Historiker Professor M. Hruševskij wurde nach Moskau ausgewiesen. An Stelle von Kiev, dem eigentlichen Herd des ukrainischen Gedankens, wurde Char'kov zum Sitz der Regierung und der obersten Behörden[7].

Aber auch außerhalb der Ukraine griff die Unzufriedenheit in Parteikreisen, ja selbst im Komsomol, um sich. Stalin griff energisch zu. Hunderttausende von Parteigenossen wurden ausgestoßen, Zinov'ev und Kamenev nach Sibiren verbannt.

Gleichzeitig spielte sich in der engsten Familie Stalins eine erschütternde Tragödie ab. Die Krisenstimmung hatte, sich weiterfressend, auch vor seinem eigenen Hause nicht haltgemacht.

Stalins zweite Frau Nadežda Allilueva, die Tochter eines Petersburger Arbeiters und Kampfgenossen der Bolschewisten, war bisher blindlings der Linie ihres Gatten gefolgt. Sie führte ein stilles, zurückgezogenes Leben und ging täglich ihrer Beschäftigung in einem chemischen Laboratorium nach. Um politische Fragen kümmerte sie sich wenig. Jetzt, angesichts der Not der Bauern, des brutalen Kampfes um die Kollektivierung, der selbst in die obersten Parteikreise eindringenden Zweifel, wurde auch sie in ihrem Vertrauen auf die Richtigkeit der eingeschlagenen Politik irre. Alexander Barmine erzählt[8], wie Stalin mit seiner Frau eines Abends im November 1932 bei Vorošilov zu Gast war. Es waren auch andere Mitglieder des Politbüros anwesend, und es kam eine Unterhaltung über politische Fragen auf. Da sprach auch Stalins Frau ihre Gedanken aus. Sie machte kein Hehl aus ihren Sorgen über die allgemeine Unzufriedenheit und den Terror im Lande. Das war Stalin zu viel. Er machte seiner Frau eine Szene und überschüttete sie in Anwesenheit der anderen Gäste mit Beschimpfungen. Nadežda Allilueva verließ das Haus und machte noch in derselben Nacht ihrem Leben ein Ende.

Ein anderer bolschewistischer Emigrant, Victor Serge, weiß über die Folgen dieses Selbstmordes, der auch Stalin schockartig traf, zu berichten[9]. Auf einer der nächsten Sitzungen des Politbüros habe er seinen Rücktritt angeboten. Die Mitglieder nahmen die Mitteilung unsicher und mit deutlichem Unbehagen entgegen. Keiner wagte ein Wort zu sagen, keiner rührte sich. Da brach Molotov das peinliche Schweigen. Er sprang auf und rief: »Schluß damit, Schluß! Du hast das Vertrauen der Partei!« Es sollte der letzte Demissionsantrag Stalins in all den Jahren bis zu seinem Tode bleiben.

Aber der Zwischenfall blieb nicht ohne Wirkung. Im Januar 1933, dem selben Monat, in dem in Deutschland Hitler zur Macht gelangte, gab Stalin auf einer Sitzung des Zentralkomitees die Direktiven zum Rückzug in der Agrarpolitik. Er ließ die Speicher der Roten Armee öffnen und die Vorräte verteilen. Auf der Getreidebörse in Baltimore wurden große Mengen Getreide aufgekauft[10]. Der Parteiapparat wurde mobilisiert, um den Hunger zu bekämpfen. Im Dorf erhielten die Leiter der Politabteilungen der Maschinen- und Traktorenstationen (MTS) diktatorische Vollmachten, alle Parteiorgane wurden ihnen unterstellt. Zugleich setzte aber auch eine propagandistische Beeinflussung der Bauern ein; sie begann bald Früchte zu tragen. Die Arbeit wurde allenthalben aufgenommen. Die hervorragende Ernte des Jahres 1933 trug mit zur Beschwichtigung der erregten Volksstimmung bei.

Gleichzeitig begann die Regierung, ohne am Grundprinzip etwas zu ändern, einige Konzessionen an die Kolchosbauern zu machen. Zunächst war beinahe das gesamte Eigentum der Bauern zum Kollektivbesitz erklärt worden; sie wurden für ihre Arbeit im Kolchos wie Taglöhner entlohnt. Von jetzt ab durfte der Kolchosbauer ein kleines Stück Land privat bewirtschaften, etwas Geflügel, Kleinvieh, gelegentlich auch eine Kuh halten. Er wurde am Reingewinn des Betriebes, der durch Verkauf der Überschüsse auf dem freien Markt erzielt werden konnte, beteiligt.

In einer großen Rede vor den »Stoßarbeitern« der Kolchose am 19. Februar 1933 suchte Stalin die Notwendigkeit der Kollektivierung nochmals allseitig zu begründen. Der aufmunternde Grundton war nicht zu verkennen. Und fast sensationell wirkte die Parole: »Es ist unsere nächste Aufgabe, alle Kolchosbauern wohlhabend zu machen. Jawohl, Genossen«, rief Stalin nochmals den ungläubigen Hörern zu: »wohlhabend zu machen.« Er erntete frenetischen Beifall, und das Protokoll der Rede verzeichnet zum Schluß: »Jubelnde Ovationen, es ertönen Rufe ›Es lebe Genosse Stalin, hurra, es lebe unser Führer!‹[11].«

Hinzu trat eine offensichtliche Begünstigung der Kolchose gegenüber den staatlichen Großgütern, den sowjetischen Domänen, den »Sovchosen«. Hatte man zunächst versucht, den Kolchosbauern in den Sovchosen Musterwirtschaften, die in ihrer Ausstattung mit Inventar begünstigt waren, vor Augen zu halten, so kam man jetzt weitgehend davon ab. Die meisten Sovchosen wurden aufgelöst und ihr Land den Kolchosen zugeteilt. 16 Millionen Hektar gingen damals an die Kolchose über. Die dadurch erzielte Verbesserung der psychologischen Voraussetzungen ließ wenn nicht die Mißstimmung, so doch den erbitterten Widerstand gegen die Kollektivierung nach und nach dahinschwinden, so daß bald fast der gesamte bäuerliche Grundbesitz kollektiviert werden konnte.

Im Januar 1933 trat Stalin in der schon erwähnten Sitzung des Zentralkomitees mit einer Ansprache hervor, in der es hieß: »Wir mußten dem Lande die Sporen geben ... es war um 100 Jahre zurück in der Entwicklung und stand einer tödlichen Gefahr gegenüber«[12]. Und er gab diesmal zu, daß der Erste Fünfjahresplan nicht ganz erfüllt worden war; er erklärte es allerdings mit der angeblich im Fernen Osten drohenden Kriegsgefahr. In einer weiteren Rede vom 11. Januar dieses Jahres betrachtete Stalin die Entwicklung der Kollektivierung aber auch von einer ganz anderen Seite. Wenn die Partei, sagte er, nicht die größte Wachsamkeit beobachte, könnten die Kolchosen unter Umständen der Regierung noch viel gefährlicher werden als der bäuerliche Privatbesitz. Das Bauerntum sei jetzt fest organisiert und könne besser denn je zentral erfaßt werden. Sollte es sich einmal gegen die Regierung wenden, so würde ein derartiger Widerstand viel wirkungsvoller sein denn zuvor. Daher sei – und darauf lief die Rede hinaus – eine scharfe Kontrolle seitens der Parteiorgane notwendig. Hierzu wurden besondere »Politische Abteilungen« geschaffen, die überall auf dem Lande ihre Tätigkeit aufnahmen. Der Druck, wirtschaftlich soeben gelockert, wurde politisch wieder schärfer[13].

Auf dem XVII. Parteikongreß im Januar 1934 rühmte Stalin, daß zwei Millionen Bauern, die nie zuvor einen Motor angefaßt hatten, zu Traktoristen ausgebildet worden seien; ungefähr dieselbe Anzahl von Männern und Frauen sei für Verwaltungsgeschäfte ausgebildet, rund 110000 Agronome und Ingenieure übers Land verteilt worden. Zwei Jahre später, 1936, konnte schon die Forderung aufgestellt werden, die Zahl der MTS von 4376 auf 4951 zu vermehren[14].

Ein schwieriges Problem blieb in diesen Jahren die Frage der Preisregulierung und -steigerung. Schon 1928 hatte der freie Markt aufgehört. Der Staat setzte Höchstpreise fest und regulierte von da ab die Verteilung durch ein System von Lebensmittelrationierung; wieder, wie in den Tagen des Bürgerkrieges, spielte die Brotkarte eine entscheidende Rolle. Die Inflation kam Ende 1931 zum Stillstand, aber die durch die Kollektivierung bedingte wachsende Unterproduktion im Dorf verminderte das Angebot an Nahrungsmitteln und anderen Waren. Die ohnehin äußerst spärlichen Konsumgüter gelangten kaum über die Grenzen der Bürokratie hinaus. Die Werktätigen sahen kaum etwas davon. Nun wäre die Aufhebung des Kartensystems und eine Revision des Preissystems am Platz gewesen. Die Regierung hielt aber daran fest, weil nur durch das System der doppelten Preise und der Torgsin-Vorzugsläden[15], die Devisen und Goldreserven herauslocken und in Umlauf bringen sollten, die wirkliche Notlage der breiten Volksmassen, der Mangel an Lebensmitteln und anderen Waren, die Hungersnot im Süden des Landes notdürftig verhüllt werden konnte. Das Kartensystem ermöglichte zudem eine versteckte Privilegierung der für den Bestand des Regimes wichtigen Schichten der Bevölkerung.

Erst im Dezember 1934 wurde die Rationierung abgeschafft. Als Folge setzte nun eine allgemeine Preissteigerung ein. Aber zugleich war der Wert des Geldes wieder deutlich geworden; man begriff, daß der Weg zum Gelde über die Leistung in der Produktion lief. Und so glaubte die Regierung, das Volk sei nun wieder reif geworden für die Abstufung der Löhne nach Können und Leistung.

Wenn die Rationalisierung der Produktion, die eine Grundtendenz des Zweiten Fünfjahresplanes darstellte, so trat ihr die Parole von der Hebung der qualitativen Leistung zur Seite. Man suchte sie durch Differenzierung des Arbeitslohnes und durch die Anwendung von Akkordlohn und Prämien für Fachleute zu erreichen. In einer Rede am 23. Juni 1931 hatte sich Stalin zu diesen Methoden bekannt und die Unterscheidung zwischen qualifizierter und nichtqualifizierter Arbeit als ein wesentliches Kennzeichen der sozialen Übergangsstufe vor der Verwirklichung des Kommunismus hingestellt. Die qualitative Leistungssteigerung bedeutete vielfach eine differenziertere Spezialisierung, und diese hing aufs engste mit einer Hebung der Allgemeinbildung, mit der Bekämpfung des Analphabetentums zusammen. So waren Bildungs- und Wirtschaftspolitik eng miteinander verkoppelt.

Am 4. Mai 1935 verlangte Stalin in einer Rede die Erhöhung der industriellen Arbeitsleistung. Es hörte sich gut an, wenn er der bisherigen Parole »die Technik entscheidet alles« den Menschen, der diese Technik meistert, gegenüberstellte, wenn er Fachleute und Spezialisten forderte und die Menschen, die Kader, das wertvollste und entscheidendste Kapital im Arbeitsprozeß nannte. Aber bei aller Wertschätzung und Begünstigung von Fachkenntnissen hatte doch die Forderung nach einer Steigerung der Arbeitsleistung auch ihre verhängnisvollen Seiten. Gewiß war das Tempo der Produktion in Rußland von altersher stets sehr lässig gewesen. Der Wunsch, es zu beschleunigen, war im Rahmen des Industrialisierungsprogramms begreiflich. Die von der Partei am 31. August 1935 sorgfältig inszenierte Übererfüllung des Plansolls um 1300% durch den Kohlenhauer Aleksej Stachanov, der im Donecbecken in einer Schicht 102 Tonnen Kohlen abbaute, diente zum Anlaß einer schonungslosen Exploitation der menschlichen Arbeitskraft.

Auch auf anderen Gebieten der Industrie stellten Vorkämpfer der nun anrollenden Stachanovbewegung außerordentliche Rekorde auf. Unter den Kolchosbauern machte sich die Bäuerin

Maria Demčenko einen ähnlichen Namen wie Stachanov. Es lag auf derselben Linie, wenn im gleichen Jahre 1935 eine Verordnung zur Beschleunigung der Erntearbeit auch für Traktorenführer die Entlohnung nach dem Akkord festlegte, also nach der Größe der zu bearbeitenden Bodenfläche, nicht nach den Arbeitsstunden.

Das Jahr 1936 wurde zum Stachanovjahr erklärt. Stoßbrigaden von Stachanov-Arbeitern trieben die Leistungen der Belegschaften voran und hoben damit die Ergebnisse des sogenannten sozialistischen Wettbewerbs auf eine höhere Stufe, die im Zeichen einer vervollkommneten Rationalisierung der Arbeit stand. Wenn der Mensch die Technik jetzt besser meisterte als zuvor, so hatte er selbst doch im rationalisierten System der Arbeitslenkung, bei dem Regierung und Parteiorgane die Rolle des Antreibers übernommen hatten, seinen Meister gefunden.

Angesichts der jetzt nach Können und Leistung erneut abgestuften Arbeitslöhne verhallte der alte Schlachtruf der Proletarier: Akkord ist Mord. Nur in diesem einzigen Punkt schien jedoch eine Rückkehr zu kapitalistischen Verhältnissen vorzuliegen. Der im Zuge der Vollsozialisierung an Stelle des privaten Unternehmers getretene Staat konnte im übrigen leicht die sonst üblichen Freiheiten, wie Streiks, Appell an ein Schiedsverfahren und dergleichen, unterbinden. Ein Verlassen des Arbeitsplatzes oder ein Ortswechsel wurde zunehmend erschwert, wenn nicht gänzlich unmöglich gemacht[16].

Hier entsteht die Frage nach den sowjetischen Gewerkschaften und dem Schutz, den sie den Arbeitern zu geben vermögen[17]. Seit Beginn der Planwirtschaft waren die Gewerkschaften einem Prozeß unterworfen, der sie in zunehmendem Maße zu einem staatlichen Organ, zu einer sowjetischen »Arbeitsfront« werden ließ. Die Hebung der Arbeitsleistung und die Übermittlung staatlicher und parteiamtlicher Anordnungen stellt seitdem die Hauptaufgabe der Gewerkschaften dar. Sie sind zu »Transmissionen und Hebeln« im System der bolschewistischen Diktatur geworden. Es ist ihre Aufgabe, durch Kollektivvereinbarungen über Löhne und Arbeitsnormen das Äußerste aus den Arbeitern herauszuholen. In engem Zusammenwirken mit dem Staat kann der Arbeiter Sanktionen unterworfen werden, wenn er etwa seinen Arbeitsplatz wechselt: er verliert dann seinen Anspruch auf die Sozialleistungen.

Einen Schutz gegen Übergriffe seitens des Arbeitgebers, des Staates, kann der sowjetische Arbeiter demnach von den Gewerkschaften nicht erwarten. Ein Streikrecht wird faktisch nicht anerkannt, da es bei einer verstaatlichten Wirtschaft leicht als Sabotage hingestellt werden kann. Am empfindlichsten traf den Sowjetarbeiter der 1938–40 vollzogene Übergang zum System der Pflichtarbeit, das sich auf rigorose Strafmittel stützte. Ein Erlaß vom Juni 1940 machte Versäumnisse von mehr als 20 Minuten oder dreimaliges Versäumen innerhalb eines und mehrmaliges innerhalb zweier Monate strafbar. Die Strafe konnte Streichung des Lohnes bis zu 25 % und Freiheitsentziehung bis zu 6 Monaten bedeuten. Bei Rückfälligkeit oder schwerem Vergehen gegen die Arbeitsdisziplin setzte Zwangsarbeit verschiedenen Grades in der Verbannung oder in Arbeitslagern ein.

Sehr bezeichnend für Stalins in den dreißiger Jahren einsetzende neue Sozialpolitik war schließlich sein Kampf gegen die »Gleichmacherei«. 1931 wurde das Prinzip der gleichen Entlohnung aufgegeben. Damit erfuhr das geradezu asketische Ideal der alten Bolschewisten eine deutliche Absage, die wie jede Elite in ihrem Anfangszustand sich dessen durchaus bewußt waren, daß Erfolge nur durch Strenge gegen sich selbst zu erreichen sind. Zu Lenins Zeiten durfte kein Mitglied der Partei, einschließlich der höchsten Funktionäre, mehr verdienen als ein gelernter Arbeiter. Nun stellte es sich als unmöglich heraus, die nötigen qualifizierten Arbeitskräfte für die Bedürfnisse der Industrialisierung zu gewinnen, wenn nicht der Anreiz einer besseren Entlohnung geboten wurde. Stalin fand eine Stütze für seine neue Lohnpolitik im Satz von Karl Marx, daß auch in einer klassenlosen Gesellschaft die Arbeiter vor allem nach ihrer Leistung und nicht nach ihren Bedürfnissen bezahlt werden müßten. Er zog gegen die schematische Gleichmacherei erbittert zu Felde. Mit der Zeit erreichte jedoch die Differenzierung der Löhne und Gehälter einen Grad, der nicht mehr mit der Gesinnung des Marxismus zu vereinbaren war. Zwischen der Masse der ungelernten und schlecht bezahlten Arbeiter und der privilegierten Arbeiteraristokratie, Bürokratie und Funktionärsschicht tat sich eine Kluft auf, die immer größer wurde.

Dies ist der Augenblick, in dem die sogenannte »technische Intelligenz«, die für den Stalinismus und bis heute so überaus typische Schicht, ihre Anerkennung auch in wirtschaftlicher Hinsicht erhielt. Zusammen mit den Funktionären der Partei, den Vertretern der Sowjets und der neuen sowjetischen geistigen Intelligenz bildete sie eine neue privilegierte Klasse des sowjetischen Staates[18].

Je breiter die neue Schicht der sowjetischen Intelligenz wurde, desto mehr konnte auf die letzten Restbestände der bürgerlichen Intelligenz, deren man sich bislang noch bedient hatte, verzichtet werden. Der Prozeß gegen Professor L. Ramzin war bezeichnend für diese Wendung. Hier und dort dienten Vertreter der alten Intelligenz noch als Anlerner, um die neue Generation einzuführen. Sie wurden nach und nach überflüssig und konnten durch bolschewistische Fachleute ersetzt werden.

Je schärfer Stalin in den dreißiger Jahren die Vorwürfe der Trockisten zurückwies, die seine neue Sozialpolitik angriffen, je wütender seine Ausfälle gegen die »Gleichmacher« wurden, desto mehr offenbarte er die Verbundenheit seines Systems mit dieser neuen privilegierten Klasse der Sowjetintelligenz. Sie war zu einer der Hauptstützen seines Regimes geworden.

Ideologische Wandlungen der dreißiger Jahre

Die Jahre des Zweiten Fünfjahresplanes sind zugleich die Jahre einer sehr bedeutsamen ideologischen Wandlung der Sowjetunion, die sich im Verhältnis des sowjetischen Menschen zum Staat dokumentiert und die in der Kulturpolitik ausgesprochen restaurative Tendenzen enthüllt[19]. Wenn Stalin im Februar 1931 in seiner vielzitierten Rede vor Vertretern der Industrie in fast leidenschaftlich-beschwörender Eindringlichkeit gemahnt hatte, die russische Rückständigkeit gegenüber dem Westen zu überwinden, so konnte man darin in gewissem Sinne schon einen Appell an die nationalen Instinkte des sowjetischen Volkes erblicken. Es waren die ersten Vorboten einer geistigen Wandlung, die letzten Endes auf der These vom »Sozialismus in einem Lande« beruhte.

Drei Jahre später, Anfang 1934, geriet bei einer Polarexpedition der Eisbrecher »Čeljuskin« zwischen Treibeis und mußte aufgegeben werden. Die Besatzung (104 Mann) unter Leitung des bekannten Forschers Professor O. Schmidt trieb wochenlang auf einer Eisscholle, bis sie schließlich durch den heldenmütigen Einsatz einiger Flieger ohne Verluste auf dem Luftwege gerettet wurde[20]. Es war eine bewunderungswürdige Leistung, und sie erfuhr beim offiziellen Empfang von Rettern und Geretteten in Moskau im Juni 1934 die gebührende Anerkennung. Auffallend war, daß Stalin hierbei die zu Ehrenden als »Söhne unseres großen Vaterlandes« apostrophierte und damit eine Terminologie wieder legalisierte, die seit der Oktoberrevolution verpönt gewesen war.

Die Presse griff die neue Tonart auf. Von nun ab wurde nicht nur von rodina (Vaterland) gesprochen und geschrieben, gelegentlich konnte man auch das Wort Rossija (Rußland) wieder in der Öffentlichkeit vernehmen. Seine Heimat zu lieben und ihre Geschichte zu kennen, ist Pflicht des Sowjetbürgers, schrieb die »Izvestija« im Mai 1936, dem Jahre der neuen Verfassung. Zur selben Zeit dienten die Grenzkämpfe mit den Japanern in Fernost dazu, die patriotischen Gefühle in Wallung zu bringen. »Sowjeterde«, schrieb die »Pravda« im Dezember 1936, »groß und mächtig ist sie und ohne Grenzen, fröhlich und glücklich. Wahrlich, wir Werktätigen der Sowjetunion, wir lieben unsere Heimat. Wir sind Patrioten ..., selbst die Luft der Sowjets ist uns heilig.«

Der Sowjetpatriotismus, diese merkwürdig zwielichtige Erscheinung, war nunmehr zum Durchbruch gekommen. Zunächst entbehrte er noch der großrussisch-nationalen Note und appellierte an das gemeinsame Staatsbewußtsein aller Sowjetvölker. Der Film »Zirkus« gab davon ein beredtes Zeugnis. Nach und nach wurde für ihn aber die Rückkehr zur geschichtlichen Tradition einschließlich der Betonung ihrer nationalrussischen Momente charakteristisch. Das bisher gültige Geschichtsbild befriedigte nicht mehr. So kam es zum Angriff auf den marxistischen Altmeister der Geschichtsforschung Pokrovskij und zur Liquidierung seiner Schule.

M. N. Pokrovskij (1868–1932) konnte sich bis zu seinem Tode fast unumstritten seiner Stellung als repräsentativer sowjetischer Historiker der Sowjetunion erfreuen[21]. Aber schon 1931 hatten sich einige kritische Stimmen geregt. Ende des Jahres ließ Stalin der Schriftleitung der Zeitschrift »Proletarskaja Revoljucija« (Proletarische Revolution) einen offenen Brief »über einige Fragen zur Geschichte der Revolution« zugehen, der eine heftige Zurechtweisung eines Aufsatzes über das Verhalten der Bolschewisten gegenüber der deutschen Sozialdemokratie vor 1914 darstellte. Die sowjetische Historiographie der 50er Jahre sah in diesem Brief den Beginn des Kampfes gegen Pokrovskij.

In den Jahren 1932/33 war die Reform des Geschichtsunterrichts bereits Gegenstand von Beratungen des Zentralkomitees der Partei. Von ihr war auf dem XVII. Parteikongreß im Jahre 1934 die Rede. In einer Resolution des Rates der Volkskommissare und des Zentralkomitees vom 16. Mai desselben Jahres wurde eine neue Fassung der Geschichtslehrbücher für höhere Schulen gefordert. Gleichzeitig wurde der Unterricht in marxistischer Gesellschaftskunde an höheren Schulen, den Pokrovskij eingeführt hatte, wieder durch den Geschichtsunterricht ersetzt. Auch an den Universitäten wurden wieder historische Fakultäten bzw. Lehrstühle errichtet und zum Teil mit bürgerlichen Historikern besetzt, die man erst wenige Jahre zuvor entfernt hatte[22]. Eine Stellungnahme vom August 1934, unterzeichnet von Stalin, Kirov und Ždanov, unterzog die mittlerweile eingereichten Entwürfe für ein neues Geschichtslehrbuch einer scharfen Kritik und gab methodische Hinweise zu allen Kernfragen des Geschichtsunterrichts und der Geschichtsauffassung. Trotz dieser Warnungen trugen die schließlich fertiggestellten Lehrbücher doch noch »der Größe und Würde der nationalen Vergangenheit der Völker der Sowjetunion« zu wenig Rechnung. So hieß es in einer Verfügung des Zentralkomitees und des Rates der Volkskommissare vom 26. Januar 1936. Es wurde ein Preisausschreiben erlassen, zu dem Stalin persönlich, gemeinsam mit Molotov, im April 1936 Stellung nahm. 1937 wurden die Ergebnisse bekanntgegeben. Das neue Lehrbuch lag vor.

In all diesen Verlautbarungen, den sie begleitenden Debatten der Presse und in der großen Materialsammlung von Einzelbeiträgen der Fachwissenschaft vom Jahre 1939/40 wird mit der Geschichtsauffassung Pokrovskijs abgerechnet. Man wirft ihm Abweichung vom dialektischen Materialismus zugunsten eines vulgärökonomischen oder mechanistischen Materialismus vor, er habe die Geschichte zu einem leeren soziologischen Schematismus herabgewürdigt. Konkrete Tatsachen und Ereignisse seien in einem Meer von Abstraktionen versunken. Die Bedeutung geistiger Faktoren sei von ihm ebenso vernachlässigt worden wie die der großen Persönlichkeit. Die ältere Geschichte sei vollständig ausgeschaltet oder bloß als Steinbruch für seine soziologischen Konstruktionen benutzt worden. Als einer »in die Vergangenheit projizierten Politik« habe er der Geschichte den Charakter einer Wissenschaft abgesprochen.

Die neue stalinistische Geschichtsauffassung sucht seitdem die Kontinuität der russischen Geschichte wiederherzustellen. Sie bemüht sich um eine Synthese zwischen nationalen und marxistischen Elementen. Sie unterscheidet sich von der früheren zaristischen durch ihre Ausweitung auf sämtliche Völker der Sowjetunion, deren Geschichte nun zum Teil erstmalig erforscht und dargestellt wird. Im Mittelpunkt steht trotz alledem die russische Vergangenheit und die russische nationale Tradition. Hier lebt eine neue Heldenverehrung auf, die sich um Großfürsten und Zaren, Heilige und Heerführer des alten Rußland bemüht.

In Film und Theater, in Dichtung und bildender Kunst wird diese russische Vergangenheit neu entdeckt und heroisiert. Der bisher gefeierte sowjetische Dichter Demjan Bednyj, dessen Persiflage des Evangeliums in Knittelversen bisher großen Anklang gefunden hatte, wird im November 1936 offiziell zum »infamen Lästerer der patriotischen Gefühle des russischen Volkes« gestempelt, weil er im Libretto zu einer komischen Oper die alten Recken des russischen Mittelalters, die Bogatyri, lächerlich gemacht hatte. Ivan der Schreckliche steht in einem Film von Ejzenštejn, nach einigen offiziellen Korrekturen, an denen Stalin persönlich großes Interesse nahm, als imponierende und geniale Herrscherpersönlichkeit da. Der Alexander-Nevskij-Film wird zu einem chauvinistischen Haßgesang gegen den Deutschen Orden, in seiner primitiven Schwarzweißmalerei wirksam durch die Musik von Prokof'ev unterstützt.

In der Dichtung errichtet der aus der Emigration (1923) zurückgekehrte Schriftsteller Graf Aleksej Tolstoj Peter dem Großen in seinem farbenprächtigen Roman ein grandioses literarisches Denkmal, in dem der Zar trotz gut getroffener Züge als eine Art Vorläufer des Bolschewismus erscheint. Glinkas Oper »Ein Leben für den Zaren« erscheint ab 1937 wieder unter dem ursprünglichen Titel auf dem Spielplan des Großen Theaters in Moskau, wobei auch auf das im Text vorgesehene Absingen der Zarenhymne nicht mehr verzichtet wird. Der Maler Repin, bisher als Gegenrevolutionär verschrieen, kommt besonders mit seinen historischen Gemälden wieder zu Ehren. In der Literaturgeschichte ist man, während die Zurückhaltung Dostoevskij gegenüber zunächst noch erhalten blieb, doch um ein besseres Verständnis für Leo Tolstoj bemüht. Der 100. Todestag von Puškin wird am 6. Juni 1937 zu einer großen nationalen Gedenkfeier ausgestaltet.

Auch die militärische Vergangenheit des Zarenreiches scheint rehabilitiert. Suvorov und Kutuzov erleben in Film und Theater ihre Auferstehung. Der 125jährigen Wiederkehr der Schlacht von Borodino im September 1937 wird ehrenvoll gedacht, obwohl noch wenige Jahre vorher die seinerzeit zu Ehren des Befreiungskrieges errichtete Erlöserkirche in Moskau abgerissen worden war, weil sie angeblich den Verkehr behinderte.

Im Schulwesen machten sich ebenfalls Restaurationstendenzen bemerkbar. Nach dem Geschichtsunterricht wurde auch der Lateinunterricht wieder aufgenommen. Ein neues Schulgesetz vom 3. September 1935 stellte die Autorität des Lehrers und die Disziplin der Schüler wieder her. In der Bewertung der Leistungen kehrte man wieder zu Zeugnissen und Noten, bisher als bürgerliche Vorurteile verpönt, zurück. Die bisher als reaktionär verschrieene Volkskunst durfte wieder gepflegt werden.

Von großer Bedeutung sind die Gesetze zum Schutze der Familie. Am 7. April 1935 wurde mit den verwahrlosten Kindern aufgeräumt. Ein Teil von ihnen landete in Gefängnissen und Lagern, der Rest wurde in Erziehungskolonien untergebracht. Schon vom 12. Lebensjahr an durfte auch über Kinder die Todesstrafe verhängt werden. Die »Besprizornye« verschwanden damit aus der Öffentlichkeit.

War es ein Zufall, daß Stalin einen Besuch bei seiner Mutter in Georgien in der Presse gleichsam als ein politisches Ereignis hervorheben ließ, oder kann man in dieser Geste ein Symbol für sein »Hinabsteigen zu den Müttern« sehen, das sich in der Rückkehr zur russischen Tradition dokumentierte? Das Gesetz vom 27. Juni 1936 restituierte die Familie als Grundlage des Staates. Die Scheidung wurde erschwert, es gab Steuererleichterungen und Kinderzulagen für kinderreiche Familien. Die Abtreibung wurde, mit Ausnahme der Fälle einer entsprechenden medizinischen Indikation, wieder unter Strafe gestellt. Schon im Frühjahr hatte die Partei diesen Teil des Gesetzes dem Volk in allen Betrieben, Ämtern, Kolchosen und dergleichen zur Diskussion unterbreitet. Es war eine ungewohnte Maßnahme. Nur zögernd wurden die Meinungen geäußert, bis sich schließlich, besonders von seiten der Frauen, eine entschieden ablehnende Haltung Bahn schaffte. Der Wohnungsmangel spielte hierbei ebenso eine Rolle wie die allgemeinen Schwierigkeiten der Lebenshaltung. Trotz dieses »Plebiszits« setzte die Regierung das neue Gesetz in voller Schärfe in Kraft. Durch steigende Kinderzahlen sollten die Opfer der Kollektivierung und des Hungers wettgemacht werden. Es ist die Meinung geäußert worden, daß diese Diskussion eine provokatorische Erkundung der Volksmeinung gewesen sei, deren negatives Ergebnis Stalin die Gewißheit brachte, daß die Volksmassen noch nicht genügend erzogen seien, um seine Wünsche und Pläne zu begreifen[23]. Das Ergebnis habe Stalin, seinen Kampf gegen die alten Revolutionäre rücksichtslos zu Ende zu führen, bestärkt.

Außer den bevölkerungspolitischen Motiven lag dem Familiengesetz von 1936 auch noch der Gedanke zugrunde, im Zusammenhang mit der neuen Verfassung die Verstärkung eines gewissen Rechtszustandes auch von dieser Seite aus zu bekunden. Nicht übersehen darf man außerdem ein drittes Motiv, das auf sicherheitspolizeilichen Erwägungen beruht. Durch die Festigung der Ehe- und Familienbande sollte das Prinzip der kollektiven Verantwortung eines Familiengliedes für die anderen eine bessere Handhabung ermöglichen. An sich ist jedes Parteimitglied zu »revolutionärer Wachsamkeit« verpflichtet: auch im Kreise seiner Familie. Eine Lockerung des Familienzusammenhangs mußte natürlich eine derartige Wachsamkeit, die gegebenenfalls auch zur Denunziation zu führen hatte, erschweren. Bei Auslandsreisen hatte die Zurückbehaltung des einen Ehepartners natürlich auch nur dann einen Sinn, wenn diese Ehe keine Fiktion war. Gesetzmäßig war die Sippenhaftung schon in der Verordnung wegen Vaterlandsverrat vom 8. Juni 1934 verankert worden. In der Partei hatten sich derartige Tendenzen schon vorher im genannten Sinne ausgewirkt. Jetzt wurden sie auch in einer Verordnung vom Jahre 1938 berücksichtigt, nach der die Familienangehörigen eines ins Ausland Flüchtenden, der sich schon allein dadurch des Landesverrats schuldig machte und damit sein Leben verwirkt hatte, mitverantwortlich gemacht wurden; sie konnten mit Straflager bis zu 15 Jahren bestraft werden[24].

Auch im Militärwesen kehrte man zur Tradition und Disziplin zurück[25]. Der Revolutionäre Kriegsrat aus den bolschewistischen Anfangsjahren wurde 1934 aufgelöst und das Volkskommissariat für Krieg und Marine in ein Volkskommissariat für Verteidigung umbenannt, sein Chef in seiner Autorität gestärkt. Eine Verordnung vom 8. Juni 1934 führte den Begriff des Vaterlandsverrats wieder ein. Die bekannte Rede Stalins vor den Absolventen der Kriegsakademien am 4. Mai 1935, in der er die Bedeutung der »menschlichen Kader«, das heißt der qualifizierten Führung, herausstellte, wurde zum Auftakt für eine Reihe von Reformen. Sie sind unlöslich mit dem Namen Tuchačevskijs verknüpft. Eine neue Felddienstordnung von 1936 regelte die Ausbildung. Durch die neue Verfassung fielen auch die letzten Einschränkungen für Nichtwerktätige und Angehörige der früher herrschenden Klassen, die sogenannten »lišency«. Die allgemeine Wehrpflicht wurde durch Artikel 132 der Verfassung zum Gesetz erklärt und der Wehrdienst als Ehrenpflicht jedes sowjetischen Staatsbürgers bezeichnet. Der Hauptstab der Roten Armee wurde wieder in Generalstab umbenannt. Durch Verordnung vom 22. September 1935 wurden die Dienstränge in der Armee wieder eingeführt, womit ein besonderer Militärstand geschaffen war. Als höchster Rang galt von jetzt ab der Marschallrang. Die Entwicklung wurde zunächst durch besondere Satzungen über die sowjetischen Orden und Ehrenzeichen und den Titel eines »Helden der Sowjetunion« (1936) abgeschlossen[26].

Vielleicht am überraschendsten, besonders für das Ausland, war in diesem Zusammenhang der Kurswandel in kirchlichen Dingen. Es mußte auffallen, daß schon in der Stellungnahme zur Frage der Geschichtsbücher von 1936 der »progressive Charakter« des Christentums betont wurde; Pokrovskij habe übersehen, welch eine bedeutsame Rolle die griechisch-orthodoxe Kirche für das Bildungswesen des Kiever Reiches, oder etwa die Siedlungstätigkeit der Klöster für die innere Kolonisation, besonders im Nordosten Rußlands, gespielt hätten. Am 3. April 1937 nahm die »Pravda« schroff Stellung gegen intolerantes Verhalten gegen die Kirche und beanstandete die Maßregelung einer Lehrerin, in deren Wohnung man eine Ikone gefunden hatte. Eine Ende 1938 abgehaltene gemeinsame Tagung der Akademie der Wissenschaften der Sowjetunion und des Gottlosenverbandes kam im Zuge einer Debatte über das Verhältnis zwischen Christentum und Kommunismus zu der Feststellung, daß das Christentum für den allgemeinen Fortschritt der Menschheit eine größere Rolle als jede andere Religion gespielt und durch seine Wirkungen die Grundlage zu einer neuen Gesellschaftsordnung gelegt habe[27].

Dem Gottlosenverband wurden damit gewisse Zügel angelegt, die erst nach dem Zweiten Weltkriege wieder gelockert wurden. Es hat den Anschein, als sei diese Toleranzphase der Jahre 1936–38, die mit den großen Säuberungen zusammenfällt, als ein gewisses Gegengewicht vor allem für ausländische Beurteiler der Sowjetunion gedacht gewesen, um das sinkende moralische Prestige vor einem allzu tiefen Sturz zu bewahren. Zugleich stellt sie die logische Konsequenz des Brückenschlages zur russischen Vergangenheit dar, aus dem sie zwangsläufig erwuchs, ohne allerdings zunächst für das kirchliche Leben eine entscheidende Veränderung zu bedeuten.

Die Stalinverfassung 1936
Staat und Partei in den dreißiger Jahren

Einen sinnbildlichen Ausdruck für die Wandlung, der der marxistische Staatsbegriff in der Sowjetunion im Zeitalter des Stalinismus ausgesetzt wurde, stellt die Stalinverfassung von 1936 dar.

Gewiß blieb das von Marx vorgesehene Absterben des Staates ein unabänderliches Kennzeichen der kommenden Realisierung der kommunistischen Zukunftshoffnungen. Aber es durfte erst nach Beseitigung der »kapitalistischen Einkreisung« wahr werden. Solange diese bestand, lag die führende Rolle im Kampf gegen den Kapitalismus beim sowjetischen Staat. Dieser Staat ist es, dem im System des sowjetischen Überbaus eine führende Rolle zukommt; ihm haben Verwaltung, Literatur, Kunst, Philosophie, Moral und Recht zu Diensten zu sein. Der Staat verkörpert die sowjetische Gesellschaftsordnung, er schützt, festigt und entwickelt sie weiter. Der Sowjetbürger mußte sich auf diesen sowjetischen Staatsbegriff einstellen, hier sollte sein sowjetischer Patriotismus verankert werden. Der führenden Rolle dieses starken, autoritär regierten Einparteienstaates, durch die Partei über seine nominelle föderative Konstruktion hinaus einheitlich zentralistisch zusammengefaßt, konnte die Unionsverfassung der Sowjetrepubliken von 1924 nicht mehr genügen. 1935 faßte der VII. Sowjetkongreß den Beschluß, eine neue Verfassung zu schaffen.

Eine Kommission unter dem Vorsitz von Stalin arbeitete nahezu sechs Monate an einem Entwurf, der vom VIII. Sowjetkongreß im November 1936 einstimmig angenommen wurde.

Laut der sowjetischen Verfassung vom Jahr 1936 stellt die UdSSR einen Bundesstaat dar, bestehend aus elf Sowjetrepubliken (RSFSR, Ukrainische, Weißrussische, Georgische, Armenische, Azerbajdžanische, Kazachische, Kirgizische, Uzbekische, Turkmenische und Tadžikische Sowjetrepublik). Bei der Union liegt die Entscheidung über Krieg und Frieden, Landesverteidigung, Außenhandel, Wirtschaftsplanung, Bank-, Post- und Verkehrswesen. Ein Ausscheiden einzelner Sowjetrepubliken aus der Union ist theoretisch statthaft. Praktisch könnten in solch einem Falle die lokalen Parteiinstanzen sich allerdings nie über die zentralen Organe hinwegsetzen, so daß in Wirklichkeit eine

Sezession nur in revolutionären Formen denkbar wäre, diese aber jederzeit durch die militärisch-polizeilichen Machtmittel des Gesamtstaates verhindert werden kann.

Es besteht Gleichberechtigung aller Bürger unabhängig von Nationalität, Rasse und Geschlecht. Die einzelnen Nationalitäten genießen den Schutz der Verfassung, die ihnen eine eigenkulturelle Entwicklung ermöglicht. Hier gilt jedoch der Grundsatz »national in der Form, sozialistisch im Inhalt«, so daß die allen Bürgern gemeinsame bolschewistische Ideologie nur jeweils in verschiedenartige Gefäße gegossen zu werden brauchte. In der Praxis ergab sich noch 1936 ohne Zweifel ein gewisses Nachlassen des unifizierenden Druckes, der etwa ab 1929 über den Republiken, insbesondere der Ukraine, gelastet hatte.

Das höchste Organ der Staatsgewalt ist der Oberste Sowjet der UdSSR; er besteht aus zwei Kammern, dem Sowjet der Union und dem Sowjet der Nationalitäten. Die Wahlen (alle vier Jahre) zu beiden Kammern sind allgemein, gleich und direkt. Die aktive und passive Wahlberechtigung ist an keinerlei Einschränkungen geknüpft, sofern der Wähler oder Kandidat das achtzehnte Jahr erreicht hat. Auch Geistliche, Kaufleute und ehemalige zaristische Beamte und Offiziere sind davon nicht ausgenommen: sie haben nach Ablauf von fast 20 Jahren ihre Gefährlichkeit für den Staat verloren. Ausnahmen bilden nur Geisteskranke und Personen, denen das Wahlrecht vom Gericht aberkannt wurde. Es ist von Bedeutung zu wissen, daß die letzte Kategorie nach der großen Säuberung von 1936 bis 1938 außerordentlich stark anwuchs.

Der Oberste Sowjet wählt in gemeinsamer Sitzung beider Kammern ein Präsidium und den Rat der Volkskommissare der UdSSR. Der Vorsitzende des Präsidiums entspricht nach westlichen Begriffen einem Staatsoberhaupt, der Rat der Volkskommissare dem Ministerkabinett. Eine Teilung der Gewalten ist in der Sowjetunion nicht vorgesehen; weder zwischen Exekutive und Legislative, noch zwischen Exekutive und richterlicher Gewalt werden scharfe Grenzen beobachtet, die Justiz ist eine Klassenjustiz.

Allen Bürgern wird das Recht auf Arbeit, Erholung und Bildung sowie auf Versorgung im Alter und in Fällen von Krankheit und Invalidität gewährleistet Allen Bürgern wird Gewissensfreiheit und, was sehr bezeichnend ist, auch die Freiheit antireligiöser Propaganda zuerkannt. Die Freiheit »religiöser Propaganda« dagegen, das heißt innere Mission, sowie Ausbildung der Geistlichkeit und religiöse Jugenderziehung, ist nicht ausdrücklich garantiert und bleibt der Auslegung des Rechts auf Gewissensfreiheit überlassen. Die Stalinverfassung garantiert auch die Rede-, Presse-, Versammlungs- und Koalitionsfreiheit, die Unverletzlichkeit der Person und Wohnung, das Briefgeheimnis und dergleichen. Sehr wichtig ist hierbei die Klausel: im Interesse der Festigung der sozialistischen Gesellschaft. Hiermit ist eine Handhabe für eine Verweigerung der genannten Freiheiten gegeben. Eine Aufzählung der Pflichten des Bürgers, die Gesetze zu befolgen, die Arbeitsdisziplin zu achten – bot in dieser Formulierung ebenfalls eine Handhabe, als staatsfeindlich bezeichnete Elemente außerhalb der Gemeinschaft zu stellen. Von der allgemeinen Wehrpflicht war schon die Rede.

Wichtig ist die ausdrückliche Verankerung der Ausnahmestellung der KPdSU in der Verfassung. »Die aktivsten und zielbewußtesten Bürger aus den Reihen der Arbeiterklasse und anderer Schichten der Werktätigen vereinigen sich in der Kommunistischen Partei der Sowjetunion, die der Vortrupp der Werktätigen in ihrem Kampf für die Festigung und Entwicklung des sowjetischen Systems ist und den führenden Kern aller Organisationen der Werktätigen, der politischen sowohl wie der staatlichen, bildet.« Nach dieser Formulierung mußte die Möglichkeit, noch andere Parteien zuzulassen, absurd erscheinen. Bei den Wahlen gibt es infolgedessen auch nur Einheitslisten.

Es ist interessant, in diesem Zusammenhang einen Überblick über die Entwicklung der Kommunistischen Partei seit dem Ende der zwanziger Jahre zu gewinnen[28]. Hatte die Partei noch 1923 nur über 500 000 Mitglieder verfügt und damit ihren Charakter als eine Elitepartei halbwegs gewahrt, so wuchs sie seit dem Tode Lenins in zehn Jahren zu einer Massenpartei von 3,5 Millionen an. Allein 1925/26 waren in einem großen Schub 200 000 neue Mitglieder aufgenommen worden, wodurch Stalin seine Stellung gegen die Opposition zu verstärken gedachte. Durch die Säuberungen von 1936–38 sank die Mitgliederzahl unter 2 Millionen. Am 1. Januar 1939 betrug sie 2 306 933, um von da an – abgesehen vom starken Aderlaß des Krieges – ständig zu wachsen.

Die KPdSU übt keine direkten Regierungsfunktionen aus, aber sie stellt trotzdem den entscheidenden Machtfaktor im Staate dar. Ihr Einfluß auf Innen- und Außenpolitik ist absolut ausschlaggebend. Sie kann im großen ganzen mit dem Staat identifiziert werden. Das höchste Organ der Partei ist das Zentralkomitee, das aus rund 150 Mitgliedern und Anwärtern besteht. Die eigentliche Macht liegt aber nicht bei ihm, sondern bei seinen Exekutivorganen: dem Politbüro, dem Organisationsbüro, dem Sekretariat und den einzelnen ressortmäßigen Zentralverwaltungen. Das Politbüro vor allem stellt den eigentlichen Führerrat der Partei dar, der aus etwa 12 Mitgliedern und Anwärtern besteht. Zusammen mit dem Sekretariat bildet es die faktische Regierung der Sowjetunion. Von Bedeutung ist auch die starke Einflußnahme des Politbüros auf die Rechtsprechung und die Besetzung der Richterposten. Die organisatorischen Einzelfragen werden vom Organisationsbüro bearbeitet, das sich personell stark mit dem Politbüro überschneidet. Die Bedeutung des Sekretariats der Partei – den Posten des Generalsekretärs hatte seit 1922 Stalin inne – befand sich in den dreißiger Jahren in ständigem Wachsen; in Verbindung mit der besonderen Privatkanzlei Stalins drängte es, besonders während der großen Säuberung, selbst das Politbüro in den Schatten.

Das wichtigste Kennzeichen in der Entwicklung der Partei und ihrer Organe in den dreißiger Jahren war, daß sie in zunehmendem Maße ihren proletarischen Charakter verlor. Während die neue Sowjetintelligenz, die Schicht der Parteifunktionäre und der neuen akademischen Oberschicht, der hohen Industriebeamten und dergleichen sich der 50%-Grenze näherte, sank der Anteil des Arbeiterproletariats auf etwa 30%, womit er sich um die Hälfte verringerte. Seit den dreißiger Jahren wurden im übrigen die Angaben über die soziale Klassenzugehörigkeit der Parteimitglieder verschwiegen, eine Tatsache, die allein schon für sich spricht. Im März 1939 beschloß der XVIII. Parteitag, die soziale Gleichberechtigung der Intelligenz mit den Klassen der Arbeiter und Bauern in der Parteisatzung einzuführen. Damit hörte die bevorzugte Stellung des Proletariats endgültig auf, die soziale Vormachtstellung der Funktionärsklasse fand damit auch im Rahmen der Partei ihre Anerkennung[29].

Die große Säuberung (1936–1938)

Die Periode des Zweiten Fünfjahresplanes, der Entstehung des Sowjetpatriotismus und der Stalinverfassung war zugleich die Zeit schwerster innerer Erschütterungen, die einem riesenhaften Schichtwechsel in der gesellschaftlichen Struktur sowohl der Gesamtbevölkerung als auch der Partei gleichkam.

Zum Anlaß dieser Erschütterungen wurde die Ermordung eines führenden Parteimitglieds, des Leningrader Parteisekretärs Sergej Mironovič Kirov. Der Mord vom 1. Dezember 1934 löste eine Kettenreaktion von Verhaftungen, Vernehmungen und Hinrichtungen aus, die in der großen Säuberung, der Čistka von 1936–38, ihren Höhepunkt fand.

Das offizielle Ergebnis der Untersuchung lautet, der trockistische bzw. zinov'evistische Student Nikolaev habe auf Anweisung einer aus dem Ausland gelenkten konspirativen Organisation »Vereinigtes Zentrum« den Mord ausgeführt. Dieselben Kreise hätten auch, heißt es, die Ermordung weiterer führender Parteimitglieder – Stalins, Vorošilovs, Kaganovičs, Ždanovs und Ordžonikidzes – vorbereitet. Schon während des Jahres 1934 seien mehrere Attentate auf Stalin und andere Bolschewistenführer versucht worden, aber fehlgegangen. Die Ermordung Kirovs hätte eine weitere Folge von Anschlägen auslösen sollen.

In Wirklichkeit zeigen sich beim Versuch einer Aufklärung des Attentats verschiedene merkwürdige Begleitumstände. So ist zum Beispiel der Attentäter schon vorher mit einer Waffe in Kirovs Amtssitz gefaßt, aber wieder freigelassen worden; der für die Sicherheit Kirovs verantwortliche Wachhabende fiel auf dem Wege zur Vernehmung einem mysteriösen Verkehrsunfall zum Opfer. Nach den Enthüllungen Chruščevs auf dem XX. und XXII. Parteikongreß (1956 und 1961) kann kein Zweifel darüber bestehen, daß Kirov auf Befehl oder zum mindesten mit Wissen Stalins umgebracht wurde. Über die 1961 von Chruščev angekündigte »gründliche Untersuchung« dieses Falles ist jedoch bis jetzt nicht Näheres bekannt geworden[30].

Kirov war bekannt als Vertreter einer milderen Politik, die nach den Errungenschaften des Ersten Fünfjahresplanes, nach dem Einlenken in der Bauernfrage im Jahre 1933 und nach der Abrechnung mit den Trockisten die Zeit für reif ansah, auf den Terror zu verzichten und die entsprechenden Organe abzuschaffen[31]. Tatsächlich war im Sommer 1934 – bald nachdem das Wort von den »Söhnen des großen Vaterlandes« gefallen und die neue patriotische Geschichtsauffassung dekretiert worden war – die GPU aufgelöst worden. Damit fand eine Institution ihr Ende, die vom Volke als sprichwörtliche Verkörperung des staatlichen Terrorismus empfunden wurde. Ihre Funktionen wurden vom Volkskommissariat für Innere Angelegenheiten (NKVD) übernommen: einer Institution, die zunächst noch keineswegs mit dem Odium staatlicher Willkür oder einer Ausnahmejustiz belastet war. Man konnte den Eindruck gewinnen, daß das Staatsschiff mit der Ausschaltung der Gegner des Regimes nunmehr in ein ruhigeres Fahrwasser gleiten würde.

Bald stellte es sich allerdings heraus, daß in der neuen Behörde durch Zusammenfassung von Ordnungs-, Kriminal- und Politischer Polizei zu einer Staatspolizei und durch ihre enge Verknüpfung mit der inneren Verwaltung eine noch viel machtvollere Institution mit noch viel weitgehenderen Vollmachten geschaffen worden war. Sie erhält dadurch eine besondere Bedeutung, daß ihr auch der Strafvollzug teilweise übertragen wurde. Wie die Dinge lagen, konnte der an die Spitze des neuen Kommissariats gestellte Volkskommissar Jagoda von seiten Kirovs eine Gefährdung seiner neuen Machtstellung um so mehr befürchten, als Kirovs mildere Richtung von seiten einiger Militärs, vor allem Vorošilovs und Blüchers, Unterstützung erfuhr. Beide befürchteten Rückwirkungen der bäuerlichen Unzufriedenheit auf die Moral der Armee. Blücher erreichte es, daß im Fernen Osten die Bauern nicht zwangsweise in die Kolchose gepreßt wurden. Auch Kalinin sympathisierte mit Kirovs liberalerem Kurs. Für konsequente, kompromißlose Schärfe traten vor allem Molotov und Kaganovič ein.

Der Prozeß gegen die Kirov-Attentäter wurde in aller Stille unter Ausschluß der Öffentlichkeit nach einem ad hoc geschaffenen Gesetz verhandelt, das den Angeklagten jeden Rechtsbeistand verweigerte. Nikolaev und Genossen wurden hingerichtet. Zinov'ev und Kamenev schienen schwer belastet, leugneten aber eine direkte Verbindung mit dem Attentat. Es genügte zunächst, daß sie eine gewisse indirekte Schuld auf sich nahmen. Zinov'ev wurde vorerst zu zehn, Kamenev zu fünf Jahren Zwangsarbeit verurteilt. Im Frühjahr 1935 wurden noch andere Männer aus der nächsten Umgebung Stalins verurteilt, ohne daß von diesen Dingen zunächst viel Aufhebens gemacht wurde[32]. In Leningrad hatte Andrej Ždanov als Nachfolger Kirovs für die Säuberung der Stadt von unsicheren Elementen zu sorgen. Zehntausende von Verdächtigen wurden 1935 aus Leningrad nach Sibirien deportiert.

Die Ruhe schien wiederhergestellt. Insgeheim aber nahm die Säuberung ihren Fortgang. Immer weiter umsichgreifende Untersuchungen bereiteten die großen Schauprozesse der Jahre 1936/37 vor. Daß tiefgreifende Maßnahmen zu erwarten waren, ergibt sich aus der Einsetzung einer besonderen Sicherheitskommission am 13. Mai 1935, bestehend aus Stalin, Ežov, Ždanov,

Škirjatov und Vyšinskij. Sie sollte über die bestehenden Organe hinaus sich mit der »Vernichtung der Volksfeinde« befassen. Zur selben Zeit wurde beschlossen, alle Parteimitglieder öffentlich und geheim zu überprüfen. An die gesamten Parteistellen erging der Appell zu verdoppelter Wachsamkeit in Form von Kritik und Selbstkritik. Die Folge war eine hemmungslose Welle von Denunziationen, die das gesamte Land erfaßte.

Als der erste der großen Prozesse, der »Prozeß der 16«, im August 1936 begann, fiel es auf, daß er in aller Öffentlichkeit verhandelt wurde, und daß die Untersuchung der alleinigen Kompetenz des NKVD entzogen und der Staatsanwaltschaft übertragen worden war. Vielleicht lag damals schon ein gewisses Mißtrauen Stalins Jagoda gegenüber vor; vielleicht war er auch wirklich zu sehr in die Hintergründe des Kirov-Attentates verwickelt. Der Schein einer regulären Rechtsprechung seitens der berufenen staatlichen Organe wurde gewahrt. Da es sich um Hochverratsfälle handelte, wurde der Prozeß dem Militärgericht des Obersten Gerichtshofs der UdSSR übertragen. Er lief vom 19. bis 24. August ab.

Die Anklage lautete auf Vorbereitung einer Verschwörung zum Sturze der Regierung und zur Beseitigung Stalins und anderer führender Mitglieder des Politbüros. Neben den schon erwähnten wurden damals am 22. August auch Kosior und Postyšev, später selbst Opfer der Čistka, genannt.

Als Generalstaatsanwalt wußte A. J. Vyšinskij die Angeklagten geschickt gegeneinander auszuspielen und durch raffinierte Untersuchungsmethoden die gewünschten Geständnisse zu erzielen[33]. Der 1883 in Kiev geborene Professor für Strafrecht in Moskau hatte es, obwohl ehemals Menschewist, nach dem Tode Lenins verstanden, sich die Gunst Stalins zu verschaffen. Ihm war es zu verdanken, daß die Universität Moskau unter seinem Rektorat den Wünschen der Regierung entsprechend zu einer bolschewistischen Lehranstalt umgewandelt werden konnte. Nachdem er schon 1924 als Staatsanwalt fungiert hatte, war er 1933 zum Generalstaatsanwalt befördert worden.

»Ich fordere«, lautete jetzt im Prozeß gegen das sogenannte ›terroristische Zentrum‹ der Schluß seines Plädoyers, »daß diese tollwütigen Hunde allesamt erschossen werden«[34]. Das Gericht schloß sich dieser Forderung des Staatsanwalts an. Es sprach am 24. August 1936 über alle Angeklagten, darunter Zinov'ev und Kamenev, das Todesurteil. Tags darauf wurde es vollstreckt.

Während des Prozesses hatte man von Zinov'ev nur Selbstbezichtigungen erzielen können; Kamenev dagegen hatte durch seine Aussagen eine Reihe alter Bolschewisten schwer belastet. So zog dieser erste Eingriff schon gleich weitere Kreise. Als der Gewerkschaftssekretär Tomskij, der sich großer Beliebtheit erfreute, sich das Leben nahm, bemächtigte sich mancher alter Bolschewisten eine starke Unruhe. Auf einer Sitzung des Zentralkomitees im September 1936 traten offen Widerstände gegen Stalins Vorgehen gegen die Opposition zutage. Stalin zog daraus nicht die erwarteten Konsequenzen. Er lenkte nicht ein, sondern entschloß sich, während das Dekorum eines demokratischen Rechtsstaates durch die neue Verfassung gewahrt schien, mit noch größerer Schärfe vorzugehen und auch alte Parteigenossen nicht zu schonen, sofern sie sich seinen Maßnahmen widersetzten. Jagoda fiel in Ungnade. Er wurde am 26. September 1936 seines Amtes entsetzt und als Volkskommissar für Postwesen auf einem bedeutungslosen Posten kaltgestellt. An seine Stelle trat Nikolaj Ivanovič Ežov. Damit trieb die Säuberungswelle ihrem Höhepunkt, der im Volksmund so genannten »Ežovščina« zu.

Das NKVD glaubte nachweisen zu können, daß auf Weisungen von Trockij neben dem schon bestehenden »Vereinigten Zentrum« von Trockisten und Zinov'ev-Anhängern noch ein zweites rein trockistisches Parallelzentrum in Moskau als weitere illegale Verschwörerorganisation gebildet worden sei. Diese Gruppe hätte mit Deutschland und Japan verräterische Verhandlungen angeknüpft, die im Jahre der Machtergreifung einer trockistischen Regierung in Rußland die Abtretung der Ukraine an Deutschland und des Amurgebietes an Japan vorsahen. Als Nahziel sei ein umfassendes Spionage-, Diversions- und Verratsprogramm im Bereich des sowjetischen Staatsgebildes aufgestellt worden.

Es mußte selbst die Parteimitglieder überraschen, daß als angeblich führende Persönlichkeit dieser Organisation neben N. I. Muralov, G. J. Sokolnikov und G. L. Pjatakov, dem stellvertretenden Volkskommissar für Schwerindustrie, auch die glänzende Leuchte der bolschewistischen Publizistik K. B. Radek, der alte Kampfgefährte Lenins, verhaftet wurde. Schon Jagoda hatte ihn seinerzeit arretieren lassen, aber bald darauf wieder entlassen. Offenbar bedurfte es jetzt zur Glaubhaftmachung der Verbindungen mit dem Ausland eines Namens, der in dieser Hinsicht einen gewissen Klang hatte.

Der »Prozeß der 17« wurde in Moskau vom 23.–30. 1. 37 vor

demselben Tribunal wie ein halbes Jahr zuvor der »Prozeß der 16« verhandelt. Während Muralov den Vernehmungen standhielt und sich nur schwer ein Geständnis entreißen ließ[35], brach Radek gleich bei den ersten Verhören zusammen und belastete, ähnlich wie Kamenev im Jahre 1936, aufs schwerste eine Reihe von Angehörigen der sogenannten Rechtsopposition, die 1931 zu Haft oder Verbannung verurteilt worden waren. Im Ergebnis des Prozesses wurden Pjatakov, Muralov und andere zum Tode, Radek und Sokolnikov zu zehn Jahren Gefängnis verurteilt.

Von Radek und Pjatakov belastet, war schon im selben Monat N. I. Bucharin, der einstige hervorragende Theoretiker der Partei, als Nachfolger von Zinov'ev Vorsitzender der Kommunistischen Internationale und jetzt Chefredakteur der »Izvestija«, verhaftet worden. Er war soeben aus dem Ausland, wo er zur Kur geweilt hatte, zurückgekehrt. Mit ihm zusammen wurden die von Kamenev belasteten Vertreter der einstigen Rechtsopposition vor das Tribunal gestellt. Der größte der bolschewistischen Schauprozesse, der sogenannte III. Trockistenprozeß, bedurfte intensiver Vorbereitungen. Es erschien notwendig, ein umfangreiches Anklagematerial zusammenzuholen. Sämtliche NKVD-Stellen arbeiteten ein ganzes Jahr lang auf Hochtouren. Im März 1938 war es so weit, daß nun auch dieser Prozeß, der Prozeß der »Einundzwanzig« – in einer Zeit schärfster außenpolitischer Spannung, der ersten Tschechenkrise –, abrollen konnte.

Zu den Angeklagten gehörten unter anderen der ehemalige Vorsitzende des Rates der Volkskommissare als direkter Nachfolger von Lenin, A. I. Rykov, der stellvertretende Außenkommissar N. N. Krestinskij, die Diplomaten Ch. G. Rakovskij[36] und A. P. Rozengol'c, der ehemalige Volkskommissar des NKVD, Jagoda, und Bucharin. Anders als beim zweiten Trockistenprozeß wurde diesmal in der Anklage ausdrücklich die Initiative des Auslands betont. Der ausländische Spionagedienst habe, hieß es, eine neue Verschwörergruppe unter der Bezeichnung »Block der Rechten und Trockisten« aufgezogen, die sich zum Ziel gesetzt hätte, das bolschewistische Regime zu stürzen, um – nicht mehr einen trockistischen Staat, sondern – ein bürgerlich-kapitalistisches System zu errichten und nicht nur die Ukraine und das Fernostgebiet, sondern auch Weißrußland, Turkestan und Transkaukasien von der Sowjetunion loszulösen. Trockij und seine Agenten hätten seit 1921 Verbindungen mit dem deutschen Geheimdienst, seit 1926 mit dem englischen Intelligence Service, seit 1933 zur Gestapo unterhalten. Sie hätten mit deutschen militärischen und faschistischen Kreisen, mit Heß, Rosenberg, Niedermeyer und Haushofer, Verhandlungen gepflogen und von ihnen Aufträge angenommen, um das sowjetische Regime in jeder Weise zu untergraben, insbesondere die Rüstungsindustrie zu sabotieren und Widerstandsgruppen zu organisieren.

Im Zusammenhang mit dem Verfahren gegen Bucharin wurde dessen politische Vergangenheit rückwirkend bis zum Brester Frieden von 1918 durchleuchtet. Schon damals sei es seine Absicht gewesen, hieß es jetzt in vollständiger Verdrehung der historischen Wahrheit, nicht nur den Brester Frieden zum Scheitern zu bringen, sondern auch gemeinsam mit Trockij und den linken Sozialrevolutionären die Sowjetregierung zu stürzen, Lenin und Stalin zu ermorden und eine Bucharinregierung einzusetzen. Die Anklage gegen Jagoda deckte überraschenderweise nicht etwa Verbindungen zu den Kirovmördern auf, sondern ein anderes, ungeheuerliches Verbrechen. Jagoda wurde bezichtigt, auf Befehl des »Vereinigten Zentrums« mit Hilfe des ehemaligen Hausarztes Dr. L. G. Levin und des Privatsekretärs Prof. D. D. Pletnev den Dichter Maksim Gor'kij († 18. 6. 1936) mittels Überdosierung von Strophantininjektionen umgebracht zu haben[37]. In einer ähnlichen Weise seien von den Verschwörern auch V. R. Menžinskij und V. V. Kuibyšev († 1935) beseitigt worden.

Eine gigantische Welle von Verhaftungen ging durchs Land und hielt die gesamte Bevölkerung in Atem. Als belastet galten alle früheren Oppositionellen, die Anhänger Trockijs, Zinov'evs, Bucharins, die früheren Menschewisten und Sozialrevolutionäre, Anarchisten, Bundisten (Anhänger des jüdischen sozialistischen »Bundes«) und andere Anhänger vorrevolutionärer Linksparteien, heimgekehrte Emigranten, auch Parteimitglieder, die dienstlich im Ausland gewesen waren, alle Staatsbürger, die mit dem Ausland in Briefwechsel standen, ausländische Kommunisten, Angehörige religiöser Sekten, alle einst aus der Partei Ausgeschlossenen, alle Parteimitglieder, die sich dem Säuberungsprogramm widersetzten. »Nicht selten«, schreibt B. D. Wolfe[38], »begegnete ein ehemaliger Untersuchungsrichter in seiner Gefängniszelle oder im Konzentrationslager den gleichen Menschen, die er noch wenige Monate zuvor gefoltert, zu Geständnissen gezwungen und zu Kerkerstrafen verurteilt hatte... Zu diesen Unglücklichen gehörten auch Millionen einfacher Arbeiter und Bauern, Angehörige nationaler Minderheiten, Nomaden, die nicht seßhaft werden wollten, und Nomaden, die an der falschen Stelle seßhaft geworden waren.« Nach Berechnungen aus dem Kreise der Betroffenen sind 1936–38 etwa 5–6% der Gesamtbevölkerung der Sowjetunion durch die Untersuchungsgefängnisse des NKVD gegangen, das heißt 8–9 Millionen, von denen nur etwa 2 Millionen kriminelle Verbrecher waren. Nach der Berufsschichtung befanden sich unter den Verhafteten Arbeiter, Bauern, Geistliche, Intellektuelle und Beamte; alle Schichten waren vertreten, keine blieb unbelästigt. Aber auch die höchsten Parteistellen wurden nicht verschont. Von den 140 auf dem XVII. Parteitag im Jahre 1934 gewählten Mitgliedern des Zentralkomitees befanden sich im Herbst 1937 nur noch 15 auf freiem Fuße, von den zwölf Mitgliedern des Politbüros nur noch acht.

Die Vernehmungen verfolgten den Zweck, die Untersuchungen in immer weiteren Kreisen auf die gesamte Bevölkerung auszudehnen. In pausenlosen Verhören wurden die Gefangenen unsagbaren seelischen und physischen Martern ausgesetzt, bis ihre Widerstandskraft gebrochen war und sie sich bereit erklärten, die ihnen vorgelegten Protokolle zu unterzeichnen. Während in den Gefängnissen als solchen keinerlei direkte Mißhandlungen vorkamen, wurden von den Untersuchungsrichtern in zunehmendem Maße auch physische Druckmittel angewandt. Der sogenannte »große Conveyer«, die pausenlose, oft sich über Tage und Nächte ausdehnende Vernehmung, nahm viel Zeit. Daher wurde an seiner Stelle, um angesichts des massenhaften Anschwellens der Verhaftungen der auflaufenden Arbeit Herr zu werden, ab August 1938 auch die Prügelstrafe zur Erpressung von Geständnissen eingesetzt[39]. Die Häftlinge reagierten verschieden. Während eine nervöse Natur wie Radek auf den ersten Anhieb zusammenbrach, hielt der alte Bolschewist Muralov neun Monate lang dem immer wieder angewandten großen Conveyer stand. Weißberg-Cybulski berichtet von einem jüdischen Schneider, der eine pausenlose Vernehmung durch 31 Tage und Nächte mit einer Widerstandskraft, die an die Leistungen von Fakiren grenzt, über sich ergehen ließ, ohne sich ein Geständnis erpressen zu lassen. Ob daneben zur Vernichtung der seelischen Widerstandskraft auch Drogen angewandt wurden, die angeblich das Zentralnervensystem zersetzend angreifen, steht nicht genau fest.

Die Ergebnisse waren die gewünschten. Der dritte Trockistenprozeß endete am 13. März 1938 mit der Verkündigung des

Todesurteils über alle genannten Hauptangeklagten und viele weitere mit Ausnahme von Rakovskij, der zu 20 Jahren Gefängnis, und S. A. Bessonov, der zu 15 Jahren Gefängnis verurteilt wurde. Das Urteil wurde am 15. März vollstreckt.

Die Angeklagten hatten während des Prozesses alle nach mehr oder weniger langwierigen Untersuchungen und Vernehmungen ihr Geständnis abgelegt. Manche begnügten sich dabei mit kurzen Feststellungen, manche gefielen sich darin, ihre Selbstbezichtigungen ausführlich auszumalen[40]. Einzig Krestinskij widerrief in öffentlicher Sitzung sein Geständnis und erregte durch diese unvorhergesehene Programmänderung unliebsame Sensation. Vyšinskij ließ die Sitzung unterbrechen und Krestinskij eine Nacht hindurch einer Sonderbehandlung durch das NKVD unterziehen. Auf der nächsten Sitzung erklärte dieser, sein Widerruf sei ein konterrevolutionäres Manöver gewesen, um das Gericht zu diskreditieren. Von da ab gab es keine weiteren Störungen.

Es ist von Bedeutung zu wissen, daß zu den prominenten Opfern der Prozesse des Jahres 1937/38 keineswegs nur die offiziell (etwa in den Gerichtsreden Vyšinskijs) Genannten gehörten, sondern noch eine weitere Reihe bekannter Kommunisten, die in dieser Zeit zum Teil unter mysteriösen Umständen den Tod fanden. Es hat den Anschein, daß Menžinskij und Kujbyšev tatsächlich keines natürlichen Todes gestorben sind und ihre Liquidierung auf einen Mordbefehl Stalins zurückzuführen ist, wobei anschließend auch Jagoda als Mitwisser beseitigt werden mußte. Beim Dichter Maksim Gor'kij sind Differenzen zu Stalin nicht zu leugnen; er scheint sich 1935 für Zinov'ev und Kamenev verwendet zu haben. Es muß so mit der makabren Möglichkeit gerechnet werden, daß Stalin auch in diesem Fall den Krankheitsverlauf durch eine angeordnete Fehltherapie ungünstig beeinflußt hat. Bei Stalins altem kaukasischen Kampfgefährten Ordžonikidze steht es fest, daß er während der Prozesse im Zentralkomitee in heftiger Weise das scharfe Vorgehen gegen alte Bolschewisten angeprangert hat. Bisher hatte er sich, eher als jedes andere Mitglied des Politbüros, ein offenes Wort Stalin gegenüber leisten können. Kurze Zeit danach erlitt er jedoch, wie es offiziell hieß, einen Herzanfall, dem er erlag (1937). In Wirklichkeit hat ihn Berija, wie Chruščev auf dem XX. Parteikongreß eröffnete, auf Befehl Stalins in den Selbstmord getrieben, während Postyšev, der ebenfalls protestiert hatte, gewaltsam beseitigt wurde.

Aus vielen Veröffentlichungen ehemaliger Bolschewisten und aus den Enthüllungen des XX. und XXII. Parteikongresses geht hervor, daß auch Stalins georgischer Landsmann und Parteigenosse Enukidze, die ehemaligen Volkskommissare Borodin, Rudzutak, Karachan und Mežlauk sowie die Mitglieder und Kandidaten des Politbüros Kosior, Čubar' und Ejche zu den Opfern der großen Säuberung gehören[41].

Von besonderem Interesse ist das Schicksal einer ganzen Reihe prominenter ausländischer Kommunisten, zum Teil höherer Funktionäre der Komintern, die in den Strudel der Čistka hineingerieten. So sind zum Beispiel in diesen Jahren unter ungeklärten Umständen die deutschen Kommunisten Max Hölz, Remmele und Heinz Neumann in der Sowjetunion ums Leben gekommen, ebenso der ungarische Kommunistenführer Béla Kun, nachdem er sich noch 1936 im Spanischen Bürgerkrieg hervorgetan hatte, sowie fast alle Mitglieder des Zentralkomitees der polnischen Kommunistischen Partei. Unter vielen anderen wurde auch der bereits zitierte österreichische Physiker, der aus Galizien gebürtige Alexander Weißberg-Cybulski, als wissenschaftlicher Mitarbeiter am Ukrainischen Physikalischen Institut in Char'kov in den Bucharinprozeß verwickelt. Er wurde nach dreijähriger Haft in den Untersuchungsgefängnissen des NKVD – während der er mit beispielloser Zähigkeit allen Methoden zur Gewinnung von Geständnissen Widerstand geleistet hatte – 1940 an die Gestapo ausgeliefert. Aus dieser fast fünfjährigen Haft entronnen, konnte er in seinem Buche »Hexensabbat. Rußland im Schmelztiegel der Säuberungen« (Frankfurt 1951) ein grausig-anschauliches Bild jener Schreckenszeit entwerfen.

Viele von den Untersuchungshäftlingen kamen nie vor ein reguläres Gericht, viele wurden von einer administrativen Kommission, der OSO (Osobaja sessija) beim NKVD zu Lagerhaft verurteilt. Die OSO konnte keine Todesurteile fällen, doch ab Herbst 1937 durfte sie die bis dahin gesetzte Grenze von fünf Jahren Straflager überschreiten[42]. Durch die große Säuberung wurden Tausende von Strafgefangenen den Lagern zugeführt.

Der sowjetische Strafvollzug war bald nach der Revolution nach angeblich humanitären Gesichtspunkten reformiert worden. Die Inhaftierung sollte nicht so sehr als Strafe, sondern als ein Mittel der Umerziehung gelten; die Strafgefangenen sollten zu nützlicher Arbeit verwendet werden. In den dreißiger Jahren, als der Kampf gegen die der Kollektivierung widerstrebenden

Bauern entbrannte, wuchsen die Zahlen der Verhafteten in die Hunderttausende. Allein beim Bau des Weißmeerkanals wurden von Jagoda rund 250000 Strafgefangene eingesetzt. Jetzt wurde alle Rücksicht im Sinne einer »Umerziehung« fallen gelassen; die Strafe wurde aufs neue zur Zwangsarbeit, und für alle Sträflinge galt Stalins neue Losung: »tjurma tjurmoj« – gebt dem Gefängnis, was des Gefängnisses ist[43]. Über die unglücklichen Opfer von Stalins Sozialpolitik rollte die gefühllos-grausame Maschinerie einer seit den Tagen der Antike nicht dagewesenen Sklaverei, von jener unterschieden durch die technische Perfektion des modernen totalitären Industriestaates. Jetzt traten die neuen Opfer der großen Säuberung hinzu.

Man hat gemeint, daß in der Notwendigkeit, das nötige Menschenmaterial für die großen technischen Vorhaben im Polargebiet und in Sibirien zu liefern, eine der Hauptursachen für die Massenverhaftungen zu sehen sei. Damit wäre aber nicht die Gefangennahme unzähliger Wissenschaftler, Ingenieure, Offiziere sowie höherer staatlicher und Parteifunktionäre gerechtfertigt und befriedigend erklärt. Das Motiv der Beschaffung von Arbeitskräften spielte eine sekundäre Rolle; es trug mit dazu bei, den Verhaftungen einen volkswirtschaftlich vernünftigen Sinn zu verleihen. In den anschließenden Jahren war es in der Sowjetunion ratsam, zu Beginn einer neuen Arbeitssaison im Frühjahr, wenn der Winter in den Straflagern einen stärkeren Ausfall an Arbeitskräften verursacht hatte, sich auch im politischen Verhalten besonders vorzusehen.

Zum Ende der dreißiger Jahre breitete sich ein weites Netz von Straflagern über ganz Nordrußland und Sibirien aus. Besondere Schwerpunkte entstanden in Karelien und auf der Halbinsel Kola, an der Pečora und Nördlichen Dvina, in Mittel- und in Nordostsibirien. Wenn die städtische Bevölkerung der Sowjetunion in den Jahren 1926–39 um 100 % zunahm, so konnte der größte Zuwachs im Gebiet von Karelien und Murmansk verzeichnet werden, hier betrug er 558 %, in Ostsibirien 384 %, in Fernost 329 %. Hier befanden sich auch die meisten Straflager. Die Zahl ihrer Insassen wird für die Jahre 1935–37 mit 5 bis 6 Millionen angegeben, in den Jahren 1940–42 stieg sie auf etwa 10 Millionen an[44]. Nach Fertigstellung des Weißmeerkanals trat der Bau des Moskau-Wolgakanals in den Vordergrund, der am 4. Juli 1937 beendet wurde. Die Opfer der großen Čistka konnten nunmehr hauptsächlich bei der Umstellung der sibirischen Bahn auf Doppelgleisigkeit und beim Bau der Baikal-Amurbahn verwendet werden. Zu einem gewaltigen Komplex wuchs in dieser Zeit das Lager Dal'stroj am Fluß Kolyma in Nordostsibirien mit der Hauptstadt Magadan an; hier wird vor allem der Goldbergbau vorangetrieben.

Die äußerste Konsequenz wurde bei den Verfolgungen des Jahres 1937/38 dadurch gezogen, daß man sie nicht nur auf alte Bolschewisten, sondern auch auf die Führung der Roten Armee ausdehnte.

Es ist anzunehmen, daß Tuchačevskij und die anderen höchsten Offiziere der Roten Armee über die Liquidierung der alten Garde der Partei entsetzt waren und diesem Gefühl Ausdruck gegeben haben. In ihrer Hand lag die bewaffnete Macht des Landes. Ihnen unterstand die Moskauer Garnison. Sie konnten jederzeit den Kreml besetzen; zunächst beispielsweise, um das Gesicht zu wahren, zum Schutz des Politbüros und Stalins. Es wäre anschließend ein leichtes gewesen, Stalin, Ežov und andere zu verhaften. Vielleicht sind derartige Gedanken, in vertrautem Kreise geäußert, Stalin hinterbracht worden. Daß die roten Generale jedoch tatsächlich einen Staatsstreich geplant hatten, daß Tuchačevskij die treibende Kraft dieser Verschwörung war, um bei einem Gelingen die Rolle eines Ersten Konsuls der russischen Republik zu spielen: das alles kann nicht als eindeutig erwiesen betrachtet werden[45]. Es ist vielleicht anzunehmen, daß die wachsende Empörung und Erregung innerhalb der militärischen Führung angesichts des Paroxysmus der Schauprozesse sich in einer Kritik geäußert hat, die Stalin genügte, um unverzüglich zuzupacken. Und er mag darin gerade im Fall Tuchačevskij von Vorošilov bestärkt worden sein, der dem aufstrebenden Rivalen schon längst nicht gewogen war.

Flüchtig war der Name Tuchačevskijs schon im Pjatakov-Prozeß genannt worden, als Radek ihn belastet hatte. Als Radek im Januar 1937 selbst auf der Anklagebank saß, fiel erneut der Name des Marschalls, ohne daß Vyšinskij zunächst die Sache aufgriff. Bald nachher verschwand Tuchačevskij aus Moskau; es verlautete bereits, er sei verhaftet. Er kehrte aber Ende März zurück, um auch an einem Diner zu Ehren der Roten Armee in der amerikanischen Botschaft teilzunehmen, wo er nach dem Bericht von Davies einen »frischen und jungenhaften« Eindruck machte[46]. Vielleicht sollten durch die Genehmigung zu diesem Besuch und durch die im April dieses Jahres bekanntgegebene Nachricht, Tuchačevskij sei zum offiziellen Vertreter der Sowjetunion bei den Krönungsfeierlichkeiten König Georgs VI. von

England ausersehen, anlaufende Ermittlungen und Maßnahmen verhüllt werden. Ende des Monats muß die Entscheidung gefallen sein[47]. Sie wurde Tuchačevskij bewußt, als er erfuhr, daß an seiner Stelle Admiral Orlov nach London fahren werde. Zur großen Parade am 1. Mai fiel es auf, daß der Marschall einen verstörten Eindruck machte und von allen gemieden wurde[48]. Am 11. Mai wurde amtlich mitgeteilt, daß Tuchačevskij seines Amtes als Stellvertretender Volkskommissar für Verteidigung entsetzt und nach Saratov im Wolgagebiet auf einen zweitrangigen Posten abkommandiert worden sei.

Als bald darauf am 17. Mai 1937 die Politischen Kommissare bei den Truppenteilen, die Politruks, die 1925 abgeschafft worden waren, erneut eingeführt wurden, konnte man darin ein Zeichen dafür erblicken, daß die Wellen der Verdächtigung sich dem militärischen Sektor näherten. Mit der Durchführung des Erlasses wurde der neue Leiter der Politischen Hauptverwaltung der Roten Armee, L. Z. Mechlis, betraut. Er war als Sekretär Stalins zu Ansehen gelangt und trat jetzt die Nachfolge Gamarniks an. Am 11. Juni 1937 wurde Tuchačevskij verhaftet. Daß er Widerstand leistete, verwundet und auf einer Tragbahre vor Stalin gebracht wurde, der mit ihm einen Wortwechsel hatte, ist nicht erwiesen. Mit dem Marschall fast gleichzeitig wurde eine Reihe der prominentesten Spitzen der Roten Armee verhaftet: die Generale Putna, Militärattaché an der sowjetischen Botschaft in London, der genauso dem Befehl zur Rückkehr in die Sowjetunion Folge leistete wie Bucharin und Krestinskij; Kork, der frühere Stadtkommandant von Moskau, jetzt Leiter der Militärakademie, Jakir, der Kommandeur des Militärbezirks Ukraine, Uborevič, Kommandeur des Militärbezirks Weißrußland, Ejdeman, Chef des zivilen Luftschutzes (»Osoaviachim«), Primakov, Stellvertreter Budennyjs in der Kavallerieinspektion, Feldman, Chef der Personalverwaltung der Roten Armee, Dybenko, Egorov, Blücher und viele andere.

Sie wurden nicht, wie die zivilen Angeklagten unter den Parteigrößen, vor ein offenes Gericht gestellt. Hier schien ein Schauprozeß nicht angebracht. Ein geheimes Militärtribunal unter dem Vorsitz von Vorošilov übernahm die Untersuchung und Aburteilung. Zu den Mitgliedern dieses Tribunals sollte auch Gamarnik gehören, der Chef der politischen Verwaltung der Roten Armee und der Roten Flotte, Mitglied des Zentralkomitees der Partei, ein hochgewachsener, bärtiger Mann, der sich ebenso wie Tuchačevskij allgemeiner Beliebtheit erfreute.

Gamarnik erkannte, daß die Anklagen gegen Tuchačevskij unbegründet waren. Als eine persönliche Rücksprache mit Stalin ergebnislos verlief, verübte er Ende Mai 1937 Selbstmord.

Auch Budennyj schien belastet zu sein; es ist möglich, daß er zeitweilig verhaftet war. Wenn dem so ist, dann muß er jedoch bald wieder freigelassen worden sein, da er sich dem Prozeß gegen seine Kameraden ebenso zur Verfügung stellte wie Vorošilov. Die verhafteten Generale wurden beschuldigt, Spionage für Deutschland und Japan getrieben, strategische Pläne der Roten Armee ausgeliefert und einen bewaffneten Aufstand geplant zu haben. Bei den Verhandlungen spielte der 1936 abgeschlossene Antikominternpakt zwischen Deutschland und Japan zur Ausmalung der Hintergründe der Verschwörung keine geringe Rolle. Der Prozeß war kurz. Schon am 12. Juni 1937 wurden Tuchačevskij und die übrigen Generale hingerichtet. Eine ungeheure Erregung bemächtigte sich des Landes, während die Vorbereitungen für den Bucharinprozeß weiterliefen. War es möglich, daß praktisch der gesamte Generalstab aus Agenten auswärtiger Mächte bestanden hatte? Hatte sich Lenin tatsächlich – einen einzigen Mitarbeiter ausgenommen – mit lauter Verrätern umgeben? Mußte nicht sein Glanz durch diese Fahrlässigkeit und mangelnde Menschenkenntnis verblassen? Auch in engsten Parteikreisen war die Erschütterung sehr stark; selbst im NKVD machte sich eine Unsicherheit bemerkbar.

Es gibt Quellen, die das Blutbad und die Säuberung der Roten Armee auf eine Provokation Hitlers zurückführen[50]. Die Tuchačevskij und seine Gefährten kompromittierenden Dokumente sollen von den deutschen Gestapoführern Heydrich und Behrens in den Kellern der Gestapo in der Prinz-Albrecht-Straße in Berlin fabriziert worden sein. Dieses belastende Material sei über Prag nach Moskau lanciert worden, um auf diese Weise die rote Generalität Stalin gegenüber zu diskreditieren und das militärische Potential der Sowjetunion entscheidend zu schwächen. Nur dank dieser Machinationen sei dann die aggressive Politik Hitlers Österreich und der Tschechoslowakei gegenüber möglich geworden.

Nach einer anderen Version sei die eigentliche Initiative bei der Anfertigung der entscheidenden Dokumente von in die Gestapo infiltrierten NKVD-Agenten im Auftrage Stalins ausgegangen[51]. Als Beneš glaubte, Stalin in einem Handschreiben vor Tuchačevskij warnen zu müssen, seien die Fäden alle schon geknüpft gewesen.

Wenn in deutschen Militärkreisen während des Krieges erzählt wurde, daß nach Londoner Informationen Tuchačevskij anläßlich seiner Teilnahme an den Beerdigungsfeierlichkeiten König Georgs V. im Jahre 1936 als offizieller Delegierter der Sowjetunion englische Kreise um Rückendeckung gegen Deutschland gebeten habe, falls in der Sowjetunion ein Militärputsch gegen Stalin ausbrechen sollte, so scheint uns die Authentizität dieser Quelle nicht genügend verbürgt[52]. Auch wenn Tuchačevskij einen Putsch geplant hätte, ist es undenkbar, daß er gerade in England so unvorsichtig gewesen wäre, auf diese Pläne anzuspielen.

Wie die Hintergründe der Tuchačevskij-Affäre auch im einzelnen aussehen: das Ergebnis der Ausdehnung der Säuberungen auf die Rote Armee bedeutete eine katastrophale Schwächung der sowjetischen Militärmacht. Zu der Zeit dürfte die Rote Armee etwa über 80 000 aktive und ebenfalls 80 000 Reserveoffiziere verfügt haben, von denen dort 20 000, hier etwa 30 000 Bürgerkriegsteilnehmer waren. Nach einschlägigen Angaben sind 1937/38 75 % der Mitglieder des Obersten Kriegsrats, drei von fünf Marschällen, dreizehn von fünfzehn Armeegeneralen, 62 von 85 Korpskommandeuren, 110 von 195 Divisionskommandeuren und 220 von 406 Brigadekommandeuren liquidiert worden. Verhaftet waren 65 % der höheren (ab Oberst), 10 % der niederen Offiziersgrade, insgesamt 20 000 Offiziere. Von den 6 000 höheren Offizieren wurden allein 1500 hingerichtet. Die übrigen verschwanden zum mindesten zeitweilig in Gefängnissen oder Lagern.

Vorošilov sah sich 1938 genötigt, 10 000 Offiziersanwärter ein halbes Jahr vor vollendeter Ausbildung als Unterleutnants einzustellen, um den Ausfall einigermaßen zu decken. Eine von Berija nach dem Sturz von Ežov eingesetzte Rehabilitierungskommission hat etwa 3 000 höhere Offiziere überprüft, entlastet und wieder eingestellt. Dazu gehörten unter anderen die späteren Heerführer des Zweiten Weltkrieges Rokossovskij, Tolbuchin und Jakovlev.

Bedeutsam ist, daß von den Säuberungen weniger die aus der zaristischen Armeee stammenden Militärspezialisten, als die »Roten Kommandeure« betroffen wurden, die größtenteils der Arbeiter- und Bauernklasse angehörten und meist alte Bolschewisten und verdiente Kämpfer des Bürgerkrieges waren. Die Folge der Säuberungen war, daß vor allem das proletarische Element innerhalb des Offizierskorps dezimiert wurde. Die

Lücken wurden durch jungen Nachwuchs an Militärspezialisten gefüllt, die bereits der neuen sowjetischen Intelligenz angehörten. So wurde zum Beispiel im Dezember 1938 vom Politbüro beschlossen, im Rahmen der Kriegsakademie für den Generalstabsdienst einen Sonderkursus einzurichten, der zwei Jahre dauerte. Die hier ausgebildeten rund 1000 höheren Offiziere gehörten vorwiegend der neuen Intelligenz an. Ein ähnlicher Umschichtungsprozeß vollzog sich in den nachfolgenden Jahren beim Mannschaftspersonal.

Die Schlagkraft der Roten Armee war jedenfalls zunächst gelähmt; damit war zugleich auch das politische Schwergewicht der Sowjetunion auf dem Felde der internationalen Beziehungen empfindlich getroffen. Es wurde erst durch die Wende vom August 1939 wiederhergestellt, das heißt durch ein Bündnis mit jener Macht, mit der Tuchačevskij angeblich konspiriert haben sollte. Vielleicht wurde er dieser Vergehen gerade deshalb beschuldigt, weil er sich, umgekehrt, dem Gedanken einer erneuten Zusammenarbeit zwischen Roter Armee und Reichswehr, mit dem Stalin schon 1937 gespielt haben kann, widersetzte?

Es fragt sich jedenfalls, was Stalin veranlaßt haben kann, der Sowjetunion diesen gefährlichen Aderlaß zuzumuten, als er die Säuberung auch auf die Rote Armee ausdehnte.

Von entscheidender Bedeutung war zweifellos die große Popularität Tuchačevkijs beim gesamten Volke. Sie überstieg die jedes anderen sowjetischen Führers. Man wußte: er hatte die Armee motorisiert, als erster die Idee der Fallschirmtruppen entwickelt, die Ausbildung der Rekruten reformiert. Man wußte das Land, das man, der offiziellen Propaganda entsprechend, ständiger Gefährdung vom Ausland her ausgesetzt glaubte, in guter Hut, solange Tuchačevskij an der Spitze des Generalstabes stand. Die großen Militärreformen der Jahre 1934–36 trugen Tuchačevskijs Namen. Sie hatten die Rote Armee auf einen hohen militärischen Stand gebracht und ihre Autorität gehoben. Längst schon war die Rote Armee dem Volke ein stärkeres Symbol der neuen Zeit und der revolutionären Dynamik als die Partei. Und so erstreckte sich die Popularität Tuchačevskijs weit bis in die Kreise der Parteilosen.

Wenn Tuchačevskij auch keinen Aufstand vorbereitet hat, so war die potentielle Bereitschaft hierzu nicht ausgeschlossen, sofern er in den Maßnahmen Stalins eine Gefährdung der revolutionären Errungenschaften sehen konnte. Diese Möglichkeit konnte Stalin genügen, um sich seiner als eines eventuellen Rivalen zu entledigen. Das eine Opfer zog die anderen zwangsläufig nach sich.

Im Frühjahr 1938 war der Gipfel der Prozesse erreicht. Zu den Todesopfern des Bucharinprozesses gehörte auch Jagoda, der ehemalige Leiter des NKVD. Der Paroxysmus der Verfolgungen lief noch einige Monate weiter. Ende des Jahres – es war das Jahr der ersten Tschechenkrise und der Konferenz von München – hatte er sich totgelaufen.

Im Dezember 1938 wurde Ežov seines Amtes als Volkskommissar für Inneres enthoben; wie seinerzeit Jagoda zunächst, um den Schein zu wahren, ein bedeutungsloses Amt erhalten hatte, blieb auch Ežov vorerst noch Volkskommissar für das Wasserstraßenwesen. Sein Nachfolger wurde Lavrentij Pavlovič Berija, ein georgischer Landsmann Stalins, der bisherige Chef der Staatspolizei in Transkaukasien.

Berija wurde 1899 in Mercheuli in Georgien, wie verlautet, als Sohn eines ärmlichen Bauern, geboren. Als Student der Technischen Hochschule in Baku schloß er sich den Bolschewisten an, und als junger Diplomingenieur wurde er freiwillig Mitarbeiter der Čeka, um über den georgischen Aufstand von 1924 und andere Unruhen im Kaukasus zum Chef der georgischen GPU und zum Sekretär der Partei in Georgien aufzusteigen. 15 Jahre lang beherrschte er die unruhigste aller Sowjetrepubliken, bis ihn Stalin 1938 nach Moskau holte, wo er, nur wenig über den Tod seines großen Gönners hinaus, die Staatssicherheit in der Hand hielt[53].

Als Berija in Moskau erschien, hieß die Parole: Säuberung der Säuberer! Ežov konnte als Sündenbock für die angeblich zu rigorosen Methoden der Čistka hingestellt werden. Im NKVD selbst wurde energisch aufgeräumt. An dem Prinzip der staatlichen Überwachung der parteiamtlichen Kontrolle von Aussagen und Meinungen, der administrativen Verschickungen und der Zwangslager wurde nichts geändert. Nach wie vor wurde der jeweilige Bedarf der Straflager durch entsprechende administrative Maßnahmen aufgefüllt.

Der Unterschied in der Praxis der Deportationen gegenüber der Ära Jagoda und Ežov bestand jetzt unter Berija darin, daß sie lautlos gehandhabt wurde. Die Prominenz der Verfolgten war bereits liquidiert, die offene propagandistische Schaustellung war nicht mehr zweckmäßig und nicht mehr notwendig.

Zur Beurteilung des Gesamtvorgangs ist von Bedeutung, daß die Initiative zu den Säuberungen nicht bei untergeordneten

Organen, auch nicht beim NKVD als solchem und seinen Chefs gelegen hatte. Sie befand sich fest in der Hand Stalins und seiner engeren Vertrauten: L. M. Kaganovič, A. A. Andreev, V. M. Molotov, A. A. Ždanov; er wußte sich hierbei sowohl seiner Privatkanzlei (A. N. Poskrebyšev u. G. M. Malenkov) als auch des NKVD-Apparates und der Staatsanwaltschaft zu bedienen. Gerade deshalb ist die große Čistka keine Massenbewegung, deren Ursprung nach der marxistischen Theorie in sozialen Ursachen zu suchen wäre, die nach den Gesetzmäßigkeiten des materialistischen Determinismus entstehen mußte, weil gewisse gesellschaftliche Voraussetzungen bestanden. Die große Čistka ist eine Etappe auf dem Wege von Stalins Kampf um die Macht. Diese Macht war nach der Niederwerfung der Opposition Trockijs, nach dem Abschluß der Kollektivierung und nach der Liquidation des großen Hungers an sich nicht gefährdet. Es muß betont werden: die Entstehung neuer terroristischer Zentren in der Sowjetunion auf Anordnung von Trockij ist objektiv nicht zu belegen und beruht wahrscheinlich größtenteils auf einer Fiktion. Erst der erste Trockistenprozeß dieser Ära im Jahre 1936 ließ eine oppositionelle Stimmung aufkommen, die jedoch ebensowenig organisiert werden konnte, wie die stumme duldende Opposition der Bauern in den Jahren der Kollektivierung.

Stalins Machtstellung war allerdings nur so lange ungefährdet, als sich die alte Garde der Partei und der Roten Armee diese zeitweilige Kumulierung an diktatorischer Macht in den Händen Stalins gefallen ließen. Wollte er diesen Übergang von der Diktatur des Proletariats über die Diktatur der Partei zur Diktatur des Politbüros und von hier zur Diktatur eines engeren Gremiums innerhalb des Politbüros verewigen, so mußte er mit der fortwirkenden Erinnerung der Partei an die Jahre des Kampfes um die Freiheit, an die Revolution und den Bürgerkrieg rechnen. Diese Erinnerung galt es daher auszulöschen. Es ging nicht um die Feinde der sozialistischen Revolution, es ging auch nicht mehr um diese oder jene Opposition innerhalb der Partei. Es ging um alle diejenigen potentiellen Anhänger einer wirklichen Freiheit, die aus den engsten Kreisen der Partei und der Roten Armee erwachsen konnten. Gerade deshalb wurden auch die ausländischen Kommunisten, die sich in der Sowjetunion aufhielten, mit in den Sog der Verfolgungen hineingerissen.

In dieser Weise liegen gewiß in Stalins Čistka auch Elemente eines gesellschaftlichen Umschichtungsprozesses, wie sie im volkstümlichen Grundsatz »die Revolution frißt ihre eigenen

Kinder« in allen ähnlichen Fällen seit 1789 in Erscheinung treten. Daß aber das Gesamtphänomen die geschilderten Formen und Ausmaße annahm, ist ohne das persönliche Motiv von Stalins Kampf um die Macht nicht erklärbar. Und vielleicht muß dazu noch ein massenpsychologisches Moment zur Erklärung herangezogen werden, das, ähnlich gewissen Erscheinungen im Zeitalter der Hexenverfolgungen und der Inquisition, Züge eines kollektiven Wahnsinns[54] dem Bilde jenes »Hexensabbats« von 1935–38 beimischt.

Es bleibt noch übrig, hier auch über das Schicksal des gefürchtetsten Gegners Stalins abschließend zu berichten. Der Schlußakt des großen Dramas der Säuberungen wurde nicht in Moskau, sondern in Mexiko gespielt.

Trockij hielt sich 1936 in Norwegen auf. Als die Sowjetregierung von der norwegischen Regierung verlangte, sie solle ihm das Asylrecht entziehen, und mit wirtschaftlichen Boykottmaßnahmen drohte, war der norwegische Justizminister Trygve Lie, damals bekannt als ein Freund der Sowjetunion, bereit, ihn zu internieren, nicht aber ihn auszuweisen oder gar auszuliefern[55]. Trockij verließ Norwegen und ging nach Mexiko. Von hier aus setzte er seine publizistischen Angriffe gegen Stalin fort. Die Prozesse der Jahre 1937 bis 1938 boten ihm hierzu reichlichen Stoff. Mehrmals wurden Anschläge auf ihn verübt. Alle seine Kinder starben unter geheimnisvollen Umständen. Am 20. August 1940 ereilte ihn das Schicksal. Ein obskurer Mensch, der sich als Parteifreund eingeschlichen und seine Dienste angeboten hatte, zertrümmerte ihm, während Trockij an seiner Stalinbiographie arbeitete, den Schädel mit einer Spitzhacke[56]. »So wurde«, schreibt Deutscher, »das Urteil vollstreckt, das in Moskau gegen ihn gefällt worden war. Nachdem Stalin den Trockismus in Rußland erbarmungslos ausgerottet hatte, errang er jetzt seinen letzten finsteren Triumph über den Mann, dessen Name neben Lenin die große Hoffnung und die große Illusion der Oktoberrevolution gewesen war. Diese Hoffnungen und Illusionen waren mit Trockijs Ende dahin. Es liegt ein tragisches Symbol in der Tatsache, daß das Blut Trockijs über die Blätter verspritzt wurde, auf die er seinen Bericht über die Laufbahn Stalins niederschrieb. Aber im Wirbelwind des Krieges – es war im Sommer 1940 – ging dieser Schlußakt der Moskauer Säuberungsprozesse beinahe unbemerkt über die Bühne[57]«.

Zwischen Säuberung und Zweitem Weltkrieg

Unbeirrbar war Stalin über das Grauen der großen Čistka hinweg auf der vorgefaßten Marschroute vorangeschritten. Das letzte Jahr der Säuberungen war zugleich das Jahr, in dem der kurze Lehrgang der Geschichte der KPdSU, herausgegeben von einer vom Zentralkomitee eingesetzten Kommission, erschien (1938). Seit dem zehnten Jahrestag des Erscheinens begegnet man oft der Behauptung, das Werk sei von Stalin verfaßt worden. In Wirklichkeit wurde zwar die Anordnung, dieses Buch zusammenzustellen, von Stalin persönlich gegeben. Geschrieben aber wurde es von einer Gruppe von Historikern unter der Aufsicht von Ždanov. Das Manuskript ist von Stalin durchgesehen und mit Anmerkungen und Berichtigungen versehen worden. Selbst verfaßt hat er nur den Abschnitt »Über den dialektischen und historischen Materialismus«, der im 4. Kapitel enthalten ist und 32 Seiten Drucktext (von 440 Seiten Gesamttext) umfaßt.

Die Geschichte der KPdSU von 1938 hatte zu beweisen, daß Stalin der einzige Schüler und engste Freund Lenins war und daß einzig und allein diesen beiden die Oktoberrevolution in Rußland zu danken ist, während alle anderen Bolschewistenführer der Kampfjahre Abtrünnige und Verräter waren. Das Buch sollte die Rechtmäßigkeit der persönlichen Diktatur Stalins historisch begründen und seine Genialität beweisen[58].

Von der Stalinverfassung von 1936 geht der Weg zu Stalins Lehrbuch von 1938. Es sollte auch ideologisch den Nachweis liefern, daß die Millionen von Opfern, die auf diesem Wege liegenblieben, notwendig gewesen waren.

Mit dem Ende der Säuberungen fällt auch der Beginn des neuen Dritten Fünfjahresplans zusammen. Der Parteitag von 1939 legte wieder Mängel und Lücken des Zweiten Fünfjahresplans bloß[59]. Sie bestanden vor allem darin, daß durch die Übersteigerung von bravourösen Einzelleistungen im Sinne des Stachanovsystems sich einmal ein ungeheuerer Verschleiß von Menschen und Gerät bemerkbar machte und zum andern die Qualität der Produktion in erschreckender Weise abgesunken war. Häufig erwies sich die produzierte Ware als schlechthin unbrauchbar. Bedenklich war auch die starke Unzufriedenheit unter der Arbeiterschaft mit der Antreiberei und dem Hetztempo, das sich durch die Starleistungen dem ganzen Arbeitsprozeß aufdrängte.

Die ersten beiden Erscheinungen hatten zur Folge, daß von nun ab wieder mehr auf Qualität, als nur auf Quantität und Tempo gesehen wurde, und daß seitens offizieller Stellen Warnungen vor der sogenannten Gigantomanie laut wurden. Der Unzufriedenheit der Arbeiterschaft begegnete man dagegen mit einer Verschärfung der Arbeitsdisziplin. Wenn die Leistung als nicht befriedigend angesehen wurde, wenn Versäumnisse, ja selbst geringfügige Verspätungen festgestellt wurden, mußte der Arbeitnehmer mit drastischen Repressalien rechnen. Sie konnten sich von der Herabsetzung der Löhnung oder der Sozialversicherung bis zum Entzug des Urlaubs oder Verlusts der vom Werk gestellten Wohnung, ja bis zu Zwangsversetzung oder Verhaftung erstrecken[60].

Der neuen Leibeigenschaft des Kolchosbauern trat nunmehr eine neue Versklavung des Industriearbeiters zur Seite. Wenn die offiziellen Angaben von einem Anwachsen des Volkseinkommens um das Sechsfache und der Industrieproduktion auf das Siebeneinhalbfache sprechen, so lag der relative Wert der sowjetischen Statistik angesichts der tatsächlichen Verelendung der Masse des werktätigen Volkes auf der Hand. Gewiß, gegenüber der Zarenzeit war durch Sozialversicherung, bezahlten Urlaub, Ermöglichung von Erholungsreisen und Kuraufenthalt und durch vom Werk geregelte Wohnungsverhältnisse eine formale Besserung der sozialen Lage gegeben. Ebensowenig wie jedoch die bürgerlichen Freiheiten der Verfassung etwa in Gestalt von Koalitionsfreiheit, Streikrecht, freiem Wechsel des Arbeitsplatzes und dergleichen verwirklicht werden konnten, war auch keine Erhöhung des Lebensstandards bei den großen Massen der Werktätigen erreicht worden. Noch immer war die Frage einer ausreichenden Versorgung mit Konsumgütern nicht gelöst.

Einer der Hauptgründe für dieses Versagen ist in der ab 1938 gewaltig ansteigenden Rüstungsproduktion zu sehen. Der Militäretat war von 5 Milliarden Rubel im Jahre 1934 auf 14,8 Milliarden im Jahre 1936 und 34 Milliarden im Jahre 1939 angeschwollen[61]. Das stehende Heer der Roten Armee war in ständigem Wachstum begriffen:

1934 –	940 000
1935 –	1 300 000
1938 –	2 000 000
1939 –	über 3 000 000

1940 – 4 000 000 (einschließlich der NKVD-Truppen und der Miliz vor Ausbruch des Krieges: 5.000.000 Mann).

Daß für dieses Wachsen der Militärmacht, deren Kosten ein Viertel des Volkseinkommens verschlangen, außenpolitische Motivierungen vorlagen, liegt auf der Hand. Hitlers Politik, die zunächst auf eine Wiedererlangung der deutschen Souveränität und eine Revision der Grenzen von Versailles ausgerichtet war, wurde in der Sowjetunion besonders deshalb als Bedrohung empfunden, weil sie mit einer Verschärfung des ideologischen Meinungskampfes verbunden war und im Antikominternpakt die Vorstellung einer Einkreisung der Sowjetunion wecken konnte. Nach der Säuberung der Roten Armee wurde das Oberkommando der sowjetischen Streitkräfte umgestaltet. Armee und Kriegsmarine wurden organisatorisch getrennt, ein besonderes Volkskommissariat für die Kriegsmarine geschaffen. An Stelle des schwerfälligen, aus 80 Mitgliedern bestehenden Kriegsrates beim Verteidigungskommissariat trat ein neuer aus elf Mitgliedern bestehender Oberster Kriegsrat und ein ähnliches Gremium beim Marinekommissariat. Zur Koordinierung des gesamten Militärwesens und zur Hervorhebung seiner Bedeutung wurde beim Rat der Volkskommissare ein besonderes Verteidigungskomitee unter Marschall Vorošilov gegründet. Durch ein Dekret über die allgemeine Wehrpflicht vom 1. September 1939 wurde, in Anlehnung an das neue Grundgesetz, das territoriale Milizsystem aus der Revolutionszeit endgültig beseitigt. Die Dauer des aktiven Militärdienstes wurde je nach der Waffengattung auf 2 bis 5 Jahre bemessen.

Mit der Übernahme des Volkskommissariats für Verteidigung durch Marschall Semen Konstantinovič Timošenko im Mai 1940 wurde eine Reihe von Maßnahmen eingeführt, die eine weitere Verstärkung der Disziplin mit sich brachte. Die bis dahin in der Roten Armee übliche Diskussion von Befehlen der Vorgesetzten durch die Untergebenen wurde jetzt als »Pseudo-Demokratie« angeprangert. Durch Dekret vom 12. August 1940 wurde die alleinige Befehlsgewalt der Offiziere, schon 1924 eingeführt und 1937 im Zusammenhang mit der Tuchačevskij-Krise vorübergehend abgeschafft, erneut verwirklicht. Die Strafmaße für Fahnenflucht und eigenmächtiges Verlassen des Dienstes wurden erheblich verschärft.

Den engen Zusammenhang der Militärreform Vorošilovs und Timošenkos mit der ideologischen Linie des Sowjetpatriotismus deckte am deutlichsten die Verkündigung einer neuen Eidesformel am 3. Januar 1939 auf. Am 23. Februar wurde die gesamte sowjetische Armee auf den neuen Fahneneid vereidigt. War der Tenor der alten Formel auf das Klassenbewußtsein der Werktätigen, auf Weltrevolution und die Brüderschaft der Völker abgestimmt, so standen jetzt Begriffe wie Volk, Heimat und Staat im Mittelpunkt[62].

Vielfache Ursachen hatten zu den ideologischen Wandlungen des Stalinismus in den dreißiger Jahren geführt. Von der außenpolitischen Seite aus hatten die Verzögerung der Weltrevolution und die Entstehung totalitärer Regime in mehreren europäischen Ländern eine neue Lage ergeben, die eine stärkere Konzentration auf die Kräfte des eigenen Staatswesens, entsprechend der Parole von der Verwirklichung des »Sozialismus in einem Lande«, nahelegte. Aus der inneren Situation heraus hatte zudem der Kampf gegen die internationale Zielsetzung der Trockisten es schon allein aus propagandistischen Gründen für zweckmäßig erachten lassen, diesem Negativum eine positive Seite entgegenzuhalten. Diese glaubte man in der Idee vom sozialistischen Vaterland, im Sowjetpatriotismus gefunden zu haben. Der Brückenschlag zur russischen Vergangenheit, die Hervorhebung von Gestalten und Strukturformen der russischen Geschichte, gab zudem noch die Möglichkeit, den zu Beginn der dreißiger Jahre sich merklich regenden nationalen Bestrebungen in der Ukraine ein großrussisches Gegengewicht als Integrationsfaktor im Rahmen des Vielvölkerreiches der Sowjetunion entgegenzusetzen.

Wenn man sich fragt, ob der Sowjetpatriotismus als Element der parteiamtlichen Massenbeeinflussung auch wirklich auf fruchtbaren Boden fiel, so muß die Frage bejaht werden. Und zwar ungeachtet der starken Erschütterung der öffentlichen Stimmung durch Schauprozesse und Straflager auf der einen und der scheinbaren Diskrepanz zur Klassenkampfideologie und zum marxistischen Internationalismus auf der anderen Seite.

Es war die junge Generation, bei der der Appell an die Bereitschaft, heroischen Taten und Persönlichkeiten Bewunderung zu zollen, in starkem Maße Anklang fand. Neben den Heldengestalten der russischen Geschichte ragten greifbarer, näher und realer die großen Pioniere des »sozialistischen Aufbaus« empor. Diese Generation hatte die starken dynamischen Triebkräfte des Leninismus, auch im Hinblick auf eine technische und organisatorische Modernisierung des Landes, früh erkannt. Voller Verwunderung beobachtete man, wie der russische Mensch und mit ihm auch die anderen Bewohner der Sowjetunion vom Geist dieser technisch-wirtschaftlichen Entwicklung gepackt und damit aus dem Rohstoff der trägen Massen des Volkes unerhörte Energien entfesselt wurden. Die Erschließung neuer Bodenschätze, der Bau neuer Verkehrswege, die Errichtung gigantischer Werke, die Erfolge der Polarforschung und der Luftfahrt: alles das erzeugte, von der Propaganda geschickt gelenkt, ein enthusiastisches Hochgefühl, ein Bewußtsein, der fortschrittlichsten Nation der Welt anzugehören, der ein Sechstel der Erde untertan war. Jede Karte, nicht wie vor 1917 auf das Europäische Rußland beschränkt, sondern in globalem Maßstabe die gewaltige Ausdehnung der Sowjetunion aufzeigend, hämmerte es triumphierend schon jedem Schulkind in roter Farbe ins Bewußtsein. Jeder einzelne Sowjetbürger konnte glauben, selbst einen Anteil an dieser Aufwärtsentwicklung seines Landes zu besitzen. Vergleichsmöglichkeiten mit dem Ausland, die die richtigen Maßstäbe geboten hätten, fielen fort. Die terroristischen Gewaltmethoden des Regimes, von der älteren Generation vielleicht resigniert mit gewohntem Fatalismus hingenommen, waren einer Jugend, für die Stalins Geschichte der Partei kanonische Geltung erhielt, unabwendbares Übel, über das man zur Tagesordnung hinwegging.

So war der Sowjetpatriotismus der jungen Generation zunächst keine Fiktion, er war echt. Eine Art Rausch des Raumes und der Technik verband sich mit der eschatologischen Faszination der marxistischen Enderwartung. Über den Leninismus hinauswachsend, schien der Stalinismus den sowjetischen Menschen »einer glücklicheren Zukunft« entgegenzuführen – auch wenn die Weltrevolution sich verzögerte.

Es war der Komsomol, die bolschewistische Jugendorganisation – in den Jahren 1925–39 von 1 Million Mitgliedern auf 9 Millionen angewachsen –, der diesen Glauben nährte und so eine neue Schicht emporwachsen ließ, deren Erinnerung weder bis in die Zarenzeit, noch in die Zeit Lenins zurückreichte.

Die sowjetische Intelligenz

Hier taucht das Problem der strukturellen Wandlungen der sowjetischen Gesellschaft auf. Genügt es, die Frage nach den Schichten, in denen die Erscheinung des Sowjetpatriotismus verankert ist, nur vom Gesichtspunkt der Generationen zu stellen? Zweifellos ist hierbei auch die soziale Schichtung von großer Bedeutung. Hier machten sich seit den dreißiger Jahren große Veränderungen bemerkbar.

Es ist wiederholt schon von der sowjetischen Intelligenz die Rede gewesen. Wie war es zu ihrer Entstehung gekommen?

Nachdem der Staat zum einzigen Besitzer der Produktionsmittel geworden war, ergab sich auf dem wirtschaftlichen Sektor genauso ein zunehmender Bedarf an leitenden Funktionären, wie auf dem der Partei und des Staates als solchem. Die zentrale Lenkung von Kunst und Wissenschaft, Presse und Rundfunk, aber auch des Gesundheits- und Erziehungswesens, ließ auch hier eine Schicht von Fachleuten und staatlichen Sachwaltern aufsteigen, ohne die der Gesamtapparat des öffentlichen Lebens nicht laufen konnte. Es war eine sehr komplexe Schicht, die sich in eine geistige und in eine technische Intelligenz gliederte und zu der auch die mittleren Funktionäre von Staat und Partei gehörten. Für diese kam im Volke alsbald die Bezeichnung Apparatčiki auf; das waren die bolschewistischen Manager des sowjetischen Staatssozialismus. Die Gesamtzahl der Intelligenz betrug nach amtlichen Statistiken 1926 etwa 2 Millionen, 1937 war sie auf 9½ Millionen, 1940 auf 11½ Millionen angewachsen. 1949 wurde ihre Zahl auf 15 bis 16 Millionen geschätzt[63].

Der Verdienst der Angehörigen der sowjetischen Intelligenz lag bald weit über dem des durchschnittlichen Sowjetbürgers. Man hat den Anteil des verfügbaren Volksvermögens, der auf die Funktionäre des Regimes entfiel, auf 35 % bemessen, obwohl diese Schicht nur 14 % der berufstätigen Bevölkerung ausmacht. Die entsprechenden Zahlen für die Arbeiter liegen bei 33 % (22 % der Bevölkerung), für die Bauern bei 29 % (53 % der Bevölkerung); auf die Zwangsarbeiter entfielen nur 2 bis 3 % (11 % der Bevölkerung)[64]. Somit kam der größte Teil des Volksvermögens der kleinsten Klasse der Bevölkerung zugute. Aus ihrer Mitte gingen auch die meisten Gewinner von Prämien und Stalinpreisen hervor, die oft mit weiteren Vorrechten in Gestalt von Steuerfreiheit oder freier Bahnfahrt verbunden sind.

Mit der Zeit wurde die privilegierte Stellung der Sowjetintelligenz weiter ausgebaut. Die höhere Bildung wurde zu einem Vorrecht der neuen Oberschicht. Bis 1932 mußten 65 % aller Studierenden aus der Arbeiterklasse stammen. Nach der Aufhebung dieses Zensus fiel der Anteil der Arbeiterstudenten bis 1938 auf 33,9 %, während der Anteil der Beamtenkinder auf

42,2 % stieg. Seitdem sind keine weiteren Zahlen mehr veröffentlicht worden. Am 2. Oktober 1940 wurde der kostenlose Unterricht an den höheren Schulen und Universitäten aufgehoben. Wie Augenzeugen berichten[65], löste diese Verfügung eine schockartige Wirkung auf die Jugend aus, die darin eine Preisgabe grundlegender sozialistischer Errungenschaften erblickte, auf die man glaubte stolz sein zu müssen. Gewiß stieg die Zahl der Stipendienempfänger nach und nach an; bei ihrer Verteilung war der Nachweis der Zugehörigkeit zum Komsomol oder ähnlichen Organisationen bestimmend.

Es war ein sehr bezeichnendes Zusammentreffen, daß genau an demselben Stichtag, an dem die höhere Bildung durch die Abschaffung der Schulgeldfreiheit gewissermaßen zu einem Privileg der neuen Intelligenz wurde, 2. Okt. 1940, eine »Hauptverwaltung für Arbeitsreserven« errichtet wurde, die das Recht erhielt, für die von ihr unterhaltenen Handwerks-, Gewerbe- und Eisenbahnerschulen Kinder beiderlei Geschlechts im Alter von 14 bis 17 Jahren einzuberufen. Bei freier Ausbildung und freiem Unterhalt galten die Schüler dieser Anstalten von da ab als mobilisiert und waren verpflichtet, nach Abschluß der Lehrzeit vier Jahre lang dort zu arbeiten, wo der Staat sie einsetzte. Die Freiheit der Berufswahl war damit preisgegeben.

Beide Maßnahmen stehen im Zusammenhang miteinander. Die heranwachsende Jugend stand sowohl in der einen als auch in der anderen Weise dem sowjetischen Staat und seinen Organen zur Verfügung, sie war ihm hier mehr geistig, dort mehr physisch ausgeliefert.

Wie die Partei in ihrer Zusammensetzung diesen Strukturwandel der sowjetischen Gesellschaft widerspiegelte, so auch sein jugendliches Korrelat, der Komsomol. Auch hier ging der überwiegend proletarische Charakter verloren; auch hier nahm der Anteil der Funktionärsklasse ständig zu, um 1949 schließlich 64 % – neben 21 % Arbeitern und 16 % Bauern – zu betragen[66]. Die Komsomolführung ist ohnehin zum überwiegenden Teil den Apparatčiki zuzurechnen.

Als was steht somit der Sowjetpatriotismus da? Er ist das Bekenntnis gerade jener Schichten, die mit dem Regime auf Gedeih und Verderb verbunden sind: der sowjetischen Intelligenz, der Apparatčiki, der Parteiführung, des Sicherheitsdienstes und des Offizierskorps. Er trägt naturgemäß bei den jüngeren Altersklassen eine mehr emotionale und enthusiastisch beschwingte Note; bei den älteren Jahrgängen, erhärtet durch die

Jahre des innerparteilichen Kampfes und der Čistka, mag er mehr rationalen und zweckbestimmten Überlegungen entspringen. Der Sowjetpatriotismus hatte der großen Säuberung gegenüber standgehalten, die, wie wir sahen, zu einem Teil einen Kampf zugunsten der neuen Intelligenz gegen die alte Parteiführungsschicht bedeutete.

Die Möglichkeiten weiterer Entfaltung des patriotischen Empfindens lagen dicht neben den Gefahren einer Krise. Jenes konnte durch einen Verteidigungskrieg gefördert werden, dieses konnte sich einstellen, wenn sich Spannungen zwischen den neuen Klassen des Staates und der Gesellschaft ergaben, die die technische Intelligenz in einen Gegensatz zur eigentlichen Parteiführung brachten[67].

VII

DIE SCHAUKELPOLITIK DER SOWJETUNION IN DEN JAHREN 1934–1941

Volksfront und Völkerbund

Der Eintritt der Sowjetunion in den Völkerbund und die Entscheidung des VII. Kominternkongresses für die Volksfrontpolitik machten das Jahr 1934/35 zu einer einschneidenden Wende der sowjetischen Außenpolitik.

Der nationalsozialistischen Machtergreifung in Deutschland kommt in diesem Zusammenhang zunächst noch weniger eine entscheidende als eine vorbereitende Bedeutung zu, und es fragt sich, ob nicht die oft erwähnte Schockwirkung des 30. Januar 1933 auf die sowjetische Öffentlichkeit mehr gespielt als wirklich war. Nach dem Sturz Brünings war in Moskau ein starkes Mißtrauen gegen Papens »westliche Orientierung« aufgekommen, vermutete man doch im neuen deutschen Reichskanzler den Anhänger einer französisch-deutschen Kombination mit sowjetfeindlicher Spitze. Bei seinem Nachfolger, General Schleicher, der noch Ende Dezember 1932 Litvinov auf der Durchreise in Berlin empfing, glaubte man sich dagegen auf die alten russophilen Neigungen der Reichswehr verlassen zu können. Einer nationalsozialistischen Machtübernahme sah man gefaßt entgegen, indem man Hitler die Rolle eines Schrittmachers des Kommunismus zuwies. Man konnte darauf hinweisen, daß noch im November 1932 die KPD bei einem Berliner Streik mit der NSDAP an einem Strange gezogen hatte. In diesem Zusammenhang wurde auch die Fühlungnahme maßgebender SPD-Politiker mit der russischen Botschaft in Berlin im Januar 1933 auf Weisung aus Moskau abrupt abgebrochen. Man war überzeugt, daß der Weg zu einem Sowjetdeutschland über Hitler als Zwischenphase führen werde.

Trotz der antimarxistischen Agitation beim Reichstagsbrandprozeß und der leidenschaftlichen Angriffe gegen Göring, die Georgi Dimitrov in seiner Verteidigung vorbrachte, schlugen sowohl Göring selbst in einem Interview einer holländischen

Zeitung vom 21. März 1933 als auch Hitler in einer Reichstagsrede vom 23. März alsbald versöhnlichere Töne gegen die Sowjetunion an. Am 5. Mai wurde der Berliner Vertrag von 1926 anstandslos verlängert. Die Ablösung des deutschen Botschafters in Moskau von Dirksen durch Rudolf Nadolny und die Ernennung von Suric, einem der fähigsten russischen Diplomaten, zum sowjetischen Botschafter in Berlin schien einen normalen Ablauf der weiteren diplomatischen Beziehungen zu gewährleisten: beide kannten sich von ihrem früheren Tätigkeitsfeld in Ankara her. Man konnte in diesen personellen Momenten somit gewisse Voraussetzungen für neue diplomatische Kombinationen erblicken.

Die eigentliche Wende in den deutsch-sowjetischen Beziehungen erfolgte nicht aus ideologischen Gründen, sondern aus einem außenpolitischen Anlaß, der in Moskau als außerordentlich ernst angesehen wurde. Es handelt sich um den Nichtangriffspakt, der am 26. Januar 1934 zwischen Hitler und Piłsudski auf zehn Jahre abgeschlossen wurde. Damit war nach längerem Schwanken nationalsozialistischer Parteikreise zwischen einer polnischen und einer russischen Orientierung die Entscheidung im Sinne des sogenannten Amtes Rosenberg gefallen, das zum wichtigsten Träger der antibolschewistischen Propaganda geworden war. Nach der Meinung von Radek standen Hitler neben dieser polnischen Möglichkeit, die sich in der Hoffnung wiegte, durch Unterstützung der polnischen Begehrlichkeit nach der Ukraine den Korridor zurückzugewinnen, noch zwei weitere Wege der Außenpolitik offen. Der eine bestand in einer Allianz mit Frankreich, die sich – im Sinne Papens, wie man meinte – gegen die Sowjetunion richten mußte, der andere in den Träumereien Rosenbergs von einer Verbindung mit England und Italien, die sich sowohl gegen Frankreich als auch gegen die Sowjetunion wandte[1]. Beide Wege ließen sich im übrigen mit einer Bereinigung des deutsch-polnischen Verhältnisses kombinieren.

Es war nicht ungeschickt, daß sich der polnische Außenminister Beck noch an demselben Abend nach der Unterzeichnung des Vertrages mit Deutschland zu einem offiziellen Staatsbesuch nach Moskau aufmachte[2]. Es war einer der ersten Empfänge, der einem westlichen Staatsmann im Kreml zuteil wurde, und er konnte in gewissem Sinne auch von der Sowjetunion als ein Erfolg gebucht werden. Der Nichtangriffspakt von 1932 wurde verlängert, die Gesandtschaften zu Botschaften erhoben. Im April 1934 wurden die Nichtangriffspakte mit den baltischen

Staaten für 10 Jahre verlängert[3], im Juli besuchte der estnische, im August der litauische Außenminister Moskau.

Aber auch die sowjetische Reaktion auf die deutsch-polnische Annäherung zeugt von diplomatischem Geschick. Man erkannte, daß die in ihr verborgenen Gefahren nur auf einer breiten, großräumigen Grundlage neutralisiert werden konnten, indem man Deutschland und Polen in ein Ostpaktsystem einbezog, dem außer ihnen und der Sowjetunion auch noch die baltischen Staaten und die Tschechoslowakei angehören sollten. So konnte der deutsch-polnische Pakt gewissermaßen im Meer eines größeren Paktsystems ertränkt werden. Dieses vom französischen Außenminister Barthou stark geförderte System eines Ost-Locarno als eines gegenseitigen militärischen Hilfspakts wurde am 28. März Deutschland in einer zunächst räumlichen Beschränkung auf die baltischen Staaten unterbreitet. Der Vorschlag sollte eventuellen baltischen Wünschen, sich dem deutsch-polnischen Pakt anzuschließen, entgegenwirken. Für die deutsche Ablehnung war es entscheidend, daß in Reval, Riga und Kowno selbst keinerlei Sympathien bestanden, sich einer gemeinsamen deutsch-russischen Garantie zu bedienen[4]. Auch Polen lehnte den Ostpakt ab. Ein gemeinsames Protokoll über diesen Fragenkomplex wurde nur zwischen der Sowjetunion und Frankreich im Dezember 1934 in Genua unterzeichnet[5].

Es ist nicht ausgeschlossen, daß schon damals sich hinter dem baltischen Garantieangebot weitergehende Zielsetzungen der sowjetischen Außenpolitik verbargen. Sie konnten auf der Linie eines großen territorialen Ausgleichs liegen, der das Baltikum der Sowjetunion und den polnischen Korridor Deutschland zuwies. Obwohl der deutsche Außenminister Neurath Litvinov gegenüber, der ihn auf der Rückreise von Genf aufsuchte, kein Hehl daraus machte, daß Deutschland die russischen Kombinationen ablehne, versuchte Botschafter Nadolny noch einmal in einem direkten Appell an Hitler die Vorteile einer Fortsetzung der Rapallolinie darzulegen. Er wies darauf hin, daß die Sowjetunion militärisch als stärkste Macht Europas gelten könne, und verlangte eine unmittelbare freundschaftliche Geste gegenüber Moskau.

Hitler rief statt dessen Nadolny von seinem Posten ab. Die in der Seeckt-Ära begonnene militärische Zusammenarbeit zwischen Reichswehr und Roter Armee hörte auf. Der Wirtschaftsverkehr lief zunächst weiter. Ein vorübergehendes Absinken des deutschen Exports nach Rußland ließ zeitweilig den englischen und amerikanischen Anteil an den Einfuhren ansteigen. Am 9. April 1935 räumte jedoch ein neuer deutsch-russischer Wirtschaftsvertrag der Sowjetunion einen Kredit von 200 Millionen Reichsmark ein, so daß der deutsche Import im Jahre 1936 wieder nahezu 30 % betrug (der englische etwa 60 %).

Vielleicht waren es diese wirtschaftlichen Perspektiven, die einen sowjetischen Journalisten vom Range Radeks veranlaßten, noch am 15. Juli 1934 in der »Izvestija« zu schreiben, er sehe keinen Grund, weshalb nicht das nationalsozialistische Deutschland und die Sowjetunion miteinander auskommen könnten, zumal auch zum faschistischen Italien freundschaftliche Beziehungen bestünden. Es mag aber auch sein, daß diese überraschende Formulierung, zu der Radek zweifellos von hoher Stelle autorisiert war, auf den starken Eindruck zurückzuführen ist, den die Ermordung Röhms und Schleichers in demselben Sommer auf Stalin gemacht hatte. Die Ermordung des österreichischen Bundeskanzlers Dollfuß und die Machtkonzentration Hitlers nach dem Tode Hindenburgs mußten anschließend den Eindruck noch weiter verstärken, daß der Nationalsozialismus entgegen den ursprünglichen Erwartungen eine Realität darstellte, mit der man zu rechnen hatte.

Die deutsch-polnische Annäherung und das Scheitern der Ostpaktpläne legten es der sowjetischen Außenpolitik nahe, sich noch intensiver den Westmächten zu nähern. Den Auftakt für diese neue außenpolitische Linie stellte der Nichtangriffs- und Freundschaftspakt mit Italien dar, der am 2. September 1933 abgeschlossen wurde und dokumentieren sollte, daß ideologische Gegensätze politische Vereinbarungen mit der Sowjetunion nicht auszuschließen brauchten[6]. Einen zweiten noch bedeutungsvolleren Schritt stellte in dieser Hinsicht die Anerkennung der Sowjetunion durch die Vereinigten Staaten von Nordamerika dar. Sie erfolgte im November 1933, nachdem durch die Wahl Roosevelts zum Präsidenten (im November 1932) die Demokratische Partei ans Ruder gekommen war[7]. Die sowjetische Regierung sicherte den USA zu, Leben und Eigentum amerikanischer Bürger in der Sowjetunion zu schützen und verpflichtete sich, keine kommunistische Propaganda in Amerika zu betreiben. Zum ersten amerikanischen Botschafter in Moskau wurde W. Chr. Bullitt ernannt, ein Mann, der schon 1919 Rußland bereist und für Verständnis für die Umwälzung plädiert hatte. Die öffentliche Meinung in Amerika verhielt sich zunächst noch weidlich zurückhaltend, wie schon dargelegt wurde; zu den früheren Beanstandungen waren die Säuberungen der dreißiger Jahre, an denen man begreiflicherweise starken Anstoß nahm, hinzugetreten. Bullitt selbst zog sich in Moskau seit einem japanfreundlichen Interview, das er am 1. Dezember 1935 in Berlin gab, den Unwillen des Kreml zu, so daß man ihn »aktiver sowjetfeindlicher Tätigkeit« beschuldigte.

Dem Beispiel der USA folgten die Staaten der Kleinen Entente, die bisher ebenfalls noch keine diplomatischen Beziehungen zur Sowjetunion unterhalten hatten. Besonders enge Bindungen wurden zur Tschechoslowakei unter Beneš geknüpft, auch das Verhältnis zu Rumänien erhielt, besonders seit Titulescu die Außenpolitik leitete, eine freundschaftliche Note.

Nachdem Deutschland im Oktober 1933 den Völkerbund verlassen hatte, wurde der Gedanke eines Eintritts der Sowjetunion in die Genfer Organisation immer häufiger ventiliert. Litvinov war schon 1927 und 1932 auf Abrüstungskonferenzen mit kühnen Vorschlägen aufgetreten, die ihre propagandistischen Hintergründe nicht verleugnen konnten. Es war begreiflich, daß er sich jetzt, angesichts der nationalsozialistischen Rassenpolitik, von Deutschland auch ganz persönlich abgestoßen fühlte. Immer eifriger wurde seine Tätigkeit in den Genfer Couloirs, wo er eine nicht ungern gesehene Figur im diplomatischen Getriebe abgab. Es galt einer Isolierung der Sowjetunion, ähnlich wie 1922 in Genua und Rapallo, vorzubeugen, indem man sich ganz in das westliche System der kollektiven Sicherheit einschaltete. »Genosse Litvinov hat völlig recht«, sagte Stalin in einer Proklamation. »Wenn wir dem Völkerbund beitreten wollen, so bedeutet das für uns die Wahl zwischen dem Hammer und dem Amboß. Wir wollen sicherlich nicht der Hammer der kleinen und schwachen Völker sein, aber wir wollen auch nicht der Amboß der Großmächte werden«[8]. Am 18. September 1934 erfolgte die Aufnahme der Sowjetunion in den Völkerbund. Sie erhielt einen ständigen Ratssitz[9].

Auf dem im Januar 1935 zusammengetretenen VII. Sowjetkongreß der Sowjetunion versuchte Molotov in einer Rede am 28. Januar diesen einschneidenden Schritt plausibel zu machen und seine internationale Bedeutung im Sinne einer Mehrung des sowjetischen Prestiges zu würdigen. Gleichzeitig kam auch die veränderte Einstellung Deutschland gegenüber deutlich zum Ausdruck. Wenn Molotov in seiner Rede auf Hitlers Buch »Mein Kampf« verwies, so konnte der berühmte Passus, der die angebliche Notwendigkeit einer aggressiven deutschen Ostpolitik begründen sollte, seine Wirkung auf die anwesenden Abgeordneten der Sowjets nicht verfehlen. Wenn ferner Göring bei einem offiziellen Besuch in Polen im selben Monat Piłsudski auf die Ukraine hinwies und ein deutsch-polnisches Bündnis propagierte und Hitler im Gespräch mit dem polnischen Gesandten Lipski im Mai 1935 Asien als das geeignete Feld für eine politische Aktivität der Sowjetunion bezeichnete, ja wenn schließlich Beck im Juli des Jahres bei einem offiziellen Besuch in Berlin glänzend empfangen wurde, so mußte diese Vertiefung der deutsch-polnischen Gespräche in Moskau alarmierend wirken. Hand in Hand mit diesen Besorgnissen ging die Beunruhigung wegen der ansteigenden deutschen Rüstung. Im März 1935 wies Marschall Tuchačevskij in einem »Pravda«-Artikel auf die deutschen Rüstungen hin; die Armee Hitlers, hieß es hier, werde im kommenden Sommer die Zahl von 850000 erreicht haben, womit sie um 40 % größer als die französische und gleichgroß mit der sowjetischen sein werde, obwohl die Bevölkerung der Sowjetunion zweieinhalbmal zahlreicher als die deutsche und das Territorium zehnmal so groß wie Deutschland sei[10]. Im Januar 1936 warnte Tuchačevskij in einer Rede vor dem Zentralkomitee erneut vor der wachsenden deutschen Armee und begründete seine Forderungen nach einer Verstärkung der sowjetischen Rüstungen mit dem Hinweis auf Hitlers entsprechende Maßnahmen und Erfolge[11].

Mittlerweile hatte der im Sommer 1935, am 25. Juli, in Moskau zusammengetretene VII. Kominternkongreß, der schon für Ende 1934 geplant gewesen war, aber wiederholt aus außenpolitischen Gründen verschoben wurde, autoritative Richtlinien für den neuen außenpolitischen Kurs der Sowjetunion ausgegeben. Es ist bemerkenswert, daß hier zum erstenmal in der Geschichte der Kominternkongresse der sowjetische Staat als solcher in den Mittelpunkt der Argumentationen gestellt wurde. Als äußeres Zeichen dieser offensichtlichen Anerkennung des Primats der Sowjetunion im Rahmen des Weltkommunismus wurden dem Generalsekretär der KPdSU, Stalin, stürmische Ovationen bereitet: auch für die wachsende Autorität des sowjetischen Führers und die neue Kremletikette ein sehr bezeichnendes Symptom. Wenn als Ergebnis dieses Kongresses im Ausland von seiten naiver Beobachter häufig, wie z. B. bei dem späteren USA-Botschafter J. Davies, ein Verzicht auf die weltrevolutionären Ziele des Bolschewismus – durchaus im Sinne der sowjetischen Propagandataktik – behauptet wurde, so ist damals in Wahrheit bloß der Übergang zu elastischen Methoden vollzogen worden[12].

Jetzt wurde die These, daß der Faschismus und die Sozialdemokratie Zwillingsbrüder seien, zu den Akten gelegt; stattdessen wurde die »Verteidigung der Demokratie« gegen den Faschismus zur wichtigsten Aufgabe der Arbeiterbewegung erklärt. Sozialdemokraten und Kommunisten wurden aufgefordert, zusammenzustehen und sogenannte Volksfronten zu bilden: ein Sammelbecken aller Parteien einschließlich der Konservativen und Liberalen, die bereit waren, gegen den Faschismus zu kämpfen. Die neuen Parolen bedeuteten den Verzicht auf einen der wichtigsten taktischen Grundsätze der Komintern, des Verbots einer kommunistischen Koalition mit bürgerlichen Parteien. An die Stelle der Unterstützung aller kommunistischen Parteien in ihrem Kampf gegen bürgerliche Regierungen trat die Parole des innerpolitischen Burgfriedens.

Der scharfe Gegner der Sozialdemokratie in der Komintern, Manuilskij, wurde durch den bulgarischen Kommunisten Georgi Dimitrov, den Helden des Reichstagsbrandprozesses in Berlin, ersetzt. Sein Name wurde zum Symbol eines militanten Antifaschismus auf breiter Grundlage.

Wenn die daraus resultierende Konsequenz für die außenpolitischen Beziehungen der Sowjetunion in einem Zusammengehen mit den westlichen Demokratien bestand, so konnte dieser Wechsel durch nichts deutlicher dokumentiert werden als durch die Besuche der westeuropäischen Außenminister in Moskau. Auf Edens Aufenthalt im März 1935[13] folgte im Mai der Besuch Lavals[14]. Zwischen Frankreich und der Sowjetunion liefen schon längere Zeit Verhandlungen wegen eines zweiseitigen Beistandspakts. Das Scheitern von Ost-Locarno legte es nahe, eine großräumige Lösung durch derartige zweiseitige Verträge zu ersetzen. Am 5. Mai wurde der Vertrag auf gegenseitige militärische Hilfeleistung (mit einer Dauer von 5 Jahren) in Paris unterzeichnet[15]. Anschließend traf Laval in Moskau ein, wo er – ebenso wie Eden – von Stalin empfangen wurde. Noch in demselben Monat wurde ein ähnlicher Vertrag zwischen der Sowjetunion und der Tschechoslowakei abgeschlossen, der ebenfalls durch einen Besuch von Beneš in Moskau im Juni des Jahres gekrönt wurde[16]. Hier kam einer dem Punkt 2 zugefügten Klausel große Bedeutung zu. Die Verpflichtungen zu gegenseitiger Hilfeleistung sollten nur in dem Fall wirksam werden, wenn dem angegriffenen Teil auch von seiten Frankreichs Hilfe geleistet wurde. Dieser für den Zusammenbruch der Tschechoslowakei im Jahre 1938/39 außerordentlich wichtige Passus verlieh den zweiseitigen Verträgen mit der Tschechoslowakei und Frankreich in Wirklichkeit den Charakter eines Dreierpaktes.

Es befremdete jedoch in Moskau, daß die Ratifizierung des sowjetisch-französischen Pakts außerordentlich lange auf sich warten ließ (bis zum 27. Februar 1936), während die Tschechoslowakei ihren Vertrag ohne Zögern noch vor der Abreise Beneš's nach Moskau ratifizierte. Tatsächlich entsprangen dem Frankreichpakt keinerlei praktische Konsequenzen, auch nicht, nachdem Laval durch eine Volksfrontregierung Daladier–Blum abgelöst worden war. Oft genug beklagten sich sowjetische Politiker über das mangelnde Vertrauen, das im Grunde zwischen beiden Staaten bestand. Die innerpolitischen Ereignisse dieser Jahre waren bestimmt auch nicht geeignet, die Vertrauenswürdigkeit des sowjetischen Regimes in französischen Augen zu erhöhen. Auf der anderen Seite erfüllte jeder diplomatische Umgang der Westmächte mit dem nationalsozialistischen Deutschland die sowjetischen Staatsmänner mit abgrundtiefem Mißtrauen.

Spanischer Bürgerkrieg und Antikominternpakt

Vorerst schien das neue System westöstlicher militärisch-diplomatischer Verbindlichkeiten im Zusammenhang mit dem italienischen Angriff auf Abessinien (ab Oktober 1935) und den dadurch entstandenen internationalen Spannungen eine gewisse Erprobung zu erfahren. Die Sowjetunion wurde im Juni 1936 zur Konferenz von Montreux hinzugezogen, die der Türkei das Recht zur Befestigung der Meerengen einräumte; mit England wurden Flottenverhandlungen eingeleitet.

Es ist eigenartig, daß Hitler im Frühjahr 1936, vor dem eigentlichen Einsatz deutscher Luftwaffenstaffeln in Spanien, mit dem Gedanken gespielt zu haben scheint, die polnische Karte gegen die russische auszuwechseln[17]. Berichte der deutschen Botschaft in Moskau, die beruhigende Meldungen über die Lage in der Ukraine brachten, wirkten abkühlend auf das nationalsozialistische Spiel mit dem ukrainischen Gedanken. Hitlers große Reichstagsrede vom 7. März 1936, in der er den Abschluß des französisch-russischen Pakts zum Anlaß nahm, den Locarnovertrag zu kündigen, überraschte durch das Fehlen der seit 1934/35 üblichen Ausfälle gegen die Sowjetunion. Es konnte fast so aussehen, als rückte mit dem Verzicht auf Locarno wieder Rapallo in den Vordergrund. Jedoch war es nur ein vorübergehender flüchtiger Einfall. Der Sommer 1936 brachte den vollen Einsatz deutscher und italienischer Unterstützung in Spanien mit der anschließenden Zuspitzung zwischen Berlin und Moskau.

Der Spanische Bürgerkrieg von 1936 bis 1938 wuchs sich mittlerweile zu einem überaus ernsten internationalen Problem aus. Er stellte die Politik des Kreml vor ein schwieriges Dilemma. Lag auf der einen Seite schon aus ideologischen Gründen eine Parteinahme für die spanische Linke auf der Hand, so konnte doch ein endgültiger Sieg der Revolution, von allen Folgen einer konsequenten Durchführung des kommunistischen Programms begleitet, die Aussichten auf eine gedeihliche Zusammenarbeit mit den Westmächten schwinden lassen und insbesondere Frankreich Hitler in die Arme treiben.

Hinzu kam, daß die Gegner Francos aus einer verwirrenden Fülle von radikalen Parteien und Gruppierungen verschiedenster Schattierung bestanden. In Katalonien machten sich föderalistische Tendenzen bemerkbar, neben den Anarcho-Syndikalisten zeichnete sich innerhalb der eigentlichen spanischen Kommunisten ein trockistischer Flügel ab. Hier galt es auf der Hut zu sein, um im Falle einer Niederlage Francos nicht etwa eine sich dem Moskauer Kurs widersetzende Gruppe ans Ruder kommen zu lassen.

Das Ergebnis dieses doppelten Dilemmas war die merkwürdige Zurückhaltung, mit der Stalin den Ablauf der Revolution zu steuern suchte. Die Komintern gab der spanischen Sektion die Weisung, sich auf die Verteidigung der Republik gegenüber Franco zu beschränken und zunächst von allen radikalen Forderungen auf Sozialisierung der Industrie und Enteignung des Grundbesitzes abzusehen. In einem Brief an den spanischen Kommunistenführer Largo Caballero empfahl Stalin, die Interessen der Bauern zu berücksichtigen, den Privatbesitz zu respektieren und das ausländische Kapital nicht zu entmutigen[18].

Die wachsende Unterstützung, die Hitler und Mussolini Franco zukommen ließen, machte es Stalin jedoch unmöglich, auf die Dauer beiseite zu stehen. Das Prestige Sowjetrußlands als des Horts und Rückhalts aller revolutionären Erhebungen stand auf dem Spiel. Die sowjetische Besorgnis wegen des Einsatzes deutscher und italienischer Freiwilligenformationen in

Spanien erfuhr eine alarmierende Steigerung, als die deutsch-italienischen Verträge vom Oktober 1936 eine Achse Berlin-Rom konstruierten und der deutsch-japanische Antikominternpakt vom November des Jahres, dem sich ein Jahr danach auch Italien anschloß, den Charakter einer Einkreisung der Sowjetunion seitens der »faschistischen« Mächte annahm. Dieser Eindruck wurde zudem noch durch die russisch-japanischen Grenzzwischenfälle im Fernen Osten verstärkt. Die japanische Einmischung in die chinesischen Wirren seit dem Überfall vom 8. Juli 1937 führte zu mehreren Zusammenstößen an der mandschurisch-russischen Grenze, die von der Presse zu einer lebhaften Entfachung patriotischer Gefühle ausgeschlachtet wurden. Die Sowjetregierung verstärkte ihre Truppen in der Fernostprovinz und vertiefte ihre freundschaftlichen Beziehungen zur Mongolischen Volksrepublik durch Abschluß eines neuen Beistandspaktes, dem ein Jahr darauf, am 21. August 1937, ein Nichtangriffspakt mit China folgte.

Unter diesen Voraussetzungen entschloß man sich in Moskau, die bisherige propagandistische Unterstützung der spanischen Linken durch finanzielle und militärische Hilfe zu ergänzen. Es kam zur Lieferung von Kriegsmaterial und zur Entsendung von sowjetischen und internationalen Freiwilligenbrigaden, deren Einsatz sich bald in den erbitterten Kämpfen bemerkbar machte. Im Gefolge sowjetischer Spezialisten[19] erschienen allerdings auch Agenten der GPU in Spanien, die über Erfahrungen im Aufspüren von politischen Häretikern und in der Durchführung von Säuberungsaktionen verfügten. Mit der Leitung dieser Säuberung innerhalb der katalonischen Kommunisten wurde eigenartigerweise ein alter Anhänger Trockijs, Antonov-Ovseenko, betraut, vielleicht um ihn über dieser schwierigen Aufgabe zu Fall zu bringen. Er ist bald darauf ein Opfer der großen Čistka in der Sowjetunion geworden, jener blutigen Ernte, die in gewissem Sinne hier im Spanischen Bürgerkrieg ihren Auftakt erlebte. Damals geriet mancher internationale Kommunist unversehens in ein GPU-Gefängnis und bekam hier Gelegenheit, über die Konsequenzen des von Stalin gesteuerten Kurses nachzudenken. Nicht wenige haben nachher unter dem Eindruck dieser entscheidenden Erlebnisse dem Kommunismus den Rücken gekehrt: A. Koestler, G. Orwell, L. Fischer und viele andere[20].

Die Gefahr einer Ausweitung der bisherigen Unterstützung der spanischen Rivalen von seiten der beiden europäischen Mächtegruppen zu einem allgemeinen Kriege und die Furcht der

Westmächte vor einem eindeutig kommunistischen Ergebnis des Bürgerkrieges ließ sie schon sehr bald den Grundsatz der Nichteinmischung aufstellen und verfechten. Auch der Sowjetregierung blieb, wenn sie das Gesicht einer maßvollen demokratischen Solidarität mit den Westmächten wahren wollte, nichts anderes übrig, als sich der Nichteinmischungspolitik nach und nach anzupassen. Im August 1936 unterzeichnete Litvinov auf französische Aufforderung eine entsprechende Erklärung[21], im Dezember dementierte die TASS Meldungen über die Anwesenheit sowjetischer Truppen in Spanien[22]. Am 20. Februar 1937 erging schließlich auch ein Verbot für sowjetische Staatsbürger, freiwillig an den Kämpfen teilzunehmen, und im Juli 1937 schloß sich der Kreml dem englischen Vorschlag an, alle Freiwilligen aus Spanien zurückzuziehen[23]. Mittlerweile hatte in der Sowjetunion die große Säuberung bereits auf den militärischen Sektor übergegriffen. In Spanien lagen die Revolutionäre bald in den letzten Zuckungen, der Sieg General Francos war nicht mehr aufzuhalten.

Für die internationalen Beziehungen lag zunächst im Ergebnis des Spanischen Bürgerkrieges eine merkliche Verschärfung der deutsch-sowjetischen Beziehungen vor. Die wenn auch getarnte beiderseitige Teilnahme an den Kämpfen hatte dem bisherigen ideologischen Propagandakrieg neue hitzige Akzente aufgesetzt, die in dem Maße etwa für die italienisch-sowjetischen Beziehungen fortfielen. Auf der anderen Seite hegte man in Moskau die Hoffnung, daß die Nachbarschaft eines totalitären Spaniens für Frankreich, das sich jetzt von »faschistischen« Mächten eingekreist fühlen mußte, angesichts der, wie die Bolschewisten meinten, allzu großen Konzessionsbereitschaft Englands Hitler und Mussolini gegenüber zu einer stärkeren Anlehnung an die Sowjetunion führen würde.

Wieweit diese Erwartungen berechtigt waren, mußte die nächste Erschütterung des europäischen Friedens, die Tschechenkrise des Jahres 1938, zeigen.

Die Sowjetunion und die Tschechenkrisen

Als auf die Begründung der Achse Berlin–Rom im Oktober 1936 am 25. November des Jahres der Abschluß des deutsch-japanischen Antikominternpaktes folgte, schien für den Kreml ein unmittelbarer Zusammenhang zwischen der europäischen und asiatischen Front gegenüber den »faschistischen« Mächten erwiesen. Das Gefühl einer Einkreisung mag zwar die Gemüter nicht ernstlich beschäftigt haben; wohl aber konnte das Schlagwort zur propagandistischen Untermauerung der neuen Außenpolitik erfolgreich verwendet werden. Das Heil schien ausschließlich in Litvinovs neuem Kurs der kollektiven Sicherheit und der engen Zusammenarbeit mit den Westmächten zu liegen. Als im November 1937 eine neue deutsch-polnische Übereinkunft wegen der nationalen Minderheitenprobleme bekannt wurde und in demselben Monat Italien auch offiziell dem Antikominternpakt beitrat, erfuhr dieser Kurs und die Volksfrontpolitik eine erneute Rechtfertigung.

Es darf aber nicht übersehen werden, daß die sowjetische Politik dieser Jahre keineswegs auf einen einfachen Nenner zu bringen ist, sondern daß auch hier eine großzügige Doppelgleisigkeit vorliegt. Man war in Moskau der Ansicht, daß die neue Wirtschaftskrise, die 1937 ausbrach, der kapitalistischen Welt schwerste Erschütterungen bringen werde. Das Anwachsen der Arbeitslosen in England und insbesondere in den USA löste im Zusammenhang mit der aggressiven Politik der Antikominternmächte äußerst pessimistische Prognosen für die demokratischen Westmächte aus. Die Stunde des Kommunismus schien erneut geschlagen zu haben. Im Gegensatz zu gegebenen Zusagen und trotz des Volksfrontburgfriedens durfte die Gelegenheit einer verstärkten kommunistischen Propaganda nicht verpaßt werden. Mit einem Siege der Linken in Spanien konnte man dann hoffen, auch in den übrigen westlichen Ländern ähnliche Entwicklungen wie dort auszulösen.

Das erneute Anschwellen der ideologischen Propaganda des Bolschewismus stellte den Hauptgrund für das Mißtrauen der Westmächte gegen die Sowjetunion dar, das die Einmütigkeit einer kollektiven Sicherheit entscheidend einschränkte. Als zu dieser Erkenntnis sich die Nachrichten von den Schauprozessen in Moskau und vom Blutbad in der Roten Armee gesellten, die von 1936 bis 1938 in sensationeller Steigerung eintrafen, begannen das außenpolitische Prestige und Gewicht der Sowjetunion in den Augen der Westmächte merklich zu sinken.

Es waren die Tschechenkrisen, die zum endgültigen Zusammenbruch des Systems der kollektiven Sicherheit zwischen West und Ost führten.

Im Gefolge des Anschlusses Österreichs, der im März 1938 durch Überrumpelung seitens der Nationalsozialisten zustande kam, wuchs das sudetendeutsche Problem sich bald zu einer Existenzfrage für den tschechoslowakischen Staat aus. Es zeigte sich, wie unmöglich es im mitteleuropäischen Raum schon allein aus geographischen Gründen sein mußte, Grenzfragen allein nach nationalstaatlichen Prinzipien durch Plebiszite zu entwirren. Nach örtlicher Prüfung der Verhältnisse im Sudetenland und persönlichen Verhandlungen des englischen Ministerpräsidenten Chamberlain mit Hitler legten England und Frankreich der Tschechoslowakei nahe, einer Abtrennung der Grenzgebiete zuzustimmen. Es war ein Zurückweichen vor unverblümten Gewaltandrohungen, wenn die Westmächte sich auf Grund einer Initiative von Mussolini entschlossen, diesem Rat durch eine Konferenz der Großmächte in München entscheidenden Nachdruck zu geben. Sie glaubten, nur auf diese Weise den Frieden retten zu können. Die Sowjetunion wurde hierzu nicht eingeladen.

In einer Antwort auf eine französische Anfrage Anfang September 1938 hatte die Sowjetunion eine gemeinsame Erklärung der englischen, französischen und sowjetischen Regierung, einen Appell an den Völkerbund und die Ausarbeitung eines gemeinsamen Kriegsplans mit dem tschechoslowakischen Generalstab vorgeschlagen. Die tschechoslowakische Regierung ließ der Kreml wissen, daß er bereit sei, den Beistandspakt des Jahres 1935 einzuhalten, falls auch Frankreich seinen Verpflichtungen nachkäme. Gegen eine Konzentration von polnischen Truppen an der tschechoslowakischen Grenze wurde Protest eingelegt. Als die USA ihre Vermittlung anboten, den Konflikt friedlich beizulegen, sprach sich die Sowjetregierung für eine internationale Konferenz aus. Es schien ihr selbstverständlich zu sein, daß sie dazu hinzugezogen würde.

Die Westmächte machten jedoch von den russischen Angeboten keinen Gebrauch. Nach den großen inneren Erschütterungen der letzten Jahre konnte man im Westen annehmen, daß die Schlagkraft der Roten Armee derartig geschwächt war, daß die Sowjetunion vorerst kaum als ernsthafter Partner auf internationalem Gebiet in Frage kam. Man nahm das um so lieber zur Kenntnis, als eine stärkere Einmengung der sowjetischen Politik in mitteleuropäische Verhältnisse nur mit großem Mißbehagen hingenommen worden wäre. Auf der Konferenz von München vom 29. bis 30. September 1938 wurden Hitlers Forderungen akzeptiert[24]. Da die französische Hilfeleistung für die Tschechoslowakei gar nicht wirksam werden konnte, war auf

Grund der erwähnten Klausel des französisch-sowjetischen Vertrages von 1935 auch die Sowjetunion ihrer Verpflichtungen enthoben[25].

Nach dem Einmarsch der deutschen Truppen in die Tschechoslowakei konnte sich der stellvertretende sowjetische Außenminister Potemkin nicht enthalten, dem französischen Botschafter Coulondre, später Botschafter in Berlin, zu sagen: »Nun gibt es für uns keine andere Lösung als eine vierte Teilung Polens!«[26]. Das Wort zeigt deutlich auf, daß für die Sowjetunion die Lösung von München aufs engste mit den sowjetisch-polnischen Beziehungen verknüpft war. Hier war eine Verschärfung seit einigen Jahren nicht zu verkennen. Im März 1938 hatte die polnische Regierung, durch den Anschluß Österreichs an Deutschland ermuntert, seinerseits von Litauen in ultimativer Weise Respektierung der polnischen Minderheitenrechte in Litauen und den Verzicht darauf, Wilna als Hauptstadt Litauens zu betrachten, verlangt. Daraufhin griff die Sowjetregierung ein, setzte die polnische Regierung unter Druck und zwang sie, ihre Forderungen zu reduzieren[27].

Als im September 1938 polnische Manöver an der tschechoslowakischen Grenze abgehalten wurden, stellte die Sowjetregierung dieses als Truppenkonzentration hin und drohte mit Aufkündigung des Nichtangriffspakts von 1932. Nach der Konferenz von München und dem Einmarsch der deutschen Truppen in die Tschechoslowakei überschritten auch polnische Truppen die Grenze und besetzten das Teschener Gebiet. Eine unmittelbare Reaktion darauf erfolgte aber von seiten des Kreml zunächst ebensowenig wie auf die Proklamierung der Unabhängigkeit der Karpatenukraine im Oktober 1938, die gleichzeitig mit der definitiven Überlassung des Teschener Gebiets an Polen vorgenommen wurde. Eine unabhängige Karpatenukraine konnte leicht in Zusammenhang mit Hitlers Ukraineplänen gebracht und als eine Art ukrainisches Piemont zur Keimzelle einer selbständigen Ukraine werden. Daß diese Perspektiven Moskau nicht verborgen blieben, bewies Stalins Rede vor dem XVIII. Parteitag im März 1939, wo er von der Irrsinnigkeit von Plänen sprach, die danach trachteten, »die Sowjetukraine als einen Elefanten der Karpatenukraine als einer Mücke anzugliedern«[28]. Wenn Hitler jedoch schon einen Monat später, im November 1938, dem Drängen Ungarns nachgab und einen Teil der Karpatenukraine ihm überließ – der Rest sollte im März 1939 folgen –, so wollen einige Beobachter darin schon eine erste versöhnliche Geste Sowjetrußland gegenüber – im Sinne der Annäherung des Jahres 1939 – erkennen.

Es war nicht zu verkennen, daß die Sowjetunion sich auch bei der zweiten Tschechenkrise überaus zurückhaltend verhielt.

Als eine im Einvernehmen mit Berlin proklamierte Unabhängigkeitserklärung der Slowakei im März 1939 zum Einmarsch deutscher Truppen in den tschechoslowakischen Reststaat führte und Hitler am 17. März die Errichtung des Protektorats Böhmen-Mähren verfügte, begnügte sich die Moskauer Regierung mit einer verhältnismäßig ruhig gehaltenen Antwortnote vom 18. März. Sie bestritt das verfassungsmäßige Recht des tschechischen Präsidenten Hacha, den deutschen Maßnahmen zuzustimmen, und lehnte es ab, die Einverleibung der Tschechoslowakei in das Deutsche Reich anzuerkennen. Damit erschöpften sich, ungeachtet des Beistandspaktes von 1935, die sowjetischen Sympathien für das unglückliche Volk.

Zwei Eisen im Feuer

An sich war der Zusammenbruch der Politik einer kollektiven Sicherheit evident. Mit Ribbentrops Besuch in Paris war Litvinovs außenpolitische Konzeption desavouiert. Es mußten neue Möglichkeiten gesucht werden, wenn nicht Sowjetrußland von jeder Mitbeteiligung an der Regelung der europäischen Fragen ausgeschaltet und darüber hinaus völlig auf sich allein gestellt bleiben sollte. Das lawinenartige Anwachsen der deutschen Machtstellung im Laufe der letzten Jahre und die nachgiebige Haltung der Westmächte ließen in den führenden Kreisen der Sowjetunion die Meinung aufkommen, daß diese die Absicht verfolgten, die deutschen Expansionsbestrebungen planmäßig nach Osten zu lenken. Voller Entrüstung wies die Agentur TASS am 4. Oktober 1938 die Behauptung zurück, die Münchener Beschlüsse seien vorher mit der Sowjetregierung vereinbart worden. Man wollte jede Verantwortung für ihre Folgen ablehnen. Um aber aus der Isolierung herauszukommen, die bedrohlich werden mußte, falls auch Polen das Schicksal der Tschechoslowakei zuteil wurde, waren zwei Wege offen. Man konnte versuchen, entweder mit den Westmächten zu einer Vereinbarung zu kommen, um die Widerstandsfront gegen Hitler zu verstärken, oder sich mit dem nationalsozialistischen Deutschland zu verbinden, um an einer Aufteilung Osteuropas beteiligt zu sein[29].

Die Rede, die Stalin am 10. März 1939 vor dem XVIII. Parteikongreß der KPdSU in Moskau[30] hielt – es war der erste Parteikongreß nach fünfjähriger Pause –, ließ an sich noch beide Möglichkeiten offen. Grundsätzlich war es nicht ohne Bedeutung, daß er die Notwendigkeit betonte, in den Grenzen der marxistischen Theorie eine gewisse außenpolitische Wendigkeit zu behalten. Während er den deutschen Ausgriff nach dem Donauraum und die ukrainischen Pläne Hitlers ironisch-überlegen und beinahe am Rande erwähnte, fiel die beißende Schärfe auf, mit der er Kriegshetzer bedachte, die, wenn der Satz Sinn haben sollte, nur im Lager der Westmächte gesucht werden konnten. »Wir müssen bedacht sein, daß unser Land nicht durch Kriegshetzer, die gewohnt sind, andere Leute die Kastanien aus dem Feuer holen zu lassen, in einen Konflikt verwickelt wird.« In seiner Warnung an die »Angreiferstaaten«, sie sollten Rußland in Ruhe lassen, ließ er die Andeutung einfließen, daß im Ernstfall auch er seine eigene Version einer Verständigungspolitik zur Hand habe, sein eigenes München, das nicht schlechter sein würde als das München Chamberlains. In seinen Darlegungen war der antinazistische Grundton scharf und deutlich. Der Versuchsballon einer sowjetisch-deutschen Verständigungspolitik war sorgfältig versteckt, aber er war da. Es lag Stalin offenbar daran, die Tür zu einem Übereinkommen mit Großbritannien und Frankreich offen zu halten. Die Hintertür, durch die Ribbentrop eines Tages einschlüpfen sollte, öffnete er nur einen Spalt[31].

Weniger im Brennpunkt der Weltöffentlichkeit, konnte es sich L. Z. Mechlis, der Leiter der Politischen Verwaltung der Roten Armee[32], nach dieser Rede leisten, hinzuzufügen, es sei die Aufgabe der Sowjetunion, ihre internationalen Pflichten zu erfüllen und die Zahl der Sowjetrepubliken zu vermehren. Es wurde deutlich, daß die Sowjetunion danach trachtete, der deutschen Machtvergrößerung eine ebensolche in ihrer Sphäre an die Seite zu stellen. Die damals vielleicht schon vorausgesehene Entwicklung vom 15. bis 17. März – der deutsche Einmarsch in Prag – mußte hierbei als Bekräftigung dieser Erwartungen dienen.

Es erwies sich später, daß man in Kreisen der deutschen Diplomatie das indirekte und verschleierte Angebot dieser Rede besser verstand, als die Regierungen der Westmächte die Andeutungen, die an ihre Adresse gerichtet waren. Zwei Reden Hitlers im April des Jahres 1939 (am 1. und 28.) fielen durch ihre versöhnliche Haltung gegenüber der Sowjetunion auf. Der deutsche Reichskanzler hatte zunächst seit Beginn des Jahres noch versucht, durch unmittelbare Einwirkung auf Polen auch in diesem Raum zu einem ähnlichen Ergebnis wie in Böhmen zu gelangen. Als Beck ihn am 4. Januar besucht hatte, war von der fanatischen Russenfeindschaft Hitlers, die ihm ein Jahr zuvor bei seinem Besuch aufgefallen war[33], nichts zu merken; die ukrainische Frage, sagte Hitler, sei seiner Meinung nach nicht von dringendem Interesse. Es fiel auf, daß der Polen gegenüber angeschlagene Ton an Verbindlichkeit zu wünschen übrig ließ. Der Ribbentrop-Plan, der den ganzen Winter hindurch Gegenstand von Beratungen war, sah eine Rückgabe Danzigs und eine exterritoriale Bahn durch den Korridor vor.

Zum Frühjahr versteifte sich die Haltung Polens. Die Rückgabe des Memelgebiets durch Litauen am 22. März 1939 und ein für die deutsche Wirtschaft sehr günstiges Abkommen mit Rumänien am 23. März vergrößerte nicht, wie Hitler erwartete, die Konzessionsbereitschaft der polnischen Regierung, sondern ließ sie, umgekehrt, noch engere Anlehnung an die Westmächte suchen. Zwar hatte Beck noch am 21. März den englischen Vorschlag einer gemeinsamen Abwehrfront mit Einschluß Frankreichs und der Sowjetunion wegen der damit verbundenen Gefahr des Durchmarsches sowjetischer Truppen abgelehnt. Trotzdem machte er dem deutschen Botschafter am 28. März die kategorische Eröffnung, daß Polen auf die Vorschläge Hitlers nicht eingehen werde. In diesem Zusammenhang ist der englischen Garantie der polnischen Grenzen, die am 31. März von der Regierung Chamberlain zusammen mit einem Hilfsversprechen im Falle eines deutschen Angriffs ausgesprochen wurde, große Bedeutung beigemessen worden. Sie habe die Unnachgiebigkeit Polens Deutschland gegenüber gestärkt, ohne letzten Endes den Ausbruch der Katastrophe im September 1939 verhindern zu können; aus diesem Grunde ist sie – auch von englischen Kritikern – als »unklug« bezeichnet worden[34]. Tatsache ist, daß Beck von der am Vorabend erfolgten Mitteilung darüber überrascht war[35] und sich, wie oben dargelegt, schon zwei Tage vorher Deutschland gegenüber festgelegt hatte. Die englische Garantie hat, wie die Dinge lagen, die polnische Regierung allerdings in ihrer Annahme, daß die feste Haltung Hitler gegenüber richtig war, bestärkt. Weder in Warschau noch in London konnte man jedoch annehmen, daß Hitler sich zu einer radikalen Kurswendung Moskau gegenüber entschließen und, darauf gestützt, bereit sein würde, seine polnischen Pläne auch unter dem Risiko eines Weltkrieges durchzuführen.

Insofern wurde die englische Garantie für Hitler tatsächlich zum Anlaß, nunmehr auf die sowjetische Karte zu setzen. Am 28. April kündigte er den deutsch-polnischen Pakt vom Jahre 1934 einseitig auf. Aber auch für den Kreml wurde dadurch der Weg zu einer Vereinbarung mit Deutschland geebnet, zumal es zunächst noch nicht bekannt war, daß die Garantie nur auf einen Überfall seitens Deutschlands, nicht auch der Sowjetunion, gemünzt war. Daß man Roosevelts vermittelnden Vorschlag vom 15. April, eine internationale Konferenz zur Klärung der Streitfragen einzuberufen, unterstützte, hatte in diesem Zusammenhang nicht viel zu sagen.

Als am 3. Mai 1939 Litvinov als langjähriger Außenkommissar von Vjačeslav Michajlovič Molotov abgelöst wurde, der diesen Posten zusätzlich zum Amt des Vorsitzenden des Rates der Volkskommissare übernahm, das er ab 1930 bekleidete, war der neue Kurs der sowjetischen Außenpolitik eingeleitet. Die Person des Außenkommissars sollte einer eventuellen Vereinbarung mit Deutschland nicht im Wege stehen; für diese mußte Molotov geeigneter als sein Vorgänger erscheinen.

Am 20. Mai wurde zum erstenmal in einem Gespräch zwischen Molotov und dem deutschen Botschafter Graf von der Schulenburg – er hatte Nadolnys Nachfolge angetreten – der Gedanke ausgesprochen, daß die wirtschaftlichen Beziehungen auch politisch unterbaut werden sollten. Nun rollt das Bild eines allmählichen Aufeinanderzukommens der deutschen und sowjetischen Diplomatie vor dem nachträglichen Beschauer ab, zusammengesetzt aus einem langsamen Suchen und Vortasten zunächst untergeordneter Beamter, aus vertraulichen Gesprächen und Andeutungen, die schließlich in offizielle Gespräche der verantwortlichen Träger der Politik einmündeten, bis im August des Jahres die endgültige Entscheidung fallen konnte. Die Sowjetregierung wußte die deutsch-russischen Gespräche des Sommers ebensogut nach außen abzuschirmen wie das Auswärtige Amt Hitlers. Man war sogar so vorsichtig, den sowjetischen Botschafter in Berlin, Merekalov, vorübergehend abzuberufen und während des ganzen Sommers nicht auf seinen Posten zurückkehren zu lassen. Mittlerweile führte der Botschaftsrat Astachov hochbedeutsame Gespräche, die nötigenfalls auch desavouiert werden konnten. Zwischen dem 27. und 30. Mai scheint die endgültige Entscheidung Hitlers gefallen zu sein, Verhandlungen mit der Sowjetunion aufzunehmen. Bei Gesprächen in einem kleinen Berliner Restaurant am 26. Juli wurden erstmalig die Umrisse einer Aufteilung Osteuropas deutlich, die als Kaufpreis Deutschland polnische und der Sowjetunion finnische und rumänische Gebiete sowie die baltischen Staaten zuwies.

Die baltischen Staaten waren schon geraume Zeit einem starken sowjetischen Druck ausgesetzt gewesen. Die Versuche, die staatliche Kleinräumigkeit durch regelmäßige gemeinsame Außenministerbesprechungen und weitere politische und kulturelle Annäherung zu überwinden und im Sinne der Bemühungen der zwanziger Jahre eine Art locker gefügter baltischer Entente zu schaffen, hatten schon 1936 den Zorn der Bolschewisten erregt. Damals hatte der Parteisekretär von Leningrad Ždanov in einer Rede dem Wort Peters des Großen von der Notwendigkeit, das Fenster nach Europa zu erweitern, eine drohende aktuelle Bedeutung gegeben[36]. Der offizielle Besuch des Chefs des Roten Generalstabes Marschall Egorov in Reval und Riga im Jahre 1937 hatte das wachsende Interesse des Kreml an den Ostseeländern dokumentiert. Auch dem sehr wendigen lettischen Außenminister Munters, der im selben Jahre zu einem Besuch in Moskau eintraf, gelang es nicht, das Mißtrauen des Kreml gegen die baltische Blockbildung zu zerstreuen[37]. Als jetzt im Juni 1939 der Chef des deutschen Generalstabes Halder auf der Durchreise nach Finnland auch Estland einen Besuch abstattete, wurde man in der Sowjetunion hellhörig. Wenn auch Gerüchte über die Absicht, auf den baltischen Inseln Stützpunkte anzulegen, nicht zutreffen, so wurde die deutsche Geste der Sowjetunion gegenüber, die in diesem Besuch zu sehen ist, doch in Moskau – und in Leningrad! – gut verstanden. Nichts konnte dies besser illustrierten als ein Artikel von Ždanov in der »Pravda« vom 29. Juni 1939, der in seinen scharfen Ausfällen gegen die Westmächte auch für deutsche Ohren bestimmt war[38].

Als Schulenburg am 3. August im Gespräch mit Molotov durchblicken ließ, daß Deutschland die Interessen der Sowjetunion in den baltischen Ländern respektieren wolle, war Molotov zum erstenmal, wie Schulenburg berichtet, sehr aufgeschlossen. Er begnügte sich mit der Feststellung, daß zunächst nur die beiden nördlichen baltischen Staaten gemeint wären und das Problem Litauen noch offen blieb. Den deutschen Vorschlag, in die Präambel des jetzt abschlußreifen Handelsabkommens eine politische Freundschaftsklausel aufzunehmen, lehnte er allerdings ab. So einfach wollte man es den Deutschen nicht machen. Auch auf Ribbentrops Drängen, eine persönliche Besprechung mit Stalin zustande zu bringen, antwortete der Kreml zunächst zögernd und ausweichend. Erst am 11. August ließ Molotov über den Botschaftsrat Astachov die deutsche Regierung wissen, daß die Sowjetregierung zu Verhandlungen in Moskau grundsätzlich bereit sei[39]. Der Zeitpunkt jedoch wurde noch nicht festgelegt.

Mittlerweile waren zwei Entscheidungen gefallen. Der deutsche Versuch, durch die Entsendung eines Unterhändlers nach London von wirtschaftlichen Vereinbarungen auch auf politisches Gebiet vorzustoßen, war im Juli fehlgeschlagen. Tiefgreifender waren die sowjetischen Verhandlungen mit den Westmächten, die von April bis August 1939 liefen. Sie basierten auf der starken Empörung, die sich politischer Kreise in Paris und London nach dem März 1939 bemächtigt hatte. In London hatten sich schon 1938 konservative Politiker wie Duff Cooper und Churchill wiederholt dafür ausgesprochen, einen so »gigantischen Faktor« wie die Sowjetunion nicht unausgenutzt zu lassen, wenn es um die Erhaltung des Friedens ginge. Im Frühjahr 1939 begann auch die Labour Party intensiv auf einen Beistandspakt mit der Sowjetunion zu drängen. Am 17. März kündigte Chamberlain in einer Rede an, daß die englische Regierung sich nicht nur mit den unmittelbaren Nachbarn Deutschlands, sondern auch mit den Mächten jenseits der Grenzen Europas über eine Abwehr der deutschen imperialistischen Bestrebungen beraten würde. Die Regierung lehnte aber zunächst einen Vorschlag des sowjetischen Botschafters Majskij als verfrüht ab, eine größere internationale Konferenz einzuberufen, und regte ihrerseits nur eine gemeinsame Erklärung mit Polen gegen die Aggression mit der Verpflichtung zur gemeinsamen Konsultation an. Der britische Gegenvorschlag erwies sich als ein Schlag ins Wasser, da Polen eine Zusammenarbeit mit der Sowjetunion ablehnte.

Im April wurden von den Westmächten unter dem Eindruck der Zuspitzung der Lage weitere Vorschläge unterbreitet. Sie betrafen vor allem die Frage, ob die Sowjetunion bereit sei, die Grenzen Polens und Rumäniens zu garantieren. Moskau lehnte jedoch eine einseitige Garantie ab. Die sowjetischen Gegenforderungen, am 17. April präzisiert, sahen vor: einen Beistandspakt zwischen den Westmächten und der Sowjetunion, eine gemeinsame Garantie für alle ostmitteleuropäischen Staaten und ein Militärabkommen. Mit diesen Vorschlägen lebte der französisch-sowjetische Ostpaktplan von 1934, zu einer Militärallianz erweitert und unter einer für die Kleinstaaten wesentlich ungünstigeren Gesamtkonstellation, wieder auf.

Während der Verhandlungen stellte es sich heraus, daß neben

dem Durchmarschrecht durch Polen die baltische Frage eine zentrale Bedeutung für die Sowjetunion gewonnen hatte[40]. Hier verlangte der Kreml freie Hand. Obwohl es bekannt war, daß die baltischen Staaten eine automatische Garantie, die ihnen aufoktroyiert werden sollte, entschieden ablehnten, war Frankreich doch bereit, auf die sowjetischen Vorschläge einzugehen. England verhielt sich zunächst wesentlich reservierter, erst am 14. Mai stimmte Chamberlain unter dem Druck der Opposition dem Abschluß eines Beistandspakts mit der Sowjetunion grundsätzlich zu. Er legte aber nach wie vor wert auf eine Zustimmung der garantierten Staaten. Nachdem Deutschland mit Estland und Lettland am 7. Juni Nichtangriffspakte abgeschlossen hatte, traf der Leiter der Mitteleuropa-Abteilung des Foreign Office, Strang, in Moskau ein, um die Führung der Verhandlungen zu übernehmen. Die Tatsache, daß kein Kabinettsmitglied entsandt worden war, wirkte nicht gerade ermutigend auf die Verhandlungen. Die Gespräche zogen sich erneut hin, bis der Ždanov-Artikel vom 29. Juni, in dem im Zusammenhang mit scharfen Angriffen gegen die Westmächte das Bild von den Kastanien, die die Sowjetunion für andere aus dem Feuer holen sollte, aufs neue beschworen wurde, ebenso wie der vorangegangene Besuch Halders in Reval, eine beschleunigende Wirkung ausübten. Die Haltung der englischen Regierung wurde nachgiebiger. Auf französisches Drängen kam am 24. Juli eine Einigung über das politische Abkommen zustande[41]. Entsprechend den sowjetischen Vorschlägen wurden die baltischen Staaten, Polen, Rumänien, die Türkei und Griechenland, auf französisch-englischen Wunsch auch Belgien, in die Liste der Garantieobjekte aufgenommen. Der Kreml faßte trotz gewisser Vorbehalte dieses Abkommen als eine Bereitschaft der Westmächte auf, ihm freie Hand im Baltikum zu geben. Eine Woche später – am 3. August – sollte Hitler den Bolschewisten eine carte blanche ausstellen, die noch umfassender war[42].

Im Grunde war es Molotov gar nicht unlieb gewesen, daß die Verhandlungen mit den Westmächten sich so lange hinzogen, konnte doch dadurch gleichzeitig das zweite Eisen, das die Kremldiplomatie im Feuer hatte, erprobt werden. So waren am 31. Mai neue Vorschläge an die Westmächte gerichtet worden, nachdem Molotov soeben erfahren hatte, daß nicht nur Ribbentrop, sondern auch Hitler an dem deutsch-sowjetischen Gespräch interessiert sei. Es galt Zeit zu gewinnen, während man mit Deutschland ins reine zu kommen versuchte. Unter diesem Gesichtspunkt wurden die Verhandlungen stets durch neu hinzutretende Erwägungen belastet. Der Vorschlag, eine alliierte Militärmission nach Moskau zu entsenden, beruhte auf eben dieser Überlegung, den Druck auf Deutschland zu vergrößern, obwohl die Würfel hier schon nahezu gefallen waren. Daß England und Frankreich auch jetzt nur untergeordnete Vertreter nach Moskau entsandten und zudem noch auf dem langsamen Seewege, konnte in Moskau auch nicht gerade als ein Beweis des guten Willens aufgefaßt werden.

Der Sowjetunion sollten die Militärverhandlungen, die am 12. August begannen, dazu dienen, die schon gegenüber den baltischen Staaten erreichten Zugeständnisse nun auch hinsichtlich polnischer Gebiete zu gewinnen.

Drei Tage, nachdem deutsche Unterhändler angefordert worden waren, warf Vorošilov in die Debatte der militärischen Besprechungen die außerordentlich heiklen Fragen von sowjetischen Stützpunkten in Finnland und des Durchmarschrechts durch Polen und Rumänien für den Fall einer militärischen Hilfeleistung seitens der Roten Armee. Die polnische Regierung weigerte sich strikt, der Roten Armee ein Durchmarschrecht durch Polen zuzugestehen. »Mit den Deutschen laufen wir Gefahr, unsere Freiheit zu verlieren, mit den Russen verlieren wir unsere Seele«, soll der polnische Oberbefehlshaber Marschall Rydz-Śmigły zur Begründung der Ablehnung erklärt haben. Da die westlichen Vertreter keinem Durchmarschrecht gegen den Willen der Betroffenen, dem man diesmal stärker Rechnung trug als zuvor, zustimmen wollten, waren die Verhandlungen auch hier bald auf dem toten Punkt angelangt. Sie ruhten vom 17. bis 21. August, und es war eine Ironie der Geschichte, wenn gerade in diesen Tagen die deutsche Botschaft ein wohlgelungenes Gartenfest veranstaltete, bei dem Strang, der Leiter der englischen Mission, den ersten Preis in einem Tenniswettkampf gewann. Am 22. August erklärte General Doumenc, der Leiter der französischen Militärmission, Frankreich sei mit dem Durchmarschrecht einverstanden. Das sei nicht genügend, erwiderte ihm Vorošilov, die formelle Zustimmung Polens und Rumäniens sei notwendig. Erst dann könne der Pakt unterzeichnet werden, vorausgesetzt, »daß sich die politischen Umstände nicht inzwischen geändert hätten«.

Sie hatten sich bereits geändert. Noch am selben Tage wurde in Moskau bekanntgegeben, daß Ribbentrop unterwegs in die Sowjetunion sei.

Stalins Pakt mit Hitler

Die deutsch-russischen Gespräche hatten sich in der zweiten Augusthälfte schnell verdichtet. Die politische Aufteilung Osteuropas lag in Umrissen fest. Am 19. August wurde ein Wirtschaftsabkommen unterzeichnet, das der Sowjetunion eine Anleihe von 180 Millionen Reichsmark für 2 Jahre zum Ankauf von deutschen Waren einräumte. Hitler zeigte plötzlich größte Eile, zum Abschluß zu gelangen. Die deutsch-polnischen Beziehungen spitzten sich von Tag zu Tag zu; provozierte Grenzzwischenfälle wechselten ab mit polnischen Ausschreitungen gegen deutsche Bewohner Polens. Hitler war entschlossen, eine militärische Entscheidung herbeizuführen. Am 19. August fragte Schulenburg wieder einmal bei Molotov an, ob der Zeitpunkt für den Besuch Ribbentrops in Moskau festgelegt werden könnte. Auch diesmal erfolgte zunächst eine negative Antwort, doch um 15.30 Uhr wurde der deutsche Botschafter plötzlich erneut zu Molotov gerufen. Die Sowjetregierung, sagte er, sei bereit, Ribbentrop in einer Woche zu empfangen. In der Zwischenzeit hatte Stalin die Entscheidung gefällt. In einem persönlichen Brief an Stalin bat Hitler, den Empfang um einige Tage vorzuverlegen[43]. Stalin erklärte sich damit einverstanden.

Ribbentrop traf am 23. August in Moskau ein. Die Verhandlungen fanden teilweise in Gegenwart von Stalin statt und schritten außerordentlich schnell voran. Das Ergebnis war ein Nichtangriffspakt auf zehn Jahre, der – ein ungewöhnlicher Fall in der Diplomatie – mit dem Moment der Unterzeichnung in Kraft trat. Beide Teile sicherten einander absolute Neutralität zu, auch wenn einer der Partner selbst der Aggressor wäre; laufende Konsultation in gemeinsam interessierenden Fragen und freundschaftlicher Meinungsaustausch im Konfliktfall waren vorgesehen[44]. Von besonderer Bedeutung war ein geheimes Zusatzprotokoll, das der Weltöffentlichkeit erst viel später bekannt wurde[45]. Hierin wurde die Aufteilung Polens nach einer längs den Flüssen Narew-Weichsel-San verlaufenden Demarkationslinie beschlossen. Die Frage nach der künftigen Existenz eines polnischen Staates blieb offen. Der zweite Punkt betraf die baltischen Staaten. Hier wurde eine Aufteilung in Interessensphären vorgenommen. Estland und Lettland fielen an die Sowjetunion, Litauen an Deutschland. Bei den Verhandlungen über diesen Punkt war Ribbentrop zunächst von der Dünalinie ausgegangen, wonach auch der südliche Teil Lettlands, die Provinz Kurland, unter deutschen Einfluß gekommen wäre. Hier meldete jedoch Stalin Wünsche auf die Ostseehäfen Libau und Windau an der kurländischen Küste an. In einem schnellen Ferngespräch unmittelbar aus dem Verhandlungsraum sicherte sich Ribbentrop Hitlers Zustimmung auch zu dieser Konzession. Diese überraschende Nachgiebigkeit verblüffte Stalin in starkem Maße. Nach einigen Berichten stieg bei ihm schon damals der Verdacht auf, daß Hitler diese Konzessionen nur als temporär betrachtete, um sie zu gegebener Zeit wieder zurückzugewinnen. Der dritte Punkt des geheimen Zusatzprotokolls betraf Bessarabien. Hier erklärte Ribbentrop bereitwillig, daß Deutschland daran desinteressiert sei.

Die Meldung vom Hitler-Stalin-Pakt vom 23. August 1939 schlug überall in der Welt wie eine Bombe ein. Es war eine Sensation ersten Ranges, zumal die Geheimhaltung der vorbereitenden Gespräche gut gelungen war. Die in beiden totalitären Staaten in fast gleichem Maße geübte Kontrolle der öffentlichen Meinung gestattete es, die gegeneinander gerichtete feindselige Propaganda schlagartig abzustoppen. Die beiderseitige Presse schwelgte in gegenseitigen Freundschaftsbeteuerungen. Die Leitartikler bemühten sich, sie entsprechend historisch zu untermauern, indem sie auf die Befreiungskriege, Bismarck und Rapallo zurückgriffen.

Nachdem die übrige Welt sich von der ersten Bestürzung erholt hatte, wurde es deutlich, daß nunmehr das Schicksal Polens in ein überaus kritisches Stadium getreten war[46]. England erweiterte am 25. August sein Garantieversprechen zu einem Beistandspakt. Gleichzeitig wurden intensive Verhandlungen zwischen London und Berlin geführt. Sie wurden außerordentlich erschwert durch immer größere Forderungen Hitlers und durch eine souveräne Mißachtung der üblichen diplomatischen Formen im Verkehr mit den englischen und polnischen Unterhändlern. Die deutsche Regierung verlangte die Entsendung eines außerordentlichen polnischen Bevollmächtigten nach Berlin. Das Beispiel Hachas hielt jedoch Beck davon ab, persönlich nach Berlin zu kommen. Die polnische Regierung war durch den englischen Beistandspakt zu einer festen Haltung so weit ermutigt worden, daß sie auch jetzt den Ernst der Lage mit allen weiteren Konsequenzen für Polen verkannte[47]. Ein letzter Vermittlungsvorschlag Mussolinis schenkte Polen noch einen kleinen Aufschub. Sein Vorschlag einer internationalen Konferenz, dem Frankreich zustimmte, scheiterte an der mangelnden Bereitschaft Englands, darauf einzugehen. Ob diese Konferenz, wenn sie zustande gekommen wäre, den Krieg tatsächlich verhindert hätte, ist angesichts Hitlers Aggressionswillen zu bezweifeln. Am 1. September rückten deutsche Truppen in Polen ein. Zwei Tage darauf brachen England und Frankreich ihre diplomatischen Beziehungen zu Deutschland ab. Der Zweite Weltkrieg hatte begonnen. Während sich die kapitalistischen Staaten gegenseitig zerfleischten, hoffte man in der Sowjetunion, die Früchte der diplomatischen Errungenschaften des Sommers in die Scheuern zu sammeln.

Im Zusammenhang damit interessiert die Frage, welchen Weg Stalins außenpolitische Überlegungen im Laufe des Sommers 1939 gegangen waren. Wenn er mit seiner Rede vom 10. März zwei Eisen ins Feuer gelegt hatte, so ist zunächst noch keineswegs mit Sicherheit festzustellen, welcher Seite er größere Bedeutung zumaß. Sicherlich hielt er es für das beste, die Sowjetunion zunächst aus den internationalen Konflikten herauszuhalten, als Zuschauer die Entwicklung abzuwarten, um dann zum Nutznießer der Auseinandersetzungen zu werden. Würde ihm das aber gelingen? Immer größer wurden angesichts der dynamischen Wucht der nationalsozialistischen Aggressionspolitik seine Zweifel an der Bereitschaft der Westmächte, sich Hitler in den Weg zu stellen. Stalin selbst hat später Churchill erzählt, er habe damals mit der Möglichkeit gerechnet, daß die Westmächte Polen ebenso fallen lassen könnten wie die Tschechoslowakei[48]. Dann hätten sich Deutschland und Rußland gewissermaßen allein gegenübergestanden. Die Lässigkeit, mit der England und Frankreich die diplomatischen und militärischen Verhandlungen des Sommers 1939 anpackten, mußte Stalin in der Überzeugung bestärken, daß ein wirklicher Gewinn nur von einer Verbindung mit Hitler zu erwarten war. Das Drängen Hitlers seit Anfang August schien die Ernsthaftigkeit dieser Erwartung ebenso zu bestätigen wie die Bereitschaft, der Sowjetunion eine Vergrößerung ihres Einflußbereiches in Osteuropa zu konzedieren. Am 19. August waren die Würfel auch im Kreml endgültig gefallen.

In seiner großen Rede nach dem deutschen Überfall, am 3. Juli 1941, versuchte Stalin sein Verhalten zu rechtfertigen. »Man wird sich fragen«, hieß es hier, »wie es möglich sein konnte, daß die Sowjetregierung einen Nichtangriffspakt mit einem so hinterhältigen Volke, mit solchen Verbrechern wie Hitler und

Ribbentrop schließen konnte?« Und er fand die Antwort: »Wir sicherten unserem Lande für eineinhalb Jahre den Frieden und erhielten auf diese Weise die Möglichkeit, uns militärisch vorzubereiten.« Was Stalin nicht erwähnte, war der territoriale Gewinn, der dem Abkommen mit Deutschland entsprang, ein strategisches Vorfeld, das weniger der Verteidigung diente, als eine Vorverlegung der politischen Linien nach Westen bedeutete.

Die Teilung Polens

Als in Europa durch Hitlers Überfall auf Polen der Zweite Weltkrieg ausbrach[49], war die Sowjetunion schon seit geraumer Zeit in langwierige Grenzkämpfe mit den Japanern verwickelt.

Schon im Sommer 1938 hatte sich an der sowjetisch-mandschurischen Grenze ein Zwischenfall am Chasansee ereignet. Die sowjetischen Meldungen sprachen von erfolgreichen Gefechten, durch die japanische Übergriffe zurückgewiesen worden seien. Sie wurden von der Presse stark herausgestrichen und trugen in der durch die vorangegangenen Säuberungen stark bedrückten Stimmung dazu bei, dem patriotischen Empfinden einen gewissen Auftrieb zu verleihen. Im Mai 1939 kam es im Zuge der japanischen Durchdringung der westlichen Mandschurei zu neuen Zwischenfällen an der mandschurisch-mongolischen Grenze. Da die Rote Armee laut Vertrag von 1936 zur Hilfeleistung an die Mongolische Volksrepublik verpflichtet war, griffen sowjetische Truppen in die Gefechte ein, die sich am Chalchin-Gol-Fluß den Sommer über hinzogen. Es gelang ihnen, den Japanern Verluste beizubringen. Sie lenkten ein, und es kam zu Verhandlungen, die zeitlich mit dem Höhepunkt der europäischen Krise zusammenfielen. Am 15. September 1939 konnte in Moskau ein Abkommen unterzeichnet werden. Die Kampfhandlungen wurden eingestellt und eine Grenzkommission gebildet. Die Sowjetunion hatte damit freie Hand im Westen bekommen; trotz des Antikominternvertrages schloß sich Japan zunächst noch nicht dem Militärbündnis zwischen Deutschland und Italien an, das am 22. Mai 1939 in Erweiterung der bisherigen Achse abgeschlossen worden war.

Die deutschen Truppen hatten den polnischen Widerstand bereits gebrochen, als die sowjetischen Truppen am 17. September, zwei Tage nach dem Waffenstillstand mit Japan, ihrerseits die Grenze überschritten. Es findet sich kein Anhaltspunkt dafür, daß zwischen Deutschland und der Sowjetunion ein gemeinsamer militärischer Plan ausgearbeitet worden war. Der Gedanke einer militärischen Zusammenarbeit muß aber doch erwogen worden sein. Als am 27. August in Berlin Gerüchte auftauchten, die sowjetischen Truppen hätten bereits die polnische Grenze überschritten, wurde Schulenburg beauftragt, die Moskauer Regierung für den Fall der Bewahrheitung dieser Gerüchte um Zurücknahme ihrer Truppen zu ersuchen, da die diplomatische Vorbereitung des Krieges noch nicht beendet sei[50]. Doch am 3. September, dem Tag der englisch-französischen Kriegserklärung an Deutschland, forderte Ribbentrop die sowjetische Regierung auf, »ihre Streikräfte gegen Polen in Bewegung zu setzen und das ihr im Geheimprotokoll zugesicherte Gebiet zu besetzen«. Die deutsche Regierung hat anschließend noch mehrere Male die Sowjetunion zum Eingreifen gedrängt[51]. Noch war aber, wie Molotov feststellte, die Zeit nicht gekommen, die Vorbereitungen würden, sagte er am 10. September, noch zwei bis drei Wochen Zeit brauchen; es seien schon über 3 Millionen Mann mobilisiert. Neben dem Wunsch, zuerst mit den Japanern zu einem Abschluß zu kommen, trat die Überlegung, daß es ratsam sei, die Intervention aus Rücksicht auf die öffentliche Meinung im In- und Ausland erst dann zu beginnen, wenn sie keinen eigentlich militärischen Charakter mehr tragen würde. Erst die – allerdings verfrühte – deutsche Meldung vom unmittelbar bevorstehenden Fall Warschaus am 15. September (die Stadt leistete noch bis zum 27. September Widerstand) veranlaßte die Sowjetregierung, sich mit dem Einmarsch zu beeilen.

Die polnische Regierung war zunächst über das sowjetische Verhalten ebenso getäuscht worden wie die übrige Weltöffentlichkeit. Nach der Abreise der englischen und französischen Militärmissionen aus Moskau hatte Marschall Vorošilov in einem Interview erklärt, die Sowjetunion sei bereit, Polen Rohstoffe und Rüstungsmaterial zu liefern. Noch am 2. September schlug der sowjetische Botschafter in Warschau vor, Verhandlungen über diesen Gegenstand aufzunehmen. Als jedoch der polnische Botschafter in Moskau am 8. September Molotov daran erinnerte, erklärte ihm dieser, die Lage habe sich geändert und die Sowjetunion müsse sich in erster Linie um ihre eigenen Interessen kümmern. Bald darauf begann die sowjetische Presse von Zwischenfällen an der polnischen Grenze zu schreiben. In eingeweihten Kreisen Polens mag man wohl geahnt haben, was hier gespielt wurde. Aber man hatte keine Möglichkeit mehr, die Vollendung der Katastrophe abzuwehren, zumal von seiten der Westmächte weder aktive militärische Hilfe, noch eine Kriegserklärung an die Sowjetunion erfolgte, als sich der Überfall aus dem Osten ereignete.

Die sowjetischen Truppen stießen kaum auf Widerstand, das Schicksal der polnischen Armee war bereits besiegelt. Durch die gemeinsamen Bewegungen der deutschen und sowjetischen Armeen wurde schnell eine totale Einkreisung der polnischen Truppen erzielt. Während auf polnischer Seite durch diese Operationen 200000 bis 300000 Mann an Toten, Verwundeten und Gefangenen verloren gingen, betrugen die sowjetischen Verluste nur 757 Tote und 1862 Verwundete.

In einer Verlautbarung vom 17. September wurde die sowjetische Intervention, trotz mehrfacher Rücksprachen mit der deutschen Regierung über den Wortlaut[52], mit der Notwendigkeit begründet, die Bevölkerung des östlichen Polens vor dem Zugriff durch die Deutschen zu sichern. Presse und Propaganda bedienten sich außerdem, im Ausland besonders eifrig, im Inland vorsichtiger, des Arguments der »Befreiung« der ukrainischen und weißrussischen Brüder in den in Frage stehenden Gebieten. In die spätere sowjetische Geschichtsliteratur hat die Version von der »hilfreichen Bruderhand«, die den Ukrainern und Weißrussen ausgestreckt wurde, volle Aufnahme erfahren. Über die Verletzung des polnisch-sowjetischen Nichtangriffspakts kam man kurzerhand dadurch hinweg, daß man ihn ebenso wie alle anderen Verträge nun als erloschen hinstellte, da der polnische Staat aufgehört habe zu bestehen.

Da die deutschen Truppen an einigen Stellen die Demarkationslinie im Zuge der militärischen Operationen überschritten hatten, mußten sie hier und dort zurückgenommen werden. Diese Bewegungen vollzogen sich, zur Überraschung des Auslandes, vollständig reibungslos. Die Demarkationslinie nahm fortan den Charakter einer Militärgrenze an. In Galizien war auch das Erdölgebiet von Borisław-Drohobycz von den Deutschen besetzt worden, und es bestand große Neigung dazu, sich diesen Abschnitt am oberen San von Moskau auch zusichern zu lassen. Hier sagte jedoch Molotov nein, konzedierte aber dafür Deutschland am 8. Oktober 1939 das Dreieck von Suwałki zwischen Ostpreußen und Litauen (mit Ausnahme von Augustowo).

Über das Schicksal Polens war zunächst noch nichts festgelegt worden. Die Errichtung eines kleinen polnischen Staates unter deutschem Protektorat gehörte durchaus in den Bereich des Möglichen. Am 19. September teilte jedoch Molotov dem deutschen Botschafter mit, daß die Sowjetregierung und Stalin persönlich ihre ursprüngliche Absicht, ein Restgebilde des polnischen Staates fortbestehen zu lassen, aufgegeben hätten und für eine Aufteilung Polens längs der Demarkationslinie eintreten. Eine Woche später bat Stalin Schulenburg zu sich und teilte ihm seinen endgültigen Entschluß zur polnischen Frage mit. Die Errichtung eines polnischen Kleinstaates könnte, meinte er, zu Reibungen zwischen den beiden Mächten führen. Wenn Deutschland auf Litauen verzichte, so wolle er ihm gern die auf der östlichen Seite der Demarkationslinie liegende Wojewodschaft Lublin und einen Teil der Wojewodschaft Warschau bis zum Bug überlassen. Indem sich die Sowjetunion damit der Gebiete mit polnischer Bevölkerung als einer potentiellen Basis für nationalpolnische, antisowjetische Tendenzen entledigte, sicherte sie sich den geschlossenen Besitz des gesamten Baltikums bis an die Grenze Ostpreußens. Diese Vorschläge sollten als Material für die bevorstehenden Verhandlungen mit Ribbentrop dienen.

Bei diesem zweiten Besuch Ribbentrops in Moskau wurde am 28. September ein deutsch-russischer Grenz- und Freundschaftsvertrag unterzeichnet, dem ein Zusatzprotokoll vom gleichen Datum und später ein anderes vom 4. Oktober angehängt wurde[53]. Die zuvor geäußerten Vorschläge Stalins dienten als Grundlage und wurden von Deutschland akzeptiert. Sie bilden den Inhalt eines besonderen geheimen Zusatzprotokolls[54]. Auch diesmal gelang es Ribbentrop nicht, eine Abänderung der Grenze am oberen San und damit einen Teil der Erdöllager zu erlangen; Stalin ließ sich nur herbei, Deutschland eine Jahresproduktion des Erdöls – etwa 300 000 t – zu liefern. Wenn zehn Tage darauf durch Erlaß von Hitler das sogenannte Generalgouvernement Polen geschaffen wurde, so war dies, wie die Dinge lagen, das unmittelbare Resultat der Politik und der Vorschläge Stalins. Zusammen mit den polnischen Einwohnern des im September noch zusätzlich abgetretenen Gebiets wurde auch eine zahlreiche jüdische Bevölkerung Hitlers Rassenpolitik und damit der Vernichtung preisgegeben. Auffällig war, daß Stalins neue Grenzziehung der sogenannten Curzonlinie entsprach, die 1919 der Friedenskonferenz vorgelegt worden war. Man konnte dahinter schon damals weitreichende Überlegungen vermuten, die Stalin an eine zukünftige Zustimmung auch der Westmächte zu dieser Grenzziehung knüpfte. Das Abkommen sah die Aufstellung eines weitgespannten Wirtschaftsprogramms vor, nach dem sowjetische Rohstoffe durch deutsche über längere Zeit laufende Lieferungen kompensiert werden sollten.

Die vierte Teilung Polens, wie sie Potemkin prophezeit hatte, war erfolgt. Die Sowjetunion konnte einen Landgewinn von 200 000 qkm mit fast 13 Millionen Einwohnern für sich buchen. Hiervon waren 7 Millionen Ukrainer, 3 Millionen Weißrussen, über 1 Million Polen und über 1 Million Juden. Die polnischen »Ostgebiete«, einst im Mittelalter russischer Boden und zum Kiewer Reich gehörend, durch die erste polnische Teilung vom Jahre 1772 bereits von Katharina II. gewonnen und im Zeitalter Alexanders I. ein umstrittener Zankapfel: sie wurden nun aufs neue dem sowjetischen Rußland einverleibt, das sich als ein neuer »Sammler der russischen Erde«, als Vollstrecker alter russischer nationaler Forderungen, hinstellen konnte.

Außerordentlich schnell packte die Sowjetunion auch im Baltikum zu, um sich auch hier die diplomatischen Errungenschaften der Verträge mit Deutschland zu sichern. Schon am 24. September war der estnische Außenminister Selter wegen eines angeblichen Zwischenfalls mit einem polnischen Unterseeboot in Reval nach Moskau zitiert worden. Vier Tage darauf, am 28. September, am selben Tage, an dem Ribbentrop in Moskau weilte, mußte er einen Beistandspakt unterzeichnen, demzufolge Estland Marinebasen und Luftstützpunkte der Sowjetunion zur Verfügung zu stellen hatte[55]. Den zunächst noch geringen sowjetischen Einheiten, die als Besatzung hierfür ausersehen waren, wurde der Einmarsch gestattet. Am 5. Oktober kam die Reihe an Lettland, das ebenfalls Marinebasen in Windau und Libau einräumen mußte[56], am 10. Oktober wurden Litauen ähnliche Bedingungen auferlegt[57]. Das lange von Litauen beanspruchte Wilnagebiet konnte nun aus der polnischen Konkursmasse von Moskau den Litauern gewissermaßen als Morgengabe der neuen Zusammenarbeit übergeben werden. Alle drei Beistandspakte wurden durch Handelsverträge ergänzt, die den minimalen Wirtschaftsaustausch der Jahre nach 1917 in Massenlieferungen umwandelten, die sehr bald auf eine Ausbeutung der baltischen Länder hinausliefen. Die Einsichtigen unter den Politikern der baltischen Staaten wußten genau, was ihre Länder zu erwarten hatten. Der Weg, der zur endgültigen Annexion durch die Sowjetunion führte, war bereits vorgezeichnet. Die Hoffnungen, die man seinerzeit auf eine Unterstützung durch die Westmächte, insbesondere England, gesetzt hatte, waren zerschellt.

Angesichts der politischen Konstellation, die sich seit dem 23. August ergeben hatte, schien keine andere Möglichkeit offen zu bleiben, sich gegen die drohende Entwicklung zu sperren, als die einer möglichst intensiven Zusammenarbeit der baltischen Staaten untereinander.

Im geheimen Zusatzprotokoll vom 28. September war ein großzügiger Bevölkerungsaustausch zwischen Deutschland und der Sowjetunion vereinbart worden. Im Einvernehmen mit den örtlichen Behörden sollten alle Personen deutscher Staatsangehörigkeit oder deutscher Abstammung, sofern sie den Wunsch danach hatten, unter Wahrung aller Vermögensrechte nach Deutschland oder in die deutschen Interessengebiete umsiedeln dürfen. Dasselbe bezog sich auch auf Ukrainer und Weißrussen aus den Deutschland zugewiesenen Teilen Polens.

Die Umsiedlung der baltischen Deutschen mußte diesen, so schmerzlich der Verlust der Heimat auch war, doch als eine Sicherung gegenüber den Gefahren, die sie von der Bolschewiesierung des Landes erwarteten, erscheinen. Sie wurde in einer Zusammenarbeit zwischen deutschen und sowjetischen Instanzen in gemeinsamen Kommissionen abgeschlossen, die reibungslos ablief, ebenso wie auch die anschließende Umsiedlung von sogenannten volksdeutschen Bauern aus dem östlichen Polen und später aus Bessarabien und der Bukowina[58].

Die deutsch-sowjetische Kooperation und die Komintern

Gibt man sich Rechenschaft von dieser deutsch-sowjetischen Kooperation, so kann man wohl mit Recht behaupten, daß beiderseits eine pragmatische Betrachtungsweise vorlag und die Verbindung im großen ganzen den Charakter einer zweckgebundenen Vernunftehe trug, deren Vorteile skrupellos gegenüber der Umwelt und nicht ohne Mißtrauen gegeneinander ausgenutzt wurden. Es geht aber doch wohl zu weit, wenn man sagt, Hitler und Stalin hätten ohne jede Illusion miteinander verhandelt[59]. Hitlers Illusion bestand darin, daß er glaubte, Zeuge einer großen Evolution in Rußland zu sein, die den Bolschewismus von seiner internationalen Basis entfernen und zu einem »slawisch-moskowitischen Nationalismus« zurückführen könnte[60]. Stalins Illusion bestand darin, daß er an eine lange Dauer der mit Deutschland abgeschlossenen Verträge glaubte. Er sah einen langen, hartnäckigen und blutigen Krieg im Westen voraus und glaubte, die Eintracht mit Hitler würde wohl ebensolange dauern wie der Krieg selbst oder wenigstens bis zu dessen letzter und entscheidender Phase. Dann wäre der Zeitpunkt gekommen, ähnlich wie im polnischen Feldzug, auch hier in zwölfter Stunde als Nutznießer auf Seiten des Siegers aufzutreten und seinen Gewinn einzustecken.

Die politische Zusammenarbeit zwischen Deutschland und der Sowjetunion kam zunächst in dem gemeinsamen Feldzug für einen sofortigen Frieden zum Ausdruck, der sogleich im Anschluß an den Polenkrieg gestartet wurde. Sollten sich England und Frankreich nicht zu einem neuen München bereitfinden, so würde damit die Tatsache feststehen, daß sie beide für die Fortsetzung des Krieges verantwortlich seien – hieß es in der gemeinsamen Erklärung vom 29. September. An einem solchen neuen München hätte die Sowjetunion teilnehmen und ein gewichtiges Wort mitreden können. Es war interessant, daß Stalin für diese Friedenskampagne auch den ganzen Apparat der Komintern einschaltete. In Italien, Belgien und den USA lief die kommunistische Agitation unter der Parole, sich nicht in den Krieg hineinziehen zu lassen. In England nahm ein sogenannter Volkskongreß im Januar 1940 Stellung gegen den »imperialistischen Krieg« und gegen die nationale Haltung der Labour Party. Besonders verwirrt waren die französischen Kommunisten: sie hatten zunächst für die Kriegskredite gestimmt und wurden nun Anfang November 1939 zurückgepfiffen, um sich, so sauer es ihnen fiel, auch in die Front der Kriegsgegner einzureihen[61]. Die nach Moskau geflüchteten Führer der deutschen Kommunisten taten sich durch besonders heftige Ausfälle gegen England und Frankreich hervor. Auch Walter Ulbricht, einer der Sekretäre der Komintern, setzte sich für Hitlers Friedensvorschläge ein und stellte fest, daß das sowjetische Volk und die deutschen Arbeiter ein gemeinsames Interesse hätten, den englischen Kriegsplan zum Scheitern zu bringen. Es kam so weit, daß Molotovs große »Friedensrede« vom 31. August vor dem Obersten Sowjet von deutschen Flugzeugen über Frankreich in Tausenden von Broschüren abgeworfen wurde und daß tschechische kommunistische Führer mit Genehmigung deutscher Behörden im Protektorat Böhmen-Mähren Inspektionsreisen vornehmen konnten.

Aus allen offiziellen Reden, die Molotov von August 1939 bis Juli 1940 gehalten hat, klingt die These heraus, daß der ideologische Gegensatz auf keinen Fall einer engeren Zusammenarbeit mit Hitler im Wege stehen dürfe. Europa brauche ein starkes Deutschland, und die Verantwortung für den Krieg falle hauptsächlich auf England und Frankreich, die allein auch seine Fortsetzung und seine Ausweitung wünschten. Der von diesen beiden Staaten verlängerte Krieg sei ein imperialistischer Krieg, der einzig und allein dem Zwecke diene, England und Frankreich ihre Kolonien zu erhalten. Diese Lesart war die Wiedergabe der offiziellen außenpolitischen Linie der KPdSU und wurde von der gesamten Presse und vom gesamten Propagandaapparat übernommen.

Neben der politischen Kooperation stand die militärische. Vielleicht in Erinnerung an die militärischen Verbindungen in den zwanziger Jahren gingen militärische Kreise auf beiden Seiten daran, eine engere Zusammenarbeit herzustellen. Sie zeigte sich zunächst auf marinestrategischem Gebiet. Die Sowjetunion stellte Deutschland einen »Marinestützpunkt Nord« in der Nähe von Murmansk zur Verfügung, der bis Anfang September 1940 benutzt wurde. Als Gegenleistung hoffte man die Baupläne der neuesten deutschen Schlachtschiffe, Konstruktionspläne für Flakbatterien, Schiffspanzertürme und ähnliches zu erlangen. Verhandlungen darüber liefen ab September 1939. Tatsächlich stellte Deutschland der Sowjetunion den Kreuzer »Lützow« zur Verfügung; deutsche Techniker übernahmen auf den Leningrader Werften den Bau oder Umbau sowjetischer Kriegsschiffe; der deutsche Passagierdampfer »Bremen« fand auf der Rückfahrt von Amerika einen Unterschlupf in Murmansk, wo nach seiner Abfahrt alle ausländischen Schiffe drei Tage lang zurückgehalten wurden. Sehr weit ging allerdings diese Zusammenarbeit nicht, da Hitler sein Mißtrauen gegen die Sowjetunion nicht überwinden konnte. Er lehnte zum Beispiel den Vorschlag, deutsche U-Boote auf russischen Werften bauen zu lassen oder sie anzukaufen, ebenso ab wie den Verkauf des schweren Kreuzers »Seydlitz« und die Überlassung der Konstruktionspläne des Schlachtschiffes »Bismarck«.

Besser funktionierte die wirtschaftliche Hilfe der Sowjetunion. Stalin selbst legte größten Wert auf eine korrekte Einhaltung der Bedingungen und auf die Berücksichtigung zusätzlicher deutscher Wünsche. In seinem Gespräch mit einem deutschen Beauftragten betonte er, daß die Sowjetunion, wenn die Zusammenarbeit noch 4 bis 5 Jahre dauere, in der Lage sein werde, »zwei Deutschland« zu versorgen![62]). Nach dem am 10. Februar 1940 abgeschlossenen großen Wirtschaftsabkommen sollte Deutschland innerhalb der ersten zwölf Monate Lieferungen im Wert von 800 Millionen Mark erhalten. Dazu gehörten unter anderem 900 000 t Erdöl, 100 000 t Baumwolle, 500 000 t Eisenerz, 300 000 t Schrott und Roheisen, 2 400 kg Platin, ferner Manganerz, Bauholz, Futtergetreide, Hülsenfrüchte usw. Aus einer Aufzeichnung des deutschen Unterhändlers vom 28. September 1940 geht hervor, daß die Sowjetunion in einem Jahr allein an Getreide fast 1 Million t geliefert hatte. Beiderseits maß man dem Wirtschaftsverkehr größte politische Bedeutung zu. Die »Pravda« feierte am 18. Februar 1940 das Abkommen in enthusiastischer Weise.

Die sowjetischen Lieferungen erfolgten korrekt und pünktlich. Die deutschen Gegenlieferungen an Industriewaren verzögerten sich nicht selten infolge der Kriegführung; im März 1940 sah sich die Sowjetregierung veranlaßt, an die genaue Einhaltung der Vertragsbestimmungen zu erinnern. Sie selbst war so peinlich auf die korrekte Durchführung bedacht, daß sogar Artikel anderer Wirtschaftsverträge Deutschland mittelbar zur Verfügung gestellt wurden. So kam etwa englisches Gummi und Zinn, das laut Abkommen vom 11. Oktober 1939 gegen russisches Nutzholz geliefert wurde, teilweise auch Deutschland zugute; als England Garantien verlangte, die so etwas unmöglich machen sollten, lehnte die Sowjetunion es ab, diese zu geben. Andere von Deutschland benötigte Rohstoffe wurden durch sowjetische Vermittlung im Ausland beschafft oder rollten über sowjetische Häfen und sowjetische Bahnen nach Deutschland. So konnte die deutsche Kriegswirtschaft Lieferungen aus Fernost und Übersee erhalten und sich damit teilweise den Auswirkungen der englischen Blockade entziehen.

Die Vorteile aus dieser Kooperation lagen für die Sowjetunion zunächst ausschließlich auf dem politischen Sektor. Hier ging man bald an einen weiteren Ausbau seines Einflußgebietes.

Der Winterkrieg in Finnland

Über die baltischen Staaten hinaus lag ein weiteres Ziel der sowjetischen Außenpolitik, von dem in allen Gesprächen des Sommers 1939 wenig die Rede gewesen war. Es handelte sich um Finnland, ein Land, das sowohl in Deutschland als auch bei den Westmächten, insbesondere in den USA, große Sympathien genoß, die nicht außer acht gelassen werden durften. Trotzdem glaubte man im Kreml nach den bisherigen Erfolgen in der Zusammenarbeit mit Deutschland eine Belastungsprobe in dieser Richtung riskieren zu können. Auf die Westmächte brauchte zunächst keine Rücksicht genommen zu werden. Anschließend an die Verhandlungen mit den baltischen Staaten waren daher am 5. Oktober auch mit Finnland Besprechungen aufgenommen worden. Sie verliefen längst nicht so reibungslos wie jene. Der finnische Widerstand war zäh.

Die sowjetischen Forderungen konzentrierten sich vor allem auf eine Zurücknahme der Grenze auf der karelischen Landenge. Schon Katharina II. hatte in einer schwachen Stunde während des Krieges gegen Gustav III. von Schweden ihren Vorgänger, Peter den Großen, dafür getadelt, daß er die Hauptstadt des Reiches so nah an der Grenze errichtete. 1919 hatten die Sowjets die Bedrohung Leningrads durch die weißen Armeen Finnlands empfunden, als die Truppen Judeničs von Südwesten im Anmarsch waren und die englische Flotte Kronstadt gegenüber eine drohende Haltung annahm. Jetzt empfand man die auf der karelischen Landenge angelegten Befestigungen als eine auf Leningrad gerichtete Pistole; die Stadt könnte, hieß es, von hier, aus einer Entfernung von nur 32 km, ebenso mit Ferngeschützen unter Feuer genommen werden wie Kronstadt von Viipuri (Wiborg) aus; finnische Flugzeuge könnten Leningrad in 2 bis 4 Minuten erreichen. Auch die Murmanbahn glaubte man durch die Grenzziehung in Karelien finnischer Bedrohung ausgesetzt.

Abgesehen davon, daß Leningrad jetzt nicht mehr die zentrale Bedeutung zukam wie im 18. und 19. Jahrhundert, übersah man dabei, daß die sogenannte Mannerheimlinie keinen Festungsgürtel im Sinne der Maginotlinie darstellte. Von den nur 96 betonierten Unterständen der 125 km langen Befestigungslinie waren nur 29 modernen Anforderungen gewachsen.

Diesen Forderungen zur Seite trat die weitere, die Halbinsel Hanko (Hangö) am Eingang zum Finnischen Meerbusen und den finnischen Teil der Fischerhalbinsel mit Petsamo, dem einzigen eisfreien Hafen Finnlands am Nördlichen Eismeer, zwecks Errichtung von sowjetischen Marine- und Luftstützpunkten an die Sowjetunion zu verpachten. Für die abgetretenen Gebiete bot die Sowjetregierung Finnland ein territorial doppelt so großes, aber wirtschaftlich weit weniger wertvolles Gebiet in Nordkarelien an. Ministerpräsident Paasikivi, der schon 1921 den Friedensvertrag mit der Sowjetunion unterzeichnet hatte, war bereit, in allen Punkten nachzugeben, außer der Abtretung Hankos, des Schlüssels zum Finnischen Meerbusen. Damit glaubte er die strategische und nationale Sicherheit seines Landes aufs Spiel zu setzen, und er wußte sich darin eins mit dem ganzen Volke. Die Unterhandlungen wurden am 13. November abgebrochen[63]. Finnland begann zu mobilisieren und verstärkte seine Truppen an der karelischen Front. Die sowjetische Antwort darauf war die Kündigung des Nichtangriffspakts am 28. November. Zwei Tage darauf griffen 30 russische Divisionen an acht Punkten der langen gemeinsamen Grenze an, und noch am selben Morgen wurde Helsinki von der Roten Luftwaffe bombardiert. Der finnische Winterkrieg von 1939/40 hatte begonnen.

Der sowjetische Plan rechnete damit, daß die Tatsache des Angriffs als solche und das Bombardement der finnischen Städte genügen würde, das Volk zur Erhebung gegen seine Regierung zu veranlassen. Daher setzte man zunächst nur geringe Truppen des Leningrader Militärbezirks ein. Man hatte erwartet, daß der Feldzug nur einen Spaziergang darstellen werde und es ein leichtes sein müßte, die finnischen Truppen zurückzuwerfen. Aber schon der erste Hauptstoß der Roten Armee durch die Mannerheimlinie traf auf einen unerwartet heftigen Widerstand. Er wurde unterstützt durch die Unwegsamkeit des Geländes zwischen Wald, Seen und Morästen, durch Unwetter und Schneegestöber. Die finnischen Skipatrouillen in Tarnanzügen umkreisten ständig den Feind. Plötzlich tauchten sie aus den Wäldern auf, griffen sowjetische Kolonnen an, schnitten sie von ihrem Nachschub ab. Hunderte von russischen Panzern blieben in Schnee und Morast stecken, unzählige wurden in großer Kühnheit angegriffen und vernichtet. Die Luftangriffe der roten Flieger trugen nur dazu bei, den verbissenen Widerstandswillen der Finnländer zu verstärken. Die sowjetischen Verluste waren ungeheuer groß. Der Versuch, an der engsten Stelle Finnlands, über Kajaani, zum Bottnischen Meerbusen durchzubrechen, scheiterte. Nur der Handstreich auf Petsamo glückte. Als die sowjetische Führung erkannte, daß sie im Waldkrieg des Nordens keine Erfolge zu erwarten hatte, faßte sie den Entschluß, ihre Anstrengungen auf die Mannerheimlinie zu konzentrieren, um hier einen Durchbruch zu erzwingen.

Am 2. Februar 1940 setzte Marschall Timošenko 27 Divisionen mit einer ungeheuren Anzahl von Geschützen zum Sturm auf die Mannerheimlinie an. Nach zehn Tagen gelang ihnen ein Durchbruch. Der Widerstand der Finnländer brach zusammen, vom 15. Februar an fluteten ihre Truppen zurück. Im offenen

Felde war es unmöglich, die sowjetischen Divisionen aufzuhalten. Finnland war gezwungen, um einen Waffenstillstand zu bitten.

Mittlerweile hatte sich der ganzen Welt eine starke Empörung über den sowjetischen Überfall auf Finnland bemächtigt; der Völkerbund schloß am 14. Dezember 1939 die Sowjetunion aus seinen Reihen aus. In erster Linie wurde die Öffentlichkeit der skandinavischen Länder dadurch berührt. Am 7. Dezember unterzeichneten die drei skandinavischen Außenminster zwar eine Neutralitätserklärung, jedoch versuchte die schwedische Regierung mehrfach in Berlin zugunsten Finnlands zu intervenieren. Sie erhielt die nur zu einem Teil beruhigende Zusicherung, daß Deutschland an einer Ausweitung des finnisch-russischen Konflikts nicht interessiert sei. Ein deutsch-russischer Gedankenaustausch im Februar 1940 bestätigte nochmals die gemeinsame Absicht, die schwedische Neutralität aufrechtzuerhalten; eine TASS-Meldung vom 3. März gab diesem Entschluß Ausdruck. So kam denn eine Verwendung der deutschen Regierung zugunsten Finnlands bei der augenblicklichen Konstellation der Dinge nicht in Frage. Waffenlieferungen, die aus der polnischen Beute Finnland zugesichert worden waren, wurden im Dezember 1939 gestoppt.

In England, Frankreich und den USA »flammte die ganze Empörung, die der Ribbentrop-Molotov-Pakt hervorgerufen hatte, angesichts dieses neuen Schauspiels brutaler Aggression und Vergewaltigung wieder auf, vermischt mit Verachtung für die von den Sowjettruppen an den Tag gelegte Untüchtigkeit und mit Begeisterung für die heldenmütigen Finnen«[64]. Es regte sich der Wunsch, den Finnen durch Entsendung von Kriegsmaterial und Freiwilligen zu helfen. Den ganzen Winter hindurch liefen Besprechungen zwischen den Regierungen und Generalstäben Englands und Frankreichs wegen Entsendung eines Expeditionskorps nach Finnland. Hierfür gab es ebenso wie für die Lieferungen jedoch nur einen Weg. Er führte über Narvik, durch neutrales norwegisches und schwedisches Gebiet. Von Bedeutung war, daß die auf dieser Strecke liegenden schwedischen Erzgruben zugleich auch durch ein derartiges Unternehmen einem deutschen Zugriff entzogen werden konnten.

Es ist nicht zu einem Eingreifen der Westmächte zugunsten Finnlands gekommen. Norwegen und Schweden waren nicht bereit, ihre Neutralität aufs Spiel zu setzen. Es ist möglich, daß man sich in England und Frankreich auch entschlossen hätte, über diese Hemmnisse hinwegzusehen. Das gesamte Unternehmen wurde jedoch mit einiger Skepsis betrachtet und kam nur langsam voran. In Finnland fürchtete man, daß die aus einer englisch-französischen Landung in Norwegen sich ergebende Erweiterung des Weltkriegsschauplatzes auf den ganzen skandinavischen Norden so weitgehende Konsequenzen nach sich ziehen würde, daß von einer effektiven militärischen Hilfe für Finnland selbst nur wenig zu erhoffen gewesen wäre. Sie wäre zu schwach gewesen und zudem noch zu spät gekommen, wie nicht nur die »Izvestija« damals richtig vermutete.

In ihrem traditionellen nüchternen Realismus beschloß die finnische Regierung, sich dem Unvermeidlichen zu fügen. Eine letzte alliierte Forderung an die skandinavischen Regierungen auf Durchmarsch von Truppen zur Unterstützung Finnlands am 11. und 12. März 1940 war abgelehnt worden. Der Entschluß Englands und Frankreichs, auch ohne diese Durchmarscherlaubnis ein Expeditionskorps in Marsch zu setzen und die diplomatischen Beziehungen zur Sowjetunion in diesem Fall abzubrechen, kam zu spät. Die Friedensverhandlungen hatten bereits begonnen; am 12. März wurde der Vertrag in Moskau unterzeichnet[65].

Finnland trat die karelische Landenge und das Gebiet an der Nordbucht des Ladogasees mit Viipuri, Käkisalmi (Kexholm) und Sortavala sowie Teile der Fischerhalbinsel und mehrere kleine Inseln im Finnischen Meerbusen an die Sowjetunion ab. An der finnischen Ostgrenze wurde im Bezirk von Kandalakša die Grenze etwas zurückverlegt. Die Halbinsel Hanko mit anliegenden Inseln wurde für 30 Jahre gegen eine jährliche Pacht von 8 Millionen Finnmark an die Sowjetunion zwecks Errichtung eines Marinestützpunktes verpachtet. Finnland mußte sich verpflichten, jeder feindlichen Koalition gegen die Sowjetunion fernzubleiben. Der Hafen Petsamo wurde zurückgegeben.

Die freundschaftlichen Beziehungen zwischen der Sowjetunion und Deutschland hatten die Belastungsprobe des finnischen Krieges überstanden. Auf die Glückwünsche Hitlers zu seinem 60. Geburtstag im Dezember 1939 hatte Stalin geantwortet: »Die Freundschaft der Völker Deutschlands und der Sowjetunion, die mit Blut zementiert ist, hat alle Aussicht, eine feste und dauerhafte Freundschaft zu werden.« Am 11. Februar wurde der deutsch-russische Handelsvertrag sehr zum Vorteil der deutschen Getreideversorgung erweitert. Zwar lehnte Stalin eine Einladung nach Berlin, die ihn im März 1940 erreichte, ab, doch wurde die Ablehnung damit motiviert, daß Stalin eine Abneigung dagegen empfinde, in einer ihm nicht vertrauten Umgebung zu erscheinen.

Nahost-Pläne der Alliierten

Zum Verständnis der Gesamtlage im Frühjahr 1940 ist es nicht unerheblich zu wissen, daß der Sowjetunion damals neben der Möglichkeit eines kriegerischen Zusammenstoßes mit den Westmächten im europäischen Norden auch noch an einer anderen Stelle die Gefahr einer kriegerischen Verwicklung drohte: vom Vorderen Orient aus.

Hier entfaltete General Weygand als Leiter der französischen Militärmission in Beirut ab August 1939 eine sehr starke Aktivität. Als die Sowjetunion bald darauf – im September – die Türkei in Verhandlungen wegen Abschluß eines Nichtangriffspakts zog, nahmen England und Frankreich Besprechungen auf, die auf eine Verstärkung ihrer nahöstlichen Position hinzielten. Es war ihrer engen Fühlungnahme mit der türkischen Regierung zu verdanken, wenn die Türkei sich schließlich dem sowjetischen Werben entzog, zumal die sowjetischen Verpflichtungen im Falle eines deutschen Angriffs auf die Türkei nicht gelten sollten. Am 19. Oktober wurden Beistandspakte mit England und Frankreich abgeschlossen.

Es war der türkischen Regierung klar, daß ihr zur Zeit Gefahren im Sinne einer Einbuße ihrer staatlichen Integrität nur von seiten des deutsch-russischen Bündnisses drohten. Nur eine Anlehnung an die Westmächte konnte sie davor bewahren. Eine derartige Option mußte aber außerordentlich vorsichtig vorgenommen werden, um der Gegenseite keinen Anlaß zu Sanktionen zu geben. Aus diesem Grunde wurde in einer Klausel des Beistandspakts festgelegt, daß dieser in keinem Falle einen Konflikt mit Sowjetrußland nach sich ziehen dürfe.

Am 20. Januar 1940 fand in Beirut eine anglo-französische Konferenz statt, an die sich Besprechungen in Ankara und Kairo knüpften. Neben dem Plan, ein Expeditionskorps nach Saloniki zur Unterstützung Griechenlands gegen die Achsenmächte zu entsenden, beschäftigte die Alliierten auch noch der Gedanke, Deutschland die Ölzufuhr aus dem Kaukasus abzuschneiden. Das war erfolgreich nur durch eine Aktion gegen die russische Ölindustrie zu erreichen. Vom Februar bis zum April 1940 beschäftigte dieser Gedanke den französischen Generalstab; er hat in Aufzeichnungen des Ministerpräsidenten Daladier und des Generals Gamelin, in Meldungen des französischen Botschafters Massigli aus Ankara und in Briefen Weygands an den Generalstab seinen Niederschlag gefunden[66]. Von einem Luftangriff auf Baku und Batum in neun Gruppen moderner französischer und englischer Bombenflugzeuge vom persischen und irakischen Territorium aus versprach man sich die Lahmlegung von 75 % der russischen Ölproduktion und als politischen Nebenerfolg eine Beunruhigung der mohammedanischen Bevölkerung des Kaukasus. Die Operation sollte durch ein Marineunternehmen im Schwarzen Meer unterstützt werden. Inoffizielle Anfragen in der Türkei ließen erkennen, daß die Regierung sich zwar davor scheute, in einen Krieg mit Sowjetrußland hineingezogen zu werden, daß aber im Falle eines Überfliegens türkischen Territoriums keine entsprechenden Proteste zu erwarten wären. Der Aktionsplan erhielt nach Beendigung des Finnlandkrieges größere Aktualität, weil jetzt die Interventionspläne im Norden wegfielen und man sich von einer Verlagerung des Schwerpunkts der alliierten Maßnahmen auf den östlichen Mittelmeerraum einen Eindruck auf Italien versprechen konnte. Auch der Regierungswechsel in Frankreich, der am 23. März Reynaud an die Stelle von Daladier setzte, bedeutete noch keine Aufgabe dieser Pläne. Da die Vorbereitungen jedoch einige Zeit in Anspruch nahmen und sowohl Flugzeuge aus Nordafrika und Frankreich, als auch Materialnachschub herangeholt werden mußten, zudem auch die Türkei noch einige Zeit brauchte, um sich vor eventuellen sowjetischen Vergeltungsmaßnahmen zu schützen, schlug Weygand am 17. April vor, die Aktion auf Ende Juni 1940 anzusetzen.

In Moskau machte sich eine gewisse Unruhe bemerkbar. Der türkische Geschäftsträger berichtete, daß die Russen bei amerikanischen Sachverständigen angefragt hätten, wie im Falle einer Bombardierung von Baku am zweckmäßigsten Brände zu löschen seien; die Auskünfte hätten nicht sehr ermutigend gelautet, eine Evakuierung der Bevölkerung mindestens 50 km weit wäre notwendig. Die sowjetische Presse nahm eine drohende Haltung gegen die Türkei ein und beschuldigte die türkische Regierung, von ihrer neutralen Haltung abgewichen zu sein. Am 25. April warnte die »Pravda« die Türken vor den »Machenschaften der britischen und französischen Imperialisten«.

Die Annexion der baltischen Staaten und Bessarabiens

Der deutsche Angriff im Westen im Mai 1940 enthob die Sowjets dieser Sorge. Zu dem Termin, zu dem Weygand den Angriff auf Baku geplant hatte, lag Frankreich bereits am Boden. In gewissem Sinne wird man daher in Moskau die Nachricht vom Ausbruch der Kämpfe im Westen mit Genugtuung empfangen haben. Man wußte auch genau, daß nur die Rückendeckung des Augustabkommens Hitler die Möglichkeit gegeben hatte, die russische Front fast völlig von Truppen zu entblößen und alle Kräfte im Westen einzusetzen. Unerwartet kam jedoch die Schnelligkeit des französischen Zusammenbruchs. Hier konnten die üblichen Glückwünsche an Hitler etwas gepreßt klingen. Hatte man doch nunmehr damit zu rechnen, daß die Macht Deutschlands schlagartig wuchs, und daß Hitler von nun ab nicht mehr in dem Maße auf Sowjetrußland angewiesen war wie zuvor. Nun galt es, die eigene Position, zunächst im Rahmen der vorliegenden Möglichkeiten, auszubauen. Stalin nahm die gewaltige Verschiebung des europäischen Kräfteverhältnisses zum Anlaß, auch die letzten Früchte aus dem Ribbentrop-Pakt zu ernten.

Den baltischen Staaten war es nicht zu verdenken, wenn sie unter dem Eindruck des finnischen Krieges, weitab von den Westmächten und von Deutschland abgeschnitten, zunächst enger zusammenzurücken bestrebt waren[67]. Die Sowjetregierung warf den Regierungen Estlands, Lettlands und Litauens vor, »hinter dem Rücken des Volkes« einen militärischen Geheimpakt untereinander abgeschlossen zu haben, der gegen Moskau gerichtet sei. Angebliche antisowjetische Provokationen, insbesondere in Litauen, gaben Anlaß zum Eingreifen. Molotov forderte in einer dem litauischen Gesandten überreichten, auch Riga und Reval bekanntgegebenen Note die Neubildung der litauischen Regierung und Bestrafung der für die angeblichen Provokationen verantwortlichen höchsten Beamten, sowie freies Durchmarschrecht für sowjetische Truppen nach den wichtigsten Zentren des Landes. Litauen brach unter diesem massiven Druck zusammen. Die Rote Armee überschritt die Grenze, Präsident Smetona flüchtete außer Landes. Als Sonderbeauftragter des Kreml sorgte der spätere Botschafter in Berlin V. G. Dekanosov für die Neubildung einer kommunistischen Regierung und die

Vorbereitung einer Eingliederung Litauens in die Sowjetunion. Parallel dazu rollte dasselbe Bild auch in den beiden anderen baltischen Staaten ab. Nach Riga wurde Vyšinskij, nach Reval Ždanov entsandt, in dessen Händen zugleich die Koordinierung der Gesamtaktion lag. Eine dünne kommunistische Schicht, durch infiltrierte Elemente aus der Sowjetunion verstärkt, vollzog auch hier einen Umschwung, der zum Sturz der bisherigen Regierungen führte[68]. Die Staatspräsidenten Päts von Estland und Ulmanis von Lettland wurden nach Rußland verschleppt. Das entscheidende Moment war bei dieser Umwälzung nicht der Wille des Volkes, sondern die bewaffnete Macht Rußlands. Die Rote Armee übernahm jetzt eine Funktion, die nach der Vorstellung der alten Bolschewisten eigentlich bei den arbeitenden Massen des Volkes liegen sollte. Die Ereignisse in den baltischen Ländern verdeutlichen die Wandlung, die die Sowjetunion von einem Revolutionsstaat zu einer imperialistischen Großmacht umgeformt hatte. Diese trat jetzt ungehemmt das Erbe des zaristischen Reiches an.

Um nach außen hin das Gesicht zu wahren, wurden Volksdemonstrationen und Parlamentswahlen veranstaltet, die den Anschluß an die Sowjetunion verlangten. Die – an sich nicht verfassungsmäßigen – Wahlen zu den neuen Volksvertretungen verliefen wunschgemäß. Im Juli faßten diese »einstimmig« den Beschluß, die sowjetische Regierungsform einzuführen und um Aufnahme in die Sowjetunion zu bitten.

Gleichzeitig stieß Moskau auch im Südwesten vor. In einer Note an Rumänien vom 26. Juni 1940 verlangte Molotov »im Interesse der Wiederherstellung der Gerechtigkeit« die Herausgabe Bessarabiens, das 1918 aus russischen Händen in rumänische übergegangen war. Da aber die Nordbukowina durch Sprache, nationale Struktur und gemeinsame Geschichte unlöslich mit Bessarabien verbunden sei, sollte auch diese Provinz abgetreten werden, zudem sie bereits 1918 – vermutlich vereinzelte kommunistische Stimmen – sich für einen Anschluß an Rußland ausgesprochen hätte. War von Bessarabien schon im Geheimprotokoll vom 23. August die Rede gewesen, so war der sowjetische Anspruch auf das Buchenland neu. Schon die überstürzte Sowjetisierung des Baltikums hatte Hitler verärgert; er hatte, als Litauen von sowjetischen Truppen besetzt wurde, die nach der Rückgewinnung des Memelgebietes im Jahre 1939 eingeräumte Freihafenzone am 9. August 1940 der nunmehrigen Litauischen Sowjetregierung gegenüber gekündigt. Jetzt machte er nach Ribbentrops Aussage in Nürnberg seinem Unwillen über diesen sowjetischen Einbruch in den Balkan mit den Worten: »Ich lasse mich von den Russen nicht länger an die Wand drücken« Luft. Ein Bruch mit Moskau erschien ihm aber zunächst noch verfrüht.

Nach einigem Zögern und einigen Rückfragen in Berlin nahm die rumänische Regierung den sowjetischen Vorschlag an. Die Rote Armee besetzte die beiden Provinzen. Im Gegensatz zu Bessarabien war die Nordbukowina mit der Hauptstadt Tschernowitz altösterreichisches Land und hatte früher nie zu Rußland gehört (Bessarabien: 1812–1918). Auf der am 1. August 1940 eröffneten VII. Tagung des Obersten Sowjets der UdSSR waren bereits die Vertreter der baltischen Staaten und der rumänischen Provinzen anwesend. Der Kongreß beschloß die Aufnahme der Litauischen, Lettischen und Estnischen SSR in die Sowjetunion, die Konstituierung einer besonderen Moldauer SSR und die Aufnahme der Nordbukowina in die Ukrainische SSR. Die »unlösliche Verbundenheit« der beiden rumänischen Provinzen wurde jetzt nicht einmal dadurch gewahrt, daß sie administrativ zu einer Sowjetrepublik vereinigt wurden. Litauen wurde allerdings das ehemals polnische Wilnagebiet, das 1939 in russische Hände übergegangen war, wie schon erwähnt, zugesprochen und übereignet. Daß gerade die nationale bürgerliche Oberschicht, die sich mit besonderer Inbrunst an den Charakter Wilnas als historischer Hauptstadt Litauens durch die ganzen Jahre zwischen den Weltkriegen geklammert hatte, durch Flucht oder Verschleppung bald von der Bildfläche verschwand, nahm allerdings dieser Geste sehr schnell ihre Bedeutung.

Seit dem VII. Sowjetkongreß bestand die Sowjetunion aus 16 Unionsrepubliken[69].

Deutsch-russische Rivalität auf dem Balkan

Das sowjetische Interesse an der Balkanfrage ging weit über Bessarabien hinaus.

Es war nicht von ungefähr, wenn Molotov bald nach der Kapitulation Frankreichs zum italienischen Botschafter in Moskau äußerte, die Sowjetregierung sehe den Krieg praktisch als beendet an, die Interessen der Sowjetunion lägen jetzt in der Hauptsache auf dem Balkan. Hier wolle sie ihren Einfluß auf Bulgarien ausdehnen, um den Türken nicht allein die Nutznießung der Meerengen zu überlassen. Es bleibe dahingestellt, ob Molotov damals, wenn er England gar nicht erwähnte, an einen englischen Friedensschritt geglaubt hat oder nicht, in dem Sinne, wie Hitler zunächst noch damit rechnete, ehe er den Luftkrieg gegen die Insel eröffnete und sich mit Landungsplänen trug. Tatsache ist, daß Hitler diese betonte Hervorhebung der sowjetischen Balkaninteressen ebenso ignorierte, wie die Meldung seines Botschafters aus Moskau im Juli 1940, daß Stalin Sir Stafford Cripps, den neuen britischen Botschafter, zwar empfangen, aber den Gedanken an eine Schwenkung der sowjetischen Außenpolitik gegen Deutschland strikt zurückgewiesen habe[70]. Als in dem von Ribbentrop und Ciano gefällten Wiener Schiedsspruch vom 30. August ein Gebietsaustausch zwischen Ungarn, Rumänien und Bulgarien vollzogen wurde und dann Deutschland und Italien die rumänische Grenze garantierten, mußte in Moskau die Frage aufgeworfen werden, wem gegenüber die Garantie erfolgte und warum die Sowjetunion hierbei nicht hinzugezogen wurde. Die deutsche These, daß laut Geheimabkommen vom 23. August 1939 mit der Erwerbung Bessarabiens alle russischen Interessen auf dem Balkan befriedigt seien, wurde als irrig bezeichnet[71]. Am 21. September meldete Molotov in einem Memorandum die sowjetischen Balkaninteressen eindeutig an und protestierte dagegen, daß Deutschland Entscheidungen über Länder fälle, die an die Sowjetunion grenzten, ohne diese zu befragen. Es war nicht zu leugnen, daß die deutsch-russische Kooperation durch die Aufrollung der Balkanfragen ernstlich gefährdet war. Schon im September meinte Ciano als aufmerksamer Beobachter, der Traum einer Eintracht zwischen Deutschland und der Sowjetunion sei in dem Wiener Schiedsspruch für immer zunichte gemacht worden.

Mittlerweile entwickelte der sowjetische Gesandte in Sofia, Lavrent'ev, eine starke Aktivität. Ein sowjetisches Angebot an Bulgarien, einen Beistandspakt abzuschließen, war im Oktober 1939 abgelehnt worden. Im Januar 1940 wurde jedoch ein Handels- und Luftfahrtabkommen unterzeichnet und im Frühjahr eine direkte Flugverbindung Moskau-Sofia in Betrieb genommen. Daß auf diesen Grundlagen weitergebaut werden sollte, konnte seit dem Juni 1940 nicht mehr zweifelhaft sein. Gerade in der Pflege der Verbindung zu Bulgarien und in der Verstärkung des russischen Einflusses hier in nächster Nachbarschaft der Meerengen trat die Sowjetregierung besonders deutlich in die Fußspuren der zaristischen, panslawistisch orientierten Politik des 19. Jahrhunderts. Die Beziehungen zur Türkei hatten ohnehin seit dem Frühjahr 1940 eine Verschärfung erfahren. Hatte man jedoch bisher sein Hauptaugenmerk auf die Abwehr englischer und französischer Einflüsse gerichtet, so erhielt die russische Türkenpolitik im Herbst 1940 eine antideutsche Spitze.

Gewisse Spannungen Deutschland gegenüber traten auch bei der Donaukommission zutage. Als Deutschland die Anliegerstaaten und Italien zu einer Donaukonferenz zusammenberief, auf der die bisherige internationale Kommission aufgelöst und ein neues Donaustatut vorbereitet wurde, war die Sowjetunion nicht vertreten. Auf entsprechenden Protest Molotovs wurde dann im Oktober 1940 ein sowjetischer Vertreter hinzugezogen; am 28. Oktober konnte bereits in Bukarest in dessen Anwesenheit wegen des neuen Statuts verhandelt werden. Englische Einsprüche, die darin eine Verletzung der sowjetischen Neutralität sehen wollten, wurden von der Sowjetregierung zurückgewiesen.

Die Möglichkeiten, gemeinsam über Balkanfragen zu entscheiden und die gegenseitigen Interessen zu koordinieren, wurden jedoch bald durch Hitlers forciertes Vorgehen in Rumänien vereitelt. Sehr bald schon nach dem Wiener Schiedsspruch begab sich eine deutsche Militärmission nach Rumänien; am 11. Oktober trafen einige deutsche Lehrbataillone ein, um den Schutz der deutschen Erdölinteressen zu garantieren. Daß man in Moskau nichts gegen die deutschen wirtschaftlichen Vorteile in Rumänien einzuwenden hatte, hatte bereits eine sowjetische Note nach der Besetzung Bessarabiens zum Ausdruck gebracht; das Erscheinen von deutschen Truppen mußte jedoch als eklatante Provokation aufgefaßt werden.

War es Hitler klar, daß der Wettlauf auf dem Balkan in dieser Weise nicht weiter fortschreiten konnte? Zwei Tage nach dem Eintreffen der deutschen Truppenteile in Rumänien, am 13. Oktober 1940, schrieb v. Ribbentrop einen Brief an Stalin, in dem Molotov zu Besprechungen nach Berlin eingeladen wurde. Es galt nicht mehr und nicht weniger als die Einbeziehung der Sowjetunion in den Dreimächtepakt, der am 27. September zwischen Deutschland, Italien und Japan abgeschlossen worden und an die Stelle des einstigen Antikominternpakts getreten war.

Hier wird der weltpolitische Zusammenhang mit der militärisch-politischen Lage im Westen deutlich.

Der Molotov-Besuch in Berlin

Nach der Katastrophe von Dünkirchen hatte Hitler sich zunächst in der Hoffnung auf einen englischen Friedensschritt gewiegt. Als sich diese Anfang Juli als Traumgespinst erwies, ging er an den Plan einer Niederringung Englands durch ein kombiniertes Landungsunternehmen, das durch einen gesteigerten Luftkrieg vorbereitet werden sollte. Dieses Unternehmen, mit dem Decknamen »Seelöwe« bezeichnet, wurde nach mehrfachem Schwanken auf den 21. September datiert. Es sollte aber nicht dazu kommen. Die Intensität des englischen Widerstandes gegen die deutschen Luftangriffe veranlaßte Hitler, bereits am 18. September den Aufmarsch der Marineeinheiten zu stoppen, um Mitte Oktober das Unternehmen als Ganzes, wenigstens zunächst, aufzugeben. In diesem Zusammenhang rückte das Rußlandproblem in den Vordergrund. In einer militärischen Lagebesprechung am 26. September meinte Großadmiral Raeder, ein Konflikt mit der Sowjetunion könnte durch eine großzügige Operation zur Beherrschung des östlichen Mittelmeeres und des Nahen Ostens vermieden werden. Hitler stimmte dem zu und warf den Gedanken auf, daß man Sowjetrußland zu einem Vorstoß nach Süden, nach Persien und Indien, ermutigen müsse. Der Zugang zum Indischen Ozean sei für Rußland viel wichtiger als die Position in Osteuropa. Durch eine Ablenkung der Sowjetunion nach Südasien würden, glaubte er, Reibungen mit Deutschland zu vermeiden sein; zudem lockte ihn die Aussicht, Rußland hier in einen Konflikt mit englischen Interessen verstrickt zu sehen.

Mit diesen Voraussetzungen ging die deutsche Politik in die Gespräche mit Molotov, die am 12. und 13. November 1940 in Berlin stattfanden. Stalin hatte auf das Schreiben Ribbentrops persönlich geantwortet und seiner Zuversicht, daß durch eine »langfristige Abgrenzung der beiderseitigen Interessen« eine weitere Verbesserung der gegenseitigen Beziehungen eintreten würde, Ausdruck gegeben. Er war auch bereit, die in Berlin begonnene Diskussion mit Ribbentrop in Moskau persönlich fortzusetzen, verschob aber die Entscheidung über die von Ribbentrop aufgeworfene Anregung, daß hierzu auch Vertreter Italiens und Japans hinzugezogen werden sollten.

Über den Molotovbesuch in Berlin hat der Dolmetscher P.

Schmidt als Augenzeuge einen authentischen und fesselnden Bericht aufgezeichnet. Ribbentrop versuchte zunächst, dem sowjetischen Außenminister mit dem lockenden Bilde einer Aufteilung des britischen Empires zu imponieren. Hierbei sollte der Sowjetunion als Interessengebiet das südwestliche Asien in Richtung auf den Persischen Golf und das Arabische Meer mit einem freien Zugang zum Mittelmeer zugesichert werden. Molotov stimmte dem Grundgedanken der Aussprache durchaus zu. Er begrüßte eine neue Aufteilung der Interessensphären auf Grund der seit 1939 verwandelten Weltlage. Aber er ließ sich nicht im geringsten durch die gigantischen Dimensionen, die Hitlers vor ihm entrollte Zukunftsperspektiven annahmen, faszinieren. Vielleicht erinnerten sie ihn, soweit sein schematischer Geist zu historischen Assoziationen fähig war, an Napoleons Weigerung, den Russen Konstantinopel zu überantworten, um statt dessen den zur Monomanie neigenden Zaren Paul I. für einen russischen Feldzug gegen Indien zu begeistern, der tatsächlich im Jahre 1800 anlief und nur dank dem plötzlichen Thronwechsel des nächsten Jahres buchstäblich im Sande der Kalmückensteppe verlief?

Molotov »trat Hitler wie ein Gleichgestellter gegenüber« (Schmidt), er blieb kühl und leidenschaftslos, Hitlers magische Dämonie prallte an seiner Nüchternheit ab. Hartnäckig riß er seine Gesprächspartner immer wieder aus ihren Phantasien heraus, indem er auf die Frage zurückkam, welche Gebiete Europas Hitler denn den Sowjets überlassen wolle. Am Dreimächtepakt wolle die Sowjetunion gern teilnehmen, allerdings nur als Partner, nicht als Objekt.

In einer zweiten Unterredung kristallisierten sich zwei große Fragenkomplexe heraus, auf die es der Sowjetregierung vor allem ankam. Der eine betraf den Balkan, der andere die Ostsee. In bezug auf den Balkan wollte Molotov wissen, ob die deutsche Garantie der rumänischen Grenzen auch der Sowjetunion gegenüber gelte. Er ließ Hitler wissen, daß die Sowjetregierung einen Beistandspakt mit Bulgarien unter Garantie des inneren Regimes und der Monarchie und eine Lösung des Problems der russischen Sicherheit auf dem Schwarzen Meer durch Errichtung von Stützpunkten an den Dardanellen plane. In bezug auf den Ostseeraum verlangte er, daß Deutschland der Sowjetunion volle Handlungsfreiheit in Finnland zugestehe und die dorthin entsandten Truppen zurückziehe. In der Tat hatte Hitler, nachdem er im finnischen Winterkrieg strikte Neutralität gewahrt hatte, nach der Niederwerfung Frankreichs mit Finnland ein Abkommen geschlossen, demzufolge deutsche Truppen und deutsches Material durch finnisches Gebiet nach Kirkenes in Norwegen transportiert werden durften. Ende September 1940 waren die ersten deutschen Schiffe in Finnland entladen worden. Die Tatsache, daß Deutschland auch mit Schweden ein ähnliches Abkommen geschlossen hatte, und daß eine Art Wettrennen zwischen den beiden Regierungen um die finnischen Nickelgruben von Petsamo einsetzte, vergrößerte das sowjetische Mißtrauen.

Es war ersichtlich, daß die Sowjetunion nicht nur Finnland ausschließlich zu seiner Einflußsphäre rechnete, sondern darüber hinaus in immer stärkerem Maße auch das Gesamtgebiet der Ostsee als eine Art russisches mare clausum zu betrachten begann. Dem türkischen Riegel an den Dardanellen entsprach hier im Norden, wie aus den Worten Molotovs in der abschließenden Unterredung deutlich hervorging, der dänische Sund. Unwillkürlich werden bei dieser in einem Atemzuge zusammengefaßten Bekanntgabe der russischen Expansionsziele die Worte des französischen Staatsmannes und Historikers Adolphe Thiers lebendig, die er angesichts des Druckes des Zarenreiches auf Europa im Zeitalter Nikolajs I. äußerte: »Wenn der russische Koloß den einen Fuß auf den Dardanellen, den anderen auf dem Sund hat, so wird die alte Welt Sklavin, die Freiheit aber nach Amerika flüchtig[72].« Anders jedoch als die Westmächte im Krimkriege, die die russische Machtstellung in der Ostsee unangetastet ließen, die Niederwerfung der Türkei und Gewinnung der Meerengen aber nicht zulassen wollten, sträubte sich Hitler sowohl an der einen, als auch an der anderen Druckstelle gegen Konzessionen an die Russen. Wenn Hitler einwandte, daß er die Vereinbarungen wegen Finnland vom August 1939 zwar nicht widerrufen, aber auch keinesfalls einen neuen Krieg im Baltikum dulden könne, so wäre auf der anderen Seite ein Nachgeben an der Balkanfront denkbar gewesen, das nicht den »deutschen Lebensinteressen« widersprochen hätte. Aber statt einer Zusicherung, auf Italien im Sinne der russischen Balkanwünsche einzuwirken, gab er zu verstehen, daß er zuvor die Meinung Bulgariens zu dem sowjetischen Pachtangebot und Mussolinis Einstellung hierzu erfahren müsse. Er habe zwar nichts gegen eine Revision des Abkommens von Montreux, die das Schwarze Meer fremden Kriegsschiffen verschließen, den Russen dagegen Zugang zum Mittelmeer ermöglichen würde; mit der Errichtung sowjetischer Stützpunkte in den Dardanellen könne er sich jedoch nicht einverstanden erklären.

So sah sich Molotov unter diesen Umständen in der unbehaglichen Lage, mit leeren Händen nach Moskau zurückkehren zu müssen. Daß man den großen Realisten Stalin nicht mit vagen Aussichten auf Persien und Indien befriedigen konnte, war ihm klar. Trotz stundenlanger Bemühungen ließen sich die beiden Standpunkte nicht auf einen Nenner bringen. Am Abend des zweiten Verhandlungstages machte Ribbentrop noch einmal den Versuch, definitive Vorschläge für einen Vertrag, der durch zwei Geheimprotokolle ergänzt werden sollte, zu machen. Am 14. November verließ Molotov Berlin, um Stalin Bericht zu erstatten. Zwölf Tage später, am 25. November, übergab Molotov dem deutschen Botschafter die sowjetische Antwort auf die deutschen Vorschläge. Die Sowjetregierung, hieß es, sei bereit, sich dem deutschen Projekt anzuschließen, aber nur unter gewissen Bedingungen. Sie gingen von den beiden Geheimprotokollen vom 13. November aus. Im ersten Protokoll müsse der Raum im Süden von Batum und Baku, das heißt also die östliche Türkei, Nordpersien und der Irak, als sowjetisches Interessengebiet anerkannt werden. Im zweiten Protokoll müsse der Sowjetunion das Recht zugesprochen werden, einen Land- und Flottenstützpunkt an den Dardanellen zu errichten. Die Türkei solle eingeladen werden, sich dem angestrebten Viermächtepakt anzuschließen; falls sie sich dazu bereit fände, solle ihr Territorium von Deutschland, Italien und der Sowjetunion garantiert werden. Sollte sie sich jedoch weigern, so seien von den drei Mächten »die notwendigen diplomatischen und militärischen Maßnahmen zur Wahrung ihrer Interessen« zu treffen.

Darüber hinaus stellte die Sowjetregierung noch drei weitere Forderungen: daß Deutschland seine Truppen unverzüglich aus Finnland zurückziehe, wogegen sich die Sowjetunion verpflichten würde, friedliche Beziehungen zu Finnland sicherzustellen und die deutschen wirtschaftlichen Interessen zu respektieren; daß Japan auf seine Kohle- und Ölkonzessionen in Nordsachalin verzichte, und daß Bulgarien zur sowjetischen Sicherheitszone zu rechnen sei, woraufhin ein Beistandspakt zwischen der Sowjetunion und Bulgarien abgeschlossen werden würde[73].

Obwohl der Kreml wiederholt um Antwort bat, blieben die sowjetischen Gegenvorschläge vom 25. November unbeantwortet. Hitler ist auf sie nicht mehr zurückgekommen. Der Molotov-Besuch führte nicht zu einer Erweiterung der deutsch-sowjetischen Kooperation im Sinne des Ribbentrop-Briefes vom 13. Oktober. Er zog im Gegenteil eine sich fortschreitend verstärkende

Verstimmung zwischen Berlin und Moskau nach sich. Er wurde zur Peripetie des deutsch-russischen Verhältnisses, das von nun ab dem offenen Bruch entgegensteuerte.

Es könnte die Frage aufgeworfen werden, ob die Sowjetregierung ernstlich angenommen hat, daß Hitler über die zusätzlichen Forderungen mit sich hätte reden lassen, oder ob es in ihrer Absicht lag, die Verhandlungen durch eine Überforderung zum Scheitern zu bringen. Wir glauben es nicht. Sie konnte in der Konkretisierung ihrer Forderungen einen Prüfstein für die Bereitwilligkeit Hitlers sehen, in ein ernsthaftes Gespräch zu kommen. Vielleicht wäre die Sowjetunion, wenn Hitler ihr freie Hand auf dem Balkan und im türkischen Raum konzediert hätte, ihrerseits bereit gewesen, ihre Forderungen in Finnland und an der Ostsee zu beschränken. Das Sachalinproblem hatte in diesem Zusammenhang ohnehin einen peripheren Charakter. Wenn sich Hitler einer Fortsetzung der Gespräche entzog, lag seine grundsätzliche Ablehnung eines der fundamentalsten Mittel diplomatischer Verhandlungen, des Kompromisses, eindeutig auf der Hand.

Bulgarien und den übrigen Balkanstaaten ist wenige Jahre danach eine Einbeziehung in die sowjetische Einflußsphäre nicht erspart geblieben. Wohl aber bedeutete das Scheitern der Novembergespräche vom Jahre 1940 für die Türkei eine Erhaltung ihrer Integrität. Sie hat in der Folge sich sowohl aus dem Kriege heraushalten, als auch ein Abgleiten hinter den eisernen Vorhang nach 1945 vermeiden können.

Der Barbarossa-Plan

Daß Hitler bereits beim Eintreffen Molotovs in Berlin schon eine andere Lösung sowohl des deutsch-russischen Verhältnisses als auch der militärischen Gesamtsituation – zum mindesten alternativ – ins Auge gefaßt hatte, beweisen die Vorbereitungen, die unter dem Decknamen »Barbarossa« liefen. Bereits im Juli 1940 wurden deutsche Truppen an die Ostgrenze verlegt. Auf einer Besprechung bei Hitler am 21. Juli war im Zusammenhang mit dem Kampf gegen England erstmalig von militärischen und politischen Zielen gegen Rußland und der Möglichkeit eines Angriffs schon im Herbst des Jahres die Rede[74]. Der Generalstab erhielt Weisungen, Operationspläne auszuarbeiten. Am 31. Juli entschloß sich Hitler, mit dem Angriff auf

Rußland bis zum Frühjahr 1941 zu warten, weil dazu umfangreichere Vorbereitungen notwendig waren und zugleich auch größere Klarheit über die sowjetischen Ziele mittlerweile erreicht werden sollte. Von Bedeutung war, daß man sowohl in Finnland als auch in Rumänien eine eindeutigere Position gegen die Sowjetunion einnahm. Wurde dort über Waffenlieferungen und den Durchmarsch deutscher Truppen nach Norwegen verhandelt, so folgten hier den deutschen Garantien an Rumänien deutsche Truppenteile auf dem Fuß.

Am 12. November 1940 erließ Hitler – vermutlich wenige Stunden vor der Ankunft Molotovs in Berlin – die Direktive Nr. 18 zur militärischen Lage[75]. Sie fußte auf Vorarbeiten des deutschen Generalstabes und enthielt neben Anweisungen für die weitere Kriegführung gegen England die Mitteilung, daß die Verlegung von deutschen Truppen nach dem Osten fortgesetzt werde und daß die deutsche Regierung zugleich die augenblickliche Haltung Sowjetrußlands in Erfahrung zu bringen suche[76]. Hierzu sollten die Unterhaltungen mit Molotov dienen. Wenn Hitler in dieser Direktive noch einmal auf das Unternehmen »Seelöwe« zu sprechen kam und die Möglichkeit andeutete, daß man im Frühjahr 1941 darauf zurückkommen könnte, so diente in Wahrheit die Fortführung gewisser hierauf ausgerichteter Vorbereitungen doch mehr der Tarnung für die Truppenkonzentration im Osten. Hitler glaubte nun, England eher als durch das Risikounternehmen einer Invasion durch die Zerschlagung seiner Mittelmeerstellung entscheidend treffen zu können. Diese Intensivierung der militärischen Operationen im Süden sollte allerdings Hand in Hand gehen mit einem, wenn nötig, blitzartig geführten Schlag gegen die Sowjetunion, durch den England der letzte potentielle Festlanddegen aus der Hand geschlagen würde. Bereits am 13. November erklärte Hitler in einem Gespräch mit Göring, daß die sowjetischen Balkanwünsche unakzeptabel seien. Er glaubte, in ihnen zusammen mit den sowjetischen Forderungen nach absoluter Handlungsfreiheit in Finnland einen großen Einkreisungsversuch gegen Deutschland sehen zu müssen und war entschlossen, ihn zu verhindern. In Wirklichkeit hatte er damit, wie der deutsche Botschafter Papen in der Türkei es richtig formulierte, den Krieg verloren.

Am 3. Dezember 1940 wurde bei einer Besprechung in Berlin die bevorstehende »große Aktion« zum erstenmal als solche erwähnt. Vergeblich warnte Großadmiral Raeder vor einer Zersplitterung der deutschen Kräfte und ersuchte um eine Vertagung des Barbarossa-Unternehmens, bis England geschlagen sei. Der Rausch eines neuen gigantischen Blitzkrieges im Osten, der ihm die wirtschaftlichen Möglichkeiten zu einer Beendigung des Krieges im Westen verschaffen sollte, hatte Hitler erfaßt. Am 18. Dezember erhielten die militärischen Stellen Weisung, die Vorbereitungen für einen raschen Feldzug zur Vernichtung Rußlands noch vor Ende des Krieges gegen England zu treffen. Die Vorbereitungen sollten bis zum 10. Mai beendet sein[77].

Die Jugoslawische Frage. Der Matsuoka-Besuch

Eine letzte drohende Verschärfung der latenten Spannung ergab sich aus der Lage in Jugoslawien.

Jugoslawien hatte am längsten von allen europäischen Staaten gezögert, diplomatische Beziehungen zur Sowjetunion aufzunehmen. Stärker noch als in der Tschechoslowakei und Bulgarien machten sich hier Einflüsse der russischen Emigration bemerkbar. Hatten sich doch zahllose Angehörige der russischen Geistlichkeit und des zaristischen Offizierskorps nach der Katastrophe der Wrangellarmee hier niedergelassen und in Belgrad ein letztes Refugium gefunden. Jetzt trugen auch in diesem Raum Hitlers Erfolge im Westen dazu bei, Bedenken zu überwinden. Es ist bestimmt kein Zufall, wenn ein Handels- und Luftfahrtabkommen zwischen Belgrad und Moskau einen Tag nach Beginn des deutschen Vormarsches im Westen abgeschlossen und die diplomatischen Beziehungen zwei Tage nach Abschluß des deutsch-französischen Waffenstillstandes aufgenommen wurden. Zu Beginn des Jahres 1941 mußte man in Moskau den Eindruck haben, von Deutschland gänzlich aus dem Balkan hinausmanövriert zu werden. Im Januar und im März erfolgten Proteste gegen das Erscheinen von deutschen Truppenteilen in Bulgarien. Im Hinblick auf die im November deutscherseits zurückgewiesenen Ambitionen schien diesen Maßnahmen tatsächlich ein provokatorischer Charakter anzuhaften. Am 24. März gab die Sowjetregierung der Türkei eine Neutralitätserklärung ab.

Der jugoslawische Gesandte in Moskau, Gavrilović, wurde nach dem Bericht von Gafencu im Kreml »wie ein Bruder« empfangen und konnte mit Stalin gegen sein eigenes deutschfreundliches Kabinett Stojadinović konspirative Pläne schmieden. In der Nacht vom 26. zum 27. März 1941 kam der Staatsstreich in Belgrad zur Durchführung, Stojadinović wurde gestürzt. Ein neues Kabinett schloß wenige Tage darauf – am 5. April – einen Freundschaftspakt mit der Sowjetunion, der die Richtung des neuen Kurses deutlich werden ließ[78]. Die Sowjetregierung erwarte, teilte Molotov dem deutschen Botschafter mit, daß Deutschland mit den Jugoslawen Frieden halten werde. Zwei Tage darauf rückten dessenungeachtet deutsche Truppen über die Grenze, der deutsche Balkanfeldzug hatte begonnen. Wenn zuvor die Schnelligkeit der deutschen Siege in Polen, Norwegen und Frankreich die Sowjetregierung in steigendem Maße frappiert hatte: hier wirkte sie, auf einem Gelände, das die größten Schwierigkeiten im Vormarsch erwarten ließ, geradezu erschreckend. Zu dem Mißtrauen gesellte sich das Gefühl ernster Gefahr. Würden die auf dem Balkan siegreichen Truppen nun durch die Türkei in Richtung Suez marschieren, oder waren sie frei geworden, um gegen Rußland eingesetzt zu werden?

Stalin war sich des Ernstes der Lage bewußt. Die Moskauer Truppenparade am 1. Mai wurde zum Schauspiel einer ungewöhnlichen Machtanhäufung. Am 6. Mai wurde die Welt durch die Nachricht überrascht, daß Stalin selbst das Amt des Vorsitzenden des Rates der Volkskommissare übernommen habe, das bisher in den Händen von Molotov gelegen hatte, ohne jedoch die Leitung des Generalsekretariats der Partei aufzugeben. Neben dem im wesentlichen auf Repräsentationspflichten beschränkten Vorsitzenden des Präsidiums des Obersten Sowjets Kalinin trug Stalin nunmehr als Haupt der Regierung und der Partei der Sowjetunion doppelte Verantwortung. Was hatte ihn dazu veranlaßt, aus dem traditionellen Halbdunkel des Parteiamtes ans volle Licht der Öffentlichkeit zu treten? Zweifellos trieb ihn dazu das Gefühl, am Vorabend großer Entscheidungen zu stehen. Entweder galt es, weitere Konzessionen an Deutschland und tiefere Bindungen an den Dreimächtepakt – vielleicht sogar bis zur äußersten Konsequenz eines offenen Eintritts in den Krieg gegen die Westmächte – durch die Autorität einer Person zu decken[79], oder es galt, sich für den Fall eines deutschen Überfalls durch Konzentration aller Kräfte zu sichern.

Auf diese Zusammenhänge wirft der zweimalige Aufenthalt des japanischen Außenministers Matsuoka im März und im April des Jahres ein bezeichnendes Licht. Stalin empfing ihn beide Male mit ungewöhnlichen Aufmerksamkeiten. In längeren Gesprächen gefiel er sich darin, auf die asiatischen Gemeinsamkeiten zwischen sich und seinem Gast anzuspielen, während der schlaue Japaner den Krieg in China als einen Kampf gegen den angelsächsischen Liberalismus im Namen eines japanischen »moralischen Kommunismus« hinzustellen suchte. Der konkrete Verhandlungsgegenstand wegen der japanischen Konzessionen auf Sachalin rückte dabei an die Peripherie. Als Matsuoka im April aus Berlin zurückkehrte, wo ihm die veränderte Atmosphäre Rußland gegenüber nicht entgangen war[80], kam – überraschend für Deutschland – der japanisch-sowjetische Nichtangriffspakt zum Abschluß.

Das Neutralitätsabkommen vom 13. April[81] befreite die Sowjetunion von der Gefahr, im Falle eines Zusammenstoßes mit Deutschland einen Zweifrontenkrieg zu führen, und gab zugleich Japan später die Möglichkeit, im Pazifik offensiv zu werden. Aber auch für den Fall einer Aufrechterhaltung friedlicher Beziehungen zu Deutschland mußte diese Extratour des japanischen Dreimächtepartners das verlorengegangene Prestige der Sowjetunion wiederherstellen und Hitler veranlassen, sein rücksichtsloses Hinwegsetzen über die sowjetischen Wünsche zu revidieren. Daß auch solche Überlegungen an den Matsuoka-Besuch geknüpft wurden, zeigt die eigenartige Geste, zu der Stalin bei der Verabschiedung seines japanischen Gastes ausholte. Er erschien unerwartet für Presse und Diplomatie plötzlich auf dem Bahnhof, trat, nachdem er Matsuoka umarmt, auf den deutschen Botschafter Graf Schulenburg und auf den stellvertretenden Militärattaché Oberst Krebs zu und versicherte beiden gegenüber: »Wir müssen Freunde bleiben, komme, was da wolle.« Wenn dieser Einfall auch dem Empfinden entsprang, dem Abkommen mit Japan seine Schärfe zu nehmen, so war doch zugleich auch die Andeutung, daß der Weg neuer Verhandlungen mit Deutschland noch offen war, unverkennbar.

Daß die Sowjetregierung diplomatische Beziehungen zu der pro-deutschen persischen Regierung aufnahm, die sie bisher anzuerkennen abgelehnt hatte, und daß andererseits dem belgischen, norwegischen und sogar dem jugoslawischen Gesandten die Pässe zugestellt wurden, weil ihre Regierungen aufgehört hatten, zu bestehen, liegt auf derselben Linie.

Am Vorabend des Krieges. Präventivkrieg oder Überfall?

Von seiten Deutschlands erfolgte keinerlei Gegengeste. Das Gefühl der Befremdung, das sich infolgedessen in Moskau ausbreitete, erfuhr eine plötzliche Verstärkung, als die Nachricht vom Flug Rudolf Heß' nach England bekannt wurde. Glaubte man doch, daß er als persönlicher Sendbote Hitlers beauftragt war, eine gemeinsame Frontstellung Englands und Deutschlands gegen die Sowjetunion vorzubereiten. Infolgedessen mehrten sich Anzeichen, die als Vorboten eines kommenden Krieges aufgefaßt werden konnten. Luftschutzübungen wurden verstärkt, ausländischen Diplomaten wurden Bewegungsbeschränkungen auferlegt, Ausländern Reisegenehmigungen verweigert. Die »Pravda« mahnte wiederholt die Bevölkerung zur Einhaltung ihrer vaterländischen Pflichten. Truppenverstärkungen an der Westgrenze machten sich bemerkbar, besonders im Raume von Lemberg. In den letzten Apriltagen hatte sich Graf Schulenburg nach Berlin begeben, um ein russisches Angebot auf Lieferung von 5 Millionen Tonnen Getreide im Jahre 1942 mitzubringen. Er trat nachdrücklich für Erhaltung des Friedens zwischen Deutschland und Rußland ein und bemühte sich, Hitler begreiflich zu machen, daß die Konzentration russischer Truppen an der Grenze aus dem russischen Sicherheitsbedürfnis zu verstehen sei, daß Stalin jedoch zu einer weiteren Vertiefung der Zusammenarbeit mit Deutschland und zu weiteren Konzessionen auf wirtschaftlichem Gebiet bereit sei.

Es war vergeblich. Hitler hatte die Entscheidung bereits getroffen. Schon vom April an häuften sich die Protestnoten wegen Grenzzwischenfällen hauptsächlich durch Überfliegen der Grenze. Jeder bemühte sich, die Stärke des Gegners zu erkennen. An der russischen Westgrenze standen 150 deutsche Divisionen. Ihnen gegenüber befand sich eine etwas größere Zahl von russischen Divisionen. Ende April ging Stalin eine Warnung aus London von Churchill zu, die von einem deutschen Angriff am 22. Juni sprach. Stalin glaubte nicht recht daran, wie er auch weitere Warnungen nicht ernst nahm. Aber er beschloß, durch einen letzten Versuch die Situation zu klären. Am 14. Juni verbreitete die sowjetische Telegraphenagentur TASS eine Erklärung, in der der britische Botschafter in Moskau heftig angegriffen wurde, weil er Gerüchte »über einen bevorstehenden deutsch-russischen Krieg« verbreite. Alle Behauptungen, daß Deutschland territoriale oder wirtschaftliche Forderungen an die Sowjetunion gerichtet habe und diese von der Sowjetregierung abgelehnt worden seien, wurden dementiert. Daß die deutschen und russischen Truppen im Begriff ständen, die Feindseligkeiten zu eröffnen, sei eine »erlogene und widersinnige Provokation«[82].

Es waren in Wirklichkeit auch tatsächlich keine Forderungen von Berlin gestellt worden. Aber es hat den Anschein, daß Stalin auf sie wartete und durch die TASS-Erklärung den Bann des Schweigens zwischen Berlin und Moskau brechen wollte.

Als Schulenburg am 21. Juni um 21.30 Uhr bei Molotov war, berührte dieser die Kriegsgerüchte und wies bedauernd darauf hin, daß Deutschland von der TASS-Meldung keine Notiz genommen habe. Womit sei Deutschland unzufrieden, was habe das gespannte Verhältnis herbeigeführt? Der deutsche Botschafter konnte keine Antwort geben. Er werde in Berlin anfragen[83]. Wenige Stunden darauf mußte er dem sowjetischen Außenkommissar die Kriegserklärung Hitlers überreichen.

Es ist die Frage aufgeworfen worden, ob Hitler mit seinem Angriff auf die Sowjetunion einem sowjetischen Angriff zuvorgekommen ist, ob er somit einen Präventivkrieg geführt hat oder nicht. Als Beweis für den russischen Kriegswillen sind Äußerungen von sowjetrussischen Offizieren und Funktionären, sind eidesstattliche Erklärungen deutscher Generale angeführt worden, aus denen man offensive Absichten oder Gesichtspunkte der Sowjetregierung bei der Aufstellung sowjetischer Verbände an der Westgrenze entnehmen zu können geglaubt hat[84].

Die Massierung vor allem von schnellen Verbänden, auch von Kavallerie, an den Grenzen gibt allerdings zu denken[85]. Ihre Placierung im Nordwesten und Südwesten Rußlands deutet aber in augenfälliger Weise darauf hin, daß sie zur militärischen Unterstützung der sowjetischen politischen Forderungen vom November und Dezember 1940 dienen sollten. Sollte Deutschland sich zu neuen Verhandlungen bereit erklären und der Sowjetunion die gewünschte freie Hand in Finnland und auf dem Balkan gewähren, so wäre es Aufgabe dieser Verbände gewesen, in der gegebenen Richtung vorzurücken – nicht aber zum Angriff auf Deutschland[86].

An sich war in der Tatsache der Massierung russischer Kräfte an der Westgrenze in gewissem Sinne auch das Moment des Druckmittels enthalten. Die Absicht war, Hitler damit von seinen aggressiven Absichten, über die man sich schon seit geraumer Zeit Sorgen machte und die sich Anfang Juni zur Gewißheit verdichteten, abzuschrecken. Die Einnahme von Verteidigungsstellungen gegenüber diesem erwarteten Angriff war nicht von der Hand zu weisen. In grenzenloser Unterschätzung des sowjetischen Potentials ließ Hitler sich auch durch diese deutliche Warnung nicht abschrecken.

Ein sowjetischer Angriff auf Deutschland im Sommer oder zum Ende 1941, zu einem Zeitpunkt, als die USA noch nicht in den Krieg eingetreten waren, Hitler im Westen als unbezwingbarer Sieger gelten mußte und der Gedanke an eine Invasion noch nicht konzipiert war, wäre dem Verzweiflungsschritt eines Wahnsinnigen gleichgekommen. Wenn für Stalin der Ribbentrop-Pakt einen Zeitgewinn bedeutete – und er war es in der Tat –, dann nicht im Hinblick auf einen baldigen Eintritt in den Krieg, sondern zum Zweck einer Stärkung des eigenen Potentials im Schutz des Krieges der kapitalistischen Mächte untereinander. Sowohl der Pakt mit Deutschland als auch die Bundesgenossenschaft mit den westlichen Alliierten ab 1941 dürften nicht darüber hinwegtäuschen, daß für den Bolschewismus der 1939 begonnene Krieg den langersehnten Zusammenstoß innerhalb der kapitalistischen Staatenwelt bedeutete, der zum Sprungbrett der Weltrevolution werden konnte. Durch geduldiges Abwarten konnte Stalin mehr erhoffen und erreichen als durch ein vorzeitiges Eingreifen in den Krieg. Der Krieg arbeitete für die Sowjetunion. Erst nachdem sich die Mächte der Achse und des Westens untereinander zerfleischt und tödlich geschwächt haben würden, erst wenn es letzteren – so mußte Stalin annehmen – dank dem Kriegseintritt der USA gelingen würde, das erschöpfte Deutschland zu Boden zu werfen: erst dann wäre vielleicht in zwölfter Stunde der Augenblick gekommen, einzugreifen, um an der Aufteilung der Beute teilzunehmen. So handelte Stalin 1939 im Polenfeldzug, so handelte er 1945 im Kriege gegen Japan. So hätte er vermutlich auch im Kampf Hitlers gegen den Westen gehandelt.

Der Gedanke an einen 1941 drohenden Angriff der Sowjetunion ist jedoch abwegig. Hitlers Krieg war kein Präventivkrieg. Auch wenn seine Propaganda ihn als einen solchen hinstellen wollte, ist an den ab Juli 1940 gehegten[87] Angriffsabsichten, die ihrerseits auf bereits in »Mein Kampf« dargelegten Grundauffassungen beruhten, nicht zu zweifeln.

VIII

DER »GROSSE VATERLÄNDISCHE KRIEG« DER SOWJETUNION

Hitlers Überfall auf Rußland

Am 22. Juni 1941, morgens um 4 Uhr, fielen die deutschen Truppen überraschend und ohne vorherige Warnung in Rußland ein[1].

Hitler hatte am 3. Februar den Feldzugsplan gegen die Sowjetunion gebilligt. Zunächst blieb der Termin offen. Am 1. April wurde er ganz allgemein auf die zweite Hälfte des Juni anberaumt, am 6. Juni legte sich Hitler endgültig auf den 22. Juni fest. Nach einigen Meldungen soll ursprünglich der 12. Juni vorgesehen gewesen sein, aber infolge der Weigerung Ungarns, gegen Rußland zu marschieren, sei man gezwungen gewesen, den Termin um weitere zehn Tage zu verschieben.

Die Weltöffentlichkeit wurde mittlerweile geschickt über die eigentlichen Ziele von Hitlers Kriegsplänen getäuscht. Viele Anzeichen deuteten darauf hin, daß im Sommer 1941 in erster Linie die Offensive im Mittelmeer vorangetrieben werden würde. Der deutsche Sieg in Jugoslawien, die Landung auf Kreta und Rommels Erfolge in Libyen schienen hierfür die besten Voraussetzungen zu liefern. Man wußte, daß in der deutschen Führung Göring ein energischer Verfechter dieser Pläne war. In der Tat hat der Reichsmarschall vor dem Angriff auf Rußland gewarnt und empfohlen, das Mittelmeergebiet zum Schwerpunkt der Kriegshandlungen zu machen. Als am 18. Juni ein deutsch-türkisches Beistandsabkommen in Ankara unterzeichnet wurde, kamen Gerüchte auf, die von einer Verlagerung der deutschen Balkantruppen nach dem Vorderen Orient zu erzählen wußten. Es fehlte auch nicht an Gerüchten, die von einem Durchmarsch deutscher Truppen durch die Ukraine, ebenfalls mit dem Ziel Vorderer Orient, berichteten. In derartiger Weise wurde versucht, die wahren Ziele der Truppenkonzentrationen an der russischen Grenze zu vernebeln.

In Wirklichkeit lag der Entschluß Hitlers, Rußland anzugreifen, fest. Der Feldzugsplan, der dem Überfall zugrunde lag, war in großen Zügen schon in der Direktive vom 18. Dezember 1940 umrissen worden[2]. Hiernach sollte das Gros der russischen Armeen im westlichen Rußland in schnellen Operationen durch tiefe keilförmige Panzereinheiten vernichtet und der Rückzug kampffähiger Truppen in die Weite des russischen Raumes verhindert werden. In rascher Verfolgung sollte eine Linie erreicht werden, die etwa von Archangel'sk nach Astrachan' führte und Angriffe der russischen Luftwaffe unmöglich machen sollte. Von hier aus würde das Industriegebiet im Ural durch Luftbombardement angegriffen werden. Hitler war seiner Sache sehr sicher. Eine »Führerweisung« Nr. 32 vom 11. Juni[3] sah bereits kommende militärische Maßnahmen gegen England nach der Niederwerfung Rußlands vor.

Die an der sowjetischen Westgrenze stationierten Truppen wurden durch die unerwartete Plötzlichkeit des deutschen Angriffs überrumpelt. Nachdem schon in der Nacht zum 22. Juni heftige Bombenangriffe auf die grenznahen Flugplätze die sowjetische Luftabwehr verwirrt hatten, stürmten die Armeen Hitlers beim Morgengrauen in drei großen Säulen nach Rußland vor. Eine mittlere Heeresgruppe stieß in zwei Zangenarmen von Ostpreußen und von Polen aus in Richtung Minsk vor. Gleichzeitig überschritt eine südliche Gruppe den Pruth und rückte in die Ukraine ein, während die Heeresgruppe Nord in das Baltikum eindrang und nach dessen Besetzung Nordwestrußland bedrohte. Die deutsche Luftwaffe griff Ziele tief hinter der Front an und bombardierte Minsk, Kiev, Žitomir, Sevastopol' und andere Städte, deutsche Flugzeuge erschienen zugleich auch über den Häfen der Ostsee, des Eismeeres und des Schwarzen Meeres.

Gleichzeitig mit Deutschland erklärten auch Italien, Rumänien und die Slowakei den Krieg gegen die Sowjetunion. Am 25. Juni folgte Finnland, am 27. Juni Ungarn dem deutschen Beispiel.

Es steht nicht genau fest, ob Stalin in diesen kritischen Tagen in Moskau anwesend war; die Zeugnisse, die von einem Urlaubsaufenthalt im Kaukasus zu berichten wissen, sind nicht sehr beweiskräftig.

Wenige Stunden, nachdem Graf Schulenburg am 21. Juni zu Molotov gebeten worden war, traf eine Mitteilung aus Berlin ein, die der Botschafter dem sowjetischen Außenminister übergeben sollte. Es war die Kriegserklärung Hitlers. Molotov empfing Schulenburg am 22. Juni um halb sechs Uhr morgens. Er hörte schweigend, ohne eine Miene zu verziehen, zu, als dieser ihm das Schriftstück vorlas. Dann bemerkte er kurz: »Das ist der Krieg. Ihre Luftwaffe hat soeben zehn offene Städte bombardiert. Sind Sie der Ansicht, daß wir das verdient haben?«[4] Schulenburg hatte die Weisung, sich auf keine Erörterungen einzulassen.

Wenige Stunden nach dieser Unterredung gab Molotov der Bevölkerung über den Rundfunk die Nachricht von dem deutschen Überfall bekannt. Die Ansprache schloß mit den Worten: »Die Regierung ruft Euch, Bürger und Bürgerinnen der Sowjetunion auf, Eure Reihen noch enger um unsere ruhmreiche bolschewistische Partei, um unsere Sowjetregierung, um unseren großen Führer, den Genossen Stalin, zu schließen! Unsere Sache ist gerecht. Der Feind wird zerschlagen werden. Der Sieg wird mit uns sein!«[5]

Stalin hüllte sich zunächst in Schweigen. Zur Koordinierung aller Abwehrmaßnahmen wurde am 30. Juni ein Staatskomitee für Verteidigung (Gosudarstvennyj komitet oborony) geschaffen, das gleichsam als eine Art Kriegskabinett das höchste Exekutivorgan repräsentierte. Ihm gehörten neben Stalin, Molotov und Vorošilov noch Berija und Malenkov an[6]. Malenkov war in letzter Zeit zu einem der nächsten Mitarbeiter Stalins im Generalsekretariat der Partei geworden. Alle Mitglieder des Staatskomitees gehörten gleichzeitig auch dem Politbüro an.

An der Front lag die militärische Verteidigung in der Hand dreier altbewährter sowjetischer Heerführer. Im Mittelabschnitt befehligte Timošenko, im Norden Vorošilov, im Süden Budennyj. Es gelang ihnen jedoch nicht, den zügigen Vormarsch der deutschen Truppen und ihrer Verbündeten auch nur zu einer Verlangsamung des Tempos zu zwingen. Wohl schien sich nach einer gewaltigen Panzerschlacht bei Smolensk die Stoßkraft des deutschen Angriffs im Mittelabschnitt etwas zu erschöpfen. In der Ukraine entbrannte aber im September die gewaltigste der großen Kesselschlachten dieses Feldzuges um Kiev. Budennyj war nach katastrophalen Verlusten gezwungen, sich zurückzuziehen. Es war ein Verhängnis für die sowjetische Führung, daß sie zu große Truppenmassen dicht an der Front entfaltete, die dann von der deutschen Taktik der doppelseitigen Umfassung in riesenhaften Umfassungsschlachten vernichtet wurden. Die Zahl der Gefangenen stieg in die Hunderttausende, bei Kiev wurde eine halbe Million überschritten. Ende Oktober erreichten die Deutschen die Linie Kursk-Char'kov-Stalino-Taganrog. Mitte November war der Isthmus von Perekop erstürmt und

Rostov am Zugang zum Kaukasus erobert. Mittlerweile war auch der Vormarsch im Mittelabschnitt wieder in Gang gekommen. Nach der Schlacht bei Brjansk wurden Orel, Tula, Vjaz'ma und Ržev besetzt. Am 15. Oktober erstürmten deutsche Panzerdivisionen Možajsk westlich von Moskau. Dann kam der Feldzug unmittelbar vor der russischen Hauptstadt zum Stehen. Im Norden waren die Deutschen bis vor Leningrad vorgerückt. Sie besetzten Schlüsselburg östlich von der alten Residenz. Die Belagerung Leningrads nahm ihren Anfang. Würde ihr die Belagerung oder Erstürmung Moskaus folgen?

Am 3. Juli hatte Stalin in einer großen Rundfunkansprache zum Volke gesprochen[7]. Er gab offen zu, daß die Sowjetunion von einer tödlichen Gefahr bedroht war. Man konnte nichts beschönigen, dazu war die Lage zu ernst, aber das Bedürfnis, seine Politik zu rechtfertigen, lag vor. Stalin warf die Frage auf, ob die Sowjetregierung mit dem Nichtangriffspakt mit Deutschland einen Fehler begangen habe. Er verneinte die Frage und betonte die Vorteile, die sich zunächst aus dieser Politik ergeben hätten. Für eineinhalb Jahre sei dem Lande der Frieden gesichert und die Möglichkeit gegeben worden, sich militärisch vorzubereiten. Stalin hätte auch den Landgewinn erwähnen können, den die Sowjetunion von 1939–40 erzielt hatte. Dann gab er zu bedenken, daß die Truppen Hitlers bei Beginn des Krieges mit der Sowjetunion voll mobilisiert waren, seine dagegen nicht. Er legte Wert auf die Tatsache, daß die Sowjetunion durch den Angriff Hitlers überrumpelt worden war, und suchte damit dem Volke das Gefühl der moralischen Überlegenheit zu vermitteln. In seinem Appell an die Widerstandskräfte der Bevölkerung mischte er geschickt nationale und soziale Argumente. Der grausame und erbarmungslose Feind, sagte er, sei aufgebrochen, um das Land zu erobern, das die sowjetischen Bauern mit ihrem Schweiß getränkt hatten, um die Völker der Sowjetunion zu germanisieren. Er wolle die Bevölkerung der Sowjetunion »zu Sklaven der deutschen Fürsten und Barone« machen und in Rußland die Herrschaft der Großgrundbesitzer und des Zaren wiederherstellen. Stalin forderte die Bevölkerung auf, dem Feinde beim Rückzug nichts als eine Wüstenei zu hinterlassen. Die Rede begann mit einem Hinweis auf das Schicksal Napoleons bei seinem Rußlandfeldzug von 1812 und Kaiser Wilhelms II. im Ersten Weltkriege, denen auch der Ruf der Unüberwindlichkeit vorausgegangen sei, und die am Ende doch geschlagen wurden.

Am 19. Juli übernahm Stalin persönlich die Leitung des Verteidigungskommissariats; mit ihr war gleichzeitig auch der Posten eines Obersten Befehlshabers der Armee verbunden. Die eigentliche Führung der Streitkräfte lag in den Händen des »Hauptquartiers« (Stavka verchovnogo glavnokomandovanija), das vom Chef des Generalstabes geleitet wurde. Diesen Posten hatte schon seit einiger Zeit General B. M. Šapošnikov inne, der noch aus dem zaristischen Generalstab hervorgegangen war. Er war ein tüchtiger Militärtheoretiker und unermüdlicher Arbeiter. Bei Stalin machte er sich weniger durch Ideenreichtum, als durch eine beinahe subalterne Dienstbeflissenheit unentbehrlich[8]. Es ist daher nicht zu übersehen, daß die gesamte militärische Führung, wenn auch zunächst noch nicht organisatorisch, so doch dem Wesen nach schon jetzt in den Händen Stalins lag. Mit der faktischen Leitung des Oberkommandos der Armee wurde General G. K. Žukov betraut; im August 1942 wurde seine Stellung dadurch betont, daß er zum stellvertretenden Verteidigungskommissar ernannt wurde.

In Rußland gab es kein Verteidigungssystem ähnlich dem französischen im Westen. Die vielgenannte »Stalinlinie« bestand letzten Endes nur aus den Sümpfen bei Pinsk in der Nähe der alten polnisch-russischen Grenze. Die einzige Verteidigungsmöglichkeit, die Erfolg versprach, bildete die Natur der russischen Landschaft. Man verließ sich, wie im Zeitalter Napoleons, auf die Weite und Tiefe des Raumes und auf die Vorteile des Klimas, die sich aus den harten Wintern ergeben mußten. Um Zeit zu gewinnen, mußte Raum aufgegeben werden. Wo ein Widerstand vergeblich war, wo der Rückzug erzwungen wurde, mußte dem Feinde ein Gelände »verbrannter Erde« überlassen werden. Ihm sollte – so Stalin am 3. Juli – keine Lokomotive, kein einziger Eisenbahnwagen, kein Pfund Mehl und keine Kanne Benzin in die Hand fallen. Die Bauern sollten das Vieh forttreiben und das Getreide für den Abtransport bereitstellen. Alles, was nicht abtransportiert werden konnte, war zu vernichten.

In diesem Zeichen stand der russische Rückzug vom Juni bis zum Dezember, der Rückzug, der bis vor die Tore Moskaus führte. Aber er trug einen anderen Charakter als in Polen oder Frankreich. Die Deutschen waren auf einen Gegner gestoßen, dessen Führung zu einem totalen Widerstand entschlossen war. Würde das Volk dieser Parole folgen? Würde das Volk den von ihm erwarteten totalen Widerstand leisten? Hierin lag die entscheidende Frage des Krieges.

Stalin rief das Volk zum Partisanenkrieg auf. In den vom Feinde besetzten Gebieten müßten, verlangte er, Partisanengruppen zu Pferde und zu Fuß gebildet werden. Sie hätten den Gegner in einem nimmerruhenden Kleinkrieg ständig zu beunruhigen, ihn durch Sabotageakte zu schädigen, Brücken zu sprengen, Warenlager und Transportmittel in Brand zu stecken. Seit Jahren war die Bevölkerung auch im Partisanenkampf geschult worden. Jetzt hatte sie im weiten Raum zwischen der Ostsee und dem Schwarzen Meer genügend Gelegenheit, sich darin zu bewähren.

Die deutsche Politik in den besetzten Gebieten

In Wirklichkeit war die Bevölkerung durch die blitzartigen Erfolge der Deutschen zunächst wie gelähmt. Schlagartig brachen dann, vor allem in den nichtrussischen Westgebieten und besonders deutlich in den baltischen Ländern, aber auch in Ostpolen und Bessarabien, bei Weißruthenen und Ukrainern, antibolschewistische Tendenzen durch. Die deutschen Truppen wurden vielfach als Befreier vom sowjetischen Joch begrüßt. Ungeheure Möglichkeiten standen vor einer deutschen Ostpolitik, sofern sie die Grundsätze einer psychologischen Kriegführung zu handhaben wußte.

Theoretisch waren mehrere Wege gangbar. Man konnte die Karte der Befreiung der Randvölker ausspielen, man konnte dem Kampf den Charakter eines Kreuzzuges gegen den Bolschewismus geben, wie es 1919 Marschall Foch gewollt hatte. Man konnte vielleicht auch einem antibolschewistischen russischen Regime faschistischer Prägung in den Sattel helfen oder in einer skrupellosen divide-et-impera-Politik Rußland in einzelne Nationalstaaten aufteilen.

Hitler schlug weder den einen noch einen der anderen Wege konsequent ein. Es kam ihm darauf an, Land zu Kolonisationszwecken und Menschenmaterial zu Exploitationszwecken zu gewinnen. Ermunterte man zunächst noch ukrainische Sonderwünsche, ganz im Sinne deutscher Ukrainepläne des Ersten Weltkrieges und der dreißiger Jahre, um die Bevölkerung mit der Vorstellung eines mächtigen selbständigen ukrainischen Staates von den Karpaten bis zum Kaukasus zu locken, so ging man sehr bald, deutlich bereits im Jahre 1942, dazu über, sich von diesen Vorspiegelungen zu distanzieren und unverhüllt deutsche Kolonisationspläne zu entwickeln.

Eine Reihe von Erlassen kennzeichnet den Geist des Nationalsozialismus, wie er sich in der Ostpolitik zu erkennen gab. Schon eine Verordnung vom 13. Mai 1941 befahl, gefangene Kommissare ohne Gerichtsverfahren zu liquidieren. Der sogenannte »Kommunistenerlaß« vom 16. September sah vor, daß für einen im besetzten Gebiet getöteten deutschen Soldaten 50 bis 100 Kommunisten zu erschießen seien. Der »Geiselerlaß« vom 1. Oktober gab die Möglichkeit, Geiseln auch aus nichtkommunistischen Bevölkerungsschichten zu entnehmen.

Der »Nacht-und-Nebel-Erlaß« vom 7. Dezember sah vor, daß bei Terror- und Sabotageakten die Zivilbevölkerung möglichst unbemerkt vom sogenannten Sicherheitsdienst abtransportiert werden sollte, um in der deutschen Rüstungsindustrie eingesetzt zu werden. Ein Erlaß vom 18. Dezember 1942 sah Repressalien gegen Angehörige von Saboteuren vor, und der »Bandenerlaß« vom 16. Dezember 1942 erlaubte dem »Chef der Bandenbekämpfung«, mit drastischen Mitteln gegen Partisanen vorzugehen.

Der selbst aus Rußland gebürtige Reichsleiter Alfred Rosenberg war vorsorglich schon am 20. April 1941 zum »Kommissar für die besetzten Ostgebiete« ernannt worden; am 23. April wurde ein Rußlandkomitee im Auswärtigen Amt gebildet, am 20. Juni hatte Rosenberg vor seinen Mitarbeitern die Ziele der nationalsozialistischen Rußlandpolitik dargelegt[10]. Jetzt wurde im ersten Rausch des Vormarsches am 7. Juli ein besonderes Ostministerium gegründet und Rosenberg unterstellt. Hier wurden von nun an die politischen Kriegsziele im Osten ausgearbeitet. In einem stets wechselnden Durcheinander überschnitten und durchkreuzten sich nun die verschiedenen unreifen und mangelhaft durchdachten Pläne und Gedanken. Rosenberg ging vom Grundgedanken einer »nationalen Dekomposition der Sowjetunion« aus, wonach eine Auflösung des Gesamtstaates in ein großes Restgebiet, die Ukraine, eine Kaukasus-Föderation usw. vorgesehen wurde, um für alle Zeiten einen Druck Rußlands auf Westeuropa auszuschalten. Ob die baltischen Länder, ob die Ukraine selbständig oder in einem Protektoratsverhältnis zu Deutschland stehen sollten, was mit Polen einschließlich der ostpolnischen Gebiete zu geschehen hätte, blieb letzten Endes unentschieden[11]. Aber nach und nach verstärkten sich die Tendenzen, in erster Linie Deutschland zum Nutznießer dieser Eroberungen zu machen. Es wurde von »Reichsländern« gesprochen, in denen Militärkolonien und Wehrbauernhöfe angelegt werden sollten.

Von Bedeutung war, daß eine Förderung kirchlicher Bestrebungen unter der russischen Bevölkerung, hauptsächlich auf Veranlassung des verbohrt antichristlich gesinnten Rosenberg, abgelehnt wurde. Man ließ damit einen auch politisch zu verwertenden Trumpf ungenutzt, dessen sich Stalin alsbald bedienen sollte. Militärische Kreise bemühten sich, diesen politischen Unklugheiten, aber auch den unmoralischen und unmenschlichen Terrormaßnahmen entgegenzutreten, sie abzumildern oder auch zu sabotieren. Mit dem Übergang der besetzten Gebiete aus den Händen der Militärverwaltung in eine von der NSDAP getragene Zivilverwaltung wurden diesen Bemühungen die Grundlagen entzogen.

Im Zuge dieser Entwicklung wuchsen die Widerstandskräfte innerhalb der enttäuschten Bevölkerung der besetzten Gebiete. Sie wurden immer deutlicher, nachdem sich die deutschen Truppen nach dem Durchmarsch durch weißrussisches und ukrainisches Vorgelände ab Smolensk auf großrussischem Siedlungsboden bewegten. Es dauerte nicht mehr lange, so flammte aber auch im rückwärtigen Gebiet das Partisanenwesen auf, um den Deutschen immer größere Schwierigkeiten zu bereiten.

Die Zusammenarbeit mit den Alliierten

Von größter Bedeutung für die sowjetische Kriegführung mußte die Frage der politischen und militärischen Kooperation mit den westlichen Alliierten sein.

Obwohl in England Churchill den Beginn des deutschen Angriffs auf die Sowjetunion auf den Tag genau vorausgesehen hatte, war die Erschütterung trotz alledem nicht gering, die sich der führenden Politiker und des Volkes bemächtigte. Nach einer Besprechung mit Cripps, der kürzlich erst aus Moskau eingetroffen war, entwarf Churchill, wie er selbst in seinen Erinnerungen erzählt[12], seine große Rede, in der er umfassende Hilfsmaßnahmen ankündigte. »Niemand ist in den letzten 25 Jahren ein unbedingterer Gegner des Kommunismus gewesen als ich«, sagte er. »Ich werde kein Wort zurücknehmen, das ich jemals darüber geäußert habe. Aber all dieses schwindet dahin vor dem Schauspiel, das jetzt abrollt.« Am 12. Juli wurde zwischen beiden Staaten eine Vereinbarung zur gegenseitigen Unterstützung abgeschlossen, in der sich beide Teile verpflichteten, keine separaten Verhandlungen mit dem Feinde zu führen.

Ähnlich waren Auffassung und Stimmung in den USA. Auch hier glaubte man alle Bedenken zugunsten eines gemeinsamen Vorgehens gegen Hitler zurücktreten lassen zu müssen.

Sowohl in englischen wie auch in amerikanischen Militärkreisen beurteilte man allerdings die Aussichten des russischen Widerstandes sehr pessimistisch. Im Hinblick auf die schwere Krise der Roten Armee während der Säuberungen des Jahres 1937 und unter dem Eindruck des finnischen Winterkrieges auf der einen und der deutschen Blitzfeldzüge auf der anderen Seite rechnete man mit der Möglichkeit, daß die deutschen Truppen nicht länger als 1 bis 3 Monate im Osten gebunden sein würden[13]. Nachdenklicher als die Äußerungen des amerikanischen Kriegsministers war ein Memorandum von Joseph E. Davies, dem vormaligen USA-Botschafter in Moskau. Er sah schon am 8. Juli die Schwierigkeiten voraus, mit denen Hitler im besetzten Gebiet in Gestalt von Partisanen und Sabotage würde rechnen müssen. Auch nach Verlust der Ukraine und Weißrußlands würde sich seiner Meinung nach Stalin hinterm Ural ziemlich lange halten können; nicht von der Hand zu weisen sei aber dann bei dem bekannten »Realismus« Stalins die Möglichkeit eines deutsch-russischen Sonderfriedens, weniger wahrscheinlich eines Staatsstreiches deutschfreundlicher Trockisten (!). Man sollte jedenfalls Stalin wissen lassen, daß die Westmächte fest entschlossen seien, Hitler zu schlagen und freundschaftlich mit der Sowjetunion zusammenzuarbeiten[14].

Um sich ein authentisches Bild von der wirklichen Widerstandskraft der Sowjetunion und von den Absichten Stalins machen zu können, entsandte Roosevelt im Juli 1941 seinen Vertrauten Harry Hopkins nach Moskau. Der Vorschlag dazu ging von diesem selbst aus. Mit Instruktionen auch von englischer Seite aus versehen, flog Hopkins von Schottland über Archangel'sk nach Moskau und verstand es hier, Stalins Vertrauen in überraschendem Maße zu erringen. Er machte Stalin klar, daß die amerikanische Regierung fest entschlossen sei, der Sowjetunion alle erdenkliche Hilfe so schnell wie möglich zu leisten.

Stalin selbst legte ihm mit einer Offenheit, die »in der neueren sowjetischen Geschichte ohne Beispiel war«[15], die Lage und die Wünsche der Roten Armee dar. Er beeindruckte Hopkins tief durch die klare Präzision seiner Ausführungen. Die sowjetischen Wünsche bestanden vor allem in Flakgeschützen, Maschinengewehren, Infanteriegewehren, Treibstoff und Aluminium. Als sicherste Transportroute bezeichnete er die über das nördliche Eismeer. Er hätte, sagte Stalin am 30. Juli zu Hopkins, an einen Angriff Hitlers nicht geglaubt, aber er habe alle Vorsichtsmaßregeln getroffen. Die Deutschen unterschätzten die Stärke der russischen Armeen. Schon gingen diese an vielen Punkten zum Gegenangriff vor. Trotzdem konnte sich Hopkins dem tiefen Ernst der Lage nicht entziehen. Stalin selbst mußte ihm zugeben, daß 75 % der Rüstungsbetriebe im Raume von Leningrad, Moskau und Kiev lagen. Es waren Gegenden, die bereits unmittelbar vom Feinde bedroht waren. Der Krieg werde schwer und vielleicht von langer Dauer sein, sagte Stalin abschließend. Es gäbe nur eines, wodurch Hitler besiegt werden könnte: das sei der Kriegseintritt der USA. Hopkins verließ Moskau mit der Überzeugung, daß die Sowjetregierung zu einem entschlossenen Widerstand bereit und eine amerikanische Hilfeleistung daher angebracht sei. Sein Bericht bestärkte Roosevelt in sehr starkem Maße in seinen Absichten, die Sowjetunion in ihrem Widerstand zu stützen.

Die amerikanische Unterstützung auf Grund des Pacht- und Leihvertrages sollte von entscheidender Bedeutung für die russische Verteidigung gegenüber dem deutschen Angriff werden[16]. Die Hilfe setzte prompt und tatkräftig ein. Bereits eine Woche nach dem deutschen Überfall war ein Komitee gebildet worden, das für die Hilfeleistung an die Sowjetunion sorgen sollte. Im Juli ordnete Roosevelt an, unverzüglich ausreichende Transporte nach Rußland bereitzustellen. Unter Leitung von Oberst P. A. Faymonville, dem besten Kenner russischer Verhältnisse in der amerikanischen Armee, wurden schon in den ersten drei Monaten Güter im Werte von 145 Millionen Dollar für Rußland bereitgestellt.

Im September 1941 begab sich die Mission Harriman nach Moskau, um sich über die Bedürfnisse der Sowjetunion zu unterrichten. Neben Averell Harriman gehörte ihr englischerseits Lord Beaverbrook an. Die Verhandlungen erwiesen sich als schwierig. Schon jetzt ließ Stalin jene Forderung anklingen, die sich nachher wie ein roter Faden durch die Geschichte der alliierten Zusammenarbeit gegen Hitler ziehen sollte. Stalin verlangte die Errichtung einer zweiten Front im Westen, die der Entlastung der russischen Front dienen sollte. Die Besucher konnten in jenen kritischen Tagen, als sich die Front stündlich Moskau näherte, bei ihm unverkennbare Zeichen der Nervosität feststellen. Wie er zuvor Hopkins hatte wissen lassen, daß amerikanische Truppen an jedem Sektor der russischen Front auch unter ausschließlich amerikanischem Kommando willkommen sein würden, so fragte er auch jetzt bei Beaverbrook an, ob nicht England einige seiner Truppen in die Ukraine entsenden könnte. Als dieser eine Überführung englischer Truppen aus Persien über den Kaukasus vorschlug, lehnte Stalin jedoch in seinem stets wachen Mißtrauen und vielleicht in unangenehmer Erinnerung an den sich auf derselben Linie bewegenden englischen Vormarsch im Bürgerkriege von 1918/19 das Angebot ab.

Die Hauptpunkte der Konferenz betrafen die Lieferungen von Kriegsmaterial und Rohstoffen; sie wurden im sogenannten Moskauer Protokoll zusammengefaßt. Danach verpflichteten sich die USA, im Jahre 1942 Güter im Wert von 1015 Millionen Dollar an Rußland zu liefern. Am 7. November bezeichnete Roosevelt die Sowjetunion als »angemessenen Partner« für einen Pacht- und Leihvertrag und setzte eine Summe von einer Milliarde Dollar als zinsfreien Kredit fest, dessen Rückzahlung fünf Jahre nach Einstellung der Feindseligkeiten beginnen sollte. Nach dem Kriegseintritt der USA lagen die Erfolge der Sowjetunion in unmittelbarem Interesse auch der amerikanischen Politik. Die vorläufigen Vereinbarungen von 1941 wurden daher durch weitergehende ergänzt, so daß ein endgültiger Pacht- und Leihvertrag das amerikanische Hilfsprogramm festlegte, dessen sich die sowjetische Kriegführung bis 1945 bedienen konnte. Um den Transport zu beschleunigen, wurde durch ein besonderes Dekret Roosevelts vom 7. März 1942 alles im Moskauer Protokoll zugesagte Material zur Verschiffung freigegeben; es sollte ohne Rücksicht auf andere Verpflichtungen unverzüglich verschifft werden. Die Sowjetunion hatte damit in der Zuteilung von Kriegsmaterial den Vorrang vor allen anderen Alliierten, ja selbst vor den eigenen Streitkräften der USA[17]. Ein besonderes »Protokoll-Komitee des Präsidenten« unter Hopkins hatte das russische Hilfsprogramm zu verwalten. Eine Versorgungsmission unter Oberst Faymonville wurde nach Moskau entsandt, um hier an Ort und Stelle mit den sowjetischen Stellen zusammenzuarbeiten. Sowjetischerseits war der Volkskommissar für Außenhandel Mikojan für den Empfang der Lieferungen verantwortlich. Später gingen die Aufgaben der Versorgungsmission an die neu errichtete amerikanische Militärmission in Moskau über.

Auf Grund des amerikanischen Hilfsprogramms sind vom 1. Oktober 1941 bis zum 31. Mai 1945 2660 Schiffe mit einer

Gesamtladung von 16½ Millionen Tonnen nach der Sowjetunion abgefertigt worden. Über 15 Millionen Tonnen sind dann tatsächlich am Bestimmungsort angelangt; 52 Schiffe wurden an England abgezweigt, 77 Schiffe gingen durch Feindeinwirkung verloren. An erster Stelle müssen unter den Lieferungen Lastwagen und Panzer genannt werden. Es wurden 427 284 Lastkraftwagen, 13 303 Panzer, 35 170 Motorräder und 2 328 Fahrzeuge geliefert. Den nächsten Posten machten die Erdölprodukte aus: über 2½ Millionen Tonnen Flugzeugbenzin und Benzinzusatz sowie Treibstoff für alle Typen von Fahrzeugen. Wichtig war auch rollendes Material für die sowjetischen Eisenbahnen: 1900 Dampf- und 66 Diesellokomotiven, über 10 000 Eisenbahnwagen aller Art. Das gesamte rollende Material wurde der russischen breiten Spurweite entsprechend hergestellt. Hinzu traten Werkzeuge und industrielle Ausrüstungen, Ersatzteile, Waffen, Medikamente, Stoffe und Schuhe. Ein letzter wichtiger Posten bestand schließlich noch aus den Lebensmittelsendungen, die hauptsächlich zur Versorgung des Heeres verwandt wurden, insgesamt fast 4½ Millionen Tonnen Fleischkonserven, Zucker, Mehl, Salz und Fett. Man hat berechnet, daß die Lieferungen bei einer durchschnittlichen Stärke der Roten Armee von 12 Millionen Mann jedem einzelnen mehr als ½ Pfund hochwertiger Nahrung pro Tag gesichert haben. Insgesamt betrug der Geldwert aller amerikanischen Lieferungen rund 11 Milliarden Dollar.

In der Reihe der militärischen Vereinbarungen zwischen der Sowjetunion und den Alliierten kam dem Militärvertrag mit Großbritannien vom 12. Juli die größte grundsätzliche Bedeutung zu. Sehr bald zog Stalin den britischen Botschafter Sir Stafford Cripps, den er noch beim Antrittsbesuch im Sommer 1940 äußerst kühl abgefertigt hatte, ohne seinen Warnungen vor einem deutschen Angriff Glauben zu schenken, in sein Vertrauen. Als die Deutschen sich Moskau näherten, machte er ihm gegenüber aus seinen Besorgnissen kein Hehl. Moskau würde, sagte er, bis zum äußersten verteidigt werden. Er gab sogar die Möglichkeit eines Falles der Stadt zu. Dann müsse, meinte er, die Rote Armee ganz Rußland westlich der Wolga aufgeben. Auch in diesem Falle würden die Sowjets den Krieg nicht aufgeben, aber es würde dann wohl viele Jahre dauern, ehe sie wieder über die Wolga nach Westen vordringen könnten.

Der Kampf um Moskau

Tatsächlich mußte Ende 1941 die Frage aufgeworfen werden, ob die Sowjetunion nach der Preisgabe des ganzen westlichen Vorlandes überhaupt noch in der Lage war, Widerstand zu leisten.

In dem Gebiet, das die Deutschen bis Ende 1941 besetzt hatten, wohnten ungefähr 40 % der Gesamtbevölkerung der Sowjetunion. Aus diesen Gebieten kamen 65 % der Kohlenförderung der Vorkriegszeit, 68 % des Roheisens, 58 % der Stahlerzeugung, 60 % des Aluminiums, 38 % des Getreides, 84 % des Zuckers. 41 % des Eisenbahnnetzes waren verloren. Von Juni bis November sank die Industrieproduktion um mehr als die Hälfte, die Stahlproduktion um mehr als zwei Drittel. Die Kugellagerproduktion betrug nicht mehr als 5 % der Friedensleistung[18].

Unter diesen Umständen wurde die rechtzeitige Verlagerung der west- und südrussischen Industrieanlagen nach dem Osten und die Wiederankurbelung der verlagerten Werke zu einer der wesentlichsten Voraussetzungen für die Fortsetzung des Krieges. Die Betriebe wurden meist in Orte evakuiert, in denen ähnliche Unternehmen bestanden. Mit ihnen zusammengelegt, vergrößerten sie die Produktionskapazität. Häufig mußten aber, besonders in Sibirien und Mittelasien, neue Industrieanlagen geradezu aus dem Boden gestampft werden. Hier wurde die Arbeit in forciertem Tempo bald nach der Verlagerung aufgenommen. Insgesamt sind 1360 Fabriken und Werkstätten aus dem Westen ostwärts verlagert worden. Mit den Maschinen und Anlagen gingen Millionen von Arbeitern mit ihren Familien denselben Weg. Die Rüstungsindustrie konzentrierte sich von nun ab auf Städte an der mittleren und unteren Wolga, auf das Uralgebiet, auf das Kuznecker Kombinat und auf den Raum von Karaganda.

Der deutsche Vormarsch war im Oktober 1941 auf seinem Höhepunkt angelangt. Schon proklamierte der deutsche Reichspressechef, der Krieg im Osten sei so gut wie beendet, der Roten Armee ständen nur noch 60 Divisionen zur Verfügung, die übrigen seien zerschlagen. In militärischen Kreisen beurteilte man die Lage wesentlich nüchterner und skeptischer. Es gab zu denken, daß die Sowjetunion immerhin einige Truppen abzweigen konnte, um laut gemeinsamem Plan mit England am 25. August 1941 in Persien einzufallen. Leningrad, seit Ende September eingeschlossen, leistete heldenhaften Widerstand, zumal die Finnen, getreu ihrer defensiven Grundkonzeption, sich weigerten, von sich aus gegen die Stadt vorzugehen.

Trotzdem gab Hitler am 2. Oktober den Befehl zur Eroberung von Moskau heraus. Mit 51 Divisionen, davon 13 Panzer- und 5 motorisierten Divisionen, sollte ein gigantischer Ring um die russische Hauptstadt gelegt werden. Erbitterte Kämpfe setzten ein. Schon standen die deutschen Vorhuten 50 Kilometer vor Moskau, an einem Frontabschnitt hatten sie sich bis auf 10 Kilometer an den Stadtrand herangearbeitet.

In Moskau waren am 13. Oktober die Spitzen der Parteiorganisation zusammengerufen worden. Zur Debatte stand die bedrohliche Lage der Stadt und die daraus erwachsenden vordringlichen Aufgaben. Es wurden Arbeiterbataillone aus Freiwilligen aufgestellt, die nach nur einwöchiger Ausbildung Frontstellungen bezogen. Die übrige Bevölkerung wurde zum Bau von Panzersperren, von Artilleriestellungen und Maschinengewehrnestern aufgeboten. Ein Ring von Verteidigungslinien legte sich um die Stadt. Am 19. Oktober wurde der Belagerungszustand über Moskau verhängt. Es begann die Evakuierung der zentralen Ämter und der wichtigsten Industriebetriebe. Die Volkskommissariate und Regierungsstellen wurden nach Kujbyšev (Samara) an der Wolga verlegt. Archive, die nicht abtransportiert werden konnten, wurden verbrannt.

Am 6. November versammelte sich der Moskauer Sowjet zur Jahresfeier der Revolution aus Luftschutzgründen auf einer Station der Moskauer U-Bahn. Am nächsten Tag nahm Stalin die Parade von Truppen und Volkswehreinheiten vor dem Leninmausoleum ab. Er rief Erinnerungen an die schwierige Lage während des Bürgerkrieges wach und suchte den Soldaten Mut einzuflößen. In ein paar Monaten, spätestens in einem Jahr, würde Deutschland zusammenbrechen. Und nun kam jener unerwartete Appell an die nationale Vergangenheit des russischen Volkes. »Laßt die großen Bilder unserer großen Vorfahren Alexander Nevskij, Dmitrij Donskoj, Minin und Požarskij, Suvorov und Kutuzov vor eurem inneren Auge aufleben. Sie sollen eure Führer in diesem Kriege sein.« Es war eine Beschwörung der Geister des kaiserlichen Rußland, die gewissermaßen den Schlußpunkt hinter den in den dreißiger Jahren entfachten Sowjetpatriotismus setzte und ihn nun in den Dienst der Landesverteidigung stellte. Die Truppen marschierten nach der Parade direkt vom Roten Platz an die Front.

Als aber dann die Nachricht sich ausbreitete, daß die wichtigsten Behörden die Stadt verließen, wurde die Bevölkerung Moskaus von Angst und Schrecken erfaßt. Es war, psychologisch gesehen, der Moment der größten Gefahr. Das Volk war der Meinung, die Stadt werde aufgegeben. Schon setzten Plünderungen und Unruhen ein. Die Lebensmittelgeschäfte wurden gestürmt, Parteimitglieder verbrannten ihre Mitgliedskarten und vernichteten ihre Abzeichen. Überall zeigten sich Symptome einer Auflösung der staatlichen Ordnung. Hier aber wurde die Bedeutung der Tatsache wirksam, daß Stalin selbst Moskau nicht verließ. Die erregte Stimmung beruhigte sich, als man hörte, er halte sich nach wie vor im Kreml auf. Wenn Hitler in einem Tagesbefehl an die deutschen Truppen den Kreml »in die Luft zu sprengen versprach, um damit den Sturz des bolschewistischen Systems zu besiegeln«, so weigerte sich Stalin, seine Mauern zu verlassen. Der Kreml wurde zum Symbol des Landes und seines Verteidigungskampfes. Es mag sein, daß Hitler mit seiner hartnäckigen Weigerung dreieinhalb Jahre später, Berlin zu verlassen, ähnliche Wunderwirkungen erwecken wollte. Aber die deutschen Kraftreserven waren im Mai 1945 erschöpft, die sowjetischen Ende 1941 noch nicht. Die tödliche Gefahr eines Zweifrontenkrieges blieb der Sowjetunion erspart. Alle deutschen Versuche, Japan zum Eingreifen in den Krieg zu veranlassen, waren vergeblich. Als am 7. Dezember der gänzlich unerwartete[19] japanische Angriff auf Pearl Harbour erfolgte, wußte man in Moskau, daß Japans Hände nun auf einem anderen Kriegsschauplatz gebunden waren.

Der deutsche Vormarsch vor den Toren Moskaus verlor gegen Ende November an Tempo. Täglich kämpften sich die deutschen Verbände nur wenige Kilometer vorwärts. Zweimal waren sie zum Sturm auf die Stadt angetreten und jedesmal zurückgeschlagen worden. Es erwies sich als unmöglich, den Ring um die Stadt zu schließen. Hinzu kam die Winterkälte. Der Winter hatte, ähnlich wie 1812, früh eingesetzt. Die Deutschen waren ohne Winterausrüstung in den Kampf geschickt worden. Am 6. Dezember sank das Thermometer vor Moskau auf 40 Grad unter Null. Am selben Tage gab Stalin den Befehl zur Gegenoffensive. Frische sibirische Verbände aus Fernost trafen ein und wurden sofort in den Kampf geworfen. Unter dem Oberbefehl von General Žukov gelang es der Roten Armee, den deutschen Vormarsch zum Stehen zu bringen. Der Druck, der auf Moskau lag, lockerte sich. Der erste Kulminationspunkt des Krieges war überschritten. Der deutsche Generalstab hatte schon am 29. Oktober die Einstellung der Offensive gefordert. Hitler lehnte zunächst alle Vorschläge ab. Am 7. Dezember setzte er Generalfeldmarschall v. Brauchitsch als Oberbefehlshaber des Heeres ab und übernahm selbst, zusätzlich zu seinen Funktionen als Oberster Befehlshaber der Wehrmacht, auch die unmittelbare Führung des Heeres.

Aber schon am 8. Dezember mußte Hitler bekanntgeben, daß er die Kampfhandlungen wegen des Winters abgebrochen habe. Der erste Feldzug war mißglückt. Die russischen Armeen waren dezimiert, aber nicht vernichtet. Weder Moskau noch Leningrad waren erobert, die kaukasischen Ölfelder noch weit entfernt. Über Archangel'sk, über Persien und über Vladivostok hatte die Sowjetunion nach wie vor Verbindung mit den Alliierten. Die russische Rüstungsproduktion lief an ihren neuen Standorten bald an. Die amerikanischen Lieferungen setzten ein.

Ein sehr wesentliches Moment, das neben dem erbitterten Widerstand der russischen Truppen und der leichtfertigen Übersteigerung von Hitlers strategischen Zielen zur Rettung Moskaus beitrug, lag in den Schwierigkeiten der Versorgung und des Nachschubs bei den Deutschen. Der Umbau des russischen Schienennetzes auf die kontinentale Normalspurweite hielt ebensowenig Schritt mit der Schnelligkeit des Vormarsches, wie das Vorrollen des Nachschubs auf den russischen Straßen. Zu der mangelnden Dichte des Straßennetzes trat im Herbst und Winter die Verschlammung. Die Transportfahrzeuge blieben im Schlamm, später im Schnee stecken. Die Luftwaffe verlor bei den meteorologischen Bedingungen des russischen Winters ihre Aktionsfähigkeit. Die Stoßkraft der weit, zum Teil bis hinter Moskau vorgeschobenen Truppenteile verlief sich, weil sie nicht mehr durch Nachschub gespeist werden konnte.

Der erste russische Gegenschlag und die Sommeroffensive 1942

Die russische Gegenoffensive trug nicht den Charakter einer Verfolgung, sondern stellte vielmehr ein unaufhaltsames Durchsickern nach Westen unter Umgehung deutscher Widerstandsnester dar. Die Russen rückten, ähnlich wie 1812, weniger auf den Straßen als querfeldein vor. Es waren vor allem Kosakendivisionen, verstärkt durch Artillerie auf Schlitten und durch Skitruppen. Zusammen mit diesen regulären Verbänden operierten in steigendem Maße Partisaneneinheiten, die sich im Zuge der Verschlechterung der Stimmung in den besetzten Gebieten vermehrten. Die Kämpfe gewannen mit der Zeit einen außerordentlich brutalen Charakter.

Der deutsche Rückzug umfaßte die ganze Front. Im mittleren Abschnitt erreichte er zwischen Kalinin und Tula die größte Tiefe. Nach Kalinin fiel Kaluga wieder in russische Hände; Velikie Luki wurde erreicht, Možajsk wieder besetzt. Bei Staraja Russa wurde das Gros der 16. deutschen Armee von ihren rückwärtigen Verbindungen abgeschnitten. Im Raume Leningrad mußten die Deutschen schon am 9. November Tichvin aufgeben. Die Russen rückten nach und gewannen durch Errichtung einer Motorstraße über das Eis des Ladogasees wieder Verbindung mit Leningrad. Die Bevölkerung der Stadt sah sich plötzlich aus ihrer feindlichen Umklammerung befreit. Sie hatte namenloses Leid erdulden müssen. Auch in Moskau war die Not im ersten und zweiten Kriegswinter groß, die Einwohnerschaft hat gehungert und Entbehrungen erlitten, die Brennstoff-, Licht- und Gasversorgung war zeitweise eingestellt. Was sich jedoch in Leningrad im Winter 1941/42 abspielte, spottet jeder Beschreibung. Die Zahl der Verhungerten wird auf 600000 beziffert; man behielt die Leichen, die im Winter ohnehin nur schwer bestattet werden konnten, in den Wohnungen, um sich die Lebensmittelzuteilungen für die Toten nicht entgehen zu lassen.

Im Süden wurde im Zusammenwirken mit der Schwarzmeerflotte die Meerenge von Kerč überwunden und Feodosija auf der Krim besetzt.

Die deutsche Führung zog ihre Truppen hinter Verteidigungslinien zurück; immer wieder wurden »Igel« gebildet, in denen sich abgeschnittene Verbände zu halten versuchten. Sie hatten dauernd unter der Winterkälte zu leiden, da an eine Winterausrüstung nicht gedacht worden war und jetzt freiwillige Spenden das Versäumte nachholen sollten. Die Verluste dieses Winters waren auf beiden Seiten über Erwarten groß. Hitler sah sich gezwungen, vom Westen Truppen, aus der Heimat Reserven an die Ostfront zu werfen, die eigentlich erst im Sommer zum Einsatz kommen sollten.

Etwa vom 23. Februar an trat an der gesamten Front eine

auffallende Ruhe ein. Auch die Angriffskraft der russischen Heere schien sich ihrem Ende zuzuneigen. Im Verhältnis zu dem gewaltigen Territorium, das von den Deutschen noch immer besetzt war, machte das zurückgewonnene Gelände nicht viel aus. Aber es schob sich als eine Art Sicherung zwischen die soeben noch tödlich bedrohte Hauptstadt und entrückte dieses Ziel den deutschen Plänen immer mehr. Die Initiative war dem Angreifer entwunden. Die Gefahr jedoch war noch immer außerordentlich bedrohlich.

Nach einer geheimen Weisung Hitlers vom 5. April sollte die Front im Mittelabschnitt gehalten werden. Im Norden setzte er sich immer noch die Eroberung Leningrads, im Süden den Durchbruch zum Kaukasus zum Ziel. Nach Vernichtung der sowjetischen Truppen im Donbogen galt es, die Erdölfelder des Kaukasus zu gewinnen und gleichzeitig Stalingrad als Rüstungs- und Verkehrszentrum lahmzulegen.

Als Auftakt zu den Hauptoperationen setzte zunächst General v. Manstein zum Stoß auf die Krim an. Er liquidierte den sowjetischen Brückenkopf auf der Halbinsel Kerč, um anschließend Sevastopol' nach längerer Belagerung am 3. Juli im Sturm zu nehmen. Die ganze Krim wurde nun von den Deutschen besetzt. Der Hauptangriff sollte von der Heeresgruppe Bock mit über 100 Divisionen, unterstützt von 1500 Flugzeugen, geführt werden. Wegen eines zwar verlustreichen, aber geschickten Stoßangriffs Timošenkos auf Char'kov am 12. Mai verzögerte er sich um etwa vier Wochen: eine Zeit, die sich später als unwiederbringlich verloren herausstellte[20]. So setzte die deutsche Operation erst Ende Juni richtig ein. Östlich von Kursk und in der östlichen Ukraine wurde die russische Front an mehreren Stellen durchbrochen. Schon stand der Feind vor Voronež, um das heftige Kämpfe entbrannten, der Übergang über den Don wurde erzwungen. Dann griff jedoch eine nördlich der Stadt konzentrierte russische Armee in die Kämpfe ein. Der Widerstand versteifte sich. Voronež selbst konnte nur zum Teil besetzt werden, ein Durchbruch weiter nach Osten – etwa in Richtung Saratov – erwies sich als unmöglich. Da gleichzeitig im Süden der deutsche Vormarsch im großen Donbogen Fortschritte machte, Ende Juli auch Rostov besetzt wurde, lag Veranlassung vor, anzunehmen, daß Hitler sich entschlossen habe, die Stoßrichtung auf die mittlere Wolga, seinen Weisungen vom April entsprechend, zugunsten eines direkten Angriffs auf die untere Wolga bei Stalingrad aufzugeben. Tatsächlich strebte auch ein Teil der deutschen Verbände, auch im Donbogen den Fluß überschreitend, Stalingrad zu, während andere Armeen südwärts davon bei Rostov über den Unterlauf des Don setzten und in die nordkaukasischen Ebenen einfielen.

Es kann kein Zweifel darüber bestehen, daß mit dem Verzicht auf eine weiter nördlich gelegene Vormarschrichtung den Sowjets an sich ein großer Dienst erwiesen wurde. Die sowjetischen Truppen nördlich von Voronež erhielten ihre volle Bewegungsfreiheit wieder; sie konnten umgruppiert und anschließend bei Stalingrad eingesetzt werden. Wenn aber der Stoß schon nicht auf die mittlere, sondern auf die untere Wolga angesetzt werden mußte, taucht dabei die Frage auf, wieweit Hitlers Plan einer doppelten strategischen Zielsetzung überhaupt den realen Möglichkeiten der Kriegführung entsprach. War es denkbar, gleichzeitig nach den kaukasischen Ölfeldern und nach Stalingrad zu streben? Nirgends war man sich der schwerwiegenden Problematik dieser Zweiteilung des Vormarsches stärker bewußt als in den Kreisen des deutschen Generalstabes. Halder, als Chef des Generalstabes, erkannte deutlich, daß die Rote Armee trotz großer Verluste nicht entscheidend geschlagen, geschweige denn vernichtet war; ihm war es klar, welche Gefahren eine noch weitere Entfernung von den rückwärtigen Verbindungen bei Fortsetzung der Offensive in sich bergen mußte. Er schlug daher Anfang September 1942 Hitler vor, die Front auf die Linie Kiev-Riga zurückzunehmen[21]. Hitler lehnte diesen Vorschlag rundweg ab und ersetzte Halder durch einen gefügigeren Nachfolger. Zur selben Zeit wurde auch eine Reihe deutscher Feldmarschälle von ihren Posten entfernt. Wenn man jedoch, anders als Halder, an einer offensiven Kriegführung im Osten festhalten wollte, wäre eine Beschränkung auf eines der beiden Ziele am Platz gewesen. Trotz der eminenten kriegswirtschaftlichen Bedeutung eines schnellen und direkten Zugangs zum kaukasischen Öl mußte ein Vorstoß unmittelbar ostwärts zur unteren Wolga von ungleich wichtigerer, ja nahezu kriegsentscheidender Bedeutung sein. Wolgaaufwärts bis in den Raum von Saratov fortgesetzt, konnte er Moskau sowohl von der Ural- und sibirischen Industrie, als auch von den Streitkräften Marschall Timošenkos im Süden abschneiden, um es dann einem vernichtenden deutschen Angriff, diesmal aus dem Osten, preiszugeben. Es wäre ein Plan von beispielloser Kühnheit gewesen; er hätte gewiß eine genügende Treibstoffversorgung aus anderen Quellen zur Voraussetzung haben müssen, und er basierte auf der Annahme, daß die Schlagkraft der Roten Armee im Herbst und Winter 1941/42 nicht nur vorübergehend, sondern entscheidend geschwächt war. Wie die Dinge lagen, wäre voraussichtlich auch ein derartiger, auf Stalingrad beschränkter Plan zum Scheitern verurteilt gewesen. Vollends utopisch aber war die Kombination des Stalingrad-Unternehmens mit einer Fortsetzung des Vormarsches im Kaukasus.

In einer großen Rede Anfang Oktober 1942 legte Hitler seine strategischen Ziele eindeutig dar. Sie sahen tatsächlich die verhängnisvolle Doppeloffensive vor.

Stalingrad und die Wende des Krieges

Der deutsche Vormarsch im Nordkaukasus zeigte zunächst ganz beachtliche Erfolge. Nach der Besetzung des Kubangebietes gingen bald, schon im Vorfeld der nördlichen Berghänge des Kaukasus, die Ölfelder von Majkop verloren. Binnen kurzem war der Terek erreicht, Novorossijsk, die wichtige Flottenbasis am Schwarzen Meer, erobert. Dann aber ging den Deutschen der Brennstoff aus. Der russische Widerstand versteifte sich im schwierigen Berggelände. Vor Groznyj kam der deutsche Kaukasusfeldzug zum Stehen. Daß auf dem Elbrus in 5600 m Höhe eine Hakenkreuzflagge gehißt wurde, konnte nicht darüber hinwegtäuschen, daß die transkaukasischen Ölfelder unerreichbar blieben.

Alle Kräfte konzentrierten sich jetzt auf Stalingrad. Die Stadt, das frühere Caricyn, war eine ausgedehnte Industriestadt mit einer halben Million Einwohnern, am rechten Ufer der Wolga, unweit des Knies gelegen. Der Fluß hatte hier eine stattliche Breite und war schwer zu überbrücken. Die deutschen Truppen hätten hierzu eine genügend breite Operationsbasis am Ufer einnehmen müssen. Erst nach der Überschreitung des Flusses hätte die Stadt von allen Seiten umfaßt werden können. Statt dessen machte die deutsche Armee den Versuch, Stalingrad im Sturm zu erobern. Es setzten pausenlose Angriffe ein, die einen ganzen Monat dauerten. Sie stießen auf einen hartnäckigen Widerstand der Garnison unter General Čujkov. Stalin hatte die kritische Lage von Stalingrad ungefähr im August erkannt. Der neue Generalstabschef Vasilevskij war zusammen mit General Žukov und dem Mitglied des Politbüros Malenkov an Ort und Stelle entsandt worden. Mit einem Tagesbefehl »Kein

Schritt zurück« wurden Čujkov und seine 62. Armee auf die Verteidigung der Stadt bis zum Letzten verpflichtet. Nun vereinigten sich die Arbeiter der Stalingrader Fabriken mit den Truppen der Garnison. Im Oktober wurde die Lage für die Verteidiger kritisch. In erbitterten Kämpfen wurde auf dem Gelände der Traktorenfabrik und zweier anderer Werke um jeden Fußbreit Boden, um jedes Haus, um jede Straße gerungen. Mitte November hielten sich die Russen nur noch in isolierten Stellungen am Flußufer. Die Stadt wurde zum Trümmerhaufen. Abschnitt um Abschnitt wurde systematisch durch Artillerie und Fliegerangriffe dem Erdboden gleichgemacht. Die Rote Armee verbiß sich in die Erde, in Keller, Trümmer und Unterstände. Es hätte vielleicht genügt, wenn die Deutschen zunächst die Auswirkungen der Unterbindung jeden Verkehrs auf der Wolga abgewartet hätten, war doch unter anderem der lebenswichtige Ölstrang Baku-Moskau auch schon lahmgelegt. Aber Hitler hing wie gebannt an dem Ziel, die Stadt selbst um jeden Preis zu gewinnen, die den Namen des verhaßten[22] Gegners trug. Nachdem die Überrumpelung Moskaus und Leningrads mißglückt war, mußte die Eroberung Stalingrads gelingen.

Mittlerweile konnte jedoch Stalin im Gebiet nördlich des Don ungestört Truppen ansammeln. Immer deutlicher trat die Bedeutung der Verbindung von Moskau über Saratov nach weiter östlichen Versorgungsquellen in Erscheinung. Vom Ural und von Sibirien aus, wo die hierher evakuierten und neuaufgebauten Fabriken inzwischen zu Höchstleistungen gebracht worden waren, lief Nachschub jeder Art über Saratov nach Moskau oder direkt zum südlichen Kriegsschauplatz. Eine direkte Bahnlinie von Astrachan' nach Saratov ermöglichte das Heranführen von amerikanischen und persischen Lieferungen über das Kaspische Meer, über Čkalov (Orenburg) hatte man Zugang zu den Ölquellen des sogenannten »zweiten Baku« zwischen Kaspischem Meer und Ural. Auf längere Sicht konnte die Gewinnung des Unterlaufes der Wolga den deutschen Plänen nur dann nützen, wenn auch Astrachan' erobert worden wäre. Waren doch Astrachan' und Saratov im Grunde beinahe wichtiger als Stalingrad.

Anfang November 1942 wurde General Paulus zum Oberbefehlshaber der VI. Armee ernannt, auf deren Schultern der Kampf von Stalingrad lag. Ihre 22 Divisionen, insgesamt etwa 300 000 Mann, waren auf engem Raum westlich der Stadt konzentriert. Im Nordwesten anschließend wurden die Verteidigungsstellungen am Don größtenteils von rumänischen und italienischen Verbänden gehalten; im Süden schlossen sich rumänische Truppen an.

Der russische Angriffsplan setzte sich aus zwei Operationen zusammen. Die erste bestand aus Störungsangriffen an der mittleren Westfront zwischen Velikie Luki und Ržev, um eventuelle deutsche Verstärkungen zu binden. Die andere sah die Entsetzung des eingeschlossenen Stalingrad vor. Am 19. November setzte die russische Gegenoffensive ein, die Hitler noch in einem Tagesbefehl vom 14. Oktober als unwahrscheinlich bezeichnet hatte. Hier wurde die gesamte operative Reserve General Žukov unterstellt. Er teilte sie in die Armeen auf, die von Norden, Nordwesten und Süden her auf die Flanken von Stalingrad drücken sollten. Sie wurden den Generalen Rokossovskij, Vatutin und Eremenko unterstellt. Die gesamte Artillerie unterstand dem Kommando General Voronovs. Es sollten konzentrische Schläge gegen den Rücken der deutschen Belagerer Stalingrads geführt werden, um ihren Durchbruch nach Westen zu verhindern. Man rechnete damit, daß ein derartiger Versuch gemacht werden würde.

Als die Offensive am 19. November anrollte, galt sie zunächst den schwächsten Stellen der deutschen Front. Als erstes wurden die rumänisch-italienischen Stellungen im Norden durchbrochen; die russischen Panzer erzwangen sich den Übergang über den Don. Weiter westlich fielen russische Truppen tief im Rücken der Deutschen in den Donbogen ein, von Süden her ebenfalls westwärts vorstoßenden Truppen die Hand reichend. Der Ring um die VI. Armee war geschlossen. Paulus erhielt den Befehl, die Belagerung Stalingrads fortzusetzen und durchzuhalten. Die Versorgung glaubte man auf dem Luftwege sichern zu können. Inzwischen wurde eine Entsatzarmee in Marsch gesetzt. Sie stand unter General v. Manstein. Mit etwa 150000 Mann brach er am 12. Dezember durch die russischen Linien. In erbitterten Kämpfen wurde zunächst Gelände im Donbogen gewonnen; dann befahl Stalin, der VI. Armee zunächst keine weitere Beachtung zu schenken, sondern sich allein auf das Entsatzunternehmen zu konzentrieren. Die wuchtigen russischen Gegenstöße brachten das Unternehmen zum Scheitern. Die Lage der VI. Armee wurde verzweifelt. Die Versorgung aus der Luft erwies sich als unzureichend; die Verluste an Flugzeugen waren groß. Mansteins Vorschlag, unter dem Risiko des Verlustes der Hälfte seiner Truppen durch die russischen Linien durchzubrechen, wurde von Hitler abgelehnt. Anfang Januar forderte Rokossovskij die Deutschen zur Übergabe auf. Paulus lehnte ab. Die Vernichtung der VI. Armee nahm ihren Fortgang. Am 2. Februar 1943 kapitulierten ihre Reste, nachdem kurz vorher Paulus mit 23 Generalen gefangengenommen worden war.

Schon während der Kämpfe um Stalingrad war die deutsche Stellung im Kaukasus unhaltbar geworden. Als Brückenkopf gegenüber von Kerč blieb zunächst nur noch die Taman'halbinsel in deutschen Händen. Nach der Katastrophe vom 2. Februar war auch die östliche Ukraine nicht mehr zu halten. Noch im Laufe des Februar eroberten die Russen Belgorod und Char'kov zurück. Überall machten sich weitere Rückwirkungen bemerkbar. Am Mittelabschnitt sahen sich die Deutschen gezwungen, einen Vorsprung bei Vjaz'ma zu räumen. Mit der Rückeroberung von Schlüsselburg am Ladogasee war die Verbindung zum eingeschlossenen Leningrad wiederhergestellt.

Als Mitte Februar 1943 die Stoßkraft der russischen Operationen etwas nachzulassen begann, wurde die Rote Armee durch gänzlich unerwartete neue Teilangriffe von Manstein überrascht. Er hatte bei Dnepropetrovsk eine neue Armee von 24 Divisionen, davon allein 12 Panzerdivisionen, versammelt und ging am 21. Februar zum Angriff vor. Südlich von Char'kov drängte er die Russen wieder über den Donec zurück, exponierte sich dann allerdings nicht durch ein weiteres Nachrücken, sondern begnügte sich mit der Rückeroberung von Char'kov am 12. März. Nun setzte Tauwetter ein und brachte die gegenseitigen Operationen zum Stehen. Der Winterfeldzug 1942/43 war zu Ende.

Er hatte gezeigt, daß die Initiative auf die Russen übergegangen war. Der deutsche Vormarsch hatte sich mit dem Vorstürmen bis Stalingrad und Groznyj erschöpft und totgelaufen. Die psychologischen Nachwirkungen der Stalingradschlacht waren auf beiden Seiten außerordentlich stark. In der Sowjetunion trug ihr Verlauf in hervorragendem Maße zu einer Stärkung des Selbstvertrauens bei.

Die Rückkehr zur Tradition

Die tödliche Bedrohung, in die das bolschewistische Regime durch das siegreiche Vordringen der deutschen Truppen in den beiden ersten Kriegsjahren geraten war, ließ Stalin alle Mittel in die Waagschale werfen, die geeignet sein konnten, die nationale Widerstandskraft der Bevölkerung zu heben. Jetzt war die große Bewährungsstunde des Sowjetpatriotismus gekommen, jetzt sollte er seine innere Rechtfertigung erhalten.

Je größer die Massen wurden, die in deutsche Kriegsgefangenschaft gerieten, desto selbstverständlicher wurde die Konzentration auf das eigene Staatswesen und seine historisch-traditionellen Kräfte. Alle diese Energien wurden zur Verteidigung des Vaterlandes aufgerufen. Der Erfolg blieb nicht aus. Wo die Nachrichten von deutschen Übergriffen und Zwangsmaßnahmen in den besetzten Gebieten nicht ausreichten, wo die Widerstandsinstinkte sich nicht so spontan regten, wie etwa in den Kreisen des Komsomol – da half ein entsprechender Druck oder eine unablässig hämmernde Propaganda nach.

Besonders in den Kreisen der Roten Armee fielen die national-traditionellen Parolen auf fruchtbaren Boden. Hier wurden Gebräuche und Einrichtungen, die noch aus der Zeit der Revolution und des Bürgerkrieges mit einem glorreichen Nimbus umgeben waren und sich entsprechender Wertschätzung erfreuten, nunmehr rücksichtslos über Bord geworfen. Im Oktober 1942, an der entscheidenden Peripetie der Schlacht um Stalingrad, wurden durch besonderes Gesetz die politischen Kommissare abgeschafft, die 15 Monate zuvor wiedereingesetzt worden waren. An die Stelle der Kriegskommissare traten stellvertretende Kommandeure für politische Angelegenheiten im Offiziersrang. In den niederen Einheiten wurden die Funktionen der Politruks unmittelbar den kommandierenden Offizieren übertragen. Ausschlaggebend hierfür waren militärische Gründe. Die Einheit des Kommandos war die Voraussetzung für die Konzentration der Disziplin und damit für eine größere Schlagkraft der Truppe. Ein »Pravda«-Artikel vom November 1942 betonte, daß der Soldat keine sozialistische Verpflichtung habe, daß seine Aufgabe einfach darin bestehe, dem Vaterland zu dienen, wie auch seine Vorväter als Soldaten gedient hätten. Ein »sozialistischer Wettbewerb« innerhalb der Truppe sei daher nicht am Platze. Im gleichen Jahre wurden auch die ersten neuen Gardeeinheiten aufgestellt; ihre Angehörigen erhielten besondere Abzeichen. Aus den Stoßarmeen wurden Gardearmeen. Die Zeit, in der die Garderegimenter als lebendigste Symbole der zaristischen Machtvollkommenheit gegen die Revolution des Jahres 1917 eingesetzt worden waren, lag weit zurück. Die Fahnen allerdings: sie blieben rot, auch die 1943 gestiftete besondere Rote Gardefahne; sie wurden durch neue Dekrete geschützt und in ihrer Bedeutung gehoben.

Sehr bezeichnend war ein Dekret vom 24. Juli 1943, nach dem eine Gruppierung des Militärs nach Mannschaftsstand, Unteroffiziers-, Offiziersstand und Generalität vorgenommen wurde. Das bedeutete eine Umwandlung des bisherigen Führerkorps der Roten Armee in ein zweifach gestaffeltes Offizierkorps. Im Oktober desselben Jahres wurden neue Dienstränge für die hohe Generalität geschaffen. Sonderdienste der Intendanten und des Ingenieurdienstes erhielten Offiziersränge. Schon zu Beginn des Jahres waren neue Rangabzeichen geschaffen worden; die von der Oktoberrevolution als Sinnbild der Konterrevolution und eines reaktionären Kastengeistes beseitigten goldenen Schulterstücke wurden wieder eingeführt. Neue Auszeichnungen, wie der Kutuzov- und Suvorovorden, knüpften an die Überlieferung der Zarenzeit an. Kosakenformationen, einst berüchtigt als Werkzeuge zaristischer Unterdrückung und als bedeutsame Träger des gegenrevolutionären Widerstandes im Bürgerkrieg, lebten neu auf. Die militärische Grußpflicht wurde wieder eingeführt und streng gehandhabt. Es entstanden exklusive Offiziersklubs, sogar getrennte Kasinos für Linien- und Stabsoffiziere, in Offizierskreisen wurde Wert auf gesellschaftliche Formen und gutes Benehmen gelegt.

Stalin selbst nahm am 6. März 1943 den Rang eines Marschalls an und wurde nun auch formell zum Obersten Befehlshaber der sowjetischen Streitkräfte ernannt. Nun verlieh er auch seinen bedeutendsten Armeeführern den Marschallstab. Allein im Dezember 1943 wurden 360 Offiziere zu Generalen befördert; die Zeitungen waren voll von militärischen Ernennungen und Beförderungen. Bei jeder Gelegenheit betonte Stalin seine persönliche Verbundenheit mit der Generalität und dem Offizierkorps.

Über den militärischen Sektor hinaus wurde an das russische Nationalgefühl angeknüpft. Mit dem Verlust des weißruthenischen und ukrainischen Vorgeländes im Westen und Süden kam es stärker denn je auf die Erhaltung der Widerstandskraft des eigentlichen russischen Kerns der Sowjetunion an. Schon im ersten Kriegswinter wurden die gesamten Kampfparolen auf das russische Nationalempfinden umgestellt. Die Formel »Proletarier aller Länder vereinigt Euch« am Kopf mehrerer Zeitungen wurde gegen die Worte »Nieder mit den faschistischen Eindringlingen« ausgewechselt. Es galt, die heilige Heimaterde zu verteidigen, genau so wie 1812, als die Truppen Napoleons bis Moskau vordrangen. Und als Leo Tolstojs Gutshaus in Jasnaja

Poljana unweit Moskaus im Zuge der Kämpfe in Flammen aufging, gewann sein unsterblicher Roman »Krieg und Frieden« eine neue unheimliche Aktualität. Das Werk des Historikers E. Tarlé über den Einfall Napoleons in Rußland, 1937 erstmalig erschienen, fand bei der zweiten Auflage im Jahre 1943 reißenden Absatz. Man konnte die Erfahrung machen, daß die russischen Soldaten ihre stärksten Kampfimpulse nicht allein aus dem etwas blutleeren sowjetischen Unionspatriotismus schöpften, sondern aus ihrem Opfermut für »Mütterchen Rußland«. Stalin selbst gab es im Gespräch mit Harry Hopkins zu.

Der russische Staat und das russische Volk traten in den Mittelpunkt des patriotischen Empfindens. Die Presse hob hervor, daß das russische Volk der eigentliche Träger der russischen Geschichte gewesen sei. Und in der neuen Nationalhymne hieß es: »Unzerstörbare Union freier Republiken, auf immer geeint durch das große Rußland«. Stalins Theorie vom Sozialismus in einem Lande hatte so deutliche nationale Vorzeichen erhalten, daß das bolschewistische Regime im Schmelztiegel des Krieges nicht mehr weit davon entfernt war, in einen russischen Nationalbolschewismus umzuschlagen.

In diesem Zusammenhang ist eine Bemerkung Stalins über den Nationalsozialismus von Bedeutung, die er noch während der Schlacht von Moskau äußerte. »Können die Anhänger Hitlers als Nationalisten bezeichnet werden? Nein, das können sie nicht, denn die Hitleristen sind keine Nationalisten, sondern Imperialisten.« Er gab im weiteren Text seiner Ausführungen zu, daß Hitler zeitweise als deutscher Patriot habe gelten können, daß er diese Bezeichnung aber verscherzt hätte, als er nichtdeutsche Länder zu annektieren begann. Diese positive Kennzeichnung des Begriffs Nationalismus trat somit neben den positiven Klang des Begriffs Patriotismus, an den man sich bereits seit 1934 in der Sowjetunion gewöhnt hatte. Mit vollem Bewußtsein legitimierte Stalin hiermit einen russischen Nationalismus, ihn als Waffe gegen den »imperialistischen Aggressor« Hitler verwendend.

Durch den Brückenschlag zur vorrevolutionären Vergangenheit wurde zugleich auch eine Verbindung zur Welt der griechisch-orthodoxen Kirche möglich. Stalins neuer Kirchenkurs stand im Zeichen dieser totalen Zusammenfassung aller geistigen Widerstandskräfte des Volkes. Er wurde schon 1941 eingeleitet durch Treuebekenntnisse der kirchlichen Würdenträger und durch Sammlungen für die Waffenspende im Jahre 1942. Am

7. November 1942 gab es zum erstenmal einen Telegrammwechsel zwischen dem Metropoliten Sergius (Sergij) und Stalin anläßlich des 25. Jahrestages der Oktoberrevolution. Nach Stalingrad wurden den kirchlichen Vertretern die Wege zum Kreml geebnet. Am 4. September 1943 empfing Stalin den Metropoliten Sergius als Oberhaupt der russischen Kirche und der anderen russischen Metropoliten. In einer langen freundschaftlichen Unterredung wurde die Wahl eines neuen Patriarchen vorgesehen[23]. Als Begründung für diesen Friedensschluß zwischen Partei und Kirche wurde angegeben, daß die Kirche sich während des Krieges voll und ganz für den Sieg eingesetzt und dadurch ihre Treue zum Vaterland unter Beweis gestellt habe. Zum Patriarchen wurde am 8. September von einer geistlichen Synode aus den Metropoliten und Bischöfen im sowjetischen Machtbereich der Metropolit Sergius gewählt. Von Staats wegen wurde beim Vorsitzenden des Rates der Volkskommissare ein Amt für Angelegenheiten der griechisch-orthodoxen Kirche gegründet, dem bald darauf ähnliche Instanzen für die anderen Religionsgemeinschaften zur Seite traten.

Noch war religiöses und kirchliches Empfinden vor allem in bäuerlichen Kreisen der Sowjetunion nicht restlos geschwunden, besonders bei der älteren Generation. Wenn jetzt inmitten der Entbehrungen und Prüfungen des Krieges dieses religiöse Gefühl sich wieder stärker regte, so glaubte man in Regierungskreisen, durch den neuen Kirchenkurs um so mehr auch diese kirchlich gesinnten Kreise ansprechen zu können.

Über Rußland hinaus mußte Stalins Aussöhnung mit der Kirche auch im Ausland Beachtung finden. Hier kam es vor allem auf die Stimmung in den Balkanländern an, die im zweiten Teil des Krieges immer stärker in das Blickfeld der sowjetischen Politik und der sowjetischen Kriegsziele zu treten begannen. Hier trat Stalin bewußt in die Fußstapfen der zaristischen Politik, die es bereits verstanden hatte, die Kirche zu einem Instrument ihrer Politik zu machen, während diese wiederum von kirchlichen Vorstellungen aus Impulse bezogen hatte. Letzteres fiel jetzt natürlich fort. Jetzt galt es, sich alle Gemeinsamkeiten, die zwischen der russischen Kirche und den griechisch-orthodoxen Kirchen der Balkanvölker bestanden, zu bedienen, um damit den politischen Brückenschlag vorzubereiten. Es mag sein, daß eine Wiederbelebung des Panslawismus schon im Frühjahr 1941 geplant war, als das Auge der sowjetischen Außenpolitik auf Rumänien und Bulgarien ruhte und mit Jugoslawien freundschaftliche Beziehungen angeknüpft wurden. Der Ausbruch des Krieges legte eine intensivere Verfolgung dieser Linie nahe. Im Sommer 1941 wurde in Moskau ein Allslawisches Komitee gegründet, zu dessen eifrigsten Mitarbeitern der Historiker B. D. Grekov und der Dichter Aleksej Tolstoj gehörten. Die »Losungen« der Kommunistischen Partei zum Jahrestag der Revolution im November 1942 vermieden jede Anspielung auf die Weltrevolution und appellierten dafür an die Gemeinsamkeiten der »slawischen Brüder«.

Den vielleicht stärksten Ausdruck fand diese Betonung der nationalen Tradition in der Auflösung der Komintern im Jahre 1943: eine Maßnahme, von der man sich mit Recht vor allem stärkste außenpolitische Wirkungen versprechen konnte. Daß sie zudem noch zeitlich mit der Restituierung der griechisch-orthodoxen Kirche in der Sowjetunion zusammenfiel, mußte den Anschein einer endgültigen Abwendung von allen weltrevolutionären Zielen erwecken. Der Eindruck wurde unterstrichen durch die Ablösung der »Internationale« als Hymne der Arbeiterbewegung der gesamten Welt durch eine eigens verfaßte und komponierte neue sowjetische Nationalhymne mit einer deutlichen nationalstaatlichen und patriotischen Klangfarbe.

Es leuchtet ein, daß Stalin für die Dauer des Krieges, zum mindesten bis die akute Gefahr beseitigt war, keine inneren Zwistigkeiten und Mißstimmigkeiten brauchen konnte. Ein innerer Burgfriede deckte den Mantel patriotischer Solidarität über alle Kontroversen und ideologischen Abweichungen der dreißiger Jahre; wirkliche und vermeintliche Anhänger tatsächlicher und fiktiver Oppositionsgruppen wurden aus der Verbannung oder aus Straflagern zurückgeholt, als man ihrer bedurfte. Von den zu höchsten Rängen und Ehren aufsteigenden Generalen der Roten Armee gehörten Rokossovskij, Tolbuchin und Jakovlev zu den seinerzeit im Zusammenhang mit dem Tuchačevskij-Prozeß gemaßregelten Mitbetroffenen, die noch vor Kriegsausbruch durch eine Rehabilitierungskommission begnadigt worden waren. K. Rokossovskij, dem neben Žukov der Hauptanteil am Sieg von Stalingrad zukam, war Verbindungsmann Tuchačevskijs zur Komintern gewesen. Auch der zu Beginn der dreißiger Jahre wegen Landesverrat und Industriespionage verurteilte Professor Ramzin wurde freigelassen, mit Auszeichnungen belohnt und neu im Staatsdienst verwendet.

Ostarbeiter, Partisanen und Kriegsgefangene

In den besetzten Gebieten waren die Deutschen mittlerweile im Begriff, sich die anfänglichen Sympathien der Bevölkerung zu verscherzen.

Am 21. März 1942 hatte Hitler den Gauleiter von Thüringen, Sauckel, zum »Generalbevollmächtigten für den Arbeitseinsatz« ernannt. Er begann alsbald Hitlers Gedanken, »das unerschöpflise Reservoir an Arbeitskräften« der besetzten Ostgebiete für die deutsche Kriegswirtschaft nutzbar zu machen, in die Tat umzusetzen. Ohne Rücksicht auf private Wünsche, menschliche Bindungen und ohne jedes psychologische Verständnis für die Mentalität der westrussischen Bevölkerung wurden vom Frühsommer 1942 an Arbeitskräfte in Massen rekrutiert und oft gewaltsam nach Deutschland transportiert. Mehrere Millionen sogenannter »Ostarbeiter« wurden auf diese Weise in die deutsche Kriegswirtschaft eingestellt. Um einer Gefahr politischer Infiltrierung zu begegnen, brachte man sie in abgeschlossenen Lagern unter, versah sie mit einem als diffamierend empfundenen »Ostabzeichen« und setzte sie vielfach Demütigungen aus. Freilich fehlte es nicht an deutschen Hinweisen auf das Unmenschliche dieser Rekrutierungsmethoden, die oft zu einer regelrechten Menschenjagd ausarteten, auf das Entwürdigende der Behandlung im Arbeitseinsatz. Einige der ärgsten Mißstände konnten nach und nach beseitigt werden.

Die psychologischen Rückwirkungen der Ostarbeiterfrage auf die Stimmung in den besetzten Gebieten machten sich jedoch bald bemerkbar. Die günstigen Voraussetzungen einer antibolschewistischen Propaganda gingen schnell verloren. Wenn sich die Kommandos für den Arbeitseinsatz einer Siedlung näherten, flohen die Bewohner in die Wälder. Griff die deutsche Gendarmerie zu Fahndungsaktionen, so stieß sie auf Widerstand. In den Wäldern vermehrten sich die Partisanengruppen. Eine geschickte bolschewistische Propaganda sorgte für ihre moralisch-patriotische Bereitschaft, ständig über die Frontlinien eingeschmuggelte Agenten und Verbindungsleute versorgten sie mit Propagandaliteratur, Führern, Waffen und Munition. Die Partisanen unterbrachen die deutschen Verbindungslinien, vernichteten Nachschubkolonnen, überfielen Reserveeinheiten und Einzelposten, sprengten Straßen, Brücken und Munitionsdepots. In oft heroischem Einsatz schlugen sich junge Leute durch die Frontlinien, um ihre Anschläge auszuführen. Zu ihnen gehörte unter anderen Zoja Kosmodem'janskaja, Schülerin der letzten Klasse einer höheren Schule und Mitglied des Komsomol. Sie durchschnitt in einer Winternacht deutsche Fernsprechleitungen und steckte in einem Dorf des Mittelabschnitts ein Munitionslager in Brand. Als Partisanin gefaßt und hingerichtet, wurde ihr Bild durch eine eifrige Propaganda in der sowjetischen Öffentlichkeit zum Inbegriff heldenhaften Opfermuts und patriotischen Widerstandsgeistes. Von Monat zu Monat wurde es im rückwärtigen Gebiet, besonders im wald- und sumpfreichen Weißrußland, unruhiger. Strecken, die noch im Herbst 1941 gefahrlos von einzelnen deutschen Fahrzeugen befahren werden konnten, erforderten jetzt, ein Jahr später, sorgfältig bewachte Geleitzüge. Aber auch in der Ukraine rührte es sich.

Hier hatte sich der von deutschen Stellen zunächst geförderten nationalukrainischen Bewegung eine tiefe Enttäuschung bemächtigt. Hatte schon die Übergabe der Karpatenukraine an Ungarn im März 1939 diese Kreise befremdet, so rief die Eingliederung Galiziens in das polnische Generalgouvernement einen lebhaften Unwillen hervor. Noch ärger fast wirkte die Zuweisung eines breiten ukrainischen Grenzstreifens mit Odessa als Provinz Transnistrien an Rumänien. Als schließlich dazu noch die Auswirkungen einer ganz besonders rücksichtslosen und brutalen Verwaltungspraxis, die vom Reichskommissar für die Ukraine, Erich Koch, ausging, hinzutraten, ging die nationalukrainische Organisation OUN zur Illegalität und zum aktiven Widerstand über. Mit der Zeit entwickelte sich in der Ukraine die außerordentlich geschickt operierende Widerstandsarmee UPA, die gewissermaßen gegen zwei Fronten kämpfte, da sie auch den Bolschewismus als ihren Feind betrachtete.

Die deutschen Stellen standen dieser Entwicklung hilflos gegenüber. Ohne Erfahrung mit illegalen Organisationen, einem komplizierten Tarnsystem und den Methoden des Partisanenkampfes, begegneten sie diesem raffinierten System mit naiver Vertrauensseligkeit oder mit rücksichtsloser Gewalt. Konstruktive Gedanken und Denkschriften vereinzelter einsichtsvoller Offiziere blieben im Instanzenweg stecken oder wurden, wenn sie bis zu Hitler gelangten, von ihm als Illusionspolitik und Gefühlsduselei abgelehnt[24]. Für ihn war der Slawe, insbesondere der ostslawische Mensch in Rußland, ein inferiorer »Sumpfbewohner«, ja ein Untermensch, der keine menschenwürdige

Behandlung verdiente und nur den deutschen Zielen, wie sie ihm vorschwebten, zu dienen hatte. Trotzdem scheute er sich nicht, sein Hauptquartier für den Sommer 1942 – von Juni bis November – aus Ostpreußen in die Ukraine, nach Vinnica, zu verlegen. Hier richteten auch Göring, Himmler und das Oberkommando des Heeres ihre Stabsquartiere ein, ohne sich der wachsenden Schwierigkeiten einer Geheimhaltung inmitten eines geschickt getarnten sowjetischen Agentennetzes bewußt zu werden.

Der Partisanenkampf nahm auf beiden Seiten immer grausamere Formen an. Die deutschen Vergeltungsmaßnahmen wurden Schritt um Schritt verschärft. Hier und dort kam es zu Geiselerschießungen, zu Massenaktionen gegen die männliche Bevölkerung, zur Verbrennung ganzer Dörfer und ähnlichem mehr.

Unabhängig davon liefen die Judenverfolgungen. SS-Einsatzkommandos sorgten dafür, daß nicht nur die Nürnberger Gesetze in ihrer ganzen Tragweite auf die besetzten Gebiete ausgedehnt wurden, sondern die Juden, wo man ihrer habhaft werden konnte, nach Auschwitz und in andere Vernichtungslager gebracht wurden. Es stellte sich heraus, daß die Juden Westrußlands ahnungslos der deutschen Rassenpolitik gegenüberstanden, da sie, vielleicht in voller Absicht, beim Rückzug der sowjetischen Behörden nicht vor den drohenden Konsequenzen gewarnt worden waren.

Zu der Ostarbeiter- und Partisanenfrage trat das Problem der Kriegsgefangenen. Der Anfall an Gefangenen war gleich zu Beginn des Vormarsches nach den großen Kesselschlachten so ungeheuerlich groß, daß auch die beste Organisation diese Massen nicht bewältigen konnte. Angesichts des Massensterbens in den großen Sammellagern hinter der Front infolge unzureichender ärztlicher Hilfe und Verpflegung trat an Stelle der anfänglichen freudigen Überraschung, daß nicht jeder Kriegsgefangene gleich erschossen wurde, wie es die bolschewistische Propaganda den Rotarmisten, besonders aber den Offizieren hatte weismachen wollen, eine tiefe Enttäuschung und Entmutigung. Sie wirkte sich ebenfalls auf die Stimmung in den besetzten Gebieten aus.

Für die Landbevölkerung stellte die Frage der Beibehaltung oder Auflösung der Kolchosen ein sehr wichtiges Problem dar. Im allgemeinen waren die bolschewistischen Methoden der Zwangskollektivierung der dreißiger Jahre, die Verschleppung der sogenannten Kulaken, die hohen staatlichen Abgaben und dergleichen mehr noch frisch in der Erinnerung. Es bestanden psychologisch sehr günstige Voraussetzungen für eine konstruktive Agrarreform in privatwirtschaftlichem Sinne. In Weißrußland wurde auch tatsächlich der Versuch gemacht: über Nacht wurden die Kolchosen aufgelöst und in bäuerliche Einzelwirtschaften aufgeteilt. In der Ukraine, wo die Lösung dieser Frage aus psychologischen und wirtschaftlichen Gründen noch viel vordringlicher gewesen wäre, sträubte sich Erich Koch jedoch mit aller Energie dagegen, indem er kriegswirtschaftliche Argumente für eine Beibehaltung der Kollektivwirtschaft ins Treffen führte. Eine vom Ostministerium ausgearbeitete Neue Agrarordnung vom 15. Februar 1942[25] und eine »Eigentumsdeklaration« vom 3. Juni 1943[26], die sich in Anlehnung an Reformgedanken von Stolypin die Schaffung einer Schicht von bäuerlichen Grundeigentümern zum Ziel gesetzt hatte, wurden von ihm sabotiert und schließlich durch einen Appell an Hitler zunichte gemacht.

Die Westmächte und das Problem der zweiten Front

Mit dem japanischen Angriff auf Pearl Harbour am 7. Dezember 1941 traten die USA aktiv in den Krieg ein.

Die amerikanische Unterstützung der sowjetischen Kriegführung durch Anleihen und Lieferungen erfuhr eine steigende Intensivierung. Die Sendungen liefen in erster Linie auf der pazifischen, in zweiter auf der nördlichen Route über Murmansk und Archangel'sk. Hier mußten die Geleitzüge immer mit der Gefahr eines Angriffs durch deutsche U-Boote rechnen. Die Schwierigkeiten dieser Route wurden ständig größer, so daß England auf eine Kürzung der Lieferungen zu dringen begann. Der Geleitschutz, kabelte Churchill an Roosevelt, ginge über Englands Kraft. Ab 1942 hatte die Sowjetunion auch Flugzeuge, insbesondere Jagdflugzeuge, dringend nötig. Als die USA einen direkten Anflug über Alaska und Sibirien vorschlugen, sträubte sich die Sowjetregierung lange dagegen. Es lag noch viel Mißtrauen zwischen den westlichen und östlichen Verbündeten. Beiderseits rechnete man mit der Möglichkeit eines plötzlichen Sonderfriedens mit Hitler. Stalin schienen die Gegensätze zwischen dem liberalen Kapitalismus der Westmächte und dem totalitären System der Achsenländer viel geringer, als sie in Wirklichkeit waren. Auf der anderen Seite mußte man bei Stalin jederzeit mit ähnlichen Überraschungen wie dem Augustpakt von 1939 rechnen.

Da Stalin die Hilfe der Westmächte dringend brauchte, vermied er es sorgfältig, den Krieg als einen Kampf um die Weltrevolution zu führen. Alle bisherigen Anweisungen an die kommunistischen Parteien der Länder, im Kriegsfall ihre Regierungen durch Sabotage zu schädigen, wurden über Bord geworfen. Die neuen Parolen verlangten von den Kommunisten das, was sie 1914 bei den regierungstreuen Sozialisten erbittert bekämpft hatten. Sie hatten sich der jeweiligen politischen Führung unterzuordnen und sich mit allen Mitteln an den Kriegsanstrengungen zu beteiligen. Galt es doch damit der Sowjetunion, dem Vaterland aller Werktätigen, zu helfen. Auch in den Widerstandsbewegungen in den von den Deutschen besetzten Staaten mußten sich die Kommunisten den national-bürgerlichen Führungen unterordnen. Das Wort »Demokratie« wurde zum gemeinsamen Symbol des Kampfes gegen den »Faschismus«. Der nationalpatriotische Kurs in Rußland konnte von den Westmächten als Beweis für diese scheinbare Domestizierung des Bolschewismus angeführt werden. Die Auflösung der Komintern setzte das Siegel unter diese Entwicklung; sie verfehlte nicht ihre Wirkung im Ausland: eine schockartige innerhalb der kommunistischen Parteien, eine kalmierende bei den Regierungen.

Das eingewurzelte Mißtrauen gegen den Westen hatte zur Folge, daß Stalin allerdings an der mangelnden Einsatz- und Opferbereitschaft der Alliierten zu zweifeln begann. Wenn ein britischer Kabinettsminister, Lord Brabazon, in den Tagen des deutschen Überfalls auf die Sowjetunion geäußert hatte, es wäre für die Westmächte das beste, abzuwarten, bis sich die Deutschen und Russen erschöpft haben würden, so traf das Stalin vielleicht deshalb so tief, weil er 1939–41 ähnlich in bezug auf den Krieg zwischen dem Westen und Hitler gedacht hatte. Daher sein unablässiges Drängen auf die Errichtung einer zweiten Front im Westen. Es wurde zu einem der Hauptmotive im Zusammenspiel der gemeinsamen Kriegführung von 1941 bis 1944. Schon am 4. September 1941 hatte Stalin in einem Brief an Churchill die Errichtung einer zweiten Front »auf dem Balkan oder in Frankreich« noch im laufenden Jahr gefordert, um 30 bis 40 deutsche Divisionen aus dem Osten abzuziehen. Zehn Tage später forderte Stalin die Entsendung von 25 bis 30 britischen Divisionen nach Archangel'sk, was vor allem wegen Schiffsraummangel undurchführbar war[27].

Um sich vor einem westlichen Sonderfrieden zu sichern und die Errichtung einer zweiten Front zu beschleunigen, entsandte Stalin im Frühjahr 1942 Molotov nach London und Washington. Die Unterzeichnung eines sowjetisch-britischen Bündnisvertrages auf 20 Jahre am 26. Mai 1942 stellte einen großen Erfolg für die sowjetische Politik dar[28]. Feste Zusicherungen wegen Errichtung einer zweiten Front konnte Molotov allerdings nicht erhalten; zwar versicherten ihm sowohl Churchill, als anschließend, bei einem Besuch in Washington, auch Roosevelt in privater Form, daß mit einer Landung in Frankreich noch im laufenden Jahre zu rechnen sei. So einfach lagen die Dinge allerdings nicht. Wohl wurde, als Molotov auf dem Rückweg aus den USA erneut in London Station machte, am 11. Juni ein gemeinsames Kommuniqué vereinbart. Hier hieß es: »Im Verlauf der Verhandlungen wurde über die dringende Aufgabe, im Jahre 1942 eine zweite Front in Europa zu errichten, volle Verständigung erzielt.« Dieses Kommuniqué sollte aber in erster Linie der Irreführung des Feindes dienen. In Wirklichkeit waren sich die westlichen Alliierten mittlerweile darüber klar geworden, daß sich einer Durchführung dieses Landungsunternehmens unüberwindliche Schwierigkeiten entgegenstellten.

In einem Aide mémoire, das gleichzeitig mit dem offiziellen Kommuniqué ausgearbeitet wurde, goß Churchill Molotov vollständig reinen Wein ein. »Ich stellte klar«, schreibt er in seinen Erinnerungen, »daß wir zwar unser bestes versuchten, Pläne zu machen, uns aber nicht zu einer Aktion verpflichteten und kein Versprechen geben konnten«[29]. Auch bei der Frage des neuen Pacht- und Leihprogramms, das am 1. Juli anlaufen sollte, mußte Molotov entgegen den ursprünglichen Erwartungen eine Kürzung der vorgesehenen Lieferungen von 4 Millionen Tonnen auf 2½ Millionen Tonnen hinnehmen, die durch die kritische Transportlage bedingt war. So waren die positiven Ergebnisse seiner Reise zunächst mehr grundsätzlicher Art.

Die baltische und polnische Frage

Zu diesen mit der unmittelbaren Kriegführung zusammenhängenden Fragen trat das äußerst schwierige Problem der künftigen sowjetischen Westgrenze mit seinem heikelsten Kernstück, der polnischen Frage.

Schon anläßlich des Besuches Edens in Moskau im Dezember

1941 hatte Stalin eine Wiederherstellung der Vorkriegsgrenzen und damit die britische Anerkennung aller sowjetischen Gebietserwerbungen seit dem Herbst 1939 verlangt[30]. Es war damals Eden noch gelungen, ausweichend zu antworten und trotzdem Stalins Einverständnis zum Beitritt der Sowjetunion zur vorgesehenen Allianz der Vereinten Nationen zu erwirken. Die entsprechende Deklaration wurde von Botschafter Litvinov am 1. Januar 1942 in Washington unterzeichnet. Das bedeutete jedoch keineswegs einen Verzicht der Sowjetregierung auf ihre Gebietsansprüche. Churchill lehnte noch im selben Monat voller Pathos eine Preisgabe der baltischen Völker an die Sowjetunion als unvereinbar mit der Ehre Englands ab. Da der Kreml jedoch auf seinem Standpunkt beharrte, wich Churchill bereits im März des Jahres unter dem Druck der Ereignisse von seiner ursprünglichen Position ab. Auch Roosevelt schloß sich, obwohl Staatssekretär Hull bisher strikt jede Konzession auf diesem Gebiet abgelehnt hatte, diesem Standpunkt an, nachdem er die Zubilligung freier Ausreise für alle Einwohner der baltischen Länder, die sich nicht mit der Annexion abfinden sollten, als erwünscht bezeichnet hatte!

Als die englische und die amerikanische Regierung eine Erhöhung der Leih- und Pachtlieferungen in Aussicht stellten, war Molotov nach Rückfrage bei Stalin bereit, dem englischen Entwurf des bereits erwähnten britisch-sowjetischen Bündnisvertrages zuzustimmen. Wenn hier im Artikel 5 festgestellt wurde, daß alle Teile übereingekommen seien, »weder nach territorialen Erweiterungen für sich selbst zu streben, noch sich in die inneren Angelegenheiten anderer Staaten einzumischen«, so bezog sich diese Formel vom Standpunkt des Kreml nicht auf die sowjetischen Gebietserwerbungen nach 1939[31].

Schärfer als bei den baltischen Ländern war der Widerstand der westlichen Alliierten gegen die polnischen Pläne des Kreml. An Polen hatte sich der Krieg mit Hitler entzündet. Hier erforderte es das Prestige der Westmächte, die polnischen Rechte auch der Sowjetunion gegenüber zu wahren.

In London hatte sich eine polnische Exilregierung konstituiert. Als die Sowjetregierung in den ersten Kriegstagen den Ribbentrop-Pakt vom August 1939 für null und nichtig erklärte, faßte der Chef dieser Exilregierung, General Sikorski, diese Erklärung als eine sowjetische Bereitschaft auf, die ostpolnischen Gebiete zurückzugeben. Das hatte man allerdings im Kreml nicht gemeint. Als Stalin Sikorski Verhandlungen vorschlug, lehnte dieser es ab, über Fragen der Grenzziehung zu diskutieren. Immerhin schloß die Sowjetregierung am 30. Juli 1941 mit der polnischen Exilregierung – ähnlich wie kurz vorher am 18. Juli mit der tschechischen – ein Abkommen, das gegenseitige Hilfe im Kampf und die Aufstellung nationaler Truppenteile auf sowjetischem Boden vorsah. Aber eine wirklich verständnisvolle Zusammenarbeit zwischen Sowjetrussen und Polen wurde immer schwieriger, die Spannung zwischen Moskau und der polnischen Exilregierung immer größer. Die englische Regierung hatte Mühe, Sikorski von provokatorischen Gesten zurückzuhalten; so etwa, als er einen ihm überlassenen englischen Kreuzer »Lemberg« taufen wollte. Man war aber zugleich in London der Meinung, daß Stalin ein starkes Nachkriegspolen, einschließlich deutscher Gebiete, wünsche und sich im Osten mit der Curzonlinie begnügen werde[32].

Als Molotov in London die polnische Frage zur Sprache brachte, lehnte die englische Regierung eine Zustimmung zur Annexion Ostpolens als unvereinbar mit der englisch-polnischen Vereinbarung vom August 1939 ab. Ebenso widersetzte sie sich den russischen Ansprüchen auf rumänisches Territorium[33].

Eine der schwersten Belastungen des polnisch-sowjetischen Verhältnisses stellte das Schicksal der 14500 polnischen Internierten dar, die im September 1939 in sowjetische Hände geraten waren. Darunter befanden sich rund 8000 Offiziere. Sie waren in drei Internierungslagern im Bezirk Smolensk untergebracht. Bis zum Frühjahr 1940 waren ab und zu noch Nachrichten von ihnen eingelaufen, dann senkte sich ein undurchdringliches Schweigen über die drei Lager und ihre Insassen. Nach dem 22. Juni 1941 verlangte die polnische Regierung wiederholt von der Sowjetregierung Aufklärung über das Schicksal der Internierten und erbat ihre Freilassung, damit sie sich der neuen polnischen Armee anschließen könnten. Sie erhielt keine konkrete Antwort. Bei einem Gespräch zwischen dem polnischen Botschafter Kot und Stalin am 14. November 1941 ließ dieser, nachdem er sich telefonisch beim NKVD informiert hatte, das Gesprächsthema abrupt fallen; am 3. Dezember verstieg er sich General Sikorski gegenüber zur Behauptung, die Internierten seien über die Mandschurei entwichen.

Nachforschungen an Ort und Stelle waren unmöglich, da die deutschen Truppen das Gebiet der drei Lager besetzt hatten. Im Frühjahr 1943 ging die sensationelle Nachricht um die Welt, die Deutschen hätten in Katyn in der Nähe von Smolensk ein

Massengrab polnischer Offiziere gefunden. Der deutsche Rundfunk beschuldigte die Sowjetregierung, die Polen ermordet zu haben. Eine Untersuchung unter Hinzuziehung von internationalen und neutralen Experten ergab die Feststellung, daß die Exekutionen schon im Frühjahr 1940 stattgefunden hatten, als das Gebiet noch unter sowjetischer Kontrolle stand. Obwohl Churchill sich General Sikorski gegenüber skeptisch über die Zweckmäßigkeit einer polnischen Stellungnahme äußerte, veröffentlichte die Exilregierung am 17. April ein Kommuniqué, in dem das Internationale Rote Kreuz um Untersuchung der Affäre gebeten wurde. Der polnische Botschafter in Moskau erhielt den Auftrag, von der Sowjetregierung Aufklärung zu verlangen.

Das Ergebnis dieser Demarche konnte nicht zweifelhaft sein. Die Sowjetregierung kündigte das polnisch-sowjetische Abkommen von 1941. In einem besonderen Schreiben an Churchill informierte Stalin die britische Regierung von diesem Schritt. Trotz englischer Vermittlung wurden die Beziehungen zur polnischen Exilregierung abgebrochen[34].

In der Katyn-Angelegenheit veröffentlichte die Sowjetregierung im Januar 1944, nachdem das Gebiet von Smolensk im September 1943 zurückerobert worden war, den Bericht eines russischen Untersuchungsausschusses, der die Schuld an der Ermordung der polnischen Offiziere den Deutschen in die Schuhe zu schieben suchte. Aber die neuesten Veröffentlichungen aus polnischer Feder sowie die Ergebnisse eines amerikanischen Untersuchungsausschusses, der sich im Jahre 1952 aus freien Stücken konstituiert hatte, lassen keinen Zweifel daran, daß der Mord bereits vor der deutschen Besetzung des Gebietes verübt worden war[35].

Churchill in Moskau

Im Hochsommer 1942 war die Kriegführung der Alliierten in ihre vielleicht kritischste Phase während des ganzen Zweiten Weltkrieges eingetreten.

Während Rommels Vormarsch in Nordafrika schnelle Fortschritte machte und die Landung in Dieppe mißlang, stießen die deutschen Truppen in Südrußland in einem Doppelmanöver sowohl auf Stalingrad als auch in den Kaukasus hinein. In phantasiereichen Köpfen konnten sich bereits die Umrisse einer gigantischen Zangenbewegung abzeichnen, die sich nördlich über den

Kaukasus und südlich über den Suezkanal hinweg vorstreckte, um sich an den irakischen und persischen Ölquellen zu schließen.

Der Zeitpunkt für den Versuch einer japanischen Friedensvermittlung, der in den Spätsommer 1942 fiel, war somit nicht schlecht gewählt. Vielleicht waren diese unheilschwangeren Wochen vor dem Zusammenstoß von Stalingrad die einzige Zeit seit der Schlacht vor Moskau, in der Stalin ernstlich für ein Gespräch zu haben gewesen wäre: eine später in dieser Intensität nie mehr wiederkehrende Gelegenheit für die deutsche Politik. Halder mag das gespürt haben, als er – sich bewußt auf den militärischen Sektor beschränkend – vor der Aufspaltung der strategischen Ziele des deutschen Vormarsches warnte und eine Zurücknahme der Front und defensive Kriegführung empfahl.

Eine gute Witterung für diese Schicksalsstunde hatte auch Churchill. Jetzt mußte gehandelt werden, um unter keinen Umständen eine Schwächung der Koalition oder sogar einen Ausfall der Sowjetunion zuzulassen.

Im August begaben sich der britische Premierminister und im Auftrag Roosevelts Harriman über Kairo auf dem Luftwege nach Moskau. Es galt, die gegenseitigen militärischen Aktionen aufeinander abzustimmen. Zum erstenmal traf Churchill mit Stalin zusammen: »dem großen Revolutionshäuptling und unergründlichen russischen Staats- und Kriegsmann«, mit dem er während der drei nächsten Jahre »in enger, aufreibender, stets spannender, manchmal aber sogar liebenswürdiger Fühlung stehen sollte«[36]. Die ersten Verhandlungen verstrichen in »düsterer, schlechter Stimmung«. Churchill brachte die Nachricht, daß die britische und die amerikanische Regierung beschlossen hätten, die Invasion zunächst nicht in Frankreich, sondern in Nordafrika und Sizilien anzusetzen. Für 1943 sei eine größere Operation in Frankreich geplant, zu der schon jetzt amerikanische Truppen in England zusammengezogen würden; zur Zeit sei jedoch nur die Operation »Torch« im Mittelmeer durchführbar.

Stalin war schon bei der ersten Unterredung immer finsterer geworden[37]. Man müsse im Kriege Wagnisse auf sich nehmen, er begreife nicht, warum die Anglo-Amerikaner denn die Deutschen so fürchteten. Er sprach von einem tödlichen Schlag für die öffentliche Meinung der Sowjetunion. Es gelang Churchill, eine vorübergehende Erwärmung Stalins für den neuen Plan zu erreichen, aber »die Atmosphäre der Herzlichkeit«, von der das offizielle Kommuniqué sprach, war nicht aufrichtig, und auch die Besprechung der militärischen Sachverständigen – Vorošilov und Šapošnikov, Brooke, Wavell und Teddler – verlief unbefriedigend und endete einigermaßen abrupt. In der letzten Unterredung zwischen Churchill und Stalin versicherte dieser seinem Gast, die sowjetischen Truppen würden in jedem Fall den Deutschen den Zutritt zum Kaspischen Meer und zum Erdöl von Baku versperren und sie an einem Durchbruch auf Persien und in die Türkei hindern. Churchill folgte immerhin nach Schluß der Verhandlungen einer nächtlichen Einladung Stalins in seine Privatwohnung im Kreml, die sich über sieben Stunden ausdehnte. Churchill selbst gibt darüber eine an Anschaulichkeit unübertreffbare Schilderung in seinen Memoiren. Es gelang dem Premierminister, den Gastgeber zu einigen interessanten Äußerungen über die Kollektivierung zu bewegen[38]; das Kommuniqué wurde durchgesprochen, ein Ferkel verspeist und reichlich den Getränken zugesprochen. Als die Möglichkeit eines Treffens zwischen Stalin und Roosevelt in Island und ein Besuch Stalins in England zur Sprache kam, wich dieser jedoch aus.

Es sollte noch volle zwei Jahre dauern, ehe die Sowjetunion mit der Invasion in Nordfrankreich das Versprechen einer zweiten Front als eingelöst betrachten konnte. Bis dahin hatte man für die eigentlichen Schwierigkeiten der englischen und amerikanischen Kriegführung nicht viel Verständnis. Als sich die Kämpfe um Stalingrad verdichteten, schien die ganze Last der Kriegführung mit den Deutschen auf der Roten Armee allein zu liegen.

Während die westlichen Alliierten in Casablanca die Frage der bedingungslosen Kapitulation Deutschlands erörterten, ging die Schlacht von Stalingrad ihrem Ende entgegen. Der russische Sieg machte auch im Westen einen ungeheuren Eindruck. Er »veränderte«, schreibt Sherwood, »das ganze Bild des Krieges und der Zukunft, soweit sie abzusehen war. Mit einer Schlacht nahm Rußland die Position einer Groß- und Weltmacht ein ...«[39]. Wenn Stalin jetzt erneut sein Drängen auf eine Invasion im Westen aufnahm, hatte dieses ein größeres Gewicht erhalten. Es nahm an Hartnäckigkeit und Intensität zu und spiegelte sowohl die wachsende Gereiztheit der Kreml-Machthaber, als auch das wiedererrungene Selbstvertrauen der Roten Armee wider.

Die Kämpfe im Sommer 1943. Die russischen Freiwilligenverbände

Die Ergebnisse der Winterkämpfe nach der Schlacht von Stalingrad hatten eine Frontlinie geschaffen, die westlich von Kursk einen beträchtlichen Vorsprung der sowjetischen Stellungen aufwies. Er wurde von den in deutschen Händen befindlichen Städten Orel und Belgorod flankiert.

Die deutsche Kriegführung glaubte auch jetzt, vor allem aus psychologischen Gründen, sich keine weitere Zurücknahme der Front in der seinerzeit von Halder vorgeschlagenen Form erlauben zu können. Um die deutsche Moral neu zu festigen und die erwartete russische Offensive aufzuhalten, entschied sich Hitler, zunächst einen taktischen Vorstoß zu wagen. Der Kursker Bogen sollte zu deutschen Gunsten begradigt werden. Unter Feldmarschall Kluge stießen am 5. Juli 36 Divisionen zangenförmig in das Hinterland von Kursk vor.

Der Angriff scheiterte. Die Russen unter General Vatutin hielten nicht nur ihre Positionen, sondern eroberten die beiden Stützpunkte der deutschen Offensive zurück und ergossen sich in breiter Front nach Westen. Char'kov, Stalino, Taganrog im Süden, Smolensk im Norden der Einbruchstelle wurden im Laufe des August und September zurückgewonnen. Als die Deutschen in der Ukraine wenigstens die Dneprlinie zu halten gedachten, wurden sie dadurch überrascht, daß die Sommerschlacht um Kursk unmittelbar zu den Winterkämpfen überleitete. Anfang Oktober überschritten die Armeegruppen der Generale Rokossovskij, Vatutin und Konev den Fluß an drei Stellen. Dnepropetrovsk und Melitopol wurden von den Deutschen aufgegeben, ihre Lage an der Krim wurde kritisch. In einem wuchtigen Gegenangriff suchte General Manstein Krivoj Rog im Dneprbogen zu halten, um hier nicht in eine ähnliche Lage zu geraten wie im vorjährigen Winter im Donbogen. Es war vergeblich. Im November fielen Krivoj Rog und Kiev den Russen in die Hände. Dann stießen sie zur Bahnlinie Mogilev—Odessa vor und besetzten Žitomir. Hier griff noch einmal Manstein mit 12 Divisionen ein, eroberte die Stadt aufs neue und drängte die Russen bis kurz vor Kiev zurück. Mittlerweile war es Winter geworden: der dritte Kriegswinter in Rußland.

Es ist an der Zeit, hier eines wichtigen Elements der deutschen

Kriegführung zu gedenken, das sich zeitweise zu einer nicht zu unterschätzenden Gefahr für die Sowjetunion auszuweiten drohte: der Einsatz antibolschewistischer russischer Kräfte gegen die Rote Armee und die sowjetische Führung.

Trotz der enttäuschenden Erfahrungen mit den deutschen Dienststellen der besetzten Gebiete, trotz der anfänglichen Mißstände im Kriegsgefangenenwesen und bei der Verwendung von Ostarbeitern trat der Partisanenbewegung eine andere entgegengesetzte Bewegung gegenüber. Aus der Zahl der Kriegsgefangenen stellten sich Tausende den deutschen Truppen als Hilfskräfte zur Verfügung – teils auf Grund entsprechender antibolschewistischer Propaganda, teils aus opportunistischen Überlegungen, um der Lagerhaft zu entgehen. In jedem Regiment und jedem Bataillon sammelten sich sogenannte Hilfswillige (Hiwis) als Fahrer, Pferdepfleger, Köche, Sanitäter und Dolmetscher. Ihre Zahl vergrößerte sich laufend durch einen nie abreißenden Strom von Überläufern, der aller bolschewistischen Propaganda zum Trotz und ungeachtet der sowjetischen militärischen Erfolge seit Stalingrad über die Linien drängte. Ende 1942 diente bereits nahezu 1 Million sowjetischer »Hiwis« in der deutschen Wehrmacht. Nach und nach wurde ein Teil von ihnen in die auf nationaler Basis aufgestellten Freiwilligenverbände übernommen, die 1943 unter einem »General der Osttruppen« zusammengefaßt wurden. Zum Ende des Krieges bekleidete General Köstring, der ehemalige deutsche Militärattaché in Moskau, diesen Posten.

Am frühesten datierte die Zusammenarbeit mit Freiwilligen aus dem Kaukasus und den Turkvölkern. Im Rahmen der deutschen Wehrmacht wurde schon im Oktober 1941 der Grund zur Aufstellung einer Turkdivision gelegt. Die turkestanischen und kaukasischen Kriegsgefangenen erfuhren eine bessere Behandlung. Mit der Zeit entstanden georgische, armenische, azerbajdžanische, nordkaukasische, turkestanische und tatarische Legionen. Im besetzten Nordkaukasus wurde in dem Gebiet der Karačaier und Kabardiner ein Autonomiestatut errichtet, das zunächst der einheimischen Bevölkerung in jeder Weise zugute kam, nach dem Rückzug der Deutschen ihr aber zum tödlichen Verhängnis wurde.

Von den rund 650 000 Mann, die 1944 dem General der Osttruppen in Kriegsgefangenen- oder Baubataillonen unterstanden, waren über 100 000 Turkestaner, über 100 000 Kaukasier und 35 000 Tataren und 29 Schwadronen Kalmücken. Eine besondere

Stellung nahmen die Kosaken ein. Als der Krieg im Sommer 1942 ihr Gebiet erreichte, gingen sie mit 70 000 Mann zu den Deutschen über, um sich dem Kampf gegen das sowjetische Regime anzuschließen. Es kam zur Aufstellung eines Kosakenkorps unter General Pannwitz mit 2 Divisionen und einem Kosakenlandsturm unter Ataman Domanov.

Obwohl sich auch die Kosaken als Russen bzw. Ukrainer fühlten, versuchten deutsche Stellen, aus ihnen einen besonderen Volksstamm zu konstruieren, um auf diese Weise die nationale Differenziertheit des russischen Raumes zu vergrößern. So abwegig auch derartige Versuche waren, so wurden sie unter dem Gesichtspunkt des Kampfes gegen den Bolschewismus zum Teil auch von den Kosaken selbst aus Zweckmäßigkeitsgründen hingenommen. Um so bedeutsamer war es, daß mit der Zeit allen diesen nichtrussischen oder nicht eindeutig russischen Formationen auch rein russische antibolschewistische Bestrebungen zur Seite traten. Die national-russische Seite wurde durch die Vlasov-Bewegung repräsentiert.

Andrej Andreevič Vlasov[40] war ein Bauernsohn aus dem Gebiet von Nižnij-Novgorod (Gor'kij). Er hatte als Siebzehnjähriger an der Oktoberrevolution teilgenommen und dann in der Roten Armee schnell Karriere gemacht. Seit 1930 gehörte er der Kommunistischen Partei an. Während der großen Säuberung befand er sich als militärischer Berater bei Tschiang Kai-schek in China. Damals erlebte er, wie er nachher selbst berichtete, die erste Erschütterung seiner bolschewistischen Weltanschauung. Er genügte dennoch bei Ausbruch des Krieges seiner soldatischen Pflicht, zeichnete sich bei der großen Schlacht von Moskau aus und wurde mit dem Orden des Roten Banners dekoriert. Als Oberbefehlshaber der 2. Stoßarmee konnte er es nicht verhindern, daß seine Truppen nach schweren Kämpfen am Volchov eingekesselt wurden. Vlasov irrte mit den Resten seiner Männer wochenlang im Niemandsland umher. Hier reifte sein Entschluß, das russische Volk zum Kampf gegen den Bolschewismus aufzurufen. Der Plan verstärkte sich in der Gefangenschaft, als er nach und nach ins Gespräch mit Deutschen kam. Im Sommer 1942 wurde man auf ihn in der Ostabteilung des Generalstabes aufmerksam. Es tauchte der Gedanke auf, den klugen, energischen Mann an die Spitze einer großangelegten politischen Aktion zu stellen, die alle antibolschewistischen Kräfte im Sinne eines positiven russischen Programms zusammenfassen sollte. Im Herbst deuteten sich schon Versuche an, Vlasov propagandistisch in Aktion treten zu lassen. An die Öffentlichkeit trat er aber in großem Stil erst im Frühjahr 1943 mit einem »Offenen Brief« vom 3. März, in dem er die »Gründe, weshalb er den Kampf gegen den Bolschewismus« aufgenommen habe, ausführlich darlegte[41]. Hier wurden alle russischen Kriegsgefangenen und die Zivilbevölkerung der besetzten Gebiete, darüber hinaus aber auch die gesamte Einwohnerschaft der Sowjetunion aufgerufen, sich am Kampf »gegen Stalin für den Frieden und ein neues Rußland« zu beteiligen. Wenige Tage danach erschien der Aufruf in der Kriegsgefangenenzeitung »Dobrovolec« (Der Freiwillige), um daraufhin in Millionen von Flugblättern verbreitet zu werden. Anschließend wurde in Smolensk ein russisches Befreiungskomitee unter Vlasov gegründet, das sich am 12. April in einem neuen Aufruf an das gesamte russische Volk wandte[42].

Unter den Kriegsgefangenen und Ostarbeitern hatte Vlasov schon seit einiger Zeit guten Widerhall gefunden. Jetzt zeigten sich auch an der Front die ersten Früchte dieser Aktion in Gestalt von steigenden Überläuferzahlen. Eine Propagandafahrt nach Smolensk und in das rückwärtige Gebiet des Mittelabschnitts der deutsch-russischen Front, bald darauf auch durch das besetzte nordwestliche Rußland, die ihn bis Pleskau und Novgorod in die Nähe von Leningrad führte, wurde zu einem glänzenden Erfolg. Schon begannen sich auch russische Altemigranten für ihn zu erwärmen; in Zeitungen und Flugblättern wurde nun unablässig für den Eintritt in die russische Befreiungsarmee geworben. Die deutschen Stellen, von denen die Aktion getragen wurde, wollten Vlasov an die Spitze dieser Armee stellen, die als eine verbündete Truppe Schulter an Schulter mit der deutschen Wehrmacht in den Kampf gegen Stalin eingreifen sollte. Schon glaubte man, der Zeitpunkt sei gekommen, eine russische Gegenregierung, etwa in Smolensk, einzusetzen.

Hinter den Kulissen der erfolgreich sich entwickelnden Vlasovbewegung wurde jedoch ein zäher Kampf zwischen den verschiedenen deutschen Stellen ausgetragen. Rosenbergs Ostministerium hatte von Anbeginn die Propaganda vor allem bei den nichtrussischen Völkern angesetzt, um sie »von der russischen Hegemonie zu befreien« und damit den russischen Gesamtstaat zu desintegrieren. Während Hitler schon längst, im Einklang mit dieser Richtung, einer Einstellung von Freiwilligen aus der Zahl der nichtrussischen Völker zugestimmt hatte, lehnte er die militärische Verwendung von russischen Kriegsgefangenen ab.

Erst mit der Zeit machte sich, auch im Rahmen der an der Ostpolitik beteiligten Kreise, die Auffassung bemerkbar, daß die russische Frage unmöglich ohne oder gegen das russische Volk gelöst werden könne. Das russische Volk, betonte man mit Recht, habe seit jeher das zentrale staatsbildende Element in Osteuropa dargestellt. Und so könne auch nur mit einer großen osteuropäischen Einheitsbewegung, nicht mit einer Unzahl von zersplitterten Völkerschaften, deren Nationalempfinden oft nur eine deutsche Erfindung sei, gegen den Bolschewismus vorgegangen werden.

Obwohl gerade diese Auffassung von einer Reihe von einsichtigen Rußlandkennern verfochten wurde und in vielen konstruktiven Projekten und Anregungen Gestalt gewann, konnte sie sich doch nicht an höchster Stelle durchsetzen. Die vielfachen Eingaben wurden auf dem langen bürokratischen Dienstwege um ihre Wirkung gebracht oder kurzerhand zu den Akten gelegt. Direkte Vorstellungen bei Hitler stießen auf einen Unbelehrbaren, der sich im Wahne, alle Probleme rein militärisch und mit Gewalt lösen zu können, jedem großzügigen politischen Programm ebenso widersetzte, wie einzelnen Konzessionen an die russischen nationalen Wünsche.

Die Vlasov-Aktion wurde Ende 1943 auf Befehl Hitlers abgeblasen. Der General selbst tauchte zeitweise wieder in der Masse der Kriegsgefangenen unter, wenn es auch einer Abteilung des OKW gelang, ihn in einer Art Ehrenhaft in einer Villa in Dahlem unterzubringen. Von hier aus konnte er in gewissem Maße auf die Schulung der russischen Freiwilligen im Lager Dabendorf bei Berlin einwirken.

Erst Ende 1944 besann man sich unter dem Eindruck der sich zunehmend verschlechternden Lage an der russischen Front in deutschen Regierungskreisen wieder auf den roten General. Mit der Zeit hatten sich jedoch unter dem Eindruck sowjetischer Siege die Zahlen der Überläufer verringert. Die sowjetische Führung wurde nach und nach Herr der Demoralisierungssymptome der ersten Kriegsjahre, des Überlaufens an der Front und der Selbstverstümmelungen in der Etappe. Eine Sonderorganisation innerhalb des NKVD, die Smerž, erfüllte ihre Aufgabe, alle militärischen Stellen zu überwachen, mit rücksichtsloser Strenge[43]. Disziplin und Kampfgeist der Armee waren bald wieder auf der Höhe.

Das Jahr 1943, das mit dem sowjetischen Siege bei Stalingrad und der Casablanca-Formel der bedingungslosen Kapitulation begonnen hatte, stellte zunächst die Zusammenarbeit zwischen der Sowjetunion und den westlichen Alliierten unter eine ganze Reihe von Belastungsproben.

Das nach Stalingrad gestärkte sowjetische Selbstbewußtsein registrierte, daß die 1942 versprochene zweite Front im Westen noch immer nicht errichtet worden war und die Last der Landkriegführung fast ausschließlich auf russischen Schultern lag. Hitler setzte im Laufe dieses Jahres 80–90 % seiner gesamten Landstreitkräfte gegen Rußland ein. Konnte nicht die Vlasov-Bewegung zu einem Zusammenbruch des Partisanenkampfes, zu einer fortschreitenden Erweichung der Kampfmoral auch in der Roten Armee führen? Mußte nicht der Gedanke eines Separatfriedens mit Hitler die verantwortlichen Männer des Kreml ernstlich beschäftigen: – als einer Möglichkeit unter anderen, um weiteren Gefahren bei Erringung gewisser territorialer Teilerfolge im Sinne des Molotov-Gespräches vom November 1940 zu entgehen?

Derartige Gedanken haben deutsche militärische Kreise im November und Dezember 1941 ebenso beschäftigt wie im September 1942[44]. Mehrfach waren japanische Vermittlungsvorschläge, die in dieser Richtung liefen, an die deutsche Regierung herangetreten, zuletzt ebenfalls im September 1942, vor der Entscheidung von Stalingrad. Ribbentrop hatte sich damals in brüsker Form weitere Bemühungen dieser Art verbeten. Schließlich ruhte auch Hitlers Achsenpartner Mussolini nicht, seinem Bundesgenossen den Übergang zu einer defensiven Kriegführung im Osten bei vollem Einsatz aller Kräfte gegen England oder sogar einen Separatfrieden mit der Sowjetunion vorzuschlagen. Als er im März 1943, später im Juli nochmals damit hervortrat, war der günstige Zeitpunkt, Hitler hierfür zu gewinnen – die Depression unmittelbar nach Stalingrad – im Grunde schon verpaßt. Gleichfalls im Juli 1943 wurde Mussolini gestürzt. Auch die Bemühungen v. Papens, des deutschen Botschafters in Ankara, in türkischen Kreisen im Sinne einer Friedensvermittlung zu sondieren, blieben erfolglos. Kempner, der amerikanische Hauptankläger in Nürnberg, weiß von vier deutschen Versuchen, mit Moskau in ein Friedensgespräch zu treten, zu berichten: zunächst nach der Landung der Alliierten in Afrika, Ende 1942, ferner im Frühjahr 1943 und schließlich im Sommer und Herbst 1943[45].

Wenn Kempner hierbei nicht noch anderes, weniger bekanntes Material im Sinn hat[46], kann es sich bei diesen Versuchen nur um die Friedensfühler handeln, die 1942/43 an Peter Kleist herantraten. Diesem, einem Beamten des deutschen Auswärtigen Amtes, der schon im Sommer 1939 mit dem sowjetischen Botschaftsrat Astachov in Berlin Unterhaltungen geführt hatte, durch die damals das deutsch-russische Gespräch in Gang kommen sollte, und der nachher vorübergehend auch im Ostministerium tätig war, gelang es im Dezember 1942, in Stockholm Verbindung mit einem sowjetischen Mittelsmann aufzunehmen. Clauß, so hieß dieser, versicherte, wenn Deutschland auf die Grenzen von 1939 eingehe, könne es in acht Tagen Frieden haben. Bei einer zweiten Zusammenkunft im Juni 1943 behauptete er, die Sowjets seien gewillt, auch nicht einen Tag länger als notwendig für die Interessen Englands und Amerikas zu kämpfen. Heß werde in England in Ehrenhaft gehalten, von einer zweiten Front sei nicht die Rede. Statt dessen bestehe die Absicht, auf dem Balkan zu landen, was dem Kreml ausgesprochen unerwünscht sei. Clauß vermochte Kleist die Vorzüge einer deutsch-russischen Vereinbarung plausibel zu machen und schlug eine Zusammenkunft mit dem Leiter der Mitteleuropa-Abteilung des Volkskommissariats für Äußeres, Aleksandrov, vor. Aleksandrov wartete neun Tage in Stockholm vergeblich auf eine Antwort aus Berlin. Kleist, vorübergehend von der Gestapo verhaftet, erhielt erst im Herbst die Autorisierung Ribbentrops, die Verbindung mit den Sowjetrussen wieder aufzunehmen. Als er sich am 4. September erneut in Stockholm mit Clauß traf, mußte er eine Versteifung der sowjetischen Haltung feststellen. Der Kreml verlangte als Voraussetzung für Verhandlungen eine Geste, die die Bereitschaft Deutschlands zu einem Kurswechsel dokumentiert hätte, etwa die Abberufung Rosenbergs und Ribbentrops. Als Kriegsziele wurden jetzt die Grenzen von 1941 und freie Hand an den Meerengen und in ganz Asien verzeichnet. Die Informationen stammten angeblich vom russischen Botschafter Semenov, der hierzu von der Botschafterin Frau Kollontaj autorisiert worden sei. Der Vize-Außenkommissar Dekanozov, ehemals Botschafter in Berlin, habe den Auftrag bekommen, sich mit Kleist zu treffen. Seine

Ernennung zum Gesandten in Sofia war ein Wink an die deutsche Adresse, durch eine ähnliche Geste – Kleist schlug vor, Schulenburg ebenfalls nach Bulgarien zu entsenden – die Bereitschaft zu Verhandlungen zu bekunden.

Die sowjetischen Fühler wurden nicht ernstlich von Deutschland aufgegriffen, weil Hitlers politisches Denken zu doktrinär, die Diplomatie Ribbentrops zu schematisch war. Unter anderem nahm Hitler daran Anstoß, daß der sowjetische Unterhändler nicht rein »arisch« war! Ob allerdings Stalin damals, in dem Augenblick, als es der Roten Armee gelungen war, die Dneprfront aufzureißen, ernstlich an einen Separatfrieden mit Deutschland gedacht hat, ist zu bezweifeln. In jedem Fall konnte ihm aber die Fühlungnahme als ein Druckmittel gegen die Westmächte dienen, um sie zur Aufstellung einer zweiten Front in Frankreich zu zwingen. Im Hinblick auf die vorgesehene Außenministerkonferenz in Moskau mußte es ihm ganz lieb sein, einige Trümpfe in der Hand zu haben. Zur Beunruhigung haben die Stockholmer Fühler in jedem Falle beigetragen.

Die Krise der alliierten Beziehungen

Die Beziehungen zu den westlichen Alliierten hatten in diesem Sommer 1943 eine ernstliche Verschlechterung erfahren. Schon Anfang März war man in Moskau peinlich berührt und empört, als bekannt wurde, der amerikanische Botschafter Admiral W. H. Standley habe vor amerikanischen Berichterstattern gesagt, Rußland erhalte aus den USA reichliche Lieferungen, verheimliche diese aber dem eigenen Volke und lasse es beim Glauben, daß Rußland ohne jede Hilfe kämpfe[47]. Am 15. März 1943 machte Stalin Churchill darauf aufmerksam, daß Deutschland 36 Divisionen aus dem Westen an die Ostfront verlegt habe. Er erinnerte an das alliierte Versprechen, in jedem Falle im Frühjahr 1943 eine zweite Front in Frankreich zu errichten. Es sei für die Rote Armee von größter Wichtigkeit, daß der Schlag aus dem Westen spätestens im Frühsommer erfolge. Vom Gesichtspunkt der gemeinsamen Sache aus halte er es für »sehr gefährlich«, diese Absichten noch weiter hinauszuschieben; die Unbestimmtheit der anglo-amerikanischen Erklärungen erfülle ihn mit ernster Besorgnis[48].

In demselben Monat wurde ein amerikanisches Angebot, zwischen Finnland und der Sowjetunion wegen eines Ausscheidens

Finnlands aus dem Kriege zu vermitteln, von der Sowjetregierung zurückgewiesen[49].

Einen weiteren Schlag erhielt Stalin durch eine Mitteilung Churchills vom 30. März, daß England und Amerika gezwungen seien, die Geleitzüge nach der Sowjetunion wegen Vorbereitung des Feldzuges in Sizilien bis zum September zu unterbrechen[50]. Sie löste in Moskau starke Verstimmung aus.

Zu alledem trat die Belastung des interalliierten Verhältnisses durch die polnische Frage, die gerade im Frühjahr 1943 in eine kritische Phase trat. Churchill unterließ es, auf das heikle Katyn-Problem einzugehen, als ihn der Sowjetbotschafter Majskij in großer Erregung aufsuchte und eine Botschaft Stalins überbrachte, die die Mitteilung der Aufkündigung des polnisch-russischen Abkommens enthielt. Es gelang ihm aber auch nicht, den Bruch zwischen der Sowjetregierung und der polnischen Exilregierung zu verhindern. Daß unterdessen in Persien drei polnische Divisionen unter General Anders auf englische Veranlassung aufgestellt wurden, verstärkte das sowjetische Mißtrauen.

Die Bekanntgabe der Auflösung der Komintern im Mai 1943 verfehlte zwar nicht ihre Wirkung auf die Westmächte; mußte es doch so scheinen, als gäbe die Sowjetunion alle Pläne, die auf eine Weltrevolution tendierten, auf. Je näher jedoch die sommerliche Kampfperiode heranrückte, desto gereizter wurde man in Moskau. Die erwartete Errichtung der zweiten Front blieb wieder einmal aus. Roosevelt versuchte Stalins Laune durch den Vorschlag einer persönlichen Aussprache zu verbessern, den er ihm im Mai durch J. E. Davies, den früheren Botschafter, überbringen ließ. Er hatte Botschafter Standley nach seinen März-Indiskretionen abberufen und hätte gern Davies erneut mit diesem Amt betraut, wenn dessen Gesundheitszustand es erlaubt hätte. Hopkins, den Davies dem Präsidenten an seiner Stelle vorschlug, war in Washington unentbehrlich. Nach einer längeren Unterredung gelang es Davies, das Eis zu brechen und von Stalin das Einverständnis zu einem Treffen mit Roosevelt am 15. Juli zu erlangen. Aber noch vordem erfuhren Ende Juni die alliierten Beziehungen eine erneute Verschärfung durch ein Telegramm Stalins an Churchill, in dem er »noch einmal alle Zusicherungen hinsichtlich der zweiten Front aufzählte, die er im Verlauf der letzten 13 Monate erhalten hatte, und das mit Ausdrücken schloß, die man nur dahin interpretieren konnte, daß er die westlichen Alliierten bewußter Unehrlichkeit zeihe«[51].

Der britische Premierminister antwortete mit entsprechender Schärfe. Als Stalin zu alledem seine Botschafter Majskij aus London und Litvinov aus Washington abberief, breitete sich eine Stimmung aus, die »bedenklich an die Zeiten vor dem Abschluß des Ribbentrop-Paktes im August 1939 erinnerte«[52]. Das Treffen zwischen Stalin und Roosevelt wurde auf unbestimmte Zeit verschoben. Wenn die Nachricht stimmt, daß Stalin zu jener Zeit den jugoslawischen Kommunistenführer Tito nicht nur gegen den von England unterstützten nationalen Partisanenführer Mihailovič ausspielte, sondern ihn auch ermunterte, Fühlung mit deutschen Stellen zu nehmen[53], so war es kein Wunder, wenn in den westlichen Hauptstädten Befürchtungen wegen eines deutsch-russischen Sonderfriedens auftauchten.

Vor diesem Hintergrund erscheinen die Stockholmer Gespräche von Kleist in einem bedeutsameren Lichte, als er selbst es vermuten konnte. Die Westmächte mögen über diese sowjetischen Fühler orientiert gewesen sein. Stockholm war schon im Ersten Weltkriege ein Ort gewesen, an dem sich die Fäden sämtlicher Geheimdienste trafen; jetzt war das nicht anders. Einzig Hitler ahnte nichts davon, wie brüchig die Koalition seiner Feinde geworden war, welche überraschenden diplomatischen Chancen sich ihm in diesem Augenblick boten! Wenn es vielleicht auch übertrieben ist, von der Möglichkeit eines endgültigen Bruches zwischen den Alliierten zu sprechen, wie es zum Beispiel Sherwood tut[54], so ist doch nicht von der Hand zu weisen, daß die Anti-Hitler-Koalition bedenkliche Anzeichen einer Krise zeigte.

Stalin hat sicherlich nicht mit einem Einlenken Hitlers und einem Auseinanderfallen der Koalition gerechnet. Bei ihm dienten sowohl die Fühler nach Deutschland als auch die Schärfe seiner Vorwürfe an die Adresse der Alliierten nur dem Ziel, letztere zu einer aktiveren Beteiligung am Landkrieg zu veranlassen und ihnen für die Nachkriegszeit größere Konzessionen abzutrotzen.

Unter diesen Umständen galt es, wollte man den gefährlichen Riß nicht noch weiter ausdehnen, mit den Russen zu verhandeln[55]. Nach Rücksprache mit Harriman gelang es Churchill, Roosevelt von seiner Absicht, sich »unter vier Augen« mit Stalin zu treffen, abzubringen. Sein Gegenvorschlag war, eine Vorkonferenz der drei Außenminister nach Moskau einzuberufen. Roosevelt erklärte sich damit einverstanden.

Der anglo-amerikanischen Konferenz in Quebec legte Hopkins ein vom 10. August 1943 datiertes Dokument vor, das aus amerikanischen militärischen Kreisen stammte und zur Lage in Rußland Stellung nahm. Der wichtigste Grundgedanke dieses Gutachtens war, daß Rußland nach dem Kriege in Europa eine beherrschende Stellung einnehmen werde, der sich keine andere Macht, England eingeschlossen, entgegenstellen könnte. Aus diesem Grunde, so lauteten die Konsequenzen, die die amerikanische Regierung daraus zog, mußte alles darangesetzt werden, Rußland zum Freunde zu gewinnen. In erster Linie müßte Rußland als direkter Bundesgenosse für den Pazifischen Krieg gegen Japan gewonnen werden. Mit diesen Grundsätzen war ungefähr die Politik umrissen, die für die Beschlüsse von Teheran und Jalta maßgebend wurde[56].

Während der Konferenz von Quebec traf endlich die Zustimmung Stalins zum Außenministertreffen ein, von den anwesenden westlichen Vertretern freudig begrüßt. Eden und Hull begaben sich nach Moskau, wo die Verhandlungen vom 15. bis 30. Oktober 1943 stattfanden. Zum erstenmal wurde hier die Frage der Aufteilung Europas in Einflußsphären angeschnitten[57]. Die anwesenden militärischen Vertreter informierten gleichzeitig die Russen über die unter dem Stichwort »Overlord« zusammengefaßten Pläne zur Kanalüberquerung[58], ohne daß die Russen zunächst noch ihre Karten aufdeckten.

Auf der Moskauer Konferenz gab schließlich Stalin nach längeren Gesprächen mit Cordell Hull seine Zustimmung zu einem Treffen der »Großen Drei« in Teheran. Er war es, der diesen Ort vorschlug und hartnäckig daran festhielt. Sich weiter von Moskau zu entfernen, sei ihm unmöglich. In Kairo mit Tschiang Kai-schek zusammenzutreffen, lehnte er ab. Als ihm Roosevelt mehrere andere örtliche Vorschläge unterbreiten ließ, drohte er mit einer Verschiebung der Konferenz auf das Frühjahr 1944; dann sei er bereit, sich in Alaska zu treffen. Schließlich gaben Churchill und Roosevelt nach. Am 28. November 1943 wurde die Konferenz von Teheran eröffnet.

Die Konferenz von Teheran

In Teheran, das von sowjetischen und britischen Truppen besetzt war, konnte sich Stalin wie zu Hause fühlen. Das wichtigste war: er konnte sich hier uneingeschränkt des ganzen Sicherheitsapparats des NKVD bedienen. Stalin lud Roosevelt ein, als sein Gast in einer Villa auf dem Grundstück der sowjetischen Botschaft zu wohnen. Hier glaubte er am besten den Präsidenten einem zu engen Umgang mit Churchill entziehen zu können. Dennoch kam kein unmittelbar menschlicher Kontakt zwischen Roosevelt und Stalin zustande. Roosevelt hatte schon beim Besuch Molotovs in den USA das Empfinden gehabt, dem russischen Phänomen mehr oder weniger hilflos gegenüberzustehen. Jetzt verstärkte sich dieses Gefühl. »Es war nichts Menschliches an ihm, an das man sich hätte halten können«, sagte er später einmal von Stalin. Nichtsdestoweniger ließ er in seinem Bemühen, Stalins Vertrauen zu gewinnen, nicht nach. Sticheleien gegen Churchill mußten ebenso dazu beitragen, Stalin bei guter Laune zu erhalten, wie eine geradezu naive Bereitwilligkeit, der Sowjetunion, besonders in Osteuropa, Konzessionen zu machen.

Als Churchill der Konferenz seinen Plan einer dreifachen alliierten Invasion in Nordfrankreich, in Italien und auf dem Balkan unterbreitete, brach die Animosität Stalins mit neuer Schärfe durch. Er witterte in dem Balkanunternehmen die Absicht, einer russischen Besetzung des Balkans zuvorzukommen und damit der Sowjetunion das Einflußgebiet vorzuenthalten, das ihr schon Hitler 1940 nicht gegönnt hatte. Stalin lehnte Churchills kombinierten Plan wegen der angeblichen Gefahr einer Zersplitterung der gemeinsamen Kräfte ab und bestand darauf, daß die Landung auf Nordfrankreich konzentriert würde. Auch von Teilhandlungen in Norditalien und an der Adria zur Unterstützung Titos wollte er, weil sie nicht kriegsentscheidend wären, nichts hören. In Nordfrankreich, argumentierte er, hätten die Alliierten den Vorteil kurzer und sicherer rückwärtiger Verbindungen und des nächsten und kürzesten Weges ins Ruhrgebiet und an den Rhein.

Churchill selbst verteidigte seinen kombinierten Plan mit militärischen und politischen Erwägungen. Militärisch, betonte er, würde eine Balkaninvasion keine zusätzlichen Kräfte, auch nicht an Schiffsraum, erfordern, als die, die ohnehin schon im östlichen Mittelmeer stationiert waren. Politisch spekulierte er mit dem Kriegseintritt der Türkei, den er nach Gewinnung der Ägäis als unvermeidlich ansah. Es mag sein, daß gerade die vorgesehene Beteiligung der Türkei Stalin ein Dorn im Auge war, da ihm für die Nachkriegszeit keineswegs mit einer siegreichen und vielleicht territorial vergrößerten Türkei gedient war. Wohl stimmte er im Schlußprotokoll einer Formulierung zu, die von Hilfe für die jugoslawischen Partisanen und von Bemühungen um den Kriegseintritt der Türkei sprach; durch den Wegfall besonderer militärischer Unternehmungen im östlichen Mittelmeer erhielten diese Wünsche jedoch rein theoretischen Charakter.

Entscheidend für den Verzicht auf das Balkanunternehmen waren die Argumente der militärischen Sachverständigen Roosevelts, die, von der allgemeinen amerikanischen Unlust beherrscht, Truppen auf einen engen Raum zu konzentrieren und in unübersichtlichem Gelände zu kämpfen, den Präsidenten entsprechend zu bestimmen wußten. Es wurde beschlossen, alles auf das Unternehmen »Overlord« zu konzentrieren, das im Mai oder Juni 1944, spätestens im Juli, starten sollte. Man konnte hierin zweifellos einen großen Erfolg Stalins erblicken. Europa war damit praktisch in zwei Operationszonen eingeteilt. Einer auch politischen Ausbreitung sowjetischen Einflusses über Osteuropa nach dem Zusammenbruch stand nunmehr praktisch nichts mehr im Wege. Eine der ersten Früchte dieses Erfolges stellte die private Verabredung der »Großen Drei« über die künftigen Grenzen Polens dar. Die Außenminister waren sich kurz vorher in Moskau darüber nicht einig geworden. Eine Entscheidung mußte fallen, da sich die Rote Armee bereits der ehemaligen Grenze Polens näherte; es war unmöglich, hiermit bis zur endgültigen Friedenskonferenz zu warten. So schlug Churchill, bewußt von der britischen Einstellung während des Molotov-Besuches in London abweichend, vor, die Curzonlinie von 1920 als polnische Ostgrenze anzuerkennen, dieselbe Grenze, die auch schon bei den deutsch-sowjetischen Verhandlungen im Jahre 1939/40 Stalin vor Augen gestanden hatte. Ein Versuch Edens[59], einen Teil Galiziens mit Lemberg für Polen zu retten, blieb vergeblich. Stalin wies darauf hin, die Linie verlaufe westlich von der Stadt. Er stimmte im übrigen der Curzonlinie zu. Polen sollte, meinte er, auf Kosten Deutschlands für den Verlust seiner Ostgebiete entschädigt werden. Grundsätzlich stimmten die Westmächte dieser Kompensation zu. Sie hatte für die Sowjetunion den Vorteil, daß das künftige Polen angesichts zukünftiger deutscher Revisionswünsche völlig vom Schutz und vom Wohlwollen des Kreml abhängig wurde.

Glaubte Churchill, den Bolschewismus an dieser neuen polnischen Ostgrenze zum Halten bringen zu können? Glaubte er, Stalin würde sich für das westlich davon neuzuerrichtende Polen mit einer bürgerlichen, westlich orientierten Regierung abfinden und die abgebrochenen Beziehungen zu den Londoner Exilpolen wieder aufnehmen? Stalin hatte schon gleich nach dem Bruch mit Sikorski im Frühjahr 1943 Anstalten getroffen, eine andere, sowjetfreundliche polnische Regierung an die Stelle zu setzen. Kurz vor Teheran teilte er einer Gruppe polnischer Kommunisten in der Sowjetunion mit, daß er die Bildung einer politischen Körperschaft der Polen begrüßen würde, die der Londoner Exilregierung das alleinige Recht, für Polen zu sprechen, streitig machen könnte. Einen Monat nach der Konferenz trat eine solche unter dem Namen »Polnischer Nationalrat« tatsächlich zusammen. Sie nahm mit der Zeit den Charakter einer zweiten Exilregierung an. Ein ebenfalls im Dezember (am 12.) 1943 abgeschlossener tschechoslowakisch-sowjetischer Vertrag[60] bedeutete eine zweite Etappe auf diesem Wege der Sowjetisierung Osteuropas, der in Teheran beschritten wurde. Ahnungslos der kommenden Schwierigkeiten der Nachkriegszeit, begrüßte die »Times« am 13. Dezember den Vertrag mit den Worten: »Dieser Vertrag bedeutet für die Russen einen weiteren Schritt zur Erlangung ihres vollen Anteils an den europäischen Angelegenheiten und läßt den Gedanken wieder aufleben, daß Rußland eine große Mission auf dem Kontinent zu erfüllen hat.«

Eng mit der polnischen Frage war die deutsche verknüpft[61]. Schon sehr früh, in seinen Verhandlungen mit Eden im Dezember 1941, hatte Stalin die Zerstückelung Deutschlands vorgeschlagen. Im Zusammenhang damit war bereits von einer Übergabe Ostpreußens an Polen die Rede. Während die britische Regierung in der Deutschlandfrage gemäßigter Ansicht war, stimmte Roosevelt, im Gegensatz zu maßgebenden Ratgebern, unter anderen auch Staatssekretär Hull, sehr bald dem Plan Stalins zu. Im Mai 1943 machte sich Stalin die Formel Roosevelts von der bedingungslosen Kapitulation, die in Casablanca im Januar zur Grundlage der alliierten Politik geworden war, zu eigen. Das bedeutete jedoch nicht, daß er sich etwa einer vorläufigen Festlegung von territorialen und wirtschaftlichen Friedensbedingungen in großen Umrissen widersetzt hätte. Vielleicht wollte er auch dadurch der Gefahr einer Versteifung des deutschen Widerstandes begegnen, da gewisse Anhaltspunkte für das Kriegsende immerhin eine bessere Handhabe zu nüchternen Überlegungen darstellten als gar keine. Im September 1943 sprach sich der führende Wirtschaftsberater des Kreml, der ungarische Kommunist Professor E. Varga, für hohe deutsche Reparationen in Form von Sachlieferungen an sämtliche Alliierten aus. In Teheran war es ebenfalls Stalin, der als erster eine wichtige Forderung in bezug auf Deutschland in die Debatten warf. Polen, erklärte er, müsse sich bis zur Oder erstrecken. Außerdem schlug er die Übertragung ganz Oberschlesiens an Polen vor. Die Einzelheiten der Grenzziehung blieben einstweilen unberührt. Nur bei Ostpreußen, das er schon im Dezember 1941 Polen versprochen hatte[62], meldete er den Wunsch an, den eisfreien Hafen von Königsberg der Sowjetunion zuzuweisen. Als Roosevelt im Zusammenhang damit für eine allen Handelsschiffen offenstehende Ostsee plädierte, glaubte Stalin, der Präsident wollte die Frage der baltischen Staaten anschneiden. In kategorischer Weise erklärte er, die baltischen Staaten »hätten in Abstimmungen ihren Willen kundgetan, sich der Sowjetunion anzuschließen, die Frage stehe außerhalb aller Diskussion«. Nach Aufklärung des Mißverständnisses gab er zur Frage der Sicherung der Ostseeschiffahrt seine Zustimmung.

Als Stalin seine Forderung auf Königsberg präsentierte, kam es weder Roosevelt noch Churchill in den Sinn, auf Windau und Libau oder auf Memel hinzuweisen, auf die er stillschweigend ebenso Anspruch erhob, und die allesamt eisfreie Häfen darstellten[63].

Die Forderung der Odergrenze für Polen ist noch am 7. November 1943 von der Londoner Exilregierung abgelehnt worden; erst nach Teheran haben sich die Polen Stalins Vorschlag zu eigen gemacht[64].

Im übrigen interessierten die verschiedenen Varianten der Aufteilungspläne Deutschlands Stalin nicht sonderlich. Zu Roosevelts Plan, Deutschland in fünf autonome Staaten aufzuteilen, meinte er, er sehe wenig Unterschied zwischen der Bevölkerung eines Teils Deutschlands und eines anderen. Sehr energisch wandte er sich gegen Churchills Plan einer Donauföderation mit oder ohne süddeutsche Teile. Im ersten Falle bestehe die Gefahr, daß die Deutschen hier danach trachten würden zu dominieren. Österreich und ebenso Ungarn müßten, sagte er, unabhängig bleiben.

Eine endgültige Entscheidung über das territoriale Schicksal Deutschlands wurde in Teheran noch nicht getroffen. Im übrigen trat Stalin dafür ein, das deutsche Offizierkorps und den deutschen Generalstab unschädlich zu machen; die Liquidierung von etwa 50000 deutschen Militärspezialisten würde eine Garantie dafür sein, daß die militärische Macht Deutschlands nicht eines Tages wieder auflebe. Die von Amerika und England zunächst vorgesehenen Maßnahmen zur Unterwerfung und Kontrolle Deutschlands hielt er für unzureichend. Churchill protestierte heftig gegen dieses brutale und primitive Ansinnen[65].

Im Anschluß an die grundsätzliche Entscheidung für das »Overlord«-Unternehmen nahm Stalin auch an der Erörterung von Einzelheiten wegen der Durchführung lebhaften Anteil. Er gefiel sich, schreibt I. Deutscher, in der Rolle des überlegenen wohlwollenden, kriegserfahrenen Veteranen, der seinen Verbündeten, die sich jetzt in ein seiner Meinung nach zum erstenmal wirklich bedeutendes militärisches Abenteuer einließen, aus »dem reichen Schatz seiner kriegerischen Erfahrungen mit den Deutschen manch wertvollen Rat erteilte[66]«. Es war Stalin, der die westlichen Alliierten dahin drängte, sofort ein einheitliches Kommando zu schaffen. Auf Grund dieses Drängens wurde General Eisenhower zum Oberbefehlshaber ausersehen[67]. Stalin gab Ratschläge zur Tarnung des Unternehmens durch Ablenkungsmanöver und Kriegslisten und versprach, im Augenblick der Landung der Alliierten in Frankreich starke Entlastungsangriffe durchzuführen.

Zwei wichtige Problemkomplexe betrafen die Nachkriegszeit. Der amerikanischen Politik kam es vor allem über die europäischen Pläne hinaus darauf an, das Versprechen einer Beteiligung der Sowjetunion am pazifischen Kriege und an dem für die Nachkriegszeit geplanten neuen Völkerbund, der UNO, zu erlangen. Schon zu Beginn der Konferenz gab Stalin die Zusicherung ab, er werde in den Krieg gegen Japan eingreifen, sobald er die Kräfte hierfür in Europa freimachen könne[68]. Auch auf Roosevelts Lieblingsplan, den einer Organisation der Vereinten Nationen, ging Stalin auf der Schlußsitzung, dem Anschein nach bereitwillig, aber im Grunde äußerst vorsichtig und mißtrauisch, ein. Er war beruhigt, als Roosevelt ihm zusicherte, das Exekutivkomitee der Organisation werde nicht die Befugnis haben, verbindliche Entscheidungen zu fällen, sondern nur Empfehlungen auszusprechen. Roosevelts Vorschlag, die tatsächliche Gewalt den vier Weltmächten USA, Sowjetunion, Großbritannien und China als sogenannten »vier Polizisten« zu treuen Händen zu übergeben, nahm Stalin skeptisch auf, sowohl im Prinzip als auch wegen der Hinzuziehung Chinas. Wohl aber befürwortete er die Kontrolle gewisser Stützpunkte in und außerhalb Deutschlands, zum Beispiel in Dakar und auf den japanischen Inseln, durch die Vereinten Nationen, offenbar um eine einseitig amerikanische Kontrolle zu verhindern.

Die Erfolge, die Stalin aus Teheran heimbrachte, waren beachtlich. Sowohl in der baltischen als auch in der polnischen Frage war es ihm gelungen, die sowjetischen Forderungen durchzusetzen; durch das Scheitern von Churchills Balkanplänen eröffnete sich die Aussicht, sowohl den Balkanraum als vielleicht auch den Donauraum nach dem Abschluß der militärischen Operationen dem sowjetischen Einflußbereich ebenso einzugliedern wie ein unter einer kommunistischen Regierung stehendes Polen. Hinzu tritt ein persönlicher Prestigegewinn, der nicht zu übersehen ist. Stalin hatte neben den beiden angelsächsischen Vertretern in Auftreten und Argumentation keine schlechte Figur abgegeben und bei den Verhandlungen Konsequenz, Sicherheit und diplomatisches Geschick bewiesen. Ohne selbst wesentliche Verpflichtungen einzugehen, hatte er wichtige Zugeständnisse von den Verbündeten erreicht. Er hatte die diplomatische Initiative an sich gerissen, um sie bis Jalta und Potsdam nicht mehr aus der Hand zu geben[69]. Das Kreuzfahrerschwert, das Churchill Stalin im Auftrage König Georgs VI. überreichte, nahm er mit gutgespielter Rührung entgegen, beim Toast Churchills auf »Stalin den Großen« anläßlich Churchills Geburtstagsfeier in Teheran wies er mit Würde auf das russische Volk hin, dem in Wirklichkeit die Ehren zukämen, die ihm hier erwiesen würden; es sei leicht, ein großer Führer zu sein, wenn man es mit einem Volke wie dem russischen zu tun habe[70].

Die Eintracht der Verbündeten schien vollkommen wiederhergestellt zu sein, als sich die Großen Drei am 1. Dezember 1943 trennten. In Wirklichkeit hatte sich auf politischem Gebiet der bedingungslosen Kapitulation, die die Alliierten im Januar des Jahres von den Achsenmächten verlangt hatten, eine bedingungslose Kapitulation der Westmächte vor den Forderungen der Sowjetunion hinzugesellt[71].

Der sowjetische Vormarsch im Winter 1943/44 und Frühjahr 1944

Zum Ende der Herbstkämpfe standen zwischen der Ostsee und dem Schwarzen Meer auf russischem Boden drei deutsche Heeresgruppen. Die Front der Heeresgruppe Nord erstreckte sich von südlich Leningrad bis westlich Nevel'; von hier bis in die Gegend westlich von Ovruč lag der Bereich der Heeresgruppe Mitte; ihr schloß sich bis zum Schwarzen Meer, die Krim einschließend, die Heeresgruppe Süd an. Die drei Heeresgruppen hatten untereinander keine Bahnverbindung mehr, seitdem die Strecke Leningrad–Odessa bei Nevel' und Ovruč von der Roten Armee überschritten worden war.

Die beiden nördlichen Heeresgruppen waren sowohl durch die topographischen Gegebenheiten als auch durch künstliche Verteidigungsanlagen weitaus schwerer angreifbar als die südliche. Diese bildete zudem noch einen weit nach Osten vorgeschobenen Vorsprung, der südöstlich von Korosten' beginnend sich zum Dnepr südlich Kiev hinzog und von hier aus innerhalb des Dneprknies bis Cherson verlief. Allein die Tatsache dieses Vorsprungs stellte für die sowjetische Strategie einen Anreiz dar, die deutschen Truppen entweder durch Flankenangriffe einzuschließen oder sie bis zum Bug oder darüber hinaus zurückzudrängen, um so eine weite Lücke in der deutschen Front zwischen den Pripetsümpfen und den Karpaten einzureißen.

Hinzu trat der politische Anreiz, über eine Rückeroberung der Ukraine hinaus, mit den westlichen ukrainisch besiedelten Gebiete ein Sprungbrett zum Vormarsch in den Donauraum und in die Balkanländer zu erlangen. Es mag sein, daß es richtig ist, wenn man im Endziel Wien einen wichtigeren strategischen Schlüssel für die Eroberung Osteuropas gesehen hat als in Berlin[72].

Die sowjetische Führung erteilte unter diesen Gesichtspunkten den Heeresgruppen Vatutins, Konevs und Malinovskijs den Auftrag, die deutschen Truppen unter Manstein im Dneprbogen einzukesseln. Dieser großen Offensive gingen vier begrenzte Operationen voraus, vielleicht durch Nachschubschwierigkeiten und durch die sehr strenge Winterkälte veranlaßt. Am Weihnachtsabend brach Vatutin auf, eroberte Korosten' und Berdičev beiderseits Žitomir, dann Žitomir selbst, schob motorisierte Streitkräfte in die entstandene Lücke und erreichte zu Beginn des neuen Jahres Sarny an der Bahnstrecke Wilna–Lemberg südlich der Pripetsümpfe. Zur selben Zeit stieß Rokossovskij nördlich von den Sümpfen vor und nahm hier Mozyr' und Kalinkoviči an der Bahnstrecke Leningrad-Odessa ein, dadurch Vatutins strategische Flanke im Rücken sichernd.

Am 18. Januar 1944 unternahm Manstein einen mächtigen Gegenangriff im Raume Vinnica und trieb die Rote Armee nordöstlich und östlich von der Stadt um fast 100 Kilometer zurück. Damit endete zunächst die erste sowjetische Voroffensive. Mittlerweile war eine zweite südlich von Leningrad angelaufen. Hier bestand der Plan, die deutschen Truppen unter Lindemann durch einen Ausfall General Govorovs aus Leningrad einzukreisen, den General Mereckov von Osten her unterstützen sollte. Als das Eis des Volchov und des Ilmensees am 15. Januar 1944 die genügende Festigkeit aufwies, um einen Vormarsch zu erlauben, erfolgte der Angriff. Krasnoe Selo, Novgorod und Novo-Sokolniki wurden zurückerobert. Die Deutschen traten einen allgemeinen Rückzug an. Im Februar wurde Luga besetzt, der deutsche Igel bei Staraja Russa zerrieben, schließlich auch der wichtige Eisenbahnknotenpunkt Dno erobert. Lindemann fiel jetzt auf die Linie Pleskau–Ostrov–Opočka zurück, die im Süden Anschluß an die Linie östlich Vitebsk hatte. Die deutsche Bedrohung Leningrads fiel dank diesen sowjetischen Erfolgen nach mehr als zweijähriger Dauer fort.

Im Februar 1944 gelang es General Konev, acht deutsche Divisionen im Raum von Čerkassy am Dnepr, südlich von Kiev einzuschließen. Gleichzeitig stieß Vatutin von Sarny aus südwärts vor, gewann Rovno und Luck und näherte sich Kovel' und Dubno. Manstein sah sich gezwungen, Truppen nach Westen zu werfen, um den Russen den Zutritt nach Galizien zu versperren.

Die letzte der vier Teiloffensiven bestand im Vorstoß General Malinovskijs im großen Dneprbogen. Ebenfalls im Februar eroberte er Sofievka und Apostolovo südlich von Dnepropetrovsk zurück, schnitt die deutschen Streitkräfte in zwei Teile, drängte eine deutsche Gruppe gegen Nikopol', die andere gegen Krivoj Rog zurück, bis Ende des Monats die viel umkämpfte Stadt endgültig besetzt werden konnte.

Auf diesen Grundlagen baute die große sowjetische Offensive des Frühjahrs 1944 auf. Bevor sie begann, wurde Vatutin im Oberkommando über die I. Ukrainische Front von Marschall Žukov, Stalins Stellvertreter in der Obersten Führung, ersetzt, während Marschall Vasilevskij, Stalins Stabschef, die Aufgabe erhielt, die Operationen der III. und IV. Ukrainischen Front unter Malinovskij und Tolbuchin zu koordinieren. Zwischen beiden Fronten befehligte nach wie vor Konev, der soeben zum Marschall ernannt worden war, die II. Ukrainische Front. Das Ziel Žukovs und Konevs war, die Eisenbahnlinie Odessa–Lemberg zu erreichen, die mehr oder weniger parallel zur Frontlinie lief.

Am 4. März stieß Žukov auf einer Breite von fast 100 Kilometern vor. Die deutschen Stellungen wurden tief aufgerissen, die vorgesehene Bahnlinie erreicht; die sowjetischen Truppen standen dicht vor Tarnopol. Gleichzeitig gelang Konev ein erfolgreicher Schlag gegen eine deutsche Basis bei Uman', wo 500 Panzer und 12 000 Lastwagen erbeutet wurden. Die Deutschen wichen unter Vernichtung aller militärischen Anlagen und wirtschaftlichen Werte zurück, da ihre Lage zwischen Dnepr und Bug unhaltbar geworden war. In vollständiger Verwirrung gaben sie Zmerinka, Vinnica und Kamenec-Podolskij auf. Konevs Vormarsch gewann weiter Raum nach Westen und näherte sich der rumänischen Grenze. Ende März hatte er den Pruth erreicht.

Die Anfangserfolge Konevs ausnutzend, wandte sich Žukov schon Anfang März nach Süden und rückte auf Czernowitz, die letzte Eisenbahnverbindung zwischen den deutschen Armeen in Ostpolen und in Südrußland. Ende März überschritten seine Truppen den Dnestr und besetzten Czernowitz.

Zur selben Zeit, in der die I. und II. Ukrainische Front den Dnestr und Pruth erreichten, eroberte Malinovskij im südlichen Abschnitt Cherson und Nikolaev zurück. Am 10. April konnte Odessa kampflos besetzt werden. Bald darauf erreichte auch Malinovskij den Dnestr und trat bei Dubossary mit Konevs linkem Flügel in Fühlung. Unterdessen wandte sich Tolbuchin der Krim zu. Er faßte den Plan, die Sivaš-Lagunen, das seichte Meeresgebiet neben der Perekop-Landenge, zu überschreiten, sobald sie zugefroren waren, und gleichzeitig die deutschen Befestigungen auf der Landenge anzugreifen. Als es sich im März herausstellte, daß mit einem Zufrieren des Sivaš nicht mehr zu rechnen war, beschloß Tolbuchin, ihn an den seichten Stellen, ähnlich wie im Bürgerkrieg im Kampf gegen Wrangell, durchwaten zu lassen und das Gros der Truppen auf Pontons und Flößen hinüberzubefördern.

Am frühen Morgen des 8. April eröffnete er den Angriff mit einem konzentrierten Artilleriefeuer auf die Perekop-Stellungen. Die erste Verteidigungslinie wurde am 9. durchbrochen. Während die zweite den russischen Truppen zunächst noch Widerstand leistete, erfolgte der Überraschungsangriff durch den Sivaš. Die rumänischen Truppen konnten ihre Stellungen in der nördlichen Krim ebensowenig halten wie die deutschen bei Kerč. Es setzte ein allgemeiner Rückzug auf Simferopol', von dort auf Sevastopol' ein. Im Mai ergaben sich die letzten deutschen Truppen, nachdem Sevastopol' am 9. Mai geräumt worden war, am Kap Chersones an der Südspitze der Halbinsel. Die Krim war wieder in russischen Händen. Die sowjetische Winteroffensive von 1944 endete mit »einem der brillantest durchdachten und ausgeführten Feldzüge dieses bemerkenswerten Jahres«[73].

Der Sommerfeldzug 1944

Im Winter- und Frühjahrsfeldzug hatte die Rote Armee im Norden und im Süden die Vorkriegsgrenzen fast überall erreicht, teilweise auch überschritten. Einzig im Mittelabschnitt ragte noch ein wichtiger deutscher Vorsprung in altrussisches Gebiet hinein, die Pinsker Sümpfe sowie die Städte Vitebsk, Mogilev und Bobrujsk umfassend.

Bei den schlechten seitlichen Verbindungen und dem Mangel an Reserven war es nur noch eine Frage der Zeit, wie lange die Deutschen diesen Vorsprung halten konnten. Aber auch im Norden und Süden mußte man für den Sommer 1944 mit einer Fortsetzung des russischen Vormarsches in die baltischen Länder, nach Galizien und in das eigentliche Polen und vor allem nach Rumänien rechnen, wo es die Ölfelder von Ploesti zu gewinnen galt.

Bei den sowjetischen Angriffen des Frühjahrs konnte schon auffallen, wie sorgfältig die einzelnen Operationen aufeinander abgestimmt waren. Sie griffen mit der Präzision eines Uhrwerks wie Zahnräder ineinander, eine die andere ablösend, so daß am Nachbarabschnitt einsatzbereite Reserven stets unerwartet für die Deutschen an Ort und Stelle selbst nötig waren, und stets neue Einbrüche eine systematische Defensive unmöglich machten. Im Sommer und Herbst 1944 sollte sich diese Strategie noch weiter bewähren. Die sowjetische Führung ließ sich nicht zu weitausholenden Offensivstößen hinreißen, um den Feind zu überrollen und in größeren Kesseln zu vernichten. Stets blieb sie vorsichtig und begnügte sich mit einer unablässigen Fülle räumlich beschränkter Aktionen. Das ganze Jahr hindurch verschob die sowjetische Führung den Schwerpunkt des Kampfes dauernd von Norden nach Süden und dann wieder in die Mitte, »mit erstaunlicher Genauigkeit, Kraft und Umsicht, einem Boxer gleich, der seinem Gegner einen wohlberechneten Schlag nach dem andern versetzt, ohne damit zu rechnen, daß er ihn mit einem einzigen Schlage in die Seile schicken könnte«[74].

Die sowjetische Darstellung des Krieges spricht von den »zehn Stößen Stalins« im Jahre 1944[75], durch die der Überfall

Hitlers auf die Sowjetunion endgültig zurückgeschlagen wurde. Im Unterschied zu der Kriegführung im Westen bestand das taktische Ziel der sowjetischen Armeen nicht unbedingt in einer Vernichtung des Feindes, sondern in der Erschöpfung, sofern die Vernichtung nicht ohne große Opfer zu haben war. Versteifte sich der Widerstand des Feindes so weit, daß sich eine Fortführung des Angriffs nicht mehr lohnte, so wurde der Angriff sofort abgeschwächt und an einem anderen Frontabschnitt wieder eröffnet. Es war die Weite des Raumes im Osten, die diese Taktik als die einzig richtige erscheinen ließ.

Als am 6. Juni die von der Sowjetunion jahrelang ersehnte und geforderte Invasion in Nordfrankreich startete und sich für die Alliierten günstig entwickelte, war damit auch das Signal zum Beginn der russischen Sommeroffensive gegeben. Es war politisch nicht ungeschickt, den Angriff an der Stelle zu beginnen, wo ein Erlahmen der Kriegsbereitschaft sich schon Ende 1943 bemerkbar gemacht hatte: an der finnländischen Front. Am 10. Juni griff General Govorov auf der karelischen Landenge an, durchbrach die finnischen Befestigungen und eroberte Viipuri. Ganz Ostkarelien mußte von den Finnen geräumt werden. Obwohl Hitler durch die Entsendung Ribbentrops im Juni und Generaloberst Keitels im August alles daran setzte, ein Ausscheiden Finnlands aus dem Kriege zu verhindern, war die Entwicklung nicht mehr aufzuhalten. Als am 1. August Marschall Mannerheim an die Stelle des Staatspräsidenten Ryti trat, der sich durch einen Vertrag an Deutschland gebunden hatte, wurde über Schweden Verbindung mit Moskau aufgenommen. Die am 25. August begonnenen Verhandlungen führten zum Waffenstillstand von Moskau am 19. September.

Zu den Bedingungen des Friedens von 1940 traten an Landabtretungen an die Stelle der Halbinsel Hanko die Landzunge Porkkala, die auf 50 Jahre an die Sowjetunion verpachtet wurde, und der Hafen Petsamo, der einzige Zugang Finnlands zum Eismeer. Reparationen im Betrage von 300 Millionen Dollar sollten im Laufe von sechs Jahren in Waren abgezahlt werden[76].

Ende Juni wurde die Hauptoffensive im mittleren Abschnitt eröffnet. Hier traten vier Armeegruppen, die I. baltische und drei weißrussische Fronten, insgesamt 100 Divisionen, zum Angriff an. Der russische Plan sah vor, die deutschen Gruppen im Dreieck Minsk–Vitebsk–Žlobin einzuschließen und alle Igel zu vernichten. General Bagramjan stieß nördlich Vitebsk vor, General Černjachovskij nördlich Orša, General Sacharov nördlich

Mogilev, während General Rokossovskij Žlobin erstürmte. In den letzten Tagen des Juni waren auch die anderen genannten Igel erobert. Nun wurde der Übergang über die Berezina erzwungen, nach harten Kämpfen fiel am 1. Juli Borisov, zwei Tage darauf wurde Minsk besetzt, und auch Polock konnte sich nicht halten. Am 4. Juli überschritten die sowjetischen Truppen die polnische Grenze von 1939. Als anschließend Wilna und Grodno erobert und ein Brückenkopf am Nemen errichtet wurden, lag der Weg nach Ostpreußen frei.

Im Norden durchbrachen die Gruppen der Generale Eremenko und Maslennikov die deutschen Verteidigungslinien bei Opočka, eroberten Ostrov und Pleskau und fielen anschließend ins Baltikum ein. Während in Estland zunächst nur Narva besetzt wurde, stießen die sowjetischen Truppen in Lettland bis tief nach Kurland hinein, eroberten Mitau und schnitten zeitweilig sogar die einzige Bahnverbindung nach Deutschland ab. Die Deutschen sahen sich gezwungen, ihre Truppen aus Estland und Livland herauszuziehen.

Ein drittes Kampfgebiet entwickelte sich in Galizien und Mittelpolen. Noch im Juli wurden von Konevs Truppen Brody und Rawa Ruska eingenommen, der San überschritten und an der Weichsel bei Baranow ein Brückenkopf errichtet. In breiter Front erreichte Rokossovskij mittlerweile den Bug, überquerte den Fluß und nahm Chełm und Lublin ein. Am 25. Juli fiel Lemberg in die Hand der Russen. Anfang August war das galizische Ölgebiet von Drohobycz und Borisław besetzt.

Östlich Warschau wurden Białystok und Brest-Litovsk ebenfalls noch im Juli erobert. Die Truppen Rokossovskijs stießen direkt auf Warschau vor, wurden zeitweilig durch deutsche Gegenstöße aufgehalten, drangen aber am 15. August doch in Praga, der östlichen Vorstadt der polnischen Hauptstadt, ein. In Warschau war am 1. August ein polnischer Aufstand ausgebrochen. Aber die Russen stoppten plötzlich ihren Vormarsch, unfaßbar für die polnischen Widerstandskämpfer, diese der Vernichtung durch die Deutschen preisgebend[77]. Die Frontlinie in Polen lief bis zum Januar 1945 von der ostpreußisch-litauischen Grenze östlich Warschau in fast gerader Strecke südwärts zur tschechoslowakischen Grenze.

Zunächst war die sowjetische Führung stärker an der Niederwerfung Rumäniens interessiert. Von zwei Brückenköpfen auf dem westlichen Ufer des Dnestr stieß Tolbuchin am 20. August nach Rumänien hinein. Der rumänische Widerstand brach schnell zusammen. Als Jassy am 23. August besetzt wurde, setzte König Michael die Regierung Antonescu ab und leitete Verhandlungen mit den Alliierten ein, zu denen er schon im Frühjahr Fühlung aufgenommen hatte. Da Molotov in einer Rundfunkrede vom 2. April des Jahres ausdrücklich erklärt hatte, daß die Sowjetregierung außer Bessarabien keinerlei Ansprüche auf rumänisches Territorium erhebe und die soziale Struktur des Landes nicht antasten wolle, glaubte man in der Umgebung des Königs, auch von einer russischen Besetzung des Landes keine Schmälerung der staatlichen Integrität erwarten zu müssen.

Die 6. deutsche Armee wurde von Tolbuchin und Malinovskij bei Kišinev eingeschlossen und vernichtet. Unmittelbar darauf wurden Ismail und Galatz an der Donau, in den letzten Augusttagen auch Ploesti und Bukarest besetzt.

Nach Italien und Finnland war hiermit auch Rumänien als Bundesgenosse Deutschlands ausgefallen und damit das rumänische Öl und der rumänische Weizen. Rückwirkungen dieser Ereignisse auf Bulgarien waren unvermeidlich. Am 26. August zog es sich aus dem Krieg zurück, am 16. September besetzten die Russen die Hauptstadt Sofia. Rumänien und Bulgarien unterstanden jetzt der sowjetischen Kontrolle.

Politische Probleme des Jahres 1944

Die Frage, wie die westlichen Alliierten auf diesen Einbruch Rußlands in den Donau- und Balkanraum auf der einen und in Polen auf der anderen Seite reagierten, führt unmittelbar hinein in die politischen Probleme des Jahres 1944, der Zeit zwischen Teheran und Jalta.

Jedesmal, wenn die siegreichen sowjetischen Truppen die alten Grenzen des sowjetischen Territoriums überschritten, tauchten politische Probleme von weittragenden Konsequenzen auf. Es mußte sich zeigen, wieweit die Stalin in Teheran gewährte carte blanche gültig war.

Als die Rote Armee schon im Januar 1944 im Raume Rovno und Łuck polnisches Territorium betrat, erklärte die Londoner Exilregierung, sie allein sei befugt, diese Gebiete zu verwalten. Der Anspruch wurde zurückgewiesen. Ein Vermittlungsangebot des amerikanischen Staatssekretärs Hull verstimmte die Moskauer Machthaber und wurde brüsk abgelehnt. Stalin wollte sich nicht in seine Polenpolitik hineinreden lassen. In einem

Artikel der »Pravda« vom 17. Januar 1944 wurde die britische Regierung beschuldigt, heimlich mit Hitler wegen eines Sonderfriedens zu verhandeln. War es im Kreml bekannt, daß England gerade wenige Wochen zuvor derartige deutsche Fühler zurückgewiesen hatte?[78]. Sollte der Artikel andeuten, daß man in Moskau gegebenenfalls bereit wäre, auch mit Deutschland zu verhandeln?[79].

Wenn Stalin durch sein Verhalten in der polnischen Frage deutlich machte, daß er Osteuropa ausschließlich als sowjetische Einflußsphäre betrachtete, so sparte er auf der anderen Seite auch nicht mit Beweisen, daß er im Westen an der innerpolitischen Entwicklung uninteressiert sei. Hier hatten die kommunistischen Parteien sich ohne weiteres den bürgerlichen Widerstandsbewegungen unterzuordnen und mit der nationalen Front zusammenzuarbeiten. Es fiel schon im März 1944 auf, daß Moskau die Regierung des Marschalls Badoglio in Italien anerkannte, obwohl die italienischen Linksparteien gegen ihn Stellung genommen hatten. Als diese kurz darauf die Abdankung des Königs forderten, riet die »Izvestija« den italienischen Kommunisten, die Auseinandersetzung mit der Krone zunächst auf sich beruhen zu lassen. In Frankreich hatte sich die kommunistische Partei der Bewegung des Generals de Gaulle unterzuordnen[80]. In beiden Ländern begnügten sich die Kommunisten, obwohl sie zahlenmäßig die stärksten Parteien darstellten, im Rahmen breiter Koalitionen mit der bürgerlichen Mitte mit zweitrangigen Posten, während Armee und Polizei in der Hand antikommunistischer Exponenten konzentriert wurden. Als schließlich in Griechenland im Dezember 1944 der Bürgerkrieg ausbrach, blieben die kommunistisch beherrschten Partisanen der Elas-Bewegung vollständig ohne Unterstützung seitens der Sowjetunion; es fehlte sogar an einer moralischen Stütze durch Presse und Rundfunk; sie waren vollkommen auf sich selbst gestellt.

Allerdings mußte ein mit der Zeit wachsendes Interesse des Kreml an allen Italien, den Balkan und das östliche Mittelmeer betreffenden Fragen in England Besorgnisse auslösen. An die Stelle einer mit fünften Kolonnen arbeitenden Kominternpolitik waren rein staatlich-machtpolitische Ambitionen getreten, die darauf hinausliefen, überall ein Wörtchen mitzureden. Das war die Frucht der Rooseveltschen Idee von den vier Weltpolizisten, die er in Teheran Stalin gegenüber vertreten hatte, wonach die Großmächte die Ordnung der Welt sicherstellen sollten[81].

Von diesem Gesichtspunkt aus erschien es der britischen Regierung notwendig, klare Abgrenzungen der gegenseitigen Einflußsphären vorzunehmen, auch wo das bisher noch nicht mit der nötigen Präzision geschehen war. Hierzu gehörte der Balkan.

Churchill selbst gibt zu, daß er in Teheran bei seinem Vorschlag, auch auf dem Balkan zu landen, noch nicht den späteren Weitblick gehabt habe, dieses im Hinblick auf eine drohende Ausweitung des sowjetischen Herrschaftsbereichs zu tun. Dieser Gedanke kam ihm erst im Mai 1944, als die rumänischen Truppen von der Krim vertrieben wurden und die Rote Armee bis an die Grenzen Rumäniens vorstieß. Rumänien und Bulgarien, auch Jugoslawien, den Russen vorzuenthalten, so wie es Hitler noch im November 1940 versucht hatte, schien ihm undenkbar. Wohl aber glaubte er versuchen zu müssen, zum mindesten Griechenland der sowjetischen Sphäre zu entziehen, um eine Festsetzung Rußlands am eigentlichen Mittelmeer zu verhindern.

Daher schlug die britische Regierung der Sowjetunion im Juni 1944 vor, Rumänien und Bulgarien als Teile der russischen Zone zu betrachten, dagegen Griechenland uneingeschränkt dem englischen Einfluß zu überlassen[82]. Stalin stimmte sofort zu. Als Churchill und Eden im Oktober 1944 nach Moskau kamen, wurde diese Aufteilung des Balkans bestätigt. Ja, man scheute sogar nicht davor zurück, mit einer vielleicht nicht allerseits bewußten zynischen Pedanterie die gegenseitigen Einflußanteile an den einzelnen Ländern prozentual festzulegen. Die Sowjetunion sollte, wie der amerikanische Botschafter nach Washington berichtete, eine Priorität von 75–80 % in Bulgarien, Rumänien – und auch Ungarn haben, während das Verhältnis der gegenseitigen Prozente in Jugoslawien 50 zu 50 stand[83]. Die Sowjetunion sicherte zu, sich nicht in Griechenland einzumischen, falls die britische Regierung es für nötig erachten sollte, hier militärisch einzuschreiten. Die Gegenleistung bestand in der britischen Nichteinmischung in Rumänien[84].

Als keineswegs so reibungslos erwies sich die Frage der Abgrenzung der west-östlichen Interessensphären in Polen. Es zeigte sich bald, daß die englische Hoffnung, in der Curzonlinie auch die politische Interessengrenze zwischen West und Ost zu sehen, trügerisch gewesen war.

Als die sowjetischen Truppen im Sommer 1944 in Polen – nunmehr auch in zentrale Gebiete – einmarschierten, stellte Stalin das Polnische Befreiungskomitee, das auf russischem Boden entstanden war, offen durch einen offiziellen Empfang im

Kreml heraus. Nach der Eroberung von Lublin wurde die Stadt zum Amtssitz des Komitees. Das einzige, was die Westmächte zunächst tun zu können glaubten war, Stalin zu bewegen, mit dem neuen Chef der Londoner Exilregierung in Verhandlungen einzutreten. Nach dem Tode General Sikorskis war der konservative Bauernführer Stanislaw Mikołajczyk an seine Stelle getreten. Er war einer der wenigen polnischen Emigrantenführer, die bereit waren, über die Curzonlinie zu reden und sie nötigenfalls auch zu akzeptieren. Als Mikołajczyk jedoch im Juli 1944 nach Moskau reiste, mußte er bestürzt feststellen, daß die Sowjetregierung kurz zuvor das Lubliner Komitee in aller Form als polnische Regierung anerkannt hatte. Nach vollzogener Tatsache konnte Stalin leicht versichern, daß er nicht die Absicht habe, sich in die inneren Verhältnisse Polens einzumischen. Mikołajczyk erhielt den wohlmeinenden Rat, sich mit der neuen Lubliner Regierung zu einigen.

Die Hoffnungslosigkeit einer national-polnischen, westlich orientierten Entwicklung wurde in unerhört drastischer Weise durch den Warschauer Aufstand dokumentiert. Der Aufstand brach am 1. August 1944 aus. Er wurde, auf Grund von jahrelangen Erfahrungen der polnischen Untergrundbewegung, von Offizieren geleitet, die ihre Weisungen von der Regierung Mikołajczyk erhielten. Schon näherte sich die Rote Armee unter Rokossovskij, der selbst dazu noch polnischer Provenienz war, den Vorstädten Warschaus. Man glaubte, daß die Deutschen im Begriff stünden, Warschau zu räumen. Die Aufständischen wollten um jeden Preis die polnische Hauptstadt aus eigener Kraft befreien, ehe die russischen Truppen einrückten. Die polnische Position mußte auch den Russen gegenüber ein ganz anderes Gewicht haben, wenn Warschau sich in polnischen Händen befand. Aber die Führer des Aufstandes hatten es versäumt, ihre Aktionen mit denen der vordringenden russischen Truppen zu koordinieren. Sie hatten zu früh losgeschlagen. Rokossovskij wurde von den Deutschen vor der Stadt aufgehalten und sogar vorübergehend zurückgeworfen. Die deutsche Besatzung dachte nicht daran, Warschau zu räumen, sondern konzentrierte ihre ganze Kraft gegen die Aufständischen. »Es entspann sich ein düsterer verzweifelter Kampf, bei dem sich die Polen mit sagenhaftem Heldenmut schlugen, während sich die Deutschen dadurch rächten, daß sie Straßenzug um Straßenzug und Haus um Haus sprengten oder niederbrannten, bis schließlich vom Stadtkern so gut wie nichts mehr übrig war.«[85].

Mikołajczyk wandte sich in diesen erregenden Wochen an Stalin persönlich[86]. Dieser versuchte zuerst, den Aufstand überhaupt zu leugnen. Schließlich versprach er Hilfe. Aber sie blieb aus. War Rokossovskij nicht stark genug, nach Warschau vorzustoßen, um die Aufständischen zu entlasten? War es in diesem Augenblick, wo die große Rumänienoperation abrollte, unmöglich, die Dispositionen zu ändern und Verstärkungen heranzuholen? Es ist denkbar. Fest steht aber, daß der Warschauer Aufstand in keiner Weise in Stalins Konzept hineinpaßte. Es war ihm schon recht, wenn die Aufständischen verbluteten und Warschau nicht aus eigener Kraft befreit wurde; denn die Leitung des Warschauer Aufstandes lag außerhalb seiner Reichweite. Diese Deutung erhält ihre Bestätigung durch das sowjetische Verhalten gegenüber britischen Flugzeugen, die den Aufständischen aus der Luft Waffen und Lebensmittel bringen sollten. Die sowjetische Führung verweigerte ihnen die Erlaubnis, auf sowjetischen Flugplätzen hinter der russischen Front zu landen, von denen aus sie nach Ergänzung ihres Brennstoffs zu ihren Ausgangsstützpunkten hätten zurückfliegen können. Erst als es zu spät war, erschienen russische Flugzeuge über der brennenden Stadt, der jetzt nicht mehr zu helfen war.

Bei seinem Aufenthalt in Moskau im Oktober 1944 versuchte Churchill ein letztes Mal, ein gutes Wort für seinen Schützling, die Londoner polnische Exilregierung und darüber hinaus für die Polen als solche einzulegen. Es war vergeblich[87]. Stalin wich ebensowenig wie von der territorialen Forderung auf Galizien von seinem Standpunkt ab, daß Gesamtpolen zur sowjetischen Einflußsphäre zu zählen sei.

Vlasov zwischen Hitler und Stalin

Es versteht sich von selbst, daß die gewaltigen Erfolge, die den sowjetischen Truppen seit der großen Wende Anfang 1943 beschieden waren, zu einer starken Hebung der öffentlichen Moral und des Widerstandswillens beigetragen hatten. Umgekehrt wurden alle weiteren Erfolge fortlaufend von dem patriotischen Hochgefühl getragen, das, zunächst planmäßig gefördert und gesteuert, sich mit der Zeit auch in tieferen Schichten des Bewußtseins jedes einzelnen Rotarmisten und Sowjetbürgers verankerte.

Hier galt es jedoch für die sowjetische Führung, sorgsam

über der Stimmung der Öffentlichkeit zu wachen, um nicht die Kontrolle über die Geister, die man gerufen, zu verlieren. Da war zunächst das Problem der nichtrussischen Völker der Sowjetunion, die jetzt wieder von der deutschen Besetzung befreit wurden. Es fragte sich, wieweit sie diese »Befreiung« auch wirklich als solche empfinden würden. Für Vergeltungsmaßnahmen wegen Kollaboration mit den Deutschen war die Zeit noch nicht gekommen. Solange der Krieg dauerte, konnte davon nicht die Rede sein. Im Gegenteil: wie man im Winter 1941/42 mit voller Lautstärke an »Mütterchen Rußland« und die heilige russische Erde appelliert hatte, so galt es jetzt, dieser multinationalen Struktur des Sowjetimperiums erneut stärker Rechnung zu tragen. Vom propagandistischen Sektor aus konnten derartige Überlegungen auch auf den der militärischen Organisation übergreifen.

Bei der Debatte über das Verfassungsänderungsgesetz vom 1. Februar 1944 war im Obersten Sowjet der UdSSR von nationalen Truppeneinheiten der Roten Armee die Rede. Hierzu gehörten estnische, lettische, litauische, georgische, azerbajdžanische, armenische und kazachische Formationen. Das Gesetz selbst sollte den einzelnen Unionsrepubliken das Recht zugestehen, autonome nationale Truppenteile aufzustellen. Molotov versuchte in seiner Begründung dieser Maßnahme nachzuweisen, daß früher derartige Einheiten aus Mangel an entsprechenden militärischen Führern nicht aufgestellt werden konnten, jetzt aber die nötigen Kader vorhanden seien. Diese Motivierung wirkt nicht sonderlich überzeugend. Der wahre Grund für diese Maßnahme dürfte wohl neben dem entschlossenen Widerstand der baltischen Völker gegen die Sowjetisierung vor allem in den Erfolgen der Freiwilligenbewegung unter deutschen Fahnen zu suchen sein[88].

Diese wurde in der Hauptsache von den Nationalitäten der Sowjetunion getragen. In letzter Zeit traten ihnen auch großrussische Verbände zur Seite. An der Spitze dieser Bewegung stand zudem noch, wenn auch nicht organisatorisch, so doch repräsentativ, ein außergewöhnlich fähiger und populärer ehemaliger Heerführer der Roten Armee, der bereits erwähnte General Vlasov. Das Gesetz vom 1. Februar 1944 ist als ein Symptom dafür zu werten, daß die antibolschewistische Freiwilligenarmee unter deutschen Fahnen von den Machthabern des Kreml nicht als ein Phantom und Schreckgespenst, sondern als eine Realität empfunden wurde. Den hieraus für die Erhaltung des unionsbewußten sowjetischen Patriotismus möglicherweise erwachsenden Gefahren mußte durch stärkere Konzessionen an das eigennationale Bewußtsein der Völkerschaften begegnet werden.

Daß Hitler im Herbst 1944, als der erste Angriff sowjetischer Truppen auf altes deutsches Reichsterritorium einsetzte, sich auf Vlasov und die in seiner Bewegung latenten Möglichkeiten besann, mochte in Moskau als Mahnung dienen, auch mitten im Siegesrausch des Jahres 1944 nicht die nötige Wachsamkeit außer acht zu lassen. Es fragte sich allerdings, wie weit Hitler in seiner Anerkennung einer gewissen russischen Eigenständigkeit der Vlasov-Bewegung zu gehen bereit war.

Im Sommer 1944 gelang es den an der Vlasov-Aktion interessierten deutschen Kreisen, das Interesse Himmlers für einen Einsatz russischer Kräfte im Kampf gegen Stalin zu erregen[89]. Freilich änderte Himmler nicht seine Grundauffassung von der Inferiorität der slawischen Rasse. Die These Vlasovs, Rußland könne nur von Russen erobert werden, blieb für ihn ebenso indiskutabel und abwegig wie für Hitler. Aber er entschloß sich, Hitler die Ausnutzung eben dieser russischen Kräfte nahezulegen. Eine Schwierigkeit lag in der gegensätzlichen Auffassung Vlasovs über das russische Problem zu den im Ostministerium offiziell vertretenen Ansichten, die auch die Hitlers waren. Vlasov war russischer Patriot und widersetzte sich einer Aufspaltung Rußlands in seine nationalen Bestandteile, das heißt also den Selbständigkeitsbestrebungen der Ukrainer, der Weißrussen, der Kaukasier und der Turkvölker. Aber sein Programm eines »einen und unteilbaren Rußland« (edinaja nedelimaja Rossija) unterschied sich doch merklich von dem starren Zentralismus und Unitarismus des Zarenreiches und der weißgardistischen Russen des Bürgerkrieges von 1919. Von irgendwelchen Ansprüchen auf Polen und Finnland war keine Rede, und es hatte den Anschein, daß sich auch über die Selbständigkeit der baltischen Völker mit Vlasov reden ließ. Jedenfalls trug sein Programm eines »unteilbaren Rußland« gewissen autonomistischen und föderalistischen Wünschen der nichtrussischen Völker durchaus Rechnung.

Zunächst lag ihm an einer einheitlichen Zusammenfassung aller antibolschewistischen Kräfte unter seiner Führung. Es galt, alle Hilfswilligen und Ostfreiwilligen aus deutschen Einheiten herauszulösen, alle Ostbataillone in besonderen Divisionen der Russischen Befreiungsarmee (Russkaja osvoboditel'naja armija

= ROA) zusammenzufassen. Es gab hierbei Schwierigkeiten bei militärischen Stellen, und die Frage war, ob die ROA-Divisionen unter eigenem Kommando kämpfen sollten, deutschen Verbänden nur taktisch unterstellt, oder auch führungsmäßig. Eine Genugtuung für Vlasov war es, daß mittlerweile das bei den Ostarbeitern obligatorische, als diskriminierend empfundene »Ostabzeichen«, auf dessen Beseitigung er schon früher gedrungen hatte, abgeschafft worden war, ebenso die zunächst praktizierte Prügelstrafe, die man bei Ostarbeitern und in den besetzten Gebieten als eine »der slawischen Mentalität entsprechende Maßnahme« eingeführt hatte, ohne zu wissen, daß in der Sowjetunion im Gegensatz zur Zarenzeit derartige Methoden nur dem NKVD-Verfahren vorbehalten blieben und im allgemeinen außer Übung gekommen waren.

Von Bedeutung war, daß auch das Auswärtige Amt im Herbst 1944 sich auf die außenpolitischen Möglichkeiten und Wirkungen einer Herausstellung Vlasovs besann. Vlasov wurde von Ribbentrop empfangen und erhielt von ihm die Zusicherung, daß es eine allein die Russen angehende Frage sei, wie sie ihr Verhältnis zu den übrigen Ostvölkern regelten. Wie sehr es allerdings Deutschland an einer einheitlichen, zielbewußten Rußlandkonzeption fehlte, zeigt die Tatsache, daß nur zwei Tage später Rosenberg dem Präsidenten des Weißrussischen Zentralrates Professor Ostrovskij gegenüber versicherte, die Reichsregierung befürworte die Einrichtung eines unabhängigen »weißruthenischen« Staates. Bei seiner ersten Besprechung mit Himmler schlug Vlasov vor, alle inzwischen gebildeten Nationalkomitees einem »Gesamtkomitee zur Befreiung der Völker Rußlands« zu unterstellen, dessen Führung er übernehmen wolle. Das daraufhin formulierte Protokoll ließ jedoch jede Klarheit vermissen. Man war in den Kreisen der SS von vornherein entschlossen, doppeltes Spiel mit Vlasov zu treiben. Durch Hinausdrängen seiner bisherigen verständnisvollen deutschen Berater und ihre Ersetzung durch Angehörige von Himmlers Stab sollte Vlasov in seiner selbständigen Entschlußfähigkeit systematisch gehindert werden.

Es war vielleicht letzten Endes doch dem Interesse des Auswärtigen Amtes zu verdanken, wenn trotz alledem am 14. November 1944 im Prager Hradschin eine feierliche, als offizieller Staatsakt aufgezogene Gründungskonferenz des Komitees zur Befreiung der Völker Rußlands zustand kam. Die Wahl des Tagungsortes war auf Anregung von Vlasov wegen des slawischen Hintergrundes auf Prag gefallen. Im Beisein von Vertretern der orthodoxen Kirche, der Ostarbeiter, zahlreicher Altemigranten und offizieller Vertreter der höchsten deutschen Stellen wurde Vlasov zum Vorsitzenden des Komitees gewählt, sein Manifest verlesen und angenommen[90]. Es gipfelte in der Forderung, die »Tyrannei Stalins zu stürzen, die Völker unserer Heimat von dem bolschewistischen System zu befreien und ihnen die Rechte wiederzugeben, die sie sich mit der Volksrevolution des Jahres 1917 erkämpft hatten«, sowie nach Beendigung des Krieges »ein neues Staatswesen des Volkes ohne Bolschewisten und Ausbeuter« zu schaffen.

Zwischen dem Befreiungskomitee und dem Auswärtigen Amt wurde ein offizieller Staatsvertrag abgeschlossen, und die Vlasov zur Verfügung gestellten Mittel sollten nicht, wie bisher, dem Propagandafonds entnommen werden, sondern als Staatskredit gelten.

Anschließend sollten drei unmittelbar unter Vlasovs Befehl stehende Divisionen aufgestellt und eingesetzt werden – eine geringe Zahl angesichts der Tatsache, daß bereits 1943 nahezu 1 Million Russen in der deutschen Armee dienten. Aber auch dieses Minimalprogramm kam zu spät und blieb in der Vorbereitung stecken. Die I. Division wurde aufgestellt und in Prag stationiert, eine zweite war in Münsingen in der Aufstellung begriffen. Einige russische Bataillone waren in Dänemark und in Frankreich eingesetzt. Erst Anfang 1945 wurde ein Bataillon der ROA in Schlesien gegen die Rote Armee in den Kampf geworfen, mit dem Erfolg, daß zwei sowjetische Regimenter zu ihm überliefen[91].

Die I. ROA-Division wurde in Prag beim Heranrücken der sowjetischen Truppen in ein hohes und gefährliches Spiel hineingezogen. Vlasov wollte, als der Zusammenbruch Deutschlands evident war, alle ROA-Verbände in der Tschechoslowakei und in Österreich zusammenfassen, um von hier Verbindung mit antibolschewistischen Widerstandsgruppen auf dem Balkan aufzunehmen, wo – seiner Meinung nach – am ehesten ein Zusammenprall zwischen den sowjetischen und den Interessen der Westmächte erfolgen würde. Als Anfang Mai 1945 in Prag ein tschechischer Aufstand ausbrach, griff einer von Vlasovs Generalen eigenmächtig mit seinen Truppen ein, sich gemeinsam mit den Tschechen gegen die Deutschen wendend. Das Ziel war, in Anlehnung an das Warschauer Beispiel, die Stadt vor Eintreffen der Roten Armee zu befreien, um sie nationaltschechischen Elementen zu übergeben. Man übersah, daß die tschechischen Aufständischen gar nicht antibolschewistisch gesinnt waren; auch konnte man nicht wissen, daß die Amerikaner ihren Vormarsch auf Prag schon bei Pilsen einstellen würden, um sich dann in Vereinbarung mit den Sowjets auf die deutsch-tschechische Grenze zurückzuziehen.

Die ROA-Truppen wurden von den Amerikanern interniert und an die Sowjets ausgeliefert, mit ihnen auch Vlasov. Er ist nach fünfzehnmonatiger Haft im August 1946 in Moskau hingerichtet worden[92].

Der Herbstfeldzug 1944

Schon im August hatten sich die Truppen der I. baltischen Front sowohl von Wilna als auch von Schaulen aus an die ostpreußische Grenze herangeschoben. In einem ersten Einbruch drangen sowjetische Einheiten bis Goldap im östlichen Ostpreußen vor. Zum erstenmal lernte auch die deutsche Zivilbevölkerung den Landkrieg im eigenen Lande kennen.

Noch weigerte sich Hitler, sein Hauptquartier im westlichen Ostpreußen bei Rastenburg aufzulösen. Hier verfehlte die Bombe der Verschwörer vom 20. Juli ihr Ziel. In diesem Zusammenhang interessiert die Frage, welche Verbindungen von diesen nach der Sowjetunion geknüpft worden waren. Schon 1942 bestand in Berlin eine sowjetische Spionagezentrale unter dem Namen »Rote Kapelle«, in der Hauptsache auf zwei schwärmerischen Idealisten mit kommunistischen Sympathien beruhend. Beide hatten schon längere Zeit den Russen Nachrichten geliefert. Als ein sowjetischer Agent von der Gestapo gefaßt wurde, brach die lockere Organisation zusammen, die beiden Erwähnten wurden hingerichtet. Mit dieser Gruppe hatten die Verschwörer des 20. Juli nichts zu tun. Aber auch hier verbanden sich gewisse sozialistische Vorstellungen in eigenartiger Weise mit altpreußischen Überlieferungen eines Zusammengehens mit Rußland. Das war zum Beispiel auch bei dem jungen Diplomaten Trott zu Solz der Fall, der Anfang Juli mit Frau Kollontaj in Stockholm verhandelte, um Gewißheit über die von der Sowjetunion zu erwartende Reaktion auf einen Putsch gegen Hitler zu erhalten. In der Person des Grafen Schulenburg glaubte man in diesen Kreisen nicht nur über einen hervorragenden Kenner Rußlands zu verfügen, sondern auch über einen Mann, der immerhin gewisse Aussichten hatte, bei Stalin als persona grata zu gelten. Beim Gelingen des Attentats und einem Regimewechsel in Deutschland dachte man über ihn unmittelbar mit dem Kreml in Verbindung zu treten[93].

Es ist schwer zu sagen, wie die Sowjetregierung tatsächlich auf einen solchen Umschwung reagiert hätte. Die Tatsache, daß in Moskau ein »Nationalkomitee freies Deutschland« unter Teilnahme der Generale Paulus und von Seydlitz aufgestellt worden war, das ausgiebig mit deutschnationalen Parolen und Symbolen arbeitete, läßt vermuten, daß bei einem anderen Verlauf des 20. Juli vielleicht der Versuch gemacht worden wäre, den westlichen Alliierten einen Kompromißfrieden mit einem anderen Deutschland nahezulegen, bei dem man die Hoffnung haben konnte, daß es im sowjetischen Fahrwasser segeln würde.

Wie die Dinge nach dem mißlungenen Attentat lagen, ließ der allgemeine Schwung der sowjetischen militärischen Maßnahmen keinen Augenblick nach. Im September schritt die Leningrader Front General Govorovs zur Eroberung des Baltikums. Am 21. September wurde Reval genommen, bis zum 5. Oktober waren auch die baltischen Inseln besetzt. Gleichzeitig brach die III. baltische Front General Maslennikovs in Südestland ein, nahm Walk ein und trieb die Deutschen auf Riga zurück, während General Bagramjans I. baltische Front sich von Süden her Riga näherte. Die deutschen Truppen an der kurländischen Westküste – etwa 20 Divisionen – wurden eingeschlossen, nachdem Bagramjans Vorhuten Polangen und Tauroggen erreicht hatten. Die Kämpfe dauerten hier noch an, als die Nachricht von der Kapitulation Deutschlands im Mai 1945 bekannt wurde. Am 13. Oktober wurde Riga erstürmt und damit die Eroberung der baltischen Lande beendet. Große Teile der Oberschicht der Esten, Letten und Litauer suchten zusammen mit den deutschen Truppen ihre Heimat vor dem bolschewistischen Schrecken zu verlassen; in abenteuerlicher Flucht gelang es vielen, über die Ostsee nach Schweden zu entkommen. Für den Rest der Bevölkerung begann eine unsagbare Leidenszeit.

Die letzte Phase der Nordoffensive sollte in der Eroberung Ostpreußens bestehen. General Černjachovskij hatte den Befehl, über Gumbinnen und Insterburg nach Königsberg durchzubrechen. Am 16. Oktober setzte das Artilleriefeuer auf die erste deutsche Verteidigungslinie ein. Eydtkuhnen wurde erobert, die Kämpfe dehnten sich auf den Wald von Augustowo aus, und auch die zweite Verteidigungslinie bei Stallupönen und Goldap wurde erstürmt. An der dritten Linie beim Flüßchen Angerapp wurden die Russen von fünf deutschen Panzerdivisionen aufgehalten. Goldap war vorübergehend von den Deutschen zurückerobert worden. Die hier von der Roten Armee auf ausdrücklichen Befehl der Führung verübten Greueltaten[94] lösten beim nächsten entscheidenden Vorstoß der russischen Truppen eine panische Flucht der Bevölkerung aus[95]. Vorerst brach Černjachovskij den Angriff infolge des heftigen Widerstandes ab und ging in die Defensive über.

Der größte Geländegewinn wurde noch vor Ende dieses Jahres im Süden, im Donauraum erzielt. Zunächst stieß Malinovskijs II. Ukrainische Front von der Nordbukowina aus nach Siebenbürgen hinein, wo noch im September Karlsburg, Temesvár und Arad besetzt wurden. Unterdessen schwenkte der zum Marschall ernannte Tolbuchin von Bulgarien nach Norden in Richtung Belgrad ein. Er überschritt die Donau südlich des Eisernen Tores und nahm am 1. Oktober bei Negotin Fühlung mit den jugoslawischen Partisanen Titos. Bei Turn Severin konnte er Verbindung mit Malinovskijs linkem Flügel bekommen. Am 19. Oktober wurden die Deutschen aus Belgrad vertrieben. Nun überschritt Malinovskij die ungarische Grenze und erzwang bei Szeged den Übergang über die Theiß. Die Deutschen und Ungarn zogen sich auf Budapest zurück. Von Norden her, von den Karpaten aus, arbeitete sich General Petrovs IV. Ukrainische Front mittlerweile langsam im schwierigen Gelände voran. Es gab heftige Kämpfe mit gut ausgerüsteten neuen deutschen Divisionen, der wichtige Knotenpunkt Csop wechselte mehrfach den Besitzer. Ende Oktober gewann Malinovskij Neusatz an der Donau, Kecskemét und Cegléd und stand am 11. November bereits an der Grenze der südlichen und östlichen Vorstädte von Budapest. Die Theiß wurde an mehreren Stellen überschritten; Anfang Dezember gewannen Malinovskij und Petrov Fühlung miteinander.

Die ganze Ebene zwischen Theiß und Donau war, mit Ausnahme eines kleinen Gebiets östlich und nördlich von Budapest, von den Russen besetzt. Da zunächst noch zwei ungarische Armeen und 25 deutsche Divisionen Malinovskij gegenüberlagen, erhielt er den Befehl, auf Unterstützung durch Tolbuchin zu warten. Es gab eine kurze Atempause. Sie konnte aber nicht darüber hinwegtäuschen, daß Ungarn nicht mehr zu retten war.

Diese Erkenntnis hatte sich schon seit längerer Zeit der verantwortlichen Führer Ungarns bemächtigt, besonders intensiv, seitdem das Land im März 1944 von deutschen Truppen besetzt worden war. Im September wandte sich Horthy an Moskau und ersuchte um Waffenstillstand. Er wurde am 16. Oktober genehmigt, an demselben Tage jedoch ließ Hitler den ungarischen Reichsverweser verhaften und eine neue ungarische Regierung einsetzen, die den Kampf weiterführen sollte[96]. Ungarn war damit auf Gedeih und Verderb mit dem Schicksal des Nationalsozialismus verbunden.

Der russische Durchbruch im Januar 1945

Am zentralen Abschnitt der russisch-deutschen Front, in Polen, herrschte von August 1944 bis zum Januar 1945 eine auffallende Ruhe. Es mag sein, daß in dieser Zeit alle Anstrengungen auf die Eroberung des Baltikums und Ungarns gerichtet waren und der Nachschub dementsprechend dorthin geleitet wurde. Die fünfmonatige Pause wurde von der sowjetischen Führung dazu benutzt, die Armeen umzugruppieren.

Im Norden wurden zwei Armeegruppen unter Černjachovskij und Rokossovskij gegen Ostpreußen eingesetzt. Im Zentrum sollte Žukov Warschau angreifen und in direkter Richtung westwärts auf Berlin marschieren, während Konev Oberschlesien zum Ziel gesetzt wurde. Im Süden sollten Malinovskij und Tolbuchin, unterstützt von Petrov, die Karpaten und die Slowakei von den Deutschen säubern, Budapest besetzen und gegen Wien marschieren.

Insgesamt waren für den Endkampf 300 Divisionen und 25 Panzerarmeen, außerdem zahlreiche Kosakenverbände, angetreten. Ihnen gegenüber standen kaum mehr als 100 zum Teil schon geschwächte deutsche Divisionen.

Am 29. November setzten sich die Russen von der Ebene von Mohacs aus, auf der einst (1526) Sultan Soliman der Prächtige seine Scharen gesammelt hatte, nordwärts gegen Budapest in Bewegung. Gleichzeitig drangen andere Verbände von Osten vor. Zum Ende des Jahres war die ungarische Hauptstadt eingeschlossen. Deutsche Gegenangriffe von Komorn aus zeigten vorübergehende Erfolge, konnten aber letzten Endes die Entwicklung nicht aufhalten. Am 18. Januar 1945 wurde Pest, am 13. Februar auch Buda erobert. Die Straße nach Wien lag offen da.

Zur selben Zeit wurde auch der Weg nach Berlin freigemacht.

Am 12. Januar setzte nach heftiger Artillerievorbereitung der russische Angriff beim Brückenkopf Baranów südlich Warschau ein. Während Konev auf Kielce vorstürmte, rückte Žukov über die Pilica nach Westen, um dann nordwärts abdrehend Warschau vom Westen her zu bedrohen. Die Deutschen sahen sich gezwungen, die polnische Hauptstadt zu räumen. Am 17. Januar wurde sie von den Russen besetzt. Am 19. Januar fielen Krakau, Kutno und Łódź.

Mittlerweile waren die beiden nördlichen Armeegruppen erneut in Ostpreußen eingefallen. Černjachovskij rückte über die Memel auf Tilsit und Insterburg und durchbrach anschließend die masurischen Verteidigungslinien, Rokossovskij überschritt die Weichsel bei Pułtusk, eroberte Neidenburg, überquerte das Schlachtfeld von Tannenberg und vereinigte bei Płock seinen linken mit Žukovs rechtem Flügel. Am 22. Januar wurden Osterode, Deutsch-Eylau und Allenstein besetzt, am 26. die Ostseeküste bei Elbing erreicht. Damit war Ostpreußen auf dem Landwege von Deutschland abgeschnitten.

Das einzige nennenswerte Hindernis auf dem Wege nach Berlin stellte nunmehr die Oder dar, die durch eine Reihe alter und moderner Festungen verstärkt war. Konev hatte keine großen Schwierigkeiten, in Schlesien einzufallen und hier den Fluß zu erreichen. Während Breslau eingeschlossen und umgangen wurde, überschritten die russischen Truppen die Oder, um zunächst etwa an der schlesisch-sächsischen Grenze, bei Bunzlau, haltzumachen. Žukov schloß in dieser Zeit Posen ein, überschritt die deutsch-polnische Grenze und erreichte die Oder unmittelbar hinter Kunersdorf, dem Schlachtfeld aus dem Siebenjährigen Krieg. Am 10. Februar erlahmte zunächst auch seine Stoßkraft.

Ehe Žukov über die Oder setzte, beschloß er, zunächst Ostpommern zu erobern, da seine rückwärtigen Verbindungen von hier aus bedroht werden konnten. Am 9. März erreichten seine Truppen die Küste in der Nähe von Kolberg. Nachdem Rokossovskij Danzig erstürmt hatte, wurden seine Truppen frei zur Unterstützung Žukovs. Anfang März schlug dieser nördlich und südlich von Küstrin zwei Brücken über die Oder. Černjachovskij liquidierte unterdessen den restlichen deutschen Widerstand in Ostpreußen, wo noch etwa 20 Divisionen hartnäckig und verzweifelt kämpften. Nach Černjachovskijs tödlicher Verwundung zwang Marschall Vasilevskij am 9. April Königsberg zur Übergabe. Damit war Ostpreußen restlos in russischen Händen.

Im Süden trat der Donau-Feldzug in seine Endphase. Ein

starker Gegenangriff der Deutschen am Plattensee war zunächst von beachtlichen Erfolgen begleitet; dann ging ihnen, ähnlich wie bei der Ardennenoffensive, der Brennstoff aus. Nun holten Tolbuchin und Malinovskij wieder auf. Das ganze Gebiet zwischen Donau und Drau wurde erneut erobert und am 29. März die österreichische Grenze überschritten. Mit Macht drängten die Russen jetzt auf Wien. Am 3. April wurde Preßburg genommen, am 13. wehte über der alten Kaiserstadt die rote Fahne der Sowjets.

Die Konferenz von Jalta

Roosevelt hatte schon im Herbst 1944 den Wunsch geäußert, eine zweite Konferenz mit Churchill und Stalin abzuhalten, um die in Teheran ungeklärten Probleme, dazu auch die inzwischen neuaufgetauchten, durchzusprechen. Da Stalin sein Land während der großen russischen Offensive nicht verlassen wollte, machten sich die beiden westlichen Staatsmänner mit ihren Stäben ein zweites Mal auf die weite Reise.

Die Konferenz wurde vom 4. bis 10. Februar 1945 im alten Zarenschloß Livadija bei Jalta auf der Krim abgehalten[97]. Die Sowjetunion war jetzt nicht der einzige Bundesgenosse, der größere Siege aufzuweisen hatte. Die Invasion in Nordfrankreich war geglückt, die alliierten Truppen standen am Rhein. Aber die Russen schickten sich bereits an, über die Oder zu setzen und Berlin anzugreifen. Das geschwellte russische Selbstbewußtsein, das ihnen vertraute Gelände des Verhandlungsortes und Stalins noch immer unverwüstliche Vitalität trugen ebenso zu einem weitgehenden Durchsetzen der sowjetischen Auffassung in einer ganzen Reihe von Fragen bei, wie Churchills Nervosität vor den englischen Parlamentswahlen und Roosevelts Krankheit und Müdigkeit.

Im allgemeinen war man allerseits der Meinung, daß es möglich sein würde, die im Kriege erprobte Einigkeit auch in die Nachkriegszeit hinüberzuretten. Nach wie vor stellte man sich die Regelung des Weltgeschehens in Form eines Kondominiums der drei Großen bzw. einer Aufteilung der Welt in gigantische Einflußsphären vor. Aber schon hier tauchten Meinungsverschiedenheiten auf, ob man den Kreis um eine weitere Großmacht erweitern sollte; so wie Roosevelt in Teheran für China plädiert hatte, so setzten sich jetzt Churchill und Eden mit außerordentlicher Energie für eine Beteiligung Frankreichs an der Nutznießung des Sieges ein. Stalin, dem de Gaulle bei seinem Besuch in Moskau Ende 1944 nicht sonderlich gefallen hatte, zeigte wenig Neigung, einem Lande einen derartig wichtigen Platz einzuräumen, das seiner Ansicht nach nicht genügend Opfer gebracht hatte. Nur zögernd stimmte er daher der Errichtung einer besonderen französischen Besatzungszone und der späteren Zulassung Frankreichs zum Alliierten Kontrollrat zu.

Bei den Debatten wegen der Organisation der Vereinten Nationen zeigten sich bereits die Umrisse kommender Mißstimmigkeiten. Man war sich über das Vetorecht, das die Großmächte im Sicherheitsrat für sich in Anspruch nehmen wollten, einig, und Stalin wollte es besonders wirksam formuliert wissen, damit keine Möglichkeit bestand, es zu umgehen oder abzuschwächen. Als aber Churchill in diesem Zusammenhang davon sprach, daß die UNO auch in der Lage sein müßte, gegen eine Großmacht vorzugehen, die etwa den Versuch machen sollte, nach der Weltherrschaft zu streben, bat ihn Stalin maliziös, den Namen dieser Macht zu nennen, der er so etwas zutraue. Großbritannien und die USA hegten doch wohl keine derartigen Pläne. Churchill parierte diese Bloßlegung seines Mißtrauens gegen die Sowjetunion geschickt mit dem Hinweis, daß keine derartige Gefahr bestehe, solange sie, die drei Männer, lebten, die den Krieg gemeinsam geführt hätten. Man müsse aber für die Zukunft vorsorgen.

Charakteristisch für Stalins Auffassung der Weltpolitik war sein hartnäckiger Widerstand gegen jeden Vorschlag, der den Kleinstaaten die Möglichkeit geben konnte, auch ihr Wort in der UNO in die Waagschale zu werfen. Er fürchtete, die Großmächte könnten eines Tages die Kleinstaaten gegen die Sowjetunion mobilisieren. Als sein Vorschlag, daß die UNO eigene Streitkräfte, vor allem eine internationale Luftwaffe mit Stützpunkten in verschiedenen Ländern erhalten sollte, abgelehnt wurde, erkannte er, daß sich eine Oligarchie der Großmächte nicht durchführen lassen würde. Um der Sowjetunion nunmehr mehr Stimmen in der Vollversammlung zu sichern, bestand er auf einer gesonderten Aufnahme der Ukrainischen und Weißrussischen Sowjetrepublik in die UNO, wozu ihm die Revision der Verfassung vom Februar 1944 die Handhabe bot. Roosevelt versuchte sich diesem Schachzug zu widersetzen; er soll sich früher schon dahin geäußert haben, daß er in solch einem Falle für die USA 48 Stimmen, für jeden Bundesstaat eine, fordern werde[98]! Da aber Churchill dem sowjetischen Vorschlag sekundierte, gab er seinen Widerstand auf und verzichtete sogar auf die drei Stimmen, die Stalin den USA als Entgelt anbieten wollte.

Die wichtigsten Verhandlungsgegenstände betrafen das polnische und das deutsche Problem[99] und die Beteiligung der Sowjetunion am Pazifischen Kriege. Stalin hat es in Jalta geschickt verstanden, unterstützt durch die planlos-sprunghafte Tagesordnung, durch anfängliches Zögern und plötzliche Bereitschaft, den Hauptanliegen Roosevelts jeweils in kritischen Momenten der Verhandlungen entgegenzukommen, die Forderungen durchzusetzen, auf die es ihm ankam. In der polnischen Frage verlangte er leidenschaftlich erregt, daß die unveränderte Curzon-Linie zur Grundlage der Grenzziehung im Osten gemacht würde, indem Galizien mit Lemberg und seinen Ölquellen zur Sowjetunion käme, nachdem Roosevelt und Churchill für eine Zugehörigkeit dieses Gebiets zu Polen plädiert hatten. Im Westen schlug Stalin vor, die polnischen Grenzen bis zur Oder und Neiße auf Kosten Deutschlands vorzuschieben. Churchills Warnung, man solle nicht »die polnische Gans mit so viel deutschem Futter vollstopfen, daß sie an Verdauungsschwierigkeiten zugrunde« ginge, verhallte. Nach vielfachen Debatten gelang es den sowjetischen Vertretern, die Westmächte immerhin zu einer grundsätzlichen Anerkennung eines westlichen Kompensationsanspruchs Polens zu bewegen, allerdings nur unter der Voraussetzung der Wiederherstellung der polnischen Unabhängigkeit. Die Neiße-Linie als künftige deutsche Ostgrenze wurde bereits in Jalta von den Vertretern der Westmächte abgelehnt[100]. Als Roosevelt zum Ende der Konferenz glaubte, seine Wünsche in der UNO-Frage und im Pazifischen Kriege erfüllt zu sehen, hatte er wegen Galizien keine Bedenken mehr. Die britischen Vertreter führten noch mehrere Tage hindurch einen einsamen Kampf für die Mitberücksichtigung der polnischen Exilpolitiker beim Aufbau der neuen polnischen Regierung. Das Endergebnis, daß das Lubliner Komitee durch einige »demokratische Führer« erweitert werden sollte, erwies sich als eine sehr elastische Formel, die der Sowjetunion genügend Spielraum ließ, sich über die polnische Souveränität hinwegzusetzen.

In der deutschen Frage trat Stalin unmißverständlich für eine Zerstückelung Deutschlands ein. Churchill sprach sich dagegen aus, sich schon jetzt und ohne die Stimme Frankreichs zu hören, in diesem Punkte festzulegen. Da aber Stalin auch hierin von

Roosevelt unterstützt wurde, stimmte schließlich Churchill einer Erwähnung der Zerstückelung Deutschlands im Rahmen der Kapitulationsbedingungen zu. Man einigte sich über eine gemeinsame Besatzungspolitik gegenüber Deutschland. Vergebens warnten die britischen Vertreter aus Erfahrungen des Ersten Weltkrieges vor allzu hohen Reparationszahlungen. »Wenn Sie wollen«, sagte Churchill in seiner gewohnten anekdotisch-bildhaften Sprache zu Majskij, »daß Ihr Pferd den Karren zieht, dann müssen Sie ihm schon eine gewisse Menge Hafer geben, oder wenigstens Heu«. Aber es gelang ihm auch hierin nicht, den Partner zu überzeugen. Die Sowjets verlangten, daß bei einer Gesamtsumme von 20 Milliarden Dollar ihnen 10 Milliarden zugesprochen würden. Nachdem Harry Hopkins Roosevelt stark im sowjetischen Sinne beeinflußt hatte, erklärte er sich bereit, die Höhe der sowjetischen Forderungen als Ausgangsbasis späterer Erörterungen in einer Reparationskommission anzuerkennen. Dieser Kompromiß wurde in das Schlußprotokoll aufgenommen.

Das Problem der Teilnahme der Sowjets am Krieg gegen Japan wurde am 8. Februar nicht auf einer gemeinsamen Sitzung, sondern bezeichnenderweise in geheimen Besprechungen zwischen Roosevelt und Stalin erörtert. Diesem war es bisher gelungen, die Sowjetunion aus dem Pazifischen Kriege herauszuhalten. Rußland konnte zufrieden sein, daß die Japaner während des ganzen Krieges nicht daran dachten, in Sibirien einzumarschieren, wie Hitler das so gern gewollt hätte. Zu den Anstrengungen im Kampf mit Deutschland auch noch die Lasten einer Expedition in Fernost auf sich zu nehmen, hatte die Sowjetregierung keine Lust. Aber Roosevelt hatte schon früh angefangen zu drängen. Schon 1943 hatte Stalin eine Beteiligung am Japankrieg, wenn auch nicht in Ausmaß und Gelände präzisiert, in Aussicht gestellt. Jetzt kam es Roosevelt darauf an, diese Versprechungen zu konkretisieren, nachdem General Marshall erklärt hatte, die Niederwerfung Japans ohne Beteiligung Rußlands könnte den USA den Verlust von 1 Million Mann bedeuten! Es steht fest, daß Roosevelt fraglos einer Überschätzung des pazifischen Kriegsschauplatzes und der Stärke Japans unterlag[101], auch wenn die Wirkungen der Atombombe, die ein Eingreifen Rußlands unnötig machten, damals noch nicht vorausgesehen werden konnten.

Für Stalin war das Risiko nicht sehr groß, dafür aber der Gewinn. Öffnete doch das Geheimabkommen dem sowjetischen

Einfluß nicht nur in der Mandschurei, sondern auch in Richtung Korea ein breites Tor. Für die Zusicherung, 2 bis 3 Monate nach der deutschen Kapitulation in den Krieg gegen Japan einzugreifen, ließ sich Stalin den Status quo in der Äußeren Mongolei und den vorherrschenden Einfluß in der nördlichen Mandschurei garantieren, wo sowohl die 1935 an Japan verkaufte ostchinesische Eisenbahn, als auch die 1905 an Japan abgetretene Hafenzone von Port Arthur und Dairen (Dal'nij) in russische Verfügung übergehen sollte. Von Japan wurde die Abtretung der seit 1875 ihm gehörenden Kurilen und der ebenfalls 1905 verlorenen Südhälfte der Insel Sachalin gefordert[102].

Roosevelt war sich gar nicht im klaren darüber, daß er mit dieser Regelung die in der Atlantik-Charta so emphatisch verkündeten Grundsätze preisgab, obwohl ein besonderes Kommuniqué über die befreiten Gebiete auch in Jalta das Selbstbestimmungsrecht der Völker zu respektieren nahelegte[103]. In konsequenter Fortsetzung der in Teheran eingeschlagenen Linie sind in Jalta der Sowjetunion Konzessionen von einer Tragweite zugebilligt worden, die damals noch nicht zu übersehen waren. Um die Sowjetunion am Pazifischen Kriege und an der UNO zu beteiligen, wurde ihr eine beherrschende Stellung in Fernost eingeräumt, der die amerikanische Okkupation Japans nur zum Teil die Waage halten konnte, und ganz Osteuropa mit einziger Ausnahme Griechenlands ausgeliefert. Erst einige Jahre später ging im Westen die Erkenntnis auf, daß man die Tyrannei Hitlers durch eine andere ersetzt hatte.

Die Eroberung Berlins und das Ende des Krieges in Europa

Beim Endkampf um die Eroberung Deutschlands traten politische Probleme in immer stärkerem Maße neben die strategischen. Während die westlichen Alliierten das Hitlerregime stürzen und zu diesem Zweck die deutschen Armeen zur Kapitulation zwingen wollten, waren die Russen darauf aus, neben der militärischen Zielsetzung zugleich auch ihren eigenen Lebensraum möglichst weit nach Mitteleuropa auszudehnen. Zu diesem Zweck war es notwendig, möglichst tief nach Deutschland hineinzustoßen und möglichst noch vor den westlichen Alliierten Berlin und das mitteldeutsche Industriegebiet zu besetzen.

Am 17. April, vier Tage nach dem Fall von Wien, holte Žukov zum Schlage auf Berlin aus, mit dem Ziel, über die Reichshauptstadt hinaus bis zur Elbe vorzustoßen. Am frühen Morgen dieses Tages brachen seine Truppen aus den Brückenköpfen bei Küstrin auf, durchbrachen die deutschen Befestigungen und erreichten am 22. April die Ringautobahn um Berlin, um auf ihr westwärts gegen Spandau vorzugehen. Zur selben Zeit stieß Konev mit seinen Truppen von den Brückenköpfen an der westlichen Neiße vor, ließ seinen linken Flügel gegen Dresden und Torgau marschieren, den rechten und das Zentrum in nördlicher Richtung schwenken und Berlin zustreben. Am 25. April war Berlin vollständig eingekreist, und am selben Tag reichten sich die Vorkommandos der Russen und der Amerikaner bei Torgau die Hände. In Berlin zogen sich die Kämpfe in der Stadt bis zum 2. Mai hin. Am 30. April erschoß sich Hitler im Bunker der Reichskanzlei. Als General Krebs sich zu den Russen begab, um wegen der Kapitulation zu verhandeln, wurde ihm mitgeteilt, daß es keine Bedingungen gebe; die Unterwerfung habe bedingungslos zu erfolgen. Am 2. Mai wurde der Kampf eingestellt. Die Rote Armee hatte die deutsche Reichshauptstadt in der Hand.

Während Konev anschließend die Reste des deutschen Widerstandes in Prag niederwarf, erreichten Truppenteile Žukovs in den ersten Maitagen die Elbe. Deutschland war nunmehr nahezu vollständig von den alliierten Armeen aus West und Ost besetzt.

Angesichts der politischen Bedeutung einer Besetzung Berlins durch die Russen und der weit nach Westen vorgeschobenen sowjetischen Zonengrenze, die nicht nur stellenweise über die Elbe reichte, sondern bald auch Thüringen umfassen sollte, nachdem es von den Amerikanern geräumt wurde, ist die Frage aufgeworfen worden, weshalb die westlichen Alliierten sich nicht beeilt haben, Berlin und Prag, vielleicht auch Wien, vor den Russen zu besetzen. Wenn auch die politische Situation von 1945 die späteren Spannungen noch nicht erkennen ließ, so brauchte doch die zur Niederwerfung Hitlers als notwendig erkannte Bundesgenossenschaft mit der Sowjetunion keineswegs in ihren Konsequenzen zu einer derartigen Preisgabe Ost-Mitteleuropas zu führen, zumal die Anstrengungen der Alliierten seit der Invasion in Frankreich vollauf einen gebührenden Anteil an der Neuordnung Europas rechtfertigten.

Es fehlte daher auch seit geraumer Zeit nicht an Warnungen und Ahnungen, die von der Furcht, bei dem gemeinsamen Wettlauf nach dem Siege zu spät zu kommen, beherrscht waren.

Churchill insbesondere hat, wie bereits erwähnt, ab Mai 1944 die Konsequenzen einer zu großen Willfährigkeit gegenüber den Sowjets zum mindesten für den Balkan und Donauraum klar erkannt. Aber auch er war nicht in der Lage, sich der Dynamik der russischen militärischen Erfolge und Stalins politischer Konsequenz zu entziehen. Die Überantwortung Rumäniens, Bulgariens, Ungarns, zum Teil auch Jugoslawiens im Teilungsabkommen vom Juni 1944 und schließlich, wenn auch widerstrebend, Polens an die sowjetischen Machthaber zeigt, wie sehr auch England neben den europäischen Schauplätzen an seine anderen räumlichen Machtsphären zu denken gezwungen war. England, insbesondere seinen Konservativen, mußte ein Einbruch der Russen etwa in den Bereich des östlichen Mittelmeers und Vorderasiens als beinahe noch gefährlicher erscheinen als eine Preisgabe Ost-Mitteleuropas. Immerhin hat Feldmarschall Montgomery den Gedanken verfochten, durch eine zweite Landung an der deutschen Nordseeküste den Marsch auf Berlin so weit zu forcieren, daß der Krieg – optimistisch gesehen – vielleicht schon im Herbst 1944 hätte beendet werden können. Auch im Anschluß an die Landung in der Normandie stand neben dem tatsächlich verwirklichten Vormarsch in breiter Front die englische Konzeption eines schnellen, spitzen Stoßkeils an den Rhein und ins Ruhrgebiet hinein, der vielleicht auch die Truppen der westlichen Alliierten eher nach Berlin gebracht hätte, als die der Roten Armee.

Für das westliche Oberkommando, für Eisenhower, war das ganze Problem zunächst überhaupt kein politisches, sondern ein rein strategisches. Wie die Amerikaner einer Balkanoperation mißtraut hatten, weil es ihnen fremd war, auf engem Raum in zerklüftetem Gelände zu kämpfen, so zogen sie auch in Frankreich dem Stoßkeil Montgomerys die breite Vormarschfront vor, die unweigerlich zu einer gründlichen, aber auch langsamen Eroberung Deutschlands führen mußte. Die Bedeutung Berlins als strategisches Ziel trat für sie weit zurück hinter Hitlers »Alpenfestung« in Süddeutschland, auf deren Bezwingung man große Kräfte ansetzte, ohne zu wissen, daß sie sich weitgehend als ein Phantom erwies. Hinzu trat die Befürchtung des Chefs des Generalstabs Omar Bradley, bei einem Sturm auf die Reichshauptstadt zu große Verluste – er rechnete mit rund 10 000 – veranschlagen zu müssen. So wurde die Eroberung Süddeutschlands mit Energie und Umsicht vorangetrieben, vor Prag jedoch der Vormarsch gestoppt und in Richtung Berlin verlangsamt.

Es erwies sich, ähnlich vielleicht wie auch bei der deutschen Führung, als verhängnisvoll, daß man glaubte, mit militärischen Erfolgen auch die politischen Probleme lösen zu können[104]. Über den strategischen Überlegungen im Frühjahr 1945 wurden höchst wichtige politische übersehen, wobei man nicht daran dachte, daß man einen Krieg politisch verlieren konnte, auch wenn er strategisch schon gewonnen war[105].

Die Konferenz von Potsdam

Deutschland lag besiegt am Boden, Hitler war tot. Der Krieg in Europa war damit beendet.

Als Stalin am 24. Mai 1945 die Befehlshaber der Roten Armee im Kreml empfing, brachte er einen Trinkspruch nicht auf die Bürger der Sowjetunion, sondern bezeichnenderweise auf das Wohl des russischen Volkes aus, »die hervorragendste Nation unter allen zur Sowjetunion gehörenden Völkern«. Das russische Volk vor allem habe auch in diesem Kriege klaren Verstand, standhaften Charakter und Geduld gezeigt und sich »als die führende Kraft« der Sowjetunion erwiesen[106]. Wenn er mit diesen Formulierungen die patriotischen Tendenzen, von denen der Widerstand während des Krieges getragen worden war, krönte, so durfte ein aufmerksamer Zuhörer jedoch nicht überhören, daß Stalin in derselben Rede auch der Partei als dem »Inspirator und Organisator des allgemeinen Volkskampfes« sein Lob zollte.

Die sowjetischen Verluste waren groß gewesen. Man konnte aber im Kreml Genugtuung darüber empfinden, daß der Kampf nicht vergeblich gewesen war. Er hatte nicht nur mit der Zurückwerfung des Feindes und der Befreiung des eigenen Territoriums, nicht nur mit einer Wahrung des Besitzstandes von 1939 oder auch 1940 geendet, sondern mit einer Erweiterung des sowjetischen Territoriums um rund 500000 Quadratkilometer mit einer Bevölkerung von über 20 Millionen.

Außer den baltischen Ländern, Ostpolen und Bessarabien gehörten jetzt auch die Nordbukowina, Ostkarelien und Viipuri, Petsamo und Porkkala, dazu der nördliche Teil von Ostpreußen zur Sowjetunion. Weit darüber hinaus erstreckte sich der sowjetische Einflußbereich in Fernost auch noch über die Mandschurei, in Europa über ganz Ost-Mitteleuropa von Finnland bis zum Ägäischen und Adriatischen Meer und in Mitteleuropa weit über Deutschland.

Eine Anerkennung dieses Besitzstandes seitens der Westmächte zu erreichen, war eines der Hauptziele der sowjetischen Politik auf der Potsdamer Konferenz. Neben der Beherrschung Mittel- und Osteuropas wurde mit der Forderung auf Revision des Montreuxabkommens und mit dem Wunsch auf Beteiligung an der treuhänderischen Verwaltung der italienischen Kolonien auch ein spezielles sowjetisches Interesse im Mittelmeer und in Nahost angemeldet.

Die Potsdamer Konferenz tagte vom 17. Juli bis zum 2. August. Stalin und Molotov versuchten immer wieder, den Geist von Teheran und Jalta zu beschwören, um die Zinsen aus den vielfachen Versprechungen und Zusicherungen Roosevelts einzukassieren. Der amerikanische Präsident war im April 1945 gestorben. Sein Nachfolger Harry Truman stand vor der großen Schwierigkeit, sich in seinen neuen Amtsbereich hineinzufinden, und vor der Zwangslage, sich keinen Prestigeverlust zu Beginn seiner Tätigkeit durch ein Scheitern der Konferenz leisten zu können. Mitten in der Konferenz wurde infolge des Wahlsieges der britischen Labour Party Churchill durch Attlee ersetzt. Auch die anglo-amerikanischen Außenminster Byrnes und Bevin waren neue Gesalten. So blieben die sowjetischen Staatsmänner schließlich als die einzigen Interpreten der Beschlüsse von Teheran und Jalta übrig[107]. Das sind Umstände, die die für die Sowjetunion außerordentlich günstigen Kompromisse von Potsdam verständlich machen.

In der Frage der deutschen Ostgrenzen stellte Stalin die Westmächte in Potsdam vor vollendete Tatsachen. Das gesamte Gebiet ostwärts der Oder und Neiße, einschließlich der ehemals Freien Stadt Danzig, befand sich bereits in polnischer Verwaltung. Die Sowjetregierung hatte es bewußt unterlassen, vor dieser großzügigen Übertragung an die kommunistische polnische Regierung sich mit den Alliierten ins Benehmen zu setzen. War in Teheran zunächst noch nicht vollständig klar gewesen[108], welche Neiße gemeint sei, die östliche oder westliche, so waren auch darin jetzt vollendete Tatsachen geschaffen: die polnische Verwaltung erstreckte sich bis zur westlichen Neiße[109]. Es gab lange Debatten wegen dieser schwierigen Frage in Potsdam. Nach Anhören der polnischen Vertreter[110] und nachdem Kompromißvorschläge der westlichen Alliierten zurückgewiesen worden waren, sahen sich die USA und England veranlaßt, sich mit der zeitweiligen Übertragung der Verwaltung dieser Gebiete an Polen einverstanden zu erklären. Erst später – ab 1946 – ist von Byrnes und Bevin der provisorische Charakter dieser Entscheidung betont worden. Die sowjetischen Ansprüche auf den nördlichen Teil Ostpreußens wurden dagegen widerspruchslos anerkannt. Aber auch hier handelte es sich zunächst nur um eine treuhänderische Übertragung bis zur endgültigen Entscheidung auf der Friedenskonferenz.

Von Bedeutung für die sowjetische Deutschlandpolitik ist, daß der Kreml nach Jalta eine deutliche Änderung seiner ursprünglichen Ansichten vollzogen hatte. Wie Stalin schon in seiner Ansprache vom 9. Mai des Jahres und Ende des Monats im Gespräch mit Hopkins erklärt hatte[111], beabsichtigte er nicht mehr, Deutschland »zu zerstückeln oder zu vernichten«. Je mehr sich Spannungen zwischen den Alliierten andeuteten, desto mehr erschien eine Neuorientierung der sowjetischen Politik Deutschland gegenüber notwendig. Nachdem die polnischen Wünsche befriedigt waren, konnte ein im übrigen nur in Besatzungszonen gegliedertes Deutschland den sowjetischen Reparationswünschen besser dienen als ein in mehrere Staaten aufgeteiltes Gebilde. Die Ausarbeitung eines Friedensvertrages mit Deutschland wurde dem neu gegründeten ständigen Rat der Außenminister übertragen, zu dem auch Frankreich nach einigem Widerstreben der Sowjets hinzugezogen wurde[112]. Es mußte sich zeigen, wieweit sich dieses Gremium im Sinne einer gemeinsamen Ordnung der Friedensfragen bewähren würde.

Der sowjetische Anteil am Kriege mit Japan

Daß sich die Sowjetunion und Japan während des Zweiten Weltkrieges nicht bekämpften, sondern an ihrer gegenseitigen Neutralität festhielten, lag im beiderseitigen Interesse.

Als die sibirischen Verstärkungen im Dezember 1941 vor Moskau eintrafen, um den deutschen Angriff zurückzuschlagen, hätte sich ein japanischer Überfall verhängnisvoll auswirken können. Aber die Japaner zogen es vor, zur selben Zeit statt nach Westen nach Osten vorzustoßen. Die Nachricht von Pearl Harbour löste in Moskau ein erleichtertes Aufatmen aus. So sehr man deutscherseits auf ein aktives Eingreifen der Japaner in Sibirien drängte, so wenig ließen diese sich von ihrem Programm ablenken. Der Krieg hätte einen anderen Verlauf genommen, wenn die Russen zur Zeit der Kämpfe um Stalingrad einen Zweifrontenkrieg zu bestehen gehabt hätten.

Welchem Zweck dienten die japanischen Vermittlungsversuche zwischen den Achsenmächten und der Sowjetunion, die 1942 und 1943 Ribbentrops Zorn erregten? Man rechnete damit, daß die Sowjetunion auch nach Einstellung der Kampfhandlungen in Europa Japan gegenüber neutral bleiben würde, daß Deutschland dagegen damit alle Hände frei erhielt, um sich ausschließlich der Bekämpfung der Westmächte, also vor allem der USA zu widmen.

1945 stellte es für Stalin kein Risiko mehr dar, in den Pazifischen Krieg einzutreten, wie er es Roosevelt schon wiederholt zugesagt hatte. Ähnlich wie 1939 in Polen, griff er in zwölfter Stunde ein, um sich einen Anteil an der Beute zu sichern.

Am 8. August 1945, zwei Tage, nachdem die erste amerikanische Atombombe auf Hiroshima niedergegangen war, erklärte die Sowjetregierung Japan den Krieg, weil es sich den sowjetischen Verbündeten gegenüber geweigert habe, bedingungslos zu kapitulieren.

Die Oberleitung der militärischen Operationen lag in der Hand von Marschall A. M. Vasilevskij. Der Kriegsplan sah zunächst die Eroberung der Mandschurei vor. Sie wurde von zwei Seiten angegriffen: von den Truppen der Transbaikalfront unter Malinovskij, die durch die Mongolische Volksrepublik in Richtung Mukden und Port Arthur vorstießen, und von den Truppen der I. Fernöstlichen Front unter Mereckov, aus dem Raume von Vladivostok. Die in dieser Weise eingeklammerten feindlichen Truppen wurden daraufhin von Truppen der II. Fernöstlichen Front, die von Chabarovsk aus vorgingen, in zwei Teile gespalten. Mittlerweile unterbanden Flotte und Luftwaffe die Verbindung mit Japan.

Am gleichen Tage, an dem die Russen in den Krieg eingegriffen hatten, ging die zweite amerikanische Atombombe auf Nagasaki nieder. Am 10. August erklärte sich die japanische Regierung bereit zu kapitulieren. Es ist überaus bezeichnend für die sowjetische Art der Geschichtsschreibung, daß dieses Anteils der amerikanischen Kriegführung ebensowenig in den Darstellungen über das Ende des japanischen Krieges[113] gedacht wird, wie der pazifischen Operationen, die dem Einsatz der Atombomben vorangingen, obwohl die Kapitulation sicherlich auch ohne das Eingreifen der sowjetischen Truppen in der Mandschurei zustande gekommen wäre.

Ebenso eigenartig ist es zu beobachten, wie Stalin die Beteiligung der Sowjetunion an der Niederwerfung Japans seinem

Volke bekanntgab. In seiner Proklamation stellte er diesen Krieg als die Revanche Rußlands für den japanischen Sieg über das Zarenreich im Jahre 1904/05 dar. »Die Niederlage der russischen Truppen im Jahre 1904«, hieß es da, »hinterließ im Herzen des russischen Volkes bittere Erinnerungen. Sie lag wie ein Schandfleck auf unserem Lande. Unser Volk hoffte und glaubte, daß einmal der Tag kommen werde, an dem Japan geschlagen und damit dieser Schandfleck ausgetilgt sein würde. 40 Jahre lang haben wir, die Männer der älteren Generation, auf diesen Tag gewartet. Nun ist er endlich gekommen«[114].

In Wirklichkeit war die Niederlage der Zarenregierung damals von allen radikalen Parteien, ja auch von den Liberalen, lebhaft als ein Schritt auf dem Wege zur Freiheit begrüßt worden. Lenin selbst hatte den Sieg der Japaner als ein Vorspiel zur Erhebung des europäischen Proletariats gefeiert[115]. Jetzt paßte sich die neue Deutung der Rückkehr zur nationalen Geschichtsbetrachtung und zur russischen Tradition an.

Die Südhälfte der Insel Sachalin und die Kurilen kamen zur Sowjetunion, die Mandschurei mit Port Arthur blieb vorerst von sowjetischen Truppen besetzt[116].

Von West nach Ost spannte sich der Bogen des sowjetischen Machtbereiches weit über die Kontinente. Das Jahr 1945 ließ die Sowjetunion aus dem Zweiten Weltkriege in einer äußeren Machtfülle hervorgehen, die sich himmelweit von dem Tiefpunkt des Jahres 1938 abhob und die kühnsten Erwartungen der Kreml-Machthaber übertraf. Hier war ein bolschewistisches Imperium erstanden, das nun aufs engste mit dem Namen Stalins verknüpft blieb. Einzig die Vereinigten Staaten von Nordamerika konnten sich mit diesem Weltreich messen. Würde die Nachkriegszeit beide Kolosse in friedlichem Nebeneinander in einer einzigen Welt vereinen?

IX

DIE SOWJETUNION NACH DEM KRIEGE

Die außenpolitische Lage nach 1945 und die wachsenden internationalen Spannungen

Die weltpolitische Ernte, die von der Sowjetunion nach dem Zweiten Weltkrieg in die Scheuern gebracht werden konnte, übertraf alle Erwartungen. Die territorialen Neuerwerbungen in West und Ost bedurften nur noch zum Teil der Bestätigung durch entsprechende Friedensverträge. Die Tatsache, daß sowjetische Truppen in Berlin und Wien standen, bis zur Elbe vorrückten, den Donau- und Balkanraum beherrschten, die Mandschurei besetzt hatten, stellte bereits eine Realität dar, die zudem noch von den gemeinsamen alliierten Abmachungen in Teheran, Jalta und Potsdam gestützt wurde. Auf dieser Grundlage ließ sich die internationale Position der Sowjetunion folgerichtig ausbauen.

Das gute Einvernehmen mit den Alliierten, vor allem mit den USA und dem britischen Weltreich, stellte zwar eine der wichtigsten Voraussetzungen für diese weltpolitische Machtstellung der Sowjetunion dar. Das bedeutete aber nicht, daß daneben nicht auch andere Faktoren ebenfalls mitbestimmend gewesen wären. Gewiß war das militärische und wirtschaftliche Machtpotential der Sowjetunion durch die enormen Anstrengungen des vierjährigen Krieges geschwächt, die Leistungsfähigkeit der Bevölkerung bis zum Zerreißen angespannt worden. Aber standen nicht dem bolschewistischen Regime im Vergleich mit anderen neben territorialstaatlichen, militärischen und wirtschaftlichen Potenzen noch weitere zur Verfügung, die zeitweise in den Hintergrund getreten waren, nun aber aufs neue nützliche Dienste leisten konnten? War ihm nicht in seiner marxistischen Ideologie, in seinem propagandistischen Apparat, ein Werkzeug gegeben, die ganze bürgerliche Welt aus den Angeln zu heben? Mußte nicht auch die Welt jenseits der eigentlichen sowjetischen Machtsphäre, in erster Linie Länder wie Frankreich und Italien, aber auch der Nahe Osten und die asiatische Welt, ein vielversprechendes Objekt der kommunistischen Agitation werden, bis diese sich dermaleinst auch an die eigentlichen Bastionen der kapitalistischen Hemisphäre heranwagen würde?

Die unmittelbare Nachkriegszeit mußte zur großen Probe aufs Exempel werden und zeigen, welche Belastungen die alliierte Zusammenarbeit an sich zu ertragen imstande war und wieweit die westlichen Vorstellungen, es jetzt nur mehr mit einem russischen Imperium in gewissen bolschewistischen Formen und mit begrenzten Expansionszielen zu tun zu haben, mit der Wirklichkeit übereinstimmten.

Im Frühjahr 1945, als sich der Krieg in Europa seinem Ende entgegenneigte, hatte das Hauptinteresse der sowjetischen Außenpolitik Deutschland und Polen gegolten. Im Schatten der damit zusammenhängenden Erörterungen war der Kreml an den Ausbau seiner Stellungen in Ost-Mitteleuropa von Finnland bis Griechenland gegangen. Dieses europäische Schwergewicht der sowjetischen Politik verlor bald seine Ausschließlichkeit, als Japan im Herbst 1945 kapitulierte. Genau so wie der andere Partner weltpolitischen Formats, die USA, neben dem europäischen Kriegsschauplatz nicht den pazifischen vernachlässigen durfte, stand die Politik des Kreml nunmehr ausdrücklicher als je zuvor vor dem Bedürfnis, ihre Aufmerksamkeit gleichzeitig auch dem asiatischen Felde zuzuwenden. Es erschien notwendig, auch hier einen Sicherheitsgürtel mit der notwendigen Tiefe auszubauen, über den hinaus sowjetischer Einfluß auch in die ost- und südostasiatische Welt hinausgetragen werden konnte.

Es fragte sich, ob die angelsächsischen Mächte geneigt sein würden, über die Auslieferung Ost-Mitteleuropas und die Einräumung einer Mitbeherrschung Mitteleuropas hinaus auch in diesem Raum weitere Machtaspirationen der Sowjetunion hinzunehmen.

Das gemeinsame Gremium zur Erörterung weltpolitischer Fragen, dem insbesondere die Vorbereitung einer Friedenskonferenz oblag, war der Außenministerrat der Alliierten Mächte. Er trat im September 1945 zu seiner ersten Sitzung in London zusammen. Schon hier zeigten sich die Folgen der soeben stattgefundenen Niederwerfung Japans im Sinne der erwähnten Ausweitung des sowjetischen Interessengebietes im globalen Rahmen. Molotov verlangte, obwohl es in der Tagesordnung nicht vorgesehen war, auch über die Frage der Besetzung Japans zu verhandeln. Die Westmächte lehnten es ab. Erst nachdem Harriman Ende Oktober in Moskau mit Stalin die mit dem

Fernen Osten zusammenhängenden Fragen besprochen hatte, erzielte die Moskauer Außenministerkonferenz im Dezember 1945 eine Kompromißlösung. Die Sowjetunion sollte der Fernostkommission und dem Alliierten Rat für Japan zwar angehören, aber eine unmittelbare Einflußnahme auf die japanischen Dinge, die der Kreml anstrebte, wurde nicht erreicht, da den genannten Gremien – im Gegensatz zum Außenministerrat und dem Alliierten Kontrollrat in Deutschland – nur beratende Funktionen zukamen.

Wohl aber wurde Nordkorea – bis zum 38. Breitengrad – als sowjetisches Besatzungsgebiet anerkannt und die Zurückziehung der sowjetischen Truppen aus der Mandschurei bis zum Februar 1946 hinausgeschoben. Gleichzeitig wurde noch einmal der Sowjetunion freie Hand in Rumänien und Bulgarien zugebilligt[1].

Wenige Tage nach der Moskauer Konferenz wurde die Aufmerksamkeit der Weltöffentlichkeit auf Persien gelenkt, ein altes Feld der russischen Politik. In Nordiran war, nicht unbeeinflußt durch die Anwesenheit der hier 1941 einmarschierten russischen Truppen, ein revolutionäres Regime errichtet worden, dessen Wirkungen bis in die kurdisch besiedelten Gebiete der östlichen Türkei und des nördlichen Irak ausstrahlten. Vor allem die türkisch-russischen Beziehungen erfuhren dadurch eine bedenkliche Verschärfung. Die Sowjetunion hatte im März des Jahres der Türkei den Freundschaftspakt von 1925 aufgekündigt und eine Revision der Konvention von Montreux im Sinne einer Beteiligung an einer Verteidigung der Meerengen angemeldet; sie hatte außerdem eine Grenzrevision gefordert, die auf die Rückgabe der 1918 abgetretenen Provinzen Kars, Ardahan und Artwin hinauslief. Jetzt kam der Kreml auf die Revision des Meerengenstatuts zurück. In einem ausgedehnten Notenwechsel, der sich bis Ende 1946 hinzog, vor allem in der Note vom 7. August, vertrat er den Standpunkt, daß die Verteidigung der Meerengen von der Sowjetunion und der Türkei gemeinsam organisiert werden müsse[2]. Die Verhandlungen verliefen im Sande, da diese Vorschläge sowohl der Türkei als auch den Westmächten unannehmbar waren. Die Sprache der sowjetischen Presse nahm während dieser Erörterungen eine sehr anmaßende Haltung an; gelegentlich wurden sogar territoriale Forderungen auf das ganze anatolische Armenien und die Schwarzmeerküste bis Trapezunt laut. Gleichzeitig wurden bulgarische Forderungen auf Westthrazien befürwortet; den griechischen kommunistischen Aufständischen ließ man insgeheim eine Unterstützung zukommen, die den Abmachungen mit den Alliierten widersprach.

Als im März 1946 der Termin heranrückte, zu dem, wie 1942 vereinbart, die russischen Truppen das persische Territorium räumen sollten, setzte sich die Sowjetregierung darüber hinweg. Der angelsächsischen Länder bemächtigte sich eine Erregung, wie sie europäische Ereignisse schon lange nicht mehr hervorgerufen hatten. Sie machte sich in den Reden des Senators Vandenberg vor dem amerikanischen Senat am 27. Februar und Churchills in Fulton am 5. März Luft. Der ehemalige englische Premier setzte sich für eine enge militärische Zusammenarbeit gegenüber den sowjetischen Expansionsbestrebungen ein. Stalin reagierte schnell und scharf in einem Presse-Interview vom 13. März, in dem er Churchill in massiver Weise als den »Hetzer des Dritten Weltkrieges« bezeichnete und mit Hitler verglich. Einige weitere Interviews stellten aber bereits Rückzugsgefechte dar. Die feste Haltung Großbritanniens, der USA und der übrigen Mächte im Sicherheitsrat der UNO veranlaßte ihn, in der iranischen Frage einzulenken. Anfang Mai verließen die letzten sowjetischen Truppen iranisches Territorium, nachdem in unmittelbaren persisch-sowjetischen Besprechungen am 4. April eine Einigung über die gemeinsame Nutzung von Ölquellen erzielt worden war[3]. Das Abkommen hatte allerdings nur bis zum Oktober 1947 Geltung; auch die nordiranische Autonomistenbewegung wurde bald wieder unterdrückt, ihre Führer flüchteten in die Sowjetunion. Weitere Gegenmaßnahmen erfolgten, abgesehen von diplomatischen Protesten, nicht.

Die europäische Machtstellung der Sowjetunion trat besonders deutlich in Berlin in Erscheinung. Hier stand der Eroberer Berlins, Marschall G. K. Žukov, an der Spitze der sowjetischen Militärverwaltung. Nachdem er im April 1946 durch General V. D. Sokolovskij abgelöst worden war, traten die Sowjetisierungstendenzen in der sowjetischen Besatzungszone Deutschlands immer mehr in den Vordergrund[4]. Sie wurden neben dem zivilen Berater der Militärverwaltung, dem Gesandten V. S. Semenov, vor allem durch Oberst Tjulpanov, den Leiter des Parteiapparats der Besatzungstruppen, repräsentiert. Im Frühjahr desselben Jahres wurden durch die Verschmelzung der KPD und der SPD zu einer Sozialistischen Einheitspartei Deutschlands (SED) in parteipolitischer Hinsicht vollendete Tatsachen geschaffen.

Eine Einigung in der Deutschlandfrage mit den Westmächten

konnte nicht erzielt werden. Mit den europäischen Verbündeten Deutschlands – Italien, Finnland, Ungarn, Bulgarien und Rumänien – waren alsbald Friedensverhandlungen eingeleitet worden, die schließlich zu einer Einigung und zum Abschluß der entsprechenden Verträge in Paris im Jahre 1947 führten[5]. Nur bei Österreich weigerte sich die Sowjetregierung vor einer Friedensregelung mit Deutschland an die Ausarbeitung eines entsprechenden Vertrages heranzugehen[6]. Wie Deutschland wurde auch Österreich in Zonen aufgeteilt, von denen eine die sowjetische war; über Wien wurde gemeinsam verfügt.

Am schwierigsten war aber die deutsche Frage. Der Kreml weigerte sich, dem Problem eines Friedensvertrages mit Deutschland näherzutreten, ehe zwei Hauptforderungen bewilligt waren: die Zahlung von 10 Milliarden Dollar Reparationen und die Teilnahme der Sowjetunion an einer Viermächtekontrolle der Ruhrindustrie. Hierzu wollten sich aber die Westmächte nicht verstehen; man erblickte in der Entnahme von Reparationen aus der laufenden Produktion einen Hemmschuh für die wirtschaftliche Gesundung Deutschlands, zu der man sich mittlerweile bekannt hatte. Im Juni 1946 machte Churchill in einer Unterhausrede, durch die das Wort vom eisernen Vorhang, bereits in einem Telegramm an Truman vom 12. Mai 1945 erstmals geprägt[7], der breiteren Öffentlichkeit bekannt wurde, kein Hehl aus seiner Bestürzung darüber, daß die Westgrenze des sowjetischen Einflusses bis zur Linie Lübeck–Triest vorgeschoben und Polen vollständig vom Kreml beherrscht sei; im Juli des Jahres erklärte Byrnes, daß die USA keine weitere Verantwortung für das Chaos übernehmen könnten, in das Deutschland durch die Aufteilung in vier Zonen geraten sei. Im Dezember 1946 wurden die britischen und amerikanischen Besatzungszonen zusammengelegt. Schon vorher hatte Byrnes in einer Rede in Stuttgart im September des Jahres den Aufbau einer Zentralverwaltung und die Bildung einer provisorischen deutschen Regierung verlangt. Sie wurde zum Ausgangspunkt für eine Entwicklung, die zur Errichtung der Bundesrepublik Deutschland und zur westeuropäischen Integration führen sollte.

Es wurde immer deutlicher, daß die Sowjetunion die polnische Westgrenze an der Oder und Neiße als endgültig betrachtete und hinter ihr eine beschleunigte Eingliederung Polens in den sowjetischen Machtbereich betrieb. Der Ausgang der polnischen Wahlen im Januar 1947 ließ alle Hoffnungen auf eine Wiederherstellung der Unabhängigkeit Polens begraben. Als der Außenministerrat im Frühjahr 1947 zum vierten Male in Moskau zusammentrat, empfingen die Westmächte den Eindruck, daß der Kreml darauf ausging, den Wiederaufbau Deutschlands und Westeuropas hinauszuzögern und auf der anderen Seite die Sowjetisierung Ost-Mitteleuropas beschleunigt voranzutreiben. Die Sowjetregierung wiederum zog aus dem Widerspruch gegen deutsche Reparationen den Schluß, daß dem Westen am Wiederaufbau der Sowjetunion gar nichts gelegen sei. Es war eine Auffassung, die an die Mißstimmung über die etwas überstürzte Einstellung der Leih- und Pachtlieferungen im Jahre 1945 und an die nicht erfüllten Hoffnungen auf größere amerikanische Kredite anknüpfte, mit denen fest gerechnet worden war. Symptomatisch war, daß zur selben Zeit, in der die Außenminister im März 1947 in Moskau tagten, eine Verordnung erlassen wurde, die allen Sowjetbürgern die Ehe mit Ausländern verbot (1953 wieder aufgehoben). Auch zwischen private Bindungen senkte sich damit der eiserne Vorhang ein Stück tiefer hinab.

Auf der anderen Seite schwand begreiflicherweise im Zuge der Sowjetisierung Osteuropas die anfängliche Bereitschaft, die Politik einer bedingungslosen Unterstützung der Sowjetunion fortzusetzen. Mit dem Amtsantritt von General Marshall als amerikanischer Staatssekretär, der im Januar 1947 Byrnes ablöste, versteifte sich die Haltung der Westmächte Moskau gegenüber. Das britisch-französische Bündnis von Dünkirchen (März 1947) und die Verkündung der Truman-Doktrin, die, veranlaßt durch die kritische Lage in Griechenland, dem weiteren Vordringen der Sowjets im Nahen und Mittleren Osten Einhalt gebieten sollte, schließlich der Marshallplan, der sich den Wiederaufbau Europas auf der einen und Japans auf der anderen Seite zum Ziel setzte, wurden zu wichtigen Etappen auf einem Wege, der aus der in Teheran und Jalta eingeschlagenen Politik herausführen sollte. Man könnte fast meinen, daß die Konferenz wegen des Marshallplanes, die im Sommer 1947 in Paris stattfand, zum eigentlichen Wendepunkt der west-östlichen Beziehungen geworden ist, der zum Kalten Kriege hinüberführte. Auch die Sowjetunion war geladen, und Molotov stellte sich zunächst mit mehr als 80 Experten in Paris ein. Nachdem er einige Tage seine Verzögerungstaktik angewandt hatte, wurde er plötzlich samt der Delegation nach Moskau zurückgerufen. In diesen Stunden muß Stalin, wohl von Ždanov beraten, den Entschluß gefaßt haben, die Kooperation mit dem Westen einzustellen.

Schon seit geraumer Zeit machte hinter dem Eisernen Vorhang die Gleichschaltung der Moskauer Satelliten weitere Fortschritte. Sie vollzog sich nach einem gewissen Schema, das vom Zeitpunkt des Einmarsches der roten Truppen, die als Befreier sowohl von der deutschen Herrschaft als auch von bürgerlichen Regierungsformen hingestellt wurden, sich in bestimmte Etappen aufgliedert[8]. Der militärischen Besetzung folgte, sofern sie nicht schon vollzogen war, eine politische Umwälzung durch Unterstützung örtlicher kommunistischer Gruppen, die gegebenenfalls durch neue Elemente aus der Sowjetunion aufgefüllt wurden. Im Zeichen einer »nationalen Front« gegen »Faschisten und Kollaborateure« wurde die bürgerliche Opposition ebenso ausgeschaltet wie die bürgerlichen Rechtsgrundlagen, um dann durch Verschmelzung von Kommunisten und Sozialisten zu einer Einheitspartei die letzten Widerstände, etwa der Kirchen oder des besitzenden Bauerntums, zu brechen. Ein zuverlässiger Garant dieser Entwicklung war stets die sowjetische Besatzungsarmee; wo kein regulärer Einmarsch russischer Truppen erfolgt war oder diese das Land wieder verließen, wie etwa in Jugoslawien, glitten die Zügel meist aus der Hand. Von großer Bedeutung waren alsdann stets die zahlreichen militärischen und zivilen Sachverständigen aus der Sowjetunion, die neben einer Beratung auch die wirtschaftliche Nutzbarmachung des betreffenden Landes wahrzunehmen hatten. Sehr bald erwies es sich als zweckmäßiger, statt schrankenlos zu demontieren, die Produktion möglichst bald in Gang zu bringen und für die Sowjets arbeiten zu lassen. Die sogenannten Sowjet-AG wurden überall zu Standardformen der sowjetischen Wirtschaftspolitik in den Satellitenländern, sämtlich überwacht und gelenkt durch eine Nebenstelle des Ministeriums für Außenhandel mit dem Sitz in Berlin. Es machten sich starke Bestrebungen bemerkbar, das ganze sowjetische Einflußgebiet zu einem riesigen Wirtschaftsorganismus zusammenzufassen. In diesem Sinne konnten etwa die oberschlesischen Kohlenlager mit dem sächsischen Industriegebiet auf der einen und den rumänischen Ölquellen auf der anderen Seite mit den ukrainischen Erzlagern in Verbindung gebracht und einheitlich gelenkt werden.

Die sowjetischen Sachverständigen für Militär und Polizei, Wirtschaftsplanung und Kollektivierung, sowie sowjetische Vertrauensleute in allen Ressorts der Innen- und Außenpolitik bildeten ein fast unzerreißbares Netz, das sich über das jeweilige Land legte. Neben die offizielle Diplomatie des Kreml trat eine

Geheimdiplomatie der Partei, die um vieles gefährlicher war, als die geheime Kabinettspolitik des 18. und 19. Jahrhunderts. Die Sowjetunion war bei ihren Expansionsmethoden keineswegs nur auf Armee und Diplomatie allein angewiesen: die Partei tritt in ihrer internationalen, aber doch in Moskau zentralisierten Struktur als dritter und entscheidender Faktor daneben.

Im einzelnen spielten sich diese Vorgänge nicht immer im Lichte der Öffentlichkeit ab. Nur die entscheidenden politischen Eingriffe ließen sich nicht vor der Welt verheimlichen und warfen gelegentlich grelles Licht auf das alltägliche Halbdunkel hinter dem Eisernen Vorhang. So bedeutete etwa der Sturz des Nagy-Kabinetts in Ungarn im Mai 1947 ein Alarmzeichen; im September liefen in Bulgarien und Rumänien Hochverratsprozesse gegen die Oppositionsführer – Petkov und Maniu – an, Ende des Jahres entzogen sich die polnischen und ungarischen Oppositionsführer Mikołajczyk und Pfeiffer durch Flucht ihrer bevorstehenden Verhaftung[9]. Als König Michael von Rumänien am 30. Dezember 1947 durch A. J. Vyšinskij als Sondergesandten des Kreml zur Abdankung gezwungen wurde, war auch hier der Weg zu einer sogenannten volksdemokratischen Republik frei. Den Schlußpunkt unter diese folgerichtige Entwicklung setzte ein kommunistischer Staatsstreich, der nach sorgfältiger Vorbereitung in der sowjetischen Botschaft unter V. A. Zorin unter dramatischen Umständen im Februar 1948 in Prag inszeniert wurde und Jan Masaryk, den Sohn des Gründers des Tschechoslowakischen Staates, der sich aus dem Fenster stürzte, das Leben kostete. Nun stand auch hier nichts mehr einer sowjetischen Gleichschaltung im Wege. Staatspräsident Beneš wurde zum Rücktritt gezwungen[10]. Durch ein System von Verträgen wurden die außenpolitischen und wirtschaftlichen Bindungen der ost-mitteleuropäischen Staaten an die Sowjetunion wesentlich verstärkt[11].

Dieser Prozeß der Sowjetisierung wurde freilich nicht widerstandslos hingenommen. In den Wäldern Polens und Litauens regten sich, ebenso wie in der westlichen Ukraine, noch Jahre lang Partisanengruppen, die dem Regime stark zu schaffen machten.

In der sowjetischen Zone Deutschlands stellte die Errichtung einer deutschen Wirtschaftskommission die Antwort auf die Konstituierung des Zweizonen-Wirtschaftsrates im Westen dar. Grundsätzliche Bedeutung kam dem 2. Parteitag der SED im September 1947 zu; er legte sich auf eine bedingungslose Unterstützung der sowjetischen Außenpolitik fest. Die sowjetischen Hoffnungen auf eine spontane Erhebung der deutschen Bevölkerung der westlichen Zonen zugunsten einer Vereinigung mit der sowjetischen Zone unter kommunistischen Vorzeichen waren etwa seit dem Frühjahr 1947 begraben. Um so eindeutiger und konsequenter sollte jetzt die Sowjetzone in das Moskauer System eingefügt werden.

In der sowjetischen Außenpolitik trat seit 1945 immer prägnanter der starke Einfluß und die energische Initiative des Leningrader Parteisekretärs Andrej Aleksandrovič Ždanov hervor. Die Bedeutung dieses fähigsten und ehrgeizigsten unter den jungen Mitarbeitern Stalins, den man häufig als seinen präsumptiven Nachfolger ansah, war während des Krieges in den Hintergrund getreten[12]. Jetzt begann er, wie in der Kulturpolitik so auch in außenpolitischen Fragen, erneut hervorzutreten. Als Vorsitzender der Alliierten Kontrollkommission in Finnland wußte er sich zunächst zu zügeln. Im allgemeinen konnte er aber als der Hauptverfechter der Doktrin von den zwei Welten gelten, die der amerikanischen »one-world«-Auffassung gegenübergehalten wurde. Sehr bald konnte man in ihm eine der treibenden Kräfte der sowjetischen Außenpolitik im aggressiven Sinne erkennen. Und wohl nicht zu Unrecht sieht man in ihm den eigentlichen Urheber des »Kalten Krieges« zwischen Ost und West, der an die Stelle der Zusammenarbeit mit den Westmächten treten sollte.

Ždanov hatte klar erkannt, daß seit Beginn des Jahres an Stelle der amerikanischen »Geduld-mit-Festigkeit«-Politik der Byrnes-Ära eine andere Auffassung getreten war. Es war die »Eindämmungspolitik« General Marshalls; die theoretische Grundlage gab ihr der Leiter der Planungsabteilung des Staatsdepartements, der hervorragende amerikanische Rußlandkenner George F. Kennan, in einem zunächst anonym erschienenen Aufsatz[13]. Ždanovs Antwort auf diese grundlegende Darlegung der amerikanischen Rußlandpolitik war ein Referat über die internationale Lage, das er auf einer kommunistischen Tagung in Schreiberhau im Riesengebirge Ende September 1947 hielt, auf der er und Malenkov die Sowjetunion vertraten. Ždanovs Referat ist zu einem Markstein in der Geschichte der kommunistischen Ideologie geworden; ein großer Teil der offiziellen Resolution der Konferenz deckte sich mit ihm. Die Welt, hieß es hier, sei endgültig in zwei Lager gespalten; da die USA begonnen hätten, die kapitalistischen Staaten für ihre aggressiven

Pläne zu organisieren, sei es die Pflicht der »demokratischen« Länder, sich zu einer Gegenaktion zu vereinen. Die 1943 zu Grabe getragene Komintern erfuhr bei dieser Gelegenheit eine eigenartige Auferstehung in Gestalt des neugegründeten kommunistischen Informationsbüros (Kominform), das einer erneuten Zusammenfassung des Weltkommunismus dienen sollte. Es sollte aus Vertretern der neun kommunistischen Parteien bestehen, seinen Sitz in Belgrad haben und ein Informationsblatt herausgeben.

Die beiden westlichen kommunistischen Parteien, die französische und italienische, wurden auf dieser Tagung einer scharfen Kritik unterzogen. Ihre Führer wurden ermahnt, die Arbeiterschaft auf den Kampf vorzubereiten und alles daran zu setzen, um den Marshallplan und die gesamte amerikanische Politik in Westeuropa zum Scheitern zu bringen.

Die Auswirkungen dieser neuen Richtlinien sollten sich bald zeigen. Eine Welle von politischen Streiks und sozialen Unruhen ging, beginnend im November des Jahres, über Frankreich und Italien[14]. Selbst in der Sowjetunion wurde der neue Appell für die Partei zum Anlaß, in dem Sektor wieder stärker das ideologische Moment herauszustellen, auf dem es während des Krieges am meisten zurückgetreten war: in der Roten Armee, die erst kürzlich – 1946 – in eine »Sowjetarmee« umbenannt worden war. Die neuen Bemühungen um eine intensive parteipolitische Schulung der Armee und eine Erneuerung der Disziplinarordnung[15] liefen Hand in Hand mit der alsbald einsetzenden erneuten Aufrüstung.

Die tiefstgreifenden Folgen sollte die neue Marschroute des Weltkommunismus jedoch in den Satellitenstaaten, insbesondere auf dem Balkan, hervorrufen. Hier brachten die nächsten Jahre einen verschärften Kampf, diesmal nicht gegen die bürgerliche, sondern gegen die innerparteiliche Opposition. Aus dieser Situation heraus erwuchs der Konflikt zwischen Stalin und Tito.

Die 5. Tagung des Außenministerrates in London im November und Dezember 1947 rollte erneut das Deutschlandproblem in seiner ganzen Breite auf, ohne daß in den Hauptfragen auch diesmal eine Einigung erzielt wurde. Besonders heftig wurden die Debatten über die sowjetischen Reparationsforderungen. Marshall lehnte den sowjetischen Anspruch erneut ab; die Konferenz mußte abgebrochen werden.

Das Scheitern der Londoner Konferenz bedeutete den Endpunkt einer Entwicklung, die vom Versuch einer Zusammenarbeit der Westmächte mit der Sowjetunion zu einer tiefgehenden Entfremdung führte. Während der Westen in der ersten Hälfte des Jahres 1948 den Wiederaufbau des westlichen Deutschland bis zum Zusammenschluß der drei Zonen und der Währungsreform vorantrieb, versammelte die Sowjetunion im Juni 1948 die Ostblockstaaten zu einer großen Außenministerkonferenz in Warschau, die den Zweck verfolgte, die Satelliten mit einer angeblich neuaufsteigenden deutschen Gefahr zu schrecken und sie zu noch engerem Zusammenschluß um Moskau zu treiben. Wohl stellte die Konferenz, wovon schon Ždanov im Vorjahre gesprochen hatte, die Bildung einer provisorischen demokratischen gesamtdeutschen Regierung, mit der ein Friedensvertrag gemäß den Potsdamer Bestimmungen abgeschlossen werden sollte, als Ziel auf. Nach dem Friedensschluß würden die Besatzungstruppen zurückgezogen werden. Aber mußte nicht allein die spezifische Interpretation des Wortes »demokratisch« auch hier geradezu zum Symbol der verschiedenen Sprachen werden, die in West und Ost gesprochen wurden? Auch wandte sich die Konferenz mit aller Schärfe gegen deutsche Revisionsbestrebungen; die Oder-Neiße-Grenze wurde als unerschütterliche »Friedensgrenze« apostrophiert.

Mittlerweile war es schon zum Bruch in der gemeinsamen Politik über die deutsche Frage gekommen. Am 20. März 1948 verließ Marschall V. D. Sokolovskij nach einer erregten Debatte die Sitzung des Alliierten Kontrollrates in Berlin, sie auf diese Weise sprengend.

Damit hörte die Viermächteregierung, der Deutschland seit dem Zusammenbruch unterstellt war, auf zu bestehen; die Spaltung Deutschlands, die schon seit einigen Monaten unvermeidlich schien, war nun Wirklichkeit geworden[16]. Die praktischen Auswirkungen dieser Tatsache zeigten sich in der Berliner Blockade.

Ab 31. März des Jahres war der Verkehr nach West-Berlin sowjetischerseits erschwert worden; die Maßnahmen erfuhren im April eine weitere Verschärfung, so daß sie schließlich den Charakter einer regelrechten Blockade annahmen. Der »Kalte Krieg« war in eine gefährliche Phase getreten. Man konnte jederzeit befürchten, daß ein unvorhergesehener oder gar provozierter Zwischenfall zu offenen militärischen Feindseligkeiten führen würde.

Gleichzeitig war auch die weltpolitische Lage durch den Konflikt zwischen der Sowjetunion und Jugoslawien auf der einen und durch die aggressive Politik des Kreml in Korea auf der anderen Seite in ein sehr ernstes Stadium getreten.

Die wirtschaftlichen Verhältnisse nach dem Kriege. Der Vierte Fünfjahresplan

Der Krieg hatte für die sowjetische Wirtschaft eine unerhörte Anspannung aller Kräfte bedeutet. Die Ausschließlichkeit, mit der die gesamte Produktion der Kriegführung dienstbar gemacht worden war, war selbst für sowjetische Verhältnisse erstaunlich.

Der gewohnte Rhythmus der Fünfjahrespläne wurde unterbrochen. Im Hinblick auf die für 1942, das Endjahr des Dritten Fünfjahresplanes (1938–1942), vorgesehene Produktion trat eine Verzögerung der Planerfüllung um 7 bis 8 Jahre ein[17]. Aber bereits seit der großen Wende von Stalingrad machten sich steigende Ziffern in der Produktion der nach Osten verlagerten Werke bemerkbar. Die Zerstörungen von Industrieanlagen in der Kampfzone und in den nachmals vom Feinde besetzten Gebieten wurden teilweise durch die Errichtung neuer Werke wieder ausgewogen. Die amerikanische Pacht- und Leihhilfe und technische Beratung sowie die Einführung neuer Verfahren und einer gründlichen Standardisierung kamen hierbei sehr zustatten. Bei der Evakuierung von Industrieanlagen nach dem Osten ist zudem noch zu bemerken, daß sie sich im Grunde in den schon seit einigen Jahren laufenden Prozeß der Ostwanderung der sowjetischen Wirtschaft einfügte, der jetzt eine von viel Improvisation begleitete Beschleunigung erfuhr. Nur zum Teil setzte daher seit etwa 1944 eine Rückwanderung nach Westen ein; sie erreicht nicht den Umfang der Gewichtsverlagerung nach dem Osten. Von rund 2500 im Kriege ostwärts verlagerten Betrieben sind 1360, also über die Hälfte, im Osten geblieben – wenn auch im Zuge des Wiederaufbaus der Westgebiete über 6000 Betriebe wiederhergestellt wurden[18]. Man darf sich aber angesichts dieser Tatsachen nicht über das ungeheure Elend täuschen, das der vierjährige Krieg über das Land und die Bevölkerung gebracht hatte. Weite Bezirke West- und Südrußlands waren durch Kampfhandlungen, Zerstörungen beim Abmarsch der Deutschen und durch Partisanen zu Wüsteneien gemacht worden. Unzählige Städte waren zerstört, der Wohnraummangel entsetzlich. Man konnte die Zahl der Obdachlosen auf 25 Millionen schätzen. Die Gesamtzahl der Menschenverluste mag bei 20 Millionen liegen. Viele davon waren verhungert oder durch Luftangriffe umgekommen, viele in Hitlers Lagern verschmachtet. Weitere Millionen waren durch Unterernährung oder Überanstrengung so geschwächt, daß sie auch nach dem Kriege vorzeitig dahinsiechten.

Mit eigenen Kräften konnte die Sowjetunion dieser Not kaum Herr werden. Die Hilfe der Verbündeten war auch über das Kriegsende hinaus von entscheidender Bedeutung. Mit ihrer eigenen Planung griff die Sowjetunion nach Ende des Krieges zunächst auf den Dritten Fünfjahresplan zurück. Mit Hilfe der UNRRA (United Nations Relief and Rehabilitation Administration) und englischer und schwedischer Kredite für den Ankauf von Rohstoffen – vor allem Gummi und Zinn – sowie Maschinen war eine Grundlage für den Wiederaufbau gegeben. Hinzu traten die Demontagen und Reparationen. Die Satellitenstaaten mußten Mineralien, Erdöl, optische und elektrische Geräte, Zucker und Fette in einem Ausmaß liefern, das einer rücksichtslosen Ausbeutung gleichkam. Mit der Verfügung über die deutsche Sowjetzone übernahm die Sowjetunion 36 % der deutschen Industriekapazität von 1936, 41 % von 1943. Die Reparationen waren so angelegt, daß manche besonders hochqualifizierte Fertigindustrieen bis zu 80–90 % ihrer Produktion an die Sowjetunion abliefern mußten. In Ungarn und Rumänien lagen die Dinge ähnlich. Die Demontage wurde oft unrationell und dilettantisch durchgeführt, so daß Werkanlagen häufig in wertlosem Zustand in die Sowjetunion gelangten. Trotzdem strömten unermeßliche Werte ins Land. Die Zeiss-Werke aus Jena wurden mit ihrem gesamten materiellen und personellen Bestand abtransportiert. Ein nicht zu unterschätzendes geistiges Potential stellten die zahlreichen deutschen Spezialarbeiter und Ingenieure, darunter auch Atomforscher, dar, die nach Rußland zwangsverpflichtet wurden.

Ein sehr wichtiger Faktor für den Wiederaufbau war auch das forcierte Arbeitstempo. Die 1937 nominell eingeführte Vierzigstundenwoche war schon am 26. Juni 1940 durch Regierungserlaß zur Achtundvierzigstundenwoche erweitert worden[19]. Jetzt behielt man diese Norm bei. Dem schnellen Produktionstempo entsprach eine auch weiterhin sehr strenge Arbeitsdisziplin.

Am 19. August 1945 ordneten die obersten Partei- und Regierungsstellen die Vorbereitung eines neuen Fünfjahresplanes an. Das Programm lag zum Frühjahr des nächsten Jahres fest und wurde Mitte März 1946 vom Obersten Sowjet genehmigt. Der

Vierte Fünfjahresplan (1946–1950) unterscheidet sich von den früheren durch seine mangelhafte Durcharbeitung, erklärlich aus den Schwierigkeiten der Nachkriegssituation[20].

Charakteristisch für den Vierten Fünfjahresplan war sein umfangreiches Wohnungsbauprogramm. Schon vor dem Krieg hatte die Übervölkerung der sowjetischen Städte Wohnverhältnisse entstehen lassen, wie sie in Westeuropa undenkbar waren. Einschränkung der Bautätigkeit und Zerstörungen während des Krieges ließen die Wohnverhältnisse jetzt vollends katastrophal werden. Allein in den Städten mußten im Zuge des Wiederaufbaus 60 Millionen Quadratmeter Wohnraum neu geschaffen werden. 1947 lebten in Moskau 5 Millionen Menschen in dem Wohnraum von 2 Millionen, davon 1 Million unangemeldet. Die Ergebnisse sahen so aus, daß bis 1950 das Plansoll in den Städten überschritten, auf dem Lande dagegen nur zu vier Fünfteln erfüllt wurde[21]. Zu berücksichtigen ist hierbei auch der natürliche Bevölkerungszuwachs, der in den Jahren 1940–1951 in den alten Grenzen der Sowjetunion 5 % betrug[22].

Neben den üblichen Ziffern für die Grundindustrien fallen im Programm des Vierten Fünfjahresplanes fünf Großbauprojekte auf, die der Verbesserung der Kraftstromversorgung, des Bewässerungssystems und des Verkehrsnetzes dienen sollten. Es waren die Groß-Kraftwerke bei Kujbyšev und Stalingrad an der Wolga, das Kraftwerk Kachovka am Dnjepr, der Turkmenische Kanal in Zentralasien und der Wolga-Don-Kanal. An die neuen Wasserkraftwerke wurde die Erwartung geknüpft, daß sie die Stromerzeugung der Sowjetunion um etwa 22,5 Milliarden Kilowattstunden pro Jahr, das heißt um über ein Fünftel der bisherigen Erzeugung, erhöhen sollten. Sie wurden mit pathetischer Emphase als die »Stalinbauten des Kommunismus« herausgestellt, deren Aufgabe es sei, »die Natur umzugestalten« und die Welt von den rein friedlichen Absichten des sowjetischen Wiederaufbaus zu überzeugen, während die USA und die anderen kapitalistischen Mächte »fieberhaft« für einen neuen Krieg rüsteten. Diese angeblichen Offensivabsichten des Westens mußten dazu herhalten, die Notwendigkeit der sowjetischen Rüstungen zu begründen. Das Gesetz über den Vierten Fünfjahresplan bezeichnete »die weitere Vergrößerung der Defensivstärke der UdSSR und die Ausrüstung ihrer Streitkräfte mit modernsten Waffen« als eines der Hauptziele des Planes.

Nach wie vor stand die Schwerindustrie im Vordergrund der sowjetischen Planungen. Die Berichte über das Ergebnis des

Vierten Fünfjahresplans vom Jahre 1950 lassen bei aller Fragwürdigkeit der sowjetischen Statistik doch erkennen, daß die Vorkriegsproduktion nicht nur wieder erreicht, sondern auch weitgehend überschritten wurde. Nach Überrundung der europäischen Industriestaaten nahm die Industrieproduktion der Sowjetunion schon Mitte der 50er Jahre den zweiten Platz in der Welt ein. Von besonderer Bedeutung ist, daß das Soll in der Eisenerzeugung übererfüllt wurde. 27,3 Millionen Tonnen Roheisen und 20,8 Millionen Tonnen Walzeisen kamen zum größten Teil dem Bau schwerer Maschinen und Fabrikanlagen, den Bedürfnissen der Eisenbahn und der Aufrüstung zugute. In einer Rede vom 9. Februar 1946 stellte Stalin – weit über den laufenden Plan hinausgreifend – der sowjetischen Wirtschaft das Ziel, bis 1960 jährlich 60 Millionen Tonnen Stahl, 500 Millionen Tonnen Kohle und 60 Millionen Tonnen Erdöl zu fördern. Das waren Zielsetzungen, noch vor Ausbruch des Kalten Krieges gehegt, die zunächst utopisch erscheinen mußten. In der Tat betrug aber – nach den Angaben Chruščevs auf dem XXII. Parteikongreß (1961) – die Stahlindustrie des Jahres 1960 65 Millionen Tonnen: gegenüber 73 Millionen in der EWG und 90 Millionen in den USA.

Wie erwartet, mußte die Produktion an Verbrauchsgütern, vor allem Textilien, Schuhen und Haushaltwaren, demgegenüber zurücktreten, obwohl Stalin am Vorabend des Erlasses des Fünfjahresplanes in seiner schon erwähnten großen Rede gerade die Notwendigkeit einer Erweiterung dieses Sektors besonders betont hatte. Berija begnügte sich in seinem Bericht vom 6. November 1951, in dem er von einer Steigerung der Verbrauchsgüterfertigung sprach, nach sowjetischer Gepflogenheit mit Verhältniszahlen.

Von besonderer Bedeutung für die Sicherstellung einer ausgeglichenen Wirtschaftsentwicklung mußte natürlich das Wiederanlaufen der landwirtschaftlichen Produktion sein. Hier lagen zunächst besonders große Schwierigkeiten vor. Nicht nur der Viehbestand war dezimiert, sondern auch bei der Zugkraft machte sich ein katastrophaler Mangel an Traktoren und Pferden bemerkbar. Noch im Frühjahr 1947 sah man hier und dort Bauersfrauen große Felder mit dem Spaten umgraben. Der Sommer vorher hatte eine Dürre gebracht, von der es im Januar 1947 hieß, sie sei die schlimmste seit 1891 gewesen, schlimmer selbst als die von 1921. Die Rationierung, deren Ende für 1946 in Aussicht gestellt worden war, mußte beibehalten werden. Sie sollte erst am 16. Dezember 1947, nach der Durchführung einer Währungsreform, aufgehoben werden. Im Winter 1946/47 kam es in Char'kov zu regelrechten Hungerrevolten mit blutigen Folgen, die von dem NKVD niedergeworfen werden mußten.

Der Mangel an Arbeits- und Zugkraft brachte es mit sich, daß die Ernte oft nicht rechtzeitig eingebracht werden konnte. Nun wurde die Produktion von Traktoren, Mähdreschern und anderen landwirtschaftlichen Maschinen stark vorangetrieben. Die Motorisierung der Landwirtschaft machte weitere Fortschritte; Berija sprach in seinem Bericht vom Jahre 1951 davon, daß auf den Kolchosen praktisch fast nur noch mit Motorpflügen gearbeitet und die Ernte zu 60 % mit Mähdreschern eingebracht würde[23].

Zum Ende des Vierten Fünfjahresplanes stellte es sich heraus, daß das vorgesehene Produktionssoll der Landwirtschaft nicht erfüllt worden war. Verschiedene Pläne zur Steigerung der landwirtschaftlichen Erträge tauchten auf. Hierzu gehörten Programme zur Erweiterung der künstlich bewässerten Anbauflächen, zur Anlage von Schutzwaldgürteln[24], zur Bodenkonservierung und -verbesserung. 1948 wurde ein Fünfzehnjahresplan für Steppenaufforstung aufgenommen. Auch die Agrarpolitik suchte zum Teil neue Wege. Hierzu gehörte auch das Programm zur Gründung von Großkolchosen und Agrarstädten.

Das Kolchossystem hatte während des Krieges gewisse Lockerungen erfahren. In den Gebieten, die von der deutschen Besetzung verschont blieben, lag die Hauptlast vielfach auf den Schultern der Frauen. Um die Produktion zu steigern, hatte man oft ein Auge zugedrückt, wenn es galt, die Privatinitiative anzuspornen. Ein gewisser Prozeß der Reprivatisierung hatte in Gestalt eigenmächtiger Vergrößerung des privaten Gemüselandes Platz gegriffen. Jetzt wurden die Zügel wieder etwas angezogen. Eine besondere Verordnung zum Schutz des Kolchossystems sollte ihm wieder festere Gestalt geben. Im September 1946 trat das Mitglied des Politbüros A. A. Andreev an die Spitze eines neugebildeten Rates für Kolchosangelegenheiten beim Ministerrat der UdSSR. Zunächst wurde unter den Kolchosleitern gründlich aufgeräumt, die Privilegien der Kriegszeit abgeschafft. Aber es fiel auf, daß hierbei mit großer Milde verfahren wurde: Kolchosleiter wurden bei der Aufdeckung von Mißständen abgesetzt, ohne daß ihnen etwas geschehen wäre. Zugleich setzte sich Andreev für den stärkeren Ausbau des Systems der individuellen Arbeitsgruppen ein, mit dem man schon seit 1940 gute Erfahrungen im Sinne einer Leistungssteigerung gemacht hatte. Es kam mit der Zeit zu einer gewissen Verselbständigung dieser Gruppen im Rahmen des gesamten Kolchosbetriebes, die bei den sogenannten »isolierten Gruppen« besonders auffiel. Die Gruppenbildung, die besonders stark familienmäßige Bindungen berücksichtigte, wurde in den Jahren 1947–49 in jeder Weise gefördert.

Überhaupt konnte in diesen Jahren auffallen, daß den örtlichen Partei- und Sowjetstellen etwas mehr Bewegungsfreiheit eingeräumt und die Zentralisation nicht mehr so rigoros gehandhabt wurde wie zuvor. Bezeichnend ist, daß diese »liberalere« Phase der Innenpolitik in eine Zeitspanne fiel, in der die Todesstrafe in der Sowjetunion abgeschafft war: vom Mai 1947 bis zum Januar 1950. Zieht man noch in Betracht, daß am 26. August 1948 ein Gesetz jedem Sowjetbürger gestattete, ein Wohnhaus als persönliches Eigentum zu bauen, zu erwerben oder auch zu vererben – ein Recht, das allerdings nur der wohlhabenden Schicht der Apparatschiki zugute kam –, so sind das Dinge, die einen eigenartig kontrastreichen Hintergrund für die wachsende Isolation sowohl auf dem Gebiet der Außenpolitik, als auch der Kulturpolitik gerade dieser Jahre abgeben.

Als im Herbst 1949 Verzögerungen in der Getreideablieferung eintraten, führte man sie in Kreisen, die Andreevs Kolchospolitik ablehnten, auf eine Mißstimmung der Bauern zurück, die sich hauptsächlich in den »isolierten Gruppen« bemerkbar machte. Diese Opposition gruppierte sich vor allem um Nikita Sergeevič Chruščev, den Vorsitzenden des Ministerrates der Ukraine. Als er Ende des Jahres als Sekretär des Zentralkomitees der Partei und Parteisekretär des Gebietskomitees nach Moskau versetzt wurde, ging er zum Angriff auf Andreev vor. Chruščev schwebte ein anderes Ziel der Agrarpolitik vor. Er trat für die Zusammenlegung von 3 bis 5 Kolchosen zu Großkolchosen ein, innerhalb welcher das Schwergewicht des Arbeitsprozesses nicht bei den kleinen Gruppen lag, sondern bei größeren Brigaden von 100 bis 150 Arbeitern. Bei Čerkasy in der Ukraine war schon Ende 1949 der erste Großkolchos gegründet worden. Nun kam es zu weiteren Gründungen, bei denen es nicht immer reibungslos abging. Ende 1950 waren bereits 250000 Kolchosen zu 125000 Großkolchosen zusammengelegt worden. Darüber hinaus plante Chruščev die Errichtung besonderer »Agrostädte«, in denen die Kolchosbauern in großen Massenwohnungen angesiedelt werden sollten, wo sie zugleich auch propagandistisch besser erfaßt werden konnten. Es ging um nicht mehr und nicht weniger als um die Beseitigung des bisherigen Typus des Bauern, den man durch einen im vollmechanisierten Betrieb beschäftigten landwirtschaftlichen Facharbeiter ersetzt wissen wollte[25].

Anfang 1951 begannen sich Widerstände gegen die rücksichtslose neue Agrarrevolution zu regen. Es stellte sich heraus, daß selbst im Politbüro, wo Chruščev mit Malenkov und Berija eine starke Gruppe bildete, die aus einem gewissen Gegensatz zu Ždanov entstanden war, schwerwiegende Meinungsverschiedenheiten bestanden. Am schärfsten wurde an Chruščevs Plan kritisiert, daß das private Gartenland des Kolchosbauern verkleinert und dazu noch an die Peripherie der neuen Großkolchose verlegt werden sollte, um es hier kollektiv zu bearbeiten.

Stalin mag zuerst einem Aufeinanderprallen der Meinungen ruhig zugeschaut haben. Dann griff er vermittelnd ein. Andreev blieb auf seinem Posten. Das Tempo in der Zusammenlegung der Kolchose wurde gemäßigt, die Gründung von Agrostädten aufgeschoben.

Die sowjetische Kulturpolitik und Ideologie

Noch während des Krieges erregte ein heftiger Angriff der führenden Parteizeitschrift »Bol'ševik« gegen den 1943 erschienenen dritten Band der »Geschichte der Philosophie«, herausgegeben von einigen führenden Ideologen, wie M. Mitin und P. Judin, Aufsehen. Den Verfassern wurde zum Vorwurf gemacht, daß sie die klassische deutsche Philosophie als den Höhepunkt philosophischen Denkens der vormarxistischen Zeit hingestellt hätten, ohne die Bedeutung russischer Philosophen des 19. Jahrhunderts gebührend zu würdigen. In der Folge wurde die angeführte Kritik zum Gegenstand einer eifrigen ideologischen Schulung[26].

Der Primat des Russischen, der als Forderung aus dieser Kritik sprach, war symptomatisch für die Tendenzen, die während des Krieges als notwendig für die Kampfmoral erachtet worden waren. Jetzt, nach Kriegsende, wurden sie beibehalten, weil angesichts der engen Berührung mit der westlichen Welt, in die Hunderttausende von Rotarmisten, Ostarbeitern, Kriegsgefangenen und Vlasov-Soldaten – nicht unähnlich der Situation nach den Befreiungskriegen gegen Napoleon – geraten waren, eine Sicherung nicht nur der ideologischen Grundlagen, sondern auch des nationalen Selbstbewußtseins vordringlich erschien. Stalins Trinkspruch an das russische Volk am 24. Mai 1945 gab nach dem Kriegsende im Westen die Richtung an. Auf derselben Linie lagen die kulturpolitischen Eingriffe in das sowjetische Geistesleben, die sich wie eine lückenlose Kette durch die nachfolgenden Jahre hindurchziehen. Für die erste Spanne – bis 1948 – stehen sie im Zeichen A. A. Ždanovs; sehr bald bürgerte sich für diese Erscheinung die Bezeichnung »Ždanovščina« (Ždanov-Wirtschaft; vgl. Bironovščina, Ežovščina u. ähnl.) ein.

A. A. Ždanov wurde 1896 in Mariupol am Asovschen Meer geboren. Als Neunzehnjähriger trat er der bolschewistischen Partei bei, als Fähnrich erlebte er das Ende des Ersten Weltkrieges. Während des Bürgerkrieges erwarb sich Ždanov Verdienste um die Gewinnung des Uralgebiets, einer der Hochburgen der Sozialrevolutionäre, für die Bolschewisten, 1924–1934 leitete er die Partei in Nižnij-Novgorod. Für seine weitere Laufbahn war entscheidend, daß er Stalins Kampf gegen Zinov'ev, Tomskij und andere energisch unterstützte. Seit dem XVII. Parteikongreß von 1934 rückte er in den Vordergrund der Parteihierarchie. 1939 wurde er Mitglied des Politbüros. Als Parteisekretär von Leningrad (von 1934 bis zu seinem Tode) ist sein Name unlöslich mit der Verteidigung der Stadt im Zweiten Weltkrieg verbunden.

Ždanov, selbst einer der gebildetsten Leute im Führerkorps der KPdSU, hatte schon in den Jahren 1934–1938 die sowjetische Kulturpolitik entscheidend beeinflußt. Er hatte seinen maßgebenden Anteil an der kulturellen Revolution des Sowjetpatriotismus gehabt; als Großrusse mußte ihm die neuerliche Hervorhebung der russisch-nationalen Töne besonders am Herzen liegen. In diesem Geiste war das sowjetische Bildungswesen schon vor dem Kriege reorganisiert und ausgestaltet worden. Historiker und Schriftsteller hatten von ihm Richtlinien erhalten, und wenn Stalin die sowjetischen Schriftsteller »Ingenieure der Seele« genannt hatte, so konnte man Ždanov schon die Stellung eines Chefingenieurs zusprechen[27].

Die Schaffung einer einheitlichen Zentralverwaltung für Propaganda und Agitation im Jahre 1938 war ebenso das Werk Ždanovs, wie die Initiative zur Aufhebung der bisherigen Beschränkungen für die Aufnahme von Angehörigen der Intelligenz in die Partei (1939), die Aufhebung der Schulgeldfreiheit in den oberen Klassen der höheren Schulen (1940) und die Wiedereinführung der Reifeprüfung (1944).

Seit dem August 1946 erhielten Ždanovs Eingriffe in das sowjetische Geistesleben eine besonders aggressive Note. Schon zu Beginn des Jahres hatte eine Rede Stalins vom 9. Februar zu verstehen gegeben, daß ein größerer Linienwechsel zu erwarten sei. Noch war kein halbes Jahr seit dem Ende der Kämpfe in West und Ost vergangen, und schon erklärte der Generalissimus, das sowjetische Volk müsse sich auf neue Kriege vorbereiten, die so lange unvermeidbar seien, als noch ein kapitalistisches System existiere. Im Zusammenhang damit gab er seiner Überzeugung Ausdruck, daß die sowjetischen Wissenschaftler ihre Kollegen im Ausland im Laufe der kommenden Auseinandersetzungen einholen und überflügeln würden[28]. Die Rede wurde zum Signal für den Beginn einer neuen und strafferen staatlichen Lenkung des kulturellen Lebens. So trat zum Beispiel das Institut für Geschichte an der Akademie der Wissenschaften mit einem Fünfjahresplan großer Gemeinschaftsarbeiten vor die Öffentlichkeit.

Auf dieser Grundlage basierten Ždanovs Eingriffe in das Kulturleben der Sowjetunion in den Jahren 1946–48. In seiner berühmt gewordenen Rede vor dem Zentralkomitee im September 1946[29] ging er scharf mit der kulturellen Front ins Gericht. Unmißverständlich rief er zum Kampf gegen jede Beeinflussung durch das Ausland auf. Es sei an der Zeit, mit der »Kriecherei« vor der bourgeoisen Kultur des Westens, die ohnehin von Dekadenzerscheinungen zersetzt sei, Schluß zu machen. Auch auf kulturellem Gebiet müsse die Überlegenheit des sozialistischen Systems zum Ausdruck kommen. Die sowjetischen Schriftsteller hätten die Pflicht, eine echte sozialistische Literatur zu schaffen. Zwei Leningrader Zeitschriften erfuhren in diesem Zusammenhang eine scharfe Maßregelung. Ein gutinformierter amerikanischer Berichterstatter in Moskau[30] hat dieses Auftreten Ždanovs nicht zu Unrecht geradezu als eine »ideologische Kriegserklärung« an den Westen und als Beginn des Kalten Krieges zwischen West und Ost bezeichnet. In einer Rede vor den Leningrader Schriftstellern am 21. September des Jahres verlangte Ždanov, die sowjetische Kultur müsse zur Offensive übergehen und die Welt eine neue humanitäre Moral lehren; es könne nicht mehr ihre Aufgabe sein, sich an die bourgeoise Kultur anzulehnen und die Rolle eines Schülers zu spielen.

Nun setzten Strafgerichte und Maßregelungen auf allen Gebieten der Wissenschaft, Kunst und Literatur ein. Noch 1946 wurde dem Juristischen Institut der Akademie der Wissenschaften kosmopolitische Einstellung, Lässigkeit gegenüber Fragen des Sowjetrechts und objektivistische Tendenzen vorgeworfen. Die Dichterin A. Achmatova und der bekannte Satiriker M. Zoščenko wurden beschuldigt, ein falsches Bild vom Sowjetschen Leben gezeichnet zu haben. Eine Diskussion im Sommer 1947 über das Buch von A. F. Aleksandrov »Geschichte der westeuropäischen Philosophie« griff auf die vor drei Jahren vorgebrachten Vorwürfe im »Bol'ševik« zurück, in sehr scharfen Ausdrücken trat Ždanov für eine »kämpferische bolschewistische Parteilichkeit« auch in der Philosophie ein und ließ die Befürchtung erkennen, daß die Ergebnisse der modernen naturwissenschaftlichen Forschung von den sowjetischen Philosophen als Widerlegung des Materialismus aufgefaßt werden könnten[31]. Eine zweite Diskussion drehte sich um das Werk des führenden Wirtschaftswissenschaftlers Eugen S. Varga über »Die aus dem Zweiten Weltkrieg hervorgegangenen Veränderungen in der kapitalistischen Wirtschaft«[32]. Hier wurde dem Verfasser übelgenommen, daß er Zweifel an der Unvermeidbarkeit einer sofortigen Krise in den USA geäußert hatte. Zwei Jahre später ist Varga allerdings rehabilitiert worden: in der »Pravda« erschien ein längerer Artikel aus seiner Feder. Mittlerweile war Stalin selbst zur Einsicht gelangt, daß die Hoffnungen auf baldigen Zusammenbruch der amerikanischen Wirtschaft eitel waren.

1948 nahm Ždanov die Aufführung einer neuen sowjetischen Oper (von V. Muradeli) zum Anlaß, um die »formalistische Richtung« in der sowjetischen Musik als »volksfeindlich und zersetzend« zu tadeln. Auf einer gemeinsamen Tagung des Zentralkomitees mit Vertretern des sowjetischen Musiklebens warf er sowohl den Komponisten – darunter auch einem Manne vom Range Šostakovič's – als auch den bildenden Künstlern vor, daß sie zu einem »vaterlandslosen Kosmopolitismus« neigten, statt dem »sozialistischen Realismus« zu huldigen.

In der Geschichtswissenschaft war zunächst gegen Kriegsende eine etwas geräuschvolle Rückwendung zur leninistischen Linie erfolgt, die auch nach außen dadurch dokumentiert wurde, daß an die Stelle der »Historischen Zeitschrift« (Istoričeskij Žurnal) ein neues Fachorgan, »Probleme der Geschichte« (Voprosy Istorii) trat, dessen erste Nummer erneut den Klassenkampf als wichtigsten Gesichtspunkt für die Analyse historischer Ereignisse zu berücksichtigen forderte. Es wäre verfehlt, hierin einen Widerspruch zu der Verherrlichung des russischen Volkes von höchster Stelle zu erblicken, die im Frühjahr 1945 Aufsehen erregt hatte.

Und so wurde denn im Zuge der Ždanovščina in ähnlicher Weise wie bei den Schriftstellern und Musikern alsbald auch dem Historiker N. Rubinštejn vorgeworfen, in einer schon 1941 herausgegebenen »Geschichte der russischen Historiographie« die Verdienste russischer Geschichtsschreiber nicht genügend gewürdigt zu haben.

Rubinštejn revozierte im Februar 1948, nachdem sein Buch von einer Fachkonferenz im Ministerium für höheres Bildungswesen verurteilt worden war, sein eigenes Werk und gab zu, das Opfer formaler und objektivistischer Gesichtspunkte geworden zu sein. Trotz dieses Reuebekenntnisses wurde er Anfang 1949 in der historischen Fachzeitschrift »Voprosy Istorii« erneut scharf angegriffen[33]. Im Anschluß daran wurde auch einer Reihe weiterer sowjetischer Historiker vorgeworfen, daß sie auswärtigen Einflüssen zu große Bedeutung für die russische Geschichte zumeßten und die Heroisierung russischer Persönlichkeiten versäumten. Es konnte auffallen, daß unter den Getadelten ausnehmend viele jüdischer Herkunft waren.

Den Höhepunkt der »Ždanovščina« stellte die mit dem Namen Lysenko verbundene Diskussion über biologische Fragen im Sommer 1948 dar, die zu einer offiziellen Stellungnahme der Akademie der Wissenschaften führte. Trofim Denisovič Lysenko, Bauernsohn und Autodidakt, war seit etwa 1929 zum führenden sowjetischen Biologen aufgestiegen. In Fortführung von Versuchen des Botanikers J. V. Mičurin, den Evolutionsprozeß bei Kulturpflanzen zu beeinflussen und ihre erbliche Veränderlichkeit in bestimmter Weise zu lenken, entwickelte Lysenko ein neues Verfahren zur Abkürzung der Reifezeit von Kulturpflanzen durch Temperatureinwirkungen zu Beginn der Samenkeimung. Es gewann große Bedeutung für die Akklimatisierung von Getreidekulturen im hohen Norden und den Anbau von Kartoffeln im Süden. Von hier aus kam er zu der theoretischen Ansicht, daß es möglich sei, das Erbgut an Pflanzen durch zielstrebige Einwirkung zu verändern, etwa zum Beispiel Weizen in Roggen zu verwandeln und ähnliches mehr.

Schon 1940 waren Kritiker dieser Ansichten gemaßregelt, zum Teil verhaftet worden. Jetzt legte Lysenko seine Ideen einem Kongreß vor und griff in der Diskussion in überaus scharfer Weise die biologischen Theorien des Westens an. Ždanov unterstützte Lysenko und machte seinen Kritikern zum Vorwurf, daß sie in bedenklicher Weise vom Boden der materialistischen Weltauffassung abwichen[34].

1949 und 1950 wurden auch die Psychologen und Physiologen auf die materialistisch-naturwissenschaftlichen Grundlagen ihrer Wissenschaften im Anschluß an die Lehren des bekannten sowjetischen Physiologen und Nobelpreisträgers I. P. Pavlov (1849–1936) hingewiesen, der zum Beispiel alle seelischen Funktionen als rein mechanische Vorgänge aufgefaßt hatte. Ein allzu selbständiger Schüler von ihm, L. A. Orbeli, wurde 1950 in einer gemeinsamen Tagung der Akademie der Wissenschaften und der Medizinischen Akademie beschuldigt, bei der Erforschung des sympathischen Nervensystems in unzulässiger Weise in metaphysische Bereiche vorgestoßen zu sein und damit die Lehren von Pavlov korrumpiert zu haben. Orbeli wurde seines Amtes entsetzt, widerrief aber nicht[35].

Damit wurde deutlich, daß die sowjetische Wissenschaft in Forschung und Lehre dem »sozialistischen Aufbau« dienstbar zu sein und Auftrag und Richtlinien seitens des Staates und seiner Partei zu empfangen habe. Der dialektische Materialismus (Diamat) war und ist für den sowjetischen Wissenschaftler sowohl Rahmen als auch Inhalt und Instrument. Zu keiner Zeit stand jedoch die parteiamtliche Reglementierung der sowjetischen Wissenschaft in einem derartig krassen Gegensatz zu den heuristischen Grundsätzen wissenschaftlichen Erkenntnisstrebens wie in der Ära Ždanovs. Jede zweck- und dogmenfreie Wissenschaft wurde unerbittlich mit dem Verdikt des »Formalismus« oder des »Objektivismus« belegt.

Verhängnisvoll war auch die immer dichtere Abkapselung des sowjetischen Geisteslebens vom Ausland. Der Mangel eines geistigen Kontakts mit der universalen kulturellen Entwicklung jenseits der Grenzen ließ sowohl Anregungen wegfallen, als auch Maßstäbe verlorengehen. Die nationalistische Verherrlichung russischer Kulturleistungen und die chauvinistische Überheblichkeit gegenüber der abendländischen Kultur kam zum Beispiel in den zahllosen Prioritätsnachweisen technischer Erfindungen oder naturwissenschaftlicher Gesetze, angefangen vom Gesetz der Erhaltung der Materie über die Dampfmaschine bis zum Rundfunk und Penicillin, zum Ausdruck. In einseitiger Hervorhebung des sicherlich oft unbestreitbaren russischen Anteils an manchen Erfindungen, die meist nicht unvermittelt erzielt wurden, wurden die weiteren Entwicklungsphasen übersehen, auch wenn sie vielleicht das entscheidende Stadium der Verwirklichung der betreffenden Idee darstellen. Auf dem Gebiete der Geschichtsforschung stellte sich hierzu ein Gegenstück dar in dem Bemühen, in einer sehr eingehenden Diskussion um das Problem der Periodisierung der Geschichte auch für den Beginn der verschiedenen großen historischen Epochen für Rußland einen Prioritätsanspruch vor dem Westen zu postulieren.

Wie sehr diese Herausstellung des russischen Elements nicht in einem Gegensatz zu den weltrevolutionären Zielsetzungen des Stalinismus gesehen werden darf, sondern sich diesen dialektisch einordnet, zeigen deutlich die Stalinbriefe vom Sommer 1950 zu Fragen der Sprachwissenschaft.

Es war eine Sensation, als die »Pravda« im Mai 1950 ihre Spalten einer breiten öffentlichen Diskussion öffnete, die sich gegen die bisher allgemeingültige Sprachtheorie von Professor N. J. Marr (gest. 1934) richtete. Marr war bislang unumstrittene Autorität auf dem Felde der marxistischen Linguistik gewesen. Dem marxistischen Schema entsprechend hatte er die Sprache, ähnlich der Philosophie und Kunst, dem Überbau der menschlichen Gesellschaft zugerechnet. Damit wurde sie als eine Funktion der jeweiligen ökonomischen und gesellschaftlichen Verhältnisse, als etwas Sekundäres, abhängig von der materiellen Basis, hingestellt. Wichtiger als die inneren linguistischen Beziehungen von Sprachen untereinander war demnach die jeweilige Entwicklungsstufe der betreffenden Völker. Und so konnte man denn auch eine neue übernationale »Sprache des Sozialismus« vorausahnen, die sich nach dem Siege des Kommunismus durchsetzen würde.

Diese Theorie paßte keineswegs mehr in die neue ideologische und politische Situation der Sowjetunion und ihrer Umwelt hinein. Die öffentliche Diskussion wurde am 9. Mai durch einen Fachmann, Professor A. S. Čikobava, eröffnet. Am 20. Juni, 4. Juli und 2. August nahm Stalin im Zuge dieser Debatten selbst das Wort[36]. Die Grundgedanken seiner »Linguistikbriefe« sind: a) Die Sprache gehört weder zum Überbau noch zur Basis, sie ist etwas Selbständiges; b) die Sprache ist nicht eine Angelegenheit einzelner Klassen, sondern des ganzen Volkes; c) die Sprache ist nicht zeitlich begrenzt, sondern ewig und überdauert viele historische Perioden; d) beim Zusammentreffen mehrerer Sprachen vermengen sie sich nicht zu einer neuen, sondern eine siegt über die anderen und setzt sich durch. Die russische Sprache ist stets als Siegerin hervorgegangen.

Diese Thesen Stalins haben eine ungeheure Bedeutung gewonnen. Die verschiedensten Zweige der Wissenschaften müssen sich seit 1950 mit ihnen auseinandersetzen. Über Marr und seine Schüler ist ein Verdikt ausgesprochen worden, das sich nur mit dem gegen Pokrovskij aus den dreißiger Jahren vergleichen läßt. Weit darüber hinaus kommt den Formulierungen Stalins eine politische Rolle in der Fortentwicklung der kommunistischen Ideologie zu. Die neue Auffassung vom Wesen der Sprache als solcher und von der Bedeutung der russischen Sprache liegt zunächst auf einer Linie mit der Entfaltung des Sowjetpatriotismus und seinem Brückenschlag zur nationalrussischen Vergangenheit. Wenn das russische Volk – nach Stalins Worten – die tragende Kraft im sowjetischen Staat darstellt, so muß unweigerlich auch der russischen Sprache eine sehr bedeutsame Funktion zufallen. Als die Sprache des »älteren Bruders« unter den Sowjetvölkern und den ihnen verbundenen Volksdemokratien stellt sie das einigende Band der neuen imperialen Staatsbildung dar, wird sie zur »Reichssprache« mit all den politischen Funktionen, die seinerzeit auch etwa der persischen und lateinischen in den Reichen des Darius und der römischen Cäsaren zukam[37]. Aber auch im Hinblick auf die soziale Schichtung soll eine derart herausgestellte National- und Reichssprache das Bindemittel darstellen, das alle Sowjetbürger unbeschadet der zentrifugalen Tendenzen der neuen Klassendifferenzierung in der Sowjetunion zusammenhält.

Und schließlich noch ein drittes, ideologisches Element. Es fällt auf, daß Stalin – anders als in der bisherigen Theorie – dem Überbau nicht eine nur sekundäre Bedeutung zumißt, sondern in ihm eine gewaltige aktive Kraft sieht. Zum Überbau gehört auch der Staat. Weit entfernt von der ursprünglichen Auffassung vom absterbenden Staat nach dem Sieg des Sozialismus wird er jetzt als die »führende und richtunggebende Kraft« in der planmäßigen Entwicklung des gesellschaftlichen Lebens hingestellt. Damit tritt die Sowjetunion als Staatswesen mit ihrer Sowjetarmee als der derzeitigen Avantgarde des Weltkommunismus an die Stelle des internationalen Proletariats, des ursprünglichen Trägers der revolutionären Entwicklung. Der These von der Weltrevolution tritt die Vormachtstellung der Sowjetunion als Antithese gegenüber; die Synthese kann dann nur noch lauten: der Weltkommunismus kann nur durch die Vormachtstellung der Sowjetunion erreicht werden.

In diesem Zusammenhang ist auch die neue Auffassung Stalins von der »Revolution von oben« begreiflich, die ebenfalls überraschte. Plötzliche Umwälzungen sind nur für eine in feindliche Klassen aufgespaltene Gesellschaft unvermeidbar; für die sowjetische Gesellschaftsform bedarf es ihrer nicht, hier ist die Revolution von oben, die von einer starken Staatsgewalt ausgeht, angebracht.

In dieser Weise griffen die Stalinbriefe bis an die Wurzeln der marxistischen Ideologie und unterzogen sie einer weiteren Wandlung auf dem Wege über den Leninismus zu einem Nationalkommunismus, der allerdings auch weiterhin Träger der Weltrevolution bleiben sollte.

Der Kalte Krieg mit dem Westen. Berliner Blockade und Bruch mit Tito.

Mit dem Sommer 1948 nahm der Kalte Krieg zwischen West und Ost überaus ernste Formen an.

Die Berliner Blockade schnitt seit dem 4. August zweieinhalb Millionen Menschen von der Außenwelt und damit von allen Versorgungsquellen ab. Bei Vorstellungen der westlichen Vertreter im Kreml zeigte sich Stalin leutselig und verständnisbereit, stets scheiterten aber die weiteren Gespräche an der halsstarrigen Unnachgiebigkeit Molotovs, der hierzu zweifellos autorisiert war. Man hielt in Moskau eine ausreichende Versorgung Berlins über die Luftbrücke den ganzen Winter hindurch für unmöglich und glaubte, daß die moralische Widerstandskraft der Bevölkerung rasch zerrüttet und die Westmächte gezwungen sein würden, die Stadt aufzugeben[38].

Als diese den Fall Berlin dem Sicherheitsrat der UNO vorlegten, trat Stalin selbst aus seiner Reserve heraus. Er sprach von der Aggressivität der Westmächte und nannte Churchill erneut den Hauptbrandstifter eines neuen Krieges.

Schon seit einigen Monaten hatte eine neue Aufrüstung der Sowjetunion eingesetzt. Bis dahin war die Rote Armee zwar nicht sehr stark, aber doch teilweise demobilisiert worden[39]. Im März 1947 hatte General N. A. Bulganin Stalin im Amt eines Verteidigungsministers abgelöst; Oberbefehlshaber des Heeres war schon seit November 1946 Marschall I. S. Konev. Jetzt begann die Rüstungskurve im Staatsbudget anzusteigen. Die Ausgaben für die Streitkräfte, die in den Jahren 1940–1944 von 66,7 Milliarden Rubel auf 137,9 Milliarden Rubel gestiegen und bis 1948 im Zuge der Demobilisierung wieder auf 66,1 Milliarden gesunken waren, stiegen jetzt erneut an: von 79 Milliarden Rubel (1949) auf 96,4 Milliarden (1951[40]) und 113,3 Milliarden

(1952, = 24,6 % der Staatsausgaben). Wenn sowjetischerseits die militärischen Besprechungen in Washington im Sommer 1948, die zum Ausgangspunkt für den Atlantikpakt werden sollten, als Anlaß zu dieser Entwicklung hingestellt wurden, so ist darauf hinzuweisen, daß jene durch den Anfang der Berliner Blockade mitbestimmt worden sind.

Gleichzeitig mit der Aufrüstung der Sowjetunion setzte auch in der deutschen Ostzone ein beschleunigter Aufbau einer Volkspolizei ein, die vom Kreml gelenkt und zur Volksarmee ausgeweitet wurde. In der Sowjetunion griffen die durch die Aufrüstung bestimmten innerpolitischen Maßnahmen von der Reorganisation der Armee ausgehend auch auf eine weitgehende Straffung der Wehrverbände, des Komsomol, der Sportverbände und Gewerkschaften sowie eine Verwaltungsreform der Partei über. Auch die neue Industrie- und Agrarpolitik stand stark im Zeichen der militärpolitischen Erwägungen dieser Jahre.

In ganz Europa, insbesondere aber in Deutschland, war die Nervosität im Spätsommer auf den Höhepunkt gelangt; man glaubte mit weiteren aggressiven Maßnahmen der Sowjetunion rechnen zu müssen. Verfolgte die Sowjetregierung damals tatsächlich aggressive Pläne? Zum mindesten muß mit dem Vorhandensein derartiger Strömungen innerhalb der sowjetischen Führung gerechnet werden. Ihr Sprachrohr war neben Ždanov der ihm befreundete N. A. Voznesenskij, jüngstes Mitglied des Politbüros und Chef des Planungsamtes. Sein mit dem Stalinpreis ausgezeichnetes Buch: »Die Kriegswirtschaft der UdSSR in der Periode des Vaterländischen Krieges« (1948) verfocht im Gegensatz zu den Auffassungen von Professor E. Varga die These, daß der kommunistische Block dem kapitalistischen in jeder Weise überlegen sei und eine Auseinandersetzung nicht zu scheuen brauche. Man hat gemeint[41], daß dieses Buch dazu bestimmt war, das Programm Ždanovs zu untermauern und den Kreml für den Gedanken eines Krieges gegen den Westen zu erwärmen[42].

Die Lage darf jedoch nicht allein von der Deutschlandfrage aus betrachtet werden. Hinzu trat der offene Ausbruch des Konflikts mit Jugoslawien. Bei der Gründung der Kominform war Belgrad zum ständigen Sitz des Büros ausersehen worden. Tito galt als der bedeutendste Kommunistenführer der Balkanländer, Jugoslawien als Musterstaat unter allen Satelliten. Insofern und auch in geographischer Hinsicht in bezug auf die Kommunisten Westeuropas kam Belgrad eine Art Schlüsselstellung zu, die diese Wahl verständlich macht. Seit dem April 1945 bestand ein auf 20 Jahre abgeschlossener Freundschafts- und Bündnisvertrag zwischen der Sowjetunion und Jugoslawien. Eine sowjetische Militärmission und eine Wirtschaftsmission hatten sich dorthin begeben, um Armee und Wirtschaft in die Gesamtplanung des Kreml einzuordnen. Sehr bald stellten sich Mißstimmigkeiten heraus. Tito erkannte, daß Stalin Jugoslawien die Rolle eines zweitrangigen Agrarstaates zugedacht hatte, und daß die Tendenz bestand, die Abhängigkeit von der Sowjetunion auf allen Gebieten zu verstärken. Auf diesen Voraussetzungen beruhte Titos Plan einer Balkanföderation, den er im Sommer 1947 mit dem bulgarischen Kommunistenführer G. Dimitrov in Bled erörterte. Der Plan hat eine längere Vorgeschichte; bereits 1944 war zwischen den Kommunistenführern Jugoslawiens und Bulgariens in dieser Hinsicht Fühlung genommen worden. Jetzt gab ein gemeinsames Kommuniqué die Absicht bekannt, die gegenseitigen Grenzen baldmöglichst aufzuheben und eine Zollunion zu schaffen. In einer Rede in Bukarest im Januar 1948 deutete Dimitrov an, daß zu der kommenden Föderation außerdem auch Rumänien, Albanien, Ungarn, ja sogar Polen, die Tschechoslowakei und Griechenland gehören sollten. Das war mehr, als man in Moskau vertragen konnte! Eine große südosteuropäische Föderation unter Tito konnte zu einem gefährlichen Konkurrenten der Sowjetunion werden. Dimitrov wurde veranlaßt, sich in der Presse öffentlich von Tito zu distanzieren.

Auf diesem Hintergrund gewinnt die Wahl Belgrads als Sitz des Kominformbüros noch eine andere Note. Es mag sein, daß der als Redakteur des Kominformblattes eingesetzte Professor P. F. Judin[43] darüber hinaus noch weitere Aufgaben hatte, die seine Eigenschaft als Hüter der marxistischen Ideologie nun auch auf dem Felde der praktischen Politik des Kreml erproben sollte. Vielleicht wurde er gerade aus diesen Gründen an den Infektionsherd entsandt, den es aufzudecken galt[44]. Neben den Föderationsplänen erregte Titos Innenpolitik Mißtrauen. Die Rücksichtslosigkeit, mit der Tito die Zwangskollektivierung in Jugoslawien forcierte, deutete an, daß er allen bolschewistischen Vorwürfen der Lässigkeit in ideologischer Hinsicht zuvorkommen wollte. Im Kreml war man sich aber über den Sinn dieser Taktik im klaren; Titos Linkskurs zeigte seine Wachsamkeit an und konnte als Kampfansage gewertet werden. Während das Kominformbüro versuchte, die jugoslawischen Kommunisten durch eine stalinistische Fraktion innerhalb der Partei zu ersetzen, nahm das Moskauer Politbüro Fühlung mit den anderen kommunistischen Parteien auf, um Tito zu isolieren[45].

Im März 1948 kam es zum Bruch. Gleich nach der Rückkehr des stellvertretenden jugoslawischen Ministerpräsidenten Kardelj von seiner Reise nach Moskau, die ergebnislos verlief, weil er sich nicht einem Diktat Stalins beugen wollte, berief die Sowjetregierung ihre gesamte Militärmission aus Jugolawien ab mit der Begründung, sie sei »von einer Atmosphäre der Feindseligkeit umgeben«. Anschließend verließen auch alle Zivilmissionen das Land. Am 29. Juni des Jahres – in einer Zeit, in der die Berliner Krise ihrem Höhepunkt zusteuerte – veröffentlichte das Kominformorgan seinen ersten Angriff gegen Tito. Jugoslawien wurde aus der sowjetischen Völkerfamilie ausgestoßen, der Sitz der Kominform nach Bukarest verlegt. Was das Kominformorgan unter Judin vom Januar bis zum Juni des Jahres in seinen theoretischen Diskussionen vorbereitet hatte, das wurde jetzt in die Praxis umgesetzt. Es galt, in einer großen Kampagne die Programme und den Bestand aller osteuropäischen kommunistischen Parteien einer eingehenden Überprüfung zu unterziehen.

Schon im Juli wurden die polnische und bulgarische Partei aufgefordert, ihre Doktrin zu revidieren. In Polen gestand der Generalsekretär Gomułka seine Verirrungen und wurde abgesetzt und verhaftet. In Bulgarien wurden Dimitrov und Kostov gegeneinander ausgespielt. Nachdem Dimitrov diesen im Januar 1949 angeklagt hatte, begab er sich auf Krankenurlaub nach Moskau, um nicht mehr zurückzukehren. Kostov wurde im März nationalistischer Abweichungen für schuldig befunden, abgesetzt und im Juni 1949 verhaftet. In Albanien endete der Kommunistenführer Kotschi Dsodse im selben Monat am Galgen, ein Schicksal, das im Herbst des Jahres auch den ungarischen Parteisekretär Rajk ereilte[46].

So sehr man sich aber auch bemühte, Titos Opposition durch eine derartige straffe Koordinierung aller anderen kommunistischen Parteien der Satellitenstaaten zu ersticken, blieben diese Bestrebungen doch vergeblich. Tito wehrte sich zunächst im Notenkrieg mit dem Politbüro der Sowjetunion schriftlich; dann begegnete er dem sowjetischen Druck durch innerpolitische Maßnahmen, und als die diplomatischen Beziehungen zwischen beiden Ländern abgebrochen wurden, begann er, nicht ohne Erfolg, Anlehnung an den Westen zu suchen. Dem Stalinismus war im Titoismus ein auch ideologisch gefährlicher Rivale erwachsen, dessen Beispiel jederzeit Schule machen konnte, auch wenn theoretisch keine schwerwiegenden Gegensätze der Regierungsprinzipien vorlagen. Hatte doch Stalin selbst den Weg eines in gewissem Sinne nationalkommunistischen autoritären Staates vorgezeichnet. Nun, da er alle Machtmittel einsetzen konnte, war er imstande, eine ähnliche Entwicklung in einem anderen Lande nach seinem Gutdünken zu unterbinden.

Zeitweilig schien eine militärische Strafexpedition gegen Tito im Bereich des Möglichen zu liegen. Zur selben Zeit, in der die Aufmerksamkeit der Weltöffentlichkeit sich auf Berlin konzentrierte, konnten einige Anzeichen dafür sprechen. Aber im Grunde hätte sich Stalin bei einer solchen Aktion nicht auf die balkanischen Nachbarstaaten verlassen können, und ein direkter militärischer Einsatz von sowjetischen Truppen hätte sowohl vor großen strategischen Schwierigkeiten, als auch vor der Gefahr einer Ausweitung des Krieges gestanden.

In Wirklichkeit verlagerte sich das Schwergewicht der sowjetischen Machtbestrebungen Ende 1948 unter dem Eindruck der Schwierigkeiten auf dem Balkan in gewissem Sinne von Europa nach Asien. Man hat den plötzlichen Tod A. A. Ždanovs am 31. August 1948 damit in Zusammenhang gebracht und gemeint, daß der Herzschlag, der den erst 52jährigen Mann hinwegraffte, eine Folge von heftigen Auseinandersetzungen im Politbüro wegen der Berliner und der jugoslawischen Frage gewesen sei. Ždanov habe eine militärische Aktion, wenn nicht gegen Berlin, das heißt gegen die Westmächte, so doch gegen Tito befürwortet, was von der Mehrheit des Politbüros einschließlich Stalins abgelehnt wurde. Gerüchte, die von einer gewaltsamen Beseitigung Ždanovs wissen wollen, sind bis jetzt nicht bewiesen[47]. Tatsache ist, daß Spannungen zwischen Ždanov und Voznesenskij auf der einen Seite und der Gruppe Malenkov-Berija-Chruščev auf der anderen bestanden, ebenso daß V. S. Abakumov, der Minister für Staatssicherheit (1946 bis 1952), den Leningrader Bezirk im März 1949 von allen Anhängern Ždanovs säuberte[48], und daß Voznesenskijs Ansichten durch den Beschluß des Zentralkomitees vom 13. Juli 1949 verurteilt wurden. Vosnesenskij ist von da ab von der Bildfläche verschwunden.

Alles das wirft ein bezeichnendes Licht auf die Machtkämpfe, die sich im spannungsreichen Jahr 1948 hinter den Mauern des Kreml abgespielt haben. Schon der Jahreswechsel brachte die Entspannung der internationalen Lage, zum mindesten auf dem europäischen Sektor. Eine gewisse Verständigungsbereitschaft der Sowjetregierung den Westmächten gegenüber machte sich bemerkbar. In einem Interview mit Kingsbury-Smith vom amerikanischen International News Service vom 27. Januar 1949 erklärte sich Stalin bereit, gemeinsam mit den USA eine Friedensdeklaration zu erörtern und auf polnischem oder tschechischem Territorium mit Präsident Truman zusammenzutreffen. Als aber der neue amerikanische Außenminister Dean Acheson die Lösung der Berliner Frage als Voraussetzung eines solchen Treffens hinstellte, blieben konkrete Schritte des Kreml in dieser Richtung aus. Statt dessen wurde durch Beistandspakte zwischen Rumänien und Polen sowie der Tschechoslowakei und Ungarn, letztere im Jahre 1949, das osteuropäische Paktsystem vollendet und durch Gründung des Rates für Gegenseitige Wirtschaftshilfe (RGW) auch nach dieser Seite hin unterbaut.

Anfang März 1949 wurde die Weltöffentlichkeit überrascht durch den unerwarteten Rücktritt des langjährigen sowjetischen Außenministers Molotov. Wie seine Kollegen Berija schon früher und jetzt Mikojan und Bulganin wurde auch er von seinem Amte entbunden, ohne damit, wie man unbegründeterweise im Westen anzunehmen geneigt war, an Einfluß und Wertschätzung zu verlieren. Wenn ihn A. J. Vyšinskij, einer der stellvertretenden Außenminister, ablöste, so hatte das den Vorzug, daß die Sowjetunion einen Vertreter zu den Sitzungen des Sicherheitsrates der UNO und anderer Gremien entsenden konnte, dem eine beißende Schärfe der Sprache und eine verschlagene Gewandtheit der Verhandlungstaktik zu Gebote stand und der auch temperamentsmäßig den steigenden Anforderungen der weltpolitischen Lage besser gewachsen war.

Es ist behauptet worden, daß sich mit diesem Revirement in grundsätzlicher Hinsicht nichts geändert und auch die zeitweilige Verlagerung des Schwergewichts nach Fernost nicht mehr Bedeutung gehabt hätte, als wenn ein Posten sich zunächst mehr auf sein rechtes Bein und anschließend auf sein linkes stütze. Immerhin dürfte ein Wechsel der taktischen Methoden nicht zu übersehen sein: er liegt darin, daß nun gegenüber einer Vernichtungsstrategie der hinhaltenden Zermürbung der Vorzug gegeben wurde.

Die Achse Moskau–Peking und die sowjetische Deutschlandpolitik 1950–1952.

Zunächst wurde es deutlich, daß die sowjetische Aktivität in Fernost sich im Laufe des Jahres 1949 verstärkte. Nordkorea war bereits Ende 1948 von sowjetischen Truppen geräumt worden. Nun wurde im März 1949 mit der kommunistischen »Koreanischen volksdemokratischen Republik« ein Abkommen über wirtschaftliche und kulturelle Zusammenarbeit geschlossen. Ein neuer Satellitenstaat war in den Sattel gesetzt worden, dessen aggressive Tendenzen dem nichtkommunistischen Südkorea gegenüber alsbald in Moskau Rückendeckung fanden. Zur selben Zeit setzten die chinesischen Kommunisten ihren im Oktober 1948 begonnenen Vormarsch siegreich fort. Im April 1949 wurde der Yangtse überschritten und Nanking erobert. Ende des Jahres war, abgesehen von Formosa und Tibet, ganz China dem Einfluß Mao Tse-tungs unterworfen. Die im Oktober 1949 errichtete Chinesische Volksrepublik wurde sogleich von der Sowjetunion anerkannt und durch ein vielfältiges Vertragswerk mit Moskau verbunden.

Im Dezember 1949 schon begab sich Mao Tse-tung nach Moskau. Als einziger der großen Kommunistenführer der Welt war er noch nie zuvor in Moskau gewesen. Nicht immer hatte Einhelligkeit zwischen ihm und der Komintern beziehungsweise dem Politbüro bestanden, und noch 1945 hatte man in Moskau nicht geglaubt, daß es ihm gelingen würde, Tschiang Kai-schek zu überrunden. Er hatte es ohne wesentliche Hilfe der Sowjetunion getan[49]. Jetzt mehrten sich allerdings die russischen Berater in Rotchina. Würde es der Sowjetunion gelingen, auch dieses Land als einen Satelliten in ihr Schlepptau zu nehmen? Es war der erste Staat, in dem der Kommunismus zur Macht gelangt war, der eine größere Bevölkerung zählte als die Sowjetunion, die Vormacht der proletarischen Welt. Schon dieser Umstand legte es Stalin nahe, den besonderen Verhältnissen Chinas Rechnung zu tragen.

Am 14. Februar 1950 wurde in Moskau ein Freundschafts-, Bündnis- und Beistandspakt zwischen beiden Ländern auf 30 Jahre abgeschlossen. Die Sowjetunion verzichtete auf ihre Sondervorrechte auf die Südmandschurische Eisenbahn, auf Dairen und Port Arthur vom Zeitpunkt des Abschlusses eines Friedensvertrages mit Japan, spätestens ab 1952; Stalin suchte den Chinesen klarzumachen, daß er diese Vorrechte 1945 nur deshalb verlangt hätte, weil er Tschiang Kai-schek mißtraute. In Wirklichkeit blieb damit die Mandschurei als Ganzes zunächst noch ein von Rußland abhängiges Gebiet, dessen Ausbeutung und noch engere Verknüpfung mit den russischen Fernostprovinzen auch weiterhin angestrebt wurde. Erst in einem zweiten Abkommen vom 25. September 1952, das eine weitere Festigung der Achse Moskau–Peking bedeutete, wurde die Rückgabe der Mandschurischen Bahn an China auf den 31. Dezember des Jahres festgesetzt; in Port Arthur dagegen sollten auf chinesische Bitte die sowjetischen Truppen noch verbleiben[50]. Über diesen entlegenen Stützpunkt hinaus blieben auch Sinkiang und die Innere Mongolei, altes chinesisches Reichsgebiet, Bestandteile der sowjetischen Interessensphäre.

Die Bedeutung des rotchinesischen Sieges wurde von Malenkov in einer großen programmatischen Rede schon am 6. November 1949 stark herausgestellt. Er nahm auf Lenins Worte vom Jahre 1923 Bezug, daß der Ausgang des Weltkampfes zwischen Kapitalismus und Kommunismus letzten Endes davon abhänge, daß dieser sich in Rußland, Indien und China, die zusammen die gigantische Mehrheit der Menschheit ausmachten, durchsetzt. Mit dem Sieg der Kommunisten in China zählten die Länder der Volksdemokratien in Europa und Asien zusammen mit der Sowjetunion etwa 800 Millionen Menschen[51].

Es war kein Zufall, wenn Lenin damals und Malenkov jetzt auch Indien erwähnten. Die Umwandlung Indiens und Pakistans aus dem Status der britischen Kolonialabhängigkeit zu souveränen Republiken im Rahmen des Commonwealth wurde von der Moskauer Politik mit großer Aufmerksamkeit verfolgt und von manchen Hoffnungen begleitet, die zunächst allerdings nur auf propagandistischem Felde zutage traten. Dahinter lag aber – über China hinaus – die Förderung der Unruhen in Französisch-Indochina und ein aufmerksamer Blick für die indonesische Welt; noch stärker wurde das sowjetische Interesse durch die Vorgänge im Nahen Osten angeregt. In Persien wurden alle Anzeichen kommender anglo-iranischer Konflikte aufmerksam registriert; dasselbe galt für Ägypten. Bei den arabisch-israelischen Auseinandersetzungen war die alte sowjetische Antipathie gegen den Zionismus unverkennbar. Um so überraschender kam 1948 die sehr schnelle Anerkennung Israels, aber sie erwies sich nur als eine kurze Geste, die bald einer wachsenden Feindseligkeit wich und in den sowjetischen Antisemitismus der letzten Monate der Ära Stalins einmündete. Um so eifriger war die bolschewistische Propaganda bemüht, im arabischen Lager Ansatzpunkte zu finden. In Syrien und Libanon entstanden beachtliche kommunistische Parteien, die in der Sowjetgesandtschaft in Beirut, die zur Propagandazentrale des ganzen mittleren Ostens ausgebaut wurde, ihren Rückhalt hatten. Ähnliche

Stützpunkte für eine kommunistische Agitation unter der einheimischen Bevölkerung Afrikas wurden in Addis Abbeba und Johannesburg errichtet. Auch an der Westküste sowie in Kenya wurden Autonomiebewegungen geschickt vor den kommunistischen Wagen gespannt[52].

Die sowjetische Propaganda wußte jedoch außer dem agitatorischen der Partei auch noch andere Kanäle zu benutzen, um sich auszubreiten. Die griechisch-orthodoxe Kirche stand schon zu zaristischer Zeit dem Staat bei seinen zentralistischen Zielen im Innern sowie bei der Beeinflussung von religiösen Dissidenten jenseits der Grenzen zur Verfügung. Seit dem Friedensschluß zwischen der Sowjetregierung und dem russischen Patriarchat im Zweiten Weltkrieg wurde die Intensivierung kirchlicher Beziehungen zwischen Moskau und den orthodoxen Religionsgemeinschaften und kirchlichen Würdenträgern im Nahen Osten ebenfalls geschickt bolschewistischen Zielsetzungen dienstbar gemacht. Wie die Moskauer Kirchenversammlung von 1948 sich in die allgemeine Kampagne gegen den Westen einordnete, so trugen die Reisen russischer Bischöfe nach dem Nahen Osten auch zur Erhöhung des Ansehens der Sowjetunion bei Christen und Nichtchristen bei. Es gelang allerdings im Jahre 1948 nicht, die Wahl des Metropoliten Athenagoras, eines scharfen Gegners des Bolschewismus, zum Patriarchen von Konstantinopel zu verhindern[53].

Neben der griechisch-orthodoxen Kirche der Sowjetunion stellt aber auch die islamische Religionsgemeinschaft einen wichtigen Faktor für den Kreml dar. Die 20 Millionen Mohammedaner in der Sowjetunion erhielten, ebenso wie die griechisch-orthodoxe Kirche, die Erlaubnis, sich religiös zu sammeln und sich im Großmufti von Ufa ein Oberhaupt zu wählen; die islamisch-uzbekische Universität in Buchara begann mit der arabischen in Kairo als geistigem Mittelpunkt der mohammedanischen Welt zu wetteifern. Von hier aus eröffneten sich immer weitere Perspektiven für eine Ausdehnung sowjetischen Einflusses in den arabischen Ländern, in Persien, Albanien und Pakistan[54]. Unter den mohammedanischen Derwischen, die sich auf Pilgerfahrt nach Mekka begaben, fanden sich häufig kommunistische Agitatoren, die hierzu eigens in Taškent in einer Spezialschule ausgebildet worden waren.

Nur der Vollständigkeit halber sei erwähnt, daß die alte Parole Lenins über die Notwendigkeit einer Aufrüttelung der kolonialen und halbkolonialen Welt die sowjetische Politik auch in Südamerika vor große Aufgaben stellte. Galt es doch hier nicht nur, das erwachende Selbstbewußtsein der indianischen Urbevölkerung gegen die spanische Oberschicht, sondern auch das wachsende Selbstbewußtsein der südamerikanischen Staaten gegenüber dem wirtschaftlichen Einfluß der USA zu fördern, um damit das Ziel einer Aufsplitterung der westlichen Welt voranzutreiben. Die sowjetische Aktivität in der Arktis und Antarktis, die seit der Erschließung des nördlichen Seeweges an der Küste Sibiriens einen starken Auftrieb erhielt, rundet das Bild der Weltgeltung des sowjetischen Imperiums auch in Richtung der beiden Erdpole ab. Hier treffen sich wirtschaftliche Interessen am Walfang und an der Spitzbergenkohle mit sehr ausgeprägten verkehrspolitischen und strategischen Erwägungen[55].

Die Westmächte schritten mittlerweile auf ihrem Wege zu einer Integration der nichtsowjetischen Welt folgerichtig weiter. An die Unterzeichnung des Atlantikpakts und die Verschmelzung der drei westlichen Zonen Deutschlands im April 1949 schloß sich im September des Jahres die Konstituierung der westdeutschen Bundesrepublik. Die Reaktion des Kreml bestand in einer verschärften Sprache, die vor allem den USA gegenüber angeschlagen wurde. Zum Ende des Jahres wurde der Ton offizieller Reden in Moskau immer drohender. Es konnte auffallen, daß diese Drohungen begleitet waren von einem Gefühl triumphierender Sicherheit, die mit dem baldigen Ausbruch einer großen Krise in Amerika rechnete. So sprach auch Malenkov am 7. November 1949 von den 18 Millionen Arbeitslosen in den USA im Vorgeschmack kommender Möglichkeiten für eine aktivere Politik gegenüber dem durch die Krise desorganisierten Gegner. Die Ernüchterung setzte aber bereits zu Beginn des neuen Jahres ein, und es war E. Varga, der in einem nach seiner Diskreditierung unerwarteten Artikel als erster in der »Prawda« von diesen verlorengegangenen Hoffnungen offen zu schreiben wagte[56].

Im einzelnen standen der Sowjetregierung zwei Möglichkeiten zur Verfügung, der westlichen Konsolidierung entgegenzutreten: propagandistisch in einer allgemeinen Friedensoffensive, und machtpolitisch in einer Aktivierung ihrer Deutschlandpolitik. Die Friedensoffensive begann mit dem »I. Weltkongreß der Friedensanhänger«, der im April 1949 in Paris und in Prag stattfand und die Begründung eines ständigen Komitees und eines Büros brachte[57]. Ein zweiter, ähnlicher Kongreß fand im

November 1950 in Warschau statt. Er wandelte das Komitee in einen Weltfriedensrat um, dem Vertreter von 58 Staaten angehörten. Eine großangelegte Unterschriftensammlung für den Frieden, wie er in Moskau verstanden wurde, erbrachte 600 Millionen Namen, unter denen sich auch einige mehr oder weniger ahnungslose prominente Vertreter der westlichen Welt befanden. In einer langen Reihe von Friedenskongressen in Wien, Stockholm und in Übersee wurden Appelle an die UNO und an die Weltöffentlichkeit gerichtet, die für die Anerkennung Rot-Chinas und für eine Lösung der deutschen Frage im sowjetischen Sinne eintraten. Im Dezember 1952 veranstaltete der Friedensrat in Wien einen »Völkerkongreß zum Schutz des Friedens«; im Oktober war diesem ein »Friedenskongreß der Völker Asiens und des Pazifikraumes« in Peking vorangegangen.

Die Aktivierung der sowjetischen Deutschlandpolitik erfolgte im Sinne jener Konzeption, die während des Krieges zur Gründung des Nationalkomitees »Freies Deutschland« in Moskau geführt hatte. Ihr maßgebender Verfechter im Politbüro war Berija[58]. Nach dem Tode Ždanovs gewann diese Auffassung stärker an Boden. Sie kam darin zum Ausdruck, daß neben der SED in der deutschen Ostzone auch andere Parteien zugelassen wurden und man wieder darum bemüht war, auch die nationalen Kreise Deutschlands anzusprechen. Der wichtigste Repräsentant dieser Tendenzen in Berlin war der politische Berater von Marschall Sokolovskij, Botschafter Semenov; sein Gegenspieler, Oberst Tjulpanov, wurde Ende 1949 abberufen.

Als unmittelbare Antwort auf die Konstituierung der Bundesrepublik Deutschland erfolgte im Osten die Errichtung der Deutschen Demokratischen Republik (DDR) unter W. Pieck und O. Grotewohl. In einem bombastischen Glückwunschtelegramm feierte Stalin dieses Ereignis als einen »Wendepunkt in der Geschichte Europas«[59]. Die sowjetische Militärregierung wurde nun, im November 1949, in eine Kontrollkommission umgewandelt; an ihre Spitze trat General V. I. Čujkov. Die sowjetische Unterstützung des neuen Satelliten ging allerdings nicht so weit, daß ihm etwa auch in der Grenzfrage entgegengekommen worden wäre. Die Oder-Neiße-Linie mußte von der Regierung Grotewohl ausdrücklich anerkannt werden. Mit der endgültigen Einbeziehung der Deutschen Demokratischen Republik in das sowjetische Paktsystem im Mai 1950 wurden zwar die Reparationszahlungen um 50 % herabgesetzt, aber die Verträge, die die Ostberliner Regierung mit Polen, der Tschechoslowakei, Rumänien, Ungarn und Bulgarien im Sommer 1950 abschloß, bedeuteten sowohl einen Verzicht auf die ostdeutschen Gebiete jenseits der Oder und Neiße als auch eine Anerkennung der Vertreibung der deutschen Bevölkerung aus den genannten Ländern.

Die Kehrseite dieser territorialen Zugeständnisse an Polen war die sich unaufhaltsam verstärkende Gleichschaltung, durch die das Land von allen osteuropäischen Volksdemokratien am stärksten betroffen wurde. Im November 1949 war Marschall Rokossovskij zum Marschall von Polen und zum Obersten Befehlshaber der polnischen Armee ernannt worden. Es war ein Schritt, der trotz der polnischen Abstammung des Marschalls das polnische Selbstbewußtsein stark treffen mußte. Die nun sich steigernde Sowjetisierung ging Hand in Hand mit einer zunehmenden Russifizierung. Daß man hier nicht gewillt war, sich willenlos zu fügen, zeigte die polnische Offiziersverschwörung, die im Sommer 1951 aufgedeckt wurde. In einem Schauprozeß gegen vier Generale und andere höhere Offiziere wurde auch der frühere Generalsekretär der polnischen kommunistischen Partei, Gomulka, schwer belastet. Den Angeklagten wurde Spionage zugunsten der Westmächte und der polnischen Exilregierung vorgeworfen; sie hätten außerdem geplant, die polnischen »Westgebiete« an Deutschland zurückzugeben.

Zur Berliner Blockade und dem Konflikt mit Tito trat seit dem Sommer 1950 als ein weiteres Gefahrenmoment für die internationalen Beziehungen der Koreakrieg hinzu. Am 26. Juni des Jahres fielen Truppen der nordkoreanischen Volksarmee über die Demarkationslinie des 38. Breitengrades in Südkorea ein. Die indirekte Unterstützung, die der Kreml den koreanischen Kommunisten angedeihen ließ, war von dem Wunsch bestimmt, in Südkorea einen Ersatz für die bis zum 14. Februar des Jahres versprochene Rückgabe der chinesischen Häfen zu gewinnen. Zugleich lag die Absicht vor, die Aufmerksamkeit der westlichen Welt auch diesmal von Europa abzulenken und die westeuropäische Integration aufzuhalten.

Wie die Politik des Zarismus von der zweiten Hälfte des 19. Jahrhunderts an das Pendel bald nach dem Balkan (1854, 1877, 1885, 1912/13, 1914) und bald nach Mittel- oder Ostasien (1860, 1864, 1884, 1895, 1903/04, 1910) ausschlagen ließ, in einem fast rhythmischen Wechsel alternierend, so bot sich auch der sowjetischen Politik die Alternative dar, den Schwerpunkt bald in Mitteleuropa und Nahost, bald in Fernost anzusetzen, um auf diese Weise die westliche Welt einem unablässigen, aber geschmeidig ausweichenden Druck zu unterwerfen. »Die Politik des Kreml läßt sich«, schreibt G. Kennan in seinem klassisch gewordenen Artikel vom Jahre 1947[60], »mit einem Wasserlauf vergleichen, der sich auf allen ihm offenstehenden Wegen stetig auf sein Ziel zubewegt ... Es kommt darauf an, selbst die verborgensten Winkel im Strombett der Weltpolitik auszufüllen. Aber wenn man auf dem einen oder anderen Wege auf unüberwindliche Hindernisse stößt, wird es philosophisch hingenommen, man paßt sich der Situation an. Das Entscheidende ist, daß ein ununterbrochener stetiger Druck auf das gewünschte Ziel hin ausgeübt wird.«

Die diesmalige Verlegung des Schwergewichts nach Fernost wurde durch das Eingreifen Rot-Chinas in den Koreakrieg Ende 1950 begünstigt. Die Erwartung allerdings, daß die mit dem Einsatz der amerikanischen Truppen in Südkorea verbundenen pazifischen Sorgen zu einem Verzicht auf die Europa- und Deutschlandpläne der USA führen würden, erfüllte sich keineswegs. Im Gegenteil: die amerikanischen Anregungen wurden gerade jetzt – Ende 1950 – von seiten französischer Politiker im Sinne einer Zusammenfassung der wirtschaftlichen und militärischen Kräfte Europas aufgegriffen und vorangetrieben. Nur in einem Punkt erfüllten sich die sowjetischen Absichten: es gelang, die Westmächte wieder an den Konferenztisch zu bringen, nachdem in mehreren Noten, begleitet von offiziellen Erklärungen sowohl Stalins als auch Trumans, der Boden sondiert worden war.

Von März bis Juni 1951 tagte in Paris nach längerer Unterbrechung wieder einmal eine Konferenz der Außenminister-Stellvertreter der vier Großmächte. Aber es konnte in ermüdenden Beratungen keine Einigung über die Tagesordnung der in Washington projektierten Außenministerkonferenz erreicht werden. Die Vorkonferenz wurde abgebrochen, da die Westmächte nicht bereit waren, den Atlantikpakt zur Diskussion zu stellen. Ebenso, wie es dem Kreml nicht gelang, die Vorbereitungen zur Wiederbewaffnung Deutschlands zu torpedieren, so konnte er auch nicht den Friedensvertrag zwischen den USA und Japan verhindern, der im September 1951 in San Franzisko unterzeichnet wurde und einen amerikanisch-japanischen Sicherheitsvertrag nach sich zog.

Wie schon einmal im Frühjahr 1949, wurde jetzt wieder die Karte einer gesamtdeutschen Politik von den Sowjets aufgegriffen. Im Sommer 1951 entsandte Stalin Malenkov nach Berlin. Das Ergebnis seiner Besprechungen war der Appell der ostdeutschen Regierung an die Bundesrepublik, gesamtdeutsche Besprechungen zwecks Durchführung von Wahlen zu einer Nationalversammlung abzuhalten, um dadurch den Abschluß eines Friedensvertrages zu beschleunigen. Da man im Westen jedoch in den Vorschlägen keine Garantien für eine wirklich unbeeinflußte Durchführung der Wahlen erblickte, wurden sie abgelehnt.

Der Gegensatz zwischen der Sowjetunion und den USA erfuhr im Juni 1951 eine Verschärfung durch die Kündigung des amerikanisch-sowjetischen Handelsabkommens von 1937, das zunächst jährlich verlängert, ab 1942 unbefristet weiter gelten sollte. Verhandlungen wegen der sowjetischen Leih- und Pachtschulden an die USA scheiterten an der Weigerung Moskaus, mehr als 300 Millionen Dollar – statt 800, wie Washington verlangte – zu zahlen. Die amerikanische Förderung eines Zusammenschlusses der russischen und ost-mitteleuropäischen Emigration löste in Moskau heftige Mißstimmung aus. Dem 1952 neu ernannten amerikanischen Botschafter George Kennan wurde ein außerordentlich kühler Empfang zuteil.

Eine besondere Beunruhigung löste außerdem das Ausgreifen der Atlantikgemeinschaft nach dem östlichen Mittelmeergebiet aus. Der Beitritt Griechenlands und der Türkei bestärkte die Sowjetunion in dem Bestreben, neutrale Zwischenzonen in Europa und in Nahost zwischen den beiden Machtsphären zu schaffen. Dieser neue Zug machte sich Ende 1951 bemerkbar und kam in einem diesbezüglichen Notenwechsel mit Norwegen, Italien und der Türkei zum Ausdruck, ebenso in sowjetischen Stimmen zur Neutralität der Schweiz und Schwedens, in einer Neujahrsbotschaft an Japan und dem Plan einer bewaffneten Neutralität der nordischen Staaten, der von Finnland aus lanciert wurde. Hierzu gehören auch die sowjetischen Deutschlandnoten im Frühjahr 1952.

Am 10. März 1952 richtete die Sowjetregierung eine Note an die Westmächte, in der ein Friedensvertrag mit Deutschland auf Grund des Potsdamer Abkommens vorgeschlagen wurde. Deutschland sollte eine einheitliche gesamtdeutsche Regierung erhalten und beschränkte eigene Streitkräfte. Die Besatzungstruppen wären zurückzuziehen.

An sich stellte der sowjetische Vorschlag, einen Friedensvertrag mit Deutschland abzuschließen, kein absolutes Novum dar;

er war zuletzt auf der Prager Achtmächte-Konferenz des Ostblocks im Oktober des Vorjahres erhoben worden. Auch bedeutete die Bezugnahme auf das Potsdamer Abkommen die Aufrechterhaltung der Oder-Neiße-Linie und die Beteiligung der Sowjetunion an der Ruhrkontrolle. Neu dagegen war die bewaffnete Neutralität Deutschlands, die jetzt vom Kreml vorgeschlagen wurde[61]. Dieser Gedanke fügte sich in den Gesamtplan ein, einen neutralen Staatengürtel von Skandinavien bis zum Mittelmeer zu schaffen, gewissermaßen als eine Art Sicherheitszone, die die Sowjetunion nach Westen hin abzusichern hätte.

An die erste sowjetische Deutschlandnote schlossen sich kurz hintereinander drei weitere, die entsprechende Antworten der Westmächte auslösten. Es ergaben sich Gegensätze in der Frage, wie an die Durchführung gesamtdeutscher Wahlen herangetreten werden sollte, während die deutsche Bundesrepublik besonders das von den Sowjets vorgesehene Bündnisverbot für Gesamtdeutschland beanstandete. Am 26. Mai 1952 wurde in Bonn der Generalvertrag mit den Westmächten abgeschlossen, der die Aufhebung des Besatzungsstatuts und die Wiederherstellung der außenpolitischen Handlungsfreiheit bedeutete. Die sowjetischen Kommentare sprachen allerdings von einer Umwandlung Westdeutschlands in ein Protektorat und von einer Verewigung der deutschen Spaltung[62]. Ebenso betroffen war man in Moskau von der Unterzeichnung des Europäischen Verteidigungsvertrages in Paris am 27. Mai des Jahres. Nun wurde in der sowjetischen Zone dem radikalen Flügel der SED freie Hand für eine Vollsozialisierung gegeben. Die Behörden wurden an das russische Vorbild angeglichen, die Aufrüstung vorangetrieben. An der Grenze zur Bundesrepublik wurde der Ausnahmezustand proklamiert.

Auf internationaler Ebene sollten großangelegte Propagandaaktionen gegen die westliche Integration wirken. Eine Weltwirtschaftskonferenz im April 1952, die in Moskau zusammentrat, fand auch jenseits des eisernen Vorhanges eine gewisse Beachtung, ohne allerdings Folgen nach sich zu ziehen. Ähnlich erging es der Moskauer Kirchenkonferenz vom Mai 1952, die eine Kundgebung für den Weltfrieden erließ.

Auf dem asiatisch-pazifischen Sektor setzte das Inkrafttreten des amerikanisch-japanischen Friedensvertrages und des Pazifikpaktes im April 1952 den sowjetischen Machtbestrebungen in Ostasien einen deutlichen Riegel vor. Mit der japanischen Aufrüstung ergab sich auch für den Koreakrieg eine neue, für die kommunistische Seite ungünstigere Lage. Es war nicht ganz unbegreiflich, wenn in diesem Zusammenhang alle Abrüstungsdebatten, auch abgesehen von der schwierigen Frage der Atomkraft, scheiterten. Ein neuer Vorschlag der Westmächte, eine Abrüstungskonferenz der fünf Großmächte einschließlich Chinas einzuberufen, wurde vom Kreml im August 1952 abgelehnt. Auch hierbei spielte das Sicherheitsbedürfnis der Sowjets, dessen ganz reale Grundlagen von Elementen der Psychose untermischt waren, eine ausschlaggebende Rolle.

Der Sommer 1952 brachte für die amerikanische Außenpolitik die Wende von der Eindämmungspolitik (Containment) zur Zurückdämmungspolitik (Roll-back). Die Thesen, die von Kennan formuliert und von Acheson verwirklicht wurden, erschienen J. F. Dulles, dem außenpolitischen Beraters Eisenhowers, nicht aktiv und dynamisch genug. Man hoffte seitdem, durch Unterstützung antikommunistischer Strömungen eine revolutionäre Situation in den Satellitenstaaten herbeiführen zu können und warf das Schlagwort der »Befreiung« in die politische Diskussion. Für die sowjetischen Machthaber ergab sich damit die zwingende Notwendigkeit, auch die eigene Außenpolitik zu überprüfen. Neben anderen Gründen war es auch dieser, der Stalin veranlaßte, den schon seit zehn Jahren fälligen XIX. Parteikongreß der KPdSU im Oktober 1952 einzuberufen.

Der XIX. Parteikongreß und Stalins Tod

Die Parteikongresse der KPdSU hatten zu Lebzeiten Lenins zu den selbstverständlichen Einrichtungen gehört, die sich alljährlich, ähnlich den Sowjetkongressen, wiederholten und damit den Anschein erwecken konnten, einem gewissen demokratischen Bedürfnis des Volkes Rechnung zu tragen. 1926 war erstmalig der Parteikongreß ausgefallen; von nun ab setzte ein drei- bis fünfjähriger Turnus ein[63], um mit dem XVIII. Kongreß im März 1939 vollständig auszusetzen. Mehr als zehn Jahre lang warteten Parteistellen und Mitgliedermassen vergeblich auf die Wiedereinberufung eines Kongresses, obwohl die Parteisatzungen von 1939 mindestens alle drei Jahre eine Tagung und jedes Jahr eine Konferenz vorsahen. Es war der Zweite Weltkrieg, der dazu herhalten mußte, dieses Versäumnis, weit über sein Ende hinaus, plausibel zu machen.

1941 hatte zuletzt eine Parteikonferenz auf Unionsebene getagt. Seitdem übten die Exekutivorgane der Partei ihre Tätigkeit ohne verfassungsrechtliche Legitimation aus, ihren Bestand durch Kooptation ergänzend. In dieser Zeitspanne hatte die Partei längst ihre Struktur gewandelt. Aus einer Kaderpartei im Sinne Lenins war einerseits eine Massenpartei geworden[64]. Die starken Kriegsverluste – über 600 000 Parteimitglieder – wurden durch ausgedehnte Neuaufnahmen weitgehend ausgeglichen. Auf der anderen Seite verlor aber die Partei in dieser Zeit endgültig ihren proletarischen Grundcharakter. Es ist bezeichnend, daß schon seit 1934 Angaben über die soziale Klassenzugehörigkeit sorgsam verschwiegen wurden, um das Sinken des Anteils der Arbeiter und Bauern und das Ansteigen des Prozentsatzes der neuen Funktionärsklasse zu verhüllen[65]. Die Partei bekam dadurch immer mehr den Charakter einer Interessenpartei der Funktionärsklasse, der sogenannten »Apparatschiki«. Zugleich war die Ausübung der Funktionen der Partei in die Hände einer allmächtigen Parteibürokratie mit ihrer autokratischen Spitze geraten, vor der alte Bolschewisten seinerzeit gewarnt hatten.

Immerhin hatte die Parteibürokratie gegenüber den beiden anderen wichtigen Grundpfeilern des bolschewistischen Staates – Staatspolizei und Armee – den Vorzug, sich gelegentlich auf eine breitere Basis, eben die Gesamtpartei, stützen zu können. Hier hatte in der Nachkriegszeit eine gewisse Unruhe um sich gegriffen, die auf den natürlichen Gegensatz zwischen ihren immer dynamischen Kräften und den verhärteten konservativen Tendenzen der Bürokratie zurückzuführen ist. Es wäre falsch, hier nach westlichen Beispielen von einer Krise des Vertrauens zu sprechen. Unverkennbar war aber doch, daß die Parteiführung sowohl den Verzicht auf die großsprecherischen Ambitionen Ždanovs und der Kominform auf außenpolitischem Gebiet als auch auf die zweite Agrarrevolution Chruščevs in innerpolitischer Hinsicht einen gewissen Prestigeverlust erlitten hatte. Die Parteiführung mag sich jedenfalls über die Mißstimmung genügend im klaren gewesen sein, um die Notwendigkeit, einen Parteikongreß einzuberufen, einzusehen.

Ende 1952 war es endlich so weit. Im In- und Ausland wurden große Erwartungen an den Zusammentritt des Kongresses geknüpft.

Der XIX. Parteikongreß tagte vom 5. bis 15. Oktober in Moskau. Aufsehen erregte das Hervortreten G. M. Malenkovs aus der Reihe der obersten Parteihierarchie. Mittlerweile zum stellvertretenden Generalsekretär aufgerückt, stattete er, nicht etwa Molotov, den großen Rechenschaftsbericht an Stelle Stalins ab. Innerpolitisch bedeutsam war die Namensänderung der Partei, die nun ihren bisher immer der Bezeichnung KPdSU angehängten Zusatz »Bol'ševiki« abstreifte, weil er, aus dem Antagonismus gegen die Menševiki entstanden, nunmehr bloß noch, wie man argumentierte, eine historische Bedeutung habe. Das Politbüro, schon längst ein im In- und Ausland odiös gewordenes Organ, wurde in ein Präsidium des Zentralkomitees umgewandelt, das Organisationsbüro aufgelöst. Dadurch gewann das von Malenkov beherrschte Sekretariat des Zentralkomitees, auf 10 Mitglieder verstärkt, eine entscheidende Schlüsselstellung in der Parteizentrale, weit bedeutsamer als das Präsidium des Zentralkomitees als solches, das mit seinen 25 Mitgliedern und 11 Kandidaten ohnehin einen schwerfälligen Apparat darstellte.

Eine der wichtigsten Aufgaben des XIX. Parteitages war die Annahme des Fünften Fünfjahresplanes (1951–1955). Auch in ihm nahmen die sogenannten Stalinschen Großbauten zur Erweiterung der Energiebasis eine zentrale Stellung ein. Das Wasserkraftwerk von Kujbyšev sollte bis 1955 (1957 vollendet), das von Stalingrad bis 1957 (1960 vollendet) fertiggestellt werden. Durch diese beiden Mammutkraftwerke, die nach Fertigstellung eine Kapazität von 2,1 Mill. und 2,5 Mill. KW erreichten, sollte das Projekt der »Großen Wolga« zum Abschluß gebracht werden. Es hatte mit der Erbauung des Wolga-Moskva-Kanals im Jahre 1937 begonnen und war anschließend durch den Ausbau des sogenannten Mariensystems, das die Verbindung zur Ostsee und zum Weißen Meer herstellte, die Anlage des Rybinsker Stausees mit dem Kraftwerk Ščerbakov und des Ugličer Kraftwerks an der Wolga weiter vorangetrieben worden. Neben der Stromerzeugung besteht die Aufgabe dieser Stauanlagen in der Berieselung und Bewässerung der jenseits der Wolga gelegenen Trockengebiete von über 6 Millionen Hektar Land. Dem »Groß-Wolga-Projekt« schloß sich das »Groß-Dnjepr-Projekt« an; das Wasserkraftwerk von Kachovka unweit der Mündung konnte 1956 in Betrieb genommen werden. Es hatte die Aufgabe, Steppengebiete am Schwarzen Meer und auf der Krim von rund 1,5 Millionen Hektar zu berieseln[66].

Es liegt auf der Hand, daß neben dem Ziel, die Ernährungsbasis im Süden und Südosten zu erweitern, die Energiegewinnung auch der Rüstungswirtschaft dienen sollte; hier sollten alle Voraussetzungen geschaffen werden, um den empfindlichsten Engpaß der sowjetischen Rüstungsindustrie, die Herstellung von Kernwaffen, aber auch die Verwendung von Atomenergie zu friedlichen Zwecken zu schließen. Die phantastischen Projekte des Ingenieurs Davydov zur Bewässerung Turkmenistans durch Umleitung des Ob'-Jenisej-Stromsystems und Schaffung eines riesenhaften sibirischen Stausees bei Tobol'sk, stießen allerdings auf Skepsis.

So wenig diese Dinge in Malenkovs Rechenschaftsbericht vor dem XIX. Parteikongreß zur Sprache kamen[67], so viel war von den konkreten Errungenschaften der sowjetischen Wirtschaft die Rede. Auffallen konnte die scharfe Kritik, die Schwierigkeiten und Widerstände aufdeckte, welche sich im Produktionsprozeß bemerkbar gemacht hatten. So war zum Beispiel das Zurückbleiben der Verbrauchsgüterproduktion hinter der Fertigung von Produktionsmitteln nicht zu verbergen. Aus dem ungleichen, stoßartigen Produktionsfluß in einigen Betrieben, der hauptsächlich auf Planungsfehlern beruhte, hatten sich bei vielen Betrieben schlechte Leistungen ergeben. In der Landwirtschaft machten sich Widerstände gegen die im Sinne von Chruščevs Plänen weiterlaufende Zusammenlegung von Einzelkolchosen zu Großkollektiven bemerkbar; im Zusammenhang damit stand vielfach ein Produktionsrückgang in der Landwirtschaft.

Die außenpolitischen Richtlinien des Parteitages hängen aufs engste mit den Auffassungen über die Weltwirtschaftslage zusammen, die am Vorabend des Kongresses von Stalin in einer besonderen Schrift über die »Ökonomischen Probleme des Sozialismus in der Sowjetunion« dargelegt wurden[68]. Man hat in dieser Schrift Stalins politisches Testament sehen wollen. Andererseits drängt sich die Frage auf, wieweit der schon von den Vorboten des Todes gezeichnete Diktator zu einer geistigen Leistung fähig war, in der die noch in den Linguistik-Briefen des Jahres 1950 eingehaltene Linie abrupt verlassen wird. Vielleicht stellt die Schrift eine anonyme Kollektivarbeit der Parteitheoretiker dar, die hierzu Anweisungen von den Funktionären erhielten, die schon bereit waren, Stalins Erbe zu übernehmen? Daß Stalin sich bei der Abfassung der Schrift seiner Hilfskräfte bediente, ist anzunehmen. Die darin vertretenen Gedanken stellen aber unzweifelhaft sein geistiges Vermächtnis dar, mit dem er sowohl in den gegenwärtigen Meinungskampf eingreifen als auch stabile Richtlinien für die ideologische Sicherung der Zukunft aufstellen wollte.

Seit 1949 machte sich ein Widerstreit zweier ideologischer

Auslegungen bemerkbar. Die eine Linie kam im bereits erwähnten Buche von N. A. Vosnesenskij über die Kriegswirtschaft der Sowjetunion während des Krieges zum Ausdruck. Die hier vertretenen Ansichten deckten sich vollständig mit der Nachdrücklichkeit, mit der in Stalins Linguistik-Briefen die Rolle des Staates »als des Hauptinstruments für den Aufbau des Kommunismus« herausgestellt wurde. Aber bereits im Juli 1949 wandte sich das Zentralkomitee gegen Vosnesenskijs Auffassung, weil er die Gesetze der sozialistischen Wirtschaft »subjektivistisch und voluntaristisch« ausgelegt habe. »In Wirklichkeit könne der Staat«, hieß es, »nicht willkürlich die Wirtschaftsgesetze der sozialistischen Gesellschaft durch seine Planungen umgestalten.«

Die Stellungnahme des Zentralkomitees spiegelt gewisse Auseinandersetzungen in den höchsten Parteikreisen im Sommer 1949 wider, die zu den vielen Symptomen der seit dem Tode Ždanovs nicht zu leugnenden Labilität der Macht- und Personalverhältnisse im Umkreise des alternden Stalin gehören. Während dieser selbst noch das Lob des starken Staates sang, von der offiziellen Presse, zum Beispiel der »Pravda« vom 5. Oktober 1950, immer wieder unterstützt, rollte die Walze der rotierenden Generallinie schon weiter. In der neuen Schrift Stalins vom Jahre 1952 wurde diesem Fortschreiten Rechnung getragen. »Die Gesetze der politischen Ökonomie im Sozialismus«, hieß es hier, »sind objektive Gesetze. Sie spiegeln die Gesetzmäßigkeit der Prozesse des ökonomischen Lebens wider, welche sich unabhängig von unserem Willen vollziehen.« Und es wurde vor Abenteuerern gewarnt, die bereit seien, neue Gesetze zu schaffen, ohne die objektiven Gesetzmäßigkeiten zu begreifen und zu berücksichtigen[69]. Damit wurde nun auch im Namen Stalins das Verdikt über die Theorie Vosnesenskijs gesprochen, womit zugleich Varga als rehabilitiert gelten konnte. Auch offiziell trat vor die voluntaristische These von der »Revolution von oben« die strenge Betonung der ehernen Gesetze eines ökonomischen Determinismus, das Primat des Politischen mußte sich aufs neue Einschränkungen zugunsten des Ökonomischen als der Basis aller gesellschaftlichen Erscheinungen gefallen lassen. Die in den dreißiger Jahren umgebogene Feder schnellte zurück.

In bezug auf die weltpolitische Lage erklärte die Stalinschrift den Zerfall des einheitlichen und allumfassenden Weltmarktes zum wichtigsten ökonomischen Ergebnis des Zweiten Weltkrieges. Dieser Zerfall habe zu einer Schrumpfung der ökonomischen Basis der kapitalistischen Hauptmächte geführt, und als Folge davon werde sich die allgemeine Krise des kapitalistischen Systems vertiefen. Im einzelnen habe das zu bedeuten, daß sowohl Frankreich und England als auch Deutschland, Italien und Japan sich mit der Zeit aus ihrer Abhängigkeit von den USA lösen würden. An einem Wiederaufstieg Deutschlands und Japans sei nicht zu zweifeln, und aus diesem Grunde seien Kriege zwischen den kapitalistischen Ländern in Zukunft wahrscheinlicher als ein antibolschewistischer Kreuzzug gegen die Sowjetunion.

In Malenkovs großer Rede vor dem Kongreß und in Stalins eigener Schlußrede am 14. Oktober wurden diese Gedankengänge noch unterstrichen. Von Interesse ist, daß die übliche Feststellung von der Möglichkeit einer friedlichen Koexistenz der beiden großen Weltsysteme, die Stalin 1938 strikt abgelehnt, nach 1946 aber wiederholt als möglich bezeichnet hatte, zwar begleitet wurde von dem Versprechen, daß bei einem Nachgeben der Westmächte die Sowjets auf eine weitere revolutionäre Expansion verzichten würden, um wieder einen einheitlichen Weltmarkt herzustellen, daß aber gleichzeitig ein deutlicher Appell zur Mobilmachung von »fünften Kolonnen« in den nichtkommunistischen Ländern nicht fehlte[70].

Der XIX. Parteikongreß bedeutet in außenpolitischer Hinsicht den Übergang der sowjetischen Politik zu einer Defensivstrategie. Nach Stalins Auffassung stellt die Weltrevolution einen langwierigen Prozeß dar, der in mehreren Phasen verläuft: Zeiten der revolutionären Flut folgen Zeiten der revolutionären Ebbe[71]. Vom Standpunkt des Kreml bildeten die Jahre von 1939–1952 eine derartige Zeit der Flut, die eine offensive Strategie, getragen von der Roten Armee, nahelegte. Der wachsende Widerstand des Westens, die europäischen Integrationspläne und die beginnende Wiederbewaffnung Westdeutschlands und Japans ließen im Kreml das Empfinden aufkommen, daß das Sicherheitsbedürfnis nunmehr den Vorrang haben müßte vor den Expansionsbestrebungen staatlich-militärischer Art. Die Sowjetunion bedurfte einer Atempause, um ihren Rüstungsstand dem der USA anzugleichen.

Das brauchte keineswegs einen Verzicht auf eine aktive Außenpolitik als solche zu bedeuten. Eine Analyse des XIX. Parteitages zeigt, daß die europäische Integration und militärische Konsolidierung auch weiterhin in jeder Weise, vor allem durch eine Förderung der Gegensätze zwischen den Großmächten und durch Vergrößerung ihrer inneren Schwierigkeiten gehindert werden sollte. Das bedeutete, daß gegenüber staatlich-militärischen Mitteln der Politik seit 1952 erneut, wie schon vor 1939, die Mittel sowohl der revolutionären Agitation und der geheimen Zersetzung als auch der Volksfronttaktik und der Geheimdiplomatie den Vorrang zu haben hätten. Für die innerpolitische Lage der westlichen Welt bedeutete das eine Intensivierung der Bemühungen des Kreml um die liberalen und nationalen Kreise der Intellektuellen, außenpolitisch – einen verstärkten Kurs auf Europa mit dem Ziel einer Isolierung der USA.

Der XIX. Parteikongreß stellte eine imposante Heerschau des Weltkommunismus dar, die – gegenüber dem vorhergehenden Kongreß im Jahre 1939 – die gewaltige Machtzunahme der Sowjetunion unter der Ägide des »Vaters der Völker« deutlich dokumentierte. Auf die vielen ausländischen Kommunistenführer, die sich in Moskau neben den 1359 sowjetischen versammelt hatten, mag die noch drastischere Verschiebung des Schwergewichts von den außersowjetischen kommunistischen Parteien auf das Imperium Stalins mit seiner geballten politischen, wirtschaftlichen und militärischen Macht ihren Eindruck nicht verfehlt haben. Es fragt sich, ob sich in das erhebende Gefühl von der Stärke der Sowjetunion nicht auch beklemmende Empfindungen mischten. Seit dem Konflikt mit Tito konnte jeder westliche Kommunistenführer ein potentieller Titoist sein; aus dem Verdacht einer derartigen Entwicklung resultierte der noch unverhülltere Anspruch Moskaus auf einheitliche Ausrichtung des Weltkommunismus unter den Parolen des Kongresses.

In die Zeit zwischen dem Parteikongreß und dem Tode Stalins, den Winter 1952/53, fallen einige Ereignisse, die wie dunkle Vorboten der kommenden Wende anmuten.

Ohne daß die Bedeutung von Gruppenbildungen innerhalb der Parteiführung überschätzt werden dürfte, hat es doch den Anschein, daß sich seit der großen Säuberung der dreißiger Jahre zwei Gruppen im Kreml herausgebildet haben: eine mehr russisch-national bestimmte um Ždanov und eine mehr übernational-sowjetische um Berija und Malenkov. Sowohl aus der äußeren als auch der inneren Politik läßt sich nachweisen, daß zwischen beiden Gruppen Meinungsverschiedenheiten bestanden, die durch persönliche Rivalitäten ihrer Exponenten und Parteigänger verschärft wurden. Das schloß natürlich nicht aus, daß beide Richtungen auf der einen Seite in bestimmten Fragen zusammenarbeiteten, zumal die bedingungslose Loyalität Stalin gegenüber das maßgebende Bindemittel darstellte, daß auf der anderen Seite aber auch innerhalb der beiden Gruppierungen

Verschiebungen oder Kontroversen möglich waren. Von Bedeutung war, daß Malenkov sich zeitweilig der intellektuellen Überlegenheit Ždanovs beugte, vor allem in den Jahren 1945 bis 1947, als dieser die sowjetische Kulturpolitik beherrschte.

Hier ist es nötig, einiges über Stalins unmittelbaren Nachfolger zu erfahren.

Georgij Maksimilianovič Malenkov war Stalins eigenste Kreatur. Er ist der Prototyp des »Apparatschik« der Stalinära, und sein Aufstieg vollzog sich ähnlich dem seines Meisters nicht auf der vordersten Rampe der politischen Bühne, sondern mehr im Hintergrund der Parteibürokratie. Malenkov wurde 1902 in Orenburg (Čkalov) geboren; über seine Herkunft ist wenig bekannt[72]. Sein Vater scheint ein subalterner Kosakenoffizier gewesen zu sein. Während des Bürgerkrieges verdiente er sich in der Partei die ersten Sporen als Kommissar an der Turkestanfront, besuchte dann die Technische Hochschule in Moskau, die er als Diplomingenieur verließ.

Nun wurde Stalin auf ihn aufmerksam. Er holte den jungen Mann als einen Vertreter der heranwachsenden Generation in sein Privatsekretariat und in den Parteiapparat. Die Privatkanzlei Stalins, die Malenkov zusammen mit A. N. Poskrebyšev leitete, wurde zur Basis seiner wachsenden Machtstellung, die er in den Jahren der großen Säuberung und der Errichtung der unbeschränkten Selbstherrschaft Stalins weiter festigte. 1939 wurde er neben Ždanov und Andreev Sekretär des Zentralkomitees und Mitglied des Organisationsbüros; gleichzeitig leitete er die Personalabteilung des Zentralkomitees. Aus diesen Jahren datierte ein engeres Vertrauensverhältnis zwischen ihm und Berija. Beide wurden bei Ausbruch des deutsch-sowjetischen Krieges zu Mitgliedern des Staatsverteidigungskomitees, des engeren Kriegskabinetts, ernannt. In der entscheidenden Phase der Stalingrader Schlacht wurde Malenkov als Sonderbeauftragter der Partei an den bedrohten Frontabschnitt entsandt, ähnlich wie Stalin seinerzeit im Bürgerkrieg. Anschließend machte er sich verdient um die Reorganisation der Flugzeugindustrie und, nach Beendigung des Krieges, um den Wiederaufbau in den zurückeroberten Gebieten. Gleichzeitig mit Berija wurde Malenkov 1946 zum Mitglied des Politbüros ernannt.

Die Rivalität zwischen Malenkov und Ždanov trat kurz vor dem Tode des letzteren wieder stärker in Erscheinung, da Malenkov eine vorsichtigere Außenpolitik befürwortete. Man kann nicht leugnen, daß Ždanovs plötzlicher Tod Malenkov den Weg zur Macht in entscheidendem Maße freilegte. Im Bündnis mit Berija und N. S. Chruščev gelang es ihm, seine führende Stellung in der Partei zurückzuerobern, indem er den Apparat von Anhängern Ždanovs säuberte und den Einfluß der älteren Politbüromitglieder zurückdrängte. In diesem Zusammenhang trat auch Molotov seit Anfang 1949 zeitweilig in den Hintergrund. Tiefergreifend war die Ausschaltung von N. A. Voznesenskij, bei dem von einem regelrechten Sturz gesprochen werden konnte, als er 1949 aus dem Politbüro ausschied. Dasselbe Schicksal widerfuhr A. A. Andreev, dem Gegner der revolutionären Agrarpolitik Chruščevs, im Jahre 1952. Eine ganze Reihe von weiteren Parteigängern Ždanovs, zu denen auch der Ministerpräsident der RSFSR, A. N. Kosygin gehörte, wurde kaltgestellt oder verschwand von der Bildfläche[73]. Ungewöhnlich war die Aufmerksamkeit, die die »Pravda« Malenkovs 50. Geburtstag am 8. Januar 1952 widmete, indem sie sein Bild in Großformat auf der ersten Seite veröffentlichte: eine Auszeichnung, die bisher Stalin allein zuteil geworden war.

Der XIX. Parteikongreß rückte Malenkov auf den zweiten Platz in der Parteiführung unmittelbar hinter Stalin. Der von ihm repräsentierten Gruppe fiel jetzt das Übergewicht im Sekretariat und im Präsidium des Zentralkomitees zu. Aber die Fronten waren zugleich auch in Fluß geraten. Was sich nun im nachfolgenden Winter hinter den Kulissen des »Ärzteprozesses« abspielte, kann wie ein Versuch der älteren Mitglieder des Politbüros und anderer Gegner der »Trojka« Malenkov–Berija–Chruščev aussehen, den Einfluß dieser Gruppe einzudämmen.

Am 13. Januar 1953 veröffentlichte die »Pravda« den Bericht über eine Anklage, die gegen neun sowjetische Ärzte erhoben worden war, weil sie durch falsche Diagnose und Sabotage bei der Behandlung den Tod von führenden sowjetischen Persönlichkeiten herbeigeführt und auch für die Zukunft weitere »Attentate geplant hätten«[74]. Unter ihren Opfern habe sich auch Ždanov befunden. Es war sehr bezeichnend, daß die Pressekampagne gegen die Angeklagten die Tatsache, daß sechs von ihnen jüdischer Herkunft waren, zu einem Kesseltreiben gegen »Kosmopolitismus und Zionismus«, ganz im Sinne der kulturkämpferischen Tendenzen der Ždanov-Ära, benutzte. Der gleichzeitige Prozeß gegen den Generalsekretär der tschechoslowakischen Kommunisten, R. Slánský, operierte mit ähnlichen antisemitischen Tendenzen, so daß sich aus alledem ein diplomatischer Konflikt zwischen dem Staate Israel und der Sowjetunion ergab.

Die tieferen Gründe für den wachsenden Antisemitismus der Bolschewisten[75] werden in ähnlichen Zusammenhängen zu suchen sein wie in der zaristischen Zeit. Was die Juden damals in die Reihen der Revolutionäre trieb, machte sie nun auch den Sowjets suspekt: ihre Gegnerschaft gegen den autoritären Staat, ihre Aufgeschlossenheit gegenüber internationalen Verbindungen und ihr kritischer Geist[76].

Die primäre Veranlassung, den Prozeß gegen die sowjetischen Ärzte zu eröffnen, ohne die Peinlichkeiten eines derartigen Verfahrens zu scheuen, liegt aber woanders. Sie wird in der Rivalität der beiden Führungsgruppen des Kreml zu sehen sein, die im Winter 1952/53 im Hinblick auf die Nachfolgefrage zunehmend erbittertere Formen annahm. Der plötzliche Zugriff im Januar öffnete einen Spalt des Vorhangs vor den internen Machtkämpfen; jetzt traten sie in ein gefährliches Stadium. Die Initiative zu der Verhaftung der Ärzte scheint von S. D. Ignat'ev, dem kurz vorher ernannten Minister für Staatssicherheit, einem Gegner Berijas, ausgegangen zu sein. Daß Stalin durch die Beseitigung der führenden Kremlärzte seiner gewohnten medizinischen Betreuer beraubt werden sollte, um selbst zum Opfer neuer Komplotte zu werden, wie vermutet worden ist, ist allerdings nicht erwiesen, zumal an seiner Zustimmung zum Zugriff nicht gezweifelt werden kann. Viel mehr Wahrscheinlichkeit hat die Version, daß der Ärzteprozeß einen Gegenschlag der ehemaligen Gefolgsleute von Ždanov darstellt, vielleicht nicht ohne Wissen und Billigung von Molotov, jedenfalls aber unter Beteiligung militärischer Kreise. Sie konnten im Hinblick auf die anhaltende Eliminierung ihrer Parteigänger angesichts des zu erwartenden Ablebens von Stalin durchaus daran interessiert sein, Malenkov und Berija Schwierigkeiten zu bereiten.

Im internen Bereich des Kreml und von hier ausstrahlend bis in weitere Kreise der Öffentlichkeit breitete sich im Winter 1952/53 eine eigenartige Atmosphäre des Unbehagens und der Ungewißheit aus, wie man sie in dieser Intensität seit der großen Čistka nicht erlebt hatte. Im außenpolitischen Zusammenhang gehört der Fall des »Ärztekomplotts« gemeinsam mit der verstärkten Spionenfurcht und den dazugehörigen Ermahnungen zur Wachsamkeit sowie erneuten ideologischen Attacken gegen Angehörige der sowjetischen Wissenschaft und Kunst, die sich um die Jahreswende häuften, zu einem Komplex gesteigerter Nervosität, die in der Sowjetunion den Amtsantritt Eisenhowers als Präsident der USA begleitete. Alles in allem konnten die ersten Monate des Jahres 1953 den Eindruck erwecken, daß der Kalte Krieg eine Verschärfung erfahren hatte. Im Grunde war die Marschroute aber schon durch den Kongreß im Oktober festgelegt worden; sie sah an sich die Entspannung vor, die nach dem Tode Stalins tatsächlich eintreten sollte. Sowohl diese Wendung als auch die um den Jahreswechsel einsetzende Nervosität standen beide im Schatten der nahenden Todeskrankheit des Diktators.

Stalin litt seit einiger Zeit an überhöhtem Blutdruck, der sich zu einer schweren Arteriosklerose der Gehirngefäße entwickelt hatte. Ende 1946 war er erstmalig ernsthaft erkrankt, ohne daß man damals etwas davon erfuhr. Wie gewöhnlich in solchen Fällen machte sich auch bei ihm eine gewisse Änderung der Struktur der Persönlichkeit bemerkbar. Er war geistig unbeweglicher und starrer in seinen Entscheidungen geworden[77]. Ein gewisses Ruhebedürfnis wirkte sich auch auf seine politischen Entschlüsse aus, sowohl in der Innen- als auch in der Außenpolitik. Die Anzeichen einer nervösen Stimmung im Kreml fallen auf das Konto seiner Umgebung; Stalins eigenes Wollen hatte seinen Ausdruck in den Beschlüssen des XIX. Parteitages gefunden.

Am Morgen des 4. März 1953 teilte Radio Moskau mit, daß Stalin in der Nacht vom 1. zum 2. März in seiner Wohnung in Moskau einen Schlaganfall erlitten hätte, der lebenswichtige Zentren des Gehirns erfaßt und zur rechtsseitigen Lähmung geführt habe. Ein zweites und drittes ärztliches Bulletin vom 5. März meldeten eine weitere Verschlechterung seines Gesundheitszustandes. Am Abend desselben Tages gegen 22 Uhr ist Stalin gestorben, ohne das Bewußtsein wiedererlangt zu haben. Am 9. März wurde er an der Seite Lenins im Mausoleum auf dem Roten Platz beigesetzt. Die Trauerreden hielten Malenkov, Berija und Molotov.

Das Zentralkomitee, der Ministerrat und das Präsidium des Obersten Sowjets gaben am 7. März die Beschlüsse über die Nachfolge bekannt. Zum Vorsitzenden des Ministerrates wurde Malenkov, zu seinen Stellvertretern Berija, Molotov, Bulganin und Kaganovič ernannt. An die Stelle von N. M. Švernik als Vorsitzendem des Präsidiums des Obersten Sowjets der UdSSR trat der Marschall K. E. Vorošilov als einer der wenigen lebenden Mitkämpfer Lenins. Die Zahl der Ministerien wurde durch Zusammenlegung um die Hälfte vermindert. Molotov übernahm wieder das Außenministerium, Bulganin das Kriegs-, Berija das zu einer Behörde zusammengelegte Ministerium für Innere Angelegenheiten und Staatssicherheit[78].

Stalins Tod bedeutete zweifellos einen schweren Verlust für die bolschewistische Partei und für die Weltgeltung der Sowjetunion. Keiner seiner Nachfolger war ihm gleich in der Häufung der Machtmittel, die sich bei ihm konzentrierten, in seiner durch 30 Jahre angesammelten Autorität, in dem Nimbus, mit dem er von der Parteipropaganda umgeben wurde. Bedenkenlose Eingriffe in das Geschichtsbild stellten ihn als den legitimen Erben des Leninschen Vermächtnisses, als den allein autorisierten Interpreten des Marxismus hin. Es bestätigte sich die alte Erfahrung, daß es genügt, unabänderliche Gesetze zu proklamieren und alsdann die eigene Person als Hüter und Ausleger dieser Gesetze herauszustellen, um damit die Menschenmassen fest in die Hand zu bekommen. Hier geriet die rationalisierte, materialisierte Welt des Kommunismus unversehens in irrationale Bereiche sowohl im individuellen als auch im kollektiven Sinne.

Die Feier von Stalins 70. Geburtstag im Jahre 1949 trug in ihrem Gepräge derartig deutliche Züge einer säkularisierten Vergottung eines lebenden Zeitgenossen, daß man auf der Suche nach Vorbildern oder Analogien schon tief in die orientalische Welt des Altertums zurückgreifen muß, wenn man von Ostasien absieht. Der Rationalismus dieser Erscheinung tritt in der bewußten Lenkung dieser Vorgänge und in dem Einsatz ihrer Wirkungen in weltpolitischem Ausmaße zutage. Stalin den großen Lehrmeister der Völker und eine Koryphäe der Wissenschaft zu nennen, ist weit mehr als übertriebene und geschmacklose Schmeichelei. In diesen und anderen Epitheta kam das Bestreben zum Ausdruck, der Doktrin der sowjetischen Vormachtstellung durch den Stalinmythos ein sichtbares Symbol zu geben, das weit über die Grenzen der Sowjetunion hinaus wirken sollte.

Hand in Hand mit diesem Persönlichkeitskult gingen Eingriffe in historische und sprachliche Bereiche. Der sonst allgemein üblichen Begriffsbildung von Freiheit, Demokratie, Volk, Staat, Nationalismus, Kosmopolitismus, Internationalismus, Objektivität, Wahrheit und anderen Werten wurden besondere sowjetische Deutungen gegenübergestellt, die einen ganz anderen Inhalt bargen. Dem europazentrischen oder universalchristlichen Geschichtsbilde wurde ein sowjetisches Geschichtsbild gegenübergestellt, das Elemente der marxistischen Eschatologie mit denen des russischen Messianismus verknüpfte. Es richtete die Geschichte der einzelnen Völker auf Moskau aus, wertete von dieser Perspektive aus Kriege und Völkerbewegungen, Grenzverschiebungen und Entstehung neuer Nationen und ließ in der Person von Stalin alle Fäden der weltgeschichtlichen Entwicklung zusammenlaufen.

Mußte nicht mit dem plötzlichen Wegfall eines derartig tragenden Symbols einer diesseitigen Glaubenserwartung das gesamte Gebäude der bolschewistischen Weltanschauung, ja des sowjetischen Staatswesens und Machtprinzips aufs schwerste erschüttert werden?

Chruščevs Aufstieg

Die unmittelbare Konsequenz von Stalins Tod war, daß an die Stelle der bisherigen diktatorischen Autorität des einzelnen nunmehr erneut das Prinzip der kollektiven Führung trat. Mit einem deutlich merklichen Abbau des bisherigen Persönlichkeitskultes wurde auch der Stalinmythos nach und nach seines Nimbus entkleidet.

Innerhalb der kollektiven Führung von Staat und Partei machten sich allerdings sehr bald Schwankungen bemerkbar. Schon am 14. März 1953 übernahm N. S. Chruščev Malenkovs Posten im Sekretariat des Zentralkomitees. Wenn auch dieser damit mehr für seine staatlichen Pflichten als Ministerpräsident entlastet wurde und nach wie vor auch im obersten Parteigremium, dem auf zehn Mitglieder und vier Anwärter reduzierten Präsidium des Zentralkomitees, einer Art wiederhergestellten Politbüros, an erster Stelle rangierte, so deutete sich damit doch der wachsende Anspruch eines Mannes an, der zunächst unmittelbar nach dem 5. März für seinen Ehrgeiz nicht hoch genug eingestuft worden war.

Nikita Sergeevič Chruščev, geboren 1894, stammte aus dem Gebiet Kursk unweit der großrussisch-ukrainischen Sprachgrenze und war proletarischer Herkunft. Er war ein Mann von robuster Gesundheit und Geistesverfassung, dem es nicht an Ehrgeiz und brutalem Machtwillen fehlte. Er verstand es jedoch, durch seinen jovialen Humor Kontakt mit seiner Umgebung zu finden und war daher bei den breiteren Massen nicht unbeliebt. Als Arbeiter im ukrainischen Kohlengebiet stieß er zur Partei, machte den Bürgerkrieg mit, studierte 1929–1931 an einem Technikum in Moskau und verdiente sich dann die Sporen in der Parteiorganisation der Ukraine als treuer Gefolgsmann

Stalins. Chruščev wurde 1934 Mitglied des Zentralkomitees und 1935 I. Sekretär der Moskauer Parteiorganisation. In den Jahren 1937–1938 führte er in der Ukraine Säuberungsmaßnahmen im Auftrage Stalins so zufriedenstellend durch, daß er 1939 ins Politbüro berufen wurde. Im Zweiten Weltkrieg leitete er die ukrainische Partisanenbewegung; nach Kriegsende nahm er als Ministerpräsident der Ukraine und I. Sekretär der Ukrainischen Partei den Wiederaufbau des durch die Angliederung der Karpatenukraine und Galiziens vergrößerten Landes in die Hand. Nach dem Tode Ždanovs berief ihn Stalin in die Moskauer Parteizentrale. Von diesem Posten wurde er am 7. März 1953 befreit, um sich ganz seinen Aufgaben im Sekretariat des Zentralkomitees widmen zu können.

Man wird die Rivalitäten innerhalb der bolschewistischen Führung weder überschätzen, noch übersehen dürfen. Selten jedoch haben personelle Gruppierungen unter den spezifischen Bedingungen des versteckten oder offenen Machtkampfes längere Dauer gehabt. Wie es nach dem Tode Lenins ständig wechselnde Konstellationen gab, so hat auch die Zweckgemeinschaft Malenkov-Berija-Chruščev nach dem Tode Stalins nur eine begrenzte Geltung gehabt. Zwischen Malenkov und Chruščev waren schon Ende 1952 Mißhelligkeiten im Zusammenhang mit Chruščevs Plan der Agrostädte zutage getreten. Noch eher als hier kam es zum Bruch der noch älteren Verbindung zwischen Malenkov und Berija, die sich als äußerst locker erweisen sollte, nachdem die Voraussetzungen, unter denen sie zustande gekommen war, sich geändert hatten.

Am 10. Juli 1953 veröffentlichten die Moskauer Morgenzeitungen die sensationelle Meldung, daß Berija seiner Ämter als stellvertretender Ministerpräsident und Innenminister enthoben, aus der Partei ausgestoßen und verhaftet worden sei. Hinter den vielfachen zum Teil phantastischen Anklagepunkten stand die Tatsache, daß Berija die Agrarpolitik Chruščevs ablehnte und daß er eine föderalistischere Nationalitätenpolitik innerhalb der Sowjetunion, vielleicht auch eine lockerere Lenkung der Satellitenstaaten befürwortet zu haben scheint. Die vielfachen Konzessionen an den ukrainischen Autonomismus in den Monaten April bis Juli 1953, durch die die Säuberungsmaßnahmen des Sommers 1951 rückgängig gemacht wurden, eine entsprechende Personalpolitik auch in den anderen Unionsrepubliken, die großrussischen Einflüssen entgegentrat, sind tatsächlich der Initiative Berijas zuzuschreiben.

Daß es sich aber bei ihm, der in seiner georgischen Heimat 1934–1938 für rücksichtslose Zentralisation eingetreten war, bei der jetzigen Auflehnung gegen die Hegemonie des Großrussentums in der Sowjetunion weniger um eine grundsätzliche Einsicht handelte, sondern wie damals so auch jetzt taktische Erwägungen und persönlicher Ehrgeiz ausschlaggebend waren, deckten die Ereignisse in Moskau unmittelbar nach dem Tode Stalins auf.

Damals hatte Berija die gesamten militärischen Verbände[79] des staatlichen Sicherheitsdienstes schlagartig in die Hauptstadt gezogen und damit für einige Tage eine Machtfülle in der Hand, der im Moment niemand gewachsen war. Er hat diesen Trumpf jedoch nicht gezogen. Gleichgültig, welche Absichten er hatte: sowohl seinen Kollegen in der obersten Führung als auch den Spitzen des Militärs genügte die Demonstration, um von hier aus diktatorische Umsturzpläne zu befürchten. Es mag sein, daß die Heranziehung von Chruščev in die Parteiführung schon in diesen Zusammenhang hineingehört. Am 23. Dezember 1953 ist Berija zusammen mit seinen größtenteils ebenfalls georgischen Mitangeklagten hingerichtet worden.

Der Sturz Berijas hatte ein weitgehendes Revirement in der Personalbesetzung, besonders in den Unionsrepubliken, zur Folge. Allerdings war man dabei, in erster Linie in der Ukraine, bestrebt, das Selbstgefühl nicht durch neuerliche rigorose Säuberungen zu erschüttern. Eine ganze Reihe von prominenten Vertretern der ukrainischen geistigen und technischen Intelligenz nahmen nach wie vor leitende Posten in der Verwaltung und der Partei ein. Die Jubiläumsfeiern zu Ehren der Verträge von Perejaslavl' vom Jahre 1654 wurden zu einer Apotheose der ukrainisch-russischen Gemeinsamkeiten ausgestaltet. Die Angliederung der Krim, die bisher zum Territorium der RSFSR gehört hatte, an die Ukraine im Februar 1954 gehört als Maßnahme von bedeutsamer psychologischer Wirkung mit in diesen Zusammenhang. Auf der anderen Seite wurde allerdings innerhalb der ukrainischen Jugend besonders starke Propaganda für einen Arbeitseinsatz in Mittelasien gemacht, der im Sinne einer Lockerung des angestammten Nationalitätengefüges der Sowjetunion auf derselben Linie lag wie die Zwangsdeportationen der Wolgadeutschen, Krimtataren, Kalmücken und Nordkaukasier nach dem Zweiten Weltkrieg.

Im Rahmen der Unionsregierung wurde die anfängliche Zusammenlegung der Ministerien im Anschluß an den Sturz Berijas wieder rückgängig gemacht, so daß ihre Zahl wieder ungefähr der zur Zeit Stalins entsprach. Im März 1954 trat neben dem Innenministerium wieder ein selbständiger Staatssicherheitsdienst mit I. A. Serov an der Spitze in Erscheinung. Serov war nach 1940 für die Massendeportationen aus den annektierten Westgebieten verantwortlich gewesen; sein Name war also mit dem erbarmungslosen Terror der Stalinzeit eng verbunden.

Ein bedeutsamer Umschwung in der sowjetischen Innenpolitik nach dem Tode Stalins ergab sich, als Malenkov in einer Rede vom 8. August 1953 verkündete, daß die Produktion an Gebrauchswaren zur Befriedigung der notwendigen persönlichen Bedürfnisse nunmehr energisch angekurbelt werden würde. Im Laufe von zwei bis drei Jahren sollte der Lebensstandard effektiv gehoben werden; Hand in Hand damit sollten eine Erweiterung und Verbesserung des Handelsapparates und energische Maßnahmen zur Förderung der Landwirtschaft laufen, deren Zurückbleiben in der wirtschaftlichen Gesamtentwicklung nicht mehr zu übersehen war.

Es war ein einschneidender Kurswechsel in der Wirtschaftspolitik, der auch die ideologischen Grundlagen nicht unberührt ließ, da der seit 1917 beobachtete Vorrang der Schwerindustrie damit aufgegeben zu sein schien. Malenkov ging bei diesem Schritt von der Erkenntnis aus, daß die sowjetische Gesellschaft in ihrer sozialen Schichtung starke Veränderungen erfahren hatte. Die neue sowjetische Intelligenz stand nach dem Zweiten Weltkrieg noch stärker profiliert da als in den 30er Jahren. Die sowjetische Staatsführung mußte notwendig mit den gesteigerten zivilisatorischen Bedürfnissen dieser Schicht rechnen. Quantität und Qualität der Nahrungsmittel, aber auch jeglicher Gebrauchswaren, die für die zunächst noch weitgehend analphabetischen Massen der vorwiegend bäuerlichen Bevölkerung vor 1928 halbwegs ausreichten, erschienen für die Bedürfnisse der neuen Elite, aber auch der Apparatschiki in Fabriken und Kolchosen, nicht mehr angemessen. Hinzu trat die engere Berührung mit dem Westen, die der Krieg mit sich gebracht hatte. Er hatte nicht nur den Ostarbeitern und Kriegsgefangenen, die nach ihrer Rückkehr größtenteils in die asiatischen Gebiete der Sowjetunion abgeschoben wurden, sondern auch den Angehörigen der kämpfenden Truppe und der Besatzungsarmee Vergleichsmöglichkeiten vor Augen geführt, die sie kritischer der sowjetischen Wirklichkeit gegenübertreten ließen.

Dieser Einsicht entsprach Malenkovs Entschluß, mit dem

Programm des Jahres 1953 Ernst zu machen. Es fragte sich, wie weit sich diese Absichten mit dem im V. Fünfjahresplan (1951–1955) vorgesehenen Industrialisierungsprogramm verbinden ließen. Sah doch der V. Fünfjahresplan vor, mit der Verwirklichung der technischen Großprojekte des Stalinismus (Kraftwerke, Bewässerungsanlagen, Stauseen und dergl.) wesentlich erweiterte Grundlagen sowohl für die Ernährungsbasis, als auch für die Großindustrien zu schaffen.

In der Außenpolitik rückte Malenkov den Grundsatz der friedlichen Koexistenz mit dem Westen, stärker noch als zuvor, in den Vordergrund. Das Jahr 1953/54 stand ganz im Zeichen von Maßnahmen, die einer Entspannung des Kalten Krieges dienen sollten.

Zunächst kam die Sowjetregierung dem Drängen der Westmächte nach einer Viererkonferenz zur Erörterung der deutschen Frage entgegen. Ein Aufstand der deutschen Arbeiter in Berlin und in einigen anderen Städten am 17. Juni 1953 hatte der Welt den Freiheitswillen der Bevölkerung der sowjetischen Zone Deutschlands nachdrücklich vor Augen geführt. Es mag sein, daß Berija die Absicht gehabt hatte, eine neue Deutschlandpolitik einzuschlagen, vielleicht sogar das Regime Ulbricht fallen zu lassen. Der innersowjetische Machtkampf ließ aber im Ergebnis noch keine Konzessionen zu; die spontane Erhebung brach zusammen und die Konzentrationslager und Gefängnisse der DDR füllten sich mit neuen Häftlingen. Eine internationale Erörterung der deutschen Frage schien dringend notwendig.

Auf der Berliner Konferenz vom 25. Januar bis 18. Februar 1954 trafen die Außenminister der drei Westmächte und der Sowjetunion zum erstenmal seit fünf Jahren wieder zusammen. Während der Westen auf der Abhaltung freier gesamtdeutscher Wahlen bestand, forderte Molotov den raschen Abschluß eines Friedensvertrages, zu dem die Vertreter beider deutscher Regierungen paritätisch herangezogen werden sollten. Mit dieser Auffassung machte die Sowjetregierung die Wiedervereinigung in Freiheit praktisch unmöglich. So war der Ertrag der Berliner Konferenz gering.

Um so mehr hatten die westeuropäischen Staaten Veranlassung, die Bemühungen um eine Integration zu verstärken. Als die europäische Verteidigungsgemeinschaft (EVG) am Widerstand der französischen Kammer scheiterte, ergab sich im Herbst 1954 durch Neubelebung des Brüsseler Paktes eine neue Möglichkeit, Westdeutschland heranzuziehen. Das Ergebnis war die

Westeuropäische Union (WEU), die am 7. Mai 1955 ins Leben trat und eine Einbeziehung Westdeutschlands in die NATO ermöglichte. Die Sowjetregierung nahm scharf gegen die Wiederbewaffnung der Bundesrepublik Stellung und kündigte auch ihrerseits eine Remilitarisierung der DDR an, die in der Praxis schon längst erfolgt war. Eine Konferenz der Ostblockstaaten in Warschau im Mai 1955 brachte diese Proteste gegen den Prozeß einer westeuropäisch-atlantischen Integration deutlich zum Ausdruck; hier wurde mit dem seitdem Warschauer Pakt genannten Bündnis ein gemeinsames militärisches Oberkommando der Ostblockstaaten geschaffen, das ein Gegengewicht gegen die NATO darstellen sollte.

Für die Beilegung der internationalen Spannungen in Ostasien war die große Genfer Doppelkonferenz vom 26. April bis 15. Juni 1954, die sich dem Korea- und dem Indochina-Problem widmete, von größerer Bedeutung als die Berliner Konferenz. Die beiden Komplexe wurden nacheinander mit zum Teil gleicher Besetzung behandelt. In der Koreafrage konnte man von dem am 27. Juli 1953 in Panmunjon abgeschlossenen Waffenstillstand ausgehen, der die fast fünfjährigen Kämpfe beendete. Es wurde ein Abzug der Besatzungstruppen auf beiden Seiten und die Abhaltung von gesamtkoreanischen Wahlen vereinbart. Die Gespräche wegen Indochina begannen, während die Kämpfe um die letzten französischen Stellungen im Dschungel ihrem erbitterten Ende entgegengingen. Das Ergebnis der Beratungen war auch hier nicht befriedigend: auch in diesem Raum standen sich hinfort ein kommunistisch beherrschtes Nordvietnam und ein freies Südvietnam mit den zwischen den Fronten liegenden Staaten Laos und Kambodscha gegenüber.

In der Kulturpolitik setzte vom Sommer 1953 an ein überraschendes »Tauwetter« ein, eine Bezeichnung, die man dem Titel einer Novelle von Il'ja Erenburg entlehnte. Er selbst, während des Krieges Träger einer martialischen Kriegspropaganda gegen die Deutschen, trat jetzt gegen eine Einengung des geistigen Schaffens der sowjetischen Schriftsteller auf. Man spürte bald eine erfreuliche Auflockerung im Theaterleben, in der bildenden Kunst, im Filmwesen, der Musik und im Rundfunk. Der unter Ždanov gemaßregelte Philosophieprofessor G. F. Aleksandrov trug als Kultusminister, wenn auch nur kurzfristig (1954–1955), hierfür die Verantwortung. Seitdem der Präsident der Akademie der Wissenschaften, der bekannte Chemieprofessor A. N. Nesmejanov, sich in der »Izvestija« vom

31. Dezember 1954 für einen Austausch wissenschaftlicher Erfahrungen und Forschungen mit dem Ausland eingesetzt hatte, kam es, erstmals wieder seit mehr als 25 Jahren, zu der Teilnahme sowjetischer Wissenschaftler an internationalen Kongressen, im September 1955 sogar der sowjetischen Historiker am internationalen Historikerkongreß in Rom.

Mittlerweile war in der sowjetischen Staatsführung eine neue überraschende Veränderung eingetreten, die neben dem Sturz Berijas einen weiteren Einschnitt der nachstalinistischen Ära bedeutet. Auf der Sitzung des Obersten Sowjets am 8. Februar 1955 gab Malenkov selbst seinen Rücktritt als Ministerpräsident bekannt. Zu seinem Nachfolger wurde Marschall Bulganin ernannt.

Nikolaj Aleksandrovič Bulganin, geboren 1895 in Nižnij Novgorod als Sohn eines Buchhalters, war nach 1917 im staatlichen Sicherheitsdienst aufgestiegen. Von 1931–37 bekleidete er das Amt eines Vorsitzenden des Moskauer Stadtsowjets und war anschließend Leiter verschiedener Ämter der staatlichen Verwaltung und Wirtschaft. Die große Säuberung konnte er dank seiner Beziehungen zum engeren Kreise um Stalin unbehelligt überstehen. Während des Zweiten Weltkrieges bekam Bulganin als politischer Funktionär höherer Stäbe den Anschluß an die militärische Laufbahn und wurde 1944 zum Armeegeneral und zum Mitglied des Staatskomitees für Verteidigung ernannt. Als Verteidigungsminister (1947–49) ist Bulganin zum Marschall befördert worden; nach dem Tode Stalins übernahm er erneut das Verteidigungsministerium.

Bulganin erschien schon allein auf Grund seiner Laufbahn als typischer Vertreter der Interessen der wirtschaftlich-technischen, administrativen und militärischen Intelligenzschicht und als der gegebene Mittler zwischen Partei, Wehrmacht und Staat. Mit der Übernahme des Ministerpräsidiums übergab er das Amt des Verteidigungsministers an Marschall Žukov, der damit aus dem Hintergrund, in den Stalin den siegreichen Feldherrn nach dem Kriege geschoben hatte, wieder ins helle Rampenlicht trat.

Malenkov gab die Gründe für seinen Rücktritt selbst an, wenn er reumütig von der unbefriedigenden Lage der Landwirtschaft und dem Zurückbleiben der Schwerindustrie sprach und zugab, schwerwiegende Fehler gemacht zu haben. Es stellte sich heraus, daß der »neue Kurs« das Land wirtschaftlich überfordert hatte, da Rüstung und Lebensstandard zugleich gehoben werden sollten. Malenkovs weitere Verwendung auf einer niedrigeren Ebene als Unionsminister für Kraftwerke und stellvertretender Ministerpräsident zeigte, daß im nachstalinistischen Rußland politische Verschiebungen nicht notwendigerweise in blutiger Weise zu verlaufen brauchten.

Neben den sachlichen Argumenten für den Regierungswechsel ist auch der geheime Machtkampf hinter den Kulissen nicht zu übersehen. Hier erschien Chruščev als der eigentliche Nutznießer dieser Veränderung. Er war schon im September 1953 zum I. Sekretär der Partei ernannt worden und im Sommer 1954 mit mehreren Reden und Erlassen an die Öffentlichkeit getreten. Von entscheidender Bedeutung aber war seine gemeinsam mit Bulganin im Oktober 1954 angetretene Reise nach Peking geworden. Hier wurde das Band zwischen den beiden kommunistischen Großmächten, ausgehend von den Pakten des Februar 1950 und September 1952, noch enger geknüpft. Zugleich wurden aber der Sowjetunion wirtschaftliche Forderungen präsentiert, die mit dem Ausbau der chinesischen Schwerindustrie zusammenhingen und eine zusätzliche Belastung der sowjetischen Produktion darstellten.

Die sowjetische Wirtschaftshilfe an China erforderte höchste Anstrengungen seitens der sowjetischen Schwerindustrie; gleichzeitig glaubte man aber auch die Rüstungsindustrie nicht vernachlässigen zu dürfen, wenn das außenpolitische Gewicht der Sowjetunion nicht gefährdet werden sollte.

Daß zwischen Malenkov und Chruščev ein latenter Gegensatz bestanden hatte, war nach 1953 zunächst wenig sichtbar geworden. Der Abakumov-Prozeß im Dezember 1954 hatte jedoch schon ein merkwürdiges, düsteres Licht auf diese Hintergründe geworfen. V. S. Abakumov war 1947 bis 1951 Sicherheitsminister gewesen und hatte in dieser Eigenschaft nach dem Tode Ždanovs Ende 1948 auf Befehl Stalins und mit Billigung, vielleicht auch auf Anregung von Malenkov, die erwähnte Säuberungsaktion gegen dessen Anhänger in Leningrad vorgenommen. Jetzt wurde er in einem summarischen Verfahren vom Obersten Gerichtshof der UdSSR zusammen mit anderen Funktionären des Sicherheitsdienstes zum Tode verurteilt und hingerichtet. Es erwies sich dabei, daß Chruščev und Malenkov in verschiedenen Lagern standen.

Bald darauf zeigte eine Reihe von Presseartikeln an, daß Malenkovs neuer Kurs von der Parteiführung beanstandet wurde. Das Zentralkomitee der KPdSU sprach sich Ende Januar 1955 für Chruščevs These vom Vorrang der Schwerindustrie aus, die vom Chefredakteur der »Pravda«, D. T. Šepilov, am 24. Januar 1955 theoretisch untermauert wurde. Der Rücktritt Mikojans als Handelsminister, der den neuen Kurs eifrig befürwortet hatte, und das am 3. Februar veröffentlichte Referat Chruščevs vor dem Zentralkomitee waren die Vorboten für den Sturz Malenkovs. Gleichzeitig mit Abakumov wurde eine Einrichtung liquidiert, die zu den charakteristischen Merkmalen des Stalinschen Terrorsystems gehört hatte. Revolten in den Zwangsarbeitslagern Vorkuta, Noril'sk (1953) und Karaganda (1954), ihrerseits Symptome des »Tauwetters« auch in diesem Sektor, gaben den Anlaß, diese berüchtigten Anstalten als unrentabel und nicht mehr zeitgemäß zu entleeren und aufzulösen.

Seit dem 8. Februar 1955 trat an die Stelle des Duumvirats Malenkov–Chruščev das Duumvirat Bulganin–Chruščev, bei dem das Gewicht Chruščevs entschieden stärker war als im ersten. Seitdem ist auch das Tauwetter an der kulturellen Front nicht von Kälteeinbrüchen verschont geblieben, die in Gestalt von Mahnungen an die Wissenschaftler, Schriftsteller und Künstler, die Pflicht zur kommunistischen Parteilichkeit nicht zu vergessen, immer wieder vor Augen traten, besonders deutlich auf dem zweiten sowjetischen Schriftstellerkongreß 1954. Stärker als in der Sowjetunion machten sich die liberalisierenden Wirkungen dieser Strömungen in den kleineren Ostblockstaaten, besonders in Polen, bemerkbar.

Die Außenpolitik der Sowjetregierung zeichnete sich seit dem Februar 1955 durch eine persönliche Aktivität der leitenden Staatsmänner aus, die in dieser Art in der ganzen bisherigen Geschichte der Sowjetunion ohne Parallelen dasteht. Daß Molotovs Einfluß im Rückgang begriffen war, zeigte nicht nur seine Abwesenheit bei den entscheidenden auswärtigen Besuchsreisen, sondern auch das Reuebekenntnis, das er am 16. September 1955 abgeben mußte, in seiner Rede vom 8. Februar des Jahres von den Grundlagen der sozialistischen Gesellschaft in der Sowjetunion gesprochen zu haben, während in Wirklichkeit, wie es hieß, der Aufbau der sozialistischen Gesellschaft schon vollendet sei.

Zunächst war die Reise, die Chruščev und Bulganin im Mai 1955 nach Belgrad antraten, von allergrößter Tragweite. Sie führte zu einer partiellen Aussöhnung zwischen Jugoslawien und Sowjetrußland. Die Schuld für die Entfremdung zwischen beiden Ländern und Parteien wurde vor allem Berija in die Schuhe geschoben. Das Ergebnis der Besprechungen wurde in der Belgrader Deklaration vom 2. Juni 1955 zusammengefaßt. Dadurch, daß Tito auch weiterhin eine beträchtliche Aktionsfreiheit behielt, machte sich von jetzt ab eine wesentlich lockerere Gliederung des Weltkommunismus mit den drei Brennpunkten Moskau, Peking und Belgrad bemerkbar.

Im selben Monat kamen auch die langwierigen Verhandlungen wegen des österreichischen Staatsvertrages, die nach der Berliner Konferenz vor erneuten Schwierigkeiten standen, überraschend schnell zum Abschluß. Der am 15. Mai unterzeichnete Vertrag führte zum Abzug aller Besatzungstruppen, auch der sowjetischen. Österreich bezahlte die Wiederherstellung seiner Unabhängigkeit mit der Neutralisierung. In Moskau glaubte man damit einen Modellfall konstruiert zu haben, der vielleicht auch für Deutschland Geltung haben konnte.

Als die Regierungschefs und Außenminister der Großmächte – von seiten des Westens Eisenhower, Faure und Eden – sich vom 18.–23. Juli zur sogenannten Gipfelkonferenz in Genf trafen, wurde damit eine schon zwei Jahre früher geäußerte Anregung Churchills verwirklicht. Die sowjetische Delegation, bestehend aus Bulganin, Chruščev, Žukov, Molotov u. a., war eifrig bestrebt, ihren Willen zur Entspannung durch lächelnde Leutseligkeit zu betonen. In der deutschen Frage wurde keine Einigung erzielt, aber die Tür für weitere Gespräche offengehalten. In der Abrüstungsfrage erregte vor allem Präsident Eisenhowers Vorschlag einer gegenseitigen Luftinspektion zur Sicherung vor Überraschungsangriffen Aufsehen. Die Sowjetunion griff aber diese Anregung nicht auf. Gleichwohl konnte die ohne eine Nachgiebigkeit gegenüber Moskau erzielte allgemeine Entspannung von allen westlichen Mächten als Erfolg gebucht werden. Bei der Sowjetunion war der Wille zur Entspannung zum mindesten für die nächsten Jahre ehrlich gemeint und notwendig, um die großen Wirtschaftsprogramme ungestört zum Abschluß zu bringen.

Noch ehe die in Aussicht genommene Außenministerkonferenz zusammentrat, zeigte der Kreml eine neue Initiative in der deutschen Frage. Schon auf der Berliner Konferenz hatte Molotov die Möglichkeit der Aufnahme diplomatischer Beziehungen zur Bundesrepublik Deutschland angedeutet. Nun wurde Bundeskanzler Adenauer zu Verhandlungen nach Moskau eingeladen. Im September 1955 traf Adenauer mit großer Delegation in Moskau ein und wurde mit betonter Aufmerksamkeit empfangen. Zwar blieben die Sowjets in der Deutschlandfrage hart, Adenauer erreichte aber die Freilassung der letzten deutschen Kriegsgefangenen und Internierten, die noch als »Sträflinge« festgehalten wurden, sowie die Aufnahme diplomatischer Beziehungen. Auf der Außenministerkonferenz von Oktober bis November des Jahres zeigte sich, daß die Sowjets im Grunde nicht gewillt waren, von ihrer Linie abzugehen. Molotov lehnte freie Wahlen in Deutschland ab und weigerte sich, einer Verbindung zwischen der Frage eines allgemeinen Sicherheitssystems und der deutschen Wiedervereinigung zuzustimmen.

Während einer längeren Reise durch Indien, Burma und Afghanistan Ende 1955 bemühten sich Chruščev und Bulganin, der Bevölkerung die neue Entspannungstaktik zu demonstrieren, um die Bedeutung einer neutralen Haltung der asiatisch-afrikanischen Staaten, deren Mündigkeitswillen in der Bandung-Konferenz der übrigen Welt vor Augen geführt worden war, zu unterstreichen. Auch der Besuch Malenkovs in England, der dem Studium englischer Kraftwerke und der Vorbereitung eines Besuchs der beiden sowjetischen Führer (im April 1956) dienen sollte, war eine derartige Offensive des Lächelns. Umgekehrt riß in Moskau die Kette der prominenten auswärtigen Besucher aus West und Ost nicht ab. Nehru, Tito, Sukarno, der Schah von Persien und die Staatsoberhäupter von Vietnam, Burma und Afghanistan erschienen ebenso wie die leitenden Staatsmänner von Frankreich, Belgien, Kanada, Norwegen, Dänemark und Schweden. In gewissem Sinne wiederholte sich der entsprechende Vorgang aus der Mitte der 30er Jahre auf einer erweiterten globalen Ebene. Besonderen Wert legte man in Moskau darauf, die freundschaftlichen Beziehungen zu Finnland zu dokumentieren, obwohl es eine bürgerliche Regierung hatte und die Kommunisten nur eine Minderheit bildeten. Im Januar 1956 wurde der Stützpunkt Porkkala, den sowjetische Truppen seit dem Krieg besetzt hielten, geräumt; im Zeitalter der Atomwaffen kam ihm ohnehin nicht mehr viel Bedeutung zu. Die Auflösung der Karelo-Finnischen Sowjetrepublik im Juli des Jahres war ebenso eine freundliche Geste gegenüber dem freien Finnland wie der Besuch des sowjetischen Staatsoberhauptes Vorošilov, der sich anschloß. Im Sommer 1957 erschienen auch Chruščev und Bulganin, die unermüdlichen Reisenden, in Helsinki, um den erstaunten Zuhörern zu verkünden, daß die bolschewistische Ideologie, wenn sie erst »mit Butter eingefettet« würde, alle Schranken und eisernen Vorhänge mit Leichtigkeit überwinden werde. Diese neue Außenpolitik des Lächelns schien sich vollends durchgesetzt zu haben, als Molotov, schon einmal gemaßregelt, im Juni 1956 endgültig das Außenministerium räumen mußte, um es dem bisherigen Chefredakteur der »Pravda«, D. T. Šepilov, zu überlassen. Trotz alledem waren die Resultate zwielichtig.

Chruščev selbst hatte allzu weitgehende Erwartungen auf eine umfassende Koexistenz im Dezember 1955 dadurch gedämpft, daß er ausdrücklich den Bereich der Ideologie von diesen Bemühungen ausnahm und feststellte, von einer ideologischen Koexistenz könne unter gar keinen Umständen die Rede sein.

Der XX. Parteikongreß (1956) und seine Folgen.

Eine einschneidende Bedeutung für die innere und äußere Entwicklung der Sowjetunion nach dem Tode Stalins hat der XX. Parteikongreß gewonnen. Er tagte vom 14. bis 25. Februar 1956 in Moskau. Sein wichtigstes Ergebnis war die totale Zertrümmerung des Stalinkults, dem man zunächst nur behutsam zu Leibe gerückt war. Am 21. Dezember 1954 war z. B. des »großen Stalin« anläßlich seines Geburtstages in der Presse noch in überaus ehrender Weise gedacht worden. Jetzt holte jedoch Mikojan in seiner Rede vom 16. Februar zum ersten Schlag aus. Chruščev begnügte sich zunächst mit der Forderung nach einem neuen Lehrbuch der Parteigeschichte, das auf historischen Tatsachen beruhen und den »Kurzen Lehrgang« von 1938 ersetzen sollte. Die eigentliche Sensation brachte Chruščevs Geheimrede vom 24./25. Februar, die offiziell nicht veröffentlicht worden ist, deren damals im Westen verbreiteter Text sich inzwischen als echt herausgestellt hat.

Die Geheimrede Chruščevs stellte eine Generalabrechnung mit Stalin dar, die, beginnend mit seinem Verhalten beim Tode Lenins über den Machtkampf gegen Zinov'ev, Kamenev u. a. und die Säuberungen sowohl der 30er als auch der 50er Jahre, nicht nur seine Machtgier und seinen Despotismus, seinen Größenwahn und seinen Terrorismus, sondern an Hand seines Verhaltens bei Kriegsausbruch im Jahre 1941 und während des Krieges, im Konflikt mit Tito und in der verfehlten Außen- und Innenpolitik auch seine Unfähigkeit und Begrenztheit nachzuweisen bemüht war. Dem Bericht sind mehrere Briefe und Dokumente beigegeben, die bisher entweder garnicht oder nicht im Wortlaut bekannt waren. Eine genaue Analyse der weiteren

Kongreßreden und Berichte ausländischer Kommunisten ergibt einen umfassenden Katalog von Irrtümern und Fehlern, der sich mit diesen Anklagen deckt.

Ganz konsequent ist das Zentralkomitee der KPdSU daher auch an die Rehabilitierung der Opfer der stalinistischen Terrorherrschaft gegangen. Hierbei stehen die Namen der während der »Ežovščina« Verurteilten im Vordergrund. An eine Rehabilitierung der Trockisten und Bucharin-Anhänger ist man bisher nicht herangetreten. Von den Parteiführern, die die große Säuberung lebend überstanden haben, werden Petrovskij und Bubnov genannt.

Das eigentliche Motiv dieser Zertrümmerung des Stalin-Mythos scheint in den Schwierigkeiten der inneren Lenkung der sowjetischen Gesellschaft, besonders ihrer jüngeren Generation, zu suchen zu sein. Die Parteiführung sah sich anscheinend veranlaßt, durch einen revolutionären Akt, der eine Schockwirkung auslösen sollte, das Vertrauensverhältnis zwischen Regierung und Volk wiederherzustellen, das während der stalinistischen Ära verlorengegangen war. Auf diese Weise glaubte die Parteiführung ihre eigene oligarchische Herrschaft sichern und die Weltmachtstellung der Sowjetunion wahren zu können.

Daß man dabei auf die Ära Lenins zurückgriff und in jeder Weise über stalinistische Verfälschungen hinaus an die leninistische Theorie und Praxis appellierte, sollte die eigene Legitimierung der herrschenden Clique festigen. Die eigentlichen Grundlagen der stalinistischen Diktatur wurden hierbei um so weniger angetastet, als gleichsam nur ein später, entarteter Stalin einem frühen gegenübergestellt wird, dem man noch immer das Zeugnis ausstellt, trotz seiner Irrtümer ein »großer Marxist« gewesen zu sein. Darüber hinaus ist es bedeutsam zu erkennen, daß die Rückkehr zum Leninismus immer noch den Grundsatz der Parteieinheit, der Parteilichkeit und der Einparteienherrschaft, der eingeschränkten Meinungsfreiheit und des bürokratischen Zentralismus sowie Wahlen mit parteiamtlich kontrollierter Kandidatennominierung mit einschloß. Diese Grundlagen der bolschewistischen Staatspraxis wurden bereits auf dem X. Parteikongreß im März 1921 festgelegt.

In bezug auf die Methoden des Übergangs vom Kapitalismus zum Sozialismus, d. h. nach westlicher Terminologie: von der demokratischen Ordnung zur kommunistischen, hat Chruščev in seinem großen siebenstündigen Rechenschaftsbericht vor dem Kongreß sehr aufschlußreiche Bemerkungen gemacht. Es sei keineswegs notwendig, sagte er, daß die Formen des Übergangs zum Sozialismus unter allen Umständen mit einem Bürgerkrieg verbunden sein müßten. Es sei wahrscheinlich, daß diese Formen immer mannigfaltiger werden würden. Er versäumte aber nicht hinzuzufügen, daß zwischen den revolutionären Marxisten und den »opportunistischen Reformisten« immer noch eine tiefe Kluft bestehe. »Der gewaltsame Sturz der Diktatur der Bourgeoisie und die damit verbundene krasse Verschärfung des Klassenkampfes ist für eine Reihe kapitalistischer Länder unvermeidlich.« »Die Anwendung oder Nichtanwendung von Gewalt beim Übergang zum Sozialismus hängt nicht so sehr vom Proletariat, als vielmehr vom Widerstand der Ausbeuter, von der Anwendung von Gewalt durch die Ausbeuterklassen selbst ab.«

Was wollte er damit sagen? Chruščev wollte mit der Feststellung, daß es verschiedene Wege zum Sozialismus gibt, eine Brücke zu den rechtssozialistischen Parteien des Westens schlagen, um im Sinne der Volksfronttaktik den kommunistischen Parteien breitere Wirkungsmöglichkeiten zu schaffen, eventuell auch den linken Flügel der sozialistischen Parteien nach alten Mustern abzuspalten. Zugleich sollte aber auch eine Brücke zu den jungen nationalen und sozialen Strömungen der asiatisch-afrikanischen Völker geschlagen werden. Auf der anderen Seite ließ Chruščev keinen Zweifel an der Entschlossenheit des Weltkommunismus, in »einer Reihe von kapitalistischen Ländern« einen gewaltsamen Sturz des bisherigen Regimes gegebenenfalls herbeizuführen, dabei in geschickter Kasuistik die Verantwortung auf die bürgerlichen Kreise schiebend. Die verschiedentlichen Anbiederungsversuche, die von Moskau aus nach dem XX. Parteikongreß in die Richtung der westlichen sozialistischen Parteien erfolgten, wozu im April 1956 die Auflösung der Kominform den nötigen Resonanzboden geben sollte, führten zunächst zu keinem Ergebnis, sondern sogar zu einer deutlichen Abfuhr. Die Erbitterung Chruščevs über diese Reaktion hat sich während seines Londoner Besuches im April 1956 anläßlich des Banketts der Labour Party deutlich genug Luft gemacht.

An weiteren Ergebnissen des XX. Parteikongresses wäre die Verabschiedung des VI. Fünfjahresplanes (1956–1960) zu nennen. Er sah vor, die industrielle und agrarische Produktion »bei gleichzeitiger Veränderung des technischen Gesamtniveaus« auszuweiten. Damit war das Problem der weiteren Rationalisierung im Sinne der Automatisierung angedeutet. Insbesondere sollte die Energiewirtschaft weiter ausgebaut und modernisiert und das Schwergewicht der Industrie weiter nach Osten verlagert werden. In Mittel- und Ostsibirien, im Raum zwischen Krasnojarsk und Bratsk an der Angara sollte eine dritte Industriebasis geschaffen werden.

Der Wunsch, nach außen hin auf allen Gebieten den Willen zu einer Entspannung zu dokumentieren, machte auch vor dem militärischen Sektor nicht halt. Die Rüstungsausgaben der Sowjetunion waren seit 1948 auf über das Doppelte angewachsen (von 66 Milliarden Rubel auf 162 im Jahre 1955) und betrugen 1955 21,6 % der Gesamtausgaben des Staates[80]. Jetzt erklärte die Sowjetregierung die Bereitschaft, über eine Abrüstung der herkömmlichen Waffengattungen und Truppenteile auf internationaler Ebene zu verhandeln. Es liefen Abrüstungsverhandlungen an, die allerdings zu keiner effektiven Einigung führten.

Daß die Sowjetunion sich derartige Tendenzen leisten konnte, lag daran, daß sie mittlerweile in der Entwicklung der Atomwaffen beachtliche Fortschritte erzielt hatte. Die Atomindustrie war seit dem Zweiten Weltkrieg ständig vorangetrieben worden; ein hervorragender Anteil an der Entwicklung der nuklearen Waffen kommt hierbei dem seinerzeit nach London emigrierten und 1934 zurückgekehrten Physiker Professor P. L. Kapica zu. Schon am 9. August 1953 konnte Malenkov auf einer Sitzung des Obersten Sowjets bekanntgeben, daß die Sowjetunion über die Wasserstoffbombe verfüge; alsbald traten auch die interkontinentalen Raketen hinzu. Es gelang dem sowjetischen Physiker L. I. Sedov (geb. 1907) und seinen Mitarbeitern, den ersten Erdsatelliten (»Sputnik«) zu entwickeln und am 4. Oktober 1957 in den Weltraum zu schießen. Es war ein Ereignis, das das Selbstbewußtsein nicht nur der bolschewistischen Führung, sondern auch weiter Kreise der Bevölkerung merklich stärkte.

Von dem sogenannten Tauwetter und der Auflockerung der innenpolitischen und außenpolitischen Atmosphäre waren starke Wirkungen ausgegangen. Weitreichende Konsequenzen sollte die Entstalinisierung des XX. Parteikongresses für die anderen Länder des Ostblocks haben. Besonders das polnische Freiheitsstreben erhielt durch diese Ereignisse neue Impulse. Zwar wurde die Streikbewegung der Posener Arbeiter im Juni 1956 blutig unterdrückt; aber die Parteiführung zog daraus die Konsequenzen, indem sie den 1949 wegen titoistischer Tendenzen abgesetzten Władysław Gomułka wieder an die Spitze stellte. Ein Blitzbesuch Chruščevs in Warschau konnte die Polen nicht von ihrer Linie abbringen; Marschall Rokossovskij wurde nicht mehr ins Politbüro gewählt und bald darauf auch als Verteidigungsminister abgelöst. Durch sein geschicktes Verhalten ist es Gomułka seitdem gelungen, unter Beibehaltung aller Bindungen zu Moskau doch ein gewisses Maß an Aktionsfreiheit für Polen zu gewinnen.

In Ungarn dagegen schlug eine ähnliche Entwicklung, die mit der Ablösung von Rákosi von der Parteiführung begann, alsbald in eine sichtlich antikommunistische und antirussische Freiheitsbewegung um, die in Straßendemonstrationen ihren Ausdruck fand. Die neue Regierung Nagy verlangte die Zurückziehung der sowjetischen Truppen, restituierte die katholische Kirche in ihre Rechte und erklärte den Austritt Ungarns aus dem Warschauer Pakt. Das war der Punkt, wo für den Kreml ein Kompromiß nicht mehr diskutabel war. In einer blutigen Intervention schlugen die sowjetischen Truppen zu und eroberten in Straßenschlachten, in denen die ungarische Arbeiterschaft und junge Intelligenz starke Opfer erlitt, am 4. November Budapest zurück. Die Regierung Kádár schaltete wieder zu der früheren Abhängigkeit von der Sowjetunion zurück.

Von Bedeutung war bei diesen Vorgängen in Polen und Ungarn, die die Grenzen der Liberalisierung des sowjetischen Regimes sehr instruktiv aufzeigten, das Verhalten Chinas. Hatte Mao Tse-tung zunächst Gomułka zu einem selbständigen Kurs ermutigt, so stand er bei der sowjetischen Intervention in Ungarn ganz hinter Moskau. Eine Reise Tschou En-lais nach Moskau, Warschau und Budapest im Januar 1957 zeigte dieses chinesische Interesse an osteuropäischen Vorgängen und zugleich auch die Solidarität des Ostblocks deutlich auf.

In internationalem Rahmen kam dieser Solidarität die gleichzeitige Intervention Englands, Frankreichs und Israels gegen Ägypten am Suez-Kanal sehr zustatten. Der Kreml drohte England unverblümt mit kriegerischen Maßnahmen und der Entsendung von Freiwilligen in den Nahen Osten. Der arabischen Welt gegenüber konnte die Sowjetunion als Beschützerin ihrer nationalen Einigungsbestrebungen auftreten, die sie in Wirklichkeit für eine Ausweitung des eigenen Einflusses auszunutzen bestrebt war. Ein Besuch des Präsidenten der nunmehr Vereinigten Arabischen Republik, Nasser, im April 1958 zeugte ebenso von diesem propagandistischen Geländegewinn im Nahen Osten auf Kosten der westlichen Welt, wie auch die Krise im Libanon und im Irak im Sommer 1958 vom Kreml entsprechend genutzt wurde.

Für die inneren Verhältnisse in der Sowjetunion waren die Thesen Chruščevs vom 30. März 1957 zur Dezentralisierung der Industrie und der Bauwesenverwaltung von folgenschwerer Bedeutung. Man hat die Durchführung dieser Maßnahmen die größte innere Umwälzung der Sowjetunion seit 1928 genannt. An die Stelle der zentralen rund 30 Wirtschaftsministerien traten lokale Wirtschaftsräte der einzelnen Verwaltungsgebiete; dem Plankomitee oblag seitdem nur die allgemeine und grundsätzliche Lenkung. Mit dieser Reform wurde die hohe staatliche Wirtschaftsbürokratie zugunsten der mittleren Funktionäre entmachtet. Chruščev mag befürchtet haben, daß die sowjetische »Managerschicht« eine »Macht im Hintergrund« (Achminow) darstellte, die der Parteiführung eines Tages gefährlich werden konnte.

Als sich im Zentralkomitee Widerstand gegen Chruščevs Maßnahmen regte, setzte er am 29. Juni die Entfernung von Molotov, Malenkov, Kaganovič und Šepilov aus dem Zentralkomitee durch, ohne daß zunächst gegen die Betroffenen ein Verfahren eröffnet wurde. Šepilov (geb. 1905), der 1956 anstelle Molotovs Außenminister geworden war, war schon im Februar des Jahres von Außenminister A. A. Gromyko (geb. 1909) abgelöst worden. Es hat den Anschein, daß sich in der Opposition gegen den energischen Realisten und »Techniker der Macht« Chruščev zwei heterogene Gruppen zusammengefunden hatten: die alten stalinistischen Doktrinäre und die »Manager der Technik« (Meissner), die von verschiedenen Seiten aus Chruščevs Politik mißbilligten. Eine weitere innerpolitische wichtige Maßnahme war die Übergabe des Inventars der MTS an die Kolchosen im März 1958. Was als eine Konzession der Regierung an die Kolchosbauern hingestellt und als Zeichen einer fortschreitenden Liberalisierung der sowjetischen Wirtschaft gedeutet wurde, stellte in Wirklichkeit nur eine Etappe auf dem Wege der Verstaatlichung der gesamten Landwirtschaft dar. Das Ziel blieb, die Unterschiede zwischen dem staatlichen Sowchosarbeiter und dem Kolchosbauern mit seinem Anteil am Reinertrag und seiner kleinen privaten landwirtschaftlichen Sphäre nach und nach verschwinden zu lassen. In Kasachstan war 1954 eine Kampagne zur Neulandgewinnung angelaufen, für die sich Chruščev stets besonders eingesetzt hatte. Die Arbeitskräfte wurden hierfür vor allem aus der Jugend der Ukraine rekrutiert. Die ersten Erträge waren verheißungsvoll; allein bis zum Januar 1956 konnte die Kultivierung von 33 Mill. Hektar (das ist die Größe Italiens) gemeldet werden, 1961 waren es 48 Mill. Hektar. Das Jahr 1958 brachte eine Rekordernte, die von Chruščev als persönlicher Erfolg gewertet wurde.

Bei den Auseinandersetzungen im Zentralkomitee im Sommer 1957 hatte sich Chruščev noch sichtlich auf Marschall Žukov stützen können, der seit 1955 Verteidigungsminister und seit 1956 Mitglied des Zentralkomitees war. Am 26. Oktober 1957 ist Žukov, während er sich zu einem offiziellen Besuch in Jugoslawien aufhielt, als Verteidigungsminister und Oberbefehlshaber der sowjetischen Streitkräfte unerwartet abgesetzt worden. Ihm wurde vorgeworfen, er habe die alleinige Führung der Armee angestrebt und versucht, den Einfluß der Partei auf die Streitkräfte auszuschalten. Es mag sein, daß er in Wirklichkeit sich den merklichen Bemühungen Chruščevs, seine Macht zu vergrößern, widersetzt hatte. Aber bei seinem Sturz zeigte sich unmißverständlich, daß die sowjetische Armee nicht ein selbständiges Instrument in seiner Hand war, sondern geschlossen hinter der Parteiführung stand.

Am 7. November 1957 wurde in Moskau im Beisein von Mao Tse-tung und sämtlicher prominenter Führer des Weltkommunismus – mit Ausnahme Marschall Titos – der 40. Jahrestag der Oktoberrevolution mit großem Aufwand gefeiert. Gemeinsam mit dem Ministerpräsidenten Bulganin nahm Chruščev als Parteichef die Ovationen der Massen entgegen. Aber die Gerüchte um Bulganins Rücktritt wollten nicht verstummen. Am 26. März 1958 war Chruščev am Ziel. Auf einer Sitzung des Obersten Sowjets wurde Bulganin seines Amtes entbunden und später auch aus dem Zentralkomitee und der Partei ausgeschlossen; an seine Stelle trat Chruščev.

Zum ersten Male seit dem Tode Stalins lag die Führung von Regierung und Partei wieder in einer Hand. Damit schien der konsequente Aufstieg eines Mannes abgeschlossen, dem es gelungen war, alle anderen prominenten Vertreter der sowjetischen Führung zu überrunden. An die Stelle der bisherigen Kollektivführung war erneut eine Einmanndiktatur getreten. War damit der Weg freigegeben für einen neuen Personenkult und ein neues terroristisches Gewaltsystem?

Die Unterschiede im Stil der Machthandhabung dürfen nicht übersehen werden. Konnte Stalin sich auf einen gefügigen Apparat in der Partei verlassen, so mußte Chruščev nach wie vor mit dem Zentralkomitee rechnen, das auch jetzt keineswegs nur aus bedingungslosen Gefolgsleuten bestand. Eine politische Polizei von der Geschlossenheit der einstigen GPU stand ihm nicht zur Verfügung. Chruščev gehörte auch einem anderen Menschenschlag an als der mißtrauische, hintergründige und starrsinnige Stalin, dessen Kontaktfähigkeit zur Umgebung, zur Bevölkerung und zu den wechselnden Ereignissen der großen Politik immer geringer wurde. Bei dem zwar grobschlächtigen, aber vitalen und jovialen Chruščev war eine gewisse Beliebtheit ebensowenig zu leugnen wie Geschmeidigkeit und Witterung für politische Wandlungen und Möglichkeiten. Es ist jedoch wichtig, zu erkennen, daß sein wacher Sinn für die realen Möglichkeiten auf der Grundlage eines glühenden Optimismus in bezug auf die Verwirklichung der kommunistischen Idee ruhte.

Nicht zu übersehen war ferner der Wandel des gesellschaftlichen Hintergrundes von den 20er, 30er Jahren zu den ausgehenden fünfziger Jahren. In diese Zeitspanne fiel der Aufstieg der neuen tragenden Schicht der Gesellschaft, der sowjetischen Intelligenz, die man auch »Staatsbourgeoisie« zu nennen pflegt. Das Verhältnis dieser Schicht zur Parteiführung war sicherlich nicht ohne Spannungen; sie dürfen aber nicht überschätzt werden. Auch die Parteiführung trug der Tatsache Rechnung, daß sie ohne diese Millionen qualifizierter Fachkräfte die Staats- und Wirtschaftsmaschinerie des Riesenreiches schwerlich handhaben konnte. Die Notwendigkeit, auf der einen Seite dem Wunsch der Oberschicht nach Wohlstand, Rechtssicherheit und Frieden zu genügen, ohne auf der anderen in dem rastlosen Bemühen um eine Steigerung von Produktion und Rüstung nachzulassen, stellte die Führung vor ungeheure Aufgaben.

Seit dem Erscheinen des Buches »Die neue Klasse« des jugoslavischen Kommunisten Milovan Djilas ist dieser Begriff zur Kennzeichnung der sowjetischen Führungsschicht populär geworden. Die Frage nach den Spannungen zwischen ihr und den Massen der Bevölkerung ist von da ab immer wieder aufgeworfen worden. Zweifellos war die Parteiführung seit dem XX. Parteikongreß daran gegangen, diese Spannungen zu lockern; von einer »geschlossenen Gesellschaft« konnte seitdem kaum mehr gesprochen werden, zumal der Weg des sozialen Aufstiegs in die Oberschicht über eine fachliche Ausbildung jedem, der sich nicht gegen die politische Führung stellt, offen ist.

Innerhalb der Kolchosbauern blieb noch viel dumpfes Unbehagen erhalten, das sich Entschädigung durch das kärgliche Stück Privatland zu verschaffen suchte. Aber die Perfektion der staatlichen Kontrollen sichert das Regime vor jeder organisierten Gegnerschaft. In der Arbeiterklasse waren die Facharbeiter nunmehr durch differenzierte und angehobene Löhne materiell so gestellt, daß eine schrittweise Verbesserung des Lebensstandards möglich wurde. Die Lockerung der drakonischen Arbeitsdisziplin und z. T. auch der Beschränkungen der Stalin-Ära in der Wahl des Arbeitsplatzes trugen ebenfalls dazu bei, daß sich die Arbeiterschaft immer mehr als Mitträger der Gesellschaft und des sowjetischen Staates empfindet.

Auch die geistige Intelligenz, insbesondere Hochschullehrer, Wissenschaftler, Schriftsteller und Künstler, war jetzt in starkem Maße an der Austeilung des Volkseinkommens beteiligt und damit in materieller Hinsicht Nutznießer des Systems. Allerdings wurde das Bewußtsein freier Schaffensmöglichkeiten seit dem »Tauwetter« von 1953 immer wieder durch »Frosteinbrüche« in Gestalt von Eingriffen seitens Staat und Partei beeinträchtigt. Hierzu gehörte etwa die deprimierende Maßregelung des Dichters Boris Pasternak, dem nicht gestattet wurde, den ihm im September 1958 verliehenen Nobelpreis anzunehmen. Neben Anzeichen einer progressiven schöpferischen Unruhe in dem sowjetischen Kulturleben erkannte Chruščev noch eine weitere Gefahr für die Ziele der Partei in Symptomen einer Verbürgerlichung der lernenden Jugend. Ihr trat er mit einer Schulreform vom Dezember 1958 entgegen, die den Unterschied zwischen Kopf- und Handarbeit überbrücken und der Industrie mehr Nachwuchs zuführen sollte. Es war bezeichnend für den geänderten Stil der Machtausübung, daß er sich durch eine gewisse Beunruhigung veranlaßt sah, den ersten radikalen Entwurf abzuändern.

Technische Erfolge und Verschärfung des Ost-West-Konfliktes

Die parteiamtliche Geschichtsschreibung der Sowjetunion hat seit jeher die Parteikongresse als wichtige Etappen der Periodisierung angesehen. Mit der Verstärkung der internationalen Stellung des kommunistischen Machtblocks hat die Funktion der Parteikongresse zweifellos auch objektiv und auch im Hinblick auf die internationalen Beziehungen an Bedeutung gewonnen. Die Zeitspanne zwischen dem XXI. und XXII. Parteikongreß, vom Januar 1959 bis zum Oktober 1961, hat innenpolitisch einige neue Aspekte eröffnet; außenpolitisch steht sie im Zeichen einer neuen Verschärfung des Kalten Krieges und einer weit umfassenderen, globalen Strategie des Weltkommunismus.

Der XXI. Parteikongreß vom Januar/Februar 1959 hatte sich zunächst vor allem mit dem Vakuum zu befassen, das sich durch die Undurchführbarkeit des VI. Fünfjahresplanes ergeben hatte. Der bisher gleichmäßige Rhythmus der Fünfjahrespläne wurde zugunsten eines Siebenjahresplanes aufgegeben, der von 1959 bis 1965 gelten sollte. Im Laufe dieser Zeitspanne nahm man sich vor, die Industrieproduktion um 80 % zu steigern; die Stahlerzeugung sollte von 55 Mill. Tonnen im Jahre 1958 auf ca. 90 Mill. Tonnen gebracht werden. Die wirtschaftliche Erschließung Sowjetasiens sollte vorangetrieben, der allgemeine Produktionsprozeß der Industrie durch fortschreitende Automatisierung modernisiert werden.

Es hat sich seitdem gezeigt, wie schwer es der sowjetischen Wirtschaft fällt, den weiteren Ausbau der Schwer- und Grundstoffindustrie mit der Erhaltung und weiteren Verbesserung des Lebensstandards in Einklang zu bringen. Wachstumsschwierigkeiten durch Kapitalknappheit, ein unzulängliches Arbeitspotential und Disproportion der einzelnen Wirtschaftszweige sind unverkennbar. Wenn im Mai 1960 ein Zwanzigjahresplan angekündigt wurde, ehe der Siebenjahresplan verwirklicht war, so spiegelt sich darin das Risiko wider, das Chruščevs Wirtschaftspolitik in sich barg.

Noch deutlicher haben sich Schwierigkeiten in der landwirtschaftlichen Produktion und Politik gezeigt. Die Ernte des Jahres 1959 war ungünstig, die von 1960 und 1961 mäßig; in den Neulandgebieten Mittelasiens erregten Erosionsschäden, aber auch Mißstände der Arbeitsplanung Unzufriedenheit. Das Plenum des Zentralkomitees der Partei befaßte sich im Januar 1961 mit diesen Enttäuschungen. Aus dem nördlichen Kazachstan wurde ein besonderer Bezirk mit Akmolinsk als Mittelpunkt, offenbar die am stärksten slavisierten Teile der Unionsrepublik, herausgesondert. Chruščev begab sich anschließend auf eine große Inspektionsreise, die ihn in die landwirtschaftlichen Gebiete der Ukraine, Sibiriens und Kazachstans führte, in deren Ergebnis weitere personelle Veränderungen vorgenommen wurden. Im Nordkaukasus auftretende Staubstürme haben besondere Maßnahmen zur Erschließung der Trockengebiete beiderseits des Kaspischen Meeres ausgelöst. In diesem Zusammenhang war es für die Sowjetunion eine Genugtuung, daß das Wolgakraftwerk von Stalingrad (Volgograd) mit einer Kapazität von 2 563 000 kW als das größte seiner Art in der Welt[81] vorzeitig am 9. Dezember 1960 eröffnet werden konnte.

Für 1963 war die Eröffnung eines noch größeren Wasserkraftwerkes in Bratsk an der Angara in Sibirien vorgesehen. Nach der Fertigstellung hatte es eine Kapazität von 4,05 Mill. kW; es sollte bald durch das noch im Bau befindliche Kraftwerk von Krasnojarsk mit 6 Mill. kW übertroffen werden.

Auch im Bereich der obersten Führungsstellen kam es nach dem XXI. Parteikongreß zu einem Revirement, das einige jüngere Parteiführer in den Vordergrund hob. Der aus der engeren Umgebung Ždanovs stammende frühere Parteisekretär von Leningrad, Frol Romanovič Kozlov (1908–65), hatte schon im Sommer 1957 eine entscheidende Rolle bei der Festigung von Chruščevs Machtposition gespielt. Über den Posten des Ministerpräsidenten der RSFSR avancierte er im März 1958, gleichberechtigt mit Mikojan, zum I. Stellvertretenden Ministerpräsidenten der Sowjetunion, um im Mai 1960 dieses Regierungsamt mit dem Sitz im Sekretariat des Zentralkomitees, der entscheidenden Kommandozentrale von Partei und Staat, zu vertauschen. Er galt seitdem zeitweise als zweiter Mann im Kreml neben Chruščev.

An seine Stelle im Ministerpräsidium rückte Aleksej Nikolaevič Kosygin (geb. 1904), während Dmitrij Stepanovič Poljanskij (geb. 1917), Ministerpräsident der RSFSR seit 1958, ins Präsidium des Zentralkomitees aufrückte. Hinter diesen drei Gestalten darf der Chefideologe des Kreml, Michail Andreevič Suslov (geb. 1902), nicht vergessen werden. Er hatte bei der sowjetischen Intervention in Ungarn 1956 eine wichtige Rolle gespielt und rückte im Januar ins Sekretariat des Zentralkomitees auf. Schließlich gab es im Mai 1960 auch an der obersten repräsentativen Spitze des Staates eine Wachablösung. Vorošilov trat »auf eigenen Wunsch« als Vorsitzender des Präsidiums des Obersten Sowjets zurück; sein Nachfolger wurde Leonid Iljič Breznev (geb. 1906), ein Mann aus dem Parteiapparat, gebürtiger Ukrainer.

Das Ergebnis dieser personellen Veränderungen war in einer Stärkung und Verjüngung der Verwaltungsspitze der Partei zu erblicken, die als Auftakt für die herannahende Frage der Nachfolge Chruščevs angesehen werden kann. Auch auf dem militärischen Sektor wurden Veränderungen vorgenommen. Mit der Beförderung von rund 300 neuen Generalen wurde die Generalität verjüngt.

Zwei wichtige Publikationen dieser Etappe zeugen ebenfalls von der Anpassung der Partei an die veränderte Weltlage.

1959 erschien die »Geschichte der Kommunistischen Partei der Sowjetunion«, die an die Stelle des »Kurzen Lehrgangs« von 1938 treten sollte, mit 744 Seiten mehr als doppelt so stark wie dieser. Auch das neue Lehrbuch ist weniger eine geschichtliche Darstellung als eine Anleitung zum Handeln, die nach wie vor auf die Gewaltanwendung nicht verzichtet. Eine Reihe von Akzentverschiebungen in der Wertung der historischen Entwicklung und in ideologischen Fragen zeugt von der Anpassungsfähigkeit an die veränderte soziologische und machtpolitische Situation; wichtig ist die starke Beachtung, die den nationalen Bestrebungen der Entwicklungsländer geschenkt wird, die den »Sozialismus« auch unter Überspringung der kapitalistischen Phase erreichen könnten. Das neue Lehrbuch steht ganz im Zeichen eines expansiven und siegesgewissen Kommunismus.

Das zweite Dokument war der Entwurf zum neuen Parteiprogramm, der das längst überlebte Programm von 1919 ersetzen sollte. Der neue Entwurf verspricht der sowjetischen Bevölkerung, daß die Produktion der USA bis 1970 eingeholt und überholt und die Sowjetunion den höchsten Lebensstandard der Welt genießen werde. Die Verbilligung der Lebenshaltung und Verkürzung der Arbeitszeit wird allerdings durch stärkere Heranziehung der Gesellschaft zur »ehrenamtlichen Beteiligung« an der Staatsverwaltung erkauft. Es ist bezeichnend für die amtliche Auffassung von der Übergangsphase zum Kommunismus, daß der Weg zu diesem Ziel keineswegs mit einer fortschreitenden Lockerung der wirtschaftlichen, politischen und persönlichen Freiheiten verbunden ist; davon zeugt die Strafrechtsreform vom Juli 1961, die eine scharfe Abrechnung mit »parasitären Erscheinungen«, d. h. Verbürgerlichungssymptomen in der Gesellschaft vorsieht.

In der Außenpolitik klang schon am Vorabend des XXI. Parteikongresses die kommende Verschärfung des Verhältnisses zur westlichen Welt an.

Im November 1958 erklärte die sowjetische Regierung in mehreren Noten, daß sie sich nicht mehr an die Vereinbarungen mit den Westmächten über den Status Berlins gebunden fühle. Sie setzte eine Frist von sechs Monaten, nach deren Ablauf sie, wenn keine Einigung zustande kommen sollte, ihre Befugnisse der ostdeutschen Regierung übertragen werde. Dieses Ultimatum hatte vor allem den Zweck, das Regime Ulbrichts in der DDR zu stärken. Während der Kontroverse drohte Chruščev wiederholt, mit dieser einen separaten Friedensvertrag abzuschließen.

Der Besuch des englischen Premierministers Macmillan Anfang 1959 brachte ebensowenig eine Lösung in der Frage wie die Außenministerkonferenz der Großmächte in Genf im Sommer 1959. Chruščev hielt es aber aus verschiedenen Gründen für ratsam, die ultimativen Drohungen nicht wahrzumachen. Seine spektakulär aufgezogene Besuchsreise in die USA im September 1959 mit persönlichen Gesprächen mit Eisenhower in Camp David schien eine Entspannung anzudeuten. Aber schon die nächste Reise, der Besuch bei de Gaulle in Paris im März 1960, fiel durch seine neuen scharfen Ausfälle gegen die Bundesrepublik Deutschland auf.

Eine akute Verschlechterung der west-östlichen Beziehungen trat im Mai 1960 ein. Anlaß war der Abschuß des amerikanischen Aufklärungsflugzeuges U 2 am 1. Mai 1960 über der Sowjetunion, dessen Pilot Powell den Sowjets in die Hände fiel. Chruščev nahm diese Brüskierung durch eklatante Verletzung der sowjetischen Lufthoheit zum Anlaß, das Steuer radikal herumzuwerfen. Er ließ die von langer Hand vorbereitete Gipfelkonferenz der vier Großmächte in Paris am 19. Mai auffliegen. Die vom März 1960 an in Genf tagende Abrüstungskonferenz wurde Ende Juni ergebnislos abgebrochen. Den Höhepunkt des persönlichen Einsatzes von Chruščev in dieser Phase des Kalten Krieges stellte die UNO-Versammlung in New York im Oktober 1960, wo er sich über drei Wochen aufhielt, dar.

Gegenstand der Verhandlungen waren die Unruhen, die nach der Proklamation der Selbständigkeit des belgischen Kongostaates ausgebrochen waren und zum Eingreifen der UNO am 30. Juni 1960 geführt hatten. Es wurde deutlich, welch enorme Bedeutung Afrika als neuem Wirkungsfeld der sowjetischen Außenpolitik zukam. Hatte bisher der Blick Moskaus vor allem auf den arabischen Ländern im Nordwesten und Nordosten gelegen, so boten sich mit der fortschreitenden Emanzipation auch der französischen und englischen Kolonien während dieses Schicksalsjahres des Schwarzen Kontinents neue Gelegenheiten der Einflußnahme, die im Hintergrunde aller diplomatischen und wirtschaftlichen Hilfeleistungen angestrebt wurde. In der Kongofrage bezog die Sowjetunion eine Gegenposition zur Aktion der UNO, die mit Angriffen gegen den Generalsekretär Hammarskjöld und Reorganisationsvorschlägen für das Generalsekretariat verbunden waren. In hemmungsloser, drastischer Form suchte Chruščev auf der Vollversammlung im Oktober 1960 seine Auffassung durchzusetzen. Er drang damit letzten

Endes nicht durch: im Dezember wurde eine wesentlich mildere Form der Resolution gegen den Kolonialismus angenommen, als die sowjetische Delegation vorgeschlagen hatte, und die Stellung Hammarskjölds blieb unerschüttert. Das Interesse für Afrika wurde im Februar 1961, zu einer Zeit, als die Ermordung Lumumbas im Kongo die Krise gefährlich verschärfte, durch einen Besuch des Vorsitzenden des Präsidiums des Obersten Sowjets Brežnev in Marokko, Guinea und Ghana unterstrichen.

Neben der Kongofrage rückte die Machtergreifung Fidel Castros auf Kuba in das Blickfeld der Moskauer Politik. Bereits im Februar 1960 war Mikojan dorthin entsandt worden, Ende des Jahres hielt sich eine kubanische Delegation in Moskau auf. Die antiamerikanische Einstellung Fidel Castros verschaffte der Sowjetregierung eine willkommene Gelegenheit, mit ihrer Einflußnahme in die lateinamerikanische Welt vorzustoßen.

Im Hintergrund der weltweiten sowjetischen Aspirationen unter dem Deckmantel der Koexistenzparole und der Entwicklungshilfe stand freilich das Problem der Beziehungen zu China. Hier zeichneten sich sowohl ideologische Differenzen als auch Rivalitäten in der Abgrenzung der Machträume ab. An die Stelle der »monolithischen« Geschlossenheit des Ostblocks vor 1948 war eine wesentlich differenziertere Gliederung getreten, die zu verschiedenen Spielarten des Kommunismus, wie in Polen und – am Rande des Ostblocks – in Jugoslawien und zu wechselnder Gravitierung nach den Hauptzentren Moskau und Peking, wie z. B. Albanien oder bei der indischen Kommunistischen Partei, geführt hat.

An sich war China von sowjetischen Waren- und Waffenlieferungen ebenso abhängig wie von sowjetischen Fachkräften auf den verschiedensten Gebieten. In der Sowjetunion war man anfangs stark von der Dynamik beeindruckt, mit der China seine Rückständigkeit zu überwinden versuchte. Die chinesische Industrialisierung schlug bald nach der Festsetzung des I. Fünfjahresplanes (1953) ein wesentlich rapideres Tempo ein als die russische nach 1930, allein die Stahlproduktion Chinas stieg von 0,5 Mill. t im Jahre 1939 auf 10,7 Mill. t im Jahre 1958. Mit der Einrichtung der Dorfkommunen im Herbst 1958 schien der chinesische Kommunismus in einem Sprung nach vorn die sowjetische Entwicklung vom Sozialismus zum Kommunismus überholen zu wollen. Das konnte man in Moskau nicht einfach hinnehmen. Die Parteizeitschriften stellten fest, daß die europäischen Länder jedenfalls als erste in die Endphase eintreten würden. Am 10. Dezember 1958 lenkte man in Peking ein und dämpfte das Tempo bei der Errichtung der Volkskommunen; zugleich zeigte sich, auf wie schwachen Grundlagen der Aufbau einer Schwerindustrie ruhte.

Von seiten Chinas betrachtete man Chruščevs Koexistenzpolitik mit Mißtrauen. Die Verschärfung im Verhalten Moskaus gegenüber dem Westen zwischen Ende 1958 und Ende 1960 erklärt sich nicht zum wenigsten durch die Rücksicht, die Chruščev glaubte seinem Partner schuldig zu sein, der nicht Mitglied der UNO war und nur zum Teil über diplomatische Beziehungen zum Westen verfügte. Nach Chruščevs Besuch in den USA versäumte er nicht, die chinesischen Kommunistenführer gleich anschließend persönlich zu informieren. Trotzdem war die Entfremdung seit 1959 nicht mehr fortzuleugnen. Es gab nicht nur in der Außenpolitik Unterschiede in der Auffassung über taktische Fragen; dahinter zeigten sich ideologische Differenzen.

Peking scheute sich nicht, 1960 eine scharfe ideologische Polemik gegen Moskau aufzuziehen. In den Mittelpunkt wurde Chruščevs Revision von Lenins These von der Unvermeidbarkeit von Kriegen gestellt, die man hier als nach wie vor gültig betrachtete. In Moskau antwortete der Altbolschewist Kuusinen anläßlich des 90. Geburtstages von Lenin, ebenfalls unter Berufung auf den Meister, mit einem Bekenntnis zur Koexistenz und einer Absage an den »Dogmatismus«. Chruščev selbst benutzte die Zusammenkunft der Parteichefs des Ostblocks in Bukarest im Juni 1960 zu ähnlichen Feststellungen, während die »Pravda« China der »linken Abweichung« und »sektiererischer Irrtümer« beschuldigte.

Neben dem Gegensatz in dieser Frage zeigte sich ein Unterschied der taktischen Konzeption des russischen und des chinesischen Kommunismus in dem Bestreben, den jeweiligen Machtbereich zu erweitern. Während Chruščev das Modell eines Bündnisses mit bürgerlich-nationalen Kräften und seiner späteren Umwandlung in eine kommunistische Diktatur vorschwebte, vertraute Mao Tse-tung aufgrund eigener Erfahrungen aus den 20er Jahren mehr auf die »Einheitsfront von unten«, die spontane Bauernbewegung und die Zusammenarbeit der Massen. Man durfte bei diesem Meinungsstreit um die zweckmäßigsten Methoden nicht übersehen, daß die gemeinsame ideologische Plattform trotz alledem doch noch breit genug blieb, beiden Systemen als Basis zu dienen und die außenpolitische Solidarität zu erhalten.

Im November 1960 trafen Vertreter von 81 Kommunistischen Parteien als Repräsentanten von 36 Mill. Mitgliedern in Moskau zu einem großen Konzil zusammen, das mehrere Wochen tagte. Die Schlußerklärung vom 6. Dezember ließ einen gewissen Kompromiß erkennen, wenn hier weder von Volkskommunen noch vom »Sprung nach vorn« die Rede war, obgleich auch die friedliche Koexistenz als eine Form des »Klassenkampfes zwischen Sozialismus und Kapitalismus« definiert wurde. In der Frage der Unvermeidbarkeit von Kriegen schuf Chruščev allerdings in einer Rede vom 6. Januar 1961 darüber Klarheit, daß zwar Weltkriege und lokale Kriege verhütet werden sollten, aber »nationale Befreiungskriege« und »revolutionäre Volkserhebungen« unvermeidbar seien.

In dieser Zeit war das Prestige der Sowjetunion durch Erfolge auf dem Gebiet der Kosmonautik weiter gestiegen. Im September 1959 war eine Raumrakete auf dem Mond gelandet, im Oktober gelang es, die Rückseite des Mondes zu fotografieren. Im Mai 1960 wurde eine sowjetische Raumrakete um die Erde geschickt; im August kehrte eine weitere nach 17 Erdumkreisungen mit zwei Hunden an Bord wohlbehalten zurück; im Februar 1961 wurde eine interplanetarische Station mit einem Gewicht von über 640 kg zur Venus entsandt. Als Krönung dieser Versuche gelang am 12. April 1961 der erste Raumflug eines Menschen, Jurij Gagarin, um die Erde, dem am 6. August ein weiterer, von German Titov ausgeführt, folgte; beide Raumfahrer kehrten wohlbehalten zurück. Diesen Flügen folgten weitere bemannte Vorstöße in den Weltraum im August 1962 und im Juni 1963, als sich zum ersten Male auch eine Frau, V. V. Tereškova, daran beteiligte.

Die militärpolitische Seite dieser epochalen technischen Erfolge zeigte sich allerdings bei dem erneuten Aufflammen der Berlinkrise im August 1961, als die Sowjetunion den Atomversuchsstop einseitig beendete und bei einer Reihe von Kernwaffenversuchen in Innerasien eine schockierende Wirkung, u. a. auch auf die Konferenz der »blockfreien Länder« in Belgrad, nicht nur nicht scheute, sondern wohl auch beabsichtigte.

Für die internationale Lage zu Beginn des Jahres 1961 bedeutete die Wahl Kennedys zum Präsidenten der Vereinigten Staaten einen gewissen Einschnitt, bei dem Moskau sich zunächst abwartend verhielt und durch eine entgegenkommende Geste – die Freilassung von amerikanischen Piloten, deren Flugzeug im Juli 1960 über den internationalen Gewässern der Barents-See abgeschossen worden war – auf die öffentliche Meinung einzuwirken trachtete. Eine persönliche Begegnung zwischen Kennedy und Chruščev in Wien im Juni 1961 gab die Möglichkeit, die Positionen abzutasten. Aber im Hintergrund schwelten die Meinungsverschiedenheiten in der Frage des Kongo und der Reorganisation der UNO weiter fort. Im indochinesischen Laos waren dazu noch im Dezember 1960 Kämpfe zwischen westlich orientierten und neutralistischen Kräften ausgebrochen, die eine militärische Intervention Chinas und Nordvietnams auslösten.

Gestützt auf den propagandistischen Erfolg der Raumflüge und im Hinblick auf kommende Auseinandersetzungen im Zentralkomitee am Vorabend des XXII. Parteikongresses hielt Chruščev im August 1961 die Zeit für gekommen, erneut die Frage Berlins und der Anerkennung der DDR in Form eines einseitigen Friedensvertrages aufzugreifen. Ulbricht erhielt die Erlaubnis zu einer gewaltsamen Aktion gegen die Verbindungen zwischen Ost- und West-Berlin, die am 13. August 1961 in Form eines einseitigen Handstreichs, verbunden mit terroristischen Übergriffen gegen Flüchtende und Bewohner, durch Errichtung einer Mauer gesperrt wurden.

Damit wurde die Frage der Freiheit Westberlins und seiner Verbindungswege, zugleich auch die Deutschlandfrage als solche im internationalen Rahmen neu aufgeworfen. Die brutalen Formen, in die diese Aktion gekleidet war, übertönten die Tatsache, daß der amerikanische Präsident den Mauerbau nicht nur nicht verhinderte, sondern schon vorher davon in Kenntnis gesetzt worden war.

In dieser Situation trat der XXII. Parteikongreß vom 17. bis 31. Oktober 1961 in Moskau zusammen.

Seine Aufgabe war in erster Linie die Bestätigung des Entwurfs zum neuen Parteiprogramm, der bereits vorher bekanntgegeben worden war und jetzt mit geringfügigen Veränderungen angenommen wurde. Aber der Blick des Kongresses war keineswegs nur in die kommunistische Zukunft gerichtet; noch einmal stieg, weit drastischer als 1956, die unbewältigte Vergangenheit der stalinistischen Greuel aus der Versenkung empor, um sowohl den Ablauf der unblutigen Säuberung der Parteiführung zu beschleunigen als auch die veränderte Struktur des Weltkommunismus zu verdeutlichen.

Die neuen Enthüllungen von Chruščev und A. N. Šelepin, dem Chef des Staatssicherheitsdienstes, ergänzten das in der Geheimrede auf dem XX. Parteikongreß vorgelegte Material durch weitere Einzelheiten über die Ermordung Kirovs, die Hintergründe der Exekution Tuchačevskijs und die Schicksale anderer Opfer der großen Säuberung. Dieser Grundlage entsprangen die aktuellen Konsequenzen in Gestalt einer Abrechnung mit den Resten des Stalinismus. Wir können hierbei drei Aktionen unterscheiden.

Erstens bekam die Versammlung jetzt erstmalig nähere Aufschlüsse über den Widerstand, den die »Antiparteigruppe«, bestehend aus Molotov, Malenkov, Kaganovič und Šepilov, im Juni 1957 dem Kurse Chruščev entgegengesetzt hatte; neu war, daß nicht nur Bulganin, Pervuchin und Saburov, sondern auch Vorošilov mit zu diesem Kreise gehörte, der mit sieben zu vier Stimmen bereits die Mehrheit im Präsidium in seine Hand gebracht hatte. Nur durch eine schnelle Einberufung des Plenums des Zentral-Komitees konnte Chruščev damals die Situation in seinem Sinne retten. Auf dem XXI. Parteikongreß hatte er es noch nicht für ratsam gehalten, die Vorgänge restlos zu enthüllen und die Beteiligten bloßzustellen. Das geschah jetzt, in besonders peinlicher Weise für den greisen Marschall, das ehemalige Staatsoberhaupt, Vorošilov vor aller Öffentlichkeit, mit Sündenbekenntnis und Absolution nach langerprobtem, wenn auch abgemildertem Ritual.

Die zweite Maßnahme trug den Charakter einer dramatischen Geste großen Stils. Nach der Rede einer Frau, die als Opfer der Säuberungen diese überlebt hatte und durch Schilderung ihrer Leiden die psychologischen Voraussetzungen schuf, faßte der Kongreß den Beschluß, die einbalsamierte Leiche Stalins aus dem Lenin-Mausoleum zu entfernen und an der Kremlmauer neben anderen Sowjetführern geringeren Grades beizusetzen. Der Beschluß wurde sofort ausgeführt. Sichtbar, vor allem Volk, wurde damit ein Schlußstrich unter den Stalinkult gezogen.

Die dritte Angriffsrichtung führte in außenpolitische Bereiche. Unter den anwesenden ausländischen Parteidelegationen fehlte die albanische. Chruščev stellte Enver Hodsha, den Führer der albanischen Kommunistischen Partei, als hartnäckigen Stalinisten heraus und griff ihn scharf an. Es war eine Sensation für den Kongreß, daß Tschou En-lai als Vertreter des kommunistischen China Albanien nicht nur in Schutz nahm, sondern Chruščev wegen seiner Anschuldigungen öffentlich tadelte, durch eine auch Stalin einbeziehende Kranzniederlegung im Mausoleum brüskierte und vorzeitig den Kongreß verließ. Chruščev jedoch verschärfte in der Schlußrede die Beschuldigungen gegen Albanien.

Im Ergebnis stellt sich das Bild so dar, daß Chruščev die KPdSU fester denn je in der Hand hatte. Die Aktion gegen die »Antiparteigruppe« war als Warnschuß vor jeder potentiellen Opposition in der Zukunft gedacht, der jede Fraktionsbildung nachdrücklich ausschloß. Gleichzeitig wurde eine partielle Erneuerung der oberen Parteigremien beschlossen, die die Möglichkeit bot, junge Talente voranzubringen und unliebsame Persönlichkeiten zu entfernen. Dieser Prozeß lief sehr bald auf allen Ebenen an.

Wandlungen im Weltkommunismus

Was sich an der »inneren Front« der Sowjetunion in den letzten Jahren abspielt, ist der Versuch, das kommunistische Herrschaftssystem an die Lebensbedingungen der sowjetischen Industriegesellschaft der zweiten Hälfte des 20. Jahrhunderts anzupassen. Hierbei zeigt sich eine doppelte Schwierigkeit: einmal die, dem wachsenden Wohlstandsstreben der Bevölkerung entgegenzukommen, ohne grundsätzliche ideologische Prinzipien der Herrschaftsmethoden, vor allem die Parteidiktatur, aufzugeben; zweitens die, den Vorrang der Schwerindustrie beizubehalten, ohne auf die Errungenschaften des für westliche Verhältnisse immer noch bescheidenen Lebensstandards zu verzichten. Bei den ungeheuren Kosten der militärischen Rüstung, der Raumfahrtversuche und der Nutzung der Kernenergie sind Voraussetzung einer derartigen Ausbalancierung der Volkswirtschaft einigermaßen befriedigende agrarwirtschaftliche Verhältnisse.

Gerade hier liegt aber der empfindlichste Engpaß des sowjetischen Wirtschaftssystems. Er wird schon allein aus den statistischen Angaben sichtbar, daß die Pro-Kopf-Erträge an Getreide nicht wieder den Stand von 1913 erreicht haben, das heißt, nicht mit der Bevölkerungsentwicklung der letzten 50 Jahre Schritt gehalten haben, oder daß auf das minimale Eigenland der Kolchosbauern, das nur 3,6 % der landwirtschaftlichen Nutzfläche ausmacht, immerhin 50 % des Zuwachses der Rindviehzucht und 66 % der Gesamtproduktion an Kartoffeln und Gemüse entfallen. Chruščevs optimistische Prognose von 1962, die landwirtschaftliche Gesamtproduktion der Sowjetunion werde bis 1982 die der USA übertreffen, erschien unter diesen Umständen nicht viel glaubwürdiger als die von 1960, wo 1970 als Termin gesetzt worden war. Die Landwirtschaft war und blieb unter diesen Umständen das Sorgenkind der sowjetischen Wirtschaft. Daß sowohl 1961 als auch 1962 die Landwirtschaftsminister abgesetzt wurden, zeigte das Bemühen, die Schuld für das Versagen der Organisation, das letzten Endes auf die Fragwürdigkeit des Wirtschaftssystems als solchem zurückzuführen ist, auf die einzelnen Träger der Verantwortung abzuladen. Auf einer Plenarsitzung des Zentralkomitees im März 1962 beklagte Chruščev ganz offen die Rückständigkeit der sowjetischen Landwirtschaft; die Planzahlen waren nicht erreicht worden, hier und dort herrschte Mangel an Fleisch und Butter. Es wurde eine Reorganisation der Landwirtschaftsverwaltung auf lokaler Ebene und an der Spitze beschlossen. Zwei führende sowjetische Agrarsachverständige wurden nach heftiger Kritik aus der Landwirtschaftsakademie ausgeschlossen.

Wenige Monate später entstand auch in der Frage der Gesamtplanung der sowjetischen Wirtschaft eine rege Diskussion, die schon als solche bemerkenswert genug war. Der Char'kover Professor Liberman löste sie mit einem Artikel in der »Pravda« aus, in dem er, erstmalig seit den Jahren der NEP, den Begriff der Rentabilität wieder zur Sprache brachte und den Vorschlag machte, die Betriebe sollten ihre Pläne selbst festsetzen. Das Zentralkomitee-Plenum im November 1962 erteilte diesen Vorschlägen mit dem Hinweis, daß nicht der Gewinn, sondern die Befriedigung der Bedürfnisse das Ziel der sowjetischen Produktion sei, eine Absage. Aber eine kontrollierte Liberalisierung der Wirtschaftspolitik liegt seitdem im Bereich des Möglichen, selbstverständlich unter Beibehaltung der zentralen Reglementierung und des Vorrangs der Schwerindustrie. Wichtig ist, daß der gesamte Verwaltungsapparat auf dieser Tagung in einer Weise umgestaltet wurde, daß von einem neuen Verhältnis zwischen Partei, Wirtschaft und Staat gesprochen werden konnte. Die Neuordnung der Planung und Verwaltung von Industrie und Bauwesen wurde mit einer Reorganisation der Partei verbunden, die in ihrem Unterbau auf örtlicher Ebene nicht regional, sondern dem Produktionsprozeß angepaßt, gegliedert werden sollte. Die Partei- und Staatskontrollbehörden wurden zusammengefaßt und erhielten in A. N. Šelepin einen neuen Chef. Als Abschluß dieser Entwicklung wurde im März 1963 ein »Oberster Volkswirtschaftsrat« der Sowjetunion als höchstes Führungsorgan für Industrie und Bauwesen geschaffen, dem der bisherige Gosplan als »Staatliches Planungskomitee« unterstellt wurde.

Mit dieser Reform wurde die organisatorische Struktur der

KPdSU einer tiefgreifenden Umgestaltung unterzogen. Die Partei sollte sich nicht mehr mit einem Weisungsrecht begnügen, sondern die Verwaltung selbst in die Hand nehmen; die Lösung der wirtschaftlichen Probleme wurde zur Hauptaufgabe der Parteiarbeit erklärt. Partei, Staat und Wirtschaft waren nun im Ergebnis stärker ineinander integriert, als es je seit der Oktoberrevolution der Fall gewesen war.

Dieser Reorganisation entsprachen auch gewisse personelle Veränderungen; sie wurden unter anderem durch die plötzliche Erkrankung Frol Kozlovs notwendig. Neben A. N .Šelepin rückten zu den bisher maßgebenden Parteifunktionären in den Vordergrund: N. V. Podgornyj aus dem Parteipräsidium der Ukraine, V. I. Poljakov als Fachmann für landwirtschaftliche Fragen, A. P. Rudakov für die Schwerindustrie, G. I. Voronov als Ministerpräsident der RSFSR und einige andere. Als wichtigster Funktionär neben Chruščev galt seitdem L. I. Brežnev, der im Juni 1963 zu seinem hohen Staatsamt auch das eines Sekretärs des Zentralkomitees der KPdSU übernahm. Im Juli 1964 löste ihn A. I. Mikojan als Vorsitzender des Präsidiums des Obersten Sowjets ab, so daß er sich von nun ab mit ganzer Kraft der Parteiarbeit widmen konnte.

In der Außenpolitik zeitigte die Wiener Begegnung zwischen Chruščev und Kennedy keineswegs die Entspannung, die mancherorts erwartet wurde. Im Gegenteil: neben Berlin, wo eine Comecon-Tagung im Juni 1962 erneut die Schaffung einer »freien und entmilitarisierten Stadt« und einen Friedensvertrag mit der DDR forderte, trat vor allem Kuba als neuer Brandherd. Durch mehrere Besuche von führenden Mitarbeitern Fidel Castros in Moskau und durch die Eröffnung einer direkten Fluglinie von Moskau nach Havanna wurden die Kontakte verstärkt, bis schließlich Chruščev im September 1962 Hilfe bei der Errichtung eines Fischereihafens, dazu sowjetische Waffenhilfe und die Entsendung von technischen Spezialisten zusicherte. Am 22. Oktober teilte Präsident Kennedy in einer Rundfunkansprache mit, daß der amerikanische Nachrichtendienst eindeutige Beweise für die Errichtung von Abschußrampen für strategische Raketenwaffen durch sowjetische Spezialisten vorliegen habe; für den 24. Oktober wurde als Gegenmaßnahme über die Gewässer um Kuba eine Blockade verhängt. Als die amerikanische Regierung gleichzeitig dem Sicherheitsrat der UNO Beweise für die Errichtung dieser Raketenbasen vorlegte, wurden sie vom sowjetischen Vertreter strikt abgestritten. Mit dieser Aktion war dem Weltkommunismus ein Einbruch in die westliche Hemisphäre gelungen, der dazu führen konnte, daß die USA überraschend unter Druck gesetzt wurden. Am 23. Oktober sperrte der sowjetische Verteidigungsminister Malinovskij jeden militärischen Urlaub, während Marschall Grečko den Kommandostäben des Warschauer Pakts erhöhte Kampfbereitschaft befahl. Die Annahme einer Note, in der Washington die Blockade Kubas anzeigte, wurde in Moskau verweigert.

In dieser kritischen Situation schaltete sich der Generalsekretär der UNO, U Thant, vermittelnd ein, was zu einem Briefaustausch mit Kennedy und Chruščev, aber auch zwischen diesen beiden führte. Ein erster Brief des sowjetischen Regierungschefs vom 26. Oktober ist unveröffentlicht geblieben; er scheint schon eine gewisse Bereitschaft zum Einlenken gezeigt zu haben. Einen Tag später machte Chruščev allerdings in einem zweiten Brief, vielleicht von Vertretern eines härteren Kurses in der sowjetischen Führung gedrängt, den Abbau der Raketenbasen auf Kuba von dem Abzug amerikanischer Raketen aus der Türkei abhängig. Das Weiße Haus wies diesen Tauschhandel sofort kategorisch zurück. Unterdessen gingen die Bauarbeiten an den Raketenbasen auf Kuba weiter. In der Nacht zum 28. Oktober wurden in den USA Reservisten der Luftlandetruppen einberufen. Damit war die Krise auf dem Höhepunkt angelangt.

Um die Mittagszeit des 28. Oktober veröffentlichte der sowjetische Rundfunk ein drittes Schreiben Chruščevs an Kennedy, mit dem er, ohne auf seinen Tauschvorschlag zurückzukommen, die Demontage der beanstandeten Einrichtungen zusicherte. Offensichtlich war die sowjetische Regierung in der Nacht vom 27. auf den 28. Oktober zur Gewißheit gelangt, daß die amerikanische Regierung sowohl über die militärische Kapazität verfügte, der sowjetischen Bedrohung die Stirn zu bieten, als auch über die nötige Entschlossenheit, ihren Standpunkt bis zum äußersten zu vertreten und hielt es für richtig nachzugeben.

Am 21. November war die Krise so weit abgeklungen, daß die erhöhte Kampfbereitschaft und die Urlaubssperre in der Sowjetunion rückgängig gemacht werden konnten. Die Demontage der Abschußrampen vollzog sich vor den Augen von UNO-Vertretern. Vor der sowjetischen Öffentlichkeit wurde das Nachgeben in der Kubafrage als erfolgreiche Abwendung einer vom Territorium der USA aus geplanten »imperialistischen Invasion« auf der Insel hingestellt.

Versucht man, die Kubakrise in größere Zusammenhänge

einzuordnen, dann hat es den Anschein, daß ihr der Charakter einer weltgeschichtlichen Wende zukommt. Der Ostwind schien nicht mehr, wie Mao Tse-tung sich auszudrücken pflegte, stärker zu sein als der Westwind; der Wind schien umgeschlagen zu haben. Die zeitweilige Überlegenheit der sowjetischen Raketenwaffe um 1960 hatte, neben anderen Momenten, in Moskau zu einer falschen Einschätzung des west-östlichen Kräfteverhältnisses geführt. Das Selbstbewußtsein der sowjetischen Regierung und ihre herausfordernde Außenpolitik zwischen 1960 und 1962 finden so ihre Erklärung. Im Oktober 1962 kam Chruščev die inzwischen gewachsene militärische Stärke der USA ebenso zu Bewußtsein wie die gereifte Entschlußkraft ihres Präsidenten. Auch darüber hinaus gab es Rückschläge für die weitere Ausbreitung des Kommunismus: in den USA, England, Schweden und Westdeutschland wurden wichtige sowjetische Geheimagenten gefaßt und unschädlich gemacht; in den jungen afrikanischen Staaten begannen sich hier und dort Mißtrauen und Abwehr gegenüber einer kommunistischen Infiltration zu regen. Man könnte von einem Nachlassen des offensiven Elans von Chruščevs globaler Strategie seit Ende 1962 sprechen.

Zur gleichen Zeit erlebten die sowjetisch-chinesischen Spannungen eine neue Verschärfung. Der chinesische Angriff auf Indien an der Himalaya-Grenze, der sich kurz vor der Kuba-Krise aus kleineren Grenzscharmützeln entwickelt hatte, sah die Sowjetunion keineswegs auf seiten Chinas. Chruščev versicherte vielmehr Indien in einem gewissen Wettbewerb mit den Westmächten seiner Bereitschaft, Hilfe zu leisten. Im Frühjahr 1963 traten neue Meinungsverschiedenheiten zwischen Moskau und Peking hinzu. Neben Chruščevs Kuba-Politik, die in Peking als ein »neues München« hingestellt wurde, war es das betont freundschaftliche Klima zwischen der Sowjetunion und Jugoslawien, das jetzt Anstoß erregte. Die letzten sowjetischen Konsulate auf chinesischem Boden waren schon 1962 geschlossen worden. Auf kommunistischen Parteitagen in den europäischen Ostblockländern und in Rom standen die rotchinesischen Vertreter, sofern sie als Gäste teilnahmen, auf isoliertem Posten. Am 8. März 1963 spielte eine Pekinger Zeitung erstmalig auf Randgebiete an, die dem chinesischen Reich im 19. Jahrhundert entrissen worden seien. Die geforderten Grenzrevisionen waren auf die russische Fernostprovinz, das Amurgebiet und Kazachstan gemünzt. Im November 1963 kam es an der chinesisch-sowjetischen Grenze in Sibirien zu Grenzzwischenfällen.

Ein 25-Punkte-Programm des Zentralkomitees der Chinesischen Kommunistischen Partei vom 21. Juni 1963 stellte die Grundlagen von Chruščevs Außenpolitik – friedliche Koexistenz, wirtschaftlicher Wettbewerb, Abrüstungsverhandlungen – als eine Verletzung der revolutionären Prinzipien, die man 1957 und 1960 gemeinsam festgelegt habe, hin. Indirekt, aber unmißverständlich wurde die KPdSU beschuldigt, eine Partei der »Arbeiteraristokratie und nicht des Volkes« geworden zu sein, die eine negative Haltung gegenüber unterdrückten Völkern einnehme und den revolutionären Vormarsch sabotiere. Das Schriftstück war ein radikales Bekenntnis zur kompromißlosen Revolutionslehre und zugleich ein Aufruf an die außereuropäischen kommunistischen Bewegungen mit ihren »Sturmzentren« in Asien, Afrika und Südamerika, auf die die Führung des Weltkommunismus übergehen werde. Drei Wochen später, am 14. Juli, antwortete die KPdSU in einem offenen Brief in der »Pravda« in scharfer Form auf diese Beschuldigungen.

Unter diesen Voraussetzungen konnte es nicht wundernehmen, daß die am 5. Juli 1963 in Moskau eröffneten chinesisch-sowjetischen Verhandlungen über die ideologischen Streitfragen zwei Wochen danach ergebnislos endeten, ohne daß von einer Wiederaufnahme der Gespräche die Rede war. Dieser Mißerfolg bekam einen besonderen Akzent durch die zeitliche Übereinstimmung der Verhandlungen mit den Gesprächen, die Chruščev mit amerikanischen und englischen Abgesandten wegen eines Versuchsstops für Atomwaffen über der Erdoberfläche führte. Schon am 21. Mai war ein amerikanisch-sowjetischer Vertrag über die friedliche Nutzung von Atomenergie unterzeichnet worden; am 20. Juli einigte man sich über eine direkte Drahtverbindung zwischen dem Weißen Haus in Washington und dem Kreml, die am 31. August verwirklicht wurde. Die Verhandlungen wegen des Versuchsstops wurden auf breiterer Grundlage unter Heranziehung Englands geführt. Sie endeten am 5. August 1963 mit der Unterzeichnung eines Abkommens, dem beizutreten alle Länder der Erde aufgefordert wurden. Die Außenminister der USA und Englands, Rusk und Lord Home, sowie der Generalsekretär der UNO trafen zur Unterzeichnung in Moskau ein. Während sich die meisten Regierungen in West und Ost dem Abkommen anschlossen, verweigerte die Chinesische Volksrepublik, die statt der Begrenzung von Versuchen ein totales Verbot aller Atomwaffen gefordert hatte, ihre Zustimmung. So begrenzt auch die Erwartungen waren, die an das

Abkommen geknüpft werden konnten, so war es doch ein deutliches Symptom für die Fortdauer des Entspannungskurses, den Chruščev jetzt ohne Rücksicht auf die chinesische Kritik zu steuern entschlossen schien. Vielleicht verfolgte die Sowjetregierung mit diesem Schritt unter anderem auch die Absicht, eventuelle chinesische Kernversuche in der nächsten Zukunft von vornherein mit einem Verdikt zu belegen, um sie vor der Welt zu diskriminieren.

Die tiefgreifenden Veränderungen der kommunistischen Welt in ihrer Gesamtheit waren inzwischen sichtbarer geworden als zuvor. Von der Anerkennung eines eigenen jugoslawischen Weges nach dem Tode Stalins und eines zumindest in den Methoden besonderen polnischen Weges nach der Revolte vom Oktober 1956 führte der Weg zu einer weiteren Lockerung des zentralistischen Kurses gegenüber den kommunistischen Parteien. Parallel zu dem wachsenden Anspruch der Chinesischen Kommunistischen Partei, der größten der Welt, nicht mehr als gewichtigster Satellit Moskaus, sondern als gleichwertiger Partner behandelt zu werden, machte sich auch innerhalb der Kommunistischen Parteien Westeuropas eine gewisse Eigenwilligkeit bemerkbar, am stärksten in der italienischen unter Führung von Palmiro Togliatti, zweifellos einer der profiliertesten und intelligentesten Gestalten des Weltkommunismus. Er war es, der die Formel vom »Polyzentrismus« der kommunistischen Bewegung prägte, womit dem einstigen Ideal eines »monolithischen Blockes« unter Führung der Sowjetunion unter Stalin eine endgültige Absage erteilt wurde. Außerhalb Europas sahen sich die Kommunistischen Parteien seit dem Aufkommen der sowjetisch-chinesischen Divergenzen vor die Entscheidung gestellt, für Moskau oder Peking optieren zu müssen. Diese Entscheidung wurde zunehmend vielschichtiger, als neben ideologische auch machtpolitische und rassische Gesichtspunkte traten. In dem Brief des chinesischen Zentralkomitees vom Juni 1963 klang bereits deutlich die Vorstellung an, daß der internationale Klassenkampf den Charakter einer Frontstellung der farbigen Welt gegen die weißen Völker erhalten könnte. Trotz der wachsenden innen- und außenpolitischen Konsolidierung Chinas, die 1964 durch die Aufnahme diplomatischer Beziehungen mit Frankreich und dem ersten chinesischen Atombombenversuch (Oktober) unterstrichen wurde, bestand die Gefahr in der Überschätzung der eigenen Kräfte, besonders in der Politik gegenüber Südostasien und Afrika.

Zu Beginn des Jahres 1964 erhielt die sowjetisch-chinesische Rivalität den Akzent einer ganz persönlichen Animosität, wie etwa im Brief des Zentralkomitees der KPCh an Chruščev vom 27. Februar, der mit drastischen Ausdrücken nicht sparte. Die Absichten des sowjetischen Staats- und Parteichefs gingen auf die Einberufung eines kommunistischen Weltkonzils, auf dem der chinesische Standpunkt verurteilt werden sollte. Bei den Sondierungen bei den anderen Kommunistischen Parteien regte sich aber Widerstand gegen eine derartige Spaltung des Weltkommunismus, besonders von seiten der rumänischen und italienischen Kommunisten. Als am 30. Juli trotzdem die Einladungen zu einer Vorkonferenz im Dezember ergingen, reiste Togliatti in die Sowjetunion, um seine Bedenken persönlich vorzutragen. In dem sogenannten »Memorandum von Jalta« formuliert, sind diese Bedenken nach Togliattis plötzlichem Tode auf der Krim (21. August 1964) am 10. September auch in der »Pravda« veröffentlicht worden.

Chruščevs Reiselust wurde 1964 aufs neue befriedigt durch einen dreiwöchigen Aufenthalt in Ägypten im Mai, der gewissermaßen einen Gegenschachzug gegen die Afrikareise Tschu En-lais im Winter 1963/64 darstellte, und durch den Besuch Schwedens, Dänemarks und Norwegens im Juni, der, schon 1959 geplant, damals aber aufgeschoben werden mußte. Die Öffentlichkeit der skandinavischen Länder nahm den Besuch des von seiner Familie begleiteten sowjetischen Regierungschefs mit reservierter Neugierde zur Kenntnis, ein propagandistischer Erfolg blieb aus. Das Jahr 1963 hatte Chruščev zweimal in der DDR gesehen. Im April 1964 erschien erstmalig eine Gruppe sowjetischer Journalisten auch in der deutschen Bundesrepublik. Durch eine Reise des Chefredakteurs der »Izvestija«, Chruščevs Schwiegersohn Adžubej, im Juli 1964 sollte ein Besuch Chruščevs in Bonn, der für den Januar 1965 vorgesehen war, vorbereitet werden. Die Berichterstattung über die Reise in der sowjetischen Presse stach merklich von der bisherigen Tonart ab, was die Fülle an sachlichen Informationen und die maßvolle Polemik anbetrifft.

Wenn Chruščev in diesen weiteren Schritten zu einer Entspannung im Westen Erfolge sehen wollte, so konnte er doch zugleich die Augen nicht vor einer erneuten Anspannung der wirtschaftlichen Lage im Inneren verschließen. Trotz einer 17%igen Erweiterung der landwirtschaftlichen Anbauflächen zwischen 1960 und 1963 erwies sich die Neulandkampagne in

Kazachstan vorerst als Fehlschlag. Eine Hungerkatastrophe konnte nur durch die ausgedehnten Weizenkäufe in Kanada vom September 1963 verhindert werden – eine Maßnahme, die freilich die Abhängigkeit von der »kapitalistischen Wirtschaft« in unangenehmer Weise demonstrierte und Chruščevs Popularität starken Abbruch tat. Aber auch in der Industrieproduktion zeigten sich infolge der organisatorischen Experimentierfreudigkeit Chruščevs Schwierigkeiten; die Wachstumsrate, die seit 1959 eine fallende Tendenz aufweist, sank im ersten Halbjahr 1964 auf $7^1/_2$ %, in der Konsumgüterproduktion auf 2 %.

Am 17. April 1964 beging Nikita Chruščev, von Partei und Staat durch Ernennung zum »Helden der Sowjetunion« geehrt, seinen 70. Geburtstag. Sechs Monate später wurde die Weltöffentlichkeit von der Nachricht seiner Absetzung überrascht.

Auf einer Sitzung des Parteipräsidiums am 13. Oktober wurden Vorwürfe gegen ihn laut; man veranlaßte ihn, seinen Urlaub in Soči abzubrechen und Rede und Antwort zu stehen. Chruščevs Rechtfertigungsversuch vor dem Zentralkomitee am 14. Oktober scheiterte, er verlor seine Parteiämter, am 15. Oktober auch sein Amt als Regierungschef. Hier übernahm A. N. Kosygin die Nachfolge, an die Spitze der Partei trat L. I. Brežnev. Wie nach dem Tode Stalins wurden die beiden Spitzenämter erneut getrennt besetzt. Bei der Neubesetzung der elf Sitze des Parteipräsidiums auf der Plenarsitzung des Zentralkomitees Mitte November 1964 rückten neben die bisherigen Mitglieder (Brežnev, Kosygin, Mikojan, Suslov, Podgornyj, Voronov, Poljanskij, Kirilenko, Švernik) zwei neue nach: der ukrainische Parteichef Peter E. Šelest (geb. 1908) und der Sekretär des Zentralkomitees Alexander N. Šelepin (geb. 1918), ehemaliger Leiter des Staatssicherheitsdienstes und der Parteikontrolle.

Die Gründe für die unerwartete Absetzung Chruščevs können nach innerpolitischen und außenpolitischen Gesichtspunkten gruppiert werden. Auf dem innerpolitischen Feld warf man Chruščev in seinem Regierungsstil einen Rückfall in einen neuen Persönlichkeitskult, Vetternwirtschaft, Prahlsucht, Eigenmächtigkeit vor und machte ihn für die Mißerfolge seiner sprunghaften Wirtschaftspolitik verantwortlich. Auf dem außenpolitischen Felde wurde Chruščev mit dem schwerwiegenden Vorwurf belastet, daß über der seit 1962 erneut vorangetriebenen Entspannungspolitik gegenüber dem Westen die weltkommunistische Einheit endgültig in die Brüche zu gehen drohte. Der unmittelbar auf den Sturz Chruščevs folgende Besuch des chinesischen Ministerpräsidenten Tschu En-lai zum Jahrestag der Oktoberrevolution am 7. November 1964 deutete Möglichkeiten einer Überprüfung des sowjetisch-chinesischen Konfliktes an.

Doch wäre es falsch, allein China oder chinesische Parteigänger in der KPdSU für den Sturz Chruščevs verantwortlich zu machen. Bedenken seitens der Schwerindustrie gegenüber Chruščevs Absichten, die Konsumgüterproduktion noch stärker voranzutreiben, wie er noch Ende September 1964 angekündigt hatte, verbanden sich mit denen des Militärs, das der Abrüstungs- und Entspannungspolitik ablehnend gegenüberstand. In einer ganzen Reihe von Störaktionen gegen Chruščevs Entspannungstendenzen trat schließlich eine gewisse eigenständige Initiative des sowjetischen Geheimdienstes in Erscheinung, der in der Person von V. E. Semičastnyj einen energischen, jungen Leiter hatte. Einem derartigen Katalog innerpolitischer, außenpolitischer und ideologischer Argumente konnte Chruščev nicht mehr mit dem Appell an die Parteidemokratie des ZK-Plenums – wie 1957 – oder gar an die Massen, womit er in seinem Rechtfertigungsversuch vor dem Zentralkomitee gedroht hatte, entgegentreten. Hierzu fehlten organisierte Machtgruppen, auf die er sich hätte stützen können. Chruščevs Popularität hatte ebenso wie seine physische und geistige Spannkraft ihren Kulminationspunkt bereits überschritten. Die Ära Chruščev, die 1958, im Grunde aber schon 1953, begonnen hatte, war abgelaufen[82].

In dieser Ära hat sich die Sowjetunion in unübersehbarer Weise gewandelt: der Weg zurück war versperrt. Aber auch der Weltkommunismus wurde in diesem Jahrzehnt Wandlungen unterworfen, die die bipolare Weltstruktur aufbrechen konnten. Ost und West waren in Bewegung geraten, die starren Fronten aufgelockert, die Möglichkeiten politischer Entscheidungen erhielten einen differenzierteren Charakter. Auch auf internationalem Felde war weder eine Rückkehr zur Illusion der »One World« von 1945, noch zu den starren Fronten des Kalten Krieges denkbar. Mit diesen Tatsachen mußten auch Chruščevs Nachfolger rechnen.

X

DIE ÄRA BREŽNEV

Die Restauration

Stagnation und Dynamik sind gleichermaßen kennzeichnend für die nun folgenden achtzehn Jahre (1964–1982) der sowjetischen Geschichte. Mit großem Schwung trat die neue Mannschaft an, konnte den Einfluß der Sowjetunion in der Weltpolitik zu nie gekannter Bedeutung steigern und mündete am Ende dennoch in Stagnation und Immobilität. Im Gegensatz zur früheren Euphorie der Abkehr von der Chruščevschen Politik erscheinen heute viele Ansätze der Chruščev-Ära (1958–1964) als ein, wenn auch zu früh begonnener Versuch, die Sowjetunion aus der strukturellen Fehlentwicklung, in die Stalin sie hineinmanövriert hatte, herauszuführen. Die zu starke personelle Kontinuität und die ökonomischen Zwänge der Nachkriegszeit, auch das Unvermögen des Westens, Chruščevs Schwierigkeiten für einen konstruktiven Dialog zu nutzen, brachten alle Reformansätze zum Scheitern. Bewertet man aber die Brežnev-Zeit von den sie umgebenden Reformen Chruščevs und Andropovs oder noch mehr Gorbačevs, erscheinen die Maßnahmen der Brežnev-Mannschaft nicht als Erneuerung des Systems, sondern als personelle und, weit bedeutender, strukturelle Restauration.

Dennoch sind bedeutsame Wandlungen nicht nur im Außenverhältnis, sondern auch auf ökonomischem und sozialem Sektor, so im Verhältnis der Bevölkerung zur Partei und zur Regierung, eingetreten, die freilich gerade nach der Kontinuität des Wandels verlangten.

An Ždanovs Zwei-Lager-Theorie anknüpfend, bildete die bipolare Betrachtungsweise der Welt, das heißt die Reduktion der internationalen Beziehungen ausschließlich auf das Verhältnis von Sozialismus und Kapitalismus und ihrer Führungsmächte Sowjetunion und Vereinigte Staaten von Amerika den Schlüssel der Politik der Brežnev-Ära. Die Fixierung auf die USA bedeutete deshalb in erster Linie die Konzentration auf die Stärkung der militärischen Macht.

Von daher sind drei Perioden der Brežnev-Zeit zu erkennen:
1. 1964–1968. Die Rücknahme der Chruščevschen Strukturre-

formen in der Leitung der Volkswirtschaft, der Gliederung der Partei, den Ausbau der Seestreitkräfte und der atomaren Rüstung, die Entwicklung der »Brežnev-Doktrin« von der eingeschränkten Souveränität sozialistischer Staaten;

2. 1969–1979. Die Periode der Entspannungspolitik, der neuen Verfassung, der »sozialistischen Lebensweise« und der »Politik der sozialistischen Orientierung der Entwicklungsländer« bis zur militärischen Intervention in Afghanistan;

3. 1979–1982. Der Zusammenbruch der Entspannungspolitik, die Verhängung des Kriegsrechts in Polen, der Immobilismus der Sowjetunion im Innern wie nach außen[1].

Wie in der Übergangsphase nach Stalins Tod wurden die höchsten Partei- und Staatsämter, unter Berufung auf das Prinzip der kollektiven Führung, getrennt. Das Amt des Ersten Parteisekretärs übernahm Leonid Il'ič Brežnev, das des Ministerpräsidenten der UdSSR Aleksej Nikolaevič Kosygin. Brežnev, 1906 in Kamenskoe (seit 1936 Dneprodzeršinsk), einem Zentrum der ukrainischen Hüttenindustrie als Sohn eines Arbeiters geboren, absolvierte die Fachschule für Flurneuordnung und Melioration in Kursk, arbeitete als Leiter eines Katasteramtes, wurde 1931 Mitglied der Kommunistischen Partei, schloß ein zweites Studium an der Hochschule für Hüttenwesen 1935 mit Auszeichnung ab und leitete 1936–37 die Fachschule für Hüttenwesen in seiner Heimatstadt. Ab Februar 1939 begann Brežnevs steile Parteikarriere als Sekretär für Propaganda im Dnepropetrovsker Gebietskomitee. 1940 leitete er die Umstellung der Betriebe seines Bezirks auf Militärproduktion. Im Juli 1941 geht er als Stellv. Chef der politischen Verwaltung der Südfront zur Armee, steht am Ende als General und Chef der politischen Abteilung der 18. Armee bei der Siegesparade auf dem Roten Platz in Moskau.

Seine Nachkriegskarriere begann er als Erster Sekretär des Gebietskomitees Zaporože, stieg im November 1947 zum Ersten Sekretär des berühmt gewordenen Gebietskomitees von Dnepropetrovsk auf. 1950–52 arbeitete er als Erster Sekretär des ZK der Moldauischen SSR, wurde auf dem XIX. Parteitag 1952 Mitglied des ZK der KPdSU, 1953 Chef der Politischen Verwaltung der Seestreitkräfte, im August 1955 schließlich Erster Sekretär des ZK Kazachstans, in dem die Neulanderschließung vorangetrieben wurde. 1957 gelang ihm der Aufstieg ins Präsidium des ZK der KPdSU, in dem er für die Entwicklung der Schwerindustrie, der Ausstattung der Armee mit modernster Technik und die Entwicklung der Raumfahrt zuständig wurde. Er zeichnete damit für Jurij

Gagarins Flug in den erdnahen Raum im April 1961 mit verantwortlich. Als Vorsitzender des Präsidiums des Obersten Sowjet der UdSSR von 1960–63 wurde er nominelles Staatsoberhaupt.

Kosygin, 1904 in Leningrad als Sohn eines Arbeiters geboren, wurde Textilingenieur, ging 1938 in die Verwaltung, war Oberbürgermeister von Leningrad und anschließend Minister verschiedener Ressorts; als Leiter von GOSPLAN wurde er 1959 schließlich einer der Stellvertretenden Vorsitzenden des Ministerrates.

Im Dezember 1965 wurde Mikojan als Vorsitzender des Präsidiums des Obersten Sowjet durch Nikolaj Viktorovič Podgornyj (geb. 1903) ersetzt. Gleichzeitig rückte neben Šelepin der Ukrainer D. S. Poljanskij (geb. 1907) zum Ersten Stellvertretenden Vorsitzenden des Ministerrates der UdSSR auf. Das ZK-Präsidium bestand nun aus folgenden Mitgliedern: L. I. Breżnev, S. I. Voronev, A. P. Kirilenko, A. N. Kosygin, A. I. Mikojan, N. V. Podgornyj, D. S. Poljanskij, M. A. Suslov, A. N. Šelepin, P. E. Šelest, N. M. Švernik. Innerhalb dieses ZK-Präsidiums bildete sich die Spitzengruppe Brežnev, Kosygin, Suslov und Podgornyj heraus. Eine wesentliche Rolle spielte dabei der Chefideologe Suslov (geb. 1902), seit 1941 Mitglied des ZK, seit 1947 ZK-Sekretär und seit 1955 im Präsidium. Seine öffentliche Brüskierung Chruščevs bei dessen Ungarn-Besuch im April 1964 durch den Abdruck einer Suslov-Rede vom 14. Februar vor dem Zentralkomitee der Partei, in der er von den regierenden kommunistischen Parteien »internationalistische Disziplin« forderte, während Chruščev es für zweckmäßig hielt, »gemeinsam die Frage der organisatorischen Formen zu prüfen, um den ständigen Austausch von Meinungen zu verbessern«[2], sowie seine Anklagerede am 14. Oktober, die unmittelbar Chruščevs Sturz bewirkte, zeigen, daß er nicht nur die oft zitierte graue Eminenz der Partei, sondern der Exponent und Drahtzieher dieser sorgfältig vorbereiteten Verschwörung mit dem Ziel des Führungswechsels gewesen ist. Zwar hatte er es abgelehnt, an die erste Stelle zu treten, – faktisch hatte er die zweite inne, er leitete bei Brežnevs Abwesenheit die Präsidiumssitzungen –, dennoch gelang es ihm, dank seiner nie angefochtenen Position als »Königsmacher«, der Sowjetunion während der gesamten Brežnev-Zeit seinen Stempel aufzudrücken, der sich in Reformfeindlichkeit, ideologischer und kultureller Erstarrung im Innern, mangelnder Flexibilität gegenüber den anderen sozialistischen Staaten und starker restaurativer Maßnahmen in Richtung der Stalinschen Staatsauffassung niederschlugen. Die personellen Veränderungen wurden im Frühjahr 1966 vorerst abgeschlossen, als Mikojan und

Švernik aus dem Politbüro ausschieden und K. T. Masurov, zuvor Erster Sekretär in der Weißrussischen Sowjetrepublik, und A. J. Pel'še, in der Lettischen SSR in gleicher Position, neu aufgenommen wurden.

Als erste Maßnahme der neuen Führung wurde schon im November 1964 Chruščevs Reform der Parteistruktur von 1957 aufgehoben, damit die Zweiteilung des Parteiunterbaus in Stadt- und Landorganisationen. Besonders die Übernahme der unmittelbaren Verantwortung in der Verwaltung der Landwirtschaft, die im Rahmen der Verwaltungsreform von 1962 und 1963 eingeführt worden war, hatte im Verschleiß der Kader durch die tägliche Verwaltungsarbeit zu Prestigeeinbußen der Partei geführt. Auf dem XXIII. Parteikongreß der KPdSU (29. März–8. April 1966) wurde nicht nur ein neues Parteistatut verabschiedet, sondern auch die alten Bezeichnungen Politbüro und Generalsekretär der KPdSU wieder eingeführt.

Immerhin waren auf ökonomischem Sektor Reformansätze zu erkennen. Die von Chruščev eingeleitete Entstalinisierungsphase hatte das politische Klima für eine Reformdiskussion begünstigt. Die Wertgesetzdebatte der späten fünfziger Jahre, das Plädoyer des Charkover Ökonomen Liberman für eine stärkere Nutzung von Effizienzkriterien bei der betrieblichen Planung, der Einsatz Nemcinovs für Handelsverträge mit den staatlichen Produktionsmittelorganen, das Plädoyer G. Lisickins für ein Plan-Markt-Modell wiesen den Weg vom traditionellen Planzentralismus zu einem dezentralen Lenkungsmodell[3]. Hatte Chruščev nur die Entscheidungsbefugnisse von der sektoralen zu den regionalen Planungsinstanzen verlagern können, so kann erst Kosygins »Neues System der Planung und ökonomischen Stimulierung« von 1965 als erster praktischer Schritt einer Planungsreform angesehen werden. Sie bedeutete eine Reorganisation der Verwaltungsstruktur, eine stärkere Lenkung durch Preise, Löhne und Gewinne, eine Reduzierung der verbindlichen Plankennziffern der Betriebe und eine Dezentralisierung der betrieblichen Finanzierung. Die von Chruščev eingeführte regionale Lenkung der Wirtschaftsverwaltung wurde nun in Branchen umorganisiert, dazu wurden Einzelunternehmen zu Konzernen zusammengeschlossen, wobei wiederum die Kompetenzen der Betriebe kräftiger beschnitten wurden als die der Zentralbehörden. Als neue Zentralbehörde neben GOSPLAN und den zahlreichen Branchenministerien wurde das Staatsamt GOSSNAB errichtet, das die Beziehungen zwischen Produzenten und Verbrauchern herstellen und die Zuteilung von Ressourcen regeln sollte. Durch die Beibehaltung der, wenn auch reduzierten, Plankennziffern (Absatzvolumen, Sortimentauflagen, Lohnfonds) brachten aber auch die weiteren Schritte in der größeren betrieblichen Eigenverwendung des erwirtschafteten Gewinns sowie einer Besteuerung des betrieblichen Anlagevermögens nicht den gewünschten Erfolg. Hätte man, trotz der von vielen Ökonomen als unzureichend empfundenen, Veränderungen auf der Ebene der volkswirtschaftlichen Leitung und Planung einerseits und der restaurativen Beschlüsse auf allen anderen Ebenen noch von einer dichotomisch angelegten Politik der neuen Führung sprechen können, so überwogen mit der Zeit doch die restaurativen Tendenzen, die letzten Endes dazu führten, daß selbst diese bescheidenen Ansätze sukzessive zurückgenommen wurden, so daß sich das sowjetische Planungssystem zu Beginn der siebziger Jahre nur unwesentlich von dem vor 1965 unterschied[4].

Mit dem Märzplenum des ZK der KPdSU begann 1965 auch eine neue agrarpolitische Orientierung mit dem Ziel, die sowjetische Landwirtschaft endgültig aus der tributären Funktion zu entlassen, die sie in der Industrialisierungs- und Kollektivierungspolitik Stalins wahrgenommen hatte. Die Landwirtschaft erhielt nun mehr Investitionsmittel, dazu sollte die Umgestaltung des Ablieferungsmodus und der Preis- und Kostenverhältnisse für eine rentable Erzeugung sorgen und einen materiellen Anreiz für die optimale Ausnutzung der Produktionsfaktoren schaffen. Die Kolchosschulden wurden erlassen, für überplanmäßige Produktion höhere Ankaufpreise in Aussicht gestellt. In der Folge erhöhte sich der Anteil der Investitionen für die Entwicklung der Landwirtschaft in 10 Jahren von unter 20% 1965 auf 27%. Zu den Ausgaben für Drainage, Bodenmelioration und Bewässerung traten seit 1966 die für die Sozialversicherung der Bauern hinzu[5].

Der XXIII. Parteikongreß löste den abgelaufenen Siebenjahresplan durch einen neuen, achten Fünfjahrplan (1966–70) ab. Das von Chruščev 1960 aufgelöste Innenministerium wurde als Ministerium zum Schutz der öffentlichen Ordnung wieder eingerichtet und 1968 in Ministerium des Innern (MVD), wie zur Stalin-Zeit, umbenannt. Endlich übernahm ein von der Partei dirigiertes Staatskomitee für Volkskontrolle, aus dem von Chruščev 1962 gegründeten, von seinen Nachfolgern aufgelösten »Komitee für Partei- und Staatskontrolle« seit 1965 und verstärkt seit Ende 1968 in erster Linie die Aufgaben einer umfassenden Wirtschafts- und Disziplinaraufsicht.

Die technologischen Erfolge auf dem Sektor der Raumfahrt

täuschten, sie konnten die Krise des Erziehungs- und Bildungssystems auf Dauer nicht überstrahlen. Schon die Schulreform von 1958, die ein zeitraubendes Jahr der praktischen Berufsvorbereitung eingeführt und die Unterrichtsdauer der allgemeinbildenden polytechnischen Arbeitsmittelschulen auf elf Jahre angehoben hatte, war, vor allem von Mathematikern und Naturwissenschaftlern, kritisiert worden, seit Herbst 1963 wurde die Kritik wieder aufgenommen, zunehmend auch in der Presse. Negative Erfahrungen und soziologische Untersuchungen führten schließlich noch zwei Monate vor Chruščevs Sturz zu einer erneuten Schulreform. Die am 13. August 1964 publizierte gemeinsame Verordnung des ZK und des Ministerrates »Über die Änderung der Schulzeit in den allgemeinbildenden polytechnischen Arbeitsmittelschulen mit Produktionsunterricht« bildete den Anfang einer bedeutsamen Revision der Schulreform von 1958[6]. Die Unterrichtsdauer wurde um ein Jahr gekürzt, die obligatorische Berufsausbildung zunächst stark reduziert, im März 1966 vollends aufgehoben, der Zusatz »mit Produktionsunterricht« in der amtlichen Bezeichnung der Schule entsprechend gestrichen. Im Mai 1966 erfolgte die Entlassung des Ministers für das Bildungswesen der RSFSR, E. I. Afanasenko. Am 10. November wurde mit der gemeinsamen Verordnung des ZK und des Ministerrates »Über Maßnahmen zur weiteren Verbesserung der Arbeit der allgemeinbildenden Mittelschule« der Schluß- und Höhepunkt dieses Reformabschnittes gesetzt. Jetzt lag der Nachdruck nicht, wie zuvor in der Reform von 1931, bei der Ablösung der kommunistischen Buchschule und dem Abschied von reformpädagogischen Ideen, sondern auf der Rationalisierung der Reformschritte, einer besseren wissenschaftlichen Begründung und einer größeren Stetigkeit des Innovationsprozesses[7]. Gleichzeitig wurden neue Lehrpläne eingeführt und, erstmals seit der Oktoberrevolution, ein zentrales Ministerium für das Bildungswesen der UdSSR geschaffen, zuständig für das allgemeinbildende Schulwesen und die Lehrerbildung. Die Akademie der Pädagogischen Wissenschaften der RSFSR wurde in die Unionsakademie umgewandelt. Mit der Veränderung der Bildungsziele, die nun auf Chruščevs sozial-utopische Note verzichteten, dafür verstärkt zum Sowjetpatriotismus und zur Verteidigung der Heimat erzogen, wurde auf die Auseinandersetzungen mit den anderen sozialistischen Staaten reagiert. Insgesamt trat auf dem Sektor der Bildungspolitik eine Stabilisierung ein, die sich in zunehmender Kooperation der pädagogischen Institute der sozialistischen Staaten, auch der außereuropäischen, äußerte.

Die Veränderungen erfaßten auch die gesamte Wissenschaftsorganisation. Freilich besaß die Führung hier eine weniger glückliche Hand als bei der Reform des Bildungswesens. Schon zu Beginn der sechziger Jahre hatte eine Reihe von politischen und organisatorischen Maßnahmen über die Reform des Bestehenden hinaus zu einer neuen Qualität der Wissenschaftspolitik geführt. Dabei wirkte die auf dem XXII. Parteikongreß 1961 gefundene Formel von der Wissenschaft als einer unmittelbaren Produktivkraft[8] leitmotivisch, indem sie von der partiellen zur systematischen Wissenschaftspolitik führte, das bedeutete zur zentralen Leitung der wissenschaftlichen Forschung für die gesamte Sowjetunion. Charakteristisch war dabei die enge Verbindung der Wissenschaft mit Technik und Produktion, die die schnelle Einführung der wissenschaftlichen Ergebnisse in den Produktionsprozeß gewährleisten sollte. Diese Aufhebung der Trennung von Grundlagenforschung, angewandter Forschung und Entwicklung, ihre zu starke Anbindung an die Produktion enthielt aber einen verhängnisvollen strukturellen Fehler, da bei der Dominanz der Produktion die Forschungsvielfalt tendenziell abnehmen, zur Einschränkung der Grundlagenforschung und, letzten Endes, zur Lähmung des gesamten Innovationsprozesses führen mußte.

Die entscheidenden Weichen wurden auf der Ebene der Akademie der Wissenschaften und des Ministerrats gestellt. So wurde dem Staatskomitee des Ministerrats der UdSSR für die Koordinierung der wissenschaftlichen Forschungsarbeiten am 2. Oktober 1965 der Bereich »Technik« zugeordnet[9], zu seinen Leitern V. A. Kirillin als Vorsitzender und der Wirtschaftsfachmann und Schwiegersohn Kosygins, Džermen M. Gvišiani als Stellvertreter ernannt. Die Akademie der Wissenschaften, seit 1961 vom Aerodynamiker M. V. Keldyš geleitet, mußte bei der tiefgreifenden Neuorganisation zahlreiche Institute technischer Fachrichtungen an Verwaltungsbehörden der Industrie abgeben. Sie bestand 1968 aus sechzehn Abteilungen, die ihrerseits in vier Sektionen zusammengefaßt waren. 1969 umfaßte sie 231 ordentliche und 414 korrespondierende Mitglieder, dazu 65 ausländische Mitglieder. Neben die Errichtung von Filialen der Akademie der Wissenschaften in Sibirien trat die Gründung von Staatsuniversitäten in den autonomen Sowjetrepubliken. Die Abteilung für Wissenschaft und Hochschulwesen des ZK, die Stabsstelle für alle Veränderungen, leitete S. P. Trapeznikov[10].

Auf dem Gebiet der Literatur begann nach Chruščevs Sturz der Kampf zwischen Antistalinisten und Alt- oder Neostalinisten erneut und erhielt zeitweise eine große innen- und außenpolitische Bedeutung. Da die Antistalinisten in Chruščevs autokratischem Führungsstil eine Rückkehr zum Personenkult zu erkennen glaubten, begrüßten sie zuerst dessen Sturz und versuchten, durch Kritik an seiner Politik ihre Positionen in den Berufsorganisationen auszubauen. So konnten A. Prokof'ev aus der Leningrader und G. Markov, V. Kočetov, N. Gribačev, L. Sobolev und A. Sofronov aus der Moskauer Schriftstellerorganisation vorübergehend ausgeschaltet werden. Sogar Chruščevs Chefberater L. Il'ičev wurde Ende März 1965 von P. Demičev abgelöst. Auch erschien kurz vor dem für Mai geplanten 4. Schriftstellerkongreß am 27. Januar 1967 in der »Pravda« ein anonymer Artikel »Wenn man hinter der Zeit zurückbleibt«, in dem die Partei versuchte, zwischen den Kontrahenten, die durch die Zeitschriften »Novyj Mir« (neue Welt) für die Antistalinisten und »Oktjabr'« für die Konservativen repräsentiert wurden, zu vermitteln.

Eine härtere Gangart hatte sich schon im Februar 1966 angedeutet, als kurz vor dem XXIII. Parteitag den beiden Schriftstellern A. Sinjavskij und Ju. Daniel' der Prozeß gemacht wurde. Weitere Verhaftungen folgten. Aber eine Rückkehr zu Stalinschen Methoden war inzwischen unmöglich geworden. Schon die Rehabilitierung Stalins, die im Mai 1965 bereits begonnen hatte, mußte abgebrochen werden – seine Verdienste als militärischer Führer während des 2. Weltkrieges blieben noch unbenommen –, nun aber legten hundert Literaten Protest gegen die Schriftstellerkollegen ein, schrieben Briefe an die Parteiführung und das Präsidium des XXIII. Parteitages, in denen sie vor den innen- wie außenpolitischen Folgen der Rückkehr zu Stalinschen Methoden warnten. Die Führung reagierte durch Kriminalisierung der Proteste, indem neue Gesetze ins Strafgesetzbuch aufgenommen und der »ideologische Kampf« ausgerufen wurde, worauf neue Proteste, darauf Einweisungen in Heilanstalten und Ausbürgerungen erfolgten. Die harte Hand Suslovs war unverkennbar. 1967 emigrierte Stalins Tochter Svetlana Allilueva in die USA[11].

Das Vertrauen der Schriftsteller in die Nach-Chruščevsche Führung war gestört. Die individuellen Proteste kamen in ihrer Wirkung einer Bürgerrechtsbewegung nahe, die z. B. auch die Krimtataren veranlaßte, ihre Rehabilitierung und Rückführung aus dem Umsiedlungsgebiet einzufordern. Angesichts des Prager Frühlings, des Ginsburg-Galanskov-Prozesses, der Polnischen Märzunruhen 1968, steigerte sich die Angst vor antisozialistischen Kräften in eine Psychose, in der Suslov 1970 schließlich den

»ideologischen Krieg« ausrief. Das mutige Auftreten des Atomphysikers A. D. Sacharov, der 1968 das Memorandum »Wie ich mir die Zukunft vorstelle« verfaßte, die Verhaftung des Generals P. Grigorenko[12] und des lettischen Kolchosvorsitzenden Jachimovič, die Aufforderung des berühmten Physikers P. Kapica an die Philosophen, sich mehr mit der nichtmarxistischen Philosophie auseinanderzusetzen, 1969, endlich A. Tvardovskijs Ausscheiden aus der Redaktion von »Novyj Mir« und dem ZK der KPdSU, A. Solženicyns und A. Galičs Ausschluß aus dem Schriftstellerverband 1971 zeigen weitere Stationen dieses Kampfes an. Das Ergebnis war eine Mehrebenenliteratur. Neben der Memoirenliteratur, die zwar Stalin, nicht aber Chruščev erwähnte, der offen erscheinenden Abrechnung mit der Generation der Väter, etablierte sich eine breite Untergrund-Samizdat-Literatur (Selbstverlag). Auf diese Weise wurden einige Arbeiten, die seit Stalins Zeiten im Schreibtisch gehütet worden waren, verbreitet[13]. Daneben meldeten sich nun die nationalen Literaturen der sowjetischen Völker zunehmend zu Wort.

Die Breženv-Doktrin

Die neue Führung setzte alles daran, dem unter Chruščev eingetretenen Autoritätsverfall der Sowjetunion gegenüber den anderen sozialistischen Staaten und nicht regierenden Kommunistischen Parteien entgegenzuwirken und startete deshalb auf den Aktionsfeldern der Ideologie, der Sicherheit und der Wirtschaft Initiativen.

Auf dem Gebiet der Einheit der »Kommunistischen Weltbewegung« war ein radikaler Kurswechsel gegenüber der Volksrepublik China ausgeschlossen, wäre er doch nur bei einem Verzicht auf den nur noch verklausuliert aufrecht erhaltenen Führungsanspruch der Sowjetunion zu haben gewesen. Deshalb kam es Brežnev in erster Linie darauf an, mit China einen Waffenstillstand zu erreichen[14]. Aber wenn Brežnev auf der Kundgebung zum 47. Jahrestag der Oktoberrevolution in Anwesenheit Chou En-lais auch die »Besonderheiten in den Wegen des Aufbaus des Sozialismus« respektierte, »die Wahl dieser oder jener Methoden und Formen des sozialistischen Aufbaus« als das »souveräne Recht eines jeden Volkes« bezeichnete, so berief er sich anschließend dennoch auf die Erklärung der kommunistischen Parteien vom November 1960, als er betonte: »Die Weltarmee der Kommunisten hat eine präzise und klare Generallinie, die gemeinsam auf den Moskauer Beratungen von 1957 und 1960 ausgearbeitet wurde«[15]; das heißt, er war nicht nur zu keinen weitreichenden Konzessionen bereit, sondern betonte im Gegenteil sowohl die Prinzipien des Marxismus-Leninismus als allgemeine Grundlage der Parteibeziehungen, als auch die des proletarischen Internationalismus, die eine Abweichung vom sowjetischen Modell nicht gestatteten. Eine mehr als verbale Wirkung dieser Standpunktfestschreibung blieb freilich aus. Auch die unmittelbaren Nachfolger Chruščevs konnten den Prozeß der Pluralisierung des Kommunismus nicht aufhalten.

Die Vorkonferenz, an der die 26 Parteien des Moskauer Treffens von 1960 teilnehmen sollten, wurde vom 15. Dezember 1964 auf den 1. März des nächsten Jahres verschoben. Schließlich nahmen nur die Vertreter von 19 kommunistischen und Arbeiterparteien am »Konsultativtreffen« teil. Neben den Vertretern Chinas und Jugoslawiens blieben auch die Rumänen und Albaner dem Treffen fern. Faktisch wurde damit die Politik des Polyzentrismus bestätigt. Daran änderte auch die Konferenz der kommunistischen Parteien Europas vom 24.–26. April in Karlsbad/ČSSR nichts, auch wenn sie in einen Appell zur Festigung der Einheit und Solidarität mündete.

Als die sowjetische Führung erkannte, daß das Appellieren an die ideologischen Bindungen ohne Ergebnis blieb, versuchte sie, ihren hegemonialen Anspruch durch Verstärkung der sicherheitspolitischen und ökonomischen Bindungen abzusichern. Bereits im Juni 1965 hatte Breżnev die Erhöhung der militärischen Rüstung gefordert, die vom XXIII. Parteitag 1966 auch gebilligt wurde. Marschall Sokolovskijs »Militärstrategie«, 1962 zuerst erschienen, wurde überarbeitet und räumte der Rolle der Raketenstreitkräfte und der Seestreitkräfte größere Bedeutung ein[16] und begann, sich mit der Möglichkeit begrenzter Kriegführung in der Dritten Welt zu befassen[17].

Die Sowjetunion begann, durch Flottenpolitik Außenpolitik zu betreiben. Schwerpunkt bildete der Mittelmeerraum. Im Mai 1967 gab die Türkei bekannt, daß 157 sowjetische Kriegsschiffe die Meerengen passiert hätten, aber nur 91 wieder ins Schwarze Meer zurückgekehrt wären. Die damaligen besonders engen Beziehungen zu Algerien, die sich auch auf das Gebiet der militärischen Zusammenarbeit erstreckten, ließen Gerüchte aufkommen, daß die ehemaligen französischen Marinestützpunkte in sowjetische Hände übergeben werden sollten. Zwar wurden sie im November 1968 dementiert, dennoch war im Laufe des Jahres deutlich geworden, wie sehr sich die maritimen Verhältnisse im Mittelmeer verschoben hatten: Der amerikanischen VI. Flotte lag nun ein besonderes III. Geschwader der sowjetischen Kriegsmarine gegenüber. Größere Marinemanöver im Nordmeer im Juli 1968 und ein Flottenbesuch in Kuba ein Jahr später sowie die wachsende Präsenz sowjetischer Flotteneinheiten im von England geräumten Gebiet östlich von Suez, vor allem in Indischen Ozean, bestätigten der Weltöffentlichkeit, daß die Sowjetunion im Begriffe war, auch mit ihren Seestreitkräften den Rang als Weltmacht anzustreben. Der Befehlshaber der Kriegsmarine, Flottenadmiral Gorškov, erhielt 1967 den Rang eines Fünf-Sterne-Admirals.

Auf der Basis der gestärkten eigenen Militärmacht versuchte die Sowjetunion nun, die sicherheitspolitischen Bindungen zu den anderen sozialistischen Staaten auszubauen und diese in die eigenen Ambitionen zu integrieren. Das betraf sowohl die Organisation des Warschauer Paktes wie das Instrument der bilateralen Verträge. So äußerte sich Brežnev beim Moskau-Besuch einer ČSSR-Delegation im September 1965: »Die Verteidigung der Länder des Sozialismus gegen die imperialistischen Umtriebe erfordert eine weitere Festigung der Einheit der sozialistischen Staatengemeinschaft. Die gegenwärtige Situation rückt die Aufgabe der weiteren Vervollkommnung der Organisation des Warschauer Vertrages auf die Tagesordnung«[18]. Während der ersten zehn Jahre des Warschauer Paktes hatte es, soweit bekannt, nur drei Treffen der Verteidigungsminister gegeben. Jetzt aber häuften sich die Konsultationen. 1965/66 fanden allein sechs Treffen der Verteidigungsminister und anderer militärischer Führer statt. Schon zur siebten Tagung des Politischen Beratenden Ausschusses des WP am 19. und 20. Februar 1965 in Warschau[19] war Albanien nach langer Pause wieder eingeladen worden, wurde der chinesische Vorschlag einer Weltgipfelkonferenz zur Beseitigung der Atomwaffen unterstützt, sowie die im Geiste der »völligen Einheit und Solidarität« erarbeiteten Beratungsergebnisse ausdrücklich vom Präsidium des ZK der KPdSU gebilligt. Als stärkster Widerpart gegen die sowjetischen Vorstellungen einer Straffung der Kommandostruktur und zunehmenden Vernetzung des Bündnisses erwies sich indes Rumänien, das den sowjetisch-chinesischen Konflikt zur Vergrößerung des eigenen Spielraumes voll nutzte. Auch die bewußt nach Bukarest einberufene 8. Tagung des Politischen Beratenden Ausschusses brachte nur die Festschreibung des rumänischen Standpunktes, basierend auf den »Prinzipien der Souveränität und nationalen Unabhängigkeit, der Gleichberechtigung und Nichteinmischung in die neueren Angelegenheiten, der Achtung der territorialen Integrität«[20]. Auch die Sofioter Tagung im März 1968 erzielte keine Änderung, erst der Tagung in Budapest ein Jahr später gelang es, »neue Grundsätze über die Vereinten Streitkräfte und das Vereinte Kommando« zu verabschieden, die die Struktur und die Führungsorgane der Militärorganisation vervollkommnen sollten[21].

In den Stellungnahmen zum Vietnamkrieg und anderen Regionen der Erde seit 1966 wird die Tendenz deutlich, den Aktionsrahmen des Warschauer Paktes zu erweitern. Diese Tendenz wie der von Rumänien angesichts des Gültigkeitsablaufs des Nordatlantik-Vertrages eingebrachte Vorschlag, beide Paktsysteme aufzulösen, führten zur Absicherung der Beistandsverpflichtung durch ein neues System bilateraler Verträge. Dem ersten Vertrag zwischen der UdSSR und der DDR am 12. Juni 1964 folgten bis 1972 weitere 19 bilaterale Verträge, die insgesamt ein Vertragsnetz darstellen, das im Bedarfsfalle den Warschauer Pakt als obsolet erscheinen lassen könnte. Durch die Anerkennung der sowjetischen Hegemonie und des Prinzips des »sozialistischen Internationalismus«, der intensivierten Zusammenarbeit auch auf ökonomischem Sektor sind sie mehr als »Integrationsverträge« zu bezeichnen. Neben der vertraglichen Regelung der Parteibeziehungen stellt die Veränderung der Beistandsklausel, die in den meisten Verträgen, wenn auch nicht in allen, vorgenommen wurde, den größten Umbruch dar. Stützte sich in den Verträgen der ersten Generation (1943–1949) die Beistandsverpflichtung in der Hauptsache auf Art. 53 Abs. 1, Satz 3 der Vereinten Nationen, der in Verbindung mit Art. 107 Präventivaktionen gegen ehemalige Feindstaaten gestattet, beruht die Bündnisklausel bei den Verträgen der zweiten Generation auf Art. 51 der Satzung der Vereinten Nationen, damit auf dem Recht zur individuellen und kollektiven Selbstverteidigung im Falle eines bewaffneten Angriffs[22]. Die hohe politische Bedeutung dieser Verträge, die die Zielsetzung der sowjetischen Außenpolitik zum Ausdruck bringen, wurde auch dadurch deutlich, daß sie nicht nur von den Vertretern der Regierungen, sondern auch von den Parteichefs selbst unterzeichnet wurden.

Der Integrationscharakter kam auch in den Artikeln über die ökonomische Kooperation zum Ausdruck. In Übereinstimmung mit den Prinzipien des Rates für Gegenseitige Wirtschaftshilfe sollte die Koordinierung der Volkswirtschaftspläne und die Kooperation in Forschung, Entwicklung und Produktion mit dem

Ziel der »weiteren Entwicklung und gegenseitigen Annäherung der nationalen Wirtschaften« forciert werden. In der Praxis jedoch führten die Versuche der 19. RGW-Tagung 1965 in Prag zu keiner greifbaren Verbesserung der Integration, da vor allem Rumänien sich, wie schon zur Zeit Chruščevs, strikt weigerte, die ökonomische Zusammenarbeit im RGW nach einem »Einheitsplan« zu gestalten. Auch auf den beiden folgenden Ratstagungen konnte nur die bilaterale Arbeitsteilung als dominierendes Prinzip bestätigt werden. Als Rumänien am 31. Januar 1967 als zweites sozialistisches Land neben der Sowjetunion die Aufnahme diplomatischer Beziehungen mit der Bundesrepublik Deutschland vereinbarte und damit von sich aus das starre Ost-West-Verhältnis in seiner Außenpolitik aufbrach, reagierten die anderen Mitgliedsstaaten des RGW/WP, die DDR voran, äußerst gereizt. Die SED schreckte nicht vor einem öffentlichen Angriff auf die rumänische Regierung zurück, die mit einer energischen Zurückweisung reagierte. Mit Unterstützung der Sowjetunion konnte die DDR daraufhin die »Ulbricht-Doktrin« durchsetzen, die die anderen sozialistischen Staaten verpflichtete, vor Anerkennung der DDR durch die Bundesrepublik keine diplomatischen Beziehungen zu ihr aufzunehmen.

Das Ausscheren Rumäniens aus der Blocksolidarität besaß sein Pendant im Austritt Frankreichs aus der militärischen Organisation der NATO 1966. Die Schwächung der NATO durch diesen Schritt hatte den Kräften im Warschauer Pakt wieder den Rücken gestärkt, die sich einer Vertiefung der militärischen Zusammenarbeit widersetzten. So trug auch de Gaulles Besuch in der Sowjetunion vom 20. Juni bis 1. Juli 1966, der ihn bis Stalingrad und nach Mittelasien und Sibirien führte und mit der Unterzeichnung einer sowjetisch-französischen Deklaration endete, zur Entkrampfung der Spannungen zwischen Ost und West bei.

In sofern hielt auch die sowjetische Führung nach Chruščevs Sturz am Prinzip der friedlichen Koexistenz fest und versuchte, nach der Kubakrise des Jahres 1962 die direkte Konfrontation mit den USA zu vermeiden. Das bedeutete, daß die UdSSR angesichts des zunehmenden amerikanischen militärischen Eingreifens in Vietnam die Propaganda gegen die »imperialistischen Kräfte« initiierte und den antiamerikanischen Protestaktionen in der Welt Unterstützung leistete, dazu Nordvietnam mit Waffen versorgte, sie auf der anderen Seite aber ihre Bemühungen um Zusammenarbeit mit den USA in Fragen der Weltraumfahrt und der Rüstungsbegrenzung fortsetzte. Das Abkommen über kulturellen und technischen Austausch, das im März 1966 abgeschlossen werden konnte, führte genau ein Jahr später zu einem ersten Gespräch über die Einschränkung der Raketenrüstung, zum Abschluß eines Konsularabkommens, zur Aufnahme des direkten Flugverkehrs und zur Unterzeichnung eines Kulturabkommens im Juni 1968.

Im Konflikt mit China suchte die Sowjetunion Verbündete in der Dritten Welt. Im März 1965 hatten Chinesen in Moskau vor der Botschaft der USA demonstriert, ein Vorfall, der nie spontan ausbrechen kann; er wurde durch Demonstranten vor der sowjetischen Botschaft in Peking erwidert. In Afrika erlitt China 1965–66 Einflußeinbußen. Breznev gelang es dagegen, im Frieden von Taškent 1966 den Kaschmir-Konflikt zwischen Indien und Pakistan zu beenden; in der Folge wurden die sowjetisch-indischen Kontakte vertieft, der antichinesische Akzent dieser Beziehungen war nicht zu übersehen. Im Winter 1965/66 steigerte sich die gegenseitige Pressepolemik erneut: Während ein chinesisches Organ die KPdSU an den »linken Flügel des Imperialismus« placierte, sprach ein sowjetisches Rundschreiben an die kommunistischen Parteien der Welt von der »chauvinistischen Großmachtpolitik Chinas, das zum XXIII. Parteikongreß der KPdSU erstmalig keine Vertreter entsandte.

Im Sommer 1967 bot der Konflikt mit Israel und den arabischen Ländern, der zum offenen Krieg eskalierte, der sowjetischen Politik die Gelegenheit, ihre Kräfte auf einem besonderen Schwerpunkt einzusetzen. Schon gleich nach dem Ende des II. Weltkrieges hatte die sowjetische Außenpolitik den damals vergeblichen Versuch unternommen, im Zusammenhang mit den Fragen des italienischen Kolonialbesitzes im Mittelmeer Fuß zu fassen. Nach den Nahost-Krisen von 1956 und 1967 lenkten die wachsenden Spannungen zwischen Israel und seinen arabischen Nachbarn, das gestiegene Gewicht der Kommunistischen Partei in Italien und die prochinesische Einstellung Albaniens die Blicke des Kreml erneut in den Mittelmeerraum. Podgornyj eröffnete hier die Runde seiner Staatsbesuche in Rom, wo er im Januar 1967 nicht nur dem italienischen Staatspräsidenten im Quirinal, sondern auch Papst Paul VI. im Vatikan seine Aufwartung machte, von Außenminister Gromyko im April 1966 im Vatikan vorbereitet. Eine Reihe von Abkommen mit der italienischen Regierung schloß sich an. Auch mit Spanien konnten im März Schiffahrts- und Kulturabkommen geschlossen werden. Im Juni stattete Podgornyj während des Sechstagekrieges zwischen Israel und den arabischen Ländern demonstrativ Syrien, Ägypten und dem Irak Besuche ab. Zu Israel dagegen brach die Sowjetunion am 10. Juni die diplomatischen Beziehungen ab. Anläßlich des Besuchs des jordanischen Königs in Moskau im Oktober wurden sowjetische Waffenlieferungen vereinbart. Podgornyjs Besuche in Algerien und Marokko zwei Jahre später schlossen diese Mittelmeer-Initiative der Sowjetunion vorerst ab.

Zum 50. Jahrestag der Oktoberrevolution, dessen feierliches Begehen am 3. November mit einer gemeinsamen Sitzung des Zentralkomitees und der Obersten Sowjets der UdSSR und RSFSR von Podgornyj eröffnet, am 4. und 6. November in Leningrad fortgesetzt und am 7. November mit einer großen Parade auf dem Roten Platz in Moskau abgeschlossen wurde, konnte die sowjetische Führung vor Delegierten aus 95 Ländern auf beachtliche Erfolge verweisen. Nach der Notlage der Leninschen Anfänge, dem Massenterror der Stalin-Zeit, der Überwindung der Schäden des »Großen Vaterländischen Krieges« konnten nun, neben den beeindruckenden wissenschaftlichen und technischen Erfolgen vor allem der Raumfahrt, erstmalig Symptome einer wirklichen Verbesserung des Lebensstandards der Bevölkerung und gewisse Lokkerungen in der individuellen Sphäre der Gesellschaft registriert werden. Die äußeren Erfolge waren schon in einem »Pravda«-Artikel vom 20. Januar 1967 durch Zahlen illustriert worden: den 400 000 Kommunisten, die es 1917 in der Welt gegeben haben soll, standen im Jubiläumsjahr 50 Millionen gegenüber, allein in den nichtsozialistischen Ländern auf 74 kommunistische Parteien verteilt. Der Überblick setzte große Hoffnungen auf Lateinamerika, besonders Chile, Kolumbien und Bolivien und auf die Tätigkeit der Guerilla-Truppe Fidel Castros im gesamten Norden Südamerikas. Auch bei fortschreitender Differenzierung der nationalen KP-Modelle konnte noch nicht von einem Attraktivitätsdefizit gesprochen werden.

Die entscheidende Katastrophe ereignete sich ein knappes Jahr später innerhalb des Sowjetsystems selbst. Auf seiner Tagung vom 3. bis 5. Januar 1968 wählte das Zentralkomitee der Kommunistischen Partei der Čechoslovakei Alexander Dubček an Stelle von Staatspräsident Antonin Novotný zum Ersten Sekretär, am 22. März trat Novotný auf Empfehlung des ZK-Präsidiums auch als Staatspräsident zurück, am 30. März wählte die Nationalversammlung in geheimer Wahl General Ludvik Svoboda zum neuen Staatspräsidenten. Die neue Prager Führung leitete unter dem Schlagwort »Sozialismus mit menschlichem Antlitz« (Dubček) Reformen ein, die, das jugoslawische Modell noch übertreffend, gerade auch in der Unterstützung durch Tito und Ceauşescu nicht nur den sowjetischen Hegemonieanspruch über Osteuropa, sondern den totalitären Führungsanspruch der Kommunistischen Parteien im Innern infrage stellten. Angesichts der de Gaullschen Politik eines »Europa vom Atlantik bis zum Ural«, der amerikanischen »Politik des Brückenschlages«, die beide zum Ziel hatten, die Bindungen der einzelnen sozialistischen Staaten zur Sowjetunion zu lockern und denen nun Erfolg beschieden zu sein schien, ging die Sowjetunion sofort auf harten Konfrontationskurs.

Befaßte sich die 9. Tagung des PBA des Warschauer Paktes vom 6.–7. März in Sofia offiziell noch nicht mit den Ereignissen in der ČSSR, so aber die Konferenz der Partei- und Regierungschefs am 23. Mai in Dresden, hier noch mit den Vertretern der ČSSR, die, wie auch die Rumänen, bei einer Konferenz führender Mitglieder der KP der fünf späteren Interventionsmächte am 8. Mai in Moskau fehlten. Der Besuch einer sowjetischen Militärdelegation unter Marschall Grečko Ende Mai, der Kuraufenthalt von Ministerpräsident Kosygin in Karlsbad, der vorzeitig endete, schließlich militärische Manöver auf ČSSR-Territorium im Juni, wenn auch ohne Beteiligung rumänischer und bulgarischer Truppen, zeigten die Verschlechterung der Lage deutlich an. Versuche der Prager Führung, den Demokratisierungsprozeß kontrolliert zu gestalten, scheiterten an der Eigendynamik der befreiten Artikulationsmöglichkeiten; als sie im »Manifest der 2000 Worte«, das am 27. Juni veröffentlicht wurde, kulminierten, war damit die sowjetische Toleranzschwelle überschritten. Nun verglich Brežnev die aktuellen Ereignisse der ČSSR mit der »Konterrevolution« Ungarns von 1956, erklärte Außenminister Gromyko, die sozialistische Gemeinschaft werde das Herauslösen eines Gliedes nicht zulassen.

Es entbehrt nicht der Tragik, daß die Reformer gerade in dem Augenblick erst von der eigenen Bevölkerung getragen wurden, als nach der Warschauer Konferenz vom 14.–18. Juni die Partei- und Regierungschefs Bulgariens, der DDR, Polens, der UdSSR und Ungarns im »Warschauer Brief« die tschechoslowakische Führung massiv unter Druck setzten. Die sowjetischen Ängste waren hier deutlich artikuliert worden: »Wir werden niemals zulassen, daß der Imperialismus auf friedlichem oder unfriedlichem Wege, von innen oder von außen, eine Bresche in das sozialistische System schlägt und das Kräfteverhältnis in Europa zu seinen Gunsten verändert«[23]. Ein bilaterales Treffen, das beide Seiten wünschten, fand vom 29. Juli bis 1. August in Cierna (ČSSR) statt; ein über 500 Seiten umfassendes Geheimpapier wurde darüber angefertigt. Die anschließende Konferenz in Bratislava am 3. August bildete die letzte gemeinsame Begegnung der späteren fünf Interventionsmächte mit der Prager Führung, als deren Ergebnis bereits die Formulierung verabschiedet wurde, die den Einmarsch rechtfertigen sollte: »Es ist die gemeinsame internationale Pflicht aller sozialistischen Länder, diese Errungenschaften, die dank der heldenhaften Anstrengungen und der selbstlosen Arbeit eines jeden Volkes erkämpft wurden, zu unterstützen, zu festigen und zu verteidigen«[24].

Auch wenn die Prager Führung durch die Besuche von Marschall Tito vom 9. bis 16. August, von Ulbricht am 12. August und von Ceauşescu am 15. August versuchte Zeit zu gewinnen, so war ihre Uhr bereits abgelaufen: Am 29. Juli wurden auch Truppen Polens und der DDR in die sowjetischen Manöver integriert, die seit dem 23. Juli entlang der ČSSR-Grenze liefen, am 15. August begannen in Ungarn Manöver sowjetischer und ungarischer Nachrichtentruppen, die militärische Logistik war abgeschlossen. In der Nacht vom 20. auf den 21. August kam es zur Invasion von 300 000 Mann WP-Truppen, die rumänischen ausgenommen. Vor den Augen der Fernsehkameras der westlichen Welt wurde auf diese Weise dokumentiert, auf welche Weise von der sowjetischen Lesart abweichenden Vorstellungen von Sozialismus begegnet wird, sofern der Sowjetunion die militärischen Mittel zur Verfügung stehen.

In sehr harten »Verhandlungen« in Moskau vom 23. bis 26. August gelang es Staatspräsident Svoboda, weitere Zwangsmaßnahmen gegen die verhafteten und verschleppten Dubček u. a. abzuwehren, die staatliche Integrität, der eine sowjetische Militärregierung drohte, zu erhalten und Zusammenstöße zwischen den Okkupationstruppen, besonders den deutschen, und der Bevölkerung zu verhindern. Im Unterschied zur Intervention in Ungarn 1956 versuchte die Sowjetunion ihren Einmarsch in die ČSSR nicht nur politisch, sondern auch rechtlich zu legitimieren, indem sie aus der Form der Gemeinschaft der sozialistischen Staaten ein Interventionsrecht ableitete. Diese, am 26. September 1968 erstmals in der »Pravda« publizierte, anschließend von Außenminister Gromyko in der UNO-Vollversammlung verfochtene »Brežnev-Doktrin«[25] wurde von Brežnev selbst anläßlich des V. Parteitages der Polnischen Vereinigten Arbeiterpartei am 12. November in Warschau erläutert: »Wenn in einem sozialistischen Land Gefahr für die Sicherheit der ganzen sozialistischen Gemeinschaft entsteht ... dann wird dieses ... zu einem Gegenstand der Sorge aller sozialistischen Länder«. Diese These von der beschränkten Souveränität sozialistischer Staaten bildete von da an die Basis für die Entwicklung dieser Staatengemeinschaft im Innern wie nach außen. Die Vorstellung von der Vereinbarkeit demokratischer Freiheiten mit einem sozialistischen Gesellschafts- und Wirtschaftssystem war damit jedoch keineswegs liquidiert.

Die Sowjetunion als Weltmacht

Die Ereignisse von 1968 bedeuteten eine Zäsur auf mehreren Gebieten der sowjetischen Politik. Der Bereich des Militärischen erhielt Priorität vor dem der Ökonomie und Ideologie, das heißt, Sicherheit wurde primär militärisch interpretiert. Das verschob entscheidend die Gewichte. Dieses Verständnis führte sowohl zu einer neuen Bündnispolitik gegenüber den anderen sozialistischen Staaten als auch zur Politik der militärischen Parität durch kooperative Rüstungssteuerung mit den USA, letztlich zu einer rein militärisch definierten Weltmachtrolle. Die ökonomischen und sozialen Folgen dieser Politik und die damit verbundene Ernüchterung konnten nicht ausbleiben.

Die militärische Reaktion auf Ansätze zur Neudefinition des Sozialismus ist die bestimmende Charakterisierung der gesamten Breżnev-Suslov-Ära. Seit dem 21. August 1968 entscheidet die KPdSU darüber, was unter »sozialistischen« und »historischen Errungenschaften« zu verstehen ist[26], das bedeutet, nicht nur der außenpolitische, sondern auch der innenpolitische Spielraum der Parteien in den Warschauer Pakt-Staaten hatten sich nun wesentlich verringert. Die sowjetische Politik zielte seitdem darauf ab, die Koordinierung der Innen- und Außenpolitik und die strukturelle Annäherung der Länder im Bündnis voranzutreiben. Albanien trat zwar am 13. Dezember 1968 demonstrativ aus dem Warschauer Pakt aus, aber mit dem Vertrag über Freundschaft, Zusammenarbeit und gegenseitigen Beistand zwischen der UdSSR und der ČSSR vom 6. Mai 1970 begann die dritte Generation der bilateralen Verträge: UdSSR-Rumänien 7. 7. 1970, UdSSR-DDR 7. 10. 1975, UdSSR-Ungarn 24. 3. 1977, UdSSR-Polen 28. 5. 1977, UdSSR-Bulgarien 14. 9. 1977. Waren die Verträge der ersten beiden Generationen je auf zwanzig Jahre abgeschlossen worden mit der Verlängerungsmöglichkeit von fünf Jahren, falls nicht ein Jahr vor Ablauf der Frist gekündigt wurde, gelten die Verträge der dritten Generation 25 Jahre lang und verlängern sich jeweils um 10

Jahre, falls nicht ein Jahr vor Ablauf gekündigt wird. Die neue Qualität dieser Verträge liegt darin, daß sie, im Unterschied zum Warschauer Pakt, keine territoriale Einschränkung der Beistandsverpflichtung enthalten, den Vertrag UdSSR-Polen ausgenommen. Auch hat die Formel vom »Schutz der sozialistischen Errungenschaften« Eingang in die Verträge mit der ČSSR und der DDR gefunden, ebenso wie eine qualifizierte Konsultationsklausel; wenn es auch Rumänien gelungen ist, diese Formel nicht übernehmen zu müssen, so doch um den Preis einer um so dogmatischeren Praktizierung eben gerade des sowjetischen neo-stalinistischen Modells im Innern. In ihrer Verfassungsänderung vom 7. 10. 1974 hatte die DDR in Art. 6 ihre Anbindung an die Sowjetunion bereits »für immer und unwiderruflich« festgeschrieben.

Als zentrales Instrument der sowjetischen Hegemonie wurde der Warschauer Pakt ausgebaut. Schon am 17. März 1969 beschloß der Politische Beratende Ausschuß des Bündnisses in seiner 10. Sitzung, drei neue Organe zu schaffen: das Komitee der Verteidigungsminister, den Militärrat und das Vereinte Komitee zur Koordinierung der Waffentechnik. Die Institutionalisierung des Komitees der Verteidigungsminister als Organ des Politischen Beratenden Ausschusses am 26. November 1976 schrieb damit nur die inzwischen gängige Praxis fest. Es folgte ab 1970 eine wesentlich intensivierte Zusammenarbeit der Polit-Hauptverwaltungen der Streitkräfte und engere Kooperation im militär-industriellen Bereich. Die Nationale Volksarmee der DDR, seit April 1965 bereits Mitglied der I. Strategischen Staffel, konnte ihre Position seit der ČSSR-Invasion im Norddreieck des Warschauer Paktes, DDR-Polen-ČSSR, ständig ausbauen. Durch diese organisatorischen Veränderungen und stärkere Nutzung der WP-Organe hatte sich die Sowjetunion die Instrumente geschaffen, die eine Wiederholung der ČSSR-Ereignisse verhindern sollten. Auf dem XXIV. Kongreß der KPdSU sprach Brežnev am 30. Mai 1971 dann zum ersten Mal davon, daß die Organisation des Warschauer Paktes »nach wie vor als Hauptzentrum der Koordinierung der außenpolitischen Tätigkeit der Bruderländer ...« diene. Nur der rumänische Widerstand verhinderte, daß diese Formel der »koordinierten Politik« auch ins Kommuniqué der 15. Tagung des Politischen Beratenden Ausschusses Ende November 1976 Eingang fand.

Auch im Bereich der ökonomischen Bündnisverpflichtungen strebte die Sowjetunion Veränderungen an. Mit der 23. Tagung des Rates für Gegenseitige Wirtschaftshilfe im April 1969 in Moskau wurde unter dem Begriff der »sozialistischen Integration«

das Exekutivkomitee mit der Vorlage eines entsprechenden Programms beauftragt. Auf der 25. Ratstagung 1971 konnte dann das »Komplexprogramm für die weitere Vertiefung und Vervollkommnung der Zusammenarbeit und Entwicklung der sozialistischen ökonomischen Integration der Mitgliedsländer des RGW« angenommen werden, das für die nächsten 15 Jahre die Zusammenarbeit bestimmen sollte. Das Einstimmigkeitsprinzip wurde seit 1969 durch das Prinzip der Interessiertheit gemildert, wenn auch nicht aufgehoben, auch im wohlverstandenen Eigeninteresse der Sowjetunion. Am 21. Juni 1974 wurde das RGW-Statut modifiziert. Von nicht unwesentlicher Bedeutung in ihrem Einfluß auf die Gesamtstruktur des RGW erwies sich die Aufnahme neuer Mitglieder. Nachdem Albanien seit Dezember 1961 seine Mitarbeit in den RGW-Organen eingestellt hatte und seit Juni 1979 nicht mehr als RGW-Mitglied geführt wird, kam gerade der Neuaufnahme anderer Mitglieder große Bedeutung zu. Bereits am 6. 6. 1962 war die Mongolei aufgenommen worden, am 12. 7. 1972 folgte Kuba, am 29. 6. 1978 schließlich Vietnam, so daß zum 30jährigen Bestehen der Organisation 1979 festgestellt werden konnte: »Der Rat für Gegenseitige Wirtschaftshilfe, entstanden als regionale Organisation von sechs europäischen Ländern, ist im 30. Jahr seiner Existenz eine Organisation der Zusammenarbeit von zehn sozialistischen Staaten Europas, Asiens und Lateinamerikas.«

Gerne spricht die Sowjetunion auch vom »Weltsystem sozialistischer Staaten«. Durch die auf diese Weise aufgebauten Koordinationsinstrumente innerhalb des Warschauer Paktes und des Rates für Gegenseitige Wirtschaftshilfe, dazu der zweiseitigen Verträge, entstand ein dichtes Netz von Integrationsinstanzen, das die Nuancierung regionaler Interessen oder gar nationaler Politiken erschwert. Angesichts der vielfältigen Parteibeziehungen, militärischen, ökonomischen, diplomatischen und anderen Verflechtungen spricht man zu Recht vom WP/RGW-Komplex. Die These von der Annäherung der sozialistischen Nationen, in einigen bilateralen Verträgen verankert und von Brežnev wiederholt vertreten, wird in der Praxis von einigen Regierungen zurückhaltend verwendet, von anderen, so Rumänien, strikt abgelehnt.

Die Wirtschaft der Sowjetunion

Zwar wurden in der Periode des 9. und 10. Fünfjahresplanes 1971–1980 beachtliche Erfolge erzielt, rückte die Sowjetunion bei der Erzeugung von Stahl und der Förderung von Erdöl an die erste Stelle in der Welt, insgesamt aber vergrößerte sich sogar ihr Abstand zu den führenden Industrienationen des Westens, traten Erscheinungen, gerade unter den Bedingungen einer modernisierten Produktion zutage, die die Grenzen dieses planwirtschaftlichen Modells immer deutlicher aufzeigten. Zwar reagierte die Regierung wieder durch Maßnahmen zur »Verbesserung« oder »Vervollkommnung« des Wirtschaftsmechanismus, sie beschränkten sich aber wieder nur auf die drei Ebenen der Reform von 1965: die organisatorische Struktur von Planung und Verwaltung, die Planungsmethoden im überbetrieblichen Bereich und die mikroökonomische Steuerung, d. h. die Leitung und Prämierung der Betriebe[27].

Es wurden branchenbezogene Produktionsvereinigungen errichtet, konzernartige Kombinate, agro-industrielle Komplexe entstanden durch den Zusammenschluß von Kolchosen, Sowchosen und Nahrungsmittelbetrieben, um die »Vorteile des Großbetriebes« zu nutzen. Auch knüpfte man an die Computerisierung der Betriebe zu viele Hoffnungen, die sie in diesem Plansystem nicht einlösen konnten. Schließlich wurden im Juli 1979 erneut zwei Partei- und Regierungsbeschlüsse gefaßt, ohne das Prinzip der Planerfüllung als betriebliches Erfolgskriterium infrage zu stellen. Dabei war das 8. Planjahrfünft 1966–1970, gerade im Vergleich zu den Vorjahren, sehr erfolgreich verlaufen. Die Bruttoerzeugung der Industrie wuchs zwar etwas langsamer als zuvor, doch konnte die landwirtschaftliche Produktion deutlich gesteigert werden, der Konsum damit wachsen. Auch die Erzeugung industrieller Konsumgüter nahm rasch zu. Aber schon im nächsten, 9. Planjahrfünft mußte die Landwirtschaft empfindliche Ernteeinbußen verzeichnen, die vor allem auf die Mißernten 1972 und 1975 zurückzuführen waren. Immerhin zeigte sich, daß die Neulandgebiete jenseits des Ural gute Ernteergebnisse aufzeigen konnten. Die Ernteausfälle mußten durch Getreideaufkäufe in den USA und Kanada (1972 28 Mio t, 1975 30 Mio. t) aufgefüllt werden, auch nachdem Landwirtschaftsminister Mackevič durch den bisherigen stellvertretenden Ministerpräsidenten und Mitglied des Politbüros D. S. Poljanskij ersetzt worden war. Mit den USA schloß die Sowjetunion ein Getreideabkommen, indem sie sich fünf Jahre lang zum Kauf von jährlich 8 Mio. t Weizen und Mais verpflichtete[28]. Die Bedeutung der Nebenlandwirtschaften der Kolchosbauern für die Versorgung der Bevölkerung nahm damit zu. Auch die Erzeugung von Konsumgütern (Gruppe B der Industrieproduktion), die erstmals rascher wachsen sollte als die Erzeugung von Produktionsmitteln (Gruppe A), fiel in der tatsächlichen Wirtschaftsentwicklung hinter diese zurück[29], Bauwirtschaft und Verkehrssektor konnten dagegen ein schnelles Wachstum aufzeigen.

Die Periode des 10. Fünfjahresplanes war endgültig von starken Einbrüchen der sowjetischen Wirtschaft gekennzeichnet. In allen Wirtschaftssektoren sanken die durchschnittlichen Wachstumsraten, anfangs die der Industrie, schließlich 1979 auch die der Landwirtschaft, zuletzt sogar der Bauwirtschaft und des Verkehrswesens. Ab diesem Zeitpunkt ging infolgedessen auch das Wachstumstempo des Bruttosozialprodukts zurück. Lag es im 8. Planjahrfünft bei 5,2%, so sank es über 3,7% im 9. Planjahrfünft auf 2,7% im 10. Planjahrfünft ab. Damit aber war auch die Grundkonzeption des letzten Fünfjahresplans gescheitert, der unter dem Vorzeichen »Fünfjahresplan der Effizienz und Qualität« den Sprung vom extensiven zum intensiven Wachstum bewerkstelligen sollte. Er scheiterte nicht zuletzt daran, daß gerade mangels materieller Anreize die Motivation zur Steigerung der Arbeitsproduktivität ins Leere ging. Auf der positiven Seite der Bilanz ist die Verbesserung der »terms of trade« im sowjetischen Außenhandel anzuführen. Als bedeutender Produzent und Exporteur von Energie- und anderen Rohstoffen profitierte die Sowjetunion von den erheblichen Preissteigerungen dieser Produkte auf dem Weltmarkt und hatte am Ende des 10. Planjahrfünfts keine nennenswerten Zahlungsbilanzprobleme gegenüber dem Westen[30].

Die Konzentration der Investitionen auf einzelne Wirtschaftssektoren, darunter die Erdölindustrie, diente der Erschließung neuer Ressourcen, sie führte zur zunehmenden Verlagerung der Rohstoff- und Energiegewinnung nach Osten, der sibirische Raum trat in den Blickpunkt künftiger großer Wachstumsraten.

Die wirtschaftliche Erschließung Sibiriens, Mitte der 50er Jahre durch wenige Großprojekte begonnen, drängte sich aus einer Vielzahl von Gründen der sowjetischen Führung in den 70er Jahren immer mehr auf. Von der Nutzung der dort vorhandenen Rohstoff- und Energiereserven wurden neue Impulse für die sich abschwächende Wirtschaftsentwicklung erwartet. Angesichts der rapide steigenden Erlöse für Erdöl wollte die Sowjetunion durch Absatz ihres Rohöls auf dem Weltmarkt die Mittel für die Investitionen und Nahrungsmitteleinkäufe erhalten. Mit der ökonomischen Entwicklung dieses Raumes sollte auch die politische Bedeutung der Sowjetunion innerhalb des asiatischen Kontinents zunehmen. Zuletzt sollten durch Großprojekte der Jugend neue idealistische Ziele des Einsatzes vermittelt werden. Als solches für die Erschließung Sibiriens zentrales »Jahrhundertprojekt« wurde der Bau einer Bahn ausgewählt, deren Trasse parallel zur Transsibirischen Bahn, einige hundert Kilometer nach Norden versetzt, verlaufen sollte, der Baikal-Amur-Magistrale (BAM). Am 15. März 1974 appellierte Brežnev überraschend, da im laufenden Fünfjahresplan nicht vorgesehen, an die Jugend, die ruhmreiche Tradition des Komsomol fortzusetzen und sich zum Arbeitseinsatz zu melden[31].

Bis Ende des Jahres lagen bereits 150000 Meldungen von Freiwilligen vor. Die 3145 km lange Strecke von Ust-Kut an der oberen Lena über das Nordende des Baikalsees bis Komsomolsk am unteren Amur wurde am 7. 11. 1984 eröffnet. Sie war auch angelegt worden, um eine Fläche von 1,3 Mio. km^2 in den Wirtschaftsverkehr einzubeziehen; bis zu 800 km Breite sollte das Land durch die Bahnlinie erschlossen werden. Von der Stadt Tynda, etwa in der Mitte der Strecke gelegen, wurde eine Trasse nach Norden bis Čullman und eine Querverbindung zur Transsib geführt. Nahe der BAM-Trasse wurden im Udokan-Gebirge die größten Kupferlagerstätten der Welt entdeckt, im Altan-Hochland können 40 Mrd. t hochwertige Steinkohle im Tagebau abgebaut werden, dazu wurden Eisenerzvorkommen in der Größenordnung von 20 Mrd. t entdeckt, darüber hinaus hochwertige Asbest-Lager, Nickel, Zinn, Wolfram, Molybdän, Blei, Zink und Rohstoffe zur Aluminiumherstellung. In Erwartung dieser Ausbeute flossen allein in den ersten beiden Jahren des Bahnbaus 1,8 Mrd. US-Dollar als japanische Kredite in das BAM-Gebiet. Nachdem Mitte der 60er Jahre in der westsibirischen Stadt Tjumen begonnen worden war Erdöl zu fördern, entwickelte sie sich bis 1975 mit 143 Mio. t, d. h. fast einem Drittel der gesamten Förderung der Sowjetunion, zu einem der bedeutendsten Erdölgebiete der Welt. Die Wasserkraftwerke in Bratsk, Divnogorsk, Ust-Ilimsk, Bogučany, der Bau von Sajan-Šušenskoe liefern die nötige Elektroenergie vor allem für die Aluminiumindustrie. Zur planmäßigen Erschließung spezifischer Regionen wurden 12 territoriale Produktionskomplexe (TPK) gegründet, davon 11 im asiatischen Teil. Sie sollen Naturressourcen, materielle Produktion, wirtschaftliche und soziale Infrastruktur und Bevölkerung vereinen, um die Koordinationsprobleme, hervorgerufen durch die Branchenbarrieren, zu lösen oder wenigstens zu mindern. Der Investitionsanteil Sibiriens konnte von 15% auf 20% in den 70er Jahren gesteigert werden, dazu flossen 50% der Kapitalinvestitionen in der BAM-

Zone allein in die Rohstoffgewinnung im Südjakutischen TPK nördlich von Tynda[32]. Der durch den Export von Rohöl gewonnene außenwirtschaftliche Spielraum konnte Mitte der 70er Jahre auf 10 Mrd. US-Dollar pro Jahr stabilisiert werden, hinzu kam gegen Ende der 70er und zu Beginn der 80er Jahre noch der Erlös aus den Erdgaslieferungen, die zusammen der Sowjetunion einen beständigen Zufluß an Devisen sicherten. Damit gewann die Erschließung Sibiriens nicht nur Bedeutung für die Energieversorgung der europäischen RGW-Länder, sondern auch für die Stetigkeit und den Umfang des West-Ost-Handels.

Zweifellos nahm mit den 70er Jahren die Tendenz zu, durch die Schwerpunktverlagerung nach Sibirien die Bedeutung dieses Raumes insgesamt zu erhöhen und damit auch im asiatischen Raum eine stärkere Rolle zu spielen; das galt für das Verhältnis zur Mongolei, zu China, Japan, Indien in erster Linie. Aber auch militärstrategische Aspekte sind nicht zu übersehen: Entlastung der Transsib, Diversifizierung, Regionalisierung zur Verminderung der Verwundbarkeit bei einem Konflikt. Insofern bedeuten die 70er Jahre, nachdem in den 60ern der Grundstein gelegt wurde, die beschleunigte Entwicklung des sibirischen Raumes mit damals schon erzielten ökonomischen Durchbrüchen bei der Energiegewinnung und beim Energieexport; diese legten aber selbst wieder den Grundstein für eine vertiefte Ausbeutung und erwartete hohe Steigerungen bei der räumlichen Erschließung wie Rohstoffgewinnung und -verarbeitung. Diese Erwartung war es letztlich, die die Rückwanderung von Arbeitern aus Sibirien stoppen und, in bestimmten TPK, sogar umkehren konnte.

Die neue Verfassung

Schon Nikita Chruščev hatte auf dem XXI. Parteikongreß 1959 eine Reform der Stalin-Verfassung von 1936 angekündigt, zu deren Inangriffnahme der Oberste Sowjet im April 1962 eine Verfassungskommission einsetzte. Noch auf dem XXV. Parteikongreß im Februar 1976 äußerte sich Brežnev nur vage über den Stand der Arbeiten, ein Jahr später jedoch legte er am 24. Mai dem ZK-Plenum einen Verfassungsentwurf zur Abstimmung vor, der auch gebilligt wurde. Daß es zu schweren Auseinandersetzungen über diesen Entwurf gekommen sein muß wurde dadurch deutlich, daß der Vorsitzende des Präsidiums des Obersten Sowjet, N. V. Podgornyj, auf der gleichen Sitzung aus dem Politbüro ausgeschlossen wurde. Am 27. Mai ordnete das Präsidium des Obersten Sowjet die Veröffentlichung dieses Entwurfs und die Durchführung einer »Volksdiskussion« an. Auf der Sitzung des Obersten Sowjet am 16. Juni verlor Podgornyj auch das Amt des Vorsitzenden, und Brežnev konnte seinem Amt des Generalsekretärs das des Staatsoberhauptes hinzufügen, eine Entwicklung, die die Parteiführer der anderen sozialistischen Staaten zum Teil vorweggenommen hatten. Brežnev besaß damit gleichen diplomatischen Rang wie der amerikanische Präsident. Mit unbedeutenden Änderungen wurde die neue Sowjetverfassung (Konstitution) am 7. Oktober 1977 vom Obersten Sowjet der UdSSR verabschiedet. Die Sowjetunion vollzog auch hiermit einen Schritt nach, den die anderen sozialistischen Staaten bereits vollzogen hatten, indem sie ihre Verfassungen den gewandelten gesellschaftlichen Bedingungen anpaßten. Von der Formulierung des »umfassenden Aufbaus des Kommunismus«, wie sie seit dem Parteiprogramm von 1961 verbindlich lautete, wurde abgerückt, man ging einen Schritt zurück und bezeichnete den welthistorischen Standpunkt als »entwickelte sozialistische Gesellschaft«. Von der Diktatur des Proletariats konnte Abschied genommen werden; da die KPdSU zur »Avantgarde des gesamten Volkes« geworden war, konnte die Sowjetunion in Aufnahme des Volksstaatsgedankens 60 Jahre nach der Oktoberrevolution als »Staat des gesamten Volkes« definiert werden[33]. Bei der als Volksaussprache gestalteten Diskussion wie bei der Vorstellung der Verfassung durch den Generalsekretär wurde die Bedeutung des Einzelnen gegenüber der Gesellschaft herausgestellt, damit die Intention der Verfassungsväter deutlich gemacht, dem Verlangen der Sowjetbürger nach mehr Rechtsklarheit und Rechtssicherheit zu entsprechen.

In Art. 20 hatte die Umorientierung ihren Niederschlag gefunden, der in bewußter Umkehrung der Formulierung in der Stalin-Verfassung nun lautete: »Entsprechend dem Kommunistischen Ideal, wonach ›die freie Entwicklung eines jeden die Bedingung für die freie Entwicklung aller‹ ist, setzt sich der sowjetische Staat zum Ziel, die realen Möglichkeiten dafür zu erweitern, daß die Bürger ihre schöpferischen Kräfte, Fähigkeiten und Talente anwenden und ihre Persönlichkeit allseitig entwickeln.« Damit war die Rückkehr zu den Idealen des Kommunistischen Manifests vollzogen. Natürlich fand diese Wende nun auch ihren Niederschlag in der wissenschaftlichen und publizistischen Diskussion über den aktuellen Stand und die Ziele der sozialistischen Gesellschaft. Nicht mehr Blanqui und Babeuf, die Apologeten des gewaltsamen Aufstandes, gelten seitdem als Marxens Vorläufer, sondern Proudhon, Saint Simon und Fourrier mit ihren Forderungen nach einer neuen humanen Gesellschaft. Ihren Einfluß auf den frühen Marx versuchten die sowjetischen Philosophen jetzt intensiv nachzuweisen[34]. Der von Ministerpräsident Kosygin bereits auf dem XXIV. Parteitag 1971 eingeführte Begriff der »sozialistischen Lebensweise«, der sich auch im Vorwort zur neuen Verfassung findet, sollte von den Soziologen als sinngebende Synthese vom Streben nach privatem Besitz, persönlichem Glück und den Anforderungen des sozialistischen Staates definiert werden[35]. Insofern erscheinen die Einführung der neuen Verfassung und die Diskussion um die sozialistische Lebensweise als Versuch zur neuen Sinngebung des Sowjetstaates.

Oppositionelle Strömungen

Es stellte sich schnell heraus, daß die Grenzen des neuen Systemverständnisses nicht nur da gezogen wurden, wo die Kritik an veränderungswürdigen Erscheinungen unkontrollierte Ausmaße anzunehmen drohte oder die Herrschaft der Partei selbst in Frage stellte, sondern daß sogar systemkonforme Kritik sich nur im offiziell vom Zensor genehmigten Rahmen bewegen durfte. So trat das Phänomen zutage, daß das in der Stalinzeit unterdrückte und physisch vernichtete alternative Denken, von Chruščev kurz geweckt, von Brežnev/Suslov wieder unterdrückt, in den 70er Jahren sich erneut meldete und, bei Ausbleiben der offenen Betätigung, einen Erwartungsdruck gegenüber der Partei hervorrief, der sich periodisch in einer breiten Skala von Dissidentenaufrufen und -literatur entlud. Zweifellos erhielten diese regimekritischen Äußerungen durch die Veröffentlichungsmöglichkeiten im Ausland und deren Rückwirkungen politische Relevanz. Diese »gegenoffizielle« oder »zweite Kultur« entfaltete zwar einen breiten Fächer an Meinungen, die von slavophiler Orthodoxie (Solženicyn) bis zur Liberalisierung des marxistischen Gesellschaftsentwurfs (Roy A. Medvedev) reichten, sie aber als die eigentliche Kultur zu bezeichnen, würde den sowjetischen Autoren nicht gerecht, die die Möglichkeit der offiziellen Publikation ausnutzend, viele Probleme des Lebens in der Sowjetunion erstaunlich offen ansprachen wie Trifonov, Abramov, Belov, Astaf'ev, Mošaev, Rasputin, Tendrjakov und viele andere[36]. So hielt z. B. Jurij Trifonovs Roman »Haus an der Uferstraße« (Dom na naberežnoj), der 1976 in der Zeitschrift »Družba narodov« (Völkerfreundschaft) erschien, den Sowjetbürgern den Spiegel der 30er Jahre und ersten Nachkriegsjahre vor Augen; seine Methode »Stalinismus ohne Stalin« provozierte zu Assoziationen mit der Gegenwart der 70er Jahre[37].

Die Prager Ereignisse 1968, mehr noch die KSZE-Schlußakte 1975 gaben den Forderungen nach mehr Freiheiten der Lebensäußerung, der künstlerischen Betätigung, der Auslandskontakte starken Auftrieb. Andrej Dimitrievič Sacharov, geb. 1921, der 1968 bereits sein erstes Memorandum an die Parteiführung gerichtet hatte, forderte im März 1971 erneut eine Liberalisierung der Kulturpolitik[38]. Trotz der Verwarnung durch den KGB nach Kontaktaufnahme mit westlichen Journalisten appellierte er im Juni 1974 anläßlich Nixons Besuch in Moskau an den amerikanischen Präsidenten und den sowjetischen Generalsekretär gemeinsam und forderte die Freilassung von 83 inhaftierten Dissidenten. Zur Entgegennahme des Friedenspreises der Nobelstiftung 1975 durfte nur seine Frau nach Oslo reisen. 1980 bis 1986 wurde er nach Gor'kij verbannt. Neben den Verhaftungen, Verschickungen und Einweisungen in Heilanstalten, die oft sogar Nachkommen prominenter Bol'ševiki betrafen wie den Historiker Petr Jakir, den Physiker Viktor Krasin oder Pavel Litvinov, den Enkel des einstigen Außenkommissars, wurde unter KGB-Chef Jurij Andropov zunehmend die Praxis der Ausbürgerung angewandt. Davon betroffen waren Andrej Amalrik, der Verfasser der Broschüre »Wird die Sowjetunion das Jahr 1984 überleben?« (1975) oder Vladimir Bukovskij, der Ende 1976 gegen den in Chile inhaftierten KP-Chef Corvalan ausgetauscht wurde. Bis zum Beginn der 80er Jahre erhöhte sich ihre Zahl auf einige hundert Schriftsteller, darunter Andrej Sinjavskij, Vladimir Maksimov, V. Aksenov, der Biologe Jaurès Medvedev, der Mathematiker Leonid Pljušč, der Historiker A. Nekrič, der Ballettänzer Nureev wie der Cellist und Dirigent Rostropovič und seine Frau Višnevskaja. Zu den spektakulärsten Fällen entwickelten sich die des Schriftstellers Alexander Solženicyn (geb. 1912) und des Germanisten Lev Kopelev (geb. 1912). Solženicyn hatte sich schon als Offizier während des Krieges durch kritische Äußerungen mißliebig gemacht: Von 1946 an verbüßte er acht Jahre Haft in Gefängnissen und Lagern. In der Verbannung erkrankte er als Dorfschullehrer in Kazachstan an Krebs, wurde geheilt und begann zu schreiben. 1962 durfte sein Buch über das Lagerleben »Ein Tag im Leben des Ivan Denisovič« dank Chruščevs Intervention erscheinen; seine Romane konnten allerdings nur im Ausland gedruckt werden. Nach Chruščevs Sturz setzten die

Angriffe gegen ihn wieder ein, er wurde aus dem Schriftstellerverband ausgeschlossen und durfte 1970 den Nobelpreis für Literatur nicht empfangen. Im Sommer richtete er noch einen mutigen Brief an die sowjetische Führung. Als aber seine entscheidende Abrechnung nicht nur mit dem Stalinismus, sondern mit dem Sowjetsystem als solchem, der Dokumentarroman »Archipel Gulag« im gleichen Jahr in Paris erschien, wurde seine Lage unhaltbar: Am 12. Februar 1974 wurde er verhaftet und einen Tag später in die Bundesrepublik Deutschland abgeschoben, wo ihn zunächst Heinrich Böll aufnahm. Zu Heinrich Böll führte letzten Endes auch der Weg des Germanisten Kopelev, der nach der Promotion 1941–45 als Propagandaoffizier für die deutschen Soldaten eingesetzt, im letzten Kriegsmonat wegen seines Eintretens für die Deutschen verhaftet und zu 10 Jahren Straflager verurteilt wurde. Im Westen wurde er durch die Publikation seines Romans »Aufbewahren für alle Zeit« (Chranit' večno) 1976 bekannt; 1980 kam er in die Bundesrepublik, ein leidenschaftlicher Vermittler zwischen Deutschen und Russen, 1981 ereilte ihn seine Ausbürgerung. »Den Sozialismus von der Belastung durch den Stalinismus« zu reinigen, hatte sich der Historiker Roy A. Medvedev mit seinem Buch »Die Wahrheit ist unsere Stärke. Geschichte und Folgen des Stalinismus« vorgenommen[39]. Das von Chruščevs Entstalinisierungseuphorie inspirierte Werk konnte nach dem Sturz des Ersten Sekretärs in der Sowjetunion nicht erscheinen. Die Aufwertung Chruščevs in der Biographie von 1984 bedeutete deshalb auch eine Abrechnung mit seinen Nachfolgern. Medvedev hatte sich von der Entspannung der 70er Jahre auch eine Ausweitung der demokratischen Rechte und Freiheiten in der Sowjetunion erhofft[40]. Diesem Ziel vor allem hatte sich das Moskauer »Komitee für Menschenrechte« gewidmet, einer sowjetischen Gruppe von amnesty international, dessen Begründer, der Biophysiker Sergej Kovalev, 1975 zu sieben Jahren Haft und drei Jahren Verbannung verurteilt wurde.

Von der Möglichkeit des öffentlichen Protestes machten zunehmend auch nationale Minderheiten Gebrauch, so der Krimtatare Mustafa Džemilov, der in Omsk 1975 zum ersten Mal verurteilt worden war und im November 1986 in einem jakutischen Straflager seine siebte Bestrafung erhielt. Noch 1986 starben im Lager Perm der Historiker Obcha Tychyj, der Journalist Jurij Litvin und der Dichter Vasilij Stus.

Im Mai 1976 gründeten der Atomphysiker Jurij Orlov und der Schriftsteller Alexander Ginsberg in Moskau eine sogenannte Helsinki-Gruppe, von der aus Zweigstellen in anderen Großstädten entstanden. Die Gruppe hatte sich zum Ziel gesetzt, die sowjetischen Behörden zur Einhaltung sowohl der Beschlüsse von Helsinki als auch der UNO-Konvention für Menschenrechte durch Ausschöpfen aller legalen Mittel zu zwingen. Haussuchungen und Verhaftungen waren die Folge, so daß im Januar 1977 einige Dissidenten wie Roy Medvedev und Valentin Turcin an die Führer der kommunistischen und sozialistischen Parteien im Westen appellierten, sich für die Gruppe einzusetzen. Orlov, im Februar 1977 verhaftet, wurde neben Irina Ratušinskaja und Anatolij Ščaranskij 1986 in den Westen entlassen, während Anatolij Marčenko nach einem Hungerstreik im Gefängnis starb. Eine in »Die Zeit« publizierte Mitteilung »Trauer um Martschenko«[41] war von achtzehn im Westen lebenden ehemaligen Sowjetbürgern unterzeichnet, darunter Lev Kopelev und Andrej Sinjavskij.

Zwar sind die im Exil lebenden ehemaligen Dissidenten keineswegs als geschlossene Gruppe zu betrachten, zu unterschiedlich sind ihre Vorstellungen von einer Reform der Sowjetunion, auch gelingt es nur sehr wenigen, nicht nur kurzfristige Publizität in den westlichen Medien zu erhalten, sondern eine aktive Rolle in der westlichen Öffentlichkeit zu spielen oder, wie Kopelev, die Literaturlandschaft ihres Gastlandes selbst zu bereichern und darüber hinaus eine aktive Vermittlerrolle in den Kulturbeziehungen wahrzunehmen. Der Roman über den Moskauer Arzt Friedrich Joseph Haass (1780–1853), der von den Russen seiner Zeit als der »heilige Doktor Fedor Petrovič« verehrt wurde[42] und das von Professor Kopelev in Wuppertal geleitete Forschungsprojekt »Rußlandbild in der deutschen Literatur und Deutschlandbild in der russischen Literatur« wirken weit über die aktuelle Situation hinaus. Es konnte deshalb nicht ausbleiben, daß, auch bei zunehmenden Auslandskontakten der offiziellen Literaten, Rückwirkungen auf die offizielle Kultur der Sowjetunion eintraten. Es fiel auf, daß L. Brežnev auf dem XXVI. Parteikongreß 1981 den bisher in der Kunst zentralen Begriff des »sozialistischen Realismus« nicht mehr erwähnte[43].

Die Politik der Entspannung

Die Invasion der Warschauer Pakt-Staaten in die ČSSR hatte die Machtverhältnisse geklärt. Jetzt mußte sich zeigen, ob West und Ost, trotz dieser Ernüchterung an einer grundlegenden Änderung ihrer Politik interessiert waren. Angesichts der durch den Ausbau der Raketenwaffe erreichten gegenseitigen Zerstörungsfähigkeit hatten beide Großmächte nach Wegen zum Miteinander gesucht. In der damaligen Definition der Friedlichen Koexistenz hatte auch Chruščev eine längere Atempause in der gegenseitigen Konfrontationspolitik angestrebt und in der Wiener Begegnung mit Kennedy im Juni 1961 auch umzusetzen versucht. Auch wenn die sowjetische Selbstüberschätzung in der Kuba-Krise ein Jahr später zu einer gefährlichen Konfrontation geführt hatte, so blieb anschließend der Wille zum Ausgleich mit dem weltanschaulichen Gegner aus Eigeninteresse nicht nur nicht unberührt, sondern erhielt sogar neuen Auftrieb. Daß Chruščevs Nachfolger diese Linie weiter verfolgten, wurde schon auf der 19. Vollversammlung der Vereinten Nationen 1964 deutlich, als Außenminister Gromyko ein »Memorandum über die Milderung der internationalen Spannung und die Begrenzung des Wettrüstens« vorlegte, von seinem polnischen Kollegen Rapacki einige Tage später mit dem Vorschlag zur Einberufung einer europäischen Sicherheitskonferenz, die USA eingeschlossen, noch verstärkt. Diese Initiative bildete den Grundstein für die nun folgende Entwicklung, die ihren Höhepunkt in der KSZE in Helsinki 1975 erreichte.

Die Außenpolitik der Breznev-Ära, die bis 1970 die Federführung Kosygins zeigte, war also schon von Anfang an von einer Konzeption bestimmt, die versuchte, die Politik des Aufholens gegenüber den USA und der Konsolidierung innerhalb des desintegrationsgefährdeten kommunistischen Lagers mit einer Politik der selektiven Entspannung gegenüber Westeuropa und den Vereinigten Staaten zu verknüpfen[44]. Einerseits zwang der eskalierende Konflikt mit der VR China zum Ausgleich mit den USA, andererseits ergaben sich durch die Präsidentschaft Nixons und die Position Kissingers als Sicherheitsberater 1969, dazu die Bildung der sozial-liberalen Koalition unter Brandt/Scheel in der Bundesrepublik Deutschland im gleichen Jahr äußerst günstige Voraussetzungen, vielleicht sogar eine historisch einmalige Chance, die Beziehungen zwischen Ost und West neu zu gestalten. Als Präsident Nixon in seiner Antrittsrede am 20. Januar 1969 das Ende der »Periode der Konfrontation« und den Beginn einer »Ära der Verhandlungen« in Aussicht stellte, antwortete die Sowjetunion durch den Budapester Appell der Warschauer Pakt-Staaten vom 17. März an alle europäischen Länder zur Vorbereitung und Durchführung einer gesamteuropäischen Konferenz über Fragen der Sicherheit und Zusammenarbeit in Europa. Nachdem die finnische Regierung im Mai sich zur Vorbereitung und Durchführung einer solchen Konferenz bereit erklärt und die Mehrheit der europäischen Staaten diesen Anstoß positiv aufgenommen hatte, präzisierte die Prager Erklärung der Außenminister der WP-Staaten vom 31. Oktober 1969 die Vorstellungen: Gewaltverzicht und Erweiterung der Handels-, Wirtschafts- und wissenschaftlich-technischen Beziehungen. Auch der Beitritt Großbritanniens zur EWG, die dort beginnende politische Zusammenarbeit, der Rücktritt de Gaulles und damit die Aussichten auf eine von den Deutschen beherrschte Europäische Gemeinschaft mögen die UdSSR mit dazu bewogen haben, der Entspannungspolitik eine neue Perspektive zu weisen[45]. Das sowjetische Interesse an Entspannung, das selbst das Ergebnis der bisherigen Politik einer vorsichtigen Öffnung nach Westen bedeutet, findet sich seinerseits am Schnittpunkt zweier entsprechender Strategien wieder, die ihrerseits, die amerikanische wie die europäische, je eigene wie gemeinsame Wurzeln haben. Waren für die USA das atomare Patt und die Bindung der Kräfte im Vietnamkrieg ausschlaggebend, so in Europa gerade die Sorge vor einem sowjetisch-amerikanischen Kondominium, die Sicherheit mehr als Ergebnis langfristiger Veränderungen der politischen und sozialen Strukturen in und zwischen den Bündnissen definiert. In der Bundesrepublik war die Regierung der großen Koalition aus CDU und SPD (1966–69) gescheitert, die wie ihre Vorgängerin, die CDU/FDP-Koalition, versucht hatte, die DDR durch besondere Beziehungen zu den anderen sozialistischen Staaten zu isolieren. Die neue Regierung Brandt/Scheel war bereit, daraus die Konsequenzen zu ziehen. Diese beiden Ansätze, der amerikanische und der europäische, bestimmten fortan die Wertung der entspannungspolitischen Erfolge, während die Sowjetunion versuchte, aus den divergierenden Interpretationen Vorteile zu ziehen.

Auf beiden Schienen waren die Vorbereitungen bereits vor 1969 angelaufen: bilateral 1967 erstes Gespräch über Einschränkung der Raketenrüstung, Abschluß eines Konsularabkommens im Juli 1968, März 1969 Einrichtung einer direkten Fernschreibleitung zwischen Moskau und Washington, multilateral am 27. Januar 1967 Weltraumvertrag, 1. Juli 1968 Nichtverbreitungsvertrag von Kernwaffen. Schon am 17. 11. 1969 begannen die SALT I-Verhandlungen. Parallel dazu ging die NATO ebenfalls auf Kurswechsel und verabschiedete nach dem Harmel-Bericht über ihre künftigen Aufgaben vom Dezember 1967 am 16. 1. 1968 die neue Strategie der flexiblen Reaktion (MC 14/3), die das militärische

Bündnis auf die beiden Säulen Verteidigung und Entspannung verpflichtete. Das »Signal von Reykjavik« vom 25. 6. 1968 bildete die erste konkrete Umsetzung in der Erklärung einer dauerhaften Friedensordnung mit dem Angebot, zu einer beiderseitigen ausgewogenen Truppenreduzierung in Mitteleuropa (MBFR) zu kommen.

Eine dauerhafte Friedensordnung aber war ohne Akzeptierung des status quo, das heißt der Nachkriegsgrenzen und der Tatsache, daß die DDR ein Staat darstellte, nicht zu erreichen. Das war inzwischen allen westlichen Regierungen klar geworden. Diesen realistischen Übergang zu einer neuen Strategie der Ost- und Deutschlandpolitik gab Bundeskanzler Brandt in seiner Regierungserklärung vom 28. Oktober 1969 zu erkennen: die de facto-Anerkennung der DDR wurde in Moskau als ein Signal für konkrete Verhandlungen verstanden. Den Faden des seit Juli wieder laufenden Meinungsaustausches über Gewaltverzichtserklärungen zwischen der Bundesrepublik Deutschland und der Sowjetunion nutzend, erklärte Außenminister Scheel bereits am 30. Oktober die Bereitschaft der Bundesrepublik zur Weiterführung des Dialogs; noch im Dezember kam es in Moskau zu drei Gesprächen von Gromyko und Botschafter Allardt. Vom 20. Januar an fanden dann bis 22. Mai 1970 mehrere Begegnungen zwischen Gromyko und Staatssekretär Bahr statt, dessen Papier Ausgangspunkt für die Verhandlungen von Außenminister Scheel mit seinem sowjetischen Amtskollegen vom 27. Juli bis 7. August in Moskau bildete. Als Ergebnis dieser Verhandlungen konnte Bundeskanzler Brandt am 12. August 1970 in Moskau gemeinsam mit Ministerpräsident Kosygin den deutsch-sowjetischen Vertrag unterzeichnen[46]. Dieser Vertrag muß als Wendepunkt in den Beziehungen der Sowjetunion zur Bundesrepublik Deutschland betrachtet werden. In seinem Mittelpunkt stehen der Gewaltverzicht und die Anerkennung der Nachkriegsgrenzen in Europa. Mit der Unterzeichnung war die Übergabe eines Briefes zur deutschen Einheit verbunden, der sicherstellte, daß Moskau die Wiedervereinigungsbemühungen Bonns nicht als unzulässig bezeichnen kann. Die Bestätigung des status quo war nicht mehr Kapitulation, sondern Mittel zur Milderung der Folgen des status quo; dabei lag der Vorteil auf beiden Seiten: die Vergangenheitsprobleme wurden geregelt, damit sie die Zukunft nicht mehr belasteten[47].

Die künftigen Möglichkeiten deuteten sich an, als am 1. Februar 1970 in Essen das Erdgas-Röhrengeschäft unterzeichnet wurde, das die Lieferung westdeutscher Großröhren zum Preis von

400 Mio. Dollar gegen zwanzigjährige Lieferung sibirischen Gases, finanziert durch einen langfristigen Bankenkredit, vorsah. Der Moskauer Vertrag steigerte nun die Bereitschaft zu langfristiger ökonomischer Kooperation. Im April 1972 wurde die deutschsowjetische Kommission für wirtschaftliche und wissenschaftlich-technische Zusammenarbeit konstituiert, im Juli ein langfristiges Abkommen über Handel und wissenschaftliche Zusammenarbeit abgeschlossen. Weitere Abkommen über kulturelle Zusammenarbeit und Luftverkehr schlossen sich 1972 und 1973 an, in Leningrad und Hamburg wurden Generalkonsulate eröffnet.

In den Verträgen von Warschau und Prag sowie im Grundlagenvertrag der DDR mit der Bundesrepublik konnten auch diese Staaten von der Klimaveränderung profitieren, der DDR brachte der Vertrag die lange angestrebte internationale Anerkennung und die Mitgliedschaft in den Vereinten Nationen, gleichberechtigt mit der Bundesrepublik. Durch das Viermächte-Abkommen über Berlin vom 3. September 1971 wurde zwar festgelegt, daß West-Berlin kein Bestandteil der Bundesrepublik darstellt, die Verbindungen und Bindungen dieser Stadt zur Bundesrepublik aber bestätigt und ihre Entwicklung erlaubt; in den Außenbeziehungen kann sich West-Berlin von Bonn vertreten lassen. Das Transitabkommen schrieb den Berlinverkehr in reibungsloser und schneller Weise fest. Insgesamt wurde die Sowjetunion durch ihre erneut bekräftigte »Verantwortung für Deutschland als Ganzes« stärker als zuvor mit den deutschen Angelegenheiten befaßt, sie sich damit ihrer starken Position gegenüber der DDR bewußt. So wurden schon im Frühjahr 1970 die sowjetischen Truppen, die lange Zeit als »zeitweilig in der DDR stationiert« bezeichnet worden waren, wieder in »Sowjetische Truppen in Deutschland« umbenannt. Der deutsche Bundeskanzler folgte im September 1971 einer Einladung Brežnevs nach Oreanda auf der Krim. Fragen der Ratifizierung des Vertrages, der innerdeutschen Beziehungen und internationale Probleme konnten dort ohne festes Protokoll besprochen werden. Man begann, die nächste Phase der Entspannung zu konzipieren, die militärische Ergänzung und Absicherung des Erreichten. Dieses Gespräch gilt als Ursprung von MBFR, der Wiener Konferenz für Truppenreduzierungen in Mitteleuropa. Besuche der Außenminister Scheel in Moskau im November 1971 und Gromykos im Juni 1972 in Bonn schlossen sich an. Der erste Besuch des sowjetischen Generalsekretärs in Bonn im Mai 1973 kann als Abschluß dieser Phase der sowjetisch-deutschen Beziehungen betrachtet werden. Die Bundesrepublik war das erste

NATO-Land, das Brežnev besuchte; die neue deutsche Ostpolitik hatte das politische Klima in den deutsch-sowjetischen Beziehungen wesentlich verbessert und die gesamte Lage in Europa entspannt. Die Bundesrepublik war auf dem Wege neben, zeitweise vor Frankreich, zum wichtigsten westeuropäischen Partner der Sowjetunion zu werden. Der Brežnev-Besuch markierte auch den Abschluß der bilateralen Phase der europäischen Entspannung. Von nun an war Entspannung in Europa das Ergebnis multilateraler Verhandlungen, die ihrerseits ohne die vorausgegangene zweiseitige Entspannung nicht möglich gewesen wären[48]. Der Westen hatte seine Teilnahme an einer Konferenz über Sicherheit und Zusammenarbeit von Moskaus Zustimmung zu Truppenreduzierungsgesprächen abhängig gemacht. Nachdem diese eingegangen und die Teilnahme der USA, neben Kanada, von der Sowjetunion akzeptiert worden war, begannen Ende Januar 1973 Vorgespräche zu MBFR, konnte im Juli die Konferenz über Sicherheit und Zusammenarbeit in Europa unter Teilnahme von 35 Staaten in Helsinki eröffnet werden und die MBFR-Verhandlungen Ende Oktober in Wien ihren langwierigen Weg antreten.

Schon die zweijährige Phase der KSZE-Verhandlungen vermittelte den Europäern ein neues Gefühl der eigenen Handlungsfähigkeit gegenüber den sonst das Ost-West-Verhältnis bestimmenden Großmächten. Es drückte sich aus in der wichtigen Rolle der NN-Staaten (Neutrale und Nichtpaktgebundene), der Koalitionsmöglichkeiten zwischen sozialistischen Staaten (Ungarn, Rumänien) mit anderen Staaten vor allem in der Frage der Souveränität, letzten Endes auch in der Abstimmung der Verhandlungsführung innerhalb der EG-Staaten. Am Ende der Verhandlungen, die Brežnev treffend als »für alle Teilnehmerstaaten nützliche Schule internationaler Politik« bezeichnete, unterzeichneten die Teilnehmerstaaten die »Schlußakte«, ein Dokument, das aus drei »Körben« oder Maßnahme-Katalogen bestand und einem vierten, der sich mit den Folgen der Konferenz – regionale Ausweitung auf den Mittelmeerraum und Fortsetzung in Belgrad 1977 – befaßte. Während die Sowjetunion ihr Hauptinteresse auf die Anerkennung der Nachkriegsgrenzen im gesamteuropäischen Maßstab und die Vertiefung ökonomischer und wissenschaftlich-technischer Beziehungen legte, mußte sie durch Akzeptierung von »Korb 3« freieren Gedankenaustausch, Zugang zu Informationen und größere Bewegungsmöglichkeiten für ihre eigenen Bürger hinnehmen. Dennoch wurden die Grenzen nicht generell festgeschrieben, so daß sowohl die westeuropäische Einigung als auch eine künftige Lösung der deutschen Frage auf friedlichem Wege möglich bleiben. Feierten die Sowjetunion und Brežnev persönlich die KSZE zu recht als großen Sieg der europäischen Entspannungspolitik, so zeigte sich doch in der Folge, daß sie sich mit Unterzeichnung von »Korb 3« unvorhergesehene Ansprüche heraufbeschworen hatte, auch zur Überraschung westlicher Beobachter. Der Westen wiederum hatte durch die KSZE-Schlußakte ein Dokument erhalten, das es ihm erlaubte in die Sowjetunion hineinzuwirken und über die Medien die Sowjetbürger zu unterstützen, die die Führung ihres Landes auf die Einhaltung der eingegangenen Verpflichtungen festlegen wollten. Auf den KSZE-Folgekonferenzen in Belgrad 1977 und Madrid 1981 drohte andererseits das zu hartnäckige amerikanische Insistieren auf der Einhaltung der Menschenrechte den KSZE-Prozeß insgesamt zu Fall zu bringen. Divergierende Auffassungen und Erfahrungen im Entspannungsprozeß zwischen Ost und West führten zu Spannungen zwischen den Europäern und den USA.

Parallel zu ihren diplomatischen Aktivitäten, die Katastrophe der Invasion in die ČSSR durch eine gesamteuropäische Friedensordnung aufzufangen, zeigte die Sowjetunion die Bereitschaft, auch zur Weltmacht USA ihre Beziehungen neu zu definieren. Einmal erlaubte die errungene eigene Position auf dem Sektor der interkontinentalen strategischen Offensivwaffen eine Position der Stärke in Verhandlungen über Rüstungsbeschränkungen, andererseits zwang aber die Nixon-Administration durch ihre Konzeption des pentagonalen Weltsystems, das mit der Einbeziehung der Volksrepublik China das sowjetische bipolare System zu überspielen drohte, die Sowjetunion dazu, mit den USA zu einem modus vivendi zu kommen, und drittens konnte sie sich langfristig, bei entspannten Beziehungen zwischen den Weltmächten, Positionsverbesserungen in Bereichen außerhalb der unmittelbaren Konfrontation erhoffen.

Am 17. November 1969 begannen die Vorgespräche über die Begrenzung strategischer Waffen (Strategic Arms Limitation Talks, SALT). Nach Kissingers Geheimreise nach Peking und Nixons Ankündigung am 15. 7. 1971, er werde China besuchen, – der rumänische Präsident Ceauşescu hatte vermittelt – erging am 10. August die Einladung zum Besuch nach Moskau. Konsequent folgte Nixons Chinareise vom 26.–28. Februar 1972 im Mai der Besuch der Sowjetunion. Dieser Aufenthalt des amerikanischen Präsidenten vom 22. bis 30. Mai in der Sowjetunion und die dabei unterzeichneten Verträge stellten den Höhepunkt der Entspannungskonzeptionen beider Seiten dar. Genau wie Richard Nixon von der Konzeption der Kombination von Entspannung und Abschreckung ausging, als er am Vorabend des Gipfeltreffens die Bombardierung und Verminung von Haiphong anordnete, um die nordvietnamesische Offensive zu stoppen[49], hielt auch die Sowjetunion an der Unterstützung Nordvietnams fest, während sie mit den USA ihr Interesse an Kooperation artikulierte.

Für Kissinger, den Sicherheitsberater des amerikanischen Präsidenten, hatte der nukleare Rüstungswettlauf zu zwei unerwarteten Aspekten geführt: Es gab eine Obergrenze für die Vernichtungskraft dieser Waffen, über die hinaus eine Steigerung immer sinnloser wurde, und gleichzeitig konnte die Angst vor atomarer Vernichtung eine Seite veranlassen, einen präventiven Erstschlag zu führen. Aus diesen Gründen mußten vordringlich Anlässe und Möglichkeiten für Überraschungsangriffe reduziert werden. Deshalb wollte man die Verwundbarkeit der strategischen Streitkräfte dadurch verringern, daß man auf beiden Seiten die gleiche Anzahl strategischer Waffen aufstellte und gleichzeitig die Anzahl der Raketenabwehrwaffen drastisch einschränkte, um dem Angreifer den Glauben zu nehmen, er könne einen Überraschungsangriff führen und sich anschließend gegen einen Gegenschlag verteidigen[50].

Am 26. Mai unterschrieben Nixon und Brežnev den ABM-Vertrag (Raketenabwehrvertrag); er hat eine unbegrenzte Laufzeit, alle fünf Jahre findet eine gemeinsame Überprüfung statt. Zwei Raketenabwehr-Stellungen mit einer Höchstzahl von je 100 Raketen wurden ursprünglich zugelassen, in einem Zusatzprotokoll 1974 jedoch auf eine Stellung reduziert. Die strategischen Offensivwaffen wurden durch eine vorläufige Vereinbarung (Interim Agreement vom 25. 5. 72), die spätestens 1977 durch einen umfassenden Vertrag abgelöst werden sollte, nach dem Prinzip der ungefähren Gleichheit nach oben begrenzt (SALT I). Damit war zwar kein Abrüstungsvertrag, aber ein Abkommen über »koordinierte Rüstungssteuerung« zustande gekommen. Die Sowjetunion installierte ihr Abwehrsystem um Moskau, die USA beließen es bei der Option zur Aufstellung. Über diese Abkommen hinaus unterzeichneten beide Staatsmänner am 29. Mai die »Grundsatzerklärung über die amerikanisch-sowjetischen Beziehungen«. Neben Gewaltverzicht und der Versicherung, keinen einseitigen Vorteil auf Kosten der anderen Seite anzustreben, wurde sogar vereinbart, Konflikte und Situationen zu verhindern, die zur Erhöhung internationaler Spannungen führen würden. Darüber hinaus wurde festgehalten, daß beide Seiten als letztes Ziel ihrer Bemühungen die allgemeine und vollständige Abrüstung und Errichtung eines wirksamen Systems der internationalen Sicherheit anstrebten. Die Entwicklung der Mehrfachsprengköpfe, von Präsident Johnson bereits angeordnet, aber auch die sowjetische Weigerung, über ihr Verbot zu verhandeln, brachten die SALT I-Vereinbarung letzten Endes um ihre Gültigkeit. Deshalb begann bereits am 21. November 1972 in Genf die Verhandlungsrunde zu einem neuen Begrenzungsabkommen SALT II, dessen Erreichen von Nixons Nachfolger Ford beim Zusammentreffen mit Breznev Ende November 1974 in Vladivostok bestätigt, von Präsident Carter nach Neuansätzen jedoch erst 1979 in Wien gemeinsam mit Breznev unterzeichnet werden konnte. SALT II bezog auch die Raketen mit Mehrfachsprengköpfen (MIRV) ein und wurde nach dem Prinzip der Gleichheit beider Seiten abgeschlossen. Als Obergrenze wurden, wie in Vladivostok vereinbart, 2450 Rakten und Fernbomber zugelassen, die bis Ende 1981 auf 2250 abgesenkt werden sollte. 1320 der Raketen durften mit Mehrfachsprengköpfen ausgestattet sein.

Bereits während der Verhandlungen, besonders aber im Streit um die Ratifizierung im amerikanischen Senat, zeigte sich, daß Verträge über Rüstungskontrolle nicht losgelöst vom politischen Umfeld, d. h. den allgemeinen Ost-West-Beziehungen abgeschlossen werden konnten. Zwar konnte nach Nixons erstem Moskau-Besuch eine Reihe von Abkommen unterzeichnet werden, darunter der wichtige Handelsvertrag vom 18. Oktober 1972, der der Sowjetunion die Meistbegünstigung einräumte, ebenso bei Breznevs Gegenbesuch vom 18.–25. Juni 1973 in den USA (Kultur-, Verkehrs-, Landwirtschafts-, Wissenschaftsabkommen), aber die Niederlage im Vietnamkrieg und das Watergatedebakel, die die USA, das Präsidentenamt insbesondere, in eine tiefe moralische Krise stürzten, verschoben das Kräfteverhältnis zugunsten der Sowjetunion. Im Oktoberkrieg 1973 zwischen Ägypten/Syrien und Israel war es schon zu ersten Spannungen auch der Großmächte gekommen, nach der massiven sowjetischen Unterstützung Nordvietnams, dann der kommunistisch orientierten Befreiungsbewegungen in Angola und Mosambik durch Waffen und kubanische Truppen verlagerte sich die Initiative immer mehr auf die Seite Moskaus. Die Sowjetunion nutzte nun die Schwäche der unter Präsident Carter fast handlungsunfähig gewordenen amerikanischen Regierung voll aus, und die Konflikte der Dritten Welt schlugen auf das Verhältnis der beiden Weltmächte durch. Angesichts dieser Erfahrung konnte niemand erwarten, daß sich SALT

II von der amerikanischen Seite noch ratifizieren ließ, als die Sowjetunion am 27. Dezember 1979 in Afghanistan auch noch militärisch intervenierte. Sie hatte damit der Entspannungspolitik selbst den Todesstoß versetzt.

Für die Sowjetunion war die Rechnung vorerst aufgegangen. Der ABM-Vertrag, das SALT II-Abkommen, die Niederlage der USA im Vietnamkrieg hatten zu einer Neudefinition ihrer außenpolitischen Konzeption geführt, die über die Feststellung vom »grundlegenden Wandel« (perestrojka) der internationalen Beziehungen in die Globalstrategie des »Kräfteverhältnisses in der Welt« (sootnošenie sil v mire) mündete[51]. Die Sowjetunion ging dabei, den militärischen Faktor überbewertend, von der Gleichheit mit den USA in der Weltpolitik aus, die sie damit bipolar strukturiert sah. Mit dem Verfall der Einsatzmöglichkeit militärischer Macht in Vietnam postulierte sie die zunehmende Bedeutung »dynamischer Kräfte« wie kommunistische Weltbewegung, nationale Befreiungsbewegung, Weltfriedensbewegung und »öffentliche Meinung in der Welt«. Bei friedlicher Koexistenz zwischen den beiden antagonistischen Systemen Sozialismus und Kapitalismus, die auf den staatlichen Sektor begrenzt bleiben sollte, erhoffte sie sich durch Stimulierung der dynamischen Kräfte in den westlichen Ländern und der Dritten Welt die Veränderung des aktuellen Kräfteverhältnisses zu ihren Gunsten und schrieb dieser Veränderung wieder irreversiblen Charakter zu.

Dritte-Welt-Politik

Bereits auf der internationalen Beratung der kommunistischen Parteien 1969 in Moskau hatte Breżnev die Völker Asiens und Afrikas zur »wichtigen und aktiven Streitkraft der antiimperialistischen Weltfront« erklärt und ihrem bewaffneten Befreiungskampf volle sowjetische Unterstützung zugesagt[52]. Damit hatte er den Kurswechsel in Richtung einer Offensive in die Dritte Welt eingeleitet. Unter dem Begriff der sozialistischen Orientierung wurde die Bereitschaft der vom Kolonialismus befreiten Entwicklungsländer gesehen, mit sowjetischer Hilfe innenpolitisch den politischen und wirtschaftlichen Einfluß westlicher Staaten zu eliminieren bzw. durch den Aufbau eines »staatlichen Sektors« und eines Plansystems zu ersetzen und außenpolitisch sich an die Sowjetunion und die anderen sozialistischen Staaten anzubinden. Das fehlende Proletariat wurde dabei durch die aktive Hilfe der Sowjetunion ersetzt, die Umgestaltung in Richtung Sozialismus durch Umkehrung der Revolutionstheorie, d. h. »von oben« vorgenommen. Als Ergebnis des sowjetischen Engagements, das 1970 mit der Entsendung eines Luftverteidigungskorps nach Ägypten begann, entstand ein Strang von bilateralen Freundschafts- und Kooperationsverträgen der Sowjetunion, aber auch der anderen sozialistischen Staaten, mit Staaten »sozialistischer Orientierung«. Ab 1971 (Ägypten, Indien) konnte die Sowjetunion mit Irak, Somalia, Angola, Mosambik, Äthiopien, Afghanistan, VDR Jemen, Syrien, VR Kongo und, zuletzt 1984, mit der AR Jemen Verträge abschließen. Neben der Kooperation auf den Gebieten der Wirtschaft, Wissenschaft, Handel, Kultur, Gesundheit, den gesellschaftlichen Organisationen, enthalten diese Verträge in der Regel eine Bestimmung über die militärische Zusammenarbeit. Von großer Bedeutung erwies sich auch die erhöhte oder sogar ausschließliche Anbindung eines Entwicklungslandes im Außenhandel an die RGW-Länder. Konnten die langfristigen Abnahmegarantien von Waren durch RGW-Länder in der Startphase zur wirtschaftlichen Stabilisierung beitragen, so zeigten sich durch die eingetretene Unfähigkeit, auf dem Weltmarkt mit dem Westen zu konkurrieren, bald auch die Nachteile. 30 000 sowjetische Entwicklungshelfer, dazu 48 000 aus den anderen RGW-Ländern und 1300 weitere aus Kuba, dazu Ausbildungshilfe in den sozialistischen Ländern, unterstützen den eingeschlagenen Weg.

Die Entsendung von Militärberatern, von Rüstungsexporten, die immerhin 10% der gesamten Deviseneinnahmen ausmachten, der Abschluß von Handelsverträgen auch zu Staaten mit westlicher Ausrichtung bzw. mit mixed economy legten neben der Sicherung von Rohstoffen und Nahrungsmitteln (Getreide aus Argentinien und Brasilien) auch andere Motive der sowjetischen Dritte-Welt-Politik offen, die sich in der Prioritätenverlagerung von Somalia auf Äthiopien, der Hinnahme einer extrem antikommunistischen Innenpolitik des Irak trotz des Freundschaftsvertrages, dem starken finanziellen Engagement in Kuba und Vietnam verdeutlichten: Bei der Wahl der Vertrags- oder Handelspartner spielten auch strategische Interessen eine große Rolle. Zwar hat die Sowjetunion in Ländern der Dritten Welt bis auf Kuba und Vietnam keine Militärbasen einrichten können – Ägypten und Somalia gingen verloren – sie besitzt aber Luftstützpunkte im Süd-Jemen, hat seit 1980 im Süden Afghanistans sechs Flugplätze angelegt, von denen aus Einheiten der taktischen Luftflotte in die Region des Persischen Golfs und zum Arabischen Meer gelangen können. Nach dem Ausfall der iranischen Armee, der gefestigten Position im Irak, dem als Eckpfeiler der sowjetischen Mittelostpolitik strategische Funktion zukam, konnte die Sowjetunion in ihrer Südflanke nicht nur die frühere Einkreisung durchbrechen, sondern schickte sich an nach dem Indischen Ozean auszugreifen und über den Mittleren Osten eine Land- und Luftbrücke zum afrikanischen Kontinent aufzubauen.

Dieser Prozeß verlief jedoch nicht ohne Niederlagen. So reizte die nach dem Tode Nassers verstärkte Bevormundung Ägyptens durch Moskau das nationale Bewußtsein der ägyptischen Führungsschicht. Schon 1972 brachen diese antisowjetischen Tendenzen durch, als der ägyptische Staatspräsident Sadat die sowjetischen Truppen ultimativ zur Abreise aufforderte. Nach dem Oktoberkrieg 1973 leitete Sadat sogar die allmähliche Hinwendung seines Landes zu den USA ein, das damit in Verbindung mit Saudi-Arabien ein islamisch-konservatives Gegengewicht gegen den sowjetischen Einfluß schuf. 1976 kündigte Ägypten den Freundschaftsvertrag mit der Sowjetunion auf, ein Jahr später annullierte auch Somalia seinen erst drei Jahre währenden Vertrag mit der UdSSR, nachdem diese, nach der Absetzung des Kaisers Haile Selassi und der Machtübernahme einer Offiziersgruppe unter Oberst Mengistu Mariam, sich auf die Seite des Kriegsgegners Äthiopien geschlagen hatte und hier wieder die Zentralregierung gegen die Eritreische Befreiungsfront unterstützte.

Bei ihrer Fixierung auf ihre eigenen machtpolitischen Interessen fiel es der Sowjetunion schwer, bei Ansätzen zur Beseitigung von Konflikten ihre Position einzubringen, so im Falle des Arrangements von Mosambik mit Südafrika, beim Camp-David-Friedensvertrag zwischen Ägypten und Israel und der »Lancaster-Konferenz« über Rhodesien 1979[53]. Die militärische Invasion in das blockfreie Afghanistan Ende Dezember 1979 zeigte deshalb folgerichtig die Unfähigkeit der sowjetischen Regierung auf, nach einem kommunistischen Staatsstreich die schwache Regierung anders als durch sowjetische Truppen zu stützen und bedeutete gleichzeitig das Ende der Illusionen bei Entwicklungsländern wie den Staaten des Westens. Durch das Ausspielen ihrer Position der Stärke hatte die Sowjetunion das Prinzip der Gleichheit beider Seiten durchbrochen und den Entspannungskodex zwischen West und Ost verletzt. Entweder hatte sie die Toleranz der Weltmeinung überschätzt oder die psychologische Verurteilung als Aggressor als temporäre Begleitumstände billigend inkauf genommen.

Die Aktionen in Südjemen, Somalia, Äthiopien, Angola und

Mosambik hätten nicht ohne aktive Unterstützung durch weitreichende Lufttransportoperationen und der Flotte durchgeführt werden können. Damit ist die Frage der sowjetischen Seeherrschaft aufgeworfen. Nach dem Wiederaufbau am Ende des 2. Weltkrieges hatte die sowjetische Flotte rein defensive Aufgaben der Küstenverteidigung wahrzunehmen. Unter Chruščev wurde der Schwerpunkt auf die U-Boot-Waffe gesetzt, nach dem Scheitern dieser Konzeption in der Kubakrise 1962 begann unter Admiral Gorškov eine grundlegende Neuorientierung der maritimen Strategie, die im Werk »Die Seemacht des Staates« ihren Niederschlag fand[54]. Gorškov ging es darum, das Mißverhältnis zwischen der Bedeutung der Sowjetunion als größtem Kontinentalstaat der Erde und der Repräsentanz dieser Bedeutung auf See zu überwinden und die Möglichkeiten der Seestreitkräfte auch für die sowjetische Regierung zu nutzen. Da angesichts der globalen Auseinandersetzung zwischen den beiden Supermächten und ihren Militärblöcken die Ozeane zunehmend an Bedeutung gewannen, forderte er auch für die UdSSR die Entwicklung einer »Ozeanischen Strategie«. Da Weltherrschaft bisher Seeherrschaft bedeutete, sollte auch die Sowjetunion die Herrschaft über ihre ozeanischen Verbindungswege anstreben. Darüber hinaus besitzen die Ozeane militärische Bedeutung auch dadurch, daß ein Großteil der strategischen Raketen mit atomaren Sprengköpfen auf U-Booten installiert ist, die damit, vor den Küsten des Feindes liegend, tief in dessen Raum einwirken können. Neben der ökonomischen Erschließung und wissenschaftlichen Erforschung der Ozeane nahm er an, daß angesichts des Kräfteverhältnisses in der Welt und der Entwicklung der Seestreitkräfte die Bedeutung des Kampfes auf See noch zunehmen werde. Zwar blieben der Kampf auf den Seeverbindungswegen und die Landeoperationen klassische Aufgaben der Seestreitkräfte, sie könnten unter den gegenwärtigen Bedingungen aber auch in lokalen Kriegen eingesetzt werden. Dazu könnte die sowjetische Seekriegsflotte einen Faktor zur Stabilisierung der Lage in verschiedenen Gebieten der Welt darstellen, das heißt als Instrument der Politik eingesetzt werden. Zur Umsetzung dieses Anspruchs forderte Gorškov die strukturelle Ausgewogenheit der Seestreitkräfte und ihren Aufbau nach von der Sowjetunion selbst gesetzten Maßstäben. Der Ausbau der Seekriegsflotte auf 3 Mio. t Wasserverdrängung 1986 (USA 4 Mio. t), die Indienstnahme moderner Lenkwaffenkreuzer und Flugzeugträger, dazu die Führungsfähigkeit, die zum ersten Mal im Manöver »Okean 1975« die westlichen Beobachter durch das computergesteuerte, exakte Zusammenwirken von Überwasserkampfeinheiten, U-Booten und Marinefliegern verblüffte, belegen die Umsetzung dieser Strategie. Von daher gewannen die Entwicklungsländer als Stützpunkte für die neue Sowjetische Kriegsmarine an Bedeutung.

Weltkommunismus

Die Politik der Entspannung und die Intensivierung der Ost-West-Beziehungen hatten in den 70er Jahren auch den kommunistischen Parteien zu einer Konjunktur verholfen. Bedeutsame Wandlungen ihres Selbstverständnisses, die Betonung des eigenen Weges, basierend auf eigener nationaler Tradition der Arbeiterbewegung, brachten den sich als »eurokommunistisch« bezeichnenden Parteien West- und Südeuropas neuen Auftrieb und zunehmende politische Relevanz. Dazu erschienen aus der Dritten Welt viele Repräsentanten der Befreiungsbewegungen, die sich als marxistisch im sowjetischen Sinne verstanden, neu auf den internationalen Foren der KP. Für die Sowjetunion ging es darum, ihren historisch begründeten Führungsanspruch nach der Eigenständigkeit des Bundes der Kommunisten Jugoslawiens 1948 und der KP Chinas ein Jahr später, besonders aber nach dem militärischen Aufeinandertreffen der beiden größten sozialistischen Staaten 1969 am Ussuri, erneut wahrzunehmen und die weltpolitisch gewonnenen Positionen auch gegenüber den kommunistischen Parteien einzusetzen. Neben dem Begriff des sozialistischen Internationalismus, der die engen Verflechtungen der sozialistischen Staaten ausdrücken sollte, wurde deshalb der Begriff des proletarischen Internationalismus als adäquate Bindung der kommunistischen Parteien instrumentalisiert.

In den Jahren 1957 und 1960 hatte es noch internationale Beratungen der kommunistischen Parteien gegeben, aber schon zur dritten Beratung 1969 in Moskau waren neun Jahre Vorbereitung nötig gewesen, und dennoch lehnten es einige Parteien wie die Linkspartei-Kommunisten Schwedens ab, das Schlußdokument, wie die KPdSU forderte, als verbindlich anzusehen. Der BdKJ, die KPCh und die Albanische Partei der Arbeit waren erst gar nicht erschienen. Zur bisher letzten großen Konferenz der europäischen kommunistischen Parteien kam es nach eineinhalbjähriger Vorbereitung am 29. und 30. Juni 1976 in Ost-Berlin. 29 Parteien waren schließlich vertreten, auch Ceauşescu und sogar Tito nach zwanzigjähriger Abwesenheit wieder erschienen; es fehlten nur die albanische und die isländische KP, die niederländische war den Vorbereitungen ferngeblieben. Die Autonomisten Tito, Berlinguer, Carillo, Marchais lehnten den organisatorischen Führungsanspruch der KPdSU rundweg ab, bezeichneten das Wort »proletarisch« als zu eng, um die breite gesellschaftliche Bewegung in Westeuropa zu erfassen. Auf den Begriff der »Diktatur des Proletariats« hatte der XXII. Parteitag der Französischen KP bereits verzichtet, es folgte die Bestätigung der westlichen Demokratie. Mit Carillos Plädoyer, daß »der wissenschaftliche Gehalt unserer Theorie sich gegenüber dem Glauben und der Mystik von der Vorbestimmung durchsetzen« müsse, wurde der KPdSU auch die ideologische Führung aberkannt. Antikommunismus und Antisowjetismus mußten deshalb ebenfalls neu definiert werden und waren keineswegs von vornherein zu verurteilen. Tief getroffen lehnten die Vertreter der KPdSU die Verbindlichkeit des Schlußdokuments ab. Die anderen kommunistischen Parteien sahen sich getäuscht, hatten sie sich doch nur bereit erklärt das Schlußdokument zu verabschieden, wenn die KPdSU auf das so belastete Prinzip des proletarischen Internationalismus verzichtete. So enthielt das Dokument nur die Formel der »internationalistischen, kameradschaftlichen, freiwilligen Zusammenarbeit und Solidarität auf der Grundlage der großen Ideen von Marx, Engels und Lenin, bei strenger Wahrung der Gleichberechtigung und souveränen Unabhängigkeit jeder Partei, der Nichteinmischung in die inneren Angelegenheiten« und ausdrücklich der »Achtung der freien Wahl verschiedener Wege im Kampf um fortschrittliche gesellschaftliche Umgestaltungen und für den Sozialismus«[55]. Frustriert stellte Marchais anschließend fest, daß »uns für die Zukunft Konferenzen wie die gegenwärtige nicht mehr den Bedürfnissen der Epoche zu entsprechen scheinen«. Stolz konnte die Italienische KP ihre Wahlergebnisse von über 30% der Stimmen und ihre Position als zweitstärkste politische Kraft in Italien präsentieren: Sie stellte zahlreiche Bürgermeister sogar in Großstädten, nur der Weg zum Historischen Kompromiß mit der Democrazia Cristiana, d. h. einer gemeinsamen Regierung, blieb ihr durch die Ermordung Aldo Moros versperrt. Die Spanische KP konnte sich erstmals nach Franco wieder einer demokratischen Wahl stellen, ihre Erwartungen erfüllten sich freilich nicht. Als einzige kommunistische Partei zog die Französische gemeinsam mit den Sozialisten in die Regierung ein, ihre »Links-Union« erwies sich aber nicht als dauerhaft belastbar, und die FKP überließ die Regierungsverantwortung den Sozialisten allein. Ihr sinkender Einfluß jedoch konnte auch durch die Wiederannäherung an Positionen der KPdSU nicht mehr aufgefangen werden.

Große Unterstützung erhielten die eurokommunistischen Parteien, die Japanische von ihrem Selbstverständnis her eingeschlossen, von der rumänischen Parteiführung. Das Jahr 1978 sah alle Führer dieser Parteien in Bukarest. Besondere Aufmerksamkeit verdiente der Besuch des japanischen KP-Chefs Kenji Miyamoto, da er zeitlich mit dem Abschluß des chinesisch-japanischen Friedens- und Freundschaftsvertrages zusammenfiel und mit ihm noch dadurch in Zusammenhang stand, daß der chinesische Parteichef Hua Kuo feng einen Monat später selbst in Bukarest eintraf. Brežnev hatte durch Besuche in Bukarest und Belgrad noch Ende 1976 die beiden Partei- und Staatsführer zu beschwichtigen versucht, auf der folgenden europäischen KP-Konferenz 1980 in Paris, die die sowjetische Invasion in Afghanistan unterstützen sollte, fehlten aber sowohl die rumänischen und jugoslawischen wie die italienischen und spanischen Vertreter. Carillo, Berlinguer und Drakopoulos, der Vertreter der KP Griechenlands (intern) waren lieber in die Volksrepublik China gereist und hatten die Parteibeziehungen zur KPCh wiederaufgenommen, damit deren Isolierung vom internationalen Kommunismus aufgebrochen. Regelmäßige Konsultationen der europäischen kommunistischen Parteien finden seitdem nur auf mittlerer Ebene in Prag als Redaktionskonferenzen der Zeitschrift »Probleme des Friedens und des Sozialismus« statt.

Bei der mangelhaften Durchsetzung auf europäischer Ebene verlagerte die KPdSU das Schwergewicht ihrer Aktivitäten auf die Dritte Welt. Eine Regionalkonferenz der lateinamerikanischen kommunistischen Parteien fand 1978 statt, die kommunistischen Parteien Mittelamerikas und Mexikos waren 1974 und 1980 zusammengekommen, die KP arabischer Länder trafen sich 1976, 1978 und 1981, im gleichen Jahr die kommunistischen Parteien des östlichen Mittelmeerraumes, des Nahen und Mittleren Ostens und des Roten Meeres, und 1978 tagte erstmals eine KP-Konferenz des tropischen und südlichen Afrika. Für Oktober 1980 hatte die KPdSU nach Ost-Berlin die Vertreter aller KP und der nationalen Befreiungsbewegungen eingeladen. Die Anwesenheit von 116 Delegationen auf diesem Kongreß wie die von 123 Delegationen auf dem XXVI. Parteitag der KPdSU im Februar und März 1981 konnte sie zweifellos als Erfolg werten[56]. Inzwischen gibt es 95 kommunistische Parteien in der Welt mit insgesamt 80 Millionen

Mitgliedern, von denen die KP Chinas allein etwa die Hälfte stellt.

Die sowjetische Chinapolitik konnte die Konfrontation zum volkreichen Nachbarn in den 70er Jahren nicht abbauen. Angesichts der chinesischen Handlungsunfähigkeit während der Kulturrevolution betrachtete man den Konflikt jedoch gelassener als zuvor, erwartete höchstens nach Maos Tod eine Trendwende. Zwei Zwischenfälle Anfang 1974 – die Ausweisung von fünf sowjetischen Diplomaten aus Peking wegen angeblicher Spionage und die Beschlagnahme eines in Singkiang notgelandeten sowjetischen Hubschraubers – hinderten nicht den Austausch von Glückwunschtelegrammen Ende des Jahres, wie auch auf mittlerer diplomatischer Ebene die Kommunikationsstränge aufrecht erhalten wurden. Als aber auch der Tod Mao Tse-tungs am 9. September 1976 keine Neubewertung der sowjetischen Koexistenz- und Entspannungsangebote durch Maos Nachfolger brachte, eher eine Verschärfung des antisowjetischen Kurses, steigerte Moskau seine antichinesische Polemik erneut. Das Vorhaben, die Volksrepublik außenpolitisch zu isolieren scheiterte vollends, als Japan trotz massiver Einschüchterungsversuche von sowjetischer Seite am 12. August 1978 den Friedens- und Freundschaftsvertrag mit China abschloß[57]. Die Anti-Hegemonie-Klausel in diesem Dokument wertete Moskau als eine gemeinsame japanisch-chinesische Frontstellung gegen ein weitreichendes Engagement in Asien[58]. Am 1. Januar 1979 wurden die diplomatischen Beziehungen zwischen der VR China und den USA aufgenommen.

Die Integration Vietnams in der Rat für Gegenseitige Wirtschaftshilfe Anfang Juli 1978 und der Abschluß eines sowjetisch-vietnamesischen Freundschafts- und Kooperationsvertrages mußten das chinesisch-sowjetische Verhältnis deshalb weiter belasten. Andererseits blieb Hua Kuo-fengs Besuch Ende August in Rumänien und Jugoslawien der große Erfolg versagt. Auf den mit Moskau abgestimmten vietnamesischen Einmarsch nach Kambodscha im Dezember, der das von Peking gestützte Regime Pol Pots beseitigte, reagierte China im Februar und März des kommenden Jahres mit einem »Erziehungsfeldzug« gegen Vietnam, ohne daß die Sowjetunion entsprechend dem Freundschaftsvertrag intervenierte. Die sowjetische Zurückhaltung hielt Peking indes nicht davon ab, am 3. April den am 11. April 1980 auslaufenden sino-sowjetischen Vertrag über Freundschaft, Beistand und gegenseitige Hilfe vom 14. Februar 1950 zu kündigen[59].

Dennoch wurden auf chinesischen Vorschlag Ende 1979 zweiseitige Gespräche von den stellvertretenden Außenministern L. F. Il'ičev und Wang Youping aufgenommen, um nach der sowjetischen Afghanistan-Invasion wieder ausgesetzt zu werden. Im Oktober 1980 ereignete sich erneut ein blutiger Grenzzwischenfall. Seitdem jedoch gab es Anzeichen einer Neuorientierung der zweiseitigen Beziehungen auf beiden Seiten, wie Breženv Ende August 1980 in Alma Ata erkennen ließ. Parallel zu diesen Bemühungen baute die Sowjetunion ihre Präsenz und ihren Einfluß in Vietnam und Laos kontinuierlich aus, die durch Verträge und enge wirtschaftliche Abhängigkeit untermauert wurden.

Brežnevs Machtverfall

Das Jahr 1979 erwies sich als Höhepunkt der sowjetischen Strategie des Kräfteverhältnisses in der Welt und zugleich als ihr Scheitern. War im April noch ein Abkommen über den Ankauf von amerikanischem Getreide geschlossen und mit Frankreichs Präsident Giscard d'Estaing bei dessen Moskau-Besuch die Intensivierung der Zusammenarbeit vertraglich vereinbart worden, galt die Unterzeichnung des SALT II-Abkommens auf dem Gipfeltreffen in Wien als entscheidender Durchbruch zur Begrenzung des strategischen Wettrüstens und zur Stabilisierung des Prinzips der Parität zwischen den Führungsmächten der beiden Gesellschafts- und Wirtschaftssysteme, so zerschlug die Sowjetunion das dadurch errungene Vertrauen durch den militärischen Einmarsch in Afghanistan am 27. Dezember selbst. Zwar war die aggressive Sprache des XXV. Parteitages 1976, die statt des Friedensprogramms von 1971 ein Friedenskampfprogramm ausdrückte, die Umsetzung der ozeanischen Strategie im beschleunigten Ausbau der Seekriegsflotte, vor allem durch die Installierung der SS-20-Raketen in der von SALT und MBFR nicht erfaßten »Grauzone« seit 1976 auf zunehmendes Mißtrauen des Westens gegenüber dem zuvor erklärten Friedenswillen gestoßen, die militärische Intervention in ein blockfreies Land, das, vergleichbar der Mongolei, unmittelbar an die Sowjetunion grenzte und zu dem der Westen 1979 keinen Zugang besaß, bedeutete aber die völlige Abkehr vom Geist der Entspannung und des 1972 in seinem Sinne abgeschlossenen sowjetisch-amerikanischen Vertrages[60]. Diese militärische Aktion zur Stützung einer gefährdeten kommunistischen Regierung hatte nur erfolgen können, weil in der Sowjetunion die Kräfte die Oberhand gewonnen hatten, die die Entspannungsbereitschaft des amerikanischen Präsidenten als Schwäche interpretierten, auf der aufbauend einseitige Vorteile durch ein militärisches fait accompli erzielt werden sollten. Die Reaktion des Westens und die Gefahr eines langwierigen Schadens für die Sowjetunion selbst waren falsch eingeschätzt worden. Dabei hatte es an besorgten Stimmen nicht gefehlt. Auch eine erste Warnung, das vereinbarte Gleichgewicht nicht zu sehr zu belasten, die 1979 angesichts der sowjetischen SS-20 zum Doppelbeschluß der NATO geführt hatte, war nicht ernst genommen worden. Es bestand die Gefahr, daß die sowjetische Außenpolitik zum Spielball der Fraktionen innerhalb des durch den Tod vieler Mitglieder schrumpfenden Politbüros wurde.

Diese Führungsprobleme und die westlichen Reaktionen verstärkten eine harte Linie, führten zu einer sich zuspitzenden Belastung des Ost-West-Verhältnisses und drohten, die Sowjetunion selbst um die Früchte ihrer Mitte der 60er Jahre eingeleiteten Außenpolitik zu bringen. Im Herbst 1979 hatte Präsident Carter noch den »Export Administration Act of 1979« unterzeichnet, der die legislative Fixierung des amerikanischen Handels mit sozialistischen Staaten liberalisierte[61], die Zahl der durch die Cocom-Liste der NATO gesperrten sicherheitsrelevanten Güter war dadurch von 270 (1951) auf 146 (1979) gesunken. Nach der Afghanistan-Intervention schlug das Pendel nun zurück. Am 4. Januar 1980 kündigte Präsident Carter Sanktionen an. Sie betrafen die Stornierung des Getreideabkommens von 1975, die Unterbindung des Exports hochtechnisierter Produkte, vor allem Computer und Ölbohrausrüstungen, die Kürzung der sowjetischen Fischereirechte in amerikanischen Gewässern, die Reduzierung der Aeroflot-Landerechte in den USA. Am 25. Februar folgte ein unbefristetes Embargo für Phosphatexporte in die UdSSR. Am empfindlichsten traf die Sowjetunion aber der Boykott der Olympischen Sommerspiele vom 19. Juli bis 3. August in Moskau und Reval (Tallin), dem sich nach dem nationalen Olympischen Komitee der USA auch die Großbritanniens, der Bundesrepublik und einer Reihe anderer Staaten anschlossen, sodaß von den anvisierten 125 bis 130 Ländern letztlich nur 81 teilnahmen. Auch die ökonomischen Ausfälle durch fehlende Touristen, Presserechte usw. waren angesichts der getätigten Investitionen beträchtlich[62]. Eine empfindliche Niederlage mußte die Sowjetunion auch in den Vereinten Nationen hinnehmen, als ihre Intervention am 14. 1. 1980 von 104 Staaten verurteilt wurde; Rumänien war abwesend.

Litt das Embargo des amerikanischen Präsidenten bereits unter dem Druck, endlich ein politisches Signal setzen zu müssen, da das Festhalten der amerikanischen Botschaftsangehörigen durch das Khomeini-Regime Irans die amerikanische Administration zum Immobilismus verdammt zu haben schien, gab es also auch andere Gründe als nur die der Bestrafung der Sowjetunion, so sträubten sich die meisten europäischen Staaten, vor allem die Bundesrepublik Deutschland, Handels-Embargo und Wirtschaftssanktionen generell als nützliche Mittel der Außenbeziehungen gegenüber sozialistischen Staaten zu akzeptieren, da sie dem Konzept der Bundesregierung widersprachen, gerade durch die Einbindung in internationale Wirtschaftsbeziehungen die Aggressionspotentiale der UdSSR und der anderen sozialistischen Länder abzubauen.

Die neue amerikanische Regierung Reagan hob am 24. April 1981 zwar das Getreideembargo auf, die inzwischen in Polen eingetretenen Ereignisse trieben aber auf eine Verschärfung der Konflikte zu. Im Laufe des Jahres 1980 hatte ein Streik in der Neptunwerft in Danzig den Anstoß zu einer politischen Mobilisierung der gesamten Bevölkerung gegeben, die weit über die periodisch aufgetretenen Äußerungen des Unmuts mit der Parteiführung hinausgingen. Die Gründung der Gewerkschaft Solidarność mit Unterstützung der Kirche strebte letztlich eine Erneuerung der Staatsverfassung an. Als die Partei nach dem Auswechseln einiger Führer immer rascher an Einfluß verlor und ihr die Zügel der Staatsführung zu entgleiten drohten, schlossen die Nachbarstaaten als erste Reaktion die Grenzen, um ein Übergreifen des »polnischen Bazillus« auf ihre Arbeiterschaft zu verhindern. Noch auf einem Treffen der Warschauer Pakt-Staaten im Dezember wurde erklärt, die PVAP sei imstande, die Krise aus eigener Kraft zu meistern. Auf dem Parteitag der KPdSU im Februar/März 1981 dagegen stellte Brežnev den Polen bereits »die Unterstützung des Warschauer Paktes bei der Bekämpfung der antisozialistischen Umtriebe« in Aussicht. Beim sowjetisch-polnischen Gipfeltreffen am 5. März im Anschluß an den Parteitag verlangten die sowjetischen Gesprächspartner Jaruzelskis ultimativ, die polnische Führung solle die Gefahr, die von der Gewerkschaft »Solidarność« ausginge, beseitigen. Der Westen befürchtete schon eine neue gemeinsame militärische Aktion der Warschauer Pakt-Staaten nach dem Vorbild der ČSSR-Invasion 1968, die Führung der DDR hat diese Lösung wohl auch favorisiert, besonders nach der zeitweiligen Unterbrechung der strategischen Bahnlinie Ost-Berlin – Moskau; schließlich verhängte General Jaruzelski am 13. Dezember 1981 über sein Land das Kriegsrecht. Die Gewerkschaft

»Solidarność« wurde aufgelöst, hunderte ihrer Führer verhaftet, die Herrschaft der Partei wiederhergestellt.

Die amerikanische Administration reagierte am 23. Dezember durch Verhängung wirtschaftlicher Sanktionen gegenüber Polen, am 27. Dezember auch gegenüber der UdSSR, weil sie »eine gewaltige und unmittelbare Verantwortung für die Unterdrükkung in Polen« trage. Neben der Suspendierung aller Aeroflot-Flüge in die USA betraf die Sanktion vor allem die Erweiterung der Kontroll-Listen für die Ausfuhr von Ausrüstungsgegenständen der Öl- und Gasförderung und die Nichterneuerung von amerikanisch-sowjetischen Austauschvereinbarungen, die 1982 zur Erneuerung anstanden, wie die Abkommen über Weltraumkooperation, Energie, Wissenschaft und Technologie.

Die Bundesrepublik, die Generalsekretär Breznev Ende November noch zu dessen drittem Staatsbesuch begrüßt und unmittelbar davor den auf 25 Jahre angelegten Gasliefervertrag mit der Sowjetunion abgeschlossen hatte, lehnte ebenso wie Frankreich wirtschaftliche Sanktionen rundweg ab. Der amerikanische Präsident forderte eine gemeinsame Handelsstrategie gegenüber sozialistischen Ländern, die in eine wesentliche Erweiterung der Cocom-Liste und verschärfte Ausfuhrkontrollen mündete. Angesichts dieser Verhärtung des amerikanisch-sowjetischen Verhältnisses Erfolge auf dem Gebiet der Rüstungskontrolle zu erwarten, entbehrte des Realitätsbezugs. Dennoch dauerten die Wiener MBFR-Verhandlungen an, in denen sich die 19 Staaten von NATO und Warschauer Pakt auf die Zahl von 700 000 Mann Landstreitkräfte und 200 000 Mann Luftstreitkräfte im jeweiligen Reduzierungsraum Bundesrepublik Deutschland, Niederlande, Belgien, Luxemburg und DDR, Polen, ČSSR verständigen konnten. Drei Monate nach Reagans Regierungsantritt bot Brežnev ein Treffen auf höchster Ebene an, unterstrich auf dem XXVI. Parteitag Ende Februar seine Verhandlungsbereitschaft durch den Vorschlag, ein Moratorium für die Stationierung neuer Raketenwaffen mittlerer Reichweite zwischen der UdSSR und den NATO-Staaten zu vereinbaren und das Angebot, das Gebiet der vertrauensfördernden Maßnahmen nach beiden Seiten zu erweitern. Auch zu vertrauensbildenden Maßnahmen im Fernen Osten erklärte er sich bereit. Das 2. KSZE-Folgetreffen konnte im November 1981 in Madrid beginnen, auf dem die Frage der Menschenrechte vom amerikanischen Delegationsleiter überdimensioniert aufgeworfen wurde. Schließlich erklärte die Sowjetunion sich angesichts des NATO-Doppelbeschlusses vom 13. Dezember 1979 und der erkennbaren Entschlossenheit, die sowjetischen Mittelstreckenraketen durch ab 1983 in West- und Südeuropa stationierte amerikanische wenigstens in ihrer politischen Wirkung auszugleichen, bereit, am 30. November 1981 in Genf die Verhandlungen über Mittelstreckenwaffen (INF) aufzunehmen. Auch an der seit 1979 auf 40 Mitglieder erweiterten Abrüstungskonferenz der Vereinten Nationen (Conference on Disarmament; CD) in Genf nahm die Sowjetunion weiter teil.

Die Ereignisse in Afghanistan beeinflußten auch die Innenpolitik. Der Erfolg stellte sich nicht in der erwarteten kurzen Zeit ein, die Soldaten mußten mit der Versetzung an die Front rechnen, die ersten Benachrichtigungen über Gefallene trafen ein, das Bewußtsein brach sich Bahn, daß die Sowjetunion sich im Kriegszustand befinde. Gleichzeitig stießen die vom Westen aus Polen kommenden Forderungen auf größere politische Beteiligung der Bürger in der sowjetischen Bevölkerung, besonders der an Polen angrenzenden Regionen und der Ostseeküste, nicht nur auf taube Ohren, Partei und Regierung gerieten unter Handlungszwang. Die westlichen Sanktionen führten zu vorübergehenden Engpässen in der Versorgung, vor allem bei Fleisch. Zum ersten Mal in der Brežnev-Ära sank die durchschnittliche Wachstumsrate der sowjetischen Wirtschaft. Außenwirtschaftlich wurde zwar vor allem durch Importrestriktionen und den Export von Energie und anderen Rohstoffen eine Verbesserung der terms of trade erzielt, in den ersten beiden Jahren des 11. Fünfjahresplans (1981–1985) setzte sich die ungünstige Entwicklung jedoch fort.

Neue Reformpläne wurden, kaum waren die von 1979 verabschiedet, geschmiedet. So forderte das ZK-Plenum im Oktober 1980, dem kommenden Parteitag sollte der Entwurf einer Wirtschaftsverwaltungsreform vorgelegt werden, auch die Erneuerung des Parteiprogramms wurde wieder thematisiert. Aber am 22. Oktober 1980 trat, zwei Monate vor seinem Tod, Ministerpräsident Kosygin zurück; zum Nachfolger wurde N. A. Tichonov ernannt, dessen Alter von 75 Jahren noch über dem Durchschnittsalter des Politbüros lag. Bis auf eine im Oktober auf Initiative von KGB-Chef Andropov verabschiedete ZK-Resolution gegen die Korruption in Funktionärskreisen, die sich auch gegen Brežnevs Familienangehörige richtete, und eine Preisreform vom 15. September 1981, die Benzin und Luxusgüter verteuerte, bestimmte Textilien und Haushaltswaren verbilligte, stagnierte die innersowjetische Entwicklung. Daran änderte auch der XXVI. Parteitag, Brežnevs letzter, nichts. Die überalterte sowjetische Führung lag in der

Agonie. Nach 1979 war Brežnev die Macht entglitten. Das zusätzliche Amt des Staatspräsidenten hatte die seit 1974 angegriffene Gesundheit noch mehr belastet, ein Amtsverzicht wäre notwendig gewesen. Da inzwischen auch Suslov nicht mehr imstande war ein ganztägiges Arbeitspensum zu bewältigen, leitete Černenko oft die Sitzungen des Sekretariats und des Politbüros[63]. 1980 starben Kosygin und Masurov, der Parteichef des Belorussischen SSR, am 25. Januar 1982 Suslov. Seine Aufgaben wurden Jurij Andropov übertragen, dessen Funktion als KGB-Chef übernahm Fedorčuk. Am 10. November 1982 erlag Brežnev einem erneuten Schlaganfall. Kirilenko trat zurück, Kiselev starb am 11. Januar, der 83jährige Lette Arvid Pel'še am 29. Mai 1983.

Bilanz der Ära Brežnev

In den achtzehn Jahren der Brežnev-Ära unterlag die Sowjetunion gravierenden Veränderungen. Die Sowjetunion der 80er Jahre war nicht mehr die der 60er. Der starke soziale Wandel im Innern widerspiegelte die Entfaltung immenser ökonomischer Kräfte, und außenpolitisch war der Sozialismus als »Weltsystem« zum entscheidenden Machtfaktor neben den USA aufgestiegen. Auf allen Gebieten war die Sowjetunion am Ende der Brežnev-Zeit an Grenzen gestoßen, die anscheinend ohne gravierende Systemveränderung nicht zu überwinden waren, so daß mit dem wachsenden Bewußtsein des Machtgewinns bei der Bevölkerung auch die Erwartung nach einem höheren Anteil an den neu gewonnenen ökonomischen und politischen Möglichkeiten sich einstellte. Das heißt, die Führung der Sowjetunion mußte sich der Frage stellen, ob die tradierten Lenkungsmechanismen der eingetretenen Ausdifferenzierung des gesamten Wissenschafts- und Produktionsbereichs wie der Gesellschaft insgesamt in ihrer sozialen und nationalen Dynamik noch entsprachen.

Nach den Machtkämpfen um die Stalinnachfolge und den Irritationen durch Chruščevs Entstalinisierung verkörperte die oligarchische Herrschaft des Politbüros als institutionelles Führungszentrum eine Periode der Stabilität, die erst in den letzten fünf Jahren Brežnevs durch die sich auflösende informelle Spitzengruppe abgeschwächt wurde. Charakteristisch für dieses Herrschaftssystem war die Herausbildung eines »institutionellen Pluralismus«[64], das heißt, die einzelnen Herrschaftsapparate hatten sich im Zuge der Konsolidierung des Herrschaftssystems bürokratisch so verfestigt und ein so großes politisches Eigengewicht erhalten, daß ihre spezifischen Interessen berücksichtigt und ihre Repräsentanten am politischen Entscheidungsprozeß beteiligt werden mußten. Brežnev und Suslov waren um diesen Interessenausgleich und die Integration des Herrschaftsapparates in das Herrschaftszentrum bemüht, wobei im Politbüro den Parteifunktionären gegenüber den Staatsfunktionären konstant ein Übergewicht von 2 : 1 zukam. Die spektakulärste Integrationsaktion stellte zweifellos 1973 die Aufwertung des KGB-Chefs Andropov, des Verteidigungsministers Grečko und des Außenministers Gromyko zu Vollmitgliedern des Politbüros dar. Als Brežnev jedoch selbst über die Stationen Vorsitzender des Verteidigungsrates 1975 und Vorsitz im Präsidium des Obersten Sowjet 1977 den Höhepunkt seiner Macht erklommen hatte, war er physisch schon zu angeschlagen, als daß er seine Vorrangstellung substantiell zu nutzen in der Lage gewesen wäre[65].

Nach dem XXVI. Parteitag gehörten dem Politbüro Brežnev, Andropov, Gromyko, Tichonov und Ustinov als Regierungsvertreter an, ergänzt durch die Kandidaten Demičev, Kusnecov und Solomencev. Vertreter von Regionalorganisationen der Partei stellten dar: Grišin (Moskau), Kunaev (Kazachstan), Romanov (Leningrad), Ščerbickij (Ukraine), als Kandidaten: Aliev (Azerbajdžan), Kiselev (Belorußland), Rašidov (Usbekistan) und Ševardnadze (Gruzinien). Dabei war es der Zentrale in drei Fällen gelungen, ihre Wunschkandidaten gegen starken Widerstand der Region durchzusetzen, so in Belorußland, Azerbajdžan und Gruzinien (Georgien).

Die Verabschiedung der Verfassung von 1977 stellte durch die Fortschreibung der föderalen Struktur, der Definierung der KPdSU als »Partei des ganzen Volkes«, der Möglichkeit der Volksabstimmung und verbesserter Rechtssicherheit und -klarheit einen Erfolg der Brežnev-Mannschaft dar, der ihr bei der verzögerten Neufassung des Parteiprogramms versagt blieb. Trotz gelegentlicher nationalistischer Demonstrationen in den baltischen Republiken, in Mittelasien und Gruzinien konnte, von der ungelösten Frage der Krimtataren und dem durch Emigrationsmöglichkeit teilweise zu lösenden Wohlgadeutschen-Problem abgesehen, – die vor dem 2. Weltkrieg ebenfalls zwangsumgesiedelten Kalmükken konnten in ihre Heimat zurückkehren – von »Rissen im roten Imperium« keine Rede sein[66]. Die Zunahme der zentralasiatischen Bevölkerung stellte so kein Indiz für Machtverschiebungen dar, eher gelang es erfolgreichen Parteiführern wie Aliev und Ševardnadze, die aus den Unionsrepubliken hervorgingen, die Modellfunktion ihrer Heimatregion bei der Zentrale zu stabilisieren. Auf diese Weise entstanden durch eine kluge Regionalpolitik, bei Ausnutzung der natürlichen Gegebenheiten, an der Ostseeküste, mehr noch in den kaukasischen Republiken attraktive Gemeinwesen, in denen die Lebensqualität höher entwickelt werden konnte als in den alten russischen Regionen Moskaus und Leningrads; teilweise sind Anzeichen von Wohlstand nicht zu übersehen. Die zuerst in der RSFSR praktizierte Politik der Erhaltung oder des Wiederaufbaus im Krieg zerstörter Kulturdenkmäler von nationaler Bedeutung, wie die Schlösser in Peterhof, Carskoe selo (Puškino) und die Adelsresidenzen im Moskauer Umland (Šeremet'ev-Schloß in Ostankino, Kuskovo, Archangel'skoe) führte, auf die nationalen Republiken übertragen, besonders in Mittelasien, wo auch die muslimische religiöse Tradition gepflegt werden konnte, eher zu einer Verfestigung der nationalen Einbindung in den Sowjetstaat als zur Abkehr von der Verbindung des Islam mit dem Sozialismus. Auch wenn, was die Volkszählung von 1979 deutlich machte, die Geburtenhäufigkeit der mittelasiatischen Völker ein Vielfaches der slavischen und der baltischen betrug, dadurch ihr Anteil prozentual zunahm, konnte dennoch die soziale Situation der UdSSR zu Beginn der 80er Jahre als »solide festgefahren« bezeichnet werden. Allenfalls war die Herausbildung berufsständischer Gruppierungen festzustellen, sodaß für die Sowjetgesellschaft am Ende der Brežnev-Ära die Bezeichnung »Ständegesellschaft« angebracht ist[67].

Dennoch gab es seit den 60er Jahren gravierenden Wandel bei den sozialen Großgruppen Arbeiter, Angestellte/Intelligenz und Kolchosbauern. Schon in den 70er Jahren war der Anteil der Arbeiter mit Elementarbildung von 72,0 auf 29,4 Prozent gesunken, derjenigen mit Mittelschulbildung von 25,0 auf 41,0 Prozent gestiegen. Die Zahl der Kolchosbauern sank von 21,5 Millionen 1960 auf 12,6 Millionen 1980, auch wenn der größere Teil als Landarbeiter in die Sowchosen wechselte. Hatte die Zahl der Angestellten 1960 noch bei 9,9 Millionen gelegen gegenüber 8,8 Millionen Angehörigen der Intelligenz, umfaßte die Gruppe der Intelligenz mit 28,6 Millionen 1980 nahezu viermal soviel Menschen wie die Angestelltenschaft mit 7,4 Millionen bei anhaltendem Trend. Bei der Intelligenz mit abgeschlossener Hochschulbildung sah die berufliche Verteilung 1980 so aus: Volksbildung 3,4 Millionen, Industrie 2,4 Millionen, Wissenschaft 1,7 Millionen, Verwaltung 1 Million, Gesundheitswesen 0,9 Millionen[68].

Trotz des parteiinternen Prinzips des demokratischen Zentralismus, das bei der Wahl der Führungsorgane praktiziert wird, indem die Parteiorganisationen sich praktisch selbst ergänzen, konnte sich in der Brežnev-Zeit auf der unteren Ebene der lokalen Sowjets die Praxis politischer Partizipation entwickeln, die eine Form der Basisdemokratie darstellt und die entwicklungsfähig ist[69].

Zu den Erfolgen gehört die Durchführung von volkswirtschaftlich entscheidenden Projekten wie der Bau von Erdölpipelines und Gasleitungen über tausende von Kilometern, die nicht nur die sowjetische Wirtschaft, sondern auch die Länder des Rates für Gegenseitige Wirtschaftshilfe und das westliche Ausland mit Energie versorgen und die, besonders während der Ölpreisexplosion, die für den Ankauf von Lebensmitteln und Investitionsgütern benötigten Devisen erbrachten. Die Erschließung Sibiriens als an allem Notwendigem reicher Region, der Bau der Baikal-Amur-Magistrale mit auch militärischer Bedeutung konnten auch die Jugend zum Arbeitseinsatz motivieren. Westliche Boykottmaßnahmen konnten die Planerfüllung manchmal verzögern, die Durchführung aber nicht vereiteln und schadeten am Ende der boykottierenden Seite selbst.

Die Wissenschaft hatte große Fortschritte zu verzeichnen, vor allem die Raumfahrt, wenn auch hier Rückschläge nicht ausblieben. Der Glaube an den Fortschritt durch Technik blieb jedoch ungebrochen. Mit dem Ansehen der sowjetischen Wissenschaftler wuchs auch deren internationale Erfahrung, es kam, wie im Internationalen Institut für Angewandte Systemanalyse (IIASA) in Laxenburg bei Wien, zu gemeinsamer Forschung mit dem Westen über die Zukunftsprobleme der Menschheit.

Tourismus und Städtepartnerschaften wandelten das Erscheinungsbild vieler sowjetischer Städte, Intourist, die zentrale Reiseorganisation, entwickelte sich zu einem ökonomischen Imperium. Erste Maßnahmen zur Beseitigung der Umweltschäden wurden ergriffen, so beim Baikalsee, beim Kaspischen und beim Azovschen Meer.

Die Beziehungen zu den sozialistischen Staaten waren seit 1968 durch die Theorie der beschränkten Souveränität definiert. Dennoch konnte das sozialistische Staatensystem durch drei Entwicklungsländer ausgeweitet werden, und seit Beginn der 70er Jahre griff die Sowjetunion gezielt in die Regionen der Dritten Welt ein. Trotz der internationalen Anerkennung der territorialen Zugewinne durch den Zweiten Weltkrieg und der Konferenz für Sicherheit und Zusammenarbeit in Europa, die einen neuen Verhaltenskodex festlegte, strebte die Sowjetunion, die amerikanische Führungsschwäche ausnutzend, nach Veränderung des Kräfteverhältnisses in der Welt zu ihren Gunsten. Zu ausschließlich auf die andere Weltmacht USA fixiert und auf die militärische Macht vertrauend geriet diese Politik in Afghanistan, in Polen, im Verhältnis zu China in eine Sackgasse, aus der Brežnevs Mannschaft eine Umkehr nicht mehr gelang. So mündete die Brežnev-Ära am Ende in Führungsschwäche, Immobilismus, Stagnation, die gerade bei wachsenden Reformerwartungen im Innern drohten, die Gesellschaft der Früchte zu berauben, für die die teure Rüstung aufgebaut worden war. Angesichts der offenkundigen strukturellen Reformunfähigkeit der Brežnev-Suslov-Führungsgarnitur bedeutete der Sturz Chruščevs einen Akt der Restauration. Durch die dadurch eingetretene Perpetuierung des Stalinismus als politischer Struktur, die sowohl das Führungspersonal der Stalin-Ära wie auch viele ihrer politischen Institutionen und Programme, ihrer Konventionen und Maßstäbe in der Substanz beibehielt, stellen der Spätstalinismus, die Chruščev- und die Brežnev-Ära eine relativ geschlossene Epoche der Sowjetgesellschaft dar[70]. Brežnevs, Kosygins und Suslovs Nachfolger standen nun vor der schwierigen Aufgabe, die überfälligen Systemreformen durchführen und das außenpolitisch angeschlagene Ansehen ihres Landes wiederherstellen zu müssen.

XI

DIE ÜBERGANGSPERIODE. ANDROPOV UND ČERNENKO

Zwei Tage nach Brežnevs Tod wählte das Zentralkomitee der KPdSU auf Vorschlag Ustinovs Jurij Vladimirovič Andropov zum neuen Generalsekretär der Partei. Die Wahl des 68jährigen früheren KGB-Chefs bedeutete ein klares Mandat für einen neuen Kurs, den auch die Politbüromitglieder Ustinov, Ščerbickij, Gromyko, Kunaev und Politbürokandidat Aliev unterstützten. Auch Gorbačev muß dieser Gruppe zugerechnet werden. Andropov stammte aus der Region Stavropol, gelangte über Parteiämter in der Karelo-Finnischen Sowjetrepublik ins Moskauer Zentralkomitee, 1953 als Leiter der 4. Europa-Abteilung ins Außenministerium, war 1954 bis 1957 zur Zeit des Aufstandes Botschafter in Ungarn, wurde anschließend Abteilungsleiter im ZK, 1962 ZK-Sekretär und 1967 schließlich Chef des KGB, den er 15 Jahre leitete, bis er nach Suslovs Tod dessen Funktion als Chefideologe übernahm, 1967 war er zum Kandidaten und 1973 zum Vollmitglied des Politbüros berufen worden. Trotz seiner KGB-Vergangenheit genoß er den Ruf eines kultivierten Liberalen. Nach der kulturellen Stagnation der Brežnev-Ära verbanden sich deshalb mit seiner Nominierung als Generalsekretär viele Hoffnungen auf positiven Wandel auch auf diesem Gebiet. Interessanterweise war ihm als KGB-Chef, der von der Partei mit der Lösung der Dissidentenfrage beauftragt worden war, durch Präsident Carters Menschenrechtskampagne eine wichtige außenpolitische Rolle zugefallen, konnte er doch durch spektakuläre Fälle von Verhaftungen die Bemühungen Brežnevs um entspannte Beziehungen zu den USA konterkarieren und Brežnevs Position damit schwächen. Diese Absicht trat 1982, im letzten Lebensjahr Brežnevs, am deutlichsten in der Aufdeckung von Korruptionsfällen zutage, in die viele Brežnev-Protégés und damit indirekt Brežnev selbst verwickelt waren. Andropovs Nachfolge als Chefideologe im Politbüro übernahm Černenko, der damit an die zweite Stelle vorrückte.

Andropov stand vor der Schwierigkeit, einen Wandel auf den Politikfeldern der Wirtschaft, den Beziehungen zu den sozialistischen Staaten einleiten und gleichzeitig das angeschlagene Verhältnis zu den USA und zu China korrigieren zu müssen. Vorrang besaß deshalb die personelle Absicherung der neuen Politik. Sie ergriff zuerst die Parteiführung. Kirilenko war nach Breżnevs Tod von seinem Amt im Politbüro zurückgetreten, der 83jährige Senior Arvid Pel'še starb im Frühjahr 1983. Auf dem ZK-Plenum im November 1982 war es Andropov gelungen, den azerbajdžanischen Parteichef Aliev zum Vollmitglied des Politbüros und Ersten Stellvertretenden Ministerpräsidenten der UdSSR zu befördern; Ryškov, der frühere Leiter von Uralmasch, des bedeutendsten Industriekomplexes der Sowjetunion, und Erster Stellvertretender Vorsitzender von GOSPLAN, wurde ZK-Sekretär für die Koordination der Interaktionsprozesse von Industrie- und Planungsbehörden, Solomencev erhielt den Vorsitz im Komitee für Parteikontrolle. In einer zweiten Welle wurden Vorotnikov, der neue Vorsitzende des Ministerrates der RSFSR, Kandidat des Politbüros; Romanov, der Leningrader 1. Sekretär, mußte seine Hausmacht verlassen und das Amt eines leitenden ZK-Sekretärs in Moskau übernehmen. Gromyko konnte seinen Einfluß durch die Ernennung zum Ersten Stellvertretenden Ministerpräsidenten im Februar 1983 ausbauen. Weitere Veränderungen erfolgten im Oktober durch die Vollmitgliedschaft Solomencevs und Vorotnikovs im Politbüro, das damit auf 13 Mitglieder anwuchs. Der neue KGB-Chef Čebrikov erhielt den Status eines Kandidaten des Politbüros, schließlich übernahm Andropov am 16. Juni das Amt des Vorsitzenden des Obersten Sowjet, des nominellen Staatsoberhauptes, und trat auch damit Breżnevs Nachfolge an.

Die Ebene der Staatsbürokratie geriet ebenfalls unter Druck. Unter den sechs Ministern von insgesamt 64, vier Staatskomiteevorsitzenden von 22, die abgelöst wurden, darunter die Stellvertretenden Ministerpräsidenten Novikov und Makeev, waren allerdings viele aus Altersgründen ihren Aufgaben nicht mehr gewachsen gewesen.

Für die neue Führung bestand das Hauptproblem in der Umkehrung des sinkenden Wirtschaftswachstums. Dabei war Andropov der Zusammenhang von hohem Rüstungsniveau, Sicherung der Energie- und Rohstoffbasis und notwendiger Reform des Lenkungssystems bei Erhöhung der Arbeitsproduktivität bekannt, die unter den angespannten Bedingungen der bankrotten Wirtschaft Polens und Rumäniens und der Boykottmaßnahmen der westlichen Industriestaaten zu lösen waren. Deshalb mußte Andropov die Beziehungen zu den USA zu verbessern suchen, die Koordinierung der RGW-Länder vertiefen, vor allem die Wirtschaft Polens stabilisieren und gleichzeitig Reformen im Wirtschaftssystem der UdSSR einleiten. Die Andropov-Zeit ist deshalb weniger durch das Setzen einer zeitlichen Priorität, sondern durch die Parallelität von Maßnahmen der inneren Strukturverbesserung mit Angeboten zur Rüstungsbegrenzung und Abrüstung gekennzeichnet.

Beim Problemkreis der Erneuerung der Wirtschaft stützte sich Andropov auf Forschungen der Novosibirsker Filiale der Akademie der Wissenschaften, vor allem Prof. A. G. Aganbegjan. Dieser kam bei der Bestandsaufnahme der Reform von 1979 zum Ergebnis, daß durch Trägheit und Boykott der Beteiligten die Schlüsselprobleme der Volkswirtschaft nicht behoben, sondern perpetuiert wurden. Die Reformen, die die Volkswirtschaftszweige Industrie und Bauwesen betrafen und in 16 von 37 Industrieministerien zu effektiverem Wirtschaften führen sollten, hatten im Ergebnis die Plandominanz nicht durchbrechen können. Die Erkenntnis nahm zu, daß der Wirtschaftsmechanismus selbst eine äußerst widerspruchsvolle und unnatürliche Kombination bildete[1]. Ihren Kulminationspunkt erreichte die Bestandsaufnahme in der »Novosibirsker Studie« Tatjana Zaslavskajas, einer Mitarbeiterin Aganbegjans, im April 1983, die als tiefere Ursache der sinkenden Wachstumsraten »das Zurückbleiben der Produktionsverhältnisse und des sie widerspiegelnden Systems der staatlichen Wirtschaftslenkung hinter dem Niveau der Produktivkräfte« verantwortlich macht[2].

Die Sowjetunion kam an einem Umbau ihres gesamten ökonomischen Lenkungssystems nicht vorbei, es mußte den Erfordernissen der modernen Produktion angepaßt werden. Dennoch vermied Andropov den Begriff »Reform«, sondern sprach von der »Vervollkommnung der Produktionsverhältnisse« und der »Verbesserung des Wirtschaftsmechanismus«. Zwar forderte er noch im Dezember 1983 eine Erhöhung der Arbeitsproduktivität und effizientere Nutzung des wissenschaftlichen und technologischen Potentials, gleichzeitig initiierte er aber eine Neuordnung des Schulwesens in Richtung einer besseren Vorbereitung auf die Arbeitswelt, wie sie Chruščev bereits 1958 angestrebt hatte. Darüber hinaus versprach er die Anhebung des Lebensstandards durch Steigerung der Konsumgüter sowie der Dienstleistungen. Schon im Dezember hatte das umorganisierte Ministerium für Verkehrswege beschlossen, die Koordination der Transportsysteme zu verbessern und die Einkommen der Transportarbeiter mit der ökonomischen Leistungsfähigkeit des betreffenden Transportsystems zu verknüpfen. Größere Bedeutung kam dem weitergeführten Programm der seit 1979 partiell eingeführten relativ selbständigen Leitung der Betriebe zu. Ab 1. Januar 1984 sollten hunderte von Unternehmen von zwei Unions- und drei Republikministerien (Ukraine, Weißrußland und Litauen) ein Experiment starten, den rationellsten Weg zur intensiven Entwicklung zu finden. Dieser Modellversuch sollte nach seiner Auswertung über den 12. Fünfjahresplan 1986–90 allgemein in die sowjetische Wirtschaft eingeführt werden. Drakonische Strafen drohten nun für mangelnde Disziplin am Arbeitsplatz. In der Tat konnte schon im ersten Halbjahr 1983 das sinkende Wirtschaftswachstum von 2,8% 1982 gestoppt und 4%, mehr als im Plan vorgesehen, erzielt werden, das für das gesamte Jahr 1983 schließlich 3% betrug. Auch die Landwirtschaft konnte eine gute Ernte einfahren. Gestützt auf diese Erfolge übernahm das Zentralkomitee am 27. Dezember die Aufgabe, ein »Programm zur komplexen Vervollkommnung des gesamten Leitungsmechanismus« auszuarbeiten, nichts Geringeres als die völlige Reorganisation des gesamten Wirtschaftssystems. Die Bedeutung dieses Entwurfs wird dadurch deutlich, daß er sogar als wichtiger Bestandteil in die Neufassung des Parteiprogramms aufgenommen werden sollte.

Die Verhängung des Kriegsrechts in Polen am 13. Dezember 1981 hatte nicht nur westliche Wirtschaftssanktionen gegenüber diesem Land und der Sowjetunion hervorgerufen, sondern auch die Wirtschaft aller RGW-Länder empfindlich getroffen. Diese mußten nicht nur die in Polen dringend benötigten Waren kurzfristig und zusätzlich liefern, es fehlten ihnen umgekehrt auch die Produkte, die aus Polen ihre eigene Ökonomie stützen sollten. Darüber hinaus kam die Erfüllung der bis 1990 vereinbarten Zielprogramme in wesentlichen Bereichen wie Energie, Rohstoffe, Nahrungsmittel, Maschinenbau, Transportwesen ins Stocken. Die Folge war eine Reihe bilateraler Vereinbarungen, die als Ergebnis einer intensiven Besuchsdiplomatie die Überbrückung der Krisenlage garantieren sollten. Polen und Rumänien boten dabei die Ausnutzung ihrer Überkapazitäten an. Im Januar 1983 faßten sowohl der Politische Beratende Ausschuß des Warschauer Paktes auf seiner Prager Tagung wie später auch das Exekutivkomitee des RGW den Beschluß zu enger wirtschaftlicher Kooperation. Andropov erklärte am 14. Juni die Festigung der Einheit und Geschlossenheit der sozialistischen Länder und ihrer Zusammenarbeit zum »Hauptschwerpunkt in der internationalen Tätigkeit der KPdSU und des Sowjetstaates«. Entsprechend trug er seine Forderungen nach vertiefter politischer Integration im Rahmen des Warschauer Paktes und der wirtschaftlichen Integration auf »einem qualitativ neuen Niveau«[3] auf der 37. RGW-Tagung Ende Oktober in Ost-Berlin vor. War es durch die Erosion der Macht am Ende der Brežnev-Zeit zu erstaunlichen Äußerungen der Eigenständigkeit gekommen, so neben Rumänien besonders in Ungarn und der DDR, so versuchte Andropov dieser Tendenz durch Konferenzen der ZK-Sekretäre der RGW-Staaten gegenzusteuern. So hatte das achte Treffen der ZK-Sekretäre für internationale und ideologische Fragen im März 1983 die Intensivierung der politisch-ideologischen Alltagsarbeit zum Ziel[4]. Durch die Lähmung Polens wuchs die Bedeutung der DDR nicht nur auf ökonomischem, sondern auch auf sicherheitspolitischem Gebiet. Sie äußerte sich in Besuchen des sowjetischen Außenministers im Januar 1983 bei Honecker wie bei einem offiziellen Besuch des DDR-Staatsratsvorsitzenden bei Andropov im Mai. Der von der DDR-Führung ungeliebte sowjetische Botschafter Abrasimov wurde im Sommer durch den stellvertretenden Ministerpräsidenten der RSFSR, Kočemasov, abgelöst.

Konnte der sowjetische Generalsekretär in der Innenpolitik bedeutsame Entscheidungen durchsetzen, im Dezember 1983 sogar noch vom Krankenbett aus, so blieben ihm Erfolge in der Außenpolitik versagt. Die häufige krankheitsbedingte Abwesenheit führte zu einer Neuauflage der Machtverteilung wie in Brežnevs letzten Lebensjahren. Černenko und Gromyko, aber auch die Repräsentanten der Armee, Verteidigungsminister Ustinov und sein Stellvertreter, Generalstabschef Ogarkov griffen in die Außenpolitik ein. Dabei wurden Meinungsverschiedenheiten und Widersprüche offen ausgetragen. Sie äußerten sich auf den Ebenen der Sicherheitspolitik gegenüber den USA, gegenüber Westeuropa und den Handelsbeziehungen in unterschiedlicher Weise. Vertrat Andropov im Schwerpunkt der wirtschaftlichen Erneuerung die Einsicht in dafür notwendige Kürzungen bei den Rüstungsausgaben und befürwortete er deshalb Maßnahmen der Rüstungsbegrenzung und Abrüstung mit den USA, so sahen Gromyko mehr die Prestigefrage der Supermachtrolle und Ustinov den politischen Einfluß militärischer Macht im Vordergrund. Zu neu war anscheinend das Bewußtsein der von den USA in den 70er Jahren akzeptierten strategischen Parität, auf deren Basis die beiden Exponenten in nicht von bilateralen Verträgen mit den USA betroffenen Bereichen den sowjetischen Einfluß auszuweiten hofften. Sie hatten dabei sowohl den Bewußtseinswandel in den USA wie die Grenzen des Einsatzes militärischer Mittel wie die fehlende ökonomische und technologische Basis zur Aufrechterhaltung des Weltmachtanspruchs nicht mehr wahrgenommen, damit die Chance verspielt, von einem hohen Niveau der Rüstung ausgehend zu einem stabilen modus vivendi mit den USA zu kommen.

Schon im Sommer 1982 ist anscheinend in der sowjetischen Führung der Entschluß zum Scheitern der Genfer INF-Verhandlungen gefaßt worden. So konnte der sowjetische Generalsekretär wiederholt seine Bereitschaft erklären, einen Teil der sowjetischen Mittelstreckenraketen SS-20 zu verschrotten, wie im Dezember 1982 und im Oktober des folgenden Jahres, Gromyko und Ustinov hielten, zuletzt am 18. 11. 1983, am Scheitern der Verhandlungen fest, und die Sowjetunion brach am 23. November die INF-Verhandlungen ab, gab für die in Genf parallel laufenden START-Verhandlungen (Strategic Arms Reduction Talks – Verhandlungen über nuklear-strategische Waffen) keinen neuen Sitzungstermin bekannt und verließ die MBFR-Verhandlungen in Wien.

Parallel zu den diplomatischen Verhandlungen lief in den westlichen Demokratien eine Kampagne zur Mobilisierung der Öffentlichkeit, die, den wichtigeren rüstungskontrollpolitischen ersten Teil des NATO-Doppelbeschlusses von 1979 sowie dessen Anlaß völlig außer acht lassend, sich ausschließlich auf die Aufstellung der amerikanischen Mittelstreckenraketen Pershing II und Cruise missiles konzentrierte. Fast entstand der Eindruck, das gesamte Ost-West-Verhältnis würde aller Früchte der Entspannung beraubt, sollte nur eine einzige amerikanische Rakete mittlerer Reichweite in Europa installiert werden. Je deutlicher aber der feste Wille der Regierungen erkennbar wurde, sich durch die öffentlichen Demonstrationen nicht unter Druck setzen zu lassen, um so mehr meldeten sich auch die Stimmen der Mäßigung zu Wort, die wie Bundesaußenminister Genscher und SED-Generalsekretär Honecker fast gleichlautend von Schadensbegrenzung sprachen, so Honecker am 25. November vor dem ZK der SED und am 30. des gleichen Monats anläßlich des Besuchs von János Kádár in der DDR, als beide betonten, zur friedlichen Koexistenz gebe es keine Alternative. Zur angedrohten Nach-Nachrüstung der Sowjetunion durch die Stationierung von Kurzstreckenraketen in der DDR und der ČSSR erklärte Honecker öffentlich, die DDR wäre darüber alles andere als erfreut.

Tatsächlich hatten die Genfer Mittelstreckenraketen-Verhandlungen schon vor ihrem Scheitern an Bedeutung verloren. Am

23. März 1983 hatte der amerikanische Präsident angekündigt, er werde ein Programm zur Strategischen Verteidigungs-Initiative (SDI) entwickeln lassen, das den Schwerpunkt der amerikanischen Sicherheit von der gegenseitig gesicherten Vernichtung (MAD) auf eine effektivere Verteidigung quasi durch einen Schirm hoher Abwehrtechnologie über den USA effektiver gewährleiste. Durch diesen Beschluß wurde der gesamte Bereich des Interkontinental-strategischen Potentials an Raketen beider Supermächte drastisch relativiert und der 1972 abgeschlossene ABM-Vertrag ins Zentrum des amerikanisch-sowjetischen Verhältnisses gerückt.

Am 1. September schoß ein sowjetisches Militärflugzeug über sowjetischem Territorium eine südkoreanische Verkehrsmaschine ab, die auf dem Flug von Anchorage nach Tokio vom Kurs abgewichen war. Es gab 269 Tote. Auf einer Pressekonferenz mußten, während führende Politiker schwiegen, Marschall Ogarkov und andere Militärs sich der Presse stellen und damit die Verantwortung übernehmen. Andropov äußerte sich erst zwanzig Tage später, die Todesopfer bedauernd. Die Militärs waren zu weit gegangen, die Atmosphäre für eine Lösung in Genf zerstört. Zwar konnte das Madrider KSZE-Folgetreffen am 9. September mit der Aufforderung, möglichst bald eine Konferenz für Vertrauensbildung und Abrüstung in Europa (KVAE) einzuberufen, durch Kompromiß beendet werden, aber Gromyko mußte am 17. September seinen Auftritt auf der Generalversammlung der Vereinten Nationen absagen, da die USA-Behörden für seine Sicherheit nicht einstanden. Wenigstens wurde auf der KVAE-Vorbereitungskonferenz Ende Oktober der 17. Januar 1984 als Eröffnungstermin dieser Konferenz vereinbart, die damit, nach Abbruch der anderen Verhandlungsstränge, das einzige Gremium darstellte, das noch Verhandlungen über Sicherheit führte. Die verantwortlichen Militärs wurden, der Generalstabschef eingeschlossen (6. 9. 1984), abgelöst.

Im Unterschied zu den Ereignissen 1979 und 1981, als der Verschlechterung der politischen Beziehungen die ökonomischen folgen mußten, liefen diese jetzt ohne Einschränkung weiter. So wurde während des Besuchs von Bundeskanzler Kohl in Moskau und Kiev vom 4. bis 7. Juli die Entwicklung der Kooperation vereinbart, die bei den deutsch-sowjetischen Wirtschaftsgesprächen vom 11. bis 16. November in Moskau für die Bereiche Maschinenbau, Energiewirtschaft und Chemie präzisiert wurde. Schon Ende Juni hatte die Bundesregierung die Bürgschaft für einen Bankkredit an die DDR in Höhe von 1 Mrd. DM übernommen und dieses als wichtigen Beitrag zur Verbesserung der Beziehungen zur DDR deklariert. Im August empfing Andropov den amerikanischen Gewerkschaftsführer William Winpsinger und amerikanische Senatoren. Am 24. August konnte die Sowjetunion ein auf fünf Jahre befristetes Abkommen mit den USA über Getreidelieferungen abschließen, das am 1. Oktober 1983 in Kraft trat.

Andropovs besonderes Interesse galt der Verbesserung des sowjetisch-chinesischen Verhältnisses. Noch in der Agonie der Brežnev-Ära war es zu ersten Kontakten auf der Ebene des Sports und der Wissenschaft gekommen, schließlich fand vom 5. bis 21. Oktober 1982 in Peking die erste Konsultationsrunde statt, die die Möglichkeiten für ein neues Verhältnis ausloten sollte. Als der chinesische Außenminister Huang Hua zu Brežnevs Beisetzung und ersten Gesprächen mit Andropov vom 14. bis 17. November nach Moskau gereist war, widmete ihm der neue Generalsekretär bei einem Empfang demonstrativ die meiste Zeit. Noch während Huas Aufenthalt deutete Afanas'ev, der Chefredakteur der »Pravda«, Moskaus Bereitschaft an, die im Grenzbereich zu China stationierten Truppen zu reduzieren, worauf Peking den Abzug eigener Einheiten an der Grenzregion in Aussicht stellte. Zur Wiederaufnahme des Handels im Grenzbereich, der seit den 60er Jahren ruhte, schlossen die Außenhandelsbank der UdSSR und die Bank der VR China am 24. Dezember ein Abkommen über die Regelung des Zahlungsverkehrs. Die zweite sowjetisch-chinesische Konsultationsrunde – von Verhandlungen sprach man vorerst nicht – fand vom 1. bis 15. März in Moskau statt, die nächste wurde für Oktober in Peking verabredet, so daß Andropov im August in einem »Pravda«-Interview die Zunahme des Handels und die Entwicklung der Kontakte feststellen und seine Bereitschaft zu einem politischen Dialog manifestieren konnte. Auch die chinesische Seite war augenscheinlich daran interessiert, auf dem Weg einer Politik der kleinen Schritte zu einem pragmatischen, entspannteren Verhältnis zur Sowjetunion zu gelangen, auch um im Verhältnis zu den USA und dem Westen insgesamt größeren politischen und ökonomischen Spielraum zu erhalten[5].

Als Vorbedingung für eine wesentliche Verbesserung des chinesisch-sowjetischen Verhältnisses wurde aber die Bereinigung von drei Punkten genannt: Abbau der an der gemeinsamen Grenze und in der Mongolischen Volksrepublik stationierten Truppen und eine Reduzierung der im asiatischen Teil der Sowjetunion stationierten SS-20-Raketen; Verzicht auf Unterstützung der vietnamesischen Besetzung Kampucheas; Truppenrückzug aus Afghanistan. Dennoch wurden auf den Oktober-Konsultationen erstmals wieder ein technisches Entwicklungshilfeprojekt in Charbin in Angriff genommen, von der sowjetischen Delegation ein Zehn-Punkte-Vorschlag vertrauensbildender Maßnahmen eingebracht. Insgesamt war eine Klimaverbesserung festzustellen[6]. Den am 10. Februar 1984 abgeschlossenen chinesisch-sowjetischen Handelsvertrag über 1,2 Mrd. US-Dollar (1983 = 800 Mrd. US-Dollar) erlebte Andropov nicht mehr. Seit Anfang November 1983 konnte er nicht mehr in der Öffentlichkeit auftreten, auf der Plenartagung des ZK Ende Dezember mußte seine Rede verlesen werden, am 9. Februar 1984 starb er, fünfzehn Monate nach seiner Wahl zum Generalsekretär.

Am 13. Februar 1984 wurde Konstantin Ustinovič Černenko zum neuen Generalsekretär der KPdSU gewählt. Diese Wahl des unter Brežnev zum ZK-Abteilungsleiter für Parteiorganisation aufgestiegenen nun 72jährigen Sibiriers stellte einen personellen, zeitlich befristeten und programmatischen Kompromiß des Politbüros dar, ein Zeichen eher für den Rückfall in den Immobilismus. Der in Andropovs kurzer Amtszeit als Generalsekretär erkennbare Wille zu einer Erneuerung des sowjetischen Staates im Innern und nach außen erlahmte durch zum Teil widersprüchliche Äußerungen der sich nun stärker artikulierenden Fraktionen Gromyko, Ustinov und Romanov einerseits und Černenko und Grišin andererseits. Gorbačev, von Andropov und Černenko gestützt, erhielt als ZK-Sekretär für Ideologie formal die Position Nr. 2. Auf Gorbačevs Vorschlag wählte der Oberste Sowjet am 11. April Černenko zum Vorsitzenden des Präsidiums, damit zum nominellen Staatsoberhaupt, Gorbačev erhielt den Vorsitz im Außenpolitischen Ausschuß.

Noch in den letzten Lebenstagen Andropovs hatte die KVAE in Stockholm eröffnet werden können, auf der die Außenminister der beiden Supermächte auch die Wiederaufnahme der Genfer Rüstungskontrollverhandlungen und der Wiener MBFR-Runde sowie ein Verbot chemischer Waffen erörterten. Der Beginn der 32. Runde der MBFR-Verhandlungen am 14. März galt denn auch als erstes Zeichen der Beendigung der Sprachlosigkeit zwischen den Supermächten. Dennoch setzte sich das Ringen innerhalb der sowjetischen Führung um die Ausrichtung der Außen- und Sicherheitspolitik fort, wobei die west- und osteuropäischen Staaten den Prozeß der Verständigung und Kooperation nach Kräften zu fördern suchten. Schon bei Andropovs Beisetzung hatten erste Gespräche mit zahlreichen Regierungschefs stattgefunden, so auch mit Bundeskanzler Kohl, im März fuhr SPD-Fraktionschef Vogel nach Moskau, im April unterzeichnete Italiens Außenminister Andreotti mit Gromyko ein langfristiges Programm zur wirtschaftlichen, industriellen und technologischen Zusammenarbeit, drängte Ceauşescu auf Verhandlungsbereitschaft mit den USA. Während jedoch Černenko im März den USA sogar ein Verbot der Produktion von C-Waffen anbot einschließlich der Kontrolle auf sowjetischem Territorium, das er im April wiederholte, stornierte die Sowjetunion am 8. Mai ihre Teilnahme an den Olympischen Spielen in Los Angeles, die anderen sozialistischen Staaten folgten dem sowjetischen Beispiel, Rumänien ausgenommen. Der Erste Stellvertretende Vorsitzende des Ministerrates, Archipov, sagte kurzfristig seine Reise nach Peking ab, das zuvor den amerikanischen Präsidenten empfangen hatte. Verteidigungsminister Ustinov verkündete das Ende des Moratoriums für die Stationierung der SS-20-Raketen, deren Dislozierung auch beim 423. System (1. Juli 1985), jedes mit drei Sprengköpfen bestückt, noch nicht aufhören sollte. Hatte schon Honecker sehr pointiert Stellung gegen die harte Moskauer Haltung in der Rüstungskontrollfrage bezogen, wobei er von den Führern der kleineren sozialistischen Staaten unterstützt worden war[7], so plädierten diese als Gemeinschaft auf dem Moskauer RGW-Gipfeltreffen im Juni sehr deutlich »für die Erhaltung des Friedens und die internationale ökonomische Zusammenarbeit«. Der Spanische König Juan Carlos hielt sich im Mai in Moskau auf, ebenso der Außenminister der Bundesrepublik Deutschland, Genscher, der neben der KSZE-konformen Forderung nach Einhaltung der Menschenrechte auch die Wiederaufnahme des Ost-West-Dialogs und der INF- und START-Verhandlungen verlangte. Am 19. Mai besuchte der polnische Partei- und Staatschef Jaruzelski den polnischen Papst Johannes Paul II.

Mit der Entlassung des sowjetischen Generalstabschefs, der durch die These von der Führbarkeit des Atomkrieges zu offensiv die Politik Černenkos der »Gemeinsamen Betroffenheit« im atomaren Konflikt durchkreuzt und damit sowohl die Richtlinienkompetenz der Partei wie die Machtfrage selbst aufgeworfen hatte, begann das Eis zu schmelzen. Zunehmend hatte Černenko versucht, seiner Stimme auch im Ausland Geltung zu verschaffen, so im Brief an Petra Kelly, die Abgeordnete der Grünen im Deutschen Bundestag, vom 29. Mai, im Oktober in einem Interview der Washington Post, im November bei BBC. Am 22. November endlich war das Eis gebrochen. Moskau und Washington veröffentlichten gleichlautende Mitteilungen, daß beide die Verhandlungen über Kern- und Weltraumwaffen wieder aufnehmen würden und aus diesem Anlaß ein Außenministertreffen für den 7. und 8. Januar 1985 vereinbart hätten. Vom 3. bis 4. Dezember tagte das Komitee der Außenminister der Warschauer Pakt-Staaten in Ost-Berlin, das der Verteidigungsminister in Budapest, um die Verhandlungen vorzubereiten. Am 20. Dezember 1984 starb Verteidigungsminister Ustinov, zwei Tage später wurde Marschall d. SU Sergej Sokolov zu seinem Nachfolger ernannt. Er war nicht Mitglied des Politbüros, der Einfluß der Militärs begann allmählich zu sinken.

Auf dem Gebiet der Innenpolitik fehlte Černenko zwar der Schwung Andropovs, dennoch gelang es, einige bereits früher eingeleitete Reformvorhaben zu verwirklichen. Dazu zählt in erster Linie die Reform der allgemeinbildenden Schulen und der Berufsbildung. Nach vielen Anstößen und Klagen hatte das Politbüro im Juni 1983 eine besondere Kommission zur Vorbereitung einer Schulreform ins Leben gerufen, der neben Černenko, der den Vorsitz innehatte, noch Aliev, Gorbačev und Grišin angehörten. Nach Anhörung der beteiligten Institutionen und teilweise öffentlicher Diskussion setzten am 10. April das ZK und der Oberste Sowjet am 12. April 1984 die »Hauptrichtungen der Reform der allgemeinbildenden Schule und der Berufsschule« in Kraft. Sechs weitere Verordnungen des Zentralkomitees der KPdSU und des Ministerrates der UdSSR, in einem Fall unter Einschluß des Allunionszentralrats der Gewerkschaften, folgten. Auch in den Unionsrepubliken wurden entsprechende Beschlüsse gefaßt. Anlaß zur Reform war die zunehmende Diskrepanz zwischen den Anforderungen der Betriebe und der schulischen Ausbildung, gravierende ideologische und soziale Probleme der Jugendlichen sowie das durch geringe Bezahlung gesunkene Ansehen der Lehrer.

Insgesamt wurde, analog zur festgestellten Diskrepanz von Produktivkräften und Produktionsverhältnissen, vom Stellvertretenden Bildungsminister V. N. Jagodkin eine Reihe von Widersprüchen im sowjetischen Bildungswesen diagnostiziert, die »aus dem Grundwiderspruch zwischen dem zurückgebliebenen und statischen Charakter des Bildungssystems und den dynamischen Bedürfnissen der wissenschaftlich-technischen und sozio-ökonomischen Entwicklung resultieren«[8]. Aus diesem Grund bedeuteten die beschlossenen Maßnahmen, die im Zeitraum 1985 bis 1990 realisiert werden sollten, primär eine ökonomische und beschäftigungspolitische Orientierung der Bildungsaufgaben und zielten auf eine Straffung der weltanschaulichen und politischen Erziehungsfunktion der Schule hin. Die Aufwertung der Berufsbildung stellte deshalb das herausragende Merkmal der Bildungsreform dar, verbunden mit einer Erhöhung der Zahl der Berufsschüler auf die Hälfte des gesamten Altersjahrganges.

Die strukturellen Veränderungen liegen in der Verlängerung der obligatorischen allgemeinbildenden Schulen von acht auf neun Jahre und der Zusammenfassung der daran anschließenden Schultypen der »mittleren Bildung« zur neuen »allgemeinbildenden und berufsbildenden Mittelschule«. Der Schuleintritt wurde auf das vollendete 6. Lebensjahr vorverlegt, die vierjährige Grundschule wieder eingeführt. Das vom Schuljahr 1986/87 an eingeführte Strukturschema des neuen Schulsystems gliederte sich demnach in Grundschule (1. bis 4. Klasse), unvollständige Mittelschule (5. bis 9. Klasse) und allgemeinbildende und berufsbildende Mittelschule (10. und 11. Klasse der allgemeinbildenden Mittelschule; mittlere beruflich-technische Lehranstalten; mittlere Fachschulen). Der Strukturveränderung entsprach eine Anpassung der Lehrpläne. Dabei stellte die polytechnische Ausbildung, die am Ende der 11. Klasse mit einer Berufsausbildung endet, die wichtigste Neuerung in der Mittelschule dar, während auf dem Sektor der Berufsausbildung das Kriterium der Einheitlichkeit und komplexen Erfassung aller beteiligten Betriebe und Behörden im Sinne einer verbindlichen Prüfungs- und Qualifikationsordnung im Mittelpunkt stand. Abweichende Regelungen gelten für Spezialschulen nach wie vor, darüber hinaus haben sich die baltischen Republiken ihr schon vorhandenes zusätzliches Schuljahr, also jetzt 12 Klassen, erhalten, während allgemein in den Unionsrepubliken und Autonomen Republiken der Russisch-Unterricht verstärkt wurde. Die soziale und pädagogische Situation der Lehrer wurde tatsächlich verbessert, dieser Punkt sogar in Černenkos Rede auf der Politbürositzung vom 15. November 1984 genannt[9]. Flankiert wurde die Schulreform durch organisatorische Veränderungen im Jugendverband Komsomol Ende Juni[10]. Auch der Film sollte einen erzieherischen Beitrag leisten, indem er sich vermehrt der Darstellung des positiven Helden widmete[11].

Von großer Bedeutung erwies sich Černenkos Beharren auf den von Andropov eingeleiteten Reformansätzen in der Wirtschaft und ihrem Leitungssystem. Die von Aliev geleitete Politbüro-Kommission zur Ausarbeitung eines »Komplexprogramms zur Entwicklung der Konsumgüterproduktion und der Dienstleistungssphäre« konnte Ende 1984 nach einjähriger Tätigkeit ihre Arbeit abschließen. Das Politbüro beschloß daraufhin am 15. November, auf dem nächsten ZK-Plenum »die Fragen der Beschleunigung des wissenschaftlich-technischen Fortschritts und der Vervollkommnung seiner Leitung in allen Bereichen der Wirtschaft zu behandeln«. Auf diesem Plenum sollte eine »grundlegende Wende« gewährleistet werden. Černenko ergänzte: »Wir müssen uns auch energischer mit der Vervollkommnung der Leitung des gesamten volkswirtschaftlichen Mechanismus beschäftigen«. Die Erweiterung der laufenden Experimente auf 21 Unions- und Republikministerien im Jahre 1985 wurde bestätigt, ebenso die Einführung kollektiver Formen der Arbeitsorganisation und -entlohnung, besonders in der Landwirtschaft. Černenko schraubte also das von Andropov initiierte Reformprogramm keineswegs zurück, sondern strebte zielgerichtet auf eine Veränderung des gesamten Lenkungsmechanismus der Volkswirtschaft. Die durch Andropovs Disziplinierungskampagnen eingetretenen ökonomischen Erfolge, die sich in einer Steigerung des Bruttosozialprodukts äußerten, kamen ihm nun zugute.

Die sowjetischen Führer versuchten diese Impulse auch auf die anderen Mitglieder des Rates für Gegenseitige Wirtschaftshilfe zu übertragen und darüber ihr Führungsverständnis nach den vorangegangenen Irritationen neu zu artikulieren. Über den Hebel der Energielieferungen verlangte die Sowjetunion Warenlieferungen von höherer Qualität. Das bestätigte SED-Generalsekretär Honekker auf der 9. ZK-Tagung Ende November: »Wir betrachten die Bereitschaft der UdSSR, bei Beteiligung der DDR am Aufbau der Kapazitäten der rohstoffördernden Industrie unseren Importbedarf an Rohstoffen und Energieträgern auch künftig in hohem Maße zu decken, stets in Verbindung mit den Anforderungen an unseren Export. Es gilt ständig ein attraktives Angebot der DDR zu sichern, das den Erfordernissen der sowjetischen Volkswirtschaft entspricht«[12].

Nachdem die multilaterale Koordinierung der Volkswirtschaftspläne für den Zeitraum 1981 bis 1985 aufgrund der Gleichgewichtsstörungen, vor allem Polens und Rumäniens Zahlungsunfähigkeit, sich auf der 35. Ratstagung in Sofia 1981 auf einen reduzierten »Plan mehrseitiger Integrationsvorhaben« beschränken mußte, galt die Sorge der RGW-Länder nun vorrangig der Lösung der dringlichsten eigenen Probleme. Die 38. Ratstagung, die die Wirtschaftsberatung der RGW-Mitgliedsländer auf höchster Ebene im Juni 1984 in Moskau abschloß, gab deshalb der Niveau-Angleichung der Entwicklungsländer innerhalb des Rates, Mongolei, Kuba und Vietnam, den Vorzug vor der Neuaufnahme weiterer Mitglieder wie Laos, Afghanistan, Äthiopien, Kampuchea und Nicaragua. Dafür sollte ein »Komplexprogramm für den wissenschaftlich-technischen Fortschritt« für 15 bis 20 Jahre erstellt werden. Unabhängig von diesen Ratsbeschlüssen legte die Sowjetunion mit einzelnen RGW-Mitgliedsstaaten bilateral »Langfristige Programme für die Entwicklung der wirtschaftlichen und wissenschaftlich-technischen Zusammenarbeit bis zum Jahre 2000« vertraglich fest, so mit Polen am 5. 5. 1984, mit der DDR am 6. 10. 1984, mit Kuba am 31. 10. 1984, mit Ungarn am 1. 4. 1985, mit der ČSSR am 31. 5. 1985 und mit Bulgarien am 7. 6. 1985[13]. Auf der Pariser Konferenz vom 14. und 15. Januar 1985 brachten die Umschuldungsverhandlungen von siebzehn Gläubigerbanken Polens, die im Dezember 1981 eingestellt worden waren, endlich der polnischen Wirtschaft die wesentliche Erleichterung, deren sie dringend bedurfte.

Indessen verschlechterte sich Černenkos Gesundheitszustand um die Jahreswende 1984/85 rapide. Das für Januar geplante Gipfeltreffen des Warschauer Paktes, auf dem die anstehende Vertragsverlängerung beschlossen werden sollte, mußte verschoben werden. Zunehmend trat nun Politbüromitglied Gorbačev, den das »Neue Deutschland« als stellvertretenden Generalsekretär tituliert hatte[14], in den Vordergrund. Schon seine Reise nach Großbritannien, die er in Begleitung seiner Frau vom 15. bis 21. Dezember unternommen hatte, war ein voller Erfolg geworden und hatte auf einen neuen Stil der sowjetischen Diplomatie hoffen lassen. Die Gastgeberin Mrs. Thatcher hatte ihn angenehm gefunden: Man könne »mit ihm ins Geschäft kommen«.

Anfang Januar verständigten sich die beiden Außenminister Gromyko und Shultz in Genf über die Aufnahme von Verhandlungen über nukleare Waffen strategischer und mittlerer Reichweite sowie Weltraumwaffen, am 26. Januar gab Lomejko, der Sprecher des Außenministeriums, den 12. März als Termin bekannt. Schon beim erneuten Zusammentreffen in Stockholm am 18. des gleichen Monats anläßlich der Eröffnung der Konferenz für Vertrauens- und Sicherheitsbildende Maßnahmen und Abrüstung in Europa (KVAE) teilten beide Außenminister auch die Wiederaufnahme der MBFR-Verhandlungen in Wien für Mitte März mit. Stimulierend hatte sicherlich die amerikanische Ankündigung vom 17. 1. gewirkt, im Frühjahr einen Vertragsentwurf für ein weltweites Verbot chemischer Waffen einzubringen[15]. Am 21. Februar unterzeichnete die Sowjetunion ein Abkommen mit der Internationalen Atomenergie-Agentur (IAEA) über die Kontrolle eines Teils ihrer zivilen Atomanlagen. Ein Unfall in einem Atomkraftwerk, nach dem der Stellv. Ministerpräsident Novikov seinen Hut nehmen mußte, hatte die Notwendigkeit von Kontrollen offenbart. Besuche der Außenminister der Bundesrepublik Deutschland, Genscher, und Frankreichs, Dumas, in Moskau Anfang März dienten der Vertiefung der bilateralen Beziehungen. Am 10. März starb der sowjetische Generalsekretär Černenko, dreizehn Monate nach seinem Amtsantritt. Einen Tag später wurde Michail Sergeevič Gorbačev zu seinem Nachfolger gewählt.

Waren Andropov und Černenko nur die Generalsekretäre des Übergangs von der 18 Jahre währenden Breženev-Ära zu einer neuen Ära Gorbačev? Wenn auch keine einschneidenden Veränderungen eingetreten waren, so hatte doch vor allem Andropov den Grundstein zum Umdenken vom starren Plandenken der Bürokraten und Betriebsleiter gelegt. Er durchbrach Immobilismus, bekämpfte die Korruption, erhöhte die Arbeitsdisziplin und letzten Endes das Niveau der Produktion. Auch die Motivation der arbeitenden Bevölkerung, der es an hochwertigen Waren auf dem Ladentisch zu lange mangelte und deshalb den »zweiten Markt« erblühen ließ, konnte schon ein wenig aus der Lethargie der späten Brežnev-Zeit herausgelöst und neu belebt werden. Dazu waren die Weichen für tiefgreifende Reformen sogar des gesamten Leitungssystems der Wirtschaft gestellt worden, wenn vorerst gravierende Veränderungen auch noch am Widerstand der alternden Brežnevschen Garde scheiterten. Der Chef der Staatlichen Planbehörde (GOSPLAN) hatte keine Einbuße seines Einflusses zugelassen. Vorsichtiges, geduldiges Herangehen an tiefgreifende Veränderungen ist deshalb kennzeichnend für Andropov wie für Černenko. Immerhin hatte sich das Personalkarussell durch den Tod Ustinovs, jetzt Černenkos, gedreht, neue Mitglieder waren ins Politbüro aufgestiegen, der neue Generalsekretär mußte also beim Personalsektor beginnen, wenn er den von seinen beiden Vorgängern eingeschlagenen Weg weitergehen wollte.

Auf dem Sektor der Außenpolitik hatte die Sowjetunion die polnische Krise entschärft, in Afghanistan dagegen war sie keinen Schritt weitergekommen, in der Dritte-Welt-Politik hatte Černenko auf Konsolidierung des Erreichten gesetzt. Im Verhältnis zu Westeuropa konnte der Gesprächsfaden, vor allem durch die Initiative der kleineren RGW-Staaten, gerade auch der DDR, weitergesponnen werden, der über die KSZE zur KVAE und zurück zu MBFR führte, und die Sprachlosigkeit der Supermächte war einer neuen Verhandlungsbereitschaft gewichen. Der neue Mann im Kreml gab Anlaß zu Hoffnungen auf Beendigung des »Zweiten Kalten Krieges« und den Beginn einer »Neuen Entspannungspolitik«.

XII

DIE SOWJETUNION UNTER GORBAČEV

Überraschend schnell wurde Michail Sergeevič Gorbačev am 11. März 1985, einen Tag nach Černenkos Tod, vom Plenum des Zentralkomitees einmütig zum Generalsekretär gewählt. Die Formulierung »einmütig«, wie im Bericht zu lesen ist, statt »einstimmig« deutet an, daß die während der Kampagne für die Wahlen zu den Obersten Sowjets der Unionsrepubliken sogar im Fernsehen erkennbaren divergierenden Positionen zwischen Gorbačev und Grišin, dieser als Vertreter einer Gruppe um Romanov, auch auf dem ZK-Plenum zum Ausbruch gekommen waren. Der gerade 54 Jahre alt gewordene Jurist aus der Region Stavropol im Nordkaukasus war über die Komsomol- und Parteikarriere 1978 als Nachfolger Kulakovs als ZK-Sekretär für Landwirtschaft nach Moskau geholt worden; ein Jahr später schon wurde er Kandidat, 1980 Vollmitglied des Politbüros. Er trat ab März 1983 schon als Sprecher Andropovs auf, als dessen Gesundheitszustand sich verschlechtert hatte[1].

Als Gorbačev am 13. März anläßlich der Beisetzung seines Vorgängers die ausländischen Staatsmänner US-Vizepräsident Bush, Präsident Mitterrand, Bundeskanzler Kohl, Ministerpräsident Nakasone empfing, mündete die Meinung über ihn einhellig in die Erwartung einer neuen Periode in den Ost-West-Beziehungen. Durch die Anwesenheit des Vizepräsidenten der Volksrepublik China, Li Peng, demonstrierte auch der große kommunistische Nachbar, der sich selbst in einer Umbruchphase befand, sein Interesse an einer Verbesserung der sino-sowjetischen Beziehungen. Bereits am 12. März hatten in Genf die neuen Verhandlungen zwischen den USA und der Sowjetunion über strategische, Mittelstreckenwaffen und Weltraumverteidigung begonnen. In Moskau nutzte Gorbačev die Gelegenheit, mit den Führern der sozialistischen Staaten die anstehende Verlängerung des Warschauer Paktes verbindlich zu vereinbaren. Am 1. April unterzeichneten Jurij Breżnev, der Erste Stellv. Außenhandelsminister und Zhao Wei Chen, der Direktor der chinesischen Wirtschaftskommission, ein Abkommen über Handel und Verkehr, am 6. April gingen die sowjetisch-chinesischen Konsultationen auf der Ebene der Stellvertretenden Außenminister in die 6. Runde. Am 26. April wurde beim Gipfeltreffen der Partei- und Staatschefs der Warschauer Paktstaaten das Protokoll der Vertragsverlängerung für weitere 20 Jahre unterzeichnet, ohne daß am Text irgendwelche Änderungen vorgenommen worden waren. Im Mai tagte nach siebenjähriger Pause die amerikanisch-sowjetische Wirtschaftskommission und beschloß den Abbau einiger Handelsbarrieren. Der Besuch des Indischen Premierministers schloß sich an, ebenso wie der des Italienischen Ministerpräsidenten Craxi, dem Gorbačev die Aufnahme von Wirtschaftsbeziehungen zwischen EG und RGW vorschlug. Es schien fast, als wäre die Sowjetunion nach der Agonie der todkranken Generalsekretäre zu neuer Aktivität erwacht. Plötzlich gingen von ihr wieder starke Impulse in Richtung eines entspannteren Verhältnisses zum Westen aus. Erst allmählich konnte die Weltöffentlichkeit mit dem sich wandelnden Erscheinungsbild der sozialistischen Führungsmacht Schritt halten, auch begannen sich im Laufe des ersten Jahres die Konturen der geplanten oder bereits durchgeführten Veränderungen deutlicher abzuzeichnen, auch Hemmnisse tauchten auf.

Gorbačevs Reformprogramm

Ausgangspunkt des Reformansatzes ist die Erkenntnis, daß das aktuelle System der Planung und Leitung der Volkswirtschaft und der sozialen Prozesse angesichts der Kompliziertheit und Differenziertheit dieser Bereiche seinen Aufgaben nicht mehr gewachsen ist. Diese Erkenntnis wurde durch die Erfahrung gestärkt, daß alle Ansätze zu »Reformen«, die nach dem 2. Weltkrieg in das bestehende System eingeführt wurden, nicht zu dessen Verbesserung oder zur Verbesserung der ökonomischen Ergebnisse im Vergleich zum Wirtschaftswachstum im Westen, beigetragen haben. Im Ergebnis hat gerade das existierende Leitungssystem in seiner bürokratischen Struktur sich als reformfeindlich herausgestellt. Diese Erkenntnis war allerdings nicht neu. Den ökonomischen und sozialen Bereich betreffend, stützte sich Gorbačev wie schon Andropov auf die Ökonomen Aganbegjan und Zaslavskaja der Novosibirsker Abteilung der Akademie der Wissenschaften. Die »Novosibirsker Studie« von 1983 war zwar die spektakulärste Äußerung dieser Forschergruppe gewesen, aber schon 1981 begutachtete Aganbegjan die Breżnevsche Wirtschaftsreform von 1979, die gerade an den genannten Kriterien scheiterte. Zaslavskaja hat ihre

Fundamentalkritik 1985 noch einmal auf den Nenner gebracht: »Es geht darum, daß die wichtigsten quantitativen Merkmale des gegenwärtigen Lenkungsmechanismus der Volkswirtschaft schon in den dreißiger Jahren entstanden sind. Seit jener Zeit hat sich dieser Mechanismus mehrmals erneuert und verbessert, aber die ursprünglich festgelegte Relation der administrativen und ökonomischen Lenkungsmethoden der Tätigkeit und des Verhaltens hat sich im Grunde genommen nicht verändert. Indessen haben sich die Produktivkräfte der sowjetischen Wirtschaft grundlegend gewandelt«[2].

Andropov hatte genau diese Definition sich zu eigen gemacht: »Vor allem muß man sehen, daß unsere Arbeit, deren Ziel die Vervollkommnung und Umgestaltung des Wirtschaftsmechanismus sowie der Formen und Methoden der Leitung ist, hinter den Anforderungen des erreichten Niveaus der materiell-technischen, sozialen und geistigen Entwicklung der sowjetischen Gesellschaft zurückgeblieben ist«[3]. Das Zurückbleiben der Produktionsverhältnisse hinter dem grundlegenden Wandel der Produktivkräfte, das heißt des gesamten Leitungsapparates, der Bürokratie und ihrer Struktur des Einwirkens, hinter den modernen Formen der Produktion und ihrer Anforderung an die menschliche Persönlichkeit muß zwangsläufig zu Widersprüchen führen. Wenn es sich auch nicht um antagonistische Widersprüche handelt, sondern um solche, die innerhalb des Systems prinzipiell lösbar sind, so schrieb dennoch Andropov in seinem Artikel zum 100. Todestag von Marx: »Das Leben lehrt, daß auch Widersprüche, die ihrer Natur nach nicht antagonistisch sind, ernsthafte Kollissionen hervorrufen können, wenn sie nicht beachtet werden«[4]. Aus diesem Grunde rief er dazu auf, ernsthafte Forschungen auf dem Gebiet der politischen Ökonomie des Sozialismus zu betreiben; der Marxismus sei kein Dogma, sondern eine lebendige Anleitung zum Handeln, das bedeute auch, die »kontinuierliche Selbsterneuerung der revolutionären Theorie unter der Einwirkung der revolutionären Praxis«.

Zwar steht nun die Erhöhung des Wirtschaftswachstums auf der Tagesordnung, aber schon Andropov schrieb im genannten Artikel, man könne nur den grundlegenden Gedanken von Marx wiederholen, daß für die »Beschleunigung des Fortschritts der Produktivkräfte entsprechende Formen der Organisation des Wirtschaftslebens« nötig seien. Das bedeute eine Reihe von Versuchen, die Auswertung der »Erfahrung der sozialistischen Bruderländer«, vor allem aber größeren Spielraum für die handelnden Subjekte.

Auf jeden Fall müsse eine solche Umgestaltung realistisch angegangen und sorgfältig vorbereitet werden. Wie Zaslavskaja rückte schon Andropov die Widersprüche innerhalb des Sozialismus ins Zentrum der Analyse. Sie wurden zum Schlüsselbegriff, indem er aufforderte, sie als »Quelle und Stimulans für die fortschreitende Entwicklung richtig zu nutzen«. Das heißt, die Interessen verschiedener sozialer Gruppen sind exakt zu berücksichtigen und als »Triebkraft für das Wachstum der Wirtschaft« zu nutzen. Das bedeutete schon bei Andropov eine Neudefinition des historischen Standorts der Sowjetunion, deren Endziel, der Kommunismus, noch weiter entrückt wurde. Zwar verbleibt danach der heutige Sowjetstaat auf der Stufe des entwickelten Sozialismus, aber die Annahme, nach der der Sozialismus die Befreiung von allen Widersprüchen und Differenzen bringe, wird als politisch naive Vorstellung abgetan. Marx selbst sei ein entschiedener Gegner der Gleichmacherei gewesen.

Auf dieser Feststellung der Widersprüche aufbauend hatte Andropov die ökonomischen Experimente vorangetrieben, die den kleineren ökonomischen Einheiten größere Entscheidungsfreiheit einräumten, dafür den zentralistischen detaillierten Plan zurückgenommen, um nach eingehender Analyse und eventueller Korrektur das Experiment zur neuen Struktur der gesamten Wirtschaft auszubauen. Sogar Černenko förderte die Experimente, die auf die Reform der Leitungsebene abzielten. Gorbačev kann sich also auf die Ansätze der Breževschen Wirtschaftsreform von 1979 und die Auswertung der unter Andropov ausgeweiteten Experimente stützen. Er sieht jedoch die Zeit gekommen, diese Erfahrungen in der »Strategie der Beschleunigung der sozialökonomischen Entwicklung“ umzusetzen. Diese geht aber über die bisherigen Ansätze weit hinaus und stellt ein Gesamtkonzept der Umgestaltung dar, das »nicht nur die Wirtschaft, sondern auch alle anderen Seiten des gesellschaftlichen Lebens, die sozialen Beziehungen, das politische System, den geistig-ideologischen Bereich sowie Arbeitsstil und -methoden der Partei« umfaßt[5]. Das bedeutet im einzelnen:

1. *Radikale Reform der Leitungstätigkeit.* Eine Gesamtkonzeption zur Vervollkommnung des Systems der Leitungs- und Wirtschaftstätigkeit wird erstellt. Die riesige Wirtschaft kann und darf nicht nur vom Zentrum aus geleitet werden. Ein Teil der Verantwortung muß auf die örtlichen Organe übertragen werden. D. h. die Funktionen und der Status der zentralen Wirtschaftsorgane, das Staatliche Plankomitee der UdSSR (GOSPLAN), das Staatliche Komitee für Materialversorgung, das Staatliche Komitee für Wis-

senschaft und Technik und andere sollen von den laufenden Wirtschaftsangelegenheiten entlastet und zu einer Stabsstelle für Planungsperspektiven zur globalen Steuerung der Wirtschaft werden. Entsprechend sollen die Ministerien reduziert und ihre Funktion weniger in der erstickenden Kontrolle der Betriebe als in der Ausarbeitung von Entwicklungsperspektiven der Zweige und einer einheitlichen Forschungs- und Investitionspolitik liegen. »Es werden Wirtschaftsabteilungen und Leitungsorgane geschaffen, die sich auf das Endprodukt orientieren, das die Gesellschaft braucht«. Gleichzeitig soll eine stärkere Regionalisierung durch die Erweiterung der Rechte der Republiken und Autonomen Gebiete erzielt werden.

2. Die *wirtschaftliche Selbständigkeit der Betriebe* und ihre Möglichkeiten bei der Planung und Verbesserung der Produktion sowie der technischen Erneuerung sollen weiter erhöht werden. Die Prinzipien der wirtschaftlichen Rechnungsführung, Eigenwirtschaftlichkeit und Eigenfinanzierung und vertragsgebundenen Arbeitsweise sollen in einem neuen Gesetz über den sozialistischen Betrieb juristisch verankert werden, um die Arbeitskollektive »vor kleinlichen Bevormundungen und Administrieren zu schützen«. Dazu gehört auch die Bildung von Betriebsräten.

3. Auf dem *Agrarsektor* soll das System der Agrar-Industrie-Komplexe weiter gefördert werden. Partielle Marktwirtschaft soll durch freien Verkauf aller von Kolchosen und Sowchosen über dem Plan erwirtschafteten Produkte, und bei einigen Produkten auch die laut Plan produzierten Erzeugnisse, zur Stabilisierung, eventuell sogar Senkung der staatlichen Mittel, vor allem aber zur ausreichenden Versorgung der Bevölkerung führen.

4. Der *Dienstleistungssektor* soll als neuer Volkswirtschaftszweig in seiner Bedeutung wesentlich angehoben und entwickelt werden. Er ist Teil der Sozialpolitik. Dazu gehört auch die medizinische Versorgung.

5. Die *Sozialpolitik* ist gleichrangiger Bestandteil der Wirtschaftspolitik. An die Stelle der Marktgesetze in westlichen Gesellschaften treten in der modernen Sowjetgesellschaft die ökonomischen und sozialen Interessen der vertikalen Leitungsebenen und der Betriebe. Die Entwicklung der Produktionsverhältnisse, d. h. des Gesamtsystems, vollzieht sich damit in einem »komplizierten Prozeß der Wechselwirkung sozialer und ökonomischer Gruppen, die einen unterschiedlichen Stand in der gesellschaftlichen Produktion haben und widersprüchliche Interessen verfolgen«[6]. Die Existenz sozialer Widersprüche wird damit, wie schon Andropov forderte,

konstitutiver Bestandteil der Sowjetgesellschaft. Ihre »Triebkraftfunktion« wird durch stärkere Differenzierung der Löhne und Prämien, vor allem für Wissenschaftler, Ingenieure, aber auch Pädagogen, erhöht. Die Sozialpolitik soll damit zunehmend das Wirtschaftswachstum stimulieren[7].

6. Die Rolle und die Verantwortung der *Sowjets* sollen erhöht werden. Dieses Potential muß ausgeschöpft werden, da über sie die Sozialpolitik realisiert wird. Die Parteiorganisationen und die Wirtschaftsfunktionäre müssen diese Funktion in Zukunft gebührend beachten.

7. Dazu gehört die »Entwicklung der *Demokratie*«. Die Beteiligung des Volkes an der Lösung der Fragen der Produktion, in den Städten, Gebieten und Regionen und auf der gesamtgesellschaftlichen Ebene soll gewährleistet werden. Das Streben der Menschen nach Teilnahme an der Leitung der Gesellschaft und des Staates ist natürlich.

8. Bedingung dafür ist die *Öffentlichkeit*. Nur dadurch kann das Volk in alle Belange der staatlichen Leitung einbezogen werden. »Das ist es, wovon Lenin geträumt hat«[8]. Gesellschaftliche Aktivität kann über die öffentliche Meinung voll wirksam werden. Mängel und Versäumnisse sollen kritisiert und ein realistisches Bild der Wirklichkeit gezeigt werden. »Offenheit ist keine einmalige Maßnahme, sondern eine Norm des gegenwärtigen sowjetischen Lebens, ein ständiger, ununterbrochener Prozeß, in dessen Verlauf die einen Aufgaben gelöst werden und neue auf die Tagesordnung treten, die in der Regel noch komplizierter sind«[9]. Kritik und Selbstkritik sind deshalb für das normale Funktionieren von Partei und Gesellschaft notwendig. Alle diese Kritierien bedingen und führen zu mehr *Transparenz* (glasnost'). Wort und Tat sollen eine Einheit bilden.

9. Der *Zeitfaktor*. Die Umgestaltung duldet keinen Aufschub, sie muß sofort in Angriff genommen werden. »Wir dürfen nicht zögern, wir dürfen nicht abwarten, denn wir haben keine Zeit mehr, Schwung zu holen. Diese Zeit ist in der Vergangenheit aufgebraucht worden. Wir müssen uns nur vorwärts bewegen und dabei noch an Tempo gewinnen«[10]. Die Veränderungen unterliegen einer Eigendynamik.

10. Der *Charakter der Umgestaltungen*. Die Lehre von mindestens zwei Jahrzehnten sei, daß man sich am Geleisteten nicht berauschen dürfe, und »wir alle können nun schon nicht mehr auf die alte Art leben, das ist offensichtlich«. Damit setzt sich Gorbačev von der Breznev-Ära ab. Während Andropov das Wort »Reform«

weitgehend vermied, Gorbačev anfangs auch nur von »Umgestaltung« sprach, war es der KGB-Chef Čebrikov, der am 6. November 1985, am Vorabend der Oktoberrevolutionsfeier, im Festvortrag von »Reformen« sprach, von »Erweiterung persönlicher Rechte und Freiheiten«, »Raum für direkte und prinzipielle Kritik an Mängeln« und »Transparenz«[11]. Ende Juli 1986 schließlich verwies Gorbačev auf den Umfang des Wandels: »Ich würde zwischen den Wörtern ›Umgestaltung‹ und ›Revolution‹ ein Gleichheitszeichen setzen« – »Unsere Umgestaltungen und Reformen«, fuhr er fort, ... »stellen eine wahre Revolution im ganzen System der gesellschaftlichen Beziehungen, in den Hirnen und Herzen der Menschen, in der Psychologie und im Verständnis der heutigen Zeit dar, vor allem der aus dem stürmischen wissenschaftlich-technischen Fortschritt erwachsenden Aufgaben«[12].

Die Rechtfertigung der Erneuerung, des Wandels, beinhaltet die Kritik am Vorgefundenen. Sie wird beim Auftreten von Widersprüchen deutlicher artikuliert. Die erste Kritik an Brežnevs Amtszeit, vor allem seinen späten Jahren, druckte die »Pravda« am 19. Dezember 1986. Sie geht dahin, das im sozialistischen Wirtschafts- und Gesellschaftssystem der Sowjetunion vorhandene Potential nicht effektiv genug genutzt, »veraltete Dogmen« vertreten zu haben. In der Forderung nach mehr Selbständigkeit für die Betriebe, der Verlagerung der Verantwortung nach unten, geht er auch auf Reformen Chruščevs zurück. Ende 1986 setzte Gorbačev auch dessen massive Kampagne gegen den Stalinismus fort, in der Stalin als Henker, Despot, launenhafter Monarch geschildert wurde. Mitte Januar 1987 veröffentlichte eine Zeitschrift Lenins »politisches Testament« sowie seinen »Brief an den Parteitag«, in dem er vorgeschlagen hatte, Stalin aus dem Amt des Generalsekretärs zu entfernen[13].

Diese Kritik und die Forderung nach Demokratisierung, Transparenz, Gesetzlichkeit, mehr Rechten für die Sowjets führt aber weit über Chruščevs Kritik an Stalin hinaus, führt in die Anfangszeit der Sowjetunion, hin zu Lenin. »Alles muß sich nach den Leninschen Prinzipien entwickeln«, ist Gorbačevs Aussage[14]. Damit aber stellt die Umgestaltung Gorbačevs in der Tat eine Revolution dar, eine Umgestaltung der Gesellschaft von Petrinischen Ausmaßen. Sie will die Alternative zum Stalinschen System der zentral verwalteten Gesellschaft aufzeigen. Gorbačev: »Wir brauchen die Öffentlichkeit, um die Erfüllung der Parteitagsaufgaben zu gewährleisten und das Volk wirklich in alle Belange der staatlichen Leitung einzubeziehen. Das ist es, wovon Lenin geträumt hat«[15]. Im Unterschied zur Zeit Lenins, der noch sagen konnte, ein Analphabet stehe außerhalb der Politik, sei die Sowjetunion heute, so Gorbačev, das gebildetste Land auf der Welt. Auf dieser neuen Basis »ist das Streben der Menschen nach Teilnahme an der Leitung der Gesellschaft und des Staates natürlich. Das müssen alle verstehen und ihre Denkweise, ihre Einstellung ändern«, forderte er. Das bedeutet im Marxschen Sinne, die sozialistische Revolution findet erst jetzt, auf der Basis der dafür entwickelten materiellen und geistigen Bedingungen, statt, 70 Jahre nach der Oktoberrevolution.

Personelle Veränderungen

Die vergangenen Jahre hatten deutlich gemacht, daß dieses Programm nur mit neuen Persönlichkeiten in den entscheidenden Führungspositionen durchzusetzen war. Die unter Andropov begonnenen personellen Veränderungen mußten erst durchgeführt sein, um die programmatischen Umgestaltungen ins Werk zu setzen. Mit dem Fortgang des Prozesses personeller Veränderungen weiteten sich auch die Bereiche aus, die von der Umgestaltung ergriffen wurden. Dabei bestanden die Kriterien des Personalwechsels im Abbau der Überalterung der Funktionsträger, aber auch in der Entlassung bei Nachweis der Korruption bzw. der offenen oder versteckten Opposition gegen Gorbačevs Programm.

Überraschend war die Geschwindigkeit der personellen Veränderungen. Auf der Zentralkomitee-Sitzung vom 23. April 1985 wurden Jegor Ligačev zum Zweiten ZK-Sekretär, zuständig für Parteiorganisation und Ideologie, Nikolaj Ryškov zum ZK-Sekretär und beide, zusammen mit KGB-Chef Čebrikov, zu Vollmitgliedern des Politbüros ernannt. Verteidigungsminister Sergej Sokolov erhielt nur den Rang des Kandidaten des Politbüros. Viktor Nikonov übernahm die Leitung des ZK-Sekretariats für Landwirtschaft, die Gorbačev früher innehatte. Anfang Juli erfolgte der nächste Schritt: Grigorij Romanov, ZK-Sekretär für Schwer- und Rüstungsindustrie, schied ohne Anerkennung seiner Verdienste aus dem Politbüro aus, sein ZK-Sekretariat wurde Lev Sajkov übertragen. Boris El'cin erhielt das ZK-Sekretariat für das Bauwesen. Die außenpolitisch einschneidendste Veränderung bedeutete die Ablösung des dienstältesten Außenministers der Welt, Andrej Gromyko, der Vorsitzender des Präsidiums des Obersten Sowjet wurde. Sein Nachfolger und Mitglied des Politbüros wurde der

Parteichef der Sowjetrepublik Georgien Eduard Ambrosievič Ševardnadze. Ende September löste Ryškov den 80jährigen Tichonov als Ministerpräsidenten ab, der auch aus dem Politbüro ausschied. Nach zwanzigjähriger Amtszeit wurde auch Nikolaj Bajbakov, der Vorsitzende der Staatlichen Planungskommission (GOSPLAN), der sich als das größte Hindernis bei der Reform der Leitungsebenen erwiesen hatte, durch den erfahrenen Nikolaj Talysin abgelöst, dessen Position als Erster Stellvertretender Ministerpräsident und Politbürokandidat aufgewertet wurde. Am 24. Dezember schied schließlich Viktor Grišin, der Moskauer Parteichef, nach schweren öffentlichen Vorwürfen aus dem Amt und dem Politbüro. Boris El'cin wurde sein Nachfolger. Der alte Moskauer Oberbürgermeister Promyslov war schon früher aus den gleichen Gründen (gefälschte Berichte über Planerfüllung) seines Amtes enthoben worden. Unter den neuen ZK-Sekretären sind besonders Alexander Jakovlev, Leiter der Propaganda-Abteilung, und Dobrynin, der langjährige Botschafter in Washington, zu nennen.

Parallel zu den Umbesetzungen in der Zentrale ging eine Welle von Neubesetzungen durch das Land. Sie erfaßte Erste Parteisekretäre (Georgien), Vorsitzende des Ministerrates (Turkmenistan), schließlich der Gebiets- und Kreissowjets. Dabei geriet auch bereits der Erste Sekretär des ZK Kazachstans, Kunaev, in die Schußlinie: Am 16. Dezember 1986 wurde er schließlich abgesetzt, nachdem die Korruptionsvorwürfe sich erhärtet hatten, am 28. Januar 1987 schied er aus dem Politbüro aus. Insgesamt hatte die schon unter Andropov einsetzende Welle der personellen Erneuerung von Politbüro, ZK-Sekretariat, ZK-Abteilungen, Ministerrat der UdSSR und der darunter liegenden Ebenen schon Ende 1985 einen Umfang von 46 bis 67 Prozent der Kader erfaßt. Der XXVII. Parteitag brachte die Wahl von 150 neuen Mitgliedern ins Zentralkomitee. Neubesetzungen wichtiger anderer Bereiche folgten. Alexander Aksenov wurde neuer Vorsitzender des Staatskomitees für Fernsehen und Rundfunk, Vsevolod Murachovskij leitet das neugeschaffene Staatskomitee für die Agro-Industrie (Gosagroprom), Aganbegjan wurde in Moskau Vorsitzender der »Kommission für das Studium der Produktivkräfte beim Präsidium der Akademie der Wissenschaften der UdSSR«, Šatrov wurde Vorstandssekretär des neu gegründeten Verbandes der Bühnenschaffenden der UdSSR.

Auch in der Armee gab es wichtige Umbesetzungen. Admiral Gorškov wurde von Admiral Černavin abgelöst, Armeegeneral

Lušev übernahm im Juli 1985 das Kommando über die Gruppe der Sowjetischen Truppen in Deutschland. Im Frühjahr 1986 verloren dreißig Botschafter ihre Posten wegen Zollvergehen, darunter auch Abrasimov, der aus Ost-Berlin nach Tokio versetzt worden war[16]. Das umfangreichste Revirement seit Chruščevs Ablösung als Parteichef hatte eine hocheffektiv arbeitende, von Kurruption unbelastete neue Mannschaft an die Schalthebel der Macht gebracht und damit nicht nur den lange fälligen Generationswechsel durchgeführt, sondern auch Politiker zum Teil zurück in das Machtzentrum gebracht, die in der Breżnev-Zeit wegen ihrer alternativen Vorstellungen in die Provinz (Ligačev) oder ins Ausland (Jakovlev) abgeschoben worden waren. Mit ihnen war also auch die zur Breżnev-Richtung alternative Denkweise an die Macht gekommen[17].

Der XXVII. Parteitag der KPdSU

Die Berichte und Resolutionen der Parteitage dienten vor dem Forum der 5000 Delegierten und 1000 ausländischen Gäste und Beobachter der Weichenstellung für eine neue Politik nach innen und nach außen. Auf sie beriefen sich die Redner auf den verschiedenen Parteiebenen in den fünf Jahren bis zum nächsten Parteitag. Besonders in Zeiten des Umbruchs gewinnen die Parteitage deshalb an Bedeutung, entwickelt sich eine Erwartungshaltung. Chruščevs XX. Parteitag vom 14. bis 25. Februar 1956 hat durch die Zerstörung des Stalin-Mythos diese Erwartung erfüllt. Andropov und Černenko blieb der Glanz der Selbstdarstellung auf diesem Forum versagt. So lastete die Erwartungshaltung dieser Umbruchjahre um so mehr auf Gorbačev mit der Gefahr, ihn damit zu überfordern.

Aber schon das Datum bedeutete ein Programm: Mit dem 25. Februar begann Gorbačev dort, wo Chruščev aufgehört hatte! Bis zum 6. März 1986 hatten die Delegierten die Aufgabe, die Berichte des Generalsekretärs und des Ministerpräsidenten zu diskutieren, das neue Parteistatut und das neue Parteiprogramm zu verabschieden sowie die Zusammensetzung des neuen Zentralkomitees und Politbüros, wofür es eine Vorschlagsliste gab, zu wählen. Bei den Vorarbeiten zum neuen Parteiprogramm, das 1981 noch von Breżnev in Auftrag gegeben worden war und das Chruščevs Programm von 1961 ablösen sollte, kam es bei der öffentlichen Diskussion zur sogar in der »Pravda« publizierten

Kritik von Mißständen und Privilegien. Allerdings war die Zeit zu kurz gewesen, um die neue Richtung schon in das Programm bestimmend einarbeiten zu können. So wurde in das Statut die Kritikmöglichkeit von Personen und Organen aufgenommen, die Immunität vor dem Zugriff des Staatsanwaltes faktisch aufgehoben, indem der Nachweis strafbarer Handlungen den Ausschluß aus der Partei nach sich zieht. Auch die Prinzipien der Kollektivität und der systematischen Erneuerung der Zusammensetzung der Grundorganisationen bis hinauf zum Zentralkomitee wurden festgeschrieben.

Das Parteiprogramm weist allerdings interessante Akzentverschiebungen auf. Die Brežnev-Zeit wird kritisert, indem darauf verwiesen wird, daß in den 70er und zu Beginn der 80er Jahre in der Entwicklung des Landes neben unbestrittenen Erfolgen bestimmte ungünstige Tendenzen und Schwierigkeiten auftraten. Sie hingen damit zusammen, daß »Veränderungen in der ökonomischen Situation wie auch die Notwendigkeit tiefgreifender Umwandlungen in allen Lebensbereichen nicht rechtzeitig und in gebührender Weise eingeschätzt und nicht mit erforderlicher Konsequenz durchgesetzt wurden«. Immerhin wurde die Formulierung aus dem Kommunistischen Manifest, die schon in die Verfassung von 1977 Eingang gefunden hatte (Art. 20), nämlich »der Kommunismus ist eine Gesellschaftsordnung, in der die freie Entwicklung eines jeden Bedingung für die freie Entwicklung aller ist«, auch ins Programm aufgenommen. Aus der Erfahrung von Chruščevs Fehlprognose klug geworden, der für die 80er Jahre das Einholen und Überholen der USA prophezeit hatte, nimmt das neue Parteiprogramm Abschied von einer konkreten Festlegung. Diese Bestimmung des historischen Standortes der sowjetischen Gesellschaft besitzt große Bedeutung für die Politik gegenüber den anderen sozialistischen Staaten wie gegenüber der übrigen Welt. Die Formulierung lautet jetzt: »Das Hinüberwachsen des Sozialismus in den Kommunismus wird von den objektiven Entwicklungsgesetzen der Gesellschaft bestimmt, die nicht außer acht gelassen werden dürfen. Jegliche Versuche voranzueilen und kommunistische Prinzipien einzuführen, ohne den materiellen und geistigen Reifegrad der Gesellschaft zu berücksichtigen, sind, wie die Erfahrungen zeigen, zum Scheitern verurteilt und können Verluste sowohl ökonomischen als auch politischen Charakters zur Folge haben«. Damit erhält die Parteiführung Handlungsfreiheit für unorthodoxe Experimente und eine langfristige, stabile Politik gegenüber dem Westen. Als diese Politik wird die »Beschleunigung der sozialökonomischen Entwicklung« bezeichnet, die sich als Strategie zur qualitativen Umgestaltung aller Lebensbereiche äußert und eine »radikale Erneuerung der materiell-technischen Basis, Vervollkommnung der gesellschaftlichen Beziehungen und ökonomischen Verhältnisse, Wandlungen der Lebensbedingungen und der Aktivierung des gesamten Systems der politischen, gesellschaftlichen und ideologischen Einrichtungen« zum Ziel hat[18].

Als Konsequenz aus der neuen Standortbestimmung der sowjetischen Gesellschaft wird in der Begriffsbestimmung der »Friedlichen Koexistenz« der antagonistische Charakter des Verhältnisses zwischen Kapitalismus und Sozialismus gemildert. Anstelle von Export der Revolution oder Konterrevolution sollen die zwischenstaatlichen Beziehungen »in die Bahnen des friedlichen Wettstreits und der gleichberechtigten Zusammenarbeit« gelenkt werden. Der Sozialismus beweise seine Vorzüge nicht durch Waffengewalt, sondern durch die Kraft des Beispiels in allen Bereichen des gesellschaftlichen Lebens, die KPdSU trete deshalb dafür ein, internationale Mechanismen und Institutionen zu schaffen und zu nutzen, die es gestatten werden, ein optimales Verhältnis zwischen den nationalen, staatlichen Interessen und den Interessen der ganzen Menschheit zu finden. Die Rolle der Vereinten Nationen solle erhöht werden. Die Sowjetunion wird mit anderen Ländern bei der Lösung der globalen Probleme kooperieren[19]. Im Politischen Bericht des Zentralkomitees, vorgetragen von Gorbačev, wurde auch auf die Verfassung der Partei Bezug genommen. Sie müßte sich vom »Unfehlbarkeitskomplex« befreien. Und: »Es gibt keine Avantgarderolle der Kommunisten schlechthin. Sie manifestiert sich in praktischen Taten«. Gorbačev forderte die Einheit von Wort und Tat und ging dann mit den unter Brežnev zugelassenen Mißständen hart ins Gericht[20].

Gorbačevs Bericht stellte das Programm der Beschleunigung der sozialökonomischen Entwicklung der Sowjetunion dar. Erstmals sprach der Generalsekretär selbst von einer »radikalen Reform«[21].

Im Gegensatz zu früheren Parteitagen überwog in seinem Bericht die Innenpolitik, deren Schwerpunkt wiederum in der Darstellung des strategischen Kurses, der Demokratisierung der Gesellschaft lag. Ministerpräsident Ryškov erstattete den Bericht über den 12. Fünfjahresplan (1986–1990), der seinem Vorgänger von Gorbačev zur Überarbeitung zurückgegeben worden war, und den Perspektivplan bis zum Jahr 2000. Der Wohlstand soll auf eine qualitativ neue Stufe gehoben werden, jede Familie soll bis zum Jahr 2000 mit einer eigenen Wohnung bzw. einem Eigenheim versorgt werden. Energieeinsparungen werden gefordert, der Zuwachs der Produktion soll durch Intensivierung, Steigerung der Arbeitsproduktivität, Senkung der Materialkosten erreicht werden. Die Zunahme der Automatisierung der Produktion, die – problematische – Anwendungsorientierung der Grundlagenforschung, die soziale Differenzierung, letztlich die grundlegende Umwandlung des gesamten Wirtschaftsmechanismus sollen die Beschleunigung der sozialen und ökonomischen Entwicklung bewerkstelligen. Die Schwerpunktverlagerung zur Konsumgüterindustrie verbarg sich in der Mitteilung, die überdurchschnittliche Entwicklung der Abteilung II der Industrie gegenüber der Abteilung I zu verstärken. Der Dienstleistungssektor soll deshalb als neuer Volkswirtschaftszweig aufgebaut werden. Bis 1990 soll der Umfang der bezahlten Dienstleistungen um 30–40% erhöht werden. Auch Ryškov ging auf die Änderung des Lohnsystems ein. Um den »in letzter Zeit verstärkt in Erscheinung getretenen Elementen der Gleichmacherei und großen Mängel im Bereich der Arbeitsnormen und Lohngestaltung« zu begegnen, soll der Verdienst der Beschäftigten, um die stimulierende Funktion des Lohnsystems zu erhöhen und die Arbeitsproduktivität zu steigern, »in Übereinstimmung mit den Ergebnissen seiner Arbeit gebracht werden«. Zur besseren Versorgung der Bevölkerung ist, neben anderen Maßnahmen, »die Entwicklung der Nebenwirtschaften von Betrieben und Organisationen allseitig zu fördern«.

Auf dem Gebiet der Außenpolitik bestätigte Gorbačev die im neuen Parteiprogramm eingeschlagene Richtung und rechtfertigte die in seinem ersten Amtsjahr praktizierten Akzentsetzungen: Relativierung des bipolaren Ansatzes, Hinwendung zur Multipolarität, Zurückhaltung in der globalen außenpolitischen Strategie, europäische und asiatisch-pazifische Richtung der sowjetischen Politik[22].

Das neugewählte Zentralkomitee bestand jetzt nur noch aus 307 gegenüber 319 Mitgliedern vor dem Parteitag. Dafür stieg die Zahl der Kandidaten von 151 auf 170 an. Romanov, Grišin und Rusakov gehörten ihm nicht mehr an. Wider Erwarten wurden Aganbegjan und Zaslavskaja nicht ins ZK aufgenommen. ZK-Sekretär Sajkov, zuständig für die gesamte Wirtschaft, wurde direkt ins Politbüro gewählt, El'cin, der neue Moskauer Parteichef, erhielt den Status eines Kandidaten des Politbüros. Damit bestand das Politbüro nach dem XXVII. Parteitag aus folgenden zwölf Mitgliedern: M. S. Gorbačev, G. A. Aliev, V. I. Vorotnikov, A. A. Gromyko, L. N. Sajkov, D. A. Kunaev (am 28. 1. 87 ausgeschieden), D. A.

Ligačev, N. I. Ryškov, M. S. Solomencev, V. M. Čebrikov, E. A. Ševardnadze und V. V. Ščerbickij. Als neue ZK-Sekretäre wurden Grigorij Rasumovskij (Parteiorganisation), Anatolij Dobrynin, Alexander Jakovlev (Propaganda und Agitation), Vadim Medvedev (Wissenschaft und Hochschulwesen) und mit Alexandra Birjukova erstmals wieder eine Frau neu in dieses Amt gewählt. Mit Dobrynin und Jakovlev, die vorher lange Jahre ihr Land als Botschafter in Washington und Ottawa vertreten haben, gehören damit zwei Amerikaspezialisten diesem Gremium an, ein deutliches Signal für die Bedeutung, die die neue Führung dem Verhältnis zu den USA beimißt.

Ansätze der Umgestaltung

Bei der Kommentierung der Parteitagsergebnisse durch westliche Beobachter überwog die Enttäuschung über das Ausbleiben weitergehender, »revolutionärer« Maßnahmen. In der Tat schrieben die Referate vor allem das im April und Juni 1985 ausgearbeitete Programm der Beschleunigung der sozialökonomischen Entwicklung fort. Dennoch darf nicht übersehen werden, daß die bisherigen Kampagnen gegen Alkoholismus und Korruption, zur Steigerung der Arbeitseffektivität, die Hoffnung auf positive Veränderungen nach Jahren der Stagnation oder Regression bereits zu einem deutlichen Anstieg des Wirtschaftswachstums geführt hatten. Darüber hinaus liefen die Reformen in ausgewählten Wirtschaftsbereichen weiter, seit 1986 sogar in erweitertem Umfang, der 1987 auf die gesamte Wirtschaft ausgedehnt werden sollte. Im Ergebnis stieg im ersten Halbjahr 1986 die Industrieproduktion um 5,6% gegenüber dem entsprechenden Zeitraum des Vorjahres, die Arbeitsproduktivität nahm um 5,2% zu, die Ausgaben für Spirituosen sanken um 37%.

Greifbarere Ergebnisse werden sich erst einstellen, wenn die bisher schon angelaufenen Strukturveränderungen sich eingespielt haben. Immerhin haben 70 große Industrieunternehmen freiere Hand bei der Gestaltung ihrer Beziehungen zu ausländischen Firmen innerhalb des RGW, auch dafür, sich Partner für Forschung und Entwicklung zu suchen. Sogar mit westlichen Firmen können jetzt gemeinsame Betriebe (joint ventures), wie sie bereits ungarische und rumänische Firmen praktizieren, gegründet werden. Auf der Verwaltungsebene sollen vor allem die neu gebildeten Staatlichen Komitees für Agrarindustrie und Rechentechnik und

Informatik sowie das Büro für Maschinenbau überministerielle Stabsfunktion wahrnehmen, um auf diesen Gebieten die Schwerpunkte gezielt zu setzen. Wie angekündigt, wurde durch Zusammenlegen von fünf Ministerien auf nationaler Ebene ein Superministerium für Landwirtschaft geschaffen, wurden, wie im Bauwesen, Fachministerien in für bestimmte Regionen zuständige Ministerien umgewandelt, wurde nach der Katastrophe von Černobyl ein neues Ministerium für Atomenergetik gegründet. Auch hat es den Anschein, daß nach japanischem Muster unterhalb der Zentralverwaltung interressortielle Kollektive für Innovation geschaffen wurden, die durch Überbrückung von Ressortzwängen und Verkürzung des Dienstweges zur Beschleunigung der Entscheidungen bei bestimmten Projekten beitragen sollen. Der Schließung von zwei wissenschaftlichen Instituten wegen angeblicher mangelnder Effektivität steht die Errichtung von Ingenieurzentren, wissenschaftlich-technischen Zentren, so in Moskau, gegenüber. Einen Durchbruch erzielte die Meinungsforschung, deren in der Georgischen Sowjetrepublik unter Ševardnadze gemachte Erfahrungen nun dieser Disziplin im Rahmen der gesamten Union zugute kommen[23].

Viele Maßnahmen befinden sich noch in der Planung. So informierte Gorbačev Ende Juli 1986 in Chabarovsk darüber, daß im Staatlichen Planungskomitee und bei der Regierung »Maßnahmen zur komplexen Entwicklung der Produktivkräfte des Wirtschaftsgebietes Ferner Osten« vorbereitet würden. Und Ministerpräsident Ryškov erklärte im Interview einer Zeitschrift der Bundesrepublik im September 1986, die »Ausmaße der Veränderungen, die wir anvisieren«, seien »wahrhaft revolutionär«[24].

Die Chancen dafür werden überwiegend positiv bewertet, vor allem aufgrund der stabilen Position des Generalsekretärs und der Homogenität der Reformkräfte an der Spitze von Partei und Regierung. Neben der Ökonomie ist vor allem auf kulturellem Gebiet eine Klimaverbesserung festzustellen. Das gilt für die programmatischen Aussagen Gorbačevs und Ryškovs wie für die getroffenen Entscheidungen zur Befreiung von der Bevormundung durch die Staatliche Zensur. Ryškov sieht gerade in der Entwicklung der Kultur die Vertiefung des Demokratisierungsprozesses. Das bedeutet, Autoren und Regisseure schaffen nun die publizistische Basis, stabilisieren sie und bauen sie aus. Die Mitteilung Ryškovs über den Bau von 6000 Klub- und Kulturhäusern auf dem Lande im laufenden Planjahrfünft, doppelt so viele wie zur Zeit Brežnevs, dazu 40 größere Konzertsäle, zeigt dabei nur die Schwerpunktverlagerung im Haushaltsplan an; entscheidend ist die Öffnung der individuellen Initiative. Es begann im Juni 1985 mit einem siebzigminütigen Film über Andropov im sowjetischen Fernsehen, in dem dieser als Vorläufer und Lehrmeister Gorbačevs dargestellt wurde. Durch die Herausstellung der gemeinsamen Ziele – Effizienz, Disziplin, Hebung der Produtivität – wurde Kritik an Brežnev und Černenko geübt[25]. Auf der ZK-Konferenz mit den Chefredakteuren der Massenmedien stellte Gorbačev am 18. Juni das neue Medienkonzept vor, indem er aufforderte, die bestehenden Mängel zu kritisieren und regionale Probleme vermehrt aufzugreifen.

Dann erhielten die Künstlerverbände mehr Selbständigkeit, neue wurden gegründet (Verband der Bühnenschaffenden). Die Filmstudios wurden von der Bevormundung bei der Auswahl der Drehbücher wie bei der Freigabe für den Verleih befreit. So konnten Aleksej Germans Filme »Straßenkontrollen« von 1971 und »Mein Freund Ivan Lapušin«, die beide verboten waren, 1985 endlich im Fernsehen gezeigt werden. Ein Komitee soll alle seit Jahrzehnten verbotenen Filme sichten. Auch Andrej Tarkovskijs Filme wurden inzwischen in Moskauer Lichtspielhäusern gezeigt[26]. Nach seinem Tod in Paris erschien in Moskau ein Nachruf, der seinen Film »Ivans Kindheit« besonders erwähnte und die »Periode der Stagnation« beklagte. Der 8. Schriftstellerkongreß vom 24. bis 28. Juni 1986 erlebte heftige Diskussionen und die Wahl eines neuen Vorstandes. Schon davor hatten der Leningrader Theaterintendant Tovstonogov und der Autor Granin in der Literaturzeitung, damit in aller Öffentlichkeit, die Bestrafung derjenigen, die die Aufführungen verhindert hatten, gefordert. Das Schicksal der Bilder des Malers Pavel Filonov wurde bekannt, die nach seinem Tod während des Krieges ins Museum kamen, aber erst 1979, dann nur in Paris, erstmals ausgestellt wurden. Das gilt auch für Malevič, Larionov und andere ältere Maler der 20er Jahre.

Schon reichen die ab 1987 zugelassenen Freiräume für Experimente nicht mehr aus. »Die Bedingungen für diese Experimente werden in den Arbeitszimmern der Funktionäre ausgedacht. Wir aber brauchen solche Impulse, die uns Hoffnung, Vertrauen und Recht auf Risiko geben«, formulierte der Regisseur Mark Sacharov im Juni 1986. Vor diesem Hintergrund klang es tatsächlich wie ein Umbruch, als Michail Nenašev, der Leiter des Staatskomitees für Verlage, Druckgewerbe und Buchhandel im Dezember des gleichen Jahres die Nachricht bestätigte, die Lyrikerinnen Marina Cvetaeva und Anna Achmatova würden wieder gedruckt werden ebenso wie vier Bände Pasternaks, darunter sogar »Doktor Šivago«. Pasternaks Wohnhaus in Peredel'kino wird als Museum eingerichtet. Schon kurz nach seiner Amtsübernahme hatte Gorbačev demonstrativ den Leiter des berühmten Moskauer Künstlertheaters MCHAT, Oleg Jefremov, unterstützt und Gelder für die Restaurierung des Gebäudes bereitstellen lassen[27]. Ein Jahr später verlor Kultusminister Demičev seinen Posten.

In einer feinsinnigen Analyse über »Die Qualität der Zeit in der schönen Literatur« stößt Vsevolod Surganov, Professor für Sowjetische Literatur am Maksim-Gor'kij-Institut für Weltliteratur, auf die 40jährigen, die Generation der Prosaschriftsteller, die fast gleichzeitig in der zweiten Hälfte der 70er Jahre in der Literatur aufgetreten sind. Um auf die Probleme der Brežnev-Zeit aufmerksam zu machen, verfielen sie auf ein klassisches literarisches Motiv: Sie ließen ihre Helden ins Ausland reisen und setzten sie dort den dynamischen Veränderungen von Krieg und Frieden, den globalen Problemen aus mit dem Ergebnis, daß dagegen die Stagnation und Immobilität der Brežnev-Zeit das Bild eines unbewegten, »ebenen Verlaufes der Zeit« hervorrief und die sowjetische Gegenwart, im Kontrast zur Außenwelt, als »äußerliche Verlangsamung der Zeitbewegung« begriffen und verstanden wurde, aus der heraus sich die Konfliktsituationen und Widersprüche entfalteten[28]. Durch diese Interpretation erscheinen nun die früher weniger beachteten Autoren R. Kireev, Sergej Jesin, Vladimir Orlov und Anatolij Kim in neuer Qualität. Das Gespür für die neu anbrechende Zeit stellt sie in die Reihe der Autoren um die Wende der 20er und 30er Jahre, als Majakovskij schrieb: »Vorwärts, du Zeit! Vorwärts, Zeit!« Und Surganov fragt: »Ist es nicht ein solcher Moment, in dem wir heute leben?« Angesichts der »zeitlosen«, weil scheinbar unbeweglichen Brežnev-Ära, die als nun zum Abschluß kommende historische Etappe begriffen wird, wird die Traditionslinie der aktuellen Veränderungen zurück zu den 20er Jahren gezogen, zu dieser »schöpferisch außerordentlich ergiebigen, durch die soeben vollzogene Oktoberrevolution inspirierte Atmosphäre«. Es hat den Anschein, als habe die sowjetische Gesellschaft lange, lange auf diese neue Aufbruchstimmung gewartet, um sich nun endlich voll entfalten zu können. Schon wird gefordert, die Geschichte der KPdSU müsse neu geschrieben werden, man könne nicht ganze Perioden im Leben eines Landes einfach ausschalten[29].

Daß der Atomphysiker Sacharov nach siebenjähriger Verbannung im Dezember 1986 wieder an seinen Arbeitsplatz in der Moskauer Akademie der Wissenschaften zurückkehren konnte, überrascht vor diesem Hintergrund schon ebenso wenig wie die Nachricht, das russischsprachige Programm der BBC-Sendungen aus London werde seit Januar 1987 nicht mehr gestört. Auf der ZK-Sitzung vom 27. Januar schlug Gorbačev geheime Wahlen und Auswahl zwischen verschiedenen Kandidaten bei den Wahlen innerhalb der Partei vor. Mitte Februar wurden 200 Dissidenten aus der Haft entlassen. Die Geschwindigkeit der Veränderungen, geradezu verwirrend, verstärkt die eingeschlagene Richtung und läßt die oft anklingende Sorge um eine Rückkehr zum Alten, zur Umkehr des laufenden Prozesses, allmählich verblassen. Deshalb beteuerte Gorbačev, die Menschen hätten sich schon zu sehr an die Umgestaltungen gewöhnt, daß niemand sich den Schnitt zurück vorstellen könne. Diese Äußerungen sind notwendig, da Versuche, die Stellung der Gorbačev-Mannschaft zu schwächen, also Widerstand gegen die Wende, wie er sich bisher in Kazachstan bei der Ablösung Kunaevs bemerkbar machte, oder auch passiver Widerstand aus der Bürokratie, zu erwarten ist. Ein für die Wirksamkeit des Gesamtprogramms wesentlicher Faktor liegt darin, ob die nationalen Republiken, die nationalen Komponenten insgesamt im neuen Kurs eine Erweiterung ihrer politischen Wirkungsmöglichkeiten sehen. Hier muß sich noch herausstellen, wie konsequent Gorbačev die »Entwicklung und Vervollkommnung der sozialistischen Demokratie« und die »Vertiefung und Entwicklung der sozialistischen Selbstverwaltung« in die Tat umsetzen kann.

Von der Bipolarität zum multipolaren Weltverständnis

Die ehrgeizigen Pläne der ökonomischen Beschleunigung bedingen eine intensivierte Kooperation mit den anderen Mitgliedsländern des »Rates für Gegenseitige Wirtschaftshilfe«. Bei den Antrittsbesuchen der Ministerpräsidenten und Außenminister der meisten RGW-Staaten im März und April 1985 und der anschließenden Beratung der ZK-Sekretäre für Wirtschaft unter Ryškovs Leitung in Moskau war die 40. Ratstagung in Warschau Ende Juni vorbereitet worden. Hier wurde, in Weiterführung der bilateralen Komplexprogramme, vereinbart, die Spezialisierung und Kooperation bei modernen Maschinen und Ausrüstungen »mit technologischem Welthöchststand« weiter zu entwickeln. Darüber hinaus verabschiedeten die Teilnehmerländer ein Programm der »Zusammenarbeit bei der Einsparung und rationellen Nutzung der materiellen Ressourcen bis zum Jahre 2000«, sowie ein Abkommen über die Nutzung von Erdgas als Motortreibstoff im Transportwesen. Den neuen sowjetischen Prioritäten wurde durch die Einrichtung eines Ausschusses für Maschinenbau entsprochen. In der Erstellung von »komplexen Zielprogrammen« sieht die Sowjetunion die Möglichkeit für einen erweiterten Spielraum für notwendige Schwerpunktverlagerungen. Die 41. Außerordentliche Ratstagung Ende Dezember mündete in die Verabschiedung des »Komplexprogramms des wissenschaftlich-technischen Fortschritts bis zum Jahre 2000«. Schwerpunkte bilden die Bereiche Elektronik, Automatisierung, Atomenergie, neue Werkstoffe, Biotechnologie.

Bisher gab Gorbačev nur die Absicht zu erkennen, auch die Tätigkeit der RGW-Organe zu verändern. Das könnte nur in Richtung der Konzentration auf strategische Aufgaben erfolgen, wobei die Betriebe und Produktionsvereinigungen die neuen Kooperationsfreiheiten zum Abschluß unmittelbarer Kooperations- und Abnahmeverträge nutzen könnten. Die Konferenz führender ZK-Sekretäre der sozialistischen Länder, Laos eingeschlossen, unter Leitung der sowjetischen Sekretäre Dobrynin, Jakovlev und Medvedev Ende Januar 1987 in Moskau könnte Weichen in diese Richtung gestellt haben.

Unter den sozialistischen Staaten ist die DDR besonders betroffen, da ihre Werkzeugmaschinenlieferungen einen hohen Anteil zur technologischen Innovation der UdSSR beitragen müssen. Schon bisher wurden 80% aller Aufgaben des zentralen Planes von Wissenschaft und Technik der DDR in Kooperation mit der Sowjetunion bearbeitet und 600 Themen gemeinsam verwirklicht. 1983 waren 594 gemeinsame Patente angemeldet worden. Diesem Kooperationsdruck wird die DDR sich nicht dauerhaft entziehen können. Um ihm gewachsen zu sein, bleibt der DDR nur, ihrerseits die Forschungskooperation mit der Bundesrepublik zu intensivieren[30].

Die Zusammenarbeit der RGW-Länder untereinander, sowie besonders der Warschauer Pakt-Gruppe mit der Sowjetunion gestaltet sich, über die ökonomischen Beziehungen hinaus, wesentlich facettenreicher. So fiel dem Warschauer Vertrag nach der Vertragsverlängerung vom 26. April 1985 in der Abrüstungsdiplomatie eine wichtige Rolle zu, die den Interessen der kleineren europäischen sozialistischen Staaten auch voll entsprach. Es liegt aber auf der Hand, daß die Strategie der Beschleunigung, die von Gorbačev inzwischen als Revolution begriffen wurde, nicht ohne gravierenden Einfluß auch auf die Leitungsstrukturen der anderen sozialistischen Staaten, damit die Position der Generalsekretäre bleiben konnte. Wurden im Juni 1985 die kleineren Länder in der »Pravda« vom damaligen stellvertretenden ZK-Abteilungsleiter Rachmanin (Pseudonym O. Vladimirov) massiv wegen ihrer »revisionistischen und nationalistischen Ansichten« gerügt und zur Blockdisziplin aufgerufen, und strich die KPČ-Führung in der ČSSR-Presse sogar bestimmte Reformpassagen aus den Reden Gorbačevs heraus, so konnten im Gegenzug im Oktober Kádár in der Zeitschrift »Kommunist« und Honecker in der »Pravda« die spezifischen Ansätze ihrer Länder zur ökonomischen Dynamisierung herausstellen. Inzwischen sind die sowjetischen Wirtschaftswissenschaftler selbst bereit, nicht nur den eigenen und oft besonderen Entwicklungsweg dieser Länder zu tolerieren, sondern von ihm sogar Impulse für die eigenen Reformansätze aufzunehmen. Auf dem XI. Parteitag der SED im April 1986 lobte Gorbačev ausdrücklich das ökonomische Modell der DDR und die auf dem Kombinatsystem basierende Verbindung von Forschung und Produktion. Inzwischen scheint aber das ungarische Modell für die sowjetischen Wirtschaftsplaner das DDR-Modell an Attraktivität überflügelt zu haben[31].

Die Dynamik der Veränderungen in der Sowjetunion, die in Richtung Demokratisierung, Publizität, Erweiterung der Rechte der Sowjets, der Betriebsräte, des Wahlmodus und der Kritik in den Medien geht, kann schon in kurzer Zeit nicht ohne Einfluß auf die inneren Strukturen der anderen sozialistischen Länder bleiben: Rumänien, die ČSSR, tendenziell sogar die DDR, wobei bei diesen Ländern das Alter der Generalsekretäre und Staatschefs den Reformtrend noch verstärken dürfte. In der Amnestie für politische Gefangene hatte Polen die Zeichen der Zeit erkannt. In den genannten anderen sozialistischen Staaten sind deshalb entscheidende Veränderungen zu erwarten[32].

Kaum im Amt, entwickelte der Generalsekretär eine Dynamik in der Außenpolitik, die zwar auf der unter Brežnev errungenen Position der strategischen Parität mit den USA aufbaute, aber im Gegensatz zum Ende der Brežnev-Zeit und der zunehmenden Federführung Gromykos nicht in Immobilismus sich erschöpfte, sondern die gebotenen Möglichkeiten operativ wahrnahm und in einer neuen globalen Strategie das Konzept des Handelns wieder an sich riß. Den Zusammenhang von Innen- und Außenpolitik stellte Gorbačev im Interview mit der »Time« vom 1. September 1985 selbst dar: Die Sowjetunion brauche eine lange Atempause, um die begonnenen Reformen zielgerichtet weiterführen zu können. Das bedeutet das Ende ihrer offensiven Politik der Veränderung des Kräfteverhältnisses zu ihren Gunsten. Sicherheit definierte Gorbačev nun als politische Aufgabe, die nur mit politischen Mitteln bewältigt werden könne. Sicherheit könne deshalb nicht bis ins Unendliche in der Angst vor Vergeltung aufgebaut werden. Im Verhältnis zu den USA sei ein Zustand gleicher Unsicherheit entstanden, der bei Erhöhung des Verteidigungspotentials sogar bei verbleibender Parität aufhöre ein Faktor der politischen und militärischen Zurückhaltung zu sein. Gegen das unter Brežnev entworfene bipolare Weltkonzept als globaler Konfrontation von Kapitalismus und Sozialismus setzt Gorbačev auf die Multipolarität der Welt und ihren sich stürmisch verändernden Zustand. Die Interessen der einzelnen Staaten als Teil dieser Welt werden als legitim anerkannt: »Ausnahmslos alle sehen sich vor der fundamentalen Aufgabe«, sagte Gorbačev auf dem Parteitag, »ohne die Augen vor sozialen, politischen und ideologischen Gegensätzen zu verschließen, sich die Wissenschaft und die Kunst anzueignen, auf der internationalen Szene ein zurückhaltendes und umsichtiges Verhalten an den Tag zu legen und zivilisiert, das heißt unter den Verhältnissen eines korrekten internationalen Verkehrs, einer korrekten internationalen Zusammenarbeit zu leben. Dafür ist, neben Abrüstung, ein allumfassendes System der internationalen wirtschaftlichen Sicherheit erforderlich«[33].

Die Sowjetunion strebt deshalb danach, die inneren Probleme nicht wieder durch äußere Expansion zu kompensieren, sondern durch wirtschaftspolitische Lösungen zu reduzieren[34]. Sie mußte deshalb ihre Position nicht nur gegenüber den USA, sondern auch gegenüber den anderen Regionen Europa, Asien, Südamerika, Afrika und Naher Osten neu definieren. Černenko war noch nicht begraben, da begannen in Genf die neuen sowjetisch-amerikanischen Verhandlungen über Weltraumwaffen, strategische und atomare Mittelstreckenwaffen, auf der KVAE in Stockholm arbeitete die sowjetische Delegation konstruktiv mit, und in Wien konnten die MBFR-Verhandlungen wieder aufgenommen werden, der Gesprächsfaden zu China wurde weitergesponnen, die Beziehungen zu Indien vertieft. In kurzer Zeit war ein Netz weltweiter Dialogfäden geknüpft, das nun dazu dienen sollte, gezielt an die Lösung der außenpolitischen Probleme heranzugehen.

Als Gorbačev am 17. Mai in Leningrad seinen ersten spektakulären Auftritt vor Millionen Fernsehzuschauern hatte, bedeutete die Rede im Smol'nyj nicht nur die symbolträchtige Rückkehr und der Neuanfang bei Lenin, sondern er wollte auch, wie Peter der Große es durch die Gründung der Stadt getan hatte, »das Fenster zum Westen aufstoßen«. Noch vor dem Treffen mit dem amerikanischen Präsidenten galt deshalb sein erster Auslandsbesuch eines westlichen Landes als Generalsekretär Frankreich. Vom 2. bis 5. Oktober versuchte er, Frankreich zur Reduzierung seiner Mittelstreckenraketen zu bewegen. Vor der Französischen Nationalversammlung verstärkte er die in Leningrad angesprochene europäische Identität seines Landes im Bild vom gemeinsamen Haus der Europäer: »Wir müssen in diesem Haus zusammenarbeiten«. Und er forderte zu einer »Politik der globalen Entspannung« auf. Die Sowjetbürger wurden mit der direkt übertragenen Pressekonferenz ihres Generalsekretärs und den unverfälschten Fragen der Journalisten nach politischen Gefangenen konfrontiert, nach Menschenrechten und Ausreisebedingungen[35]. Die Suche nach einer gemeinsamen Sprache gegenüber konkreten internationalen Problemen hatte Gorbačev schon im Mai Italiens Ministerpräsident Craxi bei dessen Moskau-Besuch vorgeschlagen und die Aufnahme von Beziehungen zwischen EG und RGW empfohlen. Kurz darauf erhielt EG-Kommissionspräsident Delors den Verhandlungsvorschlag über Wirtschaftsbeziehungen zugestellt, den der EG-Ministerrat am 19. Juni akzeptierte.

Vom 19. bis 21. November 1985 trafen der amerikanische Präsident Reagan und der sowjetische Generalsekretär in Genf zusammen. Über sechs Jahre waren seit Carters und Brežnevs SALT II-Unterzeichnung in Wien vergangen. Das »Time«-Interview und der Besuch einer Delegation des Repräsentantenhauses unter Leitung des erfahrenen O'Neill waren der historischen Begegnung vorausgegangen, zuletzt der Besuch des amerikanischen Außenministers George Shultz in Moskau. Im April hatte Gorbačev ein Moratorium der Stationierung von Mittelstreckenraketen in Europa angeboten, zunächst befristete Stops für Atomwaffenversuche. Gorbačev konnte dennoch nicht erwarten, daß der amerikanische Präsident auf sein Angebot der Halbierung der strategischen Offensivwaffen mit der Aufgabe der Strategischen Verteidigungsinitiative (SDI) antworten würde. Durch die Wiederaufnahme des Gesprächsfadens und die Annahme der Einladung nach Washington hatte sich Gorbačev für den bevorstehenden Parteitag profiliert und gleichzeitig seine Politik eines neuen Umgangs mit den USA dokumentiert. Gorbačev mußte nicht, wie noch Brežnev, für die Sowjetunion das Prinzip der Gleichheit und gleichen Sicherheit mit den USA erst erringen, sondern brauchte dieses nur noch zu stabilisieren. Noch am 21. November informierte Gorbačev in

Prag die Generalsekretäre und Außenminister der Warschauer Pakt-Staaten, deren Kommuniqué vom 23. Oktober in Sofia bereits die gemeinsame Linie festgelegt hatte. Am 15. Januar 1986 band Gorbačev die drei Ebenen Weltraumwaffen, strategische und Mittelstreckenwaffen, die 1985 partiell getrennt verhandelt worden waren, in einem spektakulären Abrüstungsvorschlag wieder zusammen. In drei Phasen zu je fünf Jahren sollten alle Atomwaffen bis zum Jahre 2000 beseitigt werden. Genau wie der amerikanische Präsident mit SDI durch Hinzufügen einer höheren Ebene die Sowjetunion wieder an den Verhandlungstisch nach Genf gezwungen hatte, könnte Gorbačev damit Reagans SDI-Pläne ins Leere laufen lassen. Beim Fehlen atomarer Angriffswaffen ist ein kostspieliges Abwehrsystem entbehrlich.

Die fehlende, die Europäer bedrückende Ebene der konventionellen Rüstung wurde in einem Appell der Warschauer Pakt-Staaten an die NATO vom 13. Juni ergänzt. Nun wurde auch die Beseitigung der chemischen Waffen, vor allem aber eine bedeutende Reduzierung von Streitkräften und konventioneller Rüstung auf globaler wie regionaler Ebene vorgeschlagen, beginnend in Europa. Konkret enthielt der Vorschlag eine wesentliche Reduzierung der Landstreitkräfte und taktischen Fliegerkräfte der europäischen Staaten, der USA und Kanadas (25%), gleichzeitig Abbau der nuklearen Rüstungen operativ-taktischer Reichweite (bis 1000 km) und Ausdehnung des Reduzierungsraumes über MBFR hinaus »vom Atlantik bis zum Ural«. Als weiteres wesentliches Element wurden erstmals weitreichende Kontrollen eingeräumt: Auf allen Gebieten und in allen Etappen der Reduzierung und Abrüstung durch nationale technische Mittel wie internationale Verfahren bei Inspektionen vor Ort. Auch zusätzliche Kontrollmaßnahmen könnten vereinbart werden. So weit war kein ernsthafter Vorschlag des Warschauer Paktes je gegangen. In Glassboro/New Jersey, in dem sich Kosygin und Johnson einst getroffen hatten, bewertete Reagan diese Vorschläge positiv.

Am 26. April war es im Kernkraftwerk Černobyl bei Kiev zu einem atomaren Unfall gekommen, der fast ganz Europa in Mitleidenschaft gezogen hatte. Die atomare Gefahr war greifbar geworden. Gorbačev verlängerte deshalb am 18. August sein Moratorium, keine Atomtests durchzuführen, bis zum 1. Januar 1987, auch konnten amerikanische Spezialisten das sowjetische Versuchsgelände in Kazachstan inspizieren. Indessen gerieten beide Staatsmänner durch die gezielte Enttarnung eines sowjetischen KGB-Agenten in New York in Schwierigkeiten, die durch die

Festnahme eines amerikanischen Journalisten in Moskau nur vergrößert wurden. Durch eine mutige, relativ kurz getroffene Entscheidung trafen die beiden Staatsmänner zu einem neuen Gipfel am 11. und 12. Oktober in Reykjavik zusammen. Hier wurde zwar die Chance für einen historischen Durchbruch zur Abrüstung vertan – 50% Reduzierung der strategischen Waffen, Vernichtung der Mittelstreckenraketen bis auf je 100 in Alaska und Mittelsibirien – zum Preis, in den nächsten 10 Jahren nicht aus dem ABM-Vertrag (Raketenabwehr) auszusteigen und SDI-Tests auf Laborversuche zu beschränken – dennoch meinte einer der wichtigsten Fachleute aus Gorbačevs Beraterkreis: »Ein großer Sieg! Wir haben die umfangreichsten Reduzierungen durchbekommen, die denkbar waren, was ja auch bei uns selbst, wie Sie verstehen werden, keine einfache Sache ist. Der Rest wird sich finden lassen. Sie werden bald sehen. Zu Panik besteht überhaupt kein Anlaß«[36].

Freilich hatte die Sowjetunion ihre Position vom XXVII. Parteitag in der Frage der Mittelstreckenwaffen geändert. Hatte sie im Februar noch gesonderte INF-Verhandlungen angeboten, so präsentierte sie in Reykjavik plötzlich ein »Paket«, das alle Ebenen zusammenband. Wenn das Paket auch wenig später wieder aufgeschnürt wurde und die INF-Verhandlungen beginnen konnten, so hatten die bisherigen Verhandlungsforen gezeigt, daß die Initiative inzwischen auf die sowjetische Seite übergegangen war. Plötzlich tauchten sogar in der NATO Bedenken gegen eine Null-Lösung bei Mittelstreckenraketen auf.

Viele Hoffnungen lagen deshalb bei den Verhandlungsforen der KVAE, KSZE und MBFR. Tatsächlich brachte die Konferenz über Vertrauens- und Sicherheitsbildende Maßnahmen und Abrüstung in Europa (KVAE), die nach über zweijähriger Dauer am 22. September 1986 beendet werden konnte, für Europa wesentliche Fortschritte im Bereich der zu behandelnden vertrauens- und sicherheitsbildenden Maßnahmen (VSBM), indem sie die Manöverankündigungen verbindlich festschrieb, die Einladung von Beobachtern zur Pflicht machte (bei mehr als 17 000 Soldaten Manöverbeteiligung) und die Verifikation vor Ort und aus der Luft auf Verlangen gestattete. Angesichts der Kommunikationsprobleme zwischen den USA und der Sowjetunion hatte die KVAE besonders in ihrer ersten Phase den Ost-West-Dialog gepflegt und einen kooperativen Weg europäischer Sicherheit gewiesen. In den vertrauensbildenden Maßnahmen sah besonders die Bundesrepublik eine Fortsetzung der Entspannungspolitik[37]. Der Weg zur wirklichen Abrüstung, der auf der KSZE-Nachfolgekonferenz in Wien

Ende 1986 beschritten wurde, war damit gangbarer geworden. Der Wille der Sowjetunion, auch mit der Bundesrepublik Deutschland zu verbesserten Beziehungen zu kommen, wurde schon kurz vor der Wahl zum 11. Deutschen Bundestag vom 25. Januar 1987 deutlich gemacht, nachdem der unglückliche Vergleich des sowjetischen Generalsekretärs mit Goebbels durch Bundeskanzler Kohl in einem Interview der amerikanischen Zeitschrift »Newsweek« zum Abbruch sämtlicher bilateraler Verhandlungs- und Besucherstränge geführt hatte.

Beim zweimaligen Besuch Rajiv Gandhis in Moskau und den Besuchen zahlreicher Staatsgäste aus asiatischen Ländern konnte man schon im ersten Jahr nach Machtantritt Gorbačevs fast von einer Schwerpunktsetzung auf den asiatischen Kontinent sprechen. Die entscheidende, dem multipolaren Gesamtentwurf der Außenpolitik entsprechende programmatische Rede hielt Gorbačev dann am 28. Juli 1986 an dem Ort, der »Beherrscherin des Ostens« heißt: »Wir möchten Vladivostok als unser zum Osten weit geöffnetes Fenster sehen«, sagte er und schlug, auf der Basis der eigenständigen Entwicklung der einzelnen Staaten, die Intensivierung der ökonomischen Beziehungen nach dem Muster der KSZE, die Einberufung einer pazifischen Konferenz aller Anrainerstaaten vor. Dabei bezeichnete er sowohl die Sowjetunion als asiatisches und pazifisches Land wie auch die USA als pazifische Großmacht, die in dieser Region wichtige legitime wirtschaftliche und politische Interessen wahrnehme. Die Prinzipien »Panch Shila« (d. h. der friedlichen Koexistenz) und der Konferenz von Bandung, aus denen Chruščev 1956 sein Prinzip der Friedlichen Koexistenz ableitete, seien nicht in Vergessenheit geraten. Konkrete vertrauensbildende Maßnahmen wurden gegenüber China und Afghanistan angekündigt. Der Abzug von 6 Regimentern aus Afghanistan wurde bekannt gegeben, der Wunsch der Sowjetunion nach Beendigung des afghanischen Abenteuers, den der amerikanische Außenminister schon bei Gorbačevs Genfer Gesprächen erkannt hatte, erneut deutlich. Mitte Januar reisten sowjetische und amerikanische Vertreter zu Konsultationen mit den Widerstandskämpfern nach Islamabad/Pakistan.

Aber auch Indien und Japan wurden angesprochen, das letztere zur intensiven ökonomischen Kooperation eingeladen. Daß die Sowjetunion die Vereinigten Staaten in eine Friedensregelung für Asien einbeziehen möchte, machte ein Gespräch deutlich, das der sowjetische stellvertretende Außenminister Kapica mit dem für Ostasien und den Pazifik zuständigen Staatssekretär Wolfowitz führte. Ende November erwiderte Gorbačev den Staatsbesuch des Indischen Premierministers vom Mai des gleichen Jahres, der zum Abschluß eines Abkommens über wirtschaftliche Zusammenarbeit geführt hatte. Gorbačev und Ševardnadze bemühten die guten Dienste dieses blockfreien Landes, um zu einer akzeptablen Lösung in Afghanistan zu kommen. Vom 5. bis 7. Januar 1987 weilte eine hochrangige sowjetische Delegation, Ševardnadze und Dobrynin an der Spitze, in Kabul. Der Aufforderung zum Waffenstillstand ab 15. 1. 1987 und der Gründung einer Allparteienregierung durch Parteichef Nadschibullah wurde damit autoritativer Nachdruck verliehen. Moskau drängte. Gespräche über sowjetisch-chinesische Grenzfragen wurden am 9. Februar aufgenommen.

Neben den Gesprächen mit dem Außenminister von Mosambik und dem Präsidenten Äthiopiens zeigte die Aufnahme diplomatischer Beziehungen zu Oman und den Vereinigten Arabischen Emiraten im November 1985 das sowjetische Interesse an der Golfregion an. Auch der Libysche Revolutionsführer kam zur Unterzeichnung eines langfristigen Programms zur Entwicklung wirtschaftlicher Zusammenarbeit in die sowjetische Hauptstadt. Aber auch der Argentinische Präsident Alfonsin und Nicaraguas Staatschef Ortega suchten das Gespräch in Moskau. Insgesamt scheint aber der Eindruck zutreffend, daß die bereits unter Černenko eingeleitete Politik der »Stabilisierung des Erreichten« unter Gorbačev weitergeführt und von einem »Export der Revolution« Abstand genommen wurde. Die Euphorie des Slogans »Proletarier aller Länder und unterdrückte Völker, vereinigt euch!« ist einer nüchternen Bestandsaufnahme gewichen. Deren Ergebnis zeigt aber, daß in drei Jahrzehnten sowjetischer Afrika-Politik Entwicklungen stattgefunden haben, die die Bedeutung des Systemantagonismus erheblich relativieren[38]. Die Aufnahme einzelner Länder wie Laos, Kampuchea, Äthiopien, Libyen, Nicaragua in den Rat für Gegenseitige Wirtschaftshilfe wird nicht erfolgen. Als Reaktion auf Mosambiks Beitritt zum Abkommen von Lomé und den Internationalen Währungsfond (IWF) schloß der RGW 1985 mit diesem Land wenigstens ein Kooperationsabkommen. Aber auch in Äthiopien treiben die ökonomischen Zwänge das Land zu einer zumindest außenwirtschaftlichen Umorientierung. Die Theorie des nichtkapitalistischen Entwicklungsweges und der sozialistischen Orientierung ist damit gescheitert. Für den neuen sowjetischen Realismus spricht, daß auch mit der Wiederaufnahme der diplomatischen Beziehungen zu Israel zu rechnen ist.

Strukturreformen. XIX. Parteikonferenz der KPdSU und neuer Oberster Sowjet

Jede Epoche sucht sich ihre historische Legitimation. Die Suche ist dabei wesentlicher Teil ihres Selbstverständnisses. Die Konkretisierung der Gorbačevschen Programmatik führte im Laufe des Jahres 1987 und der ersten Jahreshälfte 1988 bis zur XIX. Parteikonferenz der KPdSU zu interessanten Entwicklungen. Sie betrafen die verschiedenen Ebenen unterschiedlich. Während in der Außen- und Sicherheitspolitik sich immer klarer eine konsequente Linie abzeichnete, die öffentliche Meinung in Zeitungen und Zeitschriften immer deutlicheren Ausdruck fand, blieben Erfolge auf dem Wirtschaftssektor nicht nur aus, sondern die ökonomischen Schwierigkeiten nahmen zu. Sie wurden mit der Frage in Verbindung gebracht, ob sie schon die erwarteten Begleiterscheinungen der neuen Umgestaltungspolitik oder noch das Ergebnis der Brežnev-Zeit darstellten. Auf jeden Fall gaben sie den realen Hintergrund ab für nun sich offen artikulierenden Widerstand gegen das gesamte Reformprogramm.

In diesem Kampf versuchten die Neuerer durch Erfolge auf den verschiedensten Gebieten an Boden zu gewinnen, dagegen ihre Gegner durch Hinweis auf Mängel, ungelöste Probleme, Instabilitäten, Erosion ideologischer Positionen Stimmen zu sammeln. Zum Mittel dieser Auseinandersetzung geriet auch die Diskussion über die bisherige Geschichte der Sowjetunion. Strebten die Neuerer danach, durch Hinweis auf die Stalinschen Verbrechen und die Verfehlungen der Brežnev-Mannschaft die Agitationsbasis der Apologeten zu schwächen, warfen die Anhänger des alten Systems der neuen Mannschaft Abkehr von den erprobten Errungenschaften des Marxismus-Leninismus vor und Diskreditierung der in Bürgerkrieg und Weltkrieg gebrachten Opfer. Besonders für Jurij Afanas'ev, den Direktor des Staatlichen Archivs, bedeutet deshalb »der Blick zurück in unsere Vergangenheit die Voraussetzung für eine erfolgreiche Entwicklung unserer Gesellschaft«[39].

Ebenfalls führt die Suche nach den Ursachen für die eingetretene Fehlentwicklung hin zu historischen Zeitpunkten, an denen noch Alternativen zur späteren Entwicklung möglich waren. Bei der Suche nach den verpaßten Chancen stieß man auf 1956 (XX. Parteitag), auf 1920/21 (die NEP), Lenins Testament, alternative Personen (Bucharin u. a.). Da die sowjetischen Historiker aber kaum über zuverlässige Quellen verfügten, suchten sie das Gespräch mit ihren westlichen Kollegen – so hielt Cohen im Staatsarchiv der UdSSR einen Vortrag über Bucharin –, studierten die Archive, stellten sich öffentlichen Diskussionen, ermunterten die Zeitzeugen zu Memoiren, die nun reichlich zu fließen begannen.

Die Medien wie Ogonek, aber auch die Pravda, nahmen den Strom gerne auf. Die Breżnev-Mannschaft wurde in der Serie »Koma« decouvriert, Chruščev aufgewertet; Stalin wurden katastrophale Fehler in der Außenpolitik, sogar als militärischer Führer vorgeworfen, das Gespräch mit Bucharins Witwe wiedergegeben, die Opfer des Stalinismus recherchiert[40], die Kollektivierung der Landwirtschaft untersucht, schließlich die bisherige Interpretation über die Ursachen der Oktoberrevolution angezweifelt[41].

Diese Nachforschungen aber hatten Folgen. Nicht nur wurden, wie in der Chruščev-Zeit, zahlreiche bisher unveröffentlichte Manuskripte der Forscher von Weltrang, die Stalin zum Opfer gefallen waren, endlich gedruckt, so daß man, wie damals Šklovskij, jetzt wieder sagen konnte: »Ich hatte den Eindruck, als ob eine ganze, uns bisher unbekannte Zivilisation aus den Trümmern wiedererstünde« (Lev Vygockij, Sergej Ejzenštejn, Pavel Florenskij, Nikolaj Kondrat'ev)[42], sondern die Generalstaatsanwaltschaft begann mit der Überprüfung der Gerichtsurteile der Stalinzeit. Am 4. Februar 1988 wurden die Angeklagten im sogenannten »antisowjetischen rechtstrockistischen Block«, darunter Bucharin und Rykov, juristisch rehabilitiert, am 9. Juli sogar wieder in die Partei aufgenommen[43]. Noch im Oktober wurden dem Andenken Bucharins in Anwesenheit seiner Familie zwei Räume im Revolutionsmuseum am Roten Platz gewidmet. Auch Kamenev und Sinov'ev wurden rehabilitiert, die historisch gerechte Würdigung Trockijs bahnte sich 1989 an. Vor diesem Hintergrund forderte die Gruppe »Memorial« die Errichtung eines Denkmals zur Erinnerung an die Stalinopfer. Es wurde von Gorbačev zugesagt. Schon erklang der Ruf, die noch lebenden Verantwortlichen für die Stalin-Verbrechen zur Rechenschaft zu ziehen. Dagegen erhoben sich starke Widerstände. Sie kulminierten im Brief der Leningrader Chemie-Dozentin Nina Andreeva in der Zeitung »Sovetskaja Rossija« vom 13. März 1988, der versuchte, durch einen scharfen Angriff auf die Politik der Perestrojka den Stalinismus zu retten. Die Pravda antwortete am 5. April mit einem Leitartikel »Die Prinzipien der Perestrojka, revolutionäres Denken und Handeln«. Durch die Freigabe von zwanzig Jahre lang in den Schubladen schlummernden literarischen Werken wie Grossmans »Leben und Schicksal«, Rybakovs »Kinder des Arbat«, Dudincevs »Weiße Gewänder«, den Film »Die Kommissarin« von Askoldov nach einem Roman Grossmans wurde die Kunst zur Vorreiterin der Geschichtswissenschaft. Schon forderte Jurij Afanas'ev, auf die Herausgabe eines offiziellen Lehrbuches zur Geschichte der KPdSU zu verzichten, statt dessen Problembücher zu publizieren, die außer Fakten auch »Hypothesen, Ideen, Interpretationen« bringen sollten[44]. Die Geschichtsbücher an den Schulen wurden eingezogen, die Prüfungen vorübergehend ausgesetzt.

Es wird noch Jahrzehnte dauern, bis die gesamte sowjetische Geschichte aufgearbeitet sein wird. Heute kann schon sicher gesagt werden, da die betreffenden Arbeiten sowjetischer Historiker zum Teil schon existieren, daß sich auch die Akzente in der Beurteilung der Vorgeschichte der KPdSU verlagern werden. Gilt nämlich nicht mehr das Prinzip des demokratischen Zentralismus als wichtigstes Organisationsprinzip der Partei, verliert auch die Narodnaja Volja ihre Vorbildfunktion. Eine Partei, die, bisher nur tendenziell, in ihrer eigenen Struktur demokratische Legitimation praktiziert, findet ihre Vorläufer dann im Südrussischen Arbeiterbund, in der »Schwarzen Umteilung« (Černyj Peredel') und der Blagoev-Gruppe, d.h. den von den westlichen Sozialisten beeinflußten nicht-marxistischen Vorläufern der russischen Sozialdemokratie.

Der zu starke Einfluß der Sowjetarmee und ihres Wirtschaftsapparates auf die politischen Entscheidungen hatte die Sowjetunion mit in die Krise getrieben. Bei der politischen Abrechnung mit den dafür Verantwortlichen konnte das Militär deshalb auf Dauer nicht verschont bleiben. Einen ersten Angriff auf Auswüchse in der Sowjetarmee druckte die Pravda am 21. März 1987. Das entscheidende Köpferollen begann aber in unmittelbarem Zusammenhang mit der leichtfertigen Landung eines deutschen Sportfliegers auf dem Roten Platz am 28. Mai. Drei Tage später wurden Verteidigungsminister Sokolov und Marschall Koldunov, der Chef der Luftabwehr, entlassen. Dmitrij Jazov wurde neuer Verteidigungsminister. Es folgte eine Reihe von Umbesetzungen. Der Chef des Generalstabes, Achromeev, rückte zu Gorbačevs Berater auf, sein Nachfolger wurde Moiseev. Zum 1. Februar 1989 ging auch der Oberkommandierende der Warschauer-Pakt-Truppen, Kulikov; ihm folgte Lušev. Die neuen sowjetischen Marschälle waren nicht nur jünger als ihre Vorgänger, sie pflegten auch einen neuen Stil der Öffentlichkeitsarbeit bis hin zu Besuchen in den USA und der Bundesrepublik.

Dennoch konnten die konservativen Kräfte am 11. Nov. 1987 die Ablösung von Boris El'cin als Moskauer Parteichef erreichen, der durch populistische Aktionen und scharfe Kritik am Privilegiensystem der Nomenklatura das Partei-Establishment verärgert hatte. Sein Nachfolger wurde Sajcev. Aber El'cin, der als stellvertretender Bauminister nicht ins Uferlose fiel – seinen Kandidatenstatus im Politbüro mußte er freilich am 18. Februar 1988 abgeben –, erfreute sich weiterhin großer Beliebtheit bei der Bevölkerung und betrieb von dieser, für die sowjetischen Führer neuen, Basis aus sein Comeback.

Am 18. Februar wurden Razumovskij und Masljukov zu Politbüro-Kandidaten ernannt, Aliev aber schied aus dem Politbüro aus, da seine frühere Politik als Parteichef Azerbajdžans für die Pogrome in Sumgait verantwortlich gemacht wurde. Am 12. Januar war der Parteichef Usbekistans schon wegen nachgewiesener Korruption abgesetzt worden, ihm folgten am 23. Mai die Parteichefs Armeniens und Azerbajdžans, da sie der pogromartigen Übergriffe ihrer verfeindeten Völker nicht Herr wurden.

Auf der Politbürositzung am 27. September konnte Gorbačev einen weiteren Sieg erringen. Ligačev verlor seinen Rang als »2. Sekretär« und mußte die Zuständigkeit für die Ideologie mit der für die Landwirtschaft tauschen. Die folgende ZK-Plenartagung bestätigte die Personalveränderungen und beschloß darüber hinaus die Entmachtung der ZK-Sekretäre, indem sie 6 ZK-Kommissionen untergeordnet wurden. Am 1. Oktober trat Gorbačev die Nachfolge Gromykos als Vorsitzender des Präsidiums des Obersten Sowjet an; Gromyko hatte um seinen Abschied gebeten. Damit hatte Gorbačev, wie vor ihm die Parteichefs seit Breżnev, auch sein Amt mit dem des Staatspräsidenten verbunden. Nach blutigen Unruhen in Georgien wurde auch dessen Parteichef Patiašvili durch Gumbaridze abgelöst.

Der entscheidende Schlag gegen die Reformgegner gelang Gorbačev aber am 25. April 1989, als auf dem ZK-Plenum 110 von 301 ZK-Mitgliedern ausschieden, dafür 24 neue aufgenommen wurden. Gorbačev besaß nun ein stark verjüngtes, zahlenmäßig reduziertes Zentralkomitee, das seine Politik stützte. Am 2. Juli starb Gromyko; er wurde auf dem Novodeviči-Friedhof beigesetzt, auf dem auch Chruščevs Gebeine ruhen.

Aber auch der 1. Sekretär Leningrads, Solov'ev, mußte am 12. Juli sein Amt an den bis dahin unbekannten Gidaspov abtreten, der bei den Wahlen zum neu installierten Volkskongreß die meisten Stimmen erhalten hatte. Da diese zweite Umbesetzungswelle, schwerwiegender noch als die erste, sich in die unteren Ebenen hinein fortsetzte, nur die Ukraine widerstand vorerst wie ein Bollwerk, bedeutete das faktisch die Übernahme der Macht durch eine neue Generation, in Ansätzen bereits einer neuen Legitimation. Im Februar 1988 verkündete Gorbačev die Absetzung von 89 000 Funktionären in 4800 Parteikomitees.

Auf dem ZK-Plenum vom 19. und 20. September wurde der 1. Sekretär der KPdSU der Ukraine aus dem Politbüro entlassen, dem er seit 1971 angehörte. Mit ihm verloren Čebrikov, der Leiter der Rechtskommission des ZK, und Nikonov ihre Ämter. Auch Solov'ev und Talysin verloren ihre Ämter als Kandidaten des Politbüros. Dafür wurden der KGB-Chef Krjučkov und der GOSPLAN-Vorsitzende Masljukov als Vollmitglieder und Primakov, der Vorsitzende der Nationalitätenkammer des Obersten Sowjet, sowie der Lette Boris Pugo zu Kandidaten des Politbüros ernannt. Im Dezember 1989 erhielt auch der neue Parteichef der Ukraine, Ivaško, einen Sitz im Politbüro. Dieses bestand jetzt aus 12 Vollmitgliedern und 8 Kandidaten.

Der XXVII. Parteitag der KPdSU 1986 hatte zwar bedeutende Veränderungen des Parteiprogramms verabschiedet, dennoch war die Zeit für die Gorbačev-Mannschaft zu kurz gewesen, um ihre weitergehenden programmatischen Vorstellungen durchsetzen zu können. Immerhin hatte Gorbačev in seiner Parteitagsrede die Richtung der Umgestaltung angedeutet, neben der Reform des Wirtschaftssystems vor allem die Beteiligung der Bevölkerung an der politischen Willensbildung. Dies sollte durch die Aufwertung der Sowjets erreicht werden. Dazu wurde nach dem Parteitag eine gemeinsame Verordnung des ZK der KPdSU, des Präsidiums des Obersten Sowjet und des Ministerrates der UdSSR »Über Maßnahmen zur weiteren Erhöhung der Rolle und Verstärkung der Verantwortlichkeit der Sowjets der Volksdeputierten« verabschiedet[45]. Zur beschleunigten Umsetzung dieser Vorstellung griff Gorbačev auf die seit 47 Jahren nicht mehr genutzte Möglichkeit der Parteikonferenz zurück. Eine umfangreiche Literatur über die »sozialistische Selbstverwaltung des Volkes« begleitete und vertiefte diese Entscheidung. Sie wurde durch die Forderung ergänzt, von den Grund- und Betriebsorganisationen bis zum Obersten Sowjet der UdSSR das legalistische Prinzip gegenüber dem exekutiven zu erhöhen. Dazu trat die Absicht, den Wahlmodus durch die Aufstellung mehrerer Kandidaten selbst innerhalb der KPdSU zu substantiieren. Durch die öffentlich ausgetragenen Auseinandersetzungen und die Bemühungen Gorbačevs Mitte April, die Ersten Sekretäre der Republiken und Autonomen Gebiete auf seinen Kurs festzulegen, verzögerten sich die Wahlen zur XIX. Parteikonferenz um einen Monat. Als sich dabei eine konservative Mehrheit abzeichnete, forderten einige prominente Intellektuelle, darunter Sacharov, sogar eine weitere Verschiebung[46]. Die Hoffnung, die Parteikonferenz zu personellen Veränderungen zu nutzen, mußte aufgegeben werden. Immerhin konnte am 23. Mai im Zentralkomitee ein Konsens über die Annahme von zehn Thesen als Konferenzgrundlage erfolgen. Sie bestätigten die bisherige Politik der Perestrojka erneut und forderten eine Weiterführung der »radikalen Wirtschaftsreform«, Erneuerung des Kredit- und Finanzsystems. In der Partei sollte die Diskussionsfreiheit wiederhergestellt werden, kein Wahlamt länger als zwei Amtsperioden zu je 5 Jahren wahrgenommen werden können. Von großer Bedeutung erwies sich die Forderung nach Wiederherstellung der Rolle der Sowjets (These 6): »Die Sowjets müssen ihre wirklichen Machtbefugnisse zurückerlangen und ausnahmslos alle konkreten Fragen des staatlichen, wirtschaftlichen, sozialen Lebens erörtern und entscheiden.« Auch die Rolle der Regierung solle aufgewertet werden. Zur Forderung größerer Entscheidungsbefugnisse der regionalen und örtlichen Sowjets gehörten auch Maßnahmen zur »Weiterentwicklung der sozialistischen Föderation«, die auf dem Selbstbestimmungsrecht der Völker beruhe (These 7). Die Rechtsreform solle die Sowjetunion in einen »sozialistischen Rechtsstaat« umwandeln (These 8). In These 10 wies Gorbačev auf das durch die Perestrojka und die außenpolitischen Erfolge gewachsene internationale Ansehen der Sowjetunion hin[47].

Am 28. Juni 1988 begann die XIX. Parteikonferenz, zu der 4991 Delegierte erschienen waren, mit Gorbačevs Bericht »Über den Verlauf der Verwirklichung der Beschlüsse des XXVII. Parteitages der KPdSU und die Aufgaben bei der Vertiefung der Perestrojka«. Ihm lagen zwar die zehn Thesen des ZK zugrunde, bei der Behandlung der Sowjets ging Gorbačev über sie weit hinaus, indem er als neues »höchstes Repräsentativorgan der Staatsmacht« einen Kongreß der Volksdeputierten empfahl, aus dessen Mitte ein stark verkleinerter, fast ständig arbeitender neuer Oberster Sowjet hervorgehen sollte. Zugleich sollte das Amt des Vorsitzenden des Obersten Sowjet mit weitgehenden Kompetenzen ausgestattet und vom Parteivorsitzenden wahrgenommen werden. Diese neue Struktur sollte auch auf die Unionsrepubliken übertragen werden, denen wiederum größere wirtschaftliche Eigenständigkeit zugedacht war. Es folgte eine geplante Aussprache von siebzig Rednern, darunter, die Ukraine ausgenommen, alle Ersten Sekretäre der Unionsrepubliken. Die sieben in Kommissionen erarbeiteten Resolutionen billigten vor allem die angestrebte Umgestaltung des

Obersten Sowjet; Glasnost wurde als »scharfe Waffe der Perestrojka« ebenso festgeschrieben wie die Rechtsreform und die Reorganisation des Parteiapparates. Der neue Volkskongreß sollte im April 1989 zusammentreten. Über das Medium Fernsehen nahm die Öffentlichkeit an den oft erregten Debatten teil, so dem Streit zwischen El'cin und Ligačev, in dem beide erneut ihre Kräfte maßen und El'cin seine Rehabilitierung forderte.

Auf dem ZK-Plenum im folgenden Juli drängte Gorbačev nun auf rasche Umsetzung der gefaßten Beschlüsse. Als Staatsoberhaupt besaß er seit Oktober günstige Voraussetzungen für die geplante Reform des Obersten Sowjet. Folgerichtig wurden nach einer Volksaussprache am 1. Dezember 1988 die Teiländerung der Unionsverfassung und das Wahlgesetz vom Obersten Sowjet verabschiedet[48]. Danach besteht der zu wählende Kongreß der Volksdeputierten aus 2250 Mitgliedern, d. h. die bisher 1500 Delegierten wurden durch 750 Delegierte gesellschaftlicher Organisationen, darunter auch die KPdSU, erweitert. Der Kongreß tagt einmal im Jahr, wählt den mit großen Vollmachten ausgestatteten Staatspräsidenten und aus den eigenen Reihen und nach einem bestimmten Schlüssel einen auf 542 Delegierte reduzierten neuen Obersten Sowjet als ständig arbeitendes Parlament. Eine neue Institution wurde mit dem Komitee für Verfassungsaufsicht aus 21 Mitgliedern geschaffen, dem im wesentlichen die Funktion des Staatsgerichts zufällt – die Keimzelle für ein Verfassungsgericht?[49]

Nun setzte ein in der Sowjetunion noch nie erlebter Prozeß ein, der als ein Erwachen des Volkes begriffen werden kann. Wurde beim XIX. Parteikongreß noch staunend vermerkt, daß es möglich war, kritisch die Stimme zu erheben, gab es bei der Volksaussprache schon öffentlich geäußerte Bedenken über die zu große Machtfülle des neuen Staatspräsidenten, so brachen nun bei der Aufstellung der Kandidaten zur Wahl des Kongresses der Volksdeputierten die Dämme der öffentlichen Auseinandersetzung auf breiter Front. Am 26. März kam es zum ersten Wahlgang. Hier erhielt El'cin als Abgeordneter des Moskauer Wahlkreises 89% der Stimmen. Auch Sacharov kam, nach Nachwahlen am 9. April und 14. Mai, als Vertreter der AdW in den Kongreß.

Mit dem Zusammentritt des Kongresses der Volksdeputierten am 25. Mai 1989 begann ein neuer Abschnitt der sowjetischen Geschichte. Erwartungsgemäß wurde Gorbačev, wenn auch nicht ohne Aussprache, zum Staatspräsidenten gewählt, ebenso sein Vertreter, der Jurist Lukjanov. Am 28. und 29. Mai wählte der Kongreß aus seinen Reihen die 542 Delegierten des neuen Obersten Sowjet, darunter, durch Mandatsverzicht eines Abgeordneten, auch El'cin. Am 7. Juni wählte der Oberste Sowjet Ryškov mit 469 Ja-, 9 Nein-Stimmen und 31 Enthaltungen zum neuen Ministerpräsidenten. Dieser reduzierte zwar die Zahl der mit Wirtschaftsfragen befaßten Ministerien von 50 auf 32, bei der Besetzung der Ressorts aber mußte er Niederlagen hinnehmen. Zwar wurden die Minister für Äußeres, Ševardnadze, für Verteidigung, Jazov, sowie der KGB-Chef Krjučkov vom Obersten Sowjet bestätigt, ebenso Masljukov, der Vorsitzende von GOSPLAN, auch Frau Birjukova, dagegen mußte Murachovskij (Gosagroprom) Kalašnikov weichen, wurde Voronin, vorher GOSSNAB, Erster Stellvertretender Ministerpräsident, erhielt der Leiter des Akademie-Instituts für Wirtschaft, Abalkin, die Leitung der Staatskommission für die Wirtschaftsreformen und wurde Stellv. Ministerpräsident. Mit Nikolaj Voroncev erhielt erstmals ein Parteiloser die Leitung des Staatskomitees für Umweltschutz. Die Abgeordneten praktizierten ihre neu gewonnenen Rechte so überzeugend, von den Sowjetbürgern an den Fernsehschirmen so gebannt verfolgt, daß die Übertragungen wegen der Arbeitsausfälle auf abendliche Zusammenfassungen reduziert werden mußten. Als am 4. August diese erste Sitzungsperiode des neuen Obersten Sowjet der UdSSR zu Ende ging, nannte Gorbačev sie zu Recht den Beginn des Parlamentarismus in der Sowjetunion.

Unklar blieb noch der Zeitplan für die Weiterführung der Umstrukturierung der Obersten Sowjets in den Unionsrepubliken und den darunter liegenden administrativen Ebenen. Hier erwuchsen Widerstände, denn allmählich wurde den Parteifunktionären die von Gorbačev gewollte Verlagerung der Macht bewußt. Schon forderten einige Abgeordnete, die führende Rolle der KPdSU aus der Verfassung zu streichen, andererseits mahnte Gorbačev die Parteimitglieder, ihre Avantgarderolle bei der gesellschaftlichen Veränderung aktiver wahrzunehmen und nicht hinter der Entwicklung zurückzubleiben. Die Hauptrichtung war aber eingeschlagen worden, und die lautete, wie von Lenin vor der Oktoberrevolution gefordert, »Alle Macht den Räten!«[50]

Auf anderen Gebieten zeigten sich weniger Erfolge: im Rechtswesen und in der Wirtschaft. Schon auf dem XXVII. Parteitag hatte sich Gorbačev, wenn auch noch zurückhaltend, für eine Stärkung des Rechtes ausgesprochen. Die Gleichheit der Bürger vor dem Gesetz und ihr Schutz vor Übergriffen der Bürokratie sollten verwirklicht werden. Ein erster Gesetzgebungsplan bis zum Jahre 1990, der in Ansätzen noch auf die späte Brežnev-Zeit zurückging, sah insgesamt 38 Rechtssetzungsakte vor[51]. Schon am 5. Dezember 1986 wurden die Gerichte darauf verpflichtet, Einmischung von Amtspersonen in laufende Verfahren der Staatsanwaltschaft zu melden. Der Durchbruch auf dem Rechtssektor erfolgte auf der XIX. Parteikonferenz, als Gorbačev ein Plädoyer für den Rechtsstaat abgab und eine weitreichende Justizreform ankündigte. Dem Gesetz hätten sich alle staatlichen Organe, Gruppen, Parteiorganisationen unterzuordnen. Das bedeutete das, vorläufig programmatische, Ende der Parteilichkeit in der Rechtsprechung. Die Konferenzresolution »Über die Rechtsreform« wollte die Unabhängigkeit der Gerichte durch ihre Wahl durch die übergeordneten Sowjets festlegen und die Aus- und Weiterbildung der Juristen verbessern[52]. Ziel war die »Vollendung des sozialistischen Rechtsstaates, in dem das höchste Prinzip die bedingungslose Unterordnung aller unter das Gesetz sein wird«. Ende des Jahres 1988 wurden Gesetzesentwürfe über den Status der Richter und die Strafgesetzgebung der UdSSR und der Unionsrepubliken zur öffentlichen Diskussion gestellt[53], zum gleichen Zeitpunkt das »Allunionsforschungsinstitut für die sowjetische Gesetzgebung« in das »Institut des sowjetischen Staatsaufbaus und der Gesetzgebung« umgewandelt, der Zuständigkeit des Justizministeriums entzogen und der Aufsicht des Obersten Sowjet der UdSSR unterstellt. Die Gerichtsreform vom 1. 12. 1989 führte endlich die Unschuldsvermutung gegenüber dem Angeklagten und das Geschworenengericht ein.

Probleme der Wirtschaftsreform

»Die Dialektik zwingt dazu, nicht nur die Ökonomie, sondern gleichzeitig und sogar vorher die Politik umzugestalten. Die Politik ist der konzentrierte Ausdruck der Ökonomie, und mit ihr muß man beginnen«, schrieb der Ökonom Gavriil Popov und bestätigte damit moderne Analysen[54]. D. h. ökonomische Durchbrüche, positive Ergebnisse einer neuen Wirtschaftspolitik sind erst nach Etablierung der neuen politischen Struktur zu erwarten. Dennoch wurden auch auf wirtschaftlichem Gebiet wichtige Weichen gestellt. Die seit 1984 begonnenen und planmäßig erweiterten ökonomischen »Experimente« hatten 1986 schon die Hälfte der sowjetischen Betriebe erfaßt. In den Zuständigkeitsbereichen des Ministeriums für Schwer-, Energie- und Transportmaschinenbau der UdSSR, des Ministeriums für Elektroindustrie der UdSSR, des Ministeriums für Leichtindustrie, des Ministeriums für Nahrungsmittelindustrie der Ukrainischen SSR und im Ministerium für örtliche Industrie der Litauischen SSR sollte die Verantwortung der Betriebe und Produktionsvereinigungen schon bei der Ausarbeitung der Pläne, der Verfügung über die Arbeitskräfte, die materiellen Ressourcen und Finanzmittel erweitert werden. Die Wirtschaftlichkeit des Betriebes sollte in den Vordergrund rücken. Schon für 1. Januar 1987 war die Ausweitung der Neuorganisation auf sämtliche Produktionsbetriebe vorgesehen gewesen[55]. Dieser Zeitplan konnte zwar nicht eingehalten werden, nur das »Gesetz über individuelle Arbeitstätigkeit« wurde am 19. November 1986 noch verabschiedet, das zur Verbesserung der Dienstleistungen beitragen sollte, aber auf dem Plenum im Juni 1987 gelang es endlich Gorbačev, das Zentralkomitee auf die Verabschiedung eines geschlossenen Wirtschaftsprogramms festzulegen. Auf dessen Grundlage wurde am 30. Juni das Gesetz über den staatlichen Betrieb erlassen[56]. Bei dessen Annahme legte der Oberste Sowjet den Ministerrat fest, alle diesem Gesetz widersprechenden Bestimmungen auszuräumen. Konsequent beschlossen am 17. Juli das ZK der KPdSU und der Ministerrat der UdSSR gemeinsam die bedeutendste Veränderung des sowjetischen Wirtschaftssystems seit Einführung der Planwirtschaft.

Zwar wurde die Existenz des Plansystems nicht in Frage gestellt, jedoch seine Funktion gewandelt; es sollte sich als »wissenschaftlich-ökonomischer Stab« von überwiegend administrativen auf überwiegend ökonomische Arbeitsmethoden umstellen. Im Bereich von GOSSNAB sollte ein Großhandelssystem eingeführt werden, das den Bedarf der Betriebe unmittelbar und flexibel decken sollte. Da die Betriebe ihre Finanzpläne selbst erstellen konnten, war auch eine Reform des Finanzsystems notwendig geworden. Es wurde den Ministerien untersagt, sich in die operative Finanztätigkeit der Betriebe und Vereinigungen einzumischen. Andererseits unterstanden die unwirtschaftlich arbeitenden Betriebe den Finanzministerien.

Auch eine Reform des Preisbildungssystems wurde verabschiedet, besonders für landwirtschaftliche Erzeugnisse. Unter Leitung der Staatsbank sollten neben der Außenhandelsbank, der Baubank und der Sparkasse nun die Industrie- und Baubank, die Agrar-Industrie-Bank und die Bank für Wohnungs- und Kommunalwirtschaft und soziale Entwicklung der UdSSR vor allem die branchen- und regionsspezifische Kreditvergabe entwickeln. Das Staatskomitee für Statistik wurde angewiesen, den Ministerien alle nicht genehmigten statistischen Erhebungen zu verbieten, um die

Papierflut einzudämmen, andererseits die Öffentlichkeit, besonders die Wissenschaft, regelmäßig mit Daten zu versorgen. Die Umgestaltung der Ministerien sollte die Umstellung der Betriebe auf wirtschaftliche Rechnungsführung fördern, den Gesamtrahmen der Produktion in ihren Bereichen sichern und Einsparungen von Ressourcen und Energie empfehlen. Außerdem sollten von ihnen neue große Organisationsstrukturen, den Kombinaten der DDR vergleichbar, geschaffen werden. Dabei sollte der Mitarbeiterbestand der Ministerien gestrafft werden. Entsprechende Umstrukturierungen sollten auf Republikebene vorgenommen werden. Als Planungsperiode wurden 15 Jahre festgelegt, die durch die jeweils fortlaufenden Fünfjahrespläne spezifiziert und den veränderten Bedingungen angepaßt werden sollten. Das Staatskomitee für Arbeit und soziale Fragen sollte der Behebung der Arbeitslosigkeit, der Arbeitsvermittlung, der sozialen Sicherheit dienen. Vor allem aber sollte die Berücksichtigung der sozialen Probleme bei Festlegung der ökonomischen Entscheidungen gewährleistet werden. Die Gestaltung der Löhne nach Leistung wurde gestattet.

Doch die Realität überholte die Beschlüsse. Schon auf der XIX. Parteikonferenz mußte Gorbačev »Stockungen, sogar Widerstand eines Teils des Verwaltungsapparates« gegen die Reform eingestehen. Dabei wurde unter dem Deckmantel von Staatsaufträgen für die Betriebe, die praktisch die gesamte Produktion erfaßten, das alte System beibehalten[57]. Vehement forderten Abalkin und Generaldirektoren großer Betriebe, die Betriebe auf Selbstfinanzierung umzustellen und das Joch der Administration abzuschütteln, denn auch der Rückstand gegenüber dem Weltstandard vergrößerte sich. Trotz der intensiven Reformdiskussion waren augenscheinlich weite Teile der Bevölkerung mit den Begriffen Markt, Handel usw. überfordert. So blieb vorerst auch die Wirkung des Gesetzes über die individuelle Arbeit aus. Statt der erwarteten Millionen Anträge waren bis März 1988 nur 200 000 eingegangen[58].

Auch ein Jahr später hatte sich die Bilanz der sowjetischen Wirtschaft noch nicht verbessert. Das 1988 erzielte Niveau des Wirtschaftswachstums von 4,4% sank im ersten Halbjahr 1989 auf 2,5% ab. Die Versorgungslage verschlechterte sich spürbar. Die im Frühjahr eingeleitete Schwerpunktverlagerung auf die Produktion von Nahrungsmitteln und Konsumgütern zeigte keine schnelle Wirkung. So hinkte das Wachstum des Angebots immer mehr hinter dem Einkommenszuwachs der Bevölkerung her. Auf den Sparkonten lagen 293 Mrd. Rubel. Durch die Staatsverschuldung von 312 Mrd. Rubel bis Anfang 1989 und ein Haushaltsdefizit von

100 Mrd. Rubel 1989 erwies sich die Geldpolitik zunehmend als wichtiges Steuerungsproblem. Ein neues Finanz- und Kreditsystem, eine Preis- und Steuerreform, aus innenpolitischen Gründen hinausgeschoben, wurden immer dringlicher[59].

Das »reinigende ökonomische Gewitter« war zwar von den Ökonomen erwartet worden, auch Einbußen in einer dreijährigen Umgestaltungsphase, aber das »Hinwegfegen des administrativen Systems« als »Startplatz für einen stürmischen Aufschwung« ließ anscheinend auf sich warten[60]. Der Beseitigung der Versorgungsmängel dienten eine Reihe von Maßnahmen, die das ZK beschloß, darunter der Bau von Lagerhäusern, die Umstellung von Rüstungsbetrieben auf Maschinenbau zur Verarbeitung von Lebensmitteln. Den vorläufigen Höhepunkt bildete das ZK-Plenum vom 15. und 16. März 1989 über die »Agrarpolitik der KPdSU unter den gegenwärtigen Bedingungen«, als dessen Ergebnis die Superbehörde Gosagroprom aufgelöst und durch die Staatliche Kommission des Ministerrates für Lebensmittel und Aufkäufe ersetzt wurde; ab 1. Januar 1990 sollten neue Aufkaufpreise für landwirtschaftliche Erzeugnisse eingeführt werden. Bedeutender aber wurden die im April getroffenen Entscheidungen des Ministerrates »Über das Programm der sozialen Entwicklung des Dorfes« und das Dekret des Obersten Sowjet »Über die Pacht und die Pachtverhältnisse in der UdSSR«, wonach Kollektive und Individuen Land, Ausrüstungen, Gebäude und andere Werte in der Landwirtschaft wie in anderen Wirtschaftsbereichen für fünfzig Jahre und länger pachten konnten. Seit 1. Mai 1989 wurde auch in Moskau der Zucker rationiert[61].

In der Öffentlichkeit war die seit Anfang 1987 erlaubte Bildung von Genossenschaften im Bereich der Konsumgüter, der Dienstleistungen, der Unterhaltung von Gaststätten und Cafés positiv aufgenommen worden. In Moskau wurden im März 1988 bereits 1400 Genossenschaften unterschiedlicher Art gezählt[62]. Schon 1987 waren auf Privatland 58% aller in der Sowjetunion erzeugten Kartoffeln und 29% des Gemüses erzeugt worden, d. h. der private Sektor erwirtschaftete pro ha Nutzfläche mehr als das Doppelte der sozialistischen Betriebe.

Dem Ziel, die Versorgung der Bevölkerung möglichst schnell zu sichern, diente auch der Außenhandel. Nicht nur Getreide, sondern auch Schuhe, Seifenartikel, Rasierklingen, EG-Überschüsse wurden aufgekauft und, unterstützt durch einen 3 Mrd.-Kredit deutscher Banken, Fabriken zur Herstellung und Verarbeitung von Lebensmitteln gekauft[63]. Nach chinesischem Vorbild sollten an der finnischen Grenze und bei Vladivostok Freihandelszonen entstehen, die auf die sowjetische Wirtschaft stimulierend wirken sollten[64].

Nach dem Beispiel und den Erfahrungen, die vor allem Ungarn mit gemischten Gesellschaften (joint ventures) erworben hatte, war nun auch die Sowjetunion, nach einigen Rechtsanpassungen, bereit, diesen Weg zu beschreiten[65]. Schon zum 1. Februar 1989 waren 200 solcher Betriebe gegründet worden, darunter 50 unter Beteiligung deutscher Firmen. Die Zahlen verdoppelten sich zwar rasch, es stellte sich jedoch bald heraus, daß das Hauptinteresse der sowjetischen Partner darin bestand, Zugang zur modernen Technologie und der Schulung der Manager zu erhalten. Für letzteren Bereich wurden sowohl in Leningrad wie in der Bundesrepublik Zentren eingerichtet. Die angestrebte Eingliederung der sowjetischen Wirtschaft in die Weltwirtschaft und die Konvertierbarkeit des Rubels werden aber auch von sowjetischen Ökonomen erst für die Zeit nach der Jahrtausendwende erwartet.

Seit 1. April 1989 besitzen alle Unternehmen und Produktionsgenossenschaften direkten Zugang zu ausländischen Märkten. Die Harmonisierung der Zolltarife an die Bestimmungen des GATT oder das Prinzip der Meistbegünstigung soll 1990/91 erfolgen[66]. Außenwirtschaftsrisiken können, der Hermes-Bürgschaft vergleichbar, abgesichert werden, die Preisbildungsreform und ein präziser definierter Rubel-Dollar-Wechselkurs werden für 1990 erwartet.

Bei der langfristig vereinbarten Struktur des Warentausches innerhalb der RGW-Länder wirken sich Störungen in einem Mitgliedsland sofort auf die anderen aus. Schon die Einführung einheitlicher Wechselkurse, die im Komplexprogramm von 1971 für das Jahr 1980 vorgesehen war, sowie die Einrichtung eines Transfer-Rubels auch in der Verrechnung mit Drittländern konnten nicht umgesetzt werden. Unter den neuen Bedingungen hatten die Ratsmitglieder auf ihrer 44. Tagung im Juli 1988 in Prag noch versucht, im Zeitraum von 1991 bis 2000 die Voraussetzungen für den freien Fluß von Gütern, Dienstleistungen und Produktionsfaktoren in einem einheitlichen Markt zu schaffen. Herrschte bei westlichen Beobachtern schon damals Skepsis[67], so mußte der RGW im Januar 1990 praktisch sein Scheitern eingestehen. Alle Hoffnungen der sich im Prozeß der Demokratisierung befindlichen ehemaligen RGW-Mitgliedsländer richten sich jetzt auf die Assoziierung an die Europäische Gemeinschaft.

Die Emanzipation der Nationalitäten

Schon auf dem XXVII. Parteitag der KPdSU hatte Gorbačev die Befürchtung geäußert, daß den aktuellen Problemen weit kompliziertere folgen würden. Die bewußte Mobilisierung der gesellschaftlichen Kräfte, von denen, bei Schwächung des Plansystems, die ökonomischen Impulse ausgehen sollten, entfachte schnell die nationalen und nationalistischen Gefühle, zuerst in Mittelasien, dann im Kaukasus, schließlich im Baltikum und der Moldau. Aber auch russische nationalistische Töne brachen sich Bahn. Lange ungelöste nationale Probleme wie die Rückkehr der im II. Weltkrieg zwangsumgesiedelten Krimtataren oder Deutschen – die Kalmücken hatten diese Möglichkeit bereits erhalten – verbanden sich dabei mit sozialen wie in Mittelasien, religiösen wie im Kaukasus, nicht ohne daß, wie in Usbekistan, kriminelle Elemente, ja organisiertes Verbrechertum, die nationalen Unruhen zum Kampf gegen die den Schwarzen Markt bedrohende Perestrojka nutzten. Der 70. Jahrestag der Unabhängigkeitserklärung Litauens und Estlands im Februar 1988, dann der 50. Jahrestag des Hitler-Stalin-Paktes, der diese Unabhängigkeit beseitigte, erzeugten ein brisantes Bewußtsein nationaler Identität quer durch alle politischen Richtungen in diesen Ländern.

Die Ersten Sekretäre der KPdSU in den baltischen Republiken versuchten, die nationalen Unruhen der Staatsvölker zu kanalisieren, indem sie sich an ihre Spitze stellten und versuchten, die Politik der Perestrojka mit der Verbesserung der ökonomischen und politischen Lage zu verbinden. So traten auf der XIX. Parteikonferenz der KPdSU Ende Juni 1988 in Moskau der lettische KP-Chef Pugo, der litauische KP-Chef Songalia wie der Este Väljas, vor kurzem noch Botschafter in Nicaragua, energisch für die Interessen ihrer Länder ein und forderten die Übertragung der Prinzipien der Rentabilität und Eigenfinanzierung, die bis jetzt auf die Betriebe beschränkt war, auch für ihre Territorien[68]. Die Resolution dieser Parteikonferenz über »Die Beziehungen zwischen den Nationen« sah folgerichtig eine Verfassungsänderung über das Verhältnis der Unions- und Autonomen Republiken vor. Sie sollten das Budgetrecht und die Verantwortung für die Bereiche Wirtschaft, soziale und kulturelle Entwicklung wie Umweltschutz erhalten. Damit war die künftige Richtung der Nationalitätenpolitik von der Partei vorgegeben worden. Als jedoch die angekündigten Verfassungsänderungen ausblieben – noch am 13. Oktober sah das Politbüro ein ZK-Sonderplenum über die Nationalitätenfrage vor – griffen die baltischen Staaten zur Selbsthilfe. Am 16. November erklärte der Oberste Sowjet der Estnischen SSR, er werde die sowjetischen Gesetze nicht mehr automatisch übernehmen und verkündete die Übernahme allen Landes, Wassers, der Bodenschätze in die nationale Zuständigkeit, u. a. auch eine Reaktion auf sowjetische Großprojekte zur Phosphoritgewinnung mit katastrophalen ökologischen Auswirkungen[69]. Der Oberste Sowjet der UdSSR erklärte in seiner Antwort vom 1. Dezember das estnische Vorgehen zwar für verfassungswidrig, wies aber gleichzeitig auf die sich in Vorbereitung befindlichen Verfassungsänderungen hin[70]. Als diese ausblieben, verabschiedeten die Obersten Sowjets der baltischen Staaten, von breiter Zustimmung ihrer nationalen Bevölkerung getragen, die Mitte Mai auf einer »Baltischen Versammlung« in Talinn koordiniert wurden, Gesetze über die Souveränität (Litauen) bzw. die wirtschaftliche Selbständigkeit ab 1. 1. 1990 (Estland). Ein neues Wahlgesetz verband das Wahlrecht mit der Kenntnis der Landessprache. Die Folge waren organisierte Streiks der betroffenen Russen. Am 27. Juli verabschiedete der neue, aus dem Kongreß der Volksdeputierten hervorgegangene Oberste Sowjet der UdSSR Resolutionen, die tatsächlich den Weg in die angestrebte ökonomische Unabhängigkeit ab 1990 ebneten. Gorbačev hatte in einer Fernsehansprache am 1. Juli die Umwandlung der UdSSR in eine wahre Föderation angekündigt. Im September sollte endlich das ZK-Plenum über die neue Struktur der Sowjetunion entscheiden.

Die Unruhen im Baltikum und das Eintreten der Parteiführer für die Belange ihrer Völker beschränkte sich jedoch nicht nur auf den Nordwesten der Sowjetunion. Im Gegenteil, im Süden, im Kaukasus, dann sogar in Mittelasien kam es zu weit heftigeren nationalen Auseinandersetzungen, deren Ziel aber nicht die Russen, sondern Vertreter anderer Ethnien oder Religionsgemeinschaften waren. Als kämen die verheerenden Folgen der verbrecherischen Aussiedlungspolitik Stalins und der Assimilierungspolitik in der Brežnev-Zeit auf einmal ans Tageslicht, rebellierten die Nationen gegen die als ungerecht empfundenen Zustände. Im Sommer 1988 forderten die Einwohner der in Azerbajdžan gelegenen armenischen Enklave Nagornyj Karabach den Anschluß an Armenien. In der am Kaspischen Meer neu entstandenen Industriestadt Sumgait trieb ein Pogrom an Armeniern den Konflikt in eine neue Dimension der Gewalt. Es folgten Generalstreiks. Schließlich unterwarf der Oberste Sowjet in Moskau das Autonome Gebiet der Administration der Union und setzte einen Administrator ein. Am 8. Dezember erschütterte ein Erdbeben Armenien, zahlreiche Städte und Dörfer wurden zerstört, 10000e Opfer waren zu beklagen; die spontane Hilfe aus dem Ausland gab ein wichtiges Signal internationaler Solidarität und Betroffenheit.

Im Februar 1989 kam es erstmals in Tiflis zu Demonstrationen der Georgier gegen die 68 Jahre zurückliegende gewaltsame Eingliederung ihres Landes in die UdSSR, sie nahmen im April noch zu und wurden erweitert durch die Autonomiewünsche der Abchasier, die ihrerseits gegen die Dominanz der Georgier aufbegehrten. Die von Stalin aus Georgien nach Usbekistan deportierten Mescheten wurden Opfer ihres Gastvolkes; die pogromartigen Exzesse forderten 100 Tote, 15 000 mußten evakuiert werden. Die Moldauische Republik setzte den Gebrauch der rumänischen Sprache und der lateinischen Schrift durch. In all diesen Republiken wurden die Rufe nach Austritt aus dem Staatsverband immer lauter. Am 20. September fand endlich das lange angekündigte ZK-Plenum statt, das ein Grundsatzpapier zur Lösung der nationalen Probleme verabschiedete. Es sah weitgehende Freiheiten der einzelnen administrativen Teile vor bei Beibehaltung der zentralen Institutionen Partei, Armee und die Berücksichtigung der bestehenden Grenzen.

Der bisherige Höhepunkt wurde im Januar 1990 erreicht, als die Sowjetische Armee eingesetzt werden mußte, um die inzwischen bürgerkriegsartigen Auseinandersetzungen zwischen Armeniern und Azeris zu beenden. Über 100 Tote waren der Preis.

Erfolge in der Außenpolitik

Die von der Sowjetunion ausgehenden zahlreichen Impulse, insgesamt das neue Sozialismusverständnis, blieben auf die Staaten des Rates für gegenseitige Wirtschaftshilfe nicht ohne Einfluß. Fanden die sowjetischen Vorschläge zum Abbau von Rüstung unter wirksamer Kontrolle noch die Unterstützung der Bündnispartner im Warschauer Pakt, so bei der Außenministertagung Ende Oktober 1987 in Prag, traten bei der geplanten Koordinierung der anderen wesentlichen Politikbereiche Wirtschaft, Recht, Information zunehmend Schwierigkeiten auf. Sie ergaben sich einerseits aus den stürmischen innenpolitischen Wandlungsprozessen, denen Ungarn und Polen sich unterzogen, andererseits aus dem Widerstand, ja der Furcht vor dem »Reformbazillus«, der die Herrschaft der Kommunistischen Parteien in den anderen WP-Staaten in Frage stellte.

Die Sowjetunion verfolgte seit 1986 im Rat für gegenseitige Wirtschaftshilfe zwei Absichten. Sie wollte die Organisationsstruktur stärken und gleichzeitig die bilateralen Beziehungen ausbauen. Aber zum 1. 1. 1989 stammten nur 27 von 191 Gemeinschaftsunternehmen mit ausländischen Partnern auf sowjetischem Territorium aus sozialistischen bzw. RGW-Staaten, dagegen 164 aus westlichen Ländern. Die auf der 43. RGW-Ratstagung im Oktober 1987 beschlossene Reform der Organisationsstruktur konnte dagegen einige Erfolge aufweisen: Der Personalbestand des RGW-Sekretariats wurde um 25% reduziert, 19 RGW-Organe aufgelöst, freilich 6 neue geschaffen, die Zahl der Vertretungsorgane von 35 auf 24 gesenkt.

Die neue ökonomische Situation vor allem in den reformfreudigen RGW-Ländern führte auf der 44. Ratstagung im Juli 1988 in Prag zu einem Wandel der sowjetischen Einstellung gegenüber den Reformen innerhalb des RGW. Unter der Perspektive »gemeinsamer RGW-Markt« strebte die Sowjetunion jetzt über ein breites Spektrum neuer Formen von direkter Produktionskooperation nach primär ökonomischen Kriterien sozusagen die »Integration von unten nach oben« an. Die drei reformfreudigen Staaten, insbesondere aber auch die ČSSR und Bulgarien sahen in der Reform des Preisbildungsmechanismus, der Errichtung vernünftiger Wechselkurse und der Währungskonvertibilität die wichtigste Voraussetzung für die Verwirklichung der integrationspolitischen Leitziele. Die drei Reformstaaten nahmen sich sogar vor, ab 1991 ihren Warenaustausch auf der Basis der Weltmarktpreise in konvertierbarer Währung zu verrechnen[71]. Die auf der Ratstagung verabschiedete »kollektive Konzeption der internationalen sozialistischen Arbeitsteilung für 1991–2005« sollte als Grundlage für die Abstimmung der Wirtschaftspolitik wie als Koordinationsinstrument der Wirtschaftspläne dienen. Die Verschiebung der für März 1989 geplanten 45. Ratstagung in Sofija auf 1990 zeigte an, daß es gravierende Abstimmungsprobleme gab. Als Folge der unterschiedlichen gesellschafts- und wirtschaftspolitischen Entwicklung ließen sich Ende 1989 drei unterschiedliche Verhaltensmuster unter den RGW-Staaten finden: die risikofreudigen Vorreiter Ungarn, Polen und UdSSR, die gezügelte bzw. distanzierte Anpassung Bulgariens und der ČSSR, sowie die Konservativen bzw. rigiden Verweigerer DDR und Rumänien[72].

Die Verhandlungen am »runden Tisch« vom 6. Februar bis 5. April 1989 zwischen der Regierungskoalition und der Opposition, die Wahlergebnisse zum Sejm und Senat vom 4. bzw. 18. Juni und die Regierungsbildung unter Ministerpräsident Mazowiecki als Repräsentant der Solidarność in Polen sowie die Absetzung Kádárs Ende Mai 1988 in Ungarn und die Vorbereitung einer neuen Verfassung, die Menschenrechte, Rechtsstaatlichkeit, Marktwirtschaft, Mehrparteiensystem und gesellschaftlichen Pluralismus garantierte, führte zu einer erheblichen Wandlung des Erscheinungsbildes der sozialistischen Staatengemeinschaft am Beginn der 90er Jahre. Mit dem RGW-Mitglied Kuba war am 4. April 1989 ein auf 25 Jahre gültiger Freundschaftsvertrag abgeschlossen worden.

Auch im Verhältnis zum Warschauer Pakt wurden neue Akzente gesetzt. Die KSZE-Folgeverhandlungen, vor allem die Verhandlungen über konventionelle Streitkräfte in Europa (VKSE) in Wien, boten die Foren für die Mitglieder, ihre eigenen Interessen stärker zu artikulieren und sich in den europäischen Dialog über Abrüstung und Vertrauensbildung zu integrieren. Veränderungen innerhalb des Warschauer Paktes und seiner Militärdoktrin können deshalb als konstruktiver Beitrag zu den Verhandlungen über militärische Sicherheit in Europa gewertet werden. Das gilt für die Ablösung des WP-Oberkommandierenden, Kulikov, durch Lušev am 1. Februar 1989 wie für die Umbenennung der in der DDR stationierten sowjetischen Truppen in »Westliche Gruppe der Streitkräfte« am 29. Juni. Schon auf dem XXVII. Parteitag 1986 hatte Gorbačev sich gegen Doktrinen der Abschreckung und Einschüchterung ausgesprochen und gefordert, die Sicherheit nur durch politische Maßnahmen zu gewährleisten. Militärische Potentiale sollten auf ihre »vernünftige Hinlänglichkeit« begrenzt werden. Seit diesem Zeitpunkt begann eine vorsichtige Umorientierung der sowjetischen, dann der WP-Militärdoktrin in Richtung der Idee der »äußersten Defensive« (Mai 1987), mündete über den Jaruzelski-Plan vom Juli in die erstmalige Anerkennung der Überlegenheit des WP bei Panzern und anderen Waffen und Geräten gegenüber der NATO und die Bereitschaft zum Abbau dieser Asymmetrien. Diese Veränderungen wurden vom Westen verstanden, der begann, die sich daraus ergebenden Möglichkeiten »mit aller Vorsicht auszuloten«[73].

Schon in einer Rede in Kiev hatte Gorbačev im März 1989, angesichts der Wandlungsprozesse in Ungarn und Polen, das Recht der sozialistischen Staaten auf den eigenen Weg betont, eine Formulierung, die auch in die Kommuniqués der WP-Tagungen im Juli und Oktober aufgenommen wurde. Das bedeutete das Ende der Breznev-Doktrin. Im Ergebnis stellte sich die Sowjetunion auf ein qualitativ neues Verhältnis zu den WP/RGW-Mitgliedsländern ein. Ungarn, seit dem 23. Oktober, dem 33. Jahrestag des Aufstandes, wieder Republik, und das nicht-kommunistisch geführte Polen, die beginnenden Reformprozesse in der DDR nach Honekkers Sturz am 18. des gleichen Monats, führten zum Wandel des Bündnissystems von einer militärisch-politischen Bedeutung zur politisch-militärischen, wie Ševardnadze in Warschau ausführte. Schon im März 1988 hatte Gorbačev vor der Skupština in Belgrad die Bedeutung der Dokumente von 1955 und 1956 bestätigt und die Initiative der Balkanstaaten zu einer Reduzierung der Truppen in diesem südosteuropäischen Raum begrüßt[74].

Auch das sowjetisch-chinesische Verhältnis normalisierte sich schrittweise. Ende Juli 1987 wurde der Frachtverkehr auf Amur, Ussuri und Sungari wieder aufgenommen[75]. Mit dem für Ende September 1989 angekündigten vorzeitigen Abzug der Vietnamesen aus Kambodscha, der deutlichen Verminderung der sowjetischen Truppen in der Mongolei und an der chinesischen Grenze, dem Abzug der sowjetischen Streitkräfte aus Afghanistan zum 15. Februar 1989 waren die »drei Hindernisse« nahezu beseitigt, so daß der Reise Gorbačevs nach Peking im Mai nichts mehr im Wege stand. Doch so bedeutsam Gorbačevs Besuch vom 15. bis 18. Mai in China für die Normalisierung der Beziehungen beider Länder auch war, im Rampenlicht der Weltöffentlichkeit standen die Massendemonstrationen in Peking und anderen Städten für mehr Demokratie, Presse- und Meinungsfreiheit und Bestrafung der korrupten kommunistischen Führer[76]. Gesicht und Sympathie in der Welt verlor Deng Xiaoping endgültig durch die Verhängung des Kriegsrechts, Massaker an friedlichen Studenten und die Ablösung zahlreicher Reformkräfte, an der Spitze Parteichef Zhao Ziyang. Damit hatte sich das sowjetische Reformmodell zwar als ökonomisch völlig unzureichend, politisch aber als stabiler erwiesen als das chinesische, das die Freisetzung der ökonomischen Kräfte nicht durch politische Freiheiten abstützen wollte und damit den Erfolg der ökonomischen Reformen selbst beschnitt. Plötzlich besaß die Sowjetunion sogar in Asien mehr Spielraum als das zeitweise international geächtete China und begann Ende des Jahres, auch ihr Verhältnis zum etwas vernachlässigten Japan zu beleben.

Durch die militärische Herauslösung aus Afghanistan, den Rückzug der Vietnamesen aus Kambodscha, auch wenn sie als Ordnungsfaktor dort willkommen waren, gelang es der Sowjetunion, ihr Überengagement in der 3. Welt abzubauen und aus der Sackgasse der militärisch definierten Außenpolitik schrittweise auch hier herauszufinden. Dem neuen, regionalspezifischen Konzept entsprach die frühzeitige und international akzeptierte Konfliktregelung[77]. Konsequent bezeichnete Ševardnadze im Oktober 1989 die sowjetische Invasion in Afghanistan als »grobe Verletzung der moralischen Normen und gemeinsamen Werte der Menschheit«. Der Versuch jedoch, durch die »Ökonomisierung der Außenpolitik« mehr Einfluß gerade in Südostasien zu gewinnen, stieß angesichts der dynamischen Entwicklung der ASEAN-Staaten an die Hemmnisse der sowjetischen wirtschaftlichen Möglichkeiten.

Dem eingeschlagenen Kurs folgte auch die Wiederannäherung an Israel. Am 12. Juli 1987 nahm eine sowjetische Konsulardelegation in Israel ihre Arbeit auf, der Abbruch der Beziehungen 1967 wurde 1988 als schwerer Fehler bezeichnet, und Gorbačev forderte die PLO zur Anerkennung Israels auf. Polen und Ungarn hatten 1987 bereits ständige Vertretungen unterhalb der Botschafterebene eingerichtet, im Mai 1989 besuchte Ministerpräsident Schamir Ungarn, der Wiederaufnahme der Beziehungen stand nichts mehr im Wege, die ČSSR folgte im Februar 1990. Im sowjetisch-ägyptischen Verhältnis gab es Anzeichen zur Überwindung der seit der einseitigen Kündigung des ägyptisch-sowjetischen Vertrages durch Sadat entstandenen Spannungen.

Auch in Schwarzafrika fand die sowjetische Außenpolitik zu neuer Vitalität und versuchte erfolgreich, den geringen verbliebenen Einfluß durch Kooperation und Suche nach konstruktiven Lösungen zur Konfliktregelung zu stabilisieren und auszubauen. Im Dezember 1988 wurden in Brazzaville der schrittweise Abzug der kubanischen Truppen aus Angola und die Unabhängigkeit Namibias für 1989 vereinbart, für die die ständigen Mitglieder des UN-Sicherheitsrates, vor allem die USA und die UdSSR, die Garantien übernahmen[78].

Die Zeitenwende 1989

Auch die Beziehungen zu den USA verbesserten sich schrittweise. Ihr Schwerpunkt lag weiterhin auf dem Gebiet der Rüstungskontrolle und Abrüstung. Im Laufe des Jahres 1987 schnürte Gorbačev das Verhandlungspaket von Mittelstrecken-, Langstrekken- und Weltraumwaffen auf, so daß die Mittelstrecken-(INF-) Verhandlungen unabhängig von den beiden anderen Bereichen, auch nach der Bereitschaft des deutschen Bundeskanzlers, auf die 72 Pershing I A zu verzichten, am 8. Dezember in das erste Abkommen über atomare Abrüstung münden konnten. Im Laufe von

3 Jahren werden alle bodengestützten ballistischen Flugkörper und Marschflugkörper mit einer Reichweite von 500–5500 km vernichtet. Zu Recht bezeichnete Gorbačev den INF-Vertrag als »eine große Chance, endlich auf den Weg zu finden, der von der drohenden Katastrophe wegführt«[79]. Zu den umfassenden Verifikationsmaßnahmen gehört, daß beide Parteien 13 Jahre lang die Fabrikeingänge zur früheren Endmontage der ballistischen Raketen inspizieren dürfen.

Ein ähnlicher Erfolg auf den anderen Verhandlungsforen über Rüstungskontrolle und Abrüstung blieb während Reagans Amtszeit aus, dennoch wurden in den wiederaufgenommenen START-Verhandlungen bedeutende Fortschritte erzielt und das Ziel der Halbierung der atomaren Gefechtsköpfe auf etwa 4900 festgeschrieben. Reagans Nachfolger Bush und Gorbačev wollen im Sommer 1990 in Washington den ersten START-Vertrag unterzeichnen. Aber schon wird überlegt, wie die strategische Stabilität durch Senkung des Wurfgewichts, durch verbesserte Kontrollen weiter entwickelt werden kann. Schon wurden auf beiden Seiten Untergrenzen von 300–500 atomaren Gefechtsköpfen erwogen, eine Zahl, die bereits 1949, damals als maximale Größe, genannt worden war. Im Oktober 1989 gestand Ševardnadze ein, daß der Bau der Großradaranlage in Krasnojarsk eine Verletzung des ABM-Vertrages dargestellt hatte, im Gegenzug schwächte Bush das SDI-Programm zusehends ab.

Ähnliche Fortschritte bahnten sich auf dem Gebiet der konventionellen Waffen und Streitkräfte an. Im Januar 1989 wurden die MBFR-Verhandlungen in Wien abgebrochen. Am 6. März begannen an ihrer Stelle, aber im Rahmen der KSZE, Verhandlungen über konventionelle Streitkräfte in Europa (VKSE). Ihr Ziel ist, über die Stufen der asymmetrischen Reduzierung von mindestens 10%, dann um 25% der Streitkräfte in ganz Europa konventionelle Stabilität zu erreichen und anschließend die Streitkräfte in Richtung Angriffsunfähigkeit umzustrukturieren. Für Ende 1990 wird mit Abschluß der Konferenz gerechnet, aber schon geht, durch die Ereignisse in den WP-Staaten vorangetrieben, die Suche nach weiteren Fortschritten im Rahmen einer VKSE II voran, um letztlich eine neue europäische Sicherheitsstruktur zu schaffen. Das bedeutet nicht nur die Reduzierung der amerikanischen und sowjetischen Streitkräfte in Europa außerhalb der Sowjetunion auf 195 000 Soldaten, sondern auch die Reduzierung der einzelnen nationalen Armeen, darunter der Bundeswehr, in den Bündnissen. Die Verhandlungen über vertrauens- und sicherheitsbildende

Maßnahmen (VVSBM) liefen in Wien parallel, vermochten aber aus dem Schatten der VKSE kaum herauszukommen. Vom 12. bis 14. Februar verhandelten die 23 Vertreter der NATO und der WP-Staaten in Ottawa über den »offenen Himmel«, d. h. Kontrollmöglichkeiten über ihrem Territorium.

Ergänzt und stimuliert wurden die Abrüstungsgespräche durch die Treffen auf höchster Ebene, so Reagans Besuch in Moskau im Mai und Juni 1988, Gorbačevs UNO-Auftritt vom 7. Dezember, der ihn auch mit Reagan und Bush zusammenführte, schließlich das stürmische Treffen mit Bush als neuem Präsidenten am 2. und 3. Dezember 1989 auf Malta. Die Kontakte auf Außenministerebene vertieften sich, sie wurden ergänzt durch Besuche der Verteidigungsminister, so Jazov bei Carlucci im August 1988, der Carluccis Besuch in der UdSSR erwiderte. Im Juni 1988 weilte Admiral Crowe, der Vorsitzende der Vereinten Stabschefs, in der UdSSR, Ševardnadze traf 1989 erstmals NATO-Generalsekretär Wörner im Hauptquartier. Den ersten Besuch eines Flottenverbandes der Bundesmarine bei der sowjetischen Marine im Oktober 1989 in Leningrad erwiderte vom 12. bis 16. Februar 1990 Marineminister Admiral Černavin, ein Flottenverband sollte folgen. Zuvor hatten der deutsche Verteidigungsminister Scholz im Oktober 1988 und Admiral Wellershoff im Mai 1989 die sowjetischen Streitkräfte besucht.

Diese Besuche zeigten auf, daß das deutsch-sowjetische Verhältnis sich zusehends besserte. Vom 6. bis 11. Juli 1987 besuchte Bundespräsident von Weizsäcker die Sowjetunion und ebnete den Weg für den Besuch des Bundeskanzlers und zahlreicher Minister vom 24.–27. Oktober 1988, der viele unterschriftsreife Kooperationsvorhaben auf den Weg brachte. Auch Oppositionsführer Vogel (SPD) besuchte vom 10.–11. April 1989 Gorbačev. Den Höhepunkt bildete zweifellos Gorbačevs umjubelter Besuch in der Bundesrepublik vom 12.–15. Juni. Die am 13. Juni unterzeichnete deutsch-sowjetische »Gemeinsame Erklärung« ist zu Recht als Dokument von historischem Rang bezeichnet worden. Mit der Formulierung: »Das Recht der Völker und Staaten, ihr Schicksal frei zu bestimmen und ihre Beziehungen zueinander auf der Grundlage des Völkerrechts souverän zu gestalten, muß sichergestellt werden« und Kohls Feststellung während der Tischrede: »Das Zusammengehörigkeitsgefühl der Deutschen in West und Ost ist ungebrochen« wurde nicht nur ein völlig »neuer politischer Stil im Umgang miteinander«, so Kohl vor dem Deutschen Bundestag, gepflegt, sondern auch der Grundstein gelegt für die

Zustimmung der UdSSR zum Zusammenwachsen der Bevölkerung in der Bundesrepublik und der DDR.

Den vorläufigen Abschluß der diplomatischen Aktivität bildete der Blitzbesuch des Bundeskanzlers Kohl und des Außenministers Genscher vom 10. und 11. Februar 1990 in Moskau, um angesichts der dynamischen Veränderungen in der DDR sich der Zustimmung der sowjetischen Führung zum deutschen Einigungsprozeß zu versichern. »Helsinki II« als gesamteuropäische Konferenz soll diesen Prozeß im Sommer 1990 besiegeln.

Der Jahreswechsel 1989/90 sah ein anderes, erneuertes Europa. Je erfolgreicher der sowjetische Generalsekretär das Verhältnis zu den USA und den westeuropäischen Staaten verbessern, die innenpolitischen Reformschritte vorantreiben und seine Machtposition ausbauen konnte, desto klarer wurde es dem kritischen Beobachter, daß auch die Regierungen in den anderen sozialistischen Staaten sich dem Zwang zur Reform auf Dauer nicht entziehen konnten. In Ungarn hatte die kommunistische Partei die Öffnung des Landes selbst kontinuierlich vorangetrieben, in Polen erkannte die PVAP ihre Unfähigkeit, das Land aus der Krise zu führen, tolerierte zuerst die Machtbeteiligung der Solidarność und war zu freien Wahlen bereit. Die anderen KP-Führer wiegten sich in der Illusion, die 40jährige Stützung ihrer Herrschaft durch die Sowjetunion habe ihrer Regierung über das Volk eine eigenständige Legitimität verschafft. Ihr falsches Stabilitätsverständnis isolierte sie immer mehr von den Wandlungsprozessen. Zuletzt entlarvten die Drohungen und Vorbereitungen, wie in der DDR, das chinesische Modell der Konfliktbewältigung durch Staatsterror gegen die eigene Bevölkerung anzuwenden, und der tatsächliche Einsatz der Sicherheitstruppen gegen die Bevölkerung, wie in Rumänien, den wahren Charakter der kommunistischen Regime als stalinistisch. Vergebens hatte Gorbačev Honecker am 7. Oktober 1989 gewarnt: »Wer zu spät kommt, den bestraft das Leben«, und »Gefahren warten nur auf jene, die nicht auf das Leben reagieren«. Am 18. Oktober wurde Honecker durch Krenz abgelöst, am 22. Dezember erhob sich in Rumänien die Bevölkerung, am 25. Dezember wurde das Ehepaar Ceaușescu hingerichtet; am 29. Dezember wurde der Bürgerrechtler und Schriftsteller Vaclav Havel im Ergebnis der »samtenen Revolution« zum Staatspräsidenten der ČSSR gewählt, Alexander Dubček zum Präsidenten des Parlaments; in Bulgarien wurde Šivkov gestürzt. Am 29. November strichen die ČSSR, einen Tag später Polen, tags darauf die DDR die führende Rolle der Kommunistischen Parteien aus ihrer Verfassung. Die Republiken begannen sich zu westlichen Demokratien zu entwickeln, ein Parteienspektrum entstand, freie Wahlen wurden angesetzt, so am 18. März 1990 in der DDR, das System der sozialen Marktwirtschaft und die Reintegration in die Weltwirtschaft wurden zielstrebig angesteuert.

Plötzlich hatten sich die Seiten verkehrt, die »Rollen vertauscht«. »Wer ist heute vorne?« lautete die Frage der sowjetischen Reformer, die feststellten: »Bei uns entfalten sich die Diskussionen über Eigentumsformen erst, in Polen aber wird die Wirtschaft mit Hochdruck privatisiert. Wir gehen erst daran, die Frage eines Effektenmarktes zu prüfen, in Ungarn haben sie schon eine Börse«[80]. Nun erweise sich als Reformhemmnis, daß in der Sowjetunion der Stalinismus 70 Jahre lang die moralischen Normen der Gesellschaft entstellte, in Osteuropa nur 40 Jahre, er deshalb nicht so tief ins Bewußtsein eindringen konnte. Die wirtschaftliche und politische Hinwendung Osteuropas zum Westen sei als Unvermeidlichkeit aufzufassen, da die Sowjetunion den Nachbarn die benötigte Hilfe nicht geben könne. Die Sowjetunion wachse hier in eine neue Rolle hinein. Sie müsse die negativen Folgen ihrer Herrschaft über die früheren sozialistischen Staaten bewältigen und auf den westlichen Märkten mit ihnen in Konkurrenz treten. Der Weg zur Entwicklung von kooperativen Strukturen in ganz Europa ist damit offen. Ein zweiter Marshallplan für die neuen Demokratien, von der Europäischen Gemeinschaft getragen, wird erwartet.

Anfang Februar 1990 verzichtete das ZK der KPdSU auf das Machtmonopol der Partei, Art. 6 der Verfassung solle fallen, ein Mehrparteiensystem soll entstehen können, die radikale Reform der Wirtschaft in Richtung »Plan-Markt-Wirtschaft« solle vorangetrieben, verschiedene Formen des Eigentums an Produktionsmitteln, d. h. auch Privateigentum werden zugelassen. Der XXVIII. Parteitag der KPdSU wurde auf Sommer 1990 vorverlegt. Er wird historische Bedeutung erlangen.

Am 22. Dezember 1989 begannen die Rumänen, die Herrschaft Ceauşescus abzuschütteln. So wurde, wie der rumänische Dichter Marin Sovescu sagte, der Zweite Weltkrieg für Rumänien am 22. Dezember 1989 beendet; am gleichen Tag wurde das Brandenburger Tor in Berlin, das Symbol der Teilung Europas, nach 28 Jahren wieder geöffnet. Nun konnte, wie Willy Brandt sagte, wieder zusammenwachsen, was zusammengehört. Zu Recht sprach Präsident Bush am 1. Februar 1990 vom Beginn einer neuen Ära in den internationalen Beziehungen und im Blick auf Europa von einem »einzigartigen Augenblick in der Geschichte«. Wohin wird die Sowjetunion sich entwickeln? Die Analyse für die Ursachen der stalinistischen Fehlentwicklung werden von sowjetischen Autoren immer deutlicher in Lenins Parteiverständnis gesehen, im Verlassen des demokratischen Weges. Die Alternative lautet: Zurück zur Sozialdemokratie; nicht Bucharin, sondern Plechanov, der »Vater des russischen Marxismus« wird aufgewertet.

Durch die Ernennung eines sechzehnköpfigen Präsidentschaftsrates und die Abstützung seiner Position durch den neuen Obersten Sowjet hat sich Gorbačev die Machtbasis geschaffen, um die Herrschaft der KPdSU über das Land zu beseitigen. Es müßte nun auch im Interesse der einzelnen Unionsrepubliken liegen, ihr Heil nicht in einer historisch überholten politischen Selbständigkeit zu suchen und dadurch Gorbačevs Reformpolitik zu desavouieren, wie Litauen am 11. März 1990, sondern im Gegenteil die gesetzlich verankerten sozialen und ökonomischen Freiräume so zu nutzen, daß einerseits die Perestrojka stabilisiert und andererseits gerade der durch die Wirtschaftsreformen entstehende große sowjetische Markt erhalten bleiben könnte.

Dann würde die erneute Verfassungsänderung und die am 15. März 1990 erfolgte Wahl Gorbačevs zum Staatspräsidenten mit wesentlich erweiterten Vollmachten die entscheidende Zäsur darstellen: Die seit der Oktoberrevolution 1917 leninistisch-stalinistisch geprägte Entwicklung der UdSSR wäre beendet und ein neues Rußland entstünde, das demokratische Strukturen, die Herrschaft des Rechts und soziale Marktwirtschaft nach innen praktizierte, sich außenpolitisch in das internationale Staatensystem reintegrierte und die europäische wie die Weltkultur erneut bereicherte.

Anmerkungen

Einleitung

1 So äußerte sich z. B. der Bildungsminister Graf Dimitrij Tolstoj, laut Fürst B. v. Bülow, Denkwürdigkeiten, 1931, Bd. IV, S. 573. Ähnliche Ansichten vertrat der Schriftsteller K. Leont'ev.

2 Vgl. hierzu V. Gitermann, Geschichte Rußlands. Hamburg 1949, Bd. III, S. 320ff.

3 F. Borkenau, Zwei Revolutionäre. Der Monat 1950, Heft 25, führt den Namen Uljanov auf einen turksprachigen Wortstamm zurück, was völlig abwegig ist; stattdessen bieten sich viel naheliegendere Ableitungen an, wie z. B. von ulej = Bienenstock (es gab im Gebiet von Penza viel Bienenzucht), oder auch vom Eigennamen Julij = Julius.

4 N. Berdyaev, The Russian Idea, London 1947, S. 119.

5 L. Trotzki, Mein Leben, Bd. I, S. 155ff.

6 Leo Trotzki, Mein Leben, Berlin 1930.

7 Die bolschewistische Terminologie spricht bei den menschewistischen Bestrebungen von »Liquidatoren«; die bolschewistischen »Idealisten«, die endgültig durch eine Parteikommission im Jahre 1909 verurteilt wurden, nannte man »Otzovisty« (von Otzyv = Abberufung).

I. Die Revolution

1 In Klammern die Daten nach dem neuen Stil, dem ab 1. (14.) Februar 1918 geltenden Gregorianischen Kalender.

1a Ein ungewöhnlich positives Bild von Lvov entwirft R. Wittram in: Studien zum Selbstverständnis des 1. und 2. Kabinetts der Russischen Provisorischen Regierung. Abhandlungen der Akademie der Wissenschaften in Göttingen, Göttingen 1971.

2 Die Behauptung, die Bolschewisten hätten durch Aufrufe zu Demonstrationen die Februarrevolution eingeleitet, ist eine der vielen Geschichtsfälschungen des Stalinismus, die ihren Gipfel in der Behauptung des Lehrbuches »Geschichte der UdSSR«, Moskau 1947, findet, wo es heißt, das Büro des Zentralkomitees mit Molotov an der Spitze hätte den Aufstand geleitet. In Wirklichkeit hatten Bezirkskomitees der Partei sogar gegen die ersten Streiks Stellung genommen. Vgl. Der Monat 1952/42 (B. Shub) und 44 (H. Hurwitz).

3 F. Borkenau, Das Jahr 1917. Der Monat, November 1952.

4 L. Trotsky, The Stalin School of Falsification. Selected Works, New York 1936, Bd. II, S. 238ff.

5 Diese Konferenz wird in keiner stalinistischen Darstellung erwähnt. Ein Protokoll wurde später von Kamenev Trockij übergeben und von diesem veröffentlicht. School of Falsification, S. 231–301.

6 Vgl. N. Suchanov, Zapiski o revoljucii III, S. 10ff.

7 Ausg. Werke II, S. 7–15.

8 Bd. 1, S. 26ff.

9 W. Gurian, Lenins Methoden der Machtergreifung im Jahre 1917. In: Deutschland und Europa. Festschrift für H. Rothfels, Düsseldorf 1951, S. 278ff., S. 286ff.

10 Grundlage hierfür war Lenins Aufruf »Soldaten und Land« vom 15. April 1917, Gesammelte Werke, II. Aufl., Bd. XX, S. 171.

11 Das Lob, das Lenin Trockij für seinen Anteil an dem Anschluß der Mežrajoncy zollte (Ges. Werke, II. Aufl., Bd. XXI, S. 289), ist in der III. Aufl. seiner Werke bereits fortgelassen.

12 150 Abgeordnete gehörten kleineren Gruppen an, 45 waren parteilos. (Lt. E. H. Carr, The bolshevik revolution, London 1950, Bd. I, S. 89, dessen Gesamtrechnung mit 822 allerdings nicht aufgeht.)

13 Vgl. seine Rede vom 4. Juni 1917, Ausgew. Werke II., S. 56ff.

14 Illustrierte Geschichte der russischen Revolution, S. 233.

15 Geschichte der KPdSU, Kurzer Lehrgang, S. 223.

16 Stalin, Werke (russ.), III, S. 156.

17 I. Deutscher, Stalin, S. 160ff., folgt ihr wörtlich!

18 Stalin, Werke III, S. 187.

19 Als A. Ropšin, z. B. »Das fahle Roß« (1908) u. a. Vgl. die Charakteristik bei Stepun II, S. 164ff., der ihn sichtlich überschätzt.

20 Vgl. Lenin, Werke, Bd. XXI, S. 76.

21 Vgl. hierzu Stepun II, S. 230ff. Die vereinfachte Version bei Borkenau, l. c., S. 30, und H. Seton-Watson, From Lenin to Malenkov, S. 35.

22 Bedeutsam sind auch seine Septemberschrift: »Werden die Bolschewisten die Staatsmacht behaupten (eig.: erringen)«, Werke, Bd. XXI, S. 264, und sein Artikel: »Helden der Fälschung« vom 24. September, ebenda, S. 214.

23 Antonov-Ovseenko war später während des Spanischen Bürgerkrieges sowjetischer Generalkonsul in Barcelona und wurde anschließend von der Welle der Trockistenverfolgungen erfaßt und liquidiert.

24 So war die russische Hauptstadt schon im ersten Kriegsjahr umbenannt worden. Da es sich um eine direkte Übersetzung von »Petersburg« handelt, erschien es nicht notwendig, für die Zeit der Geltung dieser Namensform (1915–1925) im deutschen Text von Petersburg abzugehen.

25 Das Protokoll s. bei Lenin, Werke, II. Aufl., Bd. XXI, S. 619ff.

26 Vgl. seine Briefe, Ausg. Werke II, S. 152–157.

27 L. Trotzki, Geschichte der russischen Revolution II, S. 616.

28 Vergangenes und Unvergängliches II, S. 184, 204 u. a.a.O.

29 F. Stepun, l. c., Bd. 2, Die Grenzen von Lenins staatsmännischem Können beleuchtet E. Crankshaw, Risse in der Kremlmauer, S. 69.

30 Genauer: Vserossijskaja črezvyčajnaja komissija; die einzelnen lokalen Instanzen waren im eigentlichen Sinne die »Čeka's«.

31 Vgl. N. Zubov, F. Dzeržinskij, Moskau 1933.

32 Vgl. L. Trotsky, School of Falsification, S. 103ff.

33 Vgl. O. H. Radkey, The Election to the Russian Constituent Assembly of 1917, Cambr./Mass. 1950.

34 Werke Bd. XXII, S. 131, 667.

35 Lenin, Ausg. Werke II, S. 302.

36 Trotzki, Über Lenin, S. 94.

37 G. Plechanov, Ein Jahr in der Heimat II, S. 267.

38 Werke XVI, S. 336 (1919).

39 Wie E. H. Carr I, S. 121 behauptet. Vgl. auch Crankshaw, l. c. S. 29, der eine absolute Diktatur nach dem Sturz des Zaren als »unvermeidlich« ansieht.

40 L. c., S. 288.
41 F. Borkenau, Das Jahr 1917, l. c., S. 38.
42 Soviet Documents on foreign policy, ed. J. Degras, Oxford U. P. 1951, Bd. I, S. 1 (hinfort abgekürzt: SD).
43 Ebenda S. 4ff.
44 Ebenda S. 14.
45 SD 43.
46 Im Dezember 1917 weilte eine deutsche Delegation in Petersburg, um hier Fühlung mit Rechtskreisen aufzunehmen. Daß hierbei ein höherer Beamter des ehemaligen Außenministeriums die Gelegenheit ergriff, um bei den alliierten Vertretern in Petersburg auch die allgemeinen Friedensmöglichkeiten zu sondieren, ist wenig bekannt. Siehe Baltische Monatshefte, Riga 1928.
47 SD 11.
48 Rada = ukrainisches Wort für Volksvertretung.
49 Am 1. (14.) Februar 1918 wurde in Rußland offiziell der Gregorianische Kalender eingeführt (vgl. S. XV). Von hier ab erübrigt sich die doppelte Datierung.
50 SD I, S. 43.
51 Vgl. seine berühmte Rede auf dem VII. Parteitag am 7. März. Ausg. Werke II, S. 330ff.
52 So auch im Aufruf vom 12. März, Ausg. Werke II, S. 352 und auch am 26. November 1920, Ausg. Werke (engl. Ausg.) VII, S. 282ff.
53 Werke (russ.), Bd. XXII.
54 Über den Zusatzvertrag vom 27. August, der zu den bisherigen Bedingungen noch die Zahlung von Reparationen in Höhe von 6 Milliarden Goldmark hinzufügte, s. u.
55 Dagegen stimmten neben Bucharin Bubnov, Urickij und Lomov; Trockij, Krestinskij, Dzeržinskij und Joffe enthielten sich.
56 SD I, S. 46.
57 SD I, S. 50 und 63.
58 In seiner Rede vom 7. März und seinem Artikel vom 12. März, Ausg. Werke II, S. 330–356.

II. Der Bürgerkrieg

1 Die Verfassungen der modernen Staaten, hrsg. von B. Dennewitz und B. Meissner, Hamburg 1947, Bd. I, S. 122.
2 Bezeichnenderweise fehlt diese Erklärung in der neuesten Auflage der gesammelten Werke Stalins, die im allgemeinen alle von ihm verfaßten Erlasse in chronologischer Reihenfolge abdruckt. Vgl. J. Stalin, Sočinenija, Moskau Bd. 1–13.
3 B. Krupnyckyj, Die Geschichte der Ukraine, Leipzig 1939, S. 283. Vgl. C. A. Manning, The Story of the Ukraine, New York 1947, S. 216ff., J. S. Reshetar, The Ukrainian Revolution 1917–1920, Princetown 1952.
4 A. v. Taube, Nationale Demokratie, sozialistische Arbeiterkommune oder gesamtbaltischer Ständestaat? Baltische Hefte, 1959/1.
5 Vgl. Stalin, Werke, Bd. IV, Berlin 1951, S. 1, 19.
6 Vgl. K. Tiander, Das Erwachen Osteuropas. Die Nationalitätenbewegung in Rußland und der Weltkrieg. Wien/Leipzig 1934, S. 93ff.
7 Stalin, Sočinenija, Bd. V, Moskau 1950, S. 265.
8 Vgl. den Text bei E. v. Dellingshausen, Im Dienste der Heimat. Stuttgart 1930, Beilage XI.

9 Revoljucija i nacional'nyj vopros. Dokumenty i Materialy, hrsg. v. S. M. Dimanštejn, Bd. 3, Moskau 1930, S. XXII.
10 Vgl. hierzu die sowjetischen Proteste in SD I, S. 62, 67ff., 81, 86ff.
11 Vgl. G. Hilger und A. Meyer, The Incompatible Allies, New York 1953, S. 1ff.
12 Vgl. I. Z. Steinberg, Spiridonova, Revolutionary Terrorist, London 1935.
13 Lenin, Werke Bd. XXIX, S. 489.
14 R. H. Bruce Lockhart, Vom Wirbel erfaßt. Bekenntnisse eines britischen Diplomaten. Stuttgart/Berlin o. J. Auch von Reilly liegen Aufzeichnungen unter dem Titel: Britains Master Spy, London 1933, vor.
15 Vgl. die Resolution des V. Sowjetkongresses vom 9. Juli, SD I, S. 85.
16 SD I 96.
17 Eine umfangreiche Übersicht der einschlägigen Literatur bei B. Meißner, Rußland im Umbruch, Frankfurt a. M. 1951, S. 78.
18 SD I 124.
19 R. Wittram, Baltische Lande IV 1, S. 27.
20 Vom sowjetischen Standpunkt: B. Ė. Štejn, Die russische Frage auf der Pariser Friedenskonferenz, Leipzig 1953.
21 SD I 137.
22 L. Trotzky, Stalin. Köln-Berlin 1952, S. 429.
23 Vgl. Deutscher S. 224.
24 Ein Vergleich zwischen der offiziellen Darstellung in der Geschichte der Kommunistischen Partei (S. 322) und der kritischen Analyse der Feldzugspläne bei Trockij in seiner Stalinbiographie (S. 434ff.) deckt die wechselnden Phasen der stalinistischen Beurteilung des Feldzuges, die sich den jeweiligen politischen Bedürfnissen anpaßte, schonungslos auf. Weil Stalin Trockijs Plan später zustimmte, steht er jetzt als sein eigener Plan da, während der tatsächlich ungeeignete Plan des Oberkommandos, das heißt also Kamenevs, nunmehr Trockij in die Schuhe geschoben wird.
25 Trockij lagen die europäischen Kriegsschauplätze, wo sich der polnische Einfall im Westen schon andeutete, näher am Herzen. Stalin maß dem sibirischen Hinterland größere Bedeutung zu. Es liegt auf der Hand, daß Kolčak zu Beginn des Jahres keine ernstliche Gefahr mehr darstellte.
26 Machno hielt sich mit seinen Partisanen noch bis zum Sommer 1921 in der Ukraine; am 28. August überschritt er die rumänische Grenze.
27 Zu der nach dem englischen Außenminister Lord Curzon genannten Linie s. G. Rhode in OE 1955/2.
28 K. Zetkin, Reminiscences of Lenin, S. 19ff.
29 R. H. Bruce Lockhart, l. c., S. 291ff.
30 George Buchanan, Meine Mission in Rußland, Berlin 1926, S. 271.
31 World Crisis S. 244ff.
32 SD I 242 (vgl. auch 179, 183ff., 194, 203, 217).
33 Lenin, Sočinenija, Bd. XXV, S. 23.
34 Vgl. R. Pipes, The Formation of the Soviet Union. Communism and nationalism 1917–1923. Harvard U. P. 1954.

III. Die Epoche der Neuen Ökonomischen Politik

1 Vgl. E. Goldman, My further desillusionment in Russia. NY 1924.
2 A. Berkman, Der Aufstand von Kronstadt. Berlin 1923. Vgl. L. Schapiro, l. c., S. 296ff.

3 Gosudarstvennaja planovaja komissija.
4 Novaja ėkonomičeskaja politika.
5 Erst der neuesten sowjetischen Geschichtsschreibung blieb es vorbehalten, die humanitären Antriebe der Hooveraktion abzuleugnen und ihr Diversionsabsichten unterzuschieben.
6 Er ist erst 1952 in den USA gestorben.
7 Gosudarstvennoe političeskoe upravlenie.
8 Vgl. seine Schrift: Bor'ba s Bol'ševikami, Warschau 1920.
9 L. Trotsky, The Revolution Betrayed, S. 96.
10 I. Deutscher, Stalin, S. 240.
11 Vgl. hierzu mein Buch: Rußland, staatliche Einheit, nationale Vielfalt. Föderalistische Kräfte und Ideen in der russischen Geschichte. München 1953.
12 Georgien, Armenien und Azerbajdžan waren am 12. März 1922 zu einer Transkaukasischen Föderation Sozialistischer Sowjetrepubliken zusammengeschlossen worden.
13 B. Dennewitz – B. Meißner, S. 129.
14 Gebildet aus den bisherigen Sowjetrepubliken Chiva und Buchara, den einstigen Chanaten unterm Protektorat des Zarenreiches.
15 Aus dem Bestande der RSFSR lösten sich später in Nordturkestan noch zwei weitere Sowjetrepubliken: die Kazachische und die Kirgizische (1936).
16 Vgl. K. Mehnert, Die russische Hochschulreform, OE Bd. 6, S. 258 und Bd. 7, S. 72; G. v. Rauch, Die Hochschulen der Sowjetunion, OE 1952/1.
17 Vgl. J. Grabar, 15 Jahre Sowjetkunst, OE Bd. 9, S. 1.
18 Vgl. E. Samjatin, Das russische Theater der Gegenwart, OE Bd. 8, S. 10.
19 Werke, Bd. IV, S. 149 und 155, Berlin 1951.
20 Vgl. hierzu die interessanten Ausführungen von Trockij im 13. Bande seiner Werke, S. 38ff. und vom August 1919, auf die I. Deutscher in seiner Biographie (The prophet armed, S. 455–488) hinweist. Auch Trockij war sich der Bedeutung Asiens für die Weltrevolution wohl bewußt.
21 SD I 233 (hier fehlt der Persienvertrag!) und Bruns, Politische Verträge I, Nr. 11, 12.
22 SD I, 237; Bruns I, Nr. 15.
23 Die I. Internationale war 1864 in London als eine Vereinigung sozialdemokratischer Arbeiter gegründet worden; sie arbeitete nach Statuten, die von Karl Marx 1866 ausgearbeitet worden waren. Nach ihrem Verfall wurde 1889 eine neue, die II. Internationale, geschaffen. Ihre Zentrale lag in Brüssel, dann in Amsterdam, schließlich in London.
24 G. Egelhaafs Politisch-historische Jahresübersicht 1920, S. 66.
25 Lenin hatte ursprünglich 19 Bedingungen für den Eintritt in die Komintern ausgearbeitet (Werke, Bd. XXXI, S. 181ff.); sie wurden auf dem Kongreß durch 2 weitere ergänzt (S. 512). Vgl. H. Seton-Watson, Von Lenin bis Malenkov, München 1955, S. 69ff.
26 R. Fischer, Stalin und der deutsche Kommunismus. Frankfurt 1948, S. 156.
27 Lenin, Werke (russ.), Bd. XXXI, S. 160ff.
28 Es ist interessant, daß dieser Brief in Stalins gesammelten Werken fehlt. Er findet sich aber in Lenins Werken, in der noch nicht gesäuberten III. Auflage, Bd. XXV, S. 624 in einer Fußnote. Vgl.

B. D. Wolfe, Tito and Stalin, Vital speeches of the day, NY 1. 12. 1952.
29 Vgl. Stampffer, S. 213ff.
30 Vgl. E. Wollenberg, The Red Army, S. 235ff.
31 Am selben Tage wurde auch der Freundschaftsvertrag mit der Türkei (s. o.) abgeschlossen. Vgl. SD I, S. 225ff., 230, 236, 245.
32 Hierüber viel neues Material bei G. Hilger l. c. Vgl. auch E. H. Carr, Berlin-Moskau, Stuttgart 1954.
33 Vgl. H. Speidel, Vierteljahrshefte für Zeitgeschichte 1953/1.
34 SD I, S. 289, 296ff.
35 Hierüber die Dokumente in SD I, S. 303–318. Der Text des Vertrages von Rapallo bei Bruns I, Nr. 33 und 37.
36 Zu dieser Problematik. W. v. Blücher, Deutschlands Weg nach Rapallo, Wiesbaden 1951.

IV. Stalins Aufstieg und der Kampf mit der Opposition

1 I: 1922–24 in 20 Bänden; II: 1926–29 in 32 Bänden; III: 1932 unverändert; IV: 1941–50 in 35 Bänden, revidiert; V: 1963–65 in 55 Bänden, ergänzt. Ausgewählte Werke 1939 in 2 Bänden und viele weitere Ausgaben in allen Sprachen.
2 Neben Mein Leben, Berlin 1930, vor allem: Stalin. Eine Biographie. Köln/Berlin 1952.
3 I. Deutscher, Stalin, S. 248, dessen Darstellung wir hierbei folgen.
4 Siehe den vollständigen Text bei R. Fischer S. 293ff.
5 Nach L. Trotsky, The real situation in Russia, S. 320ff.
6 Mag diese Konzeption auch in Wirklichkeit nicht so evident vertreten worden sein, wie der Georgier Josif Iremašvili, den Trockij in seiner Stalinbiographie S. 461 zitiert, es wahrhaben will, so ist in diesen Ansätzen doch schon eine gewisse Antizipation titoistischer Gedankengänge zu erblicken.
7 Vgl. Trotzki, Mein Leben, S. 469.
8 Trotzky, Stalin, S. 478ff. F. Borkenau ist im Gegensatz zu I. Deutscher, der darauf nicht eingeht, allzu leicht geneigt, diesem Bericht Glauben zu schenken (Der Monat, 1949/14).
9 Nicht 56, wie Deutscher S. 273! Der Wortlaut bei E. H. Carr, The Interregnum 1923–1924, NY 1954, S. 367ff.
10 Sočinenija, Bd. VI, S. 13ff.
11 Vgl. die etwas andersartige Erklärung bei R. Fischer S. 437ff.
12 Mein Leben S. 492.
13 Deutscher S. 283. Vgl. Stalin, Sočinenija, Bd. VI, S. 46.
14 B. Bajanow, Stalin, der rote Diktator, S. 32ff. Vgl. Carr, The Interregnum, S. 259ff.
15 Am 18. Oktober 1926. Anschließend auch im Buch von M. Eastman, Since Lenin died. Damals leugnete Trockij noch die Authentizität des Dokuments ab. Später gab er selbst Einzelheiten bekannt. (The suppressed testament of Lenin, N.Y. 1935.) Im Kampf gegen Bucharin im Jahre 1929 hat sich auch Stalin auf das Testament bezogen und es zitiert. Sočinenija, Bd. X, S. 174ff.
16 Vgl. Fischer S. 487ff.
17 Ebenda, S. 496.
18 Ebenda, S. 498.
19 J. Stalin, Fragen des Leninismus, Moskau 1947, S. 170.

20 J. Stalin, Fragen des Leninismus, Moskau 1947, S. 101–133.
21 Es stimmt nicht, wenn Deutscher S. 296 behauptet, Stalin leugne die Urheberschaft an der »heute als apokryph bezeichneten« I. Auflage dieser Schrift. In »Fragen des Leninismus« S. 170 bekennt er sich ausdrücklich dazu und gibt die Mängel der ersten Formulierung offen zu.
22 Es muß scharf zwischen Parteikonferenz und Parteikongreß (oder -tag) unterschieden werden. Die Konferenz dient der Vorbereitung des Parteikongresses und wird meist ein halbes Jahr vor jenem einberufen. Der XIV. Parteikongreß fand im Dezember 1925 statt. (Bei Deutscher S. 307 muß es also Parteikonferenz statt -kongreß heißen, ebenso bei R. Fischer S. 436 Parteikonferenz statt -tag.)
23 Am 26. März (8. April) 1917 schrieb Lenin an die Schweizer Arbeiter: Dem russischen Proletariat ist die Ehre zugefallen, die Reihe der Revolutionen zu beginnen, die mit objektiver Notwendigkeit vom imperialistischen Krieg erzeugt werden. Aber uns liegt der Gedanke fern, das russische Proletariat für das erwählte revolutionäre Proletariat unter der Arbeiterschaft anderer Länder zu halten. Ges. Werke, II. Aufl. Bd. XX, S. 88.
24 Allerdings hat Lenin die These vom Sieg des Sozialismus in einem Lande nie so ausdrücklich formuliert und damit im Zusammenhang einen gleichzeitigen Sieg der Revolution in allen Ländern als unmöglich bezeichnet, wie Stalin das in seinem Brief an den Genossen Cholopov vom Sommer 1950 behauptet.
25 Etwa die Ansprachen vom 26. und 27. Januar 1925, Sočinenija, Bd. VII, S. 21 und 25, die von I. Deutscher, S. 304, zu einer freien Paraphrase verarbeitet wurden, die den irrtümlichen Eindruck erweckt, ein authentisches Stalin-Zitat zu sein.
26 Deutscher S. 314.
27 Hierzu außer Trockij auch R. Fischer S. 597.
28 Nicht Januar 1925, wie die Herausgeber von Trockijs Stalinbuch S. 569 angeben!
29 Vgl. N. Popow, Outline History of the CPSU II, S. 249.
30 Trotzki, Mein Leben, S. 505.
31 R. Fischer, S. 687.
32 Die Idee einer derartigen Großplanung der Staatswirtschaft soll angeblich auf ein 1919 erschienenes Buch von V. I. Grineveckij »Nachkriegsaussichten der russischen Industrie« zurückgehen.
33 Fragen des Leninismus, S. 241.
33 Ebenda, S. 261ff.
34 Ebenda, S. 335ff.
35 L. Trotsky, The real situation in Russia, S. 64ff., und Stalin, Fragen des Leninismus, S. 224ff.
36 Deutscher, S. 238.
37 Fragen des Leninismus, S. 363.
38 Ebenda, S. 371.
39 Fragen des Leninismus, S. 543ff. Alles in allem soll der Viehbestand der Sowjetunion sich in diesen Jahren um die Hälfte verringert haben; die Verluste waren bei Kriegsausbruch 1941 noch nicht wettgemacht.
40 Vgl. O. Auhagen, Die russische Landwirtschaft, 1931; OE Bd. 7, S. 322, 389; H. Freund, Die MTS im Rechtssystem der UdSSR. OE Bd. 8, S. 392.
41 J. Scott, Jenseits des Urals. Die Kraftquellen der Sowjetunion. Stockholm 1944.
42 Fragen des Leninismus, S. 391ff.

43 Übrigens hatte Lenin diese Worte des Dichters N. A. Nekrasov aus der Dichtung »Wer hat in Rußland ein gutes Leben« schon seinem berühmten Aufruf anläßlich des Friedens von Brest-Litovsk im März 1918 vorangestellt. Sočinenija, Bd. XXVII, S. 133.
44 Fragen des Leninismus, S. 399.
45 Vgl. R. Fischer S. 691ff.
46 In seiner Rede v. 13. April 1928, Sočinenija, Bd. XI, S. 53ff.; vgl. SD II, S. 300.
47 Boris Souvarine, Stalin, New York 1939, S. 495.
48 Mein Leben S. 541.

V. Die sowjetische Außenpolitik 1922–1932

1 Vgl. zu diesem Abschnitt die zit. Bücher von E. H. Carr und G. Hilger.
2 Vgl. seine große Denkschrift vom 15. 7. 1922 und seine Polemik gegen General von Seeckt, Der Monat, 1948, Heft 2, sowie den zit. Aufsatz von G. Hallgarten.
3 SD I, 368.
4 R. Fischer, S. 329.
5 R. Fischer, S. 368.
6 Es war ein besonderes Kuriosum, daß ein größerer Teil dieser Beträge, etwa 250000 Goldmark, dem Geheimfonds der Reichswehr entstammte, der für die Ausbildung deutscher Spezialwaffengattungen in der Sowjetunion bestimmt war! Nun wurde dasselbe Geld zum Teil auch für die revolutionäre Zersetzung der Reichswehr verwendet. Vgl. E. Wollenberg, Der Apparat, Stalins fünfte Kolonne, Ostprobleme 1951, Heft 19, S. 576.
7 R. Fischer, S. 384.
8 Ebenda, S. 388. Vgl. auch W. G. Krivitsky, In Stalins Secret Service, NY 1939, S. 51ff.
9 Otdel meždunarodnoj svjazi.
10 E. Wollenberg, S. 576.
11 Fischer, S. 408. Vgl. Seton-Watson, S. 95.
12 Hierzu G. Hilger, S. 140ff., 208ff.
13 Vgl. G. Cleinow, Die deutsch-russischen Rechts- und Wirtschaftsverträge, Berlin 1926.
14 Stresemanns Vermächtnis, Bd. II, S. 554; vgl. auch S. 528.
15 Ebenda. Hierzu K. D. Erdmann, Das Problem der West- oder Ostorientierung in der Locarnopolitik Stresemanns, in: Geschichte in Wissenschaft und Unterricht, 1955/3 (mit dokument. Anhang über Stresemann-Čičerin-Gespräche im September und Oktober 1925).
16 Eine Äußerung zum 15. 6. 1927. Vermächtnis, Bd. III, S. 151.
17 Geschichte der Diplomatie III, S. 392ff.
18 Ebenda, S. 408ff.
19 Vgl. hierzu H. Speidel, Reichswehr und Rote Armee, Vierteljahrshefte für Zeitgeschichte 1953/1.
20 Vgl. zu diesem Kapitel W. P. Coates, A history of Anglo-Soviet relations, London 1943 und L. Fischer, The Soviets in world affairs. 2 Bde., London 1930.
21 SD I, S. 422ff.
22 Ihre Mütter waren Schwestern gewesen.
23 Die Rede des sowj. Botschafters s. SD I, S. 441.

24 SD I, S. 453.
25 Vgl. SD I, S. 471ff., 476ff.
26 Nach einer 1926 in Berlin erschienenen anonymen Broschüre »Aus diplomatischen Fälscherwerkstätten«, zit. nach R. Fischer, S. 561.
27 R. Fischer, S. 562–566.
28 Allrussian Cooperativ Society.
29 G. Stresemann, Vermächtnis Bd. III, S. 150ff.
30 Vgl. G. v. Rauch, Die baltischen Staaten und Sowjetrußland 1919 bis 1939, Europa-Archiv 1954, 17–22.
31 Wie die sowjetamtliche Geschichte der Diplomatie III, S. 206, offen zugibt.
32 W. G. Krivitsky, In Stalins Secret Service, S. 48.
33 R. Fischer, S. 567.
34 M. Ojamaa und A. Varmas, Eesti ajalugu, Stockholm 1946, S. 347ff.
35 Bruns, Bd. 1, Nr. 71 und 71a–b.
36 Vgl. A. Bilmanis, A. History of Latvia, Princetown 1951, S. 384.
37 Der sowj. Protest: SD II, S. 220.
38 Ebenda, S. 333.
39 Ebenda, S. 356.
40 Bruns I, Nr. 90.
41 Vgl. Hu Shib, China in Stalin's grand strategy. Foreign affairs, New York, oct. 1950.
42 Foreign affairs, l. c. Zu Trockijs Ansichten über die Chinapolitik s. F. Borkenau, The communist international, London 1938, S. 306, und Seton-Watson, l. c., S. 124ff.
43 Hierzu SD II, S. 290.
44 Vgl. SD II, S. 381, 384ff.
45 Ebenda, S. 434.
46 David J. Dallin, Soviet Russia and the Far East. New Haven 1948 S. 111ff.
47 Vgl. H. Rosinski, Die UdSSR und Japan. OE Bd. 8, S. 437.
48 SD II, S. 550.
49 Ebenda, S. 534.
50 F. R. Dulles, Der Weg nach Teheran, New York 1944, S. 186.
51 Vgl. seine eigene Darstellung: Der Transport von Waffen nach Rußland (russ.), Moskau 1934.
52 SD II, S. 510.
53 Bruns I, Nr. 114 und 114a.
54 Vgl. Bruns I, Nr. 120, 120a.
55 Bruns I, Nr. 115 und 115a, 116, 149. Dazu mein o. a. Artikel im Europa-Archiv 1954.
56 Vgl. H. Lazar, Die UdSSR, Rumänien und die bessarabische Frage, OE Bd. 9, S. 12.
57 Bruns I, Nr. 131–133, SD III, S. 28.
58 Bruns I, Nr. 157.
59 Bruns I, Nr. 126, SD II, S. 547. Vgl. E. Schüle, Die UdSSR und Frankreich, OE Bd. 9, S. 583.

VI. Die innere Entwicklung vom Zweiten Fünfjahresplan bis zum Ausbruch des Krieges

1 Vgl. den Bericht von J. Semenow, OE Bd. 7, S. 521.
2 Vgl. die Beiträge von O. Auhagen und R. Schweitzer, OE Bd. 9, S. 199.

3 Trotzdem kann keineswegs mit E. Crankshaw, Risse in der Kremlmauer, S. 93, behauptet werden, der Erste Fünfjahresplan sei zusammengebrochen.
4 Vgl. K. A. Pohl, Das Problem der »Großen Wolga«, OE Bd. 10, S. 410.
5 Davon etwa 3 Millionen in der Ukraine.
6 Der Verfasser des anonymen Artikels war lt. Deutscher, S. 365, J. N. Smirnov, ein wieder in sein Amt eingesetzter Anhänger Trockijs. Er wurde verhaftet.
7 Vgl. R. Smal-Stocki, The Nationality Problem of the Soviet Union, Milwaukee 1952, S. 105ff.
8 One who survived, S. 264.
9 Portrait de Staline, S. 94ff. Es ist nicht ersichtlich, warum A. W. Just, Stalin und seine Epoche, München 1953, S. 19, die politischen Motive des Selbstmordes anzweifelt.
10 Nach Weißberg-Cybulski, S. 478.
11 Fragen des Leninismus, S. 512; Stalin, Werke, Bd. XIII, S. 256. (Im russischen Original: vožd').
12 Stalin, Werke, Bd. XIII, S. 161ff.; vor allem S. 183.
13 Ebenda, S. 227ff.
14 Vgl. H. Freund, Die MTS, OE Bd. 8, S. 392.
15 Torgsin = Handel mit Ausländern.
16 L. Zaizeff, Das Rechtsverhältnis des Arbeitnehmers zum Arbeitgeber in Sowjetrußland. OE Bd. 6, S. 566.
17 B. Meißner, Die sowjetischen Gewerkschaften als Instrument des sozialistischen Staates. Auslandforschung 1953, Heft 2.
18 Vgl. die schon sehr frühen treffenden Beobachtungen von K. Mehnert, Die Wandlungen der soziologischen Struktur des russischen Volkes. OE Bd. 8, S. 451. Dazu die Arbeiten von B. Meißner, G. Achminow u. a.
19 Vgl. hierzu K. Mehnert, Weltrevolution durch Weltgeschichte. Die Geschichtslehren des Stalinismus, Kitzingen 1950, und meine Aufsätze: Die Grundlinien der sowjetischen Geschichtsschreibung im Zeichen des Stalinismus. Europa-Archiv 1950, Heft 19–21, und: Die sowjetische Geschichtsschreibung heute. Die Welt als Geschichte, 1951/1.
20 Über die sowjetische Arktisforschung siehe die Beiträge von R. v. Bistram, OE Bd. 11, S. 726; Bd. 12, S. 12; Bd. 14, S. 24, 735, 779. Dazu: OE Bd. 10, S. 127; Bd. 13, S. 402.
21 Vgl. den Nachruf in OE von O. Hötzsch, Bd. 7, S. 456.
22 Zum Beispiel Eugen Tarlé, der 1931 in Ungnade gefallen und nach Alma-Ata verbannt worden war. Er ist am 6. Januar 1955 gestorben. Vgl. G. v. Rauch, Die neuere Geschichte in der sowjetischen Geschichtsschreibung der Gegenwart. Jahrb. f. Geschichte Osteuropas 1955/1. Jetzt auch E. Hösch, s. Bibl. Hinweise.
23 Weißberg-Cybulski, S. 709.
24 Dieselbe Linie wurde während des Krieges fortgeführt: ein Dekret vom 8. Juli 1944 verschärfte die Scheidungsgesetze und sah Auszeichnungen für kinderreiche Mütter vor. Vgl. B. Meißner, Die Verfassungsentwicklung der Sowjetunion, Teil II, S. 786.
25 Vgl. Meißner, Rußland im Umbruch, S. 36ff.
26 Vgl. E. Hurwicz, Der Geist der Roten Armee. OE Bd. 7, S. 141. Vgl. auch OE Bd. 13, S. 428ff.

27 Vgl. H. Koch, Die orthodoxe Kirche des Ostens 1937. OE Bd. 13, S. 591, 665.
28 Vgl. B. Meißner, Rußland im Umbruch, S. 8–9.
29 Meißner, Europa-Archiv 1950/9, S. 2989ff.; ders. Rußland im Umbruch, S. 10ff. G. F. Achminow, Die Macht im Hintergrunde, S. 142.
30 Ostprobleme 1961, Nr. 23/24, S. 788. Vgl. an früheren Deutungsversuchen: N. Basseches, Stalin. Bern 1950; B. Meißner, Ostprobleme 1952/1953, S. 228.
31 Vgl. F. Borkenau, Stalin im Schafspelz, Der Monat 1949/14, S. 207, nach dem 1937 in London veröffentlichten anonymen »Brief eines alten Bolschewiken«.
32 Vgl. Deutscher S. 373.
33 Vgl. A. J. Wyschinski, Gerichtsreden, Berlin 1951. – Die Reden sprechen für sich selbst. Daß der amerikanische Botschafter J. E. Davies, der sein Land 1936–1938 in Moskau vertrat, von der »bewunderungswerten Mäßigung« des Staatsanwalts (S. 29) spricht und ihn »ruhig, leidenschaftslos und weise« nennt (S. 51–52), ist ein Beispiel der naiven Ahnungslosigkeit, mit der hochkapitalistische Beobachter aus Amerika immer wieder an sowjetische Probleme herantraten.
34 Wyschinski, S. 543. Die Formulierungen wiederholen sich 1938: ebenda S. 718. Es ist kennzeichnend für die geistige Verwandtschaft der beiden totalitären Systeme, wenn der nationalsozialistische Ankläger R. Freisler beim Prozeß gegen die Verschwörer des 20. Juli 1944 in Berlin sich in sehr ähnlichen Schmähungen an die Angeklagten wandte.
35 Vgl. Davies' Schilderung seines Auftretens, S. 31ff.
36 Rakovskij war eine der »internationalsten Gestalten der europäischen revolutionären Bewegung« (Trotzki, Mein Leben, S. 218ff.). Gebürtiger Bulgare, war er als rumänischer Staatsbürger aufgewachsen, in Frankreich Arzt geworden und hatte sich dann der russischen Revolution zur Verfügung gestellt. Nach der Oktoberrevolution wurde er zunächst Vorsitzender des ukrainischen Rates der Volkskommissare, später Diplomat. Im Zusammenhang mit den Trockistenverfolgungen war er schon 1928/29 gemaßregelt worden.
37 Laut Prozeßbericht ... vom 2. bis 13. März 1938, S. 24ff. Vgl. auch B. Gerland, Die Hölle ist ganz anders, Stuttgart o. J., S. 78ff. (die Verfasserin begegnete im Straflager Workuta einem der Ärzte Gor'kijs).
38 Saturday Review, New York 26. 5. 1951.
39 Weißberg-Cybulski, S. 362, 420, 434.
40 Davies berichtet von einem Fall, wo der Staatsanwalt sogar den Angeklagten »ermahnen« mußte, bei der Sache zu bleiben und sein Zeugnis nicht mit zusätzlichen Verbrechen auszuschmücken (S. 31).
41 Von den 28 Mitgliedern des Politbüros, die ihm im Laufe der Jahre angehört haben, sind insgesamt 14 eines unnatürlichen Todes gestorben.
42 Weißberg-Cybulski, S. 496.
43 Weißberg-Cybulski, S. 409, 562ff. Vgl. Deutscher, S. 351ff.
44 D. J. Dallin and B. Nicolaevsky, Forced labor in Soviet Russia, 1947, wo die Angaben genau belegt werden.
45 Wie Deutscher S. 395–396 u.a. annimmt.
46 Davies S. 149.
47 Kriwitsky ist der Ansicht, daß Stalin schon im Dezember 1936 den

Entschluß gefaßt hätte, die Säuberung auch auf die Rote Armee auszudehnen.

48 A. Barmine, One who survived, S. 306.
49 Deutscher S. 396.
50 Beneš, Churchill, Kriwitsky, W. Hagen. Vgl. Weißberg-Cybulski.
51 Weißberg-Cybulski, S. 618ff.
52 A. W. Just, S. 44, nach einem angeblichen Bericht des in den Putsch vom 20. Juli 1944 verwickelten Oberst i. G. W. v. Freytag-Loringhoven, wonach Hitler sich bei einer Lagebesprechung während des Krieges damit gebrüstet hatte, daß er es gewesen sei, der die rote Generalität Stalin ans Messer geliefert habe.
53 Vgl. E. Crankshaw, Beria, Russias mystery of mysteries. The New York Times Magazine, 2. 4. 1950.
54 Vgl. Borkenau, l. c., S. 209.
55 Vgl. den Notenwechsel vom Herbst 1936 bei SD III, S. 204ff.
56 L. A. Sanchez-Salazar, Mord in Mexico, Frankfurt 1952.
57 Deutscher, S. 402. Trockijs Stalinbiographie erschien in New York 1948, deutsch: Köln 1952.
58 N. Gradobojew, OP 1951/32.
59 O. Hoetzsch, Die XVII. Parteikonferenz und der Zweite Fünfjahresplan. OE Bd. 7, S. 315. Die Thesen des Dritten Fünfjahresplanes finden sich OE Bd. 14, S. 374ff.
60 Zu den Arbeiterdekreten von 1938 s. OE Bd. 14, S. 371ff.
61 Meißner, Rußland im Umbruch, S. 41.
62 Text beider Formeln: Meißner, l. c., S. 39ff.
63 Nach B. Meißner, Der Wandel im sozialen Gefüge der Sowjetunion. Europa-Archiv V 1950, S. 2998ff.; H. Falk, Die neue sowjetische Oberschicht. Stimmen der Zeit, München 1951, Bd. 148, Heft 8, S. 142ff.; G. F. Achminow, l. c., S. 139.
64 Die Zahlen nach D. Dallin, Das wirkliche Sowjetrußland, Hamburg 1948.
65 Achminow, S. 16, spricht von Selbstmorden als Ausdruck dieses Schocks.
66 B. Meißner, Rußland im Umbruch, S. 66ff. Die Prozentzahlen sind noch oben abgerundet.
67 Auf dieser These basiert das Buch von G. F. Achminow, Die Macht im Hintergrund. Totengräber des Kommunismus. Ulm 1950.

VII. Die Schaukelpolitik der Sowjetunion in den Jahren 1934–1941

1 D. Dallin, Russia and post war Europe, S. 61.
2 SD III, S. 75 (Kommuniqué der »Prawda« vom 16. 2. 1934).
3 SD III, S. 78ff.
4 Die sowjetische Antwort auf die deutsche Ablehnung: SD III, S. 79.
5 SD III, S. 96; Bruns I, Nr. 161.
6 Bruns I, Nr. 135. Vgl. G. Dobbert, Die UdSSR und Italien. OE Bd. 8, S. 69.
7 SD III, S. 36ff. Vgl. H. Schroeder, Die UdSSR und die USA. OE Bd. 7, S. 509, 591, und das bezeichnende Interview, das Stalin am 25. Dezember 1933 dem Korrespondenten der New York Times, Duranty, gab. Stalin, Bd. XIII, S. 276ff.
8 Vgl. L. Fischer, The Soviets in World Affairs, I, S. 29.

9 Litvinovs Rede, SD III, S. 89.
10 Slavonic review, London, Bd. XIV.
11 Auszüge bei SD III, S. 124.
12 OP 1950/42.
13 SD III, S. 122, S. 126ff.
14 Ebenda, S. 130ff.
15 Bruns I, Nr. 167. Vgl. SD III, S. 129ff.
16 SD III, S. 134ff.
17 A. Rossi, Deux ans d'alliance germano-soviétique, Paris 1949; ders. in: Der Monat 1949/11, S. 88.
18 Vgl. Der Monat, Jahrg. IV, Heft 40, S. 35; M. Beloff II, S. 34 und G. Brenan, The Spanish Labyrinth, S. 324. Dazu: SD III, S. 229.
19 Auch der deutsche Kommunist Wilhelm Zaisser als »General Gomez«.
20 Vgl. A. Koestler, Ein Gott, der keiner war. Köln 1952.
21 SD III, S. 203.
22 Ebenda, S. 228.
23 Ebenda, S. 234 und 248ff.
24 Das Protokoll bei Martens, Nouveau recueil général des traités, III. Serie, Bd. 36, S. 24.
25 Pressenachrichten, daß Daladier autorisiert gewesen sei, in München auch für die Sowjetunion zu sprechen, und daß die französische und englische Regierung die sowjetische zur tschechischen Frage konsultiert hätten, wurden vom Kreml am 2. und 4. Oktober dementiert. SD III, S. 307.
26 Coulondre, S. 240. Vgl. SD III, S. 312.
27 Es hat den Anschein, daß die sowjetamtliche Darstellung dieser Vorgänge (Geschichte der Diplomatie III, S. 715–716) den Tatsachen entspricht.
28 Auszüge SD III, S. 315.
29 Vgl. Meißner, Osteuropa 1952/4, S. 241.
30 Zum Parteikongreß s. OE Bd. 14, S. 472ff.
31 Deutscher, S. 450ff.
32 Mechlis sollen 1937 in Berlin die Tuchačevskij kompromittierenden Dokumente ausgehändigt worden sein.
33 Joseph Beck, Dernier Rapport, Politique Polonaise 1926–1939, Neuchâtel 1951.
34 Etwa General Fuller, l. c., S. 18.
35 Nach dem Bericht des französischen Botschafters in Warschau L. Noël in seinen Erinnerungen, Der deutsche Angriff auf Polen, S. 317. Vgl. J. G. Leithäuser in Der Monat, 1953, Heft 51 und die Zuschrift in Heft 55, S. 101.
36 Vgl. B. Meißner, Ždanov, OE 1952/2, S. 94.
37 Hierzu SD III, S. 241.
38 B. Meißner, s. o., S. 95. Der Artikel bei SD III, S. 352, Vgl. Geschichte der Diplomatie III, S. 782ff.
39 Carroll-Epstein Nr. 33.
40 Vgl. Meißner, Osteuropa 1952, Heft 4/5.
41 Vgl. SD III, S. 349ff., 356.
42 H. v. Rimscha, Die Baltikumpolitik der Großmächte, Hist. Zeitschrift 1954/2, weist in einer Polemik mit B. Meißner, OE 1952/4–5, darauf hin, daß die Bereitschaft der Westmächte, der Sowjetunion »freie Hand« im Baltikum zu lassen, nicht im entferntesten die gefährlichen Konsequenzen für die Selbständigkeit der baltischen Staaten einschloß, wie die deutsch-russischen Abmachungen.

43 Das einzige direkte Schreiben Hitlers an Stalin. Carroll-Epstein Nr. 44; Stalins Antwort: Nr. 48. Vgl. SD III, S. 358ff.
44 Bruns, III/2, Nr. 95. Vgl. die entsprechenden Nummern bei Carroll-Epstein.
45 Carroll-Epstein Nr. 55.
46 Vgl. Hitlers Ansprache vor den Generalen am 22. Aug. 1939 bei Holldack XXXII, S. 384ff.
47 Vgl. oben S. 368–369.
48 Churchill I, S. 305.
49 Vgl. hierzu W. Hofer, Die Entfesselung des Zweiten Weltkrieges. Stuttgart 1954.
50 Rossi, Der Monat 1949/11, S. 90.
51 Vgl. SD III, S. 372.
52 Rossi, l. c., S. 92. Vgl. SD III, S. 374–377.
53 Bruns III/2, Nr. 98.
54 Bloß das Gebiet von Mariampol in Litauen blieb bei Deutschland. Vgl. Carroll-Epstein Nr. 87 und SD III, S. 377ff.
55 Bruns III/2, Nr. 99.
56 Ebenda, Nr. 102.
57 Ebenda, Nr. 103. Näheres bei Meißner, OE 1952/4–5, Rimscha, Hist. Zeitschrift 1954/2, und in meinem Aufsatz im Europa-Archiv 1954.
58 Vgl. Kleist, S. 105ff.
59 Rossi S. 40.
60 G. Ciano, Tagebücher 1937–38. Hamburg 1949, S. 456.
61 Vgl. Seton-Watson, S. 183.
62 Poole in Foreign Affairs, Okt. 1946.
63 SD III, S. 401ff. (u. a. Molotovs Rundfunkansprache vom 29. November.)
64 Churchill I, S. 181.
65 SD III, S. 421. Vgl. C. A. Colliard, Le droit international et la diplomatie, Paris 1950, S. 581ff.; Bruns III/2, Nr. 106.
66 Deutsches Weißbuch, hrsg. vom Ausw. Amt, Die Geheimakten des französischen Generalstabes (Berlin) 1939/41, Bd. 6; General Gamelin, Servir, Bd. 3, S. 206/07; P. G. Bourget, De Beyrouth à Bordeaux. La guerre 1939–40 vue du P. C. Weygand, Paris 1946.
67 Vgl. Meißner, Osteuropa, 1952, Heft 4–5.
68 Vgl. SD III, S. 453ff. Es ist sehr aufschlußreich, hierzu Molotovs Bekenntnis zur Nichteinmischung in seiner Rede vom 31. 10. 1939 entgegenzuhalten.
69 Vgl. B. Meißner, Die Verfassungsentwicklung der Sowjetunion seit dem Zweiten Weltkrieg, Jhb. f. intern. u. ausl. öffentl. Recht, Hamburg 1949, S. 766ff.
70 Carroll-Epstein Nr. 158.
71 Daß Hitler durch das russische Drängen wegen Bessarabien in eine Art »Verfolgungswahn« versetzt wurde und deshalb 1941 losschlug (Crankshaw S. 194), ist falsch. Es war die über Bessarabien hinausgehende Aktivität auf dem Balkan, die ihn ebenso reizte, wie die deutsche die Russen.
72 Vgl. meinen Aufsatz Einheit und Grenzen Europas, Europa-Archiv Dezember 1949, S. 2667.
73 Lt. Nazi Conspiracy and Aggression, III S. 403–407. Der Wortlaut des ersten Geheimen Zusatzprotokolls und der sowjetischen Gegenvorschläge siehe auch bei Kleist S. 118ff.

74 Hauptsächlich auf Grund des Tagebuches von General Halder bei G. L. Weinberg, Germany and the Soviet Union 1939–1941, Leiden 1954; vgl. Vierteljahrshefte für Zeitgeschichte 1953/4.
75 Text bei Holldack XLI, S. 425ff. (Pkt. 5).
76 Vgl. auch das Schreiben des OKW vom 6. 9. 1940, ebenda L, S. 464.
77 Der sog. Fall »Barbarossa«, Weisung Nr. 21. Text bei Holldack LI, S. 465ff.
78 SD III, S. 484.
79 Vgl. W. Schüle in: Christ und Welt 1951/25.
80 Über die Unterredungen in Berlin s. Holldack LIXff., S. 508–522.
81 SD III, S. 486, und Martens, Recueil ..., III. Serie, Bd. 39, S. 401.
82 Vgl. Churchill III 1, S. 435. Carroll-Epstein Nr. 256.
83 Carroll-Epstein Nr. 261.
83 H. G. Seraphim, Die deutsch-russischen Beziehungen 1939–41, Hamburg 1949.
85 Vgl. die Lagekarte mit Stand vom 23. 4. und 1. 6. 41 bei Seraphim S. 70/71 und die Aussagen insbesondere von General Halder vor dem Nürnberger Gericht am 9. September 1948.
86 Eine ähnliche Ansicht vertrat lt. I. Thorwald, Wen sie verderben wollen, Stuttgart 1952, auch General A. A. Vlasov.
87 G. L. Weinberg, Der deutsche Entschluß zum Angriff auf die Sowjetunion. Vierteljahrshefte für Zeitgeschichte 1953/4; dazu die Auseinandersetzung ebenda, 1954/3.

VIII. Der »Große Vaterländische Krieg« der Sowjetunion

1 Hitlers Aufruf vom 22. 6. 41 bei Kleist S. 297.
2 Abgedruckt bei Holldack LI, S. 465ff. und Kleist S. 298.
3 Auszug bei H. J. Mette, Russische Geschichte, Bonn 1949, S. 160ff.
4 Carroll-Epstein, Nr. 258 und G. Gafencu, Vorspiel zum Krieg im Osten, S. 284. Vgl. auch Churchill III/1, S. 437.
5 Vystuplenija po radio tovariščej J. V. Stalina i V. M. Molotova ob otečestvennoj vojne. Moskau 1941, S. 16. Vgl. SD III, S. 490 (Auszug).
6 1942 erfolgte die Aufnahme von Mikojan und Voznesenskij, etwas später die von Kaganovič. 1944 trat Bulganin an die Stelle von Vorošilov. Meißner, Rußland im Umbruch, S. 41.
7 J. Stalin, Über den Großen Vaterländischen Krieg der Sowjetunion, Berlin 1951, S. 5–15.
8 Er wurde im April 1943 durch Armeegeneral A. M. Vasilevskij abgelöst.
9 Berlin 1940.
10 Holldack LIV, S. 474–486.
11 Neben der obengenannten Rede vom 20. Juni das Protokoll einer Besprechung in Hitlers Hauptquartier vom 16. Juli 1941, Holldack LV, S. 486–491.
12 Churchill Bd. IV/2, S. 97.
13 Sherwood, S. 236ff. Ribbentrop selbst gab Rußland 8 Wochen Zeit!
14 Sherwood, S. 238ff.
15 Laut Bericht des USA-Botschafters in Moskau, Steinhard, Sherwood, S. 272.
16 Vgl. hierzu J. R. Deane, Ein seltsames Bündnis, Wien o. J., S. 84ff.
17 Deane, S. 86/87.

18 Nach den Angaben von N. Voznesenskij, dem Leiter des Staatlichen Planungskommission, in: Voennaja Ekonomika, S. 42.
19 Auf die Kontroversen darüber, wieweit die japanischen Pläne in Washington bekannt waren, kann hier nicht eingegangen werden.
20 Churchill IV/1, S. 400.
21 Vgl. jetzt: Gen.oberst F. Halder, Kriegstagebuch, 1–3, Stuttgart 1962ff.
22 Hitlers Tischgespräche im Hauptquartier, hrsg. v. G. Ritter, decken eine eigenartige, wachsende Bewunderung für Stalin während des weiteren Kriegsverlaufes auf.
23 Vgl. H. Koch, Staat und Kirche in Osteuropa. Zeitschrift für Geopolitik 1952/12 und B. Spuler, Die Gegenwartslage der Ostkirchen. Wiesbaden 1948.
24 Hierzu findet sich viel Material in dem Buch von I. Thorwald, Wen sie verderben wollen, Stuttgart 1952.
25 Abgedruckt bei Kleist, S. 311ff.
26 Ebenda, S. 317ff.
27 S. o. S. 366/367.
28 Text s. Mette, S. 171ff. und Europa-Archiv 1947, S. 1044. Der Vertrag ist von der Sowjetunion 1955 gekündigt worden.
29 Churchill IV/1, S. 397ff.
30 Ebenda, S. 380ff.
31 Vgl. Meißner, OE II/5, S. 344.
32 Sherwood, S. 500ff. Eden März 1943 zu Roosevelt.
33 Churchill IV/1, S. 386.
34 Churchill IV/2, S. 393–397.
35 Vgl. Churchills Stellungnahme S. 395ff., die keinen Zweifel über seine wahre Meinung zuläßt, sowie den Privatdruck der polnischen Exilregierung: »Report on the massacre of Polish Officers in Katyn Wood«, gegen dessen Vorlage in Nürnberg der sowjetische Vertreter Rudenko protestierte. Dazu: Der Monat 1952/40.
36 Churchill IV/2, S. 79.
37 Ebenda, S. 81.
38 Ebenda, S. 103.
39 Sherwood, S. 571.
40 J. Thorwald, Wen sie verderben wollen. Stuttgart 1952; G. Fischer, Soviet opposition to Stalin. A case study in World War II. Cambridge Mass. 1952; A. Kasanzew, Die dritte Kraft, Geschichte eines Versuches (russ.), Frankfurt a. M., 1952.
41 Abgedruckt bei Kleist, S. 318ff.
42 Ebenda, S. 323. Zu Hitlers Ostpolitik vgl. seine Ansprache vor den Heeresgruppenführern am 1. 7. 1943, Vierteljahrshefte f. Zeitgesch. 1954.
43 Vgl. N. Sinewirskij, Smersh. Limburg (russ.) 1948. Die gesamte NKVD umfaßte während des Krieges rund 600000 Mann; sie wurden als unabkömmlich nicht militärisch eingesetzt.
44 Damals Rundstedt, dann Halder.
45 DPA-Meldung aus New York vom 28. Februar 1948.
46 In den westlichen Ländern kursierten damals begreiflicherweise ebensoviele Gerüchte über deutsch-russische Fühler, wie man in Moskau umgekehrt die westlichen Alliierten, besonders im Anschluß an das Erscheinen von R. Heß in England, beargwöhnte, mit Deutschland Verbindung zu suchen. Eine besonders unsinnige Meldung wußte zum Beispiel unmittelbar nach Churchills Moskauer Besuch

vom Jahre 1942 davon zu berichten, daß Ribbentrop sich mit Molotov in Stalino in der Ukraine getroffen hätte! Noch absurder als dieses Gerücht als solches ist, daß es in der Russischen Geschichte von H. J. Mette, Bonn 1949, S. 174 als Tatsache angeführt wird.

47 Sherwood S. 517.
48 Churchill IV/2, S. 384ff.
49 Ebenda, S. 395ff.
50 Vgl. Brief an Churchill v. 2. April 1943 (Churchill IV/2, S. 389ff.).
51 Sherwood S. 598–599.
52 Ebenda.
53 W. Hagen, Die Geheime Front. Wien 1950, S. 262ff.
54 S. 599. Vgl. zu diesem Fragenkomplex auch die sowjetische Darstellung von I. M. Lemin, Die Außenpolitik der Sowjetunion während des Großen Vaterländischen Krieges (russ.), Moskau 1947.
55 Churchill selbst hegte damals die Furcht, die Russen würden mit dem Vormarsch an ihren Grenzen haltmachen!
56 Vgl. Sherwood, S. 612.
57 The Memoirs of Cordell Hull, II, S. 1294, NY. 1948.
58 Deane S. 138.
59 So laut Churchill, V 2, S. 89ff. Vgl. B. Meißner, Rußland, Deutschland und die Westmächte, Hamburg 1953, S. 29.
60 Das Ostpakt-System I, S. 16.
61 Vgl. hierüber B. Meißner, Rußland, die Westmächte und Deutschland, S. 27ff. und W. Wagner, Die Oder-Neiße-Linie, Stuttgart 1953, S. 56ff.
62 Nicht erst im Juli 1943, wie Deutscher S. 520/21 meint. Vgl. Churchill III/2, S. 294/95.
63 Worauf B. Meißner aufmerksam macht: OE 1952/5, S. 345 und Rußland ..., S. 31.
64 Ebenda, S. 31ff.
65 Hierzu Churchills Meinung, V 2, S. 62–64.
66 Deutscher, S. 527.
67 Deane S. 44ff.
68 Erstmalig hatte er eine derartige Zusage Hull gegenüber im Oktober 1943 gegeben.
69 Vgl. Meißner, Rußland ... S. 35.
70 Sherwood S. 649.
71 Vgl. Fuller S. 331.
72 Wie Fuller S. 331 behauptet.
73 Fuller S. 339.
74 Deutscher S. 531.
75 Vgl. Golikov, S. 112ff.
76 Vgl. G. Mannerheim, Erinnerungen, Zürich-Freiburg 1952; V. Tanner, Vägen till fred 1943–44, Helsingfors 1952; W. Erfurth, Der finnische Krieg 1941–1944, Wiesbaden 1950; W. v. Blücher, Gesandter zwischen Diktatur und Demokratie, Erinnerungen 1935 bis 1944, Wiesbaden 1951; J. H. Wuorinen, Finland and World War II, New York 1948.
77 Vgl. General Bór-Komorowski, Secret Army, London 1950. Die politischen Zusammenhänge s. u. S. 422.
78 Vgl. Hull II, S. 1573.
79 Vgl. Deutscher S. 532.
80 Vgl. F. Borkenau, Der europäische Kommunismus, S. 441ff. und H. Seton-Watson, Von Lenin bis Malenkov, S. 200ff.

81 Sherwood S. 785.
82 Hull II, S. 1451 ff.
83 Hull II, S. 1458.
84 J. F. Byrnes, Speaking frankly, NY. 1947, S. 53.
85 Deutscher S. 542.
86 S. Mikotajczyk, The rape of Poland, NY. 1948, S. 72ff.
87 Vgl. W. S. Churchill, Reden, Zürich 1946, Bd. V, S. 354ff.; und Poland, Germany and European peace. Official documents 1944–1948. London o. J.
88 Meißner, Rußland im Umbruch, S. 53.
89 Himmlers Rede vor den Gauleitern, Posen 3. 8. 1944, s. Vierteljahrshefte für Zeitgeschichte 1953.
90 Zusammensetzung des Komitees, Ansprachen und Manifest des Staatsakts s. Kleist, S. 326ff.
91 Kleist, S. 220.
92 Vgl. jetzt auch S. Steenberg, Wlassow, Verräter oder Patriot? Köln 1968.
93 H. Rothfels, Die deutsche Opposition gegen Hitler, Krefeld 1949; A. W. Dulles, Verschwörung in Deutschland, Kassel 1947.
94 Vgl. hierzu die Aufrufe von Ilja Ehrenburg in den sowjetischen Frontblättern. Von ihm selbst (Die berühmten Ehrenburg-Memoiren, München 1965, 1–2) dementiert.
95 G. Rhode, Die Ostgebiete des Deutschen Reiches, Würzburg 1955, S. 126ff.
96 N. v. Horthy, Ein Leben für Ungarn. Bonn 1953.
97 E. R. Stettinius, Roosevelt and the Russians. The Yalta Conference, London 1950, wo sich eine eingehendere und zuverlässigere Darstellung findet als bei Byrnes und Sherwood. Vgl. auch Chester Wilmot, l. c. Die 1955 erfolgte Veröffentlichung der Dokumente von Jalta fügt dem bisherigen Bilde einige neue Lichter hinzu.
98 Sherwood S. 701.
99 Hierüber siehe B. Meißner, Rußland . . . S. 38–53.
100 Vgl. W. Wagner, Die Entstehung der Oder-Neiße-Linie, S. 122ff.
101 Hierbei scheint weniger der Einfluß Admiral Kings maßgebend gewesen zu sein, wie gelegentlich zu hören ist (Chester Wilmot), als der von Hopkins (Fleet Admiral King, hrsg. von W. M. Whitehill, NY. 1953).
102 Text des Geheimabkommens vom 11. Februar lt. A Decade of American Foreign Policy. Basic Documents 1941–1949, Washington 1950, in: Das Ostpaktsystem Bd. II, hrsg. v. B. Meißner, Hamburg 1951, S. 15.
103 Vgl. hierüber Sherwood, S. 707ff.
104 Vgl. Liddell Hart und Chester Wilmot.
105 So urteilte etwa Marschall Foch im Jahre 1919, wenn er meinte, die Westmächte hätten den Krieg verloren, wenn ihnen eine befriedigende Lösung der russischen Frage nicht gelinge. Daß seine Lösung nicht die richtige war, versteht sich von selbst.
106 Einen längeren Ausschnitt der Rede bringt Crankshaw l. c., S. 110.
107 Meißner, Rußland, die Westmächte ..., S. 60ff.
108 Churchill V 2, S. 201, wirft die Begriffe durcheinander. Erst im soeben erschienenen VI. Bd. betont er, daß unter seiner Kabinettsleitung die Regierung nie die Ausdehnung Polens bis zur »westlichen Neiße« anerkannt hätte!
109 Auf der Jaltakonferenz war bereits ausdrücklich von der westlichen Neiße die Rede. Meißner, S. 40, Wagner, S. 121.

110 Präsident Bierut, stellv. Ministerpräsident Mikołajczyk, Außenminister Rzymowski. Vgl. hierzu neben Byrnes auch W. D. Leahy, I was there, London 1950, und S. Mikołajczyk, The rape of Poland, NY. 1948.
111 Meißner, S. 69.
112 Näheres bei Meißner, S. 76.
113 Etwa Golikov, S. 239ff.
114 J. Stalin, Über den Großen Vaterl. Krieg ..., S. 233ff.
115 Lenin, Sočinenija, Bd. VIII, S. 32.
116 Das mandschurische Bahnsystem wurde erst Ende 1952, der Hafen Port Arthur am 31. Mai 1955 der Chinesischen Volksrepublik übergeben.

IX. Die Sowjetunion nach dem Kriege

1 Hierzu vor allem B. Meißner, Rußland, die Westmächte und Deutschland. Die sowjetische Deutschlandpolitik 1943–1953. S. 77ff.
2 Vgl. Ostprobleme 1952, Nr. 34, S. 1103. H. Sturmhöfel, Die Türkei und die Sowjetunion 1939–1954, OE 1955/1.
3 Vgl. Die auswärtige Politik der UdSSR (russ.). Dokumente und Materialien Januar bis Dezember 1946. Moskau 1952; A decade of American foreign policy. Basic documents 1941–1949, New York 1950.
4 Vgl. hierzu G. Klimow, Berliner Kreml, Köln 1951.
5 Die Friedensverträge von 1947 mit Italien, Ungarn, Bulgarien, Rumänien und Finnland. Herausgegeben von E. Menzel. Quellen für Politik und Völkerrecht, Bd. 1, Frankfurt 1948.
6 Der Staatsvertrag mit Österreich ist erst im Mai 1955 nach dem Besuch einer österreichischen Delegation in Moskau in Wien unterzeichnet worden.
7 Das Telegramm selbst findet sich in dem VI. Band der Erinnerungen Churchills. Hier heißt es: »Ich bin tief besorgt über die europäische Situation ... Ein eiserner Vorhang wird an ihrer Front herunter gezogen Wir wissen nicht, was dahinter vorgeht. . .".Parallel zu Churchill hat auch Goebbels in einem Leitartikel der Wochenzeitung „Das Reich" vom 25. Februar 1945, Nr.8, die Formulierung gebraucht.
8 Vgl. den Bericht von B. Bruegel, Methods of Soviet Domination in Satellite States. International Affairs, London 1951/1. Über die Zustände in den neuannektierten Gebieten innerhalb der Grenzen der Sowjetunion orientiert etwa der Bericht: La situation dans les pays Baltes. Bulletin de l'association d'études et d'informations politiques internationales, Paris 1951, 1.–15. Janv. lt. Ostprobleme 1951, Nr. 12, S. 363ff. und Y. Gluckstein, Stalins Satellites in Europe, London 1952.
9 S. Mikołajczyk, Der Krieg gegen die Freiheit, Berlin 1948.
10 Vgl. den anschaulichen und erschütternden Bericht von Sir. R. B. Lockhart, Mich rief Europa, Stuttgart 1953, S. 113–178, in dem auch die Rolle von V. A. Zorin deutlich wird.
11 Vgl. B. Meißner, Das Ostpakt-System. Dokumenten-Zusammenstellung, Hamburg 1951, Bd. I.
12 Vgl. B. Meißner, Shdanow, Osteuropa 1952, Heft 1–2, S. 98ff.
13 X (George F. Kennan), The Sources of Soviet Conduct, Foreign Affairs 1947, S. 566–582.
14 Generalstreik in Italien am 12., in Frankreich am 18. November.
15 Meißner, Rußland im Umbruch, S. 43.

16 Nach L. D. Clay, Entscheidung in Deutschland, Frankfurt 1950, S. 395ff.

17 H. Klocke, Der Weg der Sowjetunion zur Industriemacht. Ztschr. f. Geopolitik 1952, Heft 4.

18 G. M. Werner, Die Ostwanderung der Sowjetindustrie, Osteuropa 1952, Heft 2. N. Vosnesenskij, Die Kriegswirtschaft der UdSSR während des Vaterländischen Krieges (russ.), Moskau 1947.

19 Berg- und andere Schwerarbeiter gingen vom Sechsstundentag zum Siebenstundentag über.

20 N. Jasny, Der Vierte Fünfjahresplan am Ende. The Quarterly Journal of Economics. Cambridge/Mass. May 1952.

21 Economic Survey of Europe in 1951, herausgegeben von der UNO, Genf 1952, nach Ostprobleme 1952/17, S. 518ff.

22 Vgl. F. Lorimer, The Population of the Soviet Union, Geneva 1948. Die Gesamtbevölkerung der Sowjetunion Ende 1951 betrug 206, 1962 – 226 Millionen.

23 Man bezifferte 1950 die Menge der Traktoren in der Sowjetunion auf 600000 (England: 260000, USA: 3 Millionen).

24 Etwa nach der Methode von Lysenko, die »Eichennester« inmitten von Roggen- und Sonnenblumenfeldern vorsieht. Vgl. OE 1954/3, S. 226.

25 Vgl. B. Nicolaevsky, Neuer Feldzug gegen das Dorf. Ostprobleme 1951, Heft 13, S. 390ff.; F. Löwenthal, Materialien über Groß-kolchose. Ebenda, 1951, Heft 23, S. 713ff.

26 Bolschewik 1944/7–8. Vgl. K. Mehnert, Weltrevolution durch Weltgeschichte, II. Aufl., S. 27ff.

27 Vgl. B. Meißner, Shdanow, Osteuropa 1952, Heft 1–2.

28 Bolschewik 1946, Nr. 3, 1–11. Vgl. A. G. Mazour and H. E. Bateman, Recent conflicts in Soviet historiography. The journal of modern history, March 1952.

29 Bol'ševik 1946, Nr. 17–18, S. 4–19.

30 H. Cassidy, Shdanow am Werk. In: Die russische Sphinx, hrsg. von R. B. Considine, Hannover 1951, S. 9.

31 A. Shdanow, Kritische Bemerkungen zu dem Buch A. F. Alexandrows, Geschichte der westeuropäischen Philosophie, Berlin 1950.

32 W. Meder, Materialien zur sowjetischen Kulturpolitik, Europa-Archiv 1948, S. 135ff. Über Varga OE 1955/2, S. 100ff. und 125ff.

33 G. v. Rauch, Die Theorie vom geringsten Übel im sowjetischen Geschichtsdenken. Osteuropa 1952/2; H. Jablonowsky, Die Lage der sowjetrussischen Geschichtswissenschaft nach dem Zweiten Weltkrieg, Saeculum 1951, II/3; Valentin Gitermann e Georg von Rauch, La nuova storiografia Russa, Roma 1954.

34 Nach 1953 war die Stellung Lysenkos erschüttert. (A. Buchholz, OE 1953/4, S. 251ff.), jetzt gilt er als erledigt.

35 A. Buchholz, Grundzüge und Entwicklungstendenzen der sowjetischen Naturwissenschaft. Osteuropa 1952, Heft 3–4. Ders.: Ideologie und Forschung in der Sowjet. Naturwissenschaft, Stuttgart 1953.

36 Fragen der Sprachwissenschaft im Lichte der Arbeiten J. W. Stalins (russ.), Moskau 1952. Vgl. The Stalin-Marr Philological Controversy in the USSR. World to-day, Chatam house review 1952.

37 Vgl. K. Mehnert, l. c., S. 36ff. und L. Laurat, Staline, la linguistique et l'impérialisme russe. Paris 1951. Vgl. auch die ausführliche, Mehnert folgende Darstellung bei Crankshaw S. 112–120.

38 Vgl. Bedell Smith, S. 352ff.
39 Meißner, Rußland im Umbruch, S. 43.
40 Meißner, ebenda, S. 56; vgl. The Red Army quickens steps. Economist, London, 15. März 1952. Vgl. u. S. 511.
41 F. Borkenau, Der Monat 1955/78, S. 566.
42 B. D. Wolfe spricht von einem Operationsplan, den der sowjetische Generalstab (bis zum 12. November war Marschall A. M. Vasilevskij Chef des Generalstabes, von da ab General S. M. Štemenko) für den Kriegsfall ausgearbeitet haben soll. Er habe einen Vorstoß quer durch Deutschland nach Westen mit anschließendem Frontalangriff gegen Frankreich und Durchbruch zur Atlantikküste vorgesehen, wobei gleichzeitig ein anderer Stoßkeil durch Jugoslawien in Norditalien einfallen sollte, um von hier die französischen Alpenpässe zu erreichen. B. D. Wolfe, Vital Speeches of the Day, New York, 1. Dezember 1952.
43 Pavel Fedorovič Judin, geb. 1899 in Gor'kij, war Professor für dialektischen Materialismus in Moskau, Mitglied der Akademie der Wissenschaften, Direktor eines amtlichen Verlages und Herausgeber der Gewerkschaftszeitung »Trud«. Er galt als einer der besten Experten für die marxistische Theorie.
44 Was Borkenau, Der europäische Kommunismus, S. 492ff., zu übersehen scheint.
45 Zum Konflikt mit Tito s.: B. Mlinarič, Tito, der rote Rebell. Zürich 1948; V. Dedijer, Tito speaks. His Self Portrait and Struggle with Stalin. London 1953. Vgl. auch M. J. Lasky, Balkan-Tagebuch, Der Monat 1951/52, Nr. 39/40.
46 Vgl. Die Entwicklung der Kominform von 1947–1950. Ostprobleme 1950, Nr. 27, nach The World To-day, London, May 1950.
47 Daß Ždanov tatsächlich krank war, bezeugt W. Bedell Smith, S. 101, 319. Vgl. Meißner, Shdanow, l. c., I, S. 17.
48 Abakumov ist im Dezember 1954 im Zuge des Strafverfahrens gegen Berija hingerichtet worden.
49 Vgl. C. M. Tschang, Communism and Nationalism in China. Foreign Affairs, New York, July 1950.
50 Im Oktober 1954 wurde endlich die Rückgabe Port Arthurs auf den 31. Mai 1955 angesetzt.
51 G. Malenkow, Die Sowjetunion verteidigt die Sache des Friedens. Neue Welt, Berlin 1949, Nr. 22. Zur Frage des chinesischen Kommunismus s. C. Brandt, B. Schwartz, J. K. Fairbank, A Documentary History of Chinese Communism. London 1952.
52 Vgl. Rote Umtriebe im Schwarzen Erdteil, Ostprobleme 1952, Nr. 4, lt. Times, London, 23. und 27. November 1951.
53 B. Spuler, Moskaus kirchenpolitische Offensive im Vorderen Orient. Ostprobleme 1951, Nr. 22.
54 Tentativi di penetrazione sovietica. Relazioni Internazionali, Milano, 19 jul. 1952.
55 Vgl. L. S. Berg, Die russischen Entdeckungen in der Antarktis und das moderne Interesse an ihr (russ.). Moskau 1949. Stalins nördlicher Seeweg. Neue Züricher Zeitung, 30. September 1951.
56 Siehe oben, S. 465.
57 Vgl. J. v. Hehn, Die Weltfriedensbewegung im Atomzeitalter, Europa-Archiv 1954/16.
58 Vgl. Meißner, Rußland, die Westmächte und Deutschland, S. 183.
59 Der Wortlaut bei Meißner, l. c., S. 216.

60 X (G. Kennan), The Sources of Soviet Conduct. Foreign Affairs 1947, S. 566ff.
61 Vgl. Meißner, Rußland, die Westmächte und Deutschland, S. 290; ders.: Die Deutschlandnote des Kreml. Ztschr. f. Geopolitik 1952/4.
62 Zum Beispiel Prof. E. Tarlé, Neue Zeit. Berlin 1952, Nr. 21, 25.
63 XV. Parteikongreß: Dezember 1927, XVI.: Juni 1930, XVII.: Januar 1934, XVIII: März 1939.
64 Zahl der Parteimitglieder: 1. 1. 1939: 2,3 Millionen, 1. 1. 1940: 3,4 Millionen, 1942: 4,6 Millionen, 1944: 5 Millionen, 1. 1. 1945: 5,7 Millionen, 1950: etwa 7 Millionen, 1964: 11,5 Millionen.
65 Hierzu B. Meißner, Der Wandel im sozialen Gefüge der Sowjetunion, Europa-Archiv 1950; G. F. Achminow, Die Macht im Hintergrunde, Ulm 1950; W. Burnham, Das Regime der Manager, Stuttgart 1949; D. Dallin, Das wirkliche Sowjetrußland, Hamburg 1948.
66 Vgl. A. Sieger, Stand und Entwicklung der Grundstoffindustrie und die Energiebilanz der Sowjetunion in der Nachkriegszeit. Europa-Archiv 1952, S. 5296ff.
67 G. M. Malenkow, Rechenschaftsbericht des Zentralkomitees der KPdSU an den XIX. Parteitag, hrsg. vom Parteivorstand der KPD, Stuttgart o. J. Vgl. L. Gruliow, Current soviet policies. The documentary review of the XIX. Party congress and the reorganisation after Stalins death. NY. 1953.
68 Veröffentlicht in der Zeitschrift »Bol'ševik«, Nr. 18, September 1952, und in der »Pravda« vom 3. Oktober 1952. Vgl. Gruliow, S. 1–20.
69 Übersetzung des Artikels in den Ostproblemen 1952/42, S. 1394ff.
70 Die Bezugnahme auf Lenin, die häufig vorkommt, ist irreführend; Lenin hat die Formulierung »friedliche Koexistenz« (mirnoe sosuščestvovanie) niemals gebraucht, sondern nur einmal (1920) von einem »friedlichen Zusammenleben« (mirnoe sožitel'stvo) der sozialistischen Völker gesprochen. Vgl. W. Grottian, Lenins Anleitung ..., S. 412ff.
71 Vgl. Historicus, Stalin on Revolution. Foreign Affairs 1949, S. 175ff.; Diplomaticus, Stalinist Theory and Soviet Foreign Policy. Review of Politics, 1952, S. 468ff. Meißner, Rußland ..., S. 338.
72 B. Meißner, Der Nachfolger, G. M. Malenkow. Osteuropa 1953/2. Vgl. M. Ebon, Malenkov, Stalins Successor. NY 1953 sowie Ostprobleme 1953/13.
73 Seit dem XVIII. Parteikongreß 1939 sind 19 Vollmitglieder und 48 Anwärter aus dem Zentralkomitee entfernt worden, die meisten nach 1948. Kuznecov war bis 1947 Mitglied des Sekretariats des Zentralkomitees, Kosygin Ministerpräsident der RSFSR.
74 Gruliow, S. 244ff.
75 Vgl. The New Red Anti-Semitism, hrsg. von E. E. Cohen, Boston 1953.
76 Vgl. K. Mehnert in Osteuropa 1953/2, S. 103.
77 F. Heni, OE 1953/2, S. 137ff.
78 Vgl. Gruliow, S. 255ff.
79 MVD = Ministerstvo vnutrennich djel (Innenministerium). Hier ist der staatliche Sicherheitsdienst gemeint, dessen Entwicklung von der Čeka über GPU und NKVD zum MVD führte.
80 Die Zahlen danach betrugen (nach der Währungsreform in »neuen Rubeln«): 1961 11,6 Milliarden (15% der Staatsausgaben); 1964 13,29 Milliarden (14,5%); 1967 14,5 Milliarden und 1968 16,7 Milliarden.

81 Das größte Kraftwerk der USA hatte 1960 eine Kapazität von 1,9 Millionen kW.
82 Vgl. Bilanz der Ära Chruschtschow. Hrsg. von E. Boettcher, H. J. Lieber, B. Meissner. Stuttgart 1966.

X. Die Ära Brežnev

1 J. Nogee, J., Soviet Foreign Policy since Brezhnev. In: Soviet Politics. Russia after Brezhnev. Ed. by Joseph L. Nogee, 1985, S. 216.
2 J. Hacker, Der Ostblock. Baden-Baden 1983, S. 703.
3 J. Kosta, Das sowjetische Planungsmodell. In: Zukunftsperspektiven der Sowjetunion. München 1984, S. 68f.
4 Ebenda, S. 70.
5 A. Nove, Das sowjetische Wirtschaftssystem. Baden-Baden 1980, S. 238.
6 O. Anweiler, Erziehungs- und Bildungspolitik. In: Kulturpolitik der Sowjetunion. Stuttgart 1973, S. 88f.
7 Ebenda, S. 91f.
8 B. Meissner, Das Parteiprogramm der KPdSU 1903–1961. Köln 1962, S. 194.
9 Gosudarstvennyj komitet Soveta Ministrov SSSR po nauke i technike.
10 K. Meyer, Wissenschaftspolitik. In: Kulturpolitik der Sowjetunion, S. 183.
11 S. Allilujewa, Zwanzig Briefe an einen Freund. Berlin-Darmstadt-Wien 1968.
12 P. Grigorenko, Der sowjetische Zusammenbruch 1941. Frankfurt a. M. 1969.
13 P. Hübner, Literaturpolitik. In: Kulturpolitik der Sowjetunion, S. 247.
14 J. Hacker, Der Ostblock, S. 707.
15 Deutscher Text der Rede Brežnevs in: Neues Deutschland 7. November 1964, S. 4–6.
16 Militärstrategie. Hrsg. unter der Red. von W. D. Sokolowski. Deutsche Übersetzung aus dem Russischen der dritten, verbesserten und ergänzten Auflage. Köln 1969.
17 S. Tiedtke, Die Warschauer Vertragsorganisation. Zum Verhältnis von Militär- und Entspannungspolitik in Osteuropa. München–Wien 1978, S. 79.
18 Neues Deutschland 15. Sept. 1965.
19 Kommuniqué der Tagung des Politischen Beratenden Ausschusses der Teilnehmerstaaten des Warschauer Vertrages in Warschau. 20. Januar 1965. In: Die Organisation des Warschauer Vertrages. Dokumente und Materialien 1955–1985. Berlin (Ost) 1985, S. 75–79.
20 Deklaration über die Festigung des Friedens und der Sicherheit in Europa, angenommen vom Politischen Beratenden Ausschuß der Teilnehmerstaaten des Warschauer Vertrages auf der Konferenz in Bukarest. 5. Juli 1966, ebenda, S. 81.
21 Kommuniqué der Konferenz des Politischen Beratenden Ausschusses der Teilnehmerstaaten des Warschauer Vertrages in Budapest. 17. März 1969, ebenda, S. 107.
22 B. Meissner, Die zwei Kreise des sowjetischen Bündnissystems. In: Der Sowjetblock zwischen Vormachtkontrolle und Autonomie. Köln 1984, S. 60. Siehe auch: G. Zieger. Der Warschauer Pakt, S. 82ff.
23 Neues Deutschland, 19. Juli 1968; Europa Archiv 1968, S. 388–390.
24 Hacker, Ostblock, S. 785.
25 B. Meissner, Die Breshnew-Doktrin. In: Osteuropa 1969, 9, S. 621ff. und

die Dokumentation ebda, S. A 153ff.; zur Rechtsqualität siehe: A. Lebahn, Sozialistische Wirtschaftsintegration und Ost-West-Handel im sowjetischen internationalen Recht. Berlin 1976.

26 Hacker, Ostblock, S. 801.

27 H.-H. Höhmann, Der erstarrte Koloß. Wirtschaftspolitik und Wirtschaftsreformpolitik der UdSSR in der Ära Breshnew. In: Aus Politik und Zeitgeschichte B 48/1981, S. 31.

28 Sowjetunion 1974/75. Innenpolitik, Wirtschaft, Außenpolitik. Analyse und Bilanz. München 1975, S. 60ff.

29 H.-H. Höhmann, Bilanz der Ära Breshnew: Wachstum und Wachstumsprobleme der sowjetischen Wirtschaft 1964–1982. In: Zukunftsperspektiven der Sowjetunion, S. 18.

30 Ebenda, S. 23.

31 B. Meissner in: Osteuropa 1976, S. 587.

32 J. A. Dellenbrand, Sibirien als Gegenstand der sowjetischen Regionalpolitik. In: Sibirien: Ein russisches und sowjetisches Entwicklungsproblem. Berlin 1986, S. 76ff.

33 Siehe dazu G. Brunner, Die neue Verfassung: Norm und Wirklichkeit. In: Sowjetunion 1978/79, S. 58ff.

34 A. Volodin, Utopija i istorija. Moskva 1977; A. Cipko, Ideja socializma. Moskva 1977.

35 W. Geierhos, Das Kräfteverhältnis. Die neue Globalstrategie der Sowjetunion. Lüneburg 1980, S. 196f.

36 P. Hübner, Dimensionen der »zweiten Kultur«. In: Sowjetunion 1980/81, S. 92.

37 Sehr informativ K. Mehnert, Moskau 1976: Beobachtungen und Gespräche. In: Ders.: Das zweite Volk meines Lebens. Berichte aus der Sowjetunion 1925–1983. Stuttgart 1986, S. 355.

38 W. Bukowski, UdSSR. Opposition. Eine neue Geisteskrankheit in der Sowjetunion? Eine Dokumentation. München 1971.

39 R. A. Medwedew, Die Wahrheit ist unsere Stärke. Geschichte und Folgen des Stalinismus. Frankfurt a. M. 1973.

40 W. Leonhard, Der innenpolitische Hintergrund für die neue Außenpolitik der Sowjetunion. In: Aus Politik und Zeitgeschichte B 42/73, 20. Okt. 1973, S. 28.

41 Die Zeit Nr. 52 – 19. Dezember 1986.

42 Der heilige Doktor Fjodor Petrowitsch. Die Geschichte des Friedrich Joseph Haas. Bad Münstereifel 1780 – Moskau 1853, erzählt von Lew Kopolew. Hamburg, 2. Aufl. 1984.

43 P. Hübner, ebenda, S. 101.

44 W. Berner, Die sowjetische Außenpolitik der Breshnew-Ära. In: Aus Politik und Zeitgeschichte B 48/81, 28. Nov. 1981, S. 41.

45 G. Zellentin, Entspannungspolitik. Pipers Wörterbuch zur Politik, Bd. 5, Internationale Beziehungen, S. 127.

46 Der Vertrag vom 12. August 1970 zwischen der Bundesrepublik Deutschland und der Union der Sozialistischen Sowjetrepubliken. Presse- und Informationsamt der Bundesregierung 9, 1970.

47 P. Bender, Neue Ostpolitik. Vom Mauerbau zum Moskauer Vertrag. München 1986, S. 174.

48 A. Stent, Wandel durch Handel? Köln 1983, S. 166.

49 R. Nixon, Real Peace. Eine Strategie für den Westen. Frankfurt/M., Berlin, Wien 1985, S. 36.

50 H. A. Kissinger, Weltpolitik für morgen. Reden und Aufsätze 1982–1985. München 1986, S. 198ff.

51 Siehe dazu: W..Geierhos, Das Kräfteverhältnis.
52 Internationale Beratung der kommunistischen und Arbeiterparteien Moskau 1969. Prag 1969, S. 211; W. Berner, Die sowjetische Außenpolitik der Breshnew-Ära, S. 45.
53 J. Krause, Sowjetische Militärhilfepolitik gegenüber Entwicklungsländern. Baden-Baden 1985, S. 165.
54 S. G. Gorschkow, Seemacht Sowjetunion. Hamburg 1978.
55 Geierhos, S. 91 ff.
56 H. Timmermann, Die KPdSU und die internationale kommunistische Bewegung. In: Sowjetunion 1980/81, S. 270.
57 Siehe dazu: M. Y. Cho, Die Volksdiplomatie in Ostasien, Entstehung, Theorie und Praxis. Die Asienpolitik der Vereinigten Staaten und die Beziehungen zwischen der Volksrepublik China und Japan. Wiesbaden 1971; J. Glaubitz, Japan im Spannungsfeld zwischen China und der Sowjetunion. Japanisch-chinesische Normalisierungsschritte und sowjetische Reaktion. SWP – S 253 November 1976.
58 H. Brahm u. a., Sowjetische Politik heute. Probleme und Alternativen. In: Aus Politik und Zeitgeschichte B 40/78, 7. Oktober 1978, S. 13.
59 D. Heinzig, J. Glaubitz, Die sowjetische China- und Japan-Politik. In: Sowjetunion 1980/81, S. 291.
60 Siehe auch: B. Meissner, Sowjetische Kurskorrekturen. Breshnew und seine Erben. Zürich 1984, S. 120.
61 H.-D. Jacobsen, Die Ost-West-Wirtschaftsbeziehungen als deutsch-amerikanisches Problem, S. 79.
62 B. Knabe, Zur politischen Funktion der Olympischen Sommerspiele 1980. BIOst 18, 1981, S. 17.
63 Zh. Medwedjew, Andropow, S. 130.
64 J. F. Hough, The Soviet Union and Social Science Theory. Cambridge, Mass. 1977, S. 10ff., 22 ff.; G. Brunner, Herrschaftsinstitutionen und politischer Wandel. In: G. Simon (Hrsg.), Weltmacht Sowjetunion. Umbrüche, Kontinuitäten, Perspektiven. Köln 1987, S. 97.
65 Ebenda, S. 98.
66 C. d'Encausse, Risse im Roten Imperium. Wien-München-Zürich-Innsbruck 1979; W. Teckenberg, Gegenwartsgesellschaften: UdSSR. Stuttgart 1983, S. 433.
67 Teckenberg, S. 434.
68 B. Knabe, Die gesellschaftliche Entwicklung in der UdSSR (nach 1953). In: G. Simon, Weltmacht Sowjetunion, S. 122 ff.
69 G. Wahl, Theorie und Praxis sozialistischer Demokratie in der Sowjetunion. Politische Partizipation im Rahmen der lokalen Sowjets. Frankfurt/M. 1984.
70 W. Berner, Die sowjetische Außenpolitik der Breshnew-Ära, ebenda, S. 36; S. Bialer, Stalin's Successors. Leadership, stability, and change in the Soviet Union. Cambridge 1980.

XI. Die Übergangsperiode. Andropov und Černenko

1 J. Adirim, Stand und Zukunftsaussichten der Wirtschaftsreform in der UdSSR. In: Osteuropa 1985, 12, S. 902 f.
2 Dokument des Tages: Die sowjetische Akademie der Wissenschaften fordert eine grundlegende Wirtschaftsreform. In: Die Welt 18. Aug. 1983, S. 7.
3 B. Meissner, Sowjetpolitik: Von Andropow zu Tschernenko. In: Außenpolitik 1984, 3, S. 259.

4 Chr. Meier, Der Führungswechsel von Breschnew zu Andropow und die sowjetische WP/RGW-Politik. In: Deutsche Studien 84, Dez. 1983, S. 395.
5 D. Heinzig, Entspannung zwischen Moskau und Peking. In: Europa Archiv 1983, 8, S. 249.
6 D. Heinzig, Moskau und Peking. In: Osteuropa 1984, 9, S. 669.
7 F. Oldenburg, Im Dienste der eigenen Sache. Die SED und die Wahl Tschernenkos. In: Deutsche Studien 85, März 1984, S. 101ff.
8 O. Anweiler, Die sowjetische Schul- und Berufsbildungsreform von 1984. In: Osteuropa 1984, 11/12, S. 842.
9 K. U. Tschernenko, Den Fünfjahrplan erfolgreich vollenden, die Intensivierung der Wirtschaft beschleunigen. Rede auf der Sitzung des Politbüros des ZK der KPdSU, 15. Nov. 1984. Moskau 1984, S. 9.
10 Pravda 29. 6. u. 7. 7. 1984.
11 Pravda 6. 5. 1984. ZK-Beschluß »Über Maßnahmen zur Weiterverbesserung des ideologisch-künstlerischen Niveaus der Filme sowie zur Festigung der materiell-technischen Basis des Filmwesens«.
12 E. Honecker, Aus dem Bericht des Politbüros an die 9. Tagung des Zentralkomitees der SED, 22. Nov. 1984. In: Dokumente und Materialien, S. 286.
13 Sowjetunion 1984/85, S. 289.
14 Neues Deutschland 7. 3. 1985.
15 H. Bühl, Die Stockholmer Konferenz. Westliche und östliche Positionen sind nicht unüberbrückbar. In: Deutsche Studien 85, März 1984, S. 107.

XII. Die Sowjetunion unter Gorbačev

1 Zh. Medwedjew, Der Generalsekretär. Michael Gorbatschow. Eine politische Biographie. Darmstadt und Neuwied 1986, S. 184.
2 UdSSR: Wirtschaftsreformen im Widerstreit gesellschaftlicher Interessen. Ein neuer Ansatz der sowjetischen Soziologin Saslawskaja. In: Osteuropa-Archiv Februar 1986, S. A 67.
3 J. Andropow, Ausgewählte Reden und Schriften. Berlin (Ost) 1983, S. 268.
4 J. Andropow, Die Lehre von Karl Marx und einige Fragen des sozialistischen Aufbaus in der UdSSR. In: J. Andropow, ebenda, S. 280.
5 M. Gorbačev, Die Umgestaltung duldet keinen Aufschub, sie betrifft alles und jeden. Rede am 31. Juli 1986 in Chabarovsk. In: Sowjetunion heute 1986, 9, S. VII.
6 UdSSR: Wirtschaftsreformen im Widerstreit, S. A 68.
7 Chr. Schmidt-Häuer, Michail Gorbatschow. 4. völlig überarbeitete und erweiterte Auflage. München 1986, S. 250.
8 Gorbačev, ebenda, S. XIII.
9 Ebenda.
10 Gorbatschow: »Genossen, Optimismus befreit niemanden von der Arbeit«, 11. Juni 1985, Teil II. In: Frankfurter Rundschau 1. Juli 1985, S. 14.
11 Chr. Schmidt-Häuer, Sowjetischer Staatssicherheitschef. Die geheime Stütze des Umbaus. In: Die Zeit Nr. 4 – 16. Jan. 1987, S. 2.
12 Gorbatschow, Die Umgestaltung duldet keinen Aufschub, ebenda, S. VII.
13 Bericht über Lenins Kampf gegen Stalin. Uneingeschränkte Macht des sowjetischen Diktators kritisiert. In: FAZ 20. Jan. 1987, S. 4.
14 Gorbatschow, S. XIII.
15 Ebenda.
16 Zh. Medwedjew, Der Generalsekretär, S. 369f.

17 E. Schneider, Gorbatschows Personalschub. In: Osteuropa 1986, 1, S. 30–47; Schmidt-Häuer, Ebenda.
18 B. Meissner, Das Aktionsprogramm Gorbatschows. Die Neufassung des dritten Parteiprogramms der KPdSU. Köln 1987, S. 56ff.; Programm der Kommunistischen Partei der Sowjetunion. Neufassung. Angenommen vom XXVII. Parteitag der KPdSU. In: Sowjetunion zu neuen Ufern? S. 196f.
19 Ebenda, S. 253ff.
20 Neue Zeit. Moskauer Hefte für Politik Nr. 9, Februar 1986, S. 41ff.
21 B. Meissner, Die Ergebnisse des XXVII. Parteikongresses der KPdSU. In: Europa Archiv 1986, 8, S. 237.
22 Siehe auch: B. Meissner, Die Ergebnisse, S. 242.
23 Siehe dazu: M. Späth, Zwang zur Beschleunigung: Wissenschaft und Technologiepolitik unter Gorbatschow. Masch. geschr. Manuskript, 32 S. (Forschungsstelle Gottstein in der Max-Planck-Gesellschaft. München 1986); H.-Chr. Reichel, Tendenzen in Gorbatschows Wirtschaftspolitik. In: Außenpolitik 1986, 1, S. 35–43.
24 A. Aganbegjan, Wirtschaftliche Erschließung der BAM-Zone. In: Gesellschaftswissenschaften (AdW Moskau) 1986, 4, S. 81–95; Neue Zeit Nr. 38, 1986, S. 2; Die Neue Gesellschaft/Frankfurter Hefte 22. 9. 1986.
25 Ein sowjetischer Film über Andropow. In: NZZ, Fernausgabe, 19. Juni 1985, S. 5.
26 Ryškov, Die ersten Schritte sind getan, S. 4; Literaturnaja gazeta 25. 12. 85, 7. 1. 86, 7. 5. 86, 21. 5. 86, 11. 6. 86, 18. 6. 86; siehe dazu: R. Orlowa, Anfangen bei sich selbst. Tauwetter für die sowjetische Kultur? In: Die Zeit Nr. 31 – 25. Juli 1986, S. 33; FAZ 31. 01. 87, S. 19.
27 Schmidt-Häuer, S. 195.
28 »Muß denn jeder Mensch ein Buch kaufen?« Der Spiegel Nr. 52, 22. Dez. 1986, S. 102ff.; W. Surganow, Die Qualität der Zeit in der schönen Literatur. In: Gesellschaftswissenschaften (AdW Moskau) 1986, 4, S. 200ff.
29 E. Siegl, Ein altes Testament macht eine Zeitung aktuell. In: Frankfurter Rundschau 23. 01. 1987, S. 3.
30 W. Seiffert, Technologietransfer im RGW: Die Rolle der DDR. Dez. 1986. Masch.geschr. Manuskript, S. 4f.
31 H. Timmermann, Gorbatschow zeigt außenpolitisches Profil. In: Osteuropa 1986, 1, S. 8ff.
32 Siehe: E. Schneider, Die Position des SED-Generalsekretärs 1986 und die Nachfolgefrage in der DDR. In: Deutsche Studien 93, März 1986, S. 67– 75.
33 Politischer Bericht des ZK der KPdSU an den XXVII. Parteitag der KPdSU, vorgetragen vom Generalsekretär des ZK der KPdSU, Michail Gorbatschow, am 25. Februar 1986. In: Neue Zeit 1986, 9, S. 36.
34 Chr. Schmidt-Häuer. Neue Fenster zum Westen. In: Die Zeit Nr. 5 – 24. Januar 1986, S. 3.
35 Schmidt-Häuer, Michail Gorbatschow, S. 285.
36 Die Zeit 17. Okt. 1986, S. 4; siehe auch: E.-O. Czempiel, Amerikanisch-sowjetische Beziehungen nach Reykjavik. In: Aus Politik und Zeitgeschichte B1–2/87, 10. Januar 1987, S. 3–15.
37 Siehe dazu: I. Peters, Ende der KVAE – Ende der politischen Vertrauensbildung in Europa? Erfolgsbedingungen der Politik militärischer Vertrauensbildender Maßnahmen. In: Aus Politik und Zeitgeschichte B 1–2/87, 10. Januar 1987, S. 29–38.
38 W. Kühne, Sowjetische Afrika-Politik unter Gorbatschow. In: Europa Archiv 1986, 22, S. 664.
39 Ju. Afanassjew, Perestroika und historisches Wissen. In: Ders. (Hrsg.),

Es gibt keine Alternative zu Perestroika: Glasnost, Demokratie, Sozialismus. Nördlingen 1988, S. 565.

40 F. Medvedev, On chotel peredat' žizn', potomu čto ee ljubil. In: Ogonek Nr. 48, Nojabr' 1987, S. 26ff.

41 G. Meyer, Perestrojka und Geschichtswissenschaft in der UdSSR. In: Ders. (Hrsg.), Wir brauchen die Wahrheit. Geschichtsdiskussion in der Sowjetunion. Köln 1988, S. 20.

42 W. Iwanow, Die wiedererstandene Kultur. In: Ju. Afanassjew (Hrsg.), Perestroika, S. 677ff.

43 Pravda 5. 2. 1988.

44 Ju. Afanassjew, Perestroika und historisches Wissen. In: Ders. (Hrsg.), Perestroika, S. 582.

45 Vedomosti Verchovnogo Soveta SSSR Nr. 31, 1986, Dekret vom 25. Juli, Art. 593.

46 B. Meissner, Gorbatschow am »Rubikon«. In: Osteuropa 11, 1988, S. 996.

47 B. Meissner, S. 1000f.

48 VVS SSSR 1988, Nr. 49, Art. 727, 728, 729.

49 B. Meissner, Gorbatschows Umbau des Sowjetsystems (I). In: Osteuropa 7, 1989, S. 617.

50 T. Saslawskaja, Die Gorbatschow-Strategie. Wirtschafts- und Sozialpolitik in der UdSSR. Wien 1989, S. 309; Vsja vlast' – sovetam! In: Ekonomičeskaja gazeta Nr. 13, März 1989, S. 1.

51 Politischer Bericht des Zentralkomitees der KPdSU an den XXVII. Parteitag der Kommunistischen Partei der Sowjetunion. Bericht des Generalsekretärs der KPdSU Michail Gorbatschow. In: Sowjetunion zu neuen Ufern? S. 110f.; VVS SSSR 1986, Nr. 37 Art. 782, Sobranie Postanovlenij Pravitel'stva SSSR 1986, Nr. 6, Srt. 35; B. Meissner, Die Sowjetunion im Umbruch. Stuttgart 1988, S. 251f.

52 Offene Worte: Gorbatschow, Ligatschow, Jelzin und 4991 Delegierte diskutieren über den richtigen Weg. Nördlingen 1988, S. 548ff.

53 VVS SSSR 1988, Nr. 50, Art. 743, Nr. 51, Art. 751.

54 G. Popow, Die Umgestaltung der Wirtschaftsleitung. In: Ju. Afanassjew (Hrsg.), Perestroika, S. 703; B. Hawrylyshyn, Wegweiser in die Zukunft. Frankfurt/M. u. a. 1982, S. 51; B. Meissner, Gorbatschow am »Rubikon«. In: Osteuropa 11, 1988, S. 982.

55 L. I. Abalkin, UdSSR – Strategie ökonomischer Entwicklung. Moskau 1987, S. 154.

56 Zakon o gosudarstvennom predprijatii (ob'edinenii). In: O korennoj perestrojke upravlenija ekonomikoj. Sbornik dokumentov. Moskva 1988, S. 3–52.

57 M. S. Gorbatschow, Die Verwirklichung der Beschlüsse des 27. Parteitages der KPdSU und die Intensivierung der Perestroika. In: Sowjetunion, Sommer 1988, Offene Worte. Nördlingen 1988, S. 20.

58 K. Bolz, A. Polkowski, Stand und Entwicklungschancen der Wirtschaftsreform in der Sowjetunion zu Beginn des Jahres 1988. HWWA-Report. Hamburg, März 1988, S. 38.

59 In der Sowjetunion wächst die Angst vor Preissteigerungen. DIW sieht trotz wachsender Schwierigkeiten in der Wirtschaft keine Anzeichen für Abbruch der Reformen. In: FAZ 25. 8. 89, S. 14.

60 Popow, S. 702.

61 Meissner, Gorbatschows Umbau des Sowjetsystems (II). In: Osteuropa 8, 1989, S. 713f.

62 Saslawskaja, S. 44.

63 »Glasnost kann man nicht in den Tee tun«. In: Der Spiegel Nr. 23 vom 5. Juni 1989, S. 156f.
64 A. Aganbegjan, Sowjetische Freihandelszonen auch für den Inlandsabsatz. In: FAZ 28. 4. 1989, S. 18.
65 Th. Schweisfurth, Die Rechtsgrundlagen für Gemeinschaftsunternehmen in der Sowjetunion. In: Recht der Internationalen Wirtschaft 7, 1987, S. 489ff.
66 I. D. Iwanow, Die Außenwirtschaftsbeziehungen der UdSSR in der Zeit der Perestrojka. In: Osteuropa 8, 1989, S. 729.
67 J. Nötzold, Mehrere europäische Wirtschaftsblöcke? Zur künftigen Bedeutung des RGW. In: Außenpolitik 3, 1989, S. 293f.
68 Offene Worte, S. 451.
69 M. Butenschön, Eine Region wird aufgegeben. In: Die Zeit 26. 2. 1988.
70 Vedomosti Verchovnogo Soveta i pravitel'stva Estonskoj Sovetskoj Socialističeskoj Respubliki 25 nojabrja 1988 g. Nr. 48 (873), S. 1313ff.; Vedomosti Verchovnogo Soveta Sojuza Sovetskich Socialističeskich Respublik Nr. 48 (2486), S. 803ff.
71 Chr. Meier, Die UdSSR und Osteuropa. Auf dem Wege zu einer neuen Struktur multilateraler Beziehungen. Berichte des BIOst Nr. 43 – 1989, S. 18.
72 H.-H. Höhmann, Soviet Perestrojka. Economic Reform and Integration Problems in Eastern Europe. In: Berichte des BIOst Nr. 26 – 1989.
73 Warschauer Vertrag und NATO: Kräfteverhältnis in Europa. Moskau 1989, S. 4; Memorandum der polnischen Regierung vom 17. Juli 1987 zu Rüstungsbegrenzung und Vertrauensbildung in Mitteleuropa. In: Europa-Archiv 24, 1987, S. D653ff.; M. Backera, Perestrojka der sowjetischen Militärdoktrin? In: Beiträge zur Konfliktforschung 2, 1988, S. 118.
74 M. Gorbatschow, Auf der Grundlage völliger Gleichberechtigung, Selbständigkeit und gegenseitiger Achtung. Rede des Generalsekretärs des ZK der KPdSU vor der Skupština der Sozialistischen Föderativen Republik Jugoslawien in Belgrad am 16. März 1988. Moskau 1988.
75 D. Heinzig, Die sowjetische Politik gegenüber der Volksrepublik China. In: Glaubitz/Heinzig (Hrsg.), Die Sowjetunion und Asien in den 80er Jahren. Baden-Baden 1988, S. 251.
76 J. Glaubitz, China und die Sowjetunion – Hintergrund und Perspektiven ihrer Wiederannäherung. In: Außenpolitik 3, 1989, S. 268ff.
77 G. Will, Sowjetische Südostasienpolitik unter Gorbačev. In: Sowjetunion 1988/89. Perestrojka in der Krise? Hg. vom BIOst. München, Wien 1989, S. 282.
78 Ph. Nel, Die Sowjetunion und Schwarzafrika 1985–1988. In: Sowjetunion 1988/89, S. 296.
79 Erklärungen des amerikanischen Präsidenten, Ronald Reagan, und des sowjetischen Parteichefs, Michail Gorbatschow, bei der Unterzeichnung des INF-Vertrages in Washington am 8. Dezember 1987. In: Europa-Archiv 1, 1988, S. D18.
80 M. Besrukow, A. Kortunow, Wer ist heute vorne? In: Neue Zeit 4, 1990, S. 14ff.

VERZEICHNIS DER ABKÜRZUNGEN

ABM	Anti-Ballistic-Missile (Rakete zur Abwehr ballistischer Raketen
BAM	Baikal-Amur-Magistrale
BdKJ	Bund der Kommunisten Jugoslawiens
CD	Conference on Disarmament (Genfer Abrüstungskonferenz der Vereinten Nationen)
Čeka	Črezvyčajnaja Kommissija (Sonderkommission = Geheimdienst)
CIK	Central'nyj Ispolnitel'nyj Komitet (Zentrales Exekutivkomitee der Sowjets)
CK	Central'nyj Komitet (Zentralkomitee, ZK)
Cocom	Coordinating Committee for East-West-Trade-Policy (Koordinierungskomitee der NATO für Ost-West-Handelspolitik)
ČSSR	Čechoslovakische Sozialistische Republik
DDR	Deutsche Demokratische Republik
EG	Europäische Gemeinschaften
EVG	Europäische Verteidigungsgemeinschaft
EWG	Europäische Wirtschaftsgemeinschaft
FKP	Französische Kommunistische Partei
GOS-Agroprom	Staatskomitee für Fragen des Agrar-Industrie-Komplexes
GOSPLAN SSSR	Staatliches Plankomitee des Ministerrates der UdSSR
GOSSNAB SSSR	Staatskomitee beim Ministerrat der UdSSR für materialtechnische Versorgung
GPU	Gosudarstvennoe Političeskoe Upravlenie (Staatliche Politische Verwaltung des Innenkommissariats = Geheimdienst)
IAEA	Internationale Atomenergie-Agentur
IIASA	Internationales Institut für Angewandte Systemanalyse, Laxenburg bei Wien
INF	Intermediate Range Nuclear Forces (Mittelstreckenwaffen)
IWF	Internationaler Währungsfond
KGB	Komitet Gosudarstvennoj Bezopasnosti (Komitee für Staatssicherheit)
Kolchoz	Kollektivnoe chozjajstvo (Kollektivwirtschaft)
Komintern	Kommunistische Internationale
Komsomol	siehe: VLKSM
KPD	Kommunistische Partei Deutschlands
KPCh	Kommunistische Partei Chinas
KPdSU	Kommunistische Partei der Sowjetunion
KSZE	Konferenz für Sicherheit und Zusammenarbeit in Europa
KVAE	Konferenz über Vertrauens- und Sicherheitsbildende Maßnahmen und Abrüstung in Europa
MAD	Mutual Assured Destruction (Gegenseitige gesicherte Zerstörungsfähigkeit)
MBFR	Mutual Balanced Forces Reduction (Beiderseitige und ausgewogene Truppenreduzierungen)

MChAT	Moskovskij Chudožestvennyj Akademičeskij Teatr (Moskauer Akademisches Künstlertheater)
MIRV	Multiple Independently Targetable Reentry Vehicle (Mehrfach unabhängig zielprogrammierbarer Wiedereintrittsflugkörper)
MTS	Mašino-Traktornaja Stancija (Maschinen-Traktoren-Station)
MVD	Ministerstvo Vnutrennych Del' (Ministerium des Innern)
NATO	North Atlantic Treaty Organisation (Nordatlantische Allianz)
NEP	Novaja Ėkonomičeskaja Politika (Neue Ökonom. Politik)
NK	Narodnyj Komissariat (Volkskommissariat, seit 1946 Ministerium)
NKVD	Narodnyj Komissariat Vnutrennych Del' (Volkskommissariat für Innere Angelegenheiten)
OMS	Otdel meždu-narodnoj svjazzi (Internationale Verbindungsabteilung der Komintern)
OSO	Osobaja sessija (Besondere Kommission beim NKVD)
PBA	Politischer Beratender Ausschuß des Warschauer Paktes
Politruk	Političeskij rukovoditel' (Politischer Kommissar)
Profsojuz	Professional'nyj Sojuz (Gewerkschaftsbund)
Proletkult	Proletarskaja kultura (Proletarische Künstlerorganisation und -bewegung)
PVAP	Polnische Vereinigte Arbeiterpartei
RKKA	Raboče-Krest'janskaja Krasnaja Armija (Rote Arbeiter- und Bauernarmee, seit 1946 Sovetskaja Armija = Sowjetarmee)
RKP (B)	Rossijskaja Kommunističeskaja Partija (Bol'ševikov) KPR (B) Kommunistische Partei Rußlands (der Bol'ševiki)
ROA	Russkaja Osvoboditel'naja Armija (Russische Befreiungsarmee)
RSDRP	Rossijskaja Social'-demokratičeskaja Rabočaja Partija (Russische Sozialdemokratische Arbeiterpartei, SDAPR)
RSFSR	Rossijskaja Sovetskaja Federativnaja Socialističeskaja Respublika (Russische Sozialistische Föderative Sowjetrepublik)
SALT	Strategic Arms Limitation Talks (Verhandlungen über die Begrenzung strategischer Waffen)
SDI	Strategic Defense Initiative (Strategische Verteidigungsinitiative)
SED	Sozialistische Einheitspartei Deutschlands
SFRJ	Sozialistische Föderative Republik Jugoslawien
SPD	Sozialdemokratische Partei Deutschlands
Sovchoz	Sovetskoe chozjajstvo (Sozialistisches staatliches landwirtschaftliches Unternehmen)
SR	Sozialrevolutionäre Partei
START	Strategic Arms Reduction Talks (Verhandlungen über die Reduzierung strategischer Waffen)
TASS	Telegrafnoe Agentstvo Sovetskogo Sojuza (Telegrafenagentur der Sowjetunion)
TPK	Territorialer Produktionskomplex
UNRRA	United Nations Relief and Rehabilitation Administration (Hilfsorganisation der Vereinten Nationen für Flüchtlinge und Verschleppte)

Uralmasch	Ural-Maschinenwerk in Sverdlovsk, der wichtigste Industriekomplex der UdSSR
USPD	Unabhängige Sozialdemokratische Partei Deutschlands
VCIK	Vesrossijskij Central'nyj Ispolnitel'nyj Komitet (Allrussisches Zentral-Exekutivkomitee der Sowjets)
VKSE	Verhandlungen über konventionelle Streitkräfte in Europa
VLKSM	Vsesojuznyj Leninskij Kommunističeskij Sojuz Molodëži (Kommunistischer Jugendverband)
VSBM	Vertrauens- und Sicherheitsbildende Maßnahmen
WEU	Westeuropäische Union
WP	Warschauer Pakt
ZK	Zentralkomitee

Zeittafel

I.

Regierungszeit Alexanders II.	1855–1881
G. V. Plechanov	1856–1918
V. I. Lenin	1870–1924
L. D. Trockij	1879–1940
J. V. Stalin	1879–1953
Regierungszeit Alexanders III.	1881–1894
»Befreiung der Arbeit« gegründet	1883
»Kampfbund für die Befreiung der Arbeiterklasse«	1894/95
Südrussischer Arbeiterverein	1897
I. Sozialdemokratischer Kongreß in Minsk	1898
Sozialrevolutionäre Partei gegründet	1902
II. Parteikongreß in London. Spaltung in Menschewisten und Bolschewisten	1903
Russisch-japanischer Krieg	1904–1905
Der »Blutige Sonntag«	9. (22.) 1. 1905
III. Parteikongreß in London	1905
Die ersten Sowjets in Petersburg	1905
Das Oktobermanifest	1905
IV. Parteikongreß in Stockholm	1906
I. Duma	1906
II. Duma	1907
III. Duma	1907–1912
V. Parteikongreß in London	1907
Parteikonferenz in Prag	Januar 1912
Pravda begründet	April 1912
IV. Duma	1912–1917
Sozialistische Konferenz in Zimmerwald	September 1915
Sozialistische Konferenz in Kienthal	April 1916
Februarrevolution	27. 2. (12. 3.) 1917
»Order Nr. 1«	1. (14.) 3. 1917
Abdankung des Zaren Nikolaj II.	2. (15.) 3. 1917
Lenins Rückkehr	3. (16.) 4. 1917
I. Allrussischer Sowjetkongreß	3. (16.) 6. 1917
VI. Parteikongreß und »Juliputsch«	Juli 1917
Kerenskij-Offensive	Juli 1917
Kornilov-Putsch	September 1917
Völkerkongreß in Kiev	September 1917
Rußland Republik	14. (27.) 9. 1917
II. Allrussischer Sowjetkongreß	25. 10. (7. 11.) 1917

II.

Oktoberrevolution	25. 10. (7. 11.) 1917
Periode des Kriegskommunismus	1917–1921
Landdekret	26. 10. (8. 11.) 1917
Friedensdeklaration	26. 10. (8. 11.) 1917

Nationalitätendeklaration	2. (15.) 11. 1917
Transkaukasische Föderation	2. (15.) 11. 1917
Souveränitätserklärung des Estnischen Volkstages	15. (28.) 11. 1917
Waffenstillstand von Brest-Litovsk	2. (15.) 12. 1917
Unabhängigkeitserklärung Finnlands	23. 11. (6. 12.) 1917
III. Allrussischer Sowjetkongreß	Januar 1918
Konstituierende Versammlung	5. (18.) 1. 1918
Unabhängigkeitsdeklaration der Ukrainischen Rada	9. (22.) 1. 1918
Unabhängigkeitserklärung der Baltischen Ritterschaften	15. (28.) 1. 1918
Der »Brotfrieden« der Mittelmächte mit der Ukraine	27. 1. (9. 2.) 1918
Einführung des Gregorianischen Kalenders	1. (14.) 2. 1918
Ultimatum der Mittelmächte	9. 2. 1918
Unabhängigkeitserklärung Estlands	24. 2. 1918
Frieden von Brest-Litovsk	3. 3. 1918
VII. Parteikongreß	März 1918
Ratifizierung des Friedens von Brest-Litovsk	15. 3. 1918
IV. Allrussischer Sowjetkongreß	März 1918
Unabhängigkeitserklärung Weißrußlands	25. 3. 1918
Unabhängigkeitserklärung der Transkaukasischen Föderation	22. 4. 1918
Deutsch-Ukrainischer Wirtschaftsvertrag	23. 4. 1918
Nordkaukasische Föderative Republik begründet	11. 5. 1918
Helsingfors (Helsinki) befreit	16. 5. 1918
Unabhängigkeitserklärung Georgiens	22. 5. 1918
Unabhängigkeitserklärung Armeniens	26. 5. 1918
Unabhängigkeitserklärung Azerbajdžans	28. 5. 1918
V. Allrussischer Sowjetkongreß	Juli 1918
Ermordung der Zarenfamilie in Jekaterinburg	17. Juli 1918
Sozialrevolutionäre Revolte	Juli 1918
Verfassung der RSFSR	10. 7. 1918
I. Krise des Bürgerkrieges (Wolga)	August 1918
Zusatzvertrag Brest-Litovsk	27. 8. 1918
VI. Allrussischer Sowjetkongreß	Okt./Nov. 1918
Abgrenzung der Interessensphären in Rußland durch England und Frankreich	13. 11. 1918
Skoropadskij durch Petljura abgelöst	15. 11. 1918
Staatsstreich Kol'čaks in Omsk	18. 11. 1918
Unabhängigkeitserklärung Lettlands	18. 11. 1918
Weißrußland Sowjetrepublik	1. 1. 1919
Kiev von Roter Armee besetzt	3. 2. 1919
VIII. Parteikongreß	März 1919
I. Komintern-Kongreß (Komintern begründet)	2. 3. 1919
Oberster Rat der Alliierten lehnt Fochs Kreuzzugsplan ab	27. 3. 1919
Ukraine Sowjetrepublik	8. 4. 1919
Riga befreit	22. 5. 1919
II. Krise des Bürgerkrieges (Leningrad und Moskau)	Oktober 1919
VII. Allrussischer Sowjetkongreß	Dezember 1919
Rostov von Roter Armee besetzt	8. 1. 1920
Frieden mit Estland in Dorpat	2. 2. 1920

Kol'čak erschossen	7. 2. 1920
IX. Parteikongreß	März 1920
Fernöstliche Republik begründet	6. 4. 1920
Deutsch-russisches Kriegsgefangenenabkommen	19. 4. 1920
Piłsudski erobert Kiev	7. 5. 1920
Wrangells Agrargesetz	7. 6. 1920
Frieden mit Litauen in Moskau	12. 7. 1920
II. Komintern-Kongreß	Juli/Aug. 1920
Frieden mit Lettland in Riga	11. 8. 1920
»Das Wunder an der Weichsel«	14. 8. 1920
Polnisch-russischer Waffenstillstand	12. 10. 1920
Frieden mit Finnland in Dorpat	14. 10. 1920
Durchbruch der Roten Armee am Perekop	7./8. 11. 1920
VIII. Sowjetkongreß	Dezember 1920
Verträge mit Persien und Afghanistan	Februar 1921
Gosplan gegründet	22. 2. 1921
Ende der Georgischen Unabhängigkeit	25. 2. 1921
Kronstädter Aufstand	28. 2.–18. 3. 1921

III.

Die NEP-Periode	1921–1927
Friedens- und Freundschaftsvertrag mit der Türkei	16. 3. 1921
Handelsvertrag mit England	16. 3. 1921
X. Parteikongreß	März 1921
Handelsvertrag mit Deutschland	6. 5. 1921
III. Komintern-Kongreß	Juni/Juli 1921
Vertrag mit der Mongolischen Volksrepublik	5. 11. 1921
IX. Allrussischer Sowjetkongreß	Dezember 1921
Umwandlung der Čeka in die GPU	Februar 1922
XI. Parteikongreß	März 1922
Stalin Generalsekretär der Partei	3. 4. 1922
Auflösung des Heiligen Synods. Verhaftung des Patriarchen Tichon	Mai 1922
Prozeß gegen die Sozialrevolutionäre	Sommer 1922
Rapallo-Vertrag mit Deutschland	16. 4. 1922
IV. Komintern-Kongreß	November–Dez. 1922
Angliederung der Fernöstlichen Republik	10. 11. 1922
X. Sowjetkongreß = I. Unionskongreß	Dezember 1922
Begründung der UdSSR	30. 12. 1922
XII. Parteikongreß	April 1923
Unionsverfassung der UdSSR	6. 7. 1923
Komm. Aufstandsplan in Deutschland	Oktober 1923
Lenins Tod	21. 1. 1924
II. Sowjet-Unionskongreß	Jan./Febr. 1924
De jure-Anerkennung durch England	2. 2. 1924
XIII. Parteikongreß	Mai 1924
V. Komintern-Kongreß	Juni–Juli 1924
Aufstand in Georgien	Sommer 1924
De jure-Anerkennung durch Frankreich	28. 10. 1924
Die Zinov'ev-Briefaffäre in England	28. 10. 1924
Kommunistenputsch in Reval	1. Dezember 1924
Trockij als Kriegskommissar abgesetzt	Januar 1925

XIV. Parteikonferenz. Stalins These »Sozialismus in einem Lande«	März/April 1925
III. Unionskongreß	Mai 1925
Begründung des Gottlosenverbandes	1925
Abschaffung der Politischen Kommissare in der Roten Armee	1925
Frunze †. Nachfolger K. E. Vorošilov	Oktober 1925
Handelsvertrag mit Deutschland	12. 10. 1925
XIV. Parteikongreß. Industrialisierungsprogramm	Dezember 1925
S. M. Kirov Parteisekretär von Leningrad	Dezember 1925
Berliner Vertrag mit Deutschland	24. 4. 1926
Ausschluß Trockijs aus dem Politbüro	Oktober 1926
Dzeržinskij †. Nachfolger Menžinskij	20. 7. 1926
Ejzenštejns »Panzerkreuzer Potemkin«	1926
Vertrag mit Litauen	28. 9. 1926
IV. Unionskongreß	April 1927
Arcos-Durchsuchung und Abbruch der Beziehungen zu England	Mai 1927
Ausschluß Trockijs und Zinov'evs aus dem Zentralkomitee	Oktober 1927
aus der Partei	14. 11. 1927
XV. Parteikongreß	Dezember 1927
Trockij nach Alma-Ata verbannt	Dezember 1927
Abbruch der Beziehungen zu China	Dezember 1927

IV.

I. Fünfjahresplan	1928–1932
Beginn der Zwangskollektivierung	Januar 1928
Der Šachty-Prozeß	Mai 1928
VI. Komintern-Kongreß	Juli/August 1928
Litvinov-Protokoll zum Kelloggpakt	9. 2. 1929
Trockij aus der SU ausgewiesen	Januar 1929
Bucharin aus dem Politbüro ausgeschlossen	November 1929
V. Unionskongreß	Mai 1929
Wiederaufnahme der Beziehungen zu England	Juli 1929
Wiederaufnahme der Beziehungen zu China	Dezember 1929
Der Kampf gegen die Kulaken	ab Ende 1929
XVI. Parteikongreß	Juni 1930
V. M. Molotov Vorsitzender des Rates der Volkskommissare	Dezember 1930
M. M. Litvinov Außenkommissar	Juli 1930
Eröffnung der Turksib	1930
Stalins Rede über die Industrialisierung	4. 2. 1931
Schauprozeß der Industriepartei	1931
Nichtangriffspakt mit Finnland	21. 1. 1932
Nichtangriffspakt mit Lettland	5. 2. 1932
Nichtangriffspakt mit Estland	4. 5. 1932
Nichtangriffspakt mit Polen	25. 7. 1932
Japanischer Einfall in die Mandschurei	Februar 1932
Abkommen mit Frankreich	29. 11. 1932
Abkommen mit China	12. 12. 1932
II. Fünfjahresplan	1933–1937
Eröffnung von Dneprostroj	1932

Die große Krise des Stalin-Regimes	Ende 1932
Eröffnung des Weißmeerkanals	20. 6. 1933
De jure-Anerkennung durch die USA	16. 11. 1933
XVII. Parteikongreß	Januar 1934
Wirtschaftsvertrag mit Deutschland	9. 4. 1935
Neue patriotische Geschichtsauffassung	ab Mai 1934
Eintritt der SU in den Völkerbund	18. 9. 1934
Ermordung Kirovs	1. 12. 1934
VII. Unionskongreß	Januar 1935
Abkommen mit Japan	22. 1. 1935
Čeljuskin-Expedition	Frühjahr 1934
Eden in Moskau	März 1935
Laval in Moskau	Mai 1935
Beistandspakt mit Frankreich	2. 5. 1935
Beneš in Moskau	Juni 1935
Beistandspakt mit der Tschechoslowakei	16. 5. 1935
VII. Komintern-Kongreß	Juli 1935
Beginn der Stachanovbewegung	August 1935
Einführung von Dienstrangen in der Roten Armee	22. 9. 1935
Franz.-sowj. Beistandspakt ratifiziert	27. 2. 1936
Maxim Gor'kij †	18. 6. 1936
Neues Familiengesetz	27. 6. 1936
Prozeß der 16 (Zinov'ev, Kamenev u. a.)	August 1936
Nichteinmischungserklärung im Spanischen Bürgerkrieg	August 1936
Tomskij †	26. 9. 1936
Absetzung Jagodas. Nachfolger Ežov	November 1936
Ždanovs Drohrede gegen die baltischen Staaten	29. November 1936
Stalin-Verfassung	5. 12. 1936
VIII. Unionskongreß	November 1936
Prozeß der 17 (Radek u. a.)	Januar 1937
Tuchačevskij abgesetzt	11. 5. 1937
Ordžonikidze †	1937
Wiedereinführung der Politischen Kommissare in der Roten Armee	1937
I. Unionskongreß (nach der Stalinverfassung)	1937
Tuchačevskij-Prozeß	Juni 1937
Prozeß der 21 (Rykov, Krestinskij, Jagoda, Bucharin u. a.)	März 1938
III. Fünfjahresplan	1938–1942
Kurzer Lehrgang der Geschichte der KPdSU	1938
Grenzzwischenfälle mit Japan	Mai 1938
Ežov abgesetzt. Nachfolger Berija	Dezember 1938
Neuer Militäreid	3. 1. 1939
XVIII. Parteikongreß	März 1939
Stalins Rede	10. 3. 1939
Verhandlungen mit den Westmächten	April–August 1939
Molotov Außenkommissar	3. 5. 1939
Beginn der deutsch-sowjetischen Gespräche	20. 5. 1939
Grenzzwischenfälle mit Japan	Mai 1939
Alliierte Militärverhandlungen in Moskau	ab 12. 8. 1939
Wirtschaftsabkommen mit Deutschland	19. 8. 1939
Ribbentrop in Moskau und Nichtangriffspakt mit Deutschland	23. 8. 1939

V.

Neutralitätsabkommen mit Japan	15. 9. 1939
Sowjetische Intervention in Polen	17. 9. 1939
Grenz- und Freundschaftsvertrag mit Deutschland	28. 9. 1939
Beistandspakt mit Estland	28. 9. 1939
Beistandspakt mit Lettland	5. 10. 1939
Beistandspakt mit Litauen	10. 10. 1939
Winterkrieg mit Finnland	30. 11.–12. 3. 1940
Wirtschaftsabkommen mit Deutschland	10. 2. 1940
Katyn-Morde	Frühjahr 1940
Annexion der baltischen Staaten	Juni 1940
Annexion Bessarabiens und der Bukowina	Juli 1940
Einheitliche Kommandogewalt in der Roten Armee (bereits 1924–1937)	August 1940
Aufhebung der Schulgeldfreiheit in höheren Schulen	2. 10. 1940
Hitlers Entschluß zum Angriff auf die SU	31. 7. 1940
Trockij ermordet	20. 8. 1940
Hitlers »Barbarossa-Direktive«	12. 11. 1940
Molotov in Berlin	12./13. 11. 1940
Hitlers Befehl zum Aufmarsch im Osten	18. 12. 1940
Staatsstreich in Belgrad	26./27. 3. 1941
Freundschaftspakt mit Jugoslawien	5. 4. 1941
Matsuoka in Moskau	März und April 1941
Neutralitätsabkommen mit Japan	13. 4. 1941
Stalin Vorsitzender des Rates der Volkskommissare	6. 5. 1941
Hitlers Überfall auf die SU	22. 6. 1941
Kriegserklärung Finnlands	25. 6. 1941
Kriegserklärung Ungarns	27. 6. 1941
Staatskomitee für Verteidigung	30. 6. 1941
Gründung des Allslavischen Komitees	Sommer 1941
Stalin Verteidigungskommissar und Oberster Befehlshaber	19. 7. 1941
Militärvertrag mit England	12. 7. 1941
Abkommen mit der Polnischen Exilregierung	14. 8. 1941
Abkommen mit der Tschechischen Exilregierung	18. 7. 1941
Englisch-sowjetischer Einfall in Persien	25. 8. 1941
Stalin fordert Errichtung einer zweiten Front	ab 4. 9. 1941
Der Kampf um Moskau	Okt./Nov. 1941
Belagerungszustand in Moskau	19. 10. 1941
Angriff auf Moskau zurückgeschlagen	8. 12. 1941
Molotov in London und Washington	Mai-Juni 1942
Bündnisvertrag mit England	26. 5. 1942
Churchill in Moskau	August 1942
Der Kampf um Stalingrad	Nov. 1942–2. 2. 1943
Stalin Marschall der SU	6. 3. 1943
Auflösung der Komintern	15. 5. 1943
Vlasovs Offener Brief	3. 3. 1943
Krise der sowjetisch-alliierten Beziehungen	Frühjahr 1943
Sowjetische Frühjahrsoffensive	4. 3.–9. 5. 1943
Alliierte Invasion in Nordfrankreich	6. 6. 1943
Rote Armee überschreitet polnische Grenze	4. 7. 1943

Patriarch Sergius gewählt	8. 9. 1943
Alliierte Außenministerkonferenz in Moskau	19.–30. 10. 1943
Konferenz von Teheran	28. 11.–1. 12. 1943
Leningrad frei von Blockade	Anfang 1944
Mikołajczyk in Moskau	Juli 1944
Warschauer Aufstand	1. 8.–2. 10. 1944
Waffenstillstand mit Rumänien und Bulgarien	August/September 1944
Waffenstillstand mit Finnland in Moskau	19. 9. 1944
Churchill und Eden in Moskau	Oktober 1944
Gründung des Komitees zur Befreiung Rußlands in Prag	14. 11. 1944
Bündnisvertrag mit Frankreich	10. 12. 1944
Konferenz von Jalta	4.–12. Februar 1945
Eroberung Wiens	13. 4. 1945
Eroberung Berlins	2. 5. 1945
Konferenz von Potsdam	17. 7.–2. 8. 1945
Kriegserklärung an Japan	8. 8. 1945

VI.

IV. Fünfjahresplan	1946–1950
II. Unionskongreß	1946
Friedensschlüsse mit Ungarn, Finnland, Rumänien und Italien	10. 2. 1947
Gründung der Kominform	30. September 1947
Beginn der Ždanovščina	24. 6. 1947
Sturz der Monarchie in Rumänien	30. Dezember 1947
Kommunistischer Staatsstreich in Prag	Februar 1948
Ende des Alliierten Kontrollrates in Berlin	20. März 1948
Bruch mit Tito	27. 6. 1948
Außenministerkonferenz des Ostblocks in Warschau	Juni 1948
Berliner Blockade	ab 4. 8. 1948
Ždanovs Tod	30. 8. 1948
Unterzeichnung des Comecon-Vertrages	25. 1. 1949
A. J. Vyšinskij Außenminister	März 1949
Abkommen mit Korea	17. März 1949
Errichtung der Sowjetischen Kontrollkommission in Berlin	November 1949
Marschall Rokossovskij Oberbefehlshaber in Polen	Nov. 1949–Nov. 1956
Freundschaftspakt mit China	14. 2. 1950
III. Unionskongreß	1950
Stalins Linguistikbriefe	Sommer 1950
Koreakrieg	26. 6. 1950–27. 7. 1954
V. Fünfjahresplan	1951–1955
Sowjetische Deutschlandnote	10. 3. 1952
XIX. Parteikongreß	5.–14. 10. 1952
Stalins Schrift über »Ökonomische Probleme des Sozialismus«	September 1952
Der Moskauer Ärzteprozeß	13. 1. 1953
Stalins Tod	5. 3. 1953
Malenkov Ministerpräsident, Molotov Außenminister	6. März 1953

VII.

Berijas Sturz	9. 7. 1953
Viererkonferenz in Berlin	25. 1.–18. 2. 1954
IV. Unionskongreß	April 1954
Ostasienkonferenz in Genf	26. 4.–21. 7. 1954
Besuch sowj. Staatsmänner in Peking	Oktober 1954
Rücktritt Malenkovs, Bulganin Ministerpräsident	8. 2. 1955
Warschauer Vertrag	14. 5. 1955
Unterzeichnung des Österreichischen Staatsvertrages	15. 5. 1955
Bulganin und Chruščev in Belgrad	26. 5.–2. 6. 1955
Nehru in der Sowjetunion	Juni 1955
Genfer Gipfelkonferenz	18.–23. 7. 1955
Adenauer in Moskau, Aufnahme diplomatischer Beziehungen mit der BRD	September 1955
Bulganin und Chruščev in Süd-Ost-Asien	Nov./Dez. 1955
Porkkala an Finnland zurück	26. 1. 1956
XX. Parteikongreß	14.–25. 2. 1956
Unruhen in Tiflis	März 1956
Bulganin und Chruščev in England	April 1956
Ablösung Molotovs als Außenminister durch Šepilov	2. 6. 1956
Arbeiterunruhen in Posen	Juni 1956
Auflösung der Karelisch-Finnischen SSR	16. 7. 1956
Gomułka Erster Sekretär des ZK in Polen	20. 10. 1956
Aufstand in Ungarn	Okt./Nov. 1956
Angriff sowjetischer Truppen auf Budapest	4. 11. 1956
Tschu En-lai in Moskau, Warschau und Budapest	Januar 1957
Ablösung Šepilovs als Außenminister durch Gromyko	16. 2. 1957
Mao Tse-tungs »Blumenrede«	27. 2. 1957
Direktiven zur Dezentralisierung der Wirtschaft	Mai 1957
Sturz der »parteifeindlichen Gruppe« (Malenkov, Molotov, Kaganovič und Šepilov)	29. 6. 1957
Erster sowjetischer Erdsatellit	4. 10. 1957
I. Kommunistischer Weltkongreß	November 1957
Ablösung Bulganins als Ministerpräsident durch Chruščev	26. 3. 1958
Veröffentlichung der Geschichte der Kommunistischen Partei der Sowjetunion	Sommer 1958
Berlin-Ultimatum	November 1958
Pasternak-Affäre	Dezember 1958
XXI. Parteikongreß	Jan./Febr. 1959
Siebenjahresplan	1959–1965
Außenministerkonferenz in Genf	11. 5.–5. 8. 1959
Chruščev in USA	September 1959
Sowjetische Mondrakete	September 1959
Zwanzigjahresplan	1960–1980
Chruščev besucht de Gaulle in Paris	März 1960
U 2-Zwischenfall	1. 5. 1960
Ablösung Vorošilovs als Vorsitzender des Obersten Sowjets durch Brežnev	9. 5. 1960
Pariser Gipfelkonferenz	Mai 1960

Pariser Abrüstungskonferenz	Mai 1960
II. Kommunistischer Weltkongreß	November 1960
Wolgakraftwerk eröffnet	9. 12. 1960
Jurij Gagarin umkreist als erster Mensch die Erde	12. 4. 1961
Kennedy und Chruščev treffen sich in Wien	Juli 1961
Konferenz der Blockfreien in Belgrad	August 1961
Errichtung der Mauer in Berlin	13. August 1961
XXII. Parteikongreß	Oktober 1961
Entfernung Stalins aus dem Lenin-Mausoleum	30. 10. 1961
Verschärfung des Konflikts mit China	1962–1964
Die Kuba-Krise	Oktober 1962
Weltraumfahrt der ersten Frau	Juni 1963
Atomstop-Vertrag von Moskau	5. 8. 1963
Chruščev in Ägypten und Skandinavien	Mai/Juni 1964

VIII.

Chruščev abgesetzt. L. I. Brežnev Parteichef, A. N. Kosygin Regierungschef	15. Oktober 1964
Landwirtschaftliche- und Wirtschaftsreformen	März 1965
Leonov als erster Mensch frei im Raum	März 1965
V. N. Podogornyj Vorsitzender des Präsidiums des Obersten Sowjets	Dezember 1965
Friedensvermittlung von Taškent	Januar 1966
Erste weiche Landung auf dem Mond	Februar 1966
XXIII. Parteitag der KPdSU	29. März–8. April 1966
Brežnev Generalsekretär der KPdSU	April 1966
Fünfjahresplan	1966–1970
De Gaulles Besuch in der Sowjetunion	20. 6.–1. 7. 1966
Sowjetisch-französ. Deklaration über Zusammenarbeit bei Erforschung u. Erschließung des Weltraums zu friedl. Zwecken	30. Juni 1966
Kommunistischer Kongreß in Bukarest	Juli 1966
Erneute Verschärfung des chinesisch-sowjetischen Konflikts	Ende 1966
Podgornyj im Quirinal und Vatikan	Januar 1967
Stalins Tochter Svetlana emigriert	Frühjahr 1967
Konferenz der europäischen Kommunistischen Parteien in Karlsbad über Fragen der europ. Sicherheit	24.–26. April 1967
Abbruch der diplomatischen Beziehungen zu Israel; Podgornyjs Besuch in den östlichen arabischen Ländern	Juni 1967
Verstärkung der sowjetischen Flotte im Mittelmeer	Sommer 1967
50. Jubiläum der Oktoberrevolution	7. November 1967
Abkommen UdSSR – Großbritannien über gegenseitige finanzielle u. Vermögensforderungen	5. Januar 1968
Konferenzen der Warschauer Paktstaaten in Cierna und Preßburg	29. 7.–3. 8. 1968
Intervention in der ČSSR	21. August 1968
Grenzzwischenfall am Ussuri	2.–6. März 1969
Gründung des Ständigen Komitees der Verteidigungsminister der WP-Staaten	17. März 1969

Abkommen UdSSR – Frankreich über Handel und wirtschaftliche Zusammenarbeit 1970–74	26. Mai 1969
Handelsabkommen UdSSR – Großbritannien 1969–1975	3. Juni 1969
Anerkennung der Provisorischen Revolutionären Regierung der Republik Südvietnam durch UdSSR	13. Juni 1969
Internationale Beratung von 75 Kommunistischen Parteien in Moskau	5.–17. Juni 1969
Sowjetisch-chinesische Verhandlungen in Peking ..	20. Oktober 1969
Ratifizierung des Kernwaffensperrvertrages durch USA und UdSSR (1. 7. 1968 unterzeichnet)	24. November 1969
Erste Gespräche USA – UdSSR in Helsinki über Begrenzung des strategischen Wettrüstens	17.–22. Dezember 1969
Wiederaufnahme der 1950 abgebrochenen diplomat. Beziehungen zu Venezuela	16. April 1970
Lenins 100. Geburtstag	22. April 1970
Literaturnobelpreis an Solženicyn	1970
Moskauer Vertrag mit der Bundesrepublik über Gewaltverzicht, Anerkennung der bestehenden Grenzen in Europa und Normalisierung der Beziehungen	12. August 1970
»Lunochod« auf dem Mond	17. November 1970
Meeresbodenvertrag	11. Februar 1971
Memorandum Sacharovs an die sowjetische Führung	5. März 1971
XXIV. Parteitag der KPdSU	30. März–9. April 1971
Erste weiche Landung auf dem Mars (Mars-3)	28. Mai 1971
Erhöhung der Renten für Arbeiter, Angestellte und Bauern	3. Juni 1971
Komplexprogramm des RGW auf XXV. Ratstagung angenommen	29. Juli 1971
Vertrag über Frieden, Freundschaft und Zusammenarbeit mit Indien	9. August 1971
Viermächte-Abkommen über Berlin	23. August 1971
Bundeskanzler Brandt in Oreanda auf der Krim ...	September 1971
Chruščevs Tod	11. September 1971
Luftverkehrsabkommen UdSSR – Bundesrepublik Deutschland	11. November 1971
Ratifizierung des Moskauer Vertrages mit der Bundesrepublik Deutschland	31. März 1972
Vertrag über Freundschaft und Zusammenarbeit mit Irak	9. April 1972
Sowjetisch-amerikanische Vereinbarung über Austausch und Zusammenarbeit auf den Gebieten Wissenschaft, Technik, Bildung, Kultur 1972–73	11. April 1972
US-Präsident Nixon in der UdSSR, Gemeinsame Erklärung, ABM-Vertrag, SALT-I	22.–30. Mai 1972
Sowjetisch-amerikanisches Abkommen über Zusammenarbeit bei Umweltschutz, Medizin u. med. Vorsorge	23. Mai 1972
Kuba wird Mitglied des RGW	10.–12. Juli 1972
UdSSR, USA, GB u. Frankreich geben Erklärung über das Fortbestehen der Rechte und	

Viermächteverantwortung in Verbindung mit der bevorstehenden Aufnahme der Bundesrepublik Deutschland und der DDR in die Vereinten Nationen	10. November 1972
Šelest abgelöst	April 1973
Abkommen UdSSR – Bundesrepublik Deutschland über Entwicklung d. wirtschaftl., industriellen und techn. Zusammenarbeit, kulturelle Zusammenarbeit	19. Mai 1973
Breżnev in den USA, Zahlreiche Abkommen	Juli 1973
Weltkongreß der Friedenskräfte in Moskau	25.–31. Oktober 1973
Eröffnung der MBFR-Verhandlungen in Wien	30. Oktober 1973
Sowjetisch-indische Vereinbarung über Entwicklung der Wirtschaftsbeziehungen und des Handels	29. November 1973
Breżnev in Kuba	28. Januar–5. Februar 1974
Solženicyn ausgewiesen	13. Februar 1974
Aufnahme diplomat. Beziehungen zu Portugal	9. Juni 1974
2. Moskau-Besuch Nixons	Ende Juni 1974
Vertrag über Freundschaft und Zusammenarbeit mit Somalia	11. Juli 1974
DDR-Verfassung, Art. 6: Auf immer und unwiderruflich mit der UdSSR verbunden	27. September 1974
Treffen Ford – Breżnev in Vladivostok, Vereinbarungen über ABM und SALT II	24. November 1974
Breżnev in Paris	Dezember 1974
Šelepin abgelöst	April 1975
Bedingungslose Kapitulation Südvietnams	30. April 1975
Neues sowjetisches Religionsgesetz	Juni 1975
Verhandlungen über Kooperation RGW – Mexiko	30. Juli 1975
KSZE-Schlußakte in Helsinki unterzeichnet	1. August 1975
Vertrag über Freundschaft, Zusammenarbeit und gegenseitigen Beistand auf 25 Jahre mit der DDR unterzeichnet	7. Oktober 1975
Sowjetisch-kubanische Intervention in Angola	November 1975
Breżnev erhält die »Goldene Friedensmedaille« namens Frédéric Joliot-Curie von Romesh Chandra, dem Generalsekretär des Weltfriedensrates, Sitz Moskau, verliehen	27. November 1975
Sowj.-afghan. Protokoll über Verlängerung des Vertrages über Neutralität u. Nichtangriff	11. Dezember 1975
Tagung der Außenminister des Warschauer Paktes	15.–16. Dezember 1975
Außerord. Versammlung der ZK-Sekretäre der RGW-Länder über intern. u. ideolog. Fragen	26. Januar 1976
XXV. Parteitag der KPdSU	24. Februar–5. März 1976
Ägypten kündigt Freundschaftsvertrag mit UdSSR vom 27. 5. 1971	15. März 1976
Breżnev und Ustinov erhalten Marschallstern	Mai 1976
Erklärung der sowjetischen Regierung über die Lage in Europa und die Beziehungen zur Bundesrepublik Deutschland	22. Mai 1976
Konferenz der europäischen Kommunistischen Parteien in Ost-Berlin	29.–30. Juni 1976

Gründung des Komitees der Außenminister und eines Vereinigten Sekretariats beim PBA des Warschauer Pakts	26. November 1976
Rede Breženvs in Tula über Entspannung und friedliche Streitbeilegung	18. Januar 1977
Aufnahme diplomatischer Beziehungen zu Spanien	9. Februar 1977
Afrika-Reise Podgornyjs	22. März–3. April 1977
Brežnev wird auch Vorsitzender des Obersten Sowjet (Podgornyj am 24. 5. abgelöst)	16. Juni 1977
XXXI. Tagung des RGW in Warschau	21.–23. Juni 1977
1. KSZE-Nachfolgekonferenz in Belgrad	4. Oktober 1977–8. März 1978
Verfassung der UdSSR angenommen	7. Oktober 1977
Gründung der »Freien Gewerkschaft der Werktätigen« in der Sowjetunion	1. Februar 1978
Brežnev/Schmidt-Erklärung über den Verzicht auf Überlegenheit	4.–7. Mai 1978
XXXII. Tagung des RGW in Bukarest	27.–29. Juni 1978
Tagung des PBA des Warschauer Pakts in Moskau	22.–23. November 1978
Vertrag über Freundschaft und Zusammenarbeit UdSSR – Äthiopien	20. November 1978
Vertrag über Freundschaft und Zusammenarbeit UdSSR – Afghanistan	5. Dezember 1978
Aufnahme diplomat. Beziehungen USA – China	1. Januar 1979
Volkszählung. Gesamtbevölkerung 262 442 000	17.–24. Januar 1979
China kündigt den am 11. 4. 1980 auslaufenden sino-sowjet. Vertrag über Freundschaft, Beistand und gegenseitige Hilfe vom 14. 2. 1950	3. April 1979
Abkommen mit USA über Getreideankauf	18. April 1979
Frankreichs Präsident Giscard d'Estaing unterzeichnet in Moskau Abkommen über Kooperation	28. April 1979
SALT II in Wien von Brežnev und Carter unterzeichnet	15.–16. Juni 1979
XXXIII. Tagung des RGW in Moskau	26.–28. Juni 1979
Vize-Außenminister Il'ičev und Wang Youping einigen sich über chines.-sowj. Verhandlungen	27. September 1979
NATO-Doppelbeschluß	12. Dezember 1979
Sowjetische Truppen besetzen Afghanistan, SU beruft sich auf sowj.-afghan. Vertrag	27. Dezember 1979
Präsident Carter: Flagrante Verletzung von international anerkannten Verhaltensregeln	28. Dezember 1979
Präsident Carter erklärt Boykott der Olympischen Sommerspiele in Moskau	4. Januar 1980
15. Tagung des EK des RGW bekundet Interesse an Abkommen mit EG	17. Januar 1980
Vorsitzender des Staatskomitees für Wissenschaft und Technik, Kirillin abgelöst, Nachfolger Marčuk	22. Januar 1980
Chaban-Delmas, Präsident der Frz. Nationalversammlung, bricht aus Protest gegen Sacharovs Verbannung Besuch in Moskau ab	23. Januar 1980

Konferenz der europäischen Kommunistischen Parteien in Paris. Ital., Span., Jugosl., Rumän., Engl., Schwed., Isländ. u. Niederl. KP nehmen nicht teil	28.–29. April 1980
Poln. Ministerpräs. Babiuch in Moskau	6.–8. Mai 1980
Tagung des PBA des Warschauer Pakts in Warschau: INF-Verhandlungen erst nach Stationierungsverzicht der NATO	14.–15. Mai 1980
XXXIV. Tagung des RGW in Prag. Afghanistan nimmt erstmals als Beobachter teil	17.–19. Juni 1980
Bundeskanzler H. Schmidt in Moskau	30. Juni–1. Juli 1980
Olympische Sommerspiele in Moskau und Tallin	19. Juli–3. August 1980
Breżnev empfängt auf der Krim Kádár, Husák, Gierek, Ceauşescu, Šivkov, Honecker	24. Juli–11. August 1980
Streiks in Polen (Danzig, Stettin)	August 1980
Breżnev in Alma Ata. 60 Jahre Kazach. SSR	29. August 1980
Indischer Staatspräsident Reddy in der UdSSR	29. Sept.–7. Okt. 1980
ZK-Resolution gegen Korruption in Funktionärskreisen	Oktober 1980
Syrischer Präsident al-Assad in Moskau. Vertrag über Freundschaft und Zusammenarbeit	8.–10. Oktober 1980
ZK-Plenartagung: Engpässe bei Fleisch und Milch, Gorbačev wird ins Politbüro berufen	21. Oktober 1980
Rücktritt von Ministerpräsident Kosygin, Nachfolger Tichonov	22. Oktober 1980
Breżnev empfängt 1. Sekr. des ZK der PVAP, Kania u. Ministerpräs. Pinkowski	30. Oktober 1980
Ital. Außenminister Colombo in Moskau: KSZE, SALT II, MBFR	9.–12. November 1980
Gipfeltreffen der WP-Staaten in Moskau. Poln. Vertreter informieren über Lage in Polen: sozialistische Entwicklung sichern	5. Dezember 1980
Heng Samrin (Kambodscha) kündigt Antrag auf Aufnahme in RGW an	Februar 1981
XXVI. Parteitag der KPdSU	24. Februar–3. März 1981
Auf polnischem Gebiet beginnen Manöver »Sojuz 81«	18. März 1981
Suslov in Polen	23. April 1981
Präsident Reagan hebt Getreideembargo auf	24. April 1981
Willy Brandt in der UdSSR	10. Juni–2. Juli 1981
XXXV. Tagung des RGW in Sofia. Antrag Mosambiks auf Aufnahme wird abgelehnt	2.–4. Juli 1981
Breżnev empfängt auf der Krim Honecker, Šivkov, Kania und Jaruzelski, Husák, Kádár	22. Juli–14. August 1981
Warnung des ZK der KPdSU an ZK der PVAP, Sowjetfeindlichkeit habe gefährliches Ausmaß erreicht	17. September 1981
10. Tagung der sowjetisch-deutschen Wirtschaftskommission: Erdgas-Röhrengeschäft praktisch in der Realisierung	24.–28. September 1981
Breżnev im Spiegel-Interview: Europa, das zerbrechlichste aller Häuser der Menschheit	2. November 1981
Beratungen der ZK-Sekretäre der Kommunist.	

Parteien der sozialist. Länder über internat. u. ideolog. Fragen, wegen Polen, in Moskau	3.–4. November 1981
Gasliefervertrag UdSSR-Bundesrepublik Deutschland	20. November 1981
Besuch Brežnevs in Bonn, Schmidt: umfassende politische Sicherheitspartnerschaft	22.–25. November 1981
Beginn der INF-Verhandlungen in Genf	30. November 1981
Babrak Karmal in Moskau	15.–16. Dezember 1981
Sowj.-poln. Protokoll über Handels- und Zahlungsverkehr: 1982 8,4 Mrd. Rbl.	6. Januar 1982
Tod Suslovs	25. Januar 1982
Jaruzelski mit Delegation in Moskau	1.–2. März 1982
Aleksej Šibaev, Vors. des Gewerkschaftsrates, abgelöst	5. März 1982
Brežnevs Rede in Taškent. Avancen an China	23. März 1982
Langfristiges Lebensmittelprogramm verabschiedet	Mai 1982
Wiederaufnahme der MBFR-Verhandlungen in Wien	13. Mai 1982
Andropov wird Nachfolger Suslovs als Sekretär des ZK	24. Mai 1982
Beginn der START-Verhandlungen in Genf	29. Juni 1982
Krim-Beratungen Brežnevs mit Husak, Honecker, Jaruzelski	30. Juli–20. August 1982
Anschluß der Sowjetunion an internat. Direktwahltelefonnetz gekappt (seit 1979)	1. September 1982
Indische Premierministerin Indira Gandhi in der Sowjetunion, fordert Abzug sowj. Truppen	22.–26. September 1982
Vietnam. Delegation unter Truong Chinh in der UdSSR, Interesse an normalen Bez. zu China	4.–12. Oktober 1982
Tod Brežnevs	10. November 1982

IX.

Andropov neuer Generalsekretär, Rücktritt Kirilenkos	12. November 1982
Beisetzung Brežnevs, Begegnung Bundespräsident Carstens mit Andropov, Bush, Honecker	15. November 1982
Besuch des chines. Außenministers Huang Hua	15.–18. November 1982
Delegation der Arab. Liga unter Leitung von König Hussein von Jordanien in der UdSSR	2.–3. Dezember 1982
Fedorčuk, KGB-Chef, wird Innenminister, Nachfolger Čebrikov	17. Dezember 1982
Tagung des PBA des Warschauer Paktes schlägt Gewaltverzicht zwischen NATO und WP vor	4.–5. Januar 1983
Tod Podgornyjs, des früheren Staatspräsidenten	11. Januar 1983
Sow. Außenminister Gromyko in Bonn, anschließend in Ost-Berlin	16.–18. Januar 1983
105. Sitzung des EK des RGW: Beschleunigte Kooperation in Energie-, Brennstoff- und Rohstoffwirtschaft	18.–20. Januar 1983

Februar-Heft »Kommunist« enthält Artikel Andropovs zum 100. Todestag von Karl Marx: nichtantagonistische Widersprüche von ungeheurer Schärfe	Februar 1983
Ministerpräsident Tichonov in Griechenland	21.–24. Februar 1983
2. chinesisch-sowjetische Konsultationsrunde in Moskau	1.–15. Marz 1983
Gromyko empfängt zu getrennten Gesprächen Botschafter Iraks und Irans	5. März 1983
Gromyko wird 1. Stellv. Ministerpräsident d. UdSSR	24. März 1983
Daniel Ortega Saavedra, Nicaragua, bei Andropov	25. März 1983
Spiegel-Interview Andropovs	25. April 1983
Honecker mit Partei- und Staatsdelegation in Moskau bei Andropov	3.–7. Mai 1983
Erste Plenarsitzung der neuen START-Verhandlungsrunde in Genf	9. Juni 1983
Leningrads Parteichef Romanov wird ZK-Sekretär	14. Juni 1983
2. große Rede Andropovs auf ZK-Plenum, vertritt Positionen Zaslavskajas. Neufassung des Parteiprogramms angestrebt	15. Juni 1983
Gesetz über die Arbeitskollektive	17. Juni 1983
WP-Tagung der Staats- u. Parteichefs, Ministerpräsidenten, Verteidigungs- und Außenminister in Moskau: Einfrieren der Nuklearpotentiale	28. Juni 1983
Bundeskanzler Kohl zum Arbeitsbesuch in Moskau	4.–7. Juli 1983
Andropov vor ZK-Mitgliedern: Veränderungen in der Planung und Leitung und im Wirtschaftsmechanismus nötig	15. August 1983
Unterzeichnung eines sowj.-amerikan. Getreideabkommens für 5 Jahre	24. August 1983
Abschuß eines südkoreanischen Verkehrsflugzeuges über sowjetischem Gebiet, 269 Tote	1. September 1983
Ende des KSZE-Folgetreffens in Madrid	9. September 1983
Gromyko sagt Besuch bei Generalversammlung der VN ab, Behörden der USA gaben keine Garantie für Sicherheit	17. September 1983
XXXVII. Tagung der RGW-Länder in Ost-Berlin	18.–20. Oktober 1983
Vorbereitungskonferenz über KVAE	25. Oktober–11. November 1983
Deutsch-sowjetische Wirtschaftsgespräche in Moskau	11.–16. November 1983
Nach Beginn der Stationierung der NATO-Mittelstreckenraketen bricht SU Verhandlungen ab	25. November 1983
Ordentl. Plenartagung des ZK der KPdSU ohne Andropov: Programm zur komplexen Vervollkommnung des gesamten Leitungsmechanismus. Vorotnikov und Solomencev neue Politbüromitglieder, Čebrikov Kandidat	26.–27. Dezember 1983
Tod Andropovs	9. Februar 1984
Wahl Černenkos zum Generalsekretär	13. Februar 1984

Gespräche Kohls in Moskau anläßlich Andropovs Beisetzung	14. Februar 1984
Tod Michail A. Šolochovs	21. Februar 1984
Sowjetunion erweitert Wirtschaftszone auf 200 Seemeilen entlang der Küsten ab 1. 3. 84	29. Februar 1984
Fraktionsvors. d. SPD, Vogel, bei Černenko	12. März 1984
32. Runde der MBFR-Verhandlungen in Wien	16. März 1984
Černenko wird zum Vorsitzenden des Präsidiums des Obersten Sowjet gewählt, Gorbačev leitet den Außenpolitischen Ausschuß	11.–12. April 1984
Schulreform in der Sowjetunion	12. April 1984
Tagung der WP-Außenminister in Budapest	19.–20. April 1984
Sowjetunion – Polen. 15-Jahres-Vertrag über wirtsch., wiss., techn. Kooperation	4. Mai 1984
Sowjetischer Boykott der Olympischen Sommerspiele in Los Angeles	8. Mai 1984
Span. König Juan Carlos in der Sowjetunion	10.–15. Mai 1984
Gromyko empfängt Stellv. Außenminister der VR China Quian Quichen	2. Juni 1984
RGW-Gipfeltreffen und XXXVIII. Außerordentl. RGW-Tagung in Moskau	12.–14. Juni 1984
Daniel Ortega, Koordinator der Regierenden Junta Nicaraguas, bei Černenko	17.–19. Juni 1984
Französ. Staatspräsident Mitterrand in Moskau	20.–22. Juni 1984
Generalstabschef Ogarkov wird abgelöst	6. September 1984
Gromyko bei Reagan	28. September 1984
Weltraumstation Saljut 7 mit 3 Kosmonauten an Bord kehrt nach Rekordaufenthalt von 237 Tagen im All zurück	2. Oktober 1984
Vertrag über Freundschaft und Zusammenarbeit mit der Arab. Republik Jemen	10. Oktober 1984
XXXIX. Tagung des RGW in Havanna	29.–31. Oktober 1984
Baikal-Amur-Magistrale (BAM) nach 10jähriger Bauzeit eröffnet	7. November 1984
Tod Verteidigungsminister Ustinovs, Nachfolger Marschall d. SU Sokolov	22. Dezember 1984
Gromyko und Shultz vereinbaren in Genf Verhandlungen über strat. nukl. Waffen	7.–8. Januar 1985
Sowjetunion unterzeichnet Abkommen mit Internat. Atomenergieagentur (IAEA) über Kontrolle ziviler Atombereiche	21. Februar 1985
Tod Černenkos	10. März 1985

X.

Michail S. Gorbačev neuer Generalsekretär	11. März 1985
6. Runde der chines.-sowj. Verhandlungen	6.–22. April 1985
ZK-Sitzung: Čebrikov, Ryškov, Ligačev Vollmitglieder des Politbüros, Sokolov Kandidat	23. April 1985
Gipfeltreffen des Warschauer Paktes in Warschau. Verlängerung des Warschauer Vertrages um 20 Jahre	26. April 1985
Rede Gorbačevs im Smol'nyj, Leningrad	17. Mai 1985

Beratung der RGW-ZK-Sekretäre für Wirtschaftsfragen in Moskau, Leitung Ryškov	20.–21. Mai 1985
Sowj.-amerikan. Wirtschaftskommission tagt in Moskau (nach 7 Jahren Pause)	20.–21. Mai 1985
Indischer Premierminister Rajiv Gandhi in der Sowjetunion. Abkommen über wirtsch. Zusammenarbeit	21.–26. Mai 1985
Ital. Ministerpräsident Craxi bei Gorbačev. Gorbačev schlägt Beziehungen zwischen RGW und EG vor	28.–29. Mai 1985
Übereinkunft USA – UdSSR über Maßnahmen gegen Terroristen mit A-Waffen	14. Juni 1985
RGW bietet EG Formalisierung der Wirtschaftsbeziehungen an	14. Juni 1985
ZK-Konferenz mit Chefredakteuren der Massenmedien. Referat über Publizität und Kritik	18. Juni 1985
XL. Tagung des RGW in Warschau. Programm der Zusammenarbeit bei der Einsparung und rationellen Nutzung der Ressourcen bis 2000	25.–27. Juni 1985
Gromyko wird Vorsitzender des Präsidiums des Obersten Sowjet, Ševardnadze neuer Außenminister	2.–3. Juli 1985
Stellv. Chines. Ministerpräsident Yao Yilin in SU	9.–16. Juli 1985
Moratorium: Einstellung aller Kernwaffenversuche	29. Juli 1985
Interview Gorbačevs in »Time«	1. September 1985
40. Generalversammlung der Vereinten Nationen Treffen von Ševardnadze und Shultz	17. September 1985
Rücktritt von Ministerpräsident Tichonov, Nachfolger Ryškov	27. September 1985
Gorbačev in Frankreich	2.–5. Oktober 1985
Talysin löst Bajbakov als Vorsitzender von GOSPLAN ab	14. Oktober 1985
ZK-Plenarsitzung. Entwurf des neuen Parteiprogramms, Wirtschaftsplan 1986–90 und bis 2000	15. Oktober 1985
Aristov löst Patoličev als Außenhandelsminister ab	19. Oktober 1985
Ind. Premierminister Gandhi bei Gorbačev	26. Oktober 1985
Tagung des PBA des Warschauer Pakts in Sofia	22.–23. Oktober 1985
Gipfeltreffen Reagan-Gorbačev in Genf	19.–21. November 1985
XLI. Außerord. Tagung des RGW. Verabschiedung des »Komplexprogramms d. wiss.-techn. Fortschritts bis zum Jahre 2000«	17.–18. Dezember 1985
Moskauer Parteichef Grišin abgelöst, Nachfolger El'cin	24. Dezember 1985
Gorbačev schlägt völlige Vernichtung der Atomwaffen bis zum Jahr 2000 vor	15. Januar 1986
Sacharov schreibt an Gorbačev	19. Februar 1986
XXVII. Parteitag der KPdSU, Neues Parteistatut und neues Parteiprogramm werden verabschiedet	25. Februar–6. März 1986
Komitee der Außenminister des WP unterstützt sowj. Abrüstungsvorschlag	19.–20. März 1986
01.23 Uhr Unfall im KKW Černobyl bei Kiev	26. April 1986
Gorbačev in Ungarn	9. Juni 1986

NRW-Ministerpräsident u. Kanzlerkandidat J. Rau bei Gorbačev	25. Juni 1986
Gorbačevs Rede in Vladivostok	28. Juli 1986
Ševardnadze und Shultz treffen sich in Washington	19.–20. September 1986
Ende der KVAE in Stockholm	21./22. September 1986
Beginn der KSZE-Nachfolgekonferenz in Wien	23. September 1986
Gipfeltreffen Reagan-Gorbačev in Reykjavik	11.–12. Oktober 1986
Argent. Präsident Alfonsin bei Gorbačev	13.–17. Oktober 1986
Gorbačev in Neu Delhi	25. November 1986
Newsweek-Interview von Bundeskanzler Kohl belastet sowj.-deutsche Beziehungen	November 1986
Gründungskongreß des Verbandes der Bühnenschaffenden der UdSSR	6. Dezember 1986
1. Parteisekr. Kazachstans Kunaev abgelöst, Nachfolger Kol'bin. Unruhen in Alma Ata	16. Dezember 1986
Brežnev erstmals in der »Pravda« kritisiert	19. Dezember 1986
Sacharovs Verbannung aufgehoben	19. Dezember 1986
ZDF-Interview Sacharovs in seiner Wohnung	29. Dezember 1986
USA-Botschafter Hartman besucht Sacharov	30. Dezember 1986
Ševardnadze und Dobrynin in Kabul	5.–7. Januar 1987
Stellv. Außenminister Voroncov löst Karpov als Chefunterhändler in Genf ab	11. Januar 1987
Lenins »Testament« und die Warnung vor Stalin erscheinen in sowjet. Zeitschriften	Mitte Januar 1987
In Warschau Konferenz führender ZK-Sekretäre aus RGW-Ländern und Laos über intern. und ideolog. Fragen. Sow. Vertreter: Dobrynin, Jakovlev, Medvedev	22.–24. Januar 1987
ZK-Plenum. Gorbačev schlägt Wahlreform innerhalb der KPdSU vor, Kunaev verläßt Politbüro	27.–28. Januar 1987
Sowjetunion kündigt Wiederaufnahme der Atomversuche an	5. Februar 1987
Sowjetisch-chines. Gespräche über Grenzfragen	9. Februar 1987
Irans Außenminister Velayati besucht die Sowjetunion	13.–14. Februar 1987
Internat. Abrüstungs- u. Friedenskongreß in Moskau	14.–16. Februar 1987
XVIII. Gewerkschaftskongreß	24.–28. Februar 1987
Gorbačev bietet USA separates Abkommen über Mittelstreckenraketen an	28. Februar 1987
2. Verhandlungsrunde über Aufnahme der Beziehungen zwischen EG und RGW in Genf	18.–20. März 1987
Pravda druckt Angriff gegen Auswüchse in der Sowjetarmee	21. März 1987
Brit. Premierminister Thatcher und Außenminister Howe in Moskau	28. März–1. April 1987
Gorbačev besucht die ČSSR	9.–11. April 1987
XX. Kongreß des Komsomol	15.–18. April 1987
Franz. Premierminister Chirac besucht die Sowjetunion	14.–16. Mai 1987
Gorbačev besucht Rumänien	21.–23. Mai 1987

Tagung des PBA des Warschauer Pakts in Ost-Berlin	28.–29. Mai 1987
Deutscher Sportflieger landet auf dem Roten Platz	28. Mai 1987
Verteidigungsminister Sokolov wird abgelöst. Jazov Nachfolger	31. Mai 1987
Plenum des ZK der KPdSU	25.–26. Juni 1987
Ind. Premierminister Gandhi besucht die Sowjetunion	2.–3. Juli 1987
Bundespräsident v. Weizsäcker besucht die Sowjetunion	6.–11. Juli 1987
Gorbačevs Rede in Murmansk	1. Oktober 1987
Gorbačev kündigt in Leningrad erstmals Umbau der Partei und Säuberung an	13. Oktober 1987
Plenum des ZK der KPdSU: Zusammenstoß zwischen El'cin und Ligačev	21. Oktober 1987
Feiern zum 70. Jahrestag der Oktoberrevolution. Rede Gorbačevs	2.–7. November 1987
Boris El'cin, Moskauer Parteichef, verliert sein Amt. Nachfolger Sajcev	11. November 1987
3. Gipfeltreffen Gorbačev–Reagan in Washington	7.–10. Dezember 1987
INF-Vertrag unterzeichnet	8. Dezember 1987
Jakeś, neuer Parteichef der KPČ, zum Antrittsbesuch in Moskau	11.–12. Januar 1988
Parteichef Usbekistans wegen Korruption abgesetzt	12. Januar 1988
Beginn der 9. Runde der START-Verhandlungen in Genf	14. Januar 1988
Ševardnadze in Bonn	17.–19. Januar 1988
Abgesandter des Kooperationsrates der arabischen Golfstaaten in Moskau	29. Januar 1988
Bucharin und Rykov werden juristisch rehabilitiert (9. Juli politisch)	4. Februar 1988
GOSPLAN-Chef Talysin durch Masljukov abgelöst	6. Februar 1988
Plenum des ZK der KPdSU über Schulreform. El'cin als Kandidat des Politbüros abgelöst, Razumovskij und Masljukov zu Kandidaten des Politbüros ernannt, Aliev aus Politbüro entlassen	17.–18. Februar 1988
Pogrome an Armeniern in Sumgait, Azerbajdžan	Ende Februar 1988
Leserbrief der Leningrader Dozentin Nina Andreeva in »Sovetskaja Rossija«	13. März 1988
Gorbačev besucht Jugoslawien	14.–18. März 1988
Leitartikel in »Pravda« antwortet Andreeva	5. April 1988
Afghanistan-Abkommen in Genf unterzeichnet	14. April 1988
Gorbačev empfängt erstmals den Patriarchen von Moskau und ganz Rußland, Pimen, und die Metropoliten von Leningrad, Kiev, Volokolamsk und Minsk im Kreml	29. April 1988
Beginn des Abzugs sowjetischer Truppen aus Afghanistan	15. Mai 1988

Károly Grósz löst Kádár als Parteichef der Ungarischen Vereinigten Arbeiterpartei ab ...	23. Mai 1988
Die Parteichefs von Armenien und Azerbajdžan werden abgesetzt ...	23. Mai 1988
Plenum des ZK der KPdSU verabschiedet 10 Thesen zur Parteikonferenz ...	23. Mai 1988
Gesetz über das Genossenschaftswesen verabschiedet (ab 1. Juli in Kraft) ...	26. Mai 1988
4. Begegnung Reagans mit Gorbačev, 1. Besuch eines US-Präsidenten in Moskau nach 14 Jahren ...	29. Mai–1. Juni 1988
Kommission des Obersten Sowjet der UdSSR hebt Diskriminierung der Krimtataren auf ...	9. Juni 1988
1000-Jahrfeier der Christianisierung Rußlands ..	Anfang Juni 1988
Admiral Crowe, Vors. der Vereinigten Stabschefs, in der Sowjetunion ...	12.–22. Juni 1988
Das Oberste Gericht rehabilitiert Zinov'ev, Kamenev, Radek und Pjatakov ...	13. Juni 1988
Gorbačev empfängt Kardinalstaatssekretär Casaroli ...	13. Juni 1988
Generalstreik in Erewan und Nagornyj Karabach	13. Juni 1988
XIX. Allunions-Konferenz der KPdSU ...	28. Juni–1. Juli 1988
44. RGW-Tagung in Prag strebt »gemeinsamen sozialistischen Binnenmarkt« an ...	5.–7. Juli 1988
Gorbačev besucht Polen ...	11.–14. Juli 1988
anschl. Tagung des WP in Warschau ...	15.–16. Juli 1988
Sowjet von Nagornyj Karabach beschließt Umbenennung in Arzach und Anschluß an Armenien ...	12. Juli 1988
Oberster Sowjet der UdSSR verbietet Statusänderung Nagornyj Karabachs ...	25. Juli 1988
Konferenz über sowjetische Außenpolitik in Moskau ...	25.–27. Juli 1988
Plenum des ZK der KPdSU verabschiedet Zeitplan für Reformen ...	29. Juli 1988
Bundesaußenminister Genscher bereitet in Moskau Besuch des Bundeskanzlers vor ...	30.–31. Juli 1988
US-Verteidigungsminister Carlucci besucht sowjetischen Kollegen Jazov ...	1.–4. August 1988
Sowjetunion und Golfstaat Qatar nehmen diplomatische Beziehungen auf ...	1. August 1988
Beginn des Tourismus-Austausches zwischen den Bezirken Chabarovsk und der chines. Provinz Heilongjiang ...	21. August 1988
100 000 demonstrieren in Erewan ...	9. September 1988
ZK der KP Estlands will Estnisch zur Amtssprache erklären ...	11. September 1988
Österr. Außenminister in Moskau. Thema: EG-Beitritt Österreichs ...	11.–15. September 1988
Stepanakert von Generalstreik lahmgelegt ...	15. September 1988
Gorbačev bestätigt in Krasnojarsk den Kurs von Vladivostok (Asienpolitik) ...	16. September 1988
Grenzübergang Batumi/Sarpi (Georgien/Türkei) seit 1937 geschlossen, wird wieder geöffnet ...	19. September 1988

Sowj.-afghan. Wirtschaftsabkommen bis zum Jahr 2000	20. September 1988
Politbüro beschließt Personalveränderungen	27. September 1988
Bildung von 6 Kommissionen über den Abteilungen des ZK	30. September 1988
Gorbačev löst Gromyko als Vorsitzender des Präsidiums des Obersten Sowjet ab	1. Oktober 1988
Militärrat der Vereinten Streitkräfte des WP tagt in Budapest	3.–5. Oktober 1988
Ceauşescu in Moskau	4.–6. Oktober 1988
Oberster Sowjet Lettlands beschließt Erhebung des Lettischen zur Staatssprache	9. Oktober 1988
Vlasov wird Vors. des Ministerrates der RSFSR	10. Oktober 1988
Österr. Bundeskanzler Vranitzky in der Sowjetunion	10.–13. Oktober 1988
Politbüro befaßt sich mit ZK-Sonderplenum über die Nationalitätenfrage	13. Oktober 1988
Italien. Ministerpräs. de Mita in der Sowjetunion	13.–15. Oktober 1988
Brasiliens Präsident José Sarney besucht Sowjetunion	17.–21. Oktober 1988
Bakatin neuer Innenminister der UdSSR	20. Oktober 1988
Falin Leiter der Intern. Abt. des ZK	21. Oktober 1988
Poln. Ministerpräsident Rakowski in Moskau	20.–21. Oktober 1988
Bundeskanzler Kohl mit großer Delegation, darunter Außen- und Verteidigungsminister, in Moskau	24.–27. Oktober 1988
Angolas Staatspräsident dos Santos in Moskau	27.–28. Oktober 1988
Čechoslowak. Ministerpräsident Adamec in Moskau	31. Oktober– 1. November 1988
Verfassungskonflikt Estland–UdSSR über Souveränität	16. November 1988
Verfassungsänderung führt Kongreß der Volksdeputierten ein	1. Dezember 1988
Gorbačevs Rede vor den Vereinten Nationen	7. Dezember 1988
Erdbeben in Armenien	8. Dezember 1988
Abkommen über Unabhängigkeit Namibias und Abzug der Kubaner aus Angola bis Mitte 1991	22. Dezember 1988
Sonderverwaltung für Nagornyj Karabach	12. Januar 1989
Ševardnadze in Peking	1. Februar 1989
Kulikov, Oberkommandierender der WP-Truppen, wird durch Lušev abgelöst	1. Februar 1989
General Gromov verläßt als letzter Soldat Afghanistan. Berater bleiben zurück	15. Februar 1989
UdSSR unterbreitet Nahost-Initiative	19. Februar 1989
Ševardnadze trifft israel. Außenminister Arens in Kairo	22. Februar 1989
Ševardnadze beim iran. Revolutionsführer Chomeini	März 1989
Beginn der VKSE in Wien	6. März 1989
Erweitertes Plenum des ZK der KPdSU über Agrarreformen. Gosagroprom aufgelöst	15.–16. März 1989
Wahl der Abgeordneten zum Kongreß der Volksdeputierten	26. März 1989

Allunionsgesellschaft der Sowjetdeutschen in Moskau gegründet. Ziel: Autonome Republik .	31. März 1989
Gorbačev in Kuba. Abschluß eines sowjet.-kuban. Freundschaftsvertrages	2.–5. April 1989
PEN-Zentrum in Moskau gegründet	6. April 1989
Unruhen in Georgien. 20 Tote	9. April 1989
SPD-Vorsitzender Vogel bei Gorbačev. Friedr. Ebert-Stiftung eröffnet ständige Vertretung beim Inst. f. ML des ZK	10.–11. April 1989
Deutsch-sowjet. Wirtschaftstagung in Hannover	11. April 1989
Tagung des Komitees der Außenminister der WP-Staaten in Ost-Berlin	11. April 1989
Rücktritt des georg. Parteichefs Patiašvili nach blutigen Unruhen. Nachfolger Gumbaridze ..	14. April 1989
Beginn des Teilrückzugs der sowjet. Truppen aus Ungarn	25. April 1989
Plenum des ZK der KPdSU: 110 Mitgl. scheiden aus, 24 werden neu berufen	25. April 1989
Veröffentlichung der Volkszählung vom 1. Januar 1989: 286,7 Mio Einw.	1. Mai 1989
Generalinspekteur der Bundeswehr besucht sow. Generalstabschef	3. Mai 1989
Streik der Armenier in Nagornyj Karabach	3. Mai 1989
US-Außenminister Baker in Moskau	10.–11. Mai 1989
Ševardnadze in Bonn	12.–13. Mai 1989
»Baltische Versammlung« in Tallinn koordiniert Autonomiebestrebungen	13.–14. Mai 1989
Gorbačev besucht China	15.–18. Mai 1989
Oberster Sowjet Litauens verabschiedet Gesetz über Souveränität. Oberster Sowjet Estlands verabschiedet Gesetz über die wirtschaftliche Selbständigkeit ab 1. 1. 1990	18. Mai 1989
Streiks in Nagornyj Karabach und Erewan	18.–19. Mai 1989
Kongreß der Volksdeputierten tritt erstmals zusammen und wählt Gorbačev zum Staatspräsidenten	25. Mai 1989
Kongreß der Volksdeputierten wählt die 542 Abgeordneten des Obersten Sowjet	28.–29. Mai 1989
Blutbad in Peking	5.–6. Juni 1989
Blutige Unruhen in Usbekistan	6. Juni 1989
Gorbačev besucht die Bundesrepublik.........	12.–15. Juni 1989
Sowjetunion bezeichnet erstmals die Bundesrepublik als Federativnaja Respublika Germanija	13. Juni 1989
Imre Nagy, Pál Maléter und drei weitere Opfer des Ungarn-Aufstandes erhalten Ehrengräber auf dem Zentralfriedhof Budapest	16. Juni 1989
START-Verhandlungen in Genf nach 8 Monaten Pause wieder aufgenommen	19. Juni 1989
Irans Parlamentspräsident Rafsandschani bei Gorbačev und in Baku	20.–23. Juni 1989
Waffenstillstand in Angola	24. Juni 1989
Honecker bei Gorbačev	28. Juni 1989

Fernsehansprache Gorbačevs kündigt Umwandlung der Föderation an. Unruhen in Abchasien	1. Juli 1989
Andrej Gromyko gestorben	2. Juli 1989
Gorbačev in Paris	3.–5. Juli 1989
Gorbačevs Rede in Straßburg vor dem Europarat	5. Juli 1989
WP-Gipfel in Bukarest bestätigt Abschied von der Breznev-Doktrin	7.–9. Juli 1989
Gorbačev in Leningrad. 1. Sekretär Solov'ev durch Gidaspov abgelöst	12. Juli 1989
Streiks der Bergarbeiter in Meždurečensk. Regionale Streikkomitees organisieren sich	13. Juli 1989
Oberster Sowjet bestätigt KGB-Chef Krjučkov mit großer Mehrheit	14. Juli 1989
Politbüromitglieder verhandeln mit Streikkomitees der Bergarbeiter	17. Juli 1989
Ökumen. Rat der Kirchen tagt erstmals in Moskau	17.–27. Juli 1989
Konsumgüter-Notprogramm wird verabschiedet	19. Juli 1989
Bergarbeiterstreiks auch im Donec-Becken, Karaganda und Vorkuta	20. Juli 1989
El'cin strebt »überregionale Gruppe« von Abgeordneten an	20. Juli 1989
Ende der Sitzungsperiode des neuen Obersten Sowjet	4. August 1989
Estland schränkt Wahlrecht für Nicht-Esten ein	8. August 1989
Streiks russischer Arbeiter in Estland	8.–11. August 1989
Plattform der KPdSU zur Nationalitätenpolitik	17. August 1989
600 km lange Menschenkette in den baltischen Republiken will Annullierung des Hitler-Stalin-Paktes von 1939	23. August 1989
Poln. Sejm wählt Tadeusz Mazowiecki als Vertreter der Solidarność zum ersten nicht-kommunistischen Ministerpräsidenten seit 40 Jahren	24. August 1989
ZK-Plenum der KPdSU beschließt Umstrukturierung der Sowjetunion und Vorverlegung des Parteitages	19.–21. September 1989
2. Kongreß der lettischen Volksfront verabschiedet Programm f. parlamentar. und demokrat. Republik	9. Oktober 1989
Honecker abgelöst	18. Oktober 1989
Die Mauer in Berlin wird geöffnet	9. November 1989
Abkommen EG–UdSSR auf 10 Jahre	27. November 1989
Gerichtsreform	1. Dezember 1989
Gipfeltreffen Bush–Gorbačev auf Malta	2.–3. Dezember 1989
Litauen streicht Monopol der KPdSU aus Verfassung	7. Dezember 1989
Eröffnung des 2. Kongresses der Volksdeputierten	12. Dezember 1989
Tod Sacharovs	15. Dezember 1989
Beginn der rumänischen Revolution in Temesvár	17. Dezember 1989
Ceaușescu hingerichtet	25. Dezember 1989

Lettland streicht Monopol der KPdSU aus Verfassung	28. Dezember 1989
Vaclav Havel wird Staatspräsident der ČSSR	29. Dezember 1989
45. RGW-Tagung in Sofija	9.–10. Januar 1990
Bulgar. Parlament streicht führende Rolle der KP aus der Verfassung	15. Januar 1990
DDR-Ministerpräsident Modrow in Moskau. Gorbačev hat prinzipiell nichts gegen Einheit Deutschlands	30. Januar 1990
ZK-Plenum beschießt Umstrukturierung der KPdSU und Verzicht auf führende Rolle	4.–6. Februar 1990
Kohl und Genscher in Moskau	10.–11. Februar 1990
Konferenz der Außenminister von NATO und WP in Ottawa	12.–14. Februar 1990
Admiral Černavin besucht Bundesmarine	12.–15. Februar 1990
DDR-Ministerpräsident Modrow in Bonn	13.–14. Februar 1990
Litauen proklamiert sich als unabhängige Republik	11. März 1990
Gorbačev zum Staatspräsidenten mit erweiterten Vollmachten gewählt	15. März 1990
Freie Wahlen in der DDR	18. März 1990

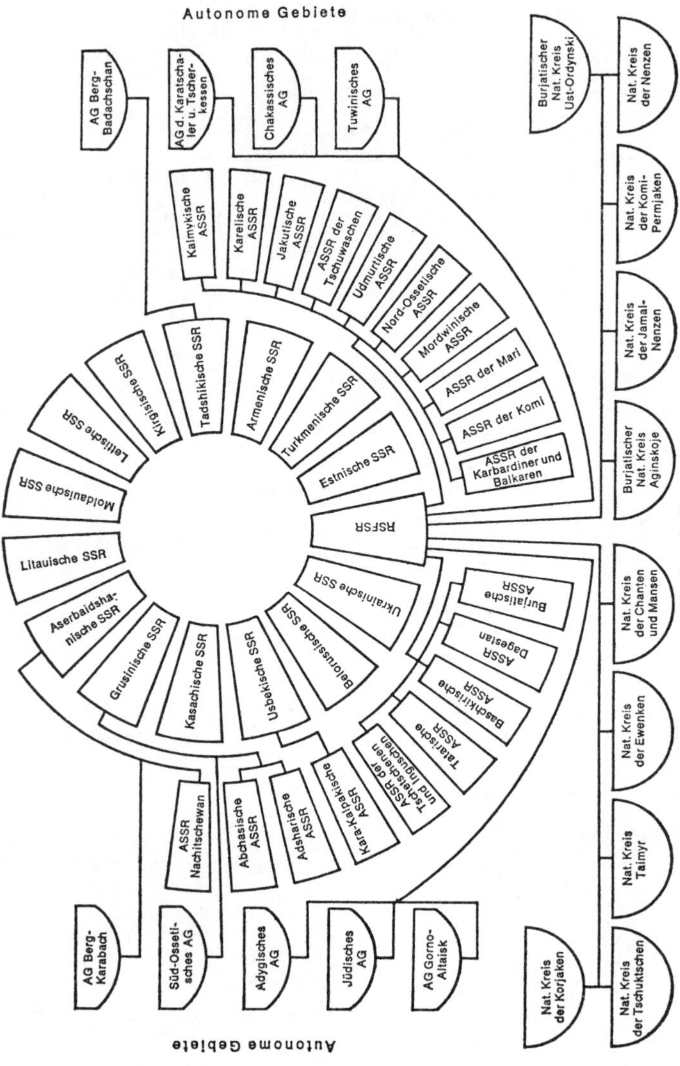

Der Staatsaufbau der UdSSR in seiner Gliederung nach nationalstaatlichen Einheiten

Der Kongreß der Volksdeputierten

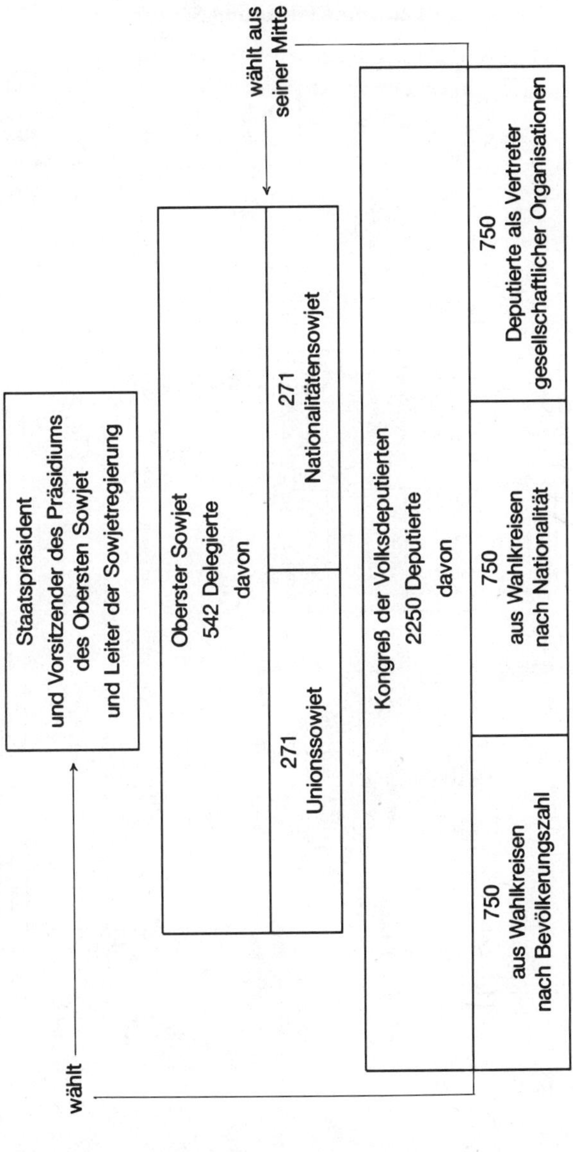

Aufbau von KPdSU und Staatsorganen

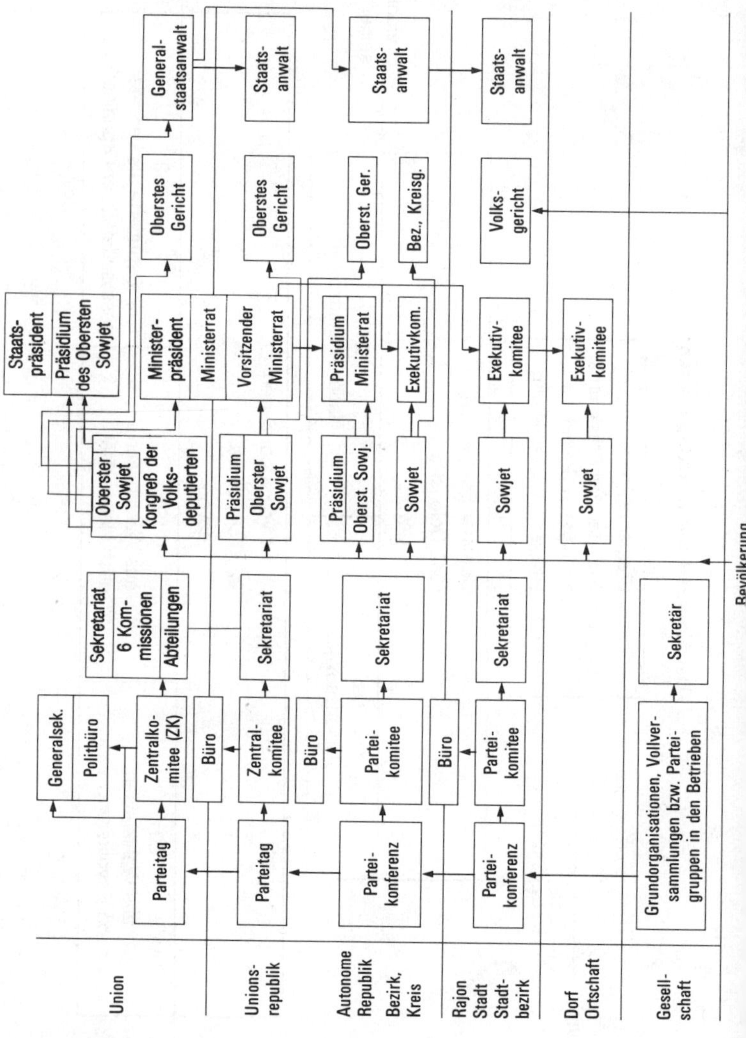

Bibliographische Hinweise

1. Quellensammlungen, Dokumente und Nachschlagewerke

A Decade of American Foreign Policy 1941–1949. Basic Documents. Washington 1950 – Akten zur deutschen Auswärtigen Politik 1918–1945. Serie D, Bd. 1–3, Baden-Baden 1950ff. – Anglo-sovetskie otnošenija 1917–1927. Noty i dokumenty. Moskau 1927 – Archiv russkoj revoljucii, hrsg. v J. V. GESSEN, Bd. 1–22, Berlin 1922–1937 – Die Auswirkungen der großen sozialistischen Oktoberrevolution auf Deutschland. Hrsg. LEO STERN. Berlin 1959, 4 Bde.

W. BAUMGART, K. REPGEN (Hrsg.), Brest-Litovsk. Historische Texte. Göttingen 1969 – A. BILMANIS, Latvian-russian relations. Documents. Washington 1944 – Bol'šaja sovetskaja enciklopedija. Moskau 1926ff. 65 Bde. – The Bolshevik Revolution 1917–1918. Documents and Materials. Hrsg. J. BUNYAN and H. H. FISHER. 2. Aufl. Stanford 1961 – R. P. BROWDER, A. F. KERENSKY (Hrsg.), The Russian Provisional Government 1917. Documents and Materials. Bd. 1–3. Stanford 1961 – N. BUCHARIN, Programm der Kommunisten (Bolschewiki). Zürich 1918 – DERS. und PREOBRAŽENSKIJ, Das ABC des Kommunismus. Wien 1920 – J. BUNYAN, H. H. FISHER, The Bolshevik Revolution. Documents. Stanford 1934

E. M. CARROLL, F. T. EPSTEIN (Hrsg.), Das nationalsozialistische Deutschland und die Sowjetunion 1939–1941. Akten aus dem Archiv des Deutschen Auswärtigen Amtes. Washington 1948 – M. N. ČERNOMORSKIJ, Istočnikovedenie istorii SSSR. Moskau 1966 – N. S. CHRUSCHTSCHOW, Für dauerhaften Frieden und friedliche Koexistenz. Berlin 1959 – N. S. CHRUŠČEV, O vnešnej politike Sovetskogo Sojuza. Moskau 1961. 2 Bde.

S. M. DIMANŠTEJN (Hrsg.), Revoljucija i nacional'nyj vopros. Dokumenty i materialy. Bd. 3. Moskau 1930 – Documents on British Foreign Policy. Hrsg. v. E. L. WOODWARD. Third Series, vol. I. London 1947ff. – Documents on Polish-Soviet Relations 1939–1945. o. O. 1961 – Dokumente zur Deutschlandpolitik der Sowjetunion. Berlin 1957ff. – Dokumente und Materialien aus der Vorgeschichte des zweiten Weltkrieges. Moskau 1949 – Dokumenty vnešnej politiki SSSR. Bd. 1: 7. 11. 1917 bis 31. 12. 1918, Bd. 2: 1. 1. 1919–30. 6. 1920, Bd. 3: 1. 7. 1920–18. 3. 1921, Bd. 4: 19. 3. 1921–31. 12. 1921, Bd. 5: 1.1.1922–19. 11. 1922, Bd. 6: 20. 11. 1922–31. 12. 1923, Bd. 7: 1. 1. 1924–31. 12. 1924, Bd. 8: 1.1. 1925 bis 31. 12. 1925, Bd. 9: 1. 1. 1926–31. 12. 1926, Bd. 10: 1. 1. 1927–31. 12. 1927, Bd. 11: 1. 1. 1928–31. 12. 1928, Bd. 12: 1. 1. 1929–31. 12. 1929, Bd. 13: 1. 1. 1930–31. 12. 1930, Bd. 14: 1. 1. 1931–31. 12. 1931. Zuletzt erschienen Bd. 20 (1976) für das Jahr 1937.

Enzyklopädie der UdSSR. Berlin 1950. 2 Bde.

A. FISCHER (Hrsg.), Teheran, Jalta, Potsdam. Die sowjetischen Protokolle von den Kriegskonferenzen der »Großen Drei«. Köln 1968 – O. K.

Flechtheim (Hrsg.), Rosa Luxemburg, Politische Schriften Bd. 1, 2. Frankfurt a. M. 1966 – The Foreign Policy of the Soviet Union. Ed. with Introductions and Notes by A. Z. Rubinstein. New York 1960 – Foreign relations of the United States. Diplomatic papers. The Soviet Union 1933–1939. Washington 1952.

Gaagskaja konferencija. Sobranie dokumentov. Moskau 1922 – Die Geheimakten des französischen Generalstabes. Deutsches Weißbuch, hrsg. v. Auswärtigen Amt. Berlin 1939–1941. Bd. 6 – Materialy Genuežskoj konferencii. Moskau 1922 – Germany and the Revolution in Russia 1915–1918. Documents from the Archives of the German Foreign Ministry. Ed. Z. A. B. Zeman. London–New York–Toronto 1958 – Geschichte der Kommunistischen Partei der Sowjetunion (Bolschewiki). Kurzer Lehrgang. Berlin 1946 – Geschichte der Kommunistischen Partei der Sowjetunion. Berlin 1960 – F. A. Golder, Documents of Russian History 1914–1917. New York 1927 – L. Gruliow (Hrsg.), Current Soviet Policies. The documentary record of the nineteenth communist party congress and the reorganisation after Stalin's death. New York 1953.

M. Hellmann (Hrsg.), Die russische Revolution 1917. Dokumente. Stuttgart 1964 – G. Hillmann (Hrsg.), Selbstkritik des Kommunismus. Texte der Opposition. Hamburg 1967.

Internationale Pressekorrespondenz. Deutsche Ausgabe. 1921 ff.

E. X. Joukoff, H. H. Fisher (Hrsg.), Soviet Russia and the West 1920–1927. Stanford 1957 – Dies., Soviet Russia and the East 1920–1927. Stanford 1957.

S. M. Kirov, Stat'i, reči, dokumenty. Moskau–Leningrad 1936 – Kommunističeskaja Partija Sovetskogo Sojuza v rezoljucijach i rešenijach s-ezdov, konferencij i plenumov CK (1898–1954 gg.). Moskau 1954 ff. – Die Kommunistische Internationale. (Auswahl von Dokumenten und Reden vom VI. Weltkongreß, 1928, bis zur Auflösung der Komintern, 1943.) Berlin 1955 f., 2 Bde. – Die Kommunistische Internationale. (Zeitschrift der Komintern.) 1919 ff. – Der I. Kongreß der Kommunistischen Internationale. Hamburg 1920 – Der I. und II. Kongreß der Kommunistischen Internationale. Dokumente der Kongresse und Reden W. I. Lenins. Berlin 1959 – Der IV. Kongreß der Kommunistischen Internationale. Hamburg 1923 – Der V. Kongreß der Kommunistischen Internationale. Hamburg 1924 – Der VII. Kongreß der Kommunistischen Internationale. Gekürztes stenographisches Protokoll. Moskau 1939 – Konstitucija (osnovnoj zakon) SSSR. Konstitucii (osnovnye zakony) sojuznych i avtonomnych sovetskich socialističeskich respublik. Moskau 1960 – F. Kool, E. Oberländer (Hrsg.), Arbeiterdemokratie oder Parteidiktatur. Freiburg 1967 – Krasnyj archiv. Moskau 1922–1941. 106 Bde. – Kriegsdokumente über Bündnisgrundlagen, Kriegsziele und Friedenspolitik der Vereinten Nationen. Veröffentlichungen d. Inst. f. Intern. Recht. Hamburg 1946 – N. K. Krupskaja, Vospominanija o Lenine. Moskau 1932.

V. I. Lenin, Sočinenija. 3. Aufl. (nach der 2. Aufl.) 1932–35, 30 Bde. und Registerband – Ders., Sočinenija, 4. Aufl. Moskau 1942–50, 35 Bde. – Ders., Sočinenija. 5. Aufl. 1958–1965, 55 Bde. (Registerbände in Vorbereitung) – DERS., Ausgewählte Werke, Moskau 1947 – DERS., Ausgewählte Werke, Berlin 1951 – Leninskij sbornik. 1924–59, 36 Bde. — H. J. LIEBER, K. H. RUFFMANN (Hrsg.), Der Sowjetkommunismus. Dokumente. 1–2. Köln 1963/64.

W. MARKERT (Hrsg.), Osteuropa-Handbuch. Bd. Sowjetunion. Teil: Das Wirtschaftssystem. Köln 1965 – J. M. MEIJER (Hrsg.), The Trotsky Papers 1917–1922. Bd. 1 1917–1919. Paris 1964 – B. MEISSNER (Hrsg.), Das Ostpakt-System. Dokumentenzusammenstellung. 2 Bde. Hamburg 1951 – DERS. (Hrsg.), Sowjetunion und Selbstbestimmungsrecht. Köln 1962 – DERS. (Hrsg.), Der Warschauer Pakt. Köln 1962 – DERS., Das Parteiprogramm der KPdSU 1903 bis 1961. (Dokumente zum Studium des Kommunismus 1.) Köln 1962 –Meždunarodnaja politika novejšago vremeni v dogovorach, notach i deklaracijach, hrsg. v. J. V. KLJUČNIKOV und A. SABANIN. 3 Bde. Moskau 1925–1928.

Petrogradskij Voenno-revoljucionnyj komitet. Dokumenty i materialy. Bd. 1–3. Moskau 1966/67 – T. PIRKER, Die Moskauer Schauprozesse 1936–1938. Stuttgart 1963 – Pis'mo starogo bol'ševika. In: Socialističeskij Vestnik 1936/37. Engl.: The Letter of an Old Bolshevik. London 1938 – Pravda o Kronštadte. Prag 1921. (Darin die Zeitung der Aufständischen von Kronstadt, Izvestija.) – Protokoll des VI. Weltkongresses der Kommunistischen Internationale. Berlin 1928 – Prozeßbericht über die Strafsache des Trotzkistisch-Sinowjewistischen terroristischen Zentrums 19.–24. August 1936. Moskau 1936 – Prozeßbericht über die Strafsache des sowjetfeindlichen trotzkistischen Zentrums, verhandelt vor dem Militärkollegium des Obersten Gerichtshofes der UdSSR vom 23. bis 30. Januar 1937. Vollständiger stenographischer Bericht. Moskau 1937 – Prozeßbericht über die Strafsache des antisowjetischen »Blocks der Rechten und Trotzkisten«, verhandelt vor dem Militärkollegium des Obersten Gerichtshofes der UdSSR vom 2. bis 13. März 1938. Vollständiger stenographischer Bericht. Moskau 1938.

G. v. RAUCH, Machtkämpfe und Soziale Wandlungen in der Sowjetunion 1923–1961. Quellen- und Arbeitshefte zur Geschichte. Stuttgart 1963 – Revoljucija i RKP (b) v materialach i dokumentach, 1–3. Moskau 1925.

Sbornik dejstvujuščich dogovorov, soglašenij i konferencij, zaključennych SSSR s inostrannymi gosudarstvami. 9 Bde. bis 1938 ersch., Bd. 10–16. Moskau 1955–57 (wird fortgesetzt) – Sbornik dokumentov i materialov po istorii SSSR sovetskogo perioda (1917–1958 gg.). Moskau 1966 – Sovetsko-francuzskie otnošenija vo vremja Velikoj Otečestvennoj Vojny 1941–1945 gg. Dokumenty i materialy. Moskau 1959 – Soviet Documents on Foreign Policy. Sel. and ed. by Jane Degras. Bd. 1: 1917–1924, Bd. 2: 1925–1932, Bd. 3: 1933–1941. London–New York–Toronto 1951–53 – Sowjetsystem und Demokratische Gesellschaft. Eine vergleich. Enzyklopädie. Freiburg 1966ff. – I. V. STALIN, Sočinenija. Moskau 1946–52. 13 Bde. – DERS., Voprosy leninizma. Moskau 1926 (und später, verändert und erweitert bis 1939, 11. Aufl.) – J. W. STALIN, Werke. Berlin 1950–55. 13 Bde. – DERS., Fragen des Leninismus. Moskau 1946 (und später) – DERS., Über den Großen Vaterländischen Krieg der Sowjetunion. Moskau 1945 (und später, verändert und erweitert) – DERS., Marxismus und Fragen der Sprachwissenschaft. Berlin 1951 – DERS.,

Ökonomische Probleme beim Aufbau des Sozialismus in der UdSSR. Moskau 1952 – Der Briefwechsel Stalins mit Churchill, Attlee, Roosevelt und Truman 1941–1945. Berlin 1961.

Thesen und Resolutionen des III. Weltkongresses der Kommunistischen Internationale (Moskau, 22. Juni bis Juli 1921). Hamburg 1922 – L. TROCKIJ, Sočinenija. Moskau 1924, 1–3 – DERS., 1917. Die Lehren der Revolution. Berlin 1925 – DERS., The Real Situation in Russia. London o. J. Dt. Die wirkliche Lage in Rußland. Hellerau bei Dresden o. J. – DERS., Permanentnaja revoljucija. Berlin 1930 – DERS., Mein Leben. Versuch einer Autobiographie. Berlin 1930. Neuauflage Frankfurt a. M. 1961 – DERS., Geschichte der russischen Revolution. Februarrevolution. Berlin 1931 – DERS., Geschichte der russischen Revolution. Oktoberrevolution. Berlin 1931–33 – DERS., The Stalin School of Falsification. New York 1937 – DERS., Stalins Verbrechen. Zürich 1937 – DERS., The Revolution Betrayed. London o. J. – DERS., Selected Writings. New York 1942 – DERS., The Suppressed Testament of Lenin, New York 1946 – DERS., Stalin. Eine Biographie. Köln 1952 – DERS., Trotzky's Diary in Exile 1935. Cambridge (Mass.) 1958.

Velikaja Oktjabŕskaja socialističeskaja revoljucija. Dokumenty i materialy. Moskau 1957ff. – Die Viererkonferenz in Berlin 1954. Reden und Dokumente. Berlin 1954 – Vnešnjaja politika Sovetskogo Sojuza. Dokumenty i materialy. 1946–1950. Moskau 1950–53. 6 Bde. – Vospominanija o Vladimire Il'iče Lenine. Moskau 1956–60.

H. WEBER, Die Kommunistische Internationale. Eine Dokumentation. Hannover 1966 – DERS. (Hrsg.), Lenin, Ausgewählte Schriften. München 1963 – Weißbuch der poln. Regierung über die poln.-dtsch. und poln.-sowjetischen Beziehungen 1933–1939. Basel 1940.

G. ZINOV'EV, Sočinenija. Leningrad 1924–26 – DERS., Istorija Rossijskoj Kommunističeskoj Partii (B). Populjarnyj očerk. Moskau–Petrograd 1923.

2. Schriften- und Literaturverzeichnis

H. F. ACHMINOW, Die Totengräber des Kommunismus. Eine Soziologie der bolschewistischen Revolution. Stuttgart 1964. (1. Aufl. Ulm 1950.) – T. ADAMHEIT, Rote Armee, rote Weltrevolution, roter Imperialismus. Berlin 1935 – R. AHLBERG, Weltrevolution durch Koexistenz. Berlin 1962 – K. ALBRECHT, Der verratene Sozialismus. Berlin 1939 – S. ALLILUJEWA, Zwanzig Briefe an einen Freund. Wien 1967 – A. ANDERLE (Hrsg.), Rapallo und die friedliche Koexistenz. Wien 1963 – W. ANDERS, Mémoires 1939–1946. Paris 1948 – A. M. ANDREEV, Sovety rabočich i soldatskich deputatov nakanune Oktjabrja. Moskau 1967 – O. ANWEILER, Die Rätebewegung in Rußland 1905–1921. Leiden 1958 – DERS., K. MEYER, Die sowjetische Bildungspolitik seit 1917. Heidelberg 1961 – DERS., Geschichte der Schule und Pädagogik in Rußland vom Ende des Zarenreiches bis zum Beginn der Stalin-Ära. Berlin 1964 – J. A. ARMSTRONG (Hrsg.), Soviet Partisans in World War II. Madison/Wisc. 1964 – E. ASBHY, Als Wissenschaftler in Rußland. Göttingen 1949.

A. S. BACHOV, Na zare sovetskoj diplomatii. Organy sovetskoj diplomatii v 1917–1922 gg. Moskau 1966 – M. BALABANOV, Istorija revoljucionnogo dviženija v Rossii. Char'kov 1925 – A. BARMINE, One who survived. New York 1945 – H. W. BALDWIN, Great mistakes of the war. New York 1950 – N. BASSECHES, Stalin. Das Schicksal eines Erfolges. Bern 1950 – DERS., Die unbekannte Armee. Zürich 1942 – R. BAUER, Der neue Mensch in der sowjetischen Psychologie. Bad Nauheim 1955 – W. BAUMGART, Deutsche Ostpolitik 1918. München 1966 – F. BECK, E. GOODIN, Russian purge and the extraction of confession. New York 1951 – J. BECK, Dernier rapport. Politique polonaise 1926–1939. Paris 1952 – M. BELOFF, The foreign policy of Soviet Russia 1929–1941, 1–2. New York 1946/49 – DERS., Soviet policy in the Far East. London 1952 – E. BENEŠ, Paměti od Mnichova k nové válce a k novému vitězswi. Praha 1947 – E. BENZ, Die weltanschaulichen Grundlagen des Kommunismus. In: Rußland und Wir. Stuttgart 1951 – N. A. BERDJAJEW, Wahrheit und Lüge des Kommunismus. Luzern 1934 – N. BERDYAEV, The Origin of Russian Communism. London 1937 – DERS., The Russian Idea. London 1947 – A. F. BEREŽNOJ, Carskaja cenzura i bořba bol'ševikov za svobodu pečati (1895–1914). Leningrad 1967 – A. BERKMAN, Die Kronstadt-Rebellion. Berlin 1923 – DERS., Der Aufstand von Kronstadt. Der Monat. Berlin 1951. Heft 30 – K. v. BEYME, Der Föderalismus in der Sowjetunion. Heidelberg 1964 – S. F. BEZVESEL'NYJ, D. E. GRINBERG, O Lenine. Vospominanija zarubežnych sovremennikov. Moskau 1966 – A. BILMANIS, A History of Latvija. Princetown 1951 – Biografii členov politbjuro VKP (b). Leningrad 1927 – E. BIRKE, R. NEUMANN, Die Sowjetisierung Ostmitteleuropas. Untersuchungen zu ihrem Ablauf in den einzelnen Ländern. Frankfurt a. M.–Berlin 1959 – C. E. BLACK, Rewriting Russian History, Soviet Interpretation of Russia's Past. New York 1956 – W. v. BLÜCHER, Deutschlands Weg nach Rapallo. Wiesbaden 1951 – DERS., Gesandter zwischen Diktatur und Demokratie. Erinnerungen 1935–1940. Wiesbaden 1951 – J. M. BOCHENSKI, Der sowjetrussische dialektische Materialismus (Diamat). Bern–München 1960 – DERS., G. NIEMEYER, Handbuch des Weltkommunismus. Freiburg–München 1959 – E. BOETTCHER, Die sowjetische Wirtschaftspolitik am Scheidewege. Tübingen 1959 – DERS., H.-J. LIEBER, B. MEISSNER (Hrsg.), Bilanz der Ära Chruschtschow. Stuttgart 1966 – V. D. BONČ-BRUEVIČ, Vospominanija o Lenine. Moskau 1965 – G. BONNET, De Washington au Quai d'Orsay. Genève 1946. (Dt.: Vor der Katastrophe. Köln 1951.) – DERS., Fin d'une Europe. De Munich à la guerre. Genève 1948 – F. BORKENAU, Der europäische Kommunismus. München 1948 – DERS., Das Jahr 1917. Wirklichkeit und Legende der russischen Revolution. Der Monat. Berlin 1952. Heft 37 – J. BORYS, The Russian Communist Party and the Sovietization of Ukraine. Stockholm 1960 – O. BÖSS, Die Geschichte der sowjetischen Historiographie. Zur Diskussion ihrer Periodisierung. JGO 1963. Heft II – J. BOUVIER, La vérité sur 1939. La politique extérieure de l'URSS d'oct. 1938 a juin 1941. Paris 1953 – J. BRADLEY, Allied Intervention in Russia. London 1968 – H. BRAHM, Trotzkijs Kampf um die Nachfolge Lenins. Köln 1964 – DERS., Pekings Griff nach der Vormacht. Köln 1966 – C. BRANDT, B. J. SCHWARTZ, J. K. FAIRBANK, A Documentary History of Chinese Communism. London 1952 – M. BRAUBACH, Hitlers Weg zur Verständigung mit Rußland im Jahre 1939. Bonn 1960 – D. BRONGER, Der Kampf um die sowjetische Agrarpolitik 1925–1929. Köln 1967 – R. P. BROWDER, The origins of Soviet-American Diplomacy. Princetown 1953 – G. BRUNNER, Das Parteistatut der KPdSU 1903–1961. Köln 1965. (Dokumente zum Studium des Kommunismus, 2 Bde.) – M. BUBER-NEUMANN, Kriegsschauplätze der Weltrevolution. Ein Bericht aus der Praxis der Komintern 1919–1943. Stuttgart 1967 – G. BUCHANAN, Meine Mission in Rußland. Berlin 1926 – A. BUCHHOLZ, Grundzüge und Entwicklungstendenzen der sowjetischen Naturwissenschaft. Osteuropa 1952. Heft 3–4 – DERS., Ideologie und Forschung in der sowjetischen Naturwissenschaft. Stuttgart 1953 – A. BULLOCK, Hitler. Eine Studie über Tyrannei. Düsseldorf 1953 – J. F. BYRNES, Speaking Frankly. New York 1947.

R. CANNAC, Aux Sources de la révolution russe. Netchiaev. Paris 1961 – E. H. CARR, Studies in Revolution. London 1930 – DERS., A History of Soviet Russia. London 1950ff. (Bd. 1–3: The Bolshevik Revolution 1917–1923, Bd. 4: The Interregnum 1923–1924, Bd. 5–6: Socialism in One Country 1924–1926) – DERS., Von München bis Moskau. Europa-Archiv 1950 – DERS., Berlin–Moskau. Deutschland und Rußland zwischen den beiden Weltkriegen. Stuttgart 1954 – F. L. CARSTEN, Die Reichswehr und Sowjetrußland 1920–1933. In: Österreichische Osthefte 5 (1963) – H. C. CASSIDY, Moskau 1941–1943. Zürich 1944 – W. H. CHAMBERLIN, The Russian Revolution 1917–1921. New York 1935 (Dt.: 1952) 1–2 – DERS., Amerikas zweiter Kreuzzug. Kriegspolitik und Fehlschlag Roosevelts. Bonn 1952 – M. CHERNIAVSKY, Prologue to Revolution. Notes of N. A. Jakhontov on the Secret Meetings of the Council of Ministers 1915. Engelwood Cliffs 1967 – S. W. CHURCHILL, Nach dem Kriege. Berlin 1930 – DERS., Der zweite Weltkrieg. Hamburg 1949ff. 5 Bde. – DERS., Reden. Zürich 1946ff. 6 Bde. – G. CIANO, Tagebücher 1939–1943. Bern 1947 – J. CIECHANOWSKI, Defeat in Victory. New York 1947 – M. W. CLAUSS, Der Weg nach Jalta. Heidelberg 1952 – G. CLEINOW, Die Grundgedanken der Nationalitätenpolitik in der Sowjetunion. Osteuropa 1925/26. Bd. 1 – DERS., Die deutsch-russischen Rechts- und Wirtschaftsverträge. Berlin 1926 – W. P. COATES, A History of the Anglo-Soviet relations. London 1943 – DERS., Z. COATES, Armed intervention in Russia 1918–1922. London 1935 – R. CONQUEST: Industrial Workers in the USSR. London 1967 – DERS., The Soviet Deportation of Nationalities. London 1960 – DERS., Power and Policy in the USSR. The Study of Soviet Dynastics. London 1961 – R. COULONDRE, Von Moskau nach Berlin 1936–1939. Bonn 1950 – E. CRANKSHAW, Risse in der Kremlmauer. Stuttgart 1953 – J. S. CURTISS, Die Kirche in der Sowjetunion (1917–1956). München 1957 – D. A. ČUGAEV (Hrsg., u. a.), Istorija nacional'no-gosudarstvennogo stroitel'stva v SSSR. Moskau 1968.

A. DALLIN, Deutsche Herrschaft in Rußland 1941–1945. Düsseldorf 1958 – D. J. DALLIN, Das wirkliche Sowjetrußland. Hamburg 1948 – DERS., Soviet Russia and the Far East. New Haven 1948 – DERS., Soviet Russia's Foreign Policy 1939–1942. New Haven 1945 – DERS., B. J. NICOLAEVSKY, Forced Labor in Soviet Russia. London 1948 (Dt. Auszug: Arbeiter oder Ausgebeutete? Das System der Arbeitslager in Rußland. München 1948) – DERS., Sowjetische Außenpolitik nach Stalins Tod. Köln–Berlin 1961 – F. DAN, Dva goda skitanija. Berlin 1922 – DERS. Proischoždenije bol'ševizma. New York 1948 – R. V. DANIELS, A Documentary History of Communism. New York 1960 – DERS., Das Gewissen der Revolution. Köln–Berlin 1962 – DERS., Red October. The Bolshevik Revolution of 1917. London 1968 – J. E. DAVIES, Als USA-Botschafter in Moskau. Zürich 1943 – J. R. DEANE, Ein seltsames Bündnis. Wien o. J. – R. K. DEBO, The Making of a Bolshevik: Georgii Chicherin in England,

1914–1918. In: Slavic Review 25/4 1966 – G. A. DEBORIN, Die sowjetische Außenpolitik in den ersten Jahren des Bestehens des Sowjetstaates 1917 bis 1920. Berlin 1953 – E. FRH. VON DELLINGSHAUSEN, Im Dienste der Heimat. Stuttgart 1930 – A. J. DENIKIN, The White Army. London 1930 – A. J. DENISOV, Istorija sovetskogo gosudarstva i prava. Moskau 1949 – B. DENNEWITZ, B. MEISSNER, Die Verfassungen der modernen Staaten. Bd. 1. Hamburg 1947 – I. DEUTSCHER, Trotzki. 3 Bde. Stuttgart 1962ff. – DERS., Stalin. Die Geschichte des modernen Rußland. Stuttgart 1951. (Neuauflage a. d. Titel: Stalin. Eine politische Biographie. Stuttgart 1962.) – DERS., Soviet Trade Unions. London 1950 – DERS., Ironies of History. Essays on Contemporary Communism. London 1966 – DERS., The Unfinished Revolution. Russia 1917–1967. London 1967 – I. DUBINSKIJ-MUCHADZE, Ordžonikidze. Moskau 1967 – A. W. DULLES, Verschwörung in Deutschland. Kassel 1947 – F. R. DULLES, Der Weg nach Teheran. New York 1944 – S. DUBROVSKI, Die Bauernbewegung in der russischen Revolution 1917. Berlin 1929 – W. DURANTY, Stalin & Co. The Politburo, the Men who Run Russia. New York 1949 – P. E. DYBENKO, Die Rebellen. Erinnerungen aus der Revolutionszeit. Hamburg 1923.

D. EISENHOWER, Kreuzzug in Europa. Stuttgart 1949 – W. ERFURTH, Der finnische Krieg 1941–1944. Wiesbaden 1950 – J. ERICKSON, The Soviet High Command. A Military-Political History, 1918–1941. London 1962 – A. ERLICH, The Soviet Industrialization Debate, 1924–1928 Cambridge/Mass. 1960.

P. W. FABRY, Der Hitler-Stalin-Pakt 1939–1941. Darmstadt 1962 – M. FAINSOD, How Russia is ruled. Russian Research Center Studies Bd. 11. Cambridge 1963 – D. FEDOTOFF-WHITE, The Growth of the Red Army. Princetown 1944 – I. FETSCHER, Stalin – Über dialektischen und historischen Materialismus (Kritischer Kommentar). Frankfurt a. M.–Berlin 1956 – DERS., Von Marx zur Sowjetideologie. Frankfurt a. M.–Berlin 1960 – A. FISCHER, Lenin und die Taktik des bewaffneten Aufstandes in der russischen Revolution von 1905. Wehrwissenschaftliche Rundschau 1966/7 – G. FISCHER, General Vlassov's Official Biography. Russian review 1949 – DERS., Soviet Opposition to Stalin. A case study in World War II. Cambridge/Mass. 1952 – L. FISCHER, The Soviets in World Affairs, 1–2. London 1930. A History of the Relations Between the Soviet Union and the Rest of the World 1917 up to 1929, Princetown 1951/2 – DERS., The Life and Death of Stalin. London 1953 – DERS., The Life of Lenin. New York 1964. Deutsch: Köln 1965 – R. FISCHER, Stalin und der deutsche Kommunismus. Frankfurt a. M. 1948 – P. E. FLANDIN, Politique française 1919–1940. Paris 1950 – O. K. FLECHTHEIM, Bolschewismus 1917–1967. Von der Weltrevolution zum Sowjetimperium, Wien 1967 – D. FOOTMAN, Civil War in Russia. London 1961 – E. FRAENKEL, German-Russian Relations since 1918, Review of Politics, Jan. 1940 – J. FRANKEL, Party Genealogy and the Soviet Historians (1920–38). In: Slavic Review XXV/4, 1966 – Freie Universität Berlin, Marxismus – Leninismus, Geschichte und Gestalt (Berliner Universitätstage 1961). Berlin 1961 – M. FREUND, Die Entstehung des deutsch-sowjetischen Krieges. Außenpolitik 1951, Heft 5–6 – P. FRÖLICH, Rosa Luxemburg. Gedanke und Tat. Frankfurt a. M. 1967 – J. F. C. FULLER, Die Geschichte des zweiten Weltkrieges 1939–1945. Wien 1950.

G. GAFENCU, Vorspiel zum Krieg im Osten. Zürich 1944 – G. M. GAMELIN, Servir. Bd. 3: La guerre 1939/40. Paris 1946/47 – O. H.

Gankin, H. H. Fisher, The Bolsheviks and the World War. Stanford 1936 – L. S. Gaponenko (Hrsg. u. a.), Revoljucionnoe dviženie v russkoj armii. 27 fevralja – 24 oktjabrja 1917 goda. Moskau 1968 – R. Garthoff, Die Sowjetarmee – Wesen und Lehre. Köln 1955 – E. B. Genkina, Obrazovanije SSSR. Moskau 1947 – A. J. Gercen (Herzen), Polnoje sobranije sočinenij i pisem, hrsg. v. M. K. Lemke. Petersburg 1919–1925, 1–19 – B. Gerland, Die Hölle ist ganz anders. Stuttgart o. J. – Geschichte des russischen Bürgerkrieges. Hrsg. von Astrow, Slepkow, Thomas u. a. Berlin 1927 – Geschichtsfälscher, Der tatsächliche Verlauf der Vorbereitung und Entwicklung der Hitler-Aggression und der Zweite Weltkrieg. Moskau 1948 – D. Geyer, Die Sowjetunion und Iran. Tübingen 1955 – Ders., Lenin in der russischen Sozialdemokratie. Köln-Graz 1962 – Ders., Die Russische Revolution. Historische Probleme und Perspektiven. Stuttgart 1968 – Ders. (Hrsg.), Wissenschaft in kommunistischen Ländern. Tübingen 1967 – E. G. Gimpel'son, Sovety v gody inostrannoj intervencii i graždanskoj vojny. Moskau 1968 – V. Gitermann, Geschichte Rußlands, Bd. 3. Hamburg 1949 – Y. Gluckstein, Stalins Satellites in Europe. London 1952 – B. Z. Goldberg, The Jewish Problem in the Soviet Union. New York 1961 – E. Goldman, My further desillusionment in Russia. New York 1924 – S. Golikov, Vydajuščiesja pobedy sovetskoj armii v velikoj otečestvennoj vojne. Moskau 1952 – H. Gollwitzer, Und führen wohin Du nicht willst. München 1953 – D. Grille, Lenins Rivale. Bogdanov und seine Philosophie. Köln 1966 – W. Grinewitsch, Die Gewerkschaftsbewegung in Rußland 1905–1914. Berlin 1926 – W. Grottian, Das sowjetische Regierungssystem, Leitfaden und Quellenbuch, 2 Bde. Köln–Opladen 1956 – Ders., Lenins Anleitung zum Handeln. Köln 1962 – W. Gurian, Lenins Methoden der Machtergreifung im Jahre 1917. In: Deutschland und Europa. Festschrift für H. Rothfels. Düsseldorf 1951 – Ders., Bolshevism. An Introduction to Soviet Communism. Notre Dame 1952 – Ders., The Soviet Union. Background, Ideology, Reality. Hrsg. von W. Gurian und Karpovich, Jasny, Mosely u. a. Notre Dame 1951 – Ders., From Lenin to Stalin. Review of politics 1950/3.

W. Hagen, Die geheime Front. Linz 1950 – G. W. F. Hallgarten, General H. v. Seeckt and Russia 1920–1922. Journal of modern history, March 1949, XXI. – E. Hanisch, Geschichte Sowjetrußlands 1917–1941. Freiburg 1951 (III. Bd. der Geschichte Rußlands 1–2. Freiburg 1943) – R. Hare, Pioneers of Russian Social Thought. Oxford 1951 – W. v. Harpe, Die Grundsätze der Nationalitätenpolitik Lenins. Berlin 1941 – Ders., Die Sowjetunion, Finnland und Skandinavien 1945–1955. Köln–Graz 1956 – W. W. Hartlieb, Das politische Vertragssystem der Sowjetunion 1920–1935. Leipzig 1935 – G. Haupt (Hrsg.), Correspondance entre Lénine et Camille Huysmans 1905–1914. Paris 1963 – B. Hayit, Turkestan im 20. Jahrhundert. Darmstadt 1956 – H. Helbig, Die Moskauer Mission des Grafen Brockdorff-Rantzau. Berlin 1955 – Ders., Die Träger der Rapallo-Politik. Göttingen 1958 – G. Hilger, Wir und der Kreml. Deutsch-sowjetische Beziehungen 1918–1941. Frankfurt a. M. 1955 – W. Hofer, Die Entfesselung des Zweiten Weltkrieges. Stuttgart 1954 – W. Hofmann, Die Arbeitsverfassung der Sowjetunion. Berlin 1956 – Ders., Stalinismus und Antikommunismus. Zur Soziologie des Ost-West-Konfliktes. Frankfurt a. M. 1967 – H. Holldack, Was wirklich geschah. Die diplomatischen Hintergründe der deutschen Kriegspolitik. München 1949 – C. Höltje, Die Weimarer Republik und das

Ostlocarno-Problem 1919–1934. Würzburg 1958 – E. Hölzle, Lenin und die russische Revolution. Bern 1968 – N. von Horthy, Ein Leben für Ungarn. Bonn 1953 – E. Hösch, E. V. Tarle und seine Stellung in der sowjetischen Geschichtswissenschaft. Wiesbaden 1964 – W. Huhn, Trotzkis Bonapartismus. In: Aufklärung 1952/2 – C. Hull, The memoirs of ... New York 1948 – C. Hunt, Wörterbuch des kommunistischen Jargons. Freiburg/Brsg. 1958 – E. Hurwicz, Staatsmänner und Abenteurer. Russische Portraits von Witte bis Trotzki. Leipzig 1925 – Ders., Geschichte des russischen Bürgerkrieges. Berlin 1927.

A. V. Ignat'ev, Russko-anglijskie otnošenija nakanune Oktjabŕskoj revoljucii. Moskau 1966 – A. Inkeles, Social stratification and mobility in the Soviet Union 1940–1950. Amer. social review 1950 – A. E. Ioffe, Russko-francuzskie otnošenija v 1917 g. Moskau 1958 – M. P. Irošnikov, Sozdanie sovetskogo central'nogo gosudarstvennogo apparata. Moskau 1966 – Istorija graždanskoj vojny 1917–1922. Hrsg. von Gor'kij, Molotov, Vorošilov, Kirov, Ždanov, Stalin. Moskau Bd. 1 1938/2, Bd. 2 1948/2 – Istorija meždunarodnych otnošenij i vnešnej politiki SSSR 1917–1939 gg. Red. V. G. Truchanovskij. Bd. 1: Moskau 1961 – Istorija Kommunističeskoj partii Sovetskogo Sojuza. Moskau 1959. Deutsch: Berlin 1960 – Istorija SSSR s drevnejšich vremen do našich dnej. Moskau 1966ff. – Istorija Velikoj Oktjabŕskoj socialističeskoj revoljucii. Moskau 1962.

H. Jablonowsky, Die Lage der sowjetrussischen Geschichtswissenschaft nach dem zweiten Weltkriege. Saeculum 1951, II/3 – E. Jaroslavskij, Karl Marks i revoljucionnoje narodničestvo. Moskau 1933 – N. Jasny, The Soviet Economy During the Plan Era. Stanford/Cal. 1951 – J. Jelagin, Kunst und Künstler im Sowjetstaat. Frankfurt a. M. 1961 – P. Jurjew, Podgotovka Anglii i Francii k napadeniju na Sovetskij Sojuz s juga v 1939/40. Voprosy Istorii 1949.

N. Kalinin, Mjunchenskij sgovor i predatel'skaja rolj anglijskich lejboristov. Voprosy Istorii 1950/10 – Ders., Sovetsko-finskaja vojna i predatel'skaja politika anglijskich lejboristov. Voprosy Istorii 1950 – K. D. Kalinow, Sowjetmarschälle haben das Wort. Hamburg 1950 – B. Kalnins, Der sowjetische Propagandastaat. Das System und die Mittel der Massenbeeinflussung in der Sowjetunion. Stockholm 1956 – Ders., Agitprop. Die Propaganda in der Sowjetunion. Wien 1966 – G. Katkov, Russia 1917. The February Revolution. London 1967 – A. Kazancev, Tretija sila. Frankfurt a. M. 1952 – G. F. Kennan, Amerika und die Sowjetmacht, 2 Bde. Stuttgart 1961/62 – Ders., Sowjetische Außenpolitik unter Lenin und Stalin. Stuttgart 1961 – A. Kerensky, Erinnerungen. Berlin 1928 – Ders., Die Kerenski-Memoiren. Rußland und der Wendepunkt der Geschichte. Wien 1966 – M. P. Kim (Hrsg. u. a.), Kul'turnaja revoljucija v SSSR 1917–1965 gg. Moskau 1967 – E. Kirimal, Der nationale Kampf der Krimtürken. Emsdetten 1952 – A. Kischkowsky, Die sowjetische Religionspolitik und die russische orthodoxe Kirche. München 1960 – F. Klein, Die diplomatischen Beziehungen Deutschlands zur Sowjetunion 1917–1932. Berlin 1952 – P. Kleist, Zwischen Hitler und Stalin 1939–1945. Bonn 1950 – G. Klimow, Berliner Kreml. Köln 1951 – P. Kluke, Deutschland und Rußland zwischen den Weltkriegen. Historische Zeitschrift 1951, Bd. 171 – P. Knirsch, Die ökonomischen Anschauungen Nikolaj I. Bucharins. Berlin

1959 – H. KOCH, Staat und Kirche in Osteuropa, Zeitschrift für Geopolitik 1952, Heft 12 – L. KOCHAN, The Russian Road to Rapallo. Soviet Studies. Oxford 1950 – DERS., Rußland und die Weimarer Republik. Düsseldorf 1955 – S. KÖHLER, Die russische Industriearbeiterschaft 1905–1917. Berlin 1921 – W. KOLARZ, Rußland und seine asiatischen Völker. Frankfurt a. M. 1956 – DERS., Die Nationalitätenpolitik der Sowjetunion. Frankfurt a. M. 1956 – DERS., Religion in the Soviet Union. London 1962. Deutsch: Freiburg 1963 – R. KOLKOWICZ, The Soviet Military and the Communist Party. Princeton 1967 – E. C. KOLLMAN, W. Rathenau and German Foreign Policy. Journ. of mod. history XXIV/2, June 1952 – H. KÖNIG, Lenin und der italienische Sozialismus 1915–1921. Tübingen 1967 – V. V. KOMIN, Bankrotstvo buržuaznych i melkoburžuaznych partij Rossii v period podgotovki popedy Velikoj Oktjabŕskoj socialističeskoj revoljucii. Moskau 1965 – FÜRST P. A. KRAPOTKIN, Memoiren eines Revolutionärs. Stuttgart 1901 – H. KRAUSE, Marx und Engels und das zeitgenössische Rußland. Gießen 1958 – W. G. KRIVITSKY, Ich war in Stalins Dienst. Amsterdam 1940 (Englisch: In Stalins secret service. New York 1939) – H. KROLL, Lebenserinnerungen eines Botschafters. Köln 1967 – B. KRUPNYCKYJ, Geschichte der Ukraine. Leipzig 1939 – L. KULCZYCKI, Geschichte der russischen Revolution. Gotha 1911, 1–3 – J. KULISCHER, Russische Wirtschaftsgeschichte. Jena 1925 – Kurzer Lehrgang der Geschichte der Kommunistischen Partei der Sowjetunion. Berlin 1947.

M. LANGE, Marxismus-Leninismus-Stalinismus. Stuttgart 1957 – TH. H. v. LAUE, Soviet diplomacy. G. V. Chicherin. In: The Diplomats 1919–1939. Ed. G. A. CRAIG & F. GILBERT. Princetown 1953 – B. LAZITCH, Lénine et la III. Internationale. Neuchâtel 1951 – W. LEIMBACH, Natur, Volk und Wirtschaft der Sowjetunion. Stuttgart 1950 – W. D. LEAHY, I was there. London 1950 – V. V. LEBEDEV, Meždunarodnoe položenie Rossii nakanune Oktjabŕskoj revoljucii. Moskau 1967 – J. M. LEMIN, Vnešnjaja politika Sovetskogo Sojuza v period Velikoj Otečestvennoj Vojny. Moskau 1947 – W. I. LENIN, Ein kurzer Abriß seines Lebens und Wirkens. Moskau 1947 – N. LENIN, G. SINOWJEW, Gegen den Strom. Aufsätze 1914–1916. Hamburg 1921 – W. LEONHARD, Kreml ohne Stalin. Köln 1959 – DERS., Die Revolution entläßt ihre Kinder. Köln–Berlin 1955 – DERS., Sowjetideologie heute, Bd. II. Die politischen Lehren. Frankfurt a. M.–Hamburg 1962 – A. LEVIN, The Second Duma. A study of the social-democratic party and the Russian constitutional experiment. New Haven 1940 – M. LEWIN, La paysannerie et le pouvoir Soviétique 1928–1930. Paris 1966 – B. LEWYTZKYJ, Die Sowjetukraine nach 1945. Köln–Berlin 1962 – DERS., Die Kommunistische Partei der Sowjetunion. Porträt eines Ordens. Stuttgart 1967 – DERS., Vom roten Terror zur sozialistischen Gesetzlichkeit. Der sowjetische Sicherheitsdienst. München 1961 – B. H. LIDDELL HART, The other side of the hill. London 1948 – DERS., Die Rote Armee. Bonn o. J. – F. LIEB, Rußland unterwegs. Bern 1945 – H.-J. LIEBER, Die Philosophie des Bolschewismus in den Grundzügen ihrer Entwicklung. Frankfurt a. M. 1961 – M. M. LITVINOV, Vnešnjaja politika SSSR. Reči i zajavlenija 1927–1935. Moskau 1935 – DERS., Neopublikovannye pis'ma M. M. Litvinova V. I. Leninu (1913–1915 gg.) In: Novaja i nov. istorija, 1966/4 – P. I. LJAŠČENKO, Očerki agrarnoj revoljucii Rossii. Petrograd 1925 – DERS., Istorija narodnogo chozjajstva SSSR. Moskau 1948 u. 1956 – D. LÖBER, Das Eherecht der Sowjetunion und s. Anwendung im internat.

Privatrecht Deutschlands. Diss. Marburg 1950 (Masch.schr.) – F. LÖWENTHAL, Das kommunistische Experiment, Theorie und Praxis des Marxismus-Leninismus. Köln 1957 – R. LÖWENTHAL, Chruschtschow und der Weltkommunismus. Stuttgart 1963 – DERS., B. MEISSNER (Hrsg.), Sowjetische Innenpolitik. Triebkräfte und Tendenzen. Stuttgart 1968 – BRUCE R. H. LOCKHART, Vom Wirbel erfaßt. Bekenntnisse eines britischen Diplomaten. Stuttgart o. J. – DERS., Mich rief Europa. Stuttgart 1953 – R. LORENZ, Anfänge der bolschewistischen Industriepolitik. Köln 1965 – G. LUKÁCS, Lenin. Studie über den Zusammenhang seiner Gedanken. Neuwied 1967 – DERS., Russische Revolution, Russische Literatur. Hamburg 1969 – A. LUNATSCHARSKIJ, Die Entwicklung der Wissenschaften in der RSFSR. Osteuropa 1925/26, Bd. 1 – R. LUXEMBURG, Die russische Revolution. Hrsg. v. P. BLACHSTEIN. Hamburg 1948.

J. MACKIEWICZ, Katyn, ungesühntes Verbrechen. Zürich 1949 – J. M. MACKINTOSH, Strategy and Tactics of Soviet Foreign Policy. London 1962 – G. M. MALENKOW, Rechenschaftsbericht des Zentralkomitees der KPdSU an den XIX. Parteitag. Hrsg. vom Parteivorstand der KPD. Stuttgart o. J. – G. MANNERHEIM, Erinnerungen. Zürich-Freiburg 1952 – C. A. MANNING, The Story of the Ukraine. New York 1947 – P. MANOVA, O janvarskich bojach v Berline v 1919 g. Voprosy Istorii 1949 – W. MARKERT, Von der Oktoberrevolution zur Revolution von oben. Zur politischen Struktur des Stalinismus. Vierteljahrshefte zur Zeitgeschichte. Januar 1954 – DERS. (Hrsg.), Die Sowjetregierung und der österreichische Staatsvertrag. (Tübingen) 1953 – DERS. (Hrsg.), Osteuropa-Handbuch. Bd. I: Jugoslawien. Köln 1954 – DERS., Der Mensch im kommunistischen System. Tübinger Vorträge über Marxismus und Sowjetstaat. Tübingen 1957/61 – DERS. (Hrsg.), Deutsch-Russische Beziehungen von Bismarck bis zur Gegenwart. Stuttgart 1964 – J. MARKIEWICZ-LAGNEAU, Les problèmes de mobilité sociale en URSS. In: Cahiers du Monde Russe et sov. 1966/7, Heft 2 – K. MARKO, Sic et Non. Kritisches Wörterbuch des sowjetrussischen Marxismus-Leninismus der Gegenwart. Wiesbaden 1962 – DERS., Sowjethistoriker zwischen Ideologie und Wissenschaft. Köln 1964 – J. MARTOW, TH. DAN, Geschichte der russischen Sozialdemokratie. Berlin 1926 – TH. MASARYK, Rußland und Europa. Zur russischen Geschichts- und Religionsphilosophie. Jena 1913 – R. MAURACH, Handbuch der Sowjetverfassung. München 1955 – J. MAVOR, An Economic History of Russia. London 1914, 1–2 – A. G. MAZOUR, An Outline of Modern Russian Historiography. Berkeley 1939 – W. MEDER, Die Verfassung der bolschewistischen Partei. Europa-Archiv 1949 Heft 5 – K. MEHNERT, Die Sowjetunion, Bibliographie 1917–1932. Königsberg 1933 – DERS., Die Jugend in Sowjetrußland. Berlin 1932 – DERS., Weltrevolution durch Weltgeschichte. Die Geschichtslehren des Stalinismus. Kitzingen 1950. II. Aufl., Stuttgart 1953 – DERS., Der Sowjetmensch. Stuttgart 1958 – DERS., Peking und Moskau. Stuttgart 1962 – H. MEINHARDT (Bearb.), 50 Jahre Sowjetmacht – ein großer Sieg der Arbeiterklasse und der Völker der Sowjetunion unter Führung der Partei Lenins. Gotha o. J. – B. MEISSNER, Die Verfassungsentwicklung der Sowjetunion seit dem Zweiten Weltkriege. Jhb. f. intern. u. ausl. öffentl. Recht. Hamburg 1949 – DERS., Der Wandel im sozialen Gefüge der Sowjetunion. Ibid. 1950, Heft 9 – DERS., Rußland im Umbruch. Der Wandel in der Herrschaftsordnung und sozialen Struktur der Sowjetunion. Frankfurt a. M. 1951 – DERS., Die sowjetischen Gewerkschaften. Gewerkschaftl. Monatshefte 1951 – DERS., Shdanow. Osteuropa 1952, Heft 1–2 – DERS., Der Nachfolger. G. M. Malenkow. Osteuropa 1953, Heft 2 – DERS., Rußland, die Westmächte und Deutschland. Die sowjetische Deutschlandpolitik 1943–1953. Hamburg 1953 – DERS., Die kommunistische Partei der Sowjetunion vor und nach dem Tode Stalins. Parteiführung, Parteiorganisation, Parteiideologie. Frankfurt a. M. 1954 – DERS., Die Sowjetunion, die baltischen Staaten und das Völkerrecht. Köln 1956 – DERS., Das Ende des Stalin-Mythos. Die Ergebnisse des XX. Parteikongresses der KPdSU. Frankfurt a. M. 1956 – DERS., Die Entwicklung der Ministerien in Rußland. Europa-Archiv 1958, Heft 2–4 – DERS., Rußland unter Chruschtschow. München 1960 – DERS., Das Parteiprogramm der KPdSU. Köln 1961 – DERS., Der ideologische Konflikt zwischen Moskau und Peking. In: Beilage zur Wochenzeitung Das Parlament, B 11/61 – DERS. (Hrsg.), Sowjetgesellschaft im Wandel. Stuttgart 1966 – DERS., Die soziale Struktur der KPdSU. In: Osteuropa 16/Nr. 9 1966 – S. MEL'GUNOV, Kak bol'ševiki zachvatili vlast'. Paris 1953 – E. MENZEL (Hrsg.), Die Friedensverträge von 1947 mit Italien, Ungarn, Bulgarien, Rumänien und Finnland. Quellen für Politik und Völkerrecht Bd. 1. Frankfurt a. M. 1948 – K. MEYER, Das wissenschaftliche Leben in der UdSSR. Berlin 1959 – S. MIKOLAJCZYK, The rape of Poland. New York 1948 – I. I. MINC, Istorija Velikogo Oktjabrja, Teil 1. Moskau 1967 – J. J. MINZ, J. M. RASGON, A. L. SIDOROW, Der Große Vaterländische Krieg der Sowjetunion. Berlin 1947 – G. MÖBUS, Psychagogie und Pädagogik des Kommunismus. Köln–Opladen 1959 – V. M. MOLOTOV, Stat'i i reči 1935–1936. Moskau 1937 – J. MONETA, Kommentar zum Kurzen Lehrgang der Geschichte der Kommunistischen Partei der Sowjetunion. Aufgang und Niedergang des Stalinismus. Köln 1953 – J. MONNEROT, Die Soziologie des Kommunismus. Köln 1952 – H. L. MOORE, Soviet far East policy 1931–1945. Princeton 1945 – B. M. MOROZOV, Partija i sovety v Oktjabŕskoj revoljucii. Moskau 1966.

M. V. NEČKINA (Hrsg.), Istorija SSSR, Bd. 2. Moskau 1949/2 – H. NEUBAUER (Hrsg.), Deutschland und die Russische Revolution. Stuttgart 1968 – K. NICLAUSS, Die Sowjetunion und Hitlers Machtergreifung. Bonn 1966 – B. NICOLAEVSKY, Neuer Feldzug gegen das Dorf. Ostprobleme 1951 – G. NOLLAU, Die Internationale. Wurzeln und Erscheinungsformen des proletarischen Internationalismus. Köln–Berlin 1961 – DERS., Zerfall des Weltkommunismus. Köln 1963.

E. OBERLÄNDER, Sowjetpatriotismus und Geschichte. Dokumentation. Köln 1967 – Očerki po istorii oktjabrskoj revoljucii. Moskau–Leningrad 1927, 1–2 – M. OJAMAA, A. VARMAS, Eesti ajalugu. Stockholm 1946 – Oktjabŕskoe vooružennoe vosstanie. Semnadcatyj god v Petrograde. 1–2. Leningrad 1967 – A. OURALOV, Staline au pouvoir. Paris 1951 – L. A. OWEN, The Russian Peasant Movement 1906–1917. London 1936.

S. W. PAGE, Russia in Revolution. Selected Readings in Russian Domestic History Since 1855. Toronto 1965 – G. PALOCZI-HORVATH, Chruschtschow. Frankfurt a. M. 1960 – A. M. PANKRATOVA, Pervaja russkaja revoljucija 1905–1907. Moskau 1940, 1951 – B. PARES, A History of Russia. London 1926. 5. Aufl. New York 1949 – A. PARRY, The New Class Divided. Science and Technology versus Communism. New York 1966 – R. PAYNE, Lenin. Sein Leben und sein Tod. München 1965 –

DERS., Stalin. Aufstieg und Fall. Eine Biographie. Stuttgart 1967 – XXIII. Parteitag der Kommunistischen Partei der Sowjetunion. o. O. 1966 – W. PHILIPP, Die historischen Voraussetzungen des politischen Denkens in Rußland. In: Beilage zur Wochenzeitung Das Parlament B 16/1958 – A. PHILIPPI, F. HEIM, Der Feldzug gegen Sowjetrußland 1941 bis 1945. Stuttgart 1962 – W. PIETSCH, Revolution und Staat. Institutionen als Träger der Macht in Sowjetrußland 1917–1922. Köln 1922 – R. PIPES, The Formation of the Soviet Union (1917–1928). Cambridge 1957 – DERS. (Hrsg.), Die russische Intelligentsia. Stuttgart 1962 – DERS., The Origins of Bolshevism. The Intellectual evolution of young Lenin. In: Revolutionary Russia, 1968 – DERS. (Hrsg.), Revolutionary Russia. Cambridge/Mass. 1968 – G. PLECHANOW, Ein Jahr in der Heimat. Berlin 1921 – G. V. PLECHANOV, Po voprosam programmy i taktiki. Sbornik statej iz »Revoljucionnoj Rossii«. o. O. 1903 – DERS., Russkij rabočij klass v revoljucionnom dviženii. Moskau 1940 – M. POKROWSKI, Geschichte Rußlands. Leipzig 1929 – N. POPOW, Outline history of the Communist Party of the Soviet Union. London o. J. – P. N. POSPELOW (Red.), Geschichte der Kommunistischen Partei der Sowjetunion. In 6 Bdn. Bd. 1. Moskau o. J. (Bd. 1: Die Gründung der Bolschewistischen Partei 1883–1903) – S. POSSONY, Jahrhundert des Aufruhrs. Die kommunistische Technik der Weltrevolution. München 1956 – W. P. POTJOMKIN (Hrsg.), Geschichte der Diplomatie. Bd. 3. Moskau 1947 – S. N. PROKOPOVICZ, Rußlands Volkswirtschaft unter den Sowjets. Zürich 1944 – E. F. PRUCK, Die Rehabilitierung von Kommandeuren der Roten Armee. In: Osteuropa 14/1964.

S. RABINOVIČ, Kratkaja istorija graždanskoj voiny. Moskau 1935 – O. H. RADKEY, The Election to the Russian Constituent Assembly of 1917. Cambridge/Mass. 1950 – DERS., The Sickle Under the Hammer. The Russian Socialist Revolutionaries in the Early Months of Soviet Rule. New York 1963 – G. v. RAUCH, Die Grundlinien der sowjetischen Geschichtsschreibung im Zeichen des Stalinismus. Europa-Archiv 1950, 19–21 – DERS., Die Sowjetgeschichte und das »geringste Übel«. Osteuropa 1952, Heft 2 – DERS., Rußland, staatliche Einheit und nationale Vielfalt. Föderalistische Kräfte und Ideen in der russischen Geschichte. München 1953 – DERS., La fonction politique de l'Histoire Soviétique. Supplément de la Revue Preuves, Science et Liberté. Paris 1954, Nr. 37 – DERS., Die baltischen Staaten und Sowjetrußland 1919–1939. Europa-Archiv. Frankfurt a. M. 1954, Nr. 17, 20, 22 – DERS., Lenin. Die Grundlegung des Sowjetsystems. Göttingen 1957, 3. Aufl. 1962 – DERS., Lenins Lübecker Ahnen. Zeitschrift des Vereins für Lübeckische Geschichte und Altertumskunde. 1960, Bd. 40 – DERS., Lenin und die verpaßte Revolution in Deutschland. In: The Annals of the Ukrainian Academy of Science in the USA, IX/1961 – DERS., Stalin und die Machtergreifung Hitlers. Aus Politik und Zeitgeschichte. Beilage zur Wochenzeitung Das Parlament, 4. März 1964 – DERS., Der deutsch-sowjetische Nichtangriffspakt vom August 1939 und die sowjetische Geschichtsforschung. Geschichte in Wiss. und Unterricht 1966/8 – H. RAUPACH, Geschichte der Sowjetwirtschaft. Hamburg 1964 – DERS., System der Sowjetwirtschaft. Hamburg 1968 – S. REILLY, Britains master spy. London 1933 – J. S. RESHETAR JR., The Ukrainian Revolution 1917–1920. Princeton 1952 – DERS., A Concise History of the Communist Party of the Soviet Union. New York 1960 – L. REVESZ, Die Kolchosen in der SU. In: Jahrbücher des deutsch-ungarischen Kulturkreises. Mainz 1965 – G. RHODE (Hrsg.), Die

Ostgebiete des Deutschen Reiches. Würzburg 1955 – DERS., Die Entstehung der Curzonlinie. Osteuropa 1955, Heft 2 – T. H. RIGBY, Communist Party Membership in the USSR 1917–1967. Princeton 1968 – H. v. RIMSCHA, Der russische Bürgerkrieg und die russische Emigration 1917–1922. Stuttgart 1924 – DERS., Die Baltikumpolitik der Großmächte. Hist. Zeitschrift 1954, 177/2 – DERS., Geschichte Rußlands. Wiesbaden 1960 – O. RISS, A. GRONSKIJ, Pomošč SSA belogvardejcam v napadenii na Petrograd v 1918 g. Voprosy Istorii 1951/9 – H. L. ROBERTS, M. Litvinov. In: The Diplomats 1919–1939. Princeton 1953 – L. DE ROBIEN, Russisches Tagebuch 1917–1918. Aufzeichnungen eines franz. Diplomaten in Petersburg. Stuttgart 1967 – K. ROSENBAUM, Community of Fate. German-Soviet Diplomatic Relations, 1922–1928. Syracus/New York 1965 – A. ROSENBERG, Die Geschichte des Bolschewismus. Berlin 1932 – G. ROSENFELD, Sowjetrußland und Deutschland 1907–1922. Berlin 1960 – A. ROSSI, Zwei Jahre deutsch-sowjetisches Bündnis 1939–1941. Köln 1954 – H. ROTHFELS, Die deutsche Opposition gegen Hitler. Krefeld 1949 – N. L. RUBINŠTEJN, Vnešnjaja politika Sovetskogo gosudarstva v 1921–1925 g. Moskau–Leningrad 1953 – K.-H. RUFFMANN, Sowjetrußland. Struktur und Entfaltung einer Weltmacht. München 1967 – J. RÜHLE, Literatur und Revolution. Köln–Berlin 1960.

K. v. SAKHAROW, Die verratene Armee. Berlin 1938 – L. A. SANCHEZ-SALAZAR, Mord in Mexiko. Die Ermordung Leo Trotzkis. Frankfurt a. M. 1952 – L. SCHAPIRO, The Origin of the Communist Autocracy. London 1955 – DERS., Die Geschichte der kommunistischen Partei der Sowjetunion. Frankfurt a. M. 1961 – P. SCHEIBERT, Von Bakunin zu Lenin. Geschichte der russischen revolutionären Ideologien 1840–1895, Bd. I. Leiden 1956 – B. SCHEURIG, Freies Deutschland. Das Nationalkomitee und der Bund Deutscher Offiziere in der Sowjetunion 1943–1945. München 1960 – T. SCHIEDER, Die Probleme des Rapallo-Vertrages. Eine Studie über die deutsch-sowjetischen Beziehungen 1922–1926. Köln–Opladen 1956 – DERS., Die Entstehungsgeschichte des Rapallo-Vertrages. In: Historische Zeitschr. 204 (1967) – O. SCHILLER, Die Kollektivbewegung in der Sowjetunion. Osteur. Forschungen N. F. Bd. 8. Berlin 1931 – DERS., Die Landwirtschaft der SU 1917–1953. Tübingen 1954 – DERS., Das Agrarsystem der Sowjetunion. Köln–Graz 1960 – R. SCHLESINGER, The Spirit of Postwar Russia. Soviet ideology 1917–1946. London 1947 – P. SCHMIDT, Als Statist auf diplomatischer Bühne. Bonn 1949 – O. E. SCHÜDDEKOPF, Karl Radek in Berlin. Archiv für Sozialgeschichte 2. Hannover 1962 – S. M. SCHWARTZ, The Jews in the Soviet Union. Syracuse 1952 – DERS., Arbeiterklasse und Arbeitspolitik in der Sowjetunion. Hamburg 1953 – DERS., The Russian Revolution of 1905. The Worker's Movement and the Formation of Bolshevism and Menshevism. Chicago 1967 – J. SCOTT, Jenseits des Ural. Die Kraftquellen der Sowjetunion. Stockholm 1944 – K.-D. SEEMANN, Der Versuch einer proletarischen Kulturrevolution in Rußland 1917–1922. In: JGO NF 9 (1961) – A. E. SENN, The Bolshevik Conference in Bern 1915. In: Slavic Review XXV/4 1966 – N. SEMENOV, Sovetskij sud i karatel'naja politika. München 1952 – H. G. SERAPHIM, Die deutsch-russischen Beziehungen 1939–1941. Hamburg 1949 – V. SERGE, From Lenin to Stalin. London 1937 – DERS., Portrait de Staline. Paris 1940 – DERS., Beruf: Revolutionär. Erinnerungen 1901–1917–1941. Frankfurt a. M. 1967 – H. SETON-WATSON, From Lenin to Malenkov. The History of World Communism. New York 1953 – DERS., Der Verfall des Zarenreiches. München

1954 – S. SHAHEEN, The Communist (bolshevik) Theory of National Self-Determination. Its Historical Evolution up to the October Revolution. The Hague 1956 – A. SHDANOW, Kritische Bemerkungen zu dem Buch A. F. Alexandrows, Geschichte der westeuropäischen Philosophie. Berlin 1950 – R. SHERWOOD, Roosevelt and Hopkins. New York 1948 – HU SHIB, China in Stalins Grand Strategy. Foreign affairs, Oct. 1950 – D. SHUB, Lenin. Wiesbaden 1952 – M. A. SIL'VIN, Lenin v period zaroždenija partii. Vospominanija. Leningrad 1958 – N. SINEWIRSKIJ, Smerž. Limburg 1948 – V. SIPOLS, Die ausländische Intervention in Lettland 1918–1920. Berlin 1961 – R. SMAL-STOCKI, The Nationality Problem of the Soviet Union and Russian Communist Imperialism. Milwaukee 1952 – M. SMILG-BENARIO, Der Zusammenbruch der Zarenmonarchie. Zürich 1927 – DERS., Von Kerenski zu Lenin. Zürich 1929 – E. E. SMITH, The Young Stalin. The Early Years of an Elusive Revolutionary. New York 1967 – W. BEDELL SMITH, Meine drei Jahre in Moskau. Hamburg 1950 – P. G. SOFINOV, Očerki istorii Vserossijskoj črezvyčajnoj Komissii (1917–1922 gg.). Moskau 1960 – O. F. SOLOV'EV, Velikij Oktjabŕ i ego protivniki. Moskau 1968 – A. SONNET, Macht ohne Grenzen. Das Moskauer Politbüro. Strategie und Taktik. Köln 1952 – B. SOUVARINE, Staline. Aperçu historique du bolchevisme. Paris 1935 – H. E. SPEIDEL, Reichswehr und Rote Armee. Vierteljahrshefte für Zeitgeschichte 1953, Heft 1 – B. SPULER, Die Gegenwartslage der Ostkirche in ihrer völk. und staatl. Umwelt. Wiesbaden 1948 – DERS., Die Rechtslage d. orthodoxen Kirche in d. UdSSR. Ostprobleme 1949 – K. STÄHLIN, Geschichte Rußlands. Stuttgart 1923–1930, 1–3 – F. STAMPFER, Die ersten vierzehn Jahre der deutschen Republik. Offenbach 1947 – S. STEENBERG, Wlassow. Verräter oder Patriot? Köln 1968 – B. E. ŠTEJN, Novaja anglijskaja falsifikacija istorii Mjunchena. Voprosy Istorii 1952/2 – DERS., Buržuaznye falsifikatory istorii 1919–1939. Moskau 1951 – DERS., Die russische Frage auf der Pariser Friedenskonferenz 1919–1920. Leipzig 1953 – J. STEINBERG, Spiridonova, revolutionary terrorist. London 1935 – F. STEPUN, Vergangenes und Unvergängliches. München 1948, Bd. 2 – E. R. STETTINIUS, Roosevelt and the Russians in Yalta Conference. New York 1949 – G. STÖKL, Russische Geschichte von den Anfängen bis zur Gegenwart. Stuttgart 1962 – G. STRESEMANN, Vermächtnis. Der Nachlaß. Hrsg. v. H. BERNHARDT, 1–3. 1932/33 – G. STRUWE, Geschichte der Sowjetliteratur. München 1957 – R. STUPPERICH, Kirche und Staat in der Sowjetunion, Gesetze und Verordnungen. Witten 1962 – N. SUCHANOV, Zapiski o revoljucii. Berlin 1922, 7 Bde. – COMTE JEAN SZEMBEK, Journal 1933–1939. Paris 1952.

B. S. TELPUCHOWSKI, Die sowjetische Geschichte des »Großen Vaterländischen Krieges 1941 bis 1945«. Hrsg. v. A. HILLGRUBER und H.-A. JACOBSEN. Frankfurt a. M. 1961 – K. C. THALHEIM, Grundzüge des sowjetischen Wirtschaftssystems. Köln 1962 – W. THEIMER, Der Marxismus. Lehre, Wirkung, Kritik. Bern 1950 – A. U. THIESEN, Lenins politische Ethik nach den Prinzipien seiner politischen Doktrin. München 1965 – J. M. THOMPSON, Russia, Bolshevism, and the Versailles Peace. Princeton 1966 – J. THORWALDT, Wen sie verderben wollen. Stuttgart 1952 – K. TIANDER, Das Erwachen Ost-Europas. Die Nationalitätenbewegung in Rußland und der Weltkrieg. Wien 1934 – P. TOMPKINS, American-Russian Relations in the Far East. New York 1949 – J. TOWSTER, Political Power in the USSR 1917–1947. New York 1948 – D. WJ. TREADGOLD, Lenin and his Rivals. New York 1955 – M. I. TRUŠ,

Vnešnepolitičeskaja dejatel'nost' V. I. Lenina. 1921–1923. Moskau 1967 – Maršal Tuchačevskij. Vospominanija druzej i soratnikov. Moskau 1965 – R. C. TUCKER, La Politique Soviétique. Essais sur la pensée politique stalinienne et post-stalinienne. Paris 1967 – M. TUGAN-BARANOWSKY, Geschichte der russischen Fabrik. Berlin 1900 – S. P. TURIN, From Peter the Great to Lenin. A History of the Russian Labour Movement. London 1935 – V. M. TUROK, Lokarno. Moskau 1949.

A. D. ULAM, Die Bolschewiki. Vorgeschichte und Verlauf der kommunistischen Revolution in Rußland. Köln 1967 – R. H. ULLMAN, Anglo-soviet Relations 1917. 1921. 1–2. Princeton 1968.

N. VALENTINOV, Vstreči s Leninym. New York 1953 – V. S. VASJUKOV, Predistoria Intervencii. Fevral' 1917 – Mart 1918, Moskau 1968 – DERS., Vnešnjaja politika Vremennogo pravitel'stva. Moskau 1966 – G. VERNADSKY, Lenin, red dictator. New Haven 1931 – B. VESELOVSKIJ, Istorija zemstva za sorok let. Petersburg 1909–1911, 4 Bde. – A. JA. VJATKIN, Razgrom kommunističeskoj partiej trockizma i drugich antileninskich grup. Leningrad 1966 – T. V. VLADISLAVLEVA (Hrsg.), Oktjabŕ i revoljucionnoe dviženie v stranach Central'noj i Jugo-vostočnoj Evropy (1917–1923 gg.). Moskau 1968 – J. J. VLASOV, V. I. Lenin i stroitel'stvo sovetskoj armii. Moskau 1958 – Voprosy jazykoznanija v svete trudov I. V. Stalina. Moskau 1952 – K. E. VORŠOILOV, Stat'i reči. Moskau 1937 – A. DE VRIES, Die Sowjetunion nach dem Tode Lenins. Berlin 1925 – W. DE VRIES, Christentum in der Sowjetunion. Heidelberg 1950 – A. VUCINICH, The Soviet Academy of Sciences. Stanford 1956.

W. WAGNER, Die Entstehung der Oder-Neiße-Linie. Stuttgart 1953 – G. WALTER, Lénine. Verviers 1963 – M. WEBER, Die Lage der bürgerlichen Demokratie in Rußland. Archiv für Sozialwiss. und Sozialpolitik. 1906, Bd. 4 – DERS., Rußlands Übergang zum Scheinkonstitutionalismus. Ebenda. Bd. 5 – G. L. WEINBERG, Der deutsche Entschluß zum Angriff auf die Sowjetunion. Vierteljahrshefte für Zeitgesch. 1953/4 – DERS., Germany and the Soviet Union 1939–1941. Leiden 1954 – A. WEISSBERG-CYBULSKI, Hexensabbat. Rußland im Schmelztiegel der Säuberungen. Frankfurt a. M. 1951 – K. WESTEN, Die rechtstheoretischen und rechtspolitischen Ansichten Josef Stalins. Lindau–Konstanz 1959 – DERS., Die Kommunistische Partei der Sowjetunion und der Sowjetstaat. Köln 1968 – G. A. WETTER, Der dialektische Materialismus. Seine Geschichte und sein System in der Sowjetunion. Wien 1952 – DERS., Die sowjetische Konzeption der Koexistenz. Bonn 1959 – DERS., Der dialektische Materialismus, Seine Geschichte und sein System in der Sowjetunion. Freiburg/Brsg. 1960 – DERS., Sowjetideologie heute, Bd. I: Dialektischer und historischer Materialismus. Frankfurt a. M.–Hamburg 1962 – G. WETTIG, Die Rolle der russischen Armee im revolutionären Machtkampf 1917. In: Forsch. zur Osteurop. Gesch. Bd. 12, 1967 – J. A. WHITE, The Siberian Intervention. Princeton 1950 – CHESTER WILMOT, Der Kampf um Europa. Stuttgart 1954 – H. WILSON, Die Tagebücher des Feldmarschalls Sir ..., hrsg. v. C. E. CALDWELL, Stuttgart 1930 – R. WITTRAM, Zur Geschichte des Winters 1918/19. In: Baltische Lande, Bd. 4/1. Leipzig 1939 – B. D. WOLFE, Drei Männer, die die Welt erschütterten. Wien 1951 – DERS., Marx und die Marxisten. 100 Jahre Theorie und Praxis einer Doktrin. Frankfurt a. M. 1968 – E. WOLLENBERG, Der Apparat. Stalins Fünfte Kolonne. Ostprobleme 1951/19 –

DERS., The Red Army. London 1940 – A. K. WU, China and the Soviet Union. A Study of Sino-Soviet relations. London 1950 – J. H. WUORINEN, Finland and World War II. New York 1948 – A. J. WYSCHINSKI, Gerichtsreden. Berlin 1951 – DERS. (Vyshinsky), The Law of the Soviet State. New York 1948.

V. A. YAKHONTOFF, Russia and the Soviet Union in the Far East. London 1932.

K. ZETKIN, Reminiscences of Lenin. London 1935 – K. ZILLIACUS, Revolution und Gegenrevolution in Rußland und Finnland. München 1912 – D. L. ZLATOPOLJSKY, Obrazovanije i razvitie SSSR kak sojuznogo gosudarstva. Moskau 1954 – N. ZUBOV, Dzeržinskij. Moskau 1933 – G. K. ŽUKOV, Vospominanija i razmyšleninija. Moskau 1969.

Literaturverzeichnis

Einleitung

G. Stökl, Russische Geschichte von den Anfängen bis zur Gegenwart. Stuttgart 1962, 4. erw. Aufl. 1983.
K. Stählin, Geschichte Rußlands. Stuttgart 1923–1930, 1–3.
M. Pokrowski, Geschichte Rußlands. Leipzig 1929.
V. Gitermann, Geschichte Rußlands, Bd. 3. Hamburg 1949.
B. Pares, A History of Russia. London 1926. 5. Aufl. New York 1949.
H. v. Rimscha, Geschichte Rußlands. Wiesbaden 1960.
G. v. Rauch, Rußland, staatliche Einheit und nationale Vielfalt. Föderalistische Kräfte und Ideen in der russischen Geschichte. München 1953.
H. Seton-Watson, Der Verfall des Zarenreiches. München 1954.
M. Smilg-Benario, Der Zusammenbruch der Zarenmonarchie. Zürich 1927.
Th. Masaryk, Rußland und Europa. Zur russischen Geschichts- und Religionsphilosophie. Jena 1913.
N. Berdyaev, The Russian Idea. London 1947.
W. Philipp, Die historischen Voraussetzungen des politischen Denkens in Rußland. In: Beilage zur Wochenzeitung Das Parlament B 16/1958.
R. Pipes (Hrsg.), Die russische Intelligentsia. Stuttgart 1962.
P. Scheibert, Von Bakunin zu Lenin. Geschichte der russischen revolutionären Ideologien 1840–1895, Bd. I. Leiden 1956.
F. Lieb, Rußland unterwegs. Bern 1945.
R. Hare, Pioneers of Russian Social Thought. Oxford 1951.
E. Hurwicz, Staatsmänner und Abenteurer. Russische Porträts von Witte bis Trotzki. Leipzig 1925.
H. Krause, Marx und Engels und das zeitgenössische Rußland. Gießen 1958.
E. Jaroslavskij, Karl Marks i revoljucionnoc narodničestvo. Moskau 1933.
A. I. Gercen (Herzen), Polnoe sobranie sočinenij i pisem, hrsg. v. M. K. Lemke. Petersburg 1919–1925, 1–19.
B. Veselovskij, Istorija zemstva za sorok let. Petersburg 1909–1911, 4 Bde.
M. Tugan-Baranowsky, Geschichte der russischen Fabrik. Berlin 1900.
S. P. Turin, From Peter the Great to Lenin. A History of the Russian Labour Movement. London 1935.
R. Cannac, Aux Sources de la révolution russe. Netchaiev. Paris 1961.
Fürst P. A. Krapotkin, Memoiren eines Revolutionärs. Stuttgart 1901.
G. Plechanov, Russkij rabočij klass v revoljucionnom dviženii. Moskau 1940.
G. V. Plechanov, Po voprosam programmy i taktiki. Sbornik statej iz »Revoljucionnoj Rossii«. o. O. 1903.
J. Martow, Th. Dan, Geschichte der russischen Sozialdemokratie. Berlin 1926.
M. Balabanov, Istorija revoljucionnogo dviženija v Rossii. Char'kov 1925.
F. Stepun, Vergangenes und Unvergängliches. München 1948, Bd. 2.
D. Shub, Lenin. Wiesbaden 1952.
G. Walter, Lénine. Verviers 1963.
R. Payne, Lenin. Sein Leben und sein Tod. München 1965.
W. I. Lenin, Ein kurzer Abriß seines Lebens und Wirkens. Moskau 1947.
G. v. Rauch, Lenin. Die Grundlegung des Sowjetsystems. Göttingen 1957, 4. Auflage 1977.

G. v. Rauch, Lenins Lübecker Ahnen. Zeitschrift des Vereins für Lübeckische Geschichte und Altertumskunde. 1960, Bd. 40.
E. Hölzle, Lenin und die russische Revolution. Bern 1968.
G. Lukács, Lenin. Studie über den Zusammenhang seiner Gedanken. Neuwied 1967.
Lenin, hrsg. v. L. Schapiro, Stuttgart 1969.
H. Weber, Lenin in Selbstzeugnissen und Bilddokumenten, Reinbek 1970.
A. U. Thiesen, Lenins politische Ethik nach den Prinzipien seiner politischen Doktrin. München 1965.
W. Grottian, Lenins Anleitung zum Handeln. Köln 1962.
M. A. Sil'vin, Lenin v period zaroždenija partii. Vospominanija. Leningrad 1958.
S. W. Page, Russia in Revolution. Selected Readings in Russian Domestic History Since 1855. Toronto 1965.
D. Geyer, Lenin in der russischen Sozialdemokratie. Köln–Graz 1962.
D. W. Treadgold, Lenin and his Rivals. New York 1955.
D. Grille, Lenins Rivale. Bogdanov und seine Philosophie. Köln 1966.
N. Valentinov, Vstreči s Leninym. New York 1953.
C. Zetkin, Erinnerungen an Lenin ... Berlin 1957. (Vgl. Reminiscences of Lenin. London 1935).
S. F. Bezvesel'nyj, D. E. Grinberg, O Lenine. Vospominanija zarubežnych sovremennikov. Moskau 1966.
V. D. Bonč-Bruevič, Vospominanija o Lenine. Moskau 1965.
R. Pipes, The Origins of Bolshevism. The Intellectual evolution of young Lenin. In: Revolutionary Russia, 1968.
L. Fischer, The Life of Lenin. New York 1964. Deutsch: Köln 1965.
P. N. Pospelow (Red.), Geschichte der Kommunistischen Partei der Sowjetunion. In 6 Bdn. Moskau ca. 1968–ca. 1977 (Bd. 1: Die Gründung der Bolschewistischen Partei 1883–1903).
E. Hanisch, Geschichte Sowjetrußlands 1917–1941. Freiburg 1951 (III. Bd. der Geschichte Rußlands 1–2. Freiburg 1943).
The Soviet Union. Background, Ideology, Reality. Hrsg. von W. Gurian und Karpovich, Jasny, Mosely u. a. Notre Dame 1951.
Sowjetsystem und demokratische Gesellschaft. Eine vergleichende Enzyklopädie. Hrsg. v. C. D. Kernig u. a., Freiburg/Brsg. usw. 1966–72, 6 Bde. u. Sonderband.
C. Hunt, Wörterbuch des kommunistischen Jargons. Freiburg/Brsg. 1958.
K. Marko, Sic et Non. Kritisches Wörterbuch des sowjetrussischen Marxismus-Leninismus der Gegenwart. Wiesbaden 1962.
A. G. Mazour, Modern Russian Historiography. Princeton 1958.
K. Mehnert, Die Sowjetunion, Bibliographie 1917–1932. Königsberg 1933.
P. K. Grimsted, Archives and Manuscript Repositories in the USSR, 1972.
Istorija SSSR s drevnejšich vremen do našich dnej. Moskau 1966 ff.
D. J. Dallin, Proischoždenie bol'ševizma. New York 1948.
R. V. Daniels, A Documentary History of Communism. New York 1960.
I. Deutscher, Trotzki, 3 Bde. Stuttgart 1962 ff.
R. C. Tucker, Stalin as revolutionary 1879–1929, Stanford 1974.
I. Deutscher, The Unfinished Revolution. Russia 1917–1967. London 1967.
I. Deutscher, Ironies of History. Essays on Contemporary Communism. London 1966.
D. Geyer, Die Russische Revolution. Historische Probleme und Perspektiven. Stuttgart 1968.
L. Kulczycki, Geschichte der russischen Revolution. Gotha 1911, 1–3.
J. Kulischer, Russische Wirtschaftsgeschichte. Jena 1925.

H.-J. LIEBER, Die Philosophie des Bolschewismus in den Grundzügen ihrer Entwicklung. Frankfurt a. M. 1961.

M. LITVINOV, Neopublikovannye pis'ma M. M. Litvinova V. I. Leninu (1913–1915 gg.) In: Novaja i nov. istorija, 1966/4.

Marxismus – Leninismus, Geschichte und Gestalt (Berliner Universitätstage 1961). Berlin 1961.

W. THEIMER, Der Marxismus. Lehre, Wirkung, Kritik. Bern 1950.

R. SCHLESINGER, The Spirit of Postwar Russia. Soviet ideology 1917–1946. London 1947.

M. LANGE, Marxismus-Leninismus-Stalinismus, Stuttgart 1957.

E. H. CARR, Studies in Revolution. London 1930.

R. PIPES (Hrsg.), Revolutionary Russia. Cambridge/Mass. 1968.

J. MONNEROT, Die Soziologie des Kommunismus. Köln 1952.

M. V. NEČKINA (Hrsg.), Istorija SSSR, Bd. 2. Moskau 1949/2.

J. MAVOR, An Economic History of Russia. London 1914, 1–2.

J. M. BOCHENSKI, Der sowjetrussische dialektische Materialismus (Diamat). Bern–München 1960.

J. M. BOCHENSKI, G. NIEMEYER, Handbuch des Weltkommunismus. Freiburg–München 1959.

F. BORKENAU, Der europäische Kommunismus. München 1948.

B. D. WOLFE, Marx und die Marxisten. 100 Jahre Theorie und Praxis einer Doktrin. Frankfurt a. M. 1968.

G. A. WETTER, Der dialektische Materialismus. Seine Geschichte und sein System in der Sowjetunion. 4. A. Freiburg 1958.

N. BERDYAEV, The Origin of Russian Communism. London 1937.

N. A. BERDJAJEW, Wahrheit und Lüge des Kommunismus. Luzern 1934.

E. BENZ, Die weltanschaulichen Grundlagen des Kommunismus. In: Rußland und Wir. Stuttgart 1951.

K.-H. RUFFMANN, Sowjetrußland. Struktur und Entfaltung einer Weltmacht. München 1967; 10. Aufl. 1984.

L. SCHAPIRO, Die Geschichte der kommunistischen Partei der Sowjetunion. Frankfurt a. M. 1961.

A. ROSENBERG, Die Geschichte des Bolschewismus. Berlin 1932.

G. BRUNNER, Das Parteistatut der KPdSU 1903–1961. Köln 1965. (Dokumente zum Studium des Kommunismus, 2 Bde.).

M. SCHWARTZ, The Russian Revolution of 1905. The Worker's Movement and the Formation of Bolshevism and Menshevism. Chicago 1967.

A. M. PANKRATOVA, Pervaja russkaja revoljucija 1905–1907. Moskau 1940, 1951.

A. FISCHER, Lenin und die Taktik des bewaffneten Aufstandes in der russischen Revolution von 1905. Wehrwissenschaftliche Rundschau 1966/7.

K. ZILLIACUS, Revolution und Gegenrevolution in Rußland und Finnland. München 1912.

M. WEBER, Die Lage der bürgerlichen Demokratie in Rußland. Archiv für Sozialwiss. und Sozialpolitik. 1906, Bd. 4.

M. WEBER, Rußlands Übergang zum Scheinkonstitutionalismus. Ebenda. Bd. 5.

B. MEISSNER, Die Entwicklung der Ministerien in Rußland. Europa-Archiv 1958, Heft 2–4.

O. ANWEILER, Die Rätebewegung in Rußland 1905–1921. Leiden 1958.

A. F. BEREŽNOJ, Carskaja cenzura i bor'ba bol'ševikov za svobodu pečati (1895–1914). Leningrad 1967.

A. LEVIN, The Second Duma. A study of the social-democratic party and the Russian constitutional experiment. New Haven 1940.

L. A. OWEN, The Russian Peasant Movement 1906–1917. London 1936.

G. BUCHANAN, Meine Mission in Rußland. Berlin 1926.

M. CHERNIAVSKY, Prologue to Revolution. Notes of N. A. Iakhontov on the Secret Meetings of the Council of Ministers 1915. Englewood Cliffs 1967.

A. E. SENN, The Bolshevik Conference in Bern 1915. In: Slavic Review XXV/4, 1966.

G. HAUPT (Hrsg.), Correspondance entre Lénine et Camille Huysmans 1905–1914. Paris 1963.

H. KÖNIG, Lenin und der italienische Sozialismus 1915–1921. Tübingen 1967.

N. LENIN, G. SINOWJEW, Gegen den Strom. Aufsätze 1914–1916. Hamburg 1921.

I. F. ARMAND, Stat'i, reči, Pis'ma. Moskva 1975.

A. ASCHER, Pavel Axelrod and the Development of Menshevism. Cambridge, Mass. 1972.

J. BERGMAN, Vera Zasulich. A Biography. Stanford, Cal. 1983.

A. v. BORCKE, Die Ursprünge des Bolschewismus. Die Jakobinische Tradition in Rußland und die Theorie der revolutionären Diktatur. München 1977.

BUCHBENDER, BÜHL, QUADEN, Hrsg., Sicherheit und Frieden. Handbuch der weltweiten sicherheitspolitischen Verflechtungen: Militärbündnisse, Rüstungen, Strategien. Analysen zu den globalen und regionalen Bedingungen unserer Sicherheit. 2. Aufl. Herford 1985.

H. G. BÜTOW (Hrsg.), Länderbericht Sowjetunion. Koordinationsausschuß für Osteuropaforschung. Schriftenreihe der Bundeszentrale für politische Bildung, Bonn, Band 230. 1986.

B. BONWETSCH (Hrsg.), Zeitgeschichte Osteuropas als Methoden- und Forschungsproblem. Berlin 1984.

A. v. BORCKE, G. SIMON, Neue Wege der Sowjetunion-Forschung. Baden-Baden 1980.

I. G. CERETELI, Vospominanija o Fevral'skoj revoljucii. 2 Bde. Paris, La Haye 1963.

J. P. COLE, Geography of the Soviet Union. London: Butterworths 1984.

J. ELLEINSTEIN, Histoire de l'URSS. 4 Bde. Paris 1973–1975.

R. S. GANELIN, Rossija i SŠA. 1914–1917. Očerki istorii russko-amerikanskich otnošenij. Leningrad 1969.

W. GEIERHOS, Vera Zasulič und die russische revolutionäre Bewegung. München–Wien 1977.

Geschichte des Leninschen Komsomol. 2 Bde. Berlin (Ost) 1983.

Geschichte der sowjetischen Außenpolitik 1917–1945. Red. A. A. Gromyko u. B. N. Ponomarjow. 2. Aufl. Berlin (Ost) 1980.

R. GIRAULT, M. FERRO, De la Russie à l'URSS. L'histoire de la Russie de 1850 à nos jours. Paris 1974.

Handbuch der Geschichte Rußlands. Hrsg. v. M. HELLMANN, G. SCHRAMM und K. ZERNACK. Bd. 1 ff. Stuttgart 1981 ff.

M. HELLER, A. NEKRICH, Geschichte der Sowjetunion. Band I: 1914–1939; Band II: 1940–1980. Frankfurt am Main 1985.

J. F. HOUGH, M. FAINSOD, How the Soviet Union is Governed. Cambridge, Mass. 1979.

Istorija vnešnej politiki SSSR. 1917–1976 v dvuch tomach. Izd. 2e, dop. Moskva 1976 und 1977.

R. H. JOHNSTON, Tradition versus revolution. Russia and the Balkans in 1917. New York 1977.

M. JOWTSCHUK, I. KURBATOWA, Georgi Plechanow. Eine Biographie. Berlin (Ost) 1983.

Letopis vnešnej politiki SSSR. 1917–1978. Moskva 1978.

B. LEWYTZKYJ Ed., Who's Who in the Soviet Union. A biographical encyclopedia of 5000 leading personalities in the Soviet Union. München/New York/London/Paris 1984.

R. LORENZ, Sozialgeschichte der Sowjetunion. 1. Bd. 1917–1945. Frankfurt/M. 1976.

B. MEISSNER, Außenpolitik und Völkerrecht der Sowjetunion. Köln 1986.

G. MEYER (Hrsg.), Das politische und gesellschaftliche System der UdSSR. Ein Quellenband. 3. Aufl. Köln 1985.

H.-CH. PILSTER, Rußland-Sowjetunion. Werden, Wesen und Wirken einer Militärmacht. Herford 1981.

PH. POMPER, Peter Lavrov and the Russian Revolutionary Movement. Chicago and London 1972.

G. v. RAUCH, Aus der baltischen Geschichte. Vorträge, Untersuchungen, Skizzen aus sechs Jahrhunderten. Beiträge zur baltischen Geschichte, Bd. 9. Hannover-Döhren 1980.

G. v. RAUCH, Sowjetrußland von der Oktoberrevolution bis zum Sturz Chruschtschows 1917–1964. In: TH. SCHIEDER (Hrsg.), Handbuch der europäischen Geschichte, Band 7, Teilband 1. Stuttgart 1979, S. 481–521 (Sowjetrußland).

G. v. RAUCH, Zarenreich und Sowjetstaat im Spiegel der Geschichte. Aufsätze und Vorträge. Göttingen, Frankfurt, Zürich 1980.

H. RAUPACH, Wirtschaft und Gesellschaft Sowjetrußlands 1917–1977. Wiesbaden 1979.

K.-H. RUFFMANN, Sport und Körperkultur in der Sowjetunion. Stuttgart 1980.

P. SCHEIBERT, Die russischen politischen Parteien von 1905 bis 1917. Ein Dokumentationsband. Darmstadt 1972.

H. J. TOBIAS, The Jewish Bund in Russia. From Its Origins to 1905. Stanford, Cal. 1972.

A. B. ULAM, Rußlands gescheiterte Revolutionen. Von den Dekabristen bis zu den Dissidenten. Aus dem Englischen von Karl-Heinz Siber. München 1985.

F. VENTURI, Les intellectuels, le peuple et la révolution. Histoire du populisme russe au XIXe siècle. 2 Bde. Paris 1972.

Vnešnjaja politika Sovetskogo Sojuza. Ovsjanyj I. D., Borus E. Ju., Borisov O. B., i dr.; predisl. A. A. Gromyko. 2-e izd., pererabot., dop. Moskva 1978.

T. ZIEMKE, Marxismus und Narodničestvo. Entstehung und Wirken der Gruppe »Befreiung der Arbeit«. Frankfurt/M.–Bern–Cirencester/UK 1980.

G. S. ŽUJKOV, Peterburgskie marksisty i gruppa »Osvoboždenie truda«. Leningrad 1975.

I. Revolution

E. H. CARR, A History of Soviet Russia. London 1950ff. (Bd. 1–3: The Bolshevik Revolution 1917–1923, Bd. 4: The Interregnum 1923–1924, Bd. 5–6: Socialism in One Country 1924–1926), Foundations of a planned economy (zusammen mit R. W. Davies), Bd. 1–3 (= Bd. 7–9), 1969, 1971, 1976.

W. H. CHAMBERLIN, The Russian Revolution 1917–1921. New York 1935 (Dt.: 1952) 1–2.

G. KATKOV, Russia 1917. The February Revolution. London 1967.

D. ANIN, Die russische Revolution von 1917 in Berichten ihrer Akteure (Februarrevolution). München 1976.

L. S. GAPONENKO (Hrsg. u. a.), Revoljucionnoe dviženie v russkoj armii. 27 fevralja–24 oktjabrja 1917 goda. Moskau 1968.

A. M. Andreev, Sovety rabočich i soldatskich deputatov nakanune Oktjabrja. Moskau 1967.
A. Kerensky, Erinnerungen. Berlin 1928.
A. Kerenskij, Die Kerenski-Memoiren. Rußland und der Wendepunkt der Geschichte. Wien 1966.
V. S. Vasjukov, Vnešnjaja politika Vremennogo pravitel'stva. Moskau 1966–
R. Kantner, Die Außenpolitik der russischen Provisorischen Regierung von 1917 im Widerstreit zwischen traditionellen und revolutionären Vorstellungen. Kiel 1974.
G. Plechanow, Ein Jahr in der Heimat. Berlin 1921.
N. Suchanov, Zapiski o revoljucii. Berlin 1922, 7 Bde.
The Trotsky Papers 1917–1922, ed. J. M. Meijer, 1–2, 1971.
R. Luxemburg, Die russische Revolution. Hrsg. v. P. Blachstein. Hamburg 1948.
P. Frölich, Rosa Luxemburg. Gedanke und Tat. Frankfurt a. M. 1967.
A. Kollontai, Autobiographie, hrsg. v. I. Fetscher, München 1970.
P. E. Dybenko, Die Rebellen. Erinnerungen aus der Revolutionszeit. Hamburg 1923.
V. Serge, Beruf: Revolutionär. Erinnerungen 1901–1917–1941. Frankfurt a. M. 1967.
G. Wettig, Die Rolle der russischen Armee im revolutionären Machtkampf 1917. In: Forsch. zur Osteurop. Gesch. Bd. 12, 1967.
S. Köhler, Die russische Industriearbeiterschaft 1905–1917. Berlin 1921.
Z. V. Stepanov, Rabočie Petrograda v period podgotovki i provedenija Oktjabrskogo vooružennogo vosstanija. 1965.
Rajonnye Sovety Petrograda 17 goda., Bd. 1–3, 1964–1966.
V. V. Komin, Bankrotstvo buržuaznych i melkoburžuaznych partij Rossii v period podgotovki pobedy Velikoj Oktjabŕskoj socialističeskoj revoljucii. Moskau 1965.
B. M. Morozov, Partija i sovety v Oktjabŕskoj revoljucii. Moskau 1966.
V. V. Lebedev, Meždunarodnoe položenie Rossiinakanune Oktjabŕskoj revoljucii. Moskau 1967.
S. Mel'gunov, Kak bol'ševiki zachvatili vlast'. Paris 1953.
I. I. Minc, Istorija Velikogo Oktjabrja, T. 1–3 Moskau 1967–73.
Oktjabŕskoe vooružennoe vosstanie. Semnadcatyj god v Petrograde. 1–2. Leningrad 1967.
Očerki po istorii oktjabrskoj revoljucii. Moskau-Leningrad 1927, 1–2.
O. F. Solov'ev, Velikij Oktjabŕ i ego protivniki. Moskau 1968.
Istorija Velikoj Oktjabŕskoj socialističeskoj revoljucii. Moskau 1962.
Biografii členov politbjuro VKP (b). Leningrad 1927.
I. Deutscher, The unfinished revolution in Russia 1917–1967, Cambridge 1967.
R. V. Daniels, Red October. The Bolshevik Revolution of 1917. London 1968.
F. Borkenau, Das Jahr 1917. Wirklichkeit und Legende der russischen Revolution. Der Monat. Berlin 1952. Heft 37.
B. D. Wolfe, Lenin, Trotzkij, Stalin. Drei, die eine Revolution machten. Frankfurt 1965.
A. D. Ulam, Die Bolschewiki. Vorgeschichte und Verlauf der kommunistischen Revolution in Rußland. Köln 1967.
Kurzer Lehrgang der Geschichte der Kommunistischen Partei der Sowjetunion. Berlin 1947.
N. Popow, Outline history of the Communist Party of the Soviet Union. London o. J.

W. Gurian, Bolshevism. An Introduction to Soviet Communism. Notre Dame 1952.

W. Gurian, Lenins Methoden der Machtergreifung im Jahre 1917. In: Deutschland und Europa. Festschrift für H. Rothfels. Düsseldorf 1951.

S. Dubrovski, Die Bauernbewegung in der russischen Revolution 1917. Berlin 1929.

S. A. Fedjukin, Velikij oktjabr i intelligencija. Moskau 1972.

J. Fetscher, Von Marx zur Sowjetideologie. Frankfurt a. M.-Berlin 1960.

O. K. Flechthelm, Bolschewismus 1917–1967. Von der Weltrevolution zum Sowjetimperium, Wien 1967.

J. S. Reshetar, A Concise History of the Communist Party of the Soviet Union. New York 1960.

F. Löwenthal, Das kommunistische Experiment, Theorie und Praxis des Marxismus-Leninismus. Köln 1957.

O. H. Radkey, The Election to the Russian Constituent Assembly of 1917. Cambridge/Mass. 1950.

L. Schapiro, The Origin of the Communist Autocracy. London 1955.

H. Neubauer (Hrsg.), Deutschland und die Russische Revolution. Stuttgart 1968.

K. Tiander, Das Erwachen Ost-Europas. Die Nationalitätenbewegung in Rußland und der Weltkrieg, Wien 1934.

R. Pethybridge, The spread of the Russian Revolution. Essays on 1917. London 1972.

S. Possony, Jahrhundert des Aufruhrs. Die kommunistische Technik der Weltrevolution. München 1956.

O. H. Gankin, H. H. Fisher, The Bolsheviks and the World War. Stanford 1936.

A. Ascher, (Hrsg.), The Mensheviks in the Russian Revolution. Documents translated by P. Stevenson. New York 1976.

R. K. Debo, Revolution and Survival. The Foreign Policy of Soviet Russia 1917–18. Liverpool 1980.

R. C. Elwood (Hrsg.), Reconsiderations on the Russian Revolution. Cambridge, Mass. 1976.

M. Ferro, October 1917. A social history of the Russian Revolution. London 1980.

M. Frenkin, Russkaja armija i revoljucija 1917–1918. München 1978.

G. J. Gill, Peasants and Government in the Russian Revolution. London-Basingstoke 1979.

W. Hahlweg (Hrsg.), Lenins Rückkehr nach Rußland 1917. Leiden 1957.

G. Katkov, Russia 1917: The Kornilov Affair. Kerensky and the break up of the Russian army. London-New York 1980.

R. Kohn, (Hrsg.), Die russische Revolution in Augenzeugenberichten. München 1977.

V. I. Kostrikin, Zemel'nye komiteti v 1917 gody. Moskva 1975.

R. Lorenz (Hrsg.), Die russische Revolution 1917. Der Aufstand der Arbeiter, Bauern und Soldaten. Eine Dokumentation. Hrsg. von Richard Lorenz zusammen mit Manfred von Boetticher und Biancka Pietrow. München 1981.

E. Mawdsley, The Russian Revolution and the Baltic Fleet. War and Politics February 1917-April 1918. London 1978.

R. A. Medwedjew, Oktober 1917. Hamburg 1979.

A. M. Pankratova, Fabrikräte in Rußland. Frankfurt/M. 1976.

N. V. Ruban, Oktjabr'skaja revoljucija i krach men'ševizma (Mart 1917–1918 g.). Moskva 1968.

R. Service, The Bolshevik Party in Revolution. London, Barsingstoke 1979.

II. Der Bürgerkrieg

Handbook of major Soviet Nationalities, ed. Zev Katz, London 1975.

G. CLEINOW, Die Grundgedanken der Nationalitätenpolitik in der Sowjetunion. Osteuropa 1925/26. Bd. 1.

R. SMAL-STOCKI, The Nationality Problem of the Soviet Union and Russian Communist Imperialism. Milwaukee 1952.

S. SHAHEEN, The Communist (bolshevik) Theory of National Self-Determination. Its Historical Evolution up to the October Revolution. The Hague 1956.

B. KRUPNYCKY, Geschichte der Ukraine. Leipzig 1939.

C. A. MANNING, The Story of the Ukraine. New York 1947.

J. BORYS, The Russian Communist Party and the Sovietization of Ukraine. Stockholm 1960.

J. S. RESHETAR JR., The Ukrainian Revolution 1917–1920. Princeton 1952.

S. RABINOVIČ, Kratkaja istorija graždanskoj vojny. Moskau 1935.

Istorija graždanskoj voiny 1917–1922. Hrsg. von GOR'KIJ, MOLOTOV, VOROŠILOV, KIROV, ŽDANOV, STALIN. Moskau Bd. 1 1938/2, Bd. 2 1948/2.

V. P. NAUMOV, Letopis' geroičeskoj bor'by. Sovetskaja istoriografija graždanskoj vojny i intervencii. Moskau 1972.

Geschichte des russischen Bürgerkrieges. Hrsg. von ASTROW, SLEPKOW, THOMAS u. a. Berlin 1927.

E. HURWICZ, Geschichte des russischen Bürgerkrieges. Berlin 1927.

D. FOOTMAN, Civil War in Russia. London 1961.

Uldis GERMANIS, Oberst Vacietis und die lettischen Schützen im Weltkrieg und in der Oktoberrevolution. Stockholm 1974.

E. G. GIMPEL'SON, Sovety v gody inostrannoj intervencii i graždanskoj vojny. Moskau 1968.

V. S. VASJUKOV, Predistoria Intervencii. Fevral' 1917–Mart 1918, Moskau 1968.

A. V. IGNAT'EV, Russko-anglijskie otnošenija nakanune Oktjabŕskoj revoljucii. Moskau 1966.

R. H. ULLMAN, Anglo-Soviet Relations 1917–1921. 1–3. Princeton 1961–1972.

J. BRADLEY, Allied Intervention in Russia. London 1968.

W. P. COATES, A History of Anglo-Soviet relations. London 1943.

W. P. COATES, Z. COATES, Armed intervention in Russia 1918–1922. London 1935.

W. S. CHURCHILL, Nach dem Kriege. Berlin 1930.

A. P. SCHMIDT, Churchills privater Krieg. Zürich 1970.

H. WILSON, Die Tagebücher des Feldmarschalls Sir ..., hrsg. v. C. E. CALDWELL, Stuttgart 1930.

L. FISCHER, The Soviets in World Affairs, 1–2. London 1930.

A History of the Relations Between the Soviet Union and the Rest of the World 1917 up to 1929. Princeton 1951/2.

A. E. IOFFE, Russko-francuzskie otnošenija v 1917 g. Moskau 1958.

P. E. FLANDIN, Politique Française 1919–1940. Paris 1950.

L. DE ROBIEN, Russisches Tagebuch 1917–1918. Aufzeichnungen eines franz. Diplomaten in Petersburg. Stuttgart 1967.

J. STEINBERG, Spiridonova, revolutionary terrorist. London 1935.

W. BAUMGART, Deutsche Ostpolitik 1918. München 1966.

G. ROSENFELD, Sowjetrußland und Deutschland 1917–1922. Berlin 1960.

W. MARKERT (Hrsg.), Deutsch-Russische Beziehungen von Bismarck bis zur Gegenwart. Stuttgart 1964.

O. E. SCHÜDDEKOPF, Karl Radek in Berlin. Archiv für Sozialgeschichte 2. Hannover 1962.

M. L. GOLDBACH, Karl Radek in Deutschland. Bonn 1973.
D. MÖLLER, Karl Radek in Deutschland. Revolutionär, Intrigant, Diplomat. Köln 1976.
H. G. LINKE, Deutschland und die Sowjetunion von Brest-Litowsk bis Rapallo. Aus Politik und Zeitgeschichte, 15. 4. 1972.
T. V. VLADISLAVLEVA (Hrsg.), Oktjabŕ i revoljucionnoe dviženie v stranach Central'noj i Jugo-vostočnoj Evropy (1917–1923 gg.). Moskau 1968.
I. I. VLASOV, V. I. Lenin i stroitel'stvo sovetskoj armii. Moskau 1958.
T. ADAMHEIT, Rote Armee, rote Weltrevolution, roter Imperialismus. Berlin 1935.
B. D. WOLFE, The Red Army. London 1940.
B. H. LIDDELL HART, Die Rote Armee, Bonn o. J.
D. FEDOTOFF-WHITE, The Growth of the Red Army. Princetown 1944.
R. GARTHOFF, Die Sowjetarmee – Wesen und Lehre. Köln 1955.
N. BASSECHES, Die unbekannte Armee. Zürich 1942.
J. ERICKSON, The Soviet High Command. A Military-Political History, 1918–1941. London 1962.
R. KOLKOWICZ, The Soviet Military and the Communist Party. Princetown 1967.
P. MANOVA, O janvarskich bojach v Berline v 1919 g. Voprosy Istorii 1949.
R. H. BRUCE LOCKHART, Vom Wirbel erfaßt. Bekenntnisse eines britischen Diplomaten. Stuttgart o. J.
R. BRUCE LOCKHART, Mich rief Europa. Stuttgart 1953.
S. REILLY, Britains master spy. London 1933.
A. I. DENIKIN, The White Army, London 1930.
P. KENEZ, Civil war in Soth Russia 1918. 1971.
K. FISCHER, Deutschland und die Entente-Intervention in Südrußland 1918/1919. Boppard 1973.
G. VON RAUCH, Geschichte der baltischen Staaten. Stuttgart 1970.
R. WITTRAM, Zur Geschichte des Winters 1918/19. In: Baltische Lande, Bd. 4/1. Leipzig 1939.
E. FRH. VON DELLINGSHAUSEN, Im Dienste der Heimat. Stuttgart 1930.
A. BILMANIS, A History of Latvia. Princeton 1951.
V. SIPOLS, Die ausländische Intervention in Lettland 1918–1920. Berlin 1961.
M. OJAMAA, A. VARMAS, Eesti ajalugu. Stockholm 1946.
Von den baltischen Provinzen zu den baltischen Staaten. Beiträge zur Entstehungsgeschichte der Republiken Estland und Lettland 1917–1918, Marburg, Bd. 1 1971, Bd. 2 1977.
O. RISS, A. GRONSKIJ, Pomošč SŠA belogvardejcam v napadenii na Petrograd v 1918 g. Voprosy Istorii 1951/9.
K. v. SAKHAROW, Die verratene Armee. Berlin 1938.
J. A. WHITE, The Siberian Intervention. Princeton 1950.
W. WAGNER, Die Entstehung der Oder-Neiße-Linie. Stuttgart 1953.
G. RHODE, Die Entstehung der Curzonlinie. Osteuropa 1955, Heft 2.
G. RHODE (Hrsg.), Die Ostgebiete des Deutschen Reiches. Würzburg 1955.
B. HAYTT, Turkestan im 20. Jahrhundert. Darmstadt 1956.
B. E. STEIN, Die russische Frage auf der Pariser Friedenskonferenz 1919–1920. Leipzig 1953.
J. M. THOMPSON, Russia, Bolshevism, and the Versailles Peace. Princeton 1966.
H. v. RIMSCHA, Der russische Bürgerkrieg und die russische Emigration 1917–1922. Stuttgart 1924.
H. E. VOLKMANN, Die Russische Emigration in Deutschland 1919–1929. Würzburg 1966.

U. Brügmann, Die russischen Gewerkschaften in Revolution und Bürgerkrieg 1917–1919. Wien 1973.
T. Hunczak, The Ukraine, 1917–1921: A Study in Revolution. With the assistance of J. T. von der Heide. Cambridge, Mass. 1977.
P. Scheibert, Lenin an der Macht. Das russische Volk in der Revolution 1918–1922. Weinheim 1984.
A. P. Schmid, Churchills privater Krieg. Intervention und Konterrevolution im russischen Bürgerkrieg, November 1918–März 1920. Zürich und Freiburg i. Br. 1974.

III. Die Epoche der Neuen Ökonomischen Politik

R. Lorenz, Sozialgeschichte der Sowjetunion, I. 1917–1945. Frankfurt 1976.
R. Lorenz, Anfänge der bolschewistischen Industriepolitik. Köln 1965.
G. von Rauch, Lenin u. d. Problem der Widersprüche im Kapitalistischen Lager. Gesch. in Wissenschaft und Unterricht, 1971/11.
N. Jasny, Soviet Economists of the twenties. 1972.
O. Schiller, Das Agrarsystem der Sowjetunion. Köln–Graz 1960.
O. Schiller, Die Landwirtschaft der SU 1917–1953. Tübingen 1954.
O. Schiller, Die Kollektivbewegung in der Sowjetunion. Osteur. Forschungen N. F. Bd. 8. Berlin 1931.
I. E. Zelenin, Sovchozy v pervoe desjatiletie sovetskoj vlasti 1917–1927, Moskau 1972.
M. Lewin, La paysannerie et le pouvoir Soviétique 1928–1930. Paris 1966.
L. Revesz, Die Kolchosen in der SU. In: Jahrbücher des deutsch-ungarischen Kulturkreises. Mainz 1965.
P. I. Ljaščenko, Očerki agrarnoj revoljucii Rossii. Petrograd 1925.
D. Bronger, Der Kampf um die sowjetische Agrarpolitik 1925–1929. Köln 1967.
P. I. Ljaščenko, Istorija narodnogo chozjajstva SSSR. Moskau 1948 u. 1956.
S. N. Prokopovicz, Rußlands Volkswirtschaft unter den Sowjets. Zürich 1944.
H. Raupach, Geschichte der Sowjetwirtschaft. Hamburg 1964.
H. Haumann, Beginn der Planwirtschaft. Elektrifizierung, Wirtschaftsplanung und gesellschaftliche Entwicklung Sowjetrußlands 1917–1921. 61 74.
A. Erlich, The Soviet Industrialization Debate, 1924–1928. Cambridge/Mass. 1960.
R. B. Day, L. Trotsky and the politics of Economic Isolation 1973.
A. Berkman, Die Kronstadt-Rebellion. Berlin 1923.
A. Berkman, Der Aufstand von Kronstadt. Der Monat. Berlin 1951. Heft 30.
H. Radkey, The Sickle Under the Hammer. The Russian Socialist Revolutionaries in the Early Months of Soviet Rule. New York 1963.
L. H. Haimson, The Mensheviks from the Revolution of 1917 to the Second World War. 1974.
F. Dan, Dva goda skitanij. Berlin 1922.
P. Scheffer, Augenzeuge im Staate Lenins. Ein Korrespondent berichtet aus Moskau 1921–1930. 1972.
G. Vernadsky, Lenin, red dictator. New Haven 1931.
J. Towster, Political Power in the USSR 1917–1947. New York 1948.
W. Grinewitsch, Die Gewerkschaftsbewegung in Rußland 1905–1914. Berlin 1926.
I. Deutscher, Soviet Trade Unions, London 1950.

B. MEISSNER, Die sowjetischen Gewerkschaften. Gewerkschaftl. Monatshefte 1951.
V. V. KABANOV, Oktjabrskaja revoljucija i kooperacija 1917–1919. 1973.
W. HOFMANN, Die Arbeitsverfassung der Sowjetunion. Berlin 1956.
Istorija Kommunističeskoj partii Sovetskogo Sojuza. Moskau 1959. Deutsch: Berlin 1960.
U. BRÜGMANN, Russische Gewerkschaften 1917–1919. Frankfurt 1973.
K. WESTEN, Die Kommunistische Partei der Sowjetunion und der Sowjetstaat. Köln 1968.
B. MEISSNER, Das Parteiprogramm der KPdSU. Köln 1961.
T. H. RIGBY, Communist Party Membership in the USSR 1917–1967. Princeton 1968.
Istorija kommunističeskoj Partii Sovetskogo Sojuza, 1–6, hrsg. v. P. N. Pospelov u. a. Bd. 4/5, 1970/71 (Zeitraum: 1929–1945).
P. G. SOFINOV, Očerki istorii Vserossijskoj črezvyčajnoj Komissii (1917–1922 gg.). Moskau 1960.
N. ZUBOV, Dzeržinskij. Moskau 1933.
B. LEWYTZKYJ, Vom roten Terror zur sozialistischen Gesetzlichkeit. Der sowjetische Sicherheitsdienst. München 1961.
A. J. VYSHINSKY, The Law of the Soviet State. New York 1948.
A. I. DENISOV, Istorija sovetskogo gosudarstva i prava. Moskau 1949.
W. LEIMBACH, Natur, Volk und Wirtschaft der Sowjetunion. Stuttgart 1950.
M. P. IROŠNIKOV, Sozdanie sovetskogo central'nogo gosudarstvennogo apparata. Moskau 1966.
W. GROTTIAN, Das sowjetische Regierungssystem, Leitfaden und Quellenbuch, 2 Bde. Köln–Opladen 1956.
R. MAURACH, Handbuch der Sowjetverfassung. München 1955.
B. DENNEWITZ, B. MEISSNER, Die Verfassungen der modernen Staaten. Bd. 1. Hamburg 1947.
W. MEDER, Die Verfassung der bolschewistischen Partei. Europa-Archiv 1949. Heft 5.
M. MCCAULEY, ed. The Russian Revolution and the Soviet State 1917–1921, Documents. London 1975.
W. PIETSCH, Revolution und Staat. Institutionen als Träger der Macht in Sowjetrußland 1917–1922. Köln 1922.
N. SEMENOV, Sovetskij sud i karatel'naja politika. München 1952.
H. CHR. REICHEL, Das Präsidium des Obersten Sowjets der UdSSR. Baden-Baden 1976.
R. PIPES, The Formation of the Soviet Union (1917–1928). Cambridge 1957.
K. v. BEYME, Der Föderalismus in der Sowjetunion. Heidelberg 1964.
E. B. GENKINA, Obrazovanije SSSR. Moskau 1947.
D. L. ZLATOPOL'SKIJ, Obrazovanie i razvitie SSSR kak sojuznogo gosudarstva. Moskau 1954.
L. KOCHAN, Die Nationalitätenpolitik der Sowjetunion. Frankfurt a. M. 1956.
J. ARNOLD, Nationale Gebietseinheiten in der Sowjetunion Köln. 1973.
D. A. CUGAEV (Hrsg., u. a.), Istorija nacional'no-gosudarstvennogo stroitel'stva v SSSR. Moskau 1968.
W. v. HARPE, Die Grundsätze der Nationalitätenpolitik Lenins. Berlin 1941.
M. SCHWARTZ, The Jews in the Soviet Union. Syracuse 1952.
B. Z. GOLDBERG, The Jewish Problem in the Soviet Union. New York 1961.
W. KOLARZ, Rußland und seine asiatischen Völker. Frankfurt a. M. 1956.
W. MARKERT, Der Mensch im kommunistischen System. Tübinger Vorträge über Marxismus und Sowjetstaat. Tübingen 1957/61.
K. MEHNERT, Die Jugend in Sowjetrußland. Berlin 1932.

D. Loeber, Das Eherecht der Sowjetunion und s. Anwendung im internat. Privatrecht Deutschlands. Diss. Marburg 1950 (Masch.schr.).

W. de Vries, Christentum in der Sowjetunion. Heidelberg 1950.

H. Koch, Staat und Kirche in Osteuropa, Zeitschrift für Geopolitik 1952, Heft 12.

J. S. Curtiss, Die Kirche in der Sowjetunion (1917–1956). München 1957.

A. Kischnowsky, Die sowjetische Religionspolitik und die russische orthodoxe Kirche. München 1960.

W. Kolarz, Religion in the Soviet Union. London 1962. Deutsch: Freiburg 1963.

K.-D. Seemann, Der Versuch einer proletarischen Kulturrevolution in Rußland 1917–1922. In: JGO NF 9 (1961).

M. P. Kim (Hrsg. u. a.), Kul'turnaja revoljucija v SSSR 1917–1965 gg. Moskau 1967.

O. Anweiler, K. Meyer, Die sowjetische Bildungspolitik seit 1917. Heidelberg 1961.

O. Anweiler, Geschichte der Schule und Pädagogik in Rußland vom Ende des Zarenreiches bis zum Beginn der Stalin-Ära. Berlin 1964.

O. Anweiler und K. H. Ruffmann, Kulturpolitik der Sowjetunion. Stuttgart 1973.

Dokumente zur sowjetischen Literaturpolitik 1917–1932, hrsg. v. K. Eimermacher, 1972.

G. Lukács, Russische Revolution. Russische Literatur. Hamburg 1969.

G. Struve, Geschichte der Sowjetliteratur. München 1957.

S. Fitzpatrick, The Commissariat of Enlightement. Soviet Organization of Education and the Arts under Lunacharsky. 1970.

A. Lunatscharskij, Die Entwicklung der Wissenschaften in der RSFSR. Osteuropa 1925/26, Bd. 1.

D. Geyer (Hrsg.), Wissenschaft in kommunistischen Ländern. Tübingen 1967.

A. Vucinich, The Soviet Academy of Sciences. Stanford 1956.

W. Kasack, Die Akademie der Wissenschaften der UdSSR, 1972.

O. Böss, Die Geschichte der sowjetischen Historiographie. Zur Diskussion ihrer Periodisierung. JGO 1963. Heft II.

E. Hösch, E. V. Tarle und seine Stellung in der sowjetischen Geschichtswissenschaft. Wiesbaden 1964.

C. E. Black, Rewriting Russian History. Soviet Interpretation of Russia's Past. New York 1956.

J. Frankel, Party genealogy and the Soviet Historians 1920–1938. In: Slavic Review XXV/4, 1966.

G. F. Kennan, Sowjetische Außenpolitik unter Lenin und Stalin. Stuttgart 1961.

J. M. Mackintosh, Strategy and Tactics of Soviet Foreign Policy. London 1962.

Istorija meždunarodnych otnošenij i vnešnej politiki SSSR 1917–1939 gg. Red. V. G. Truchanovskij, Bd. 1: Moskau 1961.

S.I. Blinov, Vnešnja politika Sovetskoj Rossii 1917–1918. 1973.

G. A. Deborin, Die sowjetische Außenpolitik in den ersten Jahren des Bestehens des Sowjetstaates 1917 bis 1920. Berlin 1953.

E. L. Crowley, The Soviet diplomatic corps 1917–1967. Metuchen 1970.

R. K. Debo, The Making of a Bolshevik: Georgii Chicherin in England, 1914–1918. In: Slavic Review 25/4 1966.

H. L. Roberts, M. Litvinov. In: The Diplomats 1919–1939. Princeton, N. J. 1953.

M. I. TRUŠ, Vnešnepolitičeskaja dejatel'nost' V. I. Lenina. 1921–1923. Moskau 1967.
B. LAZITCH, Lénine et la III. Internationale. Neuchâtel 1951.
M. M. LITVINOV, Vnešnjaja politika SSSR. Reči zajavlenija 1927–1935.
A. S. BACHOV, Na zare sovetskoj diplomatii. Organy sovetskoj diplomatii v 1917–1922 gg. Moskau 1966.
G. A. WETTER, Die sowjetische Konzeption der Koexistenz. Bonn 1959.
Osteuropa-Handbuch, Sowjetunion. Außenpolitik 1917–1973, 1–3. Hrsg. v. D. Geyer. Köln 1972–76.
Istorija vnešnej politiki SSSR, hrsg. v. B. N. Ponomarev, Bd. 1, 1917–1945, Moskau 1966–1976; 3. Aufl. 1976.
TH. H. v. LAUE, Soviet diplomacy. G. V. Chicherin. In: The Diplomats 1919–1939. Ed. G. A. CRAIG & F. GILBERT, Princetown 1953.
W. W. HARTLIEB, Das politische Vertragssystem der Sowjetunion 1920 bis 1935. Leipzig 1935.
B. LAZITCH, Biographical Dictionary of the Comintern, Stanford 1973.
H. SETON-WATSON, From Lenin to Malenkov. The History of World Communism. New York 1953.
G. NOLLAU, Die Internationale. Wurzeln und Erscheinungsformen des proletarischen Internationalismus. Köln–Berlin 1961.
World Communism Handbook, ed. Sworakowski. Stanford 1973.
G. HILGER, Wir und der Kreml. Deutsch-sowjetische Beziehungen 1918–1941. Frankfurt a. M. 1955.
W. v. BLÜCHER, Deutschlands Weg nach Rapallo. Wiesbaden 1951.
L. KOCHAN, The Russian Road to Rapallo. Soviet Studies. Oxford 1950.
TH. SCHIEDER, Die Entstehungsgeschichte des Rapallo-Vertrages. In: Historische Zeitschr. 204 (1967).
T. SCHIEDER, Die Probleme des Rapallo-Vertrages. Eine Studie über die deutsch-sowjetischen Beziehungen 1922–1926. Köln–Opladen 1956.
A. ANDERLE (Hrsg.), Rapallo und die friedliche Koexistenz. Wien 1963.
H. HELBIG, Die Träger der Rapallo-Politik. Göttingen 1958.
H. HELBIG, Die Moskauer Mission des Grafen Brockdorff-Rantzau. Berlin 1955.
G. STRESEMANN, Vermächtnis. Der Nachlaß. Hrsg. v. H. BERNHARDT, 1–3. 1932/33.
R. DUTSCHKE, Versuch, Lenin auf die Füße zu stellen. Über den halbasiatischen und den westeuropäischen Weg zum Sozialismus. Lenin, Lukács und die Dritte Internationale. Berlin 1974.
Kul'turnaja žizn' v SSSR 1917–1927. Chronika. Moskva 1975.
P. I. LEBEDEV, Red., Bor'ba za realizm v izobrazitel'nom iskusstve 20-ch godov. Materialy, Dokumenty, Vospominanija. Moskva 1962.
G. MEYER, Studien zur sozialökonomischen Entwicklung Sowjetrußlands 1921–1923. Köln 1974.
F. POLLOCK, Die planwirtschaftlichen Versuche in der Sowjetunion 1917–1927. Leipzig 1929. Nachdruck Frankfurt/M. 1971.
H.-H. SCHRÖDER, Industrialisierung und Parteibürokratie in der Sowjetunion. Ein sozialgeschichtlicher Vergleich über die Anfangsphase des Stalinismus. (Forschungen zur Osteuropäischen Geschichte, 4) Berlin 1986.
U. ZÄNKER, Industrialisierung und Qualifizierung. Produktivkraftentwicklung und schulische Qualifikation am Beispiel der UdSSR (1927–1930). Marburg L. 1976.

IV. Stalins Aufstieg und Kampf mit der Opposition.

A. de Vries, Die Sowjetunion nach dem Tode Lenins. Berlin 1925.
W. Gurian, From Lenin to Stalin. Review of politics 1950/3.
V. Serge, From Lenin to Stalin. London 1937.
R. V. Daniels, Das Gewissen der Revolution. Köln–Berlin 1962.
L. Fischer, The Life and Death of Stalin. London 1953.
M. Rubel, Josef W. Stalin in Selbstzeugnissen und Bilddokumenten. Reinbek 1975.
B. Meissner, Stalins Aufstieg. Osteuropa 1952, 1–2.
H. F. Achminow, Die Totengräber des Kommunismus. Eine Soziologie der bolschewistischen Revolution. Stuttgart 1964. (1. Aufl. Ulm 1950).
H. Brahm, Trotzkijs Kampf um die Nachfolge Lenins. Köln 1964.
W. Huhn, Trotzkis Bonapartismus. In: Aufklärung 1952/2.
A. Ja. Vjatkin, Razgrom kommunističeskoj partiej trockizma i drugich antileninskich grupp. Leningrad 1966.
W. Markert, Von der Oktoberrevolution zur Revolution von oben. Zur politischen Struktur des Stalinismus. Vierteljahreshefte zur Zeitgeschichte. Januar 1954.
R. Payne, Stalin. Aufstieg und Fall. Eine Biographie. Stuttgart 1967.
V. Serge, Portrait de Staline. Paris 1940.
N. Basseches, Stalin. Das Schicksal eines Erfolges. Bern 1950.
B. Souvarine, Staline. Aperçu historique du bolchevisme. Paris 1935.
E. E. Smith, The Young Stalin. The Early Years of an Elusive Revolutionary. New York 1967.
I. Deutscher, Stalin. Die Geschichte des modernen Rußland. Stuttgart 1951. (Neuauflage a d. Titel: Stalin. Eine politische Biographie. Stuttgart 1962).
I. Fetscher, Stalin – Über dialektischen und historischen Materialismus (Kritischer Kommentar). Frankfurt a. M.–Berlin 1956.
K. Westen, Die rechtstheoretischen und rechtspolitischen Ansichten Josef Stalins. Lindau–Konstanz 1959.
W. Duranty, Stalin & Co. The Politburo, the Men who Run Russia. New York 1949.
A. Ouralov, Staline au pouvoir. Paris 1951.
A. Seaton, Stalin. London 1976.
E. Wollenberg, Der Apparat. Stalins Fünfte Kolonne. Ostprobleme 1951/19.
A. Sonnet, Macht ohne Grenzen. Das Moskauer Politbüro. Strategie und Taktik. Köln 1952.
A. Dallin und B. J. Nicolaevsky, Forced Labor in Soviet Russia. London 1948 (Dt. Auszug: Arbeiter oder Ausgebeutete? Das System der Arbeitslager in Rußland. München 1948).
P. Knirsch, Die ökonomischen Anschauungen Nikolaj I. Bucharins. Berlin 1959.
U. Stehr, Vom Kapitalismus zum Kommunismus. Bucharins Beitrag zur Entwicklung einer sozialistischen Theorie und Gesellschaft. Stuttgart 1973.
Bucharins letzter Brief. In: Die Zeit, Hamburg 21. Mai 1965.
S. Cohen, Bukharin and the Bolshevik Revolution. A Political Biography 1888–1938. New York 1973.
A. G. Löwy, Die Weltgeschichte ist das Weltgericht. Bucharin: Vision des Kommunismus. Wien, Frankfurt, Zürich 1969.
R. Medvedev, All Stalin's Men. Oxford 1983.
Roy A. Medwedew, Die Wahrheit ist unsere Stärke. Geschichte und Folgen des Stalinismus. Frankfurt/M. 1973.

R. R. MILLER and F. FÉHÉR, (Eds.), Khrushchev and the Communist World. Totowa/N. J., London, Canberra 1984.

L. TROTZKY, Stalin. Eine Biographie. Köln, Berlin 1952.

K. A., WITTFOGEL, Die orientalische Despotie. Eine vergleichende Untersuchung totaler Macht. 2. Aufl. Frankfurt/M., Berlin, Wien 1981.

V. Die sowjetische Außenpolitik

N. L. RUBINŠTEJN, Vnešnjaja politika Sovetskogo gosudarstva v 1921–1925 g. Moskau-Leningrad 1953.

W. P. POTJOMKIN (Hrsg.), Geschichte der Diplomatie. Bd. 3. Moskau 1947.

H. SCHNEIDER, Das sowjetische Außenhandelsmonopol 1920–1925. 1973.

S. CLEINOW, Die deutsch-russischen Rechts- und Wirtschaftsverträge. Berlin 1926.

F. KLEIN, Die diplomatischen Beziehungen Deutschlands zur Sowjetunion 1917–1932. Berlin 1952.

F. STAMPFER, Die ersten vierzehn Jahre der deutschen Republik. Offenbach 1947.

F. L. CARSTEN, Die Reichswehr und Sowjetrußland 1920–1933. In: Österreichische Osthefte 5 (1963).

G. W. F. HALLGARTEN, General H. v. Seeckt and Russia 1920–1922. Journal of modern history, March 1949, XXI.

H. E. SPEIDEL, Reichswehr und Rote Armee. Vierteljahreshefte für Zeitgeschichte 1953, Heft 1.

G. v. RAUCH, Lenin und die verpaßte Revolution in Deutschland. In: The Annals of the Ukrainian Academy of Science in the USA, IX/1961.

E. C. KOLLMAN, W. Rathenau and German Foreign Policy. Journ. of mod. history XXIV/2, June 1952.

P. KLUKE, Deutschland und Rußland zwischen den Weltkriegen. Historische Zeitschrift 1951, Bd. 171.

E. FRAENKEL, German-Russian Relations since 1918, Review of Politics, Jan. 1940.

K. ROSENBAUM, Community of Fate. German-Soviet Diplomatic Relations, 1922–1928. Syracus/New York 1965.

L. KOCHAN, Rußland und die Weimarer Republik, Düsseldorf 1955.

Mißtrauische Nachbarn. Deutsche Ostpolitik 1919–1970. Hrsg. H. A. Jacobsen, Düsseldorf 1970.

R. FISCHER, Stalin und der deutsche Kommunismus. Frankfurt a. M. 1948.

S. ALLARDT, Stalin und Hitler. Sowjetische Außenpolitik 1930–1941, Bern 1975.

G. v. RAUCH, Stalin und die Machtergreifung Hitlers. Aus Politik und Zeitgeschichte. Beilage zur Wochenzeitung Das Parlament, 4. März 1964.

K. NICLAUSS, Die Sowjetunion und Hitlers Machtergreifung. Bonn 1966.

J. ROTHSCHILD, East Central Europe between the two World Wars, Seattle 1974.

P. N. OL'ŠANSKIJ, Rižskij dogovor i razvitie sovetsko-pol'skich otnošenij 1921–1924. 1974.

G. v. RAUCH, Die baltischen Staaten und Sowjetrußland 1919–1939. Europa-Archiv. Frankfurt a. M. 1954, Nr. 17, 20, 22.

H. L. MOORE, Soviet far Eastern policy 1931–1945. Princeton 1945.

A. DALLIN, Soviet Russia and the Far East. New Haven 1948.

M. BELOFF, Soviet policy in the Far East. London 1952.

V. A. Yakhontoff, Russia and the Soviet Union in the Far East. London 1932.
A. K. Wu, China and the Soviet Union. A Study of Sino-Soviet relations. London 1950.
Hu Shib, China in Stalin's Grand Strategy. Foreign affairs, Oct. 1950.
D. Geyer, Die Sowjetunion und Iran. Tübingen 1955.
R. P. Browder, The origins of Soviet-American Diplomacy. Princetown 1953.
G. F. Kennan, Amerika und die Sowjetmacht, 2 Bde. Stuttgart 1961/62.
J. E. Davies, Als USA-Botschafter in Moskau. Zürich 1943.
P. Tompkins, American-Russian Relations in the Far East. New York 1949.
V. M. Turok, Lokarno. Moskau 1949.
C. Höltje, Die Weimarer Republik und das Ostlocarno-Problem 1919 bis 1934. Würzburg 1958.
M. Beloff, The foreign policy of Soviet Russia 1929–1941, 1–2. New York 1946/49.
A. A. Achtamzjan, Rapall'skaja politika. Sovetsko-germanskie diplomatičeskie otnošenija v 1922–1932 godach. Moskva 1974.
W. Beitel, J. Nötzold, Deutsch-sowjetische Wirtschaftsbeziehungen in der Zeit der Weimarer Republik – eine Bilanz im Hinblick auf gegenseitige Probleme. Baden-Baden 1979.
A. V. Berezkin, Oktjabrskaja revoljucija i SŠA (1917–1922). Leningrad 1967.
G. V. Čičerin, Stat'i i reči po voprosam meždunarodnoj politiki. Moskva 1961.
R. Elias, Die Gesellschaft der Freunde des neuen Rußland. Mit vollständigem Inhaltsverzeichnis aller Jahrgänge der Zeitschrift »Das neue Rußland« 1925–1932. Köln 1985.
U. Liszkowski, Historische Osteuropaforschung und politische Bildung. Ein Beitrag zum historisch-politischen Denken und Wirken Otto Hoetzschs. Berlin 1987.
H.-J. Perrey, Der Rußlandausschuß der Deutschen Wirtschaft. Die deutsch-sowjetischen Wirtschaftsbeziehungen der Zwischenkriegszeit. Ein Beitrag zur Geschichte des Ost-West-Handels. München 1985.
Rußland und Deutschland, Hrsg. von Uwe Liszkowski. Kieler Historische Studien, Bd. 22. Stuttgart 1974.
V. A. Šiškin, Sovetskoe gosudarstvo i strany Zapada v 1917–1923 gg. Leningrad 1969.

VI. Die innere Entwicklung vom II. Fünfjahresplan bis zum Ausbruch des Krieges

N. Jasny, The Soviet Economy During the Plan Era. Stanford/Cal. 1951.
R. Conquest: Industrial Workers in the USSR. London 1967.
Industrializacija SSSR. Dokumenty i materialy, 1–3, 1969–1971 (Zeitraum: 1926–1937).
Industrializacija SSSR 1938–1941 gg. Dokumenty i materialy. Moskau 1973.
K. Albrecht, Der verratene Sozialismus. Berlin 1939.
J. Scott, Jenseits des Ural. Die Kraftquellen der Sowjetunion. Stockholm 1944.
J. Markiewicz-Lagneau, Les problèmes de mobilité sociale en URSS. In: Cahiers du Monde Russe et sov. 1966/7, Heft 2.
G. A. Wetter, Der dialektische Materialismus, Seine Geschichte und sein System in der Sowjetunion. Freiburg/Brsg. 1960.

G. A. Wetter, Sowjetideologie heute, Bd. 1: Dialektischer und historischer Materialismus. Frankfurt a. M.-Hamburg 1962.

K. Mehnert, Weltrevolution durch Weltgeschichte. Die Geschichtslehren des Stalinismus. Kitzingen 1950. II. Aufl., Stuttgart 1953.

E. Oberländer, Sowjetpatriotismus und Geschichte. Dokumentation. Köln 1967.

K. Marko, Sowjethistoriker zwischen Ideologie und Wissenschaft. Köln 1964.

A. Buchholz, Grundzüge und Entwicklungstendenzen der sowjetischen Naturwissenschaft. Osteuropa 1952. Heft 3–4.

A. Buchholz, Ideologie und Forschung in der sowjetischen Naturwissenschaft. Stuttgart 1953.

R. Bauer, Der neue Mensch in der sowjetischen Psychologie. Bad Nauheim 1955.

E. Asbhy, Als Wissenschaftler in Rußland. Göttingen 1949.

J. Jelagin, Kunst und Künstler im Sowjetstaat. Frankfurt a. M. 1961.

M. Fainsod, How Russia is ruled. Russian Research Center Studies, Bd. 11. Cambridge 1963.

R. Conquest, Power and Policy in the USSR. The Study of Soviet Dynastics. London 1961.

B. Kalnins, Der sowjetische Propagandastaat. Das System und die Mittel der Massenbeeinflussung in der Sowjetunion. Stockholm 1956.

B. Kalnins, Agitprop. Die Propaganda in der Sowjetunion. Wien 1966.

F. Beck, E. Goodin, Russian purge and the extraction of confession. New York 1951.

J. Carmichael, Stalin's masterpiece. London 1976.

B. Levytsky, The Stalinist Terror in the Thirties. Documentation. 1974.

Th. Wittlin, Commissar, The life and death of L. P. Beria. 1972.

I. Dubinskij-Muchadze, Ordžonikidze. Moskau 1967.

A. J. Wyschinski, Gerichtsreden. Berlin 1951.

A. Weissberg-Cybulski, Hexensabbat. Rußland im Schmelztiegel der Säuberungen. Frankfurt a. M. 1951.

Maršal Tuchačevskij. Vospominanija druzej i soratnikov. Moskau 1965.

A. Barmine, One who survived. New York 1945.

W. G. Krivitsky, Ich war in Stalins Dienst. Amsterdam 1940 (Englisch: In Stalin's secret service. New York 1939).

B. Gerland, Die Hölle ist ganz anders. Stuttgart o. J.

E. Goldman, My further desillusionment in Russia. New York 1924.

E. Kusnezow, Lagertagebuch. Aufzeichnungen aus dem Archipel des Grauens. München 1975.

L. A. Sanchez-Salazar, Mord in Mexiko. Die Ermordung Leo Trotzkis. Frankfurt a. M. 1952.

I. Deutscher, Die sowjetischen Gewerkschaften. Ihr Platz in der sowjetischen Arbeitspolitik. Frankfurt/M. 1969.

T. Kirstein, Die Rolle der KPdSU in der Wirtschaftsplanung 1933–1953/55. Wiesbaden 1985.

M. Lewin, La Paysannerie et le pouvoir soviétique, 1928–1950. Paris 1966.

R. C. Tucker (Hrsg.), Stalinism. New York 1977.

VII. Die Schaukelpolitik der Sowjetunion in den Jahren 1934–1941

P. H. Lange, Stalinismus versus Sozialfaschismus und Nationalfaschismus. Revolutionspolitische Ideologie und Praxis unter Stalin 1927–1935. Göppingen 1969.

M. Buber-Neumann, Kriegsschauplätze der Weltrevolution. Ein Bericht aus der Praxis der Komintern 1919–1943. Stuttgart 1967.

E. H. Carr, Von München bis Moskau, Europa-Archiv 1950 – Ders., Berlin-Moskau. Deutschland u. Rußland zwischen d. beiden Weltkriegen. Stuttgart 1954.

N. Kalinin, Mjunchenskij sgovor i predatel'skaja rol' anglijskich lejboristov. Voprosy Istorii 1950/10.

G. Niedhart, Großbritannien und die Sowjetunion 1934–1939. 1972.

R. Coulondre, Von Moskau nach Berlin 1936–1939. Bonn 1950.

G. Bonnet, Fin d'une Europe. De Munich à la guerre. Genève 1948.

J. Bouvier, La vérité sur 1939. La politique extérieure de l'URSS d'oct. 1938 à juin 1941. Paris 1953.

E. Beneš, Paměti. Od Mnichova k nové válce a k novému vitězsvi. Praha 1947.

B. E. Štejn, Novaja anglijskaja fal'sifikacija istorii Mjunchena. Voprosy Istorii 1952/2.

P. Schmidt, Als Statist auf diplomatischer Bühne. Bonn 1949.

J. W. Brügel, Stalin und Hitler, Wien 1973.

A. Dallin, Soviet Russia's Foreign Policy 1939–1942. New Haven 1945.

W. Hagen, Die geheime Front. Linz 1950.

P. Jur'ev, Podgotovka Anglii i Francii k napadeniju na Sovetskij Sojuz s juga v 1939/40. Voprosy Istorii 1949.

J. Beck, Dernier rapport. Politique polonaise 1926–1939. Paris 1952.

Comte Jean Szembek, Journal 1933–1939. Paris 1952.

V. M. Molotov, Stat'i i reči 1935–1936. Moskau 1937.

G. L. Weinberg, Germany and the Soviet Union 1939–1941. Leiden 1954.

A. Bullock, Hitler. Eine Studie über Tyrannei. Düsseldorf 1953.

P. W. Fabry, Der Hitler-Stalin-Pakt 1939–1941. Darmstadt 1962.

M. Braubach, Hitlers Weg zur Verständigung mit Rußland im Jahre 1939. Bonn 1960.

W. v. Blücher, Gesandter zwischen Diktatur und Demokratie. Erinnerungen 1935–1940. Wiesbaden 1951.

J. R. Deane, Ein seltsames Bündnis. Wien o. J.

H. G. Seraphim, Die deutsch-russischen Beziehungen 1939–1941. Hamburg 1949.

A. Rossi, Zwei Jahre deutsch-sowjetisches Bündnis 1939–1941. Köln 1954.

G. v. Rauch, Der deutsch-sowjetische Nichtangriffspakt vom August 1939 und die sowjetische Geschichtsforschung. Geschichte in Wiss. und Unterricht 1966/8.

W. Hofer, Die Entfesselung des Zweiten Weltkrieges. Stuttgart 1954.

S. Mikolajczyk, The rape of Poland. New York 1948.

J. H. Wuorinen, Finland and World War II. New York 1948.

N. Kalinin, Sovetsko-finskaja vojna i predatel'skaja politika anglijskich lejboristov. Voprosy Istorii 1950.

H. v. Rimscha, Die Baltikumpolitik der Großmächte. Hist. Zeitschrift 1954, 177/2.

B. Meissner, Die Sowjetunion, die baltischen Staaten und das Völkerrecht. Köln 1956.

Diktierte Option. Die Umsiedlung der Deutschbalten aus Estland und Lettland 1939–1941. Dokumente, zus. von D. A. Loeber. Neumünster 1972.

L. Šabaliunas, Lithuania in Crisis 1939–1940. Bloomington 1972.

G. L. Weinberg, Der deutsche Entschluß zum Angriff auf die Sowjetunion. Vierteljahreshefte für Zeitgesch. 1953/4.

M. Freund, Die Entstehung des deutsch-sowjetischen Krieges. Außenpolitik 1951, Heft 5–6.

H. Holldack, Was wirklich geschah. Die diplomatischen Hintergründe der deutschen Kriegspolitik. München 1949.

Geschichtsfälscher. Der tatsächliche Verlauf der Vorbereitung und Entwicklung der Hitler-Aggression und der Zweite Weltkrieg. Moskau 1948.

G. Gafencu, Vorspiel zum Krieg im Osten. Zürich 1944.

G. Bonnet, De Washington au Quai d'Orsay. Genève 1946. (Dt.: Vor der Katastrophe. Köln 1951).

G. Ciano, Tagebücher 1939–1943. Bern 1947.

G. M. Gamelin, Servir. Bd. 3: La guerre 1939/40. Paris 1946/47.

G. Kahle, Das Kaukasusprojekt der Alliierten vom Jahre 1940. 1973.

J. F. C. Fuller, Die Geschichte des zweiten Weltkrieges 1939–1945. Wien 1950.

H. Bartel, Frankreich und die Sowjetunion 1938–40. Stuttgart 1986.

M. Buber-Neumann, Von Potsdam nach Moskau – Stationen eines Irrweges. Frankfurt 1985.

W. leonhard, Der Schock des Hitler-Stalin-Paktes. Erinnerungen aus der Sowjetunion, Westeuropa und den USA. Freiburg 1986.

B. Pietrow, Stalinismus, Sicherheit, Offensive. Das Dritte Reich in der Konzeption der sowjetischen Außenpolitik 1933 bis 1941. Kasseler Forschungen zur Zeitgeschichte, Band 2. Melsungen 1983.

G. von Rauch, The Baltic States. The Years of Independence. Estonia, Latvia, Lithuania 1917–1940. London 1974.

E. F. Sommer, Botschafter Graf Schulenburg. Der letzte Vertreter des Deutschen Reiches in Moskau. Asendorf 1987.

VIII. Der »Große Vaterländische Krieg« der Sowjetunion

A. Philippi, F. Heim, Der Feldzug gegen Sowjetrußland 1941 bis 1945. Stuttgart 1962.

B. S. Telpuchowski, Die sowjetische Geschichte des »Großen Vaterländischen Krieges 1941 bis 1945«. Hrsg. v. A. Hillgruber und H.-A. Jacobsen. Frankfurt a. M. 1961.

I. J. Minz, J.-M. Rasgon, A. L. Sidorow, Der Große Vaterländische Krieg der Sowjetunion. Berlin 1947.

A. Seaton, Stalin as warlord. London 1976.

B. A. Leach, German Strategy against Russia. Oxford 1973.

W. Erfurth, Der finnische Krieg 1941–1944. Wiesbaden 1950.

D. W. Pawlow, Die Blockade von Leningrad 1941. Frauenfeld 1967.

K. Reinhardt, Die Wende vor Moskau. Stuttgart 1972.

A. Dallin, Deutsche Herrschaft in Rußland 1941–1945. Düsseldorf 1958.

H. Gollwitzer, Und führen wohin Du nicht willst. München 1953.

B. H. Liddell Hart, The other side of the hill. London 1948.

R. Sherwood, Roosevelt and Hopkins. New York 1948.

W. Bedell Smith, Meine drei Jahre in Moskau. Hamburg 1950.

W. D. Leahy, I was there. London 1950.

W. S. Churchill, Der zweite Weltkrieg. Hamburg 1949ff. 5 Bde.

W. S. Churchill, Reden. Zürich 1946ff. 6 Bde.

H. C. Cassidy, Moskau 1941–1943. Zürich 1944.

H. W. Baldwin, Great mistakes of the war. New York 1950.

D. Eisenhower, Kreuzzug in Europa. Stuttgart 1949.

J. F. Byrnes, Speaking Frankly. New York 1947.

C. Hull, The memoirs of ... New York 1948.

W. H. CHAMBERLIN, Amerikas zweiter Kreuzzug. Kriegspolitik und Fehlschlag Roosevelts. Bonn 1952.
G. K. ŽUKOV, Vospominanija i razmyšleninija. Moskau 1969.
G. K. ŽUKOV, Vospominanija i razmyšlenija. Moskau 1969.
G. K. SCHUKOW, Erinnerungen und Gedanken. Stuttgart 1969.
K. E. VOROŠILOV, Stat'i i reči. Moskau 1937.
J. A. ARMSTRONG (Hrsg.), Soviet Partisans in World War II. Madison/Wisc. 1964.
A. FISCHER, Sowjetische Deutschlandpolitik im II. Weltkrieg. Stuttgart 1975.
B. MEISSNER, Rußland, die Westmächte und Deutschland. Die sowjetische Deutschlandpolitik 1943–1953. Hamburg 1953.
P. KLEIST, Zwischen Hitler und Stalin 1939–1945. Bonn 1950.
J. MACKIEWICZ, Katyn, ungesühntes Verbrechen. Zürich 1949.
W. ANDERS, Mémoires 1939–1946. Paris 1948.
N. VON HORTHY, Ein Leben für Ungarn. Bonn 1953.
G. MANNERHEIM, Erinnerungen. Zürich–Freiburg 1952.
CHESTER WILMOT, Der Kampf um Europa. Stuttgart 1954.
S. GOLIKOV, Vydajuščiesja pobedy sovetskoj armii v Velikoj Otečestvennoj vojne. Moskau 1952.
I. M. LEMIN, Vnešnjaja politika Sovetskogo Sojuza v period Velikoj Otečestvennoj Vojny. Moskau 1947.
F. R. DULLES, Der Weg nach Teheran. New York 1944.
H. ROTHFELS, Die deutsche Opposition gegen Hitler. Krefeld 1949.
A. W. DULLES, Verschwörung in Deutschland. Kassel 1947.
B. SCHEURIG, Freies Deutschland. Das Nationalkomitee und der Bund Deutscher Offiziere in der Sowjetunion 1943–1945. München 1960.
S. STEENBERG, Wlassow. Verräter oder Patriot? Köln 1968.
W. STRIK-STRIKFELDT, Gegen Stalin und Hitler. General Wlassow und die russische Freiheitsbewegung. Mainz 1970.
G. FISCHER, Soviet Opposition to Stalin. A case study in World War II. Cambridge/Mass. 1952.
G. FISCHER, General Vlasov's Official Biography. Russian review 1949.
N. BETHELL, The last secret. Forcible repatriation to Russia 1944–1947. London 1974.
E. KIRIMAL, Der nationale Kampf der Krimtürken. Emsdetten 1952.
J. THORWALDT, Wen sie verderben wollen. Stuttgart 1952. 2. Auflage u. d. Titel: Die Illusion. Stuttgart 1974.
A. KAZANCEV, Tret'ja sila. Frankfurt a. M. 1952.
N. SINEWIRSKIJ, Smerž. Limburg 1948.
R. CONQUEST, The Soviet Deportation of Nationalities. London 1960.
E. R. STETTINIUS, Roosevelt and the Russians. The Yalta Conference. New York 1949.
M. W. CLAUSS, Der Weg nach Jalta. Heidelberg 1952.
J. CIECHANOWSKI, Defeat in Victory. New York 1947.
K. EUBANK, Summit at Teheran. The Untold Story. New York 1985.
I. FLEISCHHAUER, Die Chance des Sonderfriedens. Deutsch-sowjetische Geheimgespräche 1941–1945. Berlin 1986.
A. LEHMANN, Gefangenschaft und Heimkehr. Deutsche Kriegsgefangene in der Sowjetunion. München 1986.
E. SOMMER, Das Memorandum – Wie der Sowjetunion der Krieg erklärt wurde. München 1981.
G. R. UEBERSCHÄR, W. WETTE (Hrsg.), »Unternehmen Barbarossa«. Der deutsche Überfall auf die Sowjetunion 1941. Berichte, Analysen, Dokumente. Paderborn 1984.

IX. Die Sowjetunion nach dem Kriege

D. J. DALLIN, Das wirkliche Sowjetrußland. Hamburg 1948.

E. MENZEL (Hrsg.), Die Friedensverträge von 1947 mit Italien, Ungarn, Bulgarien, Rumänien und Finnland. Quellen für Politik und Völkerrecht Bd. I. Frankfurt a. M. 1948.

B. LEWYTZKYJ, Die Sowjetukraine nach 1945. Köln–Berlin 1962.

E. BIRKE, R. NEUMANN, Die Sowjetisierung Ostmitteleuropas. Untersuchungen zu ihrem Ablauf in den einzelnen Ländern. Frankfurt am Main–Berlin 1959.

W. MARKERT (Hrsg.), Osteuropa-Handbuch. Bd. I: Jugoslawien. Köln 1954.

Y. GLUCKSTEIN, Stalins Satellites in Europe. London 1952.

W. v. HARPE, Die Sowjetunion, Finnland und Skandinavien 1945–1955. Köln–Graz 1956.

E. JAHN, Sozioökonomische Bedingungen der sowjetischen Außenpolitik. Frankfurt 1975.

E. BOETTCHER, Die sowjetische Wirtschaftspolitik am Scheideweg. Tübingen 1959.

K. C. THALHEIM, Grundzüge des sowjetischen Wirtschaftssystems. Köln 1962.

H. RAUPACH, System der Sowjetwirtschaft. Hamburg 1968.

B. NICOLAEVSKY, Neuer Feldzug gegen das Dorf. Ostprobleme 1951.

R. LÖWENTHAL, B. MEISSNER (Hrsg.), Sowjetische Innenpolitik. Triebkräfte und Tendenzen. Stuttgart 1968.

A. INKELES, Social stratification and mobility in the Soviet Union 1940–1950. Amer. social review 1950.

B. MEISSNER, Die soziale Struktur der KPdSU. In: Osteuropa 16/Nr. 9 1966.

B. MEISSNER, Der Wandel im sozialen Gefüge der Sowjetunion. Ibid. 1950, Heft 9.

B. MEISSNER (Hrsg.), Sowjetgesellschaft im Wandel. Stuttgart 1966.

B. MEISSNER, Rußland im Umbruch. Der Wandel in der Herrschaftsordnung und sozialen Struktur der Sowjetunion. Frankfurt a. M. 1951.

B. MEISSNER, Die Verfassungsentwicklung der Sowjetunion seit dem Zweiten Weltkriege. Jhb. f. intern. u. ausl. öffentl. Recht. Hamburg 1949.

K. MEYER, Das wissenschaftliche Leben in der UdSSR. Berlin 1959.

G. MÖBUS, Psychagogie und Pädagogik des Kommunismus. Köln–Opladen 1959.

A. SHDANOW, Kritische Bemerkungen zu dem Buch A. F. Alexandrows, Geschichte der westeuropäischen Philosophie. Berlin 1950.

Voprosy jazykoznanija v svete trudov I. V. Stalina. Moskau 1952.

J. RÜHLE, Literatur und Revolution. Köln–Berlin 1960.

G. v. RAUCH, Die Grundlinien der sowjetischen Geschichtsschreibung im Zeichen des Stalinismus. Europa-Archiv 1950, 19–21.

H. JABLONOWSKY, Die Lage der sowjetischen Geschichtswissenschaft nach dem zweiten Weltkriege. Saeculum 1951, II/3.

G. v. RAUCH, Die Sowjetgeschichte und das »geringste Übel«. Osteuropa 1952, Heft 2.

G. v. RAUCH, La fonction politique de l'Histoire Soviétique. Supplément de la Revue Preuves, Science et Liberté. Paris 1954, Nr. 37.

B. E. ŠTEJN, Buržuaznye fal'sifikatory istorii 1919–1939. Moskau 1951.

Kritika zapadno-germanskogo ostforšunga, Moskau 1966.

K. MEHNERT, Der Sowjetmensch. Stuttgart 1958.

B. SPULER, Die Rechtslage d. orthodoxen Kirche in d. UdSSR. Ostprobleme 1949.

B. SPULER, Die Gegenwartslage der Ostkirche in ihrer völk. und staatl. Umwelt. Wiesbaden 1948.
R. STUPPERICH, Kirche und Staat in der Sowjetunion, Gesetze und Verordnungen. Witten 1962.
D. KONSTANTINOW, Die Kirche in der Sowjetunion. Möglichkeiten und Schranken religiösen Lebens. Salzburg 1973.
G. KLIMOW, Berliner Kreml. Köln 1951.
H. KROLL, Lebenserinnerungen eines Botschafters. Köln 1967.
W. MARKERT (Hrsg.), Die Sowjetregierung und der österreichische Staatsvertrag. (Tübingen) 1953.
The Soviet Union and the Middle East (nach 1945), ed. I. J. LEDERER and W. S. VUCINICH. 1974.
C. BRANDT, B. J. SCHWARTZ, J. K. FAIRBANK, A Documentary History of Chinese Comunism. London 1952.
B. MEISSNER, Der ideologische Konflikt zwischen Moskau und Peking. In: Beilage zur Wochenzeitung Das Parlament, B 11/61.
K. MEHNERT, Peking und Moskau. Stuttgart 1962.
H. BRAHM, Pekings Griff nach der Vormacht. Köln 1966.
B. MEISSNER, Hrsg. Moskau-Bonn. Die Beziehungen zwischen der Sowjetunion und der Bundesrepublik Deutschland 1955–1973, 2 Bde. Köln 1975.
B. MEISSNER, Die kommunistische Partei der Sowjetunion vor und nach dem Tode Stalins. Parteiführung, Parteiorganisation, Parteiideologie. Frankfurt a. M. 1954.
G. BORTOLI, Mort de Staline, Paris 1973.
A. NOVE, Stalinism and after. London 1975.
A. ROTHBERG, The heirs of Stalin, Ithaka 1972.
W. LEONHARD, Kreml ohne Stalin. Köln 1959.
B. MEISSNER, Der Nachfolger. G. M. Malenkow. Osteuropa 1953, 2.
G. M. MALENKOW, Rechenschaftsbericht des Zentralkomitees der KPdSU an den XIX. Parteitag. Hrsg. vom Parteivorstand der KPD. Stuttgart o. J.
S. ALLILUJEWA, Zwanzig Briefe an einen Freund. Wien 1967.
A. DALLIN, Sowjetische Außenpolitik nach Stalins Tod. Köln–Berlin 1961.
G. PALOCZI-HORVATH, Chruschtschow. Frankfurt a. M. 1960.
B. MEISSNER, Rußland unter Chruschtschow. München 1960.
E. BOETTCHER, H.-J. LIEBER, B. MEISSNER (Hrsg.), Bilanz der Ära Chruschtschow. Stuttgart 1966.
B. MEISSNER, Das Ende des Stalin-Mythos. Die Ergebnisse des XX. Parteikongresses der KPdSU. Frankfurt a. M. 1956.
E. F. PRUCK, Die Rehabilitierung von Kommandeuren der Roten Armee. In: Osteuropa 14/1964.
J. MONETA, Kommentar zum Kurzen Lehrgang der Geschichte der Kommunistischen Partei der Sowjetunion. Aufgang und Niedergang des Stalinismus. Köln 1953.
B. LEWYTZKYJ, Die Kommunistische Partei der Sowjetunion. Porträt eines Ordens. Stuttgart 1967.
R. LÖWENTHAL, Chruschtschow und der Weltkommunismus. Stuttgart 1963.
R. C. TUCKER, La Politique Soviétique. Essais sur la pensée politique stalinienne et post-stalinienne. Paris 1967.
XXIII. Parteitag der Kommunistischen Partei der Sowjetunion. o. O. 1966.
G. NOLLAU, Zerfall des Weltkommunismus. Köln 1963.
E. CRANKSHAW, Risse in der Kremlmauer. Stuttgart 1953.
W. HOFMANN, Stalinismus und Antikommunismus. Zur Soziologie des Ost-West-Konfliktes. Frankfurt a. M. 1967.
R. AHLBERG, Weltrevolution durch Koexistenz. Berlin 1962.

W. LEONHARD, Sowjetideologie heute, Bd. II. Die politischen Lehren. Frankfurt a. M.–Hamburg 1962.

W. LEONHARD, Die Revolution entläßt ihre Kinder. Köln–Berlin 1955.

E. FISCHER, Das Ende einer Illusion. Erinnerungen 1945–1955. Wien 1973.

V. N. BELEZKI, Die Politik der Sowjetunion in den deutschen Angelegenheiten in der Nachkriegszeit 1945–1976. Berlin (Ost) 1977.

S. BIALER, Stalin's Successors. Leadership, Stability, and Change in the Soviet Union. Cambridge, Mass. 1980.

Z. K. BRZEZINSKI, The Soviet Bloc. Unity and Conflict. 2. Aufl. Cambridge, Mass. 1967.

J. ELLEINSTEIN, Histoire du phénomène stalinien. Paris 1975.

J. HACKER, Der Ostblock. Entstehung, Entwicklung und Struktur 1939–1980. Baden-Baden 1983.

A. HEGEDÜS, Im Schatten einer Idee. Eine Befragung von Zoltán Zsille zur Vergangenheitsbewältigung eines Stalinisten. Hrsg. u. Übers. H.-H. PARTZKE. Zürich 1986.

B. H. KERBLAY, Les marchés paysans en U.R.S.S. Paris 1968.

F. ST. LARRABEE, The Challenge to Soviet Interests in Eastern Europe. Santa Monica, Cal. 1985.

H. G. LEHMANN, Öffnung nach Osten. Die Ostreisen Helmut Schmidts und die Entstehung der Ost- und Entspannungspolitik. Bonn 1984.

P. LENDVAI, Das eigenwillige Ungarn. Innenansichten eines Grenzgängers. Zürich 1986.

W. LINK, Der Ost-West-Konflikt. Die Organisation der internationalen Beziehungen im 20. Jahrhundert. Stuttgart, Berlin, Köln, Mainz 1980.

A. MARTINY, Bauen und Wohnen in der Sowjetunion nach dem Zweiten Weltkrieg. Bauarbeiterschaft, Architektur und Wohnverhältnisse im sozialen Wandel. Berlin 1983.

R. MEDWEDJEW, Chruschtschow. Eine politische Biographie. Aus dem Russischen von Anton Manzella. Stuttgart, Herford 1984.

R. MEYER V. ACHENBACH, Gedanken über eine konstruktive deutsche Ostpolitik. Eine unterdrückte Denkschrift aus dem Jahr 1953. Hrsg. von J. H. SCHOEPS. Frankfurt/M. 1986.

R. J. MISIUNAS and R. TAAGEPERA, The Baltic States. Years of Dependence 1940–1980. London 1983.

B. PINKUS, The Soviet Government and the Jews 1948–1967. A documented study. Jonathan Frankel, General Editor. Cambridge, London, New York, Sydney 1984.

Die Sowjetunion auf internationalen Konferenzen während des Großen Vaterländischen Krieges 1941–1945. Hrsg. von A. A. GROMYKO. 6 Bde. Moskau u. Berlin (Ost) 1986ff.

W. J. SIPOLS, I. A. TSCHELYSCHEW, V. N. BELEZKI, Jalta-Potsdam: Basis der europäischen Nachkriegsordnung. Berlin (Ost) 1985.

J. TIEDTKE, Abrüstung in der Sowjetunion. Wirtschaftliche Bedingungen und soziale Folgen der Truppenreduzierung von 1960. Mit einem Vorwort von Egbert Jahn. Frankfurt/M., New York 1985.

X. Die Ära Brežnev.

M. MOROZOW, Leonid Breschnew, Stuttgart 1973.

J. DORNBERG, Brezhnev. The masks of power. London 1974.

L. BRESCHNEW, Über die Politik der Sowjetunion und die internationale Lage. Reden und Schriften. Köln 1973.

B. MEISSNER, Die Sowjetunion zwischen dem 24. und 25. Parteikongreß der KPdSU. Osteuropa 1975, Heft 11.

Sowjetunion 1973. Innenpolitik Wirtschaft Außenpolitik. Analyse und Bilanz. Hrsg. v. Bundesinstitut für Ostwissenschaftliche und internationale Studien. München 1974.

Sowjetunion 1974/75. Innenpolitik Wirtschaft Außenpolitik. Analyse und Bilanz. Hrsg. v. Bundesinstitut für Ostwissenschaftliche und internationale Studien. München 1975.

Sowjetunion 1975/76. Innenpolitik Wirtschaft Außenpolitik. Analyse und Bilanz. Hrsg. v. Bundesinstitut für Ostwissenschaftliche und internationale Studien. München 1976.

B. MEISSNER, Die KPdSU zwischen Stabilität und Stagnation. Osteuropa 1976, Heft 8/9.

DERS. Parteiführung, Parteiorganisation und soziale Struktur der KPdSU, ibid.

A. PARRY, The New Class Divided. Science and Technology versus Communism. New York 1966.

C. GERSTENMAIER, Die Stimme der Stummen. Die demokratische Bewegung in der Sowjetunion. Stuttgart 1971.

Opposition in der Sowjetunion, hrsg. von Heinz Brahm, Köln 1972.

R. L. TÖKES (Hrsg.), Dissent in the USSR, Baltimore 1975.

A. SOLŽENICYN, Archipelag GULag. Paris (russ.), 1973/74.

W. BUKOWSKIJ, UdSSR. Opposition. Eine neue Geisteskrankheit in der Sowjetunion? Eine Dokumentation, hrsg. von W. Bukowskij und J. J. Marie. München 1971.

H. MEINHARDT (Bearb.), 50 Jahre Sowjetmacht – ein großer Sieg der Arbeiterklasse und der Völker der Sowjetunion unter Führung der Partei Lenins. Gotha o. J.

B. LEWYTZKYJ, Sowjetische Entspannungspolitik heute. Stuttgart 1976.

B. MEISSNER, Die Breschnew-Doktrin. Das Prinzip des proletarisch-sozialistischen Internationalismus und die Theorie von den verschiedenen Wegen zum Sozialismus. Dokumentation. Köln 1969.

Moskau-Bonn. Die Beziehungen zwischen der Sowjetunion und der Bundesrepublik Deutschland 1955–1973. Dokumentation. Hrsg. u. eingeleitet von Boris Meissner. 1–2, Köln 1975.

V. V. ASPATURIAN, Moscow's foreign policy. In: Survey, oct. 1967.

T. GILBERT, Soviet Communist Party and Scandinavian Communism in Norway, Oslo 1973.

R. LÖWENTHAL und H. VOGEL, Sowjetpolitik der Siebziger Jahre. Wandel und Beharrung. Stuttgart 1972.

M. TATU, Macht und Ohnmacht im Kreml. Frankfurt/Berlin 1968.

W. LEONHARD, Am Vorabend einer neuen Revolution? Die Zukunft des Sowjetkommunismus, Gütersloh 1975.

W. W. KULSKI, The Soviet Union in world affairs. A documented analysis 1964–1972, Syracuse 1973.

CH. B. MCLANE, Russia and the third world. Studies in the Soviet Union, 1967.

K. STAJNER, 7000 Tage in Sibirien, Wien 1975.

W. KUBALLA, Ein Koloß wird umgebaut. Lage und Zukunft des Sowjetreiches. Frankfurt 1975.

H. SMITH, Die Russen. Bern 1976.

R. G. KAISER, Alle Kinder Lenins. Rußland heute. Alltag einer Weltmacht. Reinbek 1976.

H. ADOMEIT, Die Sowjetmacht in internationalen Krisen und Konflikten.

Verhaltensmuster, Handlungsprinzipien, Bestimmungsfaktoren. Baden-Baden 1983.

H. Allardt, Moskauer Tagebuch. Düsseldorf 1973.

A. Amalrik, Kann die Sowjetunion das Jahr 1984 überleben? Ein Essey. Zürich 1970.

A. Amalrik, Aufzeichnungen eines Revolutionärs. Berlin u. a. 1983.

Amnesty international (Hrsg.), Politische Gefangene in der UdSSR. Frankfurt a. M. 1980.

G. A. Arbatow, W. Oltmans, Der Sowjetische Standpunkt. Über die Westpolitik der UdSSR. München 1981.

C. Arndt, Die Verträge von Moskau und Warschau. Politische, verfassungsrechtliche und völkerrechtliche Aspekte. 2. Aufl. Bonn–Bad Godesberg 1982.

P. Bender, Neue Ostpolitik. Vom Mauerbau bis zum Moskauer Vertrag. München 1986.

K. v. Beyme, Die Sowjetunion in der Weltpolitik. 2. Aufl. München, Zürich 1985.

D. Bingen (Hrsg.), Polen 1980–1984. Dauerkrise oder Stabilisierung? Strukturen und Ereignisse in Politik, Gesellschaft und Wirtschaft. Baden-Baden 1985.

L. I. Breshnew, Auf dem Wege Lenins. Bd. 1–8. Berlin 1971–82.

L. I. Breshnew, Ausgewählte Reden. Berlin 1975.

L. Breshnew, Für Frieden, Entspannung, Abrüstung. Aus Reden und Interviews 1971–1980. Frankfurt am Main 1980.

L. I. Breshnew, Kurzer biographischer Abriß. Frankfurt am Main 1977.

G. W. Breslauer, Khrushchev and Brezhnev as Leaders. Building Authority in Soviet Politics. London, Boston, Sydney 1982.

G. Brunner, Politische Soziologie der UdSSR. Wiesbaden 1977.

G. Brunner und H. Herlemann (Hrsg.), Politische Kultur, Nationalitäten und Dissidenten in der Sowjetunion. Berlin 1982.

G. Brunner und H. Herlemann (Hrsg.), Sicherheitspolitik und internationale Beziehungen der Sowjetunion. Berlin 1982.

K. Brutenz, Die befreiten Länder in der Welt von heute. Berlin (Ost) 1981.

A. D. Butenko, Socialističeskij obraz žizni i formirovanie novogo čeloveka. Moskva 1975.

D. Caldwell (Ed.), Soviet International Behavier and U.S. Policy Options. A Study of the Center for Foreign Policy Development. Lexington, Mass. 1985.

H. Carrère d'Encausse, Risse im Roten Imperium. Das Nationalitätenproblem in der Sowjetunion. Wien–München–Zürich–Innsbruck 1979.

R. Cassen (Ed.), Soviet Interests in the Third World. London 1985.

L. Ja. Čerkasskij, Strategija mira. Bur'ba SSSR protiv ugrozy jadernoj vojny i za razoruženie na sovremennom etape. Moskva 1972.

P. Cocks, R. V. Daniels and N. W. Heer (Hrsg.), The Dynamic of Soviet Politics. Cambridge, Mass. 1976.

H. Conert, W. Eichwede, Produktionsverhältnis und Arbeiterklasse in der UdSSR. Hannover 1976.

M. Confino und S. Shamir (Hrsg.), The USSR and the Middle East. Jerusalem 1973.

E. Crome, S. Quilitzsch, Sozialistische Weltmacht UdSSR. Berlin (Ost) 1984.

R. Damus, RGW – Wirtschaftliche Zusammenarbeit in Osteuropa. Opladen 1979.

J. DeBardeleben, The Environment and Marxism-Leninism: The Soviet and East German Experience. Boulder, CO 1984.

R. Dirnecker, Sowjetische Weltpolitik unter Breschnew. Berlin 1981.

Dokumente und Materialien der Zusammenarbeit zwischen der Sozialistischen Einheitspartei Deutschlands und der Kommunistischen Partei der Sowjetunion. 1980 bis 1985. Berlin (Ost) 1986.

J. D. DOUGLASS JR., Sowjetische Militärstrategie in Europa. München 1983.

Eurokommunismus im Widerspruch. Analyse und Dokumentation. Herausgegeben, übersetzt und eingeleitet von M. STEINKÜHLER. Köln 1977.

L. FISHER-RUGE, Alltag in Moskau. Düsseldorf–Wien 1984.

I. FLEISCHHAUER, u. B. PINKKUS, The Soviet Germans. Past and Present. London 1986.

H. FOCK, Vom Zarenadler zum Roten Stern. Die Geschichte der russischen/sowjetischen Marine. Herford 1985.

D. FRENZKE, Verträge der UdSSR über Freundschaft und Zusammenarbeit. Analyse und Dokumentation. Berlin 1983.

Von wo geht die Gefahr für den Frieden aus. 3. Aufl. Moskau 1984.

W. GEIERHOS, Das Kräfteverhältnis. Die neue Globalstrategie der Sowjetunion. Lüneburg 1980.

H. GELMAN, The Brezhnev Politburo and the Decline of Detente. New York 1985.

V. GERSCHUNI, N. LESNITSCHENKO, u. a., Das unterirdische Feuer. Texte der russischen Gewerkschaftsopposition SMOT. Berlin 1985.

Geschichte der Kommunistischen Partei der Sowjetunion. 7. Auflage. Moskau 1983 – 3., überarbeitete und erweiterte Auflage. Frankfurt/M. 1984.

S. G. GORSCHKOW, Seemacht Sowjetunion. Deutsche Ausgabe herausgegeben von E. OPITZ. Hamburg 1978.

A. GROMYKO, Vnešnjaja politika SŠA: uroki i dejstvitel'nost'. 60–70-e gody. Moskva 1978.

A. GROMYKO, Den Frieden auf Erden erhalten. Reden und Schriften. Köln 1984.

A. HELLER, F. FEHÉR, G. MARKUS, Der sowjetische Weg. Bedürfnisdiktatur und entfremdeter Alltag. Hamburg 1983.

ED. A. HEWETT, Energy, Economics, and Foreign Policy in the Soviet Union. Washington 1984.

J. K. HOENSCH, Geschichte Ungarns 1867–1983. Stuttgart, Berlin, Köln, Mainz 1984.

J. K. HOENSCH, Sowjetische Osteuropa-Politik 1945–1975. Kronberg/Ts. 1977.

R. L. HUTCHINS, Soviet-East-European Relations. Consolidation and Conflict 1968–1980. Madison, Wisc. 1985.

Internationale ökonomische Organisationen der RGW-Länder. Dokumente. Hrsg. Institut für ausländisches Recht und Rechtsvergleichung der Akademie für Staats- und Rechtswissenschaft der DDR. Berlin 1985.

C. KEEBLE Ed., The Soviet State: The Domestic Roots of Soviet Foreign Policy. Aldershot, Hants, England 1985.

V. V. KALJAGIN, Novatorskij poisk ipatovcev. Moskva 1979.

D. KAMINSKAJA, Als Strafverteidigerin in Moskau. Weinheim 1985.

C. A. KERN-SIMIRENKO (Hrsg.), Professionalization of Soviet Society. New Brunswik 1982.

H. A. KISSINGER, Memoiren 1968–73. München 1979.

Konferenz der kommunistischen und Arbeiterparteien Europas. Berlin, 29. und 30. Juni 1976. Dokumente und Reden. Berlin (Ost) 1976.

J. KRAUSE, Sowjetische Militärhilfepolitik gegenüber Entwicklungsländern. Baden-Baden 1985.

W. KÜHNE, Die Politik der Sowjetunion in Afrika. Bedingungen und Dynamik ihres ideologischen, ökonomischen und militärischen Engagements. Baden-Baden 1983.

A. LEBAHN, Sozialistische Wirtschaftsintegration und Ost-West-Handel im sowjetischen internationalen Recht. Berlin 1976.

N. I. LEBEDEV, Velikij Oktjabr' i perestrojka meždunarodnych otnošenij (Der Große Oktober und die Umgestaltung der internationalen Beziehungen). Moskva 1978.

W. LEONHARD, Eurokommunismus. Herausforderung für Ost und West. München 1978.

B. LEWYTZKYJ, »Sovetskij narod« – »Das Sowjetvolk«. Nationalitätenpolitik als Instrument des Sowjetimperialismus. Hamburg 1983.

R. LÖWENTHAL, B. MEISSNER (Hrsg.), Der Sowjetblock zwischen Vormachtkontrolle und Autonomie. Köln 1984.

R. LÖWENTHAL, Die Sowjetunion als Weltmacht. Berlin 1976.

Z. MEDVEDJEV, Bericht und Analyse der bisher geheimgehaltenen Atomkatastrophe in der UdSSR. Hamburg 1979.

K. MEHNERT, Über die Russen heute. Was sie lesen, wie sie sind. 2. Aufl. Bergisch-Gladbach 1986.

R. u. K. MEIER, Sowjetrealität in der Ära Breschnew. Stuttgart 1981.

B. MEISSNER und G. BRUNNER, Gruppeninteressen und Entscheidungsprozeß in der Sowjetunion. Köln 1975.

Z. MLYNÁŘ, Nachtfrost. Erfahrungen auf dem Weg vom realen zum menschlichen Sozialismus. Köln, Frankfurt a. M., 1978.

P. J. MURPHY, Brezhnev: Soviet Politician. Jefferson (NC) 1981.

U. NERLICH (Hrsg.), unter Mitwirkung von Falk Bomsdorf, Die Einhegung sowjetischer Macht. Kontrolliertes militärisches Gleichgewicht als Bedingung europäischer Sicherheit. Baden-Baden 1982.

U. NERLICH (Hrsg.), unter Mitwirkung von Falk Bromsdorf, Sowjetische Macht und westliche Verhandlungspolitik im Wandel militärischer Kräfteverhältnisse. Baden-Baden 1982.

H.-H. NOLTE, Gruppeninteressen und Außenpolitik. Die Sowjetunion in der Geschichte der internationalen Beziehungen. Frankfurt am Main–Zürich 1979.

A. NOVE, Das sowjetische Wirtschaftssystem. Baden-Baden 1980.

J. S. NYE JR., The Making of America's Soviet Policy. New Haven 1984.

Der Palme-Bericht. Bericht der Unabhängigen Kommission für Abrüstung und Sicherheit. »Common Security«. Berlin 1982.

R. PIPES (Hrsg.), Soviet Strategy in Europe. New York 1976.

B. N. PONOMARJOW, Der Kommunismus in der sich verändernden Welt. Frankfurt am Main 1984.

JU. N. RACHMANINOV, Problema evropejskoj bezopasnosti: istoričeskij opyt ee rešenija 1917–1977. Moskva 1979.

C. RICE, The Soviet Union and the Czechoslovak Army, 1948–1983: Uncertain Allegiance. Princeton 1984.

V. Z. ROGOVIN, Nravstvennye osnovy socialističeskogo obraza žizni. Moskva 1976.

A. SACHAROW, Den Frieden retten! Ausgewählte Aufsätze, Briefe, Aufrufe 1978–1983. Hrsg. von Cornelia Gerstenmaier. Stuttgart, Bonn 1983.

R. A. SAFAROV, Obščestvennoe mnenie i gosudarstvennoe upravlenie. Moskva 1975.

W. SAGLADIN (Hrsg.), Europa und die Kommunisten. Frankfurt am Main 1977.

C. R. SAIVETZ and S. WOODBY, Soviet-Third World Relations. Boulder, Co, London 1985.

K. SCHLÖGEL, Der renitente Held. Arbeiterprotest in der Sowjetunion 1953–1983. Hamburg 1984.

W. Schwanitz, Die hegemoniale Vertragspolitik der Sowjetunion und der DDR. Militärpolitik und Völkerrecht. Berlin 1983.

H.-R. Schwartz, B. Meissner, Entspannungspolitik in Ost und West. Köln 1979.

Die sowjetische Intelligenz. Kurzer Abriß der Geschichte 1917–1980. Moskau 1982.

Sozialistische Orientierung national befreiter Staaten. Grundprobleme, Hauptprozesse. Brehme u. a. Berlin (Ost) 1985.

R. F. Starr (Ed.), Yearbook on International Communist Affairs 1985. Parties and Revolutionary Movements. Stanford, Cal. 1985.

A. Stent, Wandel durch Handel? Die politisch-wirtschaftlichen Beziehungen zwischen der Bundesrepublik Deutschland und der Sowjetunion. Köln 1983.

P. Stiller, Sozialpolitik in der UdSSR 1950–80. Eine Analyse der quantitativen und qualitativen Zusammenhänge. Baden-Baden 1983.

R. Szawlowski, The System of the International Organizations of the Communist Countries. Leyden 1976.

W. Teckenberg, Gegenwartsgesellschaften: UdSSR. Stuttgart 1983.

S. M. Terry, Ed., Soviet Policy in Eastern Europe. New Haven 1985.

N. A. Tichonow, Die sowjetische Wirtschaft: Errungenschaften, Probleme, Perspektiven. Frankfurt am Main 1985.

St. Tiedtke, Abschreckung und ihre Alternativen. Die sowjetische Sicht einer westlichen Debatte. Heidelberg 1986.

St. Tiedtke, Rüstungskontrolle aus sowjetischer Sicht. Die Rahmenbedingungen der sowjetischen MBFR-Politik. Frankfurt/New York 1980.

A. B. Ulam, Dangerous Relations. The Soviet Union in World Politics, 1970–1982. New York/Oxford 1983.

A. Uschakow, Integration im RGW (Comecon). Dokumente. Baden-Baden 1983.

D. F. Ustinov, Ausgewählte Reden und Aufsätze. Berlin (Ost) 1981.

Verfassung (Grundgesetz) der Union der Sozialistischen Sowjetrepubliken. Angenommen auf der siebenten Außerordentlichen Tagung des Obersten Sowjets der UdSSR der neunten Legislaturperiode am 7. Oktober 1977. Moskau 1977.

H. Vogel (Hrsg.), Die sowjetische Intervention in Afghanistan. Entstehung und Hintergründe einer weltpolitischen Krise. Baden-Baden 1980.

E. K. Volkenier, The Soviet Union and the Third World. An Economic Bind. New York 1985.

H. Volle und W. Wagner, Krise in Polen vom Sommer 80 bis Winter 81 in Beiträgen und Dokumenten aus dem Europa-Archiv. Bonn 1982.

M. Voslenski, Nomenklatura – Die herrschende Klasse der Sowjetunion. Wien 1980.

Der Warschauer Vertrag. Bündnis für Frieden und Sozialismus. Unter der Hauptredaktion von Marschall der Sowjetunion W. G. Kulikow. Berlin (Ost) 1982.

G. Wettig, in Zusammenarbeit mit Ph. A. Petersen und J. G. Hines, Sicherheit über alles! Krieg und Frieden in sowjetischer Sicht. Köln 1986.

V. V. Zagladin, I. T. Frolov, Global'nye problemy sovremennosti: naučnyj i social'nyj aspekty. Moskva 1981.

XI. Die Übergangsperiode. Andropov und Černenko

P. A. Abrassimow, 300 Meter vom Brandenburger Tor. Erinnerungen eines Botschafters. Berlin (Ost) 1985.

J. Andropow, Ausgewählte Reden und Schriften. Berlin (Ost) 1983.

A. Arbatov, Voenno-strategičeskij paritet i politika SŠA. Moskva 1984.

K. Bednarz, Mein Moskau. Notizen aus der Sowjetunion. Hamburg 1985.

A. Beichman u. M. S. Bernstam, Andropov: New Challenge to the West. New York 1983.

R. F. Byrnes, Ed., After Breshnev. Sources of Soviet Conduct in the 1980s. Bloomington 1983.

Ju. M. Chil'čevskij, A. K. Subbotin, Mirovoe ékonomičeskoe razvitie: rezervy sotrudničestva. Moskva 1984.

J. M. Collins, U.S.-Soviet Military Balance 1980–1985. Elmsford, New York 1985.

M. Ebon, The Andropov File. New York 1983.

R. J. Hill, P. Frank, The Soviet Communist Party. London 1983.

H.-H. Höhmann, H. Vogel (Hrsg.), Osteuropas Wirtschaftsprobleme und die Ost-West-Beziehungen. Baden-Baden 1984.

E. P. Hoffmann (Ed.), The Soviet Union in the 1980s. New York 1984.

H.-A. Jacobsen, G. Leptin, U. Scheuner, E. Schulz (Hrsg.), Drei Jahrzehnte Außenpolitik der DDR. Bestimmungsfaktoren, Instrumente, Aktionsfelder. München, Wien 1979.

H. A. Kissinger, Weltpolitik für morgen. Reden und Aufsätze 1982–1985. München 1986.

V. A. Kuroedov, Religija i cerkov' v sovetskom obščestve. Moskva 2. Aufl. 1984.

R. Löwenthal, Weltpolitische Betrachtungen. Göttingen 1983.

M. McCauley (Hrsg.), The Soviet Union after Brezhnev. London, New York 1983.

Z. Medwedjew, Andropow – Der Aufstieg zur Macht. Hamburg 1983.

K. Mehnert, Das zweite Volk meines Lebens. Berichte aus der Sowjetunion 1925–1985. Hrsg. von A. Steininger u. U. Frank-Planitz. Stuttgart 1986.

B. Meissner, Sowjetische Kurskorrekturen. Breshnew und seine Erben. Zürich, Osnabrück 1984.

D. N. Nelson, Ed., Soviet Allies: The Warsaw Pact and the Issue of Reliability. Boulder, CO 1984.

J. Nogee, Ed., Soviet Politics. Russia after Brezhnev. New York 1985.

A. Nove, The Economics of Feasible Socialism. London, Boston, Sidney 1983.

T. Rakowska-Harmstone (Ed.), Communism in Eastern Europe. 2nd ed. Bloomington: Indiana 1984.

R. Rode, H.-D. Jacobsen (Hrsg.), Wirtschaftskrieg oder Entspannung? Eine politische Bilanz der Ost-West-Wirtschaftsbeziehungen. Bonn 1984.

G. Ch. Šachnazarov, Grjaduščij miroporjadok. Moskva 1981.

M. Simjanin, Unter dem Banner des Leninismus. Ausgewählte Reden und Aufsätze. (1945–84). Berlin 1986.

V. Solovyov, E. Klepikova, Yuri Andropov, New York, London 1983.

R. F. Staar, Ed., Yearbook on International Communist Affairs, 1984, Parties and Revolutionary Movements. Stanford 1984.

J. Steele u. E. Abraham, Andropov in Power. Oxford 1983.

J. Tschasow, L. Iljin, A. Guskowa, Nuklearkrieg. Medizinisch-biologische Folgen. Standpunkt der sowjetischen Mediziner. Moskau 1984.

K. U. Tschernenko, Ausgewählte Reden und Aufsätze 1981–84. Berlin (Ost) 1985.

K. U. Tschernenko, Fragen des Partei- und Staatsapparates. Berlin, Moskau 1983.

K. U. Tschernenko, M. S. Gorbatschow, Auf das Niveau der Anforderungen des entwickelten Sozialismus. Frankfurt a. M. 1985.

E. Vesper, Fremde Schwestern. Meine Reise zu den Frauen in der Sowjetunion. Dortmund 1984.

G. Wahl, Theorie und Praxis sozialistischer Demokratie in der Sowjetunion. Politische Partizipation im Rahmen der lokalen Sowjets. Frankfurt am Main 1984.

Zukunftsperspektiven der Sowjetunion. Programm und Wirklichkeit. Herausgegeben von B. Dietz. München 1984.

XII. Die Sowjetunion unter Gorbačev

L. Abalkin, A. Blinow (Hrsg.), Perestroika von innen. Zehn sowjetische Wirtschaftsexperten beziehen Stellung. Düsseldorf u. a. 1989.

H. Adomeit, H.-H. Höhmann und G. Wagenlehner (Hrsg.), Die Sowjetunion als Militärmacht. Stuttgart u. a. 1987.

H. Adomeit, H.-H. Höhmann, G. Wagenlehner (Hrsg.), Die Sowjetunion unter Gorbatschow. Stuttgart u. a. 1990.

J. Afanassjew (Hrsg.), Es gibt keine Alternative zu Perestroika: Glasnost, Demokratie, Sozialismus. Nördlingen 1988.

A. Aganbegjan, Ökonomie und Perestroika. Gorbatschows Wirtschaftsstrategien. Hamburg 1989.

A. G. Aganbeguian, Perestroika. Le double défi soviétique. Paris 1987.

I. Bestushew-Lada, Die Welt im Jahr 2000. Eine sowjetische Prognose für unsere Zukunft. Hrsg. von Gernot Erler. Freiburg i. Br. 1984.

S. Bialer, Der hohle Riese. Die Sowjetunion zwischen Anspruch und Wirklichkeit. Düsseldorf, Wien, New York 1987.

J. Bonner, In Einsamkeit vereint. München 1986.

H. G. Bütow (Hrsg.), Länderbericht Sowjetunion. 2. aktualisierte Aufl. Bonn 1988.

G. Brunner und H. Herlemann (Hrsg.), Modernisierungsprobleme in der Sowjetunion. Berlin 1982.

S. F. Cohen, Sovieticus: American Perceptions and Soviet Realities. New York 1985.

S. F. Cohen, Rethinking the Soviet Experience. Politics and History Since 1917. New York, Oxford 1986.

T. J. Colton, The Dilemma of Reform in the Soviet Union. New York 1986.

Chr. Davis, H.-H. Höhmann und H.-H. Schröder (Hrsg.), Rüstung, Modernisierung, Reform. Die sowjetische Verteidigungswirtschaft in der Perestrojka. Köln 1990.

D. Doder, Machtkampf im Kreml. Hintergründe des Wechsels von Breschnew zu Gorbatschow. Stuttgart 1988.

C. Ferenczi, B. Löhr (Hrsg.), Aufbruch mit Gorbatschow? Entwicklungsprobleme der Sowjetgesellschaft. Frankfurt/M. 1987.

D. Frei, Feindbilder und Abrüstung. Die gegenseitige Einschätzung der UdSSR und der USA. Eine Studie des Instituts der Vereinten Nationen für Abrüstungsforschung (UNIDIR). München 1985.

W. Fricke, W. N. Iwanow, Deutsche Mitbestimmung – russische Perestroika. Forschungsergebnisse deutscher und sowjetischer Wissenschaftler. Bonn 1988.

I. T. Frolow (Hrsg.), Globale Probleme der Zivilisation. Sozialismus und Fortschritt der Menschheit. Düsseldorf 1988.

R. L. Garthoff, Détente and Confrontation: American-Soviet Relations from Nixon to Reagan. Washington 1985.

H. GIGER, W. LINDER (Hrsg.), Sozialismus. Ende einer Illusion. Zerfallserscheinungen im Lichte der Wissenschaften. Köln 1988.

J. GLAUBITZ, D. HEINZIG (Hrsg.), Die Sowjetunion und Asien in den 80er Jahren. Ziele und Grenzen sowjetischer Politik zwischen Indischem Ozean und Pazifik. Baden-Baden 1988.

M. GÖRTEMAKER, G. WETTIG, USA–UdSSR. Dokumente zur Sicherheitspolitik. Hannover 1986.

M. I. GOLDMAN, Gorbachev's Challenge. Economic Reform in the Age of High Technology. New York, London 1987.

M. S. GORBATSCHOW, A time for Peace. New York 1985.

M. GORBATSCHOW, Die Rede. »Wir brauchen die Demokratie wie die Luft zum Atmen«. Referat vor dem ZK der KPdSU am 27. Januar 1987. Reinbek bei Hamburg 1987.

M. GORBATSCHOW, Die Sowjetunion heute. Standpunkte, Informationen, Vorschläge, Begegnungen. Düsseldorf 1985.

M. GORBATSCHOW, Das gemeinsame Haus Europa und die Zukunft der Perestroika. Düsseldorf u. a. 1989.

M. S. GORBAČEV, Perestrojka i novoe myšlenie dlja našej strany i dlja vsego mira. Moskva 1987.

R. M. GORBAČEVA, Formirovanie novych čert byta kolchosnogo sociologičeskogo obsledovanija v Stavropol'skom krae. Aftoreferat dissertacii. Moskva 1967.

A. GROMYKO, W. LOMEJKO, Wie kann die Menschheit überleben? Eine Antwort auf die Philosophie der Abschreckung. Köln 1985.

W. F. HAUG, Gorbatschow. Versuch über den Zusammenhang seiner Gedanken. Hamburg 1989.

J. F. HOUGH, Opening Up the Soviet Economy. Washington, DC. The Brookings Institution 1988.

Das Jahr 2000: Globale Probleme und die Zukunft der Menschheit. Serie »Philosophie und Soziologie der Wissenschaft und Technik« 1. Akademie der Wissenschaften der UdSSR Moskau 1986.

W. JEGOROW, Die Sowjetjugend. Fragen und Antworten. Moskau 1985.

R. G. JENSEN, TH. SHABAD und A. W. WRIGHT, Eds., Soviet Natural Resources in the World Economy. Chicago/London 1983.

L. JUNG, »Wir haben begonnen umzudenken ...« Michail Gorbatschows Reformkonzept für die UdSSR. Geschichte – Ideologie – Praxis – Perspektiven. Köln 1987.

A. KÖVES, The CMEA Countries in the World Economy: Turning Inwards or Turning Outwards. Budapest 1985.

L. KOFLER, Aufbruch in der Sowjetunion? Von Stalin zu Gorbatschow. Hamburg 1986.

J. KOSTA, Wirtschaftssysteme des realen Sozialismus. Probleme und Alternativen. Köln 1984.

N. KUCHINKE, Elite in Rußland. Leben und Arbeit sowjetischer Künstler. Bergisch Gladbach 1986.

W. LEONHARD, Dämmerung im Kreml. Wie eine neue Ostpolitik aussehen müßte. Vollständig überarbeitete und aktualisierte Ausg. Frankfurt/M., Berlin 1987.

G. LEPTIN (Hrsg.), Sibirien: Ein russisches und sowjetisches Entwicklungsproblem. Berlin 1986.

M. LESAGE, Le système politique de l'URSS. Paris 1987.

M. LEWIN, Gorbatschows neue Politik. Die reformierte Realität und die Wirklichkeit der Reformen. Frankfurt/M. 1988.

E. Mandel, Das Gorbatschow-Experiment: Ziele + Widersprüche. Frankfurt/M. 1989.

B. Meissner, Das Aktionsprogramm Gorbatschows. Die Neufassung des dritten Parteiprogramms der KPdSU. Köln 1987.

B. Meissner, Sowjetgesellschaft am Scheideweg. Beiträge zur Sozialstruktur der Sowjetunion. Vorwort von Günther Wagenlehner. Köln 1985.

B. Meissner, Die Sowjetunion im Umbruch. Historische Hintergründe, Ziele und Grenzen der Reformpolitik Gorbatschows. Stuttgart 1988.

G. Meyer (Hrsg.), Wir brauchen die Wahrheit. Geschichtsdiskussion in der Sowjetunion. Köln 1988.

M. Mommsen, H.-H. Schröder (Hrsg.), Gorbatschows Revolution von oben. Dynamik und Widerstände im Reformprozeß der UdSSR. Frankfurt/M., Berlin 1987.

R. Nixon, Real Peace. Eine Strategie für den Westen. Frankfurt/Main 1985.

O. Nørgaard, Politik og reformer i Sovjetunionen – fra Khrustjov til Gorbatjov. Esbjerg 1985.

R. L. Paarlberg, Food Trade and Foreign Policy. Ithaca u. London 1985.

R. Pipes, Survival is not enough. New York 1986.

Chr. Royen, Osteuropa: Reformen und Wandel: Erfahrungen und Aussichten vor dem Hintergrund der sowjetischen Perestrojka. Baden-Baden 1988.

W. W. Sagladin, Gesamtred., Die internationale Kommunistische Bewegung. Berlin (Ost) 1984.

W. Sagladin, Realer Sozialismus: Frieden und gesellschaftlicher Fortschritt. Die historische Rolle der sozialistischen Gesellschaft. Frankfurt/M. 1985.

T. Saslawskaja, Die Gorbatschow-Strategie. Wirtschafts- und Sozialpolitik in der UdSSR. Wien 1989.

G. Ch. Schachnasarow, Die Zukunft der Menschheit. Leipzig, Jena, Berlin 1982.

Ch. Schmidt-Häuer, Michail Gorbatschow. Moskau im Aufbruch. Mit einem Essay »Von Soll und Haben des neuen Mannes: Etappen und Chancen einer Wirtschaftsreform« von Mária Huber. 4. völlig überarb. u. erw. Aufl. München, Zürich 1986.

K. Segbers, Der sowjetische Systemwandel. Frankfurt/M. 1989.

G. Simon (Hrsg.), Weltmacht Sowjetunion. Umbrüche, Kontinuitäten, Perspektiven. Köln 1987.

Soviet Military Power 1985. 5. Aufl. Washington 1986.

Sowjetunion 1984/85. Ereignisse, Probleme, Perspektiven. Hrsg. Bundesinstitut für ostwissenschaftliche und internationale Studien. München, Wien 1985.

Sowjetunion, Sommer 1988, Offene Worte/Gorbatschow, Ligatschow, Jelzin und 4991 Delegierte diskutieren über den richtigen Weg. Sämtliche Beiträge und Reden der 19. Gesamtrussischen Konferenz der KPdSU in Moskau. Nördlingen 1988.

Sowjetunion 1988/89. Perestrojka in der Krise? Hrsg. vom Bundesinstitut für ostwissenschaftliche und internationale Studien, Köln, München, Wien 1989.

Sternenkriege. Illusionen und Gefahren. Moskau 1985.

H. Vogel (Hrsg.), Umbruch in Osteuropa. Interdependenzen und Konsequenzen. BIOst Köln, Januar 1990.

D. Wolkogonow, Stalin. Triumph und Tragödie. Ein politisches Porträt. Düsseldorf 1989.

PERSONEN- UND SACHREGISTER

Abakumov, V. S. 474, 504, 505
Abalkin 640, 643
ABM-Vertrag 571, 653
Abramov 561
Abrasimov 595, 616
Acheson, D. 475
Achmatova, A. 465, 622
Achromeev 635
Adenauer, K. 506
Adžubej, A. I. 533
Ägypten 549, 574, 575
Äthiopien 574, 604, 632
Afanasenko, E. J. 541
Afanas'ev, J. 633, 635
Afghanistan 574, 599, 604f., 632, 651, 652
Aganbegjan, A. G. 593, 608
Agrostädte 461
Akademie der Wissenschaften 542, 623
Aksel'rod, P. B. 16, 18, 29
Aksenov, V. 562
Albanien 546, 553
Aleksandrov, A. F. 465
Aleksandrov, G. F. 502
Aleksandrov, G. J. 402
Alekseev, M. V. 102, 106, 114
Aleksinskij, G. 28
Alexander I. 6, 329
Alexander II. 3, 4, 6, 7, 21
Alexander III. 7, 13
Alexander Nevskij 266, 370
Algerien 550
Aliev, G. A. 587, 591, 592, 601, 619, 636
Allardt, S. 567
Allilueva, N. 256, 257
Allilueva, S. 543
Allruss. Reichskonferenz 105
Allruss. Sowjetkongreß 69
Allunions-Sowjetkongreß 159
Amalrik, A. 562
Anarchismus 153
Anders, W. 404
Andreev, A. A. 109, 216, 290, 460, 461, 492, 493
Andreeva, N. 634
Andreotti 600
Andropov, J. 536, 562, 586, 587, 591, 597, 599, 603, 609, 622
Angola 574
Antonescu, J. 419
Antonov-Ovseenko, V. A. 68, 70, 72, 188, 309
Apparatčiki 298, 486
Arbeiterfakultäten (rabfak) 167
Arbeiter- und Soldatenrat (s. Sowjet)
Archipov 600
Arcos 233
ASEAN-Staaten 652
Askoldov 634
Astachov 317, 319, 402
Astaf'ev 561
Athenagoras 478
Attlee, C. 441
Avenarius, R. 28
Azerbajdžan 647

Badoglio, P. 420
Bagramjan, I. Ch. 417, 419
Bahr, E. 567

Baikal-Amur-Magistrale 558, 589
Bajbakov, N. 615
Bakunin, M. 4, 7, 52
Baldwin, S. 232
Barmine, A. 257
Barthou, L. 302
Beaverbrook, Lord W. B. 366, 367
Beck, J. 301, 305, 316, 323
Bednyj, D. 266
Behrens 286
Belov 561
Beneš, E. 286, 304, 306, 307, 452
Berdjaev, N. A. 1, 166
Berija, L. P. 281, 287, 289, 359, 459, 460, 462, 474, 475, 491–495, 498, 499, 503, 505
Berlin 568
Berlinguer, E. 578, 579
Bermondt-Avalov, P. M. 129, 130
Besonov, S. A. 281
Besprisornye 162
Bevin, E. 441, 442
Bildungsreform 602
Birjukova, A. 620, 640
Birkenhead, Lord 232
Bismarck 323
Blagoev 635
Blank, A. 13
Blücher, V. K. 142, 241, 275, 285
Blum, L. 307
Blumkin, J. G. 109
Bock, F. v. 374
Böhm-Bawerk, E. 34
Böll, H. 563
Bogdanov, A. A. 28
Bolotnikov 210
Bolschewisten 18f.
Borodin, M. (Gruzenberg) 241, 281
Bozenhardt 225
Brabazon, Lord 389
Bradley, O. 349
Brandt, W. 565, 567, 656
Brauchitsch, v. 372
Brežnev, J. 607
Brežnev, L. I. 518, 521, 528, 534–538, 584, 590, 628
Brockdorff-Rantzau, U. Graf 221, 228, 229
Bronštejn s. Trockij
Brooke 395
Brüning, H. 300
Brusilov, A. A. 41, 48, 49, 136
Bubnov, A. S. 32, 69, 509
Buchanan, Sir G. 42, 46, 64, 112
Bucharin, N. J. 34, 52, 58, 80, 87, 88, 97, 156, 181, 182, 184, 187, 194, 197–199, 201, 203, 206, 208, 216–219, 223, 227, 241, 255, 278, 279, 282, 285, 289, 509, 633, 634, 657
Budennyj, S. M. 104, 132, 137, 285, 286, 359
Bukovskij, V. 562
Bulgakov, S. 16, 166
Bulganin, N. A. 470, 485, 495, 503, 505–507, 514, 525
Bulgarien 649
Bullitt, W. Chr. 123, 303, 304
Bundesrepublik Deutschland 584
Bunge, N. v. 9
Burckhardt, Jacob 12
Bush, G. 607, 653, 654, 656
Byrnes, J. F. 441, 449, 450, 453

Caballero, L. 308
Čajkovskij, N. V. 107
Čajkovskij, P. I. x

Carillo 578, 579
Carter, J. 572, 582, 591, 628
Casablanca-Formel 401
Castro, F. 521, 528, 550
Čcheidze, N. S. 31, 43, 44, 50, 51, 82
CD 585
Ceauşescu, N. 551f., 570, 577, 600, 655
Čebrikov, V. M. 592, 613f., 620, 637
Cecil, Lord R. 120
Cederbaum s. Martov
Čeka 75
Cereteli, I. 27, 31, 55, 80, 82
Černavin 615, 654
Černenko, K. U. 595, 599, 610
Černjachovskij, I. D. 417, 429, 430, 431, 432
Černobyl 621, 629
Černov, V. M. 22, 65, 80, 82, 105, 153
Černyj Peredel' 635
Černyševskij, N. G. 5, 7
Červonec 151
Chaborovsk 621
Chamberlain, A. 233, 234
Chamberlain, N. 312, 315, 316, 319, 320
China 544, 549, 565, 570, 580, 592, 598, 627, 651
Chou En-lai (s. Tschu En-lai)
Chruščev, N. S. 274, 281, 459, 461, 462, 474, 486, 488, 493, 497–499, 504–511, 513–515, 516–520, 522–535f., 538, 544, 559, 562, 565, 576, 613, 631, 634
Chrustalev-Nosar' 24
Churchill, W. S. 121–123, 139, 233, 319, 324, 354, 364, 388 bis 391, 393–395, 403–408, 410–412, 421, 423, 433–436, 439, 441, 448, 449, 470, 506
Ciano, Graf G. 343
Čičerin, B. N. 113
Čičerin, G. V. 113–115, 121, 135, 172, 177, 178, 221, 227, 229, 230, 247, 249
Cierna 551
Čikobava, A. S. 468
Čistka 274
Clauß 402
Clémenceau 120, 122
Cocom-Liste 582
Cohen, S. F. 633
Coolidge, C. 247
Cooper, D. 319
Corvalan 562
Coulondre, R. 313
Craxi, B. 608, 628
Cripps, S. 343, 364, 368
Cromie 112
Cromwell 74
ČSSR 626, 649, 652
Čubar', V. J. 256, 281
Čujkov, V. I. 376, 377, 480
Curzon, Lord 135, 140, 177, 230, 328
Cvetaeva, M. 622

Daladier 307, 339
Dan, F. J. 29, 108, 153
Daniel, J. 543
Danielson, N. 10
Darius 469
Davies, J. E. 305, 365, 404
Davydov 488
DDR 480, 547f., 567, 625f., 649, 651, 655
Dekanozov, V. G. 340, 402
»Delo Naroda« 75
Delors, J. 628
Demčenko, M. 261

Demičev, P. 543, 587, 623
Demokratische Zentralisten 155
Deng Xiaoping 651
Denikin, A. 102, 120, 125, 126, 129–134, 136
Deterding, Sir H. 234
Deutscher, I. 411
Dimitrov, G. 300, 306, 472, 473
Dirksen, H. v. 228, 301
Djilas, M. 515
Dobrynin, A. 615, 620, 625, 632
Dogmatismus 522
Dollfuß 303
Domanov 398
Donskoj, Dimitrij 370
Dostoevskij, F. M. x, 5, 266
Doumenc 321
Drakopoulos 579
Dresden 551
Dritte Revolution 147
Dsodse, K. 473
Dubček, A. 550, 552, 655
Duchonin 83
Dudinčev 634
Dulles, J. F. 485
Duma 27
Dybenko, P. E. 72, 285
Džemilov, M. 563
Dzeržinskij, F. E. 58, 75, 76, 90, 97, 137, 153, 203
Džugašvili s. Stalin

Ebert, F. 118, 119, 224
Eden, A. 306, 390, 391, 406, 408, 409, 421, 433, 506
EG 628, 645
Egorov, A. I. 137, 285, 318
Eiche, R. J. 281
Eichhorn, H. v. 114
Eidemann, R. P. 285
Einstein, A. 228
Eisenhower, D. 411, 439, 485, 494, 506, 520
Eisner, K. 119
Ejzenštejn, S. 168, 266, 634
El'cin, B. 614ff., 619, 635, 636, 638
Emigration 166
Engels, Friedrich 8, 10, 13, 16
Entstalinisierung 508f.
Enukidze, A. S. 281
Enver Pascha 170
Eremenko, A. I. 378, 418
Erenburg, I. G. 502
Esenin, S. 167
Estland 646, 647
Ežov, N. I. 275, 277, 287, 289

Fadeev, A. 168
Faure, E. 506
Faymonville, P. A. 366, 367
Fedorčuk 586
Feldmann 285
Fischer, L. 309
Fischer, R. 193
Florenskij, P. 634
Foch, F. 120, 122, 123, 362
Ford, G. 572
Formalismus 467
Franco, F. 308, 310
Frankreich 548, 628
Freihandelszone 645
Friedliche Koexistenz 548, 573, 631
Frunze, M. V. 130, 131, 138, 200
I. Fünfjahresplan 206
Funtikov 107

Gafencu, G. 351
Gagarin, J. 523, 538
Galanskov 543
Galen s. Blücher

Galič, A. 544
Gamarnik, J. B. 285
Gamelin, M. G. 339
Gandhi, R. 608, 632
GATT 645
Gaulle, Ch. de 434, 520, 548, 566
Gavrilović 351
Gayda 130
Generalsekretär der Partei 184
Genscher, H. D. 655
Georg V. 231, 287
Georg VI. 284, 412
Gewerkschaften 27, 154, 243, 601
Gidaspov 636
Gigantomanie 253
Ginsberg, A. 563
Ginsburg 543
Giscard d'Estaing, V. 581
Gleichmacherei (Uravnilovka) 262
Glinka, M. 266
Gorbačev, M. S. 536, 591, 599, 601, 604, 619, 634, 638
Göring, H. 300, 305, 350, 357, 387
Gogol', N. V. 136
v. d. Goltz, Graf R. 98, 115, 119, 127
Gomułka 473, 481, 511, 512
Gorev (Rose) 224
Gor'kij, Maxim 27, 28, 69, 75, 76, 151, 153, 168, 279, 281
Gorškov 546, 576, 615
GOSPLAN 538, 539, 592, 605, 610, 637, 640
GOSSNAB 539, 640, 642
Gottlosenbewegung 165, 269
Govorov, L. A. 413, 417, 429
GPU 153
Großschopf 13
Grečko, A. 529, 551, 587
Grekov, B. D. 384
Grivačev, N. 543
Grigorenko, P. 544
Grišin, V. 587, 601, 615, 619
Gromyko, A. A. 513, 551 f., 565, 567 f., 587, 591 f., 595 f., 600, 604, 614, 619, 636
Grossman, V. 634
Grotewohl, O. 480
Gučkov, A. J. 47
Gurian, W. 82
Gustav III. 334
Gvišiani, D. M. 542

Hácha, E. 314, 323
Halder, F. 318, 320, 375, 394, 396
Haller 136
Hamburg 568
Hammerskjöld, D. 520, 521
Hammerstein, v. 228
Harding, W. G. 246
Harriman, A. 366, 394, 405, 446
Haushofer 279
Havel, V. 655
Hegel 3
Helfferich, K. 114, 115
Held der SU 269
Henderson, A. 46, 60
Herriot, E. 233
Herzen, A. I. 4, 7, 58
Heß, R. 279, 354, 402
Heydrich, R. 286
Hindenburg, P. v. 303
Himmler, H. 387, 425, 426
Hintze, P. v. 115
Hitler, A. 286, 294, 300–304, 307, 308, 310, 312–317, 320, 322–325, 328, 330–332, 337, 340, 341, 343–351, 354–358,

360, 362, 365, 370–378, 382, 385, 386, 388, 389, 391, 396, 399, 400, 401, 403, 405, 407, 417, 420, 421, 423, 425, 428, 431, 436–440, 448
Hodsha, E. 525
Hölz, Max 174, 281
Hoffmann, M. 84, 115
Home, Lord 531
Honecker, E. 595, 596, 600, 603, 651, 655
Hoover, H. 151, 247
Hopkins, H. 365–367, 382, 404, 405, 436, 442
Horthy, N. v. 431
Hruševskij, M. 256
Hua Kuo-feng 580
Hull, C. 391, 406, 419

IAEA 605
Ignat'ev, S. D. 494
IIASA 589
Il'ičev, L. F. 543, 581
Indien 549, 574, 631
INF 585, 596, 600, 630, 652
Internationale 172 ff.
Irak 549, 574
Ironside 107
»Iskra« 16
Israel 549, 652
Ivan IV. 1, 101, 266
Ivaško 637
IWF 632

Jachimovič 537
Jagoda, H. H. 275–279, 281, 289
Jagodkin, V. N. 601
Jakir, J. E. 285
Jakir, P. 562
Jakovlev 287, 384, 615 f., 620, 625
Janin 131, 133
Japan 631
Jaroslav der Weise X
Jaroslavskij, E. 27, 156, 165
Jaruzelski, W. 583, 600
Jazov, D. 635, 640, 654
Jefremov, O. 623
Jemen, AR 574
Jemen, VDR 574
Jesin, S. 623
Joffe, A. A. 55, 85, 112, 189, 205, 241, 242
Johannes Paul II., Papst 600
Johnson, L. D. 572
Joint ventures 620, 645
Juan Carlos, span. König 600
Judenič, N. N. 126, 128–131, 334
Judin, P. F. 462, 472
Judson 83
Jurenev 55, 58
Jušakov, S. 10
Justizreform 641

Kádár, J. 512, 596, 650
Kadetten 25
Kaganovič, L. M. 190, 216, 252, 274, 275, 290, 495, 513, 525
Kalašnikov 640
Kaledin, A. M. 102
Kalinin, M. J. 32, 148, 160, 198, 216, 275, 352
Kambodscha, Kampuchea 580, 599, 604, 651
Kamenev, L. B. 27, 33, 49–54, 58, 66–69, 78, 137, 181, 182, 184, 187, 191, 192, 194, 197, 199–201, 203, 205, 208, 216 bis 218, 256, 275, 276–278, 508, 634
Kamenev, S. S. 126, 131
Kapica, P. L. 511, 537, 544

Kaplan, Dora 111
Karachan, L. M. 55, 242, 281
Kardelj 473
Karsavin, L. 166
Katharina II. 329, 334
Kautsky, K. 37, 141
Keitel, W. 417
Keldyš, M. V. 542
Kellogg, F. B. 239, 247
Kelly, P. 600
Kempner, R. 401, 402
Kennan, G. 453, 482, 483
Kennedy, J. F. 523, 524, 528, 529, 565
Kerenskij, A. F. 43, 44, 47, 48, 59, 61–65, 67, 70, 72, 73, 77, 93, 94, 101, 110, 127
KGB 562, 591, 629
Khomeini 583
Kim, A. 623
Kingsbury-Smith 475
Kireev, R. 623
Kirilenko 534, 538, 586
Kirillin, V. A. 542
Kirov, S. M. 201, 216, 265, 274–276, 279, 525
Kiselev 586, 587
Kissinger, H. 565, 571
Kleist, P. 402, 403
Kluge, G. v. 396
Knox, A. 133
Kobeckij, M. 237
Kočemasov 595
Kočetov, V. 543
Koch, E. 386, 388
Koestler, A. 309
Köstring, E. 397
Koexistenz 490, 508
Kohl, H. 600, 607, 631, 654f.
Kokoškin, F. 81
Kol'čak, A. V. 106, 120, 124 bis 126, 129–134, 142
Kolchose 211
Kollontaj, A. M. 58, 154, 156, 162, 203, 402, 428
Kominform 471
Komintern 172
Komitee Freies Deutschland 429
Komplexprogramm 604, 645
Komsomol 162
Kondrat'ev, N. 634
Konev, I. S. 396, 413–415, 418, 431, 432, 438, 470
Kongo, VR 574
Kongreß der Volksdeputierten 639, 647
Konstituante 68
Kopelev, L. 562, 564
Kork, A. 285
Kornilov, L. G. 49, 59–65, 93, 102
Kosior, S. V. 276, 281
Kosmodem'janskaja, Z. 386
Kostov, T. 473
Kosygin, A. N. 493, 518, 534 bis 537, 538, 551, 565, 567, 585f., 590
Kot 392
Kovalev, S. 563
Kozlov, F. R. 518, 528
Kozlovskij 148
KPdSU 149, 539, 635 (s. RKP/B)
Krasin, L. 177, 562
Krasnov, P. N. 73, 102–104, 114, 125
Krasnoščokov 142
Krebs 353, 438
Krestinskij, N. N. 58, 156, 189, 278, 281, 285
Krimtataren 543, 646
Krivošein 134
Krjučkov 637, 640

Krupskaja, N. K. 19, 180, 186, 199, 201
Krylenko, N. V. 72, 79, 83
Krymov 62
KSZE 565, 569, 584, 630, 650, 653
KSZE-Schlußakte 562
Kuba 546, 574, 650
Kujbyšev, V. V. 131, 182, 188, 203, 206, 216, 279, 281
Kulaken 111, 198
Kulikov 635, 650
Kun, Béla 122, 171, 281
Kunaev, D. A. 587, 591, 615, 619
Kusnecov 587
Kutuzov, M. I. 266, 370
Kuusinen, O. V. 232, 522
Kuzmin 147
KVAE 597, 599, 604, 627, 630
Kyrill Vladimirovič, Großfürst 124

Landwirtschaft 540, 556, 644
Laos 604, 625
Larin, Ju. 208
Laševič 202, 203
Laval, P. 306, 307
Lavrent'ev 343
Lebendige Kirche 165
Lenin, V. I. IX, 10–20, 22, 23, 25–28, 31–34, 37–40, 50–59, 65–69, 71–82, 84, 85, 87, 88 bis 90, 92, 96, 97, 101, 111, 113, 114, 117, 118, 129, 131, 132, 137, 145, 148–156, 160, 163, 166, 168, 169, 171–175, 179–187, 190, 191, 195–198, 200, 201, 214, 230, 241, 256, 262, 277–279, 286, 292, 296, 444, 477, 485, 486, 495, 498, 508, 509, 522, 525, 613, 627
Leningrad 645
Leont'ev, K. 59
Levin, L. G. 279
Leviné, E. 119
Lianozov 128
Liberman 527, 539
Lie, Trygve 291
Liebknecht, K. 118
Ligačev, Jegor 614, 616, 619, 620, 636, 639
Lindemann 414
Linguistikbrief 468
Li Peng 607
Lipski, J. 305
Lisickin, G. 539
Litauen 646, 647
Litvinov, M. M. 31, 112, 133, 176, 228, 235, 239, 240, 244, 248, 249, 251, 300, 302, 304, 310, 311, 314, 317, 562
Lloyd George, D. 121, 122, 135, 139, 177, 178, 234
Lockhart, B. 112, 139, 249
Lomejko, Vl. 604
Lukjanov 639
Lunačarskij, A. V. 20, 28, 55, 72, 163
Lušev 635, 650
Luxemburg, Rosa 27, 118
L'vov, E. G. Fürst 44, 47, 49, 58
L'vov, V. N. 62
Lysenko, T. D. 466

Macdonald, J. R. 141, 230, 232, 235
Mach, E. 28
Machno, N. 132
Macmillan, H. 520
Majakovskij, V. V. 167, 623
Majskij, I. M. 319, 404, 405, 436
Makarenko, M. A. 162
Makeev 592

Maksimov, V. 562
Malenkov, G. M. 38, 290, 359, 376, 453, 462, 474, 477, 479, 482, 486, 488, 490–493, 495, 497, 498, 500, 501, 503–505, 507, 511, 513, 525
Malinovskij, R. Ja. 413–415, 419, 430, 431, 433, 443, 529
Maniu 452
Mannerheim, G. 98, 334, 335, 417
Manstein, E. v. 374, 378, 379, 396, 413, 414
Manuilskij, D. Z. 55, 219, 306
Mao Tse-tung 243, 475, 476, 512, 514, 522, 530, 580
March 128
Marchais, G. 578
Mariam, M. 575
Markov, G. 543
Marokko 550
Marr, N. J. 488
Marshall, G. 436, 450, 453, 454
Martov, J. O. 16, 18, 19, 37, 50, 95, 108, 153, 175
Marx, Karl 4, 8, 10, 13, 15, 16, 18, 29, 39, 40, 145, 163, 195, 262, 270, 609
Maslennikov 418, 429, 430
Masljukov 636, 637, 640
Matsuoka, J. 352, 353
Masaryk, Jan 452
Mazowiecki 650
Mazurov 537, 539, 586
MBFR 567, 568, 569, 581, 584, 596, 599, 604, 627, 630, 653
Mechlis, L. Z. 285, 315
Medvedev, J. 562
Medvedev, R. A. 561, 564
Medvedev, V. 620, 625
Meistbegünstigung 572
Memorial 634
Mendeleev, D. I. x
Menschewisten 16
Menšinskij, V. R. 203, 279, 281
Mereckov 414, 443
Merekalov 317
Merkulov, V. N. 142
Mescheten 648
Mežlauk, V. 281
Mežrajoncy 55
Michael v. Rumänien 419, 452
Michail Aleksandrovič, Großfürst 44
Michailović 405
Mičurin, I. V. 466
Mikojan, A. J. 203, 216, 367, 475, 505, 508, 518, 521, 528, 534, 538
Mikołajczyk, S. 422, 423, 452
Miljukov, P. N. 36, 41, 44, 47
Miller 107, 123, 130
Milner, Lord 120, 121
Minin, K. 370
Ministerrat 542
Mir 3
Mirbach, W. Graf 109, 110, 112, 114
MIRV 572
Mitin, M. 462
Mitterrand, F. 607
Miyamoto, K. 579
Mohamed Reza, Schah von Persien 507
Moiseev 635
Molotov, V. M. 38, 49, 154, 156, 182, 198, 216, 219, 257, 265, 275, 290, 304, 317–320, 322, 323, 326, 327, 328, 331, 336, 340–350, 352, 355, 358, 359, 390–392, 401, 407, 408, 419, 424, 441, 446, 450, 470, 475, 487, 493–495, 501, 505 bis 507, 513, 525

Mongolei 651
Montgomery, B. L. 439
Morozov 9, 31
Mosambik 574, 632
Mošaev 561
MTS 212
Munters, V. 318
Murachovskij 640
Muradeli, V. 465
Muralov, N. J. 188, 277, 278, 280
Muranov, M. J. 50, 58
Murav'ev 110
Murav'ev, Graf 256
Mussolini, B. 308, 310, 312, 323, 401
MVD 540

Nadolny, R. 301, 302, 317
Nadschibullah 632
Nagornyj Karabach 647
Nagy, F. 452
Nagy, I. 512
Nakasone, Y. 607
Nansen, F. 151
Napoleon I. 2, 89, 346, 360, 361, 381, 382, 462
Narodniki 3 ff.
Nasser, G. 512
Nationalitäten 157
NATO 566, 584, 629
Nečaev, S. 5
Nehru, D. 507
Nekrič, A. 562
Nemcinov 539
Nenašev, M. 622
NEP 149 ff., 199, 202, 633
Neumann, H. 281
Neurath, Frhr. v. 302
Nezmejanov, A. N. 502
Nicaragua 604
Niedermeyer 279
Nietzsche, F. 59
Nikolaj I. 2, 347
Nikolaj II. 35, 41, 43 f., 84, 106
Nikolaj Nikolaevič, Großfürst 124
Nikolaev, L. V. 274, 275
Nikonov, V. 614, 636
Nixon, R. 562, 565, 570
NKVD 274
Nordatlantik-Vertrag 547
»Novaja Žizn'« 75
Novikov 592
Novotny, A. 550
Noulens, J. 88, 110
Nureev 562

Oberster Sowjet 371, 637
Objektivismus 467
Obolenskij, Fürst, s. Ossinskij
Oder-Neiße-Grenze 441
Ogarkov 595, 597
Oktobristen 25
OMS 224
Opposition 197 ff., 216 ff.
Orbeli, L. A. 467
Ordžonikidze, S. 32, 38, 103, 185, 274, 281
Organisationsbüro 182
Orlov 285, 563, 623
Orwell, G. 309
OSO 282
Osovskij, I. A. 202
Ossinskij, V. V. 155
Ostrovskij 426
»Osvoboždenie« 21

Paasikivi, J. K. 334
Paek (Pajok) 146
Päts, K. 100, 341
Pakistan 549
Paléologue, M. 42

Pannwitz, v. 398
Papen, F. v. 300, 301, 350, 401
Parlamentarismus 640
Parteikonferenz 637, 638, 643, 646
Pasternak, B. 516, 623
Pavlov, I. P. x, 466
Paul I. 346
Paul VI., Papst 549
Paul Aleksandrovič, Großfürst 84, 115
Paulus, F. 377–379, 429
Peking 651
Pel'še, A. J. 539, 586, 592
Permanente Revolution 194ff.
Personenkult 514
Pervuchin 525
Peter d. Gr. 1, 140, 164, 169, 334, 627
Petkov 452
Petljura, S. V. 86, 121, 125, 136
Petrov 430, 431
Petrovskij 509
Pfeiffer 452
Pichon 120
Pieck, W. 480
Piłsudski, J. 136, 137, 301, 305
Pjatakov, G. L. 184, 188, 203, 218, 277, 278, 284
Plechanov, G. V. 8–11, 14–19, 29, 37, 657
Pletnev, D. D. 279
Pljušč, L. 562
PLO 652
Pobedonoscev, K. 7
Podgornyj, N. V. 528, 534, 538, 549f., 559
Pokrovskij, M. N. 55, 166, 167, 264, 265, 269
Polen 594, 649f., 652, 655
Politbüro 69, 182, 273, 637
Politisch Beratender Ausschuß des WP 546, 551, 554, 594
Politruk 285, 380
Poljakov, V. I. 528
Poljanskij, D. S. 518, 534, 538
Polnische Vereinigte Arbeiterpartei 552
Polyzentrismus 545
Poole 107, 112
Popov, G. 641
Poskrebyšev, A. N. 290, 492
Postyšev, P. 256, 276, 281
Potemkin, V. P. 313, 329
Potresov, A. N. 16
Požarskij, Fürst D. 370
»Pravda« 33
Preobraženskij, E. 58, 156, 188
Primakov 285, 637
Prokof'ev, S. 167, 266, 543
»Proletarij« 23
Proletkult 168
Pugačev, I. 2, 210
Pugo, B. 637, 646
Puškin, A. x, 266
Putna, V. I. 285

Rada 85
Radek, Karl 118–120, 137, 175, 200, 218, 222–224, 242, 277, 278, 280, 284, 301, 303
Raeder, E. 345, 350
Rakovskij, Ch. G. 134, 189, 205, 231, 278, 281
Rákosi, M. 512
Ramzin, L. 220, 263, 384
Rašidov 587
Rasputin, G. J. 41, 561
Rat der Volkskommissare 72
Rathenau, W. 178
Ratušinskaja, J. 564
Razin, S. 2

Razumovskij, G. 620, 636
Reagan, R. 653, 654
Rechtsreform 638
Reform der allgemeinbildenden Schulen 601
Reilly, S. 112
Remmele 281
Repin, I. J. 266
Reykjavik 567
Reynaud, P. 339
RGW 547f., 555, 574, 580, 594, 603, 620, 625, 628, 632, 645, 649
Ribbentrop, J. v. 314, 315, 318, 320–323, 325, 326, 328, 329, 336, 340, 342–346, 348, 356, 391, 401–403, 405, 417, 426, 443
Rimskij-Korsakov, N. A. 167
Rjabcev 74
Rjazanov, D. B. 55
Rjutin, B. 255
RKP/B 52, 90
ROA 425
Rodzjanko, M. V. 42
Rodzjanko, General 128
Röhm, E. 303
Rockefeller, J. 234
Rokossovskij, K. K. 287, 378, 384, 396, 413, 418, 422, 423, 431, 432, 481, 511
Romanov 44, 587, 592, 607, 614, 619
Rommel, E. 357, 393
Roosevelt, F. D. 248, 303, 317, 365–367, 388, 390, 391, 394, 395, 404–411, 420, 433–437, 441, 443
Root, E. 64
Rosenberg, Alfred 279, 301, 363, 364, 399, 402, 426
Rostovcev, M. 166
Rostropovič, M. 562
Rousseau 2
Rozengol'c, A. P. 234, 278
RSFSR 111
RSP/B 16, 52, 90
Rubinštejn 466
Rudakov, A. P. 528
Rudnev 74
Rudzutak, J. 154, 155, 216, 281
Rumänien 546, 548, 582, 594, 626, 649, 655
Rusakov 619
Rusk, D. 531
Rydz-Smigly, E. 321
Rykov, A. I. 58, 67, 72, 191, 194, 197, 198, 216, 218, 219, 234, 255, 278, 634
Ryškov, N. J. 592, 614, 618, 620f., 624, 640
Ryti, R. 417

Saburov 525
Sacharov, A. D. 562, 623, 639
Sacharov, M. 622
Sacharov 417, 544
Sajcev 636
Sajkov, L. N. 614, 619
SALT 566, 570, 572, 628
Samisdat 544
Sapronov, T. V. 155
Satov 142
Sauckel, F. 385
Savinkov, B. V. 59, 63, 110, 111, 153
Scheel, W. 565, 567, 568
Schiller 2, 73
Schlageter, L. 222
Schleicher, K. v. 300, 303
Schmidt, O. 263
Schmidt, P. 345, 346
Schriftstellerkongreß, 4. 543
Schubert 115

Schulenburg, Graf v. d. 317, 318, 322, 326, 328, 353–355, 358, 359, 403, 428
Schulreform 541
Schulsystem 602
Šapošnikov, B. M. 361, 395
Šaumjan, S. G. 141
Ščaranskij, A. 564
Ščerbickij, V. V. 587, 591, 620
Šelepin, A. N. 524, 527, 528, 534
Šelepin 538
Šelest, P. E. 534, 538
Šepilov, D. T. 505, 508, 513, 525
Ševardnadze, E. A. 587, 615, 620f., 632, 640, 651f., 654
Šingazev, A. I. 54, 81
Šivkov 655
Škirjatov, M. F. 276
Šklovskij, V. 634
Šljapnikov, A. G. 38, 49, 154, 156, 215
Šolochov, M. 168
Šostakovič, D. D. 465
Švernik, N. M. 495, 534, 538
Scott, J. 213
SDI 628, 653
SED 548
Sedov, L. J. 511
Seeckt, H. v. 302
Sekretariat der Partei 273
Selter, K. 329
Semenov, V. S. 448, 480
Semenov, Kosakenhetman 124, 142
Semenov, Botschafter 402
Semičastnyj, V. E. 535
Serebrjakov 156
Serge, V. 257
Sergius (Sergij) 165, 383
Serov, I. A. 500
Seydlitz, v. 429
Sherwood 395, 405
Shultz, G. 604
Sibirien 557, 589
Sikorski, W. 391–393, 409, 422
Simonov, K. 168
Sinclair 127
Sinjavskij, A. 543, 562, 564
Sinov'ev 634
Skoropadskij, P. 104, 121
Skrjabin, A. N. 167
Skrjabin s. Molotov
Skrypnik, M. 256
Slánský 493
Smetona, A. 430
Smilga 87, 218
Smirnov, V. M. 155
Sobolev, L. 543
Sofronov, A. 543
Sokolnikov, G. J. 58, 69, 87, 88, 203, 218, 235, 277, 278
Sokolov, S. 601, 635
Sokolvskij, V. D. 448, 455, 480, 545
Solidarnošč 584, 650, 654
Soliman der Prächtige 431
Solomencev 587, 592, 620
Solov'ev 636, 637
Solženicyn, Alexander 544, 561, 562
Somalia 574, 575
Songalia 646
Sorin, V. A. 452
Soščenko, M. 465
Sovchosen 258
Sowjet 23, 638
Sowjetarmee 635
Sowjet-Intelligenz 297
Sowjetpatriotismus 264, 295
Sozialismus in einem Lande 195ff.

– versch. Wege zum Sozialismus 509 ff.
Sozialistischer Internationalismus 547
Sozialpatrioten 37
Sozialrevolutionäre 22, 47, 53
Sozialpazifisten 37
Spandarjan 32
Spanien 549
Spiridonova, Maria A. 110, 111
Sputnik 511
Staatsbank 642
Staatskomitee für Verteidigung 359 (gosudarstvennyj komitet oborony)
Stachanov, A. 260, 261, 292
Stachanovbewegung 260
Stalin, J. V. 1, 17, 27, 30–34, 38, 49, 50, 53, 54, 57, 58, 67, 69, 72, 82, 87, 91, 93, 95, 97, 103, 104, 117, 131, 133, 137, 153, 156, 157, 159, 170, 174, 178, 181–196, 198–206, 208 bis 220, 232, 237, 241, 242, 252–260, 262–265, 267, 268, 270, 272–277, 279, 281, 283, 285, 286, 288, 290–292, 296, 297, 303–306, 308, 313, 315, 318, 322, 323, 324, 328, 330 bis 332, 337, 338, 343, 344, 348, 351–356, 358–362, 364 bis 368, 370, 371, 376, 378, 381–384, 388–395, 399, 403 bis 412, 416, 419–423, 425, 427, 429, 433–437, 439–444, 448, 453, 454, 459, 462, 463, 465, 468, 470, 472–477, 480, 482, 483, 485, 487–500, 503, 504, 508, 509, 514, 525, 532, 534, 536, 543, 544, 613, 634
Stalingrad 548
Standley, W. H. 403, 404
Stanislavskij x
START 596, 600, 653
Stepun, F. 52, 73, 166
Stojadinović 351, 352
Stolypin, P. A. 28, 35, 134, 388
Strang 320, 321
Stravinskij, I. 167
Struve, Peter 16, 21
Suchanov, N. 51
Südrussischer Arbeiterbund 635
Sukarno, A. 507
Sumgait 636, 647
Sun Yat-sen 241, 242
Suric, J. 301
Suslov, M. A. 518, 534, 538, 543, 586, 590
Suvarin, B. 217
Suvorov 266, 370
Sverdlov, J. M. 32, 34, 38, 53, 58, 72, 80, 87, 160, 246
Svinhufvud, P. E. 97
Svoboda, L. 550
Syrien 549, 574
Sytin 104

Talysin, N. 615, 637
Tarkovskij, A. 622
Tarlé, E. 382
Taškent 549
Tedder 395
Tendrjakov 561
Tereščenko 64
Terškova, V. V. 523
Thälmann, E. 225
Thatcher, M. 604
Thomas, A. 46, 48
Thiers, A. 347
Tichon 164, 165
Tichonov, N. A. 585, 587, 615
Timošenko, S. K. 292, 294, 335, 359, 374, 375

Tito, J. B. 405, 407, 430, 454, 471–474, 481, 491, 506–508, 514, 551 f., 577 f.
Titoismus 473 f.
Titov, G. 523
Titulescu 250, 304
Tjulpanov, S. 448, 480
Tjumen 558
Tkačev, P. 5, 7, 16
Todesstrafe 153
Togliatti, P. 532, 533
Tolbuchin 287, 384, 414, 415, 418, 419, 430, 431, 433
Tolstoj, Aleksej 168, 266, 384
Tolstoj, Leo x, 44, 168, 381
Tomskij, M. P. 154, 182, 194, 197, 198, 201, 216, 218, 219, 255, 277, 463
Torgsin-Vorzugsläden 259
Transsib 558
Trapeznikov, S. P. 542
Trifonov, J. 561
Trockij, L. D. x, 18–20, 24–26, 32, 33, 52, 54, 55, 58, 63, 65–70, 72, 78, 82, 83, 86, 88, 104, 105, 113, 114, 116, 117, 126, 129, 131–133, 137, 148, 155, 156, 170, 173, 181–197, 200–205, 216, 217, 219, 224, 225, 235, 242, 255, 274, 277 bis 280, 290, 291, 295, 309, 634
Trott zu Solz, A. v. 428
Truman, H. S. 441, 449, 450, 475, 482
Tschiang Kai-schek 204, 241, 242, 398, 406, 475
Tschu En-lai 512, 525, 533, 534, 544
Tuchačevskij, M. 137, 148, 268, 284–288, 294, 305, 384, 525
Tugan-Baranovskij 16
Turcin, V. 564
Turksib 252
Tvardovskij, A. 544

Uborevič 142, 285
Udokan-Gebirge 558
UdSSR 159
Uglanov, N. A. 218
Ukraine 85, 636, 638
Ulbricht, W. 331, 519, 524, 552
Uljanov s. Lenin 13
Uljanov, A. I. 13
Uljanov, I. N. 13
Uljanova, M. 180
Ulmanis, K. 100, 341
Umweltschutz 640
Ungarn 645, 649, 650, 652, 655
Ungern-Sternberg, R. Baron 171
Urquhart, L. 176
Urickij, M. G. 79, 111, 112
USA 553, 580, 592, 652
Usbekistan 646
Ustinov 587, 591, 595, 596, 600 f.
Ustrjalov 199
U Thant 529

Vácietis, Jukums 117
Väljas 646
Vandenberg 448
Vandervelde, E. 46, 141
Varga, E. S. 223, 409, 465, 471, 479
Vasil'ev 147
Vasilevskij, A. M. 376, 414, 432, 443
Vatutin 378, 396, 413, 414
VCIK 65
Verchovenskij 5
Vernadskij, G. 166
Vietnam 580

Vietnamkrieg 547
Višnevskaja 562
VKSE 650, 653
Vladimir d. Heilige x, 93
Vladivostok 572, 631, 645
Vlasov, A. A. 398–401, 423 bis 428, 462
Vogel, H. J. 600, 654
Vojkov, P. L. 204, 239
Volodarskij, V. V. 111
Voroncev, N. 640
Voroncov, V. P. 10
Voronev, S. I. 538
Voronin 640
Voronov 378
Voronov, G. I. 528, 534
Vorošilov, K. E. 27, 103, 198, 200, 216, 254, 257, 274, 275, 284, 285, 287, 294, 321, 326, 359, 395, 495, 507, 518, 525
Vorotnikov, V. I. 592, 619
Vorovskij, V. V. 20, 239
Vosnesenskij, N. A. 471, 474, 489, 493
»Vpered« 20
Vygockij, L. 634
Vyšinskij, A. J. 166, 217, 276, 281, 284, 341, 452, 475
Vyšnegradskij 9

Wang Youping 581
Warschauer Pakt 547, 552, 554, 584, 604, 648
Warschauer Vertrag 625
Wavell 395
Weißberg-Cybulski, A. 280, 282
»Weiße« und »Rote« 105
Weizsäcker, R. von 654
Weltrevolution 118, 469
Weygand, M. 137, 338, 340
Wilhelm II. 84, 87, 360
Wilson, W. 121–123
Wirth, J. 178
Wissenschaft 542
Witte, S. J. Graf 11
Wrangell, P. N. Baron 133 bis 135, 137, 138, 351

Zaluckij 49
Zaslavskaja, T. 593, 608
Zaslavskij 27
Zasulič, Vera 4, 8, 16
Ždanov, A. A. 265, 274, 275, 290, 292, 318, 320, 341, 450, 453, 455, 462–467, 471, 474, 480, 486, 489, 491–494, 498, 502, 504, 518, 536
Ždanovščina 463
Zemstvo = Selbstverwaltung 6
Zenkovskij, V. 166
Zentralismus 101, 155, 160
Zentralkomitee 27, 272 f., 540, 636
Zentralverwaltung für Agitprop 463
Zetkin, Klara 153
Zaho Ziyang 651
Zinov'ev, G. E. 32, 37, 52 ff., 56, 58, 66, 68, 69, 78, 137, 147, 148, 173, 175, 181, 182, 184, 187–189, 191–194, 197, 199 bis 205, 208, 216–218, 221, 223–225, 230–232, 237, 242, 256, 274–279, 281, 463, 508
Žukov, G. K. 361, 371, 376, 378, 384, 414, 415, 431, 432, 437, 438, 448, 503, 506, 514

BARENTS MEER
NORWEGEN
Murmansk
Kirov
Kandalakša
WEISSES MEER
Archangel'sk
Cholmogory
Vorkuta
Pečora
Pečora
Ob
Ob
FINNLAND
OSTSEE
Petrozavodsk
Vyborg
Dagö
Reval
Pernau
Ösel
Leningrad (Petersburg)
Novgorod
Dorpat (Juŕev)
Ilmensee
Pskov
Riga
Düna
Memel
Dünaburg
Lovat
Belozersk
Vologda
Suchona
Dvina
Vyčegda
Syktyvar
Rybinsk
Kostroma
Jaroslavl'
Ivanovo
Toržok
Kalinin
Perejaslavl'-Zalesskij
Kazań
Kirov (Vjatka)
Vjatka
Iževsk
Kama
Perḿ
Sverdlovsk
(Ekaterinburg)
Alapaevsk
Niž.-Tagil
Asbest
Zlatoust
Čeljabinsk
Tjumeń
Iset'
Kurgan
Tobol'sk
Irtyš

SOWJETUNION, EUROPÄISCHER TEIL